Edición del maestro

Macmillan McGraw-Hill

Matemáticas para TEXAS

3

Volumen 1

Autores

Altieri • Balka • Day • Gonsalves • Grace • Krulik
Malloy • Molix-Bailey • Moseley • Mowry • Myren
Price • Reynosa • Santa Cruz • Silbey • Vielhaber

 Macmillan McGraw-Hill

Acerca de la portada

Enfoque de Texas Los perritos de la pradera de cola negra tocan música country en uno de los sitios históricos más famosos de Texas, El Álamo. Este sitio fue construido en 1718 y originalmente se llamó Misión de San Antonio de Valero, sirviendo de hogar para los misioneros por casi setenta años. Después, El Álamo se usó como fortaleza en la revolución de Texas.

Se recuerda como la última fortaleza de esta guerra. Actualmente, los turistas pueden aprender un poco de la historia de Texas visitando El Álamo en San Antonio, Texas.

Enfoque matemático Este año aprenderás sobre la multiplicación. Las cuentas en la corbata del perrito de la pradera están en un arreglo de 4 por 2. Esto significa que hay cuatro filas de cuentas con dos cuentas en cada fila u 8 cuentas en total. ¿Qué otros arreglos pueden encontrar en la portada?

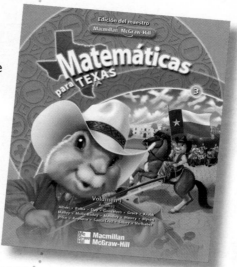

Macmillan McGraw-Hill

The McGraw-Hill Companies

Send all inquiries to:
Macmillan/McGraw-Hill
8787 Orion Place
Columbus, OH 43240-4027

ISBN: 978-0-02-106587-5 (Teacher Edition)
MHID: 0-02-106587-X (Teacher Edition)
ISBN: 978-0-02-106577-6 (Student Edition)
MHID: 0-02-106577-2 (Student Edition)

Printed in the United States of America.

1 2 3 4 5 6 7 8 9 10 006/055 15 14 13 12 11 10 09 08 07

Contenido breve

Mary Behr Altieri
Putnam/Northern
   Westchester BOCES
Yorktown Heights,
   New York

Don S. Balka
Catedrático Emérito
Saint Mary's College
Notre Dame, Indiana

Roger Day, Ph.D.
Director del Departamento de
   matemáticas
Secundaria Pontiac Township
Pontiac, Illinois

Philip D. Gonsalves
Coordinador de
   matemáticas
Condado Alameda Oficina
   de Educación y
   California State
   University East Bay
Hayward, California

Ellen C. Grace
Asesora
Albuquerque,
   New Mexico

Stephen Krulik
Asesor en matemáticas
Cherry Hill, New Jersey

Carol E. Malloy
Catedrática Asistente de
   Educación matemática
Universidad de North
   Carolina en Chapel Hill
Chapel Hill, North
   Carolina

Rhonda J. Molix-Bailey
Asesora en matemáticas
Mathematics by Design
Desoto, Texas

Lois Gordon Moseley
Desarrollo de personal
NUMBERS: Mathematics
   Professional
   Development
Houston, Texas

Brian Mowry
Asesor independiente de matemáti-
   cas/Especialista en instrucción de
   medio tiempo Pre-K
Distrito Escolar Independiente Austin
Austin, Texas

Matemáticas en línea **Conoce a los autores en** tx.gr3math.com

Christina L. Myren
Maestra asesora
Distrito Escolar Unificado
    Conejo Valley
Thousand Oaks, California

Jack Price
Catedrático Emérito
California State
    Polytechnic University
Pomona, California

Mary Esther Reynosa
Especialista de instrucción para
    matemáticas elementales
Distrito Escolar Independiente
    Northside
San Antonio, Texas

Rafaela M. Santa Cruz
SDSU/CGU Doctoral
    Program in Education
San Diego State University
San Diego, California

Robyn Silbey
Maestra particular de
    matemáticas
Escuelas Públicas del
    Condado Montgomery
Gaithersburg, Maryland

Kathleen Vielhaber
Asesora de matemáticas
St. Louis, Missouri

Autoras colaboradoras y asesoras

Margaret Kilgo
Autora colaboradora y
    asesora didáctica
Kilgo Consulting, Inc.
Austin, Texas

Donna J. Long
Asesora de matemáticas
Indianapolis, Indiana

PLEGADOS Dinah Zike
Asesora didáctica
Dinah-Might Activities, Inc.
San Antonio, Texas

Macmillan/McGraw-Hill desea agradecerles a los siguientes profesionales su valiosa ayuda durante el desarrollo de este programa. Ellos revisaron una variedad de materiales de instrucción en diferentes etapas de desarrollo.

Julie Acosta
Coordinadora de
   matemáticas
McAllen ISD
McAllen, Texas

Tita Alarcon
Especialista de currículo
   elemental
Plano ISD
Plano, Texas

Monica Arriaga
Especialista en instrucción
Escuela Elemental Ryan
Laredo ISD
Laredo, Texas

Susie Bellah
Maestra de kindergarten
Escuela Elemental Lakeland
Humble ISD
Humble, Texas

Elizabeth Firmin Birdwell
Directora de Currículo e
   Instrucción, PK–12
Duncanville ISD
Duncanville, Texas

Brooke Borer
Especialista en matemáticas
   elementales
Northside ISD
San Antonio, Texas

Wendy Buchanan
Maestra de 3er Grado
The Classical Center at Vial
Garland ISD
Garland, Texas

Ida Burkhart
Maestra de 5° Grado
R. L. Martin Elementary
Brownsville ISD
Brownsville, Texas

Carol S. Carter
PK-8 Coordinadora de
   Matemáticas/Ciencias
Corsicana ISD
Corsicana, Texas

Patricia Delgado
Estratega en matemáticas
Mercedes ISD
Mercedes, Texas

Sheila Q. Delony
Maestra de 3er Grado
Maedgen Escuela elemental
Lubbock ISD
Lubbock, Texas

Lorrie Drennon
Coordinadora de currículo/
maestra
Mildred ISD
Mildred, Texas

Carolyn Elender
Especialista en educación
matemática del distrito
Pasadena ISD
Pasadena, Texas

Anna Dahinden Flynn
Maestra de 5º Grado
Coulson Tough K-6 Flex
School
Conroe ISD
The Woodlands, Texas

Irene C. Garcia
Especialista en matemáticas
elementales del distrito
Midland ISD
Midland, Texas

Lucy Gijon
Maestra bilingüe de 3er
Grado
Escuela Elemental Vista Hills
Ysleta ISD
El Paso, Texas

Gail Brown Guthrie
Maestra
Escuela Elemental Huppertz
San Antonio ISD
San Antonio, Texas

Ellen Hatley
Maestra de instrucción de
matemáticas elementales
Northside ISD
San Antonio, Texas

vii

Jennifer Houghton
Especialista en instrucción
 matemática
Escuela Elemental Palm
Austin ISD
Austin, Texas

Ty G. Jones
Especialista en instrucción
 matemática acelerada
Lancaster ISD
Lancaster, Texas

Frieda Lamprecht
Especialista en currículo
 matemático elemental
Austin ISD
Austin, Texas

Leigh Ann Mewhirter
Maestra de 1er Grado
Escuela Elemental
 University Park
Highland Park ISD
Dallas, Texas

Susan Murphy
Directora Asistente
Escuela Elemental Christie
Frisco ISD
Frisco, Texas

Virginia A. Nwuba
Especialista en matemáticas
Escuela Elemental Tinsley
Houston ISD
Houston, Texas

Cindy Pearson
Maestra de 5º Grado
Escuela Elemental
 John D. Spicer
Birdville ISD
Haltom City, Texas

Julia C. Pérez
Especialista en contenido
 matemático elemental
Houston ISD
South Region
Houston, Texas

Lacy Prince
Maestra de vanguardia de
 3er Grado
Escuela Elemental
 Pleasantville
Houston ISD

Dr. Karen Rhynard
Coordinadora de
   matemáticas
Round Rock ISD
Round Rock, Texas

Jesusita I. Rios
Especialista en educación
   elemental del distrito
Edgewood ISD
San Antonio, Texas

Caroline Soderstrom
Maestra elemental
Escuela Elemental O'Shea
   Keleher
Socorro ISD
El Paso, Texas

Dr. José Solís
Decano de matemáticas K–12
Laredo ISD
Laredo, Texas

Alice B. Watkins
Especialista en matemáticas
Escuela Elemental DeZavala
Midland ISD
Midland, Texas

Maria L. Zsohar
Especialista en matemáticas
Richardson ISD
Richardson, Texas

Judy Rogers
Especialista en matemáticas,
   División didáctica
Lubbock ISD
Lubbock, Texas

Asesores y revisores

Macmillan/McGraw-Hill desea agradecerles a los siguientes profesionales sus sugerencias, las cuales fueron muy valiosas en el desarrollo de este programa en sus áreas específicas.

Contenido matemático

Gerald Kulm
Catedrático Curtis D. Robert
Texas A & M University
College Station, Texas

Leo Armando Ramirez, Sr.
Asesor/Autor
Jubilado (Secundaria McAllen)
McAllen, Texas

Evaluación

Jane D. Gawronski
Directora Evaluación y Alcance
San Diego State University
San Diego, California

Instrucción guiada cognoscitiva

Susan B. Empson
Catedrática Asociada de Matemáticas
y Educación en Ciencias
University of Texas at Austin
Austin, Texas

Alumnos de inglés

Cheryl Avalos
Asesora de matemáticas
Oficina de Educación del Condado en Los Ángeles, Jubilada
Hacienda Heights, California

Kathryn Heinze
Escuela de Educación para Graduados
Hamline University
St. Paul, Minnesota

Participación familiar

Paul Giganti, Jr.
Asesor de educación matemática
Albany, California

Literatura

David M. Schwartz
Autor de libros infantiles, Orador, Narrador
Oakland, California

Resolución de problemas

Lydia Aranda
Maestra de primer grado
Escuela Elemental Herff
San Antonio, Texas

Susie Bellah
Maestra de kindergarten
Escuela Elemental Lakeland
Humble, Texas

Elizabeth Firmin Birdwell
Directora de currículo e instrucción
Duncanville ISD
Duncanville, Texas

Brooke Borer
Especialista en matemáticas de escuela elemental
Districto Escolar Independente Northside
San Antonio, Texas

Anna Dahinden Flynn
Maestra de matemáticas de 5º Grado
Escuela Coulson Tough
Spring, Texas

Ellen D. Hatley
Maestra de instrucción matemática elemental
Northside ISD
San Antonio, Texas

June Ann Hurt
Maestra de primer grado
Dotados y talentosos
Escuela Elemental Lamkin
Cypress, Texas

Jacqueline E. Navarro
Directora de nivelación, 1er Grado
Escuela Elemental Miguel Carrillo
San Antonio, Texas

Virginia A. Nwuba
Especialista en matemáticas
Escuela Elemental Tinsley
HISD
Houston, Texas

Organización vertical

Berchie Holliday
Asesor de educación nacional
Silver Spring, Maryland

Deborah A. Hutchens, Ed.D.
Directora
Escuela Elemental Norfolk Highlands
Chesapeake, Virginia

Revisores de Texas

 Cada revisor de Texas examinó por lo menos dos capítulos de la edición del alumno, ofreciendo sugerencias y comentarios para mejorar la eficacia de la instrucción matemática.

Adelina Bazan-Alaniz
Coordinadora de matemáticas
Mission C.I.S.D
Mission, TX

Stacy L. Archer
Maestra de kindergarten
Escuela Elemental Harmony
San Antonio, TX

Albert Ayala
Maestro de 6º Grado
Escuela Elemental DeZavala
Midland, TX

Ingrid D. Baker
Maestra principal de matemáticas
Escuela Elemental Pleasantville
Houston, TX

Sangeeta Bhattacharya
Maestra principal de ESL
Escuela Intermedia Klentzman
Houston, TX

Lisa Bolte
Especialista en matemáticas
Southwest ISD
San Antonio, TX

Adriana Cantu
Maestra de 4º Grado
Escuela Elemental O'Shea Keleher
El Paso, TX

Carol S. Carter
PK–8 Coordinadora de matemáticas/ciencias
Corsicana ISD
Corsicana, TX

William J. Comley
Maestro de primer grado
Western Hills Primary
Fort Worth, TX

Mercy Cosper
Maestra de primer grado
Escuela Elemental Pershing Park
Killeen, TX

Sheila Delony, M.Ed.
Maestra de 3er Grado
Escuela Elemental Maedgen
Lubbock, TX

Irene C. Garcia
Especialista en matemáticas de escuela elemental del distrito
Midland, TX

Sylvia Hill, Ph.D.
Maestra de matemáticas
The Rice School/La Escuela Rice
Houston, TX

Juanita Hutto
Especialista en destrezas matemáticas
Escuela Elemental Sammons
Houston, TX

Ty G. Jones
Especialista en instrucción matemática acelerada
Lancaster ISD
Lancaster, TX

Tekeisha Lee
Maestra de educación especial
Classical Center en la Escuela Elemental Vial
Garland, TX

Elizabeth T. Martinez
Maestra bilingüe
Escuela elemental Lantrip
Houston, TX

Rashad Javed Rana
Coordinador de matemáticas
Donna ISD
Donna, TX

Gilda A. Flores Rocha
Maestra facilitadora de matemáticas elementales
South San Antonio ISD
San Antonio, TX

Judy Rogers
Especialista en matemáticas, División Didáctica
Lubbock ISD
Lubbock, TX

Fernando Rosa
Especialista en matemáticas del distrito
Distrito Escolar Independiente Edinburg Consolidated
Edinburg, TX

Delinda Martinez Sanchelli
Maestra principal ESL
Klentzman Intermediate
Houston, TX

Velma Sanchez
Maestra
Escuela Elemental Franklin
PSJA ISD
Alamo, TX

Barbara J. Savage
Maestra de 1er Grado
Escuela Elemental University Park
Dallas, TX

Stacey L. Shapiro
Maestra
Escuela Elemental Zilker
Austin, TX

Mary J. Wick
Maestra de segundo grado
Escuela Elemental Hanby
Mesquite, TX

María L. Zsohar
Especialista en matemáticas
Forest Lane Academy
Dallas, TX

TEACHER HANDBOOK

Texas Teacher Handbook

Table of Contents

Bienvenido a Matemáticas para Texas

The only true vertically aligned Mathematics Curriculum

Matemáticas para Texas contains a page-by-page Spanish translation of all student-related content from *Texas Mathematics,* including:
- Student Edition
- Teacher Edition
- Ancillaries
- Technology

What is Vertical Alignment?

Vertical alignment is a process that provides learners with an articulated, focused, coherent sequence of content. It ensures that content standards and units of study are introduced, reinforced, and assessed and that instruction is targeted on student needs and the Texas Essential Knowledge and Skills.

Why is Vertical Alignment Important?

Strong vertical alignment accommodates a wide variety of developmental levels. It allows teachers increased precision in their teaching because they are not teaching content that is covered elsewhere or that students have previously mastered.

Matemáticas para Texas

| Kindergarten | Grade 1 | Grade 2 | Grade 3 | Grade 4 | Grade 5 |

The K–8 mathematics program prepares students for success in Algebra I by using consistent vocabulary and coherent concept presentation throughout the program.

5 Keys to Success

① Back-Mapping

According to The College Board, about 80% of students who successfully complete Algebra I and Geometry by 10th grade attend and succeed in college. That 80% is nearly constant regardless of race. (*Changing the Odds: Factors Increasing Access to College,* 1990) *Matemáticas para Texas* was conceived and developed with the final result in mind—student success in Algebra I and beyond. The authors, using the Texas Essential Knowledge and Skills as their guide, developed this brand-new series by "back-mapping" from the desired result of student success in Algebra I, Geometry, and beyond.

② Balanced, In-Depth Content

Matemáticas para Texas was developed to specifically target the skills and topics that give students the most difficulty.

Grades K–2	Grades 3–5
1. Problem Solving 2. Money 3. Time 4. Measurement 5. Fractions 6. Computation	1. Problem Solving 2. Fractions 3. Measurement 4. Decimals 5. Time 6. Algebra

Grades 6–8	Grades 9–12
1. Fractions 2. Problem Solving 3. Measurement 4. Algebra 5. Computation	1. Problem Solving 2. Fractions 3. Algebra 4. Geometry 5. Computation 6. Probability

– *K–12 Math Market Analysis Survey,*
Open Book Publishing, 2005

③ Ongoing Assessment System

Matemáticas para Texas includes diagnostic, formative, and summative assessment; data-driven instruction; intervention options; and performance tracking, as well as remediation, acceleration, and enrichment tools throughout the program.

④ Intervention and Differentiated Instruction

In order for students to overcome difficulties with mathematics learning, attention is paid to their backgrounds, the nature of their previous instruction, and underlying learning differences. *Matemáticas para Texas* includes a two-pronged approach to intervention.

Strategic Teachers can use the myriad of intervention tips and ancillary materials to address the needs of students who need strategic intervention.

Intensive For students who are two or more years below grade level, *Math Triumphs* provides step-by-step instruction, vocabulary support, and data-driven decision making to help students succeed.

⑤ Professional Development

Matemáticas para Texas includes many opportunities for teacher professional development. Additional learning opportunities in various formats—video, online, and on-site instruction—are fully aligned and articulated from grade K through Geometry.

Grade 6	Grade 7	Grade 8	Pre-Algebra	Algebra I	Geometry

Program Development

Checklist

Articulation Macmillan/McGraw-Hill's and Glencoe/McGraw-Hill's suite of fully articulated programs include:

- *Mathematics Connects,* PreKindergarten
- *Texas Mathematics,* Grades K–8
- *Math Triumphs: Intervention for Intensive Students,* Grades K–7
- *Texas Pre-Algebra*
- *Texas Algebra 1*
- *Texas Geometry*

These brand new programs form a cohesive, standards-based curriculum that follows the specific requirements of the Texas Essential Knowledge and Skills for Mathematics to ensure success in the classroom.

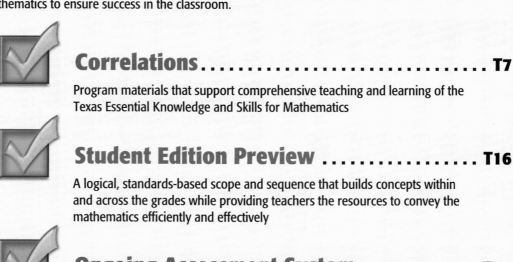

Correlations

Conocimientos y destrezas esenciales en Texas (TEKS), Grado 3

Las lecciones en las que los TEKS son el enfoque principal se señalan con negrillas.

Conocimientos y destrezas esenciales en Texas (TEKS)	Lecciones en el libro del alumno
(3.1) Números, operaciones y razonamiento cuantitativo. El estudiante utiliza el valor de posición para expresar en forma oral y escrita números enteros cada vez más grandes, incluyendo el dinero.	
Se espera que el estudiante:	
(A) utilice el valor de posición para leer, escribir (con símbolos y palabras) y describir el valor de números enteros hasta el 999,999;	**Explora 1-3, 1-3, 1-4**
(B) utilice el valor de posición para comparar y ordenar números enteros hasta el 9,999; y	**1-6, 1-7**
(C) determine el valor de un grupo de billetes y monedas.	**1-9,** 14-6
(3.2) Números, operaciones y razonamiento cuantitativo. El estudiante utiliza nombres y símbolos de fracciones (con denominadores de 12 ó menos) para describir partes fraccionarias de objetos enteros o de conjuntos de objetos.	
Se espera que el estudiante:	
(A) construya modelos concretos de fracciones;	**Explora 13-1**
(B) compare partes fraccionarias de objetos enteros o de conjuntos de objetos en un problema utilizando modelos concretos;	**13-6, 13-7**
(C) utilice nombres y símbolos de fracciones para describir las partes fraccionarias de un entero o de grupos de enteros ; y	**13-1, 13-2**
(D) construya modelos concretos de fracciones equivalentes para partes fraccionarias de objetos enteros.	**Explora 13-4, 13-4, Extensión 13-4**
(3.3) Números, operaciones y razonamiento cuantitativo. El estudiante suma y resta para resolver problemas relevantes en los que se usan números enteros.	
Se espera que el estudiante:	
(A) dé ejemplos de la suma y la resta utilizando dibujos, palabras y números; y	**2-1, 2-4, 2-5, Explora 2-7, 2-7, 3-1, 3-3, Explora 3-5, 3-5, 3-7, 8-1, Explora 8-2, 8-2**
(B) seleccione la suma o la resta y utilice la operación para resolver problemas en los que se usan números enteros hasta el 999.	Explora 2-7, 3-1, Explora 3-5, 3-7, **3-8**
(3.4) Números, operaciones y razonamiento cuantitativo. El estudiante reconoce y resuelve problemas en situaciones de multiplicación y división.	
Se espera que el estudiante:	
(A) aprenda y aplique las tablas de multiplicación hasta 12 por 12 utilizando modelos concretos y objetos;	**Tecnología 1-3, Explora 4-1, 4-1, 4-2, Tecnológico 4-2, 4-3, 4-5, 4-6, 4-8, Explora 5-1, 5-1, 5-2, 5-4, 5-5, 5-6, 5-8**
(B) resuelva y anote problemas de multiplicación (hasta dos dígitos por un dígito); y	**14-1, 14-3, Explora 14-5, 14-5,** 14-6
(C) utilice modelos para resolver problemas de división y utilice oraciones numéricas para anotar las soluciones.	**Explora 6-1, 6-1, Explora 6-2, 6-2, 6-4, Tecnología 6-4, 6-5, 6-7, 6-8, Explora 7-1, 7-1, 7-2, 7-4, 7-5, 7-6**

Conocimientos y destrezas esenciales en Texas (TEKS)	Lecciones en el libro del alumno
(3.5) Números, operaciones y razonamiento cuantitativo. El estudiante estima para determinar resultados razonables.	
Se espera que el estudiante:	
(A) redondee números enteros a la decena o centena más cercana para aproximar resultados razonables de problemas; y	**1-8**
(B) utilice estrategias que incluyen el redondeo y los números compatibles para estimar soluciones a problemas de suma y resta.	**2-3, 2-4, 3-2**
(3.6) Patrones, relaciones y razonamiento algebraico. El estudiante utiliza patrones para resolver problemas.	
Se espera que el estudiante:	
(A) identifique y extienda patrones de números enteros y patrones geométricos para hacer predicciones y resolver problemas;	**1-1**, 5-6, 5-8, **11-4**
(B) identifique patrones en las tablas de multiplicación utilizando objetos concretos, modelos pictóricos o tecnología; e	4-2, 4-5, 4-6, 7-3
(C) identifique patrones en oraciones relacionadas de multiplicación y división (familias de operaciones), tales como $2 \times 3 = 6$, $3 \times 2 = 6$, $6 \div 2 = 3$, $6 \div 3 = 2$.	**Explora 6-2, 6-2, 6-4, 6-5, Explora 7-1, 7-1, 7-2, 7-4, 7-5, 7-6**
(3.7) Patrones, relaciones y razonamiento algebraico. El estudiante utiliza listas y tablas para expresar patrones y relaciones.	
Se espera que el estudiante:	
(A) genere una tabla de pares de números basada en la vida real, por ejemplo, los insectos y sus patas; e	**8-4**
(B) identifique y describa patrones en una tabla de pares de números relacionados que se basan en un problema relevante, y extienda la tabla.	**8-5, 8-7**
(3.8) Geometría y razonamiento espacial. El estudiante utiliza vocabulario formal de la geometría.	
Se espera que el estudiante: identifique, clasifique y describa figuras geométricas de dos y tres dimensiones basándose en sus atributos. El estudiante compara figuras de dos dimensiones, de tres dimensiones o ambas según sus atributos usando vocabulario formal de la geometría.	**11-1, 11-2**
(3.9) Geometría y razonamiento espacial. El estudiante reconoce la congruencia y la simetría.	
Se espera que el estudiante:	
(A) identifique figuras congruentes de dos dimensiones;	**11-5**
(B) forme figuras de dos dimensiones con ejes de simetría utilizando modelos concretos y tecnología; e	**11-7, Extensión 11-7**
(C) identifique ejes de simetría en figuras geométricas de dos dimensiones.	11-7, Extensión 11-7

Conocimientos y destrezas esenciales en Texas (TEKS)	Lecciones en el libro del alumno
(3.10) Geometría y razonamiento espacial. El estudiante reconoce que una línea se puede usar para representar números y fracciones, y sus propiedades y relaciones.	
Se espera que el estudiante localice y nombre puntos en una recta numérica utilizando números enteros y fracciones, incluyendo un medio y un cuarto.	**11-8, 11-9, 13-8**
(3.11) Medición. El estudiante compara directamente los atributos de longitud, área, peso/masa y capacidad, y utiliza lenguaje comparativo para resolver problemas y contestar preguntas. El estudiante selecciona y utiliza unidades estándares para describir longitud, área, capacidad/volumen y peso/masa.	
Se espera que el estudiante:	
(A) utilice instrumentos de medición lineal para estimar y medir longitudes utilizando unidades de medida estándares;	**Explora 9-1, 9-1, 9-2, Explora 9-4, 9-4**
(B) utilice unidades estándares para encontrar el perímetro de una figura;	**9-5**
(C) utilice modelos concretos y pictóricos de unidades cuadradas para determinar el área de superficies de dos dimensiones;	**Explora 9-6, 9-6**
(D) identifique modelos concretos que aproximan unidades estándares de peso/masa y los utilice para medir peso/masa;	**10-5, 10-6**
(E) identifique modelos concretos que aproximan unidades estándares de capacidad y los utilice para medir capacidad; y	**Explora 10-1, 10-1, 10-3**
(F) utilice modelos concretos que aproximan unidades cúbicas para determinar el volumen de un recipiente dado u otra figura geométrica de tres dimensiones.	**Explora 10-7, 10-7**
(3.12) Medición. El estudiante lee y escribe la hora, y mide la temperatura en grados Fahrenheit para resolver problemas.	
Se espera que el estudiante:	
(A) utilice un termómetro para medir la temperatura; y	**Explora 9-8, 9-8**
(B) diga y escriba la hora en relojes analógicos y digitales.	**10-8**
(3.13) Probabilidad y estadística. El estudiante resuelve problemas reuniendo, organizando, presentando e interpretando conjuntos de datos.	
Se espera que el estudiante:	
(A) reúna, organice, anote y presente datos en pictografías y gráficas de barras, en donde cada dibujo o elemento pueda representar más de un dato;	**Explora 12-1, 12-1, Explora 12-4, 12-4**
(B) interprete información de pictografías y gráficas de barras; y	**12-2, 12-5**
(C) utilice datos para describir eventos como más probable que, menos probable que o igual de probable que.	**12-6,**

Conocimientos y destrezas esenciales en Texas (TEKS)	Lecciones en el libro del alumno
(3.14) Procesos fundamentales y herramientas matemáticas. El estudiante aplica las matemáticas del 3er grado para resolver problemas relacionados con experiencias diarias y actividades dentro y fuera de la escuela.	
Se espera que el estudiante:	
(A) identifique las matemáticas en situaciones diarias;	A través del texto; por ejemplo, las secciones de solución de problemas interdisciplinarios en los Capítulos 1–14
(B) resuelva problemas que incorporen la comprensión del problema, hacer un plan, llevarlo a cabo y evaluar lo razonable de la solución;	1-2, **1-5,** 2-2, **2-6, 3-6, 4-4, 4-7,** 5-3, **5-7,** 6-3, **6-6, 7-7,** 8-3, **8-6,** 9-3, **9-7,** 10-2, **10-4,** 11-3, **11-6,** 12-3, **12-7,** 13-5, **13-3,** 14-2, 14-4
(C) seleccione o desarrolle un plan o una estrategia de resolución de problemas apropiado en el que haga un dibujo, busque un patrón, adivine y compruebe sistemáticamente, haga una dramatización, elabore una tabla, resuelva un problema más sencillo o trabaje desde el final hasta el principio para resolver un problema; y	**1-2,** 1-5, **2-2,** 2-6, **3-4,** 3-6, 4-4, 4-7, **5-3,** 5-7, **6-3,** 6-6, **7-3,** 7-7, **8-3,** 8-6, **9-3,** 9-7, **10-2,** 10-4, **11-3,** 11-6, **12-3,** 12-7, 13-3, **13-5, 14-2,** 14-4
(D) utilice herramientas tales como objetos reales, manipulativos y tecnología para resolver problemas.	A través del texto; por ejemplo, **Tecnología 1-3,** Explora 4-1, **Tecnología 4-2,** Explora 5-1, 5-1, Explora 6-1, **Tecnología 6-4,** Explora 7-1, 7-1, 7-4, 7-6, Explora 9-1, 9-1, Explora 9-4, Explora 10-1, **Explora 13-4,** Explora 14-5
(3.15) Procesos fundamentales y herramientas matemáticas. El estudiante es capaz de comunicar las matemáticas del 3er grado utilizando un lenguaje informal.	
Se espera que el estudiante:	
(A) explique y anote observaciones utilizando objetos, palabras, dibujos, números y tecnología; y	Proyecto 1, Proyecto 3, Proyecto 4
(B) relacione el lenguaje informal con el lenguaje y los símbolos matemáticos.	3-2, 3-4, Proyecto 1, Proyecto 2, Proyecto 3, Proyecto 4
(3.16) Procesos fundamentales y herramientas matemáticas. El estudiante es capaz de comunicar las matemáticas del 3er grado utilizando un lenguaje informal.	
Se espera que el estudiante:	
(A) haga generalizaciones de patrones o de conjuntos de ejemplos y contraejemplos; y	7-1, Proyecto 1, Proyecto 2, Proyecto 3, Proyecto 4
(B) justifique por qué una respuesta es razonable y explique el proceso de solución.	Proyecto 1, Proyecto 2, Proyecto 3

Correlations

Texas Mathematics, Grade 3, Correlated to Texas Essential Knowledge and Skills for Mathematics, Grade 3

Student Edition Lesson	Texas Essential Knowledge and Skills (TEKS)
1-1 Number Patterns	**3.6(A)**
1-2 Problem-Solving Skill: Use the Four-Step Plan	**3.14(C)**, 3.14(B)
Explore 1-3 Math Activity: Place Value	**3.1(A)**
1-3 Place Value through 10,000	**3.1(A)**
Explore 1-3 Technology Link: Place-Value Models	**3.14(D)**, 3.15(A)
1-4 Place Value through 999,999	**3.1(A)**
1-5 Problem-Solving Investigation: Use the Four-Step Plan	**3.14(B)**, 3.14(C)
1-6 Compare Numbers	**3.1(B)**
1-7 Order Numbers	**3.1(B)**
Problem Solving in Geography: The Mighty Mississippi	**3.14(A)**
1-8 Round to the Nearest Ten and Hundred	**3.5(A)**
1-9 Value of Coins and Bills	**3.1(C)**
2-1 Addition Properties	**3.3(A)**
2-2 Problem-Solving Skill-Estimate or Exact Answer	**3.14(C)**, 3.14(B)
2-3 Estimate Sums	**3.5(B)**
2-4 Two-Digit Addition	**3.3(A)**, 3.5(B)
2-5 Add Money	**3.3(A)**
Problem Solving in Geography: A Walk in the Park	**3.14(A)**
2-6 Problem-Solving Investigation: Choose a Strategy	**3.14(B)**, 3.14(C)
Explore 2-7 Math Activity: Add Three-Digit Numbers	**3.3(A)**, 3.3(B)
2-7 Three-Digit Addition	**3.3(A)**
3-1 Two-Digit Subtraction	**3.3(A)**, 3.3(B), 3.14(D)
3-2 Estimate Differences	**3.3(B)**, 3.15(B)
3-3 Subtract Money	**3.3(A)**
Problem Solving in Music: The Sounds of the Symphony	**3.14(A)**
3-4 Problem-Solving Skill: Reasonable Answers	**3.14(C)**, 3.14(B)
Explore 3-5 Math Activity: Subtract Three-Digit Numbers with Regrouping	**3.3(A)**, 3.3(B)

Student Edition Lesson	Texas Essential Knowledge and Skills (TEKS)
3-5 Subtract Three-Digit Numbers with Regrouping	**3.3(A)**
3-6 Problem-Solving Investigation: Choose a Strategy	**3.14(B)**, 3.14(C)
3-7 Subtract Across Zeros	**3.3(A)**, 3.3(B)
3-8 Select Addition or Subtraction	**3.3(B)**
Explore 4-1 Math Activity: Meaning of Multiplication	**3.4(A)**, 3.14(D)
4-1 Arrays and Multiplication	**3.4(A)**
4-2 Multiply by 2	**3.4(A)**, 3.6(B)
Explore 4-2 Technology Link: Model Multiplication	**3.14(D)**, 3.4(A)
4-3 Multiply by 4	**3.4(A)**, 3.14(D)
4-4 Problem-Solving Skill: Extra or Missing Information	**3.14(C)**, 3.14(B)
4-5 Multiply by 5	**3.4(A)**, 3.6(B)
4-6 Multiply by 10	**3.4(A)**, 3.6(B)
Problem Solving in Science: Lots of Arms and Legs	**3.14(A)**
4-7 Problem-Solving Investigation: Choose a Strategy	**3.14(B)**, 3.14(C)
4-8 Multiply by 0 and 1	**3.4(A)**
Explore 5-1 Math Activity: Multiplication Table	**3.4(A)**, 3.14(D)
5-1 Multiply by 3.	**3.4(A)**, 3.14(D)
5-2 Multiply by 6	**3.4(A)**, 3.14(D)
5-3 Problem-Solving Strategy: Look for a Pattern	**3.14(C)**, 3.14(B)
5-4 Multiply by 7	**3.4(A)**
5-5 Multiply by 8	**3.4(A)**
5-6 Multiply by 9	**3.4(A)**, 3.6(A)
Problem Solving in Art: Not Just a Blanket	**3.14(A)**
5-7 Problem-Solving Investigation: Choose a Strategy	**3.14(B)**, 3.14(C)
5-8 Multiply by 11 and 12	**3.4(A)**, 3.6(A)
Explore 6-1 Math Activity: Understand Division	**3.4(C)**, 3.14(D)
6-1 Relate Division to Subtraction	**3.4(C)**
Explore 6-2 Math Activity: Relate Multiplication to Division	**3.6(C)**, 3.4(C)
6-2 Relate Multiplication to Division	**3.6(C)**, 3.4(C)
6-3 Problem-Solving Strategy: Choose an Operation	**3.14(C)**, 3.14(B)

Student Edition Lesson	Texas Essential Knowledge and Skills (TEKS)
6-4 Divide by 2	**3.4(C)**, 3.6(C)
Explore 6-4 Technology Link: Model Division	**3.14(D)**, 3.4(C), 3.15(A)
6-5 Divide by 5	**3.4(C)**, 3.6(C)
Problem Solving in Community: Communities Within Communities	**3.14(A)**
6-6 Problem-Solving Investigation: Choose a Strategy	**3.14(B)**, 3.14(C)
6-7 Divide by 10	**3.4(C)**
6-8 Divide by 0 and 1	**3.4(C)**
Explore 7-1 Math Activity: Model Division Using Arrays	**3.4(C)**, 3.6(C), 3.14(D)
7-1 Model Division Using Arrays	**3.4(C)**, 3.6(C), 3.16(A)
7-2 Divide by 4	**3.4(C)**, 3.6(C)
7-3 Problem-Solving Strategy: Make a Table	**3.14(C)**, 3.14(B)
7-4 Divide by 6 and 7	**3.4(C)**, 3.6(C), 3.14(D)
Problem Solving in Civics: Stars and Stripes	**3.14(A)**
7-5 Divide by 8 and 9	**3.4(C)**, 3.6(C)
7-6 Divide by 11 and 12	**3.4(C)**, 3.6(C), 3.14(D)
7-7 Problem-Solving Investigation: Choose a Strategy	**3.14(B)**, 3.14(C
8-1 Write Number Sentences	**3.3(A)**
Explore 8-2 Math Activity: Model Expressions	**3.3(A)**
8-2 Expressions and Number Sentences	**3.3(A)**
8-3 Problem-Solving Strategy: Act it Out	**3.14(C)**, 3.14(B)
8-4 Make a Table to Find a Rule	**3.7(A)**
8-5 Make Function Tables (+, −)	**3.7(B)**
8-6 Problem-Solving Investigation: Choose a Strategy	**3.14(B)**, 3.14(C)
8-7 Make Function Tables (_, ÷)	**3.7(B)**
Problem-Solving in Science: A Vist to the Supermarket	**3.14(A)**
Explore 9-1 Measurement Activity: Length to the Nearest Inch	**3.11(A)**, 3.14(D)
9-1 Length to the Nearest Half Inch	**3.11(A)**, 3.14(D)
9-2 Customary Units of Length	**3.11(A)**
9-3 Problem-Solving Strategy: Work Backward	**3.14(C)**, 3.14(B)
Explore 9-4 Measurement Activity: Millimeter and Centimeter	**3.11(A)**, 3.14(D)

Student Edition Lesson	Texas Essential Knowledge and Skills (TEKS)
9-4 Metric Units of Length	**3.11(A)**
9-5 Perimeter	**3.11(B)**
Explore 9-6 Measurement Activity: Measure Area	**3.11(C)**
9-6 Measure Area	**3.11(C)**
9-7 Problem-Solving Investigation: Choose a Strategy	**3.14(B)**, 3.14(C)
Problem Solving in Science: Roller Coaster Physics	**3.14(A)**
Explore 9-8 Measurement Activity: Measure Temperature	**3.12(A)**
9-8 Measure Temperature	**3.12(A)**
Explore 10-1 Measurement Activity: Capacity	**3.11(E)**, 3.14(D)
10-1 Customary Units of Capacity	**3.11(E)**
10-2 Problem-Solving Strategy: Guess and Check	**3.14(C)**, 3.14(B)
10-3 Metric Units of Capacity	**3.11(E)**
10-4 Problem-Solving Investigation: Choose a Strategy	**3.14(B)**, 3.14(C)
10-5 Customary Units of Weight	**3.11(D)**
10-6 Metric Units of Mass	**3.11(D)**
Problem Solving in Science: Lengths, Heights, and Weights, Oh My!	**3.14(A)**
Explore 10-7 Measurement Activity: Volume	**3.11(F)**, 3.14(D)
10-7 Volume	**3.11(F)**
10-8 Tell Time	**3.12(B)**
11-1 Three-Dimensional Figures	**3.8**
11-2 Two-Dimensional Figures	**3.8**
11-3 Problem-Solving Strategy	**3.14(C)**, 3.14(B)
11-4 Identify and Extend Geometric Patterns	**3.6(A)**
11-5 Identify Congruent Figures	**3.9(A)**
11-6 Problem-Solving Investigation: Choose a Strategy	**3.14(B)**, 3.14(C)
11-7 Create Lines of Symmetry	**3.9(B)**, 3.9(C), 3.14(D), 3.15(A)
Extend 11-7 Technology Link: Symmetry	**3.9(B)**, 3.9(C)
11-8 Whole Numbers on a Number Line	**3.10**
11-9 Points on a Grid	**3.10**
Problem Solving in Art: Gardens Under Glass	**3.14(A)**

Student Edition Lesson	Texas Essential Knowledge and Skills (TEKS)
Explore 12-1 Math Activity: Make a Pictograph	**3.13(A)**
12-1 Pictographs	**3.13(A)**, 3.13(B)
12-2 Interpret Pictographs	**3.13(B)**, 3.13(A)
12-3 Problem-Solving Strategy: Make a List	**3.14(C)**, 3.14(B)
Explore 12-4 Graphing Activity: Make a Bar Graph	**3.13(A)**
12-4 Bar Graphs	**3.13(A)**
12-5 Interpret Bar Graphs	**3.13(B)**
Problem Solving in Science: Eggs!	**3.14(A)**
12-6 Identify Probability	**3.13(C)**
12-7 Problem-Solving Investigation: Choose a Strategy	**3.14(B)**, 3.14(C)
Explore 13-1 Math Activity: Model Fractions	**3.2(A)**
13-1 Parts of a Whole	**3.2(C)**
13-2 Parts of a Set	**3.2(C)**
13-3 Problem-Solving Investigation: Choose a Strategy	**3.14(B)**, 3.14(C)
Explore 13-4 Math Activity: Equivalent Fractions	
13-4 Model Equivalent Fractions	**3.2(D)**
Explore 13-4 Technology Link: Compare Fractions of a Whole	**3.14(D)**, 3.2(D), 3.15(A)
13-5 Problem-Solving Strategy: Draw a Picture	**3.14(C)**, 3.14(B)
13-6 Compare Fractions of a Whole	**3.2(B)**
13-7 Compare Fractions of a Set	**3.2(B)**
Problem Solving in Science: Buzz on Insects	**3.14(A)**
13-8 Locate and Name Fractions on a Number Line	**3.10**
14-1 Multiply Tens	**3.4(B)**, preparation for 4.6(B)
14-2 Problem-Solving Strategy: Use Logical Reasoning	**3.14(C)**, 3.14(B)
14-3 Multiply with Two-Digit Numbers	**3.4(B)**
14-4 Problem-Solving Investigation: Choose a Strategy	**3.14(B)**, 3.14(C
Explore 14-5 Math Activity: Multiplication with Regrouping	**3.4(B)**, 3.14(D)
14-5 Multiply with Regrouping	**3.4(B)**
14-6 Multiplying Money	**3.4(B)**, 3.1(C)
Problem Solving in Art: Stamp Collecting	**3.14(A)**

Student Edition Preview

Balance

Macmillan/McGraw-Hill's **Texas Mathematics, Grade 3** is designed to provide students a balanced approach to mathematics learning by offering them the opportunity to:

- investigate concepts and build their conceptual understanding,
- review, learn, and practice basic computational and procedural skills, and
- apply mathematics to problem solving in real-world situations.

Hands-On Activities

Hands-On Activities found in Mini-Labs, Explore, and Extend Lessons, and the Introduce step of every Teacher Edition lesson support concrete understanding.

TEKS

Students and parents know exactly which **TEKS** are addressed by the lesson. The portion of the standard in bold is the specific part being addressed in the lesson.

Vocabulary

Both New Vocabulary and Review Vocabulary help students identify terms being presented.

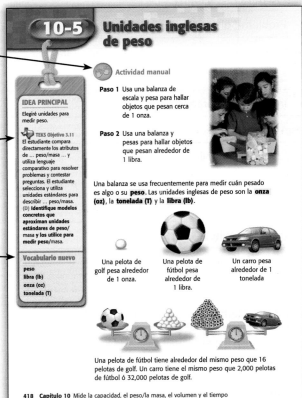

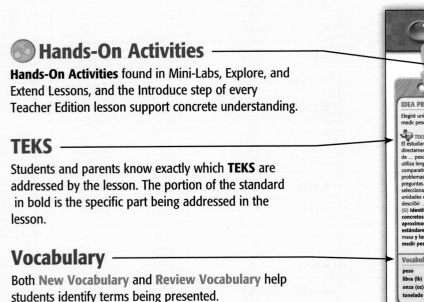

Key Concepts

Key Concepts use multiple representations to demonstrate the skills being presented.

Examples

Fully worked-out **Examples** enable students and parents to see how to solve problems step by step.

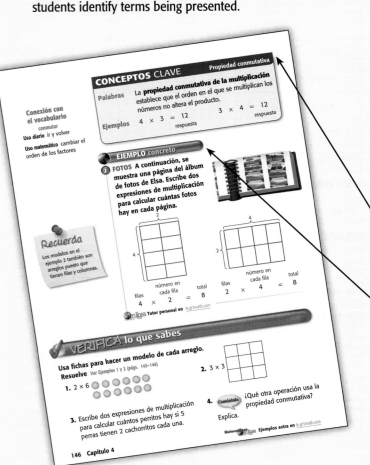

Check What You Know

Check What You Know exercises can be used as *formative assessment* to monitor student progress and guide the teacher's instruction toward helping students achieve the TEKS.

Multi-Step Word Problems

Multi-step word problems are not simple computation problems using the numbers given. Students must analyze exactly what the problem is asking and how to use the information given. These problems are starred in the Teacher Edition.

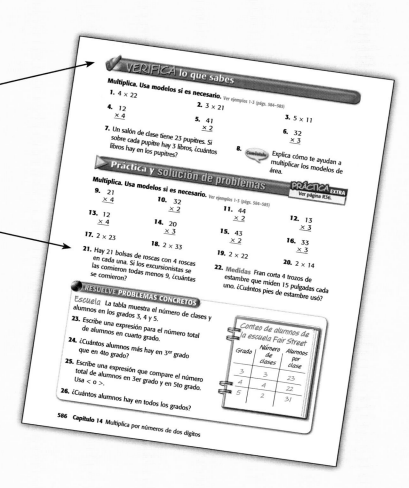

H.O.T. Problems

H.O.T. Problems require students to use **Higher Order Thinking** skills to solve problems.

Writing in Math

Every lesson in the Student Edition and Teacher Edition provides students with **Writing in Math** opportunities to explain their mathematics knowledge. The writing is prompted by multi-level questions and problems.

Texas Test Practice

Texas Test Practice questions are similar to those found on the TAKS. The TAKS objectives covered are noted in the Teacher Edition.

Spiral Review

Spiral Review provides constant reinforcement of skills from previous lessons.

 Student Edition Preview

Problem Solving

Macmillan/McGraw-Hill's *Texas Mathematics*, **Grade 3** provides students with extensive support for problem-solving strategies, skills, and real-world applications. In addition, every lesson contains problem-solving practice opportunities.

Problem-Solving Strategies and Skills

Problem-Solving Strategy lessons and **Problem-Solving Skill** lessons introduce students to multiple methods for solving problems all using the *four-step plan*:

- **U**nderstand
- **P**lan
- **S**olve
- **C**heck

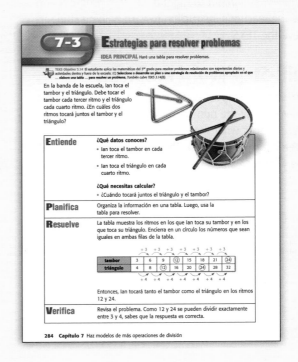

Problem-Solving Investigations

Problem-Solving Investigation lessons help students apply different problem-solving strategies for solving word problems.

Real-World Problem Solving

Cross-curricular **problem-solving** lessons connect to real-world applications of problem-solving skills and strategies.

TEKS and TAKS Support

Macmillan/McGraw-Hill's *Texas Mathematics*, **Grade 3** provides continuing test practice and support throughout the year.

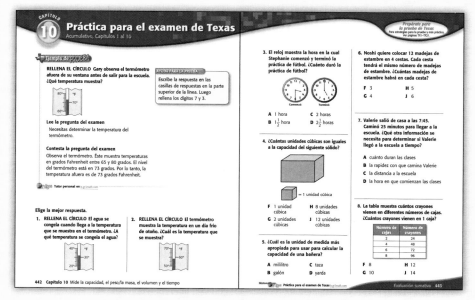

Texas Standards Practice

Two full pages of TAKS practice exercises are found at the end of each chapter, as well as practice opportunities at the end of each lesson.

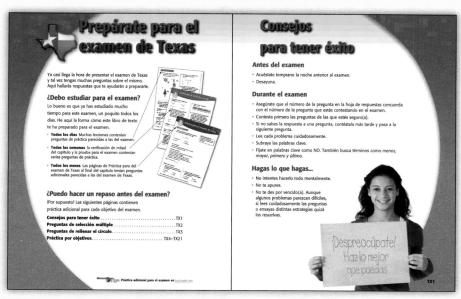

Get Ready for the Texas Test

This special chapter gives students additional review of TAKS objectives and additional practice in how to become better test takers.

End-of-Year Projects

In these culminating **End-of-Year Projects,** students apply the Grade 3 mathematical skills and concepts they have learned to solve problems connected to everyday experiences and activities in and outside of school.

Ongoing Assessment System

Data-Driven Decision Making

Macmillan/McGraw-Hill's *Texas Mathematics, Grade 3* offers frequent and meaningful assessment of student progress within the curriculum structure and teacher support materials.

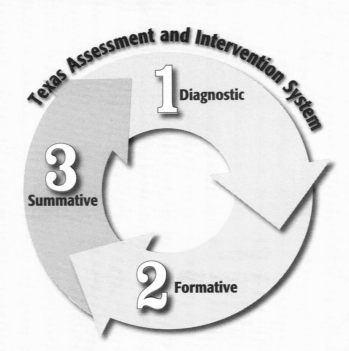

Texas Assessment and Intervention System

1 Diagnostic

2 Formative

3 Summative

1 Diagnostic

Beginning the Year Assess students' prior knowledge at the beginning of the year with the *Diagnostic and Placement Tests*. This booklet will help teachers determine whether their students need additional materials and resources to meet the grade-level or intensive intervention standards.

Beginning of a Chapter or Lesson Assess students' prior knowledge at the beginning of a chapter or lesson with one of the following options.

Student Edition
• Are You Ready?

Teacher Edition
• Intervention Options
• 5-Minute Check

Additional Resources
• Chapter Resource Masters
• Chapter Readiness at tx.gr3math.com

ExamView Assessment Suite Teachers can create and customize their own diagnostic assessment.

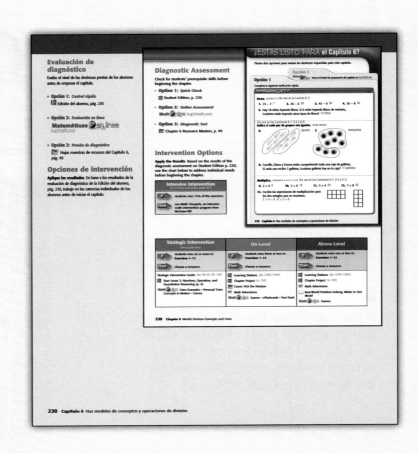

Formative

Monitor Progress Determine if students are progressing adequately as teachers teach each lesson, and use the assessments to differentiate lesson instruction and practice.

Student Edition

- Mid-Chapter Check
- Find the Error
- Check What You Know
- Talk About It
- Writing in Math
- Study Guide and Review
- Foldables™

Teacher Edition

- Alternate Teaching Strategy
- Step 4 (Assess) of the Teaching Plan
- Quick Check
- Data-Driven Decision Making

Additional Resources

- Chapter Resource Masters
- Mid-Chapter Test
- Self-Check Quizzes at tx.gr3math.com

 Teachers can create and customize their own diagnostic assessment.

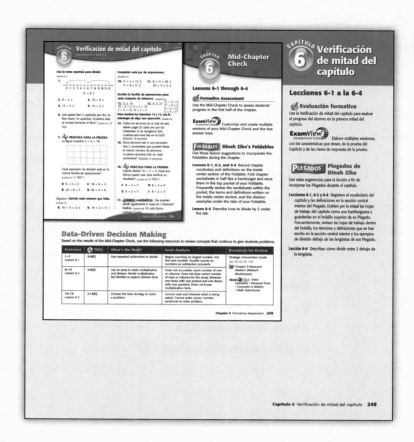

Summative

Final Evaluation Assess student success in learning the concepts in each chapter.

Student Edition

- Chapter Test
- Texas Test Practice
- Foldables™

Teacher Edition

- Data-Driven Decision Making

Additional Resources

- Chapter Resource Masters
- 6 forms of Chapter Tests
- 3 Quizzes
- Vocabulary Test
- Extended-Response Test
- Cumulative Texas Test Practice
- Chapter Tests at tx.gr3math.com

 Teachers can create and customize their own diagnostic assessment.

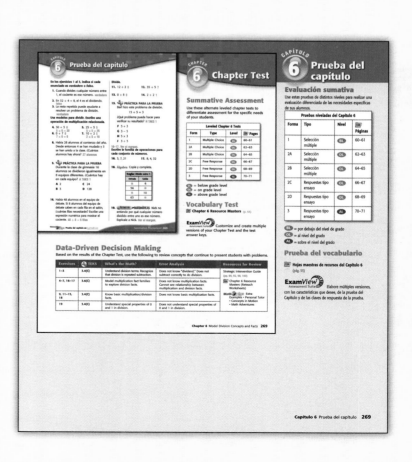

Teacher Handbook

Reaching All Learners

Resources and Support

Macmillan/McGraw-Hill's *Texas Mathematics,* **Grade 3** provides extensive support for reaching all learners.

Leveled Resources

All of the blackline masters and transparencies that accompany the program, as well as all of the Teacher Edition pages, are available on the TeacherWorks Plus™ CD-ROM. Resources and assignments are leveled for students who are:

- **Below Grade Level** **BL**
- **On Grade Level** **OL**
- **Above Grade Level** **AL**
- **English Language Learners** **ELL**

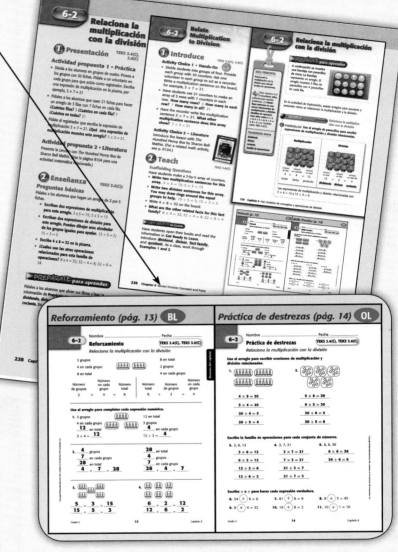

Learning Stations

These cross-curricular learning centers give students self-guided opportunities to explore chapter concepts as individuals or in small groups. Content areas include:

- Science
- Social Studies
- Reading
- Art
- Health
- Writing
- Music

Differentiated Instruction

Every chapter and lesson includes suggestions for identifying and meeting students' needs. Strategies include differentiation in pacing and student grouping, alternate approaches, ways to enhance instruction with manipulatives, questions to promote higher order thinking, and language hints.

Personalize instruction for:

BL Struggling students and students with special needs

ELL English Language Learners

AL Students who are above grade level in their comprehension of mathematics

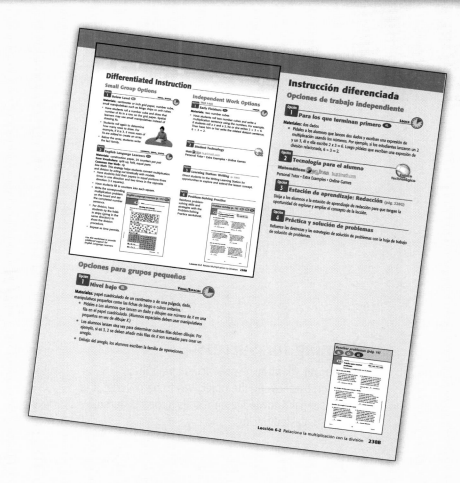

Intervention

Strategic Resources and assignments that are coded for students who are below level may be used to provide strategic intervention in the classroom. **Alternate Teaching Strategies** and other margin resources in the Teacher Edition can also be used to target instruction.

The data-driven decision-making tools in the Teacher Edition help teachers identify intensive intervention students, implement targeted intervention, and accelerate students' learning.

Intensive *Math Triumphs* can accelerate achievement for students who are two or more years below grade level. The content addresses foundational skills from grades K–7. Each volume presents content in small chunks with mathematics "the visual way" to promote differentiated instruction.

Advanced Learners

Acceleration and Enrichment Resources and assignments that are coded for students who are above level may be used with advanced learners. In particular, the **Enrichment Masters** may provide students with valuable opportunities for extending lessons. **Gifted and Talented Activities** provide additional opportunities for extension.

BL Estrategia alternativa de enseñanza   TEKS 3.4(C), 3.6(C)

Si ▶ Los alumnos tienen problemas al relacionar la multiplicación con la división…

Entonces ▶ Use una de estas opciones de reforzamiento:

1 **CRM** Hoja de reforzamiento diario (pág. 13)

2 Pídales a los alumnos que dibujen una cuadrícula de 3 por 8 en papel cuadriculado.

- **¿Cuántos cuadrados tiene la cuadrícula?** 24

- Pídales que escriban una expresión de multiplicación y de división que describa la cuadrícula. 3 x 8 = 24; 24 ÷ 3 = 8

- Pídales a los alumnos que repitan con una cuadrícula de 3 por 5.

Program Organization

Strong Pedagogy

Macmillan/McGraw-Hill's *Texas Mathematics,* **Grade 3** has a strong instructional model that includes:

- differentiated instructional options,
- reteaching, reinforcement, and extension options,
- vocabulary activities,
- activities for Gifted and Talented students, and
- assessment linked with instruction.

Planning for Success

The **Chapter Planner** helps teachers plan their instruction by showing the objectives to be covered, the Texas Essential Knowledge and Skills to be mastered, and the suggested pacing.

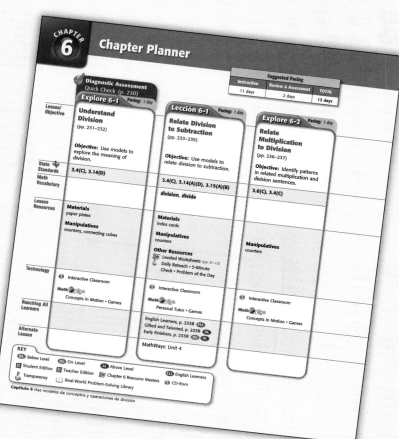

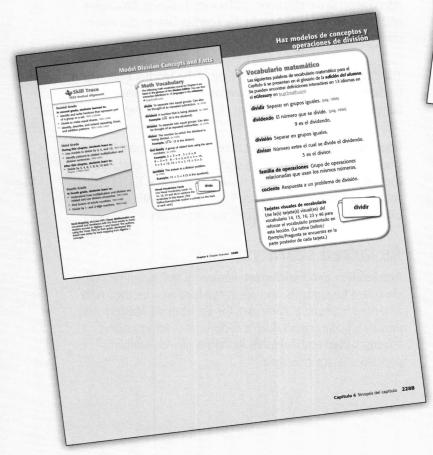

Vertical Alignment

As part of the articulated, coherent content of the program, topics are presented to build upon prior skills and concepts and to serve as a foundation for future topics.

Mathematics Vocabulary

Support for strong mathematics vocabulary growth is found throughout the Student Edition and Teacher Edition.

Four-Step Teaching Plan

Organizes instruction as teachers **Introduce** and **Teach** and help their students **Practice** and **Assess** what they've learned.

 ## Hands-On Activities

Every lesson begins with an optional **hands-on activity** to focus students on the lesson concept.

Scaffolding Questions

Each lesson contains **Scaffolding Questions** for teachers to use to help students investigate and understand the main ideas of the lesson.

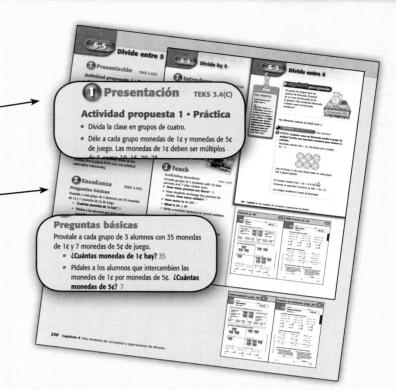

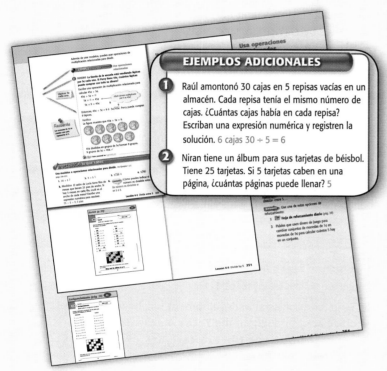

Additional Examples

Each **Additional Example** mirrors the Example in the Student Edition. The Additional Examples are also available as a PowerPoint® presentation on the **Texas Interactive Classroom** DVD and online at tx.gr3math.com.

Reading and Writing in Mathematics

Extensive reading and writing support is available in every lesson and chapter, including:

- **Real-World Problem-Solving Readers** Fiction and nonfiction leveled readers that extend problem-solving skills and strategies and make real-world applications.

- **Writing in Math** Multi-step exercises that require students to explain their thinking.

- **Literature Connections** Literature selections to introduce every lesson, with suggested activities.

- **Read-Aloud Anthology** Additional poems, short stories, and articles with teaching suggestions to support concepts in every chapter.

 # Program Organization

Professional Development

Macmillan/McGraw-Hill Professional Development provides a comprehensive professional development plan for mathematics that is fully aligned and coherently articulated with *Texas Mathematics.*

Textbook Implementation Modules

These are video-enhanced CD programs in which users see an experienced teacher showing a new teacher how to use Macmillan/McGraw-Hill Teacher Editions, Student Editions, and program ancillaries to enhance classroom instruction.

Video Workshops

• **Self-Study** Users watch video clips of classroom lessons and guest educators who discuss issues and best practices. Then they complete short, self-paced lessons and activities in which they analyze the demonstrated teaching strategies and consider how to apply them in their classrooms.

• **Mentor-Led** Groups watch video clips of classroom lessons and guest educators. Then school coaches or facilitators use the videos as springboards for discussion and group professional development activities.

Accredited Online Courses

(Available for purchase)

Each 3- to 5-hour online module emphasizes the strategies and techniques used to teach mathematics. Users watch video clips of classroom lessons, complete interactive exercises, and develop electronic portfolios that can be printed and submitted to verify course completion. University credit is available for an additional charge.

Customized On-Site Training Materials

These workshop materials allow coaches to create a customized sequence of mathematics professional development sessions that directly address the specific needs of a school or district.

Mini-Clip Video Library

The video library includes several hundred short video clips that are referenced at point of use in the *Texas Mathematics* Teacher Editions. These clips illustrate mathematics content or instructional strategies and may include demonstrations or commentaries by curriculum specialists.

Professional Development Web Sites

• **MHPD Online** (mhpdonline.com) is a Web site for K-12 educators where they can view video clips of instructional strategies, link to Web sites for relevant educational information, download grade-level student activities and worksheets, review monthly book suggestions, and read about the latest news and issues in education.

 **Professional Development**

Targeted professional development has been articulated throughout the *Texas Mathematics* series. The **McGraw-Hill Professional Development Video Library** provides short videos that support the Texas Essential Knowledge and Skills. For more information, visit tx.gr3math.

Technology Solutions

Macmillan/McGraw-Hill's *Texas Mathematics* provides fully-integrated technology resources for teachers, students, and parents. Online resources and a full suite of CD-Roms and DVDs provide support for differentiated instruction, alternate teaching approaches, additional assessment opportunities, and much more.

Teacher Resources

Generate ready-made and customized objective tests using multiple choice, true/false, matching, and essay questions.

This electronic lesson planner contains multipurpose management software including the Teacher Edition pages, program blackline masters, and daily calendars correlated to the Texas Essential Knowledge and Skills.

This CD-Rom is a customizable Microsoft PowerPoint© presentation that includes: In-Class Examples, Check Your Progress Exercises, 5-Minute Check, Links to Online Study Tools, and Concepts in Motion.

My Math Zone

This engaging classroom game motivates students with interactive multimedia, team involvement, and instructional strategies.

Student Resources

This DVD is a valuable resource for students to access content online and use online resources to continue learning lesson concepts. Includes:

- Complete Student Editions in both English and Spanish
- English and Spanish audio integrated throughout the text
- Links to Concepts in Motion and other online resources
- Access to all student worksheets
- Daily Assignments and Grade Log

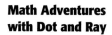

Math Adventures with Dot and Ray

Math Adventures provides entertaining activities and engaging math games that use a problem solving format to help students think critically and apply skills and strategies to math concepts.

Math Songs

These collections of songs, raps, and chants provide additional support and are aligned to the Texas Essential Knowledge and Skills.

Math Tool Chest

Math Tool Chest contains inquiry-based concept building software with interactive representations of manipulatives in an open-ended environment.

Internet Resources

Math Online
tx.gr3math.com

	Teacher	Students	Parents	
Online Study Tools				
		●	●	Online Student Edition
	●	●	●	Multilingual eGlossary
Lesson and Chapter Resources				
	●	●	●	Extra Examples
	●	●	●	Concepts in Motion
		●	●	Personal Tutor
		●	●	Math Adventures with Dot and Ray
		●	●	Math Tool Chest
		●	●	Fact Dash
		●		Games
	●	●	●	Demonstrations
	●	●	●	Interventions
		●	●	Assessments
		●	●	Main Ideas
Other Resources				
	●			National Resources (Profession Organizations)
	●			State Resources

Program Components

	Grade K	Grade 1	Grade 2	Grade 3	Grade 4	Grade 5
Chapter Resource Masters	●	●	●	●	●	●
Preparing for the TAKS		●	●			
Mastering the TAKS				●	●	●
Daily Reteach Transparencies	●	●	●	●	●	●
5-Minute Check Transparencies		●	●	●	●	●
Hands-On Activity Tools and Resources	●	●	●	●	●	●
ELL Guide	●	●	●	●	●	●
Strategic Intervention Guide		●	●	●	●	●
Problem of the Day/Week	●	●	●	●	●	●
Learning Station Cards	●	●	●	●	●	●
Math Routines on the Go	●	●	●			
Visual Vocabulary Cards	●	●	●	●	●	●
Transition Blackline Masters				●		
Real-World Problem Solving Readers	●	●	●	●	●	●
Dinah Zike's Teaching with Foldables	●	●	●	●	●	●
Diagnostic and Placement Tests	●	●	●	●	●	●
StudentWorks Plus CD-ROM	●	●	●	●	●	●
TeacherWorks Plus DVD	●	●	●	●	●	●
ExamView Assessment Suite CD-ROM	●	●	●	●	●	●
Interactive Classroom PowerPoint™				●	●	●
Math Adventures with Dot and Ray CD-ROM	●	●	●	●	●	●
Classroom Games CD-ROM	●	●	●	●	●	●
Math Songs CD-ROM	●	●	●	●	●	●
Individual Manipulative Kit	●	●	●	●	●	●
Classroom Manipulative Kit	●	●	●	●	●	●
Overhead Manipulative Kit	●	●	●	●	●	●
Teacher Tool Kit	●	●	●	●	●	●
Magnetic Manipulative Kit	●	●	●	●	●	●
Student Edition Flip Book	●					
Activity Flip Chart	●					
Robot Puppet	●	●	●			
WorkMats	●	●	●	●	●	●
Professional Development	●	●	●	●	●	●

Program Manipulatives

Manipulative	Suggested Alternative	Grade K	Grade 1	Grade 2	Grade 3	Grade 4	Grade 5
Attribute Buttons	real buttons, pasta	●					
Color Tiles	blocks, buttons	●					
Graphing Mats	posterboard	●					
Attribute Blocks	pasta, buttons	●	●	●			
Student Clock	paper plate, brads	●	●	●	●	●	●
Demonstration Clock	paper plate, brads	●	●	●	●	●	●
Connecting Cubes	paper clips	●	●	●	●	●	●
Number Cubes	spinner, cards	●	●	●	●	●	●
Spinners	construction paper, paperclip, pencil	●	●	●	●	●	●
Two-Colored Counters	buttons, coins, beans	●	●	●	●	●	●
Pattern Blocks	construction paper	●	●	●	●	●	●
Geometric Solids/ Models	cans, boxes, balls	●	●	●	●	●	●
Bucket Balance	ruler, paper cups, string	●	●	●	●	●	●
Base-Ten Blocks	grid paper		●	●	●	●	●
Money	real money, construction paper		●	●	●	●	●
Ruler	straightedge, book		●	●	●	●	●
Fraction Circles	construction paper		●	●	●	●	●
Fraction Models					●	●	●
Geoboards	dot paper		●	●	●	●	●
Compass	paperclip				●	●	●
Protractor					●	●	●
Plastic Cups	paper cups				●	●	●

Contenido

¡Prepárate!

ESCRIBE EN ▶ MATEMÁTICAS 3, 5, 7, 9, 11, 13

CAPÍTULO 1
Usa el valor de posición para comunicarte

 Práctica para el examen de Texas
• 31, 37, 41, 51, 52, 59, 60

Problemas H.O.T.
Razonamiento superior
19, 26, 30, 37, 41, 46, 51

ESCRIBE EN ►MATEMÁTICAS 19, 21, 23, 26, 30, 31, 33, 37, 41, 46, 51, 59

Contenido

CAPÍTULO 2 · Suma para resolver problemas

Práctica para el examen de Texas
- 73, 77, 81, 97, 98

Problemas H.O.T.
Razonamiento superior
67, 73, 76, 81, 90

ESCRIBE EN ▶MATEMÁTICAS 67, 69, 73, 76, 77, 81, 85, 87, 97

CAPÍTULO 3
Resta para resolver problemas

Práctica para el examen de Texas
- 109, 113, 123, 132, 137, 138

Problemas H.O.T.
Razonamiento superior
105, 109, 112, 123, 128, 131

Escribe en ▸MATEMÁTICAS 105, 109, 112, 113, 117, 119, 123, 125, 128, 131, 137

CAPÍTULO 4
Haz modelos de conceptos y operaciones de multiplicación

 Práctica para el examen de Texas
• 156, 167, 174, 181, 182

Problemas H.O.T.
Razonamiento superior
147, 150, 156, 162, 167, 174

Escribe en ▸matemáticas 144, 147, 150, 156, 159, 162, 167, 171, 174, 181

CAPÍTULO 5

Haz modelos de más operaciones de multiplicación

 Práctica para el examen de Texas
• 195, 203, 207, 219, 225, 226

Problemas H.O.T.
Razonamiento superior
191, 194, 202, 207, 210, 219

ESCRIBE EN ▸MATEMÁTICAS 188, 191, 194, 199, 202, 203, 207, 210, 215, 219, 225

xvii

CAPÍTULO 6

Haz modelos de conceptos y operaciones de división

 Práctica para el examen de Texas
• 246, 249, 253, 260, 269, 270

Problemas H.O.T.
Razonamiento superior
235, 241, 246, 253, 259, 263

Escribe en MATEMÁTICAS 232, 235, 237, 241, 243, 246, 249,
253, 257, 259, 263, 269

CAPÍTULO 7
Haz modelos de más operaciones de división

 Práctica para el examen de Texas
• 283, 289, 299, 307, 308

Problemas H.O.T.
Razonamiento superior
279, 283, 288, 294, 299

ESCRIBE EN ▶**MATEMÁTICAS** 276, 279, 283, 285, 288, 289, 294, 299, 301, 307

Práctica para el examen de Texas
• 321, 327, 333, 347, 348

Problemas **H.O.T.**
Razonamiento superior
315, 321, 327, 331, 339

Escribe en ►MATEMÁTICAS 315, 317, 321, 323, 327, 331, 333, 335, 339, 347

CAPÍTULO 9

Mide la longitud, el perímetro, el área y la temperatura

Práctica para el examen de Texas
- 361, 369, 371, 375, 381, 391, 397, 398

Problemas H.O.T.
Razonamiento superior
357, 361, 369, 375, 380, 391

ESCRIBE EN ▶MATEMÁTICAS 354, 357, 361, 363, 365, 369, 371, 375, 377, 380, 383, 387, 391, 397

CAPÍTULO 10 Mide la capacidad, el peso/la masa, el volumen y el tiempo

CAPÍTULO 11

Identifica figuras geométricas y razonamiento espacial

 Práctica para el examen de Texas
- 451, 461, 463, 477, 487, 488

Problemas H.O.T.
Razonamiento superior
451, 455, 461, 465, 470, 473, 476

ESCRIBE EN MATEMÁTICAS 451, 455, 457, 461, 463, 465, 467, 470, 473, 476, 487

Contenido

CAPÍTULO 12
Organiza, representa e interpreta datos

CAPÍTULO 13

Usa nombres y símbolos de fracciones

CAPÍTULO 14 · Multiplica por números de dos dígitos

xxvi

Prepárate para el examen de Texas

xxvii

Contenido

Proyectos de fin de año

Manual del alumno

Se señalan con negrillas las lecciones en las cuales los TEKS son el enfoque principal.

Conocimientos y destrezas esenciales en Texas (TEKS)	Lecciones en el libro del alumno
(3.1) Números, operaciones y razonamiento cuantitativo. El estudiante utiliza el valor de posición para expresar en forma oral y escrita números enteros cada vez más grandes, incluyendo el dinero.	
Se espera que el estudiante:	
(A) utilice el valor de posición para leer, escribir (con símbolos y palabras) y describir el valor de números enteros hasta el 999,999;	**Explora 1-3, 1-3, 1-4**
(B) utilice el valor de posición para comparar y ordenar números enteros hasta el 9,999; y	**1-6, 1-7**
(C) determine el valor de un grupo de billetes y monedas.	**1-9,** 14-6
(3.2) Números, operaciones y razonamiento cuantitativo. El estudiante utiliza nombres y símbolos de fracciones (con denominadores de 12 ó menos) para describir partes fraccionarias de objetos enteros o de conjuntos de objetos.	
Se espera que el estudiante:	
(A) construya modelos concretos de fracciones;	**Explora 13-1**
(B) compare partes fraccionarias de objetos enteros o de conjuntos de objetos en un problema utilizando modelos concretos;	**13-6, 13-7**
(C) utilice nombres y símbolos de fracciones para describir las partes fraccionarias de un entero o de grupos de enteros ; y	**13-1, 13-2**
(D) construya modelos concretos de fracciones equivalentes para partes fraccionarias de objetos enteros.	**Explora 13-4, 13-4, Extensión 13-4**
(3.3) Números, operaciones y razonamiento cuantitativo. El estudiante suma y resta para resolver problemas relevantes en los que se usan números enteros.	
Se espera que el estudiante:	
(A) dé ejemplos de la suma y la resta utilizando dibujos, palabras y números; y	**2-1, 2-4, 2-5, Explora 2-7, 2-7, 3-1, 3-3, Explora 3-5, 3-5, 3-7, 8-1, Explora 8-2, 8-2**
(B) seleccione la suma o la resta y utilice la operación para resolver problemas en los que se usan números enteros hasta el 999.	Explora 2-7, 3-1, Explora 3-5, 3-7, **3-8**
(3.4) Números, operaciones y razonamiento cuantitativo. El estudiante reconoce y resuelve problemas en situaciones de multiplicación y división.	
Se espera que el estudiante:	
(A) aprenda y aplique las tablas de multiplicación hasta 12 por 12 utilizando modelos concretos y objetos;	Tecnología 1-3, **Explora 4-1, 4-1, 4-2,** Tecnológico 4-2, **4-3, 4-5, 4-6, 4-8, Explora 5-1, 5-1, 5-2, 5-4, 5-5, 5-6, 5-8**
(B) resuelva y anote problemas de multiplicación (hasta dos dígitos por un digito); y	**14-1, 14-3, Explora 14-5, 14-5, 14-6**
(C) utilice modelos para resolver problemas de división y utilice oraciones numéricas para anotar las soluciones.	**Explora 6-1, 6-1,** Explora 6-2, 6-2, **6-4,** Tecnología 6-4, **6-5, 6-7, 6-8, Explora 7-1, 7-1, 7-2, 7-4, 7-5, 7-6**

Conocimientos y destrezas esenciales en Texas (TEKS)	Lecciones en el libro del alumno
(3.5) Números, operaciones y razonamiento cuantitativo. El estudiante estima para determinar resultados razonables.	
Se espera que el estudiante:	
(A) redondee números enteros a la decena o centena más cercana para aproximar resultados razonables de problemas; y	**1-8**
(B) utilice estrategias que incluyen el redondeo y los números compatibles para estimar soluciones a problemas de suma y resta.	**2-3**, 2-4, **3-2**
(3.6) Patrones, relaciones y razonamiento algebraico. El estudiante utiliza patrones para resolver problemas.	
Se espera que el estudiante:	
(A) identifique y extienda patrones de números enteros y patrones geométricos para hacer predicciones y resolver problemas;	**1-1**, 5-6, 5-8, **11-4**
(B) identifique patrones en las tablas de multiplicación utilizando objetos concretos, modelos pictóricos o tecnología; e	4-2, 4-5, 4-6, 7-3
(C) identifique patrones en oraciones relacionadas de multiplicación y división (familias de operaciones), tales como $2 \times 3 = 6, 3 \times 2 = 6, 6 \div 2 = 3, 6 \div 3 = 2$.	**Explora 6-2, 6-2,** 6-4, 6-5, Explora 7-1, 7-1, 7-2, 7-4, 7-5, 7-6
(3.7) Patrones, relaciones y razonamiento algebraico. El estudiante utiliza listas y tablas para expresar patrones y relaciones.	
Se espera que el estudiante:	
(A) genere una tabla de pares de números basada en la vida real, por ejemplo, los insectos y sus patas; e	**8-4**
(B) identifique y describa patrones en una tabla de pares de números relacionados que se basan en un problema relevante, y extienda la tabla.	**8-5, 8-7**
(3.8) Geometría y razonamiento espacial. El estudiante utiliza vocabulario formal de la geometría.	
Se espera que el estudiante: identifique, clasifique y describa figuras geométricas de dos y tres dimensiones basándose en sus atributos. El estudiante compara figuras de dos dimensiones, de tres dimensiones o ambas según sus atributos usando vocabulario formal de la geometría.	**11-1, 11-2**
(3.9) Geometría y razonamiento espacial. El estudiante reconoce la congruencia y la simetría.	
Se espera que el estudiante:	
(A) identifique figuras congruentes de dos dimensiones;	**11-5**
(B) forme figuras de dos dimensiones con ejes de simetría utilizando modelos concretos y tecnología; e	**11-7, Extensión 11-7**
(C) identifique ejes de simetría en figuras geométricas de dos dimensiones.	11-7, Extensión 11-7

xxxi

Conocimientos y destrezas esenciales en Texas (TEKS)	Lecciones en el libro del alumno
(3.10) Geometría y razonamiento espacial. El estudiante reconoce que una línea se puede usar para representar números y fracciones, y sus propiedades y relaciones.	
Se espera que el estudiante localice y nombre puntos en una recta numérica utilizando números enteros y fracciones, incluyendo un medio y un cuarto.	**11-8, 11-9, 13-8**
(3.11) Medición. El estudiante compara directamente los atributos de longitud, área, peso/masa y capacidad, y utiliza lenguaje comparativo para resolver problemas y contestar preguntas. El estudiante selecciona y utiliza unidades estándares para describir longitud, área, capacidad/ volumen y peso/masa.	
Se espera que el estudiante:	
(A) utilice instrumentos de medición lineal para estimar y medir longitudes utilizando unidades de medida estándares;	**Explora 9-1, 9-1, 9-2, Explora 9-4, 9-4**
(B) utilice unidades estándares para encontrar el perímetro de una figura;	**9-5**
(C) utilice modelos concretos y pictóricos de unidades cuadradas para determinar el área de superficies de dos dimensiones;	**Explora 9-6, 9-6**
(D) identifique modelos concretos que aproximan unidades estándares de peso/masa y los utilice para medir peso/masa;	**10-5, 10-6**
(E) identifique modelos concretos que aproximan unidades estándares de capacidad y los utilice para medir capacidad; y	**Explora 10-1, 10-1, 10-3**
(F) utilice modelos concretos que aproximan unidades cúbicas para determinar el volumen de un recipiente dado u otra figura geométrica de tres dimensiones.	**Explora 10-7, 10-7**
(3.12) Medición. El estudiante lee y escribe la hora, y mide la temperatura en grados Fahrenheit para resolver problemas.	
Se espera que el estudiante:	
(A) utilice un termómetro para medir la temperatura; y	**Explora 9-8, 9-8**
(B) diga y escriba la hora en relojes analógicos y digitales.	**10-8**
(3.13) Probabilidad y estadística. El estudiante resuelve problemas reuniendo, organizando, presentando e interpretando conjuntos de datos.	
Se espera que el estudiante:	
(A) reúna, organice, anote y presente datos en pictografías y gráficas de barras, en donde cada dibujo o elemento pueda representar más de un dato;	**Explora 12-1, 12-1, Explora 12-4, 12-4**
(B) interprete información de pictografías y gráficas de barras; y	**12-2, 12-5**
(C) utilice datos para describir eventos como más probable que, menos probable que o igual de probable que.	**12-6,**

Conocimientos y destrezas esenciales en Texas (TEKS)	Lecciones en el libro del alumno
(3.14) Procesos fundamentales y herramientas matemáticas. El estudiante aplica las matemáticas del 3er grado para resolver problemas relacionados con experiencias diarias y actividades dentro y fuera de la escuela.	
Se espera que el estudiante:	
(A) identifique las matemáticas en situaciones diarias;;	A través del texto; por ejemplo, las secciones de solución de problemas interdisciplinarios en los Capítulos 1–14
(B) resuelva problemas que incorporen la comprensión del problema, hacer un plan, llevarlo a cabo y evaluar lo razonable de la solución;	1-2, **1-5,** 2-2, **2-6, 3-6, 4-4, 4-7,** 5-3, **5-7,** 6-3, **6-6, 7-7,** 8-3, **8-6,** 9-3, **9-7,** 10-2, **10-4,** 11-3, **11-6,** 12-3, **12-7,** 13-5, **13-3,** 14-2, 14-4
(C) seleccione o desarrolle un plan o una estrategia de resolución de problemas apropiado en el que haga un dibujo, busque un patrón, adivine y compruebe sistemáticamente, haga una dramatización, elabore una tabla, resuelva un problema más sencillo o trabaje desde el final hasta el principio para resolver un problema; y	**1-2,** 1-5, **2-2,** 2-6, **3-4,** 3-6, 4-4, 4-7, **5-3,** 5-7, **6-3,** 6-6, **7-3,** 7-7, **8-3,** 8-6, **9-3,** 9-7, **10-2,** 10-4, **11-3,** 11-6, **12-3,** 12-7, 13-3, **13-5, 14-2,** 14-4
(D) utilice herramientas tales como objetos reales, manipulativos y tecnología para resolver problemas.	A través del texto; por ejemplo, **Tecnología 1-3,** Explora 4-1, **Tecnología 4-2,** Explora 5-1, 5-1, Explora 6-1, **Tecnología 6-4,** Explora 7-1, 7-1, 7-4, 7-6, Explora 9-1, 9-1, Explora 9-4, Explora 10-1, **Explora 13-4,** Explora 14-5
(3.15) Procesos fundamentales y herramientas matemáticas. El estudiante es capaz de comunicar las matemáticas del 3er grado utilizando un lenguaje informal.	
Se espera que el estudiante:	
(A) explique y anote observaciones utilizando objetos, palabras, dibujos, números y tecnología; y	Proyecto 1, Proyecto 3, Proyecto 4
(B) relacione el lenguaje informal con el lenguaje y los símbolos matemáticos.	3-2, 3-4, Proyecto 1, Proyecto 2, Proyecto 3, Proyecto 4
(3.16) Procesos fundamentales y herramientas matemáticas. El estudiante es capaz de comunicar las matemáticas del 3er grado utilizando un lenguaje informal.	
Se espera que el estudiante:	
(A) haga generalizaciones de patrones o de conjuntos de ejemplos y contraejemplos; y	7-1, Proyecto 1, Proyecto 2, Proyecto 3, Proyecto 4
(B) justifique por qué una respuesta es razonable y explique el proceso de solución.	Proyecto 1, Proyecto 2, Proyecto 3

Comience el año con las lecciones que se encuentran en la sección de **Prepárate para Texas.** Estas lecciones ayudarán a los alumnos a prepararse para el año venidero repasando y reforzando destrezas y conceptos aprendidos en segundo grado. Las lecciones de Prepárate para Texas también los preparan en las destrezas y conceptos que necesitarán los alumnos para tener éxito en tercer grado.

Evaluación inicial

Inventario/Prueba de nivelación Al inicio del año, aplique el Inventario/Prueba de nivelación que se encuentra en las Hojas maestras de recursos del Capítulo 1. Esta evaluación de dos páginas evalúa conceptos claves de cuarto grado así como los conceptos que necesitarán los alumnos este año. Use los resultados para diferenciar las instrucciones para cada alumno durante el año escolar, así como para identificar qué conceptos repasar antes de comenzar el Capítulo 1. (Cada pregunta en el Inventario/Prueba de nivelación muestra el número de la lección del 40 Grado donde se introdujo el concepto inicialmente).

CRM **Hojas maestras de recursos del Capítulo 1**
Inventario/Prueba de nivelación (pág. 58)

Búsqueda de artículos

Preséntoles a los alumnos la edición del libro del alumno con la Búsqueda de artículos. Para completar esta actividad, haga que trabajen solos, en parejas o en grupos pequeños.

Start Smart

Begin the year with the lessons found in the **Texas Start Smart** section. These lessons help students get ready for the coming year by reviewing and reinforcing skills and concepts they learned in second grade. The Texas Start Smart lessons also prepare for skills and concepts students will need for success in third grade.

Initial Assessment

Inventory/Placement Test At the beginning of the year, administer the Inventory/Placement Test found in the Chapter 1 Resource Masters. This two-page test assesses key concepts from second grade as well as those students will need during the coming year.

Use the results to help differentiate instruction for each student throughout the year as well as to identify what concepts to review before beginning Chapter 1. (Each question in the Inventory/Placement Test provides the lesson number from Grade 2 where the concept was first presented.)

CRM **Chapter 1 Resource Masters**
Inventory/Placement Test (p. 58)

Scavenger Hunt

tIntroduce students to their student edition textbook with the Scavenger Hunt. Have students work alone, in pairs, or small groups to complete the activity.

BÚSQUEDA DE ARTÍCULOS
CAPÍTULO 1

Empecemos

Usa la siguiente búsqueda de artículos para aprender dónde se hallan las distintas partes en cada capítulo.

1 ¿Cuál es el título del Capítulo 1? Usa el valor de posición para comunicarte

2 ¿Cuál es la idea principal de la Lección 1-1? Patrones numéricos

3 ¿Cómo sabes cuáles son las palabras de vocabulario? Se enumeran bajo Nuevo vocabulario y se encuentran en negrillas dentro del texto.

4 ¿Cuáles son las palabras de vocabulario para la Lección 1-3? dígito, valor de posición

5 ¿Cuál es el concepto clave de la Lección 1-9? Valor de monedas y billetes

6 ¿Cuántos ejemplos se presentan en la Lección 1-4? 2

7 ¿Cuál es la dirección Web donde podrías encontrar ejemplos adicionales? tx.gr3math.com

8 En la página 25, hay un apartado de Recuerda. ¿Cómo te ayuda a recordar esta sugerencia de Recuerda? Te recuerda un concepto matemático.

9 ¿Cuántos ejercicios hay en la Lección 1-5? 27

10 Supongamos que necesitas más práctica sobre un concepto. ¿Dónde puedes encontrar ayuda adicional? Puedes consultar la parte posterior del libro.

11 Supongamos que estás haciendo las tareas de la página 36 y que se te dificulta el Ejercicio 18. ¿Dónde puedes encontrar ayuda? Ejemplos 1–3 (págs. 34–35)

12 ¿Cuál es la dirección Web donde podrías tomar una prueba de autocontrol para asegurarte que entiendes la lección? tx.gr3math.com

13 ¿En qué páginas se encuentra la Guía de estudio y repaso del Capítulo 1? (págs. 52–58)

14 Supongamos que no entiendes cómo hacer el Ejercicio 7 de la Guía de estudio y repaso, en la página 53. ¿Dónde puedes encontrar ayuda? Lección 1-1 (págs. 17–19)

¿SÍMBOLOS MATEMÁTICOS?

xxxiv

Prepárate

¡Prepárate!

¡Empecemos!

Armadillo de Texas

End-of-Year Assessment

At the end of the year, use the End-of-Year Test to assess student comprehension of the skills and concepts presented in Grade 3.

Each question in the End-of-Year Test provides the lesson number from Grade 3 where the concept was first presented to help you review any areas where students continue to struggle.

CRM Chapter 14 Resource Masters
End-of-Year Test (p. 67)

Evaluación final

Al final de año, use el examen final para evaluar la comprensión de los alumnos de las habilidades y los conceptos presentados en 3er grado.

Cada pregunta en el examen final proporciona el número de la lección de 3er grado donde se introdujo en concepto, para ayudarle a repasar cualquier área en la cual pueden seguir teniendo problemas los alumnos.

CRM Hojas maestras de recursos del Capítulo 1
Examen final (pág. 67)

Start Smart 1

Planificador de lección

Objetivo

Identificar y usar los pasos del proceso de cuatro pasos para resolver problemas.

TEKS

Refuerzo de 2º grado
TEKS Objetivo 2.12 El estudiante aplica las matemáticas del 2º grado para resolver problemas relacionados con experiencias diarias y actividades dentro y fuera de la escuela. **(B) Resuelva problemas con apoyo que incorporen los procesos de comprensión del problema, hacer un plan, llevarlo a cabo y evaluar lo razonable de la solución.**

Preparación para 3er grado
TEKS Objetivo 3.16 El estudiante utiliza razonamiento lógico. **(B) Justificar por qué una respuesta es razonable y explicar el proceso de solución.**
TAKS 6 El estudiante demostrará un entendimiento de los procesos matemáticos y las herramientas usadas en la resolución de problemas.

Activar conocimientos previos

Lea y comente la introducción de la pág. 2 y el **Sabías qué** de la pág. 3.
- Lidere un debate sobre árboles viejos y llene la columna "K" en una tabla KWL.
- **¿De qué forma se miden los árboles? ¿Cómo se determina la edad de un árbol?**
- Pregúnteles a los alumnos qué otra cosa les gustaría saber sobre los árboles. Rellene la columna "W" con sus respuestas.
- Después de comentar la información en **Sabías qué,** rellene la columna "L".

Estrategia

Entiende Usando las preguntas, repaso lo que saben los alumnos y lo que necesitan calcular.

Respuestas adicionales

2. Entiende: Leer el problema cuidadosamente. Pensar en los datos que se conocen y en lo que se necesita calcular; Planifica: Hacer un plan para resolver el problema; Resuelve: Resolver el problema; Verifica: Revisar el problema para corroborar la veracidad de la respuesta.

Lesson Planner

Objectives

Identify and use the steps in a four-step problem-solving process.

TEKS

Reinforcement of Grade 2
Targeted TEKS 2.12 The student applies Grade 2 mathematics to solve problems connected to everyday experiences and activities in and outside of school. **(B) Solve problems with guidance that incorporates the processes of understanding the problem, making a plan, carrying out the plan, and evaluating the solution for reasonableness.**

Preparation for Grade 3
Targeted TEKS 3.16 The student uses logical reasoning. **(B) Justify why an answer is reasonable and explain the solution process.**
TAKS 6 The student will demonstrate an understanding of the mathematical processes and tools used in problem solving.

Activate Prior Knowledge

Read and discuss the introduction on p. 2 and **Did You Know** on p. 3.
- Lead a discussion about old trees and fill in the "K" column on a KWL chart.
- **What are the ways that trees are measured? How is the age of a tree determined?**
- Ask students what else they would like to know about trees. Fill in the "W" column with their responses.
- After discussing the information in **Did You Know,** fill in the "L" column.

Strategy

Understand Using the questions, review what students know and need to find out.

Additional Answer

2. Understand—Read the problem carefully. Think about the facts you know and what you need to find; Plan—Make a plan to solve the problem; Solve—Solve the problem; Check—Look back at the problem to see if you answered the question correctly

---

Procesos fundamentales y herramientas matemáticas

Los gigantes verdes

Uno de los árboles más famosos de Texas es el Roble Treaty, en Austin. Sus ramas se extienden 127 pies de ancho. Otro árbol famoso en Texas es el Gran Árbol en el parque estatal Goose Island. Sus ramas se extienden 90 pies de ancho.

¿Cuánto más mide de ancho el Roble Treaty que el Gran Árbol?

Para resolver problemas matemáticos, puedes usar un plan de cuatro pasos. Los cuatro pasos son: entiende, planifica, resuelve y verifica.

Entiende

- **Lee el problema cuidadosamente.**
- **¿Qué hechos tienes?**
- **¿Qué necesitas calcular?**

Sabes el ancho del Roble Treaty y el ancho del Gran Árbol.
Necesitas calcular cuánto más mide de ancho el Roble Treaty que el Gran Árbol.

Options for Reteaching

Concept	Review Options
Use the Four-Step Plan	Grade 2, Lesson 1-3
Problem Solving: Reasonable Answers	Grade 2, Lesson 1-10

Opciones de repaso

Concepto	Opciones de repaso
Usar el plan de cuatro pasos	Grado 2, Lección 1-3
Solución de problemas: Respuestas razonables	Grado 2, Lección 1-10

Planifica

- **Piensa cómo se relacionan los hechos entre sí.**
- **Haz un plan para resolver el problema.**

Para calcular cuánto más ancho es el Roble Treaty que el Gran Árbol, puedes usar la resta.

Resuelve

- **Usa tu plan para resolver el problema.**

127 pies	Roble Treaty
− 90 pies	Gran Árbol
37 pies	

El Roble Treaty mide 37 pies más ancho que el Gran Árbol.

¿Sabías que?

El Roble Treaty tiene cerca de 500 años. ¡El Gran Árbol tiene más de 1,000 años!

Verifica

- **Revisa el problema.**
- **¿Tiene sentido tu resultado?**
- **Si no, resuelve el problema de otra manera.**

El resultado, 37 pies, tiene sentido para el problema. Puedes verificar la resta sumando 37 + 90 = 127. Éste es el ancho del Roble Treaty. Por lo tanto, la respuesta es correcta.

1. Entiende, planifica, resuelve, verifica

✓ VERIFICA lo que sabes

1. Enumera los cuatro pasos del plan de cuatro pasos para resolver problemas.

2. Describe cada paso del plan de cuatro pasos. Ver el margen.

3. **ESCRIBE EN ►MATEMÁTICAS** Usa las tres operaciones de la página 3 para escribir un problema concreto. Pídele a un compañero que resuelva el problema usando el plan de cuatro pasos. Ejemplo de respuesta: ¿Cuánto más antiguo es el Gran Árbol que el Roble Treaty? 500 años

More FUN Facts

- The Treaty Oak was once part of grove of fourteen trees. Native American tribes used the grove as a temple and meeting place.
- The Treaty Oak got its name from the legend about Stephen F. Austin signing a treaty there with Native Americans in the 1800s.
- A 700-year-old oak tree is located near a highway in Austin.
- This ancient live oak has a circumference of 15 feet 8 inches and a diameter of 5 feet.

Plan Have them use the facts they know to choose the operation needed to solve the problem.

Solve Guide students to use subtraction to solve the problem.

- **Which is the larger measurement?** 127 feet Write this number first.
- **What measurement is being subtracted from 127 feet?** 90 feet Write this number under 127.
- **Subtract the ones. What is the difference?** 7
- **Subtract the tens. How will you regroup?** Make 10 tens from the hundred and add to the 2 tens.
- **What is the difference of the tens?** 3
- **How much wider is the Treaty Oak than the Big Tree?** 37 feet

Check Have students look back at the problem to make sure that the answers fit the facts given.

Using the Exercises

Exercise 2 Emphasize that the plan should follow a logical order. Suggest that before using addition to check the answer, they should first see if the number is reasonable by considering place value and the facts in the problem.

 **WRITING IN ►MATH** Help students with this exercise by asking them to identify the facts given in the lesson. the widths and the ages of the trees

Assess and Close

Fill in the "L" column of the KWL chart with additional facts about old trees in Texas.

Measuring Trees

- Have students draw a picture of a tree and then label it with a reasonable height and width. They might also label the drawing with the name of the tree.
- When drawings are complete, put students in pairs. Ask partners to write and solve problems that compares the heights and widths of trees they drew.
- Encourage students to clearly show and label each of the four steps in their solution.

Entiende Haga que usen los datos que conocen para elegir la operación necesaria para resolver el problema.
Entiende Guíe a los alumnos a usar la resta para resolver el problema.

- **¿Cuál es la medida más grande?** 127 pies Escriba este número de primero.
- **¿Qué medida se está restando de 127 pies?** 90 pies Escriba este número debajo de 127.
- **Resten las unidades. ¿Cuál es la diferencia?** 7
- **¿Resten las decenas? ¿Cómo reagruparán?** Formar 10 decenas de la centena y agregárselas a las 2 decenas.
- **¿Cuál es la diferencia de las decenas?** 3
- **¿Cuánto más ancho es el roble Treaty que el Gran árbol?** 37 pies

Verifica Pídales a los alumnos que revisen el problema para asegurarse que las respuestas correspondan con los datos dados.

Use los ejercicios

Ejercicio 2 Haga énfasis en que el plan debe seguir un orden lógico. Sugiérales que antes de usa la suma para verificar la respuesta, primero deben ver si el número es razonable considerando el valor de posición y los datos en el problema.

ESCRIBE EN ►MATEMÁTICAS

Ayude a los alumnos con este ejercicio pidiéndoles que identifiquen los datos dados en la lección. los anchos y las edades de los árboles

Evalúe y concluya

Rellene la columna "L" de la tabla KWL con datos adicionales sobre árboles antiguos en Texas.

Midan árboles

- Pídales a los alumnos que hagan un dibujo de un árbol y que lo rotulen con una altura y un ancho razonable. También pueden rotular el dibujo con el nombre del árbol.
- Cuando hayan terminado sus dibujos, coloque a los alumnos en parejas. Pídales a las parejas que escriban y resuelvan problemas que comparen el ancho y el alto de los árboles que dibujaron.
- Anime a los alumnos a rotular y mostrar claramente cada uno de los cuatro pasos en sus soluciones.

Más DATOS entretenidos

- El roble Treaty alguna vez formó parte de una arboleda de catorce árboles que usaron por las tribus de nativos norteamericanos como santuario y lugar de reunión.
- El roble Treaty obtuvo su nombre por la leyenda sobre Stephen F. Austin que cantó un tratado (*treaty*) en ese lugar con los nativos norteamericanos en ese lugar en los años 1800.
- Un roble de 700 años de edad está ubicado cerca de una autopista en Austin.
- Este roble antiguo tiene una circunferencia de 15 pies 8 pulgadas y un diámetro de 5 pies.

Planificador de lección

Objetivos

Usar el valor de posición para leer, escribir, comparar y ordenar números enteros.

 TEKS

Refuerzo de 2º grado
TEKS Objetivo 2.1 El estudiante entiende cómo el valor de posición se utiliza para representar números enteros. **(B) Utilice valor posicional para leer, escribir y describir el valor de números enteros hasta el 999.** *También cubre TEKS 2.1(A), 2.1(C).*

Preparación para 3er grado
TEKS Objetivo 3.1 El estudiante utiliza el valor de posición para expresar en forma oral y escrita números enteros cada vez más grandes, incluyendo el dinero. **(A) Utilice el valor de posición para leer, escribir (con símbolos y palabras) y describir el valor de números enteros hasta el 999,999.**
TAKS 1 El estudiante demostrará un entendimiento del razonamiento numérico, operacional y cuantitativo.

Activar conocimientos previos

Lea y comente la introducción de la pág. 4 y el **Sabías qué** de la pág. 5.

- Lidere un debate sobre el parque estatal Sandhills y llene la columna "K" en una tabla KWL.

- **¿Ha visitado alguien alguna vez el parque estatal? ¿Cuánto calor hacía?**

- **¿Qué otra cosa les gustaría saber sobre el parque estatal Sandhills?** Rellene la columna "W".

- Comente la información en el **Sabías qué.** Pídales a los alumnos que sugieran ideas para escribirlas en la columna "L".

Valor de posición

- A medida que los alumnos estudian los modelos de valor de posición, repase el hecho de que una centena es igual a diez decenas ó 100 unidades y que una decena equivale a 10 unidades.

- Pida a voluntarios que expliquen por qué este modelo muestra el número 119.

- Pídales a los alumnos que completen los Ejercicios 1 y 2. Recuérdeles que los números en palabras contienen guiones entre las palabras en el lugar de las decenas y las unidades.

Lesson Planner

Objectives

Use place value to read, write, compare, and order whole numbers.

 TEKS

Reinforcement of Grade 2
Targeted TEKS 2.1 The student understands how place value is used to represent whole numbers. **(B) Use place value to read, write, and describe the value of whole numbers to 999.** *Also addresses TEKS 2.1(A), 2.1(C).*

Preparation for Grade 3
Targeted TEKS 3.1 The student uses place value to communicate about increasingly large whole numbers in verbal and written form, including money. **(A) Use place value to read, write (in symbols and words), and describe the value of whole numbers through 999,999.**
TAKS 1 The student will demonstrate an understanding of number, operation, and quantitative reasoning.

Activate Prior Knowledge

Read and discuss the introduction on p. 4 and **Did You Know** on p. 5.

- Lead a discussion about Sandhills State Park and fill in the "K" column on a KWL chart.

- **Has anyone ever visited the state park? How hot was it?**

- **What else would you like to know about Sandhills State Park?** Fill in the "W" column.

- Discuss the information in **Did You Know,** Have students suggest ideas to write in the "L" column.

Place Value

- As students study the place value model, review that one hundred equals 10 tens or 100 ones and that one ten equals 10 ones.

- Invite volunteers to explain why this model shows the number 119.

- Have students complete Exercises 1 and 2. Remind students that number words contain hyphens between the words in the tens and ones places.

4   Start Smart

Refuerzo de TEKS 2.1 El estudiante entiende cómo el valor de posición se utiliza para representar números enteros. (B) Utilice valor posicional para leer, escribir y describir el valor de números enteros hasta el 999. También cubre TEKS 2.1(A), (C).

PREPÁRATE 2   Número, operación y razonamiento cuantitativo

¡Eso está CALIENTE!

Monahans

La temperatura más caliente jamás registrada en Texas fue 119 grados Fahrenheit (°F). Se registró en Monahans, Texas.

VERIFICA lo que sabes   **Valor de posición**

El modelo muestra el valor de cada dígito en 119.

1 centena   1 decena   9 unidades

1. Copia y completa la tabla de valor de posición.

Número	Centenas	Decenas	Unidades
119	1	1	9
134	1	3	4
120	1	2	0
903	9	0	3

2. Escribe en palabras cada número del Ejercicio 1. ciento diecinueve; ciento treinta y cuatro; ciento veinte; novecientos tres

4   Prepárate

Options for Reteaching

Concept	Review Options
Place Value	Grade 2, Lessons 1-2 and 10-3
Compare Numbers	Grade 2, Lesson 1-6
Order Numbers	Grade 2, Lesson 1-5

Opciones de repaso

Concepto	Opciones de repaso
Valor de posición	Grado 2, Lecciones 1-2 y 10-3
Comparar números	Grado 2, Lección 1-6
Ordenar números	Grado 2, Lección 1-5

✓ VERIFICA lo que sabes · Compara y ordena números ·················

En Texas hay 35 especies de tortugas y 61 especies de lagartos. Como 61 es mayor que 35, puedes escribir 61 > 35.

Compara. Escribe <, > o =.

3. 77 ● 87   <   **4.** 42 ● 35   >   **5.** 307 ● 35   >

6. 333 ● 75   >   **7.** 580 ● 508   >   **8.** 919 ● 929   <

Normalmente, los meses más calurosos en Monahans, Texas son mayo, junio, julio y agosto. La tabla muestra el promedio de las temperaturas máximas en Monahans para estos meses.

Mes	Junio	Julio	Agosto	Septiembre
Temperatura promedio	92° F	98° F	99° F	97° F

9. ¿Cuál es el mes más caliente?   julio

10. ¿Cuál es el mes menos caliente?   mayo

11. Ordena las temperaturas de mayor a menor.   99, 98, 97, 92

12. ESCRIBE EN ►MATEMÁTICAS Lanza un dado 3 veces para hacer un número de 3 dígitos. Escribe el número en un papel. Repite tres veces hasta que tengas cuatro números de 3 dígitos. Explica cómo ordenar los números de menor a mayor. Ver el trabajo del alumno.

Prepárate   5

More *FUN* Facts

- Monahans Sandhills State Park has sand dunes that are up to 70 feet high.
- The park contains only a small part of the sand-dune field. The dunes cover a large area to the south of Monahans and to the west and north into New Mexico.
- Spanish explorers told about the huge sand hills they discovered more than 400 years ago.
- The area was used by Native Americans as a temporary campground and a meeting place.

Compare and Order Numbers

- Quickly review the symbols < and >, asking students how they remember which is which. If it is not mentioned, remind students of the alligator mouth strategy. The open mouth points to the greater number.
- You may wish to point out that comparing a two-digit with a three-digit number requires only a quick look, not a digit-by-digit comparison.
- Ask students to share their strategies for ordering numbers. You might suggest the use of a place-value chart, if it is helpful.

Using the Exercises

Exercise 5 and 6 Watch that students don't mistakenly add a zero to the two-digit numbers and compare as two three-digit numbers.
Exercise 10 If you are looking for the month that is least warm, are you looking for the highest or lowest temperature? lowest

■ WRITING IN ►MATH Help students understand the directions for this activity. You may wish to demonstrate by rolling a number cube and recording the number as a hundreds digit. Continue rolling the cube a second and third time, recording the numbers as tens and ones digits, respectively. Emphasize that students should write the reasoning for the way they ordered the numbers.

Assess and Close

- Fill in the "L" column of the KWL chart with the additional facts about the Sandhills State Park area.
- Select a number from **More Fun Facts** to write on the board, for example, 400. Ask students to name several numbers that are greater than and less than this number. Record students' responses on the board.
- Have students pick four numbers from those written on the board. Direct them to write these numbers in order from least to greatest.

Compara y ordena números

- Rápidamente repase los símbolos < y >, preguntándoles a los alumnos cómo recuerdan cuál es cual. Si no se menciona, recuérdeles a los alumnos la estrategia de la boca de cocodrilo. La boca abierta apunta hacia el número mayor.
- Si lo desea, señale que la comparación de números de dos dígitos contra números de tres dígitos sólo requiere de un vistazo y no de una comparación de dígito por dígito.
- Pídales a los alumnos que compartan sus estrategias para ordenar números. SI es de utilidad, sugiérales el uso de un cartel de valor de posición.

Use los ejercicios

Ejercicios 5 y 6 Cuide que los alumnos no le agreguen equivocadamente un cero a los números de dos dígitos y los comparen como dos números de tres dígitos.
Ejercicio 10 Si están hallando el mes menos caliente, ¿deben hallar la temperatura máxima o mínima? mínima

Use los ejercicios

Ejercicios 7 y 8 Es posible le sea útil plantear un par de ejercicios con preguntas tales como: **¿Cuántas aletas dorsales tiene un delfín? ¿Cuántos ojos tiene una raya?**

ESCRIBE EN ►MATEMÁTICAS

Ayude a los alumnos a entender las instrucciones para esta actividad. Si lo desea, puede demostrar lanzando un cubo numerado y registrando los números como un dígito de las centenas. Lance el cubo numerado una segunda y una tercera vez, registre los números como dígitos de las decenas y las unidades respectivamente. Enfatíceles que deben escribir las razones de cómo ordenaron los números.

Evalúe y concluya

- Rellene la columna "L" de la tabla KWL con datos adicionales sobre el área del parque estatal Sandshill.
- Escriba en la pizarra cualquier número de **Más datos entretenidos,** por ejemplo, 400. Pídales a los alumnos que nombren distintos números mayores y menores que este número. Registre las respuestas de los alumnos en la pizarra.
- Pídales a los alumnos que elijan cuatro números de los escritos en la pizarra. Pídales que los ordenen de menor a mayor.

Más datos entretenidos

- El parque estatal Monahas Sandhills posee dunas de arena de hasta 70 pies de altura.
- El parque sólo contiene una pequeña parte con dunas de arena. Las dunas cubren un área extensa al sur de Monahas y al noroeste de New México.
- Los exploradores españoles comentaron de las grandes montañas de arena que habían descubierta hace más de 400 años.
- El área se usó por los nativos norteamericanos con un campamento temporal y un lugar de reunión.

Planificador de lección

Objetivos

Usar patrones para completar expresiones de multiplicación y división con operaciones básicas y múltiplos de 10 y 100. Identificar y extender patrones en tablas.

 **TEKS**

Refuerzo de 2º grado

TEKS Objetivo 2.5 El estudiante utiliza patrones en números y operaciones. **(C) Utilice patrones y relaciones para desarrollar estrategias que ayuden a recordar las operaciones básicas de la suma y la resta. Determine patrones en expresiones numéricas relacionadas de suma y resta (incluyendo familias de operaciones) como, por ejemplo, 8 + 9 = 17, 9 + 8 = 17, 17 - 8 = 9 y 17 - 9 = 8.** *También cubre TEKS 2.6(A).*

Preparación para 3er grado

TEKS Objetivo 3.7 El estudiante utiliza listas y tablas para expresar patrones y relaciones. **(A) Genere una tabla de pares de números basada en la vida real, por ejemplo, los insectos y sus patas.**

TAKS 1 El estudiante demostrará un entendimiento del razonamiento numérico, operacional y cuantitativo

Materiales: fichas y otros objetos del salón de clases

Activar conocimientos previos

Lea y comente la introducción de la pág. 6 y el **Sabías qué** de la pág. 7.

- Lidere un debate sobre animales de acuario y llene la columna "K" en una tabla KWL.

- **¿Qué tipos de animales viven en un acuario? ¿Dónde pueden conseguir estos animales en la naturaleza?**

- **¿Qué otra cosa les gustaría saber sobre los animales marino y los acuarios?** Rellene la columna "W".

- Después de comentar la información en el **Sabías qué**, pídales a los alumnos que sugieran ideas para escribirlas en la columna "L".

Propiedades de la suma

- Use dos grupos de 7 objetos para representar que 3 + 4 = 4 + 3. Invite a un alumno a contar el número total de objetos en el primer grupo. Pídales a distintos alumnos que cuenten los objetos en el segundo grupo.

- **¿Qué sucede cuando cambian el orden en el cual se suman los números?** La suma permanece igual.

Lesson Planner

Objectives

Use addition properties and complete tables of paired numbers.

TEKS

Reinforcement of Grade 2

Targeted TEKS 2.5 The student uses patterns in numbers and operations. **(C) Use patterns and relationships to develop strategies to remember basic addition and subtraction facts. Determine patterns in related addition and subtraction number sentences (including fact families) such as 8 + 9 = 17, 9 + 8 = 17, 17 - 8 = 9, and 17 - 9 = 8.** *Also addresses TEKS 2.6(A).*

Preparation for Grade 3

Targeted TEKS 3.7 The student uses lists, tables, and charts to express patterns and relationships. **(A) Generate a table of paired numbers based on a real-life situation such as insects and legs.**

TAKS 1 The student will demonstrate an understanding of number, operation, and quantitative reasoning.

Materials: counters or other classroom objects

Activate Prior Knowledge

Read and discuss the introduction on p. 6 and **Did You Know** on p. 7.

- Lead a discussion about aquarium animals, and fill in the "K" column on a KWL chart.

- **What kinds of animals live in an aquarium? Where would you find these animals in nature?**

- **What else would you like to know about marine animals and aquariums?** Fill in the "W" column.

- After discussing the information in **Did You Know,** have students suggest ideas to write in the "L" column.

Addition Properties

- Use two groups of 7 objects to show that 3 + 4 = 4 + 3. Invite one student to count the total number of objects in the first group. Ask a different student to count the objects in the second group.

- **What happens when you change the order in which numbers are added?** The total stays the same.

6 Start Smart

Opciones de repaso

Concepto	Opciones de repaso
Propiedades de la suma	Grado 2, Lección 2-1
Patrones	Grado 2, Lecciones 1-7, 1-8 y 1-9

Refuerzo de TEKS 2.5 El estudiante utiliza patrones en números y operaciones. (C) Utilice patrones y relaciones para desarrollar estrategias que ayuden a recordar las operaciones básicas de la suma y la resta. Determine patrones en oraciones numéricas relacionadas de suma y resta (incluyendo familias de operaciones) como, por ejemplo, 8 + 9 = 17, 9 + 8 = 17, y 17 - 9 = 8. *También cubre TEKS 2.6 (A).*

Patrones, relaciones y razonamiento algebraico

En el acuario

El Acuario estatal de Texas es hogar para varias especies de la vida marina que se halla en el golfo de México. Entre éstas están las nutrias, las tortugas, las rayas, las medusas, los delfines y los cocodrilos.

VERIFICA lo que sabes Propiedades de la suma

Sally vio 3 medusas azules y 4 medusas arco iris. Tomás vio 4 medusas arco iris y 3 medusas azules. Las sumas 3 + 4 y 4 + 3 son la misma, ya que el orden en que se suman los números no cambia el resultado.

1. Hernando vio 5 nutrias de mar y 8 tiburones. Haz un dibujo usando círculos para mostrar que 5 + 8 = 8 + 5. 1, 2. Ver el trabajo del alumno.

2. Haz un dibujo para mostrar que 3 + 2 + 4 = 2 + 4 + 3.

Indica qué número falta en cada expresión numérica.

3. 3 + ■ = 2 + 3 2

4. ■ + 6 = 6 + 5 5

5. 10 + 7 + 1 = 1 + 7 + ■ 10

6. 9 + 12 + 3 = 3 + ■ + 9 12

6 Prepárate

Options for Reteaching

Concept	Review Options
Addition Properties	Grade 2, Lesson 2-1
Patterns	Grade 2, Lessons 1-7, 1-8, and 1-9

✔️VERIFICA lo que sabes — Patrones

Un cangrejo azul tiene 10 patas. ¿Cuál es el número total de patas de 5 cangrejos?

La tabla muestra que por cada cangrejo que se agrega, se suman 10 patas más.

Por lo tanto, habrá 40 + 10 ó 50 patas si en un tanque hay 5 cangrejos.

Copia y completa cada tabla.

Patas de cangrejo

Número de cangrejos	Total de patas
1	10
2	20
3	30
4	40
5	▣

+10
+10
+10
+10
+10

¿Sabías que
Un cocodrilo adulto puede crecer hasta 18 pies y vivir hasta 60 años.

7.

Aletas dorsales del delfín

Delfines	Aletas dorsales
1	1
2	2
3	▣
4	▣

3

8.

Ojos de las rayas

Rayas	Ojos
1	2
2	4
3	▣
4	8

6

9. ✏️ESCRIBE EN ▶MATEMÁTICAS Lydia suma 7 + 5 y luego, le suma el resultado a 10. ¿Obtendrá el mismo número si le suma 7 al resultado de 5 + 10? Explica. Ejemplo de respuesta: Sí; 7 + 5 = 12 y 12 + 10 = 22; 5 + 10 = 15 y 15 + 7 = 22

Prepárate 7

More *FUN* Facts

- About 500,000 people visit the Texas State Aquarium each year.
- The aquarium has a giant tank that holds 132,000 gallons of water. It is home to more than 150 animals.
- Some 300 miles east of Corpus Christi and 60 feet under the water is The Flower Garden Banks National Marine Sanctuary. The aquarium has an exhibit full of the colorful tropical fish that live in the sanctuary. The exhibit has 40,000 gallons of saltwater and is 15 feet deep.
- Aquarium guests can visit Dolphin Bay to learn about protecting animals and caring for the ocean environment.

- Use a similar procedure to show that 3 + 2 + 4 = 2 + 4 + 3. With one group of counters, have a student first add 3 + 2 and then add 4 to this sum. Have a second student first add 2 + 4 counters and then add 3 to the sum. Compare the results.
- Explain that since the order and grouping of the numbers does not matter with addition, students can choose the two numbers they want to add first. Have students use the properties you have discussed to complete Exercises 3–6.

Patterns

- Remind students that a pattern involves an operation that keeps repeating. In the table about crab legs, the repeated operation is "add 10."
- Encourage students to examine the number pairs in each table to determine the pattern and then use the pattern to find the missing element.

Using the Exercises

Exercise 7 and 8 You may find it helpful to introduce a couple of the exercises with questions such as the following: **One dolphin has how many dorsal fins? One stingray has how many eyes?**

▶WRITING IN ▶MATH If students have difficulty with the wording of the problem, help them translate the problem and write two expressions (7 + 5 + 10 and 5 + 10 + 7). Then they can simplify each expression and compare the results.

Assess and Close

Fill in the "L" column of the KWL chart with additional facts about the Texas State Aquarium.
Classroom Patterns
- Ask students to look around the room for examples of patterns like the ones in the tables on p. 7. Some examples include each chair has 4 legs and each row has 6 desks.
- Have students select a pattern for which they will create a table. Students should fill in the table, leaving two elements blank.
- Pair each student with a partner and ask them to exchange pattern tables. Partners complete the table and write the rule for the pattern.

- Use un procedimiento semejante para representar que 3 + 2 + 4 = 2 + 4 +3. Con un grupo de fichas, pídale a un alumno que primero sume 3 + 2 y luego le sume 4 a esta suma. Pídale a un segundo alumno que primero sume 2 + 4 fichas y luego le sume 3 a la suma. Comparen los resultados.
- Explique que, como el orden y la agrupación de los números no altera la suma, los alumnos pueden elegir los dos números que van a sumar primero. Haga que los alumnos usen las propiedades que usted ha comentado para completar los Ejercicios 3 al 6.

Patrones

- Recuérdeles a los alumnos que un patrón implica una operación que se repite. En la tabla sobre las patas de los cangrejos, la operación que se repite es "sumar 10".
- Anime a los alumnos a examinar el número de pares en cada tabla para determinar el patrón y luego, usen el patrón para calcular el elemento que falta.

Use los ejercicios

Ejercicios 7 y 8 Es posible le sea útil plantear un par de ejercicios con preguntas tales como: **¿Cuántas aletas dorsales tiene un delfín? ¿Cuántos ojos tiene una raya?**

✏️ESCRIBE EN ▶MATEMÁTICAS

Si los alumnos tienen problemas el planteamiento del problema, ayúdelos a traducir el problema y a escribir dos expresiones (7 + 5 + 10 y 5 + 10 + 7). Luego, ellos pueden reducir cada expresión y comparar los resultados.

Evalúe y concluya

- Rellene la columna "L" de la tabla KWL con datos adicionales sobre el acuario estatal de Texas.

Patrones del salón de clases
- Pídales a los alumnos que busquen en el salón de clases ejemplos de patrones como los que se muestran en las tablas de la pág. 7. Algunos ejemplos incluyen; cada silla tiene 4 patas y cada fila tiene 6 pupitres.
- Haga que los alumnos elijan un patrón con el cual crearán una tabla. Los alumnos deben llenar la tabla, dejando dos elementos en blanco.
- Forma parejas de alumnos y pídales que intercambien tablas de patrones. Los compañeros deben completar la tabla y escribir la regla del patrón.

Más datos entretenidos

- Aproximadamente 500,000 personas visitan el acuario estatal de Texas cada año.
- El acuario tiene un tanque gigante que contiene 132,000 galones de agua y alberga a más de 150 animales.
- A 300 millas al este de Corpus Christi y 60 pies debajo del agua, está el santuario nacional marino Flower Garden Banks. El acuario tiene una exhibición completa de los coloridos peces tropicales que habitan el santuario. La exhibición tiene 40,000 galones de agua salada y tiene 15 pies de profundidad.
- Los visitantes del acuario pueden ir a la bahía de los delfines para aprender sobre la protección de los animales y el cuidado del ambiente marino.

Planificador de lección

Objetivo

Identificar y comparar los atributos de las figuras bidimensionales y tridimensionales.

 TEKS

Refuerzo de 2º grado

TEKS Objetivo 2.7 El estudiante utiliza atributos para identificar figuras geométricas de dos y tres dimensiones. El estudiante compara y contrasta figuras geométricas de dos y tres dimensiones o ambas.
(A) Describa atributos (número de vértices, caras, aristas, lados) de figuras geométricas de dos y tres dimensiones tales como círculos, polígonos, esferas, conos, cilindros, prismas, pirámides, etc.

Preparación para 3er grado

TEKS Objetivo 3.8 El estudiante utiliza vocabulario formal de la geometría. Se espera que el estudiante identifique, clasifique y describa figuras geométricas de dos y tres dimensiones basándose en sus atributos. El estudiante compara figuras de dos dimensiones, de tres dimensiones o ambas según sus atributos usando vocabulario formal de la geometría.
TAKS 3 El estudiante demostrará un entendimiento de geometría y el razonamiento espacial.

Materiales: objetos comunes del salón de clases

Activar conocimientos previos

Lea y comente la introducción de la pág. 8 y el Sabías qué de la pág. 9.

- Lidere un debate sobre alimentos y llene la columna "K" en una tabla KWL.
- **¿Qué tipos de alimentos se cultivan en Texas?**
- **¿Qué otra cosa les gustaría saber sobre los alimentos y la agricultura en Texas?** Rellene la columna "W".
- Después de comentar la información en el Sabías qué, pídales a los alumnos que sugieran ideas para escribirlas en la columna "L".

Figuras tridimensionales

- Use un objeto común del salón de clases, como por ejemplo un borrador de pizarra, para explicar que un objeto tridimensional tiene largo, ancho y alto. Señale una cara, una arista y un vértice del objeto para repasar estos términos.

 **START SMART**

Lesson Planner

Objectives

Identify and compare the attributes of two-dimensional and three-dimensional figures.

TEKS

Reinforcement of Grade 2
Targeted TEKS 2.7 The student uses attributes to identify two- and three-dimensional geometric figures. The student compares and contrasts two- and three-dimensional geometric figures or both. **(A) Describe attributes (the number of vertices, faces, edges, sides) of two- and three-dimensional geometric figures such as circles, polygons, spheres, cones, cylinders, prisms, pyramids, etc.**

Preparation for Grade 3
Targeted TEKS 3.8 The student uses formal geometric vocabulary. The student is expected to identify, classify, and describe two- and three-dimensional geometric figures by their attributes. The student compares two-dimensional figures, three-dimensional figures, or both by their attributes using formal geometric vocabulary.
TAKS 3 The student will demonstrate an understanding of geometry and spatial reasoning.

Materials: common classroom objects

Activate Prior Knowledge

Read and discuss the introduction on p. 8 and **Did You Know** on p. 9.

- Lead a discussion about food, and fill in the "K" column on a KWL chart.
- **What kinds of food are grown in Texas?**
- **What else would you like to know about food and Texas agriculture?** Fill in the "W" column.
- After discussing the information in **Did You Know**, have students suggest ideas to write in the "L" column.

Three-Dimensional Figures

- Use a common classroom object, such as a chalkboard eraser, to explain that a three-dimensional object has length, width, and height. Point to a face, edge, and vertex on the object to review these terms.

8   Start Smart

PREPÁRATE 4 — Geometría y razonamiento espacial

Alimentos y geometría

La fruta del estado de Texas es la toronja roja de Texas, la cual se cultiva principalmente en el valle inferior del Río Grande.

VERIFICA lo que sabes   Figuras tridimensionales

Muchos alimentos son ejemplos de figuras tridimensionales. Una figura tridimensional es una figura con largo, ancho y alto.

1. ¿Qué forma tiene una naranja? B

   A cilindro   C cubo

   B esfera   D pirámide

2. ¿Qué forma tiene un bloque de queso? D

   A cono   C esfera

   B cilindro   D cubo

8   Prepárate

Options for Reteaching

Concept	Review Options
Three-Dimensional Figures	Grade 2, Lessons 11-1,11-2, 11-6, and 11-7
Two-Dimensional Figures	Grade 2, Lessons 11-3, 11-5, 11-6, and 11-7

Opciones de repaso

Concepto	Opciones de repaso
Figuras tridimensionales	Grado 2, Lecciones 11-1, 11-2, 11-6 y 11-7
Figuras bidimensionales	Grado 2, Lecciones 11-3, 11-5, 11-6 y 11-7

¿Sabias que?
Algunos de los tipos más rojos de toronja se cultivan en Texas.

VERIFICA lo que sabes — Figuras bidimensionales

Una figura bidimensional es una forma con largo y ancho. Un círculo y un cuadrado son ejemplos de figuras bidimensionales.

Copia y completa la tabla.

	Figura	Nombre	Lados
3.		cuadrada	4
4.		círculo	ningunos
5.		rectángulo	4
6.		triángulo	3

7. **ESCRIBE EN ►MATEMÁTICAS** ¿En qué se diferencia un cuadrado de un cubo? ¿En qué se parecen? Ejemplo de respuesta: Un cubo es una figura tridimensional y un cuadrado es una figura de bidimensional. Se parecen porque el cubo tiene caras cuadradas.

Prepárate 9

More **FUN** Facts

- The Texas Department of Agriculture runs a huge school lunch and breakfast program in Texas public schools.
- In a recent year this program helped to serve more than 486 million lunches and 213 million breakfasts.
- During the same year, 7,203 schools participated in the school lunch program.
- Because of this program, nutritious meals are made available to about 4.5 million Texas students.

Más **DATOS** entretenidos

- El Departamento de Agricultura de Texas conduce un programa inmenso de desayunos y almuerzos escolares en las escuelas públicas de Texas.
- En un año reciente, este programa sirvió más de 486 millones de almuerzos y 213 millones de desayunos.
- Durante el mismo año, 7,203 escuelas participaron en el programa de almuerzos escolares.
- Gracias a este programa, 4.5 millones de alumnos Tejanos reciben alimentos nutritivos.

- Have students complete Exercises 1–2. Suggest that students ask themselves questions such as the following: **What shape are the faces? How many faces are there? Do the faces have straight lines or are they curved?**

Two-Dimensional Figures

- Use the chalkboard eraser to show the difference between a two-dimensional and three-dimensional figure. Point out that a face is shaped like a rectangle. It has length and width, but not height.
- Ask students to identify examples of two-dimensional figures they see in the classroom and to name attributes they know for each.

Using the Exercises

Exercise 2 You may wish to compare and contrast a cube and rectangular prism. Explain that cubes and rectangular prisms have the same number of faces, but a cube is a rectangular prism whose faces are all congruent squares.

Exercise 3 and 5 Extend the idea presented in Exercise 2 by pointing out that a square is a rectangle whose sides are all the same length. Invite students to compare and contrast squares and rectangles.

WRITING IN ►MATH You may want to suggest that students make a two-column chart with *square* and *cube* as the headings. Before they write, students can make a list of all of the attributes they know for each figure.

Assess and Close

- Fill in the "L" column of the KWL chart with the additional facts about food and the Texas Department of Agriculture.

Food Shapes
- Lead a discussion about shapes that are related to a variety of food items. **What foods are shaped like a sphere?** grapes, blueberries, etc.
- **What are some different shapes of containers that food comes in?** oatmeal in a cylinder, some cheeses in a triangular prism
- Encourage students to name other two- and three-dimensional shapes they have seen related to food and food packaging.

Start Smart Geometry and Spatial Reasoning **9**

- Pídales a los alumnos que completen los Ejercicios 1 y 2. Sugiérales que se hagan preguntas tales como: **¿Qué forma tiene la cara? ¿Cuántas caras hay? ¿Las caras tienen líneas rectas o son curvas?**

Figuras bidimensionales

- Use el borrador de pizarra para mostrar la diferencia entre una figura bidimensional y una figura tridimensional. Señale que una cara tiene forma de rectángulo. Tiene largo y ancho pero no alto.
- Pídales a los alumnos que identifiquen ejemplos de figuras bidimensionales que vean en el salón de clases y que nombren los atributos que conozcan para cada uno.

Use los ejercicios

Ejercicio 2 Si lo desea, compare y contraste un cubo y un prisma rectangular. Explique que los cubos y los prismas rectangulares tienen el mismo número de caras, pero un cubo es un prisma rectangular cuyas caras son todas cuadrados congruentes.

Ejercicios 3 y 5 Amplíe la idea presentada en el Ejercicio 2 señalando que un cuadrado es un rectángulo cuyos lados tienen la misma longitud. Invite a los alumnos a comparar y contrastar cuadrados y rectángulos.

ESCRIBE EN ►MATEMÁTICAS

Si lo desea, sugiérales a los alumnos que hagan una tabla de dos columnas con los encabezados cuadrado y cubo. Antes de que escriban, los alumnos pueden hacer una lista de todos los atributos que conocen de cada figura.

Evalúe y concluya

Rellene la columna "L" de la tabla KWL con datos adicionales sobre alimentos y el Departamento de Agricultura de Texas.

Alimentos y figuras

- Lidera un debate sobre las formas que aparecen en distintos alimentos. **¿Qué alimentos tiene forma de esfera?** Uvas, moras, etc.
- **¿Qué formas tienen los distintos envases en los que vienen los alimentos?** Avena en un cilindro, algunos quesos tienen forma de prisma triangular.
- Anime a los alumnos a nombrar otras figuras bidimensionales y tridimensionales que relacionen con los alimentos y los empaques.

Prepárate Geometría y razonamiento espacial **9**

Planificador de lección

Objetivos

Estimar y medir longitudes en pulgadas y medir temperaturas con termómetros.

TEKS

Refuerzo de 2º grado

TEKS Objetivo 2.9 El estudiante compara directamente los atributos de longitud, área, peso/masa y capacidad, y usa lenguaje comparativo para resolver problemas y contestar preguntas. El estudiante selecciona y utiliza unidades no estándares para describir longitud, área, capacidad y peso/masa. El estudiante reconoce y utiliza modelos que se aproximen a unidades estándares (tanto del sistema internacional (SI), también conocido como el sistema métrico, como del sistema inglés (usual)) de longitud, peso/masa, capacidad y tiempo. **(A) Identifique modelos concretos que se aproximen a unidades estándares de longitud y los utilice para medir longitud.** *También cubre TEKS 2.10(A).*

Preparación para 3ᵉʳ grado

TEKS Objetivo 3.11 El estudiante compara directamente los atributos de longitud, área, peso/masa y capacidad, y utiliza lenguaje comparativo para resolver problemas y contestar preguntas. El estudiante selecciona y utiliza unidades estándares para describir longitud, área, capacidad/volumen y peso/masa. **(A) Utilice instrumentos de medición lineal para estimar y medir longitudes utilizando unidades de medida estándares.**

TEKS Objetivo 3.12 El estudiante lee y escribe la hora, y mide la temperatura en grados Fahrenheit para resolver problemas. **(A) Utilice un termómetro para medir la temperatura.**

TAKS 4 El estudiante demostrará un entendimiento de los conceptos y usos de medidas.

Manipulativos: monedas, termómetros

Activar conocimientos previos

Lea y comente la introducción de la pág. 10 y el **Sabías qué** de la pág. 11.

- Lidere un debate sobre el programa de monedas de 25¢ estatales y llene la columna "K" en una tabla KWL.

- **¿Qué tipo de información aparece en una moneda de 25¢ estatal?** Describan la moneda.

- **¿Qué otra cosa les gustaría saber sobre el programa de monedas de 25¢ estatales o sobre otras monedas en general?** Rellene la columna "W".

Lesson Planner

Objectives

Estimate and measure length in inches and measure temperature with a thermometer.

TEKS

Reinforcement of Grade 2

Targeted TEKS 2.9 The student directly compares the attributes of length…to solve problems and answer questions. The student selects and uses nonstandard units to describe length… The student recognizes and uses models that approximate standard units…of length…**(A) Identify concrete models that approximate standard units of length and use them to measure length.** *Also addresses TEKS 2.10(A).*

Preparation for Grade 3

Targeted TEKS 3.11 The student directly compares the attributes of length…and uses comparative language to solve problems and answer questions. The student selects and uses standard units to describe length…. **(A) Use linear measurement tools to estimate and measure lengths using standard units.**

Targeted TEKS 3.12 The student reads and writes times and measures temperature in degrees Fahrenheit to solve problems. **(A) Use a thermometer to measure temperature.**

TAKS 4 The student will demonstrate an understanding of the concepts and uses of measurement.

Materials: coins, thermometers

Activate Prior Knowledge

Read and discuss the introduction on p. 10 and **Did You Know** on p. 11.

- Lead a discussion about the state quarter program and fill in the "K" column complete on a KWL chart.

- **What kind of information appears on a state quarter? Describe a quarter.**

- **What else would you like to know about the state quarter program or about coins in general?** Fill in the "W" column.

- Discuss the information in **Did You Know**. Have students suggest ideas to write in the "L" column.

Refuerzo de TEKS 2.9 El estudiante compara directamente los atributos de longitud, . . . **(A)** Identifique modelos concretos que se aproximen a unidades estándares de longitud y los utilice para medir longitud. *También cubre TEKS 2.10(A).*

Medición

Mide lo que quieras

La moneda de 25¢ del estado de Texas fue la tercera moneda de 25¢ emitida en 2004. Ésta muestra el estado de Texas, una estrella y su sobrenombre, "El estado de la estrella solitaria".

 **VERIFICA lo que sabes**

Unidades inglesas

Una unidad de medida estándar es la pulgada. Una moneda de 25¢ mide aproximadamente 1 pulgada.

Estima la longitud de cada conjunto de monedas. Luego, usa una moneda de 25¢ para medir la longitud.

1. Ejemplo de respuesta: aproximadamente 2 pulgadas; 2 pulgadas

2. Ejemplo de respuesta: aproximadamente 4 pulgadas; 4 pulgadas

3. ¿Cuántas monedas de 1¢ en fila pueden medir cerca de 5¢? 7

10 Prepárate

Options for Reteaching

Concept	Review Options
Customary Units	Grade 2, Lessons 12-2 and 12-4
Temperature	Grade 2, Lesson 8-1

- Comente la información de **Sabías qué.** Pídales a los alumnos que sugieran ideas para escribirlas en la columna "L".

Opciones de repaso

Concepto	Opciones de repaso
Unidades inglesas	Grado 2, Lecciones 12-2 y 12-4
Temperatura	Grado 2, Lección 8-1

Repuestas adicionales

13. Ejemplo de respuesta: La temperatura máxima de ayer fue de 78°F. Para las 9:00 p.m. la temperatura había caído 13 grados. ¿Cuál fue la temperatura a las 9:00 p.m.? 65°F

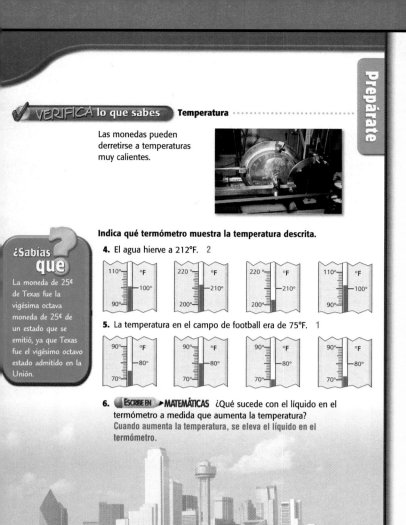

Preparate (sidebar tab)

VERIFICA lo que sabes — Temperatura

Las monedas pueden derretirse a temperaturas muy calientes.

¿Sabias que?

La moneda de 25¢ de Texas fue la vigésima octava moneda de 25¢ de un estado que se emitió, ya que Texas fue el vigésimo octavo estado admitido en la Unión.

Indica qué termómetro muestra la temperatura descrita.

4. El agua hierve a 212°F. 2

5. La temperatura en el campo de football era de 75°F. 1

6. ESCRIBE EN ►MATEMÁTICAS ¿Qué sucede con el líquido en el termómetro a medida que aumenta la temperatura? Cuando aumenta la temperatura, se eleva el líquido en el termómetro.

Prepárate 11

More FUN Facts

- The approximate life span of a coin is 30 years.
- The average life span of a dollar bill is 18 to 22 months.
- The edges of the dime and quarter are ridged, or reeded. The dime has 118 reeds and the quarter has 119 reeds.
- The dollar, half-dollar, quarter, and dime were originally made from gold and silver. The reeded edges were created so no one could file off the edges to get the silver or gold.

Customary Units

- Ask students to describe how to measure an object, discussing the importance of aligning the object and ruler. Encourage students to name the customary units of length and talk about their relationships to one another.
- Have students complete Exercises 1–3.

Temperature

- Ask students to tell what the temperature was on the hottest and coldest days they can remember. Record some of the temperatures. Remind them that temperature is measured in units that are called degrees.
- Lead into a discussion about thermometers and scales. If possible, pass around some thermometers as you explain how to read the numbers and marks to tell temperature.
- Have students complete Exercises 4–5 by matching the given temperature with the thermometer that shows it.

Using the Exercises

Exercise 1 Ask students the following questions:
- **Which is bigger, a quarter or a dime?** quarter
- **How will this help you to estimate the length of the dimes?** The dime is less than an inch.

Exercise 3 Ask students the following questions:
- **What if you doubled the set of coins in Exercise 2? How many coins is this? What would the length be?** 8 coins, about 6 inches

Suggest students use this idea to estimate the answer.

WRITING IN ►MATH Since many students will likely be most familiar with digital thermometers, a display of a variety of thermometers would be a helpful aid for this activity.

Assess and Close

- Fill in the "L" column of the KWL chart with the additional facts about coins.

Does it Make Cents?
- Provide groups of students with real coins. Ask them to place four sets of coins on a piece of paper. Have students first estimate and then measure the length of each set of coins.
- Direct students to record their estimates and measurements. Allow them to move around and check the work of other groups.

Unidades inglesas

- Pídales a los alumnos que describan cómo medir un objeto, comente la importancia de alinear un objeto con una regla. Anime a los alumnos a nombrar las unidades inglesas de medidas y a comentar sobre las relaciones entre sí.
- Haga que los alumnos completen los Ejercicios 1 al 3.

Temperatura

- Pídales a los alumnos que le digan cuál fue la temperatura en el día más caliente y más frío que recuerden. Registre algunas de las temperaturas. Recuérdeles que las temperaturas se miden en unidades llamadas grados.
- Conduzca un debate sobre termómetros y escalas. Si es posible, reparta algunos termómetros a medida que usted explica cómo leer los números y las marcas para indicar la temperatura.
- Pídales a los alumnos que completen los Ejercicios 4 y 5 haciendo corresponder las temperaturas dadas con los termómetros que las muestran.

Use los ejercicios

Ejercicio 1 Hágales a los alumnos las siguientes preguntas:
- **¿Cuál es más grande una moneda de 25¢ o una de 10¢?** moneda de 25¢.
- **¿Cómo les ayudará esto a estimar la longitud de las monedas de 10¢?** La moneda de 10¢ mide menos de una pulgada.

Ejercicio 3 Hágales a los alumnos las siguientes preguntas:
- **¿Qué sucede si duplican el conjunto de monedas del Ejercicio 2? ¿Cuántas monedas es esto? ¿Cuál será la longitud?** 8 monedas, aproximadamente 6 pulgadas.

Sugiérales que usen esta idea para estimar la respuesta.

ESCRIBE EN ►MATEMÁTICAS

Como muchos alumnos probablemente estén familiarizados con termómetros digitales, puede ser una buena ayuda mostrar distintos termómetros en esta actividad.

Evalúe y concluya

- Rellene la columna "L" de la tabla KWL con datos adicionales sobre monedas.

¿Tiene centavos?
- Provéales a grupos de alumnos monedas verdaderas. Pídales que coloquen cuatro conjuntos de monedas en una hoja. Haga que primero estimen y luego midan la longitud de cada conjunto de monedas.

- Dirija a los alumnos a que registren sus estimaciones y sus medidas. Permítales que se paseen de un grupo a oro verificando el trabajo de los otros.

Más datos entretenidos

- El tiempo de vida aproximado de una moneda es 30 años.
- El tiempo de vida promedio de un billete de un dólar es de 18 a 22 meses.
- La aristas de la moneda de 10¢ y la moneda de 25¢ son surcadas o acanaladas. La moneda de 10¢ tiene 118 surcos y la moneda de 25¢ tiene 119 surcos.
- La moneda de dólar, medio dólar y la moneda de 10¢ originalmente estaban hechas de oro y plata. Las aristas acanaladas se crearon para que nadie pudiera limarle el oro y la plata a las aristas.

Prepárate

Planificador de lección

Objetivos

Recopilar datos y crear e interpretar tablas de conteo, pictogramas y gráficas de barra.

 **TEKS**

Refuerzo de 2º grado
TEKS Objetivo 2.11 El estudiante organiza datos para que sean útiles en la interpretación de información. **(A) construya pictogramas y gráficas de barras.** *También cubre TEKS 2.11(B).*

Preparación para 3er grado
TEKS Objetivo 3.13 El estudiante resuelve problemas reuniendo, organizando, presentando e interpretando conjuntos de datos. **(A) Reúna, organice, anote y presente datos en pictogramas y gráficas de barras, en donde cada dibujo o elemento pueda representar más de un dato; (B) interprete información de pictogramas y gráficas de barras.**
TAKS 5 El estudiante demostrará un entendimiento de probabilidad y estadística.

Activar conocimientos previos

Lea y comente la introducción de la pág. 12 y el **Sabías qué** de la pág. 13.

- Lidere un debate sobre montañas rusas y llene la columna "K" en una tabla KWL.
- **¿Alguna vez se han montado en una montaña rusa? ¿Cómo se llamaba?**
- **¿Qué otra cosa les gustaría saber sobre montañas rusas u otras atracciones de parques de diversiones?** Rellene la columna "W".
- Comente la información en el **Sabías qué**. Pídales a los alumnos que sugieran ideas para escribirlas en la columna "L".

Gráfica de figuras

- Pídales a varios alumnos que expliquen lo que saben sobre gráficas de figuras, incluyendo los nombres de todas las partes. Comente la importancia de usar la clave para leer una gráfica de figuras.
- Pídales a los alumnos que completen los Ejercicios 1 al 3. Antes de asignar los ejercicios, asegúrese que los alumnos entiendan que cada símbolo representa a a 2 alumnos.

Lesson Planner

Objectives

Collect data and create and interpret tally charts, pictographs and bar graphs.

 **TEKS**

Reinforcement of Grade 2
Targeted TEKS 2.11 The student organizes data to make it useful for interpreting information. **(A) Construct picture and bar type graphs.** *Also addresses TEKS 2.11(B).*

Preparation for Grade 3
Targeted TEKS 3.13 The student solves problems by collecting, organizing, displaying, and interpreting sets of data. **(A) Collect, organize, record, and display data in pictographs and bar graphs where each picture or cell might represent more than one piece of data; (B) interpret information from pictographs and bar graphs.**
TAKS 5 The student will demonstrate an understanding of probability and statistics.

Activate Prior Knowledge

Read and discuss the introduction on p. 12 and **Did You Know** on p. 13.

- Lead a discussion about roller coasters and fill in the "K" column on a KWL chart.
- **Have you ever been on a roller coaster? What was it called?**
- **What else would you like to know about roller coasters or other amusement park rides?** Fill in the "W" column.
- Discuss the information in **Did You Know**. Have students suggest ideas to write in the "L" column.

Picture Graph

- Ask several students to explain what they know about picture graphs, including naming all of the parts. Discuss the importance of using the key to read a picture graph.
- Have students complete Exercises 1–3. Before assigning the exercises, make sure students understand that each symbol stands for 2 students.

12   Start Smart

Refuerzo de TEKS 2.11 El estudiante organiza datos para que sean útiles en la interpretación de información. (A) Construya pictografías y gráficas de barras. *También cubre TEKS 2.11(B).*

6 Probabilidad y estadística

¿A qué rapidez puedes ir?

Texas es el hogar de aproximadamente 20 parques de atracciones. Estos parques de atracciones tienen algunas de las montañas rusas más altas del mundo.

VERIFICA lo que sabes · Pictografía

Justin preguntó a sus amigos el nombre de su atracción favorita. Él colocó los datos en una pictografía.

Atracción favorita	
montaña rusa	● ● ● ●
noria	▲ ▲
atracción de agua	■ ■ ■ ■
carrusel	♥ ♥

● ▲ ■ ♥ = 2 alumnos

1. ¿Cuántos amigos encuestó Justin? 28
2. ¿Qué tipo de atracción les gusta más? atracción acuática
3. ¿Cuántos amigos más prefirieron las montañas rusas que las norias? 4

12   Prepárate

Options for Reteaching

Concept	Review Options
Picture Graph	Grade 2, Lessons 4-2 and 4-3
Tally Chart and Bar Graph	Grade 2, Lesson 4-1, 4-5, and 4-6

Opciones de repaso

Concepto	Opciones de repaso
Gráfica de figuras	Grado 2, Lecciones 4-2 y 4-3
Tabla de conteo y Gráfica de barras	Grado 2, Lecciones 4-1, 4-5 y 4-6

VERIFICA lo que sabes — Tabla de conteo y gráfica de barras

Alicia preguntó a sus amigos cuántas veces se montaron en una montaña rusa el verano pasado. Ella anotó los resultados en una tabla de conteo.

¿Te montaste en una montaña rusa?		
Nombre	Conteo	Total
Marcos	IIII II	7
Samuel	III	3
Rosa	II	2
Aaron	IIII IIII	10

¿Sabias que?

La montaña rusa Titan en Six Flags Magic Mountain tiene 225 pies de altura y cae a una velocidad de 85 millas por hora.

4. Copia y completa la tabla de conteo.
5. ¿Cuántos amigos encuestó Alicia? 4
6. ¿Cuántas veces en total se montaron en una montaña rusa? 22
7. ¿Cuántas veces más se montó Aaron en una montaña rusa que Rosa? 8
8. Copia la siguiente tabla. Usa los datos de la tabla de conteo para hacer una gráfica de barras. Los datos de Marcos ya se registraron.

¿Te montaste en una montaña rusa?									
Marcos									
Samuel									
Rosa									
Aaron									

9. **RECOPILA DATOS** Escribe una pregunta sobre parques de atracciones. Luego, usa tu pregunta para hacer una encuesta. Registra los resultados en una tabla de conteo. Organiza y representa los resultados en una gráfica de barras. *Ver el trabajo del alumno.*

Prepárate 13

More FUN Facts

Sea World in San Antonio has several thrilling rides.
- The Great White is a roller coaster with more than 2,500 feet of track. Riders go through loops, corkscrews, and flips at almost 50 miles per hour.
- The Texas Splashdown is the longest and tallest flume ride in the state. The half-mile boat ride has turns, twists, and two steep drops.
- Passengers on Rio Loco ride a circular raft that spins through 1,800 feet of river rapids. Watch out for the soaking waterfall!
- Passengers experience weightlessness on the Steel Eel. This roller coaster travels 3,700 feet in just two minutes.

Prepárate

Tally Chart and Bar Graph

- Ask students what tallies are and what they are used for. *marks used to count and record items*
- **Suppose you want to record 6 tallies. What would they look like?** Invite a volunteer to make a representation on the board. Make sure students understand tallies are recorded in groups of 5.
- Have students complete the tally chart and Exercises 4–9.

Using the Exercises

Exercise 5 Make sure students do not confuse the number of friends surveyed with the number of times they rode a roller coaster.

Exercise 6 and 7 Point out that these questions involve using operations with the numbers in the tally chart, and not just reading it.

WRITING IN ►MATH Brainstorm with students ideas for potential survey questions. Ask questions such as the following: **What amusement parks have you been to? What kinds of rides were there? Besides rides, what else can you find at an amusement park?**

Assess and Close

- Fill in the "L" column of the KWL chart with the additional facts about amusement park rides.
- Use students' work in Exercise 9 to assess understanding of how to organize data and record it in a tally chart and bar graph. Check that the graphs are properly labeled and that a title is included.
- Have students write two or three sentences that describe the data in their graph. Ask several volunteers to share their descriptions.

Tabla de conteo y gráfica de barras

- Pregúnteles a los alumnos qué son las fichas y para qué se usan. *marcas que se usan para contar y registrar artículos*
- **Supongan que quieren registrar 6 fichas. ¿Cómo serían?** Invite a algunos voluntarios a que hagan una representación en la pizarra. Asegúrese que los alumnos entiendan que las fichas se registran en grupos de 5.
- Haga que los alumnos completen la tabla de conteo y los Ejercicios 4 al 9.

Use los ejercicios

Ejercicio 5 Asegúrese que los alumnos no confundan el número de amigos encuestados con el número de veces que se montaron en una montaña rusa.
Ejercicios 6 y 7 Señale que estas preguntas implican usar operaciones con los números en la tabla de conteo y no sólo leerlos.

ESCRIBE EN ►MATEMÁTICAS

Haga una tormenta de ideas con los alumnos sobre preguntas potenciales de encuestas. Haga preguntas como la siguiente: **¿Qué parques de diversiones han visitado? ¿Qué tipos de atracciones habían? Además de las atracciones, ¿qué otras cosas pueden conseguir en un parque de atracciones?**

Evalúe y concluya

- Rellene la columna "L" de la tabla KWL con datos adicionales sobre las atracciones en un parque de diversiones.
- Use el trabajo de los alumnos en el Ejercicio 9 para evaluar su entendimiento de cómo organizar datos y registrarlos en una tala de conteo y una gráfica de barras. Verifique que las gráficas están rotuladas apropiadamente y que se incluyan los títulos.
- Haga que los alumnos escriban dos o tres oraciones que describan los datos en sus gráficas. Pídales a varios voluntarios que compartan sus descripciones.

Más datos entretenidos

Sea World, en San Antonio, tiene varias atracciones emocionantes.
- La "Great White" es una montaña rusa con más de 2,500 pies de pista. Las personas viajan por aros, tirabuzones y vueltas a casi 50 millas por hora.
- El Splashdown de Texas es la atracción de agua más larga y alta del estado. Esta atracción de media milla tiene giros, vueltas y dos caídas escarpadas.
- Los pasajeros en la atracción Río Loco se montan en una balsa circular que gira por 1,800 pies de rápidos. ¡Cuidado con la caída de agua!
- Los pasajeros experimentan la falta de gravedad en la Steel Eel. Esta montaña rusa recorre 3,700 pies en sólo dos minutos.
- El entrenamiento de los astronautas en el centro espacial Johnson se realiza en el laboratorio de flotabilidad neutra, una piscina extremadamente grande con tiene más de 6 millones de galones de agua. Esta piscina ayuda a simular la atmósfera sin gravedad del espacio.

Vistazo del capítulo

En el Capítulo 1, se hace énfasis en el sentido numérico y el valor de posición hasta 999,999.

Lección	Objetivo matemático	TEKS
1–1 Patrones numéricos (págs. 17-19)	Identificaré y extenderé patrones de números enteros para resolver problemas.	3.6(A) 3.15(A) 3.16(A)(C)
1–2 Destrezas para resolver problemas: Usa el plan de cuatro pasos (págs. 20-21)	Para resolver los problemas, entenderé el problema, haré un plan, lo llevaré a cabo y verificaré la racionalidad de la respuesta.	3.14(C)
EXPLORA 1–3 Valor de posición (págs. 22-23)	Usaré el valor de posición para leer, escribir y describir el valor de números enteros.	3.1(A)
1–3 Valor de posición hasta 10,000 (págs. 24-26)	Usaré el valor de posición para describir el valor de números enteros hasta la posición de las decenas de millar.	3.1(A) 3.15(B) 3.16(B)
1–3 Extensión Modelos de valor de posición (pág. 27)	Usaré la tecnología para calcular el valor de posición.	3.14(D) 3.15(A)
1–4 Valor de posición hasta 999,999 (págs. 28-30)	Leeré, escribiré y describiré el valor de posición de números enteros hasta 999,999.	3.6(A) 3.1(B) 3.15(B)
1–5 Investigación para resolver problemas: Usa el plan de cuatro pasos (págs. 32-33)	Para resolver los problemas, entenderé el problema, haré un plan, lo llevaré a cabo y verificaré la racionalidad de la respuesta.	3.14(B) 3.14(C)
1–6 Compara números (págs. 34-37)	Compararé números enteros hasta el 9,999.	3.1(B) 3.15(A)(B) 3.16(A)
1–7 Ordena números (págs. 38-41)	Ordenaré números enteros hasta el 9,999.	3.1(B) 3.14(A) 3.15(A) 3.16(B)
1–8 Redondea a la decena y a la centena más cercana (págs. 44-46)	Redondearé números enteros a la decena o centena más cercana para aproximar respuestas razonables.	3.5(A) 3.15(A) 3.16(B)
1–9 Valor de monedas y billetes (págs. 48-51)	Determinaré el valor de monedas y billetes.	3.1(C)(A)(B) 3.5(A) 3.6(A) 3.14(A) 3.15(A) 3.16(A)

Chapter-at-a-Glance

In Chapter 1, the emphasis is on number sense and place value through 999,999.

Lesson	Math Objective	TEKS
1-1 Number Patterns (pp. 17–19)	Identify and extend number patterns to solve problems.	3.6(A) 3.15(A) 3.16(A)(C)
1-2 Problem-Solving Skill: Use a Four-Step Lesson Plan (pp. 20–21)	Solve problems by understanding the problem, making a plan, carrying out the plan, and check the answer for reasonableness.	3.14(C)
EXPLORE 1-3 Place Value (pp. 22–23)	Use place value to read, write, and describe the value of whole numbers.	3.1(A)
1-3 Place Value through 10,000 (pp. 24–26)	Use place value to describe whole numbers through the ten thousands place.	3.1(A) 3.15(B) 3.16(B)
EXTEND 1-3 Place-Value Models (p. 27)	Use technology to find place value.	3.14(D) 3.15(A)
1-4 Place Value through 999,999 (pp. 28–30)	Read, write, and describe the place value of whole numbers through 999,999.	3.6(A) 3.1(B) 3.15(A)
1-5 Problem-Solving Investigation: Use the Four-Step Plan (pp. 32–33)	Solve problems by understanding the problem, making a plan, carrying out the plan, and checking the answer for reasonableness.	3.14(B) 3.14(C)
1-6 Compare Numbers (pp. 34–37)	Compare whole numbers through 9,999.	3.1(B) 3.15(A)(B) 3.16(A)
1-7 Order Numbers (pp. 38–41)	Order whole numbers through 9,999.	3.1(B) 3.14(A) 3.15(A) 3.16(B)
1-8 Round to the Nearest Ten and Hundred (pp. 44–46)	Round whole numbers to the nearest ten or hundred to approximate reasonable answers.	3.5(A) 3.15(A) 3.16(B)
1-9 Value of Coins and Bills (pp. 48–51)	Determine the value of coins and bills.	3.1(C)(A)(B) 3.5(A) 3.6(A) 3.14(A) 3.15(A) 3.16(A)

Use Place Value to Communicate

BIG Idea Understanding place value and number sense is essential for developing skills in all areas of mathematics. These concepts form the basis for estimating and determining reasonableness of answers.

Algebra Students compare and order whole numbers. This concept will help prepare them for algebra concepts such as writing inequalities. (Lessons 1-6 and 1-7)

Targeted TEKS in Chapter 1

3.1 Number, operation, and quantitative reasoning. The student uses place value to communicate about increasingly large whole numbers in verbal and written form, including money. The student is expected to:
(A) use place value to read, write (in symbols and words), and describe the value of whole numbers through 999,999. (Lessons 1-3 and 1-4)
(B) use place value to compare and order whole numbers through 9,999. (Lessons 1-6 and 1-7)
(C) determine the value of a collection of coins and bills. (Lesson 1-9)

3.5 Number, operation, and quantitative reasoning. The student estimates to determine reasonable results. The student is expected to:
(A) round whole numbers to the nearest ten or hundred to approximate reasonable results in problem situations. (Lesson 1-8)

3.6 Patterns, relationships, and algebraic thinking. The student uses patterns to solve problems. The student is expected to:
(A) identify and extend whole-number and geometric patterns to make predictions and solve problems. (Lesson 1-1)

3.14 Underlying processes and mathematical tools. The student applies Grade 3 mathematics to solve problems connected to everyday experiences and activities in and outside of school. The student is expected to:
(B) solve problems that incorporate understanding the problem, making a plan, carrying out the plan, and evaluating the solution for reasonableness. (Lesson 1-5)
(C) select or develop an appropriate problem-solving plan or strategy, including drawing a picture, looking for a pattern, systematic guessing and checking, acting it out, making a table, working a simpler problem, or working backwards to solve a problem. (Lesson 1-2)
(D) use tools such as real objects, manipulatives, technology to solve problems. (Explore 1-3)

TEKS objetivo en el Capítulo 1

3.1 Números, operaciones y razonamiento cuantitativo. El estudiante utiliza el valor de posición para expresar en forma oral y escrita números enteros cada vez más grandes, incluyendo el dinero. Se espera que el estudiante:
(A) utilice el valor de posición para leer, escribir (con símbolos y palabras) y describir el valor de números enteros hasta el 999,999. (Lecciones 1-3 y 1-4)
(B) utilice el valor de posición para comparar y ordenar números enteros hasta el 9,999. (Lecciones 1-6 y 1-7)
(C) determine el valor de un grupo de billetes y monedas. (Lección 1-9)

3.5 Números, operaciones y razonamiento cuantitativo. El estudiante estima para determinar resultados razonables. Se espera que el estudiante:
(A) redondee números enteros a la decena o centena más cercana para aproximar resultados razonables de problemas. (Lección 1-8)

3.6 Patrones, relaciones y razonamiento algebraico. El estudiante utiliza patrones para resolver problemas. Se espera que el estudiante:
(A) identifique y extienda patrones de números enteros y patrones geométricos para hacer predicciones y resolver problemas. (Lección 1-1)

3.14 Procesos fundamentales y herramientas matemáticas. El estudiante aplica las matemáticas del 3er grado para resolver problemas relacionados con experiencias diarias y actividades dentro y fuera de la escuela. Se espera que el estudiante:
(B) resuelva problemas que incorporen la comprensión del problema, hacer un plan, llevarlo a cabo y evaluar lo razonable de la solución. (Lección 1-5)

 Skill Trace

TEKS Vertical Alignment

Second Grade

In second grade, students learned to:
- Read, write, identify, and use words, models and expanded form to represent numbers to 999. TEKS 2.1(B)
- Order and compare three-digit numbers through 100. TEKS 2.1(C), 2.5(B)

Third Grade

During the chapter, students learn to:
- Identify and extend number patterns to solve problems. TEKS 3.6(A)
- Read, write, and identify place value of whole numbers through 999,999. TEKS 3.1(A)
- Compare and order whole numbers through 9,999. TEKS 3.1(B)
- Round whole numbers to the nearest ten or hundred to approximate reasonable answers. TEKS 3.5(A)

After this chapter, students learn to:
- Add, subtract, multiply, and divide whole numbers. TEKS 5.3(A), 5.3(B), 5.3(C)

Fourth Grade

In fourth grade, students learn to:
- Read, write, compare, and order whole numbers through the millions. TEKS 4.1(A)
- Round whole numbers through the millions. TEKS 4.5(A)

Back-Mapping McGraw-Hill's *Texas Mathematics* was conceived and developed with the final results in mind: student success in Algebra 1 and beyond. The authors, using the Texas TEKS as their guide, developed this brand new series by back-mapping from Algebra 1 concepts.

Math Vocabulary

The following math vocabulary words for Chapter 1 are listed in the glossary of the *Student Edition*. You can find interactive definitions in 13 languages in the *eGlossary* at tx.gr3math.com

bill Another name for paper money. As in "dollar bill". (p. 48A)

digit A symbol used to write numbers. The ten digits are 0, 1, 2, 3, 4, 5, 6, 7, 8, 9. (p. 24A)

dollar One dollar = 100¢ or 100 cents. Also written as $1.00. (p. 48A)

is equal to (=) Having the same value. (p. 34A)

pattern A sequence of numbers, figures, or symbols that follows a rule or design. (p. 17A)
Example: 2, 4, 6, 8, 10

place value The value given to a digit by its place in a number. (p. 24A)
Example: In 5,349 the 3 is in the hundreds place and has a value of 300.

round To change the value of a number to one that is easier to work with. (p. 44A)
Example: 27 rounded to the nearest 10 is 30.

standard form The usual way of writing a number that shows only its digits, no words. (p. 28A)

Visual Vocabulary Cards
Use Visual Vocabulary Cards 13 and 48 to reinforce the vocabulary in this lesson. (The Define/ Example/Ask routine is printed on the back of each card.)

`round`

(C) seleccione o desarrolle un plan o una estrategia de resolución de problemas apropiado en el que haga un dibujo, busque un patrón, adivine y compruebe sistemáticamente, haga una dramatización, elabore una tabla, resuelva un problema más sencillo o trabaje desde el final hasta el principio para resolver un problema. (Lección 1-2)
(D) utilice herramientas tales como objetos reales, manipulativos y tecnología para resolver problemas. (Explora 1-3)

Vocabulario matemático

Las siguientes palabras de vocabulario matemático para el Capítulo 1 se presentan en el glosario de la *edición del alumno*. Se pueden encontrar definiciones interactivas en 13 idiomas en el *eGlossary* en tx.gr3math.com

billete Otro nombre para papel moneda. Por ejemplo "billete de un dólar". (pág. 48A)

dígito Símbolo que se usa para escribir números. Los diez dígitos son 0, 1, 2, 3, 4, 5, 6, 7, 8, 9. (pág. 24A)

dólar 100¢ ó 100 centavos. También se escribe como $1.00. (pág. 48A)

es igual a (=) Que tiene el mismo valor. (pág. 34A)

patrón Sucesión de números, figuras o símbolos que sigue una regla o un diseño. (pág. 17A)
Ejemplo: 2, 4, 6, 8, 10

valor de posición El valor de un *dígito* según su lugar en el número. (pág. 24A)
Ejemplo: En el número 5,349, 3 está en el lugar de las centésimas y tiene un valor de 300.

redondear Cambiar el *valor* de un número por uno con el que es más fácil trabajar. Calcular el valor más cercano de un número en base a un valor de posición dado. (pág. 44A)
Ejemplo: 27 redondeado a la décima más cercana es 30.

forma estándar/nottación estándar La manera habitual de escribir un número que sólo muestra sus dígitos, sin palabras. (pág. 28A)

Tarjetas visuales de vocabulario
Use la(s) tarjeta(s) visual(es) del vocabulario 13 y 48 para reforzar el vocabulario presentado en esta lección. (La rutina Definir/Ejemplo/Pregunta se encuentra en la parte posterior de cada tarjeta.)

`redondear`

Chapter Planner

Suggested Pacing		
Instruction	Review & Assessment	TOTAL
11 days	2 days	13 days

Diagonal Assessment
Are You Ready (p. 494)

	Lesson 1-1 Pacing: 1 day	**Lesson 1-2** Pacing: 1 day	**Lesson 1-3** Pacing: 1 day
Lesson/ Objective	**Addition Stories** (pp. 47–48) **Objective:** Use manipulatives to show number stories.	**Problem-Solving Investigation** **Use Counters** (pp. 49–50) **Objective:** Use counters to add.	**Problem-Solving Investigation** **Write a number Sentence** **Objective:** Use pictures and the symbols plus (1) and equals (5) to write addition sentences.
TEKS	3.6(A), 3.15(A), 3.16(A), (C)	3.14(C)	3.1(A)
Math Vocabulary	in all addend	add	number sentence
Lesson Resources	**Materials** paper, crayons, graph paper **Manipulatives** two-color counters **Other Resources** CRM Leveled Worksheets (pp. 3–8) EL Handbook, p. 40	**Materials** red and yellow crayons **Manipulatives** two-color counters **Other Resources** CRM Leveled Worksheets (pp. 3–8) EL Handbook, p. 40	**Materials** red and yellow crayons **Manipulatives** two-color counters **Other Resources** CRM Leveled Worksheets (pp. 3–8) EL Handbook, p. 40
Technology	Interactive Classroom • Math Traveler • Math Songs Math Online Concepts in Motion • Games	Interactive Classroom • Math Traveler • Math Songs Math Online Concepts in Motion • Games	Interactive Classroom • Math Traveler • Math Songs Math Online Concepts in Motion • Games
Reaching All Learners	English Learners, p. 47A ELL Inclusion, p. 47A BL Early Finishers, p. 48 OL AL	English Learners, p. 49A ELL Inclusion, p. 50 BL Early Finishers, p. 50 OL AL	English Learners, p. 51A ELL Inclusion, p. 51A BL Early Finishers, p. 52 OL AL
Alternate Lesson	Math their way, p. 192		

KEY
BL Below Level   OL On Level   AL Above Level   ELL English Learners
SE Student Edition   TE Teacher Edition   CRM Chapter 1 Resource Masters   CD-Rom
Transparency   Real-World Problem-Solving Library

14C **Capítulo 1** Usa el valor de posición para comunicarte

Lesson 1-3	Explore	Lesson 1-4	
Place Value through 10,000 (pp. 24–26)	**Place-Value Models** (p. 27)	**Place Value through 999,999** (pp. 28–30)	Lesson/ Objective
Objective: Use place value to describe whole numbers through the ten thousands place.	**Objective:** Use technology to find place value.	**Objective:** Read, write, and describe the place value of whole numbers through 999,999.	
3.1(A), 3.15(B), 3.16(B)	3.14(D), 3.4(A), 3.15(A)	3.6(A), 3.1(B), 3.15(B)	TEKS
digit, place value		standard form, word form, expanded form	Math Vocabulary
		Materials poster with numbers	Lesson Resources
Manipulatives base-ten blocks		**Manipulatives** base-ten blocks	
Other Resources CRM Leveled Worksheets (pp. 18–22) Daily Reteach • 5-Minute Check • Problem of the Day		**Other Resources** CRM Leveled Worksheets (pp. 23–27) Daily Reteach • 5-Minute Check • Problem of the Day	
Interactive Classroom • Math Adventures Math Online Concepts in Motion • Games	Math Tool Chest (accessible in three ways) Math Online tx.gr3math.com Student Works Plus Interactive Classroom	Interactive Classroom • Math Adventures Math Online Concepts in Motion • Games	Technology
English Learners, p. 24B ELL Gifted and Talented, p. 24B AL Early Finishers, p. 24B AL		English Learners, p. 28B ELL Gifted and Talented, p. 28B AL Early Finishers, p. 28B AL	Reaching All Learners
			Alternate Lesson

Formative Assessment
Mid-Chapter Check (p. 31)

	Lesson 1-5	Lesson 1-6	Lesson 1-7
Lesson/Objective	**Problem-Solving Investigation** **Use the Four-Step Plan** (pp. 32–33) **Objective:** Solve problems by understanding the problem, making a plan, carrying out the plan, and checking the answer for reasonableness.	**Compare Numbers** (pp. 34-37) **Objective:** Compare whole numbers through 9,999.	**Order Numbers** (pp. 38-41) **Objective:** Order whole numbers through 9,999.
TEKS	3.14(B), (C)	3.1(B), 3.15(A), (B), 3.16(A)	3.1(B), 3.14(A), 3.15(A), 3.16(B)
Math Vocabulary		is less than (<), is greater than (>), is equal to (=)	
Lesson Resources	**Materials** markers or crayons **Manipulatives** counters **Other Resources** CRM Leveled Worksheets (pp. 28–32) Daily Reteach • 5-Minute Check • Problem of the Day Animal Habitats	**Materials** WorkMat 1: Place-Value Chart, number line **Manipulatives** numbered cards **Other Resources** CRM Leveled Worksheets (pp. 33–37) Daily Reteach • 5-Minute Check • Problem of the Day	**Materials** WorkMat 1: Place-Value Chart, number line **Manipulatives** counters, connecting cubes, base-ten blocks **Other Resources** CRM Leveled Worksheets (pp. 38–42) Daily Reteach • 5-Minute Check • Problem of the Day
Technology	Interactive Classroom • Math Adventures Math Online Concepts in Motion • Games	Interactive Classroom • Math Adventures Math Online Concepts in Motion • Games	Interactive Classroom • Math Adventures Math Online Concepts in Motion • Games
Reaching All Learners	English Learners, p. 32B ELL Gifted and Talented, p. 32B AL Early Finishers, p. 32B OL AL	English Learners, p. 34B ELL Below Level, p. 34B BL Early Finishers, p. 34B AL	English Learners, p. 38B ELL Gifted and Talented, p. 38B AL Early Finishers, p. 38B OL AL
Alternate Lesson			**Problem Solving in Geography** **The Mighty Mississippi** (p. 42)

The one-stop Assessment Options planner organizes the resources available for diagnostic, formative, and summative assessment in this chapter.

Lesson 1-8

Round to the Nearest Ten and Hundred
(pp. 44–46)

Objective: Round whole numbers to the nearest ten or hundred to approximate reasonable answers.

3.5(A), 3.15(A), 3.16(B)

round

Materials
WorkMat 1: Place-Value Chart, number line

Other Resources
CRM Leveled Worksheets (pp. 43–47)
Daily Reteach • 5-Minute Check
• Problem of the Day

Interactive Classroom • Math Adventures
Math Online
Concepts in Motion • Games

English Learners, p. 44B ELL
Below Level, p. 44B BL
Early Finishers, p. 44B AL

Game Time
Round Numbers (p. 47)

Lesson 1-9
Pacing: 1 day

Value of Coins and Bills
(pp. 48–51)

Objective: Determine the value of coins and bills.

3.1(A), 3.1(B), 3.1(C), 3.5(A), 3.6(A), 3.14(A), 3.15(A), 3.16(B)

bill, dollar

Manipulatives
money

Other Resources
CRM Leveled Worksheets (pp. 48–52)
Daily Reteach • 5-Minute Check
• Problem of the Day

Interactive Classroom • Math Adventures
Math Online
Concepts in Motion • Games

English Learners, p. 48B ELL
Gifted and Talented, p. 48B AL
Early Finishers, p. 48B AL

Summative Assessment
• **Study Guide/Review** (p. 52)
• **Chapter Test** (p. 59)
• **Standards Practice** (p. 60)

Assessment Options

Diagnostic Assessment

SE *Option 1:* Quick Check (p. 16)
Option 2: Online Quiz tx.gr3math.com
CRM *Option 3:* Diagnostic Test (p. 61)

Formative Assessment

TE Alternate Teaching Strategy (every lesson)
SE Talk About It (every lesson)
SE Writing in Math (every lesson)
SE Check What You Know (every lesson)
TE Ticket Out the Door (pp. 19, 41, 51)
TE Into the Future (p. 30)
TE Yesterday's News (p. 26)
TE Name the Math (pp. 37, 46)
SE Mid-Chapter Check (p. 31)
CRM Lesson Quizzes (pp. 63–65)
CRM Mid-Chapter Test (p. 66)

Summative Assessment

SE Chapter Test (p. 59)
SE Texas Test Practice (p. 60)
CRM Vocabulary Test (p. 67)
CRM Leveled Chapter Tests (pp. 72–83)
CRM Cumulative Standards Test Practice (pp. 86–88)
CRM Oral Assessment (pp. 68–69)
ExamView© Assessment Suite

McGraw Hill Professional Development

Target professional development has been articulated throughout **Texas Mathematics** series. The **McGraw-Hill Professional Development Video Library** provide short videos that support the Texas TEKS. For more information, visit
tx.gr3math.com

| Model Lessons | Instructional Strategie |

Estaciones de aprendizaje
Enlaces Interdisciplinarios

 Lectura

The Grapes of Math
- Lee *The Grapes of Math* de Greg Tang, por su cuenta o con un compañero(a)
- Formen sus propios grupos de uvas para contar usando marcadores y papel.
- Usen sus patrones de uvas para contar todas las uvas que dibujaron. Recuerden: ¡No cuenten sus uvas una por una! Escriban su patrón con números.
- Con su compañero(a), escriban un poema que describa cómo pueden contar sus grupos de uvas usando patrones numéricos.

Materiales:
- marcadores
- papel
- lápices

 Arte

Conteo rápido de colchas
Los tejedores de colchas a menudo cosen un mismo número de formas geométricas dentro de cada cuadro. Pueden contar el número de cuadros para contar rápidamente cuántas piezas cosieron para terminar la colcha.
- Cuenten el número de figuras que contiene un cuadro de una colcha.
- Usen el resultado que obtuvieron para crear un patrón de suma. Cuenten el número de cuadrados que contiene toda la colcha.
- Usen marcadores para crear su propio diseño base del cuadro de una colcha y escriban un patrón de suma usando el número de formas en su cuadro.

Materiales:
- fotos de colchas tradicionales
- marcadores
- papel
- lápiz

 Escritura

Pasen notas en clase
- Elijan a un(a) compañero(a). Escriban un número entero de cuatro dígitos en uno de los lados de una tarjeta. Su compañero(a) hará lo mismo en otra tarjeta.
- Intercambien la tarjeta con su compañero(a). Luego, en el reverso de la tarjeta, escriban una oración que utilice el número escrito en la tarjeta. Escriban el número en palabras. Su compañero(a) hará lo mismo.
- Para revisar su trabajo, lean su número y su oración en voz alta a su compañero(a), quien luego hará lo mismo.

Materiales:
- tarjetas
- lápices

Learning Stations
Cross-Curricular Links

 Reading

 TEKS 3.16(A) · pair · SPATIAL

Grape Expectations
- Read *The Grapes of Math* by Greg Tang by yourself or with a partner.
- Make your own grape groups to count using markers and paper.
- Use your grape pattern to count all of the grapes you drew. Remember: Do not count your grapes one by one! Write your pattern out in numbers.
- With your partner, write a poem describing how you can count your grape groups using number patterns.

Materials:
- markers
- paper
- pencils

 Art

 TEKS 3.6(A) · individual · SPATIAL

Quick-Count Quilts
Quilt artists often have the same number of geometric shapes inside each square. You can use the squares to skip-count how many pieces it took to make the quilt.
- Count the number of shapes inside one quilt square.
- Using the number you found, make an addition pattern, and count up how many shapes it takes to make the whole quilt.
- Using markers, make up your own quilt block, and write an addition pattern using the number of shapes in your block.

Log Cabin

Materials:
- pictures of traditional quilts
- markers
- paper
- pencil

 Writing

 TEKS 3.1(A) · pair · LINGUISTIC

Passing Notes in Class
- Choose a partner. Write a four-digit whole number on one side of an index card. Your partner will do the same on another index card.
- Switch cards with your partner, then write a sentence on the back of the index card using the number on the card. Use word form to write the number. Your partner will do the same.
- Read your numbers aloud, and then read your sentences aloud to each other to check your work.

Materials:
- index cards
- pencils

14G Chapter 1 Use Place Value to Communicate

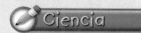

Science

TEKS 3.1(B) · individual | LOGICAL

Going Deep

The average depth of the Atlantic Ocean is 12,254 feet deep, the Pacific Ocean is 13,740 feet deep and the Arctic Ocean is 3,407 feet deep. How do they compare?

- Make a place-value chart and enter each ocean's depth on the chart.

- Compare the depths of the world's oceans. Which one is deepest? Which one is least deep? Pacific Ocean is deepest; Arctic is least deep.

- Make your own deep-sea word problem.

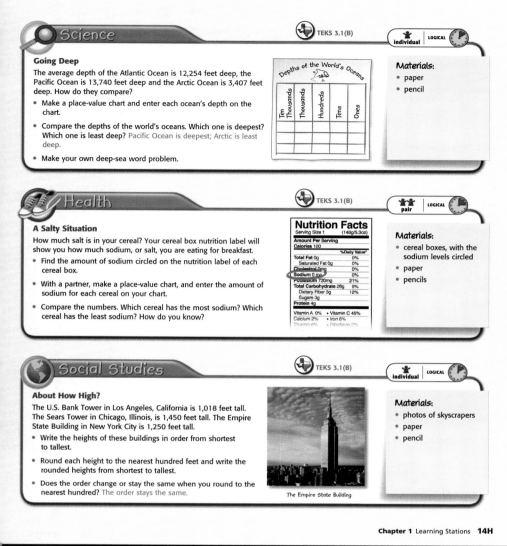

Materials:
- paper
- pencil

Health

TEKS 3.1(B) · pair | LOGICAL

A Salty Situation

How much salt is in your cereal? Your cereal box nutrition label will show you how much sodium, or salt, you are eating for breakfast.

- Find the amount of sodium circled on the nutrition label of each cereal box.

- With a partner, make a place-value chart, and enter the amount of sodium for each cereal on your chart.

- Compare the numbers. Which cereal has the most sodium? Which cereal has the least sodium? How do you know?

Materials:
- cereal boxes, with the sodium levels circled
- paper
- pencils

Social Studies

TEKS 3.1(B) · individual | LOGICAL

About How High?

The U.S. Bank Tower in Los Angeles, California is 1,018 feet tall. The Sears Tower in Chicago, Illinois, is 1,450 feet tall. The Empire State Building in New York City is 1,250 feet tall.

- Write the heights of these buildings in order from shortest to tallest.

- Round each height to the nearest hundred feet and write the rounded heights from shortest to tallest.

- Does the order change or stay the same when you round to the nearest hundred? The order stays the same.

The Empire State Building

Materials:
- photos of skyscrapers
- paper
- pencil

Chapter 1 Learning Stations **14H**

Ciencia

Hacia el fondo

El océano Atlántico tiene una profundidad promedio de 12,254 pies, el océano Pacífico tiene una profundidad promedio de 13,740 pies y el océano Ártico tiene una profundidad promedio de 3,407 pies. Compáralas.

- Hagan un cartel de valor de posición y anoten en él las profundidades de los océanos.

- Comparen las profundidades. ¿Cuál es el más profundo? ¿Cuál es el menos profundo? El océano Pacífico es el más profundo y el océano Ártico es el menos profundo.

- Elaboren su propio problema sobre profundidad oceánica.

Profundidad de los océanos del mundo

Decenas de millar			
Millares			
Centenas			
Decenas			
Unidades			

Materiales:
- papel
- lápiz

Salud

Una situación salada

¿Cuánta sal tiene su cereal? La etiqueta con la información nutricional de la caja de cereal nos indica cuánto sodio, o sal, se ingiere en el desayuno.

- Busquen en la etiqueta de cada caja de cereal el número encerrado en un círculo que indica la cantidad de sodio que contiene.

- Hagan con un compañero(a) un cartel de valor de posición y anoten en el cartel la cantidad de sodio que contiene cada cereal.

- Comparen los números. ¿Qué cereal contiene más sodio? ¿Cuál contiene menos? ¿Cómo lo sabes?

Nutrition facts = Información nutricional
Sodium = Sodio

Materiales:
- cajas de cereales con los niveles de sodio encerrados en círculos
- papel
- lápices

Ciencia social

¿Aproximadamente a qué altura?

La torre US Bank, en Los Ángeles, California, mide 1,018 pies de altura. La Torre Sears, en Chicago, Illinois, mide 1,450 pies de altura. El edificio Empire State, en la ciudad de New York, mide 1,250 pies de altura.

- Ordenen los nombres de estos edificios de menor a mayor altura.

- Redondeen las alturas a la centena más cercana y ordenen las alturas redondeadas de menor a mayor.

- ¿Cambia el orden o permanece igual, después de redondear las alturas a la centena más cercana? El orden permanece igual.

Materiales:
- fotos de rascacielos
- papel
- lápiz

Introducción al capítulo

 Vida real: Valor del dinero

Materiales: dinero de juego, cartel de valor de posición, lápices de colores morados y verdes

Dígales a los alumnos que van a aprender sobre valor de posición. Explique que el valor de posición es el valor dado a cualquier dígito según su posición en un número.

- Entréguele a cada alumno un cartel de valor de posición y una combinación de 5 billetes.
- Pídales a los alumnos que llenen el cartel para cada billete. Asegúrese que ninguna de las combinaciones requiera reagrupación.
- Pídales a los alumnos que encierren en un círculo todos los números en el lugar de las unidades con un lápiz de color verde. Pídale que subrayen todos los números en el lugar de las decenas con un lápiz de color morado.

Dirija a los alumnos a la pág. 14 en la edición del alumno. Pídales que lean el párrafo al principio de la página.

- **Cuándo usan el valor de posición en sus vidas diarias?** dinero, números de páginas, etc.

ESCRIBE EN ▶MATEMÁTICAS

Al comenzar el capítulo

Pregúnteles a los alumnos que piensen en cuándo usan números. Pídales que escriban sobre estas situaciones y que expliquen lo que muestran los números.

Vocabulario clave Presente el vocabulario clave de este capítulo usando la siguiente rutina.

Defina: el valor de posición es el valor dado a un dígito por suposición en el número.

Ejemplo: El 4 en 485 está en el lugar de las centenas, el 8 están en el lugar de las decenas y el 5 está en el lugar de las unidades.

Pregunte: ¿Cuándo es útil conocer el valor de posición de un número?

Antología de lectura en voz alta Para introducir los conceptos matemáticos de este capítulo con una lectura alternativa, vea la antología de lectura en voz alta en la pág. R88.

Introduce the Chapter
TEKS 3.1(C)

 Real World: Value of Money

Materials: play money, place-value chart, green and purple colored pencils

Tell students that they are going to learn about place value. Explain that place value is the value given to a digit by its place in a number.

- Give each student a place-value chart and a combination of 5 bills.
- Have students fill in the chart for each bill. Make sure that none of the combinations require regrouping.
- Ask students to circle all of the numbers in the ones place with a green colored pencil. Have them underline all of the numbers in the tens place with a purple colored pencil.

Direct students to Student Edition p. 14. Have students read the paragraph at the top of the page.
- **When do you use place value in your everyday life?** money, find page numbers, etc.

WRITING IN ▶MATH

Starting the Chapter
Ask students to think about when they use numbers. Have them write about some of these times and explain what the numbers show.

Key Vocabulary Introduce the key vocabulary in the chapter using the routine below.
Define: Place value is the value given to a digit by its place in the number.
Example: The 4 in 485 is in the hundreds place, the 8 is in the tens place and the 5 is in the ones place.
Ask: When is it useful to know the place value of a number?

Read-Aloud Anthology For an optional reading activity to introduce this chapter's math concepts, see the Read-Aloud Anthology on p. R88.

Usa el valor de posición para comunicarte

La GRAN Idea ¿Qué es el valor de posición de un dígito en un número?

El **valor de posición** es el valor dado a un dígito según su lugar en un número.

Ejemplo Cada 5 segundos, un gato ronronea alrededor de 125 veces. El número 125 se lee *ciento veinticinco.*

Centenas	Decenas	Unidades
1	2	5
↑	↑	↑
100	20	5

¿Qué aprenderé en este capítulo?

- A contar, leer y escribir números enteros.
- A identificar el valor de posición de números enteros.
- A comparar y ordenar números enteros.
- A redondear números a la decena y centena más cercanas.
- A usar el plan de cuatro pasos para resolver problemas.

Vocabulario clave

patrón
valor de posición
igual a
redondear

Matemáticas en línea Herramientas de estudio del alumno en tx.gr3math.com

---

 Chapter 1 Project
TEKS 3.1(A)(B)

Book Count
Students explore their school library's collection by comparing the number of books there are in several different subject categories.
- Each group of students chooses one of the following categories: fiction, history, science, mathematics, biographies.
- Students fill in a class place-value chart with the number of books the library has in their chosen category.
- Challenge students to put these numbers in order from least to greatest.

CRM *Refer to Chapter 1 Resource Masters, p. 65, for a rubric to assess students' progress on this project.*

 Proyecto del Capítulo 1

Conteo de libros

Los alumnos explorarán la colección de libros de la escuela comparando el número de libros que existen en distintas categorías.
- Cada grupo de alumnos elegirá una de las siguientes categorías: ficción, historia, ciencias, matemáticas, biografías.
- En la clase, los alumnos llenarán un cartel de valor de posición con el número de libros de sus categorías elegidas, que existen en la biblioteca.
- Rete a los alumnos a ordenar estos números de menor a mayor.

Consulte las Hojas maestras de recursos del Capítulo 1 pág. 66 para obtener una regla para la evaluación del progreso del alumno en el proyecto.

Foldables™ are a unique way to enhance students' study skills. Encourage students to add to their Foldable as they work through the chapter and to use it to review for their chapter test. Students can use the Vocabulary Check in the Study Guide and Review to review the vocabulary of the chapter.

PLEGADOS™
Organiza el estudio

Haz este Plegado como ayuda para organizar la información sobre el uso del valor de posición para comunicarse. Comienza con una hoja de papel de 11″ × 17″.

1. **Dobla** el papel por la mitad como se muestra.

2. **Desdobla** y dobla un lado hacia arriba 5 pulgadas.

3. **Dobla** otra vez para que los bolsillos estén adentro. Pega los bordes.

4. **Rotula** como se muestra. Anota lo que aprendes.

Valor de posición hasta 10,000 | Valor de posición hasta 999999

Capítulo 1 Usa el valor de posición para comunicarte **15**

- Read the Math at Home letter found on Chapter 1 Resource Masters, p. 4, with the class and have each student sign it. (A Spanish version is found on p. 5.)
- Send home copies of the Math at Home letter with each student.

Guide students through the directions on Student Edition p. 15 to create their own Foldable graphic organizers for place value. Students may also use their Foldables to study and review for chapter assessments.

When to Use It Lessons 1-3, 1-4, 1-5, 1-6, 1-7, and 1-8 (Additional instructions for using the Foldable with these lessons are found on pp. 31 and 52.)

Chapter 1 Literature List

Lesson	Book Title
1-1	**What Comes in 2's, 3's and 4's?** Suzanne Aker
1-2	**Moira's Birthday Party** Robert Munsch
1-3	**Can You Count to a Googol?** Robert Wells
1-4	**Millions of Cats** Wanda Gag
1-6	**Earth Day Hooray!** Stuart J. Murphy
1-7	**Max Malone Makes a Million** Charlotte Herman
1-8	**Zero: Is It Something? Is It Nothing?** Claudia Zaslavsky
1-9	**Follow the Money** Loreen Leedy
Any	**The History of Counting** Denise Schmandt-Besserat
Any	**You Can, Toucan, Math** David A. Adler

The Literature List presents all of the literature referenced in each chapter.

PLEGADOS™ Plegados de Dinah Zike

Guíe a los alumnos por las instrucciones de la edición del alumno, pág. 15, para que hagan su propio Plegado de organización gráfica sobre valor de posición. Los alumnos pueden también usar su Plegado para estudiar y repasar antes de las evaluaciones del capítulo

¿Cuándo usarlo? Lecciones 1-3, 1-4, 1-5, 1-6, 1-7 y 1-8. (En las págs. 31 y 52 se encuentran instrucciones adicionales para usar el Plegado con estas lecciones).

Los Plegados son una excelente manera de mejorar las destrezas de estudio de los alumnos. Pídales que agreguen información a sus Plegados a medida que avanzan en el capítulo y que la usen como repaso para la prueba del capítulo. Los alumnos pueden usar la verificación del vocabulario y la guía de estudio para repasar el vocabulario del capítulo.

- Lea con la clase la carta de Matemáticas en casa que se encuentra en la pág. 4 de los Hojas maestras de recursos del Capítulo 1 y haga que cada alumno la firme. (Una versión en español se encuentra en la pág. 5)
- Envíe una copia de la carta de Matemáticas en casa a la casa de cada alumno.

Los artículos en la práctica para el Examen de Texas le brindan a los alumnos la oportunidad de practicar los tipos de preguntas que se encuentran en las evaluaciones estadales.

Evaluación de diagnóstico

Evalúe el nivel de las destrezas previas de los alumnos antes de empezar el capítulo.

- **Opción 1:** *Control rápido*
  - **SE** Edición del alumno, pág. 16

- **Opción 2:** *Evaluación en línea*
  - **Matemáticas en línea** tx.gr3math.com

- **Opción 3:** *Prueba de diagnóstico*
  - **CRM** Hojas maestras de recursos del Capítulo 1 pág. 6

Opciones de intervención

Aplique los resultados En base a los resultados de la evaluación de diagnóstico de la Edición del alumno, pág. 16, trabaje en las carencias individuales de los alumnos antes de iniciar el capítulo.

Cada capítulo provee tres opciones de evaluación de diagnóstico. Según los resultados, las opciones de intervención incluyen sugerencias para los alumnos intensivos y estratégicos, así como para alumnos a nivel y sobre nivel.

Diagnostic Assessment

Check for students' prerequisite skills before beginning the chapter.

- **Option 1:** *Quick Check*
  - **SE** Student Edition, p. 16

- **Option 2:** *Online Assessment*
  - **Math Online** tx.gr3math.com

- **Option 3:** *Diagnostic Test*
  - **CRM** Chapter 1 Resource Masters, p. 56

Intervention Options

Apply the Results Based on the results of the diagnostic assessment on Student Edition p. 16, address individual needs before beginning the chapter.

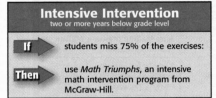

Intensive Intervention
two or more years below grade level

| **If** | students miss 75% of the exercises: |
| **Then** | use *Math Triumphs*, an intensive math intervention program from McGraw-Hill. |

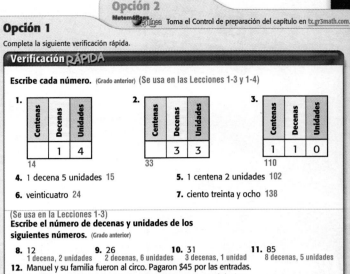

¿ESTÁS LISTO PARA el Capítulo 1?

Tienes dos opciones para revisar las destrezas que se requieren para este capítulo.

Opción 2
Matemáticas en línea Toma el Control de preparación del capítulo en tx.gr3math.com.

Opción 1

Completa la siguiente verificación rápida.

Verificación RÁPIDA

Escribe cada número. (Grado anterior) (Se usa en las Lecciones 1-3 y 1-4)

1.
Centenas	Decenas	Unidades
	1	4
14

2.
Centenas	Decenas	Unidades
	3	3
33

3.
Centenas	Decenas	Unidades
1	1	0
110

4. 1 decena 5 unidades 15
5. 1 centena 2 unidades 102
6. veinticuatro 24
7. ciento treinta y ocho 138

(Se usa en la Lecciones 1-3)
Escribe el número de decenas y unidades de los siguientes números. (Grado anterior)

8. 12   9. 26   10. 31   11. 85
 1 decena, 2 unidades 2 decenas, 6 unidades 3 decenas, 1 unidad 8 decenas, 5 unidades

12. Manuel y su familia fueron al circo. Pagaron $45 por las entradas. También compraron comida por $ 20. Gastaron un total de $65. Indica cuántas decenas y unidades hay en 65.   6 decenas, 5 unidades

(Se usa en la Lección 1-1)
Calcula los dos próximos números en el patrón. (Grado anterior)

13. 2, 4, 6, 8, ■, ■ 10, 12   14. 1, 3, 5, 7, ■, ■ 9, 11

15. 5, 10, 15, 20, ■, ■ 25, 30   16. 10, 20, 30, 40, ■, ■ 50, 60

17. Sonja lee 4 páginas el primer día, lee 8 páginas el segundo día y 12 páginas el tercer día. De continuar el patrón, ¿cuántas páginas leyó el cuarto día? 16 págin

16   Capítulo 1 Usa el valor de posición para comunicarte

Each chapter provides three option for Diagnostic Assessment. Based on the results, Intervention Options include suggestions for intensive and strategic students, as well as on- and above-level students.

Strategic Intervention		**On-Level**		**Above-Level**	
below grade level					
If	students miss nine or more in: **Exercises 1–17**	**If**	students miss four or less in: **Exercises 1–17**	**If**	students miss two or less in: **Exercises 1–17**
Then	choose a resource:	**Then**	choose a resource:	**Then**	choose a resource:
Strategic Intervention Guide (pp. 2, 22, 34) **TE** Start Smart 2: Number, Operation, and Quantitative Reasoning (p. 4) **Math Online** Extra Examples • Personal Tutor Concepts in Motion		**TE** Learning Stations (pp. 14G–14H) **TE** Chapter Project (p. 14) **CRM** Game: Who Has the Greater Number? **Math Adventures** **Math Online** Games • eFlashcards • Fact Dash		**TE** Learning Stations (pp. 14G–14H) **TE** Chapter Project (p. 14) **Math Adventures** **Real-World Problem-Solving:** *Animal Habitats* **Math Online** Games	

16   Chapter 1 Use Place Value to Communicate

lanificador de lección

bjetivo

tificar y ampliar patrones numéricos para resolver problemas.

TEKS y TAKS

5 3.6 El estudiante utiliza patrones para resolver problemas. (A) Identifique y extienda
ones de números enteros y patrones geométricos para hacer predicciones y resolver
lemas.

5 2 El estudiante demostrará un entendimiento de patrones, relaciones y razonamiento
braico.

páginas del alumno también cubren los siguientes TEKS:
(C) Coméntalo, Ejercicio 4
(A), 3.16(A) Problemas H.O.T., Ejercicios 15–19

ocabulario

ón

cursos

eriales: cartel de centenas, recta numérica
exión con la literatura: What Comes in 2's, 3's and 4's? de Suzane Aker
her Technology
Interactive Classroom • TeacherWorks

utina diaria

estas sugerencias antes de iniciar la lección de la pág. 17.

roblema del día

tienen 5 perros. Tres de los perros son marrones. ¿3 de los perros pueden ser negros?
ca. No; Ejemplo de respuesta: 3 + 3 = 6 y 6 es mayor que 5.

ntrol de 5 minutos (Repasa Prepárate: Estadística)

Cuántos alumnos se encuestaron? 5
Quién leyó más libros? Ahmet
Cuántos libros se leyeron en total? 28 libros
Cuántos libros más layó Ahmet que Sanji? 1

Lesson Planner _____

Objective

Identify and extend number patterns to solve problems.

TEKS and TAKS

Targeted TEKS 3.6 The student uses patterns to solve problems.
(A) **Identify and extend whole-number** and geometric **patterns to
make predictions and solve problems.**

TAKS 2 The student will demonstrate an understanding of patterns,
relationships, and algebraic reasoning.

Student pages also address the following TEKS:
TEKS 3.16(A) Talk About It, Exercise 4
TEKS 3.15(A), TEKS 3.16(A) HOT Problems, Exercises 15–19

Vocabulary

pattern

Resources

Materials: hundreds chart, number line

Literature Connection: *What Comes in 2's, 3's and 4's?* by
Suzanne Aker

Teacher Technology
🖥 Interactive Classroom • TeacherWorks

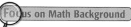 Focus on Math Background

Before students can understand place value with our
base-ten system, they need to experience many concrete
situations with counting, grouping, and patterns. For
example, manipulatives such as attribute blocks can be
used to help students search for and develop patterns.
By third grade, students have been engaged in many of
these activities. You should assess the level of development
of the concept of place value with your students.

Daily Routine _____

Use these suggestions before beginning the lesson on p. 17.

5-Minute Check

(Reviews Start Smart: Statistics)

Books Read	
Students	**Number of Books**
George	5
Ahmet	10
Molly	3
Ana	1
Sanji	9

1. How many students were surveyed? 5
2. Who read the most books? Ahmet
3. How many books were read in all? 28 books
4. How many more books did Ahmet read than Sanji? 1

Problem of the Day

Lilly has 5 dogs. Three of the dogs are brown. Could
3 of the dogs be black? Explain. No; Sample
answer: 3 + 3 = 6, and 6 is greater than 5.

5-Minute Check

(Reviews Start Smart: Statistics)
1. How many students were surveyed? 5
2. Who read the most books? Ahmet
3. How many books were read in all? 28 books
4. How many more books did Ahmet read than Sanji? 1

Problem of the Day

Differentiated Instruction

Small Group Options

Option 1 TEKS 3.6(A)   LOGICAL, SPATIAL
Gifted and Talented (AL)

Materials: prepared number grid papers, laminated calendar cut-outs and overhead markers (optional)

- Give students number grids that are higher-level, with numbers in the hundreds and thousands. To make the grid more difficult to solve, use diagonals in the grid where there is not a box adjacent to the box they need to solve (see example). Students can also make up number grids for others to solve.

Option 2   TACTILE
English Language Learners (ELL)

Materials: primary lined paper (dotted line through the center), primary number writing chart with directional arrows
Core Vocabulary: straight/curved, down/across, top/bottom
Common Use Verb: go/goes
Talk Math This strategy helps students vocalize and practice how to write numbers.

- Post vocabulary and the primary number chart.
- Write a number 1. Say: "Number 1 *goes straight down*." Students repeat.
- Continue with other numbers as time permits. Write any additional vocabulary you may use to reinforce the vocalization process by visually representing the words.

Independent Work Options

Option 1   LOGICAL
Early Finishers (OL) (AL)

Materials: pencil, paper

- Have students extend each pattern for Exercises 5–8.
- For example, for Exercise 7, students can extend the "subtract 5" pattern to find the next five numbers. 80, 75, 70, 65, 60
- Challenge students to create their own pattern. Write it out and leave some missing numbers. Exchange with a partner and solve.

Option 2
Student Technology   Tech Link

Math Online tx.gr3math.com
Personal Tutor • Extra Examples • Online Games

Option 3
Learning Station: Reading (p. 14G)

Direct students to the Reading Learning Station for opportunities to explore and extend the lesson concept.

Option 4
Problem-Solving Practice

Reinforce problem-solving skills and strategies with the Problem-Solving Practice worksheet.

Each lesson includes ideas for differentiating instruction in your classroom with both remediation and extension ideas. These hints are keyed for English learners, students above grade level, struggling students, and students with special needs.

Opciones de trabajo independiente

Opción 1   LÓGICO
Para los que terminan primero (OL) (AL)

Materiales: lápiz, papel

- Pídales a los alumnos que extiendan cada patrón en los Ejercicios 5 al 8.
- Por ejemplo, en el Ejercicio 7, los alumnos pueden extender el patrón "restar [   ] para calcular los cinco números siguientes. 80, 75, 70, 65, 60.
- Rete a los alumnos a que creen sus propios patrones. Escríbanlos y omitan algunos números. Intercambien los patrones y resuélvanlos.

Opción 2   En tecno
Tecnología para el alumno

Matemáticas en línea tx.gr3math.com
Personal Tutor • Extra Examples • Online Games

Opción 3
Estación de aprendizaje: Lectura (pág. 14G)

Dirija a los alumnos a la estación de aprendizaje de lectura para que tengan la oportunidad de explorar y ampliar el concepto de la lección.

Opción 4
Práctica y solución de problemas

Refuerce las destrezas y las estrategias de solución de problemas con la hoja de trabajo de solución de problemas.

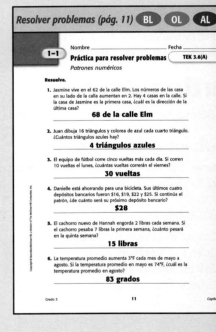

Instrucción diferenciada

Opción para grupos pequeños

Opción 1 TEKS 3.6(A)   LÓGICO, ESPACIAL
Talentosos (AL)

Materiales: hojas cuadriculadas preparadas, recortes de calendarios laminados, marcadores de retroproyector (opcional)

- Entrégueles a los alumnos las cuadrículas que están en el nivel superior, con los números en las centenas y los millares. Para dificultar la solución de la cuadrícula, use diagonales donde no hayan casillas adyacentes a las casillas que necesitan resolver (ver ejemplo). Los alumnos también crear sus propias cuadrículas para que otros las resuelvan.

Cada lección incluye ideas para las instrucciones diferenciadas en su salón de clases, con ideas tanto remediales como de ampliación. Estas ayudas están codificadas para los aprendices de inglés, los alumnos por encima de nivel, alumnos rezagados y alumnos con necesidades especiales.

Patrones numéricos

PREPÁRATE para aprender

Hay patrones numéricos por todas partes. Observa las señales de límites de velocidad que se muestran. ¿Qué patrón numérico ves?

VELOCIDAD	VELOCIDAD	VELOCIDAD	VELOCIDAD
15	**25**	**35**	**45**

Un **patrón** es una serie de números o figuras que siguen una regla. Una tabla de centenas muestra muchos patrones numéricos.

1	2	3	4	5	6	7	8	9	10
11	12	13	14	15	16	17	18	19	20
21	22	23	24	25	26	27	28	29	30
31	32	33	34	35	36	37	38	39	40
41	42	43	44	45	46	47	48	49	50
51	52	53	54	55	56	57	58	59	60
61	62	63	64	65	66	67	68	69	70
71	72	73	74	75	76	77	78	79	80
81	82	83	84	85	86	87	88	89	90
91	92	93	94	95	96	97	98	99	100

EJEMPLO   Identifica y extiende un patrón numérico

1 **Identifica el patrón en 15, 25, 35, 45, ■. Luego, halla el número que falta.**

El patrón muestra que se suma 10 a cada número.

15,   25,   35,   45,   ■
   +10   +10   +10   +10

Por lo tanto, el patrón es sumar 10 y el número que falta es 55.

Lección 1-1 Patrones numéricos   **17**

---

1 Introduce

TEKS 3.6(A)

Activity Choice 1 • Hands-On

- Have students shade 5, 10, 15, 20 on a hundreds chart. **What pattern do you see?** Add 5 to each number.
- Have students shade 3, 6, 9, 12, 15. **What pattern do you see?** Add 3 to each number.
- **What is the next number in the pattern?** 18
- Ask students to point out other patterns they see in the hundreds chart.

Activity Choice 2 • Literature

Introduce the lesson with *What Comes in 2's, 3's and 4's?* by Suzanne Aker. (For a related math activity, see p. 104.)

2 Teach

TEKS 3.6(A)

Scaffolding Questions

Write these patterns on the board.
   3, 6, 9, __, 15   12
   10, 15, 20, __, __, 35   25, 30
   20, 22, 24, 26, __, __,   28, 30

- **What numbers are missing in each pattern?**
- **What patterns do you see?** add 3, add 5, add 2
- **How did you find the missing number in the first pattern?** The second number is the first number plus 3; the third number is the second number plus 3. I added 3 to the third number to get 12.

GET READY to Learn

Have students open their books and read the information in **Get Ready to Learn**. Introduce **pattern**. As a class, work through **Examples 1–3**.

Lesson 1-1 Number Patterns   **17**

The Four-step Teaching Plan shows you how to Introduce, Teach, Practice, and Assess each lesson. Each lesson ends with a creative strategy for closing the lesson.

El plan de enseñanza de cuatro pasos muestra cómo presentar, enseñar, practicar y evaluar cada lección. Cada lección termina con una estrategia creativa para finalizar la lección.

1 Presentación

Actividad propuesta 1 • Práctica

- Pídales a los alumnos que sombreen 5, 10, 15 y 20 en un cartel de centenas. **¿Qué patrón observan?** Sumar 5 a cada número.
- Pídales a los alumnos que sombreen 3, 6, 9, 12 y 15. **¿Qué patrón observan?** Sumar 3 a cada número.
- **¿Cuál es el siguiente número en el patrón?** 18
- Pídales a los alumnos que señalen otros patrones que observen en el cartel de centenas.

Actividad propuesta 2 • Literatura

Presente la Lección con *What Comes in 2's, 3's and 4's* de Susana Aker. (Vea la página 104 para una actividad matemática relacionada)

2 Enseñanza

Preguntas básicas

Escriba estos patrones en la pizarra.
   3, 6, 9, __, 15   12
   10, 15, 20, __, __, 35   25, 30
   20, 22, 24, 26, __, __,   28, 30

- ¿Qué números faltan en cada patrón?
- ¿Qué patrones observan? sumar 3, sumar 5, sumar 2
- ¿Cómo calcularon el número que falta en el primer patrón? El segundo número es el primer número más 3; el tercer número es el segundo número más 3. Sumé 3 al tercer número para obtener 12.

PREPÁRATE para aprender

Pídales a los alumnos que abran sus libros y lean la información de Prepárate para aprender. Presente patrones. En conjunto, trabajen los Ejemplos 1 al 3.

Lección 1-1 Patrones numéricos   **17**

Ejemplo concreto

Ejemplo 2 Si los alumnos tienen problemas identificando este patrón, sugiéreles que marquen los puntos en una recta numérica del 100 al 150 dibujada por ellos.

EJEMPLOS ADICIONALES

1 Identifiquen el patrón en 8, 12, 16, 20, ■. Sumar 4. ¿Cuál es el número que falta? 24

2 Las temperaturas máximas diarias la semana pasada fueron 100, 90, ■, 70, ■, 50. Calculen los números que faltan en el patrón. 80, 60

3 Adam recorrió con su bicicleta 2 millas el lunes, 4 millas el martes y 6 millas el miércoles. Según el patrón, ¿cuántas millas recorrerá el jueves? 8

✓ VERIFICA lo que sabes

En conjunto, pídales a los alumnos que completen los Ejercicios 1-4 en **Verifica lo que sabes** a medida que usted observa sus trabajos.

💬 **Ejercicio 4** Evalúa la comprensión del alumno antes de asignarle los ejercicios prácticos.

BL Estrategia alternativa de enseñanza   TEKS 3.6(A)

si ▶ Los alumnos tienen problemas identificando patrones

entonces ▶ Use una de estas opciones de reforzamiento:

1 CRM Hoja de reforzamiento diario (pág. 8)

2 Pídales que usen el cartel de las centenas. Formando los números en el cartel de las centenas, visualizarán el patrón.

Los ejemplos adicionales incluidos para cada ejemplo en la edición del alumno, corresponden exactamente con los ejemplos del texto. En un salón de clases interactivo se incluyen las soluciones "paso a paso" de estos ejemplos.

Real-World Example   TEKS 3.6(A)

Example 2 If students have trouble identifying this pattern, suggest that they plot the points on a number line that they draw from 100 to 150.

ADDITIONAL EXAMPLES

1 Identify the pattern in 8, 12, 16, 20, ■. Add 4. What is the missing number? 24

2 The daily high temperatures last week were 100, 90, ■, 70, ■, 50. Find the missing numbers in the pattern. 80, 60

3 Adam rode his bike 2 miles on Monday, 4 miles on Tuesday, and 6 miles on Wednesday. Based on the pattern, predict how many miles he will ride on Thursday.

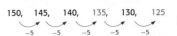
Additional Examples, which are included for every example in the Student Edition, exactly parallel the examples in the text. Step-by-step solutions for these examples are included in Interactive Classroom.

✓ CHECK What You Know

As a class, have students complete Exercises 1–4 in **Check What You Know** as you observe their work.

💬 **Exercise 4** Assess student comprehension before assigning practice exercises.

BL Alternate Teaching Strategy   TEKS 3.6(A)

If ▶ students have trouble identifying the pattern …

Then ▶ use one of these reteach options:

1 CRM **Daily Reteach Worksheet** (p. 8)

2 Have them use the hundreds chart. By marking the numbers on the hundreds chart, the pattern will be visual.

⚠️ **COMMON ERROR!**
Exercises 5–10 Students may make errors when adding and subtracting. After students find the missing numbers, have them check their answers in the pattern.

Recuerda
Cuando busques un patrón, observa cómo cambia el próximo número con relación al número anterior.

● EJEMPLO concreto

2 DEPORTES Los puntajes en bolos de Mia son 150, 145, 140, ■, 130, ■. Calcula los números que faltan en el patrón.

Observa que se resta 5 de cada número.

150, 145, 140, 135, 130, 125
   −5   −5   −5   −5   −5

Por lo tanto, el patrón es restar 5 y los números que faltan son 135 y 125.

● EJEMPLO concreto   Haz predicciones

3 LECTURA Lakeisha lee un libro. Según el patrón, haz una predicción de cuántas páginas leerá el sábado.

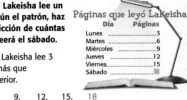

Páginas que leyó Lakeisha
Día	Páginas
Lunes	3
Martes	6
Miércoles	9
Jueves	12
Viernes	15
Sábado	

Cada día, Lakeisha lee 3 páginas más que el día anterior.

3,   6,   9,   12,   15,   18
  +3   +3   +3   +3   +3

Por lo tanto, Lakeisha leerá 18 páginas el sábado.

en línea **Tutor personal** en tx.gr3math.com

★ Indica problemas de pasos múltiples

✓ VERIFICA lo que sabes

Identifica un patrón. Luego, calcula los números que faltan. Ver Ejemplos 1 y 2 (pág. 17-18)

1. 10, 12, 14, 16, ■, 20 Suma 2; 18

2. 5, 10, 15, 20, ■, 30 Suma 5; 25

★**3.** Un equipo de pista corre 4 vueltas el día 1, 6 vueltas el día 2 y 8 vueltas en día 3. Si continúa el patrón, haz una predicción de cuántas vueltas correrán el día 5. Ver Ejemplo 3 (pág. 18) 12

4. 💬 *Coméntalo* Supón que comienzas en 20 y cuentas salteado hasta 36. ¿Consiste el patrón en contar salteado de 3 en 3? Explica. No; si comienzas en 20 y cuentas salteado de 3 en 3, llegarás a 35 y no a 36.

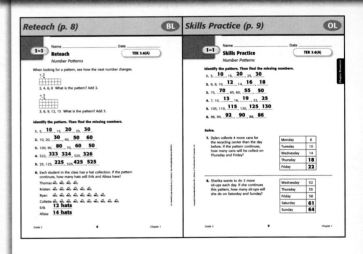
Reteach (p. 8) BL   *Skills Practice (p. 9)* OL

⚠️ ¡ERROR COMÚN!

Ejercicios 5-10 Los alumnos pueden cometer errores cuando suman o restan. Una vez que los alumnos hayan calculado los números faltantes, pídales que verifiquen sus respuestas en el patrón.

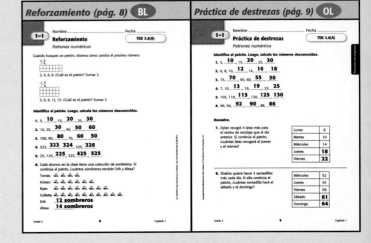
Reforzamiento (pág. 8) BL   *Práctica de destrezas (pág. 9)* OL

Left Column

★ Indica problemas de pasos múltiples

▶ Práctica y solución de problemas

PRÁCTICA EXTRA
Ver página R2.

Identifica el patrón. Luego, calcula los números que faltan. Ver Ejemplos 1 y 2 (pág. 17-18)

5. 10, 14, 18, ■, 26, 30 suma 4; 22

6. 13, 18, 23, ■, 33, 38 Suma 5; 28

7. 105, 100, ■, 90, ■, 80 resta 5; 95, 85

8. 100, 110, 120, ■, ■ suma 10; 90, 130, 140

Haz una predicción en base a los patrones. Ver Ejemplo 3 (pág. 18)

★**9.** Cada jugador de fútbol tiene un número. Si continúa el patrón, haz una predicción del número de Takisha. 11

★**10.** Dillon ahorra su mesada. Haz una predicción de cuánto dinero tendrá ahorrado en la semana 5 y en la semana 10. $20; $40

Números de los jugadores de fútbol	
Nombre	**Número**
Kisho	3
Kayla	5
Michael	7
Lenora	9
Takisha	■

Ahorros de Dillon	
Semana	**Total ahorrado**
1	$4
2	$8
3	$12
4	$16
5	■

11. Paulo terminó la carrera en 10 minutos el lunes. El martes, la terminó en 9 minutos. El próximo día, la terminó en 8 minutos. De continuar el patrón, ¿cuándo terminará la carrera en 7 minutos? jueves

12. Una planta creció 2 pulgadas cada año. Si al tener la planta 12 pulgadas y continúa el patrón, ¿cuántas pulgadas tendrá en 5 años? 22 pulgadas

★**13.** Elki dibuja 6 estrellas, 10 estrellas, 14 estrellas y luego 18 estrellas. Haz una predicción de cuántas estrellas dibujará en la próxima fila. 22 estrellas

★**14. Medición** La campana de una escuela suena a las 8:15, 8:45, 9:15 y 9:45. Si continúa el patrón, ¿cuándo sonará de nuevo la campana? 10:15

Problemas H.O.T.

15. INTERPRETA Crea un patrón numérico. Explica tu patrón. Ejemplo de respuesta: 67, 72, 82, 87, 92; suma 5.

16. ESCRIBE EN ▶ MATEMÁTICAS Describe el patrón que puede producir los números numbers 104, 99, 94, 89, ... ¿Qué número sigue? Restar 5 de cada número; 84.

Control de autoevaluación en tx.gr3math.com

Lección 1-1 Patrones numéricos **19**

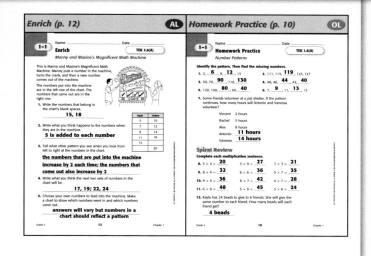

Enrich (p. 12) **AL**

Homework Practice (p. 10) **OL**

Center Column

③ Practice

Differentiate practice using these leveled assignments for Exercises 5–19.

Level	Assignment
BL Below Level	5–6, 9, 11, 13
OL On Level	6–10, 12–14, 16–17
AL Above Level	5–13 odd, 15–19

Have students discuss and complete the Higher Order Thinking problems. Encourage them to use the hundreds chart to help them solve Exercises 15–19.

WRITING IN ▶ MATH Have students complete Exercise 19 in their Math Journals. You may choose to use this exercise as an optional formative assessment.

④ Assess

✔ Formative Assessment

- **What numbers complete the pattern 4, 10, 16, ■, 28, ■?** 22, 34
- **Identify a pattern.** The pattern is add 6.

Quick Check **Are students continuing to struggle with finding patterns in numbers?**

If Yes → Strategic Intervention Guide (p. 22)

If No → Independent Work Options (p. 17B)
  CRM Skills Practice Worksheet (p. 9)
  CRM Enrich Worksheet (p. 12)

Ticket Out the Door Write the following on the board: 9, ■, 15, 18, ■, 24 12, 21 On a piece of paper, students write the pattern and the missing numbers. Have them hand their papers to you as they leave class.

Lesson 1-1 Number Patterns **19**

Right Column

③ Práctica

Asigne la práctica para los Ejercicios 5-19 según los siguientes niveles.

Nivel	Asignación
BL Nivel bajo	5–6, 9, 11, 13
OL A nivel	6–10, 12–14, 16–17
AL Nivel avanzado	5–13 impar, 15–19

Pídales a los alumnos que analicen y completen los problemas de razonamiento de alto nivel. En el Ejercicio 15 al 19, exhórtelos a que usen el cartel de centenas.

ESCRIBE EN ▶ MATEMÁTICAS Pídales a los alumnos que completen el Ejercicio 19 en sus Diarios de matemáticas. Puede elegir hacer este ejercicio como una evaluación formativa adicional.

④ Evaluación

✔ Evaluación formativa

- ¿Qué números completan el patrón 4, 10, 16, ■, 28, ■? 22, 34
- Identifiquen el patrón. El patrón es sumar 6.

Control rápido **¿Les sigue costando a los alumnos hallar patrones en números?**

Sí → Guía de intervención estratégica (pág. 22)

No → Opciones de trabajo independiente (pág. 178)
  CRM Hoja de ejercicios para la práctica de destrezas (pág. 9)
  CRM Hoja de trabajo de enriquecimiento (pág. 12)

Boleto de salida Escriba lo siguiente en la pizarra: 9, ■, 15, 18, ■, 24, 12, 21. En una hoja de papel, los alumnos deben escribir el patrón y los números faltantes. Recoja sus papeles al salir de clase.

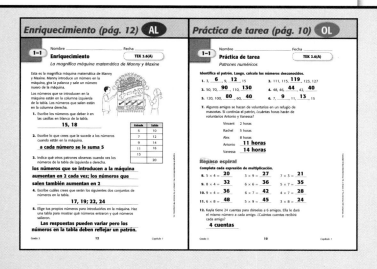

Enriquecimiento (pág. 12) **AL**

Práctica de tarea (pág. 10) **OL**

Lección 1-1 Patrones numéricos **19**

1-2

Estrategia para resolver problemas
Use el plan de cuatro pasos

Planificador de lección

Objetivo

Resolver problemas entendiéndolos, haciendo un plan, llevándolo a cabo y verificando la racionalidad de la respuesta.

Lee, escribe y identifica fracciones que son parte de un todo.

TEKS y TAKS

TEKS 3.14 El estudiante aplica las matemáticas del 3er grado para resolver problemas relacionados con experiencias diarias y actividades dentro y fuera de la escuela. **(C) Seleccione o desarrolle un plan o una estrategia de resolución de problemas apropiado . . . para resolver un problema.**

TAKS 6 El estudiante demostrará un entendimiento de los procesos matemáticos y herramientas usadas en la resolución de problemas.

Recursos

Manipulativos: monedas; monedas de 1¢
Conexión con la literatura: *Moira's Birthday* party de Robert Munsch
Teacher Technology

🔘 Interactive Classroom • TeacherWorks

📖 Biblioteca de solución de problemas concretos
Matemáticas y ciencias: Hábitats de animales
Use libros por nivel para reforzar y ampliar las destrezas y las estrategias de resolución de problemas.
Nivelados para:
   OL A nivel
   ELL Inglés protegido
Consulte la Guía del maestro para solución de problemas concretos para apoyo adicional.

Rutina diaria

Siga estas sugerencias antes de iniciar la lección de la pág. 20.

Problema del día

Akili tiene 6 brazaletes. Nancy tiene 5 brazaletes.¿Cuántos brazaletes más necesitan en conjunto para tener más de 14?
Muestren sus cálculos. 3 brazaletes; $6 + 5 = 11$;
$14 - 11 = 3$

Control de 5 minutos (Repaso de la Lección 1-1)

Identifiquen un patrón. Luego, calculen los números que faltan.

1. 2, 4, , 8 suma 2; 6
2. 5, 10, 15, , 25 suma 5; 20
3. 6, 9, , 15 suma 3; 12
4. 8, 12, , 20, suma 4; 16, 24

1-2

Problem-Solving Skill
Use a Four-Step Lesson Plan

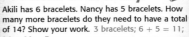
Problem-Solving Strategy and Problem-Solving Investigations lessons help students learn different problem-solving skills and strategies for solving word problems.

Lesson Planner _____

Objective

Solve problems by understanding the problem, making a plan, carrying out the plan, and checking the answer for reasonableness.

⬇TEKS and TAKS

Targeted **TEKS 3.14** The student applies Grade 3 mathematics to solve problems connected to everyday experiences and activities in and outside of school. **(C) Select or develop an appropriate problem-solving plan or strategy ... to solve a problem.** *Also addresses TEKS 3.14(B).*

TAKS 6 The student will demonstrate an understanding of the mathematical processes and tools used in problem solving.

Resources

Manipulatives: coins; pennies

Literature Connection: *Moira's Birthday Party* by Robert Munsch

Teacher Technology
🔘 Interactive Classroom • TeacherWorks

📖 **Real-World Problem-Solving Library**
Math and Science: *Animal Habitats*
Use these leveled books to reinforce and extend problem-solving skills and strategies.
Leveled for:
   OL On Level
   ELL Sheltered English

For additional support, see the Real-World Problem-Solving Teacher's Guide.

The Real-World Problem-Solving Readers, fiction and non-fiction leveled readers, extend problem-solving skills and strategies and make real-world applications.

20A   Chapter 1 Use Place Value to Communicate

Daily Routine _____

Use these suggestions before beginning the lesson on p. 20.

5-Minute Check
(Reviews Lesson 1-1)

Identify a pattern. Then find the missing numbers.

1. 2, 4, ■, 8 add 2; 6
2. 5, 10, 15, ■, 25 add 5; 20
3. 6, 9, ■, 15 add 3; 12
4. 8, 12, ■, 20, ■ add 4; 16, 24

Problem of the Day

Akili has 6 bracelets. Nancy has 5 bracelets. How many more bracelets do they need to have a total of 14? Show your work. 3 bracelets; $6 + 5 = 11$; $14 - 11 = 3$

Las lecciones de Estrategias para resolver problemas e Investigación para resolver problemas ayudan al alumno a adquirir distintas destrezas y a aprender distintas estrategias para resolver problemas planteados en palabras.

Differentiated Instruction

Small Group and Independent Work Options offer classroom flexibility for students who need additional help or self-directed activity suggestions after completing their work.

Small Group Options

Option 1 · Gifted and Talented AL
TEKS 3.3(B), 3.14(B) — SOCIAL, LINGUISTIC

Materials: notebook paper

- Given any 2 three-digit numbers, students will compose a problem for a classmate to solve using the four-step plan. See the example to the right:
- Then, students will present their problem to partners, who will use the four-step plan to think through the problem.
- The problem's creator will help his or her partner walk through the process by prompting him or her with the main idea of each step (e.g., "What facts do you know?" and "What do you need to find?" from the first step).

> There ar 395 marbles altogether. 182 of them are striped. How many are not striped?

Option 2 · English Language Learners ELL
AUDITORY, VISUAL, SPATIAL

Materials: large paper circle for each student
Core Vocabulary: see it, think of it, draw it
Common Use Verb: help remember (it)
See Math This strategy creates a visual reference paper illustrating four-step problem solving.

- Write: *Understand*, *Plan*, *Solve* and *Check* on a circle folded into quarters. Students repeat.
- Pantomime "understand" and allow time for students to draw how they remember the first step.
- Repeat for remaining steps.

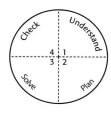

Independent Work Options

Option 1 · Early Finishers OL AL
TEKS 3.14(B) — LOGICAL

Materials: index cards

- Have students write a real-world problem like those they solved on p. 21. Have students exchange their problems with a partner to solve.

> Kavita read a book with 17 more pages than the book Cristos read. Cristos's book had 8 pages. How many pages does Kavita's book have? 25

Option 2 · Student Technology
Math Online tx.gr3math.com
Personal Tutor • Extra Examples • Online Games

Option 3 · Learning Station: Art (p. 14G)
Direct students to the Art Learning Station for opportunities to explore and extend the lesson concept.

Instrucción diferenciada

Opciones de trabajo independiente

Opción 1 · Para los que terminan primero OL AL
TEKS 3.14(B) — LINGÜÍSTICO, ESPACIAL

Materiales: tarjetas
- Pídales a los alumnos que escriben un problema concreto como los que resolvieron en la pág. 21. Pídales que intercambien sus problemas con un compañero(a) para resolverlos.

> Kavita leyó un libro con 17 páginas más que el que leyó Cristos. El libro de Cristos tenía 8 páginas. ¿Cuántas páginas tenía el libro de Kavita? 25

Kavita leyó un libro con 17 páginas más que el libro de Cristos. El libro de Cristo tenía 8 páginas. ¿Cuántas páginas tenía el libro de Kavita? 25

Opción 2 · Tecnología para el alumno
Enlace technológico
Matemáticas en línea tx.gr3math.com
Personal Tutor • Extra Examples • Online Games

Opción 3 · Estación de aprendizaje: Arte (pág. 14G)
Dirija a los alumnos a la estación de aprendizaje de arte para que tengan la oportunidad de explorar y ampliar el concepto de la lección.

Opción para grupos pequeños

Opción 1 · Talentosos AL
TEKS 3.3(B) 3.14(B) — LINGÜÍSTICO, ESPACIAL

Materiales: papel de cuaderno

- Dados 2 números de tres dígitos cualesquiera, los alumnos deben formular un problema para que lo resuelva un compañero(a) usando el plan de cuatro pasos. Observe el ejemplo de la derecha:
- Luego, los alumnos deben presentarle su problema a un compañero(a), quien usará el plan de cuatro pasos para pensar el problema.
- El creador del problema ayudará a su compañero(a) a través del proceso señalándole la idea principal de cada paso (por ejemplo "¿Qué datos conoces?" y "¿Qué necesitas calcular?"! de los primeros pasos)

> Hay 395 canicas, de las cuales 182 son de rayas. ¿Cuántas no tienen rayas?

Las opciones de grupos pequeños y de trabajo independiente ofrecen flexibilidad didáctica para los alumnos que necesitan ayuda adicional o sugerencias de actividades autodirigidas después de completar sus trabajos.

Hay 395 canicas en total. 182 de ellas son rayadas. ¿Cuántas no son rayadas?

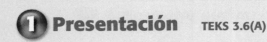

Destreza para resolver problemas

1 Presentación TEKS 3.6(A)

Actividad propuesta 1 • Repaso

Escriba el siguiente problema en la pizarra. Forme grupos de 3 a 4 alumnos y entréguela a cada grupo un conjunto de monedas de 1¢.

Carlos tiene 4 frascos. Él coloca 2 monedas de 1¢ en el primer frasco, 4 monedas de 1¢ en el segundo frasco y 6 monedas de 1¢ en el tercer frasco. ¿Cuántas monedas de 1¢ colocará en el cuarto frasco?

- **¿Qué estrategia se puede usar para resolver este problema?** Halla un patrón
- **¿Cuál es el patrón?** Sumar 2
- Pídales a los alumnos que modelen el problema con monedas.

Resuelvan Deberá colocar 8 monedas de 1¢ en el cuarto frasco.

Actividad propuesta 2 • Literatura

Presente la Lección con *Moira's Birthday Party* de Robert Munsch. (Vea la página R104 para una actividad matemática relacionada)

2 Enseñanza TEKS 3.14(B)

Pídales a los alumnos que lean el problema sobre los animales en el zoológico. Guíelos a través de los pasos para resolver problemas.

Entiende Usando las preguntas, repase los que los alumnos conocen y necesitan calcular.

Planifica Pídale que comenten su estrategia.
Resuelve Guíe a los alumnos a través del *plan de cuatro pasos* para resolver el problema.

- **¿Cómo planificarán resolver el problema?** Ejemplo de respuesta: Restar la altura del correcaminos de la altura del elefante para calcular la diferencia.
- **¿Qué oración numérica escribirán para resolver el problema?** 12 − 1 = 11
- **¿Cuál es la diferencia?** 11

Verifica Pídales a los alumnos que revisen el problema para asegurarse que la respuesta corresponde con los datos dados.

- **¿Cómo pueden verificar un problema de resta?** usando suma

---

1-2 Problem-Solving Strategy

1 Introduce TEKS 3.6(A)

Activity Choice 1 • Review

Write the following problem on the board. Make groups of 3 to 4 students and give each group a set of pennies.

Carlos has 4 jars. He put 2 pennies in the first jar, 4 pennies in the second jar, and 6 pennies in the third jar. How many pennies would he put in the fourth jar?

- **What strategy might be used to solve this problem?** *look for a pattern*
- **What is the pattern?** add 2
- Have students model the problem with coins. **Solve.** He should put 8 pennies in the fourth jar.

Activity Choice 2 • Literature

Introduce the lesson with *Moira's Birthday Party* by Robert Munsch. (For a related math activity, see p. R104.)

2 Teach TEKS 3.14(B)

Have students read the problem on animals in the zoo. Guide them through the problem-solving steps.

Understand Using the questions, review what students know and need to find.

Plan Have them discuss their strategy.

Solve Guide students to use the *four-step plan* to solve the problem.

- **How will you plan to solve? Explain.** Sample answer: Subtract the roadrunner's height from the elephant's height to find the difference.
- **What number sentence would you write to solve the problem?** 12 − 1 = 11
- **What is the difference?** 11

Check Have students look back at the problem to make sure that the answer fits the facts given.

- **How can you check a subtraction problem?** use addition

1-2 Destreza para resolver problemas

IDEA PRINCIPAL Para resolver los problemas, entenderé el problema, haré un plan, lo llevaré a cabo y verificaré la racionalidad de la respuesta.

TEKS Objetivo 3.14 El estudiante aplica las matemáticas del 3er grado para resolver problemas relacionados con experiencias diarias y actividades dentro y fuera de la escuela. (C) Seleccione o desarrolle un plan o una estrategia de resolución de problemas apropiado . . . para resolver un problema. *También cubre TEKS 3.14(B).*

La familia de Daniela fue al zoológico. Aprendieron que un correcaminos mide 1 pie de altura. Un elefante africano mide 12 pies de altura. ¿Cuánto más alto es un elefante africano que un correcamino?

Correcaminos

Entiende	**¿Qué datos tienes?** • El correcaminos mide 1 pie de altura. • El elefante africano mide 12 pies de altura. **¿Qué necesitas calcular?** • Necesitas calcular cuánto más alto es un elefante africano que un correcaminos.
Planifica	Para calcular cuánto más alto es un elefante africano que un correcaminos, resta.
Resuelve	$\begin{array}{r}12 \leftarrow \text{altura del elefante}\\ -\ 1 \leftarrow \text{altura del correcaminos}\\ \hline 11\end{array}$ Entonces, el elefante es 11 pies más alto que el correcaminos.
Verifica	Como la suma y la resta son operaciones inversas, puedes usar la suma para verificar la resta. $\begin{array}{r}11\\ +\ 1\\ \hline 12\end{array} \qquad \begin{array}{r}12\\ -\ 1\\ \hline 11\end{array}$ Por lo tanto, la respuesta es correcta.

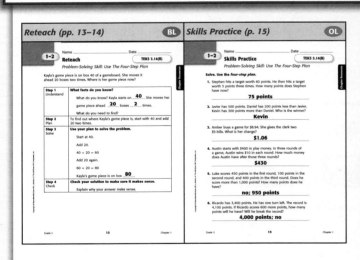

Reteach (pp. 13–14) **BL**	Skills Practice (p. 15) **OL**

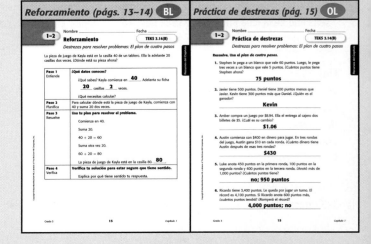

Reforzamiento (págs. 13–14) **BL**	Práctica de destrezas (pág. 15) **OL**

Los cartillas de solución de problemas concretos y las cartillas niveladas de ficción y de literatura instructiva, amplían las destrezas y las estrategias de solución de problemas y hacen las conexiones con el mundo real.

ANALIZA la destreza

1, 12. Ver Apéndice de respuestas del Cap. 1.
Consulta el problema de la página anterior.

1. Explica por qué se le restó 1 a 12 para calcular cuánto más alto es un elefante que un correcaminos.

2. Supón que un elefante mide 8 pies de altura. ¿Cuánto más bajo sería un correcaminos? **7 pies**

3. Supón que un correcaminos mide 3 pies de altura. ¿Cuánto más alto sería un elefante que un correcaminos? **9 pies**

4. Revisa el Ejercicio 3. Verifica tu respuesta. ¿Cómo sabes que es correcta? Explica. Ejemplo de respuesta: $8 - 1 = 7$; $7 + 1 = 8$; puedes usar la suma para verificar la resta.

★ Indica problemas de pasos múltiples

PRACTICA la destreza

PRÁCTICA EXTRA Ver página R2.

Resuelve. Usa la estrategia *plan de cuatro pasos*.

★**5.** Cameron y Mara caminan 2 cuadras y luego caminan 4 cuadras. ¿Cuántas cuadras necesitarán caminar para regresar a su lugar de partida? **6 cuadras**

★**6. Álgebra** Calcula los números que faltan.

Entrada	16	■	24	28	32
Salida	18	22	■	■	34

20, 26, 30

7. Rachel vendió 4 vasos de limonada. ¿Cuánto dinero ganó? **100¢ ó $1.00**

LIMONADA
25¢ por vaso

8. Lola lee un libro que tiene 24 páginas más que el libro que lee Fran. Si el libro de Fran tiene 12 páginas, ¿cuántas páginas tiene el libro de Lola? **36 página**

★**9.** Si continúa el patrón, ¿cuáles serán el 6to y el 7mo número en el patrón? **17, 20**

2, 5, 8, 11, 14

10. Cortez y Gloria fueron a la tienda a comprar pan. Cada uno compró 3 tipos distintos de pan. ¿Cuántos tipos distintos de pan compraron? **6 tipos distintos de pan**

★**11.** Darmell hizo 4 dibujos el lunes, 8 dibujos el martes y 12 dibujos el miércoles. Si continúa el patrón, ¿cuántos dibujos hará el jueves? **16 dibujos**

12. ESCRIBE EN MATEMÁTICAS Explica cómo te ayuda a resolver problemas el plan de cuatro pasos. 12. Te ayuda a identificar lo que necesitas calcular. También se necesita hacer un plan para resolver y verificar la respuesta.

Lección 1-2 Destrezas para resolver problemas **21**

Analyze the Strategy Use Exercises 1–4 to analyze and discuss the problem-solving strategy.

BL Alternate Teaching Strategy TEKS 3.14(B)

If students have trouble making a plan to solve a problem …

Then use one of these reteach options:

1 CRM **Daily Reteach Worksheet** (pp. 13–14)

2 Tell them to reread the problem to find out what is being asked. Have them restate the problem in their own words to be sure they understand the problem.

3 Practice

Using the Exercises

Exercises 5–11 Encourage students to list the facts before solving.

Exercise 6 Direct students to see the pattern between an input and its corresponding output.

Exercises 9 and 11 Use patterns.

4 Assess TEKS 3.14(B)

Formative Assessment

• **How does the *four-step plan* help you to solve problems?** It helps you to understand information, to identify what the problem is asking you to find, and then to solve.

Quick Check Are students continuing to struggle with using the *four-step plan* to solve problems?

If Yes → CRM Reteach Worksheet (pp. 13–14)

If No → Independent Work Options (p. 20B)
CRM Skills Practice Worksheet (p. 15)
CRM Enrich Worksheet (p. 17)

! COMMON ERROR!

Students may have difficulty solving problems. Have these students work in small groups to determine problem-solving strategies and to work on the four steps to solving problems.

Lesson 1-2 Problem-Solving Skill **21**

Analiza la estrategia Usen los Ejercicios 1 al 4 para analizar y comentar la estrategia para resolver problemas.

BL Estrategia alternativa de enseñanza TEKS 3.15 (B)

Si Los alumnos tienen problemas haciendo un plan para resolver un problema…

Entonces Use una de estas opciones de reforzamiento:

1 CRM Hoja de reforzamiento diario (págs. 13-14)

2 Pídales que vuelvan a leer el problema para conocer qué se pregunta. Pídales que vuelvan a formular el problema en sus propias palabras para asegurarse de que lo entiendan.

3 Práctica

Uso de los Ejercicios

Ejercicios 5 al 11 Exhorte a los alumnos a que hagan una lista de los datos antes de resolver.

Ejercicio 6 Dirija a los alumnos a que observen el patrón entre una entrada y su salida correspondiente.

Ejercicios 9 y 11 Use patrones.

4 Evaluación

Evaluación formativa TEKS 3.14 (B)

• ¿Cómo los ayuda a resolver problemas el plan de cuatro pasos?

Control rápido ¿Les sigue costando a los alumnos usar el plan de cuatro pasos para resolver problemas?

Si la respuesta es:

Sí → Hoja de reforzamiento (pág. 13-14)

No → Opciones de trabajo independiente (pág. 208)
CRM Hoja de ejercicios para la práctica de destrezas (pág. 15)
CRM Hoja de trabajo de enriquecimiento (pág. 17)

! ERROR COMÚN!

Los alumnos pueden tener dificultades resolviendo problemas. Pídales a estos alumnos que trabajen en grupos pequeños para determinar las estrategias para resolver problemas y para trabajar en los cuatro pasos para resolver problemas.

Enrich (p. 17) AL **Homework Practice (p. 16)** OL

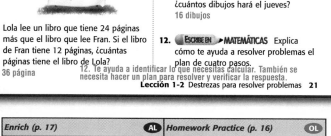

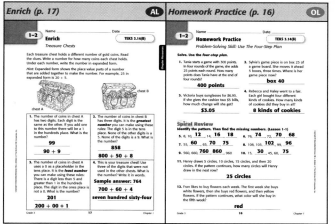

Enriquecimiento (pág. 17) AL **Práctica de tarea (pág. 16)** OL

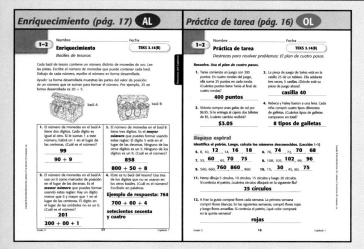

Actividad de matemáticas para 1-3

Planificador de lección

Objetivo

Usar el valor de posición para leer, escribir y describir el valor de números enteros

TEKS y TAKS

TEKS Objetivo 3.1 El estudiante utiliza el valor de posición para expresar en forma oral y escrita números enteros cada vez más grandes, incluyendo el dinero. **(A) Utilice el valor de posición para leer, escribir (con símbolos y palabras) y describir el valor de números enteros hasta el 999,999.**

TAKS 1 El estudiante demostrará un entendimiento de patrones, operaciones y razonamiento cuantitativo.

Vocabulario

dígitos, valor de posición

Recursos

Manipulativos: bloques de base diez
Tecnología: Conceptos en movimiento

1 Presentación

Presente el concepto

- Escribe los siguientes números en la pizarra: 357, 439, 183.
- Pídales a los alumnos que observen el 3 en cada número.
- **¿Cada uno de los números 3 tiene el mismo valor?** No
- **Expliquen por qué sí o por qué no.** Como el 3 están en distintas posiciones o lugares, tiene distintos valores en los tres números.

2 Enseñanza

Actividad 1 Asegúrese que los alumnos entienden cómo usar bloques de base diez para modelar los dígitos en el número 142. Use 1 centena, 4 decenas 2 unidades para representar los dígitos en 142. También puede usar 14 decenas (porque hay 10 decenas en una centena) y 2 unidades para representar el número. Asegúrese que los alumnos entienden la conexión entre representar 100 con un bloque de base diez de centena ó 10 bloques de decenas.

Lesson Planner

Objective

Use place value to read, write, and describe the value of whole numbers.

TEKS and TAKS

Targeted TEKS 3.1 The student uses place value to communicate about increasingly large whole numbers in verbal and written form, including money. **(A) Use place value to read, write (in symbols and words), and describe the value of whole numbers through 999,999.**

TAKS 1 The student will demonstrate an understanding of numbers, operations, and quantitative reasoning.

Vocabulary

digit, place value

Resources

Manipulatives: base-ten blocks

Technology: Concepts in Motion

1 Introduce

TEKS 3.1(A)

Introduce the Concept

- Write the following numbers on the board: 357, 439, 183.
- Ask students to look at the 3 in each number.
- **Do each of the 3s have the same value?** no
- **Explain why or why not.** Since the 3 is in different positions, or places, in the three numbers, they have different values.

2 Teach

TEKS 3.1(A)

Activity 1 Make sure students understand how to use base-ten blocks to model the digits in the number 142. Use 1 hundred, 4 tens, and 2 ones to represent the digits in 142. Or you can use 14 tens (because there are 10 tens in one hundred) and 2 ones to represent the number. Be sure students understand the connection between representing 100 with one base-ten hundreds block or 10 tens blocks.

22 Chapter 1 Use Place Value to Communicate

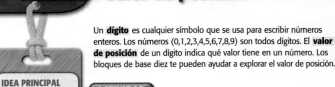

Un **dígito** es cualquier símbolo que se usa para escribir números enteros. Los números (0,1,2,3,4,5,6,7,8,9) son todos dígitos. El **valor de posición** de un dígito indica qué valor tiene en un número. Los bloques de base diez te pueden ayudar a explorar el valor de posición.

ACTIVIDAD

1. Usa bloques de base diez para mostrar 142 de dos maneras.

Una manera **Usa centenas, decenas y unidades.**

1 centena   4 decenas   2 unidades

Otra manera **Usa decenas y unidades.**

14 decenas   2 unidades

22 Capítulo 1 Usa el valor de posición para comunicarte

IDEA PRINCIPAL
Usaré el valor de posición para leer, escribir y describir el valor de números enteros.

 TEKS objetivo 3.1
El estudiante utiliza el valor de posición para expresar en forma oral y escrita números enteros cada vez más grandes, incluyendo el dinero. (A) Utilice el valor de posición para leer, escribir (con símbolos y palabras) y describir el valor de números enteros hasta el 999,999.

Necesitarás
bloques de base diez

Vocabulario nuevo
dígito
valor de posición

Concepts in Motion are online illustrations of key concepts through animations, Interactive Animations, and BrianPOPs®.

Los conceptos en movimiento son animaciones en línea de conceptos clave a través de animaciones, animaciones interactivas y BrainPoPs.

Explore and Extend lessons use manipulatives and models to help students learn key concepts.

Las lecciones de exploración y ampliación usan manipulativos y modelos para ayudar a los alumnos a aprender conceptos clave.

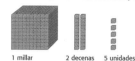

2 Usa bloques de base diez para mostrar 1,025 de dos maneras.

Una manera Usa millares, centenas, decenas y unidades.

1 millar   2 decenas   5 unidades

Otra manera Usa centenas, decenas y unidades.

10 centenas   2 decenas   5 unidades

Piénsalo

1. ¿Por qué puedes usar distintas combinaciones de millares, centenas, decenas y unidades para representar el mismo número?
   Ejemplo de respuesta: Diez de una unidad menor forman la siguiente unidad mayor. Entonces, las unidades menores se pueden usar para representar unidades mayores.

VERIFICA lo que sabes

Usa bloques de base diez para representar cada número de dos maneras.
2-5. Ver Apéndice de respuestas del Cap. 1.

2. 135   **3.** 304   **4.** 1,283   **5.** 1,890

Escribe cada número.

6.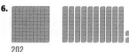

202

7.

1,489

8. **ESCRIBE EN ▶ MATEMÁTICAS** Explica cómo te ayudan a entender los números los bloques de base diez. Ejemplo de respuesta: Los modelos muestran al número de una manera que se puede ver y se puede contar.

Explora 1-3 Valor de posición **23**

Activity 2 Students can use base-ten blocks to model the digits in the number 1,025. Use 1 thousands block, 2 tens blocks and 5 ones blocks to represent the digits in 1,025. There are no hundreds blocks because the digit in the hundreds place is zero. Or you can use 10 hundreds (there are 10 hundreds in 1 thousand), 2 tens and 5 ones to represent 1,025.

Think About It

Assign Exercise 1 to assess student comprehension of the concept presented in the Activities.

3 Assess

TEKS 3.1(A)

Formative Assessment

Use the **Check What You Know** Exercises to assess whether students comprehend how to explore place value through the thousands with models.

From Concrete to Abstract Exercise 8 provides students the opportunity to explain how they use the base-ten blocks to represent a number.

Extending the Concept Tell students that the number 1,469 has 4 digits.
- **What digit is in the tens place?** 6
- **What digit is in the ones place?** 9
- **What digit is in the hundreds place?** 4
- **What digit is in the thousands place?** 1

Explore 1-3 Place Value **23**

Actividad 2 Los alumnos pueden usar bloques de base diez para modelar los dígitos en el número 1,025. Use 1 bloque de millar, 2 bloques de decenas y 5 bloques de unidades para representar los dígitos en 1,025. No hay bloques de centenas porque el dígito en el lugar de las centenas es cero. También puede usar 10 centenas (hay 10 centenas en 1 millar), 2 decenas y 5 unidades para presentar 1,025.

Piénsalo

Asigne el Ejercicio 1 para evaluar en los alumnos la comprensión del concepto introducido en las actividades.

3 Evaluación

Evaluación formativa TEKS 3.1 (A)

Use los **Ejercicios de Verifica** lo que sabes para evaluar si los alumnos comprenden como explorar el valor de posición hasta los millares con modelos.

De lo concreto a lo abstracto El Ejercicio 8 les brinda la oportunidad a los alumnos de explicar cómo usaron los bloques de base diez para representar un número.

Ampliación del concepto Indíqueles a los alumnos que el número 1,496 tiene 4 dígitos.
- ¿Qué dígito está en el lugar de las decenas? 6
- ¿Qué dígito está en el lugar de las unidades? 9
- ¿Qué dígito está en el lugar de las centenas? 4
- ¿Qué dígito está en el lugar de los millares? 1

Lección 1 Ordena números **23**

LECCIÓN
1-3 Valor de posición hasta 10,000

LESSON 1-3 Place Value through 10,000

Planificador de lección

Objetivo

Usar el valor de posición para describir el valor de números enteros hasta el lugar de las decenas de millar.

TEKS y TAKS

TEKS 3.1 El estudiante utiliza el valor de posición para expresar en forma oral y escrita números enteros cada vez más grandes, incluyendo el dinero. **(A) Utilice el valor de posición para** leer, escribir (con símbolos y palabras) y **describir el valor de números enteros** hasta el 999,999.

TAKS 1 El estudiante demostrará un entendimiento de patrones, operaciones y razonamiento cuantitativo.

Las páginas del alumno también cubren los siguientes TEKS:
3.6(B) Coméntalo, Ejercicio 8
3.15(B) Problemas H.O.T., Ejercicios 28–30

Vocabulario

dígito, valor de posición

Recursos

Materiales: Tapete de trabajo 4; cartel de valor de posición
Manipulativos: bloques de base diez
Conexión con la literatura: *Can you count to a Googol* de Robert Wells.

Teacher Technology
Interactive Classroom • TeacherWorks

Rutina diaria

Siga estas sugerencias antes de iniciar la lección de la pág. 24.

Control de 5 minutos (Repaso de la Lección 1-2)

Resuelvan. Usen la *estrategia del plan de cuatro pasos.*
El equipo de reciclaje de la escuela recolectó 4 bolsas de papel durante la primera semana de clases, 6 la segunda semana y 8 durante la tercera semana. Si este patrón continúa, ¿cuánto recolectarán durante la quinta semana? 12 bolsas

Problema del día

¿Qué tienen en común los siguientes números 34, 25, 16, 70, 61? Creen otro número que pertenezca al conjunto. La suma de los dígitos es igual a 7. Ejemplo de respuesta: 43

Lesson Planner

Objective

Use place value to describe the value of whole numbers through the ten-thousands place.

TEKS and TAKS

Targeted TEKS 3.1 The student uses place value to communicate about increasingly large numbers in verbal and written form, including money. **(A) Use place value to** read, write (in symbols and words) and **describe the value of whole numbers** through 999,999.

TAKS 1 The student will demonstrate an understanding of numbers, operations, and quantitative reasoning.

Student pages also address the following TEKS:
TEKS 3.16(B) Talk About It, Exercise 8
TEKS 3.15(B) HOT Problems, Exercises 28–30

Vocabulary

digit, place value

Resources

Materials: WorkMat 4: Place-Value Chart

Manipulatives: base-ten blocks

Literature Connection: *Can You Count to a Googol?* by Robert Wells

Teacher Technology
Interactive Classroom • TeacherWorks

Focus on Math Background

Elegant in its simplicity, our place value system represents all numbers, great and small, using only 10 different digits. However simple, it is not easy. Place value is multiplicative in nature: 972 means $(9 \times 100) + (7 \times 10) + (2 \times 1)$ and multiplication has barely been introduced!

Place value and computation are so intertwined that neither can be fully learned before the other. They grow side by side, each as a supportive conceptual connection for the other.

Daily Routine

Use these suggestions before beginning the lesson on p. 24.

5-Minute Check
(Reviews Lessons 1–2)

Solve. Use the *four-step plan* strategy.
The School Recycling Team collected 4 bags of paper during the first week of school, 6 the second week, and 8 during the third week. If this pattern continues, how much will they collect during the fifth week? 12 bags

Problem of the Day
What do the following numbers all have in common? 34, 25, 16, 70, 61? Create another number that would belong to the set. The sum of the digits equals 7. Sample answer: 43

Building Math Vocabulary

Write the lesson vocabulary words and their definitions on the board.

Have students write a two-digit number in their Math Journals. Then ask them to name the digits and give the place value of each digit. For example, in the number 34, the digits are 3 and 4. The place value of the 3 is 30, the place value of the 4 is 4.

Visual Vocabulary Cards
Use Visual Vocabulary Card 13 to reinforce the vocabulary introduced in this lesson. (The Define/Example/Ask routine is printed on the back of each card.)

digit

Adquisición de vocabulario matemático

Escriba las palabras del vocabulario de la lección y sus definiciones en la pizarra.

Pídales a los alumnos que escriban un número de dos dígitos en su diario de matemáticas. Luego, pídales que nombren el dígito e indiquen el valor de posición de cada dígito. Por ejemplo, e el número 34, los dígitos son 3 y 4. El valor de posición del 3 es 30 y el valor de posición del 4 es 4.

Tarjetas visuales de vocabulario

Use la(s) tarjeta(s) visual(es) del vocabulario 13 para reforzar el vocabulario presentado en esta lección. (En la parte posterior de cada tarjeta está escrita la rutina Definir/Ejemplo/Pregunta).

dígito

Differentiated Instruction

Small Group Options

Option 1 · LOGICAL SOCIAL
Gifted and Talented 🔵
Materials: reference materials, chart paper (optional)

- Assign the task of researching the heights of monuments around the world using references such as almanacs, encyclopedias, the Internet, etc. Ask students to create a table on regular or chart paper that shows the heights of at least ten monuments in ascending order as well as other information, such as the dates the monuments were finished, their locations, etc.
- Have students present their research to the class and ask prepared questions about their research, such as: "What monument has a height that is greater than 4,000 feet?" and "Which monument's height has a six in the hundreds place?"

Option 2 · VISUAL/SPATIAL, LOGICAL
English Language Learners 🔵
Materials: newspaper ads with items ranging in price from $200 to $1,200; sticky notes, numbers 0–9.
Core Vocabulary: (television)'s price, what blank, in
Common Use Verb: should go
Do Math This strategy helps students connect and vocalize place value and the value of an integer through position.
- Show an ad with the price covered by a sticky note (For example, a television priced at $1,254).
- Write: "$ _ _ _ _ ." Display the numbers in the price out of order.
- Say: "These numbers are in the television's price."
- Show '1.' Ask: "**In what blank** *should* this number *go*: ones, tens, hundreds, or thousands?" Discuss the possible values of 1 (1, 10, 100, 1,000).
- Repeat with each number in the price as a group. Then pair students and have them practice with other ads.

Independent Work Options

Option 1 · TEKS 3.1(A) · LINGUISTIC
Early Finishers 🔵🔵
Materials: paper

- Have students create a study guide for place value. Have them begin with examples of one-digit numbers and describe the place value of the digit. For example, the number 8 has only one digit. It is in the one's place and the place value of 8 is 8.

Option 2
Student Technology
Math Online tx.gr3math.com
Personal Tutor • Extra Examples • Online Games
Math Adventures: Robo Works (1A)

Option 3
Learning Station: Writing (p. 14G)
Direct students to the Writing Learning Station for opportunities to explore and extend the lesson concept.

Option 4
Problem-Solving Practice
Reinforce problem-solving skills and strategies with the Problem-Solving Practice worksheet.

Lesson 1-3 Place Value through 10,000 **24B**

Instrucción diferenciada

Opción para grupos pequeños

Opción 1 · PAR VISUAL
Talentosos 🔵

Materiales: material referencial, papel milimétrico (opcional)
- Asigne la tarea de investigar la altura de varios monumentos alrededor del mundo usando referencias como almanaques, enciclopedias, Internet, etc. Pídales a los alumnos que creen una tabla sobre papel milimétrico que muestre las alturas ordenadas ascendentemente de por lo menos 10 monumentos, así como cualquier otra información tales como fechas de inauguración, ubicación, etc.
- Pídales a los alumnos que le presenten sus investigaciones a la clase y hágales preguntas preparadas sobre las mismas, tales como ¿Qué monumento tiene una altura mayor a 4,000 pies? y ¿La altura de qué monumento tiene un 6 en el lugar de las centenas?

Opciones de trabajo independiente

Opción 1 · LINGÜÍSTICO
Para los que terminan primero 🔵🔵

Materiales: papel
- Pídales a los alumnos que creen una guía de estudio de valor de posición. Pídales que comiencen con ejemplos de números de un dígito y describan el valor de posición del dígito. Por ejemplo, el número 8 sólo tiene un dígito. Está en el lugar de las unidades y el valor de posición del 8 es 8.

Opción 2
Tecnología para el alumno
Enlace technológico

Matemáticas en línea tx.gr3math.com
Math Adventures: Robo Works (1A)

Opción 3
Estación de aprendizaje: Lectura (pág. 14G)
Dirija a los alumnos a la estación de aprendizaje de lectura para que tengan la oportunidad de explorar y ampliar el concepto de la lección.

Opción 4
Práctica y solución de problemas
Refuerce las destrezas y las estrategias de solución de problemas con la hoja de trabajo de solución de problemas.

Lección 1 Ordena números **24B**

1-3 Valor de posición hasta 10,000

① Presentación TEKS 3.1(A)

Actividad propuesta 1 • Práctica
- Use bloques de base 10 para modelar 347 en el retroproyector. Escribe el número debajo del modelo y lea el número en voz alta para los alumnos.
- Pídales a los alumnos que trabajen en grupos pequeños. Un alumno usa bloques de base diez para modelar un número de tres dígitos. Luego, otro alumno escribe el dígito debajo del modelo.
- Pídales a los alumnos que cambien roles varias veces para practicar.

Actividad propuesta 2 • Literatura
Presente la Lección con *Can You Count to a Googol?* de Robert Wells. (ea la página R104 para una actividad matemática relacionada)

② Enseñanza TEKS 3.1(A)

Preguntas básicas
Escriba en la pizarra el número 1,243 y modélelo usando bloques de base diez Luego, escriba en la pizarra un cartel de valor de posición.

- **¿Cuántas unidades hay?** 3 Escriba un 3 en el lugar de las unidades del cartel de valor de posición. **¿Cuál es el valor del 3?** 3 unidades ó 3
- **¿Cuántas decenas hay?** 4 Escriba un 4 en el lugar de las decenas del cartel de valor de posición. **¿Cuál es el valor del 4?** 4 decenas ó 40
- **¿Cuántas centenas hay?** 2 Escriba un 2 en el lugar de las centenas del cartel de valor de posición. **¿Cuál es el valor del 2?** 2 centenas ó 200
- **¿Cuántos millares hay?** 1 Escriba un 1 en el lugar de los millares del cartel de valor de posición. **¿Cuál es el valor del 1?** 1 millar ó 1,000

PREPÁRATE para aprender
Pídales a los alumnos que abran sus libros y lean la información de **Prepárate para aprender.** Presente **dígito** y **valor de posición.** En conjunto, trabajen los **Ejemplos 1 al 3.**

1-3 Place Value through 10,000

① Introduce TEKS 3.1(A)

Activity Choice 1 • Hands-On
- Use base-ten blocks to model 347 on the overhead. Write the number beneath the model, and read the number aloud for the students.
- Have students work in small groups. One student uses base ten blocks to model a three-digit number. Then another student writes the number below the model.
- Have students switch roles several times to practice.

Activity Choice 2 • Literature
Introduce the lesson with *Can You Count to a Googol?* by Robert Wells (For a related math activity, see p. R104.)

② Teach TEKS 3.1(A)

Scaffolding Questions
Write the number 1,243 on the board, and model it using base-ten blocks. Then write a place-value chart on the board.
- **How many ones are there?** 3 Write a 3 in the ones place of the place-value chart. **What is the value of the 3?** 3 ones or 3
- **How many tens are there?** 4 Write a 4 in the tens place of the place-value chart. **What is the value of the 4?** 4 tens or 40
- **How many hundreds are there?** 2 Write a 2 in the hundreds place of the place-value chart. **What is the value of the 2?** 2 hundreds or 200
- **How many thousands are there?** 1 Write a 1 in the thousands place of the place-value chart. **What is the value of the 1?** 1 thousand or 1,000

GET READY to Learn
Have students open their books and read the information in **Get Ready to Learn.** Introduce **digit** and **place value**. As a class, work through **Examples 1–3.**

24 Chapter 1 Use Place Value to Communicate

1-3 Valor de posición hasta 10,000

IDEA PRINCIPAL
Usaré el valor de posición para describir el valor de números enteros hasta la posición de las decenas de millar.

TEKS Objetivo 3.1 El estudiante utiliza el valor de posición para expresar en forma oral y escrita números enteros cada vez más grandes, incluyendo el dinero. **(A)** Utilice el valor de posición para leer, escribir (con símbolos y palabras) y describir el valor de números enteros hasta el 999,999.

Vocabulario nuevo
dígito
valor de posición

PREPÁRATE para aprender
La Estatua de la Libertad recientemente celebró su centésimo vigésimo cumpleaños. La altura desde el tope de la base hasta la antorcha es 1,813 pulgadas.

1,813 pu

El número 1,813 tiene 4 dígitos. Un **dígito** es cualquier símbolo que se usa para escribir números enteros. El **valor de posición** es el valor dado a un dígito según su posición en un número.

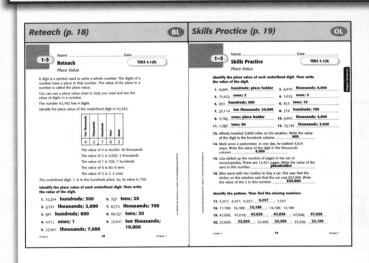

1 millar   8 centenas   1 decena 3 unidades

Una tabla de valor de posición puede ayudarte a leer y ver el valor de los dígitos en un número.

EJEMPLO Identifica el valor de posición

① Identifica el valor de posición del dígito subrayado en 3,671. Luego, escribe el valor del dígito.

Millares	Centenas	Decenas	Unidades
3	6	7	1

El valor de 3 es 3,000. 3 millares

El valor de 6 es 600. 6 centenas

El valor de 7 es 70. 7 decenas.

El valor de 1 es 1. 1 unidad.

El 3 está en el lugar de los millares. Por lo tanto, su valor es 3,000.

24 Capítulo 1 Usa el valor de posición para comunicarte

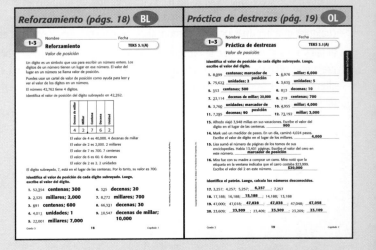

Left Column

EJEMPLO concreto — Identifica el valor de posición

2 Si 10 personas suben las escaleras hasta el tope de la Estatua de la Libertad y luego bajan, habrán caminado 7,080 escalones. Identifica el valor de posición del dígito subrayado en 7,0<u>8</u>0. Luego, escribe el valor del dígito.

La tabla de valor de posición muestra 7,080.

Millares	Centenas	Decenas	Unidades
7	0	8	0

El 0, está en el lugar de las centenas. Esto significa que no hay centenas.

El 0, está en el lugar de las centenas. Esto significa que no hay centenas. Por lo tanto, cero es un marcador de posición.

Recuerda
Se usa una coma después del lugar de los millares.

EJEMPLO — Valor de posición

3 Identifica el valor de posición del dígito subrayado en 2<u>4</u>,983. Luego, escribe el valor del dígito.

La tabla de valor de posición muestra 24,983.

Decenas de millar	Millares	Centenas	Decenas	Unidades
2	4	9	8	3

El 2 está en el lugar de las decenas de millar. Por lo tanto, su valor es 20,000.

en línea Tutor personal en tx.gr3math.com

✓ VERIFICA lo que sabes

Identifica el valor de posición de cada dígito subrayado.
Luego, escribe el valor del dígito. Ver Ejemplos 1-3 (pág. 24-25)

1. <u>8</u>,483
millares; 8,000

2. 2,<u>6</u>73
centenas; 600

3. 3,0<u>3</u>5
centenas; marcador de posición

4. 34,5<u>0</u>1
decenas; marcador de posición

5. <u>5</u>3,456
decenas de millar 50,000

6. 62,57<u>4</u>
unidades; 4

7. Un carro recorrió 36,521 millas. ¿Es mayor el valor del 3 ó del 5 en este número? Explica.
3; 30,000 > 500

8. **Coméntalo** Dominic dijo que el número 61,903 tiene un marcador de posición. ¿Tiene razón? Explica.
Ver Apéndice de respuestas del Cap. 1.

Lección 1-3 Valor de posición hasta 10,000 **25**

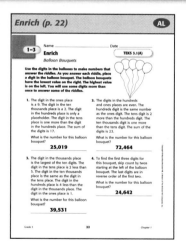

Enrich (p. 22) AL

Enriquecimiento (pág. 22) AL

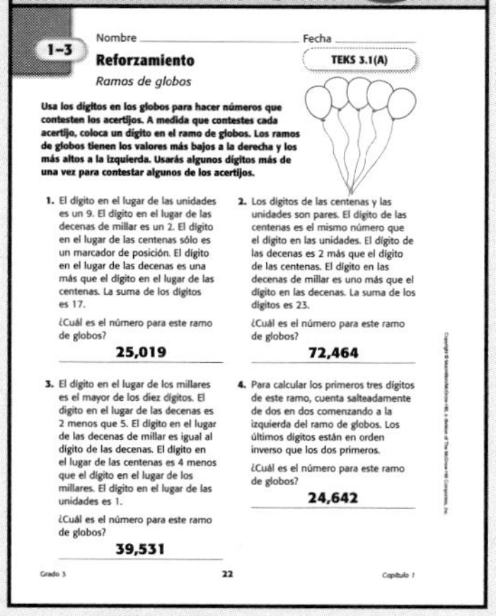

Middle Column

Identify Place Value
Example 2 Students may have difficulty understanding the zero as a place-holder. Using base-ten blocks to model numbers with zeros may be helpful.

ADDITIONAL EXAMPLES

1 Identify the place value of the underlined digit in 2,<u>5</u>83. Then write the value of the digit. The 5 is in the hundreds place and has a value of 500.

2 There were 5,006 runners in the Houston marathon. Identify the place value of the underlined digit in 5,0<u>0</u>6. The zero is in the tens place. This means there are no tens. So, 0 is a place holder.

3 Identify the place value of the underlined digit in <u>3</u>4,694. Then write the value of the digit. The 3 is in the ten thousands place and has a value of 30,000.

✓ CHECK What You Know

As a class, have students complete Exercises 1–8 in **Check What You Know** as you observe their work.

💬 **Exercise 8** Assess student comprehension before assigning practice exercises.

BL Alternate Teaching Strategy TEKS 3.1(A)

If students have trouble using place value to describe the value of whole numbers through the ten thousands place . . .

Then use one of these reteach options:

1 CRM **Daily Reteach Worksheet** (p. 18)

2 Write the number 73,589 on the board. Then draw a place-value chart. **How many ten-thousands?** 7 **What is the value of the 7?** 70,000 Fill in the place-value chart as you ask these questions about each digit in the number. Practice with different numbers.

Answers 8, 30. See Answer Appendix

⚠ COMMON ERROR!

Exercise 21 Some students may answer 8 to this question. Suggest that they reread the question. If necessary, point out that the question is asking for the value of the digit and not the digit.

Lesson 1-3 Place Value through 10,000 **25**

⚠ ERROR COMÚN

Ejercicio 21 Algunos alumnos pueden responder 8 a esta pregunta. Sugiérales que vuelvan a leer la pregunta. Si es necesario, señale que se pide el valor del dígito y no el dígito como tal.

Right Column

Identifica valor de posición

Ejemplo 2 Los alumnos pueden tener dificultad entendiendo el cero como un marcador de posición. Usar bloques de base diez para modelar números con ceros puede ser útil.

EJEMPLOS ADICIONALES

1 Identifiquen el valor de posición del dígito subrayado en 2,<u>5</u>83. Luego, escriban el valor de posición del dígito. El 5 está en el lugar de las centenas y tiene un valor de 500.

2 En el maratón de Houston habían 5,006 corredores. Identifiquen el valor de posición del dígito subrayado en 5,0<u>0</u>6. El cero está en el lugar de las decenas. Esto significa que no hay decenas. Por lo tanto 0 es un marcador de posición.

3 Identifiquen el valor de posición del dígito subrayado en <u>3</u>4,694. Luego, escriban el valor del dígito. El 3 está en el lugar de las decenas de millar y tiene un valor de 30,000.

✓ VERIFICA lo que sabes

En conjunto, pídales a los alumnos que completen los Ejercicios 1 al 8 en **Verifica lo que sabes** a medida que usted observa sus trabajos.

💬 **Ejercicio 8** Evalúa la comprensión del alumno antes de asignarle los ejercicios prácticos.

BL Estrategia alternativa de enseñanza TEKS 3.1 (A)

Si Los alumnos tienen problemas usando el valor de posición para describir el valor de números enteros hasta el lugar de las decenas de millón...

entonces Entonces Use una de estas opciones de reforzamiento:

1 CRM **Hoja de reforzamiento diario** (pág. 18)

2 Escriba el número 73,589 en la pizarra. Luego, trace un cartel de valor de posición. **¿Cuántas decenas de millar hay?** 7 **¿Cuál es el valor de 7?** 70,000 Rellene el cartel de valor de posición a medida que hace estas preguntas sobre cada dígito en el número. Practique con distintos números

③ Práctica

Asigne la práctica para 9 al 30 según los siguientes niveles.

Nivel	Asignación
BL Nivel bajo	9–14, 21–22, 25–26
OL A nivel	10–19, 23–24, 26–27, 28
AL Nivel avanzado	10–26 par, 28–30

Pídales a los alumnos que analicen y completen los problemas de razonamiento de alto nivel. En el Ejercicio 29, anime a los alumnos a enumerar los números enteros entre los números dados y luego a usar la estrategia de *adivinar y comprobar*.

✎ ESCRIBE EN ▶ MATEMÁTICAS

Pídales a los alumnos que completen el Ejercicio 30 en sus Diarios de matemáticas. Puede elegir hacer este ejercicio como una evaluación formativa adicional.

④ Evaluación

✓ Evaluación formativa   TEKS 3.1 (A)

Escriba en la pizarra el número 34,987
- **Identifiquen y describan el valor del dígito en el lugar de las decenas de millar.** El dígito 3 está en el lugar de las decenas de millar y su valor es 30,000.

Control rápido Les sigue costando a los alumnos usar el valor de posición para describir el valor de números enteros hasta el lugar de las decenas de millar?

Sí ▶ Guía de intervención estratégica (pág. 30)

No ▶ Opciones de trabajo independiente (pág. 248)
- Hoja de ejercicios para la práctica de destrezas (pág. 19)
- Hoja de trabajo de enriquecimiento (pág. 22)

Noticias de ayer Pídales a los alumnos que comenten con un compañero(a) cómo modelar números usando los bloques de base diez de la actividad matemática de ayer, los ayudó con la lección de hoy.

③ Practice

Differentiate practice using these leveled assignments for Exercises 9–30.

Level	Assignment
BL Below Level	9–14, 21–22, 25–26
OL On Level	10–19, 23–24, 26–27, 28
AL Above Level	10–26 even, 28–30

Have students discuss and complete the Higher Order Thinking problems. For Exercise 29, encourage students to list the whole numbers between the given numbers and then use the *guess and check* strategy.

WRITING IN ▶ MATH Have students complete Exercise 30 in their Math Journals. You may choose to use this exercise as an optional formative assessment.

④ Assess

✓ Formative Assessment   TEKS 3.1(A)

Write the number 34,987 on the board.
- **Identify and describe the value of the digit in the ten thousands place.** The digit 3 is in the ten thousands place and has a value of 30,000.

Quick Check Are students continuing to struggle with using place value to describe the value of whole numbers through the ten thousands place?

If Yes ▶ Strategic Intervention Guide (p. 30)

If No ▶ Independent Work Options (p. 24B)
- Skills Practice Worksheet (p. 19)
- Enrich Worksheet (p. 22)

Yesterday's News Have students discuss with a partner how using base-ten blocks to model numbers in yesterday's Math Activity helped them with today's lesson.

Identifica el valor de posición de cada dígito subrayado. Luego, escribe el valor del dígito. Ver Ejemplos 1-3 (pág. 24-25)

9. 3,192 — millares; 3,000
10. 7,057 — millares; 7,000
11. 2,594 — decenas; 90
12. 1,438 — centenas; 400
13. 2,054 — centenas; marcador de posición
14. 7,302 — decenas; marcador de posición
15. 30,654 — millares; marcador de posición
16. 70,000 — unidades, marcador de posición
17. 43,543 — decenas de millar; 40,000
18. 69,003 — decenas de millar; 60,000
19. 86,060 — decenas; 60
20. 15,388 — decenas; 80

21. Darlene trota 3 millas ó 15,840 pies cada día. Escribe el valor del dígito en el lugar de las centenas. 800

22. Los alumnos de la clase de la Sra. Martínez leyeron 12,846 páginas durante el año. Escribe el valor del 1 en este número. 10,000

23. Una de las calabazas más grandes jamás cultivadas pesó 1,500 libras. Escribe el valor del 5 en este número. 500

24. La lengua de una ballena azul puede pesar 12,000 libras. ¡Ese es el tamaño de un elefante africano! ¿Cuál es el valor del 1 en este número? 10,000

🌐 **RESUELVE PROBLEMAS concretos**

 *Archivo de datos* La tabla muestra la ubicación y la altitud de los telescopios más grandes del mundo.

25. ¿Qué altitudes tienen un dígito en el lugar de las decenas de millar? Graham, Arizona   Mauna Kea, Hawaii; Mt.

26. Escribe el valor del lugar de las centenas para la altitud del observatorio Palomar 200

27. ¿Qué altitud de un observatorio tiene un dígito con un valor de 700?

Telescopios

Ubicación y altitud de los telescopios más grandes

Ubicación	Altitud (pies)
Muana Kea, Hawaii	13,527
Mount Fowlkes, Texas	6,796
Palomar Mtn. California	6,232
Mt. Graham, Arizona	10,397

Mount Fowlkes, Texas

Problemas H.O.T.

28. INTERPRETA Escribe tres números diferentes que tienen 5 en el lugar de los millares. 45,039; 85,103; 15,983

29. RETO Escribe dos números entre 21,380 y 21,395, donde la suma de sus dígitos sea 19. 21,385; 21,394

30. ✎ ESCRIBE EN ▶ MATEMÁTICAS Escribe un problema que use un sumando de 5 dígitos. Ver Apéndice de respuestas del Cap. 1.

26 Capítulo 1 Usa el valor de posición para comunicarte

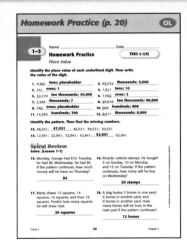

Homework Practice (p. 20) OL

Práctica de tarea (pág. 20) OL

Explora Actividad tecnológica para 1-3

Modelos de valor de posición

Enlace tecnológico

Puedes usar modelos de valor de posición del *Cofre de herramientas matemáticas* para construir un modelo.

IDEA PRINCIPAL

Usaré la tecnología para calcular el valor de posición.

TEKS Objetivo 3.14 El estudiante aplica las matemáticas del 3er grado para resolver problemas relacionados con experiencias diarias y actividades dentro y fuera de la escuela. (D) **Utilice herramientas tales como** objetos reales, manipulativos y **tecnología para resolver problemas.** *También cubre TEKS 3.15(A).*

EJEMPLO

1 MÚSICA **Hay 1,362 personas en la sinfonía. ¿Cuántos millares de personas hay? ¿Cuántas centenas? ¿Cuántas decenas? ¿Cuántas unidades?**

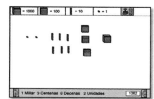

- Comienza con el 2. Tacha esa cantidad de unidades.
- Tacha 6 decenas, 3 centenas y 1 millar.

¿Cuántos millares de personas fueron a la sinfonía? ¿Cuántas centenas? ¿Cuántas decenas? ¿Cuántas unidades? 1; 3; 6; 2

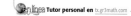

en línea Tutor personal en tx.gr3math.com

VERIFICA lo que sabes

Usa la computadora para modelar cada número. Luego, indica el valor de cada dígito.

1. 1,526 1; 5; 2; 6
2. 3,275 3; 2; 7; 5
3. 5,839 5; 8; 3; 9
4. 6,206 6; 2; 0; 6

Resuelve.

5. El club de cocina usó 2,134 pasas para una receta en la venta de prontos horneados. ¿Cuántos millares de pasas usaron? ¿Cuántas centenas? ¿Cuántas decenas? ¿Cuántas unidades? 2; 1; 3; 4

8. Coméntalo ¿Cómo te puede ayudar a indicar un modelo el valor de cada dígito en el número?

8. Ejemplo de respuesta: Los modelos facilitan ver cuántos millares, centenas, decenas y unidades puede haber en un número.

Extend Technology Activity for 1-3

Lesson Planner

Objective

Use technology to find place value.

TEKS and TAKS

Targeted TEKS 3.14 The student applies Grade 3 mathematics to solve problems connected to everyday experiences and activities in and outside of school. (D) **Use tools such as** real objects, manipulatives, and **technology to solve problems.** *Also addresses TEKS 3.15(A).*

TAKS 6 The student will demonstrate an understanding of the mathematical processes and tools used in problem solving.

Student pages also address the following TEKS:
TEKS 3.15(A) Talk About It, Exercise 8

Resources

Math Tool Chest *(accessible in three ways)*

- Math Online tx.gr3math.com
- StudentWorks Plus
- Interactive Classroom

Getting Started

- The activities and exercises on p. 27 use the Place Value Tool in Math Tool Chest. They may be completed as a class, in pairs, or individually.
- Have students read each example on p. 27.
- As a class, work through each example, following the instructions on the page.

Extending the Link

- Guide students through these steps to use the Place-Value (base-10) tool to trade up or down:
- Click the Trade Up or the Trade Down button.
- Click the block you want to trade up or down.
- To trade up more than one block, click the blocks you want to trade up, or around them.
- **Why do you stamp out 5 tens?** because there are 5 tens in 52
- **How does using a computer help you find place value?** Sample answer: You just click the place-value model the number of times you need to show a number.

Using Math Tool Chest

Place-Value Models The place-value (base 10) blocks in Math Tool Chest provides opportunities for students to make place-value models quickly and easily.

- The program is especially helpful when the numbers are larger and many blocks are required.
- The number in the box at the bottom right-hand corner of the screen shows the digits stamped out so far.
- By starting with ones, students will see the number build.
- For example, when they stamp out 2 ones, a 2 will be shown in the box. When they add 6 tens, 62 will be shown in the box. When they add 3 hundreds, 362 will be shown. When they add 1 thousand, 1,362 will be shown.
- Students can click on the top of the button at the bottom left-hand side of the screen to show the number they have stamped out in expanded form.

Explora Actividad tecnológica para 1-3

Planificador de lección

Objetivo

Usar la tecnología para calcular el valor de posición.

TEKS

TEKS 3.14 El estudiante aplica las matemáticas del 3er grado para resolver problemas relacionados con experiencias diarias y actividades dentro y fuera de la escuela. (D) **Utilice herramientas tales como** objetos reales, manipulativos y **tecnología para resolver problemas.**

TAKS 6 El estudiante demostrará un entendimiento de los procesos matemáticos y herramientas usadas en la resolución de problemas.

Recursos

Cofre de herramientas matemáticas *(accesible de tres maneras)*

- Matemáticas en línea tx.gr3math.com
- StudentWorks Plus
- Interactive Classroom

Para comenzar

- Las actividades y los ejercicios de la pág. 27 usan la herramienta de valor de posición del cofre de herramientas matemáticas. Éstas se pueden completar en conjunto, en parejas o individualmente.
- Pídales a los alumnos que lean el ejemplo de la pág. 27.
- En conjunto, desarrollen la actividad del ejemplo según las instrucciones en la página.

Ampliación del concepto

- Guíe a los alumnos a través de estos pasos para usar la herramienta de valor de posición (base 10) para intercambiar hacia arriba o hacia abajo.
- Pulse sobre el botón de intercambiar hacia arriba (trade up) o intercambiar hacia abajo (trade down).
- Pulse sobre el bloque que quiere intercambiar.
- Para intercambiar más un bloque, pulse sobre los bloques que quiere intercambiar o alrededor de ellos.
- **¿Por qué pulsaron 5 decenas?** Porque hay 5 decenas en 52
- **¿Cómo les ayudó una computadora a calcular el valor de posición?** Ejemplo de respuesta: Sólo se tiene que pulsar sobre el modelo de valor de posición el número de veces necesarias para representar un número.

Uso del cofre de herramientas matemáticas

Modelos de valor de posición Los bloques de valor de posición (base 10) del Cofre de Herramientas Matemáticas le brinda a los alumnos la oportunidad de de formar modelos de valor de posición, de una manera rápida y fácil.

- El programa es especialmente útil cuando los números son grandes y se requieren muchos bloques.
- El número en la casilla de la esquina inferior derecha de la pantalla muestra los dígitos pulsados hasta ese momento.
- El comenzar con las unidades, los alumnos verán cómo se construye el número.
- Por ejemplo, cuando pulsan sobre 2 unidades, se mostrará un 2 en la casilla. Al agregar 6 decenas, en la casilla se mostrará 62. Cuando agregan 3 centenas, 362 se mostrará. Finalmente, al agregar 1 millar, se mostrará 1,362.
- Los alumnos pueden pulsar sobre el botón en la esquina inferior izquierda de la pantalla para representar en forma desarrollada elnúmero que formaron.

1-4 Valor de posición hasta 999,999

Planificador de lección

Objetivo

Leer, escribir y describir el valor de posición de número enteros hasta el 999,999

TEKS y TAKS

TEKS Objetivo 3.1 El estudiante utiliza el valor de posición para expresar en forma oral y escrita números enteros cada vez más grandes, incluyendo el dinero. **(A) Utilice el valor de posición para leer, escribir (con símbolos y palabras) y describir el valor de números enteros hasta el 999,999.**

TAKS 1 El estudiante demostrará un entendimiento de patrones, operaciones y razonamiento cuantitativo.

Las páginas del alumno también cubren los siguientes TEKS:
3.16(B) Coméntalo, Ejercicio 8
3.1(B) Problemas H.O.T., Ejercicios 25–27

Vocabulario

forma estándar, forma de palabra, forma desarrollada

Recursos

Materiales: afiches con números de tres dígitos, tapete de trabajo 4, cartel de valor de posición.
Manipulativos: bloques de base diez
Conexión con la literatura: *Millions of Cats* de Wanda Gay
Teacher Technology
Interactive Classroom • TeacherWorks

Rutina diaria

Siga estas sugerencias antes de iniciar la lección de la pág. 28.

Control de 5 minutos (Repaso de la Lección 1-3)

Identifiquen el valor de posición de cada dígito subrayado. Luego, escriban el valor del dígito.
1. 2,659 decenas; 50
2. 3,894 millar; 3,000
3. 69,582 centenas; 500
4. 47,603 decenas de millar; 40,000

Problema del día

Esta semana Tyler saca la basura el lunes, miércoles, viernes y domingo. Si este patrón continúa, ¿sacará la basura el domingo de la próxima semana? Explica tu razonamiento. No, él saca la basura cada dos días.

1-4 Place Value through 999,999

Lesson Planner

Objective

Read, write, and describe the place value of whole numbers through 999,999

TEKS and TAKS

Targeted TEKS 3.6 The student uses place value to communicate about increasingly large whole numbers in verbal and written form, including money. **(A) Use place value to read, write, (in symbols and words), and describe the value of whole numbers through 999,999.**

TAKS 1 The student will demonstrate and understanding of numbers, operations, and quantitative reasoning.

Student pages also address the following TEKS:
TEKS 3.15(B) Talk About It, Exercise 8
TEKS 3.1(B) H.O.T. Problems, Exercises 25–27

Vocabulary

standard form, word form, expanded form

Resources

Materials: poster with three-digit numbers, WorkMat 4: Place-Value Chart

Manipulatives: base-ten blocks

Literature Connection: *Millions of Cats* by Wanda Gag

Teacher Technology
Interactive Classroom • TeacherWorks

Focus on Math Background

The number 10,000 is one more digit than 1,000, but ten times greater. Our base-ten system grows with each digit by a power of ten—not any easy concept. Naming a number or stating a digit's value does not necessarily indicate understanding. Deep and flexible knowledge of our place-value system takes time and experience. That knowledge will be enriched by careful treatment each time it is encountered and by being referenced in all lessons involving whole numbers.

Daily Routine

Use these suggestions before beginning the lesson on p. 28.

5-Minute Check
(Reviews Lessons 1-3)

Identify the place value of each underlined digit. Then write the value of the digit.
1. 2,659 tens, 50
2. 3,894 thousands; 3,000
3. 69,582 hundreds, 500
4. 47,603 ten thousands; 40,000

Problem of the Day

This week Tyler takes out the trash on Monday, Wednesday, Friday, and Sunday. If this pattern continues, will he take out the trash on Sunday next week? Explain your reasoning. No, he takes out the trash every other day.

Building Math Vocabulary

Write the lesson vocabulary words and their definitions on the board.

Show students a base-ten model for 1,364. Have students write the number in standard form, word form, and expanded form. Tell them to label each form that they write.

Visual Vocabulary Cards
Use Visual Vocabulary Card 20 to reinforce the vocabulary introduced in this lesson. (The Define/Example/Ask routine is printed on the back of each card.)

Adquisición de vocabulario matemático

Escriba las palabras del vocabulario de la lección y sus definiciones en la pizarra.

Muéstreles a los alumnos un modelo de base diez de 1,364. Pídales que escriban el número en forma estándar, forma de palabra y forma desarrollada. Dígales que nombren cada forma que escriben.

Tarjetas visuales de vocabulario

Use la(s) tarjeta(s) visual(es) del vocabulario 20 para reforzar el vocabulario presentado en esta lección. (En la parte posterior de cada tarjeta está escrita la rutina Definir/Ejemplo/Pregunta).

Differentiated Instruction

Small Group Options

Option 1 — Gifted and Talented (AL)

LOGICAL

Materials: notebook paper or dry erase boards, markers

- Have students practice writing expanded form. Extend students' thinking by including numbers that have zeros in them (e.g., 48,061 = 40,000 + 8,000 + 60 + 1) and requiring students to write the expanded form using words (e.g., 5,432,498 = five million + four hundred thousand + thirty thousand + two thousand + four hundred + ninety + eight).

Option 2 — English Language Learners (ELL)

KINESTHETIC, LOGICAL

Materials: index cards with 3 different five-digit numbers written in standard form, word form and expanded form (example, 34,759; thirty-four thousand, seven hundred fifty-nine; 30,000 + 4,000 + 700 + 50 + 9)
Core Vocabulary: turn over, complementary forms, "nice job"
Common Use Verb: find/found
Do Math This strategy allows students to identify different forms of the same number and understand target vocabulary

- Discuss the two meanings of complementary by modeling matching forms and with the scaffold: "Nice job. You found the complementary forms."
- Model mixing up nine cards; put them face down in a 3 × 3 array.
- Turn three cards at a time, asking: "Are these complementary?"
- Students repeat in pairs. When three complementary forms are found, their partner says the "nice job" scaffold. The first student to get two numbers wins.
- Repeat as time permits.

Independent Work Options

Option 1 — Early Finishers (AL)

TEKS 3.1(A)   VISUAL, SOCIAL

Materials: envelopes, index cards, markers

- Cut envelopes in half to create enough pockets for a six-digit number. Make three sets of ten index cards with a single digit 0–9 on each card. Write the digit on the card so it will stick out of the pocket.
- Have students use these materials to create a place value poster. One student can place the numbered index cards in the pockets and another student can read the number. Students take turns creating and reading the numbers shown on the poster.

Option 2 — Student Technology

Math在线 tx.gr3math.com
Personal Tutor • Extra Examples • Online Games
🔵 Math Adventures: Robo Works (1B)

Option 3 — Learning Station: Science (p. 14H)

Direct students to the Science Learning Station for opportunities to explore and extend the lesson concept.

Option 4 — Problem-Solving Practice

Reinforce problem-solving skills and strategies with the Problem-Solving Practice worksheet.

Opción para grupos pequeños

Opción 1 — Talentosos (AL)

LÓGICO

Materiales: papel de cuaderno o pizarra blanca.

- Pida los alumnos que practiquen escribiendo en forma desarrollada. Expanda la comprensión de los alumnos incluyendo números con ceros (por ejemplo: 48,061 = 40,000 + 8,000 + 60 + 1) y requiriendo que los alumnos escriban la forma desarrollada en palabras (por ejemplo: 5,432,498 = cinco millones + cuatrocientos mil + treinta mil + dos mil + cuatrocientos + noventa + ocho).

Instrucción diferenciada
Opciones de trabajo independiente

Opción 1 — Para los que terminan primero (OL) (AL)

VISUAL/ESPACIAL

Materiales: sobres, tarjetas, marcadores

- Corte los sobres por la mitad para crear suficientes para un número de seis dígitos. Forme tres conjuntos de diez tarjetas con un solo dígito del 0 al 9 en cada tarjeta. Escribe los dígitos sobre las tarjetas de manera que sobresalgan de los bolsillos.
- Pídales a los alumnos que usen este material para crear un afiche de valor de posición. Un alumnos puede colocar las tarjetas enumeradas en los bolsillos y otro alumnos leer el número. Los alumnos deben tomar turnos creando y leyendo los números en el afiche.

Opción 2 — Tecnología para el alumno

Enlace technológico

Matemáticas en línea tx.gr3math.com
Personal Tutor • Extra Examples • Online Games
🔵 Math Adventures: Robo Works (1B)

Opción 3 — Estación de aprendizaje: ciencias (pág. 14G)

Dirija a los alumnos a la estación de aprendizaje de ciencias para que tengan la oportunidad de explorar y ampliar el concepto de la lección.

Opción 4 — Práctica y solución de problemas

Refuerce las destrezas y las estrategias de solución de problemas con la hoja de trabajo de solución de problemas.

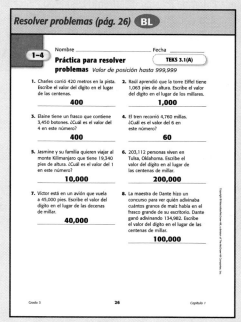

1-4 Valor de posición hasta 999,999

1 Presentación   TEKS 3.1(A)

Actividad propuesta 1 • Práctica

- Pídale a cada alumno que piense en un número de tres dígitos y lo escribe en letras grandes sobre una cartulina.

- Escribe una coma grande en la pizarra. Pídale a dos alumnos que se paren a ambos lados de la coma y levantes sus dígitos.

- Pídale al alumno de la izquierda de la coma que lea su número, diga la palabra mil en la coma y luego, pídale al alumno a la derecha de la coma que lea su número.

- Repita la actividad con otro par de alumnos.

Actividad propuesta 2 • Literatura

Presente la Lección con *Millions of Cats* de Wanda Gay (Vea la página R104 para una actividad matemática relacionada)

2 Enseñanza   TEKS 3.14 (A)

Preguntas básicas

Muéstreles a los alumnos el cartel de valor de posición hasta las decenas de millar de la Lección 1-3. Agregue una columna más en el extremo izquierdo del cartel. Rotúlelo Centena de millar.

- Escribe en la pizarra el número 752,143.

- **¿Cuántas unidades hay?** 3 Escriba un 3 en el lugar de las unidades del cartel de valor de posición. **¿Cuál es el valor del 3?** 3 unidades ó 3.

- Repita estas preguntas para cada uno de los otros dígitos del número. Señale el número en la pizarra. Indique que este número está en forma desarrollada.

- **¿Cómo leen este número?** setecientos cincuenta y dos mil, ciento cuarenta y tres. Señale que lo que acaban de leer es la forma en palabras del número.

PREPÁRATE para aprender

Pídales a los alumnos que abran sus libros y lean la información de **Prepárate para aprender**. Presente **forma estándar, forma de palabras y forma desarrollada**. En conjunto, trabajen los **Ejemplos 1 y 2**.

1-4 Place Value through 999,999

1 Introduce   TEKS 3.1(A)

Activity Choice 1 • Hands-On

- Have each student think of a three-digit number and use large print to write it on a sheet of poster board.

- Place a large comma on the board. Have two students stand on either side of the comma and hold up their three digits.

- Have the student to the left of the comma read his or her number, say the word thousand at the comma, then have the student to the left of the comma read his or her number.

- Repeat with other student pairs.

Activity Choice 2 • Literature

Introduce the lesson with *Millions of Cats* by Wanda Gag. (For a related math activity, see p. R104.)

2 Teach   TEKS 3.1(A)

Scaffolding Questions

Show students a place-value chart through ten thousands from Lesson 1-3. Add one more column on the left end of the chart. Label it Hundred Thousands.

- Write the number 752,143 on the board.

- **How many ones are there?** 3 Write a 3 in the ones place of the place-value chart. **What is the value of the 3?** 3 ones or 3.

- Repeat this questioning for each of the other digits in the number. Point to the number on the board. Point out that this number is in *standard form*.

- **How would you read this number?** seven hundred fifty-two thousand, one hundred forty-three Point out that what they just read is the *word form* of the number.

GET READY to Learn

Have students open their books and read the information in **Get Ready to Learn**. Introduce **standard form**, **word form**, and **expanded form**. As a class, work through **Examples 1 and 2**.

IDEA PRINCIPAL

Leeré, escribiré y describiré el valor de posición de números enteros hasta 999,999.

TEKS Objetivo 3.6
El estudiante utiliza el valor de posición para expresar en forma oral y escrita números enteros cada vez más grandes, incluyendo el dinero. **(A) Utilice el valor de posición para leer, escribir (con símbolos y palabras) y describir el valor de números enteros hasta el 999,999.**

Vocabulario nuevo
forma estándar
en palabras
forma desarrollada

PREPÁRATE para aprender

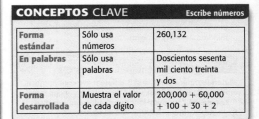

En 1866, un arreo de ganado movilizó a más de 260,132 vacas a lo largo del río Rojo desde Texas hasta Nuevo México.

Las tres maneras de escribir números se llaman **forma estándar, en palabras** y **forma desarrollada**.

CONCEPTOS CLAVE		Escribe números
Forma estándar	Sólo usa números	260,132
En palabras	Sólo usa palabras	Doscientos sesenta mil ciento treinta y dos
Forma desarrollada	Muestra el valor de cada dígito	200,000 + 60,000 + 100 + 30 + 2

EJEMPLO concreto   Lee y escribe números

1. **ANIMALES Lee y escribe el número de vacas movilizadas en palabras y en símbolos.**

   La coma colocada después del lugar de los millares te indica que debes decir "mil".

   $$260,132$$

   Di, "260" mil "132".

   Lee *Doscientos sesenta mil, ciento treinta y dos.*

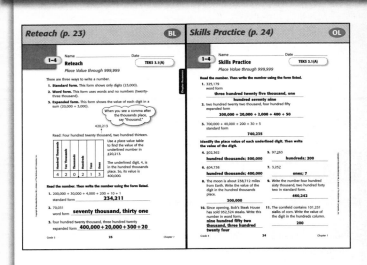

Reteach (p. 23) — BL

Skills Practice (p. 24) — OL

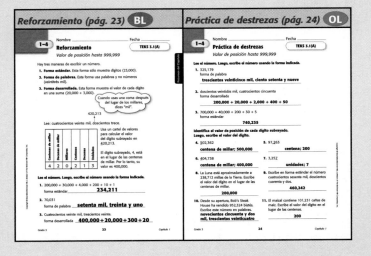

Reforzamiento (pág. 23) — BL

Práctica de destrezas (pág. 24) — OL

Para describir el valor de un dígito, puedes calcular su lugar.

EJEMPLO Escribe y describe el valor de posición

2 Identifica el valor de posición del dígito subrayado en 3<u>4</u>2,178. Luego, describe el valor del dígito.

La siguiente tabla de valor de posición muestra el valor de los dígitos en 342,178.

Centenas de millar	Decenas de millar	Millares	Centenas	Decenas	Unidades
3	4	2	1	7	8

El valor de cada dígito se suma para igualar al número.

```
  3          0     0,   0    0    0
             4     0,   0    0    0
                   2,   0    0    0
                        1    0    0
                             7    0
+                                 8
  3          4     2,   1    7    8
```

El dígito subrayado, 3, está en el lugar de las centenas de millar. Por lo tanto, su valor es 300,000.

en línea Tutor personal en tx.gr3math.com

✓ VERIFICA lo que sabes

Lee el número. Luego, escribe el número en palabras, estándar y desarrollada. Ver Ejemplo 1 (pág. 28)

1. 421,846
1-3. Ver Apéndice de respuestas del Cap. 1.

2. 300,000 + 40,000 + 9,000 + 800 + 40 + 5

3. doscientos mil, setecientos veintiuno

Identifica el valor de posición del dígito subrayado. Luego, describe el valor del dígito. Ver Ejemplo 2 (pág. 29)

4. 7<u>2</u>0,296 centena de millar; 700,000

5. <u>4</u>92,486 centena de millar; 400,000

6. 9<u>3</u>4,061 decena de millar; 30,000

7. La luna está a por lo menos 356,400 km de la Tierra. ¿Cuál es el valor del 3? 300,000

8. **Coméntalo** Describe la diferencia entre un dígito y su valor.
Ver Apéndice de respuestas del Cap. 1.

Lección 1-4 Valor de posición hasta 999,999 **29**

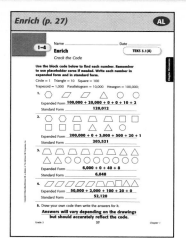

Enrich (p. 27) **AL**

Enriquecimiento (p. 27) **AL**

Read and Write Numbers
Example 1 Have students visualize and describe the model for 260,132 to better understand the expanded form.

ADDITIONAL EXAMPLES

1 In 2000, the population of Austin was 656,562. Read and write this number in word and expanded form. word: six hundred fifty-six thousand, five hundred sixty-two; expanded: 600,000 + 50,000 + 6,000 + 500 + 60 + 2

2 Identify the place value of the underlined digit in <u>5</u>68,214. Then describe the value of the digit. hundred thousands; 500,000.

✓ CHECK What You Know

As a class, have students complete Exercises 1–8 in **Check What You Know** as you observe their work.

 Exercise 8 Assess student comprehension before assigning practice exercises.

BL Alternate Teaching Strategy TEKS 3.1(A)

If students have trouble reading writing, and describing the place value of whole numbers through 999,999 . . .

Then use one of these reteach options:

1 **CRM** **Daily Reteach Worksheet** (p. 23)

2 Suggest students use place-value charts to model the number until they are comfortable writing all forms. Show them how the expanded form of 275,189 can be written by writing an addition sentence that shows the sum of the value of each digit of the number. Repeat using several other numbers.

Answers 1–3, 8–14. See Answer Appendix

⚠ COMMON ERROR!

Reading and writing numbers in word form can be challenging. Encourage students to say the number aloud. Remind them that the word *and* will never appear in the word form of a whole number.

Lesson 1-4 Place Value through 999,999 **29**

Lee y escribe números

Ejemplo 1 Pídales a los alumnos que visualicen y describan el modelo de 260,132 para entender mejor la forma desarrollada.

EJEMPLOS ADICIONALES

1 En el 2000, la población de Austin era de 656,562. Lean y escriban este número en forma de palabra y en forma desarrollada. Palabra: seiscientos cincuenta y seis mil, quinientos sesenta y dos. Desarrollada: 600,000 + 50,000 + 6,000 + 500 + 60 + 2

2 Identifiquen el valor de posición del dígito subrayado en <u>5</u>68,214. Luego, describan el valor del dígito. Centenas de millar; 500,000

✓ VERIFICA lo que sabes

En conjunto, pídales a los alumnos que completen los Ejercicios 1 al 8 en **Verifica lo que sabes** a medida que usted observa sus trabajos.

 Ejercicio 8 Evalúa la comprensión del alumno antes de asignarle los ejercicios prácticos.

BL Estrategia alternativa de enseñanza TEKS 3.1 (A)

Sí Los alumnos tienen problemas leyendo, escribiendo y describiendo el valor de posición de números enteros hasta el 999,999

entonces Entonces Use una de estas opciones de reforzamiento:

1 **CRM** **Hoja de reforzamiento diario** (pág. 23)

2 Sugiérales a los alumnos que usen carteles de valor de posición para modelar números hasta que se sienta cómodos escribiendo todas las formas. Muéstreles cómo se puede escribir la forma desarrollada de 275,189, escribiendo una oración de suma que muestre la suma de los valores de cada dígito del número. Repita la actividad usando otros números.

⚠ ERROR COMÚN

Leer y escribir números en forma de palabra puede ser un reto. Anime a los alumnos a decir el número en voz alta. Recuérdeles que la palabra *y* nunca aparecerá en la forma de palabra de un número entero.

Lección 1 Ordena números **29**

3 Práctica

Asigne la práctica para los Ejercicios 9 al 27, según los siguientes niveles.

Nivel	Asignación
BL Nivel bajo	9–11, 15–17, 21–22
OL A nivel	9–12, 15–18, 21–23, 25
AL Nivel avanzado	9–23 impar, 25–27

Pídales a los alumnos que analicen y completen los problemas de razonamiento de alto nivel. En el Ejercicio 26, pídales que usen la estrategia de *adivinar y comprobar*.

ESCRIBE EN ►MATEMÁTICAS

Pídales a los alumnos que completen el Ejercicio 27 en sus Diarios de matemáticas. Puede elegir hacer este ejercicio como una evaluación formativa adicional.

4 Evaluación

✓ Evaluación formativa   TEKS 3.1(A)

● **Escriban el número 892,435 en forma desarrollada y en forma de palabra.** 800,000 + 90,000 + 2,000 + 400 + 30 + 5; ochocientos noventa y dos mil, cuatrocientos treinta y cinco.

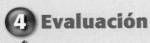
Control rápido Les sigue costando a los alumnos leer, escribir y describir el valor de posición de números enteros hasta el 999,999?

Sí ► Guía de intervención estratégica (pág. 83)

No ► Opciones de trabajo independiente (pág. 28B)
  CRM Hoja de ejercicios para la práctica de destrezas (pág. 24)
  CRM Hoja de trabajo de enriquecimiento (pág. 27)

En el futuro Pídales a los alumnos que comenten con un compañero(a) cómo el valor de posición los ayudará a comparar dos números como 3,876 y 3,987.

---

3 Practice

Differentiate practice using these leveled assignments for Exercises 9–27.

Level	Assignment
BL Below Level	9–11, 15–17, 21–22
OL On Level	9–12, 15–18, 21–23, 25
AL Above Level	9–23 odd, 25–27

Have students discuss and complete the Higher Order Thinking problems. For Exercise 26, encourage them to use the *guess and check* strategy.

WRITING IN ►MATH Have students complete Exercise 27 in their Math Journals. You may choose to use this exercise as an optional formative assessment.

4 Assess

✓ Formative Assessment   TEKS 3.1(A)

● **Write the number 892,435 in expanded and word form.** 800,000 + 90,000 + 2,000 + 400 + 30 + 5; eight hundred ninety-two thousand, four hundred thirty-five

Quick Check Are students continuing to struggle with reading, writing, and describing the place value of whole numbers through 999,999?

If Yes → Strategic Intervention Guide (p. 83)

If No → Independent Work Options (p. 28B)
  CRM Skills Practice Worksheet (p. 24)
  CRM Enrich Worksheet (p. 27)

Into the Future Have students discuss with a partner how place value will help them compare two numbers such as: 3,876 and 3,987.

► Práctica y solución de problemas

PRÁCTICA EXTRA
Ver página R3.

Lee el número. Luego, escríbelo en palabras, estándar y desarrollada. Ver Ejemplo 1 (pág. 28) 9-14. Ver Apéndice de respuestas del Cap. 1.

9. 849,352   **10.** 392,604   **11.** setecientos mil diez

12. 300,000 + 50,000 + 200 + 40 + 8   **13.** 400,000 + 30,000 + 7,000 + 90 + 4   **14.** setecientos sesenta y cuatro mil ciento ochenta y nueve

Identifica el valor de posición del dígito subrayado. Luego, describe el valor del dígito. Ver Ejemplo 2 (pág. 29)

15. 592,302 centena de millar; 500,000   **16.** 240,843 centena de millar; 200,000   **17.** 638,134 centena de millar; 600,000

18. 135,523 centena de millar; 100,000   **19.** 472,829 decena de millar; 70,000   **20.** 832,949 decena de millar; 30,000

Resuelve.

21. El área total de Texas es más de 260,000 millas cuadradas. ¿Cuál es el valor del 2? 200,000

22. Escribe en forma estándar el número cuatrocientos cinco mil, trescientos siete. 405,307

23. El parque de atracciones vendió 436,204 boletos desde que abrió. ¿Se vendió más o menos de los boletos que se muestran a continuación? más

24. El monte Everest tiene 29,035 millas de altura. Escribe este número en palabras. veintinueve mil treinta y cinco

Problemas H.O.T.

25. INTERPRETA Escribe tres números de seis dígitos diferentes. Luego, ordénalos de menor a mayor. Ejemplo de respuesta: 123,456; 234,456; 456,567

26. RETO Para escribir un número de seis dígitos, usa seis dígitos diferentes. La suma de los tres primeros dígitos debe ser igual a la suma de los tres últimos dígitos. Ejemplo de respuesta: 923,581

27. ESCRIBE EN ►MATEMÁTICAS Escribe una oración que compare dos números de seis dígitos. Escribe los números en palabras. Ejemplo de respuesta: Seiscientos mil es mayor que cuatrocientos mil.

30   Capítulo 1 Usa el valor de posición para comunicarte   Control de autoevaluación en tx.gr3math.com

---

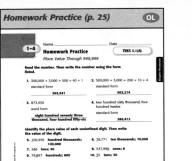
Homework Practice (p. 25) **OL**

Práctica de tarea (pág. 25) **OL**

Verificación de mitad del capítulo
Lecciones 1-1 a la 1-4

Identifica el patrón. Luego, calcula los números que faltan. (Lección 1-1)

1. 20, ■, 60, 80, ■ Sumar 20; 40, 100

2. 5, 15, ■, 35, ■ Sumar 10; 25, 45

3. Hong ahorró $37. Gasta $19 en ropa para la escuela y gana $15 por podar el césped de su vecino. ¿Cuánto dinero tiene Hong ahora? Usa el *plan de cuatro pasos*. (Lección 1-2) $33

Escribe la posición de cada dígito subrayado. Luego, escribe el valor del dígito. (Lección 1-3)

4. 5̲49 decenas; 40

5. 3,5̲20 centenas; 500

6. 🔷 **PRÁCTICA PARA LA PRUEBA**
¿Cómo se escribe en forma estándar cinco mil, trescientos diecinueve?
(Lección 1-4) C TAKS 1

A 5,193

B 5,309

C 5,319

D 5,391

7. Un hipopótamo en el zoológico pesa 3,525 libras. Escribe este número en forma desarrollada y en palabras.
(Lección 1-4) 3,000 + 500 + 20 + 5; tres mil quinientos veinticinco

Identifica el valor de posición de cada dígito subrayado. Luego, describe el valor del dígito. (Lección 1-3)

8. 1̲6,846 10,000 decena de millar

9. 2̲8,950 20,000 decena de millar

Escribe cada número en forma estándar. (Lección 1-4)

10. veintitrés mil, setecientos cuarenta y dos 23,742

11. 60,000 + 4,000 + 8 64,008

Escribe cada número en forma desarrollada. (Lección 1-4)

12. Jennifer piensa leer 10,240 páginas este verano.
10,000 + 200 + 40

13. Cuarenta y cinco mil, sesenta y siete personas. 40,000 + 5,000 + 60 + 7

14. 🔷 **PRÁCTICA DE ESTÁNDARES** En el número 92,108, ¿qué dígito está en el lugar de las decenas de millar? (Lección 1-4)

F 0   **H** 2   J TAKS 1

G 1   **J** 9

15. 🔲 **ESCRIBE EN** ▶ **MATEMÁTICAS** Describe el patrón que puede producir lo números que se muestran a continuación. ¿Qué número sigue? (Lección 1-1)   Restar 6; 80

104, 98, 92, 86

Evaluación formativa   **31**

Mid-Chapter Check

Lessons 1-1 through 1-4

✓ Formative Assessment

Use the Mid-Chapter Check to assess students' progress in the first half of the chapter.

 Customize and create multiple versions of your Mid-Chapter Check and the test answer keys.

FOLDABLES Dinah Zike's Foldables

Use these lesson suggestions to incorporate the Foldables during the chapter.

Lessons 1-3 and 1-4 Find examples of numerals in the thousands, ten thousands, and hundred thousands in newspapers, magazines, and other forms of world print. Glue the examples onto the appropriate columns of the place value chart.

Make study cards using quarter sheets of notebook paper. Read and write numbers to 999,999 using standard and expanded notation and place the study cards in the appropriate Foldable pocket. Write word problems using numerals from 1,000 to 100,000.

Data-Driven Decision Making

Based on the results of the Mid-Chapter Check, use the following resources to review concepts that continue to give students problems.

Exercises	🔷 TEKS	What's the Math?	Error Analysis	Resources for Review
1–2, 15 Lesson 1-1	3.6(A)	Represent simple patterns by rules.	Does not fill in all numbers for pattern. Does not recognize pattern. Does not know "Describe." Cannot describe correctly in words.	Strategic Intervention Guide (pp. 22, 30, 83) **CRM** Chapter 1 Resource Masters (Reteach Worksheets)
3 Lesson 1-2	3.14(C)	Use *four-step plan* to solve problems.	Does not understand *four-step plan*. Misreads problem. Adds all numbers. Computes incorrectly.	**Math** Online Extra Examples • Personal Tutor • Concepts in Motion • Math Adventures
4 Lessons 1-3 and 1-4	3.1(A)	Identify place value for digits in numbers to 999,999. Use expanded form to represent numbers.	Does not know and unable to write value of digits. Does not understand standard form, word form.	

Verificación de mitad del capítulo

Lecciones 1-1 a la 1-4

✓ Evaluación formativa

Use la Verificación de mitad del capítulo para evaluar el progreso del alumno en la primera mitad del capítulo.

ExamView Assessment Suite Elabore múltiples versiones, con las características que desee, de la prueba del Capítulo y de las claves de respuesta de la prueba.

PLEGADOS Plegados de Dinah Zike

Use estas sugerencias para la lección a fin de incorporar los Plegados durante el capítulo.

Lecciones 1-3 y 1-4 Hallen ejemplos de números en el orden de los millares, las decenas de millar y las centenas de millas en periódicos, revistas y otras formas impresas. Peguen los ejemplos en las columnas apropiadas del cartel de valor de posición.

Hagan fichas de estudio usando cuartos de hojas de cuaderno. Lean y escriben números hasta el 10,000 usando la notación estándar y la desarrollada y coloquen las fichas de estudio en los bolsillos apropiados del Plegado. Escriban problemas planteados en palabras usando números del 1,000 al 100,000.

Estrategia para resolver problemas
Usarán el plan de cuatro pasos
Planificador de lección

Objetivo

Resolver problemas entendiéndolos, haciendo un plan, llevándolo a cabo y verificando la racionalidad.

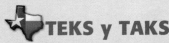

TEKS y TAKS

TEKS Objetivo 3.14 El estudiante aplica las matemáticas del 3er grado para resolver problemas relacionados con experiencias diarias y actividades dentro y fuera de la escuela. **(B) Resuelva problemas que incorporen la comprensión del problema, hacer un plan, llevarlo a cabo y evaluar lo razonable de la solución.**

TAKS 6 El estudiante demostrará un entendimiento de los procesos matemáticos y herramientas usadas en la resolución de problemas.
Las páginas del alumno también cubren los siguientes TEKS:

Recursos

Materiales: marcadores o crayones, papel, cartulinas
Manipulativos: fichas
Teacher Technology
Interactive Classroom • TeacherWorks

📖 **Biblioteca de solución de problemas concretos**
Matemáticas y ciencias: *Animal Habitats*
Use libros por nivel para reforzar y ampliar las destrezas y las estrategias de resolución de problemas.
Nivelados para:
OL A nivel
ELL Inglés protegido

Consulte la Guía del Maestro de solución de problemas concretos para soporte adicional.

Rutina diaria

Siga estas sugerencias antes de iniciar la lección de la pág. 32.

Control de 5 minutos (Repaso de la Lección 1-4)

Identifiquen la posición de cada dígito subrayado. Luego, describan el valor del dígito.
1. 2_3_4,908 decena de millar, 30,000
2. 47,8_3_2 centenas; 800

Lean el número. Luego, escríbanlo en forma desarrollada.
1. 9,527 9,000 + 500 + 20 +7
2. 468,301 400,000 + 60,000 + 8,000 + 300 + 1

Problema del día

Marta está pensando en un número de cuatro dígitos. El dígito en las decenas es 7, el dígito en los millares es 4. El dígito en las centenas es la mitad del dígito en los millares. En dígito de las unidades es el doble del valor del dígito en los millares. ¿Cuál es el número? 4,278

1-5 **Problem-Solving Investigation**
Use the Four-Step Plan

Lesson Planner

Objective
Solve problems by understanding the problems, making a plan, carrying out the plan, and checking for reasonableness.

TEKS and TAKS

Targeted TEKS 3.14 The student applies Grade 3 mathematics to solve problems connected to everyday experiences and activities in and outside of school. **(B) Solve problems that incorporate understanding the problem, making a plan, carrying out the plan, and evaluating the solution for reasonableness.** *Also addresses TEKS 3.14(C).*

TAKS 6 The student will demonstrate an understanding of the mathematical processes and tools used in problem-solving.

Resources

Materials: markers or crayons, paper, poster board

Manipulatives: counters

Teacher Technology
Interactive Classroom • TeacherWorks

📖 **Real-World Problem-Solving Library**
Math and Science: *Animal Habitats*
Use these leveled books to reinforce and extend problem-solving skills and strategies.
Leveled for:
OL On Level
ELL Sheltered English

For additional support, see the Real-World Problem-Solving Teacher's Guide.

Daily Routine
Use these suggestions before beginning the lesson on p. 32.

5-Minute Check
(Reviews Lesson 1-4)

Identify the place of each underlined digit. Then describe the value of the digit.
1. 2_3_4,908 ten thousands, 30,000
2. 47,8_3_2 hundreds, 800

Read the number. Then write it in expanded form.
3. 9,527 9,000 + 500 + 20 + 7
4. 468,301 400,000 + 60,000 + 8,000 + 300 + 1

Problem of the Day
Marta is thinking of a four-digit number. The tens digit is 7, the thousands digit is 4. The hundreds digit is half of the thousands digit. The ones digit is twice the value of the thousands digit. What is her number? 4,278

32A Chapter 1 Use Place Value to Communicate

Differentiated Instruction

Small Group Options

Option 1 TEKS 3.1(A)   INTRAPERSONAL, LINGUISTIC
Gifted and Talented **AL**

Materials: encyclopedias, notebook paper

- Students will write word problems involving animal statistics for classmates to solve.
- Students will research their favorite species using an encyclopedia. They will look for statistics regarding weight, height, life span, clutch size, etc.
- They will then write word problems using the data they have researched (e.g., Both polar bears and giant pandas are endangered animals. Scientists estimate there are approximately 30,000 polar bears and 1,000 giant pandas left in the world today. How many more polar bears than giant pandas are left?).

Option 2 TEKS 3.14(C)   KINESTHETIC
English Language Learners **ELL**

Materials: counting manipulatives, index cards with word problems using students' names
Core Vocabulary: watch, shows, action
Common Use Verb: act (it) out
Write Math This strategy helps students connect the *act it out* strategy by doing and writing problems.

> _____ bought 14 cookies at the store. _____ gave him/her 5 more cookies. How many does he/she have now?

- Assist pairs with reading the problem on the index cards, allowing time to find manipulatives and materials to *act it out.*
- When students have a skit planned, say: "Action" to prompt students to *act it out* for the class. They should not read the problem.
- Remaining classmates must watch and write out the problem. Discuss results.
- Repeat with new pairs as time permits.

Independent Work Options

Option 1 TEKS 3.14(B)   LOGICAL, VISUAL, TACTILE
Early Finishers **OL** **AL**

Materials: index cards

- Have students work in pairs. Have each pair write a word problem on an index card.
- Students will trade word problems with another pair of students and use the *four-step plan* to solve the problem.
- Have the students who are solving problems write their four-step plan and their answer on the back of the card.

Option 2
Student Technology

Math online tx.gr3math.com
Personal Tutor • Extra Examples • Online Games

Option 3
Learning Station: Health (p. 14H)
Direct students to the Health Learning Station for opportunities to explore and extend the lesson concept.

Instrucción diferenciada

Opciones de trabajo independiente

Opción 1 TEKS 3.14(B)   LÓGICO, VISUAL, TÁCTIL
Para los que terminan primero **OL** **AL**

Materiales: tarjetas de índice

- Pídales a los alumnos que trabajan en parejas. Pídale a cada pareja que escriba un problema planteado en palabras sobre cada tarjeta de índice.
- Los alumnos intercambiarán sus problemas con otras parejas y usarán el *plan de cuatro pasos* para resolverlos.
- Pídales a los alumnos que están resolviendo los problemas que escriban sus planes de cuatro pasos y sus respuestas en el reverso de la tarjeta.

Opción 2
Tecnología para el alumno
Enlace technológico

Matemáticas en línea tx.gr3math.com
Personal Tutor • Extra Examples • Online Games

Opción 3
Estación de aprendizaje: Salud (pág. 14H)

Dirija a los alumnos a la estación de aprendizaje de salud para que tengan la oportunidad de explorar y ampliar el concepto de la lección.

Opción para grupos pequeños

Opción 1   INTRAPERSONAL, LINGUÍSTICO
Talentosos **AL**

Materiales: enciclopedias, papel de cuaderno

- Los alumnos escribirán problemas planteados en palabras de estadísticas animales para que los resuelvan los compañeros.
- Los alumnos investigarán sobre su especie favorita usando una enciclopedia. Hallarán estadísticas relacionadas al peso, altura, tiempo de vida, tamaño del nido, etc.
- Luego, escribirán problemas planteados en palabras usando los datos que investigaron (por ejemplo, Tanto los osos polares como los pandas gigantes son animales en peligro de extinción. Los científicos estiman que sólo quedan aproximadamente 30,000 osos polares y 1,000 pandas gigantes en el mundo actualmente. ¿Cuántos osos polares más que pandas gigantes quedan?

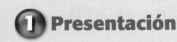

Estrategia para resolver problemas

1 Presentación

Actividad • Repaso   TEKS 3.14 (B)(C)

- Divida a los alumnos en grupos y déles marcadores y papel. Escriba el siguiente problema en la pizarra:

  Estrella tiene 10 panecillos. Ella puede colocar 2 panecillos en cada caja. ¿Cuántas cajas necesitará para todos los panecillos? 5 cajas

- **¿Cuáles son los pasos del *plan de cuatro pasos*?**
  Entiende, Planifica, Resuelve y Verifica.

- Dígales a los alumnos que a medida que planifican cómo resolver el problema, deben pensar en qué estrategia usar.

- **¿Qué estrategia pueden usar para resolver este problema?** *Hacer un dibujo*

- Dígales a los alumnos que trabajen en grupos para hacer un dibujo y resolver el problema.

2 Enseñanza   TEKS 3.14 (B)(C)

Pídales a los alumnos que lean el problema sobre papel de dibujo. Guíelos a través de los pasos para resolver problemas.

Entiende Usando las preguntas, repase los que los alumnos conocen y necesitan calcular.

Planifica Pídale que comenten su estrategia.

Resuelve Guíe a los alumnos en el uso del plan de cuatro pasos para resolver el problema.

- **¿Qué deben hacer primero?** Recolectar 32 fichas para representar 32 hojas de papel.

- **¿Cuántos grupos necesitan formar para representar los días?** 8

- **¿Qué hacen después?** Colocar fichas en cada grupo, una a la vez hasta que se acaben.

- **¿Cuántas hojas de papel puede usar Derrick cada día?** 4 hojas de papel

Verifica Pídales a los alumnos que revisen el problema para asegurarse que la respuesta corresponde con los datos dados.

- **¿Qué otra cosa pueden hacer para verificar sus respuestas?** Ejemplo de respuesta: Sumar los números en otro orden.

 ERROR COMÚN!

Si los alumnos tienes problemas eligiendo una estrategia, pídales que piensen en las estrategias que usaron el año pasado. Haga una lista en la pizarra y pídales a los alumnos que creen afiches de las estrategias.

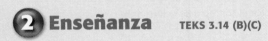

1-5 Problem-Solving Investigation

1 Introduce

Activity • Review   TEKS 3.14(B)(C)

- Divide students into groups and give them markers and paper. Write the following problem on the board:
  Estrella has 10 muffins. She can put 2 muffins into each box. How many boxes will she need for all her muffins? 5 boxes

- **What are the steps of the *four-step plan*?**
  Understand, Plan, Solve, and Check

- Tell students that as they plan to solve, they should think about a strategy to use.

- **What strategy can you use to solve this problem?** *draw a picture*

- Tell students to work together to draw a picture to solve the problem.

2 Teach   TEKS 3.14(B)(C)

Have students read the problem on drawing paper. Guide them through the problem-solving steps.

Understand Using the questions, review what students know and need to find.

Plan Have them discuss their strategy.

Solve Guide students to use the four-step plan to solve the problem.

- **What should you do first?** Gather 32 counters to represent the 32 sheets of paper.

- **How many groups do you need to form to represent the days?** 8

- **What do you do next?** Place counters one at a time into each group until they are all gone.

- **How many sheets of paper can Derrick use each day?** 4 sheets of paper

Check Have students look back at the problem to make sure that the answer fits the facts given.

- **What else could you do to check your answer?** Sample answer: Add the numbers in a different order.

> ⚠ **COMMON ERROR!**
>
> If students have trouble choosing a strategy, have them brainstorm strategies they used last year. Make a list on the board and have students create posters of the strategies.

IDEA PRINCIPAL Para resolver problemas, entenderé el problema, haré un plan, lo llevaré a cabo y verificaré la racionalidad de la respuesta.

TEKS Objetivo 3.14 El estudiante aplica las matemáticas del 3er grado para resolver problemas relacionados con experiencias diarias y actividades dentro y fuera de la escuela. **(B) Resuelva** problemas que incorporen la comprensión del problema, hacer un plan, llevarlo a cabo y evaluar lo razonable de la solución. *También cubre TEKS 3.14(C).*

EQUIPO I.R.P.+

> **DERRICK:** Mi hermana me regaló papel para dibujar en mi cumpleaños. Había 32 hojas y quiero que duren 8 días.
>
> **TU MISIÓN:** Calcular cuántas hojas puede usar cada día.

Entiende	Hay 32 hojas de papel que deben durar 32 días. Calcula cuántas hojas puede usar cada día.
Planifica	Conoces el número total de hojas de papel y cuántos días deben durar. Puedes mostrarlo con fichas.
Resuelve	Usa 32 fichas para representar las 32 hojas de papel. Para hacer 8 grupos iguales, coloca las fichas una a la vez en cada grupo hasta acabarse.

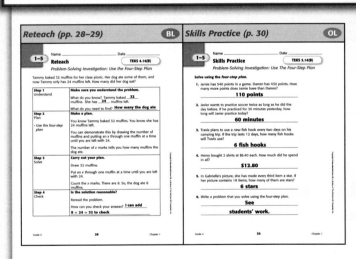

día 1 día 2 día 3 día 4 día 5 día 6 día 7 día 8

	Cada grupo tiene 4 fichas. Por lo tanto, él puede usar 4 hojas de papel cada día.
Verifica	Revisa el problema. $4 + 4 + 4 + 4 + 4 + 4 + 4 + 4 = 32$ Por lo tanto, la respuesta es correcta.

Reteach (pp. 28–29) BL

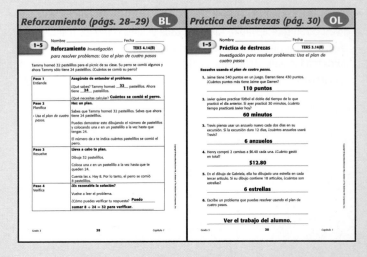

Skills Practice (p. 30) OL

Reforzamiento (págs. 28–29) BL

Práctica de destrezas (pág. 30) OL

► Resuelve problemas diversos

PRÁCTICA EXTRA
Ver página R3.

Usa el plan de cuatro pasos para resolver cada problema. Ejemplo de respuesta: Sumé 20 y 20 juntos; 40 minutos

1. Ayer, Juan se ejercitó durante 20 minutos. Hoy se ejercitará el doble de tiempo. ¿Cuánto tiempo piensa ejercitarse Juan hoy? Explica cómo calculaste la respuesta.

2. ¿Cuál es la siguiente figura en el patrón que se muestra? ☐

3. El Sr. Hernández compró pretzels para compartirlos con sus 36 alumnos. Sólo 18 de sus alumnos comieron pretzels. ¿Cuántos alumnos no comieron pretzels? 18 alumnos

4. Marjorie horneó 48 panqueques para el desayuno escolar. Elián se comió algunos de los panqueques y ahora Marjorie sólo tiene 43 panqueques. ¿Cuántos panqueques se comió Elián? 5 panqueques

★ 5. Gabriela compra los siguientes artículos. Si le entrega $20 a la cajera, ¿cuánto cambio recibirá Gabriela? $3

6. Joshua se levanta a las 8:30 A.M. Él necesita estar listo para la escuela a las 9:00 a.m. ¿Cuántos minutos tiene para alistarse? 30 minutos

★ 7. El tío Ramos coloca una cerca en forma de triángulo. ¿Cuánto cercado se necesita? 72 pies

Lado A	Lado B	Lado C
36 pies	mitad del lado	mitad del lado

8. El jardín de Austin tiene 5 hileras de 6 plantas. ¿Cuántas plantas tiene Austin en su jardín? 30 plantas

9. Observa la tabla. ¿Cuántos bolígrafos tienen César y Pamela en total? ¿Cuántos bolígrafos más tiene Carmen que Pamela?

Nombre	Bolígrafos
Pamela	7
Cesar	9
Carmen	20

16 bolígrafos; 13 bolígrafos

10. La Sra. Reinhart les lee a sus alumnos un libro cada día durante 2 semanas. Si hay 5 días en cada semana escolar, ¿cuántos libros leyó en total? Explica tu razonamiento. Ejemplo de respuesta:10; 2 semanas + 5 días de escuela = 10 libros

★11. ESCRIBE EN ► MATEMÁTICAS Explica la diferencia entre el paso planifica y el paso resuelve en el plan de cuatro pasos. Ver Apéndice de respuestas del Cap. 1.

Lección 1-5 Investigación para resolver problemas **33**

BL Alternate Teaching Strategy TEKS 3.14(B)

If students have trouble remembering the four steps of the four-step plan …

Then use one of these reteach options:

1 CRM **Daily Reteach Worksheet** (pp. 28–29)

2 Have them write a checklist with the four steps before they begin to solve the problem. Have them check off each step as they complete it.
   ✓ Understand
   ✓ Plan
   ✓ Solve
   ✓ Check

③ Practice

Using the Exercises

Exercises 1–10 provide opportunities for students to use the *four-step plan*. If necessary, review this plan before making assignments.

Exercise 8 may be difficult for some students. Two common strategies that students can use to solve this problem are the *act it out* strategy and the *draw a picture* strategy. Visually representing the information in this problem will help students to solve.

④ Assess

✓ Formative Assessment TEKS 3.14(B)(C)

Pose the following problem to students:
Suppose Dan lives 12 more miles from a water park than Bart, who lives 30 miles from the same water park. How many miles does Dan live from the water park? Explain how you solved the problem. 42 miles; Sample answer: add 12 + 30

- **What strategy did you use?** *draw a picture*

Quick Check	**Are students continuing to struggle with using the *four-step plan*?**

If Yes → CRM Reteach Worksheet (pp. 28–29)

If No → Independent Work Options (p. 32A)
   CRM Skills Practice Worksheet (p. 30)
   CRM Enrich Worksheet (p. 32)

Lesson 1-5 Problem-Solving Investigation **33**

BL Estrategia alternativa de enseñanza TEKS 3.14 (B)

Sí Los alumnos tiene problemas recordando los cuatro pasos del plan de cuatro pasos

entonces Use una de estas opciones de reforzamiento:

1 CRM **Hoja de reforzamiento diario** (p. 28-29)

2 Pídale que escriban una lista de verificación con los cuatro pasos antes de comenzar a resolver el problema. Pídales que verifiquen cada paso a medida que lo completen.
   ✓ Entiende
   ✓ Planifica
   ✓ Resuelve
   ✓ Verifica

③ Práctica

Uso de los Ejercicios

Los Ejercicios 1 al 10 le brindan la oportunidad a los alumnos de usar el *plan de cuatro pasos*. Si es necesario, revise este plan antes de asignar las tareas. **El Ejercicio 8** puede costarle a algunos alumnos. Dos estrategias comunes que pueden usar los alumnos para resolver este problema son la *estrategia de hacer una dramatización* y la estrategia de *hacer un dibujo*. Representar visualmente la información en este problema ayudará a los alumnos a resolverlo.

④ Evaluación

✓ Evaluación formativa TEKS 3.14 (B) (C)

Presente el siguiente problema a los alumnos:
Supón que Dan vive a 12 millas más del parque de agua que Bart quien vive a 30 millas del mismo parque de agua. ¿A cuántas millas vive Dan del parque de agua? Explica cómo resolviste el problema. 42 millas; Ejemplo de respuesta: sumar 12 + 30

- **¿Qué estrategia usaste?** hacer un dibujo

Control rápido	**¿Les sigue costando a los alumnos usar el *plan de cuatro pasos*?**

Sí → CRM Hoja de reforzamiento (p. 28-29)

No → Opciones de trabajo independiente (p. 32A)
   CRM Hoja de ejercicios para la práctica de destrezas (p. 30)
   CRM Hoja de trabajo de enriquecimiento (p. 32)

Lección 1 Ordena números **33**

LECCIÓN 1-6 Compara números

Planificador de lección

Objetivo
Comparar números enteros hasta el 9,999.

TEKS y TAKS

TEKS Objetivo 3.1 El estudiante utiliza el valor de posición para expresar en forma oral y escrita números enteros cada vez más grandes, incluyendo el dinero. **(B) Utilice el valor de posición para comparar y ordenar números enteros hasta el 9,999.**

TAKS 1 El estudiante demostrará un entendimiento de patrones, operaciones y razonamiento cuantitativo.

Las páginas del alumno también cubren los siguientes TEKS:
3.15(B) Coméntalo, Ejercicio 8
3.15(A) Problemas H.O.T., Ejercicios 28-30

Vocabulario
es menor que (<), es mayor que (>), es igual a (=)

Recursos
Materiales: tapete de trabajo 4: cartel de valor de posición, recta numérica

Manipulativos: bloques de base diez

Conexión con la literatura: *Earth Day Horray! Por Stuart J. Murphy*

Teacher Technology
💿 Interactive Classroom • TeacherWorks

Rutina diaria
Siga estas sugerencias antes de iniciar la lección de la pág. 34.

Control de 5 minutos (Repaso de la Lección 1-5)
Usen el plan de cuatro pasos para revolver

1. Paloma tiene que leer 20 páginas. Ella lee 5 páginas en una hora. ¿Cuántas horas le tomará terminar 20 páginas? 4

2. Emilio trabajó 32 horas la semana pasada. Trabajó 8 días cada día. ¿Cuántos días trabajó Emilio? 4

Problema del día
Kofi asó 12 hamburguesas. 10 personas se comieron una hamburguesa cada una y 4 personas repitieron. ¿Es posible? Explica. No; necesitará haber hecho 14 hamburguesas y sólo hizo 12.

LESSON 1-6 Compare Numbers

Lesson Planner

Objective
Compare whole numbers through 9,999.

TEKS and TAKS
Targeted TEKS 3.1 The student uses place value to communicate about increasingly large whole numbers in verbal and written form, including money. **(B) Use place value to compare** and order **whole numbers through 9,999.**

TAKS 1 The student will demonstrate an understanding of numbers, operations, and quantitative reasoning.

Student pages also address the following TEKS:
TEKS 3.15(B) Talk About It, Exercise 8
TEKS 3.15(A), TEKS 3.16(A) HOT Problems, Exercises 28–30

Vocabulary
is less than (<), is greater than (>), is equal to (=)

Resources
Materials: WorkMat 4: Place-Value Chart, number line

Manipulatives: base-ten blocks

Literature Connection: *Earth Day Hooray!* by Stuart J. Murphy

Teacher Technology
💿 Interactive Classroom • TeacherWorks

Focus on Math Background
A number whose digits are ones and zeros can be greater than a number whose digits are all nines, e.g., 101 > 99; a strange idea for a child who does not understand **number** as different from **digit**. This understanding, along with basic place-value concepts, is necessary to compare numbers. The task is not complete until the comparison is communicated using words and symbols, yet another challenge.

Daily Routine
Use these suggestions before beginning the lesson on p. 34.

5-Minute Check
(Reviews Lesson 1-5)

Use the *four-step plan* to solve.
1. Paloma has 20 pages to read. She reads 5 pages an hour. How many hours will it take her to finish 20 pages? 4
2. Emilio worked 32 hours last week. He worked 8 hours each day. How many days did Emilio work? 4

Problem of the Day 💧
Kofi grilled 12 cheeseburgers. 10 people ate one cheeseburger each and 4 people had seconds. Is this possible? Explain. No; he would need to have made 14 cheeseburgers, and he only made 12.

▷ Building Math Vocabulary
Write the lesson vocabulary words and their definitions on the board.

Have students work with a partner. Each partner selects two cards from a deck of index cards numbered 0–9. Students will make the largest number they can using the two cards they selected. Partners compare their numbers and then write the number sentence using >, <, or =.

Adquisición de vocabulario matemático
Escriba las palabras del vocabulario de la lección y sus definiciones en la pizarra.

Pídales a los alumnos que trabajen en parejas. Cada compañero elige una tarjeta de índice de una pila de tarjetas enumeradas del 0 al 9. Los alumnos formarán el mayor número posible que puedan usando las dos tarjetas que eligieron. Las parejas comparan sus números y luego, escriben la oración numérica usando >, <, o = -

Differentiated Instruction

Small Group Options

Option 1 — TEKS 3.1(B) **LOGICAL, VISUAL**
Below Level BL
Materials: notebook paper
Use these strategies to help students remember how to draw inequality symbols:

- Alligators are hungry creatures! When solving an inequality, the alligator's mouth will always open to eat the bigger number.
- Students can draw 2 dots next to the larger number and only 1 dot next to the smaller number. Connect the dots and you have the correct symbol.

LINGUISTIC
Option 2 — English Language Learners ELL
Materials: overhead place-value grid, overhead numbers and/or markers
Core Vocabulary: in, the ____s place, your native language, say this number
Common Use Verb: can
Hear Math This strategy uses a graphic organizer and background information to better understand place value, and it practices forming questions with the modal verb *can*.

- In the overhead grid, place numbers and say: "*Can* you **say this number in your native language?**" Wait for responses. Allow students to write out their responses under the grid, soliciting as many different languages as are in the class.
- Label the place value above the grid in English and model saying the number.
- Point and say: "*Can* you **say this number in the ____s place**" and so on for each digit and place value.
- Repeat as time permits.
- Extend the activity by having volunteers place numbers while you say "(some number) **in the ____s place.**"

Independent Work Options

Option 1 — TEKS 3.1(B)(C) **LOGICAL, TACTILE**
Early Finishers AL
Materials: money
- Have students group coins and compare.
- One partner will make two groups with different amounts of money in each. The other partner will count the money in each group and compare the two numbers using the terms "less than," "greater than," or "equal to."
- Then the partners will switch roles.

Option 2 — Student Technology
Math Online tx.gr3math.com
Personal Tutor • Extra Examples • Online Games
Math Adventures: Bugle Farms (1C)

Option 3 — Learning Station: Health (p. 14H)
Direct students to the Health Learning Station for opportunities to explore and extend the lesson concept.

Option 4 — Problem-Solving Practice
Reinforce problem-solving skills and strategies with the Problem-Solving Practice worksheet.

Problem Solving (p. 36) BL OL AL

Lesson 1-6 Compare Numbers **34B**

Instrucción diferenciada

Opciones de trabajo independiente

Opción 1 — TEKS 3.1(B)(C) **LÓGICO, TÁCTIL**
Para los que terminan primero AL

Materiales: dinero
- Pídales a los alumnos que agrupen monedas y comparen.
- Un compañero formará dos grupos con distintas cantidades de dinero en cada uno. El otro compañero contará el dinero en cada grupo y comparará los dos números usando los términos "menor que", "mayor que" o "igual a".
- Los compañeros intercambiarán roles.

Opción 2 — Tecnología para el alumno
Matemáticas en línea tx.gr3math.com
Math Adventures: Bugle Farms (1C)
Enlace technológico

Opción 3 — Estación de aprendizaje: Salud (pág. 14H)
Dirija a los alumnos a la estación de aprendizaje de salud para que tengan la oportunidad de explorar y ampliar el concepto de la lección.

Opción 4 — Práctica y solución de problemas
Refuerce las destrezas y las estrategias de solución de problemas con la hoja de trabajo de solución de problemas.

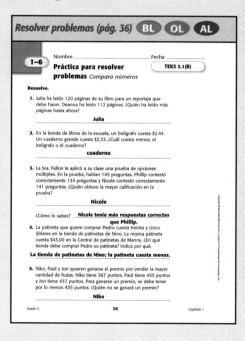

Resolver problemas (pág. 36) BL OL AL

Opción para grupos pequeños

Opción 1 — TEKS 3.1(B) **LÓGICO, VISUAL**
Nivel bajo BL

Materiales: hojas de cuaderno
Use estas estrategias para ayudar a los alumnos a recordar cómo dibujar símbolos de desigualdades.

- ¡Los lagartos son criaturas hambrientas! Cuando resuelvan una desigualdad, la boca del lagarto siempre se abrirá para comerse el número más grande.
- Los alumnos pueden dibujar 2 puntos al lado del número mayor y sólo 1 punto al lado del número menor. Unen los puntos y tendrán el símbolo correcto.

Lección 1 Ordena números **34B**

1-6 Compara Números

1 Presentación TEKS 3.1(A)

Actividad propuesta 1 • Práctica

- Pídales a los alumnos que escriban el número 23,518. Indíqueles que encierren en un círculo el dígito en el lugar de los millares. 3
- Luego, pídales que subrayen el dígito en el lugar de las decenas. 1
- **¿Pueden escribir un número que sea 1,000 más que 23,518?** 24,518
- **¿Pueden escribir un número que sea 1,000 menos que 23,518?** 22,518

Actividad propuesta 2 • Literatura

Presente la Lección con *Earth Day Hooray!* de Stuart J. Murphy. (Vea la página R104 para una actividad matemática relacionada)

2 Enseñanza TEKS 3.1(A)

Preguntas básicas

Dibuje en la pizarra un cartel de valor de posición que muestre sólo decenas y unidades.

- Pídale a un voluntario que escriba 30 en el cartel. Pídale a otro voluntario que escriba 18.
- Señale el 3. **¿Cuál es el valor de este número?** 30 **¿Cuántas decenas hay?** 3
- Señale el 1. **¿Cuál es el valor de este número?** 10 **¿Cuántas decenas hay?** 1
- **¿Cuál es mayor, 3 decenas ó 1 decenas?** 3 decenas

PREPÁRATE para aprender

Pídales a los alumnos que abran sus libros y lean la información de **Prepárate para aprender**. Presente **es menor que (<), es mayor que (>) y es igual a (=).** En conjunto, trabajen los ejemplos 1 al 3.

Pueda que quiera explicarles a los alumnos que mph significa millas por hora. Esta medida indica cuántas millas ha recorrido el go kart en una hora.

1-6 Compare Numbers

1 Introduce TEKS 3.1(A)

Activity Choice 1 • Hands-On

- Have students write the number 23,518. Tell them to circle the digit in the thousands place. 3
- Then ask them to underline the digit in the tens place. 1
- **Can you write a number that is 1,000 more than 23,518?** 24,518
- **Can you write a number that is 1,000 less than 23,518?** 22,518

Activity Choice 2 • Literature

Introduce the lesson with *Earth Day Hooray!* by Stuart J. Murphy. (For a related math activity, see p. R104.)

2 Teach TEKS 3.1(B)

Scaffolding Questions

Draw a place-value chart on the board. Show only tens and ones.

- Have a volunteer record 30 on the chart. Have another volunteer record 18.
- Point to the 3. **What is the value of this number?** 30 How many tens? 3
- Point to the 1. **What is the value of this number?** 10 How many tens? 1
- **Which is greater, 3 tens or 1 ten?** 3 tens

GET READY to Learn

Have students open their books and read the information in **Get Ready to Learn**. Introduce **is less than (<)**, **is greater than (>)** and **is equal to (=)**. As a class, work through **Examples 1–3**.

You may wish to explain to students that mph stands for miles per hour. This measurement indicates how far/how many miles the go-carts can travel in 1 hour.

1-6 Compara números

IDEA PRINCIPAL

Compararé números enteros hasta el 9,999

TEKS objetivo 3.1

El estudiante utiliza el valor de posición para expresar en forma oral y escrita números enteros cada vez más grandes, incluyendo el dinero. (B) Utilice el valor de posición para comparar y ordenar **números enteros hasta el 9,999.**

Vocabulario nuevo

es menor que (<)
es mayor que (>)
es igual a (=)

PREPÁRATE para aprender

La tabla muestra la rapidez máxima de dos tipos de go karts. ¿Cuál de los go karts es más rápido?

¿Con qué rapidez?	Rapidez máxima
Go-kart a gasolina	30 mph
Go-kart eléctrico	18 mph

Cuando comparas dos números, el primer número es **o menor que, o mayor que, o igual** al segundo número.

Símbolo	Significado
<	es menor que
>	es mayor que
=	es igual a

EJEMPLO concreto Usa una tabla de valor de posición

1 **Medidas ¿Qué go-kart es más rápido, el go-kart a gasolina o el eléctrico?**

Compara 30 y 18 para saber qué go-kart es más rápido.

Paso 1 Alinea los números por su valor de posición.

Paso 2 Compara. Comienza con el mayor de posición.

Decenas	Unidades
3	0
1	8

3 Decenas > 1 Decena

Decenas	Unidades
3	0
1	8

Como 3 es mayor que 1, el número 30 es mayor que 18. 30 > 18. Por lo tanto, el go-kart a gasolina es más rápido que el go-kart eléctrico.

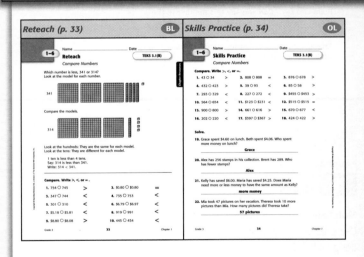

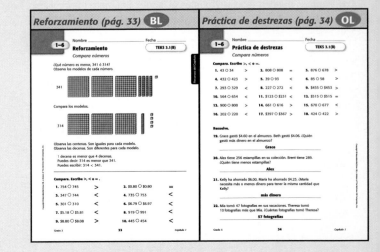

2 **VIAJES** La familia Tyee planifica un viaje por tierra al Gran Cañón. Una ruta desde Sacramento es de 835 millas. Otra ruta a través de Las Vegas es de 840 millas. ¿Cuál es la ruta más corta?

Compara 835 y 840 para conocer cuál es la ruta más corta.

Recuerda
Siempre alinea los números según su valor de posición y comienza a comparar desde la izquierda.

Paso 1 Alinea los números por valor de posición.

Paso 2 Compara. Comienza con el valor de posición mayor.

Centenas	Decenas	Unidades
8	3	5
8	4	0

Centenas	Decenas	Unidades
8	3	5
8	4	0

igual

diferente 3 decenas < 4 decenas

Como 3 es menor que 4, el número 835 es menor que 840. Por lo tanto, < 840. La ruta desde Sacramento es más corta.

EJEMPLO

3 ¿Cuál es mayor, 987 ó 1,400?

Necesitas comparar 1.400 y 987. Alinea los Alinea los números. Luego, compáralos.

1,400 tiene 1 millar pero 987 tiene 0 millares

Millares	Centenas	Decenas	Unidades
1	4	0	0
	9	8	7

1 millar es mayor que 0 millares. Por lo tanto, 1,400 > 987.

en línea **Tutor personal en** tx.gr3math.com

Lección 1-6 Compara números **35**

Example

Example 3 Some students may still need to see a visual picture in order to compare these two numbers. Use base-ten blocks to model each number. Then ask how many thousands each number has.

1 Brianna sold 7 bracelets at the arts-and-crafts fair. Jeremy sold 12 bracelets. Which one sold fewer bracelets? Brianna sold fewer bracelets.

2 In June, Danilo rode his bike 108 miles. He rode his bike 102 miles in July. During which month did Danilo ride his bike more miles? June

3 Which is greater, 762 or 1,239? 1,239 > 762

Lesson 1-6 Compare Numbers **35**

Ejemplo 3 Es posible que algunos alumnos aun necesiten ver una imagen para comparar estos dos números. Use bloques de base diez para modelar cada número. Luego, pregúnteles cuántos millares tiene cada número.

1 Brianna vendió 7 brazaletes en la feria de artesanía. Jeremy vendió 12 brazaletes. ¿Quién vendió menos brazaletes? Brianna vendió menos brazaletes.

2 En junio, Danilo recorrió 108 millas con su bicicleta. En julio recorrió 102 millas. ¿Durante qué mes Danilo recorrió más con su bicicleta? Junio

3 ¿Cuál es mayor, 762 ó 1,239? 1,239 > 762

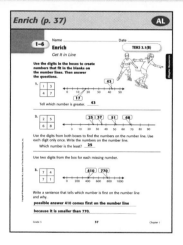

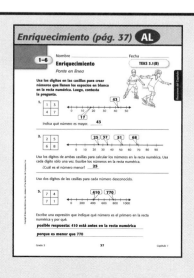

VERIFICA lo que sabes

En conjunto, pídales a los alumnos que completen los Ejercicios 1 al 8 en **Verifica lo que sabes** a medida que usted observa sus trZabajos.

Ejercicio 8 Evalúa la comprensión del alumno antes de asignarle los ejercicios prácticos.

BL Estrategia alternativa de enseñanza
TEKS 3.1 (B)

si Los alumnos tienen problemas eligiendo correctamente la cantidad mayor

entonces Use una de estas opciones de reforzamiento:

1 CRM **Hoja de reforzamiento diario** (pág. 33)

2 Pídales que usen una recta numérica. Dibuje una recta numérica del 0 al 20 en la pizarra. Marque un punto en 15.
- **¿Qué número representa este punto?** 15
- Pídale a un voluntario que marque en la pizarra un punto en 8.
- Señale que los números a la izquierda de una recta numérica son menores que los números a la derecha.
- **¿Cómo pueden usar esta recta numérica para decidir si 8 es mayor o menor que 15?** Ejemplo de respuesta: Como 8 está a la izquierda de 15, 8 es menor que 15.

3 Práctica

Asigne la práctica para 9 al 30 según los siguientes niveles.

Nivel	Asignación
BL Nivel bajo	9–14, 21–22, 24–25
OL A nivel	10–19, 22–27, 29
AL Nivel avanzado	10–26 even, 28–30

Pídales a los alumnos que analicen y completen los problemas de razonamiento de alto nivel. Si los alumnos adivinaron números en el Ejercicio 28, sugiérales que estratégicamente coloquen sus números en un tapete de cartel de valor de posición para formar, con los cuatro dígitos, tanto el mayor como el menor.

ESCRIBE EN MATEMÁTICAS Pídales a los alumnos que completen el Ejercicio 30 en sus Diarios de matemáticas. Puede elegir hacer este ejercicio como una evaluación formativa adicional.

CHECK What You Know

As a class, have students complete Exercises 1–8 in **Check What You Know** as you observe their work.

Exercise 8 Assess student comprehension before assigning practice exercises.

BL Alternate Teaching Strategy
TEKS 3.1(B)

If students have trouble choosing the greater amount correctly …

Then use one of these reteach options:

1 CRM **Daily Reteach Worksheet** (p. 33)

2 Have them use a number line. Draw a number line from 0 to 20 on the board. Place a dot at 15.
- **What number is represented by this dot?** 15
- Have a volunteer come to the board and draw a dot at 8.
- Point out that numbers to the left on a number line are less than numbers to the right.
- **How could you use this number line to decide whether 8 is greater or less than 15?** Sample answer: Since 8 is to the left of 15, 8 is less than 15.

3 Practice

Differentiate practice using these leveled assignments for Exercises 9–30.

Level	Assignment
BL Below Level	9–14, 21–22, 24–25
OL On Level	10–19, 22–27, 29
AL Above Level	10–26 even, 28–30

Have students discuss and complete the Higher Order Thinking problems. If students guess at numbers in Exercise 28, suggest that they strategically place their numbers in a place-value chart workmat to make both the greatest and the least numbers from the four digits.

WRITING IN MATH Have students complete Exercise 30 in their Math Journals. You may choose to use this exercise as an optional formative assessment.

VERIFICA lo que sabes

Usa el valor de posición para comparar. Escribe >, < o =. Ver Ejemplos 1-3 (pág. 34-35)

1. 60 ● 59 >
2. 88 ● 98 <
3. 100 ● 85 >
4. 64 ● 46 >
5. 1,000 ● 1,000 =
6. 2,345 ● 2,357 <
7. El equipo gimnástico de saltos tiene 131 miembros. El de acrobacias tiene 113 miembros. ¿Qué club tiene más miembros? Explica. Explica. El de saltos: 3 decenas > 1 decena.
8. Coméntalo ¿Por qué no es necesario comparar las unidades en los números 4,365 y 4,378? Ejemplo de respuesta: Las decenas son diferentes.

★ Indica problemas de pasos múltiples

Práctica y solución de problemas

PRÁCTICA EXTRA Ver página R3.

Usa el valor de posición para comparar. Escribe >, < o =. Ver Ejemplos 1-3 (pág. 34-35)

9. 55 ● 72 <
10. 99 ● 99 =
11. 70 ● 80 <
12. 93 ● 83 >
13. 121 ● 112 >
14. 657 ● 765 <
15. 303 ● 330 <
16. 998 ● 989 >
17. 8,008 ● 8,080 <
18. 2,753 ● 2,735 >
19. 7,654 ● 7,654 =
20. 9,999 ● 1,000 >

Álgebra Compara. Escribe >, < o =.

21. 65 ● 62 + 3 =
22. 35 + 4 ● 39 =
23. 209 ● 200 + 90 <
24. La tabla muestra el número de boletos que se vendieron para una película. ¿Qué horario vendió más boletos? 7:00 p.m

Venganza de los dinosaurios	
Horario	Boletos vendidos
5:00 p.m.	235
7:00 p.m.	253

25. **Medidas** ¿Qué día fue más caluroso en el desierto, martes o miércoles? Martes 119 > 109

Temperatura en el desierto	
Día	Temperatura
Martes	119°F
Miércoles	109°F

★26. Hay 165 alumnos en tercer grado. Hay 35 alumnos en cada una de las 5 clases de segundo grado. ¿Cuál tiene más alumnos? Explica. 2º grado; 175 > 165

27. La familia de Keith compró una computadora por $1,200. La familia de Margareta compró una computadora por $1,002. ¿Qué computadora costó menos? Explica. Familia de Margareta; $1,002 < $1,200

Differentiated practice options provide suggestions for the exercises that are appropriate for below-level, on-level, or above-level students.

Las opciones de práctica diferenciada sugieren los ejercicios apropiados para los alumnos de nivel bajo, a nivel y nivel avanzado.

Problemas H.O.T.

28. INTERPRETA Escribe el número mayor y menor que puedas hacer con los números 3, 6, 7 y 9. 9,763; 3,679

29. ¿CUÁL NO PERTENECE? Identifica el número que no es más que 4,259. 4,209

| 4,295 | 4,260 | 4,300 | 4,209 |

30. **ESCRIBE EN MATEMÁTICAS** Explica el primer paso para comparar 2,032 y 203. ¿Qué número es mayor? Explica. Ver el margen.

★ Práctica para la PRUEBA   AKS 1

31. ¿Qué número hará verdadera la expresión numérica? (Lección 1-6) A

$$1426 > \blacksquare$$

A 1425   C 1452
B 1426   D 1524

32. La clase de la Sra. Phillips tiene una fiesta. Hay 30 alumnos. Cada pizza se corta en 10 trozos. Si cada alumno recibe un trozo, ¿cuántas pizzas hay? (Lección 1-5) F

F 3   H 7
G 5   J 10

Repaso espiral

33. La tabla muestra el precio de los boletos para el museo. 3 adultos compraron boletos. ¿De ser miembros, cuánto dinero se ahorrarían? (Lección 1-5) $15

Precios de los boletos	
Boletos	**Precio**
Adulto	$8
Miembro	$3

Escribe cada número en forma desarrollada y en palabras. (Lección 1-4)
setenta y seis mil, novecientos ochenta y dos
34. 76,982   **35.** 2,045 dos mil, cuarenta y cinco **36.** 1,900 mil novecientos
34-36. Ver Apéndice de respuestas del Cap. 1.
Identifica el valor de posición de cada dígito subrayado. Luego, escribe el valor del dígito. (Lección 1-3)

37. 24,981 millares; 4,000   **38.** 6,079 centenas; 0   **39.** 2,761 unidades; 1

40. Identifica el patrón de la colección de estampillas de Byron. (Lección 1-1) Sumar 2

 Control de autoevaluación en tx.gr3math.com   **Lección 1-6** Compara números **37**

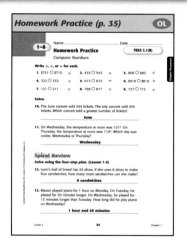

Homework Practice (p. 35) OL

Práctica de tarea (pág. 35) OL

---

④ Assess

TEKS 3.1(B)

✓ Formative Assessment

- **How do you know that 1,289 is greater than 1,275?** In 1,289 the tens digit is 8, and in 1,275 the digit in the tens place is 7. 8 is greater than 7, so 1,289 is greater than 1,275.

Quick Check **Are students continuing to struggle with comparing numbers?**

If Yes → Small Group Options (p. 37B)

If No → Independent Work Options (p. 37B)
CRM Skills Practice Worksheet (p. 34)
CRM Enrich Worksheet (p. 37)

Name the Math Have students explain how to use a place-value chart to compare numbers.

★ TEST Practice

Reviews Lessons 1-5 and 1-6
Assign the Texas Test Practice problems to provide daily reinforcement of test-taking skills.

Spiral Review

Reviews Lessons 1-1, 1-3, 1-4 and 1-5
Review and assess mastery of skills and concepts from previous chapters.

Additional Answer

30. Sample answer: Line up the numbers by place-value, ones over the ones, tens over the tens and so on. The number 2,032 has 2 thousands. The number 203 has 0 thousands. So, 2,032 is greater than 203.

 COMMON ERROR!
Exercises 15 and 16 Students may have trouble with numbers that contain the same digits, but in a different order. Have students use a place-value chart workmat when comparing numbers like these.

Lesson 1-6 Compare Numbers **37**

---

④ Evaluación

✓ Evaluación formativa TEKS 3.1 (B)

- **¿Cómo saben que 1,289 es mayor que 1,275?** En 1,289 el dígito de las decenas es 8 y en 1,275 el dígito en el lugar de las decenas es 7. 8 es mayor que 7, por lo tanto, 1,289 es mayor que 1,275.

Control rápido **¿Les sigue costando a los alumnos comparar números?**

Si la respuesta es:

Sí → Opciones para grupos pequeños (pág. 37B)

No → Opciones de trabajo independiente (pág. 37B)
CRM Hoja de trabajo de enriquecimiento (pág. 37)
CRM Hoja de trabajo de enriquecimiento (pág. 37)

Nombra la matemática Pídales a los alumnos que expliquen cómo usar un cartel de valor de posición para comparar números.

▶ Práctica para la PRUEBA

Repasa las Lecciones 1-5 y 1-6
Asigne los problemas de Práctica para la Prueba para reforzar diariamente las destrezas de solución de pruebas.

Repaso espiral

Repasa las Lecciones 1-1, 1-3, 1-4 y 1-5
Repasar y evaluar el dominio de las destrezas y conceptos de capítulos anteriores.

Respuesta adicional

30. Ejemplo de respuesta: alinear los números según su valor de posición, unidades sobre unidades, decenas sobre decenas y así sucesivamente. El número 2,032 tiene 2 millares. El número 203 no tiene millares. Por lo tanto, 2,032 es mayor que 203.

⚠ **ERROR COMÚN**
Ejercicios 15 y 16 Los alumnos pueden tener problemas con números que contengan los mismos dígitos pero en distinto orden. Pídales a los alumnos que usen un tapete de cartel de valor de posición cuando comparen números como estos.

Lección 1 Ordena números **37**

Planificador de lección

Objetivo

Ordenar números enteros hasta 9,999.

TEKS y TAKS

TEKS Objetivo 3.1 El estudiante utiliza el valor de posición para expresar en forma oral y escrita números enteros cada vez más grandes, incluyendo el dinero. **(B) Utilice el valor de posición para** comparar y **ordenar números enteros hasta el 9,999.**

TAKS 1 El estudiante demostrará un entendimiento de patrones, operaciones y razonamiento cuantitativo.

Las páginas del alumno también cubren los siguientes TEKS:
3.15 (A) Coméntalo, Ejercicio X
3.14(B), 3.16 (B) Problemas H.O.T., Ejercicios X-X
3.1 (B) Repaso espiral, Ejercicios 35-36

Vocabulario

Valor de posición

Recursos

Materiales: Tapete de trabajo 1: cartel de valor de posición, recta numérica

Manipulativos: fichas

Conexión con la literatura: *Max Malones Makes a Million* de Charlotte Herman

Teacher Technology
Interactive Classroom • TeacherWorks

Rutina diaria

Siga estas sugerencias antes de iniciar la lección de la pág. 38.

Control de 5 minutos

(Repaso de la Lección 1-6)
Comparen. Escriban >, < o =
1. 430 ● 403 >   2. 56 ● 65 <
3. 1,212 ● 1,212 =   4. 763 ● 709 >

Problema del día

¿Qué número no pertenece? Expliquen. 238, 498, 382, 118, 748 382, porque es el único número que no tiene un 8 en el lugar de las unidades.

Lesson Planner

Objective

Order whole numbers through 9,999.

TEKS and TAKS

Targeted TEKS 3.1 The student uses place value to communicate about increasingly large whole numbers in verbal and written form, including money. **(B) Use place value to** compare and **order whole numbers through 9,999.**

TAKS 1 The student will demonstrate an understanding of numbers, operations, and quantitative reasoning.

Student pages also address the following TEKS:
TEKS 3.15(A) Talk About It, Exercise 8
TEKS 3.14(A), TEKS 3.16(B) HOT Problems, Exercises 28–30
TEKS 3.1(B) Spiral Review, Exercises 33–36

Review Vocabulary

place value

Resources

Materials: Workmat 4: Place-Value Chart, number line

Manipulatives: counters

Literature Connection: *Max Malone Makes a Million* by Charlotte Herman

Teacher Technology
Interactive Classroom • TeacherWorks

Focus on Math Background

Ordering a set of numbers is a series of comparisons of two numbers—so natural for adults, it is not even recognized as a "two-at-a-time" process. Strategy sharing by students helps emphasize that there is more than one way to approach this process. Sharing also allows students to practice correct mathematical language: not "smallest to biggest" or "biggest to smallest," but rather "least to greatest" or "greatest to least."

38A Chapter 1 Use Place Value to Communicate

Daily Routine

Use these suggestions before beginning the lesson on p. 38.

5-Minute Check

(Reviews Lesson 1-6)

Compare. Write >, <, or =.
1. 430 ● 403 >   2. 56 ● 65 <
3. 1,212 ● 1,212 =   4. 763 ● 709 >

Problem of the Day

Which number does not belong? Explain. 238, 498, 382, 118, 748 382, because it is the only number that does not have an 8 in the ones place.

Review Math Vocabulary

Write the review vocabulary word and its definition on the board.

Have students write the number 2,871 in their Math Journals. Tell them to identify the place value of each digit.

Adquisición de vocabulario matemático

Escriba las palabras del vocabulario de la lección y sus definiciones en la pizarra.
Pídales a los alumnos que escriban el número 2,871 en sus diarios de matemáticas. Indíqueles que identifiquen el valor de posición de cada dígito.

Differentiated Instruction

Small Group Options

Option 1 TEKS 3.1(B) VISUAL, LOGICAL
Gifted and Talented (AL)

Materials: atlases, almanacs, internet sources, notebook paper

- Students will use current atlases, almanacs, or online resources to research the population of various states. For example, students will choose five states and record their current populations. Then they will order the numbers from least to greatest.
- States may be chosen based on interest, current events, social studies curriculum, those already visited by students, students' cultures, etc.

Option 2 TEKS 3.1(B) AUDITORY
English Language Learners (ELL)

Materials: large cards with numbers in sequence (one for each student)

Core Vocabulary: before, who, I'm
Common Use Verb: comes
Hear Math This strategy activates background knowledge and connects it to numerical order.

- Show and chorally count cards in numerical sequence.
- Call out a number to start, such as "14."
- That student stands and says "**I'm** 14! **Who** *comes* **before me?**"
- The student with 13 stands and says "I *come* **before** 14!" 13 then moves to the appropriate side of 14.
- Play repeats as time permits, skipping numbers to challenge students' sorting skills and relative positions.

Independent Work Options

Option 1 TEKS 3.1(B) VISUAL, TACTILE
Early Finishers (OL) (AL)

Materials: advertisements and catalogs

- Have students look through advertisements and catalogs for a specific item, such as a bicycle or scooter. See who can find the item for the lowest price.
- Have students make a list of 3–5 items and order the list from the lowest price to the highest price.

Option 2
Student Technology
Tech Link

Math Online tx.gr3math.com
Personal Tutor • Extra Examples • Online Games

Option 3
Learning Station: Social Studies (p. 14H)

Direct students to the Social Studies Learning Station for opportunities to explore and extend the lesson concept.

Option 4
Problem-Solving Practice

Reinforce problem-solving skills and strategies with the Problem-Solving Practice worksheet.

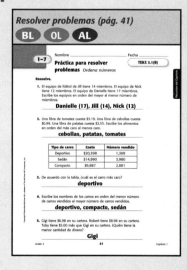

Problem Solving (p. 41) BL OL AL

Instrucción diferenciada

Opciones de trabajo independiente

Opción 1 TEKS 3.1(B) VISUAL, TACTILE
Para los que terminan primero (OL) (AL)

Materiales: anuncios y catálogos

- Pídales a los alumnos que busquen en anuncios y catálogos, artículos específicos tales como patinetas y bicicletas. Observe quién puede conseguir un artículo al menor precio.
- Pídales a los alumnos que hagan una lista de 3 a 5 artículos y los ordenen del menor al mayor precio.

Opción 2
Tecnología para el alumno

Matemáticas en línea tx.gr3math.com
Personal Tutor • Extra Examples • Online Games

Opción 3
Estación de aprendizaje: Estudios sociales (pág. 14G)

Dirija a los alumnos a la estación de aprendizaje de lectura para que tengan la oportunidad de explorar y ampliar el concepto de la lección.

Opción 4
Práctica y solución de problemas

Refuerce las destrezas y las estrategias de solución de problemas con la hoja de trabajo de solución de problemas.

Resolver problemas (pág. 41) BL OL AL

Opción para grupos pequeños

Opción 1 TEKS 3.1(B) VISUAL, LOGICAL
Talentosos (AL)

Materiales: atlas, almanaques, fuentes de Internet, hojas de cuaderno

- Los alumnos usarán atlas y almanaques actualizados o recursos en línea para investigar sobre las poblaciones de varios estados. Por ejemplo, los alumnos elegirán cinco estados y registrarán sus poblaciones actuales. Luego, ordenarán los números de menor a mayor.
- Los estados se pueden elegir según sus intereses, sucesos actuales, programas de estudios sociales, visitados por los alumnos, culturas de los alumnos, etc.

Ordena números

① Presentación TEKS 3.1(B)

Actividad propuesta • Práctica

- Entréguele 24 fichas a cada pareja de alumnos. Pídales formar 3 grupos de fichas: un grupo con 12 fichas, uno con 5 y uno con 7.
- **¿Qué grupo tiene más fichas?** el grupo con 12
- **¿Qué grupo tiene menos fichas?** el grupo con 5
- Pídales a los alumnos que organicen los grupos del menor al mayor. Luego, pídales que escriban el orden. 5, 7, 12

Actividad propuesta 2 • Literatura

Presente la Lección con *Max Malone Makes a Million* de Charlotte Herman. (Vea la página R104 para una actividad matemática relacionada)

② Enseñanza

Preguntas básicas

Dibuje en la pizarra un cartel de valor de posición que muestre millares, centenas, decenas y unidades. Pida por voluntarios para que escriban los números 187, 2,162 y 830 en el cartel.

- **¿Qué número es el mayor? Expliquen.** 2,162; 2,162 tiene 2 millares, los otros dos números no tienen millares.
- **¿Cuál es mayor, 187 ó 830?** 830
- **¿Cuál es el orden de los números del mayor al menor?** 2,162, 830, 187

PREPÁRATE para aprender

Pídales a los alumnos que abran sus libros y lean la información de **Prepárate para aprender.** Repasen **valor de posición.** En conjunto, trabajen los **Ejemplos 1 y 2.**

---

① Introduce TEKS 3.1(B)

Activity Choice 1 • Hands-On

- Give pairs of students 24 counters. Have them make 3 groups of counters: one group with 12 counters, one with 5, and one with 7.
- **Which group has the most counters?** the group of 12
- **Which group has the least number of counters?** the group of 5
- Tell students to organize the piles from least to greatest. Then have them write the order of the piles. 5, 7, 12

Activity Choice 2 • Literature

Introduce the lesson with *Max Malone Makes a Million* by Charlotte Herman. (For a related math activity, see p. R104.)

② Teach

Scaffolding Questions

Draw a place-value chart showing thousands, hundreds, tens, and ones on the board. Have student volunteers write the numbers 187, 2,162, and 830 in the chart.

- **Which number is the greatest? Explain.** 2,162; 2,162 has 2 thousands, the other two numbers have 0 thousands
- **Which is greater, 187 or 830?** 830
- **What is the order of the numbers from greatest to least?** 2,162, 830, 187

GET READY to Learn

Have students open their books and read the information in **Get Ready to Learn**. Review **place value**. As a class, work through **Examples 1 and 2**.

PREPÁRATE para aprender

La tabla muestra la longitud de tres ballenas. ¿Cuál es la ballena más larga? ¿Cuál es la más corta?

Longitud promedio de ballenas

Ballena	Longitud (pulgadas)
Ballena orca	264
Ballena azul	1,128
Ballena jorobada	744

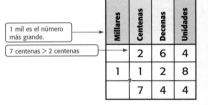

Comparar números te puede ayudar a ordenarlos.

IDEA PRINCIPAL

Ordenaré números enteros hasta el 9,999.

TEKS Objetivo 3.1
El estudiante utiliza el valor de posición para expresar en forma oral y escrita números enteros cada vez más grandes, incluyendo el dinero.
(B) Utilice el valor de posición para comparar y ordenar números enteros hasta el 9,999.

EJEMPLO concreto Ordena las longitudes de menor a mayor

① **MEDIDAS Ordena las longitudes de menor a mayor.**

Para comparar números, puedes usar una tabla de valor de posición. Alinea los números por su valor de posición. Compara desde la izquierda.

1 mil es el número más grande.
7 centenas > 2 centenas

Millares	Centenas	Decenas	Unidades
	2	6	4
1	1	2	8
	7	4	4

El orden de menor a mayor es 264 pulgadas, 744 pulgadas y 1,128 pulgadas.

EJEMPLO concreto Ordena de mayor a menor

2 MEDIDAS La tabla muestra las distancias recorridas por las ballenas para alimentarse en el verano. Esto se llama migración. Ordena estas distancias de mayor a menor.

Migración de ballenas	
Ballena	**Distancia (millas)**
Ballena jorobada	3,500
Ballena Gris	12,000
Ballena orca	900

Usa la tabla de valor de posición para alinear los números según su valor de posición. Compara desde la izquierda.

Decenas de millar	Millares	Centenas	Decenas	Unidades
	3	5	0	0
1	2	0	0	0
		9	0	0

12,000 es el número más grande.

3 millares > ningún millar, así, 3,500 es el siguiente número más grande.

El orden de mayor a menor es 12,000 millas, 3,500 millas y 900 millas.

en línea Tutor personal en tx.gr3math.com

7. Equipo B: primer lugar; equipo C: segundo lugar; equipo A: tercer lugar

8. 3,453; 435; 345; inmediatamente, el número 3,453 es el mayor porque tiene más dígitos que los otros 2 números.

VERIFICA lo que sabes

Ordena los números de mayor a menor. Ver Ejemplo 1 (pág. 38)

1. 39; 32; 68 — 32; 39; 68
2. 224; 124; 441 — 124; 224; 441
3. 202; 2,202; 220 — 202; 220; 2,202

Ordena los números de mayor a menor. Ver Ejemplo 2 (pág. 39)

4. 231; 178; 136 — 231; 178; 136
5. 1,500; 150; 15 — 1,500; 150; 15
6. 9,009; 909; 6,999 — 9,009; 6,999; 909
7. El equipo A ganó 19 juegos, el equipo B ganó 40 juegos y el equipo C ganó 22 juegos durante la temporada. ¿En qué lugar terminó cada equipo en la temporada?
8. **Coméntalo** Ordena estos números de mayor a menor: 435; 345; 3,453. Explica cómo puedes saber cuál es el mayor número.

Order Least to Greatest

TEKS 3.1(B)

Example 1 Point out that you can find the greatest number immediately because a number with four digits always has a greater value than any number with only three digits.

ADDITIONAL EXAMPLES

1. The third grade at Harper sold raffle tickets. Mr. Pond's class sold 1,187 tickets. Mrs. Fisher's class sold 545 and Mrs. Sen's class sold 876 tickets. Order the numbers from least to greatest. 545, 876, 1,187
2. Namid delivers 12,913 newspapers in June, 9,321 newspapers in July, and 2,785 newspapers in August. Order the numbers from greatest to least. 12,913, 9,321, 2,785

CHECK What You Know

As a class, have students complete Exercises 1–8 in **Check What You Know** as you observe their work.

Exercise 8 Assess student comprehension before assigning practice exercises.

BL Alternate Teaching Strategy

TEKS 3.1(B)

If students have trouble ordering numbers …

Then use one of these reteach options:

1 CRM **Daily Reteach Worksheet** (p. 38)

2 Have students draw a number line from 50 to 80. Have them draw a dot on 60, 71, and 52.

- **Which number is the greatest?** 71 **How do you know?** Sample answer: It is the number that is farthest to the right.
- **Which number is the least?** 52 **How do you know?** Sample answer: It is the number that is farthest to the left.
- **Why is it helpful to use a number line in this example?** Sample answer: It helps you see the order of the numbers.

Ordenen de mayor a menor

Ejemplo 1 Señale que usted puede hallar el mayor número inmediatamente porque un número con cuatro dígitos siempre tiene un valor de posición mayor que cualquier número con tres dígitos.

EJEMPLOS ADICIONALES

1. El tercer grado de Harper vendió boletos de rifa. La clase del Sr. Pond vendió 1,187 boletos. La clase de la Sra. Fisher vendió 545 y la clase de la Sra. Sen vendió 876 boletos. Ordenen los números de menor a mayor. 545, 876, 1, 187
2. Namid entrega 12,913 periódicos en junio, 9,321 periódicos en julio y 2,785 en agosto. Ordenen los números de mayor a menor. 12, 913, 9, 321, 2, 785

VERIFICA lo que sabes

En conjunto, pídales a los alumnos que completen los Ejercicios 1 al 8 en **Verifica lo que sabes** a medida que usted observa sus trabajos.

Ejercicio 8 Evalúa la comprensión del alumno antes de asignarle los ejercicios prácticos.

BL Estrategia alternativa de enseñanza

TEKS 3.1 (B)

si Los alumnos tienen problemas ordenando números

entonces Use una de estas opciones de reforzamiento:

1 CRM **Hoja de reforzamiento diario** (pág. 38)

2 Pídales a los alumnos que tracen una recta numérica de 50 a 80. Pídales que marquen un punto en 60, 71 y 52

- **¿Qué número es mayor?** 71 **¿Cómo lo saben?** Ejemplo de respuesta: es el número que está más hacia la derecha.
- **¿Qué número es menor?** 52 **¿Cómo lo saben?** Ejemplo de respuesta: Es el número que está más hacia la izquierda.
- **¿Por qué es útil usar una recta numérica en este ejemplo?** Ejemplo de respuesta: Ayuda a ver el orden de los números.

3 Práctica

Asigne la práctica para los ejercicios 9 al 30 según los siguientes niveles.

Nivel	Asignación
BL Nivel bajo	9–11, 15–17, 21, 23, 25–26
OL A nivel	10–19, 23–28
AL Nivel avanzado	9–27 impar, 28–30

Pídales a los alumnos que analicen y completen los problemas de razonamiento de alto nivel. Recuérdeles a los alumnos que usen el tapete de cartel de valor de posición como ayuda cuando ordenen números.

✏ ESCRIBE EN ► MATEMÁTICAS

Pídales a los alumnos que completen el Ejercicio 30 en sus Diarios de matemáticas. Puede elegir hacer este ejercicio como una evaluación formativa adicional.

3 Practice

Differentiate practice using these leveled assignments for Exercises 9–30.

Level	Assignment
BL Below Level	9–11, 15–17, 21, 23, 25–26
OL On Level	10–19, 23–28
AL Above Level	9–27 odd, 28–30

Have students discuss and complete the Higher Order Thinking problems. Remind students to use a place-value chart workmat to help them order numbers.

✏ WRITING IN ► MATH
Have students complete Exercise 30 in their Math Journals. You may choose to use this exercise as an optional formative assessment.

! **COMMON ERROR!**

Exercises 19–20 Students sometimes become confused when ordering three or more numbers that do not have the same number of digits, especially when the digits themselves are the same, as in Exercises 15 and 16. In these cases, students are often tempted to compare the leftmost digits in each number rather than paying attention to place value. When this happens, have students put the numbers in a place-value chart starting with the ones place and working left.

40 Chapter 1 Use Place Value to Communicate

! **ERROR COMÚN!**

Ejercicios 9 al 20 Los alumnos algunas veces se confunden cuando ordenan tres o más números que no tengan la misma cantidad de dígitos, especialmente cuando los dígitos son los mismos, como en los Ejercicios 15 y 16. En estos casos, los alumnos se sienten tentados a comparar los dígitos del extremo izquierdo de cada número en lugar de prestarle atención al valor de posición. Cuando este sucede, pídales a los alumnos que coloquen los números en un cartel de valor de posición comenzando por el lugar de las unidades y trabajando hacia la izquierda.

40 Capítulo 1 Usa el valor de posición para comunicarte

Práctica y solución de problemas

PRÁCTICA EXTRA — Ver página R4

Ordena los números de menor a mayor. Ver Ejemplo 1 (pág. 38)

9. 303; 30; 3,003
30; 303; 3,003

10. 4,404; 4,044; 4,040
4,040; 4,044; 4,404

11. 39; 78; 123
39; 78; 123

12. 1,234; 998; 2,134
998; 1,234; 2,134

13. 598; 521; 3,789
521; 598; 3,789

14. 2,673; 2,787; 2,900
2,673; 2,787; 2,900

Ordena los números de mayor a menor. Ver Ejemplo 2 (pág. 39)

15. 60; 600; 6,006
6,006; 600; 60

16. 288; 209; 2,899
2,899; 288; 209

17. 49; 43; 60
60; 49; 43

18. 3,587; 875; 2,435
3,587; 2,435; 875

19. 451; 415; 409
3,789; 598; 521

20. 999; 1,342; 2,000
2,000; 1,342; 999

21. El papá de Carra compró los tres artículos que se muestran a continuación. ¿Por cuál pagó la mayor cantidad? globo

22. Kart quiere comprar un loro, un lagarto o un hámster. Ordena los animales del menos caro al más caro.
hámster, lagarto, loro.

23. Tres escuelas de primaria tienen 2,500 alumnos, 3,002 alumnos y 2,536 alumnos. ¿Cuál es el menor número de alumnos? 2,500

24. En un conjunto de números, 59 es el menor número y 10,000 es el mayor. Escribe 4 números ordenados que puedan estar entre estos números.
Ejemplo de respuesta: 100; 1,000; 5,059; 9,000

RESUELVE PROBLEMAS concretos

Animales A la derecha, se muestran las longitudes de tres ballenas diferentes.

25. Ordena las longitudes de mayor a menor. jorobada, gris, orca

26. ¿Cuál es la ballena más larga? jorobada

27. ¿Cuánto más larga es la ballena jorobada comparada con la ballena orca? 18 pies

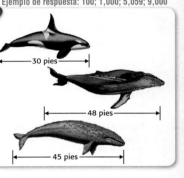

30 pies

48 pies

45 pies

40 Capítulo 1

Matemáticas en línea Control de autoevaluación en tx.gr3math.com

Problemas **H.O.T.**

28. HALLA EL ERROR Juliana y Alex ordenan un conjunto de números de menor a mayor. ¿Quién tiene la razón? Explica.

Juliana; Ejemplo de respuesta: Alex ordenó los números de mayor a menor.

Alex
1,268
1,264
1,168

Juliana
1,168
1,264
1,268

29. SENTIDO NUMÉRICO ¿Entre qué dos números se colocará 567 si ordenamos los números 467; 980; 745 de mayor a menor? *745; 467*

30. **ESCRIBE EN** ▶**MATEMÁTICAS** Escribe un problema concreto que pida ordenar los números de menor a mayor. *Ver el margen.*

 **Práctica para la** *PRUEBA* TAKS 1

31. ¿Qué expresión numérica es falsa? (Lección 1-6) **A**

A 227 > 232

B 368 < 386

C 958 > 887

D 1587 > 1547

32. ¿Qué conjunto de números se ordena de mayor a menor? (Lección 1-7) **J**

F 2587, 3610, 5846, 8745

G 1587, 567, 987, 1453

H 362, 542, 464, 558

J 268, 251, 158, 119

Repaso espiral

Compara. Escribe >, < o =. (Lección 1-6)

33. 29 ☐ 38 *<*   **34.** 69 ☐ 58 *>*   **35.** 98 ☐ 85 *>*

36. Medidas La Sra. Garrison necesita la cuerda más larga. ¿Qué cuerda necesita? (Lección 1-5)

Alumno	Tracy	Nichelle	Collin
Cuerda	24 pulgadas	36 pulgadas	28 pulgadas

Nichelle

Lección 1-7 Ordena números **41**

---

④ Assess

✔ Formative Assessment   TEKS 3.1(B)

- **What number comes between 9,997 and 9,999?** 9,998

- **Order 175, 1,089, 105 from greatest to least.** 1,089, 175, 105

- **Order 22, 2,022, 200, 222 from least to greatest.** 22, 200, 222, 2,022

Quick Check | Are students continuing to struggle with ordering numbers?

If Yes → Strategic Intervention Guide (p. 4)

If No → Independent Work Options (p. 38B)
  CRM Skills Practice Worksheet (p. 39)
  CRM Enrich Worksheet (p. 42)

Ticket Out the Door Ask students to order 314, 3,104, and 304 from least to greatest. 304, 314, 3,104

★ TEST Practice

Reviews Lessons 1-6 and 1-7
Assign the Test Practice problems to provide daily reinforcement of test-taking skills.

Spiral Review

Reviews Lessons 1-5 and 1-6
Review and assess mastery of skills and concepts from previous chapters.

Additional Answer

30. Sample answer: Mei was helping build a deck. She needs to find the right board. She had a 24-foot board, a 36-foot board, and a 12-foot board. She needed the middle sized board. Which length of board did she pick?

Every effort is made to show answers on the reduced Student Edition page, or in the margin of the Teacher Edition. However, answers that do not fit in either of these places can be found in Answer Appendix pages at the end of each chapter.

Lesson 1-7 Order Numbers **41**

---

④ Evaluación

✔ Evaluación formativa TEKS 3.1 (B)

- ¿Qué número está entre 9,997 y 9,999? 9,998

- Ordenen 175, 1,089, 105 de mayor a menor. 1,089, 175, 105

- Ordenen 22, 2,022, 200, 222 de menor a mayor. 22, 200, 222, 2,022

Control rápido | ¿Les sigue costando a los alumnos ordenar números?

Sí → Guía de intervención estratégica (pág. 4)

No → Opciones de trabajo independiente (pág. 38B)
  CRM Hoja de ejercicios para la práctica de destrezas (p. 39)
  CRM Hoja de trabajo de enriquecimiento (p. 42)

Boleto de salida Pídales a los alumnos que ordenen 314, 3,104 y 304 de menor a mayor. 304, 314, 3, 104

▶ Práctica para la *PRUEBA*

Repasa las Lecciones 1-6 y 1-7

Asigne los problemas de Práctica para la Prueba para reforzar diariamente las destrezas de resolución de pruebas.

Repaso espiral

Repasa las Lecciones 1-5 y 1-6

Repasar y evaluar el dominio de las destrezas y conceptos de capítulos anteriores.

Respuesta adicional

30. Ejemplo de respuesta: Mei está ayudando a construir una plataforma y necesita hallar la tabla correcta. Tiene una tabla de 24 pies, una de 36 pies y una de 12 pies. Necesita la de tamaño intermedio. ¿Qué longitud de tabla eligió?

No se escatimaron esfuerzos para mostrar las respuestas en las hojas reducidas de la edición del alumno o en el margen de la edición del maestro. Sin embargo, las respuestas que no aparecen en cualquiera de estos dos lugares se pueden hallar en las páginas del Apéndice de Respuestas al final de cada capítulo.

Lección 1 Ordena números **41**

Planificador de Lección

Objetivo

Interpretar información y datos de estudios sociales para resolver problemas.

TEKS

Objetivo 3.14 El estudiante aplica las matemáticas del 3er grado para resolver problemas relacionados con experiencias diarias y actividades dentro y fuera de la escuela. **(A) Identifique las matemáticas en situaciones diarias.**

TEKS de estudios sociales para Texas

3.5 El estudiante entiende el concepto de ubicación, distancia y dirección en mapas y globos terráqueos.

Vocabulario

valor de posición, forma desarrollada, forma de palabra, redondear

Recursos

Materiales: papel, lápices

Activar conocimientos previos

Antes de enfocar la atención de los alumnos a las páginas, pídales que comenten sobre ríos.

- **¿Cuáles son algunos ríos que conocen? ¿Por cuales continentes fluyen?** Ejemplo de respuesta: el río Nilo; África
- **¿Cuáles son algunos de los usos de los ríos?** Transporte, pesca, riego de cosechas

Uso de la página del alumno

Pídales a los alumnos que lean la información de la pág. 42 y contesten estas preguntas:

- **¿Cuántos ríos principales hay en el sistema de río Mississippi?** 5
- **¿Cuál es el río más corto?** El río Rojo

Pídales a los alumnos que revisen sus repuestas usando la tabla de la página 42. Pídales que comparen sus respuestas con las de sus compañeros.

Lesson Planner

Objective

Interpret information and data from social studies to solve problems.

TEKS

Targeted TEKS 3.14 The student applies Grade 3 mathematics to solve problems connected to everyday experiences and activities in and outside of school. **(A) Identify the mathematics in everyday situations.**

Texas Social Studies TEKS

3.5 The student understands the concept of location, distance, and direction on maps and globes.

Vocabulary

place value, expanded form, word form, round

Resources

Materials: paper, pencils

Activate Prior Knowledge

Before you turn students' attention to the pages, ask them to discuss rivers.

- **What are some rivers you know? Through which continents do they flow?** Sample answer: the Nile River; Africa
- **What are some uses for rivers?** transportation, fishing, watering crops

Using the Student Page

Ask students to read the information on p. 42 and answer these questions.

- **How many major rivers are there in the Mississippi River system?** 5
- **Which river is the shortest?** the Red River

Have students review their answers using the table on p. 42. Ask them to compare their answers with their partners' answers.

42 Chapter 1 Use Place Value to Communicate

EL PODEROSO MISSISSIPPI

El río Mississippi es parte del sistema de ríos más largo de Norte América. El río comienza en Minnesota y desemboca en el golfo de México. El sistema del río Mississippi se extiende desde las montañas Rocosas en el oeste de los Estados Unidos hasta los montes Apalaches en el este.

El río Mississippi tiene aproximadamente 2,320 millas de largo. El punto más llano tiene 3 pies. El punto más profundo tiene 198 pies. No es sorprendente que al río Mississippi se le llame el "poderoso Mississippi".

PRINCIPALES RÍOS DEL SISTEMA DEL RÍO MISSISSIPPI

Río	Longitud (en millas)
Arkansas	1,469
Mississippi	2,340
Missouri	2,540
Ohio	1,310
Red	1,290

Fuente: United States Geological Survey

42 Capítulo 1 Usa el valor de posición para comunicarte

The cross-curricular Real-World Problem Solving lessons connect to real-word applications of problem-solving skills and strategies.

Las lecciones de solución de problemas concretos de enlaces interdisciplinarios se conectan a aplicaciones del mundo real matemática de destrezas y estrategias para resolver problemas.

¿Sabías que?

El río Mississippi nace a 1,475 pies por encima del nivel del mar.

Matemáticas concretas

Usa la información de la página 42 para responder cada pregunta.

1. ¿Cuál es el río más largo?
río Missouri

2. ¿Qué longitudes de ríos tiene el mismo valor en el lugar de las centenas? ¿Cuál es ese valor?
Mississippi, Ohio; 300

3. Escribe la longitud del río Arkansas en forma desarrollada.
$1,000 + 400 + 60 + 9$

4. La longitud total del río Missouri y el río Mississippi es 4,880 millas. ¿Cómo se escribe este número palabras?
cuatro mil ochocientos ochenta

5. ¿Cómo se compara la longitud del río Red con las longitudes de los otros 4 ríos? Usa >, <, o = para cada comparación.
Ver el margen.

6. ¿Cuál es el tercer río más largo?
río Arkansas

7. ¿Qué ríos, al redondearse a la centena más cercana, tienen 1,300 millas de largo? río Ohio, río Red

8. Escribe en palabras la longitud del río Ohio. mil trescientos diez

9. ¿Cuál es la diferencia en las profundidades del río Mississippi desde su punto más llano a su punto más profundo? 195 pies

10. El río Amazonas en Sudamérica tiene 3,920 millas de largo. ¿Qué río es más largo, el Amazonas o el Missouri?
el río Amazonas

Resuelve problemas en geografía   43

Real-World Math

Assign the exercises on p. 43. Encourage students to choose a problem-solving strategy before beginning each exercise.

Exercise 2 If students have difficulty, suggest that they use a place-value chart workmat to compare the hundreds place value for each number.

Exercise 6 Suggest that students arrange the lengths of the rivers from shortest to longest before solving this exercise.

Exercise 9 requires a subtraction problem.

WRITING IN ►MATH Have students create a word problem that uses the information found in the table on p. 42.

Extend the Activity

Have students write out the lengths of the rivers in expanded form and in word form, checking their work with a partner.

Additional Answers

2. Mississippi River, Ohio River; three hundred

5. 1,290 < 1,469; 1,290 < 2,340;
   1,290 < 2,540; 1,290 < 1,310

Matemáticas concretas

Asigne los Ejercicios de la pág. 43. Anime a los alumnos a elegir una estrategia para resolver problemas antes de comenzar cada ejercicio.

Ejercicio 2 Si los alumnos tienen dificultades, sugiérales que usen un tapete de cartel de valor de posición para comparar el valor de lugar de las centenas de cada número.

Ejercicio 6 Antes de resolver este ejercicio, sugiérales a los alumnos que ordenen las longitudes de los ríos del más corto al más largo.

Ejercicio 9 requiere un problema de resta.

ESCRIBE EN ►MATEMÁTICAS

Pídales a los alumnos que creen un problema planteado en palabras que use la información hallada en la tabla de la página 42.

Ampliación de la actividad

Pídales a los alumnos que escriban las longitudes de los ríos en forma desarrollada y en forma de palabra. Pídales que verifiquen su trabajo con el de un compañero(a).

Respuesta adicional

2. Río Mississippi; Río Ohio, trescientos

5. 1,290 < 1,469; 1,290 < 2,340;
1,290 < 2,540; 1,290 < 1,310

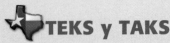

Planificador de lección

Objetivo
Redondear números enteros a la decena o centena más cercana para aproximar respuestas razonables.

TEKS y TAKS

TEKS Objetivo 3.5 El estudiante estima para determinar resultados razonables.
(A) Redondee números enteros a la decena o centena más cercana para aproximar resultados razonables de problemas.

TAKS 1 El estudiante demostrará un entendimiento de patrones, operaciones y razonamiento cuantitativo.

Las páginas del alumno también cubren los siguientes TEKS:
3.16(B) Coméntalo, Ejercicio 10
3.15(A) Problemas H.O.T., Ejercicios 34-35

Vocabulario
redondear

Recursos
Materiales: recta numérica

Conexión con la literatura: *Zeros: Is It Something? Is It Nothing?* de Claudia Zaslavky

Teacher Techhology
Interactive Classroom • TeacherWorks

Rutina diaria
Siga estas sugerencias antes de iniciar la lección de la pág. 44.

Control de 5 minutos (Repaso de la Lección 1-7)

Ordenen los números de menor a mayor.
1. 46, 63, 49   46, 49, 63
2. 294, 279, 299   279, 294, 299

Ordenen los números de mayor a menor
3. 748, 893, 562   893, 748, 562
4. 1,200, 202, 2,100   2,100, 1,200, 202

Problema del día
Soy un número que tengo 5 decenas, 6 millares, 9 centenas, ninguna unidad y 2 decenas de millar. ¿Quién soy? 26,950

LESSON
1-8 Round to the Nearest Ten and Hundred

Lesson Planner

Objective
Round whole numbers to the nearest ten or hundred to approximate reasonable answers.

TEKS and TAKS

Targeted TEKS 3.5 The student estimates to determine reasonable results. (A) **Round whole numbers to the nearest ten or hundred to approximate reasonable results in problem situations.**

TAKS 1 The student will demonstrate an understanding of numbers, operations, and quantitative reasoning.

Student pages also address the following TEKS:
TEKS 3.16(B) Talk About It, Exercise 10
TEKS 3.15(A) HOT Problems, Exercises 34-35

Vocabulary
round

Resources
Materials: number line

Literature Connection: *Zero: Is It Something? Is It Nothing?* by Claudia Zaslavsky

Teacher Technology
Interactive Classroom • TeacherWorks

Focus on Math Background
Rounding is often misunderstood as a series of steps rather than a process of finding or locating. Numbers are located on a continuum. Along the way there are special markers, among them tens and hundreds. The goal of rounding is to mentally place a number on the continuum and find the closest multiple of the required power of ten. Conceptualizing rounding this way emphasizes the relative intervals between numbers and helps build number sense.

Daily Routine
Use these suggestions before beginning the lesson on p. 44.

5-Minute Check
(Reviews Lesson 1-7)

Order the numbers from least to greatest.
1. 46, 63, 49   46, 49, 63
2. 294, 279, 299   279, 294, 299

Order the numbers from greatest to least.
3. 748, 893, 562   893, 748, 562
4. 1,200, 202, 2,100   2,100, 1,200, 202

Problem of the Day
I am a number. I have 5 tens, 6 thousands, 9 hundreds, no ones, and 2 ten thousands. What am I? 26,950

Building Math Vocabulary
Write the lesson vocabulary word and its definition on the board.

Have students write the number 38 in a place-value chart workmat. They will look at the digit in the tens place and round the number to the nearest ten. Have students use the word *round* in a sentence explaining what they did to round the number.

Visual Vocabulary Cards
Use Visual Vocabulary Card 48 to reinforce the vocabulary introduced in this lesson. (The Define/Example/Ask routine is printed on the back of each card.)

44A   Chapter 1 Use Place Value to Communicate

Adquisición de vocabulario matemático
Escriba las palabras del vocabulario de la lección y sus definiciones en la pizarra.

Pídales a los alumnos que escriban el número 38 en un tapete de cartel de valor de posición. Observarán el digito en el lugar de las decenas y redondearán el número a la decena más cercana. Pídales a los alumnos que usen la palabra *redondear* en una oración explicando lo que hicieron para redondear el número.

Tarjetas visuales de vocabulario
Use la(s) tarjeta(s) visual(es) del vocabulario 48 para reforzar el vocabulario presentado en esta lección. (En la parte posterior de cada tarjeta está escrita la rutina Definir/Ejemplo/Pregunta).

Differentiated Instruction

Small Group Options

Option 1 TEKS 3.10, 3.5(A)   VISUAL, SPATIAL
Below Level **BL**

Materials: paper, ruler, book with numbered pages

- Students practice rounding using a number line and a book. First, they will randomly open to a page in the book, for example, 47.
- Students draw a number line. For the example of number 47, students draw a number line from 40 to 50.
- Lastly, students will count the number of spaces to determine to which number they should round.

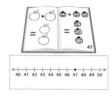

Option 2   KINESTHETIC
English Language Learners **ELL**

Materials: dominos to double 10, long floor line
Core Vocabulary: numbers to 1,000, move between
Common Use Verb: lock arms
See Math This strategy uses movement to integrate rounding and ordering skills.

- Model how to make the greatest number possible with a domino and a counter that represents zero.
- Hold the domino and counter and stand on a line.
- Have students create a three-digit number and move to the line to the left or right of you.
- Have students round themselves to the nearest 10 by locking arms (students should be clustered to the either side of 5's). Repeat rounding to 100 as time permits.

Independent Work Options

Option 1 TEKS 3.5(A)   LOGICAL, VISUAL
Early Finishers **OL** **AL**

Materials: pencil, paper

- Have students round Exercises 19–26 to the nearest ten.
- Remind students that number lines can help them round.

Option 2
Student Technology

Math Online tx.gr3math.com
Personal Tutor • Extra Examples • Online Games
Math Adventures: Robo Works (1D)

Option 3
Learning Station: Social Studies (p. 14H)

Direct students to the Social Studies Learning Station for opportunities to explore and extend the lesson concept.

Option 4
Problem-Solving Practice

Reinforce problem-solving skills and strategies with the Problem-Solving Practice worksheet.

Lesson 1-8 Round to the Nearest Ten and Hundred   **44B**

Opción para grupos pequeños

Opción 1 TEKS 3.10, 3.5(A)   VISUAL, ESPACIAL
Nivel bajo **BL**

Materiales: papel, regla, libro con páginas enumeradas

- Los alumnos practicarán el redondeo usando una recta numérica y un libro. Primero, aleatoriamente abrirán el libro el cualquier página, por ejemplo, 47.
- Los alumnos trazarán una recta numérica. En el ejemplo del número 47, los alumnos trazarán una recta numérica del 40 al 50.
- Finalmente, los alumnos contarán el número de espacios para determinar a cuál número deben redondear.

Instrucción diferenciada

Opciones de trabajo independiente

Opción 1 TEKS 3.5(A)   LÓGICO, VISUAL
Para los que terminan primero **OL** **AL**

Materiales: lápiz, papel

- Pídales a los alumnos que redondeen los Ejercicios 19 al 26 a la decena más cercana.
- Recuérdeles que las rectas numéricas los pueden ayudar a redondear.

Opción 2
Tecnología para el alumno

Matemáticas en línea tx.gr3math.com
Math Adventures: Robo Works (1A)

Opción 3
Estación de aprendizaje: Estudios sociales (pág. 14H)

Dirija a los alumnos a la estación de aprendizaje de lectura para que tengan la oportunidad de explorar y ampliar el concepto de la lección.

Opción 4
Práctica y solución de problemas

Refuerce las destrezas y las estrategias de solución de problemas con la hoja de trabajo de solución de problemas.

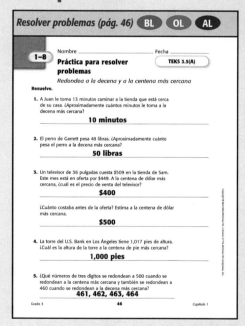

Lección 1-8 Redondea a la decena y centena más cercana   **44B**

Redondea a la decena y a la centena más cercana

 Presentación TEKS 3.5(A),3.10

Actividad propuesta 1 • Practica

- Pídales a los alumnos que tracen una recta numérica del 20 al 30. Dígales que marquen el 22 sobre la recta numérica.
- **¿22 está mas cerca de 20 ó de 30?** 20
- Dígales a los que 22 redondeado a la decena más cercana es 20, porque 22 está entre 20 y 30 y está más cerca de 20.

Actividad propuesta 2 • Literatura

Presente la Lección con *Zero: Is It Something? Is It Nothing?* de Claudia Zaslavsky. (Vea la página R104 para una actividad matemática relacionada)

2 **Enseñanza** TEKS 3.5 (A)

Preguntas básicas

Escriba en la pizarra el número 47.

- **¿Entre cuáles dos decenas está 47?** 40 y 50

Trace en la pizarra una recta numérica del 40 al 50. Encierre en un círculo el número 47.

- **¿A qué número está más cerca 47, a 40 ó a 50?** 50
- **¿A qué número se redondea 47 a la decena más cercana?** 50

Dígales a los alumnos que cuando un número está exactamente a la mitad entre dos números, se debe redondear al mayor de los números.

- **¿Qué número está a la mitad entre 40 y 50?** 45
- **¿A qué número se redondea 45 a la decena más cercana?** 50

▶ PREPÁRATE **para aprender**

Pídales a los alumnos que abran sus libros y lean la información de **Prepárate para aprender.** Presente **redondeo.** En conjunto, trabajen los **Ejemplos 1 al 4.**

 1-8

Round to the Nearest Ten and Hundred

1 **Introduce** TEKS 3.5(A), 3.10

Activity Choice 1 • Hands-On

- Have students draw a number line from 20 to 30. Tell them to mark 22 on the number line.
- **Is 22 closer to 20 or 30?** 20
- Tell students that 22 rounded to the nearest ten is 20 because 22 is between 20 and 30 and is closer to 20.

Activity Choice 2 • Literature

 Introduce the lesson with *Zero: Is It Something? Is It Nothing?* by Claudia Zaslavsky. (For a related math activity, see p. R104.)

2 **Teach** TEKS 3.5(A)

Scaffolding Questions

Write the number 47 on the board.

- **Between what two tens is 47?** 40 and 50

Draw a number line from 40 to 50 on the board. Circle the number 47.

- **What number is 47 closer to, 40 or 50?** 50
- **To the nearest ten, what number does 47 round to?** 50

Tell students that when a number is exactly halfway between two numbers you round up to the higher number.

- **What number is halfway between 40 and 50?** 45
- **To the nearest ten, what number does 45 round to?** 50

▶ GET READY **to Learn**

Have students open their books and read the information in **Get Ready to Learn**. Introduce **round**. As a class, work through **Examples 1–4**.

 1-8

Redondea a la decena y a la centena más cercana

▶ PREPÁRATE **para aprender**

Cassandra usó 62 minutos del plan de teléfono celular de su familia. Su hermano Matao usó 186 minutos. ¿Alrededor de cuantos minutos usó cada persona?

IDEA PRINCIPAL

Redondearé números enteros a la decena o centena más cercana para aproximar respuestas razonables.

TEKS Objetivo 3.5
El estudiante estima para determinar resultados razonables. (A) Redondee números enteros a la decena o centena más cercana para aproximar resultados razonables de problemas.

Vocabulario nuevo

redondear

Conexión con el vocabulario
redondear significa *alrededor de cuántos*

Redondear es cambiar el valor de un número a otro con el que sea más fácil trabajar. Puedes usar una recta numérica para redondear.

EJEMPLO concreto Redondea a la decena mas cercana

1 **TECNOLOGÍA ¿Alrededor de cuántos minutos usó Cassandra? Redondea a la decena más cercana.**

La decena más cercana *menor que* 62 es 60. La decena más cercana *mayor que* 62 es 70. Por lo tanto, usa una recta numérica de 60 a 70.

60 61 62 63 64 65 66 67 68 69 70

Como 62 está más cerca de 60 que de 70, redondea 62 a 60.

2 **TECNOLOGÍA ¿Alrededor de cuántos minutos usó Matao? Redondea a la decena más cercana.**

La decena más cercana *menor que* 186 es 180. La decena más cercana *mayor que* 186 es 190. Usa una recta numérica de 180 a 190.

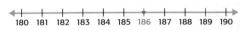

180 181 182 183 184 185 186 187 188 189 190

Como 186 está más cerca de 190 que de 180, redondea 186 a 190.

44 Capítulo 1 Usa el valor de posición para comunicarte

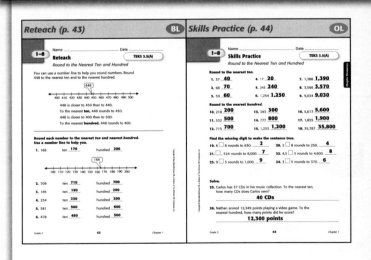

Reteach (p. 43) **BL** *Skills Practice (p. 44)* **OL**

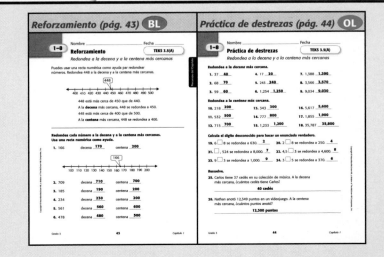

Reforzamiento (pág. 43) **BL** *Práctica de destrezas (pág. 44)* **OL**

También puedes redondear números a la centena más cercana.

EJEMPLO concreto

3 **LIBROS** Bruno leyó un libro de 267 páginas. A la centena más cercana, ¿cuántas páginas leyó?

La centena más cercana *menor que* 267 es 200. La centena más cercana *mayor que* 267 es 300.

267

200 210 220 230 240 250 260 270 280 290 300

267 está más cerca de 300 que de 200. Redondea 267 a 300.

4 **CONCHAS** Olivia colecciona conchas. A la centena más cercana, ¿cuántas conchas de mar coleccionó?

La centena más cercana *menor que* 1,423 es 1,400. La centena más cercana *mayor que* 1,423 es 1,500.

COLECCIÓN DE CONCHAS DE MAR DE OLIVIA
1,423

1,423

1,400   1,425   1,450   1,475   1,500

Como 1,423 está más cerca de 1,400 que de 1,500, redondea 1,423 a 1,400.

en línea **Tutor personal en** tx.gr3math.com

VERIFICA lo que sabes

Redondea a la decena más cercana. Ver Ejemplos 1 y 2 (pág. 44)

1. 58 60   **2.** 62 60   **3.** 686 690   **4.** 552 550

Redondea a la centena más cercana. Ver Ejemplos 3 y 4 (pág. 45)

5. 449 400   **6.** 473 500   **7.** 417 400   **8.** 1,470 1,500

9. Kayla debe leer 67 páginas esta noche para la tarea. A la decena más cercana, ¿cuántas páginas debe leer? 70 páginas

10. Coméntalo ¿Qué debes hacer para redondear un número que está exactamente a la mitad entre dos números? redondear hacia arriba

Lección 1-8 Redondea a la decena y a la centena más cercana   **45**

Round to the Nearest Ten

Tell students that when a number has a ones place of 5 or more, you can round up to the higher number.

ADDITIONAL EXAMPLES

1 Marco drank 24 ounces of water today. Round 24 to the nearest ten. 20 ounces

2 LaToya walked 67 miles this week. Round 67 to the nearest ten. 70 miles

3 The goldfish tank at the pet store was filled with 117 goldfish. Round 117 to the nearest hundred. 100 goldfish

4 Shawn collected 1,489 stamps. To the nearest hundred, how many stamps did he collect? 1,500 stamps

CHECK What You Know

As a class, have students complete Exercises 1–10 in **Check What You Know** as you observe their work.

Exercise 10 Assess student comprehension before assigning practice exercises.

BL Alternate Teaching Strategy TEKS 3.5(A)

If students round to the wrong digit …

Then use one of these reteach options:

1 CRM **Daily Reteach Worksheet** (p. 43)

2 Have them underline the number that is in the place value to which they are rounding. Have them identify the closest ten (hundred) that is less than their number and the closest ten (hundred) that is greater than their number. Have them ask themselves which number their number is closer to. For example:

1,681

The number is between 1,600 and 1,700. It is closer to 1,700. So 1,681 rounds to 1,700.

Redondea a la decena más cercana

Ejemplo 2 Dígales a los alumnos que cuando un número tiene en su lugar de las unidades un 5 ó más, siempre se redondea hacia arriba al número superior.

EJEMPLOS ADICIONALES

1 Marco se tomó 24 onzas de agua hoy. Redondeen 24 a la decena más cercana. 20 onzas

2 La Toya caminó 67 millas esta semana. Redondeen 67 a la decena más cercana. 70 millas

3 El tanque de los peces dorados en la tienda de marcotas se llenó con 117 peces dorados. Redondeen 117 a la centena más cercana. 100 peces dorados

4 Shawn coleccionó 1,489 estampillas. A la centena más cercana, ¿cuántas estampillas coleccionó? 1,500 estampillas

Verifica lo que sabes

En conjunto, pídales a los alumnos que completen los Ejercicios 1 al 10 en **Verifica lo que sabes** a medida que usted observa sus trabajos.

Ejercicio 10 Evalúa la comprensión del alumno antes de asignarle los ejercicios prácticos.

BL Estrategia alternativa de enseñanza TEKS 3.5(A)

si Los alumnos redondean al dígito equivocado…

entonces Entonces Use una de estas opciones de reforzamiento:

1 CRM **Hoja de reforzamiento diario** (pág. 43)

2 Pídales que subrayen el número que están en el valor de posición al cual van a redondear. Pídales que identifiquen la decena (centena) más cercana menor a su número y la decena (centena) más cercana mayor a su número. Haga que se pregunten a qué número está más cerca su número. Por ejemplo:

1,681

El número están entre 1,600 y 1,700. Está más cerca de 1,700. Por lo tanto, 1,681 se redondea a 1,700.

Enrich (p. 47) AL

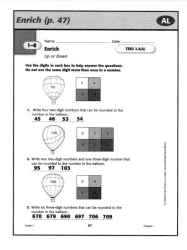

Enriquecimiento (pág. 47) AL

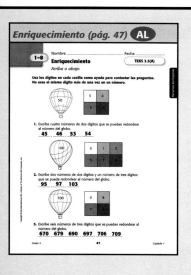

---

3 Práctica

Asigne la práctica para los Ejercicios 11 al 35 según los siguientes niveles.

Nivel	Asignación
BL Nivel bajo	11–14, 19–22, 27, 29, 31–32
OL A nivel	12–17, 20–25, 28–33, 34
AL Nivel avanzado	12–32 par, 34–35

Pídales a los alumnos que analicen y completen los problemas de razonamiento de alto nivel. Anímelos a que usen rectas numéricas como ayuda para resolver los problemas.

ESCRIBE EN ►MATEMÁTICAS

Pídales a los alumnos que completen el Ejercicio 35 en sus Diarios de matemáticas. Puede elegir hacer este ejercicio como una evaluación formativa adicional.

4 Evaluación   TEKS 3.5 (A), 3.10

Evaluación formativa

- **¿Cómo los puede ayudar una recta numérica a redondear 476 a la centena más cercana?** Trazar una recta numérica de 400 a 500 y marcar sobre ella 476. 476 está más cerca de 500 por lo tanto, 476 se redondea hacia arriba a 500.

Control rápido **¿Les sigue costando a los alumnos redondear números a la decena o centena más cercana?**

Si la respuesta es:

Sí → Opción para grupos pequeños (pág. 44B)

No → Opciones de trabajo independiente (pág. 44B)
- **CRM** Hoja de ejercicios para la práctica de destrezas (pág. 44)
- **CRM** Hoja de trabajo de enriquecimiento (pág. 47)

Nombra la matemática Escriba 221 en la pizarra. Pídales a los alumnos que redondeen 221 a la decena y a la centena más cercana.

---

3 Practice

Differentiate practice using these leveled assignments for Exercises 11–35.

Level	Assignment
BL Below Level	11–14, 19–22, 27, 29, 31–32
OL On Level	12–17, 20–25, 28–33, 34
AL Above Level	12–32 even, 34–35

Have students discuss and complete the Higher Order Thinking problems. Encourage students to use number lines to help them solve.

WRITING IN ►MATH Have students complete Exercise 35 in their Math Journals. You may choose to use this exercise as an optional formative assessment.

4 Assess

✓ Formative Assessment   TEKS 3.5(A), 3.10

- **How can a number line help you to round 476 to the nearest hundred?** Draw a number line from 400 to 500 and place 476 on it. It is closer to 500, so 476 rounds up to 500.

Quick Check **Are students continuing to struggle with rounding numbers to the nearest ten or hundred?**

If Yes → Small Group Options (p. 44B)

If No → Independent Work Options (p. 44B)
- **CRM** Skills Practice Worksheet (p. 44)
- **CRM** Enrich Worksheet (p. 47)

Name the Math Write 221 on the board. Have students round 221 to the nearest ten and nearest hundred.

⚠ **COMMON ERROR!**

Students may have trouble when rounding with 5. Point out that when a number is halfway between two numbers, they can round up to the greater number.

46 **Chapter 1** Use Place Value to Communicate

► Práctica y solución de problemas   PRÁCTICA EXTRA Ver página R4

Redondea a la decena más cercana. Ver Ejemplos 1 y 2 (pág. 44)

11. 77 80	**12.** 67 70	**13.** 13 10	**14.** 21 20
15. 288 290	**16.** 199 200	**17.** 157 160	**18.** 679 680

Redondea a la centena más cercana. Ver Ejemplos 3 y 4 (pág. 45)

19. 123 100	**20.** 244 200	**21.** 749 700	**22.** 790 800
23. 373 400	**24.** 880 900	**25.** 1,568 1,600	**26.** 4,829 4,800

27. 179 redondeado a la centena más cercana es 200.

27. Myron tiene 179 tarjetas de béisbol. Dice que tiene alrededor de 200 tarjetas. ¿Redondeó el número de tarjetas a la decena más cercana o a la centena más cercana? Explica.

28. Medidas Un tren de pasajeros viajó 1,687 millas. A la centena más cercana, ¿cuántas millas viajó el tren? 1,700 millas

★**29.** Coco recogió 528 latas de comida para la recolecta de comida de la escuela. Si recoge 25 latas más, ¿cuál será el número de latas redondeado a la centena más cercana? 600 latas

★**30.** La Sra. Bogas se postuló para alcaldesa. Recibió 1,486 votos. La Sra. Swain recibió 1,252 votos. ¿Cuál es la diferencia en el número de votos a la decena más cercana? 230 votos

RESUELVE PROBLEMAS concretos

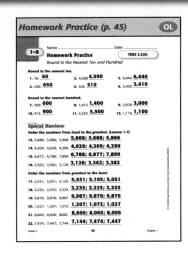

Deportes Danilo practica bolos. La tabla muestra sus puntajes de una semana.
300, 100, 200, 300, 300, 300, 200;

31. Redondea todos los puntajes a la centena más cercana. ¿Qué días obtuvo alrededor de 300 puntos? lunes, jueves, viernes, sábado

32. A la decena más cercana, ¿cuál fue el puntaje el martes? 80

33. A la decena más cercana, ¿qué día tuvo el puntaje más alto? viernes

Puntajes de Bowling

Lunes	252
Martes	83
Miércoles	164
Jueves	256
Viernes	290
Sábado	283
Domingo	173

Problemas H.O.T.   34-35 Ver Apéndice de respuestas del Cap. 1.

34. INTERPRETA Pienso en un número que al redondearse a la centena más cercana es 400. ¿Cuál es el número? Explica. Ejemplo de respuesta: 360.

35. ESCRIBE EN ►MATEMÁTICAS Explica por qué 238 puede redondearse a 240 ó 200. 238 redondeado a la decena más cercana es 240. 238 redondeado a la centena más cercana es 300.

46   Capítulo 1   Control de autoevaluación en tx.gr3math.com

---

Homework Practice (p. 45)   **OL**

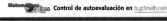

1–8   Homework Practice   TEKS 3.5(A)
Round to the Nearest Ten and Hundred

Round to the nearest ten.
1. 56 **60**   2. 4,588 **4,590**   3. 6,444 **6,440**
4. 648 **650**   5. 506 **510**   6. 3,409 **3,410**

Round to the nearest hundred.
7. 569 **600**   8. 1,413 **1,400**   9. 2,976 **3,000**
10. 915 **900**   11. 5,533 **5,500**   12. 1,119 **1,100**

Spiral Review
Order the numbers from least to greatest. (Lesson 1-7)
13. 5,688; 5,866; 5,668 **5,668; 5,688; 5,866**
14. 4,209; 4,029; 4,299 **4,029; 4,209; 4,299**
15. 6,877; 6,788; 7,899 **6,788; 6,877; 7,899**
16. 3,362; 3,382; 3,128 **3,128; 3,362; 3,382**

Order the numbers from greatest to least.
17. 5,551; 5,051; 5,105 **5,551; 5,105; 5,051**
18. 3,225; 2,335; 3,235 **3,235; 3,225; 2,335**
19. 9,876; 9,879; 9,987 **9,987; 9,879; 9,876**
20. 1,027; 1,207; 1,072 **1,207; 1,072; 1,027**
21. 8,600; 8,006; 8,060 **8,600; 8,060; 8,006**
22. 7,474; 7,447; 7,744 **7,144; 7,474; 7,447**

Grade 3   45   Chapter 1

⚠ **¡ERROR COMÚN!**

Los alumnos pueden tener problemas cuando redondean con un 5. Señáleles que cuando un número está a la mitad entre dos números, deben redondear hacia arriba al número mayor.

Práctica de tarea (pág. 45)   **OL**

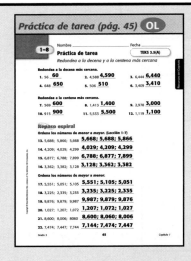

1–8   Práctica de tarea   TEKS 3.5(A)
Redondea a la decena y a la centena más cercana

Redondea a la decena más cercana.
1. 56 **60**   2. 4,588 **4,590**   3. 6,444 **6,440**
4. 648 **650**   5. 506 **510**   6. 3,409 **3,410**

Redondea a la centena más cercana.
7. 569 **600**   8. 1,413 **1,400**   9. 2,976 **3,000**
10. 915 **900**   11. 5,533 **5,500**   12. 1,119 **1,100**

Repaso espiral
Ordena los números de menor a mayor. (Lección 1-7)
13. 5,688; 5,866; 5,668 **5,668; 5,688; 5,866**
14. 4,209; 4,029; 4,299 **4,029; 4,209; 4,299**
15. 6,877; 6,788; 7,899 **6,788; 6,877; 7,899**
16. 3,362; 3,382; 3,128 **3,128; 3,362; 3,382**

Ordena los números de mayor a menor.
17. 5,551; 5,051; 5,105 **5,551; 5,105; 5,051**
18. 3,225; 2,335; 3,235 **3,235; 3,225; 2,335**
19. 9,876; 9,879; 9,987 **9,987; 9,879; 9,876**
20. 1,027; 1,207; 1,072 **1,207; 1,072; 1,027**
21. 8,600; 8,006; 8,060 **8,600; 8,060; 8,006**
22. 7,474; 7,447; 7,744 **7,144; 7,474; 7,447**

Grade 3   45   Capítulo 1

Es hora de jugar

Redondea números
Redondea a la centena más cercana

Necesitarás: lápiz y papel

¡Alístate!
Jugadores: 2 jugadores

¡Listos!
Cada jugador dibuja el tablero de juegos.

¡Adelante!
- Cada jugador escribe un número de 4 dígitos en forma secreta.
- Al centro del tablero, cada jugador escribe su número de 4 dígitos redondeado a la centena más cercana.
- El Jugador 1 adivina 1 dígito que él o ella piensa es el número secreto del otro jugador.
- De ser correcto el dígito, el Jugador 2 lo escribe sobre la línea correcta. De ser incorrecto, el Jugador 2 rellena un espacio.
- El Jugador 2 toma un turno para averiguar el número secreto del Jugador 1.
- El juego continúa hasta averiguar un número o hasta llenarse todos los espacios.

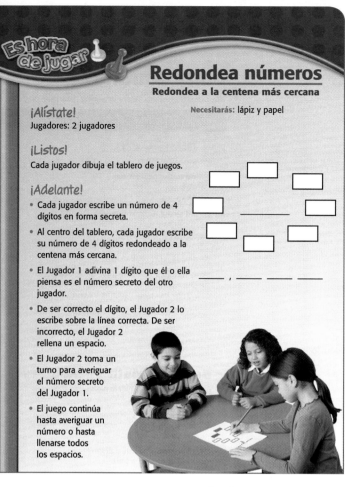

Es hora de jugar Redondea números **47**

Differentiated Practice

Use these leveled suggestions to differentiate the game for all learners.

Level	Assignment
BL Below Level	Allow students to use a number line to help them round the numbers correctly.
OL On Level	Have students play the game with the rules as written.
AL Above Level	Have students round up the number to the nearest ten, and then to the nearest hundred.

Game Time

Round Numbers

Math Concept: TEKS 3.5(A)
Round To The Nearest Hundred

Materials: paper, pencil

Introduce the game on p. 47 to your students to play as a class, in small groups, or at a learning station to review concepts introduced in this chapter.

Instructions

- Ask students to choose a partner to play this game.
- Each student makes a game sheet with a line for a four-digit number in the center of eight blank boxes and four lines below the boxes.
- Each player writes a secret four-digit number.
- On the center line, each player writes their four-digit number rounded to the nearest hundred.
- Players take turns guessing digits. If a player guesses wrongly, shade one square on the game board.
- Play continues until one of the numbers is guessed or all the squares are shaded in.

Extend the Game

Have students round the number to the nearest ten as an additional step to the game.

Game Time Round Numbers **47**

Redondea números

Concepto matemático: Redondear números a la centena más cercana

Materiales: papel, lápiz
Presente el juego de la pág. 47 a los alumnos para que lo jueguen en conjunto, en grupos pequeños o en la estación de aprendizaje, para repasar los conceptos presentados en este capítulo.

Instrucciones

- Pídales a los alumnos que elijan un compañero(a) para este juego.
- Cada alumno hace una hoja de juego con una línea para un número de cuatro dígitos en el centro de ocho casillas en blanco y cuatro líneas debajo de las casillas.
- Cada jugador escribe un número de cuatro dígitos secreto.
- En la línea del centro, cada jugador escribe su número de cuatro dígitos secreto redondeado a la centena más cercana.
- Los jugadores toman turnos adivinando los dígitos. Si un jugador adivina incorrectamente, sombrea una de las casillas en el tablero de juego.
- El juego continúa hasta que se adivine uno de los números o hasta que todos los cuadrados estén sombreados.

Ampliación del juego

Como un paso adicional al juego, pídales a los alumnos que redondeen el número a la decena más cercana.

Práctica diferenciada

Use estos niveles sugeridos para diferenciar el juego para todos los aprendices.

Nivel	Asignación
BL Nivel bajo	Permítales a los alumnos que usen una recta numérica para que redondeen los números correctamente.
OL A nivel	Pídales a los alumnos que realicen el juego con las reglas como están escritas.
AL Nivel avanzado	Pídales a los alumnos que redondeen el número hacia arriba a la decena más cercana y luego, a la centena más cercana.

Planificador de lección

Objetivo
Determinar el valor de monedas y billetes

TEKS y TAKS

TEKS Objetivo 3.1 El estudiante utiliza el valor de posición para expresar en forma oral y escrita números enteros cada vez más grandes, incluyendo el dinero. **(C) Determine el valor de un grupo de billetes y monedas.**

TAKS 1 El estudiante demostrará un entendimiento de patrones, operaciones y razonamiento cuantitativo.

Las páginas del alumno también cubren los siguientes TEKS:
3.15(A) Coméntalo, Ejercicio 6
3.14(A), 3.16 (B) Problemas H.O.T., Ejercicios 22-24

Vocabulario
billete, dólar

Recursos
Manipulativos: dinero

Conexión con la literatura: Follow the Money por Loreen Leedy

Teacher Technology
Interactive Classroom • TeacherWorks

Rutina diaria
Siga estas sugerencias antes de iniciar la lección de la pág. 48.

Control de 5 minutos (Repaso de la Lección 1-8)

Redondeen a la decena más cercana.
1. 86 90
2. 532 530

Redondeen a la centena más cercana.
3. 325 300
4. 1,763 1,800

Problema del día

Marta ha ido de campamento tres veces por año desde que tenía 2 años. ¿Qué edad tiene ahora si ha ido de campamento 27 veces? 10 años

---

Lesson Planner

Objective
Determine the value of coins and bills

TEKS and TAKS
Targeted TEKS 3.1 The student uses place value to communicate about increasingly large whole numbers in verbal and written form, including money. **(C) Determine the value of a collection of coins and bills.**

TAKS 1 The student will demonstrate an understanding of numbers, operations, and quantitative reasoning.

Student pages also address the following TEKS:
TEKS 3.15(A) Talk About It, Exercise 6
TEKS 3.14(A), TEKS 3.16(B) H.O.T. Problems, Exercises 22–24
TEKS 3.1(A), TEKS 3.1(B), TEKS 3.5(A), TEKS 3.6(A) Spiral Review, Exercises 33–36

Vocabulary
bill, dollar

Resources
Manipulatives: money

Literature Connection: *Follow the Money* by Loreen Leedy

Teacher Technology
Interactive Classroom • TeacherWorks

Focus on Math Background
By the third grade, students have experience using money to buy things. Some may even receive a weekly allowance. Students' interest in money can be used to motivate learning of addition and subtraction skills (Chapter 2), as they compute how much must be saved to buy a desired product. The fundamental units of U.S. money are the cent and the dollar, and students should develop familiarity with notations using each unit: both 25¢ and $0.25 describe the value of a quarter. Students should also come to realize that "cent" means 100 in many contexts (century, per cent, centimeter, Centigrade, etc.). Our monetary system is also a good example of the use of powers of 10, as many coins and bills are so related: penny, dime, dollar bill, 10-dollar bill, 100-dollar bill, etc.

48A   Chapter 1 Use Place Value to Communicate

Daily Routine
Use these suggestions before beginning the lesson on p. 48.

5-Minute Check
(Reviews Lesson 1-8)

Round to the nearest ten.
1. 86 90
2. 532 530

Round to the nearest hundred.
3. 325 300
4. 1,763 1,800

Problem of the Day
Marta has gone camping three times every year starting when she was 2 years old. How old is she now if she has been camping 27 times? 10 yrs old

Building Math Vocabulary
Write the lesson vocabulary words and their definitions on the board.

Have students write a short paragraph about the difference between a *bill* and a *dollar*. Have them address these questions:

• **Is a bill always worth a dollar?**
• **Is a dollar always a bill?**

Adquisición de vocabulario matemático
Escriba las palabras del vocabulario de la lección y sus definiciones en la pizarra.

Pídales a los alumnos que escriban un párrafo corto sobre las diferencias entre un *billete* y un *dólar*. Pídales que citen estas preguntas:

• **¿Un billete siempre vale un dólar?**
• **¿Un dólar siempre es un billete?**

Differentiated Instruction

Small Group Options

Option 1 | Gifted and Talented AL
SPATIAL

Materials: paper

- Challenge students who have mastered determining the value of a set of coins or bills to think about those amounts in alternate ways. For any given amount of money, ask them to show multiple ways to represent that amount.
- The example below shows how to think of the amount of $1.36 in four different ways.

Option 2 | English Language Learners ELL
TACTILE

Materials: hundreds charts, pencils
Core Vocabulary: diagonally, through, circle
Common Use Verb: mark
See Math This strategy helps students visualize counting patterns

- Post a hundreds chart. Say: "Let's count by 1s using the hundreds chart and mark each box diagonally as we count." Model.
- Say: "Let's count by 5s and mark those boxes with an X."
- Say: "Let's count by 10s and put a line **through** them."
- Say: "Let's count by 25s and **circle** those numbers (25, 50, 75, 100)."

Independent Work Options

Option 1 | Early Finishers OL AL
TEKS 3.1(C) **KINESTHETIC**

Materials: money

- Students work in pairs. Have one student hand the other one or two bills and several coins. The other student counts the amount of money handed to him or her.
- Students must agree on the amount of money that was given to the second student. Have students switch roles.

Option 2 | Student Technology
Tech Link

Math Online  tx.gr3math.com
Personal Tutor • Extra Examples • Online Games

Option 3 | Learning Station: Art (p. 14G)

Direct students to the Art Learning Station for opportunities to explore and extend the lesson concept.

Option 4 | Problem-Solving Practice

Reinforce problem-solving skills and strategies with the Problem-Solving Practice worksheet.

Instrucción diferenciada
Opciones de trabajo independiente

Opción 1 | Para los que terminan primero OL AL
TEKS 3.1(C) **CINESTÉTICO**

Materiales: dinero

- Los alumnos deben trabajar en parejas. Pídale a uno de los alumnos que le entregue a otro uno o dos billetes y algunas monedas. El otro alumno debe contar la cantidad de dinero que recibió.
- Los alumnos deben acordar en la cantidad de dinero que recibió el segundo alumno. Pídales a los alumnos que cambien roles.

Opción 2 | Tecnología para el alumno
Enlace technológico

Matemáticas en línea tx.gr3math.com
Personal Tutor • Extra Examples • Online Games

Opción 3 | Estación de aprendizaje: Arte (pág. 14H)

Dirija a los alumnos a la estación de aprendizaje de arte para que tengan la oportunidad de explorar y ampliar el concepto de la lección.

Opción 4 | Práctica y solución de problemas

Refuerce las destrezas y las estrategias de solución de problemas con la hoja de trabajo de solución de problemas.

Opción para grupos pequeños

Opción 1 | Talentosos AL
ESPACIAL

Materiales: papel

- Rete a los alumnos que dominan el cálculo del valor de un conjunto de monedas o billetes a pensar en esas cantidades de distintas maneras. Para cualquier cantidad dada de dinero, pídales que muestren distintas maneras de representar la cantidad.
- El siguiente ejemplo muestra cómo pensar en la cantidad de $1.36 de cuatro maneras distintas.

Valor de monedas y billetes

① Presentación TEKS 3.1(C)

Actividad propuesta 1 • Práctica

- Entréguele a cada pareja de alumnos una moneda de 1¢, una de 5¢, una de 10¢, una de 25¢ y medio dólar. Pídales que ordenen las monedas, de menor a mayor valor. Luego, pídales a los alumnos que tracen alrededor de las monedas y rotulen sus dibujos. Los alumnos pueden usar esta lista como una referencia.

- Pídales a los alumnos que practiquen el conteo salteado con un compañero(a) usando el valor de cada tipo de moneda.

Actividad propuesta 2 • Literatura

Presente la Lección con *Follow the Money* de Loreen Leedy. (Vea la página R104 para una actividad matemática relacionada)

② Enseñanza TEKS 3.1(C)

Preguntas básicas

Coloque 3 monedas de 1¢, una moneda de 25¢ y una moneda de 5¢ desordenadamente sobre el retroproyector.

- **¿Cuál es el valor de cada moneda?** Una moneda de 1¢: 1 centavo; una moneda de 25¢: 25 centavos; una moneda de 5¢: 5 centavos

- **Si ordenan las monedas de mayor a menor, ¿en qué orden se deben colocar?** Moneda de 25¢, moneda de 5¢ y luego las 3 moneda de 1¢

- **Ordenen las monedas según su valor.**

- **Expliquen cómo contar el valor total comenzando con la moneda de mayor valor.** Comenzar con 25 + 5 + 3 = 33 centavos.

 **PREPÁRATE para aprender**

Pídales a los alumnos que abran sus libros y lean la información de **Prepárate para aprender.** Presente **dólar** y **billete**. En conjunto, trabajen los **Ejemplos 1 al 3.**

Value of Coins and Bills

① Introduce TEKS 3.1(C)

Activity Choice 1 • Hands-On

- Hand each pair of students a penny, a nickel, a dime, a quarter, and a half-dollar. Have them arrange the coins in value from least to greatest. Then, have students trace around each type of coin and label their drawings. Students can use this list as a reference.

- Have students practice skip counting using the value of each type of coin with a partner.

Activity Choice 2 • Literature

Introduce the lesson with *Follow the Money* by Loreen Leedy. (For a related math activity, see p. R104.)

② Teach TEKS 3.1(C)

Scaffolding Questions

Place three pennies, a quarter, and a nickel in a disarrayed fashion on the overhead.

- **What is the value of each coin?** one penny: 1 cent; one quarter: 25 cents; one nickel: 5 cents

- **If you order the coins from greatest to least, in what order should they be placed?** quarter, nickel, and then 3 pennies

- Arrange the coins by value.

- **Explain how to count the total value starting with the greatest value coin.** Start with 25 + 5 + 3 = 33 cents

GET READY to Learn

Have students open their books and read the information in **Get Ready to Learn.** Introduce **dollar** and **bill**. As a class, work through **Examples 1–3.**

Valor de monedas y billetes

PREPÁRATE para aprender

Allison usó las monedas que se muestran para comprar una ensalada. ¿Cuánto gastó?

En Estados Unidos, el dinero incluye monedas y billetes.

EJEMPLO concreto — Determina el valor de las monedas

① **DINERO** ¿Cuánto gastó Allison en su ensalada?

CONCEPTOS CLAVE		Valor de las monedas
Moneda de 1¢		1¢ ó $0.01
Moneda de 5¢		5¢ ó $0.05
Moneda de 10¢		10¢ ó $0.10
Moneda de 25¢		25¢ ó $0.25
Medio dólar		50¢ ó $0.50

Allison usó 2 monedas de 25¢, 1 moneda de 10¢, 2 monedas de 5¢ y 5 monedas de 1¢

Suma el valor de cada moneda. Comienza con el valor mayor.

$25 + 25 + 10 + 5 + 1 + 1 + 1 + 1 + 1 = 70$¢

Entonces, ella gastó 75 centavos, 75¢ ó $0.75. (¢ se lee *centavos*)

IDEA PRINCIPAL

Determinaré el valor de monedas y billetes.

TEKS 3.1
El estudiante utiliza el valor de posición para expresar en forma oral y escrita números enteros cada vez más grandes, incluyendo el dinero. **(C)** Determine el valor de un grupo de billetes y monedas.

Vocabulario nuevo

billete
dólar

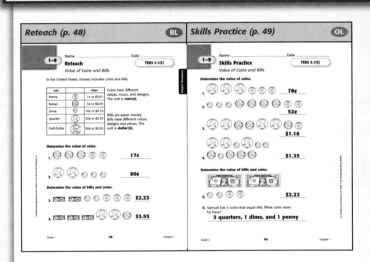

Reteach (p. 48) BL — *Skills Practice (p. 49)* OL

Reforzamiento (pág. 48) BL — *Práctica de destrezas (pág. 49)* OL

También puedes usar el signo de dólar ($) para escribir cantidades de dinero. Un **dólar** = 100¢ ó 100 centavos. También se escribe como $1.00.

 EJEMPLO Determina el valor de las monedas

2 ¿Cuál es el valor de las monedas que se muestran?

Hay 4 monedas de 5¢, 2 monedas de 25¢, 2 monedas de 1¢ y 4 monedas de 10¢.

Primero, ordena las monedas de mayor a menor en valor. Usa el conteo salteado para sumar los valores de cada moneda.

$0.25 $0.50 $0.60 $0.70 $0.80 $0.90 $0.95 $1.00 $1.05 $1.10 $1.11 $1.12

Entonces, el valor de las monedas que se muestran es $1.12.

Otro nombre para el dinero de papel es billete. La unidad es el dólar ($).

EJEMPLO Determina el valor de billetes y monedas

3 ¿Cuál es el valor del dinero que se muestra?

> El valor de cada billete se muestra en las esquinas.

$1.00 $1.25 $1.50 $1.60 $1.65 $1.70 $1.71

$1.00 + $0.25 + $0.25 + $0.10 + $0.05 + $0.05 + $0.01
= $1.71

El valor de los billetes que se muestran es 1 dólar y 71 centavos ó $1.71.

en línea Tutor personal en tx.gr3math.com

Lección 1-9 Valor de monedas y billetes **49**

Determine the Value of Bills and Coins

Example 3 Explain to students that when reading money amounts, the word *and* is used to read the decimal point. For example, $2.30 is read "two dollars and thirty cents."

ADDITIONAL EXAMPLES

1 Suzanne had these coins in her purse.

How much money did she have in her purse? 74¢

2 What is the value of the coins shown? $1.12

3 What is the value of the money shown? $1.83

Determina el valor de billetes y monedas

Ejemplo 3 Explíqueles a los alumnos que cuando lean cantidades de dinero, la palabra y se usa para leer el punto decimal. Por ejemplo, $2.30 se lee como "dos dólares y treinta centavos".

EJEMPLOS ADICIONALES

1 Suzane tenía estas monedas en su cartera. ¿Cuánto dinero tenía en su cartera? 74¢

2 ¿Cuál es el valor de las monedas que se muestran? $1.12

3 ¿Cuál es el valor del dinero que se muestra? $1.83

Enrich (p. 52) **AL**

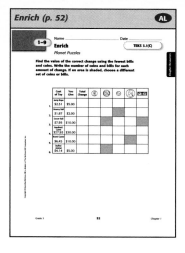

 COMMON ERROR!

Students will sometimes confuse a half-dollar with a quarter. Encourage students to use the Key Concepts chart on the first page of the lesson to compare the coins.

Lesson 1-9 Value of Coins and Bills **49**

Enriquecimiento (pág. 52) **AL**

¡ERROR COMÚN!

Los alumnos algunas veces confundirán el medio dólar con la moneda de 25¢. Anímelos a usar la tabla de conceptos claves en la primera página de la lección para comparar las monedas.

Lección 1-9 Valor de monedas y billetes **49**

En conjunto, pídales a los alumnos que completen los Ejercicios 1 al 6 en **Verifica lo que sabes** a medida que usted observa sus trabajos.

 Ejercicio 6 Evalúa la comprensión del alumno antes de asignarle los ejercicios prácticos.

BL Estrategia alternativa de enseñanza TEKS 3.1 (C)

si Los alumnos tienen problemas determinando el valor del dinero…

entonces Use una de estas opciones de reforzamiento:

1 CRM **Hoja de reforzamiento diario** (pág. 48)

2 Pídales a los alumnos que usen su lista de la actividad propuesta 1 para ordenar el dinero de mayor a menor. Pídales a los alumnos que ordenen las monedas en cantidades de dólar o de diez centavos.
- **¿Cuántas monedas de 25¢ necesitan para igualar un dólar?** 4 monedas de 25¢ son iguales a un dólar.
- Pregunte sobre otras monedas.

3 Práctica

Asigne la práctica para los Ejercicios 7 al 20 según los siguientes niveles.

Nivel	Asignación
BL Nivel bajo	7–8, 11–12, 14–15
OL A nivel	8–12, 14–16, 18
AL Nivel avanzado	7–17 odd, 18–20

Pídales a los alumnos que analicen y completen los problemas de razonamiento de alto nivel. En el Ejercicio 18, sugiérales a los alumnos que elijan primero una cantidad de dinero y luego determinen tres combinaciones diferentes de monedas y billetes.

ESCRIBE EN ►MATEMÁTICAS

Pídales a los alumnos que completen el Ejercicio 20 en sus Diarios de matemáticas. Puede elegir hacer este ejercicio como una evaluación formativa adicional.

As a class, have students complete Exercises 1–6 in **Check What You Know** as you observe their work.

Exercise 6 Assess student comprehension before assigning practice exercises.

BL Alternate Teaching Strategy TEKS 3.1(C)

If students have trouble determining the value of money . . .

Then use one of these reteach options:
1 CRM **Daily Reteach Worksheet** (p. 48)
2 Have students use their list from Activity Choice 1 to order money from greatest to least. Have students group the coins into dollar or ten-cent amounts.
- **How many quarters do you need to equal a dollar?** 4 quarters equal a dollar.
- Inquire about other coins.

3 Practice

Differentiate practice using these leveled assignments for Exercises 7–20.

Level	Assignment
BL Below Level	7–8, 11–12, 14–15
OL On Level	8–12, 14–16, 18
AL Above Level	7–17 odd, 18–20

Have students discuss and complete the Higher Order Thinking problems. For Exercise 18, suggest that students first choose a money amount and then determine their three different combinations of coins and bills

WRITING IN ►MATH Have students complete Exercise 20 in their Math Journals. You may choose to use this as an optional formative assessment.

Determina el valor de las monedas. Ver Ejemplos 1 y 2 (pág. 48-49)

1.  $0.58   2. $1.20

Determina el valor de los billetes y las monedas. Ver Ejemplo 3 (pág. 49)

3. $5.57   4.  $26.30

5. Monique tiene 95¢. ¿Qué monedas puede tener? 1 moneda de 25¢, 7 monedas de 10¢

6. **Coméntalo** ¿Existe más de una manera de formar 4¢? Explica. No, sólo 4 monedas de 1¢ formarán 4 centavos

Práctica y solución de problemas
PRÁCTICA EXTRA Ver página R4.

Determina el valor de las monedas. Ver Ejemplos 1 y 2 (pág. 48-49)

7. $0.61   8. $0.70   9. $1.10

Determina el valor de las monedas. Ver Ejemplos 1 y 2 (pág. 48-49)

10. $51.20   11. $101.27

12. $26.07   13. $161.02

14. Tara tiene 7 monedas que equivalen a $1.25. ¿Qué monedas tiene? 4 monedas de 25¢, 2 monedas de 10¢ y 1 moneda de 5¢

15. Todd tiene 3 monedas de 5¢ y 2 monedas de 10¢. ¿Tendrá suficiente dinero para comprar una golosina de $0.25? Explica. Sí; él tiene $0.35

16. ¿Qué monedas se pueden usar para formar $2.00? Ejemplo de respuesta: 20 monedas de 10¢

17. ¿Qué billetes se pueden usar para formar $74.00? Ejemplo de respuesta: 1 billete de $50, 1 billete de $20 y 4 billetes de $1.

50 Capítulo 1

Control de autoevaluación en tx.gr3math.com

Problemas H.O.T.

18. INTERPRETA Describe tres combinaciones de monedas y billetes que formen la misma cantidad de dinero. **Ejemplo de respuesta:** 30¢; 3 monedas de 10¢; 6 monedas de 5¢; 30 monedas de 1¢

19. RETO ¿Cuál es el menor número de monedas necesarias para formar $0.99? ¿Qué monedas se usan? 8 monedas; 1 medio dólar, 1 moneda de 25¢, 2 monedas de 10¢ y 4 monedas de 1¢

20. **ESCRIBE EN** **MATEMÁTICAS** Explica por qué una persona cambiaría un billete de un dólar por cuatro monedas de 25¢. **Ejemplo de respuesta:** Algunas máquinas, como los *videojuegos, sólo aceptan monedas.*

 **Práctica para la PRUEBA** TAKS 1

21. ¿Cuál es el valor de las monedas? C

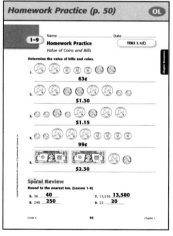

A $0.164   **C** $1.16

B $0.86   **D** $1.21

22. ¿Qué número significa lo mismo que 300,000 + 4,000 + 200 + 8? F

F 304,208

G 304,280

H 340,208

J 340,280

Repaso espiral

Redondea a la decena más cercana. (Lección 1-8)

23. 48 50   **24.** 82 80   **25.** 692 690

Ordena los números de mayor a menor. (Lección 1-7)

26. 902; 962; 692   **27.** 444; 333; 555   **28.** 1,645; 1,564; 1,465
962; 902; 692   555;444;333   1,645; 1,564; 1,465

Lee el número. Luego, para escribir el número, en palabras, en forma estándar y en forma desarrollada. (Lección 1-4) 29–31. Ver el margen.

29. 937,026   **30.** 200,000 + 80,000 + 1,000 + 600 + 50 + 4   **31.** ochocientos treinta y dos mil seiscientos uno

32. El día uno, Karly hizo una voltereta. El día dos, hizo tres volteretas. El día tres, hizo seis. El día cuatro, hizo diez. El día cinco, hizo quince. Si continúa el patrón, ¿cuántas volteretas hará Karly el día ocho? (Lección 1-1) 36

Homework Practice (p. 50) OL

---

④ Assess

Formative Assessment   TEKS 3.1(C)

Place a $1 bill, 3 quarters, 2 dimes, 1 nickel, and 1 penny on the overhead in an unordered fashion.

- **Explain how to determine the value of the money and count the money.** First, put the money in order from greatest to least: $1, 3 quarters, 2 dimes, 1 nickel, and 1 penny. Count the bills, and then count the coins: $1.00, $1.25, $1.50, $1.75, $1.85, $1.95, $2.00, $2.01.

Quick Check Are students continuing to struggle with determining the value of money?

If Yes → Strategic Intervention Guide (p. 6)

If No → Independent Work Options (p. 48B)
    [CRM] Skills Practice Worksheet (p. 49)
    [CRM] Enrich Worksheet (p. 52)

Ticket Out the Door Have students list at least 6 coins that could be used to make $1.25.

TEST Practice

Reviews Lesson 1-4 and 1-9
Assign the Texas Test Practice problems to provide daily reinforcement of test-taking skills.

Spiral Review

Reviews Chapters 1-1, 1-4, 1-7, and 1-8
Review and assess mastery of skills and concepts from previous chapters.

Additional Answers

29. nine hundred thirty seven thousand twenty six; 937,026; 900,000 + 30,000 + 7,000 + 20 + 6

30. two thousand eighty one thousand six hundred fifty four; 281,654; 200,000 + 80,000 1,000 + 600 + 50 + 4

31. eight hundred thirty two thousand six hundred one; 832,601; 800,000 + 30,000 +

---

④ Evaluación

Evaluación formativa

TEKS 3.1 (C)

Coloque desordenadamente en el retroproyector un billete de $1, 3 monedas de 25¢, 2 monedas de 10¢, 1 moneda de 5¢ y 1 moneda de 1¢.

- **Expliquen cómo determinar el valor del dinero y cuenten el dinero.** Primero, ordenar el dinero de mayor a menor: $1, 3 monedas de 25¢, 2 monedas de 10¢, 1 moneda de 5¢ y 1 moneda de 1¢. Contar los billetes y luego contar las monedas:

Control rápido ¿Les sigue costando a los alumnos determinar el valor del dinero?

Si la **respuesta** es:

Sí → Guía de intervención estratégica (p. 6)

No → Opciones de trabajo independiente (p. 48B)
    [CRM] Hoja de ejercicios para la práctica de destrezas (p. 49)
    [CRM] Hoja de trabajo de enriquecimiento (p. 52)

Boleto de salida Pídales a los alumnos que enumeren por lo menos 6 monedas que puedan usar para formar $1.25.

Práctica para la PRUEBA

Repasa las Lecciones 1-4 y 1-9
Asigne los problemas de Práctica para la Prueba para reforzar diariamente las destrezas de resolución de pruebas.

Repaso espiral
Repasa las Lecciones 1-1, 1-4, 1-7 y 1-8

Repasar y evaluar el dominio de las destrezas y conceptos de capítulos anteriores.

Práctica de tarea (pág. 50) OL

Guía de estudio y repaso

 PLEGADOS™ **Plegados de Dinah Zike**

Use estas sugerencias para la lección a fin de incorporar los Plegados durante el capítulo. Los alumnos pueden usar sus Plegados para repasar para el examen.

Lección 1-5 Usar el plan de cuatro pasos para resolver problemas planteados en palabras escritos por los alumnos usando los números que han recopilado en sus fichas de estudio.

Lección 1-6 Los alumnos pueden comparar los números que han recopilado en cuartos de hoja, colocándolos en una recta numérica.

Lección 1-8 Pídales a los alumnos que escriban al final de cada ficha de estudio, el numero redondeado al 10, 100 y 1,000 más cercano.

Vocabulario clave

Las referencias de las páginas después de cada palabra denotan dónde se presenta por primera ese término. Si los alumnos tienen dificultades con los Ejercicios 1 al 6, recuérdeles que pueden usar las referencias de las páginas para repasar los términos del vocabulario.

Repaso de vocabulario

Repase el vocabulario del capítulo usando una de las siguientes opciones:
- **Tarjetas visuales de vocabulario** (13, 20 y 48)
- **Glosario electrónico** en tx.gr3math.com

Los proyectos del capítulo aplican los conceptos y las destrezas del capítulo mediante actividades de ampliación y brindan más oportunidades de evaluación.

Study Guide and Review

FOLDABLES™ **Dinah Zike's Foldables**

Use these lesson suggestions to incorporate the Foldables during the chapter. Students can then use their Foldables to review for the test.

Lesson 1-5 Use the four-step plan to solve word problems students have written using the numerals they collected on their study cards.

Lesson 1-6 Students might compare the numbers they have collected on quarter sheets by placing them along a number line.

Lesson 1-7 Use study cards to order numbers to 10,000.

Lesson 1-8 On the bottom of each study card, have students round the number featured to the nearest 10, 100, or 1,000.

Key Vocabulary

The page references after each word denote where that term was first introduced. If students have difficulty answer Exercises 1–6, remind them they can use the page references to review the vocabulary terms.

Vocabulary Review

Review chapter vocabulary using one of the following options.
- **Visual Vocabulary Cards** (13, 20, and 48)
- **eGlossary** at tx.gr3math.com

Guía de estudio y repaso

PLEGADOS™ Organiza el estudio **PREPÁRATE para estudiar**

Asegúrate de escribir en tu Plegado las siguientes palabras clave del vocabulario y conceptos clave.

Las GRANDES Ideas

- Un **patrón** es una serie de números o figuras que siguen una regla. (pág. 17)

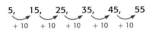
$$5, \quad 15, \quad 25, \quad 35, \quad 45, \quad 55$$
$$+10 \quad +10 \quad +10 \quad +10 \quad +10$$

- El **valor de posición** es el valor dado a un dígito por su lugar en un número. (pág. 24)

Centenas	Decenas	Unidades
9	8	3

- Para comparar números, usa **es menor que** <, **es mayor que** > o **es igual a** =. (pág. 34)

$$46 < 50 \qquad 46 \text{ es menor que } 50.$$
$$125 > 89 \qquad 125 \text{ es mayor que } 89.$$
$$60 = 60 \qquad 60 \text{ es igual a } 60.$$

52 Capítulo 1

Matemáticas en línea **Repaso de vocabulario en** tx.gr3math.com

Vocabulario clave

igual a (pág. 34)
patrón (pág. 17)
valor de posición (pág. 24)
redondear (pág. 44)

Verifica el vocabulario

Elige una palabra del vocabulario que complete cada oración.

1. En el número 12,354 el dígito 5 está en el lugar de las decenas. Esto muestra su ___?___
   valor de posición

2. Una serie de números o figuras que siguen una regla se llama un ___?___ . *patrón*

3. El número 887 es ___?___ *igual a* a ochocientos ochenta y siete.

4. Cuando ___?___ *redondeas* 87 al 10 más cercano, obtienes 90.

5. El orden de los números 50, 60, 70 y 80 es un ejemplo de un ___?___ . *patrón*

6. El valor de un dígito en un número es su ___?___ . *valor de posición*

 ## Chapter 1 Project
TEKS 3.1(A)(B)

Book Count

Alone, in pairs, or in small groups, have students discuss the results of their completed chapter project with the class. Assess their work using the Chapter Project rubric found in Chapter 1 Resource Masters, p. 65.

Chapter Projects apply chapter concepts and skills through extended activities and provide additional assessment opportunities.

 ## Proyecto del Capítulo 1

Conteo de libros

Solos, en parejas o en grupos pequeños, pídales a los alumnos que comenten con la clase los resultados de sus proyectos del capítulo. Evalúe tu trabajo usando la pauta de evaluación del proyecto encontrada en los recursos principales del Capítulo 1, pág. 65.

Repaso de lección por lección

1-1 Patrones numéricos (págs. 17–19)

Ejemplo 1
Identifica el patrón en 140, 135, 130, ■, 120, ■. Luego, calcula los números que faltan.

El patrón muestra que se resta 5 de cada número.

$$140, \; 135, \; 130, \; \blacksquare, \; 120, \; \blacksquare$$
$$-5 \quad -5 \quad -5 \quad -5 \quad -5$$

Los números que faltan son 125 y 115.

Identifica el patrón. Luego, calcula los números que faltan.

7. 85, ■, 105, 115, ■, 135 95; 125

8. 200, 400, ■, ■, 1,000, 1,200 600; 800

9. 120, 110, ■, 90, 80, ■ 100; 70

10. Los primeros cuatro números en un patrón eran 27, 30, 33 y 36. Si el patrón continúa, ¿cuáles son los siguientes cuatro números? 39, 42, 45, 48

1-2 Estrategia para resolver problemas: Usa el plan de cuatro pasos (págs. 20–21)

Ejemplo 2

Estella corre 1 milla la primera semana, luego duplica sus millas cada semana después de ésa. ¿Cuántas semanas le tomará para correr 8 millas?

La primera semana Estella corrió 1 milla. Ella duplica esa cantidad cada semana. Calcula cuántas semanas le tomará correr 8 millas.

Puedes comenzar con 1 y seguir duplicando hasta llegar a 8.

1 milla	Semana 1
1 + 1 = 2 millas	Semana 2
2 + 2 = 4 millas	Semana 3
4 + 4 = 8 millas	Semana 4

Llegó a 8 millas en la semana 4.

11–12. Ver el margen.
Resuelve cada problema.

11. Raini quiere una bicicleta que cuesta $65. El padre de Raini igualará cualquier cantidad de dinero que él ahorre. Si Raini tiene $30, ¿podrá comprar la bicicleta con la ayuda de su padre? Explica.

12. Vincent jugó fútbol por 3 temporadas. Mitchell jugó por 3 años. Si hay 2 temporadas en cada año, ¿quién jugó más temporadas? Explica.

13. Bo llevó 25 lápices para la escuela la primera semana. Usó 5 la primera semana y 7 la segunda semana. ¿Cuántos lápices quedan sin usar? 13

Capítulo 1 Guía de estudio y repaso **53**

Lesson-by-Lesson Review

Have students complete the Lesson-by-Lesson Review on pp. 53–58. Then you can use ExamView® Assessment Suite to customize another review worksheet that practices all the objectives of this chapter or only the objectives on which your students need more help.

Intervention If the given examples are not sufficient to review the topics covered by the questions, use the page references next to the exercises to review that topic in the Student Edition.

Additional Answers

11. No; his father will match his $30, which make $60, not enough

12. Mitchell; 3 years with 2 seasons each year = 6 seasons

Students can complete the exercises in the Lesson-by-Lesson Review as they prepare for the chapter test. If they need extra help, examples are provided.

Repaso de lección por lección

Pídales a los alumnos que completen el Repaso de Lección por Lección en las págs. 53-58. Luego, puede usar el paquete de evaluación de ExamView® para adaptar otra hoja de trabajo de repaso que practique todos los objetivos de este capítulo o sólo los objetivos en los cuales sus alumnos necesitan más ayuda.

Intervención Si los ejemplos dados no son suficientes para repasar los temas cubiertos por las preguntas, recuérdeles a los alumnos que las referencias de las páginas les indican en qué parte del libro repasar el tema.

Respuesta adicional

11. No; su padre igualará sus $30, lo cual hace $60, no es suficiente

12. Mitchell; 3 años con 2 temporadas cada año = 6 temporadas

---

A medida que se preparan para la prueba del capítulo, los alumnos pueden completar los ejercicios del Repaso de lección por lección. Si necesitan ayuda adicional, pueden recurrir a los ejemplos.

CAPÍTULO 1 — Guía de estudio y repaso

Respuesta adicional

22. Trecientos dieciséis mil setecientos dos

24. Siete mil seicientos veintidos

CHAPTER 1 — Study Guide and Review

Additional Answers

22. three hundred sixteen thousand seven hundred two

24. seven thousand six hundred twenty-two

CAPÍTULO 1 — Guía de estudio y repaso

1-3 Valor de posición hasta 10,000 (págs. 24–26)

Ejemplo 3
Escribe la posición del dígito subrayado en 23,456. Luego, escribe su valor.

Período de los millares			Período de las unidades		
centenas	decenas	unidades	centenas	decenas	unidades
	2	3	4	5	6

El dígito subrayado, 2, está en el lugar de las decenas de millar. Por lo tanto, su valor es 20,000.

Identifica el valor de posición de cada dígito subrayado. Luego, escribe su valor.
millares; 6,000
14. 46,887   **15.** 63,004
decenas de millar; 60,000
16. 7,692   **17.** 51,622
millares; 7,000   centenas; 600
18. 10,496   **19.** 4,692
unidades; 6   decenas; 90
20. Katy lleva la cuenta de cuántos pasos camina cada día. La semana pasada, caminó un total de 4,726 pasos. Escribe el valor del 2 en este número. 20

1-4 Valor de posición hasta 999,999 (págs. 28–30)

Ejemplo 4
Escribe 3,456 en forma desarrollada y en palabras.

El número 293,456 se escribe en forma estándar.

Forma estándar   293,456

Forma desarrollada   200,000 + 90,000 + 3,000 + 400 + 50 + 6

En palabras   doscientos noventa y tres mil, cuatrocientos cincuenta y seis

Lee el número. Escribe el número en palabras.
22, 24. Ver el margen.
21. 4,013   **22.** 316,702
desarrollada   en palabra
4,000 + 10 + 3
23. 80,000 + 7,000 + 400 + 3
forma estándar 87,403
24. 7,000 + 600 + 20 + 2 forma de palabra
25. cuarenta y siete mil, novecientos setenta y uno
forma estándar 47,971
26. mil doscientos tres
forma desarrollada
1,000 + 200 + 3

1-5 **Investigación para resolver problemas:** Usa el plan de cuatro pasos
(págs. 32–33)

Ejemplo 5

Bart vive a 30 millas del parque acuático. Clancy vive a 25 millas más que Bart del mismo parque acuático. ¿A cuántas millas del parque acuático vive Clancy.

Entiende Sabes que Bart vive a 30 millas del parque. Clancy vive 25 millas más lejos que Bart. Necesitas calcular a cuántas millas del parque vive Clancy.

Planifica Puedes usar la suma para calcular el total.

Resuelve Suma la distancia a la cual vive Bart del parque y cuánto más lejos vive Clancy del parque.

$$\begin{array}{r} 30 \\ + \ 25 \\ \hline 55 \end{array}$$
distancia que vive Bart
distancia más lejos que vive Clancy
distancia total a la que vive Clancy

Por lo tanto, Clancy vive a 55 millas del parque acuático.

Verifica Revisa el problema. Resta para verificar.

$$\begin{array}{r} 55 \\ - \ 25 \\ \hline 30 \end{array}$$

La respuesta es correcta.

Usa el plan de cuatro pasos para resolver cada problema.

27. **Álgebra** Álgebra Gart tiene el doble de los modelos de carros que tiene Luke. Si Luke tiene 12, ¿cuántos carros poseen? 36 carros

28. Por cada cupón de libros que vende Julie, ella se gana 100 puntos. Si vendió 4 libros la semana pasada y 5 esta semana, ¿tendrá suficientes puntos para un premio de 800 puntos? Explica. Sí; se ganó 900 puntos

29. **Medidas** El Sr. Jonas necesita colocar una cerca alrededor de una parte de su patio para su perro. ¿Cuántos pies de cercado necesitará? 32 pies

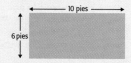
10 pies
6 pies

30. La Sra. Cassady preparó té helado para sus nietos. Ella usó 3 bolsas de té para una jarra. Si hace 4 jarras, ¿cuántas bolsas de té usó? 12 bolsas de té

31. Star le dio 6 trozos de papel a cada uno de sus 5 amigos y se quedó con el resto del papel. Si la pila ahora tiene 7 trozos de papel sobrante, ¿con cuántos trozos de papel comenzó? 100 trozos de papel

Capítulo 1 Guía de estudio y repaso **55**

Respuesta adicional

41. Un número tiene un lugar de millares y el otro no.

CHAPTER
1
Study Guide and Review

Additional Answer

41. One number has a thousands place and the others do not.

1-6   Compara números (págs. 34–37)

Ejemplo 6
Usa el valor de posición para comparar 679 ● 686.
Alinea los números por su valor de posición.

Centenas	Decenas	Unidades
6	7	9
6	8	6

Compara. Comienza con el valor de posición más grande.
6 centenas = 6 centenas
7 decenas < 8 decenas
Como 7 es menor que 8, el número
679 < 686.

Usa el valor de posición para comparar. Escribe >, <, o =.

32. 2,045 ● 2,405 <

33. 201 ● 1,020 <

34. 567 ● 657 <

35. 5,801 ● 8,051 <

36. Una escuela vendió 235 boletos para la obra de 3er grado. Para la obra de 4to grado habían 253 boletos vendidos. ¿Qué obra tuvo la mayor cantidad de personas?
4to grado; 253 > 235

1-7   Ordena números (págs. 38–41)

Ejemplo 7
Usa el valor de posición para ordenar los números de menor a mayor.

7,541; 5,300; 6,108
Usa una tabla de valor de posición para comparar.

Millares	Centenas	Decenas	Unidades
7	5	4	1
5	3	0	0
6	1	0	8

5,300 < 6,108 < 7,541

Usa el valor de posición para ordenar los números de mayor a menor.

37. 6,201; 5,201; 6,102
5,201; 6,102; 6,201

38. 450; 540; 405
405; 450; 540

Usa el valor de posición para ordenar los números de mayor a menor.

39. 7,554; 8,554; 9,554
9,554; 8,554; 7,554

40. 603; 630; 306
630; 603; 306

41. Explica cómo sabes qué número es mayor sin comparar el valor de los dígitos.

535; 354; 4,435 Ver el margen.

Ejemplo 8

MEDIDAS Los alumnos jugaron en el parque por 78 minutos. A la decena más cercana, ¿alrededor de cuántos minutos es esto?

La decena más cercana *menor que* 78 es 70. La decena más cercana *mayor que* 78 es 80.

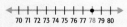

78 está más cerca de 80, por lo tanto, redondea 78 a 80.

Ejemplo 9

Jordan tiene 236 carros de juguete. A la centena más cercana, ¿alrededor de cuántos carros tiene?

La centena más cercana menor que 236 es 200. La centena más cercana mayor que 236 es 300.

236 está más cerca de 200, por lo tanto, redondea 236 a 200.

Redondea a la decena más cercana.

42. 56 60   **43.** 32 30

44. 801 800   **45.** 652 650

Redondea a la centena más cercana.

46. 569 600   **47.** 868 900

48. 1,593 1,600   **49.** 1,263 1,300

50. Coty tiene 465 canicas. Redondeado a la centena más cercana, ¿cuántas canicas tiene? 500 canicas

51. Anita lee 39 páginas. Lisa leyó 33 páginas. Redondeado a la decena más cercana, ¿cuánto leyó cada una? Anita 40 páginas; Lisa 30 páginas

52. Raúl dice que tiene 200 soldaditos de juguete cuando redondea su total a la centena más cercana. ¿Cuántos soldaditos puede tener Raúl? Explica cómo lo sabes.
Ver el margen.

53. Esta es la colección de rocas de May. ¿Cuál es el número total de rocas en su colección a la decena más cercana? 50 rocas

Additional Answer

52. 199 to 150; any number between 199 and 150 is rounded to 200

1-9 Valor de monedas y billetes (págs. 48–51)

Ejemplo 10
¿Cuál es el valor de las monedas que se muestran?

Entonces, el valor de las monedas que se muestran es $0.90.

Ejemplo 11
Catherine usó el dinero que se muestra para comprar un diario. ¿Cuánto gastó?

Catherine usó 1 dólar, 4 monedas de 25¢, 2 monedas de 10¢ y 1 moneda de 5¢. Suma el valor de cada moneda. Comienza con el valor más grande.

$1 + $0.25 + $0.25 + $0.25 + $0.25 + $0.10 + $0.10 + $0.05 = $2.25

Entonces, Catherine gastó $2.25 ó 2 dólares y 25 centavos.

Determina el valor de los billetes y monedas.

54. $1.17

55.  $11.15

56.  $5.54

57.  $20.26

58. Kathy tiene 8 monedas que equivalen a $2.00. ¿Qué monedas tiene?
8 monedas de 25¢
59. Hin tiene 10 monedas de 25¢, 4 monedas de 10¢, 6 monedas de 5¢ y 3 monedas de 1¢. ¿Cuánto dinero tiene? $3.23

Prueba del Capítulo

En los Ejercicios 1 y 2, indica si cada expresión es *verdadera* o *falsa*.

1. El número 3,578 está escrito en forma estándar. verdadero

2. La forma desarrollada es la manera de escribir un número en palabras. falso

Identifica el patrón. Luego, calcula los números que faltan.

3. 30, ■, 50, 60, ■ Suma 10; 40; 70

4. 5, 10, ■, 20, ■ Suma 5; 15; 25

Identifica la posición del dígito subrayado. Luego, escribe el valor del dígito.

5. 3,720 **6.** 529
millares; 3,000 decenas; 20

7. Darlene notó que el medidor en el carro nuevo de su familia mostraba que habían recorrido dos mil ochocientas dieciocho millas hasta ahora. ¿Cómo se escribe ese número en forma estándar? 2,818

Escribe cada número en forma desarrollada y en palabras.
8-9 Ver Apéndice de respuestas del Cap. 1.
8. 6,191 **9.** 19,804

10. ⚡PRÁCTICA PARA LA PRUEBA
¿Cómo se escribe cuatro mil trescientos veintiuno en forma estándar? D TAKS 1

A 3,421 C 4,231
B 4,021 D 4,321

Matemáticas en línea Prueba del capítulo en tx.gr3math.com

11. Hay 62 alumnos en fila para comprar el almuerzo. Si 14 alumnos más están en fila para comprar leche, ¿cuántos alumnos hay en total? 76 alumnos

Compara. Escribe >, <, ó =.

12. 8,415 ● 8,541 <

13. 500 + 80 + 9 ● 589 =

14. Usa el valor de posición para ordenar de menor a mayor.

4,804; 4,408; 8,440

15. Usa el valor de posición para ordenar los números de cestas de menor a mayor.
4,408; 4,804; 8,440

Cestas de carreras	
Jugador	**Cestas**
Roz	2,308
Marquez	2,803
Amada	2,083

2,083; 2,308; 2,803

Redondea cada número a la decena y a la centena más cercanas.

16. 2,942 **17.** 9,267
2,940; 2,900 9,270; 9,300

18. ⚡PRÁCTICA PARA LA PRUEBA
¿Qué dígito está en el lugar de los millares en el número 92,108? G TAKS 1

F 1 H 8
G 2 J 9

19. Ver Apéndice de respuestas del Cap. 1

19. ESCRIBIR EN ►MATEMÁTICAS Indica un ejemplo de cuándo es apropiado redondear números en lugar de ser exacto. Explica.

Evaluación sumativa **59**

Chapter Test

Summative Assessment

Use these alternate leveled chapter tests to differentiate assessment for the specific needs of your students.

Leveled Chapter 1 Tests			
Form	**Type**	**Level**	**CRM Pages**
1	Multiple Choice	BL	67–68
2A	Multiple Choice	OL	69–70
2B	Multiple Choice	OL	71–72
2C	Free Response	OL	73–74
2D	Free Response	OL	75–76
3	Free Response	AL	77–78

BL = below grade level
OL = on grade level
AL = above grade level

Vocabulary Test

CRM **Chapter 1 Resource Masters** (p. 62)

 Customize and create multiple versions of your Chapter Test and the test answer keys.

Prueba del capítulo

Evaluación sumativa

Use estas pruebas de distintos niveles para realizar una evaluación diferenciada de las necesidades específicas de sus alumnos.

Pruebas niveladas del Capítulo 1			
Forma	**Tipo**	**Nivel**	**Páginas**
1	Selección múltiple	BL	67-68
2A	Selección múltiple	OL	69-70
2B	Selección múltiple	OL	71-72
2C	Respuestas tipo ensayo	OL	73-74
2D	Respuestas tipo ensayo	OL	75-76
3	Respuestas tipo ensayo	AL	77-78

BL = por debajo del nivel de grado
OL = al nivel del grado
AL = sobre el nivel del grado

Prueba del vocabulario

CRM **Hojas maestras de recursos del Capítulo 1**
(pág. 62)

ExamView Assessment Suite Elabore múltiples versiones, con las características que desee, de la prueba del Capítulo y de las claves de respuesta de la prueba.

Data-Driven Decision Making

Based on the results of the Chapter Test, use the following to review concepts that continue to present students with problems.

Exercises	TEKS	What's the Math?	Error Analysis	Resources for Review
4–5	3.6(A)	Identify simple patterns.	Does not understand "identify." Does not understand pattern.	Strategic Intervention Guide (pp. 4, 22, 30)
6–7, 10–11, 20	3.1(A)	Identify place value for digits in numbers to 10,000.	Does not understand "value." Does not understand "expanded form," "word form." Does not know place value.	CRM Chapter 1 Resource Masters (Reteach Worksheets)
14–15, 16–17	3.1(B)	Use appropriate symbols to represent simple number relationships. Compare and order numbers.	Reverses "greater than," and "less than." Puts in reverse order. Misreads directions. Does not understand "order."	Math Online Extra Examples • Personal Tutor • Concepts in Motion • Math Adventures

Chapter 1 Summative Assessment **59**

Capítulo 1 Evaluación sumativa **59**

Práctica para el examen de Texas

Evaluación formativa

- Use las páginas del alumno 60-61 como práctica y repaso de los TEKS de Texas. Las preguntas están escritas en el mismo estilo de las que se encuentran en el examen de Texas.

- También puede usar estas dos páginas para medir el progreso del alumno o usarlas como una alternativa de tarea para la casa.

En los Hojas maestras de recursos del Capítulo 1 se pueden hallar páginas adicionales de práctica.

CRM Hojas maestras de recursos del Capítulo 1
Práctica para la prueba estandarizada acumulativa
- Formato de Selección Múltiple (págs. 67-72)
- Formato de Respuestas tipo Ensayo (págs. 73-78)

Elabore hojas de ejercicios o pruebas que cumplan con los TEKS de Texas.

Matemáticas en línea
Para prácticas adicionales con el TEKS de Texas, visite tx.gr3math.com

Ayuda para la prueba
Dígales a los alumnos que es mejor examinar todas las opciones de respuesta para determinar cuál es la correcta.

The items in the Texas Test Practice gives students an opportunity to practice the kinds of questions found on state assessments.

Formative Assessment

- Use Student Edition pp. 60–61 as practice and review of the Texas TEKS. The questions are written in the same style as found on the Texas test.
- You can also use these two pages to benchmark student progress, or as an alternate homework assignment.

Additional practice pages can be found in the Chapter 1 Resource Masters.

CRM Chapter 1 Resource Masters
Cumulative Standardized Test Practice
- Multiple Choice format (pp. 67–72)
- Free Response format (pp. 73–78)

ExamView Assessment Suite — Create your own practice worksheets or tests that align to the Texas TEKS.

Math Online
For additional practice with the Texas TEKS, visit tx.gr3math.com.

The items in the Texas Test Practice give students an opportunity to practice the kinds of questions found on state assessments.

 Ejemplo de PRUEBA

¿Qué número representa mejor el punto F en la recta numérica?

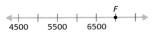

| A | 6000 | C | 6750 |
| B | 6500 | D | 7000 |

AYUDA PARA LA PRUEBA
Puedes usar una recta numérica como ayuda para hallar y comparar números.

Lee la pregunta de la prueba.
Necesitas calcular el número que muestra el punto F en la recta numérica.

Contesta la pregunta de la prueba.
Halla el punto F en la recta numérica. El punto F está entre 6,500 y 7,500. Calcula la diferencia entre 6,500 y 7,500. La diferencia es 1,000. La mitad de 1,000 es 500.
Suma 500 a 6,500 para hallar el punto F. 500 + 6500 = 7000

Entonces, el punto F es 7000.
La respuesta es D.

en línea Tutor personal en tx.gr3math.com

Elige la mejor respuesta.

1. **¿Qué número representa mejor el punto X en la siguiente recta numérica?** C

| A | 2000 | C | 3000 |
| B | 2500 | D | 3500 |

2. **¿Qué número representa mejor el punto M en la siguiente recta numérica?** F

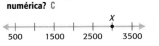

| F | 5000 | H | 4000 |
| G | 4500 | J | 3500 |

Test-Taking Tip

Share with students that it is best to examine all the answer choices to determine which one is correct.

Prepárate para
el examen de Texas
Para estrategias para el examen y más práctica,
Ver páginas TX1–TX21.

3. **RELLENA EL CÍRCULO** ¿Qué dígito está en el lugar de las centenas en el número 4,592? 5

millares	centenas	decenas	unidades
4	5	9	2

4. Harold escribió los siguientes números en el pizarrón. A

   ¿Cuál de los siguientes puede estar en el conjunto de números de Harold?

   A 10   **C** 23
   B 15   **D** 39

5. ¿Cómo se escribe en forma estándar dos mil cuarenta y cinco? F

   F 2045   **H** 2504
   G 2054   **J** 2540

6. ¿Cuál es el próximo número en el siguiente patrón? B

   4, 10, 16, 22, 28, 34, …

   A 38   **C** 42
   B 40   **D** 44

7. Fran tiene 519 calcomanías y Emily tiene 384. ¿Cuál de los siguientes muestra la mejor manera de estimar el número de calcomanías que tienen? H

   F 500 + 300   **H** 500 + 400
   G 520 + 320   **J** 520 + 400

8. ¿Cuál de los siguientes muestra los números ordenados de menor a mayor? C

   A 326, 322, 319, 315
   B 315, 322, 326, 319
   C 315, 319, 322, 326
   D 319, 315, 322, 326

9. Hay 416,289 personas que viven en una ciudad. ¿Cuál es el valor del dígito 2 en este número? H

   F 2   **H** 200
   G 20   **J** 2000

10. ¿Cuál es el valor del siguiente dinero? B

   A $1.60   **C** $1.70
   B $1.65   **D** $1.75

Answer Sheet Practice

Have students simulate taking a standardized test by recording their answers on a practice recording sheet.

CRM **Chapter 1 Resource Masters**
Student Recording Sheet (p. 80)

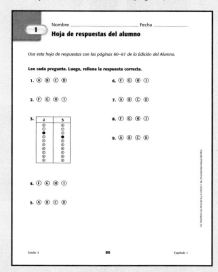

A Student Recording Sheet for the Texas Test Practice is provided for each chapter in the Chapter Resource Masters.

Práctica con la hoja de respuestas

Pida a los alumnos que practiquen una prueba estandarizada, anotando sus respuestas en una hoja de respuestas de práctica.

CRM **Hojas maestras de recursos del Capítulo 1**

Hoja de respuestas del alumno (pág. 80)

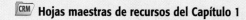

En las Hojas maestras de recursos del capítulo se puede encontrar una hoja de respuestas del alumno para la práctica del Examen de Texas de cada capítulo.

1. Ejemplo de respuesta: Para calcular la diferencia entre sus alturas, se debe restar la menor altura de la mayor.

12. Ayuda a identificar lo que se necesita calcular. También se necesita hacer un plan para resolver y verificar la solución correcta.

1.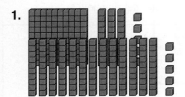

2.

3.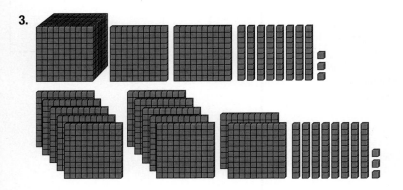

5.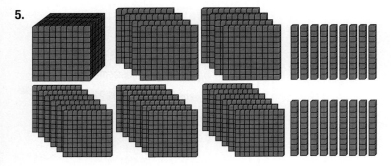

8. si; El cero en el lugar de las decenas es un marcador de posición.

30. Ejemplo de respuesta: Un avión voló 15,048 millas. Otro avión voló 1,000 millas más. ¿Cuánto voló el otro avión?

1. cuatrocientos veintiún mil, ochocientos cuarenta y seis; 421,846; 400,000 + 20,000 + 1,000 + 800 + 40 + 6

2. trescientos cuarenta y nueve mil, ochocientos cuarenta y cinco; 349,845; 300,000 + 40,000 + 9,000 + 800 + 40 + 5

3. doscientos mil, setecientos veintiuno; 200,721; 200,000 + 700 + 20 + 1

8. Un dígito es un solo número. Su valor depende de su ubicación en el número como tal.

9. ochocientos cuarenta y nueve mil, trescientos cincuenta y dos; 849,352; 800,000 + 40,000 + 9,000 + 300 + 50 + 2

10. trescientos noventa y dos mil, seiscientos cuatro; 392,604; 300,000 + 90,000 + 2,000 + 600 + 4

11. setecientos mil, diez; 700,010; 700,000 + 10

12. trescientos cincuenta mil, doscientos cuarenta y ocho; 350,248; 300,000 + 50,000 + 200 + 40 + 8

13. cuatrocientos treinta y siete mil, noventa y cuatro; 437,094; 400,000 + 30,000 + 70,000 + 90 + 4

14. setecientos sesenta y cuatro mil, ciento ochenta y nueve; 764,189; 700,000 + 60,000 + 4,000 + 100 + 80 + 9

24. veintinueve mil, treinta y cinco

11. En el paso de planificar, se planifica cómo se resolverá el problema. En el paso de resolver, se resuelve le problema.

34. 70,000 + 6,000 + 900 + 80 + 2 ; setenta y seis mil, novecientos ochenta y dos

35. 2,000 + 40 + 5; dos mil cuarenta y cinco

36. 1,000 + 900; mil, novecientos

34. Ejemplo de respuesta: 360

35. 238 redondeado a la decena más cercana es 240.

238 redondeado a la centena más cercana es 300.

8. 6,000 + 100 + 90 + 1; seis mil, ciento noventa y uno.

9. 10,000 + 9,000 + 800 + 4; diecinueve mil, ochocientos cuatro.

19. Ejemplo de respuesta: Cuando se hacen varias compras, es mejor redondear para estar seguro que se tiene suficiente dinero.

Sinópsis del capítulo

Chapter Overview

Vistazo del capítulo

En el Capítulo 2, los alumnos aprenden a sumar y a estimar sumas con y sin reagrupación.

Leccíon	Objetivo matemático	TEKS
2-1 **Propiedades de la suma** (págs. 65–67)	Model addition.	3.3(A) 3.15(A)(B)
2-2 **Destrezas para resolver problemas: Suma para resolver problemas** (págs. 68–69)	Decide whether an estimate or an exact answer is needed.	3.14(C)(B)
2-3 **Estima suma** (págs. 70–73)	Estimate sums.	3.5(B) 3.3(A) 3.14(A) 3.15(B) 3.16(B)
2-4 **Suma de dos dígitos** (págs. 74–76)	Model addition.	3.3(A) 3.5(B) 3.15(B) 3.16(B)
2-5 **Suma dinero** (págs. 78–81)	Add money.	3.3(A) 3.6(A) 3.14(A) 3.15(B) 3.16(B)
2-6 **Investigación para resolver problemas: Elige una estrategia** (págs. 84–85)	Choose the best strategy to solve a problem.	3.14(B)(C)
EXPLORA 2-7 **Suma números de tres dígitos** (págs. 86–87)	Model addition.	3.3(A)(B)
2-7 **Suma de tres dígitos** (págs. 88–90)	Model three-digit addition.	3.3(A) 3.15(B)

TEKS Objetivo en el Capítulo 2

3.3 Números, operaciones y razonamiento cuantitativo. El estudiante suma y resta para resolver problemas relevantes en los que se usan números enteros. Se espera que el estudiante:

(A) dé ejemplos de la suma y la resta utilizando dibujos, palabras y números. (Lecciones 2-1, 2-4, 2-5, 2-7)

3.5 Números, operaciones y razonamiento cuantitativo. El estudiante estima para determinar resultados razonables. Se espera que el estudiante:

(B) utilice estrategias que incluyen el redondeo y los números compatibles para estimar soluciones a problemas de suma y resta. (Lección 2-3)

Chapter-at-a-Glance

In Chapter 2, students learn how to add and estimate sums with and without regrouping.

Lesson	Math Objective	TEKS
2-1 **Addition Properties** (pp. 65–67)	Model addition.	3.3(A) 3.15(A)(B)
2-2 **Problem-Solving Skill: Estimate or Exact Answer** (pp. 68–69)	Decide whether an estimate or an exact answer is needed.	3.14(C)(B)
2-3 **Estimate Sums** (pp. 70–73)	Estimate sums.	3.5(B) 3.3(A) 3.14(A) 3.15(B) 3.16(B)
2-4 **Two-Digit Addition** (pp. 74–76)	Model addition.	3.3(A) 3.5(B) 3.15(B) 3.16(B)
2-5 **Add Money** (pp. 78–81)	Add money.	3.3(A) 3.6(A) 3.14(A) 3.15(B) 3.16(B)
2-6 **Problem-Solving Investigation: Choose a Strategy** (pp. 84–85)	Choose the best strategy to solve a problem.	3.14(B)(C)
EXPLORE 2-7 **Add Three-Digit Numbers** (pp. 86–87)	Model addition.	3.3(A)(B)
2-7 **Three-Digit Addition** (pp. 88–90)	Model three-digit addition.	3.3(A) 3.15(B)

Add to Solve Problems

BIG Idea Developing computational fluency means being able to understand and use efficient, flexible, and accurate calculation methods. Students begin the process by working with physical and visual models to explain the concept of addition, and then move to using numerical strategies.

Students should realize the usefulness of decomposing numbers, and manipulating the parts, and then putting them back together. A variety of addition strategies can be presented, but students must learn to use traditional algorithms. Teachers need to provide opportunities for students to discuss and explain the addition strategies with ample practice time to develop speed, efficiency, and accuracy with computation.

Algebra Students learn to use addition properties with whole numbers. This concept will help prepare them for algebra concepts, such as solving equations. (Lesson 2-1)

Targeted TEKS in Chapter 2

3.3 Number, operation, and quantitative reasoning. The student adds and subtracts to solve meaningful problems involving whole numbers. The student is expected to:
(A) model addition and subtraction using pictures, words, and numbers. (Lessons 2-1, 2-4, 2-5, 2-7)

3.5 Number, operation, and quantitative reasoning. The student estimates to determine reasonable results. The student is expected to:
(B) use strategies including rounding and compatible numbers to estimate solutions to addition and subtraction problems. (Lesson 2-3)

3.14 Underlying processes and mathematical tools. The student applies Grade 3 mathematics to solve problems connected to everyday experiences and activities in and outside of school. The student is expected to:
(B) solve problems that incorporate understanding the problem, making a plan, carrying out the plan, and evaluating the solution for reasonableness. (Lesson 2-6)
(C) select or develop an appropriate problem-solving plan or strategy, including drawing a picture, looking for a pattern, systematic guessing and checking, acting it out, making a table, working a simpler problem, or working backwards to solve a problem. (Lesson 2-2)

3.14 Procesos fundamentales y herramientas matemáticas. El estudiante aplica las matemáticas del 3er grado para resolver problemas relacionados con experiencias diarias y actividades dentro y fuera de la escuela. Se espera que el estudiante:

(B) resuelva problemas que incorporen la comprensión del problema, hacer un plan, llevarlo a cabo y evaluar lo razonable de la solución. (Lección 2-6)

(C) seleccione o desarrolle un plan o una estrategia de resolución de problemas apropiado en el que haga un dibujo, busque un patrón, adivine y compruebe sistemáticamente, haga una dramatización, elabore una tabla, resuelva un problema más sencillo o trabaje desde el final hasta el principio para resolver un problema. (Lección 2-7)

 Skill Trace
TEKS Vertical Alignment

Second Grade

In second grade, students learned to:
- Add three numbers. TEKS 2.3(A), 2.5(C)
- Use mental math and basic facts to add tens. TEKS 2.3(B)

Third Grade

During this chapter, students learn to:
- Model addition and add money. TEKS 3.3(A)
- Estimate sums. TEKS 3.5(B)

After this chapter, students learn to:
- Subtract, multiply, and divide whole numbers.
  Chapter 3 through 7: 3.3(A), 3.4(A)(C)

Fourth Grade

In fourth grade, students learn to:
- Add whole numbers, including multidigit numbers, and estimate sums. TEKS 4.3(A), 4.5(A)

Back-Mapping McGraw-Hill's *Texas Mathematics* was conceived and developed with the final results in mind: student success in Algebra 1 and beyond. The authors, using the Texas TEKS as their guide, developed this brand new series by back-mapping from Algebra 1 concepts.

▶ Math Vocabulary

The following math vocabulary words for Chapter 2 are listed in the glossary of the *Student Edition*. You can find interactive definitions in 13 languages in the *eGlossary* at tx.gr3math.com.

Associative Property of Addition The property which states that the grouping of the addends does not change the sum. (p. 65A)
Example: $(4 + 5) + 2 = 4 + (5 + 2)$

Commutative Property of Addition The property that states that the order in which two numbers are added does not change the sum. (p. 65A)
Example: $12 + 15 = 15 + 12$

compatible numbers Numbers in a problem or related numbers that are easy to work with mentally. (p. 70A)
Example: 720 and 90 are compatible numbers for division because $72 \div 9 = 8$

decimal point A period separating the ones and the tenths in a number. (p. 78A)
Example: 0.8 or $3.77.

estimate A number close to an exact value; an estimate indicates about how much. (p. 70A)
Example: $47 + 22$ (estimate $50 + 20$) about 70.

Identity Property of Addition If you add zero to a number, the sum is the same as the given number. (p. 65A)
Example: $3 + 0 = 3$

regroup To use place value to exchange equal amounts when renaming a number. (p. 74A)

Visual Vocabulary Cards
Use Visual Vocabulary Cards 4, 8, 19, 28 and 47 to reinforce the vocabulary in this lesson. (The Define/Example/Ask routine is printed on the back of each card.)

| regroup |

▶ Vocabulario matemático

Las siguientes palabras de vocabulario matemático para el Capítulo 1 se presentan en el glosario de la *edición del alumno*. Se pueden encontrar definiciones interactivas en 13 idiomas en el *eGlossary* en tx.gr3math.com

propiedad asociativa de la adición Propiedad que establece que la agrupación de los *sumandos* no altera la *suma*. (pág. 65A)
Ejemplo: $(4 + 5) + 2 = 4 + (5 + 2)$

propiedad conmutativa de la adición Propiedad que establece que el órden en el cual se suman dos o más números no altera la *suma*. (pág. 65A)
Ejemplo: $12 + 15 = 15 + 12$

números compatibles Números en un problema o número relacionados con los cuales es fácil trabajar mentalmente. (pág. 70A)
Ejemplo: 720 y 90 son números compatibles para la división porque $72 \div 9 = 8$

punto decimal Punto que separa las unidades de las décimas en un número decimal. (pág. 78A)
Ejemplo: 0.8 ó $3.77.

estimación Número cercano a un valor exacto. Una estimación indica aproximadamente cuánto. (pág. 70A)
Ejemplo: $47 + 22$ es aproximadamente 70.

propiedad de identidad de la adición Si sumas cero a un número, la suma es igual al número dado. (pág. 65A)
Ejemplo: $3 + 0 = 3$ ó $0 + 3 = 3$

reagrupar Usar el valor de posición para intercambiar cantidades iguales cuando se convierte un número.

Tarjetas visuales de vocabulario
Use la(s) tarjeta(s) visual(es) de vocabulario 4, 8, 19, 28 y 47 para reforzar el vocabulario presentado en esta lección. (La rutina Definir/Ejemplo/Pregunta se encuentra en la parte posterior de cada tarjeta).

| reagrupar |

CHAPTER 2

Planificación de capítulo

	Suggested Pacing		
	Instruction	**Review & Assessment**	**TOTAL**
	8 days	2 days	**10 days**

Diagnostic Assessment
Quick Check? (p. 64)

	Lesson 2-1 Pacing: 1 day	**Lesson 2-2** Pacing: 1 day	**Lesson 2-3** Pacing: 1 day
Lección/ Objetivo	**Propiedades de la suma** (págs. 65-67) **Objective:** Model addition.	**Destrezas para resolver problemas: Estimación o respuesta exacta** (págs. 68-69) **Objective:** Decide whether an estimate or an exact answer is needed.	**Estima suma** (págs. 70-73) **Objective:** Estimate sums.
State Standards	3.3(A), 3.15(A)(B)	3.14(C)(B)	3.5(B), 3.3(A), 3.14(A), 3.15(B), 3.16(B)
Vocabulario matemático	propiedad conmutativa de la suma, propiedad de identidad de la suma, propiedad asociativa de la suma, expresiones numéricas		estimación, números compatibles
Lesson Resources	**Manipulatives** connecting cubes **Other Resources** CRM Leveled Worksheets (pp. 8–12) Daily Reteach • 5-Minute Check • Problem of the Day	**Other Resources** CRM Leveled Worksheets (pp. 13–17) Daily Reteach • 5-Minute Check • Problem of the Day *Ecosystems All Around*	**Manipulatives** base-ten blocks **Other Resources** CRM Leveled Worksheets (pp. 18–22) Daily Reteach • 5-Minute Check • Problem of the Day
Technology	Interactive Classroom **Math Online** Personal Tutor • Games	Interactive Classroom **Math Online** Personal Tutor • Games	Interactive Classroom • Math Adventures **Math Online** Personal Tutor • Games
Reaching All Learners	English Learners, p. 65B ELL Below Level, p. 65B BL Early Finishers, p. 65B OL AL	English Learners, p. 68B ELL Gifted and Talented, p. 68B AL Early Finishers, p. 68B OL AL	English Learners, p. 70B ELL Gifted and Talented, p. 70B AL Early Finishers, p. 70B OL AL
Alternate Lesson			

KEY

BL Below Level	OL On Level	AL Above Level	ELL English Learners
SE Student Edition	TE Teacher Edition	CRM Chapter 2 Resource Masters	CD-Rom
Transparency	Real-World Problem-Solving Library		

Explore 2-4
Pacing: 1 day

Suma de dos dígitos
(págs. 74-76)

Objective: Model addition.

3.3(A), 3.5(B), 3.15(B), 3.16(B)

reagrupar

Materials
construction paper

Manipulatives
base-ten blocks

Other Resources
CRM Leveled Worksheets (pp. 23–27)
Daily Reteach • 5-Minute
Check • Problem of the Day

Interactive Classroom

Math Online
Personal Tutor • Games

English Learners, p. 74B ELL
Below Level, p. 74B BL
Early Finishers, p. 74B OL AL

Formative Assessment
Mid-Chapter Check (p. 77)

Lesson 2-5
Pacing: 1 day

Suma dinero
(págs. 78-81)

Objective: Add money.

3.3(A), 3.6(A), 3.14(A), 3.15(B), 3.16(B)

Materials

Manipulatives
money: coins

Other Resources
CRM Leveled Worksheets (pp. 28–32)
Daily Reteach • 5-Minute
Check • Problem of the Day

Interactive Classroom

Math Online Math Tool Chest •
Personal Tutor • Games

English Learners, p. 78B ELL
Gifted and Talented, p. 78B AL
Early Finishers, p. 78B AL

**Problem Solving in
Social Studies**
A Walk in the Park (p. 82)

Lesson 2-6
Pacing: 1 day

Investigación para resolver problemas:
Elige una estrategia
(págs. 84-85)

Objective: Choose the best strategy to solve a problem.

3.14(B)(C)

símbolo de centavo (¢)

Other Resources
CRM Leveled Worksheets (pp. 33–37)
Daily Reteach • 5-Minute
Check
• Problem of the Day
Ecosystems All Around

Interactive Classroom

Math Online
Personal Tutor • Games

English Learners, p. 84B ELL
Below Level, p. 84B BL
Early Finishers, p. 84B OL AL

	Column labels
Lección/Objetivo	
State Standards	
Vocabulario matemático	
Lesson Resources	
Technology	
Reaching All Learners	
Alternate Lesson	

	Explore 2-7 Pacing: 1 day	**Lesson 2-8** Pacing: 1 day	
Lección/ Objetivo	**Suma números de tres dígitos** (págs. 86-87) **Objective:** Model addition.	**Suma de tres dígitos** (págs. 88-90) **Objective:** Model three-digit addition.	
State Standards	3.3(A)(B)	3.3(A), 3.15(B)	
Vocabulario matemático			
Lesson Resources	**Manipulatives** base-ten blocks	**Materials** WorkMat 1: Place-Value Chart **Manipulatives** base-ten blocks **Other Resources** CRM Leveled Worksheets (pp. 38–42) Daily Reteach • 5-Minute Check • Problem of the Day	
Technology	Interactive Classroom Math Online Concepts in Motion • Games	Interactive Classroom Math Online Personal Tutor • Games	
Reaching All Learners		English Learners, p. 88B ELL Gifted and Talented, p. 88B AL Early Finishers, p. 88B AL	
Alternate Lesson			

Game Time (p. 91)

Summative Assessment
• **Study and Review** (p. 92)
• **Chapter Test** (p. 97)
• **Texas Test Practice** (p. 98)

Assessment Options

Diagnostic Assessment

- **SE** *Option 1:* Quick Check (p. 64)
  Option 2: Online Quiz tx.gr3math.com
- **CRM** *Option 3:* Diagnostic Test (p. 44)

Formative Assessment

- **TE** Alternate Teaching Strategy (every lesson)
- **SE** Talk About It (every lesson)
- **SE** Writing in Math (every lesson)
- **SE** Check What You Know (every lesson)
- **TE** Ticket Out the Door (p. 67)
- **TE** Into the Future (pp. 73, 90)
- **TE** Yesterday's News (pp. 76, 95)
- **TE** Name the Math (p. 81)
- **SE** Mid-Chapter Check (p. 77)
- **CRM** Lesson Quizzes (pp. 46–48)
- **CRM** Mid-Chapter Test (p. 49)

Summative Assessment

- **SE** Chapter Test (p. 101)
- **SE** Standards Practice (p. 102)
- **CRM** Vocabulary Test (p. 50)
- **CRM** Leveled Chapter Tests (pp. 55–66)
- **CRM** Cumulative Standards Test Practice (pp. 69–71)
- **CRM** Oral Assessment (pp. 51–52)
- Exam*View*® Assessment Suite

Mc Graw Hill Professional Development

Target professional development has been articulated throughout the **Texas Mathematics** series. The **McGraw-Hill Professional Development Video Library** provide short videos that support the Texas TEKS. For more information, visit tx.gr3math.com

| Model Lessons | Instructional Strategies |

Assessment Tips

When learning to regroup in addition, allow students the opportunity to use models to show the regrouping.

- Accept different and unusual ways to regroup as long as the student can explain his or her reasoning.
- This will provide you with information on how the student makes sense of regrouping.
- As students continue to add with regrouping, observe their method of solving the problem.
- Record the various approaches they take.

Teacher Notes

CAPÍTULO 2

Estaciones de aprendizaje
Enlaces interdiscipliarios

Lectura

Problemas de la mañana

- Lean *Math Curse* de Jon Scieszka y Lane Smith sólo(a) o con un(a) compañero(a).

- ¿Cuánto tiempo les toma vestirse? ¿Aproximadamente cuánto desayunar? ¿Y cuántos minutos les toma cepillarse sus dientes? Estimen cuántos minutos les toma hacer cada paso.

- Usando sus estimaciones de tiempo para cada paso, escriban un problema de suma para mostrar el número total de minutos que necesitan en la mañana para sus rutinas. Usen la propiedad asociativa para agrupar los sumandos.

- ¿Quién está listo más rápido: Tú o tus compañeros?

Vestirme	10 minutos
Cepillarme los dientes	2 minutos
Desayunar	20 minutos
Total	32 minutos
$(10 + 2) + 20 = 32$	

Materiales:
- *Math Curse* de Jon Scieszka
- papel
- lápices

Arte

Ventanas en suma

Hagan tarjetas de felicitaciones con ventanas, donde el mensaje sea un problema de suma de dos dígitos.

- Doblen una hoja de cartulina en la mitad. En la parte superior frontal de la tarjeta, escriban sus problemas de suma. Dentro de la tarjeta, en la parte inferior, escriban la respuesta.

- Peguen con cinta la tarjeta cerrada en los extremos superior y derecho. Luego, recorten dos aberturas de la parte de arriba de la tarjeta, para hacer una ventana que levantan para mostrar la respuesta. Decoren sus tarjetas.

- Reten a sus compañeros a resolver sus tarjetas.

Materiales:
- pulgadas de cartulina
- tijeras
- cinta
- marcadores
- materiales de decoración

CHAPTER 2

Learning Stations
Cross-Curricular Links

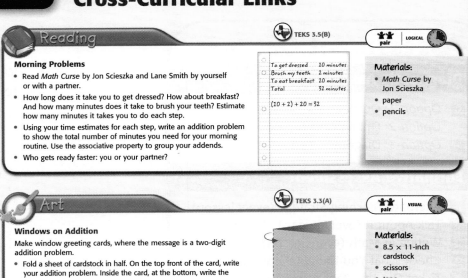

Reading
TEKS 3.5(B) • pair • LOGICAL

Morning Problems
- Read *Math Curse* by Jon Scieszka and Lane Smith by yourself or with a partner.
- How long does it take you to get dressed? How about breakfast? And how many minutes does it take to brush your teeth? Estimate how many minutes it takes you to do each step.
- Using your time estimates for each step, write an addition problem to show the total number of minutes you need for your morning routine. Use the associative property to group your addends.
- Who gets ready faster: you or your partner?

To get dressed	10 minutes
Brush my teeth	2 minutes
To eat breakfast	20 minutes
Total	32 minutes
$(10 + 2) + 20 = 32$	

Materials:
- *Math Curse* by Jon Scieszka
- paper
- pencils

Art
 TEKS 3.3(A) • pair • VISUAL

Windows on Addition
Make window greeting cards, where the message is a two-digit addition problem.
- Fold a sheet of cardstock in half. On the top front of the card, write your addition problem. Inside the card, at the bottom, write the answer.
- Tape the card shut at the top and right-hand edges. Then cut two slits from the bottom of the card up, to make a window you lift to show the answer. Decorate your card.
- Challenge a partner to solve your card.

Materials:
- 8.5 × 11-inch cardstock
- scissors
- tape
- markers
- decorating materials

Writing
TEKS 3.3(A) • individual • LOGICAL

Savings Stories
- Sometimes it takes two to save enough money for something you really want. Think of something you would like to buy to share with a friend, and use it in a story.
- Write a story about two friends who do chores to earn money for something special. How much money do they each make for their chores?
- In your story, add up the total amount the friends have earned together. Is it enough to buy what they want?

David and Abby do chores to earn money for a frisbee. David earned 2 dollars to help set the table for dinner. Abby earned 3 dollars to water the plants. Together David and Abby earned a total amount of 5 dollars.

Materials:
- paper
- pencil

Escritura

Cuentos de ahorro

- Algunas veces se requieren dos para ahorrar suficiente dinero para algo que realmente se quiere. Piensen en algo que les guste comprar para compartirlo con un amigo y úsenlo en un cuento.

- Escriban un relato sobre dos amigos que hacen tareas para ganar dinero para algo especial. ¿Cuánto dinero hace cada uno por sus tareas?

- En sus cuentos, sumen la cantidad total que los amigos han ganado juntos. ¿Es suficiente para comprar lo que ellos quieren?

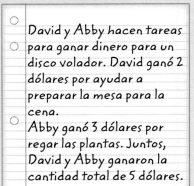

David y Abby hacen tareas para ganar dinero para un disco volador. David ganó 2 dólares por ayudar a preparar la mesa para la cena. Abby ganó 3 dólares por regar las plantas. Juntos, David y Abby ganaron la cantidad total de 5 dólares.

Materiales:
- papel
- lápiz

Science

TEKS 3.3(A) · individual · SPATIAL

Hay Gourmet
- Elephants at the National Zoo can eat up to 175 pounds of food a day, mostly hay. How many pounds of food do the three elephants at the Zoo eat in one day? 525
- Giraffes eat up to 140 pounds of foliage per day. At the National Zoo, they eat leaves and alfalfa hay. How many pounds of food would three giraffes eat in one day? 420
- Use base-ten blocks and grouping to find the answers.

Materials:
- base-ten blocks
- paper
- pencil

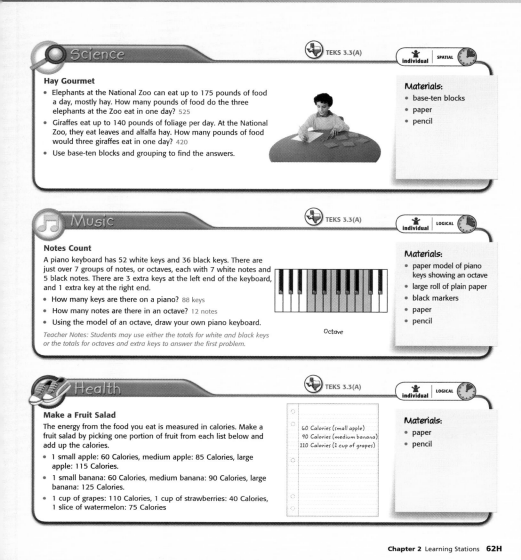

Music

TEKS 3.3(A) · individual · LOGICAL

Notes Count
A piano keyboard has 52 white keys and 36 black keys. There are just over 7 groups of notes, or octaves, each with 7 white notes and 5 black notes. There are 3 extra keys at the left end of the keyboard, and 1 extra key at the right end.
- How many keys are there on a piano? 88 keys
- How many notes are there in an octave? 12 notes
- Using the model of an octave, draw your own piano keyboard.

Teacher Notes: Students may use either the totals for white and black keys or the totals for octaves and extra keys to answer the first problem.

Octave

Materials:
- paper model of piano keys showing an octave
- large roll of plain paper
- black markers
- paper
- pencil

Health

TEKS 3.3(A) · individual · LOGICAL

Make a Fruit Salad
The energy from the food you eat is measured in calories. Make a fruit salad by picking one portion of fruit from each list below and add up the calories.
- 1 small apple: 60 Calories, medium apple: 85 Calories, large apple: 115 Calories.
- 1 small banana: 60 Calories, medium banana: 90 Calories, large banana: 125 Calories.
- 1 cup of grapes: 110 Calories, 1 cup of strawberries: 40 Calories, 1 slice of watermelon: 75 Calories

60 Calories (small apple)
90 Calories (medium banana)
110 Calories (1 cup of grapes)

Materials:
- paper
- pencil

Suma para resolver problemas

Ciencia

Gourmet de heno
- Los elefantes en el zoológico nacional pueden comer más de 175 libras de comida al día, especialmente heno. ¿Cuántas libras de comida comen los tres elefantes en el zoológico en un día? 525
- Las jirafas comen más de 140 libras de follaje al día. En el Zoológico Nacional, ellas comen hojas y alfalfa heno. ¿Cuántas libras de comida comerán tres jirafas en un día? 420
- Usen bloques de base 10 y agrupación para calcular las respuestas.

Materiales:
- bloques de base 10
- papel
- lápiz

Música

Conteo de notas

Un teclado de piano tiene 52 teclas blancas y 36 teclas negras. Sólo hay menos de 7 grupos de notas u octavas, cada una con 7 notas blancas y 5 notas negras. Hay 3 teclas más al extremo izquierdo del teclado y una tecla más en el extremo derecho.
- ¿Cuántas teclas hay en un piano? 88 teclas
- ¿Cuántas notas hay en una octava? 12 notas
- Usando el modelo de una octava, dibujen su propio teclado de piano.

Notas para el maestro: Los alumnos pueden usar o el total de teclas blancas y negras o el total de las octavas y teclas extras para responder al primer problema.

Octava

Materiales:
- modelo de teclas de piano en papel mostrando una octava
- rollo grande papel blanco
- marcadores negros
- papel
- lápiz

Salud

Hagan una ensalada de fruta

La energía de los alimentos que comen se mide en calorías. Hagan una ensalada de frutas tomando una porción de frutas de cada una de las siguientes listas y sumen las calorías.
- 1 manzana pequeña: 60 Calorías, manzana mediana: 85 Calorías, manzana grande: 115 calorías.
- 1 banana pequeña: 60 Calorías, banana mediana: 90 Calorías, banana grande: 125 calorías.
- 1 taza de uvas: 110 Calorías, 1 taza de fresas: 40 calorías, 1 trozo de sandía: 75 calorías.

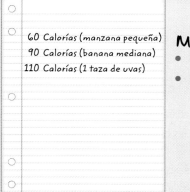

60 Calorías (manzana pequeña)
90 Calorías (banana mediana)
110 Calorías (1 taza de uvas)

Materiales:
- papel
- lápiz

CAPÍTULO 2

Introducción al capítulo

 Vida real: ¿Cuántos alumnos?

Materiales: papel, lápiz

Comparta con los alumnos lo que van a aprender sobre la suma durante las lecciones en este capítulo. Recuérdeles que la suma es una operación que coloca grupos juntos para calcular un total o suma.

Indíqueles a los alumnos que los editores del libro del año han preguntado por el número de alumnos en su clase.

- Pídales a los alumnos que se dividan en dos grupos: niños y niñas. Pídale a cada grupo que cuente el número de personas en su grupo. Luego, pídales contar el número total de alumnos en la clase.
- Pídales escribir una expresión numérica que muestre lo que acaban de hacer. Por ejemplo, si habían 14 niñas en la clase y 17 niños, ellos escribirán 14 + 17 = 31.
- **¿Cómo supiste sumar?** Ejemplo de respuesta: Es la operación que coloca los grupos juntos.

Dirija a los alumnos a la pág. 62 en la edición del alumno. Pídales que lean el párrafo al principio de la página.

- **¿Cuáles son algunos ejemplos de suma en nuestro salón de clases? ¿En nuestra comunidad?** Intervalos de tiempo de dos horas desde ahora, alumnos en una escuela, artículos en bolsillos, costo de artículos comprados, etc.
- **¿Qué expresión pueden escribir para mostrar el costo de las rampas y patineta?** 12 + 99

ESCRIBE EN ▶ MATEMÁTICAS

Comenzando el capítulo

Pídale a cada alumno que escriba un problema que se pueda resolver usando la suma. Pídales a los alumnos que expliquen por qué la suma será usada para resolver sus problemas.

Vocabulario clave

Presente el vocabulario clave de este capítulo usando la siguiente rutina.

Defina: Una estimación es un número cercano a un valor exacto; una estimación indica aproximadamente cuánto.

Ejemplo: Si una barra de granola cuesta $1 y un jugo cuesta $2. Yo estimo que necesitaré menos de $5 para comprar ambos.

Pregunte: ¿Pueden pensar en algunas situaciones en la que sea útil estimar?

Antología de lectura en voz alta Para introducir los conceptos matemáticos de este capítulo con una lectura alternativa, vea la antología de lectura en voz alta en la pág. R88.

CHAPTER 2

Introduce the Chapter

 Real World: How Many Students?

Materials: paper, pencil

Share with students that they are going to learn about addition during the lessons in this chapter. Remind them that addition is an operation that puts groups together to find a total or sum.

Tell students that the yearbook editors have asked for the number of students in their class.

- Have students divide into two groups: boys and girls. Have each group count the number of people in their group. Then have them count the total number of students in the class.
- Have them write a number sentence that shows what they just did. For example, if there were 14 girls in the class and 17 boys, they would write 14 + 17 = 31.
- **How did you know to add?** Sample answer: It is the operation that puts the groups together.

Direct students to Student Edition p. 62. Have students read the paragraph at the top of the page.

- **What are some examples of addition in our classroom? In our community?** Time intervals— two hours from now, students in a school, items in pockets, cost of items purchased, etc.
- **What expression could you write to show the cost of the ramps and skateboard?** 12 + 99

WRITING IN ▶ MATH

Starting the Chapter
Have each student write a problem that could be solved using addition. Have students explain why addition would be used to solve their problems.

Key Vocabulary Introduce the key vocabulary in the chapter using the routine below.
> Define: An estimate is a number close to an exact value; an estimate indicates *about* how much.
> Example: If a granola bar cost $1 and a juice costs $2, I estimate that I will need less than $5 to buy both.
> Ask: Can you think of some situations in which it would be useful to estimate?

Read-Aloud Anthology For an optional reading activity to introduce this chapter's math concepts, see the Read-Aloud Anthology (p. R88).

62   Chapter 2 Add to Solve Problems

CAPÍTULO 2 Suma para resolver problemas

Las GRANDES Ideas ¿Cuándo usaré la suma?

La suma es útil cuando quieres comprar algo.

Ejemplo Renato quiere comprar los artículos de patinaje que se muestran. ¿Cuál es el costo total de los artículos?

$12 $99

¿Qué aprenderé en este capítulo?

- A usar las propiedades de la suma.
- A sumar dinero.
- A estimar sumas.
- A sumar números de dos y tres dígitos.
- A decidir si se necesita una *estimación* o una *respuesta exacta.*

Vocabulario clave

propiedad conmutativa de la suma
propiedad de identidad de la suma
propiedad asociativa de la suma
reagrupar
estimar

Matemáticas en línea   Herramientas de estudio del alumno en tx.gr3math.com

62   Capítulo 2 Suma para resolver problema

Chapter 2 Project

Bake Sale
Students plan a bake sale, deciding which items they'd like to bake and sell, how many of each item to make, and how much to charge for each item.
- Each group of students decides on one item they will bake, and how many units of that item they will have for sale.
- Students decide on prices for their items. Each group adds up the total price for all units of their baked item.
- Challenge students to determine how much money they would make as a class if they sold all of their items.

CRM *Refer to Chapter 2 Resource Masters, p. 53, for a rubric to assess students' progress on this project.*

Proyecto del Capítulo 2

Venta de pasteles

Los alumnos planifican una venta de pasteles, decidiendo qué pasteles les gustaría hornear y vender, ¿cuántos de cada pastel hay que hacer y cuánto hay que cobrar por cada pastel?
- Cada grupo de alumnos decide un pastel que hornearán y cuántas unidades de ese pastel tendrán a la venta.
- Los alumnos deciden los precios para sus pasteles. Cada grupo suma el precio total de todas las unidades de su pastel horneado.
- Rete a los alumnos a determinar cuánto dinero podrán hacer como una clase si venden todos sus pasteles.

Refiérase a las Hojas maestras de recursos del Capítulo 2, pág. 53, para obtener una regla para la evaluación del progreso del alumno en el proyecto.

- Read the Math at Home letter found on Chapter 2 Resource Masters, p. 4, with the class and have each student sign it. (A Spanish version is found on p. 5.)
- Send home copies of the Math at Home letter with each student.

FOLDABLES — Dinah Zike's Foldables

Guide students through the directions on p. 63 to create their own Foldable graphic organizers for addition. Students may also use their Foldables to study and review for chapter assessments.

When to Use It Lessons 2-1, 2-3, 2-4, 2-5, and 2-7. (Additional instructions for using the Foldable with these lessons are found on pp. 77 and 92.)

Chapter 2 Literature List

Lesson	Book Title
2-1	**The Hershey's Kisses Addition Book** Jerry Pallotta
2-2	**Betcha!** Stuart J. Murphy
2-3	**Counting on Frank** Rod Clement
2-4	**Mission Addition** Loreen Leedy
2-5	**SOLD! A Mothematics Adventure** Nathan Zimelman and Bryn Barnard
2-7	**Pigs Will Be Pigs** Amy Axelrod
Any	**Math Curse** John Scieszka
Any	**Emma's Christmas** Irene Trivas

PLEGADOS ™ — Plegados de| Dinah Zike
Organiza el estudio

Guíe a los alumnos por las instrucciones de la edición del alumno, pág. 63, para que hagan su propio Plegado de organización gráfica sobre suma. Los alumnos pueden también usar su Plegado para estudiar y repasar antes de las evaluaciones del capítulo.

¿Cuándo usarlo? Lecciones 2-1, 2-3, 2-4, 2-5 y 2-7. (En las págs. 77 y 92 se encuentran instrucciones adicionales para usar el Plegado con estas lecciones).

- Lea con la clase la carta de Matemáticas en casa que se encuentra en la pág. 4 de las Hojas maestras de recursos del Capítulo 2 y haga que cada alumno la firme. (Una versión en español se encuentra en la pág. 5)
- Envíe una copia de la carta de Matemáticas en casa a la casa de cada alumno.

Evaluación de diagnóstico

Evalúe el nivel de las destrezas previas de los alumnos antes de empezar el capítulo.

- **Opción 1:** *Control rápido*
  SE Edición del alumno, pág. 64

- **Opción 2:** *Evaluación en línea*
  Matemáticas en línea
  tx.gr3math.com

- **Opción 3:** *Prueba de diagnóstico*
  CRM Hojas maestras de recursos del Capítulo 2, pág. 44

Opciones de intervención

Aplique los resultados En base a los resultados de la evaluación de diagnóstico de la Edición del alumno, pág. 64, trabaje en las carencias individuales de los alumnos antes de iniciar el capítulo.

Diagnostic Assessment

Check for students' prerequisite skills before beginning the chapter.

- **Option 1:** *Quick Check*
  SE Student Edition, p. 64

- **Option 2:** *Online Assessment*
  Math Online tx.gr3math.com

- **Option 3:** *Diagnostic Test*
  CRM Chapter 2 Resource Masters, p. 44

Intervention Options

Apply the Results Based on the results of the diagnostic assessment on Student Edition p. 64, address individual needs before beginning the chapter.

| Intensive Intervention |
| two or more years below grade level |

| If | students miss 75% of the Exercises: |
| Then | use *Math Triumphs,* an intensive math intervention program from McGraw Hill. |

Tienes dos opciones para revisar las destrezas que se requieren para ese capítulo.

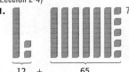

Opción 2
Matemáticas en línea Toma el Control de preparación del capítulo en tx.gr3math.com.

Opción 1
Completa la siguiente verificación rápida.

Verificación RÁPIDA

Suma. (Grado anterior) (Se usa en las Lecciones 2-4, 2-7 y 2-8)

1.	5 9	2.	6 13	3.	3 12	4.	7 14
	+ 4		+ 7		+ 9		+ 7

5. 9 + 2 11   **6.** 4 + 6 10   **7.** 8 + 3 11   **8.** 9 + 8 17

9. Percy nadó 8 vueltas hoy y 4 vueltas ayer. ¿Cuántas vueltas nadó en los 2 días? 12 vueltas

Calcula cada suma. (Grado anterior) (Se usa en la Lección 2-4)

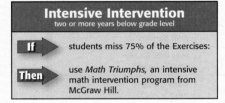

10. 35   24 + 11

11. 77   12 + 65

Redondea a la decena más cercana. (Lección 1-8) (Se usa en las Lecciones 2-5)

12. 72 70   **13.** 19 20   **14.** 59 60   **15.** 89 90

Redondea a la centena más cercana. (Lección 1-8) (Se usa en las Lecciones 2-7 y 2-8)

16. 470 500   **17.** 771 800   **18.** 301 300   **19.** 149 100

20. 99 100   **21.** 505 500   **22.** 77 100   **23.** 661 700

64 Capítulo 2 Suma para resolver problemas

Strategic Intervention		On-Level		Above-Level	
below grade level					
If	students miss eleven or more in: **Exercises 1–23**	**If**	students miss six or less in: **Exercises 1–23**	**If**	students miss two or less in: **Exercises 1–23**
Then	choose a resource:	**Then**	choose a resource:	**Then**	choose a resource:
Strategic Intervention Guide (pp. 24, 30, 32)		TE Learning Stations (pp. 62G–62H)		TE Learning Stations (pp. 62G–62H)	
CRM Chapter 1 Resource Masters Reteach Worksheets		TE Chapter Project (p. 62)		TE Chapter Project (p. 62)	
Math Online Extra Examples • Personal Tutor Concepts in Motion • Games		CRM Game: Regroup or Not?		Math Adventures	
		Math Adventures		Real-World Problem-Solving: *Ecosystems all Around*	
		Math Online Games • eFlashcards • Fact Dash		Math Online Games	

LECCIÓN
2-1 Propiedades de la suma

Lesson Planner

Objective
Model addition.

TEKS and TAKS

Targeted TEKS 3.3 The student adds and subtracts to solve meaningful problems involving whole numbers. **(A) Model addition** and subtraction **using** pictures, words, and **numbers.**

TAKS 1 The student will demonstrate an understanding of numbers, operations, and quantitative reasoning.

Student pages also address the following TEKS:
TEKS 3.15(A) Talk About It, Exercise 5
TEKS 3.15(A), TEKS 3.15(B) HOT Problems, Exercises 23–24

Vocabulary

Commutative Property of Addition, **Identity Property of Addition**, **Associative Property of Addition**, **number sentence**

Resources

Manipulatives: connecting cubes

Literature Connection: *The Hershey's Kisses Addition Book* by Jerry Pallotta

Teacher Technology
Interactive Classroom • TeacherWorks

Focus on Math Background

Addition properties play an important role in the understanding of the structure of number and the operations of numbers. Students should first experience the concepts of these properties at a very concrete level. Research indicates that students are not able to abstract properties such as the Associative, the Commutative, and the Identity Properties until about the third grade. In prior years, students should have experiences with many counting activities.

It is also important to note that the Commutative Property of Addition is very helpful in having students memorize their addition basic facts. The Associative Property plays an important role in developing understanding of doing column addition, which follows in forthcoming lessons.

Daily Routine

Use these suggestions before beginning the lesson on p. 65.

5-Minute Check
(Reviews Lesson 1-9)

Determine the value of the bills and coins.

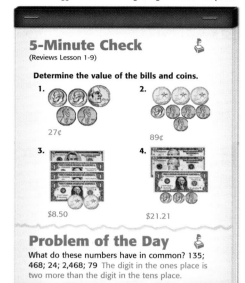

1. 27¢
2. 89¢
3. $8.50
4. $21.21

Problem of the Day

What do these numbers have in common? 135; 468; 24; 2,468; 79 The digit in the ones place is two more than the digit in the tens place.

Building Math Vocabulary

Write the lesson vocabulary words and their definitions on the board.

Ask students to start a Math Properties page in their Math Journal. On this page, instruct students to write the name of each property, key words (order, grouping) and examples of the property. Inform students that they will be adding more properties to this list.

Visual Vocabulary Cards
Use Visual Vocabulary Cards 4, 8, and 28 to reinforce the vocabulary introduced in this lesson. (The Define/Example/Ask routine is printed on the back of each card.)

Commutative Property of Addition

Planificador de lección

Objetivo
Haz un modelo de la suma.

TEKS y TAKS

TEKS Objetivo 3.3 El estudiante suma y resta para resolver problemas relevantes en los que se usan números enteros. **(A)** Dé ejemplos de la suma y la resta utilizando dibujos, palabras y números.

TAKS 1 El estudiante demostrará un entendimiento de patrones, operaciones y razonamiento cuantitativo.

Las páginas del alumno también cubren los siguientes TEKS:
TEKS 3.15(A) Coméntalo, Ejercicio 5
3.15(A), TEKS 3.15(B) Problemas H.O.T., Ejercicios 23-24

Vocabulario

propiedad conmutativa de la suma, propiedad de identidad de la suma, propiedad asociativa de la suma, expresión numérica

Rutina diaria

Siga estas sugerencias antes de iniciar la lección de la pág. 65.

Control de 5 minutos
(Repaso de la Lección 1-9)

Determinen el valor de las monedas.

1.
2.
3.
4.

Problema del día

¿Qué tienen en común estos números? 135; 468; 24; 2,468; 79 El dígito en el lugar de las unidades es dos más que el dígito en el lugar de las decenas.

Adquisición de vocabulario matemático

Escriba las palabras del vocabulario de la lección y sus definiciones en la pizarra.

Pídales a los alumnos que comiencen una página de Propiedades matemáticas en su diario matemático. En esta página, instrúyales a los alumnos escribir el nombre de cada propiedad, palabras claves (ordenar, agrupar) y ejemplos de la propiedad. Infórmeles a los alumnos que estarán sumando más propiedades a esta lista.

Tarjetas visuales de vocabulario

Use la(s) tarjeta(s) visual(es) del vocabulario 4, 8 y 28 para reforzar el vocabulario presentado en esta lección. (En la parte trasera de cada tarjeta está escrita la rutina Definir/Ejemplo/Pregunta).

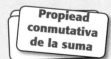
Propiead conmutativa de la suma

Instrucción diferenciada

Opciones de trabajo independiente

Opción 1 TEKS 3.3(A) LINGÜÍSTICO, ESPACIAL

Para los que terminan primero OL AL

Materiales: tarjetas para cada una con un problema como $4 + 5 + 6$; $3 + 8 + 2 + 7$

- Distribuya una tarjeta a cada alumno. Pídales que calculen la suma.
- Luego, pídales escribir un problema en palabras para su tarjeta.

Opción 2

Tecnología para el alumno

Enlace tecnológico

Matemáticas en línea tx.gr3math.com

Personal Tutor • Extra Examples • Online Games

Opción 3

Estación de aprendizaje: Lectura (pág. 62G)

Dirija a los alumnos a la estación de aprendizaje de lectura para que tengan la oportunidad de explorar y ampliar el concepto de la lección.

Opción 4

Práctica y solución de problemas

Refuerce las destrezas y las estrategias de solución de problemas con la hoja de trabajo de solución de problemas.

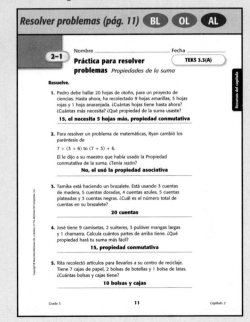

Differentiated Instruction

Small Group Options

Option 1 TEKS 3.3(A) SPATIAL

Below Level BL

Materials: connecting cubes

- Use connecting cubes to model the fact family for 12, 7, and 5. Connect 7 red and 5 yellow cubes. Write the number sentence $7 + 5 = 12$. Rearrange the cubes to show 5 yellow and 7 red, and write $5 + 7 = 12$. Model $12 - 5$ and $12 - 7$ to complete the fact family.
- Then divide students into groups. Challenge groups to use 6 yellow and 5 red cubes to find the 4 related facts for 11, 6, and 5.

Option 2 TEKS 3.3(A) VISUAL, SPATIAL

English Language Learners ELL

Materials: number cubes, paper, pencil
Core Vocabulary: an order (command; Sit! Go! Run!), the order (sequence), and to order (to sequence or request)
Common Use Verb: changed
Hear Math This strategy illustrates the three meanings of order and introduces students to the Associative Property.

- Act out an order, the order, and to order.
- Model rolling two number cubes and using the numbers as addends in an addition sentence. Write a second problem with the order changed.
- Have students repeat, using their addend first and their partner's addend second. Students work their problems.
- Allow students to notice that their partners' answers are the same.
- Repeat as time permits.
- Allow students to discuss why they think the answers are the same even with changes in order.

Independent Work Options

Option 1 TEKS 3.3(A) LOGICAL

Early Finishers OL AL

Materials: index cards, each with a problem such as $4 + 5 + 6$; $3 + 8 + 2 + 7$

- Distribute one index card to each student. Have them find the sum.
- Then have them write a word problem for their index card.

Option 2

Student Technology

Math online tx.gr3math.com
Personal Tutor • Extra Examples • Online Games

Option 3

Learning Station: Music (p. 62H)

Direct students to the Music Learning Station for opportunities to explore and extend the lesson concept.

Option 4

Problem-Solving Practice

Reinforce problem-solving skills and strategies with the Problem-Solving Practice worksheet.

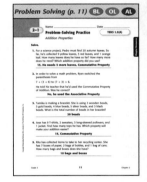

Opciones para grupos pequeños

Opción 1 TEKS 3.3(A) ESPACIAL

Nivel bajo BL

Materiales: cubos conectores

- Usen cubos conectores para presentar la familia de operaciones para 12, 7 y 5. Conecten 7 cubos rojos y 5 cubos amarillos. Escriban la expresión numérica $7 + 5 = 12$. Reordenen los cubos para mostrar 5 amarillos y 7 rojos y escriban $5 + 7 = 12$. Modelen $12 - 5$ y $12 - 7$ para completar la familia de operaciones.
- Luego, divida a los alumnos en grupos. Rete a los grupos a usar 6 cubos amarillos y 5 rojos para calcular las 4 operaciones relacionadas para 11, 6 y 5.

Propiedades de la suma

 PREPÁRATE **para aprender**

Sal tiene 2 piezas de cuarzo y 3 piezas de granito en su colección de rocas. Ruby tiene 3 piezas de cuarzo y 2 piezas de granito en su colección. Los dos tienen el mismo número de rocas.

$$2 + 3 = 3 + 2$$

En matemáticas, las propiedades son reglas que puedes usar con números.

CONCEPTO CLAVE — Propiedades

Modelos

Ejemplos $2 + 3 = 5$ $\qquad$ $3 + 2 = 5$

Palabras **Propiedad conmutativa de la suma** El orden en el que se suman los números no altera la suma.

Ejemplos $3 + 0 = 3$ $\qquad$ $0 + 3 = 3$

Palabras **Propiedad de identidad de la suma** La suma de cualquier número y cero es el número.

Ejemplos $(3 + 2) + 4 =$ $\qquad$ $3 + (2 + 4) =$
$\qquad\quad 5 + 4 =$ $\qquad\qquad\quad 3 + 6 =$
$\qquad\qquad\quad 9$ $\qquad\qquad\qquad\quad 9$

Palabras **Propiedad asociativa de la suma** La forma en que se agrupan los sumandos no altera la suma.

---

① Introduce

TEKS 3.3(A)

Activity Choice 1 • Hands-On

- Use 5 red connecting cubes, 7 green connecting cubes, and 3 yellow connecting cubes.
- **How many red and green cubes are there?** 12
- **How many red, green, and yellow cubes are there?** 15
- Using the same cubes, have students add the green cubes and yellow cubes. 10 Then have them add the red cubes. Tell students that although the order and grouping changed, the total stays the same.

Activity Choice 2 • Literature

Introduce the lesson with *The Hershey's Kisses Addition Book* by Jerry Pallotta. (For a related math activity, see p. R104.)

② Teach

TEKS 3.3(A)

Scaffolding Questions

- **What is $4 + 5$? $5 + 4$?** 9; 9
- **Which property tells you that $4 + 5$ and $5 + 4$ have the same sum?** Commutative Property of Addition
- **What is $(4 + 5) + 7$?** $9 + 7 = 16$
- **What is $5 + 7$?** 12
- **What is $4 + (5 + 7)$?** $4 + 12 = 16$
- **Which property tells you that $(4 + 5) + 7$ and $4 + (5 + 7)$ have the same sum?** Associative Property of Addition

Point out to students that when they changed the order of the number of cubes in the activity, they used the Commutative Property of Addition, and when they changed the grouping, they used the Associative Property of Addition.

> **GET READY to Learn**

Have students open their books and read the information in **Get Ready to Learn**. Introduce **Commutative Property of Addition**, **Identity Property of Addition**, **Associative Property of Addition** and **number sentence**. As a class, work through **Examples 1 and 2**.

Propiedades de la suma

① Presentación

TEKS 3.3(A)

Actividad propuesta 1 • Práctica

- Use 5 cubos conectores rojos, 7 cubos conectores verdes y 3 cubos conectores amarillos.
- **¿Cuántos cubos rojos y verdes hay?** 12
- **¿Cuántos cubos rojos, verdes y amarillos hay?** 15
- Usando los mismos cubos, pídales a los alumnos sumar los cubos verdes y los cubos amarillos. 10 Luego, pídales sumar los cubos rojos. Dígales a los alumnos que a pesar de que el orden y la agrupación cambiaron, el total se mantiene igual.

Actividad propuesta 2 • Literatura

Presente la Lección con *The Hershey's Kisses Addition Book* de Jerry Pallotta. (Vea en la página R104 una actividad matemática relacionada.)

② Enseñanza

Preguntas básicas

- ¿Cuánto es $4 + 5$? $5 + 4$? 9; 9
- ¿Qué propiedad te indica que $4 + 5$ y $5 + 4$ tienen la misma suma? propiedad conmutativa de la suma
- ¿Cuánto es $(4 + 5) + 7$? $9 + 7 = 16$
- ¿Cuánto es $5 + 7$? 12
- ¿Cuánto es $4 + (5 + 7)$? $4 + 12 = 16$

¿Qué propiedad te indica que $(4 + 5) + 7$ y $4 + (5 + 7)$ tienen la misma suma? propiedad asociativa de la suma

Señáleles a los alumnos que cuando cambiaron el orden de los números de cubos en la actividad, usaron la propiedad conmutativa de la suma, y cuando cambiaron la agrupación, usaron la propiedad asociativa de la suma.

> PREPÁRATE **para aprender**

Pídales a los alumnos que abran sus libros y lean la información de *Prepárate para aprender.* Presénteles **la propiedad conmutativa de la suma, propiedad de identidad de la suma, propiedad asociativa de la suma** y **expresión numérica.** En conjunto, trabaje a través de los **Ejemplos 1 y 2.**

Use propiedades para sumar

Ejemplo 1 Para identificar la propiedad, la primera cosa que deben hacer los alumnos es ver cómo ha cambiado la expresión original.

EJEMPLOS ADICIONALES

1 Calculen la suma. Identifiquen la propiedad $7 + 5 = \blacksquare$ y $5 + 7 = \blacksquare$ 12; propiedad conmutativa de la suma

2 Jon tiene 7 lápices, 5 bolígrafos y 3 resaltadores. ¿Cuántos utensilios de escribir tiene Jon? 15

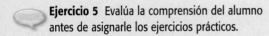

VERIFICA lo que sabes

En conjunto, pídales a los alumnos que completen los Ejercicios 1 al 5 en **Verifica lo que sabes** a medida que usted observa sus trabajos.

Ejercicio 5 Evalúa la comprensión del alumno antes de asignarle los ejercicios prácticos.

BL Estrategia alternativa de enseñanza

Si los alumnos tienen problemas identificando las propiedades de la suma...

Entonces use una de estas opciones de reforzamiento:

1 **CRM Hoja de reforzamiento diario** (pág. 8)

2 Pídales hacer un dibujo de un problema de suma. Por ejemplo, pídales a los alumnos que dibujen 4 carros y 2 camiones. Luego, que sumen 3 autobuses al dibujo.

• **¿Cuántos vehículos dibujaste?** 9

• Ahora, pídales a los alumnos que dibujen 2 camiones y 3 autobuses. Luego, que sumen 4 carros al dibujo. Indíqueles a los alumnos que todavía hay 9 vehículos.

Señale que un cambio en el orden ilustra la propiedad conmutativa y un cambio en la agrupación ilustra la propiedad asociativa.

¡ERROR COMÚN!

Ejercicios 13 y 15 Los alumnos pueden tener problemas calculando el número que falta. Recuérdeles que los mismos números deberán aparecer en ambos lados del signo igual, sólo cambian el orden y la agrupación.

Use Properties to Add

Example 1 To identify the property, the first thing students should do is to see how the original expression has changed.

ADDITIONAL EXAMPLES

1 Find the sum. Identify the property. $7 + 5 = \blacksquare$ and $5 + 7 = \blacksquare$ 12; Commutative Property of Addition

2 Jon has 7 pencils, 5 pens, and 3 highlighters. How many writing utensils does Jon have? 15

CHECK What You Know

As a class, have students complete Exercises 1–5 in **Check What You Know** as you observe their work.

Exercise 5 Assess student comprehension before assigning practice exercises.

BL Alternate Teaching Strategy

If students have trouble identifying the addition properties …

Then use one of these reteach options:

1 **CRM Daily Reteach Worksheet** (p. 8)

2 Have them draw a picture of an addition problem. For example, have students draw 4 cars and 2 trucks. Then add 3 buses to the picture.

• **How many vehicles did you draw?** 9

• Now ask students to draw 2 trucks and 3 buses. Then add 4 cars to the picture. Tell students that there are still 9 vehicles.

Point out that a change in order illustrates the Commutative Property and a change in grouping illustrates the Associative Property.

COMMON ERROR!

Exercises 13 and 15 Students may have troubles finding the missing number. Remind them that the same numbers should appear on both sides of the equal sign, only the order and grouping changes.

EJEMPLO Usa las propiedades para sumar

1 Calcula la suma. Identifica la propiedad.

$4 + 5 = \blacksquare$ y $5 + 4 = \blacksquare$

> La suma es 9. El orden en el que se suman los números no cambia la suma.

Esta es la propiedad conmutativa de la suma.

 **Tutor personal en** tx.gr3math.com

Las **expresiones numéricas** son expresiones que usan números y el signo = o lost signos < o >.

EJEMPLO concreto Propiedad asociativa

2 **ANIMALES** Un zoológico tiene 4 mochuelos, 2 cachorros de guepardo y 6 cachorros de león. Escribe una expresión numérica para mostrar cuántos animales bebés hay en el zoológico.

Necesitas calcular $4 + 2 + 6$. Reordena los números de manera que sea más fácil sumarlos.

$4 + 2 + 6$
$= 2 + 4 + 6$ ← Propiedad conmutativa de la suma.
$= 2 + (4 + 6)$ ← Propiedad asociativa de la suma. La agrupación de los sumandos no cambia la suma.
$= 2 + \quad 10$
$= 12$

Entonces, la expresión numérica es $2 + 4 + 6 = 12$. Hay 12 animales bebés.

Recuerda
Los paréntesis te indican cuáles números sumar primero.

1. 11; propiedad conmutativa de la suma

2. 15; propiedad asociativa de la suma

VERIFICA lo que sabes

Calcula cada suma. Identifica la propiedad. Ver ejemplos 1 y 2 (pág. 66)

1. $6 + 5 = \blacksquare$
$5 + 6 = \blacksquare$

2. $(5 + 7) + 3 = \blacksquare$
$5 + (7 + 3) = \blacksquare$ 12; propiedad de identidad de la suma

3. $0 + 12 = \blacksquare$

4. Álgebra Escribe un expresión numérica para mostrar cuántas conchas se recogieron. ¿Qué propiedad usaste?

Colección de conchas marinas			
Día	Viernes	Sábado	Domingo
Conchas	6	7	4

5. Coméntalo Describe cómo puedes usar las propiedades conmutativa y asociativa de la suma para sumar 7, 8 y 3.
Ver Apéndice de respuestas del Cap. 2

4. Ejemplo de suma: $(6 + 4) + 7 = 17$ conchas; propiedad asociativa de la suma

66 Capítulo 2 Suma para resolver problemas

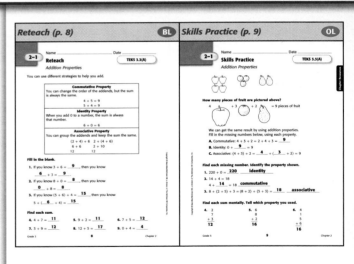

Reteach (p. 8) — BL / Skills Practice (p. 9) — OL

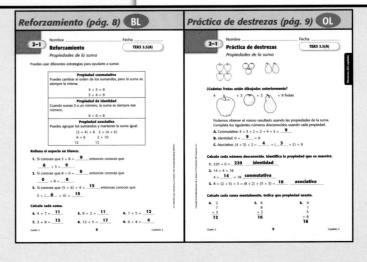

Reforzamiento (pág. 8) BL / Práctica de destrezas (pág. 9) OL

Práctica y solución de problemas

 PRÁCTICA EXTRA
Ver página R5.

Calcula cada suma. Identifica la propiedad. Ver ejemplos 1 y 2 (pág. 66)

Ver Apéndice de respuestas del Cap. 2

6. $0 + 9 = \blacksquare$

7. $9 + 2 = \blacksquare$
$2 + 9 = \blacksquare$

8. $(2 + 5) + 8 = \blacksquare$
$2 + (5 + 8) = \blacksquare$

9. $2 + 8 = \blacksquare$
$8 + 2 = \blacksquare$

10. $100 + 0 = \blacksquare$

11. $4 + (6 + 3) = \blacksquare$
$(4 + 6) + 3 = \blacksquare$

Álgebra Calcula cada número que falta. Identifica la propiedad.

12. $6 + \blacksquare = 6$
0; propiedad de identidad de la suma

13. $(7 + 9) + 3 = (9 + \blacksquare) + 3$
7; propiedad conmutativa de la suma

14. $9 + \blacksquare = 2 + 9$
2; propiedad conmutativa de la suma

15. $(8 + 3) + \blacksquare = 8 + (3 + 2)$
2; propiedad asociativa de la suma

Calcula cada suma mentalmente.

16. 1 17
  7
$+ 9$

17. 5 17
  7
$+ 5$

18. 4 14
  2
  6
$+ 2$

19. 2 15
  1
  9
$+ 3$

Resuelve.

20. Necie tiene 3 perros. Simona tiene 5 peces y 6 aves. Peyton tiene 1 serpiente. ¿Cuántas mascotas tienen los niños? 15 mascotas

21. Luis dibujó la siguiente figura. Escribe dos expresiones numéricas que sean ejemplos de la propiedad asociativa de la suma. Ejemplo de respuesta:
$3 + (5 + 4)$ y $(3 + 5) + 4$

★**22.** La Sra. Jackson compró 6 libretas azules, 2 rojas y 2 amarillas. Si quedaron 7 libretas en la repisa de la tienda, ¿cuántas había al comienzo? 17 libretas

Problemas H.O.T.

23–24. Ver Apéndice de respuestas del Cap. 2.

23. INTERPRETA Describe tres maneras diferentes para calcular la suma $7 + 9 + 3$. ¿Qué propiedades de la suma usaste? Explica cuál fue la manera que hallaste más fácil.

24. **ESCRIBEN → MATEMÁTICAS** ¿Existe una propiedad conmutativa de la resta? Explica.

Lección 2-1 Propiedades de la suma **67**

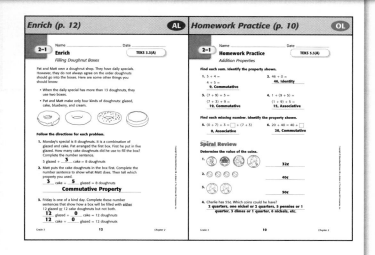

---

③ Practice

Differentiate practice using these leveled assignments for Exercises 6–24.

Level	Assignment
BL Below Level	6–8, 12–13, 16–17, 20–21
OL On Level	7–10, 13–15, 16–18, 20–22, 23
AL Above Level	7–21 odd, 23–24

Have students discuss and complete the Higher Order Thinking problems. When answering the question in Exercise 24, suggest that students also show an example.

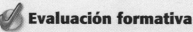 **WRITING IN → MATH** Have students complete Exercise 24 in their Math Journals. You may choose to use this exercise as an optional formative assessment.

④ Assess

Formative Assessment
TEKS 3.3(A)

Have students model an addition problem using pictures, words, and numbers.

Quick Check Are students continuing to struggle with using addition properties to add whole numbers?

If Yes → Small Group Options (p. 65B)
Strategic Intervention Guide (p. 36)

If No → Independent Work Options (p. 65B)
CRM Skills Practice Worksheet (p. 9)
CRM Enrich Worksheet (p. 12)

Ticket Out the Door Have students write an example of the Commutative Property and the Associative Property on a piece of paper and give it to you.

Lesson 2-1 Addition Properties **67**

---

③ Práctica

Asigne la práctica para los ejercicios 6 a 24 según los siguientes niveles.

Nivel	Asignación
BL Nivel bajol	6–8, 12–13, 16–17, 20–21
OL A nivell	7–10, 13–15, 16–18, 20–22, 23
AL Nivel avanzado	7–21 impar, 23–24

Pídales a los alumnos que analicen y completen los problemas de razonamiento de alto nivel. En el Ejercicio 24, sugiera que los alumnos también muestren un ejemplo.

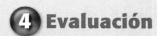 **ESCRIBE EN → MATEMÁTICAS**

Pídales a los alumnos que completen el Ejercicio 24 en sus Diarios de Matemáticas. Puede elegir hacer este ejercicio como una evaluación formativa adicional.

④ Evaluación
TEKS 3.3(A)

Evaluación formativa

Expliquen la propiedad conmutativa de la suma.
Ejemplo de respuesta: Te permite sumar 2 o más sumandos en cualquier orden.

Control rápido ¿Les sigue costando a los alumnos usar propiedades de la suma para sumar números enteros?

Si la respuesta es:

Sí → Opciones para grupos pequeños (pág. 65B)
Guía de Intervención estratégica (pág. 36)

No → Opciones de trabajo independiente (pág. 658)
CRM Hoja de ejercicios para la práctica de destrezas (pág. 9)
CRM Hoja de trabajo de enriquecimiento (pág. 12)

Boleto de salida Pídales a los alumnos que escriban un ejemplo de propiedad conmutativa y propiedad asociativa en un trozo de papel y que se lo entreguen a usted.

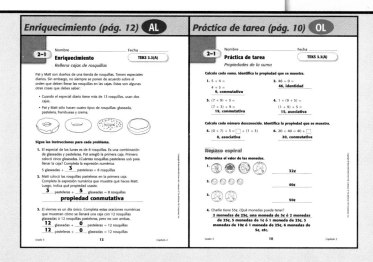

Estrategia para Resolver Problemas
Estima la respuesta exacta
Planificador de lección

Objetivo

Decidir si se necesita una estimación o una respuesta exacta.

TEKS y TAKS

TEKS Objetivo 3.14(C) El estudiante aplica las matemáticas del 3er grado para resolver problemas relacionados con experiencias diarias y actividades dentro y fuera de la escuela. **(C) Seleccione o desarrolle un plan o una estrategia de resolución de problemas apropiado en el que haga un dibujo**, busque un patrón, adivine y compruebe sistemáticamente, haga una dramatización, elabore una tabla, resuelva un problema más sencillo o trabaje desde el final hasta el principio para **resolver un problema**. *También cubre TEKS 3.14(B).*

TAKS 6 El estudiante demostrará un entendimiento de los procesos matemáticos y herramientas usadas en la resolución de problemas.

Rutina diaria

Siga estas sugerencias antes de iniciar la lección de la pág. 68.

Control de 5 minutos

(Repaso de la Lección 2-1)

Calculen cada suma. Indiquen qué propiedad usaron.

1. 9+5 5+9 14; propiedad conmutativa

2. 6+0 0+6 6; propiedad de identidad

3. (3+6) + 4 3+ (6+4) 13; propiedad asociativa

Problema del día

Dara, Jason, Gustavo y Luisa son amigos. Dara no es la más alta. Jason es el más bajo. Gustavo está entre Dara y Luisa en estatura. ¿Quién es el más alto? Luisa

---

2-2
Problem-Solving Skill
Estimate or Exact Answer

Lesson Planner

Objective

Decide whether an estimate or an exact answer is needed.

TEKS and TAKS

Targeted TEKS 3.14 The student applies Grade 3 mathematics to solve problems connected to everyday experiences and activities in and outside of school. **(C) Select or develop an appropriate problem-solving plan or strategy**, including drawing a picture, looking for a pattern, systematic guessing and checking, acting it out, making a table, working a simpler problem, or working backwards **to solve a problem**. *Also addresses TEKS 3.14(B).*

TAKS 6 The student will demonstrate an understanding of the mathematical processes and tools used in problem solving.

Resources

Literature Connection: *Betcha!* by Stuart J. Murphy

Teacher Technology
Interactive Classroom • TeacherWorks

Real-World Problem-Solving Library
Math and Science: *Ecosystems All Around*
Use these leveled books to reinforce and extend problem-solving skills and strategies.
Leveled for:
OL On Level
ELL Sheltered English

For additional support, see the Real-World Problem-Solving Teacher's Guide.

Daily Routine

Use these suggestions before beginning the lesson on p. 68.

5-Minute Check
(Reviews Lesson 2-1)

Find each sum. Tell which property you used.

1. 9 + 5
  5 + 9 14; Commutative Property

2. 6 + 0
  0 + 6 6; Identity Property

3. (3 + 6) + 4
  3 + (6 + 4) 13; Associative Property

Problem of the Day
Dara, Jason, Gustavo, and Luisa are friends. Dara is not the tallest, Jason is the shortest. Gustavo is between Dara and Luisa in height. Who is the tallest? Luisa

68A Chapter 2 Add to Solve Problems

Differentiated Instruction

Small Group Options

Option 1 — Gifted and Talented

TEKS 3.14(B) — VISUAL, LOGICAL

Materials: online department store sites or catalogs with merchandise that interests students

- Students get to go on a shopping spree! Supply them with a catalog or website. Give them a set amount of money ($25 to spend).
- Students choose whether they should estimate or calculate the exact amount to determine which toys they can buy.
- For example: Dinosaur Kit for $12.99 (~$13) and Magnetic Pet Shop for $9.99 (~$10) round to $23 (no tax).

Option 2 — English Language Learners

TEKS 3.15(B) — VISUAL, SPATIAL, LOGICAL

Materials: pictures that show "too many to count" (flowers in a meadow, trees in a forest, etc.) and pictures that show "exactly" (flower petals, flowers in a vase, etc.)
Core Vocabulary: about, too many, exactly
Common Use Verb: figure out
Talk Math This strategy illustrates why both exact and estimated amounts are needed.

- Show a picture that can be counted exactly. Say, "**About** how **many** ___ are there?" Repeat for exactly.
- Show a "too many to count" picture. Say: "**About** how **many** ___ are there?" Repeat for exactly, prompting "too many to count".
- Have students come up with strategies to figure out a way to count "too many to count". Repeat as time permits, modeling the problem-solving strategies as appropriate.

Independent Work Options

Option 1 — Early Finishers

TEKS 3.14(B) — LINGUISTIC

Materials: newspaper headlines with numbers

- Ask students to look at a newspaper and decide whether the numbers are exact or estimates. Have them underline words that helped them come to their conclusions.
- Ask students to suggest when an estimate could be used. Sample answer: number of people at a baseball game
- Have students think of situations when an exact number is needed. Sample answer: the price of tickets for a baseball game

Option 2 — Student Technology

Math Online tx.gr3math.com
Personal Tutor • Extra Examples • Online Games

Option 3 — Learning Station: Reading (p. 62G)

Direct students to the Reading Learning Station for opportunities to explore and extend the lesson concept.

Instrucción diferenciada

Opciones de trabajo independiente

Opción 1 — Para los que terminan primero

TEKS 3.14(B) — LINGÜÍSTICO

Materiales: titulares de periódicos con números

- Pídales a los alumnos que revisen un periódico y decidan si los números son exactos o estimaciones. Pídales que subrayen palabras que los hayan ayudado a llegar a sus conclusiones.
- Dígales a los alumnos que sugieran cuándo se puede usar una estimación. Ejemplo de respuesta: Número de personas en un juego de béisbol.
- Pídales a los alumnos que piensen en situaciones cuando se necesita un número exacto. Ejemplo de respuesta: El precio de entradas para un juego de béisbol.

Opción 2 — Tecnología para el alumno

TEKS 3.15(B)

 Enlace technológico

Matemáticas en línea tx.gr3math.com
Personal Tutor • Extra Examples • Online Games
Math Adventures: Robo Works (2B)

Opción 3 — Estación de aprendizaje: Lectura (pág. 62G)

Dirija a los alumnos a la estación de aprendizaje de lectura para que tengan la oportunidad de explorar y ampliar el concepto de la lección.

Opciones para grupos pequeños

Opción 1 — Talentosos

TEKS 3.14(B) — VISUAL/LÓGICO

Materiales: sitios en línea de tiendas de departamento o catálogos con mercancía que les interese a los alumnos

- ¡Los alumnos irán de compras! Provéales con un catálogo sitio de Internet. Entrégueles una cantidad fijada de dinero ($25 para gastar)
- Los alumnos eligen si deben estimar o calcular la cantidad exacta para determinar cuáles juguetes pueden comprar.
- Por ejemplo: Equipo de Dinosaurio $12.99 (~$13) y tienda magnética de mascotas por $9.99 (~$10) redondeado a $23 (sin impuesto).

Equipo de dinosaurio

Magnético Tienda de mascotas

Destrezas para Resolver Problemas

① Presentación

Actividad propuesta 1 • Repaso

Escriban el siguiente problema en la pizarra.

El lunes, alumnos de tercer grado gastaron $12 en la cafetería de la escuela. El martes, gastaron $17. ¿Cuánto más gastaron el martes que el lunes?

- **¿Cuáles son los cuatros pasos del plan de cuatro pasos?** entiende, planifica, resuelve, verifica
- **Usen el plan de cuatro pasos para resolver.** $5

Actividad propuesta 2 • Literatura

Presente la Lección con *Betcha!* de Stuart J. Murphy. (Vea en la página R104 una actividad matemática relacionada.)

② Enseñanza

Pídales a los alumnos que lean el problema sobre plantar árboles. Guíelos a través de los pasos para resolver problemas.

Entiende Usando las preguntas, repasen los que los alumnos conocen y necesitan calcular.

Planifica Pídales que comenten su estrategia.

Resuelve Guíe a los alumnos a decidir si necesitan una estimación o una respuesta exacta para el problema.
- **¿Qué palabra sugiere que se puede usar una estimación? Expliquen.** aproximadamente; ejemplo de respuesta: Aproximadamente significa una respuesta que es cercana a.
- **¿Qué haces con los números que quieres sumar antes de sumarlos?** redondea los números

Verifica Pídales a los alumnos que revisen el problema para asegurarse que la respuesta corresponde con los datos dados.
- **¿De qué otra forma pueden verificar la respuesta?** Ejemplo de respuesta: suma en un orden diferente

---

Problem-Solving Skill

① Introduce

Activity Choice 1 • Review
Write the following problem on the board.

On Monday, third-grade students spent $12 in the school cafeteria. On Tuesday, they spent $17. How much more did they spend on Tuesday than they did on Monday?

- **What are the four steps of the *four-step plan*?** understand, plan, solve, check
- **Use the *four-step plan* to solve.** $5

Activity Choice 2 • Literature
Introduce the lesson with *Betcha!* by Stuart J. Murphy. (For a related math activity, see p. R104.)

TEKS 3.14(B)

② Teach

Have students read the problem on planting trees. Guide them through the problem-solving steps.

Understand Using the questions, review what students know and need to find.

Plan Have them discuss their strategy.

Solve Guide students to decide whether they need an estimate or an exact answer to the problem.
- **What word suggests an estimate can be used? Explain.** about; Sample answer: About means an answer that is close to.
- **What do you do to the numbers that you want to add before adding them?** round the numbers

Check Have students look back at the problem to make sure that the answer fits the facts given.
- **How else could you check the answer?** Sample answer: add in a different order

 COMMON ERROR!
When needing to estimate a sum, some students may decide to add the numbers first, get an exact answer, and then round. Remind students to round the numbers before adding.

 ¡ERROR COMÚN!
Cuando necesiten estimar una suma, algunos alumnos pueden decidir sumar los números primero, obtener una respuesta exacta y luego redondear. Recuérdeles a los alumnos redondear los números antes de sumar.

Estrategia para resolver problemas

IDEA PRINCIPAL Decidiré si es necesario una estimación o una respuesta exacta.

TEKS Objetivo 3.14 El estudiante aplica las matemáticas del 3er grado para resolver problemas relacionados con experiencias diarias y actividades dentro y fuera de la escuela. (C) **Seleccione o desarrolle un plan o una estrategia de resolución de problemas apropiado . . . para resolver un problema.** *También cubre TEKS 3.14(B)*

Para celebrar el Día del Árbol, un pueblo plantó árboles en un fin de semana. El sábado, se plantaron 53 árboles. El domingo, se plantaron otros 38 árboles. ¿Aproximadamente cuántos árboles se plantaron en total?

Entiende	**¿Qué datos tienes?** • El sábado, se plantaron 53 árboles. • El domingo, se plantaron 38 árboles. **¿Qué necesitas calcular?** • Calcula *alrededor de cuántos* árboles se plantaron en total.
Planifica	Necesitas decidir si estimar o calcular una respuesta exacta. Como la pregunta dice alrededor de cuántos árboles se plantaron, necesitas estimar.
Resuelve	• Primero, calcula alrededor de cuántos árboles se plantaron cada día. Para estimar, redondea a la decena más cercana. $53 \rightarrow 50$ Redondea 53 a 50. $38 \rightarrow 40$ Redondea 38 a 40. • Luego, suma. $\begin{array}{r} 50 \\ +40 \\ \hline 90 \end{array}$ Entonces, se plantaron alrededor de 90 árboles en total.
Verifica	Revisa el problema. Si la pregunta te pide una respuesta exacta, debes calcular $53 + 38 = 91$. La estimación se acerca a la respuesta exacta. Por lo tanto, la estimación tiene sentido.

Reteach (pp. 13–14) BL   **Skills Practice (p. 15)** OL

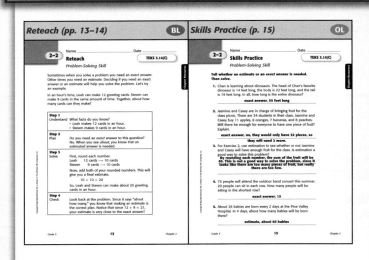

Reforzamiento (págs. 13-14) BL   **Práctica de destrezas (pág. 15)** OL

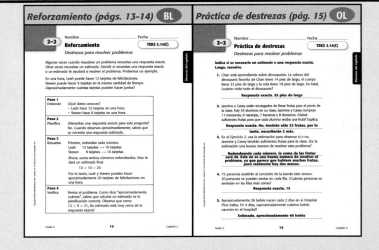

Consulta el problema de la página anterior. 2–4. Ver Apéndice de respuestas del Cap. 2.

1. ¿Cómo sabes cuándo calcular una estimación o una respuesta exacta? Observa la frase *alrededor de*.

2. Describe una situación donde sea necesaria una respuesta exacta.

3. ¿Estimar por debajo puede causar dificultad? Explica.

4. Explica una razón del por qué sólo se necesita una estimación del número de árboles plantados.

★ Indica problemas de pasos múltiples

PRÁCTICA la destreza

Ver página R5.

Indica si es necesario una estimación o una respuesta exacta. Luego, resuelve.

5. Durante un día de profesiones, los alumnos le dieron a un autor cuentos que ellos mismos escribieron. ¿Cuántos cuentos recibió el autor?
Repuesta exacta; 61 cuentos

Cuentos de los alumnos	
2do grado	26
3er grado	35

6. **Medidas** Kishi corta 2 trozos de cuerda. Uno tiene 32 pulgadas de largo. El otro tiene 49 pulgadas de largo. ¿Tendrá suficiente cuerda para un proyecto que necesita 47 pulgadas y 29 pulgadas de cuerda? Explica.
Estimación; sí 32 pulg > y > 49 pulg

7. En el autobús, hay suficientes asientos para 60 alumnos. ¿Pueden montarse en el autobús todos los 32 niños y 26 niñas? Explica. Sí; exacto; 32 + 26 = 58 y 58 < 60.

8. El número 7 septillón tiene 24 ceros después de él. El número 7 octillón tiene 27 ceros después de él. ¿Cuántos ceros hay en total? Exacto; 51 ceros

★9. **Medidas** Si cada cucharada de mezcla alcanza para un vaso de limonada, ¿serán suficientes 96 onzas para 15 vasos de limonada? Explica.

Instrucciones de la limonada	
Agua	Mezcla
32 onzas	4 cucharadas
64 onzas	8 cucharadas
96 onzas	12 cucharadas

Ver Apéndice de respuestas del Cap. 2

10. Las direcciones en un mapa del tesoro le indicaron a Rosaline caminar 33 pasos hacia delante y luego 15 pasos a la derecha. ¿Cuántos pasos necesita caminar? Exactamente; 48 pasos

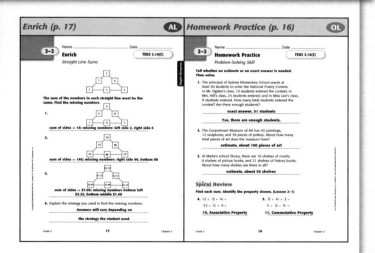

11. ESCRIBE EN MATEMÁTICAS Escribe dos problemas concretos. Uno debe usar estimación y el otro debe tener una respuesta exacta. Ver Apéndice de respuestas del Cap. 2.

Lección 2-2 Estrategia para resolver problemas **69**

Analyze the Strategy Use Exercises 1–4 to analyze and discuss the problem-solving strategy.

BL Alternate Teaching Strategy TEKS 3.14(B)

If students have trouble determining when an estimate can be used …

Then use one of these reteach options:

1 CRM **Daily Reteach Worksheet** (pp. 13–14)

2 Discuss how phrasing helps decide when to use an estimate and when to use an exact answer. Examples could be:

Estimates	Exact Anwers
approximate temperature outside	temperature for July 4th
average weekly temperature	lowest temperature this week
average points scored by a basketball player	number of points scored in today's game

③ Practice

Using the Exercises
- **Exercise 9** Remind students that each tablespoon means 1 tablespoon.

④ Assess

Formative Assessment TEKS 3.14(B)

Give students the following problem and ask them to solve. Explain your answer.

Teja put the cake in the oven for 17 minutes. She checked on it and put it back in for 9 more minutes. About how long was the cake in the oven? 30 minutes; Sample answer: about means to estimate, so 17 rounds to 20 and 9 rounds to 10. 20 + 10 = 30

Quick Check Are students continuing to struggle with deciding whether an exact answer or an estimate is needed?

If Yes → CRM Reteach Worksheet (pp. 13–14)

If No → Independent Work Options (p. 68B)
CRM Skills Practice Worksheet (p. 15)
CRM Enrich Worksheet (p. 17)

Lesson 2-2 Problem-Solving Skill: Estimate or Exact Answer **69**

Analiza la estrategia Use los Ejercicios 1 al 4 para analizar y comentar la estrategia para resolver problemas.

BL Estrategia alternativa de enseñanza TEKS 3.14(B)

Si los alumnos tienen problemas determinando cuando se puede usar una estimación…

Entonces use una de estas opciones de reforzamiento:

1 CRM **Hoja de reforzamiento diario** (págs. 13–14)

2 Coménteles cómo parafrasear puede ayuda a decidir cuando usar una estimación y cuando usar una respuesta exacta. Los ejemplos pueden ser:

Estimación
temperatura externa aproximada
temperatura semanal promedio
puntos promedio anotados por un jugador de baloncesto

respuestas exactas
la temperatura para el cuatro de julio
la temperatura más baja esta semana
el número de puntos anotados en el juego de hoy

③ Práctica

Uso de los ejercicios
- **Ejercicio 9** Recuérdeles a los alumnos que cada cuchara significa 1 cuchara.

④ Evaluación

Evaluación formativa TEKS 3.14 (B)

Entrégueles a los alumnos el siguiente problema y pídales resolverlo. Expliquen sus respuestas.
Teja coloca el pastel en el horno por 17 minutos. Ella lo verificó y lo colocó de vuelta por 9 minutos más. ¿Aproximadamente cuánto tiempo estuvo el pastel en el horno? 30 minutos; Ejemplo de respuesta: aproximadamente significa estimar, entonces, 17 redondeado a 20 y 9 se redondea a 10. 20 + 10 = 30

Control rápido ¿Les sigue costando a los alumnos decidir si se necesita una respuesta exacta o una estimación?

Si la respuesta es:
Sí → Hoja de reforzamiento (pág. 13 y 14)
No → Opciones de trabajo independiente (pág. 68B)
CRM Hoja de ejercicios para la práctica de destrezas (pág. 15)
CRM Hoja de trabajo de enriquecimiento (pág. 17)

Lección 2-2 Destreza para resolver problemas **69**

Planificador de lección

Objetivo

Estima sumas.

TEKS y TAKS

TEKS Objetivo 3.5(B) Números, operaciones y razonamiento cuantitativo. El estudiante estima para determinar resultados razonables. **(B) Utilice estrategias que incluyen el redondeo y los números compatibles para estimar soluciones a problemas de suma** y resta.

TAKS 1 El estudiante demostrará un entendimiento de patrones, operaciones y razonamiento cuantitativo.

Las páginas del alumno también cubren los siguientes TEKS:
TEKS 3.15(A) Coméntalo, Ejercicio 8
TEKS 3.14(A), TEKS 3.16(B) Problemas H.O.T., Ejercicios 32-34
TEKS 3.3(A) Repaso espiral, Ejercicios 37-41

Vocabulario

estimar, números compatibles

Rutina diaria

Siga estas sugerencias antes de iniciar la lección de la pág. 70.

Problema del día

Ricardo está pensando en un número de dos dígitos. Los dígitos tienen una suma de 11 y tienen una diferencia de 3. ¿En cuáles números puede estar pensando él? 47 ó 74

Control de 5 minutos

(Repaso de la Lección 2-2)

Indiquen si necesitan una estimación o una respuesta exacta. Luego, resuelvan.

La furgonetas de la escuela puede llevar 24 alumnos. La Sra. Lazo tiene 9 niñas y 17 niños en su clase. ¿Podrá la van llevar a todos los alumnos en la clase? estimación, no

---

Lesson Planner

Objective

Estimate sums.

TEKS and TAKS

Targeted TEKS 3.5 The student estimates to determine reasonable results. **(B) Use strategies including rounding and compatible numbers to estimate solutions to addition** and subtraction **problems.**

TAKS 1 The student will demonstrate an understanding of numbers, operations, and quantitative reasoning.

Student pages also address the following TEKS:
TEKS 3.15(B) Talk About It, Exercise 8
TEKS 3.14(A), TEKS 3.16(B) HOT Problems, Exercises 32–34
TEKS 3.3(A) Spiral Review, Exercises 37–41

Vocabulary

estimate, compatible numbers

Resources

Manipulatives: base-ten blocks

Literature Connection: *Counting On Frank* by Rod Clement

Teacher Technology
Interactive Classroom • TeacherWorks

Focus on Math Background

As students are learning how to add two-digit numbers, it is important that they also learn estimation skills. This allows them to avoid errors that may result from reliance on rote procedures. Also, many real-life situations require only estimates of sums. Rounding strategies provide a means to perform estimates, as it is relatively easy to add various multiples of 10. For example, the sum 48 + 34 is estimated as 50 + 30, or 80. Students may be surprised that the word "estimate" can be both a noun and a verb, depending on context. They should begin to learn that such double usage is common in the English language.

70A **Chapter 2** Add to Solve Problems

Daily Routine

Use these suggestions before beginning the lesson on p. 70.

5-Minute Check

(Reviews Lesson 2-2)

Tell whether you need an estimate or an exact answer. Then solve.

The school van holds 24 students. Mrs. Lazo has 9 girls and 17 boys in her class. Will the van hold all of the students in the class? estimate, no

Problem of the Day

Ricardo is thinking of a two-digit number. The digits have a sum of 11, and they have a difference of 3. What numbers could he be thinking of? 47 or 74

Building Math Vocabulary

Write the lesson vocabulary words and their definitions on the board.

Point out that the word *estimate* can be used as a noun or a verb. Read the sentence, **"Yoruba's estimate was that it would take 3 hours to finish his homework."** Ask what part of speech estimate is in the sentence. noun Have students use the noun form and definition in their own sentence.

Visual Vocabulary Cards
Use Visual Vocabulary Card 19 to reinforce the vocabulary introduced in this lesson. (The Define/Example/Ask routine is printed on the back of each card.)

estimate

Adquisición de vocabulario matemático

Escriba las palabras del vocabulario de la lección y sus definiciones en la pizarra.

Señale que la palabra estimación puede usarse como un pronombre o un verbo. Lean la oración "La estimación de Yoruba era que, tomarán 3 horas terminar su tarea". Pregúnteles en qué parte de la frase está estimada en la oración. Pídales a los alumnos que usen la forma de pronombre y definición en su propia oración.

Tarjetas visuales de vocabulario

Use la(s) tarjeta(s) visual(es) del vocabulario 19 para reforzar el vocabulario presentado en esta lección. (En la parte trasera de cada tarjeta está escrita la rutina Definir/Ejemplo/Pregunta).

Estmación

Differentiated Instruction

Small Group Options

Option 1 TEKS 3.5(B) — LOGICAL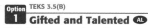

Gifted and Talented (AL)

Materials: paper and pencil

- Give students a whiteboard or paper with the following questions. Have them work as a group to answer.
- **How is using compatible numbers different from rounding?** In rounding, you change one digit based on the digit to the right of the one you're rounding. In compatible numbers, you round to numbers that are easy to use.

Option 2 TEKS 3.1(C) — VISUAL

English Language Learners (ELL)

Materials: 3 × 5 cards sets (numbers in ones only, with matching number regrouped. Example: one card says "17 ones"; its match would say "1 ten and 7 ones")
Core Vocabulary: who has, I have, is/are the same as
Common Use Verb: match/matches
Hear Math This strategy activates background knowledge and sharpens listening skills.

- Say, "10 pennies **are the same** as 1 dime."
- Place 22 pennies opposite 2 dimes and 2 pennies. Say: "22 ones **are the same as** 2 tens and 2 ones. They **match**."
- Distribute cards. Write the scaffold "**I have** ___ ones. Who **matches** me?" on one side of the board and "**I match**! **I have** ___ tens and ___ ones" on the other.
- Have students call and respond until all cards are matched or as time permits.

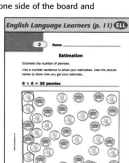

Use this worksheet to provide additional support for English Language Learners.

Independent Work Options

Option 1 — INTRAPERSONAL

Early Finishers (OL) (AL)

Materials: number cubes

- Have students roll two number cubes and form a two-digit number. Have them roll again and form a second two-digit number.
- Have them round the numbers and find the sum.
- Repeat as time allows. Note: The same activity can be done using compatible numbers.

Option 2

Student Technology

Math Online tx.gr3math.com
Personal Tutor • Extra Examples • Online Games
Math Adventures: Robo Works (2B)

Option 3

Learning Station: Reading (p. 62G)

Direct students to the Reading Learning Station for opportunities to explore and extend the lesson concept.

Option 4

Problem-Solving Practice

Reinforce problem-solving skills and strategies with the Problem-Solving Practice worksheet.

Lesson 2-3 Estimate Sums **70B**

Instrucción diferenciada

Opciones de trabajo independiente

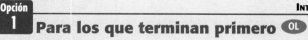

Opción 1 — INTRAPERSONAL

Para los que terminan primero (OL) (AL)

Materiales: dados

- Pídales a los alumnos que lancen dos dados y que formen un número de dos dígitos. Pídales que los lancen nuevamente y que formen un segundo número de dos dígitos.
- Pídales redondear los números y calcular la suma.
- Repita mientras lo permita el tiempo. Nota: La misma actividad se puede hacer usando números compatibles.

Opción 2

Tecnología para el alumno

Matemáticas en línea tx.gr3math.com
Personal Tutor • Extra Examples • Online Games
Math Adventures: Robo Works (1A)

Opción 3

Estación de aprendizaje: Arte (pág. 62G)

Dirija a los alumnos a la estación de aprendizaje de arte para que tengan la oportunidad de explorar y ampliar el concepto de la lección.

Opción 4

Práctica y solución de problemas

Refuerce las destrezas y las estrategias de solución de problemas con la hoja de trabajo de solución de problemas.

Opciones para grupos pequeños

Opción 1 TEKS 3.5(B) — LÓGICO

Talentosos (AL)

Materiales: papel y lápiz

- Entregue a los alumnos una pizarra en blanco o papel con las siguientes preguntas. Pídales que trabajen en grupo para responder.
- **¿En qué se diferencia usar números compatibles a redondear?** En el redondeo, cambias un dígito basado en el dígito a la derecha del que estás redondeando. En los números compatibles redondeas a números que son fáciles de usar.

① Presentación

Actividad propuesta 1 • Práctica

Escriban el siguiente problema en la pizarra:

Aproximadamente 16 padres, 13 madres y 9 niños vieron el juego de sóftbol. ¿Estaban viendo el juego al menos 30 personas?

- **¿Necesitan calcular el total exacto o una estimación?** una estimación
- **¿Estaban viendo el juego al menos 30 personas?** sí
- **¿Cómo calculan la estimación total?** Ejemplo de respuesta: redondeen los números y suma 20 + 10 + 10 = 40.

Actividad propuesta 2 • Literatura

Presente la Lección con *Counting on Frank* de Rod Clement. (Vea en la página R104 una actividad matemática relacionada.)

② Enseñanza   TEKS 3.1(B), 3.5(B)

Preguntas básicas

Escriban los números 67,78,25 y 17 en la pizarra. Indíqueles a los alumnos que usarán estos números para responder las siguientes preguntas.

- **Enlisten los cuatro números en orden de menor a mayor.** 17, 25, 67, 78
- **Realmente sin sumar los números pueden indicar qué suma es mayor, 17 + 67 o 25 + 78?** sí
- **¿Cómo saben qué suma es mayor?** Ejemplo de respuesta: Redondeen cada número: 17 + 67 se redondea a 20 + 70 = 90. 25 + 78 se redondea a 30 + 80 = 110, entonces, la segunda suma es mayor.

▶ **PREPÁRATE para aprender**

Pídales a los alumnos que abran sus libros y lean la información de *Prepárate para aprender.* Repasen **estimación y números compatibles.** En conjunto, trabajen los Ejemplos 1-3.

---

① Introduce   TEKS 3.5(B)

Activity Choice 1 • Hands-On

Write the following problem on the board:
About 16 fathers, 13 mothers, and 9 children watched the softball game. Were at least 30 people watching the game?

- **Do you need to find the exact total or an estimate?** an estimate
- **Were at least 30 people watching the game?** yes
- **How did you find the estimated total?** Sample answer: round the numbers and add 20 + 10 + 10 = 40.

Activity Choice 2 • Literature

Introduce the lesson with *Counting On Frank* by Rod Clement. (For a related math activity, see p. R104.)

② Teach   TEKS 3.1(B), 3.5(B)

Scaffolding Questions

Write the numbers 67, 78, 25, and 17 on the board. Tell students they will use these numbers to answer the following questions.

- **List the four numbers in order from least to greatest.** 17, 25, 67, 78
- **Without actually adding the numbers can you tell which sum is greater, 17 + 67 or 25 + 78?** yes
- **How do you know which sum is greater?** Sample answer: Round each number: 17 + 67 rounds to 20 + 70 = 90. 25 + 78 rounds to 30 + 80 = 110, so the second sum is greater.

▶ **GET READY to Learn**

Have students open their books and read the information in **Get Ready to Learn**. Review **estimate** and **compatible numbers**. As a class, work through **Examples 1–3**.

IDEA PRINCIPAL
Estimaré sumas.

TEKS Objetivo 3.5
El estudiante estima para determinar resultados razonables. (B) Utilice estrategias que incluyen el redondeo y los números compatibles para estimar soluciones a problemas de suma y resta.

Vocabulario nuevo
estimar
números compatibles

Recuerda
Consulta la Lección 1-8 para repasar cómo redondear números enteros.

▶ **PREPÁRATE para aprender**

Los alumnos de la escuela elemental Glenwood tuvieron una exposición de arte. A continuación se muestra el número de visitantes. ¿Alrededor de cuántas personas visitaran la exposición de arte durante los dos días?

Exposición de arte	
Visitantes	
Viernes	47
Sábado	34

La palabra *alrededor* significa que no necesitas una respuesta exacta. Puedes estimar. Cuando **estimas**, calculas una respuesta que está cerca de la respuesta exacta. Puedes redondear para estimar.

🔴 **EJEMPLO concreto**   Redondea para estimar

① **ESCUELA** ¿Alrededor de cuántas personas en total visitaran la exposición de arte el viernes y el sábado?

Para hallar el total, calcula 47 + 34. Como la pregunta dice *alrededor* de cuántas personas, estima 47 + 34.

Paso 1 Redondea cada número a la decena más cercana.

| 47 | ⟶ | 50 | ◀ | Redondea 47 a 50. |
| 34 | ⟶ | 30 | ◀ | Redondea 34 a 30. |

Paso 2 Suma.

$$\begin{array}{r} 47 \\ + 34 \\ \hline \end{array} \longrightarrow \begin{array}{r} 50 \\ + 30 \\ \hline 80 \end{array}$$

Por lo tanto, *alrededor* de 80 personas visitaron la exposición de arte.

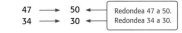 Tutor personal en tx.gr3math.com

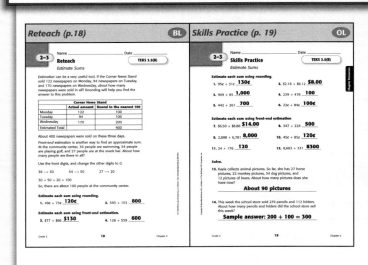

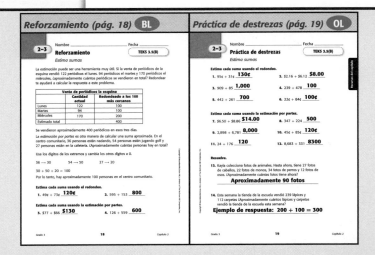

2 **ROSQUILLAS** La Sra. Cruz compró 36 roscas de miel y 32 roscas de arándanos para un desayuno de premiación. ¿Aproximadamente cuántas roscas compró?

Necesitas estimar 36 + 32.

$$36 \longrightarrow 40 \longleftarrow \text{Redondea 36 a 40.}$$
$$32 \longrightarrow \underline{+\ 30} \longleftarrow \text{Redondea 32 a 30.}$$
$$70$$

Por lo tanto, la Sra. Cruz compró *alrededor de* 70 roscas.

Puedes usar **números compatibles** para estimar. Los números compatibles son números fáciles de usar juntos cuando estimas.

EJEMPLOS   Usa números compatibles para estimar

3 **Estima 12 + 39.**

Los números que terminan en 0 son fáciles de sumar.

$$12 \longrightarrow 10$$
$$39 \longrightarrow 40$$
$$10 + 40 = 50$$

Entonces, 12 + 39 es *alrededor de* 50.

4 **Estima 73 + 23.**

Los números 25, 50, 75 y 100 son fáciles de sumar.

$$73 \longrightarrow 75$$
$$23 \longrightarrow 25$$

Usa monedas de 25¢ para sumar.

 = $1.00

$$75 \quad + \quad 25 \quad = 100$$

Por lo tanto, 73 + 23 es *alrededor de* 100.

8. Esta semana, un cine proyectará 53 películas. La próxima semana proyectará 45 películas. ¿Cuántas películas proyectarán en total en las dos semanas?

✓ VERIFICA lo que sabes

Redondea para estimar cada suma. Ver ejemplos 1 y 2 (págs. 70-71)

1. 31   30 + 60 = 90
    + 57

2. 38   40 + 60 = 100
    + 59

3. 35   40 + 30 = 70
    + 28

Usa números compatibles para estimar cada suma. Ver ejemplos 3 y 4 (pág. 71)

4. 43 + 56   Ejemplo de respuesta: 50 + 50 = 100

5. 91 + 94   Ejemplo de respuesta: 100 + 100 = 200

6. 52 + 17   Ejemplo de respuesta: 50 + 20 = 80

7. Esta semana, un cine proyectará 53 películas. La próxima semana, proyectará 45 películas. ¿Alrededor de cuántas películas proyectará en las dos semanas? 50 + 50 = 100

8. **Coméntalo** Revisa el Ejercicio 7. ¿Cómo se puede rescribir de manera que se necesita una respuesta exacta? Ver el margen.

Enrich (p. 22)   AL

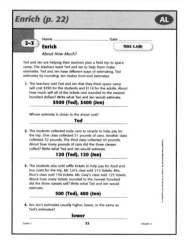

Example 3 Remind students that when using compatible numbers, multiples of 25 can be counted quickly if they use quarters.

ADDITIONAL EXAMPLES

1 Kevin found 14 snails in his backyard after a rain. The next day he found 28 more snails. About how many snails did he find in all? 40

2 Samir rode his bike 28 miles on Monday and 43 miles on Tuesday. Estimate how many miles he rode on those two days. 70 miles

3 There were 68 clowns on the circus floor and 14 acrobats. About how many people were on the circus floor? 80

✓ CHECK What You Know

As a class, have students complete Exercises 1--8 in **Check What You Know** as you observe their work.

💬 **Exercise 8** Assess student comprehension before assigning practice exercises.

BL **Alternate Teaching Strategy**   TEKS 3.5(B)

If students have trouble rounding numbers to find an estimate …

Then use one of these reteach options:

1 CRM **Daily Reteach Worksheet** (p. 18)

2 Write 27 + 38 on the board. Use base-ten blocks to show each addend rounded to the nearest ten. Combine models and find the estimated sum: 3 tens + 4 tens = 7 tens or 70.

Additional Answer

8. This week, a movie theatre will show 53 movies. Next week, 45 movies will be shown. How many will they show in the two weeks? 53 + 45 = 98 movies

Enriquecimiento (pág. 22)   AL

Estima usando números compatibles

Ejemplo 3 Recuérdeles a los alumnos que al usar números compatibles, los múltiplos de 25 se pueden contar rápido si se usan cuartos.

EJEMPLOS ADICIONALES

1 Kevin encontró 14 caracoles en su patio luego de la lluvia. Al día siguiente encontró 28 caracoles más. ¿Aproximadamente cuántos caracoles encontró en total? 40

2 Samir recorrió con su bicicleta 28 millas el lunes y 43 millas el martes. Estima cuántas millas recorrió en esos dos días. 70 millas

3 Habían 68 payasos en el suelo del circo y 14 acróbatas. ¿Aproximadamente cuántas personas estaban en el suelo del circo? 80

✓ VERIFICA lo que sabes

En conjunto, pídales a los alumnos que completen los Ejercicios 1 al 8 en **Verifica lo que sabes** a medida que usted observa sus trabajos.

Ejercicio 8 Evalúa la comprensión del alumno antes de asignarle los ejercicios prácticos.

BL **Estrategia alternativa de enseñanza**   TEKS 3.5(B)

Si los alumnos tienen problemas redondeando números para calcular una estimación…

Entonces use una de estas opciones de reforzamiento:

1 CRM **Hoja de reforzamiento diario** (pág. 18)

2 Escriba 27 + 38 en la pizarra. Use bloques de base diez para mostrar cada sumando redondeado a la decena más cercana. Combine modelos y calcule la suma estimada: 3 decenas + 4 decenas = 7 decenas ó 70.

Respuesta adicional:

8. Esta semana, el cine mostrará 53 películas. La próxima semana, mostrará 45 películas. ¿Cuántas películas mostrarán en las dos semanas? 53 + 45 = 98 películas

③ Práctica

Asigne la práctica para los ejercicios 9 al 34 según los siguientes niveles.

Nivel	Asignación
BL Nivel bajo	6–8, 12–13, 16–17, 20–21
OL A nivel	7–10, 13–15, 16–18, 20–22, 23
AL Nivel avanzado	7–21 impar, 23–24

Pídales a los alumnos que analicen y completen los problemas de razonamiento de alto nivel. En el Ejercicio 32, anime a los alumnos a pensar en decenas para sumar 50, tales como 10 + 40 y 20 + 30.

 **ESCRIBE EN** ►**MATEMÁTICAS**

Pídales a los alumnos que completen el Ejercicio 34 en sus Diarios de Matemáticas. Puede elegir hacer este ejercicio como una evaluación formativa adicional.

③ Practice

Differentiate practice using these leveled assignments for Exercises 9–34.

Level	Assignment
BL Below Level	9–11, 15–16, 18–22, 27–28, 30
OL On Level	9–16, 19–25, 28–30, 31, 33
AL Above Level	10–30 even, 32–34

Have students discuss and complete the Higher Order Thinking problems. When trying to complete Exercise 32, encourage students to think of tens that add to 50, such as 10 + 40 and 20 + 30.

WRITING IN ►MATH Have students complete Exercise 34 in their Math Journals. You may choose to use this exercise as an optional formative assessment.

 COMMON ERROR!

Exercises 18–26 Students may be tempted to use more than the front digit to try to get an estimate that is closer to the exact sum. Remind them that estimation is meant to be a quick way to solve a problem when an exact sum is not needed.

► Práctica y solución de problemas
PRÁCTICA EXTRA
Ver página R5.

Redondea para estimar cada suma. Ver ejemplos 1 y 2 (págs. 70–71)

9. $\begin{aligned} 64 \\ + 34 \end{aligned}$ $60 + 30 = 90$ **10.** $\begin{aligned} 75 \\ + 11 \end{aligned}$ $80 + 10 = 90$ **11.** $\begin{aligned} 56 \\ + 22 \end{aligned}$ $60 + 20 = 80$

12. $\begin{aligned} 13 \\ + 39 \end{aligned}$ $10 + 40 = 50$ **13.** $\begin{aligned} 81 \\ + 10 \end{aligned}$ $80 + 10 = 90$ **14.** $\begin{aligned} 23 \\ + 25 \end{aligned}$ $20 + 30 = 50$

15. $11 + 72$ $10 + 70 = 80$ **16.** $49 + 20$ $50 + 20 = 70$ **17.** $18 + 41$ $20 + 40 = 70$

Usa números compatibles para estimar cada suma.
Ver ejemplos 3 y 2 (pág. 71)

18. $\begin{aligned} 23 \\ + 28 \end{aligned}$ Ejemplo de respuesta: $25 + 25 = 50$ **19.** $\begin{aligned} 94 \\ + 14 \end{aligned}$ Ejemplo de respuesta: $100 + 10 = 110$ **20.** $\begin{aligned} 80 \\ + 15 \end{aligned}$ Ejemplo de respuesta: $75 + 25 = 100$

21. $33 + 37$ Ejemplo de respuesta: $30 + 40 = 70$ **22.** $80 + 89$ Ejemplo de respuesta: $80 + 90 = 170$ **23.** $11 + 72$ Ejemplo de respuesta: $10 + 70 = 80$

24. $48 + 29$ Ejemplo de respuesta: $50 + 25 = 75$ **25.** $91 + 14$ Ejemplo de respuesta: $90 + 10 = 100$ **26.** $13 + 31$ Ejemplo de respuesta: $10 + 30 = 40$

27. ¿Alrededor de cuántos corredores hubo en la Competencia Divertida de verano? $80 + 50 = 130$ corredores

Competencia divertida de verano		
Hora de inicio	**Grupo**	**Corredores**
9:00 a.m.	Caminadores	79
10:00 a.m.	Competidores	51
FINAL		

28. ¿Cuál será una estimación razonable de asistencia a la feria escolar? $60 + 90 = 150$ personas

Asistencia a la feria escolar	
Sábado	**Domingo**
62	92

29. Noshie hizo 2 racimos de globos. Un racimo tiene 9 globos azules y 12 globos amarillos, el otro tiene 14 globos rojos y 16 amarillos. ¿Alrededor de cuántos globos amarillos hay en total?
$20 + 10 = 30$ globos amarillos

★**31.** **Medidas** Dos paredes de una habitación miden 21 pies cada una y la otras dos miden 26 pies cada una. Estima la longitud total de las cuatro paredes.
$20 + 20 + 30 + 30 = 100$ pies

30. El equipo A tiene 112 jugadores de fútbol y el equipo B tiene 74. Correlaciona el número correcto de niños y niñas para cada equipo.

Jugadores del equipo A y del equipo B	
Niños	**Niñas**
55	33
41	57

Equipo A: 55 niños, 57 niñas y equipo B: 41 niños; 33 niñas.

 **Ejemplos extra en** tx.gr3math.com

---

 ¡ERROR COMÚN!

Ejercicios 18 al 26 Los alumnos pueden verse tentados a usar más de el dígito delantero para intentar obtener una estimación que sea cercana a la suma exacta. Recuérdeles que el significado de los estimaciones es ser una forma rápida para resolver problemas cuando no se necesita una suma exacta.

Problemas H.O.T.

32. **INTERPRETA** Usa los dígitos 1, 2, 3 y 4 una vez para escribir dos números de dos dígitos cuya suma estimada sea menor que 50. *Ejemplo de respuesta: 24 + 13 se redondea a 20 + 10 = 30*

33. **HALLA EL ERROR** Ed y Jayden estiman 26 + 47. ¿Quién tiene la razón? Explica tu razonamiento. *Ed; Jayden no estimó.*

Ed
```
  30
+ 50
----
  80
```

Jayden
```
   1
  26
+ 47
----
  73
```

34. **ESCRIBE EN** ▶**MATEMÁTICAS** Escribe sobre una situación concreta donde usar la estimación por partes no es la mejor manera de estimar una suma. *estimar precios y compararlos*

★ **Práctica para la** PRUEBA   TAKS 1

35. Para una fiesta, Evelina hizo 39 palitos de apio y 58 lumpias. ¿Aproximadamente cuántas golosinas tiene para la fiesta? (Lección 2-2) **D**

A 60   **C** 90
B 70   **D** 100

36. El Sr. Moseley plantará 12 flores en cada una de las 4 jardineras de su ventana. ¿Aproximadamente cuántas flores necesita comprar? (Lección 2-3) **J**

F 12   **H** 40
G 30   **J** 50

Repaso espiral

Álgebra Calcula cada número que falta. Identifica la propiedad. (Lección 2-1)

37. $(8 + 4) + 7 = \blacksquare 9$;
$\blacksquare + (4 + 7) = 19$ *7*
propiedad asociativa de la suma

38. $25 + \blacksquare = 25$ *0*;
propiedad de identidad de la suma

39. $9 + \blacksquare = 16$ *7*;
$7 + \blacksquare = 16$ *9*;
propiedad conmutativa de la suma

40. En marzo, llovió 12 días y en abril 26 días. ¿Alrededor de cuántos días llovió en estos dos meses? (Lecciones 2-2 y 2-3) *10 + 30 = 40 días*

41. **Medidas** La Srta. Sylvia condujo 7 millas desde casa a la tienda. Luego, condujo otras 16 millas al trabajo. Al final del día, condujo la misma trayectoria a casa. ¿Cuántas millas manejó ese día? (Lección 1-2) *7 + 16 = 23 y 23 + 23 = 46 millas*

Homework Practice (p. 20) OL

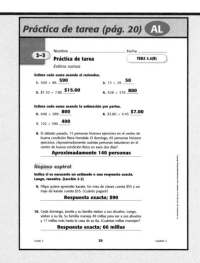

Práctica de tarea (pág. 20) AL

Formative Assessment   TEKS 3.5(B)

Have students explain how to find the sum of 46 + 24 by rounding and by using compatible numbers. Sample answer: Rounding gives 50 + 20 = 70 and compatible numbers gives 50 + 25 = 75.

Quick Check   **Are students continuing to struggle with estimating sums?**

If Yes → CRM Reteach Worksheet (p. 18)
Strategic Intervention Guide (p. 26)

If No → Independent Work Options (p. 70B)
CRM Skills Practice Worksheet (p. 19)
CRM Enrich Worksheet (p. 22)

Into the Future Tell students that the next lesson is about adding two-digit numbers. Have them write about how they think today's lesson on estimating sums will help them with the next lesson.

★ TEST Practice

Reviews Lessons 2-2 and 2-3
Assign the Texas Test Practice problems to provide daily reinforcement of test-taking skills.

Spiral Review

Reviews Lessons 1-2, 2-1, 2-2, and 2-3
Review and assess mastery of skills and concepts from previous chapters.

Evaluación formativa   TEKS 3.3(B)

Pídales a los alumnos que expliquen cómo calcular la suma de 46 + 24 redondeando y usando números compatibles. Ejemplo de respuesta: Redondeando da 50 +20 = 70 y usando números compatibles da 50 + 25 = 75.

Control rápido   ¿Les sigue costando a los alumnos estimar sumas?

Si la respuesta es:
Sí → hoja de reforzamiento (pág. 18)
No → Opciones de trabajo independiente (pág. 70B)
CRM Hoja de ejercicios para la práctica de destrezas (pág. 19)
CRM Hoja de trabajo de enriquecimiento (pág. 22)

En el futuro Indíqueles a los alumnos que la próxima lección trata sobre la suma de números de dos dígitos. Pídales que escriban sobre cómo piensan que la lección de hoy sobre estimar sumas les ayudará con la siguiente lección.

▶ **Práctica para la** PRUEBA

Repasa las Lecciones 2-2 y 2-3
Asigne los problemas de Práctica para el examen de Texas para reforzar diariamente las destrezas de resolución de pruebas.

Repaso espiral
Repasa las Lecciones 1-2, 2-1, 2-2 y 2-3
Repasar y evaluar el dominio de las destrezas y conceptos de capítulos anteriores.

LECCIÓN 2-4 Suma de dos dígitos

Planificador de lección

Objetivo

Haz un modelo de la suma.

TEKS y TAKS

TEKS Objetivo 3.3(A) Números, operaciones y razonamiento cuantitativo. El estudiante suma y resta para resolver problemas relevantes en los que se usan números enteros. **(A)** Dé ejemplos de la suma y la resta **utilizando dibujos, palabras y números.** *También cubre TEKS 3.5(B)*

TAKS 1 El estudiante demostrará un entendimiento de patrones, operaciones y razonamiento cuantitativo.

Las páginas del alumno también cubren los siguientes TEKS:
TEKS 3.15(B) Coméntalo, Ejercicio 6
TEKS 3.15(B), TEKS 3. 16 (B) Problemas H.O.T., Ejercicios 25–26

Vocabulario

reagrupar

Rutina diaria

Siga estas sugerencias antes de iniciar la lección de la pág. 74.

Control de 5 minutos

(Repaso de la Lección 2-3)

Estimen cada suma usando el redondeo.

1. 37 + 41 80

2. 65 + 18 90

Estimen cada suma usando números compatibles.

3. 18 + 29 50

4. 21 + 40 60

Problema del día

Sisasy tiene 11 naranjas y 2 envases. Ella no quiere más de 5 naranjas en ningún envase. ¿Tiene suficientes envases para todas sus naranjas? Expliquen. No; Ejemplo de respuesta: 5 + 5 = 10; los dos envases sólo pueden tener 10 naranjas.

LESSON 2-4 Two-Digit Addition

Lesson Planner

Objective

Model addition.

TEKS and TAKS

Targeted TEKS 3.3 The student adds and subtracts to solve meaningful problems involving whole numbers. **(A) Model addition** and subtraction **using pictures, words, and numbers.** *Also addresses TEKS 3.5(B).*

TAKS 1 The student will demonstrate an understanding of numbers, operations, and quantitative reasoning.

Student pages also address the following TEKS:
TEKS 3.15(B) Talk About It, Exercise 6
TEKS 3.15(B), TEKS 3.16(B) HOT Problems, Exercises 25–26

Vocabulary

regroup

Resources

Materials: construction paper

Manipulatives: base-ten blocks

Literature Connection: *Mission Addition* by Lorraine Leedy

Teacher Technology
Interactive Classroom • TeacherWorks

Focus on Math Background

The emphasis of this lesson is on developing strategies and allowing students to come up with their own strategies of how to combine quantities. The term "regroup" is used, but the "Regroup" Method is a more efficient method of computing as the numbers get larger. Note: Students should have the basic addition/subtraction facts memorized by this grade level.

74A   Chapter 2 Add to Solve Problems

Daily Routine

Use these suggestions before beginning the lesson on p. 74.

5-Minute Check

(Reviews Lesson 2-3)

Estimate each sum using rounding.

1. 37 + 41 80

2. 65 + 18 90

Estimate each sum using compatible numbers.

3. 18 + 29 50

4. 21 + 40 60

Problem of the Day

Sisasy has 11 oranges and 2 bowls. She does not want more than 5 oranges in any one bowl. Does she have enough bowls for all of her oranges? **Explain.** No; Sample answer: 5 + 5 = 10; the two bowls can only hold up to 10 oranges.

> ### Building Math Vocabulary
>
> Write the lesson vocabulary word and its definition on the board.
>
> Have students show how they would regroup by illustrating this problem: 13 ones = ___ tens ___ ones. Then have students use the word *regroup* and in a sentence tell what they did.
>
> **Visual Vocabulary Cards**
> Use Visual Vocabulary Card 47 to reinforce the vocabulary introduced in this lesson. (The Define/Example/Ask routine is printed on the back of each card.)   regroup

Adquisición de vocabulario matemático

Escriba las palabras del vocabulario de la lección y sus definiciones en la pizarra.

Pídales a los alumnos que muestren cómo reagruparán ilustrando este problema:
13 unidades = ___ decenas ___ unidades. Luego, pídales a los alumnos que usen la palabra reagrupar y que en una oración indiquen lo que hicieron.

Tarjetas visuales de vocabulario

Use la(s) tarjeta(s) visual(es) del vocabulario 47 para reforzar el vocabulario presentado en esta lección. (En la parte trasera de cada tarjeta está escrita la rutina Definir/Ejemplo/Pregunta).

reagrupar

Differentiated Instruction

Small Group Options

Option 1 | Below Level BL
TEKS 3.3(A)   SPATIAL

Materials: construction paper, place-value models

- Have each student use construction paper to make a tens and ones place-value mat. Write the following on the board: 38 + 16.
- Have students show each addend on the mat, using place-value models. Have students regroup the 14 ones by removing 10 ones and substituting 1 ten for them on the tens side of the mat.
- Then have students identify the number of ones and tens. 4; 5 Have them record the sum. 54
- Repeat using other addends.

Option 2 | English Language Learners ELL
TEKS 3.3(A)   AUDITORY

Materials: play money
Core Vocabulary: Do we have enough? we, enough
Common Use Verb: had/didn't have
Talk Math This strategy uses context to activate comparative background knowledge with negation/irregular past tense forms.

- Post a picture of dinner made from foods sold in the flyer. Model counting out exact change for each part of dinner. Add and post the total.
- Give that amount of money in 1 form (quarters only, etc.) to each group.
- Have students buy the same dinner using their money. Say: "Round up if you don't have exact change."
- Discuss if students did or didn't have enough money and why.

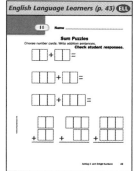

English Language Learners (p. 43) ELL

Sum Puzzles

Use this worksheet to provide additional support for English Language Learners.

Independent Work Options

Option 1 | Early Finishers OL AL
TEKS 3.3(A)   VISUAL, SPATIAL

Materials: base-ten blocks, pencil, paper

- Have students take a handful of base-ten blocks: tens and ones only.
- Divide the blocks into two groups and write the addition sentence modeled.
- Repeat so that each student writes and solves five different addition sentences.

43 + 9

Option 2 | Student Technology
Math Online tx.gr3math.com
Personal Tutor • Extra Examples • Online Games

Option 3 | Learning Station: Art (p. 62G)
Direct students to the Art Learning Station for opportunities to explore and extend the lesson concept.

Option 4 | Problem-Solving Practice
Reinforce problem-solving skills and strategies with the Problem-Solving Practice worksheet.

Problem Solving (p. 26) BL OL AL

2-4 Problem-Solving Practice
Two-Digit Addition   TEKS 3.3(A)

Lesson 2-4 Two-Digit Addition **74B**

Opciones para grupos pequeños

Opción 1 | Nivel bajo
TEKS 3.3(A)   ESPACIAL

Materiales: cartulina, modelos de valor de posición

- Pídales a cada alumno que use cartulina para hacer tapetes de valor de posiciones de decenas y unidades. Escriba lo siguiente en la pizarra: 38 + 16
- Pídales a los alumnos que muestren cada sumando en el tapete, usando modelos de valor de posición. Pídales a los alumnos que reagrupen las 14 unidades removiendo 10 unidades y sustituyendo 1 decena por ellas en el lado de las decenas del tapete.
- Luego, pídales a los alumnos que identifiquen el número de unidades y decenas. 4; 5 Pídales que registren la suma. 54
- Repita usando otros sumandos.

Instrucción diferenciada

Opciones de trabajo independiente

Opción 1 | Para los que terminan primero OL AL
TEKS 3.3(A)   VISUAL/ESPACIAL

Materiales: bloques de base diez, lápiz, papel

- Pídales a los alumnos que tomen un puñado de bloques de base diez: sólo decenas y unidades.
- Divida los bloques en dos grupos y escriba la expresión de suma de la cual hicieron el modelo.
- Repita de manera que cada alumno escriba y resuelva cinco expresiones distintas de suma.

Opción 2 | Tecnología para el alumno

Enlace technológico

Matemáticas en línea tx.gr3math.com
Math Tool Chest • Personal Tutor • Extra Examples • Online Games

Opción 3 | Estación de aprendizaje: Lectura (pág. 62G)
Dirija a los alumnos a la estación de aprendizaje de redacción para que tengan la oportunidad de explorar y ampliar el concepto de la lección.

Opción 4 | Práctica y solución de problemas
Refuerce las destrezas y las estrategias de solución de problemas con la hoja de trabajo de solución de problemas.

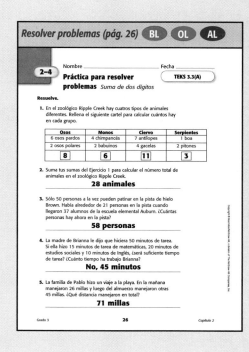

Resolver problemas (pág. 26) BL OL AL

2-4 Práctica para resolver problemas Suma de dos dígitos   TEKS 3.3(A)

Lección 2-4 Suma de dos dígitos **74B**

Suma de dos dígitos

① Presentación TEKS 3.3(A)

Actividad propuesta
1 • Práctica

- Pídales a los alumnos que usen bloques de base diez para mostrar el número 54.
- **¿Cuántas decenas deberán ser usadas? ¿Cuántas unidades?** 5 decenas, 4 unidades
- Pídales a los alumnos que tomen 1 decena y la cambien por 10 unidades.
- **¿Cuántas decenas hay ahora y cuántas unidades?** 4 decenas, 14 unidades
- **¿Estas decenas y unidades todavía muestran el número 54?** sí
- Pídales a los alumnos que cuenten 23 unidades. Luego, pídales a los alumnos que intercambien cada grupo de 10 unidades por 1 decena.
- **¿Cuántas decenas hay? ¿Cuántas unidades quedan?** 2 decenas, 3 unidades

Actividad propuesta
2 • Literatura

Presente la Lección con *Mission Addition* de Lorraine Leedy. (Vea en la página R104 una actividad matemática relacionada.)

② Enseñanza TEKS 3.3(A)
Preguntas básicas

Los alumnos pueden usar bloques de base diez para ayudar a responder las siguientes preguntas.

- **¿A cuántas decenas y cuántas unidades es igual 10 unidades?** 1 decena, 0 unidades
- **¿A cuántas decenas y cuántas unidades es igual 14 unidades?** 1 decena, 4 unidades
- **¿A cuántas unidades es igual 3 decenas y 8 unidades?** 38

 **PREPÁRATE para aprender**

Mini actividad manual Distribuya bloques de base diez para la mini actividad manual. Verifique el trabajo del alumno mientras hace un modelo de cada número. Asegúrese de que ellos reagrupan correctamente para mostrar la suma correcta.

---

① Introduce TEKS 3.3(A)

Activity Choice 1 • Hands-On

- Have students use base-ten blocks to show the number 54.
- **How many tens should be used? How many ones?** 5 tens, 4 ones
- Ask students to take 1 ten and change it for 10 ones.
- **How many tens are there now, and how many ones?** 4 tens, 14 ones
- **Do these tens and ones still show the number 54?** yes
- Have students to count out 23 ones. Then have students exchange every group of 10 ones for 1 ten.
- **How many tens are there? How many ones are left?** 2 tens, 3 ones

Activity Choice 2 • Literature

Introduce the lesson with *Mission Addition* by Lorraine Leedy. (For a related math activity, see p. R104.)

② Teach

Scaffolding Questions TEKS 3.3(A)

Students may use base-ten blocks to help answer the following questions.

- **10 ones equals how many tens and how many ones?** 1 ten, 0 ones
- **14 ones equals how many tens and how many ones?** 1 ten, 4 ones
- **3 tens and 8 ones equals how many ones?** 38

GET READY to Learn

Hands-On Mini Activity Distribute base-ten blocks for the Hands-On Mini Activity. Check students' work as they model each number. Make sure that they regroup correctly so that the correct sum is shown.

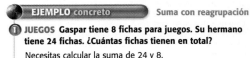 **PREPÁRATE para aprender**

IDEA PRINCIPAL

Modelaré la suma.

TEKS Objetivo 3.3
El estudiante suma y resta para resolver problemas relevantes en los que se usan números enteros. (A) Dé ejemplos de la suma y la resta utilizando dibujos, palabras y números. *También cubre* TEKS 3.5(B).

Vocabulario nuevo

reagrupar

Mini actividad manual

Paso 1
Usa modelos de base diez para mostrar 28 + 7.

Paso 2
Suma las unidades. Reagrupa 10 unidades como 1 decena.

2. La suma de los dígitos en el lugar de las unidades > 10.

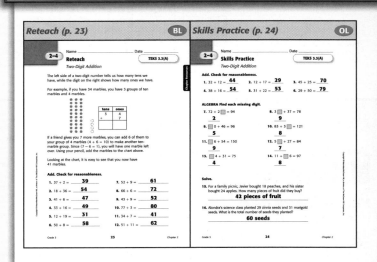

Decenas	Unidades

Decenas	Unidades

1. ¿Cuánto es 28 + 7? 35
2. Explica cuándo necesitas reagrupar.
3. ¿Cómo usas la reagrupación para calcular 13 + 9?

3. Reagrupa 10 unidades como 1 decena.

Cuando sumas, a veces necesitas **reagrupar**. Cuando reagrupas, usas el valor de posición para renombrar un número.

EJEMPLO concreto Suma con reagrupación

JUEGOS **Gaspar tiene 8 fichas para juegos. Su hermano tiene 24 fichas. ¿Cuántas fichas tienen en total?**

Necesitas calcular la suma de 24 y 8.

Estima 24 + 8 ⟶ 20 + 10 = 30

Paso 1 Suma las unidades.

$$\begin{array}{r} 1 \\ 24 \\ + 8 \\ \hline 2 \end{array}$$ 4 unidades + 8 unidades = 12 unidades
12 unidades = 1 decena y 2 unidades

Paso 2 Suma las decenas.

$$\begin{array}{r} 1 \\ 24 \\ + 8 \\ \hline 32 \end{array}$$ 1 decena + 2 decenas = 3 decenas

Verifica la racionalidad.

Compara 32 a la estimación. La respuesta es razonable. ✓

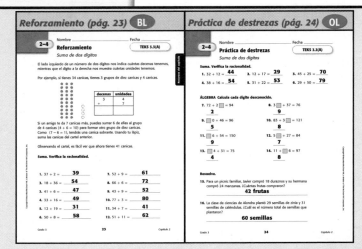

2 **PERROS** Hay 26 cobradores dorados y 17 beagles. ¿Cuál es el número total de perros?

Necesitas sumar 26 y 17.

Los modelos muestran 26 + 17.

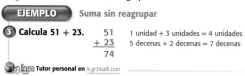

Recuerda

La propiedad asociativa de la suma establece que la manera como se agrupan los sumandos no cambia la suma.

Una manera: **Sumas parciales**	Otra manera: **Descomposición**
26 + 17 ── 30 Suma las decenas + 13 Suma las unidades ── 43 Suma las sumas parciales.	Puedes descomponer o separar números para calcular la suma. 26 + 17 ⟋ ⟍ ⟋ ⟍ 20 + 6 + 10 + 7 Reordena los números para que sean más fáciles de sumar. 20 + 10 + 7 + 6 = 43

Algunas veces, no necesitas reagrupar.

6. Ejemplo de respuesta: Sólo puedes sumar unidades con unidades y decenas con decenas. La respuesta estaría equivocada.

EJEMPLO   Suma sin reagrupar

3 **Calcula** 51 + 23.

    51
  + 23
  ────
    74

1 unidad + 3 unidades = 4 unidades
5 decenas + 2 decenas = 7 decenas

en línea Tutor personal en tx.gr3math.com

VERIFICA lo que sabes

Suma. Usa figuras para modelar si es necesario. Ver ejemplos 1 y 3 (págs. 74–75)

1. 27 29
   + 2

2. 42 51
   + 9

3. 17 43
   + 26

4. 20 + 79 99

5. En el parque, 13 niños pasean en bicicleta y 18 niños en patineta. ¿Cuántos niños hay en bicicleta y patineta? 31 niños

6. **Coméntalo** Cuando sumas, ¿por qué necesitas alinear las columnas para los dígitos de las unidades y de las decenas?

Lección 2-4 Suma de dos dígitos **75**

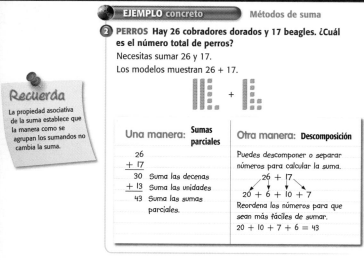

Add Without Regrouping

Example 3 Be sure students understand that regrouping is only necessary when the digits add to more than 9.

ADDITIONAL EXAMPLES

1 Jung found 17 seashells for his collection. His mother found 6 more. How many seashells do they have in all? 23

2 There are 34 girls and 37 boys in all the third grade classes. What is the total number of boys and girls in third grade? 71

3 Find the sum of 74 + 24. 98

CHECK What You Know

As a class, have students complete Exercises 1–6 in **Check What You Know** as you observe their work.

💬 **Exercise 6** Assess student comprehension before assigning practice exercises.

BL **Alternate Teaching Strategy** TEKS 3.3(A)

If students have trouble regrouping the ones …

Then use one of these reteach options:

1 **CRM** **Daily Reteach Worksheet** (p. 23)

2 Have them use construction paper to make a tens and ones place-value mat. Ask students to use base-ten blocks to add 28 + 16. Show each addend on the mat.

• **What is 6 ones + 8 ones?** 14 ones

• Instruct students to remove 10 ones and substitute 1 ten for them on the tens side of the mat. **How many ones are there now?** 4

• **How many tens are there?** 4

• **What is the sum?** 44

⚠ **COMMON ERROR!**

Exercises 15–18 Students may forget to line up the ones column and the tens column to add. Have students use lined paper turned sideways to help them align the numbers.

Lesson 2-4 Two-Digit Addition **75**

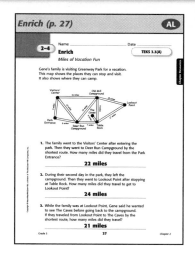

Suma sin reagrupar

Ejemplo 3 Asegúrese que los alumnos entiendan que reagrupar sólo es necesario cuando los dígitos suman más que 9.

Ejemplos adicionales

1. Jung encontró 17 conchas de mar para su colección. Su madre encontró 6 más. ¿Cuántas conchas de mar tienen en total? 23

2. Hay 34 niñas y 37 niños en todas las clases de tercer grado. ¿Cuál es el número total de niños y niñas en el tercer grado? 71

3. Calculen la suma de 74 + 24. 98

VERIFICA lo que sabes

En conjunto, pídales a los alumnos que completen los Ejercicios 1 al 6 en Verifica lo que sabes a medida que usted observa sus trabajos.

Ejercicio 6 Evalúa la comprensión del alumno antes de asignarle los ejercicios prácticos.

BL **Estrategia alternativa de enseñanza** TEKS 3.3(A)

Si los alumnos tienen problemas reagrupando las unidades…

Entonces use una de estas opciones de reforzamiento:

1 **CRM** **Hoja de reforzamiento diario** (pág. 23)

2 Pídales que usen cartulina para hacer un tapete de valor de posición de decenas y unidades. Pídales a los alumnos que usen los bloques de base diez para sumar 28 + 16. Muestre cada sumando en el tapete.

• **¿Cuánto es 6 unidades + 8 unidades?** 14 unidades

• Ordéneles a los alumnos que retiren 10 unidades y que sustituyan 1 decena por ellas en el lado de las decenas de el tapete. **¿Cuántas unidades hay ahora?** 4

• **¿Cuántas decenas hay?** 4

• **¿Cuál es la suma?** 44

⚠ **¡ERROR COMÚN!**

Ejercicios 15 al 18 Los alumnos pueden olvidarse alinear la columna de las unidades y la columna de las decenas para sumar. Pídales a los alumnos que usen un papel interlineado volteado como ayuda para alinear los números.

3 Práctica

Asigne la práctica para los Ejercicios 7 al 26 según los siguientes niveles.

Nivel	Asignación
BL Nivel bajo	7–11, 15–16, 19–20, 23
OL A nivel	9–14, 16–18, 20–22, 24, 25
AL Nivel avanzado	7–23 impar, 25–26

Pídales a los alumnos que analicen y completen los problemas de razonamiento de alto nivel. Sugiérales a los alumnos que primero visualicen el modelo para reagrupar.

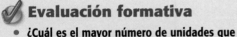 **ESCRIBE EN ►MATEMÁTICAS**

Pídales a los alumnos que completen el Ejercicio 26 en sus Diarios de Matemáticas. Puede elegir hacer este ejercicio como una evaluación formativa adicional.

4 Evaluación

✔ Evaluación formativa

- **¿Cuál es el mayor número de unidades que tendrán que reagrupar cuando sumen dos números? Expliquen.** 18; los dígitos más grandes que puedes tener en las unidades son 9 y 9
- **¿Cuál es el mayor número de unidades que tendrán y sin necesidad de reagrupar cuando sumen dos números? Expliquen.** 9, cualquier combinación de dígitos que sumen a 9

Control rápido ¿Les sigue costando a los alumnos reagrupar?

Si la respuesta es:
Sí → Opciones para grupos pequeños (pág. 74B)
Guía de intervención estratégica (pág. 26)
No → Opciones de trabajo independiente (pág. 74B)
[CRM] Hoja de ejercicios para la práctica de destrezas (pág. 24)
[CRM] Hoja de trabajo de enriquecimiento (pág. 27)

Noticias de ayer Recuérdeles a los alumnos que la lección de ayer era sobre la estimación de sumas. Pídales que escriban sobre cómo esa lección les ayudó con la lección de hoy en la suma de dos dígitos.

---

3 Practice

Differentiate practice using these leveled assignments for Exercises 7–26.

Level	Assignment
BL Below Level	7–11, 15–16, 19–20, 23
OL On Level	9–14, 16–18, 20–22, 24, 25
AL Above Level	7–23 odd, 25–26

Have students discuss and complete the Higher Order Thinking problems. Suggest that students first visualize the model for regrouping.

WRITING IN ►MATH Have students complete Exercise 26 in their Math Journals. You may use this as an optional formative assessment.

4 Assess

✔ Formative Assessment

- **What is the greatest number of ones you will have to regroup when adding two numbers? Explain.** 18; the greatest digits you could have in the ones are 9 and 9
- **What is the greatest number of ones you will have and not need to regroup when adding two numbers? Explain.** 9, any combination of digits that add to 9

Quick Check Are students continuing to struggle with regrouping?

If Yes → Small Group Options (p. 74B)
Strategic Intervention Guide (p. 26)

If No → Independent Work Options (p. 74B)
[CRM] Skills Practice Worksheet (p. 24)
[CRM] Enrich Worksheet (p. 27)

Yesterday's News Remind students that yesterday's lesson was about estimating sums. Have them write about how that lesson helped them with today's lesson on two-digit addition.

★ Indica problemas de pasos múltiples

► Práctica y solución de problemas

PRÁCTICA EXTRA
Ver página R6.

Suma. Usa figuras para modelar si es necesario. Ver ejemplos 1 y 3 (págs. 74–75)

7. 44 49
+ 5

8. 62 65
+ 3

9. 43 50
+ 7

10. 57 64
+ 7

11. 75 87
+ 12

12. 72 85
+ 13

13. 26 60
+ 34

14. 61 80
+ 19

15. 22 + 7 29 **16.** 32 + 8 40 **17.** 78 + 12 90 **18.** 53 + 25 78

19. Había 25 palabras en la lista de deletreo de la semana pasada. La lista de esta semana tiene 19 palabras. ¿Cuántas palabras son en total? 44 palabras

20. En dos horas, 47 camiones y 49 carros pasaron a través del túnel. ¿Cuántos vehículos son en total? 96 vehículos

★**21.** Pasha y su padre recogieron 32 manzanas rojas y 18 amarillas en un huerto. Usaron 11 de ellas en pasteles. ¿Cuántas manzanas hay ahora? 45 manzanas

★**22.** Una bandeja hace 24 cubos de hielo. Otra bandeja hace 36. ¿Hay suficientes cubos de hielos para 25 vasos si cada vaso recibe 2 cubos de hielo? Explica. Sí; 60 > 50

RESUELVE PROBLEMAS concretos

Archivo de datos Los rodeos tienen una gran tradición en Texas. Un rodeo tiene varios eventos donde gana la persona con el tiempo más rápido.

23. ¿Cuál es el tiempo combinado de la lucha con novillo y la carrera de barriles? 76 segundos

24. ¿Cuál es el tiempo combinado para todos los cuatro eventos? 141 segundos

Rodeo

Redada de Pecos

Evento	Tiempo del ganador (segundos)
Lucha con novillo	23
Lazo en equipo	27
Amarre	38
Carrera de barriles	53

Problemas H.O.T.

25. INTERPRETA Explica cómo calcular 33 + 59 mentalmente.

26. **ESCRIBE EN ►MATEMÁTICAS** Miki tiene 60 minutos antes de su lección de natación. Le toma 45 minutos hacer su tarea y 18 minutos comer una golosina. ¿Llegará a su lección a tiempo? Explica.

25, 26. Ver Apéndice de respuestas del Cap. 2.

Matemáticas en línea Ejemplos extra en tx.gr3math.com

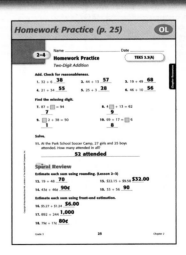

Homework Practice (p. 25) **OL**

Enriquecimiento (pág. 25) **OL**

Verificación de mitad del capítulo
Lecciones 2-1 a la 2-4

1–2. Ver Apéndice de respuestas del Cap. 2.

Calcula cada suma. Identifica la propiedad. (Lección 2-1)

1. $9 + 0 = \blacksquare$

2. $(3 + 4) + 2 = \blacksquare$
$3 + (4 + 2) = \blacksquare$

Álgebra Calcula cada número que falta. Identifica la propiedad que se muestra. (Lección 2-1)

3. $2 + (7 + \blacksquare) = (2 + (7)) (+ 3)$
3; propiedad asociativa de la suma

4. $\blacksquare + 4 = 4 + 7$
7; propiedad conmutativa de la suma

5. $6 + \blacksquare = 6$
0; propiedad de identidad de la suma

6. **PRÁCTICA PARA LA PRUEBA**
Observa la siguiente expresión numérica.

$$(7 + 2) + 9 = \blacksquare$$

¿Qué número hará verdadera la expresión numérica? (Lección 2-1) A (TAKS 1)

A 18   C 81

B 23   D 126

7. El trabajador lavó 41 ventanas hoy y 54 ayer. ¿Cuántas ventanas se lavaron en los dos días? (Lección 2-2) 95 ventanas

8. Fina compró 8 narcisos y 13 margaritas para su madre. ¿Alrededor de cuántas flores compró? (Lección 2-2) 20 flores

Usa números compatibles para estimar cada suma. (Lección 2-3)

9. 45 Ejemplo de
     $+ 37$ respuesta:
     $50 + 25 = 75$

10. 12 Ejemplo de
      $+ 46$ respuesta:
      $10 + 50 = 60$

11. La Sra. Barnes compró suministros para el salón de clase. Redondea para estimar el número total de artículos. (Lección 2-3) $30 + 40 = 70$ artículos

Suma. Usa figuras para modelar si es necesario. (Lección 2-4)

12. 58 61
      $+ 3$

13. 73 85
      $+ 12$

14. 26 33
      $+ 37$

15. 39 57
      $+ 18$

16. **PRÁCTICA PARA LA PRUEBA**
(Lección 2-4) Hay un total de 38 alumnos de segundo grado y 59 alumnos de tercer grado en una escuela. ¿Cuántos alumnos hay en segundo y tercer grado? G
(TAKS 1)

F 87   H 107

G 97   J 151

17. **ESCRIBE EN MATEMÁTICAS** Explica qué significa reagrupar. Da un ejemplo.
(Lección 2-4) Ver Apéndice de respuestas del Cap. 2.

Mid-Chapter Check

Lessons 2-1 through 2-4

Formative Assessment

Use the Mid-Chapter Check to assess students' progress in the first half of the chapter.

Based on the results of the Mid-Chapter Check, use the following resources to review concepts that continue to give students problems.

ExamView®
Assessment Suite Customize and create multiple versions of your Mid-Chapter Check and the test answer keys.

FOLDABLES™ Dinah Zike's Foldables

Use these lesson suggestions to incorporate the Foldables during the chapter.

Lesson 2-1 Open the Two-Digit Addition tab and on the left side, have students write about the Commutative, Associative and Identity Properties.

Lesson 2-3 Under the Estimate Sums tab, have students explain how they might round off numbers and use rounding and front-end estimation to estimate sums.

Lesson 2-4 Open the Two-Digit Addition tab and on the right side, have students describe the process for adding two-digit numbers with regrouping.

Data-Driven Decision Making

Based on the results of the Mid-Chapter Check, use the following to review concepts that continue to present students with problems.

Exercises	🌐 TEKS	What's the Math?	Error Analysis	Resources for Review
1–6 Lesson 2-1	3.3(A)	Use addition properties to add whole numbers.	Does not understand "sum." Does not understand properties of addition. Adds incorrectly.	Strategic Intervention Guide (pp. 24, 26, 28, 32, 36)
9–11 Lesson 2-3	3.5(B)	Estimate sums using rounding and compatible numbers.	Adds incorrectly. Does not understand compatible numbers. Gives exact answer.	CRM Chapter 2 Resource Masters (Reteach Worksheets)
12–17 Lesson 2-4	3.3(A)	Regroup ones to add two-digit numbers.	Does not understand addition properties. Adds column numbers to find missing numbers.	Math Online Extra Examples • Personal Tutor • Concepts in Motion • Math Adventures

---

Repaso de mitad del capítulo

Lecciones 2-1 a la 2-4

Evaluación formativa

Use la Verificación de mitad del capítulo para evaluar el progreso del alumno en la primera mitad del capítulo.

Basado en los resultados de la Verificación de mitad del capítulo, use los siguientes recursos para repasar conceptos que continúen causándole problemas a los alumnos.

ExamView®
Assessment Suite Elabore múltiples versiones, con las características que desee, de la prueba del Capítulo y de las claves de respuesta de la prueba.

PLEGADOS™ Plegados de Dinah Zike

Use estas sugerencias para la lección a fin de incorporar los Plegados durante el capítulo.

Lección 2-1 Abra la lengüeta de suma de dos dígitos y en el lado izquierdo, pídales a los alumnos que escriban sobre las propiedades conmutativas, asociativas y de identidad.

Lección 2-3 Debajo de la lengüeta de estimar sumar, pídales a los alumnos que expliquen como podrán redondear números y usar el redondeo y la estimación por partes para estimar sumas.

Lección 2-4 Abra la lengüeta de suma de dos dígitos y en el lado derecho, pídales a los alumnos que describan el proceso para sumar números de dos dígitos reagrupando.

Planificador de lección

Objetivo

Sumar dinero

TEKS Objetivo 3.3(A) El estudiante suma y resta para resolver problemas relevantes en los que se usan números enteros. **(A) Dé ejemplos de la suma y la resta utilizando dibujos, palabras y números.**

TAKS 1 El estudiante demostrará un entendimiento de patrones, operaciones y razonamiento cuantitativo.

Las páginas del alumno también cubren los siguientes TEKS:
TEKS 3.15(B) Coméntalo, Ejercicio 10
TEKS 3.14(A), TEKS 3.16(B) Problemas H.O.T., Ejercicios 34-35
TEKS 3.3(A), TEKS 3.6 (A) Repaso espiral, Ejercicios 38-41

Vocabulario

símbolo de centavos (¢)

Rutina diaria

Siga estas sugerencias antes de iniciar la lección de la pág. 78.

Control de 5 minutos

(Repaso de la Lección 2-4)

Calculen cada suma.
1. 37 + 4 41
2. 43 + 52 95
3. 58 + 23 81
4. 64 + 24 88
5. 17 + 18 35

Problema del día

¿Cuántas expresiones numéricas diferentes pueden escribir con la suma de 14? Usen los números 0 al 9. Expliquen. 5; 5 + 9 = 14, 9 + 5 = 14, 8 + 6 = 14, 6 + 8 = 14, 7 + 7 = 14

Adquisición de vocabulario matemático

Escriba las palabras del vocabulario de la lección y sus definiciones en la pizarra.

Entregue manipulativos de monedas a parejas de alumnos. Pídales a los compañeros que tomen turnos eligiendo una cantidad. Cada alumno deberá escribir la cantidad elegida con palabras y números. Por ejemplo, si un alumno elige 47¢, debe escribir 47¢ y cuarenta y siete centavos.

Lesson Planner

Objective

Add money.

TEKS and TAKS

Targeted TEKS 3.3 The student adds and subtracts to solve meaningful problems involving whole numbers. (A) **Model addition and subtraction using pictures, words, and numbers.**

TAKS 1 The student will demonstrate an understanding of numbers, operations, and quantitative reasoning.

Student pages also address the following TEKS:
TEKS 3.15(B) Talk About It, Exercise 10
TEKS 3.14(A), TEKS 3.16(B) HOT Problems, Exercise 34–35
TEKS 3.3(A), TEKS 3.6(A) Spiral Review, Exercises 38–41

Vocabulary

cents sign (¢)

Resources

Manipulatives: money: coins

Literature Connection: *SOLD! A Mathematics Adventure* by Nathan Zimelman

Teacher Technology
Interactive Classroom • TeacherWorks

Focus on Math Background

The representation of dollars such as $5 and the representation of cents such as 25¢ are usually students' first encounters with money. Now that they are able to add two-digit numbers, they are able to add money in either format. In this lesson, students will learn to add money expressed as dollars:

$$\$31 + \$29$$

They will also learn to add money expressed as cents:

$$78¢ + 54¢$$

Point out that in either case, answers should be labeled correctly, either as dollars by using a $ or as cents using ¢.

Note that it is not until students have experience with decimals that they are asked to add money written in decimal forms such as $8.25, $5.00, and $0.43.

78A Chapter 2 Add to Solve Problems

Daily Routine

Use these suggestions before beginning the lesson on p. 78.

5-Minute Check

(Reviews Lesson 2-4)

Find each sum.
1. 37 + 4 41
2. 43 + 52 95
3. 58 + 23 81
4. 64 + 24 88
5. 17 + 18 35

Problem of the Day

How many different number sentences with the sum of 14 can you write? Use the numbers 0 through 9. Explain. 5; 5 + 9 = 14, 9 + 5 = 14, 8 + 6 = 14, 6 + 8 = 14, 7 + 7 = 14

Building Math Vocabulary

Write the lesson vocabulary words and their definitions on the board.

Give pairs of students coin manipulatives. Have partners take turns choosing an amount. Each student should write the amount chosen with words and numbers. For example, if a student chooses 47¢, they would write 47¢ and forty-seven cents.

Differentiated Instruction

Small Group Options

Option 1 — TEKS 3.1(C) LOGICAL, SOCIAL
Gifted and Talented **AL**

Materials: paper and pencil

- Challenge students to spend as much of $10 as they can buying any items shown in this lesson. Have them share and compare their purchases to see who spent the most without going over $10.

Option 2 — TEKS 3.15(B) VISUAL, SPATIAL, KINESTHETIC
English Language Learners **ELL**

Materials: 8 × 11 papers with numbers 0–9
Core Vocabulary: and, dollars, cents
Common Use Verb: line up
Do Math This strategy illustrates the English standards for comma and decimal use, which is frequently written differently in other languages.

- Pass out large number cards 0–9 and put a large black circle as a decimal point on the floor.
- Call out an amount of money: "**1 dollar and** 52 **cents.**"
- The students holding the 1, the 5, and the 2 will line up around the decimal point. Say "**1 dollar** and 52 **cents.**"
- Repeat with group.
- As time permits, enrich the strategy by practicing in small groups or have students model and read back amounts in teams.

Use this worksheet to provide additional support for English Language Learners.

English Language Learners (p. 9) **ELL**

Bookkeeper's Helper

Independent Work Options

Option 1 — TEKS 3.1(C), 3.16(C) SOCIAL, LOGICAL
Early Finishers **AL**

Materials: paper, pencil

- Have student pairs work together to find the greatest sum for two-digit cents. 99¢ + 99¢ =198¢
- Have pairs work together to find the least sum for two-digit cents. 10¢ + 10¢ = 20¢
- Ask students how their answers would change if they used only odd numbers, or only even numbers. Odd, the greatest sum stays the same, 198¢, the least sum is 11¢ + 11¢ = 22¢. Even, the greatest sum is 98¢ + 98¢ = 196¢; the least sum stays the same, 20¢.

Option 2 — Student Technology

Math Online tx.gr3math.com • Math Tool Chest
Personal Tutor • Extra Examples • Online Games

Option 3 — Learning Station: Writing (p. 62G)

Direct students to the Writing Learning Station for opportunities to explore and extend the lesson concept.

Option 4 — Problem-Solving Practice

Reinforce problem-solving skills and strategies with the Problem-Solving Practice worksheet.

Problem Solving (p. 31) **BL OL AL**

Problem-Solving Practice
Add Money

Opciones para grupos pequeños

Opción 1 — TEKS 3.2(C) LÓGICO/SOCIAL
Talentosos **AL**

Materiales: papel y lápiz

- Rete a los alumnos a que gasten $10 como puedan comprando cualquiera de los artículos mostrados en esta lección. Pídales que compartan y comparen sus compras para ver quién gastó más sin sobrepasar los $10.

Instrucción diferenciada

Opciones de trabajo independiente

Opción 1 — TEKS 3.2(C) SOCIAL/LÓGICO
Para los que terminan primero **ELL**

Materiales: papel, lápiz

- Pídales a parejas de alumnos que trabajen juntos para calcular la mayor suma de centavos de dos dígitos. 99¢ + 99¢ = 198¢
- Pídales a parejas de alumnos que trabajen juntos para calcular la menor suma de centavos de dos dígitos. 10¢ + 10¢ = 20¢
- Pregúnteles a los alumnos cómo cambiarán sus respuestas si ellos usaron sólo números impares o sólo números pares. Impar, la mayor suma se mantiene igual, la menor suma es 11¢ + 11¢ = 22¢. Par, la mayor suma es 98¢ + 98¢ = 196¢; la menor suma se mantiene igual, 20¢.

Opción 2 — Tecnología para el alumno

Matemáticas en línea tx.gr3math.com
Math Tool Chest • Personal Tutor • Extra Examples • Online Games

Enlace technológico

Opción 3 — Estación de aprendizaje: Música (pág. 62H)

Dirija a los alumnos a la estación de aprendizaje de música para que tengan la oportunidad de explorar y ampliar el concepto de la lección.

Opción 4 — Práctica y solución de problemas

Refuerce las destrezas y las estrategias de solución de problemas con la hoja de trabajo de solución de problemas.

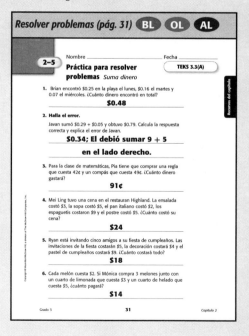

Resolver problemas (pág. 31) **BL OL AL**

2-5 Nombre _____ Fecha _____
Práctica para resolver problemas Suma dinero TEKS 3.3(A)

1. Brian encontró $0.25 en la playa el lunes, $0.16 el martes y 0.07 el miércoles. ¿Cuánto dinero encontró en total?
$0.48

2. Halla el error.
Javan sumó $0.29 + $0.05 y obtuvo $0.79. Calcula la respuesta correcta y explica el error de Javan.
$0.34; El debió sumar 9 + 5 en el lado derecho.

3. Para la clase de matemáticas, Pia tiene que comprar una regla que cuesta 42¢ y un compás que cuesta 49¢. ¿Cuánto dinero gastará?
91¢

4. Mei Ling tuvo una cena en el restauran Highland. La ensalada costó $3, la sopa costó $5, el pan italiano costó $2, los espaguetis costaron $9 y el postre costó $5. ¿Cuánto costó su cena?
$24

5. Ryan está invitando cinco amigos a su fiesta de cumpleaños. Las invitaciones de la fiesta costarán $5, la decoración costará $4 y el pastel de cumpleaños costará $9. ¿Cuánto costará todo?
$18

6. Cada melón cuesta $2. Si Mónica compra 3 melones junto con un cuarto de limonada que cuesta $3 y un cuarto de helado que cuesta $5, ¿cuánto pagará?
$14

Grado 3 31 Capítulo 2

Suma dinero

① Presentación

Actividad propuesta 1 • Práctica

- Usando dinero, cuenta 123¢ monedas con un símbolo de centavos. 123¢

- Pídales a los alumnos que trabajen en parejas. Pídale a un alumno que entregue a su compañero un número de monedas. Pídale al compañero que cuente las monedas y que escriba la cantidad.

- Los alumnos deberán turnarse entregando monedas y contando monedas hasta que cada alumno haya tenido cinco turnos escribiendo totales de dinero.

Actividad propuesta 2 • Literatura

Presente la Lección con *SOLD! A Mathematics Adventure* de Nathan Zimelman. (Vea en la página R104 una actividad matemática relacionada.)

② Enseñanza

Preguntas básicas

- ¿Cuántas monedas de 1¢ son iguales a una moneda de 10¢? 10

- ¿Cómo pueden reagrupar 13¢ en monedas de 10¢ y monedas de 1¢? 1 moneda de 10¢, 3 monedas de 1¢

- ¿Cómo pueden reagrupar 18¢ en monedas de 10¢ y monedas de 1¢? 1 moneda de 10¢, 8 monedas de 1¢

- Usando el menor número de monedas de 1¢, ¿cuántas monedas de 10¢ y monedas de 1¢ equivalen a una moneda de 25¢? 2 monedas de 10¢, 5 monedas de 1¢

PREPÁRATE para aprender

Pídales a los alumnos que abran sus libros y lean la información de *Prepárate para aprender.* Presente **símbolo de centavo (¢).** En conjunto, trabaje a través de los **Ejemplos 1 y 2.**

2-5 Add Money

① Introduce

TEKS 3.1(C), 3.3(A)

Activity Choice 1 • Hands-On

- Using coins, count out 123¢. Ask students to write this amount with a cent sign. 123¢

- Have students work in pairs. Ask one student to give his partner a number of coins. Instruct the partner to count the coins and write the amount.

- Students should take turns giving coins and counting coins until each student has had five turns writing money totals.

Activity Choice 2 • Literature

Introduce the lesson with *SOLD! A Mathematics Adventure* by Nathan Zimelman. (For a related math activity, see p. R104.)

② Teach

TEKS 3.1(C), 3.3(A)

Scaffolding Questions

- **How many pennies equal one dime?** 10
- **How can you regroup 13¢ into dimes and pennies?** 1 dime, 3 pennies
- **How can you regroup 18¢ into dimes and pennies?** 1 dime, 8 pennies
- **Using the fewest number of pennies, how many dimes and pennies equal one quarter?** 2 dimes, 5 pennies

GET READY to Learn

Have students open their books and read the information in **Get Ready to Learn**. Introduce **cents sign (¢)**. As a class, work through **Examples 1 and 2.**

2-5 Suma dinero

IDEA PRINCIPAL

Sumaré dinero.

TEKS Objetivo 3.3
El estudiante suma y resta para resolver problemas relevantes en los que se usan números enteros. (A) Dé ejemplos de la suma y la resta utilizando dibujos, palabras y números.

Vocabulario nuevo

signo de centavo (¢)

PREPÁRATE para aprender

Claudio le paga a Rey 35¢ por un pez dorado y 50¢ por un pez ángel. ¿Cuánto dinero pagó Claudio por los dos peces?

Sumar centavos es como sumar números enteros. Colocas el **signo de centavo (¢)** *después* de la suma.

EJEMPLOS concretos   Suma dinero

① DINERO ¿Cuánto dinero pagó Claudio por los dos peces?

Necesitas calcular la suma de 35¢ + 50¢.

Una manera: Usa figuras
Usa las fotos de las monedas como ayuda.

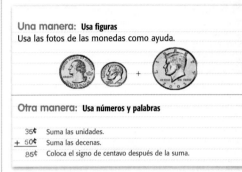

Otra manera: Usa números y palabras

$$\begin{array}{r} 35¢ \\ + \ 50¢ \\ \hline 85¢ \end{array}$$

35¢ Suma las unidades.
+ 50¢ Suma las decenas.
85¢ Coloca el signo de centavo después de la suma.

Por lo tanto, Claudio pagó 85¢ ó $0.85 por los dos peces.

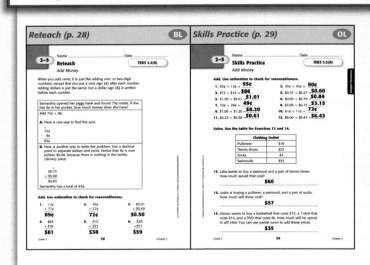

Reteach (p. 28) BL

2-5 Reteach — Add Money — TEKS 3.3(A)

When you add cents, it is just like adding one- or two-digit numbers, except that you put a cent sign (¢) after each number. Adding dollars is just the same, but a dollar sign ($) is written before each number.

Samantha opened her piggy bank and found 75¢ inside. If she has 8¢ in her pocket, how much money does she have?

Add 75¢ + 8¢.

A. Here is one way to find the sum.

$$\begin{array}{r} 1 \\ 75¢ \\ 8¢ \\ \hline 83¢ \end{array}$$

B. Here is another way to write the problem. Use a decimal point to separate dollars and cents. Notice that 8¢ is now written $0.08, because there is nothing in the tenths (dimes) place.

$$\begin{array}{r} 1 \\ \$0.75 \\ + \$0.08 \\ \hline \$0.83 \end{array}$$

Samantha has a total of 83¢.

Add. Use estimation to check for reasonableness.

1.	2.	3.
12¢ +77¢ = **89¢**	45¢ +27¢ = **72¢**	$0.01 +$0.49 = **$0.50**
4.	5.	6.
$65 +$16 = **$81**	$15 +$23 = **$38**	$28 +$31 = **$59**

Skills Practice (p. 29) OL

2-5 Skills Practice — Add Money — TEKS 3.3(A)

Add. Use estimation to check for reasonableness.

1. 83¢ + 12¢ = **95¢**   2. 45¢ + 45¢ = **90¢**
3. $72 + $14 = **$86**   4. $0.33 + $0.27 = **$0.60**
5. $1.00 + $0.01 = **$1.01**   6. $0.05 + $0.79 = **$0.84**
7. 23¢ + 26¢ = **49¢**   8. $3.00 + $0.15 = **$3.15**
9. $7.00 + $1.20 = **$8.20**   10. 61¢ + 11¢ = **72¢**
11. $0.23 + $0.38 = **$0.61**   12. $6.00 + $0.43 = **$6.43**

Solve. Use the table for Exercises 13 and 14.

Clothing Outlet	
Pullovers	$18
Tennis shoes	$25
Socks	$4
Swimsuits	$35

13. Lalia wants to buy a swimsuit and a pair of tennis shoes. How much would that cost? **$60**

14. Justin is buying a pullover, a swimsuit, and a pair of socks. How much will these cost? **$57**

15. Alonzo wants to buy a basketball that costs $15, a T-shirt that costs $14, and a DVD that costs $6. How much will he spend in all? Hint: You can use partial sums to add these prices. **$35**

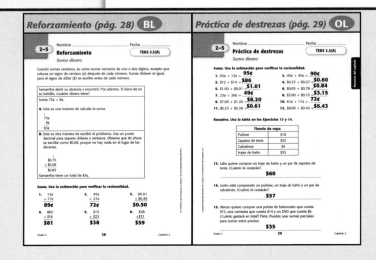

Reforzamiento (pág. 28) BL

2-5 Reforzamiento — Suma dinero — TEKS 3.3(A)

Cuando sumas centavos, es como sumar números de uno o dos dígitos, excepto que colocas un signo de centavo (¢) después de cada número. Sumar dólares es igual, pero el signo de dólar ($) se escribe antes de cada número.

Samantha abrió su alcancía y encontró 75¢ adentro. Si tiene 8¢ en su bolsillo, ¿cuánto dinero tiene?

Suma 75¢ + 8¢.

A. Esta es una manera de calcular la suma.

$$\begin{array}{r} 1 \\ 75¢ \\ 8¢ \\ \hline 83¢ \end{array}$$

B. Esta es otra manera de escribir el problema. Usa un punto decimal para separar dólares y centavos. Observa que 8¢ ahora se escribe como $0.08, porque no hay nada en el lugar de las decenas.

$$\begin{array}{r} 1 \\ \$0.75 \\ + \$0.08 \\ \hline \$0.83 \end{array}$$

Samantha tiene un total de 83¢.

Suma. Usa la estimación para verificar la racionabilidad.

1.	2.	3.
12¢ +77¢ = **89¢**	45¢ +27¢ = **72¢**	$0.01 +$0.49 = **$0.50**
4.	5.	6.
$65 +$16 = **$81**	$15 +$23 = **$38**	$28 +$31 = **$59**

Práctica de destrezas (pág. 29) OL

2-5 Práctica de destrezas — Suma dinero — TEKS 3.3(A)

Suma. Usa la estimación para verificar la racionabilidad.

1. 83¢ + 12¢ = **95¢**   2. 45¢ + 45¢ = **90¢**
3. $72 + $14 = **$86**   4. $0.33 + $0.27 = **$0.60**
5. $1.00 + $0.01 = **$1.01**   6. $0.05 + $0.79 = **$0.84**
7. 23¢ + 26¢ = **49¢**   8. $3.00 + $0.15 = **$3.15**
9. $7.00 + $1.20 = **$8.20**   10. 61¢ + 11¢ = **72¢**
11. $0.23 + $0.38 = **$0.61**   12. $6.00 + $0.43 = **$6.43**

Resuelve. Usa la tabla en los Ejercicios 13 y 14.

Tienda de ropa	
Pullover	$18
Zapatos de tenis	$25
Calcetines	$4
trajes de baño	$35

13. Lalia quiere comprar un traje de baño y un par de zapatos de tenis. ¿Cuánto le costará? **$60**

14. Justin está comprando un pullover, un traje de baño y un par de calcetines. ¿Cuánto le costará? **$57**

15. Alonzo quiere comprar una pelota de baloncesto que cuesta $15, una camiseta que cuesta $14 y un DVD que cuesta $6. ¿Cuánto gastará en total? Pista: Puedes usar sumas parciales para sumar estos precios. **$35**

EJEMPLO concreto
Usa figuras para sumar dinero

2 BOLETOS Ted gastó $27 en un boleto para un juego de béisbol y $18 en un boleto para un juego de baloncesto. ¿Cuánto gastó en los dos boletos?

Necesitas sumar $27 y $18.

Usa las figuras de billetes para modelar $27 + $18.

$27	+	$18

Coloca los billetes en orden de mayor a menor. Luego, cuenta salteado.

Lee: 20, 30, 35, 40, 41, 42, 43, 44, 45.

Por lo tanto, Ted gastó $45 en los boletos.

en línea **Tutor personal en** b.gr3math.com

★ Indica problemas de pasos múltiples

VERIFICA lo que sabes

Suma. Usa figuras para modelar si es necesario
Ver ejemplos 1 y 2 (págs. 78–79)

1. 86¢ 97¢
    + 11¢

2. $12 $90
    + $78

3. $39 $57
    + $18

4. 19¢ 49¢
    + 30¢

5. 59¢ + 20¢ 79¢

6. 42¢ + 37¢ 79¢

7. $17 + $9 $26

8. $66 + $14 $80

★**9.** Rory recibe $6 de mesada cada semana. Aida, recibe $4 cada semana. Si Rory y Aida juntan 2 semanas de sus mesadas, ¿qué tres cosas diferentes pueden comprar para gastar la mayor cantidad de sus mesadas combinadas como les sea posible? Robot; yoyo; carro

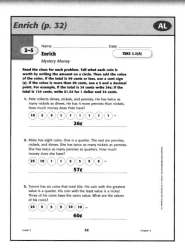

10. Coméntalo Indica dónde colocar el signo de dólar y el punto decimal cuando sumas dólares. Ver Apéndice de respuestas del Cap. 2.

Lección 2-5 Suma dineroy **79**

Add Money

Example 1 Remind students that it is important to estimate before finding an answer as this will help them see if their exact answer is reasonable.

ADDITIONAL EXAMPLES

1 Alicia bought a pen for 61¢ and an eraser for 15¢. How much did she spend for the two items? 76¢

2 Yin-Chin bought two DVDs, one cost $16 and the other was on sale for $6. How much did Yin-Chin spend for the two DVDs? $22

CHECK What You Know

As a class, have students complete Exercises 1–10 in **Check What You Know** as you observe their work.

Exercise 10 Assess student comprehension before assigning practice exercises.

BL Alternate Teaching Strategy
TEKS 3.1(C) 3.3(A)

If students have trouble adding money …

Then use one of these reteach options:

1 CRM **Daily Reteach Worksheet** (p. 28)

2 Have students use Math Tool Chest to help complete the problem-solving exercises. TEKS 3.14(D)

Suma dinero

Ejemplo 1 Recuérdeles a los alumnos que es importante estimar antes de calcular una respuesta ya que esto les ayudará a ver si su respuesta exacta es razonable.

Ejemplos adicionales

1. Alicia compró un bolígrafo por 61¢ y un borrador por 15¢. ¿Cuánto gastó en los dos artículos? 76¢

2. Yin-Chin compró dos DVD, uno costó $16 y el otro estaba a la venta por $6. ¿Cuánto gastó Yin-Chin en los dos DVD? $22

VERIFICA lo que sabes

En conjunto, pídales a los alumnos que completen los Ejercicios 1 al 10 en **Verifica lo que sabes** a medida que usted observa sus trabajos.

Ejercicio 10 Evalúe la comprensión del alumno antes de asignarle los ejercicios prácticos.

BL Estrategia alternativa de enseñanza TEKS 3.5(A)

Si los alumnos tienen problemas sumando dinero…

Entonces use una de estas opciones de reforzamiento:

1 CRM Hoja de reforzamiento diario (pág. 28)

2 Pídales a los alumnos que usen el cofre de herramientas matemáticas para ayudarles a completar los ejercicios para resolver problemas. TEKS 3.14(D)

Enrich (p. 32) AL

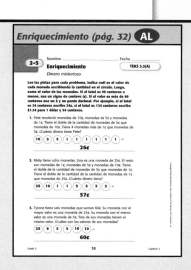

Enriquecimiento (pág. 32) AL

③ Práctica

Asigne la práctica para **los Ejercicios 11 al 35** según los siguientes niveles.

Nivel	Asignación
BL Nivel bajo	11–14, 19–22, 27–28, 32–34
OL A nivel	12–17, 20–25, 28–34, 35
AL Nivel avanzado	12–34 par, 34–35

Pídales a los alumnos que analicen y completen los problemas de razonamiento de alto nivel. En el Ejercicio 34, anime a los alumnos a hacer una tabla colocando como artículos las compras de Benny y las compras de Kali.

ESCRIBE EN ►MATEMÁTICAS

Pídales a los alumnos que completen el Ejercicio 35 en sus Diarios de Matemáticas. Puede elegir hacer este ejercicio como una evaluación formativa adicional.

---

③ Practice

Differentiate practice using these leveled assignments for Exercises 11–35.

Level	Assignment
BL Below Level	11–14, 19–22, 27–28, 32–34
OL On Level	12–17, 20–25, 28–34, 35
AL Above Level	12–34 even, 34–35

Have students discuss and complete the Higher Order Thinking problems. In Exercise 34, encourage students to make a chart itemizing Benny's purchases and Kali's purchases.

WRITING IN ►MATH Have students complete Exercise 35 in their Math Journals. You may choose to use this as an optional formative assessment.

★ Indica problemas de pasos múltiples

Práctica y solución de problemas
PRÁCTICA EXTRA Ver página R6.

Suma. Usa figuras para modelar si es necesario. Ver ejemplos 1 y 3 (págs. 78–79)

11. 12¢ 35¢
$+ 23¢$

12. 30¢ 68¢
$+ 38¢$

13. 49¢ 68¢
$+19¢$

14. 36¢ 55¢
$+19¢$

15. $21 $59
$+ 38

16. $53 $98
$+ 45

17. $17 $43
$+ 26

18. $69 $82
$+ 13

19. 25¢ + 4¢ 29¢

20. 21¢ + 2¢ 23¢

21. 68¢ + 6¢ 74¢

22. 8¢ + 74¢ 82¢

23. $27 + $71 $98

24. $55 + $41 $96

25. $34 + $8 $42

26. $7 + $66 $73

27. Un mercado vende naranjas por 37¢ cada una. ¿Cuánto costará comprar 2 naranjas? 74¢

★**28.** Un programa de computadora cuesta $19. La guía cuesta $15. Tienes $25 ¿Tienes suficiente dinero para comprar ambos? Explica. No; los dos artículos cuestan $34; $34 > $25

En los Ejercicios 29 al 31, usa el afiche.

★**29.** Beverly gastó $0.85 hoy en la tienda. ¿Cuáles dos artículos compró? Lentes y semillas de flores

★**30.** ¿Qué lista le costará comprar más a Beverly? Explica. segunda lista; cuesta $1.15, la otra lista cuesta $1.10

Gafas de sol 50¢
Bolígrafos 10¢
Semillas de flores 35¢
Champú 65¢
JUEGO DE DAMAS 25¢

Lista juego de damas / semillas de flores

Lista champú

★**31.** ¿Cuál es el mayor número de artículos que puede comprar Beverly sin gastar más de $1? Explica. 3; Ejemplo de respuesta: bolígrafo, damas y semillas = $0.70

RESUELVE PROBLEMAS concretos

Historia El costo de muchos artículos aumentó durante los años. Calcula cada suma.

32. una estampilla y un galón de leche en 1900 32¢

33. pan, un galón de leche y una estampilla en 1940 62¢

Precios antes y ahora			
Año	Pan	Leche	Estampillas
1900	3¢	30¢	2¢
1940	8¢	51¢	3¢
1980	48¢	$2	15¢
2000	$2	$3	34¢

Fuente: Somethingtoremembreby.org

Ejemplos extra en tx.gr3math.com

 COMMON ERROR!

Exercises 19–22 Students may write the dollar or cents sign in the wrong place. Remind students that the dollar sign is written <u>before</u> a dollar amount and the cents sign is written after an amount of money expressed in cents.

 **¡ERROR COMÚN!**

Ejercicios 19 al 22 Los alumnos pueden escribir el símbolo de dólar o centavos en la posición equivocada. Recuérdeles a los alumnos que el símbolo del dólar se escribe antes de una cantidad en dólares y el símbolo de centavos se escribe después de una cantidad de dinero expresada en centavos.

Problemas H.O.T.

34–35. Ver Apéndice de respuestas del Cap. 2.

34. RETO Benny tiene $36. Quiere comprar destornilladores y un martillo. Kali tiene $42 y quiere comprar llaves y una caja de herramientas. ¿Quién tiene suficiente dinero para comprar los artículos que necesita? Explica.

| Martillos $29 | Juego de llaves $16 | Juego de destornilladores $17 | Caja de herramientas $26 |

35. ESCRIBE EN ▶MATEMÁTICAS Escribe sobre una ocasión donde necesitaste saber cómo sumar sumas de dinero.

⭐ **Práctica para la** PRUEBA TAKS 1

36. Observa la siguiente expresión numérica. (Lección 2-4) **D**

$$79 + 13 = \blacksquare$$

¿Qué suma la hará verdadera?

A 96
B 93
C 90
D 92

37. Alexandra compra estos dos artículos.

$17 $25

¿Cuál fue el costo total? (Lección 2-5) **H**

F $32   H $42
G $35   J $51

Repaso espiral

Suma. Usa figuras para modelar si es necesario. (Lección 2-4)

38. 22 + 68 **90**   **39.** 75 + 13 **88**   **40.** 79 + 87 **166**

41. Booker sacó la primera bandeja de galletas del horno a la 1:08. Si continúa este patrón, ¿a qué hora sacará la cuarta y quinta bandejas? (Lección 1-1) **1:32; 1:40**

Hora de sacar las galletas	
Bandeja	Tiempo
1	1:08
2	1:16
3	1:24

Control de autoevaluación tx.gr3math.com

Lección 2-5 Suma dinero   **81**

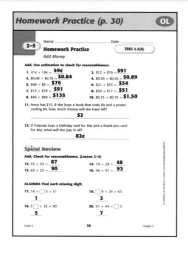

Homework Practice (p. 30) **OL**

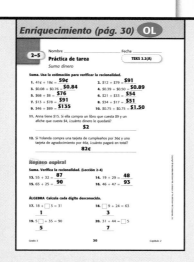

Enriquecimiento (pág. 30) **OL**

④ Assess

✔ **Formative Assessment**   TEKS 3.1(C)

Present the following problem to students:

Mitiku has 2 quarters and 6 pennies. Adsila has 3 dimes, 1 nickel and 2 pennies.

- **How much money does Mitiku have?** 56¢
- **How much money does Adsila have?** 37¢
- **How much money do they have together?** 93¢

Quick Check	Are students continuing to struggle with adding money?

If Yes → Strategic Intervention Guide (p. 54)

If No → Independent Work Options (p. 78B)
   CRM Skills Practice Worksheet (p. 29)
   CRM Enrich Worksheet (p. 32)

Name the Math Tell students how they would use addition to find the total amount of 1 quarter, 1 dime, 1 nickel, and 1 penny. 41¢; Sample answer: Write the amounts as 25¢ + 10¢ + 5¢ + 1¢, add ones, regroup and add tens.

⭐ TEST **Practice**

Reviews Lessons 2-4 and 2-5

Assign the Texas Test Practice problems to provide daily reinforcement of test-taking skills.

Spiral Review

Reviews Lessons 1-1 and 2-4

Review and assess mastery of skills and concepts from previous chapters.

Lesson 2-5 Add Money   **81**

④ Evaluación

✔ **Evaluación formativa**

TEKS 3.1 (C)

Presente el siguiente problema a los alumnos: Mitiku tiene 2 monedas de 25¢ y 6 monedas de 1¢. Adsila tiene 3 monedas de 10¢, 1 moneda de 5¢ y 2 monedas de 1¢.

- **¿Cuánto dinero tiene Mitiku?** 56¢
- **¿Cuánto dinero tiene Adsila?** 37¢
- **¿Cuánto dinero tienen juntos?** 93¢

Control rápido	¿Les sigue costando a los alumnos sumar dinero?

Si la respuesta es:

Sí → Guía de intervención estratégica (pág. 54)
No → Opciones de trabajo independiente (pág. 78B)
   CRM Hoja de ejercicios para la práctica de destrezas (pág. 29)
   CRM Hoja de trabajo de enriquecimiento (pág. 32)

Nombra la matemática Indíqueles a los alumnos cómo usarán la suma para calcular la cantidad total de 1 moneda de 25¢, 1 moneda de 10¢, 1 moneda de 5¢ y una moneda de 1¢. 41¢; Ejemplo de respuesta: Escriban las cantidades como 25¢ + 10¢ + 5¢ + 1¢ sumen las unidades, reagrupen y sumen las decenas.

▶ **Práctica para la** PRUEBA

Repasa las Lecciones 2-4 y 2-5

Asigne los problemas de Práctica para el examen de Texas para reforzar diariamente las destrezas de resolución de pruebas.

Repaso espiral

Repasa las Lecciones 1-1 y 2-4

Repasar y evaluar el dominio de las destrezas y conceptos de capítulos anteriores.

Lección 2-5 Suma dinero   **81**

Solución de Problemas

Planificador de lección

Objetivo

Interpretar información y datos de estudios sociales para resolver problemas.

TEKS

TEKS Objetivo 3.14(A) El estudiante aplica las matemáticas del 3er grado para resolver problemas relacionados con experiencias diarias y actividades dentro y fuera de la escuela. **(A) Identifique las matemáticas en situaciones diarias.**

TEKS de Estudios sociales

3.5 El estudiante comprende los conceptos de ubicación, distancia y dirección en mapas y globos terráqueos.

Repaso de vocabulario

estimar

Recursos

Materiales: papel, lápices

Activar conocimientos previos

Antes de dirigirles la atención a los alumnos a las páginas, pídales comentar sobre el Parque Yellowstone.

- **¿Cómo creen que se formaron lo manantiales de agua caliente del Parque Yellowstone?** Ejemplo de respuesta: un volcán; lava subterránea
- **¿Cuál es el nombre de la fuente más famosa en el parque Yellowstone?** Old Faithful

Uso de la página del alumno

Pídales a los alumnos que lean la información de la pág. 82 y contesten estas preguntas:

- **¿Cuál es el número total de especies de aves y reptiles en Yellowstone?** 296
- **¿Cuántas millas tendrán que caminar para ir de la entrada sur a la entrada oeste?** 69 millas

---

Problem Solving

Lesson Planner

Objective

Interpret information and data from social studies to solve problems.

TEKS

Targeted TEKS 3.14 The student applies Grade 3 mathematics to solve problems connected to everyday experiences and activities in and outside of school. **(A) Identify the mathematics in everyday situations.**

Social Studies TEKS

3.5 The student understands the concepts of location, distance, and direction on maps and globes.

Review Vocabulary

estimate

Resources

Materials: paper, pencils

Activate Prior Knowledge

Before you turn students' attention to the pages, ask them to discuss Yellowstone Park.

- **How do you think Yellowstone Park's hot springs were formed?** Sample answer: a volcano; underground lava
- **What is the name of the most famous fountain in Yellowstone Park?** Old Faithful

Using the Student Page

Ask students to read the information on p. 82 and answer these questions.

- **What is the total number of species of birds and reptiles in Yellowstone?** 296
- **How many miles would you have to walk to get from the South Entrance to the West Entrance?** 69 miles

---

Resuelve problemas en geografía

Una caminata en el PARQUE

El Parque Nacional Yellowstone se ubica en Montana, Wyoming e Idaho. Es el hogar de aguas termales, hoyos de barro burbujeantes y fuentes de vapor de agua. Estas fuentes disparan agua a más de 100 pies en el aire.

Yellowstone también es el hogar de 290 especies de aves, 50 especies de mamíferos, 6 especies de reptiles y 18 especies de peces. ¡Qué lugar para visitar! Un pase de visitante al parque por siete días cuesta $10 para una persona que camine ó $20 por un carro lleno de personas.

Entrada Norte
Mamut 5 mi 18 mi
21 mi
19 mi
Norris 12 mi Cañón
14 mi
Entrada Oeste 14 mi Madison 16 mi Puente de pesca
16 mi
17 mi 21 mi
Viejo fiel
Pulgar del oeste Aldea grande Entrada Este
22 mi
Entrada Sur

¿Sabías que?

La caída de agua más alta en Yellowstone tiene 308 pies de altura.

 ## Matemáticas concretas

Usa la información y el mapa en la página 82 para contestar cada pregunta.

1. ¿Cuál es el número total de especies de aves, mamíferos, peces y reptiles en Yellowstone? 290 + 50 + 6 + 18 = 364

2. Cinco personas visitarán el parque. Si viajan en carro, necesitan dos carros. ¿Les costará menos conducir o caminar? Explica. Ver el margen.

3. Supón que caminas desde el Puente de pesca al Pulgar del oeste y luego al Viejo fiel. ¿Cuántas millas caminarás? 21 + 17 = 38 millas

4. La familia Díaz maneja desde Mamut al Puente de pesca. Si su viaje fue de 49 millas, ¿qué ruta tomaron? Ver el margen.

5. ¿Cuál es la distancia más corta que puedes caminar desde la entrada norte al Cañón? 5 + 21 + 12 = 38 millas

6. Un grupo de visitantes viaja desde la entrada oeste al Norris y luego al Cañón. Otro grupo viaja desde la entrada Oeste a Madison y luego al Cañón. ¿Viajaron la misma distancia? Explica. Ver el margen.

7. Un grupo de visitantes quieren viajar a Norris desde la entrada sur. Quieren pasar por el lago. ¿Aproximadamente cuánto mide esta ruta? 70 millas

Resuelve problemas en geografía 83

Additional Answers

2. drive; it costs $40 for 2 cars but $50 for 5 people if they walk.

4. mammoth to Norris to Canyon to Fishing Bridge

6. Yes; Associative Property of Addition

Real-World Math

Assign the exercises on p. 83. Encourage students to choose a problem-solving strategy before beginning each exercise. If necessary, review the strategies suggested in Lesson 2-6, p. 85.

Exercise 1 Suggest that students refer to the text to get the numbers they will need to add for this exercise.

Exercise 6 If students have difficulty with this exercise, point out that Norris and Madison are both on the path from the West Entrance to Canyon.

WRITING IN ►MATH Have students create a word problem that uses the information found in the text and on the map on p. 82.

Extend the Activity

Have students figure out how much it would cost to have their whole class hike into Yellowstone Park.

Matemáticas concretas

Asigne los Ejercicios de la pág. 83. Anime a los alumnos a elegir una estrategia para resolver problemas antes de comenzar cada ejercicio. Si es necesario, revise las estrategias sugeridas en la Lección 2-6, pág. 85

Ejercicio 1 Sugiérales a los alumnos que se refieran al texto para obtener los números que necesitarán para sumar en este ejercicio.

Ejercicio 6 Si los alumnos tienen dificultades con este ejercicio, señáleles que Norris y Madison ambos están en el camino desde la entrada oeste hasta el Cañón.

ESCRIBE EN ►MATEMÁTICAS

Pídales a los alumnos que creen un problema planteado en palabras que use la información hallada en el texto y en el mapa en la pág. 82.

Ampliación de la actividad

Pídales a los alumnos que averigüen cuánto costará llevar de excursión a la clase entera al parque Yellowstone.

Respuestas adicionales

2. manejar; cuesta $40 por 2 carros pero $50 por 5 personas si caminan.

4. mamút a Norris a Canyon a Fishing Bridge

6. Sí; propiedad asociativa de la suma

Estrategia para resolver problemas
Elige una estrategia

Planificador de lección

Objetivo

Elegir la mejor estrategia para resolver un problema.

TEKS y TAKS

TEKS Objetivo 3.14(B) El estudiante aplica las matemáticas del 3er grado para resolver problemas relacionados con experiencias diarias y actividades dentro y fuera de la escuela. **(B) Resuelva problemas que incorporen la comprensión del problema, hacer un plan, llevarlo a cabo y evaluar lo razonable de la solución.** *También cubre TEKS 3.14(C).*

TAKS 6 El estudiante demostrará un entendimiento de los procesos matemáticos y herramientas usadas en la resolución de problemas.

Rutina diaria

Siga estas sugerencias antes de iniciar la lección de la pág. 84.

Problema del día

Hay 7 pasajeros en el autobús. ¿Pueden sentarse por parejas? En la siguiente parada, se suben 5 más. ¿Cuántas parejas hay ahora? no; seis parejas

Control de 5 minutos

(Repaso de la Lección 2-5)

Calculen cada suma.

1. 35¢ + 4¢ 39¢
2. $18 + $28 $46
3. 35¢ + 4¢ 39¢
4. 47¢ + 26¢ 73¢
5. 23¢ + 8¢ 31¢

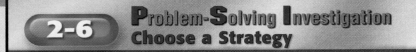

Problem-Solving Investigation
Choose a Strategy

Lesson Planner

Objective

Choose the best strategy to solve a problem.

TEKS and TAKS

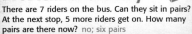

Targeted TEKS 3.14 The student applies Grade 3 mathematics to solve problems connected to everyday experiences and activities in and outside of school. (B) **Solve problems that incorporate understanding the problem, making a plan, carrying out the plan, and evaluating the solution for reasonableness.** *Also addresses TEKS 3.14(C).*

TAKS 6 The student will demonstrate an understanding of the mathematical processes and tools used in problem solving.

Resources

Teacher Technology
- Interactive Classroom • TeacherWorks

Real-World Problem-Solving Library
Math and Science: *Ecosystems All Around*
Use these leveled books to reinforce and extend problem-solving skills and strategies.
Leveled for:
  - **OL** On Level
  - **ELL** Sheltered English

For additional support, see the Real-World Problem-Solving Teacher's Guide.

Daily Routine

Use these suggestions before beginning the lesson on p. 84.

5-Minute Check

(Reviews Lesson 2-5)

Find each sum.
1. 35¢ + 4¢ 39¢
2. $18 + $28 $46
3. 35¢ + 4¢ 39¢
4. 47¢ + 26¢ 73¢
5. 23¢ + 8¢ 31¢

Problem of the Day

There are 7 riders on the bus. Can they sit in pairs? At the next stop, 5 more riders get on. How many pairs are there now? no; six pairs

84A Chapter 2 Add to Solve Problems

Differentiated Instruction

Small Group Options

Option 1 Below Level **BL** LOGICAL

Materials: notebook paper

- In the P.S.I. team problem, Kiri and her father netted 12 fish. Pose more problems that invite students to calculate a net gain or loss. For example:

> Jen and Mia decided to run a lemonade stand to raise money for the local human society. They spent $5 on cups, $7 on lemonade mix, $4 on ice and $10 on other supplies. They charged $1 per cup, and sold 126 cups of lemonade in all. What was their net gain or profit? $100

- Introduce economic concepts such as goods, services, consumption, production, capital, and profit.

Option 2 TEKS 3.3(A) LINGUISTIC, AUDITORY

English Language Learners **ELL**

Materials: counters (20 per student)
Core Vocabulary: on/off, people, stop
Common Use Verb: get
Hear Math This strategy focuses on new vocabulary, listening skills, and decoding story problems.

- Tell students to listen carefully and then use counters to show what happens on the bus.
- Read: "At the first stop, 6 riders got on the bus. At the next stop, 7 riders got on the bus and 3 riders got off the bus. How many riders are on the bus?"
- Work with students to use one of the problem-solving strategies to write a number sentence that illustrates the story problem. $6 + 7 - 3 = 10$

Independent Work Options

Option 1 TEKS 3.1(C) LINGUISTIC, LOGICAL

Early Finishers **OL** **AL**

Materials: newspaper advertisements, index cards

- Have students search newspaper ads for money amounts. [Note: Students should use either whole dollar amounts or cents amounts, but not a combination of the two.] Ask them to write real-world application problems on their index cards that use the information from the ads. Then, on the back of the card, have them show how to solve the problem.
- Exchange cards with a partner. Ask the partner to solve the problem. Check each other's work.

Option 2 Student Technology

Math Online tx.gr3math.com
Personal Tutor • Extra Examples • Online Games

Option 3 Learning Station: Music (p. 62H)

Direct students to the Music Learning Station for opportunities to explore and extend the lesson concept.

Instrucción diferenciada

Opciones de trabajo independiente

Opción 1 TEKS 3.1(C) LINGUÍSTICO, LÓGICO

Para los que terminan primero **OL** **AL**

Materiales: avisos de periódicos, tarjetas de índice

- Pídales a los alumnos que busquen avisos de periódicos por cantidades de dinero. Pídales que escriban problemas aplicables a la vida real en sus tarjetas que usen la información de los avisos. Luego, detrás de la tarjeta, pídales que muestren cómo resolver el problema.
- Intercambien tarjetas con un compañero. Pídale a sus compañeros que resuelvan el problema. Verifiquen el trabajo de cada uno.

Nota: los alumnos deberán usar o cantidades enteras de dólares o cantidades de centavos, pero no combinaciones de los dos.

Opción 2 Tecnología para el alumno
Enlace technológico

Matemáticas en línea tx.gr3math.com
Personal Tutor • Extra Examples • Online Games

Opción 3 Estación de aprendizaje: Ciencias (pág. 62H)

Dirija a los alumnos a la estación de aprendizaje de ciencias para que tengan la oportunidad de explorar y ampliar el concepto de la lección.

Opciones para grupos pequeños

Opción 1 LÓGICO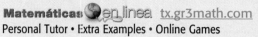

Nivel bajo **BL**

Materiales: papel de cuaderno
- En el equipo de problema I.R.P. Kiri y su padre atraparon 12 pescados. Plantee más problemas que inviten a los alumnos a calcular una ganancia o pérdida neta. Por ejemplo:
- Jen y Mia deciden montar un kiosco de limonada para recaudar dinero para la sociedad humanitaria local. Ellos gastan $5 en vasos, $7 en mezcla para limonada, $4 en hielo y $10 en otros suministros. Ellos cobraron $1 por vaso y vendieron 126 vasos de limonada en total. ¿Cuál fue su ganancia neta o beneficio? $100
- Presénteles conceptos económicos tales como bienes, servicios, consumo, producción, capital y ganancia.

Estrategia para resolver problemas

❶ Presentación

Actividad propuesta • *Repaso*

- Escriban el siguiente problema en la pizarra:
  El director de la escuela realizó una competencia. Había 27 niñas y 18 niños que asistieron. ¿Aproximadamente cuántos alumnos asistieron?

- **¿Necesitan una estimación o una respuesta exacta?** estimación

- **¿Cómo saben?** Ejemplo de respuesta: El problema pide aproximadamente cuántos alumnos asistieron.

- **¿Cuál es la solución al problema? Expliquen.** Ejemplo de respuesta: si redondeas el número y sumas 30 + 20, obtienes 50, aproximadamente asistieron 50 alumnos.

❷ Enseñanza   TEKS 3.14(C)

Pídales a los alumnos que lean el problema sobre atrapando peces. Guíelos a través de los pasos para resolver problemas.

Entiende Usando las preguntas, repase los que los alumnos conocen y necesitan calcular.

Planifica Pídales que comenten su estrategia.

Resuelve Guíe a los alumnos a escoger la mejor estrategia para resolver el problema.
- **Si hacen un dibujo, ¿cuántos pescados dibujarán para mostrar el número de pescados atrapados cada hora?** 9 y 16
- **¿Por qué deben tacharse 4 peces y 9 peces de los dibujos hechos?** 4 peces fueron lanzados de vuelta en la primera hora y 9 en la segunda.
- **¿Cuántos pescados quedan?** 12

Verifica Pídales a los alumnos que revisen el problema para asegurarse que la respuesta corresponde con los datos dados.
- **¿Es tu respuesta mayor o igual que 10? Expliquen.** Sí: 12 es más grande que 10.

¡ERROR COMÚN!

Ejercicio 8 Los alumnos pueden intentar usar la hora, 10:30 a.m., para ayudarse a resolver el problema. Recuérdeles a los alumnos que algunas veces información sobrante es dada en un problema.

---

❶ Introduce   TEKS 3.5(B)

Activity Choice • Review
- Write the following problem on the board:
  The principal of the school held a pep rally. There were 27 girls and 18 boys who attended. About how many students attended?
- **Do you need an estimate or exact answer?** estimate
- **How do you know?** Sample answer: The problem asks about how many students attended.
- **What is the solution to the problem? Explain.** Sample answer: If you round the numbers and add 30 + 20, you get 50, about 50 students attended.

❷ Teach   TEKS 3.14(C)

Have students read the problem on catching fish. Guide them through the problem-solving steps.

Understand Using the questions, review what students know and need to find.

Plan Have them discuss their strategy.

Solve Guide students to choose the best strategy to solve the problem.
- **If you draw a picture, how many fish would you draw to show the number of fish caught each hour?** 9 and 16
- **Why should 4 fish and 9 fish be marked off the pictures drawn?** 4 fish were thrown back the first hour, and 9 the second.
- **How many fish are left?** 12

Check Have students look back at the problem to make sure that the answer fits the facts given.
- **Is your answer greater than or equal to 10? Explain.** Yes; 12 is greater than 10.

> ⚠ **COMMON ERROR!**
> **Exercise 8** Students may try to use the time, 10:30 A.M., to help solve the problem. Remind students that sometimes extra information is given in a problem.

IDEA PRINCIPAL Elegiré la mejor estrategia para resolver un problema.

TEKS Objetivo 3.14 El estudiante aplica las matemáticas del 3er grado para resolver problemas relacionados con experiencias diarias y actividades dentro y fuera de la escuela. (A) **Resuelva problemas que incorporen la comprensión del problema, hacer un plan, llevarlo a cabo y evaluar lo razonable de la solución.** *También cubre TEKS 3.14(C).*

EQUIPO I.R.P.+

KIRI: Mi padre y yo necesitamos atrapar como mínimo 10 peces. Durante la primera hora, atrapamos 9 peces pero regresamos 4. La segunda hora atrapamos 16 peces y regresamos 9.

TU MISIÓN: Calcular si atraparon y se quedaron por lo menos con 10 peces.

Entiende	Sabes cuántos peces atraparon y cuántos regresaron. Calcula si atraparon y se quedaron por lo menos con 10 peces.
Planifica	Necesitas calcular una respuesta exacta. Usa suma y resta y escribe expresiones numéricas.
Resuelve	Primero, resta para calcular con cuántos peces se quedaron.

Hora uno: 9 – 4 = 5

(pez atrapado) (regresados) (total cada hora)

Hora dos: 16 – 9 = 7

Luego, suma el total para cada hora.

primera hora   segunda hora   total
5   +   7   =   12

Kiri y su padre atraparon y se quedaron con 12 peces.

Verifica	Revisa el problema. Sí, Kiri y su padre atraparon y se quedaron por lo menos con 10 peces. Atraparon 12 peces.

84   Capítulo 2 Suma para resolver problemas

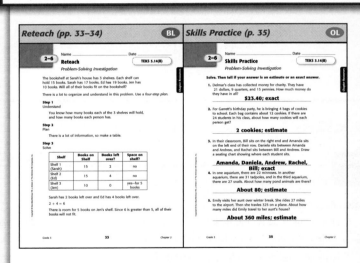

Reteach (pp. 33–34) — BL

2-6 Reteach
Problem-Solving Investigation — TEKS 3.14(B)

The bookshelf at Sarah's house has 3 shelves. Each shelf can hold 15 books. Sarah has 17 books. Ed has 19 books. Jen has 10 books. Will all of their books fit on the bookshelf?

There is a lot to organize and understand in this problem. Use a four-step plan.

Step 1 Understand
You know how many books each of the 3 shelves will hold, and how many books each person has.

Step 2 Plan
There is a lot of information, so make a table.

Step 3 Solve

Shelf	Books on Shelf	Books left over?	Space on shelf?
Shelf 1 (Sarah)	15	2	no
Shelf 2 (Ed)	15	4	no
Shelf 3 (Jen)	10	0	yes—for 5 books

Sarah has 2 books left over and Ed has 4 books left over.

2 + 4 = 6

There is room for 5 books on Jen's shelf. Since 6 is greater than 5, all of their books will not fit.

Skills Practice (p. 35) — OL

2-6 Skills Practice
Problem-Solving Investigation — TEKS 3.14(B)

Solve. Then tell if your answer is an estimate or an exact answer.

1. Delmar's class has collected money for charity. They have 21 dollars, 9 quarters, and 15 pennies. How much money do they have in all?
   $23.40; exact

2. For Garrett's birthday party, he is bringing 4 bags of cookies to school. Each bag contains about 12 cookies. If there are 24 students in his class, about how many cookies will each person get?
   2 cookies; estimate

3. In their classroom, Bill sits on the right end and Amanda sits on the left end of their row. Daniela sits between Amanda and Andrew, and Rachel sits between Bill and Andrew. Draw a seating chart showing where each student sits.
   Amanda, Daniela, Andrew, Rachel, Bill; exact

4. In one aquarium, there are 22 minnows. In another aquarium, there are 31 tadpoles, and in the third aquarium, there are 27 snails. About how many pond animals are there?
   About 80; estimate

5. Emily visits her aunt over winter break. She rides 27 miles to the airport. Then she travels 325 on a plane. About how many miles did Emily travel to her aunt's house?
   About 360 miles; estimate

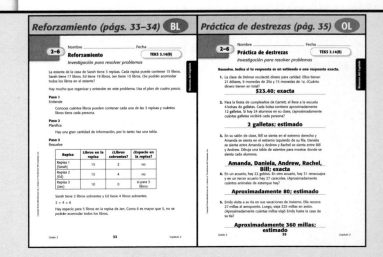

Reforzamiento (págs. 33–34) — BL

2-6 Reforzamiento
Investigación para resolver problemas — TEKS 3.14(B)

La estante de la casa de Sarah tiene 3 repisas. Cada repisa puede contener 15 libros. Sarah tiene 17 libros. Ed tiene 19 libros. Jen tiene 10 libros. ¿Se podrán acomodar todos los libros en el estante?

Hay mucho que organizar y entender en este problema. Usa el plan de cuatro pasos.

Paso 1 Entiende
Conoces cuántos libros pueden contener cada una de las 3 repisas y cuántos libros tiene cada persona.

Paso 2 Planifica
Hay una gran cantidad de información, por lo tanto haz una tabla.

Paso 3 Resuelve

Repisa	Libros en la repisa	¿Libros sobrantes?	¿Espacio en la repisa?
Repisa 1 (Sarah)	15	2	no
Repisa 2 (Ed)	15	4	no
Repisa 3 (Jen)	10	0	sí-para 5 libros

Sarah tiene 2 libros sobrantes y Ed tiene 4 libros sobrantes.

2 + 4 = 6

Hay espacio para 5 libros en la repisa de Jen. Como 6 es mayor que 5, no se podrán acomodar todos los libros.

Práctica de destrezas (pág. 35) — OL

2-6 Práctica de destrezas
Investigación para resolver problemas — TEKS 3.14(B)

Resuelve. Indica si la respuesta es un estimado o una respuesta exacta.

1. La clase de Delmar recolectó dinero para caridad. Ellos tienen 21 dólares, 9 monedas de 25¢ y 15 monedas de 1¢. ¿Cuánto dinero tienen en total?
   $23.40; exacta

2. Para la fiesta de cumpleaños de Garrett, el lleva a la escuela 4 bolsas de galletas. Cada bolsa contiene aproximadamente 12 galletas. Si hay 24 alumnos en su clase, ¿aproximadamente cuántas galletas recibirá cada persona?
   2 galletas; estimado

3. En su salón de clase, Bill se sienta en el extremo derecho y Amanda se sienta en el extremo izquierdo de su fila. Daniela se sienta entre Amanda y Andrew y Rachel se sienta entre Bill y Andrew. Dibuja una tabla de asientos para mostrar donde se sienta cada alumno.
   Amanda, Daniela, Andrew, Rachel, Bill; exacta

4. En un acuario, hay 22 gobios. En otro acuario, hay 31 renacuajos y en un tercer acuario hay 27 caracoles. ¿Aproximadamente cuántos animales de estanque hay?
   Aproximadamente 80; estimado

5. Emily visita a su tía en sus vacaciones de invierno. Ella recorre 27 millas al aeropuerto. Luego, viaja 325 millas en avión. (Aproximadamente cuántas millas viajó Emily hasta la casa de su tía?
   Aproximadamente 360 millas; estimado

★ Indica problemas de pasos múltiples

Resuelve problemas diversos

PRÁCTICA EXTRA
Ver página R6.

3, 11. Ver Apéndice de respuestas del Cap. 2

Usa el plan de cuatro pasos para resolver cada problema.

1. Neva tiene un hámster y Sherita tiene una tortuga. Si cada una tiene un billete de $5, ¿cuánto será el vuelto de cada una, cuando compren alimento para sus mascotas?

Alimento para mascotas	
Hámster	Tortuga
$3	$4

Neva $2; Sherita $1

★2. Hacer 4 pizzas toma una hora. ¿Cuántas pizzas se puede hacer en 4 horas y 30 minutos? 18 pizzas

★3. Rudy salió para sus vacaciones a las 5 a.m. Si el viaje toma 10 horas, ¿estará en su destino a las 3 p.m.? Explica.

4. Blaine construye una escalera de cubos. ¿Cuántos cubos necesitará en total para construir 6 escalones? 21 cubos

★5. Hay 4 paquetes de yogur. Si cada paquete tiene 6 yogures, ¿cuántos paquetes más se necesitan para un total de 30 yogures? 1

★6. Hay 3 niños en fila. Cami está a la derecha después de Brock. Bo es el tercero. ¿Cuál es el lugar de cada niño en la fila? Brock 1ero, Cami 2da, Bo 3ero

7. Hay 37 tiendas en el primer piso de un centro comercial de 2 pisos. El segundo piso tiene 29 tiendas. ¿Aproximadamente cuántas tiendas hay en este centro comercial? 70 tiendas

8. La tienda de regalos del museo espacial abre a las 10:30 a.m. En la mañana, se vendieron 15 modelos de naves espaciales. Durante la tarde, se vendieron 23 modelos. ¿Cuántos modelos de naves espaciales se vendieron ese día?
38 modelos

★9. En un campamento, hay 3 carpas con 5 personas en cada carpa. Otro campamento tiene 3 carpas con 4 personas en cada una. ¿Cuántos excursionistas hay en total?

★10. El envase de riego de mamá puede contener 2 galones. Cada día necesita regar 12 materos grandes de flores y 10 materos pequeños. ¿Cuántas veces necesitará llenar su envase de riego? 5

Materos que se pueden regar con 2 galones	
Materos grandes	4
Materos pequeños	5

27 excursionistas

★11. ESCRIBE EN ▶ MATEMÁTICAS Los niños en la clase del Sr. Robinson diseñan una bandera. El fondo de la bandera puede ser rojo o verde con una franja azul o morada. ¿Cuántas banderas pueden diseñar? Explica cómo resuelves el problema.

Lección 2-6 Investigación para resolver problemas: Elige una estrategia **85**

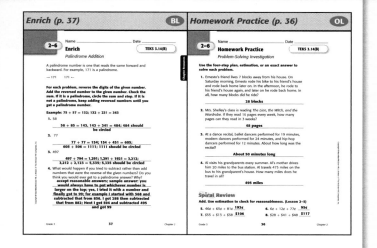

Enrich (p. 37) BL

Homework Practice (p. 36) OL

BL Alternate Teaching Strategy

If students have trouble finding a strategy to solve a problem …

Then use one of these reteach options:

1 CRM **Daily Reteach Worksheet** (pp. 33–34)

2 Suggest that they draw a picture to help clarify. Write the following on the board:
How many 7-passenger mini-vans are needed to transport 23 people?

- Have students draw simple pictures of cars with 7 passengers (can use lines for cars, X's for passengers).
- **How many cars are needed to show 23 passengers?** 4

③ Practice

Using the Exercises

Exercise 2 Students may need to be reminded 30 minutes is $\frac{1}{2}$ of 1 hour.

Exercises 2, 4, 5, 9, and 10 It may be difficult for students to understand the given information. Remind them to draw a picture to help clarify.

Exercises 1, 4, and 7 may require that students use manipulatives.

④ Assess

TEKS 3.14(B)(C)

✓ Formative Assessment

Give students the following problem:
A pet shop groomed 24 dogs in June and 32 dogs in July. Is the total number of dogs groomed more than 50?

- **Estimate. Is the actual answer greater or less than the estimate?** 20 + 30 = 50; the actual answer must be more.
- **Find the exact sum, then solve.** 56; yes, 56 > 50

Quick Check **Are students continuing to struggle with choosing the best strategy to solve problems?**

If Yes → Small Group Options (p. 84B)

If No → Independent Work Options (p. 84B)
CRM Skills Practice Worksheet (p. 35)
CRM Enrich Worksheet (p. 37)

Lesson 2-6 Problem-Solving Investigation: Choose a Strategy **85**

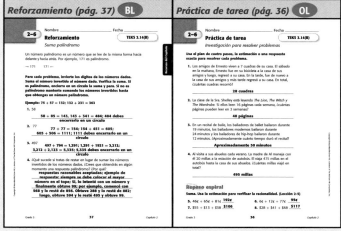

Reforzamiento (pág. 37) BL

Práctica de tarea (pág. 36) OL

BL Estrategia alternativa de enseñanza

Si los alumnos tienen problemas encontrando una estrategia para resolver un problema…

Entonces use una de estas opciones de reforzamiento:

1 CRM **Hoja de reforzamiento diario** (págs. 33-34)

2 Sugiérales que hagan un dibujo para ayudar a clarificar. Escriban lo siguiente en la pizarra:
¿Cuántas mini furgonetas de 7 pasajeros se necesitan para transportar 23 personas?

- Pídales a los alumnos que hagan dibujos simples de carros con 7 pasajeros (pueden usar líneas para carros, x para pasajeros).
- ¿Cuántos carros se necesitan para mostrar 23 pasajeros? 4

③ Práctica

Uso de los ejercicios

Ejercicio 2 Los alumnos pueden necesitar que se les recuerde que 30 minutos es $\frac{1}{2}$ de 1 hora.

Ejercicio 2, 4, 5, 9 y 10 Puede ser difícil para los alumnos entender la información suministrada. Recuérdeles hacer un dibujo para ayudar a clarificar.

Ejercicio 1, 4 y 7 pueden requerir que los alumnos usen manipulativos.

④ Evaluación   TEKS 3.14 (B) (C)

✓ Evaluación formativa

Entrégueles a los alumnos el siguiente problema:
Una tienda de mascotas aseó 24 perros en junio y 32 perros en julio. ¿Es más de 50 el número total de perros aseados?

- **Estimen. ¿Es la respuesta verdadera mayor o menor que la estimación?** 20 + 30 = 50; la respuesta verdadera debe ser mayor.
- **Calculen la suma exacta, luego resuelvan.** 56; sí, 56 > 50

Control rápido **¿Les sigue costando a los alumnos elegir la mejor estrategia para resolver problemas?**

Si la respuesta es:
Sí → Opciones para grupos pequeños (pág. 84B)
No → Opciones de trabajo independiente (pág. 84B)
CRM Hoja de ejercicios para la práctica de destrezas (pág. 35)
CRM Hoja de trabajo de enriquecimiento (pág. 37)

Lección 2-6 Investigación para la solución de problemas: Elige una estrategia **85**

Actividad de matemáticas para 2-7

Planificador de lección

Objetivo

Haz un modelo de la suma

 **TEKS y TAKS**

TEKS Objetivo 3.3(A) El estudiante suma y resta para resolver problemas relevantes en los que se usan números enteros. **(A) dé ejemplos de la suma** y la resta **utilizando dibujos, palabras y números.** *También cubre TEKS 3.3(B).*

TAKS 1 El estudiante demostrará un entendimiento de patrones, operaciones y razonamiento cuantitativo.

Recursos

Manipulativos: bloques de base diez
Tecnología: Conceptos en movimiento

① Presentación

Presente el concepto

* Explíqueles a los alumnos que algunas veces los números en la posición de las decenas tienen que ser reagrupados al sumar.

* **¿Cómo saben si necesitan reagrupar unidades al sumar?** Necesitan reagrupar cuando la suma tenga más de 9 unidades

* **¿Diez unidades a cuántas decenas son iguales?** 1

* **¿Diez decenas a cuántas centenas son iguales?** 1

* **¿Cómo tsabrán si necesitan reagrupar las decenas al sumar?** Ejemplo de respuesta: Necesitan reagrupar cuando la suma tiene más de 9 decenas.

② Enseñanza

Actividad Pídales a los alumnos que usen bloques de base diez para hacer un modelo del 148 y 153. Asegúrese de que mantienen alineadas las centenas, decenas y unidades.

* **¿Necesitan reagruparse las unidades?** Sí
¿Cómo? Ejemplo de respuesta: Intercambiar 10 unidades por una decena.

* **¿Necesitan reagruparse las decenas?** Sí.
¿Cómo? Ejemplo de respuesta: Intercambiar 10 decenas por una centena.

 **Explore** **Math Activity for 2-7**

Lesson Planner

Objective

Model addition.

TEKS and TAKS

Targeted TEKS 3.3 The student adds and subtracts to solve meaningful problems involving whole numbers. **(A) Model addition** and subtraction **using pictures, words, and numbers.** *Also addresses TEKS 3.3(B).*

TAKS 1 The student will demonstrate an understanding of numbers, operations, and quantitative reasoning.

Resources

Manipulatives: base-ten blocks

Technology: Concepts in Motion

① Introduce

Introduce the Concept

* Explain to students that sometimes numbers in the tens place have to be regrouped when adding.

* **How do you know if you need to regroup ones when adding?** You need to regroup when the sum has more than 9 ones.

* **Ten ones equal how many tens?** 1

* **Ten tens equal how many hundreds?** 1

* **How do you think you will know if you need to regroup tens when adding?** Sample answer: You need to regroup when the sum has more than 9 tens.

② Teach

Activity Have students use base-ten blocks to model 148 and 153. Make sure they keep the hundreds, tens, and ones aligned.

* **Do the ones need to be regrouped?** Yes.
How? Sample answer: Trade 10 ones for one ten.

* **Do the tens need to be regrouped?** Yes.
How? Sample answer: Trade 10 tens for one hundred.

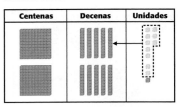 **Explora** **Actividad matemática para 2-7**

Suma números de tres dígitos

Usa las figuras de bloques de base diez para modelar la suma de tres dígitos.

ACTIVIDAD Calcula 148 + 153.

IDEA PRINCIPAL
Modelaré la suma.

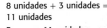 **TEKS Objetivo 3.3**
El estudiante suma y resta para resolver problemas relevantes en los que se usan números enteros. **(A) Dé ejemplos de la suma y la resta utilizando dibujos, palabras y números.** *También cubre TEKS 3.3 (B)*

Necesitarás
bloques de base diez

Paso 1 Usa figuras para modelar si es necesario. Modela 148 y 153.

Centenas	Decenas	Unidades
		148
		153

Paso 2 Suma las unidades.

Centenas	Decenas	Unidades

8 unidades + 3 unidades = 11 unidades
Reagrupa 11 unidades como 1 decena y 1 unidad.

CONceptos en mOvimiento
Animación en
tx.gr3math.com

86 **Capítulo 2** Suma para resolver problemas

Paso 3 Suma las decenas.

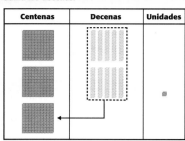

Centenas	Decenas	Unidades

5 decenas + 5 decenas = 10 decenas

Reagrupa 10 decenas como 1 centena y 0 decenas.

Paso 4 Suma las centenas.

1 centena + 1 centena + 1 centena = 3 centenas

Entonces, 148 + 153 = 301.

Piénsalo

1. Describe la suma de los dígitos que necesitan reagruparse. Hay 10 ó más

2. ¿Por qué se reagruparon las unidades y las decenas? Ambas suman más de 9.

3. ¿Cambiar el orden de los sumandos hace alguna diferencia en cuanto a si necesitas reagrupar o no? Explica. No; la propiedad conmutativa de la suma establece que el orden de los sumandos puede cambiar pero la suma no cambiará.

 **VERIFICA lo que sabes**

Suma. Usa figuras o palabras para modelar si es necesario.

4. 259 + 162 421   **5.** 138 + 371 509   **6.** 362 + 172 534

7. 541 + 169 710   **8.** 261 + 139 400   **9.** 285 + 75 360

10. **ESCRIBE EN MATEMÁTICAS** Escribe una regla que explique cuándo reagrupar. Si la suma en cualquier lugar es más que 9, reagrupa.

Explora 2-7 Suma números de tres dígitos **87**

Think About It

Assign **Think About It** Exercises 1–3 to assess student comprehension of the concept presented in the activity.

③ Assess

✓ Formative Assessment

- **Will you always have to regroup when adding three-digit numbers? How can you tell?** No, if the digits of any place do not have a sum greater than 9, then you do not have to regroup.

- **How many times do you have to regroup when adding 795 and 116? Explain.** two times; once with the ones to tens and again with tens to hundreds.

From Concrete to Abstract Use Exercise 10 to bridge the idea of using models to add three-digit numbers and finding the sum of three-digit numbers without models.

Extending the Concept Elicit from students ideas on how estimation can be used to help find the sum of three-digit numbers.

Piénsalo

Asigne los ejercicios de piénsalo en los Ejercicios 1 al 3 para evaluar la comprensión del alumno del concepto presentado en la actividad.

③ Evaluación

✓ Evaluación formativa

- **¿Tendrán siempre que reagrupar cuando sumas números de tres dígitos? ¿Cómo lo pueden indicar?** No, si los dígitos de cualquier posición no tienen una suma mayor que 9, entonces no tienes que reagrupar.

- **¿Cuántas veces tienen que reagrupar al sumar 795 y 116? Expliquen.** dos veces; una con las unidades a las decenas y otra con las decenas a las unidades.

De lo concreto a lo abstracto Use los Ejercicios 10 para cerrar la brecha entre la idea de usar modelos para sumar números de tres dígitos y calculando la suma de números de tres dígitos sin modelos.

Ampliación del concepto Saque ideas de los alumnos de cómo se puede usar la estimación para ayudar a calcular la suma de números de tres dígitos.

Planificador de lección

Objetivo

Haz un modelo de la suma de tres dígitos.

TEKS y TAKS

TEKS Objetivo 3.3(A) El estudiante suma y resta para resolver problemas relevantes en los que se usan números enteros. **(A) Dé ejemplos de la suma** y la resta **utilizando dibujos, palabras y números.** *También cubre TEKS 3.3(B).*

TAKS 1 El estudiante demostrará un entendimiento de patrones, operaciones y razonamiento cuantitativo.

Las páginas del alumno también cubren los siguientes TEKS:
TEKS 3.15(B) Coméntalo, Ejercicio 8
TEKS 3.3(A) Problemas H.O.T., Ejercicios 32-33

Repaso de vocabulario

reagrupar, redondear, estimar

Rutina diaria

Siga estas sugerencias antes de iniciar la lección de la pág. 88.

Control de 5 minutos

(Repaso de la Lección 2-6)
Usen una de las estrategias para resolver problemas para resolver.
El granjero compró 19 vacas en mayo y 26 en junio. ¿Compró más de 40 vacas en total?
Sí; 19 + 26 = 45, lo cual es más de 40.

Problema del día

Derek compró 5 estampillas de deporte. Compró 3 más. Le entregó 4 a Armando y luego compró 6 más. ¿Cuántas estampillas de deporte tiene Derek ahora? 5 + 3 = 8; 8 − 4 = 4; 4 + 6 = 10 estampillas

---

LESSON
2-7 **Three-Digit Addition**

Lesson Planner

Objective
Model three-digit addition.

TEKS and TAKS

Targeted TEKS 3.3 The student adds and subtracts to solve meaningful problems involving whole numbers. **(A) Model addition** and subtraction **using pictures, words, and numbers.** *Also addresses TEKS 3.3(B).*

TAKS 1 The student will demonstrate an understanding of numbers, operations, and quantitative reasoning.

Student pages also address the following TEKS:
TEKS 3.15(B) Talk About It, Exercise 8
TEKS 3.3(A) HOT Problems, Exercises 32–33

Review Vocabulary
regroup, rounding, estimate

Resources

Materials: WorkMat 1: Place-Value Chart

Manipulatives: base-ten blocks

Literature Connection: *Pigs Will Be Pigs* by Amy Axelrod

Teacher Technology
Interactive Classroom • TeacherWorks

Focus on Math Background

Students who have only memorized rules for addition with regrouping may have forgotten how to accomplish the task. Regrouping is a topic of many layers and, although "learned" before, each time it is encountered a deeper level of understanding is possible and expected. Important to note is that a lack of standard algorithm notation does not necessarily indicate a lack of knowledge, but may in fact indicate greater understanding of number and addition.

Daily Routine

Use these suggestions before beginning the lesson on p. 88.

5-Minute Check
(Reviews Lesson 2-6)

Use one of the problem-solving strategies to solve.
The farmer bought 19 cows in May and 26 in June. Did he buy more than 40 cows in all?
yes; 19 + 26 = 45, which is more than 40

Problem of the Day
Derek bought 5 sport stamps. He bought 3 more. He gave 4 to Armando and then bought 6 more. How many sport stamps does Derek have now?
5 + 3 = 8; 8 − 4 = 4; 4 + 6 = 10 stamps

Review Math Vocabulary
Write the review vocabulary words and their definitions on the board.

Have students use the vocabulary words to complete the following sentences.
I use ____ to ____. rounding; estimate
I need to ____ when the sum has more than 9 ones. regroup

Visual Vocabulary Cards
Use Visual Vocabulary Cards 19, 47 and 48 to reinforce the vocabulary reviewed in this lesson. (The Define/Example/Ask routine is printed on the back of each card.)

regroup

88A Chapter 2 Add to Solve Problems

Adquisición de vocabulario matemático

Escriba las palabras del vocabulario de la lección y sus definiciones en la pizarra.
Pídales a los alumnos que usen las palabras del vocabulario para completar las siguientes oraciones.
Yo uso una estimación para redondear.
Yo necesito reagrupar cuando la suma tiene más de 9 unidades.

Tarjetas visuales de vocabulario

Use la(s) tarjeta(s) visual(es) del vocabulario 19, 47 y 48 para reforzar el vocabulario presentado en esta lección. (En la parte trasera de cada tarjeta está escrita la rutina Definir/Ejemplo/Pregunta).

reagrupar

Differentiated Instruction

Small Group Options

Option 1 — TEKS 3.3(A)   LOGICAL, SOCIAL
Gifted and Talented AL

Materials: notebook or grid paper, spinner (optional)

- Working with a small group of 3–5 students, each should choose a three-digit number. Create a column addition problem using the numbers chosen. For example, a group of 5 students might choose 549, 798, 222, 465, and 478. 2,512
- Since adding more than two numbers can be challenging for students, encourage them to check their work by adding the same numbers again, but in a different order.
- To alter the activity, try using four-digit numbers or larger. Also, students can create numbers using the spinner (e.g., spin three times for a three-digit number).

```
  549
  798
  222
  465
+ 478
-----
2,512
```

Option 2 — TEKS 3.3(A), 3.1(C)   VISUAL, SPATIAL
English Language Learners ELL

Materials: For each group: play money in dollars, tens and hundreds, and a large piece of paper divided into 9 squares.
Core Vocabulary: put, with, exchange for
Common Use Verb: give/take
Do Math This strategy activates background knowledge and kinetically demonstrates addition with regrouping.

- Write 256 + 267. Assign roles for each place value (3 roles each for 256, 267, and a banker).
- Give $256 and $267 to the appropriate students, and change to the banker.
- Have the ones combine with ones, and so on.
- Have students lay out their bills on the 9 × 3 grid, exchanging and passing on bills beyond 9 spaces.
- When all amounts are combined, the banker posts the answer.
- Have students check against the other groups, revising as necessary.
- Repeat with other quantities as time permits.

Independent Work Options

Option 1 — TEKS 3.3(A)   LOGICAL, LINGUISTIC
Early Finishers OL AL

Materials: base-ten blocks, paper, pencil

Ask students to work in pairs to fill in the missing numbers. Suggest they use base-ten blocks to check their work.

```
  518       6●7      ●45  1; 2; 5
+ 3●6     + 363    + 196
-----     -----    -----
  834       990      741
```

- Have students write similar problems for partners to solve.

Option 2
Student Technology

Math Online tx.gr3math.com
Personal Tutor • Extra Examples • Online Games

Option 3
Learning Station: Science (p. 62H)

Direct students to the Science Learning Station for opportunities to explore and extend the lesson concept.

Option 4
Problem-Solving Practice

Reinforce problem-solving skills and strategies with the Problem-Solving Practice worksheet.

Lesson 2-7 Three-Digit Addition   **88B**

Instrucción diferenciada

Opciones de trabajo independiente

Opción 1 — TEKS 3.3(A)   LÓGICO/LINGÜÍSTICO
Talentosos OL AL

Materiales Bloques de base diez, papel, lápiz

Pídales a los alumnos que trabajen en parejas para completar los números que faltan. Sugiérales que usen bloques de base diez para verificar sus trabajos.

```
  518       6 7      45  1; 2; 5
+ 3 6     + 363    + 196
-----     -----    -----
  834       990      741
```

- Pídales a los alumnos que escriban problemas similares para sus parejas para resolver.

Opción 2
Tecnología para el alumno

Matemáticas en línea tx.gr3math.com
Personal Tutor • Extra Examples • Online Games

Opción 3
Estación de aprendizaje: Ciencias (pág. 62H)

Dirija a los alumnos a la estación de aprendizaje de ciencias para que tengan la oportunidad de explorar y ampliar el concepto de la lección.

Opción 4
Práctica y solución de problemas

Refuerce las destrezas y las estrategias de solución de problemas con la hoja de trabajo de solución de problemas.

Opciones para grupos pequeños

Opción 1 — TEKS 3.3(A)   LÓGICO/SOCIAL
Talentosos AL

Materiales: cuaderno o papel cuadriculado, girador (opcional)

- Trabajando con un grupo pequeño de 3 a 5 alumnos, cada uno deberá elegir un número de tres dígitos. Cree una columna de problemas de suma usando los números elegidos. Por ejemplo, un grupo de 5 alumnos pueden elegir 549, 798, 222, 465 y 478. 2,512
- Ya que al sumar más de dos números puede ser un desafío para los alumnos, aliéntelos a verificar su trabajo sumando los mismos números nuevamente, pero en un orden diferente.
- Para variar la actividad, intente usando números de cuatro dígitos o más grandes. Incluso, los alumnos pueden crear números usando el girador (Ej., gira 3 veces para un número de tres dígitos)

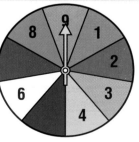

```
  549
  798
  222
  465
+ 478
-----
2,512
```

Suma de tres dígitos

1 Presentación

Actividad propuesta
1 • Práctica

- Escriban lo siguiente en la pizarra:

  345
  + 267

- Pídales a los alumnos que usen bloques de base diez para calcular la suma.

- Pídales a los alumnos que usen el tapete de trabajo con la tabla de valor de posición. Diríjalos para rellenar la tabla como sigue:

- En la primera fila, escriba 3 en el lugar de las centenas, 4 en el lugar de las decenas y 5 en el lugar de las unidades. En la segunda fila, coloque 267 en las columnas apropiadas.

- Explique que esta es una forma de transcribir sus trabajos con bloques de base diez.

Actividad propuesta
2 • Literatura

Presente la Lección con *Pigs Will Be Pigs* de Amy Axelrod. (Vea en la página R104 una actividad matemática relacionada.)

2 Enseñanza   TEKS 3.3(A)

Preguntas básicas

Entrégueles a los grupos de alumnos bloques de base diez. Escriba 436 + 367 en la pizarra.

- **Cuando usan bloques de base diez para calcular la suma de 476 + 367, ¿qué suman primero?** unidades

- **¿Cuántas unidades hay en total?** 13 **¿Qué deberán hacer y por qué?** Reagrupar; hay más de 9 unidades.

- **¿Qué hacen después?** Suman las decenas.

- **¿Necesitan reagrupar las decenas? ¿Por qué sí o por qué no?** Sí, hay más de 9 decenas.

- **¿Necesitan reagrupar las centenas? ¿Por qué sí o por qué no?** No, hay menos de 9 centenas.

 PREPÁRATE **para aprender**

Pídales a los alumnos que abran sus libros y lean la información de **Prepárate para aprender.** Repasen **reagrupar**, **redondeo** y **estimaciones**. En conjunto, trabajen los **Ejemplos 1 y 2**.

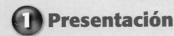

Three-Digit Addition

1 Introduce   TEKS 3.3(A)

Activity Choice 1 • Hands-On

- Write the following on the board:

  345
  + 267

- Have students use base-ten blocks to find the sum.

- Have students use a place-value chart workmat. Direct them to fill in the chart as follows:

- On the first row, write 3 in the hundreds place, 4 in the tens place, and 5 in the ones place. On the second row, place 267 in the appropriate columns.

- Explain that this is one way to transcribe their work with base-ten blocks.

Activity Choice 2 • Literature

Introduce the lesson with *Pigs Will Be Pigs* by Amy Axelrod. (For a related math activity, see p. R104.)

2 Teach   TEKS 3.3(A)

Scaffolding Questions

Give groups of students base-ten blocks. Write 436 + 367 on the board.

- **When you use base-ten blocks to find the sum of 476 + 367, which do you add first?** ones

- **How many ones are there in all?** 13 **What should you do and why?** Regroup; there are more than 9 ones.

- **What do you do next?** Add the tens.

- **Do you need to regroup the tens? Why or why not?** Yes, there are more than 9 tens.

- **Do you need to regroup the hundreds? Why or why not?** No, there are less than 9 hundreds.

 GET READY **to Learn**

Have students open their books and read the information in **Get Ready to Learn**. Review **regroup**, **rounding**, and **estimate**. As a class, work through **Examples 1 and 2**.

Suma de tres dígitos

PREPÁRATE **para aprender**

Durante el conteo anual de aves de patio, los observadores de aves reportaron ver 127 reyezuelos y 68 águilas. ¿Cuántas aves son en total?

IDEA PRINCIPAL
Modelaré la suma de tres dígitos.

TEKS Objetivo 3.3
El estudiante suma y resta para resolver problemas relevantes en los que se usan números enteros. (A) Dé ejemplos de la suma y la resta utilizando dibujos, palabras y números.

En la lección Explora, usaste bloques de base diez para sumar números de tres dígitos. También puedes usar papel y lápiz.

EJEMPLOS concretos   Modela suma con reagrupación

1 AVES ¿Cuántos reyezuelos y águilas reportaron los observadores de aves?
Necesitas sumar 127 + 68.

Verifica la racionalidad
195 está cerca de la estimación de 200. La respuesta es razonable. ✔

88 Capítulo 2 Suma para resolver problemas

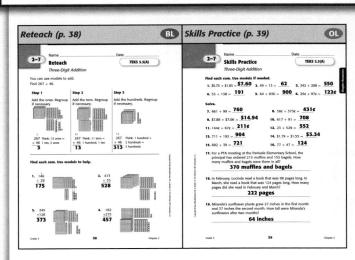

Reteach (p. 38) · Skills Practice (p. 39)

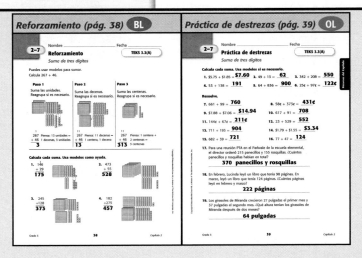

Reforzamiento (pág. 38) · Práctica de destrezas (pág. 39)

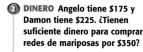

2 **DINERO** Angelo tiene $175 y Damon tiene $225. ¿Tienen suficiente dinero para comprar redes de mariposas por $350?

Calcula $175 + $225 para determinar si pueden comprar la red por $350.

Recuerda
Cuando sumas dinero, alinea los puntos decimales. Baja el punto decimal directamente en la suma.

Paso 1 Suma las unidades.

$$
\begin{array}{r}
\overset{1}{\$175} \\
+\ \$225 \\
\hline
0
\end{array}
$$
5 unidades + 5 unidades = 10 unidades
Reagrupa 10 unidades como 1 decena y 0 unidades.

Paso 2 Suma las decenas.

$$
\begin{array}{r}
\overset{1\ 1}{\$175} \\
+\ \$225 \\
\hline
00
\end{array}
$$
1 decena + 7 decenas + 2 decenas = 10 decenas
Reagrupa 10 decenas como 1 centena + 0 decenas.

Paso 3 Suma las centenas.

$$
\begin{array}{r}
\overset{1\ 1}{\$175} \\
+\ \$225 \\
\hline
\$400
\end{array}
$$
1 + 1 + 2 centenas = 4 centenas

En conjunto, Angelo y Damon tienen suficiente dinero para comprar la red de mariposas.

8. Para ver si tiene sentido y te ayuda a verificar errores.

✓ VERIFICA lo que sabes

Calcula cada suma. Usa figuras o palabras para modelar si es necesario. Ver ejemplos 1 y 2 (págs. 88–89)

1. 164 + 17 181
2. 156 + 255 411
3. 468 503
+ 35

4. 227 253
+ 26
5. $355 $511
+ $156
6. $272 $4.20
$148

7. Chase tiene 176 videojuegos. Esteban tiene 238 juegos. ¿Cuál es el número total de juegos que tienen? 414 juegos

8. **Coméntalo** ¿Por qué es importante verificar la racionalidad?

Enrich (p. 42) AL

Model Addition with Regrouping
Example 1 Remind students that they can use estimation to see if their answer is reasonable. Point out that both numbers need to be rounded to the same places, the tens.

ADDITIONAL EXAMPLES

1 Lynda used 125 minutes of her cell phone minutes last week and 37 minutes this week. How many minutes has she used altogether?
162 minutes

2 Celli bought a computer for $435 and a desk for $107. How much did she spend? $542

✓ CHECK What You Know

As a class, have students complete Exercises 1–8 in **Check What You Know** as you observe their work.

💬 **Exercise 8** Assess student comprehension before assigning practice exercises.

BL **Alternate Teaching Strategy**

If students have forget to add the regrouped tens or hundreds …

Then use one of these reteach options:

1 **CRM** **Daily Reteach Worksheet** (p. 38)

2 Have students draw a circle or square on top of each place before they add. Fill them in with the correct number of tens or hundreds obtained from regrouping. For example,

$$
\begin{array}{r}
\boxed{1}\ \boxed{1}\ \boxed{0} \\
3\ 5\ 8 \\
+\ 4\ 6\ 3 \\
\hline
8\ 2\ 1
\end{array}
$$

Modelo de suma con reagrupación

Ejemplo 1 Recuérdele a los alumnos que ellos pueden usar estimaciones para ver si su respuesta es razonable. Señáleles que ambos números necesitan ser redondeados a las mismas posiciones de las decenas.

Ejemplos adicionales

1. Lynda usó 125 minutos de los minutos de su teléfono celular la semana pasada y 37 minutos esta semana. ¿Cuántos minutos ha usado en total? 162 minutos

2. Celli compró una computadora por $542 y un escritorio por $107. ¿Cuánto gastó? $542

✓ VERIFICA lo que sabes

En conjunto, pídales a los alumnos que completen los Ejercicios 1 al 8 en Verifica lo que sabes a medida que usted observa sus trabajos.

💬 **Ejercicio 8** Evalúa la comprensión del alumno antes de asignarle los ejercicios prácticos.

BL **Estrategia alternativa de enseñanza**

Si los alumnos se han olvidado sumar las decenas o centenas reagrupadas…

Entonces use una de estas opciones de reforzamiento:

1 **CRM** **Hoja de reforzamiento diario** (pág. 38)

2 Pídales a los alumnos que dibujen un círculo o un cuadrado encima de cada posición antes de sumar. Rellénelos con el número correcto de decenas o centenas obtenidas de reagrupar. Por ejemplo,

$$
\begin{array}{r}
\boxed{1}\ \boxed{1}\ \boxed{0} \\
3\ 5\ 8 \\
+\ 4\ 6\ 3 \\
\hline
8\ 2\ 1
\end{array}
$$

Enriquecimiento (pág. 42) AL

③ Práctica

Asigne la práctica para los Ejercicios 9 al 33 según los siguientes niveles.

Nivel	Asignación
BL Nivel bajo	9–12, 17–20, 26–29
OL A nivel	11–16, 17–19, 22–24, 26–30, 32
AL Nivel avanzado	9–31 impar, 32–33

Pídales a los alumnos que analicen y completen los problemas de razonamiento de alto nivel. En el Ejercicio 33, recuérdeles a los alumnos de alinear la columna de las unidades, la columna de las decenas y la columna de las centenas para sumar.

④ Evaluación

✔ Evaluación formativa

TEKS 3.3(A)

- **¿Cómo pueden indicar si necesitarán reagrupar en una suma antes de que calculen la suma exacta? Expliquen.** Verifica para ver si los dígitos en cada posición tienen una suma mayor que 9.
- **Calculen la suma 408 + 397.** 805

Control rápido | ¿Les sigue costando a los alumnos la suma de tres dígitos?

Sí ➜ Hoja de reforzamiento (pág. 38)
No ➜ Opciones de trabajo independiente (pág. 88B)
    CRM Hoja de ejercicios para la práctica de destrezas (pág. 39)
    CRM Hoja de trabajo de enriquecimiento (pág. 42)

En el futuro Indíqueles a los alumnos que el siguiente capítulo es sobre resta. Pídales a los alumnos que escriban cómo piensan que la lección de hoy en sumar números de tres dígitos les ayudará con la lección de mañana.

 ERROR COMÚN!

Ejercicio 20 Los alumnos pueden sumar automáticamente un dólar adicional. Recuérdeles que cuando la suma de los dígitos es 9 ó menos, no es necesario reagrupar.

③ Practice

Differentiate practice using these leveled assignments for Exercises 9–33.

Level	Assignment
BL Below Level	9–12, 17–20, 26–29
OL On Level	11–16, 17–19, 22–24, 26–30, 32
AL Above Level	9–31 odd, 32–33

Have students discuss and complete the Higher Order Thinking problems. In Exercise 33, remind students to line up the ones column, the tens column, and the hundreds column to add.

④ Assess

✔ Formative Assessment

TEKS 3.3(A)

- **How you can tell if you will need to regroup in an addition problem before you find the exact sum? Explain.** Check to see if the digits in each place have a sum greater than 9.
- **Find the sum of 408 + 397.** 805

Quick Check | **Are students continuing to struggle with three-digit addition?**

If Yes ➜ **CRM** Reteach Worksheet (p. 38)

If No ➜ Independent Work Options (p. 88B)
    CRM Skills Practice Worksheet (p. 39)
    CRM Enrich Worksheet (p. 42)

Into the Future Tell students that the next chapter is about subtraction. Ask students to write how they think today's lesson on adding three-digit numbers will help them with tomorrow's lesson.

 COMMON ERROR!

Exercise 20 Students may automatically add an extra ten dollars. Remind students that when the sum of the digits is 9 or less, no regrouping is necessary.

★ Indica problemas de pasos múltiples

▶ Práctica y solución de problemas

PRÁCTICA EXTRA Ver página R7.

Calcula cada suma. Si es necesario, usa figuras o palabras para modelar. Ver ejemplos 1 y 2 (págs. 88–89)

9. 759 778
  + 19

10. 445 471
  + 26

11. $345 $438
  + $ 93

12. $427
  + $217
  $644

13. 597 648
  + 51

14. 599 658
  + 59

15. $298 $706
  + $408

16. $287
  + $453
  $740

17. 43 + 217 260

18. 607 + 27 634

19. $173 + $591 $764

20. $108 + $589 $697

21. 635 + 285 920

22. 398 + 355 753

23. $797 + $185 $982

24. $490 + $288 $778

25. Una bicicleta de 10 velocidades está en oferta por $199 y una bicicleta de carreras de 12 velocidades está en oferta por $458. ¿Cuánto cuestan las dos bicicletas juntas? $657

26. Medidas Si la planta de frijoles de Russell creció 24 pulgadas el primer mes y 27 pulgadas el segundo mes, ¿cuánto creció la planta de frijoles de Russell después de dos meses? 51 pulgadas

★ **27. Medidas** Usa el mapa de la derecha. ¿Cuál es la distancia total desde la entrada del parque a la casa de Leonora y de vuelta al parque otra vez? 32 millas

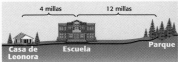
4 millas | 12 millas
Casa de Leonora | Escuela | Parque

Álgebra Calcula cada número que falta. Identifica la propiedad.

28. 240 + 679 = ■ + 240 679
propiedad conmutativa de la suma

30. 989 + ■ = 989 0
propiedad de identidad de la suma

29. (13 + 24) + 6 = ■ + (24 + 6) 13
propiedad asociativa de la suma

31. (565 + 6) + 39 = 565 + (■ + 39) 6
propiedad asociativa de la suma

Problemas H.O.T.

32. INTERPRETA Escribe un problema de suma cuyo total sea entre 450 y 500. Ejemplo de respuesta: 250 + 201

33. RETO Usa los dígitos 3, 5 y 7 para hacer 2 números de tres dígitos. Usa cada dígito una vez en cada número. Escribe un problema de suma que resulte en la mayor suma posible. 753 + 753 = 1,506

90 Capítulo 2 Suma para resolver problemas

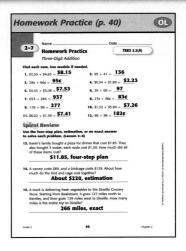

Homework Practice (p. 40) OL

2-7 Name _____ Date _____
Homework Practice TEKS 3.3(A)
Three-Digit Addition
Find each sum. Use models if needed.
1. $3.50 + $4.65 = **$8.15**
2. 95 + 41 = **136**
3. 29¢ + 66¢ = **95¢**
4. $0.34 + $1.89 = **$2.23**
5. $4.45 + $3.08 = **$7.53**
6. 28 + 69 = **97**
7. 653 + 284 = **937**
8. 27¢ + 56¢ = **83¢**
9. 178 + 99 = **277**
10. $1.32 + $5.94 = **$7.26**
11. $6.02 + $1.39 = **$7.41**
12. 86 + 96 = **182¢**

Spiral Review
Use the four-step plan, estimation, or an exact answer to solve each problem. (Lesson 2-6)
13. Kevin's family bought a pizza for dinner that cost $7.95. They also bought 3 sodas: each soda cost $1.30. How much did all of these items cost? **$11.85, four-step plan**
14. A canary costs $89, and a birdcage costs $129. About how much do the bird and cage cost together? **About $220, estimation**
15. A truck is delivering fresh vegetables to the Dixville Grocery Store. Starting from Bealstown, it goes 127 miles north to Bentley, and then goes 139 miles west to Dixville. How many miles is the entire trip to Dixville? **266 miles, exact**

Grade 3 | 40 | Chapter 2

Enriquecimiento (pág. 40) OL

2-7 Nombre _____ Fecha _____
Práctica de tarea TEKS 3.3(A)
Suma de tres dígitos
Calcula cada suma. Usa modelos si es necesario.
1. $3.50 + $4.65 = **$8.15**
2. 95 + 41 = **136**
3. 29¢ + 66¢ = **95¢**
4. $0.34 + $1.89 = **$2.23**
5. $4.45 + $3.08 = **$7.53**
6. 28 + 69 = **97**
7. 653 + 284 = **937**
8. 27¢ + 56¢ = **83¢**
9. 178 + 99 = **277**
10. $1.32 + $5.94 = **$7.26**
11. $6.02 + $1.39 = **$7.41**
12. 86 + 96 = **182¢**

Repaso espiral
Use el plan de cuatro pasos, la estimación o una respuesta exacta para resolver cada problema. (Lección 2-6)
13. La familia de Kevin compró una pizza para la cena que costó $7.95. También compraron 3 refrescos: cada refresco costó $1.30. ¿Cuánto costaron todos los artículos? **$11.85, plan de cuatro pasos**
14. Un canario cuesta $89 y una jaula cuesta $1.29. ¿Aproximadamente cuánto cuesta el ave y la jaula juntos? **Aproximadamente $220, estimación**
15. Un camión está repartiendo vegetales frescos a la tienda de víveres de Dixville. Comenzando desde Bealstown, recorre 127 millas al norte para Bentley y luego, recorre 139 millas al oeste a Dixville. ¿Cuántas millas es el viaje hasta Dixville? **266 millas, exacta**

Grade 3 | 40 | Capítulo 2

¿Cuánto puedes bajar?

Suma números de tres dígitos

Necesitarás: un girador

¡Alístate!

Jugadores: 2 jugadores

¡Listos!

- Dividan y rotulen un girador como se muestra.
- Hagan dos hojas de juego.

¡Adelante!

- El jugador 1 hace girar el girador y registra el dígito en cualquier casilla de su hoja de juego.
- El jugador 2 hace girar el girador y registra el dígito en cualquier casilla de su hoja de juego.
- Los jugadores toman turnos y registran los números para repetir lo anterior, hasta llenar todas las casillas.
- Los jugadores calculan las sumas de sus números. La menor suma gana.

Es hora de jugar ¿Cuánto puedes bajar? **91**

Differentiated Practice

Use these leveled suggestions to differentiate the game for all learners.

Level	Assignment
BL Below Level	Students may use base-ten blocks to model three-digit numbers.
OL On Level	Have students play the game with the rules as written.
AL Above Level	Challenge students to create their own three-digit adding problems, and guess which student will have the lowest sum.

How Low Can You Go?

Math Concept:
Add Three-Digit Numbers

TEKS 3.3(A)

Materials: pencil, paper
Manipulatives: 10-part spinner numbered 0–9

Introduce the game on p. 91 to your students to play as a class, in small groups, or at a learning workstation to review concepts introduced in this chapter.

Instructions

- Ask students to choose a partner to play this game.
- Each student makes a game sheet to add two three-digit numbers.
- Players take turns using the spinner and entering the resulting number in any box on their game sheets.
- When each student has filled their game sheet boxes, they find the sum of their numbers.
- The player whose sum is the lowest wins.
- Players can play this game in rounds, earning one point for each game they win.

Extend the Game

Have students create a game board for adding four-digit numbers.

¿Qué tan bajito te puedes agachar?

Concepto matemático:
Suma números de tres dígitos

Materiales: lápiz, papel

Presente el juego de la pág. 91 a los alumnos para que lo jueguen en conjunto, en grupos pequeños o en la estación de aprendizaje, para repasar los conceptos presentados en este capítulo.

Instrucciones

Pídales a los alumnos que elijan un compañero para jugar este juego.

- Cada alumno hace una hoja de juego para sumar dos números de tres dígitos.
- Los jugadores toman turnos usando el girador e introduciendo el número resultante en cualquier caja en sus hojas de juego.
- Cuando cada alumno haya llenado sus cajas en la hoja de juego, calculan la suma de sus números.
- El jugador cuya suma es la más baja gana.
- Los jugadores pueden hacer este juego en rondas, ganando un punto por cada juego que ganen.

Ampliación del juego

Pídales a los alumnos que hagan un tablero de juego para sumar números de cuatro dígitos. .

Práctica diferenciada

Use estos niveles sugeridos para diferenciar el juego para todos los aprendices.

Nivel	Asignación
BL Nivel bajo	Los alumnos pueden usar bloques de base diez para presentar números de tres dígitos.
OL A nivel	Pídales a los alumnos que realicen el juego con las reglas como están escritas.
AL Nivel avanzado	Rete a los alumnos a crear sus propios problemas de suma de tres dígitos y adivinar cuál alumno tendrá la suma más baja.

PLEGADOS™ Plegados de Dinah Zike's

Use estas sugerencias para la lección a fin de incorporar los Plegados durante el capítulo. Los alumnos pueden usar sus Plegados para repasar para el examen.

Lección 2-5 Abra la tabla de Suma de dinero y en el lado izquierdo, pídales a los alumnos que recorten y peguen ejemplos de valores de dinero encontrados en los periódicos, revistas y avisos. Pídales a los alumnos que dibujen y expliquen los símbolos para dólares y centavos. En el lado derecho, pídales a los alumnos que escriban problemas que muestren la suma de dinero con sumas menores que $1.00.

Lección 2-7 Pídales a los alumnos que describan cómo suman números de tres dígitos reagrupando y haga ejemplos específicos bajo la tabla de reagrupación de suma de sus plegados.

Vocabulario clave

Las referencias de las páginas después de cada palabra denotan dónde se presenta por primera ese término. Si los alumnos tienen dificultades con los Ejercicios 1 al 5, recuérdeles que pueden usar las referencias de las páginas para repasar los términos del vocabulario.

Repaso de vocabulario

Repase el vocabulario del capítulo usando una de las siguientes opciones:
- Tarjetas visuales de vocabulario (4, 8, 19, 28, 47 y 48)
- Glosario electrónico en tx.gr3math.com

Proyecto del Capítulo 2

Venta de pasteles

Solos, en parejas o en grupos pequeños, pídales a los alumnos que comenten los resultados de su proyecto de capítulo completado con la clase. Evalúe sus trabajos usando la regla del proyecto del capítulo en el Capítulo 2.
Prueba de diagnóstico, pág. 53.

CHAPTER 2 Study Guide and Review

FOLDABLES™ Dinah Zike's Foldables

Use these lesson suggestions to incorporate the Foldable during the chapter. Students can then use their Foldables to review for the test.

Lesson 2-5 Open the Add Money tab and on the left side, have students cut out and glue examples of money values encountered in newspapers, magazines, and advertisements. Ask students to draw and explain the symbols for dollars and cents. On the right side, have students write problems that show the addition of money with sums less than $1.00.

Lesson 2-7 Have students describe how they add three-digit numbers with regrouping and give specific examples under the Regrouping Addition tab of their Foldables.

Key Vocabulary

The page references after each word denote where that term was first introduced. If students have difficulty answering Exercises 1–5, remind them that they can use these page references to review the vocabulary terms

Vocabulary Review

Review chapter vocabulary using one of the following options.
- **Visual Vocabulary Cards (4, 8, 19, 28, 47, and 48)**
- **eGlossary** at tx.gr3math.com

CAPÍTULO 2 Guía de estudio y repaso

PLEGADOS Organiza el estudio PREPÁRATE para estudiar

Asegúrate de escribir las siguientes palabras del vocabulario clave y los conceptos claves en tu Plegado.

Las GRANDES Ideas

Propiedades de la suma (pág. 65)
- **Propiedad conmutativa de la suma**
  $$4 + 3 = 7 \qquad 3 + 4 = 7$$
- **Propiedad de identidad de la suma**
  $$6 + 0 = 6 \qquad 0 + 6 = 6$$
- **Propiedad asociativa de la suma**
  $$(2 + 5) + 1 = 2 + (5 + 1)$$

Estima sumas (pág. 70)

$$56 \longrightarrow 60 \longleftarrow \text{Redondea 56 a 60.}$$
$$\underline{+ 21} \longrightarrow \underline{+ 20} \longleftarrow \text{Redondea 21 a 20.}$$
$$80$$

Suma con reagrupación (pág. 88)

1 1		4 unidades + 7 unidades = 11 unidades
474		Reagrupa 11 unidades como 1 decena y
+ 237		1 unidad.
711		1 decena + 7 decenas + 3 decenas =
		11 decenas
		Reagrupa 11 decenas como 1 centena y
		1 decena.

 Repaso de vocabulario en tx.gr3math.com

Vocabulario clave

propiedad asociativa de la suma (pág. 65)
propiedad conmutativa de la suma (pág. 65)
propiedad de identidad de la suma (pág. 65)
estimar (pág. 70)
reagrupar (pág. 74)

Verifica el vocabulario

Elige la palabra del vocabulario que complete cada oración.

1. Cuando ____?____ , calculas una respuesta que está cerca de la respuesta exacta. estimas

2. La ____?____ establece que la suma de cualquier número y cero es el número.
propiedad de identidad de la suma

3. Usar el valor de posición para renombrar un número es ____?____ . reagrupar

4. La ____?____ establece que agrupar los sumandos no cambia la suma.
propiedad asociativa de la suma

5. $2 + 4 = 6$ y $4 + 2 = 6$ es un ejemplo de la ____?____ .
propiedad conmutativa de la suma

🥄 Chapter 2 Project
TEKS 3.1, 3.3(B), 3.14(A)

Bake Sale

Alone, in pairs, or in small groups, have students discuss the results of their completed chapter project with the class. Assess their work using the Chapter Project rubric found in Chapter 2 Resource Masters, p. 53.

Repaso de lección por lección

2-1 **Propiedades de la suma** (págs. 65–67)

Ejemplo 1
Calcula la suma en 2 + 7 = ■ y 7 + 2 = ■. Identifica la propiedad.

La suma es 9. El orden no cambia la suma. Esta es la propiedad conmutativa de la suma.

Ejemplo 2
Calcula 8 + 0 = ■. Identifica la propiedad.

La suma es 8. La suma de cualquier número y cero es ese número. Esta es la propiedad de identidad de la suma.

Calcula cada suma. Identifica la propiedad. 6–8. Ver el margen.

6. 0 + 10 = ■

7. 11 + 2 = ■
2 + 11 = ■

8. Álgebra Calcula cada número que falta. Identifica la propiedad.

(6 + 9) + 5 = 6 + (■ + 5)

Calcula cada suma mentalmente.

9. 4
     6
  + 0 10

10. 8
      6
   + 2 16

2-2 **Estrategia para resolver problemas: Estimación o repuesta exacta** (págs. 68–69)

Ejemplo 3
LaVonne ahorró $36. Su hermana ahorró $29. ¿Alrededor de cuánto dinero ahorraron las dos niñas en total?

Necesitas estimar $36 + $29. Redondea cada cantidad a la decena más cercana. Luego, suma.

$36 → $40
+ $29 → + $30
          $70

Las niñas tienen alrededor de $70.

Indica si se necesita una estimación o una respuesta exacta. Luego, resuelve.

11. Para entrar a una competencia de baile, Viviana necesita $35 para inscribirse y $75 para su traje. ¿Cuánto dinero necesita Viviana? respuesta exacta; $110

12. Cole practica el violín por 47 minutos tres noches a la semana. Las otras dos noches tiene práctica de fútbol por 29 minutos. ¿Alrededor de cuántos minutos practica Cole cada semana? estimación; 210

Capítulo 2 Guía de estudio y repaso **93**

Lesson-by-Lesson Review

Have students complete the Lesson-by-Lesson Review on pp. 93–96. Then you can use ExamView® Assessment Suite to customize another review worksheet that practices all the objectives of this chapter or only the objectives on which your students need more help.

Intervention If the given examples are not sufficient to review the topics covered by the questions, use the page references next to the exercises to review that topic in the Student Edition.

Additional Answers

6. 10; Identify Property of Addition

7. 13; Commutative Property of Addition

8. 9; Associative Property of Addition

Repaso de lección por lección

Pídales a los alumnos que completen el Repaso de Lección por Lección en las págs. 93-96. Luego, puede usar el paquete de evaluación de ExamView® para adaptar otra hoja de trabajo de repaso que practique todos los objetivos de este capítulo o sólo los objetivos en los cuales sus alumnos necesitan más ayuda.

Intervención Si los ejemplos dados no son suficientes para repasar los tópicos cubiertos por las preguntas, recuérdeles a los alumnos que las referencias de las páginas les indican en qué parte del libro repasar el tópico.

Respuestas adicionales

6. 10; propiedad de identidad de la suma

7. 13; propiedad conmutativa de la suma

8. 9; propiedad asociativa de la suma

Respuesta adicional:

19. Ese número es una estimación. No es muy común tener el mismo número de terremotos cada año.

Additional Answer

19. That number is an estimate. It is not very likely to have the same number of earthquakes every year.

2-3 Estima sumas (págs. 70–73)

Ejemplo 4

Un artista creó una pieza de arte con 66 cuentas redondas de vidrio. Hay 17 cuentas más en forma de corazón. ¿Alrededor de cuántas cuentas hay en conjunto?

Necesitas estimar $66 + 17$. Redondea cada número a la decena más cercana. Luego, suma.

$$\begin{array}{rcr} 66 & \rightarrow & 70 \\ + 17 & \rightarrow & + 20 \\ \hline & & 90 \end{array}$$

Entonces, hay alrededor de 90 cuentas.

Redondea para estimar cada suma.

13.
$$\begin{array}{r} 76 \quad 80 \\ + 12 \quad + 10 \\ \hline 90 \end{array}$$

14.
$$\begin{array}{r} 52 \quad 50 \\ + 21 \quad + 20 \\ \hline 70 \end{array}$$

Usa números compatibles para estimar.

15.
$$\begin{array}{r} 33 \\ + 58 \\ \hline \end{array}$$
Ejemplo de respuesta: $30 + 60 = 90$

16.
$$\begin{array}{r} 28 \\ + 47 \\ \hline \end{array}$$
Ejemplo de respuesta: $25 + 50 = 75$

17. $31 + 68$
Ejemplo de respuesta: $30 + 70 = 90$

18. $97 + 28$
Ejemplo de respuesta: $100 + 25 = 125$

19. Hay aproximadamente 2,000 sismos cada año en un parque nacional. ¿Es esto una estimación o un número exacto? Explica. Ver el margen.

2-4 Suma de dos dígitos (págs. 74–76)

Ejemplo 5

Calcula $25 + 3$.

$$\begin{array}{r} 25 \\ + 3 \\ \hline 28 \end{array}$$
5 unidades + 3 unidades = 8 unidades
2 decenas + 0 decenas = 2 decenas.

Entonces, $25 + 3 = 28$.

Ejemplo 6

Calcula $32 + 9$.

$$\begin{array}{r} \overset{1}{32} \\ + 9 \\ \hline 41 \end{array}$$
2 unidades + 9 unidades = 11 unidades
11 unidades = 1 decena y 1 unidad.
1 decena + 3 decenas = 4 decenas

Por lo tanto, $32 + 9 = 41$.

Suma. Usa figuras para modelar si es necesario.

20.
$$\begin{array}{r} 32 \quad 36 \\ + 4 \\ \hline \end{array}$$

21.
$$\begin{array}{r} 32 \quad 22 \\ + 4 \\ \hline \end{array}$$

22. La clase de matemáticas de Karly tiene 21 alumnos. La clase de matemáticas de Landon tiene 29 alumnos. ¿Cuántos alumnos de matemáticas hay en las dos clases? 50 alumnos

23. Hay 18 cajas de jugos en el refrigerador y 12 en la repisa. ¿Cuántas cajas de jugo hay en conjunto? 30 cajas de jugo

2-5 **Suma dinero** (págs. 78–81)

Ejemplo 7
En la escuela, Vito compró yogur por 65¢ y leche por 25¢. ¿Cuánto dinero gastó?

Calcula 65¢ + 25¢. Para sumar dinero, suma como lo haces con números enteros.

$$\begin{array}{r} 1 \\ 65¢ \\ + \ 25¢ \\ \hline 90¢ \end{array}$$ Coloca el signo de centavo *después de* la suma.

Ejemplo 8

Calcula $39 + $45.

$$\begin{array}{r} 1 \\ 65¢ \\ + \ 25¢ \\ \hline 90¢ \end{array}$$ Coloca el signo de dólar.

Suma. Si es necesario, usa figuras para modelar.

24. $\begin{array}{r} 13¢ \\ + \ 43¢ \\ \hline \end{array}$ 56¢

25. $\begin{array}{r} $54 \\ + \ $35 \\ \hline \end{array}$ $89

26. $\begin{array}{r} 74¢ \\ + \ 6¢ \\ \hline \end{array}$ 80¢

27. $\begin{array}{r} $90 \\ + \ $19 \\ \hline \end{array}$ $109

28. La alcancía de Rondell tiene $23. Para su cumpleaños, su abuela le dio $15. ¿Cuánto dinero tiene ahora? $38

29. Edgardo halló 36¢ en la acera. Si combina esto con los 27¢ que le quedó del dinero de su almuerzo, ¿cuánto dinero tendrá en total? 63¢

2-6 **Investigación para resolver problemas: Elige una estrategia** (págs. 84–85)

Ejemplo 9
Un grupo de música compró dos guitarras nuevas. Si cada guitarra costó $488, ¿cuánto costaron las guitarras?

Como cada guitarra cuesta lo mismo, suma $488 dos veces.

$$\begin{array}{r} 11 \\ $488 \\ + \ $488 \\ \hline $976 \end{array}$$

Entonces, las guitarras costaron $976.

Resuelve.

30. Mientras pescan, Augusto y su tío atraparon 17 bagres, 21 truchas y 6 róbalos. ¿Aproximadamente cuántos peces atraparon? 50 peces

31. Carolyn caminó 2 cuadras hacia el sur para encontrarse con Tiffany. Ellas caminaron 3 cuadras hacia el este y 1 cuadra hacia el norte hasta la casa de Fabio. ¿Vive Fabio en la calle de Carolyn? Explica. Ver el margen.

Capítulo 2 Guía de estudio y repaso **95**

Additional Answer
31. No; went 2 blocks south but only 1 north.

Prueba del Capítulo

1. propiedad conmutativa de la suma

2. propiedad de identidad de la suma

3. propiedad asociativa de la suma

16. Ejemplo de respuesta: Necesitas reagrupar cuando la suma de los dígitos en el lugar de las unidades es > 9. Por ejemplo, 26 + 47. 6 + 7 – 13, 13 > 9.

Chapter Test

1. Commutative Property of Addition
2. Identity Property of Addition
3. Associative Property of Addition
16. Sample answer: You need to regroup when the sum of the digits in one place is > 9. For example, 26 + 47. 6 + 7 = 13, 13 > 9.

2-7 Suma de tres dígitos (págs. 88–90)

Ejemplo 10
Sharon y Joel jugaron baloncesto. Sharon lanzó 106 cestas. Joel lanzó 115 cestas. ¿Cuántos lanzamientos hubo en total?

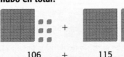

106   +   115
Reagrupa.

Entonces, 106 + 115 = 221

Ejemplo 11
Joel leyó un libro de 175 páginas y otro de 409 páginas. ¿Cuántas páginas leyó Joel en total?

Calcula 175 + 409.
Suma las unidades.

$$\begin{array}{r} 1 \\ 175 \\ + 409 \\ \hline 4 \end{array}$$ 5 unidades + 9 unidades = 14 unidades
14 unidades = 1 decena + 4 unidades

Suma las decenas. Luego, las centenas.

$$\begin{array}{r} 1 \\ 175 \\ + 409 \\ \hline 584 \end{array}$$ 1 decena + 7 decenas = 8 decenas
1 centena + 4 centenas = 5 centenas

Entonces, 175 + 409 = 584.

Suma. Verifica la racionalidad.

32. 377 + 26
403

33. 657 + 245
902

34. 567
+ 25 592

35. $325
+ $256 $581

36. 321
+ 99
420

37. 567
+ 218
785

38. $289 + $171 $460

39. $642 + $283 $925

40. $550 + $255 $805

41. Flavio y Félix compraron cada uno boletos aéreos por $213. Su alquiler de carro y hotel son $378. ¿Cuánto gastarán en los gastos de vacaciones? $804

42. El año pasado, Ithaca tuvo una nevada récord de 124 pulgadas. Este año, nevó 117 pulgadas. ¿Cuál fue el total de nevadas para los dos años? 241 pulgadas

Álgebra Calcula cada número que falta. Identifica la propiedad.

43. 350 + 490 = 490 + ■ 350; propiedad conmutativa de la suma

44. (12 + 200) + 129 = ■ + (129 + 12) 200; propiedad asociativa de la suma

45. 267 + ■ = 267 0; propiedad de identidad de la suma

Identifica la propiedad.

1. $5 + 3 = 3 + 5$ 1–3. Ver el margen.
2. $0 + 2 = 2$
3. $(1 + 2) + 3 = 1 + (2 + 3)$

Redondea para estimar cada suma.

4.
$$\begin{array}{r} 54 \\ + 29 \\ \hline \end{array}$$
$50 + 30 = 80$

5.
$$\begin{array}{r} 18 \\ + 23 \\ \hline \end{array}$$
$20 + 20 = 40$

6. ✏ **PRÁCTICA PARA LA PRUEBA** En un cine se vendieron 64 bolsas de palomitas de maíz antes de la película. Durante la película, se vendieron 29 bolsas de palomitas de maíz. ¿Cuántas bolsas de palomitas de maíz se vendieron?

B TAKS 1

A 90   C 103
B 93   D 113

7. ¿Cuántos boletos se adquirieron las últimas dos semanas? 515 boletos

Boletos para ver los delfines

Semana	Boletos de niños	Boletos de adultos
1	173	106
2	121	115

Suma. Verifica la racionalidad.

8. $281 + 674$ 9. $\$313 + \$731$
   955                  $1044

10.
$$\begin{array}{r} 103 \\ + 879 \\ \hline \end{array}$$ 982

11.
$$\begin{array}{r} 545 \\ + 345 \\ \hline \end{array}$$ 890

Matemáticas online **Prueba del capítulo en** tx.gr3math.com

En los Ejercicios 12 y 13, indica si es necesario una estimación o una respuesta exacta. Luego, resuelve.

12. Toshi quiere comprar útiles escolares nuevos. Si tiene $5, ¿tiene suficiente dinero? Explica.

Útiles escolares		
papel	creyones	lápices
$1	$2	$1

respuesta exacta; sí; los útiles cuestan $4.

13. Hay 3 edificios de oficinas en una cuadra. ¿Alrededor de cuántas oficinas hay en tres edificios? Explica.

Número de oficinas por edificio		
A	B	C
114	112	295

estimación; ejemplo de respuesta: 500; el problema dice alrededor de.

14. ✏ **PRÁCTICA PARA LA PRUEBA** Gen gasta $378 en el centro comercial. Su hermana gasta $291. ¿Alrededor de cuánto gastaron las hermanas en conjunto?

F (TAKS 1)

F $700   H $600
G $669   J $400

15. El club de aves de Abby divisó 328 aves. El club de aves de Nita divisó 576 aves. ¿Divisaron los dos clubes más de 915 aves? Explica.

No; divisaron 904 aves.

16. **ESCRIBE EN ▶MATEMÁTICAS** ¿Cómo sabes cuándo necesitas reagrupar cuando sumas? Incluye un ejemplo. Ver el margen.

Evaluación sumativa **97**

Summative Assessment

Use these alternate leveled chapter tests to differentiate assessment for the specific needs of your students.

Leveled Chapter 2 Tests			
Form	Type	Level	CRM Pages
1	Multiple Choice	BL	60–61
2A	Multiple Choice	OL	62–63
2B	Multiple Choice	OL	64–65
2C	Free Response	OL	66–67
2D	Free Response	OL	68–69
3	Free Response	AL	70–71

BL = below grade level
OL = on grade level
AL = above grade level

Vocabulary Test

CRM **Chapter 2 Resource Masters** (p. 55)

ExamView Assessment Suite   Customize and create multiple versions of your chapter test and the test answer keys.

Evaluación sumativa

Use estas pruebas de distintos niveles para realizar una evaluación diferenciada de las necesidades específicas de sus alumnos.

Pruebas niveladas del Capítulo 2			
Forma	Tipo	Nivel	Páginas
1	MC	BL	60–61
2A	MC	OL	62–63
2B	MC	OL	64–64
2C	FR	OL	66–67
2D	FR	OL	68–69
3	FR	AL	70–71

BL = por debajo del nivel de grado
OL = al nivel del grado
AL = sobre el nivel del grado

Prueba del vocabulario

CRM **Hojas maestras de recursos del Capítulo 2** (pág. 55)

ExamView Assessment Suite   Elabore múltiples versiones, con las características que desee, de la prueba del Capítulo y de las claves de respuesta de la prueba.

Data-Driven Decision Making

Based on the results of the Chapter Test, use the following to review concepts that continue to present students with problems.

Exercises	⭐ TEKS	What's the Math?	Error Analysis	Resources for Review
1–3	3.3(A)	Use addition properties to add whole numbers.	Does not understand "sum." Does not understand properties of addition. Adds incorrectly.	Strategic Intervention Guide (pp. 24, 26, 28, 32, 36, 54) CRM Chapter 2 Resource Masters (Reteach Worksheets) Math Online Extra Examples • Personal Tutor • Concepts in Motion • Math Adventures
4–5	3.5(B)	Understand estimation.	Adds incorrectly. Does not understand compatible numbers. Gives exact answer.	
7–11, 13–15	3.3(A)	Add three-digit numbers. Use estimation to verify reasonableness of results.	Adds incorrectly. Does not understand addition properties. Adds column numbers to find missing numbers.	

Chapter 2 Summative Assessment **97**

Práctica para el examen de Texas

✔ Evaluación formativa

- Use las páginas del alumno 98-99 como práctica y repaso de los TEKS de Texas. Las preguntas están escritas en el mismo estilo de las que se encuentran en el examen de Texas.

- También puede usar estas dos páginas para medir el progreso del alumno o usarlas como una alternativa de tarea para la casa.

En las *Hojas maestras de recursos* del Capítulo 2 se pueden hallar páginas adicionales de práctica.

CRM Hojas maestras de recursos del Capítulo 2
Práctica para la prueba estandarizada acumulativa
- Formato de Selección Múltiple (págs. 60-65)
- Formato de Respuestas tipo Ensayo (págs. 66-71)

ExamView® Assessment Suite Elabore hojas de ejercicios o pruebas que cumplan con los TEKS de Texas.

Matemáticas en línea Para práctica adicional para el examen de Texas, visite tx.gr3math.com

---

Texas Test Practice

✔ Formative Assessment

- Use Student Edition pp. 98–99 as practice and review of state standards. The questions are written in the same style as found on the Texas test.

- You can also use these two pages to benchmark student progress, or as an alternate homework assignment.

Additional practice pages can be found in the Chapter 2 Resource Masters.

CRM Chapter 2 Resource Masters
Cumulative Standardized Test Practice
- Multiple Choice format (pp. 60–65)
- Free Response format (pp. 66–71)

ExamView® Assessment Suite Create your own practice worksheets or tests that align to Texas TEKS.

Math Online
For additional practice with the Texas TEKS, visit tx.gr3math.com.

Práctica para el examen de Texas
Acumulativo, Capítulos 1 y 2

★ **Ejemplo de PRUEBA**

AYUDA PARA LA PRUEBA
Cuando sumas dinero, no te olvides de colocar el punto decimal y el signo de dólar en la suma.

Chris compró un reproductor de CD por $59.95 y un CD por $8.99. ¿Cuánto gastó en total?
A $54.96   C $63
B $55   D $67

Lee la pregunta
Necesitas sumar para calcular la cantidad que se gastó.

Contesta la pregunta
Antes de sumar, observa las respuestas para eliminar opciones de respuestas.
Puedes eliminar las opciones de respuesta A y B. Ambas son menores que el precio de uno de los artículos.
Luego, suma para calcular la respuesta exacta.

$59
$8

$$\begin{array}{r} 1 \\ \$59 \\ +\ \$\ 8 \\ \hline \$68 \end{array}$$

La opción correcta es D.

en línea Tutor personal en tx.gr3math.com

Elige la mejor respuesta.

1. Si Tyra compró una libreta que costó $3, un marcador por $2 y una carpeta por $6, ¿cuál fue el costo total de estos tres artículos? D TAKS 1
   A $2   C $10
   B $5   D $11

2. Craig compró un sándwich que costó $4, un plato de sopa por $2 y un refresco por $1. ¿Cuál fue el costo total de estos tres artículos? F TAKS 1
   F $7   H $9
   G $8   J $10

98 Capítulo 2 Suma para resolver problemas

Test-Taking Tip

Tell students to be sure they are answering the problem that is being asked. For Exercise 10, the problem requires students to add each girl's number of stickers to find the total.

Ayuda para la prueba

Indíqueles a los alumnos que se aseguren de que están contestando el problema que se está preguntado. Para el Ejercicio 10, el problema requiere que los alumnos sumen cada número de etiquetas que tiene cada niña para calcular el total.

*Prepárate para
el examen de Texas*
Para estrategias de prueba y más práctica,
ver páginas TX1–TX21.

3. Cecelia usó todo este dinero que para comprar su almuerzo. ¿Cuánto dinero gastó Cecilia en su almuerzo? C TAKS 1

A $2.50   C $2.60
B $2.55   D $2.65

4. Trong y su hermano tienen 562 canicas. ¿Cuál de los siguientes es igual a 562? F TAKS 1

F 500 + 60 + 2
G 500 + 6 + 2
H 5 + 60 + 2
J 5 + 6 + 2

5. Colleen y Vicky venden adornos para una beneficencia. Colleen vendió 82 adornos y Vicky vendió 47. ¿Alrededor de cuántos adornos vendieron en total? C TAKS 1

A 110   C 130
B 120   D 140

6. ¿Cómo se escribe en forma estándar tres mil ochocientos cincuenta y uno? F TAKS 1

F 3851   H 2581
G 3581   J 351

7. ¿Cuánto es 7195 redondeado a la centena más cercana? B TAKS 1

A 8000   C 7100
B 7200   D 7000

8. RELLENA EL CÍRCULO Hay 247 alumnos en el patio durante el primer receso. Hay 251 alumnos en el patio durante el segundo receso. ¿Cuántos alumnos hay en los recesos en total? 498 TAKS 1

9. ¿Qué símbolo hace que la siguiente expresión numérica sea verdadera? G TAKS 1

561____559

F <   H =
G >   J +

10. Fran tiene 41 calcomanías, Nina tiene 62 y Amy tiene 57. ¿Cómo puedes calcular el número total de calcomanías? D TAKS 1

A 41 + 62   C 41 + 62 − 57
B 41 − 62 − 57   D 41 + 62 + 57

Answer Sheet Practice

Have students simulate taking a standardized test by recording their answers on a practice recording sheet.

Chapter 2 Resource Masters
Student Recording Sheet (p. 68)

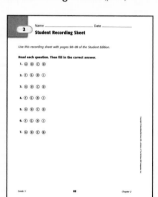

Práctica con la hoja de respuestas

Pida a los alumnos que practiquen una prueba estandarizada, anotando sus respuestas en una hoja de respuestas de práctica.

CRM Hojas maestras de recursos del Capítulo 2
Hoja de respuestas del alumno (pág. 68)

Página 67, Lección 2-1

5. Ejemplo de respuesta: Propiedad conmutativa de la suma $(8 + 7) + 3$ y $(8 + 3) +$ 7; Propiedad asociativa de la suma $(8 + 7) + 3$ y $8 + (7 + 3)$

6. 9; propiedad de identidad de la suma

7. 11; propiedad conmutativa de la suma

8. 15; propiedad asociativa de la suma

9. 10; propiedad conmutativa de la suma

10. 100; propiedad de identidad de la suma

11. 13; propiedad asociativa de la suma

23. Propiedad asociativa de la suma: $7 + (9 + 3)$ y $(9 + 7) + 3$; propiedad conmutativa de la suma: $(7 + 3) + 9$; El último es el más fácil porque pueden hacer 10 y luego sumar el último sumando..

24. Ejemplo de respuesta: No, no se puede usar para restar. No hay sumandos y en la resta el primer número siempre tiene que ser el número en total.

Página 67, Lección 2-2

2. Cuando compras tu almuerzo en la escuela, debes saber exactamente cuánto cuesta para asegurar de tener suficiente dinero.

3. Si subestimaste, cuántos vienen a tu fiesta, quizás no tengas suficiente comida.

4. Ellos sólo pueden querer una idea de cuántos árboles pueden necesitar para el próximo año.

9. 9. Estimación; no, 12 cucharadas de mezcla para limonada hace 12 vasos de limonada.

11. 11. Ejemplo de respuesta: Exacto- Serán 11 niños y 18 adultos en la fiesta. ¿Aproximadamente cuántas barras de jugo se necesitan? Estimación: hay 25 niños y 27 niñas que van al teatro. ¿Hay suficientes asientos en los 50 asientos del teatro?

Página 76, Lección 2-4

29. $33 + 59$; Tomaré un 1 de 33 y se lo sumaré a 59 para formar 60. Luego, será más fácil sumar 60 y 32.

32. No, a ella le tomó 63 minutos hacer su tarea y comer una merienda.

Página 79-80, Lección 2-5

10. Recuerda alinear las columnas de las de las unidades y las decenas y llevar hacia abajo el signo de dólar y colocarlo en frente de la suma. El punto decimal se coloca entre los dólares y los centavos.

34. Benny necesita $17 + $29 = $46; Kali necesita $16 + $26 = $42. Kali puede comprar lo que necesita.

35. Ejemplo de respuesta: Observar si tenías suficiente dinero para comprar algo.

Página 85, Verificación de mitad del capítulo

1. 9; propiedad de identidad

2. 9; propiedad asociativa

17. Ejemplo de respuesta; renombra números para sumar o restar más fácilmente, $19 + 21 = 31$

Página 85, I.R.P., Lección 2-6

3. sí; 5 a.m. al mediodía son 7 horas, del mediodía a 3 p.m. son 3 horas, $7 + 3 = 10$

11. 4; colocar rojo con cada raya; luego, hacer lo mismo con el verde.

NOTES

CAPÍTULO 3 · Sinopsis del capítulo

Vistazo del capítulo

En el Capítulo 3, se hace énfasis en el cálculo y estimación de diferencias entre números enteros de hasta tres dígitos.

Lección	Objetivo matemático	⭐TEKS
3-1 **Resta con dos dígitos** (págs. 103-105)	Usar figuras, palabras y números para hacer modelos de la resta.	3.3(A)(B) 3.14(A)(D) 3.16(B)
3-2 **Estima diferencias** (págs. 106-109)	Redondear para estimar problemas de resta.	3.5(B) 3.3(A) 3.15(A) 3.14(A) 3.16(B)
3-3 **Resta dinero** (págs. 110-112)	Restar dinero.	3.3(A) 3.15(A) 3.16(B) 3.14(A)
3-4 **Estrategias para resolver problemas: Respuestas razonables** (págs. 116-117)	Decidir si el resultado de un problema es razonable.	3.14(C) 3.15(B)
Explora 3-5 **Resta números de tres dígitos con reagrupación** (págs. 118-119)	Hacer modelos de la resta con reagrupación.	3.3(A)(B)
3-5 **Resta números de tres dígitos con reagrupación** (págs. 118-119)	Hacer modelos de la resta con reagrupación.	3.3(A) 3.1(A) 3.14(A) 3.15(A) 3.16(B)
3-6 **Investigación para resolver de problemas: Elige una estrategia** (págs. 124-125)	Elegir la mejor estrategia para resolver problemas.	3.14(B)(C)
3-7 **Resta con ceros** (págs. 126-128)	Hacer modelos de la resta con ceros.	3.3(A)(B) 3.16(B) 3.15(B)
3-8 **Elige suma o resta** (págs. 130-131)	Elegir la suma o la resta para resolver un problema.	3.3(B) 3.14(A) 3.15(B) 3.16(B)

⭐TEKS Objetivo en el Capítulo 3

3.3 Números, operaciones y razonamiento cuantitativo. El estudiante suma y resta para resolver problemas relevantes en los que se usan números enteros. Se espera que el estudiante:
(A) dé ejemplos de la suma y la resta utilizando dibujos, palabras y números. (Lecciones 3-1, 3-3, 3-5, 3-7)
(B) seleccione la suma o la resta y utilice la operación para resolver problemas en los que se usan números enteros hasta el 999. (Lecciones 3-1, 3-2, 3-5, 3-7, 3-8)

CHAPTER 3 · Chapter Overview

Chapter-at-a-Glance

In Chapter 3, the emphasis is on finding and estimating differences of up to three-digit whole numbers.

Lesson	Math Objective	⭐TEKS
3-1 **Two-Digit Subtraction** (pp. 103–105)	Model subtraction using pictures, words, and numbers.	3.3(A)(B) 3.14(A)(D) 3.16(B)
3-2 **Estimate Differences** (pp. 106–109)	Round to estimate subtraction problems.	3.5(B) 3.3(A) 3.15(A) 3.14(A) 3.16(B)
3-3 **Subtract Money** (pp. 110–112)	Subtract money.	3.3(A) 3.15(A) 3.16(B) 3.14(A)
3-4 **Problem Solving Skill: Reasonable Answers** (pp. 116–117)	Decide whether an answer to a problem is reasonable.	3.14(C) 3.15(B)
EXPLORE 3-5 **Subtract Three-Digit Numbers with Regrouping** (pp. 118–119)	Model subtraction with regrouping.	3.3(A)(B)
3-5 **Subtract Three-Digit Numbers with Regrouping** (pp. 120–123)	Model subtraction with regrouping.	3.3(A) 3.1(A) 3.14(A) 3.15(A) 3.16(B)
3-6 **Problem Solving Investigation: Choose a Strategy** (pp. 124–125)	Choose the best strategy to solve problems.	3.14(B)(C)
3-7 **Subtract Across Zeros** (pp. 126–128)	Model subtraction across zeros.	3.3(A)(B) 3.16(B) 3.15(B)
3-8 **Select Addition or Subtraction** (pp. 130–131)	Select addition or subtraction to solve problems.	3.3(B) 3.14(A) 3.15(B) 3.16(B)

Subtract to Solve Problems

BIG Idea Students should be familiar with a variety of subtraction algorithms. They learn to subtract two- and three-digit numbers without regrouping. Manipulatives are essential to help illustrate the process of regrouping.

Students need to have a thorough understanding of rounding and compatible numbers.

Students begin to use symbols to represent number relationships. It is vital that they understand concepts involving expressions and number sentences.

Algebra Students learn to select addition or subtraction to solve problems. This concept will help prepare them for algebra concepts, such as writing and solving expressions and equations with variables. (Lesson 3-8)

⭐Targeted TEKS in Chapter 3

3.3 Number, operation, and quantitative reasoning. The student adds and subtracts to solve meaningful problems involving whole numbers. The student is expected to:
(A) model addition and subtraction using pictures, words, and numbers. (Lessons 3-1, 3-3, 3-5, 3-7)
(B) select addition or subtraction and use the operation to solve problems involving whole numbers through 999. (Lessons 3-1, 3-2, 3-5, 3-7, 3-8)

3.5 Number, operation, and quantitative reasoning. The student estimates to determine reasonable results. The student is expected to:
(B) use strategies including rounding and compatible numbers to estimate solutions to addition and subtraction problems. (Lesson 3-2)

3.14 Underlying processes and mathematical tools. The student applies Grade 3 mathematics to solve problems connected to everyday experiences and activities in and outside of school. The student is expected to:
(B) solve problems that incorporate understanding the problem, making a plan, carrying out the plan, and evaluating the solution for reasonableness. (Lesson 3-6)
(C) select or develop an appropriate problem-solving plan or strategy, including drawing a picture, looking for a pattern, systematic guessing and checking, acting it out, making a table, working a simpler problem, or working backwards to solve a problem. (Lesson 3-4)

100A Chapter 3 Subtract to Solve Problems

3.5 Números, operaciones y razonamiento cuantitativo. El estudiante estima para determinar resultados razonables. Se espera que el estudiante:
(B) utilice estrategias que incluyen el redondeo y los números compatibles para estimar soluciones a problemas de suma y resta. (Lección 3-2)

3.14 Procesos fundamentales y herramientas matemáticas. El estudiante aplica las matemáticas del 3er grado para resolver problemas relacionados con experiencias diarias y actividades dentro y fuera de la escuela. Se espera que el estudiante:
(B) resuelva problemas que incorporen la comprensión del problema, hacer un plan, llevarlo a cabo y evaluar lo razonable de la solución. (Lección 3-6)
(C) seleccione o desarrolle un plan o una estrategia de resolución de problemas apropiado en el que haga un dibujo, busque un patrón, adivine y compruebe sistemáticamente, haga una dramatización, elabore una tabla, resuelva un problema más sencillo o trabaje desde el final hasta el principio para resolver un problema. (Lección 3-4)

 Skill Trace

TEKS Vertical Alignment

Second Grade

In second grade, students learned to:

- Count back and use doubles facts to find a difference. TEKS 2.3(A)
- Subtract from numbers through 20 using addition. TEKS 2.5(C)
- Subtract money. TEKS 2.3(E)

Third Grade

During this chapter, students learn to:

- Model subtraction using pictures, words, and numbers. TEKS 3.3(A)
- Select addition or subtraction to solve problems. TEKS 3.3(B)
- Round to estimate subtraction problems. TEKS 3.5(B)

After this chapter, students learn to:

- Multiply and divide whole numbers. Chapters 4, 5, 6, 7, 14 and 14: TEKS 3.4(A), 3.4(C)

Fourth Grade

In fourth grade, students learn to:

- Subtract using subtraction rules. TEKS 4.3(A)
- Subtract and estimate differences of numbers. TEKS 4.5(A)

Back-Mapping McGraw-Hill's *Texas Mathematics* was conceived and developed with the final results in mind: student success in Algebra 1 and beyond. The authors, using the Texas TEKS as their guide, developed this brand new series by back-mapping from Algebra 1 concepts.

▷ Math Vocabulary

The following math vocabulary words for Chapter 3 are listed in the glossary of the *Student Edition*. You can find interactive definitions in 13 languages in the *eGlossary* at tx.gr3math.com.

difference The answer to a subtraction problem. (p. 103A)

estimate A number close to an exact value; an estimate indicates about how much. (p. 106A)
Example: 47 + 22 (estimate 50 + 20) about 70.

regroup To use place value to exchange equal amounts when renaming a number. (p. 120A)

round To change the value of a number to one that is easier to work with. (p. 106A)
Example: 27 rounded to the nearest 10 is 30.

Visual Vocabulary Cards
Use Visual Vocabulary Cards 19, 47, and 48 to reinforce the vocabulary in this lesson. (The Define/Example/Ask routine is printed on the back of each card.)

> estimate

▷ Vocabulario matemático

Las siguientes palabras de vocabulario matemático para el Capítulo 3 se presentan en el glosario de la *edición del alumno*. Se pueden encontrar definiciones interactivas en 13 idiomas en el *eGlossary* en tx.gr3math.com

diferencia Respuesta a un problema de sustracción. (pág. 48A)

estimación Número cercano a un valor exacto. Una estimación indica aproximadamente cuánto. (pág. 24A)

47 + 22 es aproximadamente 70.

reagrupar Usar el valor de posición para intercambiar cantidades iguales cuando se convierte un número. (pág. 48A)

redondear Cambiar el valor de un número por uno con el que es más fácil trabajar. Calcular el valor más cercano de un número en base a un valor de posición dado. (pág. 34A)

27 redondeado a la décima más cercana es 30.

Tarjetas visuales de vocabulario
Use la(s) tarjeta(s) visual(es) del vocabulario 19, 47 y 48 para reforzar el vocabulario presentado en esta lección. (La rutina Definir/Ejemplo/Pregunta se encuentra en la parte posterior de cada tarjeta).

> estimar

CHAPTER 3

Chapter Planner

Suggested Pacing		
Instruction	**Review & Assessment**	**TOTAL**
9 days	2 days	**11 days**

✓ Diagnostic Assessment
Quick Check? (p. 102)

	Lesson 3-1 Pacing: 1 day	**Lesson 3-2** Pacing: 1 day	**Lesson 3-3** Pacing: 1 day
Lesson/ Objective	**Two-Digit Subtraction** (págs. 103-105) **Objective:** Model subtraction using pictures, words, and numbers.	**Estimate Differences** (págs. 106-109) **Objective:** Round to estimate subtraction problems.	**Subtract Money** (págs. 110-112) **Objective:** Subtract money.
🔷 TEKS	3.3(A)(B), 3.14(A), 3.14(D), 3.16(B)	3.5(B), 3.3(A), 3.14(A), 3.15(A), 3.16(B)	3.3(A), 3.14(A), 3.15(A), 3.16(B)
Math Vocabulary	**difference**	**estimate, round**	
Lesson Resources	**Manipulatives** base-ten blocks, connecting cubes **Other Resources** CRM Leveled Worksheets (pp. 8–12) 🖥 Daily Reteach • 5-Minute Check • Problem of the Day	**Materials** number lines **Other Resources** CRM Leveled Worksheets (pp. 13–17) 🖥 Daily Reteach • 5-Minute Check • Problem of the Day	**Materials** overhead projector, transparency, lined paper **Manipulatives** play money **Other Resources** CRM Leveled Worksheets (pp. 18–22) 🖥 Daily Reteach • 5-Minute Check • Problem of the Day
Technology	💿 Interactive Classroom • Math Adventures Math♦nline Math Tool Chest Personal Tutor • Games	💿 Interactive Classroom • Math Adventures Math♦nline Personal Tutor • Games	💿 Interactive Classroom Math♦nline Math Tool Chest Personal Tutor • Games
Reaching All Learners	English Learners, p. 103B ELL Below Level, p. 103B BL Early Finishers, p. 103B OL AL	English Learners, p. 106B ELL Below Level, p. 106B BL Early Finishers, p. 106B OL AL	English Learners, p. 110B ELL Gifted and Talented, p. 110B AL Early Finishers, p. 110B OL AL
Alternate Lesson			

✓ Formative Assessment
Mid-Chapter Check (p. 113)

Problem-Solving in Music (p. 114)

KEY

BL Below Level   OL On Level   AL Above Level   ELL English Learners

SE Student Edition   TE Teacher Edition   CRM Chapter 3 Resource Masters   💿 CD-Rom

🖨 Transparency   📖 Real-World Problem-Solving Library

Lesson 3-4	Pacing: 1 day	Explore 3-5	Pacing: 1 day	Lesson 3-5	Pacing: 1 day	
Problem-Solving Skill Reasonable Answers (pp. 116–117) **Objective:** Decide whether an answer to a problem is reasonable.		**Subtract Three-Digit Numbers with Regrouping** (pp. 118–119) **Objective:** Model subtraction with regrouping.		**Subtract Three-Digit Numbers with Regrouping** (pp. 120–123) **Objective:** Model subtraction with regrouping.		Lesson/ Objective
3.14(C), 3.15(B)		3.3(A)(B)		3.3(A), 3.1(A), 3.14(A), 3.15(A), 3.16(B)		TEKS
				regroup		Math Vocabulary
Other Resources CRM Leveled Worksheets (pp. 23–27) Daily Reteach • 5-Minute Check • Problem of the Day Making a Budget		**Materials** base-ten blocks		**Manipulatives** base-ten blocks, play money/coins **Other Resources** CRM Leveled Worksheets (pp. 28–32) Daily Reteach • 5-Minute Check • Problem of the Day		Lesson Resources
Interactive Classroom Math Online Games		Interactive Classroom Math Online Concepts in Motion • Games		Interactive Classroom Math Online Personal Tutor • Games		Technology
English Learners, p. 116B ELL Gifted and Talented, p. 116B AL Early Finishers, p. 116B OL AL				English Learners, p. 120B ELL Below Level, p. 120B BL Early Finishers, p. 120B OL AL		Reaching All Learners
						Alternate Lesson

CHAPTER 3

Chapter Planner

	Lesson 3-6 Pacing: 1 day	**Lesson 3-7** Pacing: 1 day	**Lesson 3-8** Pacing: 1 day
Lesson/ Objective	**Problem-Solving Investigation** **Choose a Strategy** (pp. 124–125) **Objective:** Choose the best strategy to solve problems.	**Subtract Across Zeros** (pp. 126–128) **Objective:** Model subtraction across zeros.	**Select Addition or Subtraction** (pp. 130–131) **Objective:** Select addition or subtraction to solve problems.
TEKS	3.14(B)(C)	3.3(A)(B), 3.15(B), 3.16(B)	3.3(B), 3.14(A), 3.15(B), 3.16(B)
Math Vocabulary			
Lesson Resources	**Materials** index cards or poster board **Other Resources** CRM Leveled Worksheets (pp. 33–37) Daily Reteach • 5-Minute Check • Problem of the Day *Making a Budget*	**Manipulatives** base-ten blocks, play money **Other Resources** CRM Leveled Worksheets (pp. 38–42) Daily Reteach • 5-Minute Check • Problem of the Day	**Materials** construction paper, index cards **Other Resources** CRM Leveled Worksheets (pp. 43–47) Daily Reteach • 5-Minute Check • Problem of the Day
Technology	Interactive Classroom Math Online Games	Interactive Classroom • Math Adventures Math Online Personal Tutor • Games	Interactive Classroom • Math Adventures Math Online Personal Tutor • Games
Reaching All Learners	English Learners, p. 124B ELL Gifted and Talented, p. 124B AL Early Finishers, p. 124B OL AL	English Learners, p. 126B ELL Below Level, p. 126B BL Early Finishers, p. 126B OL AL	English Learners, p. 130B ELL Below Level, p. 130B BL Early Finishers, p. 130B AL
Alternate Lesson			

Game Time
Do Not Zero Out (p. 129)

Summative Assessment
• **Study Guide/Review** (p. 132)
• **Chapter Test** (p. 137)
• **Standards Practice** (p. 138)

Assessment Options

✓ Diagnostic Assessment

SE *Option 1:* Quick Check (p. 102)
Option 2: Online Quiz tx.gr3math.com
CRM *Option 3:* Diagnostic Test (p. 49)

✓ Formative Assessment

TE Alternate Teaching Strategies (in every lesson)
SE Talk About It (in every lesson)
SE Writing in Math (in every lesson)
SE Check What You Know (in every lesson)
TE Ticket Out the Door (pp. 112, 128)
TE Into the Future (p. 123)
TE Yesterday's News (p. 109)
TE Name the Math (p. 105)
SE Mid-Chapter Check (p. 113)
CRM Lesson Quizzes (pp. 51–53)
CRM Mid-Chapter Test (p. 54)

✓ Summative Assessment

SE Chapter Test (p. 137)
SE Standards Practice (p. 138)
CRM Vocabulary Test (p. 55)
CRM Leveled Chapter Tests (pp. 60–71)
CRM Cumulative Standards Test Practice (pp. 74–76)
CRM Oral Assessment (pp. 56–57)
⊙ Exam*View*® Assessment Suite

McGraw Hill Professional Development

Target professional development has been articulated throughout **Texas Mathematics** series. The **McGraw-Hill Professional Development Video Library** provide short videos that support the Texas TEKS. For more information, visit tx.gr3math.com.

| Model Lessons | Instructional Strategies |

Teacher Notes

CAPÍTULO 3

Estaciones de aprendizaje
Enlaces interdisciplinarios

 **Lectura**

Especies en extinción

- Lean *One Less Fish* de Kim Toft y Allan Sheather, por su cuenta o con un compañero(a)
- A partir de 1994, la población de bagres gigantes de Tailandia ha disminuido de 256 a 96 peces. ¿Cuántos peces han desaparecido? 160
- En una oportunidad los peces blancos se conseguían en 60 mares. A partir de 1979, solo se pueden hallar en 14 mares.
  ¿Cuantos hábitats han desaparecido? 46
- De las 400 variedades de salmones, 214 estaban en peligro de desaparecer para el año 1991. ¿Cuantas variedades quedarían? 186

Materiales:
- *One Less Fish* de Kim Toft y Allan Sheather
- papel
- lápices

 Arte

Colecciones de Arte
En la Galería de Arte Nacional, hay 26 pinturas y dibujos de Claude Monet, 78 obras de Auguste Renoir, 244 obras de Pablo Picasso y 1048 obras de Mark Rothko.
- Calculen la diferencia entre el número de obras de la colección de Renoir y el número de obras de la colección de Monet.
  78 - 26 = 52
- ¿Cuantas obras más tiene Picasso sobre Renoir en la Galería Nacional? 244 - 78 = 166
- Comparen la colección de Rothko con la colección de Picasso. ¿Cuántos trabajos más de Rothko hay? 1,048 - 244 = 804

Materiales:
- libros de arte
- papel
- lápiz

 CHAPTER 3

Learning Stations
Cross-Curricular Links

 **Reading**   TEKS 3.3(A)   pair | LOGICAL

Disappearing Species
- Read *One Less Fish* by Kim Toft and Allan Sheather by yourself or with a partner.
- Since 1994, the Thailand Giant Catfish population has dropped from 256 fish to 96. How many fish have disappeared? 160
- Round Whitefish were once found in 60 waters. Since 1979, they are only found in 14 waters. How many habitats disappeared? 46
- 214 out of 400 salmon stocks were in danger of disappearing in 1991. How many stocks would be left? 186

Chinook Salmon (top), Round Whitefish (middle), Thailand Giant Catfish (bottom)

Materials:
- *One Less Fish* by Kim Toft and Allan Sheather
- paper
- pencils

 **Art**   TEKS 3.3(A)   individual | LOGICAL

Art Collections
In the National Gallery of Art, there are 26 paintings and drawings by Claude Monet, 78 works by Auguste Renoir, 244 works by Pablo Picasso, and 1,048 works by Mark Rothko.
- Find the difference between the number of works in the Renoir and Monet collections. 78 − 26 = 52
- How many more Picasso works than Renoir works are there in the National Gallery? 244 − 78 = 166
- Compare the Rothko collection to the Picasso collection. How many more Rothko works are there? 1,048 − 244 = 804

Still Life with Pears and Grapes by Claude Monet

Materials:
- art books
- paper
- pencil

 **Writing**   TEKS 3.3(A)   group | AUDITORY

How Do You Tell a Story?
Everyone tells stories differently, even if they try to tell the same story. Find the difference in the number of words you use too.
- One person reads a fairy tale to himself or herself, and then whispers the story to the next person. Take turns whispering the story until everyone has heard it.
- Each person then writes what they heard. Count the words used for each story. Write subtraction sentences to compare everyone's word counts. How different were your stories?

Janet's story has 20 words.
Anne's story has 35 words.
The difference is 15 words.

Materials:
- cards with familiar story characters names like Cinderella, Corduroy, The Three Pigs, Olivia, Peter Rabbit.
- 11" × 14" paper
- pencils

 **Escritura**

¿Cómo cuentan una historia?
Cada persona cuenta las historias diferentemente, aun cuando traten de contar la misma historia. También, calculen la diferencia entre el número de palabras que utiliza cada uno.
- Una persona lee un cuento para sí mismo(a), luego se lo cuenta a la próxima persona en voz baja. Tomen turnos susurrándose la historia hasta que todos la hayan escuchado.
- Luego, cada persona escribe lo que escuchó. Cuenten el número de palabras utilizadas para cada historia. Escriban expresiones de resta para compararlas con el conteo de las palabras de quien. ¿Cómo se diferenciaron sus historias?

La historia de Janet tiene 20 palabras
La historia de Anne tiene 35 palabras
La diferencia es 15 palabras

Materiales:
- cartas con nombres de personajes de cuentos conocidos, como Cinderella, Corduroy, Los tres cochinitos, Olivia, Peter Rabbit.
- papel de 11" × 14"
- lápices

Subtract to Solve Problems

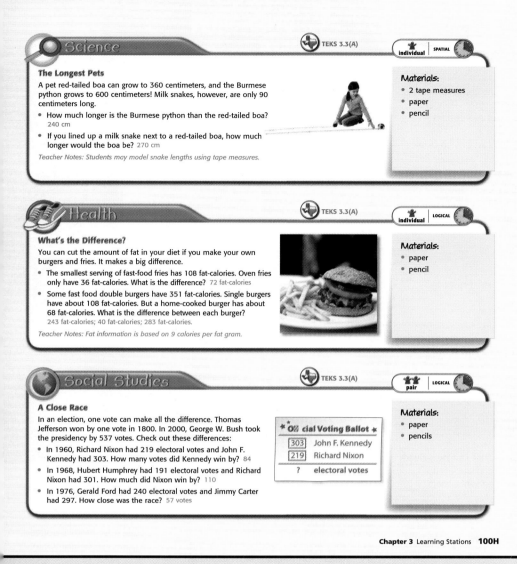

Science
TEKS 3.3(A)
individual | SPATIAL

The Longest Pets

A pet red-tailed boa can grow to 360 centimeters, and the Burmese python grows to 600 centimeters! Milk snakes, however, are only 90 centimeters long.

- How much longer is the Burmese python than the red-tailed boa? 240 cm

- If you lined up a milk snake next to a red-tailed boa, how much longer would the boa be? 270 cm

Teacher Notes: Students may model snake lengths using tape measures.

Materials:
- 2 tape measures
- paper
- pencil

Health
TEKS 3.3(A)
individual | LOGICAL

What's the Difference?

You can cut the amount of fat in your diet if you make your own burgers and fries. It makes a big difference.

- The smallest serving of fast-food fries has 108 fat-calories. Oven fries only have 36 fat-calories. What is the difference? 72 fat-calories

- Some fast food double burgers have 351 fat-calories. Single burgers have about 108 fat-calories. But a home-cooked burger has about 68 fat-calories. What is the difference between each burger? 243 fat-calories; 40 fat-calories; 283 fat-calories.

Teacher Notes: Fat information is based on 9 calories per fat gram.

Materials:
- paper
- pencil

Social Studies
TEKS 3.3(A)
pair | LOGICAL

A Close Race

In an election, one vote can make all the difference. Thomas Jefferson won by one vote in 1800. In 2000, George W. Bush took the presidency by 537 votes. Check out these differences:

- In 1960, Richard Nixon had 219 electoral votes and John F. Kennedy had 303. How many votes did Kennedy win by? 84

- In 1968, Hubert Humphrey had 191 electoral votes and Richard Nixon had 301. How much did Nixon win by? 110

- In 1976, Gerald Ford had 240 electoral votes and Jimmy Carter had 297. How close was the race? 57 votes

★ O▨cial Voting Ballot ★

303	John F. Kennedy
219	Richard Nixon
?	electoral votes

Materials:
- paper
- pencils

Chapter 3 Learning Stations **100H**

Ciencia

Las mascotas más largas

¡Una boa de cola roja de mascota puede crecer hasta 360 centímetros, y la pitón birmana crece hasta 600 centímetros! Sin embargo, las serpientes de leche sólo miden 90 centímetros de largo.

- ¿Cuanto más la larga es la pitón birmana que la boa de cola roja? 240 cm.

- Si ustedes alinean una serpiente de leche al lado de una boa de cola roja, ¿cuánto más larga puede ser la boa? 270 cm.

Notas para el maestro: Los alumnos pueden simular el largo de una serpiente utilizando una cinta métrica.

Materiales:
- 2 cintas métricas
- papel
- lápiz

Salud

¿Cuál es la diferencia?

Ustedes pueden reducir de su dieta la cantidad de grasa, si se preparan su hamburguesa y papa fritas. Esto hace una gran diferencia.

- En las comidas rápidas, la ración más pequeña de papa fritas contiene 108 calorías de grasa. Las papas fritas horneadas sólo contienen 36 calorías de grasa. ¿Cuál es la diferencia? 72 de calorías de grasa

- En las comidas rápidas algunas hamburguesas dobles contienen 351 calorías de grasa. Las hamburguesas sencillas contienen alrededor de 108 calorías de grasa. Pero una hamburguesa cocinada en casa contiene cerca de 68 calorías de grasa. ¿Cuál es la diferencia entre cada hamburguesa? 243 calorías de grasa; 40 calorías de grasa; 283 calorías de grasa.

Notas para el maestro: La información de la grasa está basada en 9 calorías por gramo de grasa.

Materiales:
- papel
- lápiz

Ciencia social

Una competencia reñida

En una elección, un voto puede hacer la gran diferencia. En 1800, Thomas Jefferson gano por un voto. En el año 2000, George W. Bush tomo la presidencia por 537 votos. Verifiquen las siguientes diferencias:

- En 1960, Richard Nixon tuvo 219 votos electorales y John F. Kennedy tuvo 303 votos. ¿Por cuantos votos ganó Kennedy? 84

- En 1968, Hubert Humphrey tuvo 191 votos electorales y Richard Nixon tuvo 301. ¿Por cuantos votos ganó Nixon? 110

- En 1976, Gerald Ford tuvo 240 votos electorales y Jimmy Carter tuvo 297. ¿Qué tan reñida estuvo la competencia? 57 votos

★ **Votos o▨ciales de la votación** ★

303	John F. Kennedy
219	Richard Nixon
?	**votos electorales**

Materiales:
- papel
- lápices

Capítulo 3 Sinopsis del capítulo **100H**

Introducción al capítulo

Vida real: ¿Tienes cambio?

Materiales: Dinero para jugar

Dígales a los alumnos que en este capítulo aprenderán sobre la resta. Ellos también van a decidir si utilizan la suma o la resta para resolver problemas.

- Pídales a los alumnos que imaginen que Mari compra un libro por $7. Ella tiene $10.
- ¿Cuanto cambio recibirá Mari? $3
- Pídales a los alumnos que usen sus conocimientos y el dinero de jugar para sumarlo a los $7 hasta que alcancen a tener $10.
- Dígales que cuenten $7 y $1 hacen $8 y $1 hacen $9 y otro de $1 es $10
- Mari recibirá un cambio de $3.

Dirija a los alumnos a la pág. 100 en la edición del alumno. Pídales que lean el párrafo al principio de la página.
- ¿Cuándo se usa la resta? Ejemplo de respuesta: para calcular diferencias, para quitarle algo, comparar números
- ¿Cuáles son algunos ejemplos de resta? Ejemplo de respuesta: cambio por una compra; comparar el número de alumnos en dos clases diferentes

ESCRIBE EN MATEMÁTICAS

Comenzando el capítulo

Pídales a los alumnos que escriban un problema que se pueda resolver usando la resta. Pídales que compartan sus problemas con la clase y luego escriban sus problemas favoritos en su diario de matemáticas.

Vocabulario clave Presente el vocabulario clave de este capítulo usando la siguiente rutina.
Defina: La respuesta de un problema de resta es la diferencia.
Ejemplo: Un tazón de frutas tiene 12 manzanas. Cuatro manzanas fueron comidas. ¿Cuántas manzanas quedan? La diferencia es ocho.
Pregunte: ¿Cuándo han tenido la oportunidad de calcular la diferencia fuera de la escuela?

Antología de lectura en voz alta Para introducir los conceptos matemáticos de este capítulo con una lectura alternativa, vea la antología de lectura en voz alta en la pág. R88.

Introduce the Chapter

Real World: Got Change?

Materials: play money

Share with students that they are going to learn about subtraction during this chapter. They will also be deciding whether to add or subtract to solve problems.
- Have students imagine that Mari buys a book for $7. She has $10.
- **How much change will Mari receive?** $3
- Have students use what they know and their play money to add on from $7 until they reach $10.
- Have them count $7, $1 makes $8, $1 is $9, and another $1 is $10.
- Mari will receive $3 change.

Direct students to Student Edition p. 100. Have students read the paragraph at the top of the page.
- **When is subtraction used?** Sample answer: to find differences, take something away, compare numbers
- **What are some examples of subtraction?** Sample answers: change for a purchase; compare the number of students in two different classes

WRITING IN MATH

Starting the Chapter
Have students write a problem that can be solved using subtraction. Have students share their problems with the class and then write their favorites in their Math Journals.

Key Vocabulary Introduce the key vocabulary in the chapter using the routine below.
Define: The answer to a subtraction problem is called the difference.
Example: A fruit bowl had twelve apples in it. Four of the apples were eaten. How may apples were left? Eight is the difference.
Ask: When have you had to find the difference outside of school?

Read-Aloud Anthology For an optional reading activity to introduce this chapter's math concepts, see the Read-Aloud Anthology on p. R88.

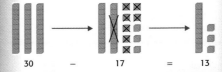

Resta para resolver problemas

Las GRANDES Ideas ¿Qué es la resta?

La resta es una operación que indica la diferencia cuando se elimina algo o todo.

Ejemplo Tanisha tiene manzanas rojas y verdes. Hay 30 manzanas en total. Si 17 de las manzanas son verdes, 30 − 17 ó 13 manzanas son rojas.

30 − 17 = 13

¿Qué aprenderé en este capítulo?
- A restar números de dos y tres dígitos.
- A estimar diferencias.
- A restar con reagrupación.
- A decidir si una respuesta o resultado es razonable.

Vocabulario clave
diferencia
estimación
reagrupar

Matemáticas en línea Herramientas de estudio del alumno en tx.gr3math.com

100 Capítulo 3 Resta para resolver problemas

Chapter 3 Project

Burn Up The Charts!

Students plan an exercise program and record how many calories they will burn with each exercise. They calculate the difference in calorie-burning for each exercise.
- Each group of students decides on an exercise they will perform for one half hour. Exercises can include running, walking, jumping rope, or playing basketball.
- Students research how many calories they will burn for each activity in one half hour.
- Challenge students to determine the difference in calories burned for each activity.

CRM Refer to Chapter 3 Resource Masters, p. 58, for a rubric to assess students' progress on this project.

Proyecto del Capítulo 3

¡Quemar calorías de la tabla!

Los alumnos crearan un programa de ejercicios y tomaran nota de cuántas calorías queman en cada ejercicio. Ellos calcularan la diferencia de calorías quemadas para cada ejercicio.
- Cada grupo de alumnos decidirá el ejercicio que realizara por un periodo de media hora. Los ejercicios pueden ser correr, caminar, saltar la cuerda, ó jugar baloncesto.
- Los alumnos investigarán cuántas calorías quemarán por cada actividad en un periodo de media hora.
- Rete a los alumnos a determinar la diferencia en calorías quemadas por cada actividad.

Refiérase a las hojas maestras de recursos del Capítulo 3, pág. 58, para obtener una regla para la evaluación del progreso del alumno en el proyecto.

PLEGADOS™
Organiza el estudio

Haz este Plegado como ayuda para organizar información sobre la resta. Comienza con cuatro hojas de papel de $8\frac{1}{2}$" × 11".

1 Apila 4 hojas de papel como se muestra.

2 Dobla hacia arriba de manera que todas las capas estén separadas a la misma distancia.

3 Pliégalas bien. Abre y pégalas como se muestra.

4 Rotula con los títulos de las lecciones. Anota lo que aprendes.

- Read the Math at Home letter found on Chapter 3 Resource Masters, p. 4, with the class and have each student sign it. (A Spanish version is found on p. 5.)
- Send home copies of the Math at Home letter with each student.

FOLDABLES™ Dinah Zike's Foldables

Guide students through the directions on p. 101 to create their own Foldable graphic organizers for subtraction. Students may also use their Foldables to study and review for chapter assessments.

When to Use It Lessons 3-1, 3-2, 3-3, 3-4, 3-6, 3-7, and 3-8. (Additional instructions for using the Foldable with these lessons are found on pp. 113 and 132.)

Chapter 3 Literature List

Lesson	Book Title
3-1	**Shark Swimathon** Stuart J. Murphy
3-2	**Coyotes All Around** Stuart J. Murphy
3-3	**Alexander, Who Used to Be Rich Last Sunday** Judith Viorst
3-4	**A Million Fish … More or Less** Patricia C. McKissack
3-5	**Tightwad Tod** Daphne Skinner
3-7	**How Much Is That Guinea Pig In The Window?** Joanne Rocklin
3-8	**Red Riding Hood's Maths Adventure: A Subtraction Story Book** Lalie Harcourt and Ricki Wortzman
Any	**Ten Bears in My Bed: A Goodnight Countdown** Stanley Mack
Any	**The Great Take-Away** Louise Mathews

PLEGADOS™ Plegados de Dinah Zike

Guíe a los alumnos por las instrucciones de la edición del alumno, pág. 101 para que hagan su propio Plegado de organización gráfica sobre la resta. Los alumnos pueden también usar su Plegado para estudiar y repasar antes de las evaluaciones del capítulo.

¿Cuando usarlo? Lecciones 3-1, 3-2, 3-3, 3-4, 3-6, 3-7 y 3-8. (En las págs. 113 y 132 se encuentran instrucciones adicionales para usar el Plegado con estas lecciones).

- Lea con la clase la carta de matemáticas en casa que se encuentra en la pág. 4 de las hojas maestras de recursos del Capítulo 3 y haga que cada alumno la firme. (Una versión en español se encuentra en la pág. 5)
- Envíe una copia de la carta de matemáticas en casa a la casa de cada alumno.

Evaluación de diagnóstico

Evalúe el nivel de las destrezas previas de los alumnos antes de empezar el capítulo.

- **Opción 1:** *Control rápido*

  SE Edición del alumno, pág. 102
- **Opción 2:** *Evaluación en línea*

  Matemáticas en línea tx.gr3math.com
- **Opción 3:** *Prueba de diagnóstico*

  CRM **Hojas maestras de recursos del Capítulo 3.**
  pág. 49

Opciones de intervención

Aplique los resultados En base a los resultados de la evaluación de diagnóstico de la Edición del alumno, pág. 102, trabaje en las carencias individuales de los alumnos antes de iniciar el capítulo.

Diagnostic Assessment

Check for students' prerequisite skills before beginning the chapter.

- **Option 1:** *Quick Check*

  SE Student Edition, p. 102
- **Option 2:** *Online Assessment*

  Math Online tx.gr3math.com
- **Option 3:** *Diagnostic Test*

  CRM Chapter 3 Resource Masters, p. 49

Intervention Options

Apply the Result Based on the results of the diagnostic assessment on Student Edition p. 102, address individual needs before beginning the chapter.

Intensive Intervention
two or more years below grade level

If	students miss 75% of the exercises:
Then	use *Math Triumphs*, an intensive math intervention program from McGraw-Hill

---

Tienes dos opciones para revisar las destrezas que se requieren para este capítulo.

Opción 2
Matemáticas en línea Toma el Control de preparación del capítulo en tx.gr3math.com.

Opción 1
Completa la siguiente verificación rápida.

Verificación RÁPIDA

Resta. (Grado anterior) (Se usa en la Lección 3-1)

1. $15\ 6$ $-\ 9$
2. $12\ 8$ $-\ 4$
3. $13\ 7$ $-\ 6$
4. $17\ 8$ $-\ 9$

5. $50\ 30$ $-\ 20$
6. $70\ 60$ $-\ 10$
7. $25\ 10$ $-\ 15$
8. $61\ 30$ $-\ 31$

9. Dalila tenía un paquete de 36 bolígrafos. Les dio 14 a sus amigos. ¿Cuántos bolígrafos le quedan? 22 bolígrafos

10. Abram tomó 27 órdenes de revistas. Necesita 50 órdenes en total. ¿Cuántas más necesita obtener? 23 órdenes

Redondea a la decena más cercana. (Grado anterior) (Se usa en la Lección 3-2)

11. 76 80 12. 57 60 13. 32 30 14. 99 100

Redondea cada número a la centena más cercana. (Grado anterior) (Se usa en la Lección 3-2)

15. 273 300 16. 923 900 17. 166 200 18. 501 500

Estima. (Grado anterior) (Se usa en la Lección 3-2)

19. $52 - 42\ 10$ 20. $49 - 18\ 30$ 21. $67 - 28\ 40$ 22. $88 - 61\ 30$

102 **Capítulo 3** Resta para resolver problemas

Strategic Intervention	On-Level	Above-Level
below grade level		
If students miss eleven or more in: **Exercises 1–22**	**If** students miss six or less in: **Exercises 1–22**	**If** students miss three or less in: **Exercises 1–22**
Then choose a resource:	**Then** choose a resource:	**Then** choose a resource:
Strategic Intervention Guide (pp. 38, 40, 42, 44, 46, 56) **Math** Online Extra Examples • Personal Tutor Concepts in Motion • Games	**TE** Learning Stations (pp. 100G–100H) **TE** Chapter Project (p. 100) **CRM** Game: Rounded Differences Math Adventures **Math** Online Games • eFlashcards • Fact Dash	**TE** Learning Stations (pp. 100G–100H) **TE** Chapter Project (p. 100) Math Adventures Real-World Problem-Solving: *Making a Budget* **Math** Online Games

102 **Chapter 3** Subtract to Solve Problems

Lesson Planner

Objective
Model subtraction using pictures, words, and numbers.

TEKS and TAKS

Targeted TEKS 3.3 The student adds and subtracts to solve meaningful problems involving whole numbers. (A) **Model** addition and **subtraction using pictures, words, and numbers**. *Also addresses 3.3(B), 3.14(D).*

TAKS 1 The student will demonstrate an understanding of numbers, operations, and quantitative reasoning.

Student pages also address the following TEKS:
TEKS 3.16(B) Talk About It, Exercise 6
TEKS 3.14(A), TEKS 3.16(B) HOT Problems, Exercises 27–28

Vocabulary
difference
Review: regroup

Resources
Manipulatives: base-ten blocks, connecting cubes

Literature Connection: *Shark Swimathon* by Stuart J. Murphy

Teacher Technology
Interactive Classroom • TeacherWorks

Focus on Math Background
While there are a variety of subtraction methods, the standard algorithm focuses on digits, making two-digit subtraction just a combination of two one-digit subtractions. Regardless of particular algorithm, the goal is to keep in mind that subtraction means finding a difference between two numbers. Estimation of the difference before completing the process helps in that effort, as does work with the hundreds chart and the number line where difference is represented by distance.

Daily Routine
Use these suggestions before beginning the lesson on p. 103.

5-Minute Check
(Reviews Lesson 2-8)

Find each sum.
1. 79 + 231 310
2. 764 + 72 836
3. 625 + 518 1,143
4. 43¢ + 25¢ 68¢
5. 2,345 + 1,234 3,579

Problem of the Day
Solve this number puzzle.

```
   2 8
+ ■ ■
  ─────
   4 3
   1 5
```

Building Math Vocabulary
Write the lesson and review vocabulary words and their definitions on the board.

Write several basic subtraction facts on the board in both horizontal and vertical form. Ask for volunteers to come to the board and circle the *difference* in each fact. Write the word *difference* on the board and connect the word to the appropriate number in each fact.

Visual Vocabulary Cards
Use Visual Vocabulary Card 47 to reinforce the vocabulary reviewed in this lesson. (The Define/Example/Ask routine is printed on the back of each card.)

 regroup

Planificador de lección

Objetivo
Hacer un modelo de la resta usando fotos, palabras y números.

 TEKS y TAKS

TEKS Objetivo 3.3 El estudiante suma y resta para resolver problemas relevantes en los que se usan números enteros. (A) **Dé ejemplos de la suma y la resta utilizando dibujos, palabras y números**. *También cubre 3.3(B), 4.14(D).*

TAKS 1 El estudiante demostrará un entendimiento del razonamiento numérico, operacional y cuantitativo.

Las páginas del alumno también cubren los siguientes TEKS:
TEKS 3.16(B) Coméntalo, Ejercicio 6
TEKS 3.14(A), TEKS 3.16(B) Problemas H.O.T., Ejercicios 27-28

Vocabulario
diferencia
Repasa: reagrupar

Rutina diaria
Siga estas sugerencias antes de iniciar la lección de la pág. 103.

Problema del día
Resuelvan este rompecabezas de números.

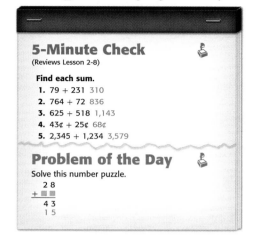
```
   2 8
+ ■ ■
  ─────
   4 3
   1 5
```

Control de 5 minutos
(Repaso de la lección 2-8)

Calculen cada suma.
1. 79 + 231 310
2. 764 + 72 836
3. 625 + 518 1,143
4. 43¢ + 25¢ 68¢
5. 2,345 + 1,234 3,579

Adquisición de vocabulario matemático

Escriba las palabras del vocabulario de la lección y sus definiciones en la pizarra. Escriba en la pizarra varias operaciones básicas de resta tanto en forma horizontal como vertical. Pídales a voluntarios que pasen a la pizarra y encierren en un círculo la diferencia en cada operación. Escriba la palabra diferencia en la pizarra y conecte la palabra al número apropiado en cada operación.

Tarjetas visuales de vocabulario
Use la(s) tarjeta(s) visual(es) del vocabulario 47 para reforzar el vocabulario presentado en esta lección. (En la parte trasera de cada tarjeta está escrita la rutina Definir/Ejemplo/Pregunta).

 reagrupar

Instrucción diferenciada

Opciones de trabajo independiente

Opción 1 — TEKS 3.3(A) LÓGICO, SOCIAL

Para los que terminan primero OL AL BL

Materiales: tarjetas

- Pídales a los alumnos que trabajen en parejas.
- Distribuya 10 tarjetas para cada alumno.
- Pídale a un alumno que escriba el cuerpo de una operación básica de resta en un lado de la tarjeta. Por ejemplo, 15 – 8.
- El otro alumno da la respuesta, 7.
- Si la respuesta del otro alumno es correcta, él o ella toma la carta.
- Los alumnos intercambien los roles.

Opción 2

Tecnología para el alumno

Enlace technológico

Matemáticas en línea tx.gr3math.com Math Tool Chest
Personal Tutor • Extra Examples • Online Games
Math Adventures: Scrambled Egg City (3A)

Opción 3

Estación de aprendizaje: Redacción (pág. 100G)

Dirija a los alumnos a la estación de aprendizaje de redacción para que tengan la oportunidad de explorar y ampliar el concepto de la lección.

Opción 4

Práctica y solución de problemas

Refuerce las destrezas y las estrategias de solución de problemas con la hoja de trabajo de solución de problemas.

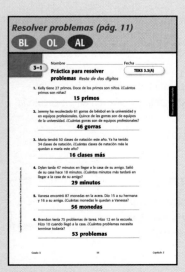
Resolver problemas (pág. 11)
BL OL AL

Differentiated Instruction

Small Group Options

Option 1 — SOCIAL, VISUAL

Below Level BL

Materiales: number cards 0–10, index cards labeled −1, +1, +10, and wild; notebook paper

- Students play a game in which the object is to force their opponents to reach (or surpass) zero.
- Three cards are dealt to each player, and the rest of the deck is stacked face down.
- Students take turns playing one card at a time and either adding or subtracting their cards from the starting value of 99. Each time a card is played, one must be drawn from the stack. Students may use mental math or paper to keep their running differences until zero is reached.

Option 2 — AUDITORY

English Language Learners ELL

Core Vocabulary: when, then, now
Common Use Verb: can/can't subtract
Talk Math This strategy uses music to help students integrate sequencing words with regrouping strategies.
Use the song to demonstrate regrouping:
To the tune of "Old MacDonald"

*When the bottom number's great
and you can't subtract,
You can move 1 from the left,
Then you can subtract.
Take one from the left
and add it to the right;
from the left
To the right; left to right
Now the bottom's not
so great,
so you can subtract.*

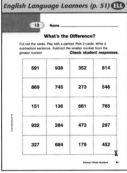
English Language Learners (p. 51) ELL

13   Name _____
What's the Difference?
Cut out the cards. Play with a partner. Pick 2 cards. Write a subtraction sentence. Subtract the smaller number from the greater number. **Check student responses.**

591	938	352	814
869	745	273	546
151	136	661	765
932	284	473	297
327	684	179	452

Use this worksheet to provide additional support for English Language Learners.

Independent Work Options

Option 1 — TEKS 3.3(A) LOGICAL, SOCIAL

Early Finishers OL AL

Materiales: index cards

- Have students work in pairs.
- Distribute 10 index cards to each student.
- Have one student write the body of a basic subtraction fact on one side of an index card. For example, 15 − 8.
- The other student gives the answer, 7.
- If the student is correct, he or she gets to keep the card.
- Students reverse roles.

15 − 8
12 − 6

Option 2

Student Technology

Tech Link

Math Online tx.gr3math.com Math Tool Chest
Personal Tutor • Extra Examples • Online Games
Math Adventures: Scrambled Egg City (3A)

Option 3

Learning Station: Writing (p. 100G)

Direct students to the Writing Learning Station for opportunities to explore and extend the lesson concept.

Option 4

Problem-Solving Practice

Reinforce problem-solving skills and strategies with the Problem-Solving Practice worksheet.

Problem Solving (p. 11) BL OL AL

3–1   Name _____ Date _____
Problem-Solving Practice   TEKS 3.3(A)
Two-Digit Subtraction

1. Kelly has 27 cousins. Twelve of the cousins are boys. How many cousins are girls?
   15 cousins

2. Jeremy has collected 61 baseball caps from college and professional teams. Fifteen of the caps are from college teams. How many caps are from professional teams?
   46 caps

3. Maria's swimming class will meet 50 times this year. She has already been to swimming class 34 times. How many more swimming classes does Maria have left this year?
   16 more classes

4. It takes Dylan 47 minutes to get to his friend's house. He left his home 18 minutes ago. How many more minutes will it take to get to his friend's house?
   29 minutes

5. Vanessa found 87 coins on the sidewalk. She gave 15 to her sister and 16 to her friend. How many coins does Vanessa have left?
   56 coins

6. Brandon had 75 math problems for homework. He did 12 at school. He did 10 when he got home. How many problems does Brandon still need to finish?
   53 problems

Opciones para grupos pequeños

Opción 1 — LINGÜÍSTICO, ESPACIAL

Nivel bajo BL

Materiales: cartas enumeradas del 0 al 10, tarjetas rotuladas con − 1 +1 +10, y un comodín; papel de cuaderno

- Los alumnos jugaran un juego en el cual el objetivo es forzar a sus oponentes a llegar a cero o superarlo.
- Se le entregan tres cartas a cada jugador y el resto de las cartas se apilan bocabajo.
- Los alumnos toman turnos jugando una sola carta a la vez; la cual se suma o se resta al valor inicial de 99. Cada vez que una carta es jugada, debe tomarse una nueva carta de la pila. Los alumnos pueden usar el cálculo mental o un papel para mantener las diferencias hasta que se llegue a cero.

3-1 Resta de dos dígitos

IDEA PRINCIPAL

Usaré figuras, palabras y números para modelar la resta.

TEKS Objetivo 3.3 El estudiante suma y resta para resolver problemas relevantes en los que se usan números enteros. (A) **Dé ejemplos de la suma y la resta utilizando dibujos, palabras y números.** *También cubre TEKS 3.3(B), 3.14(D).*

Vocabulario nuevo

diferencia

Repaso de vocabulario

reagrupar

PREPÁRATE para aprender

La tabla muestra que un tigre duerme 16 horas al día. Un gato duerme 12 horas cada día. Calcula la diferencia para mostrar cuánto más duerme un tigre que un gato.

Animal	Tiempo (h)
pitón	18
tigre	16
gato	12
caballo	3

Puedes usar la resta para resolver el problema. La **diferencia** es el resultado de un problema de resta.

EJEMPLO concreto Resta sin reagrupar

1 **ANIMALES ¿Cuánto más duerme un tigre que un gato?**

Necesitas calcular 16 − 12. Usa la figura de los bloques de base diez para modelar el problema.

Paso 1 Resta las unidades.

$$\begin{array}{r} 16 \\ -\ 12 \\ \hline 4 \end{array}$$

6 unidades − 2 unidades = 4 unidades

Paso 2 Resta las decenas.

$$\begin{array}{r} 16 \\ -\ 12 \\ \hline 4 \end{array}$$

1 decena − 0 decenas = 0 decenas

La diferencia es 4.

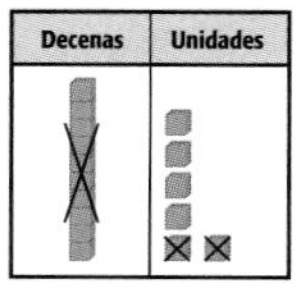

Entonces, un tigre duerme 4 horas más que un gato.

Verifica Puedes usa la suma para verificar tu respuesta.

igual

$$\begin{array}{r} 16 \\ -\ 12 \\ \hline 4 \end{array} \qquad \begin{array}{r} 4 \\ +\ 12 \\ \hline 16 \end{array}$$

Por lo tanto, la respuesta es correcta. ✓

3-1 Two-Digit Subtraction

1 Introduce TEKS 3.3(A)

Activity Choice 1 • Hands-On

- Allow students time to use manipulatives to subtract two-digit numbers without regrouping.
- Next, have students use manipulatives to subtract 50 − 28.
- **What place do you need to regroup to subtract?** Regroup 1 ten as 10 ones.
- Then, have students use manipulatives to subtract any two-digit numbers with regrouping.
- Review teen subtraction facts if needed. Remind students that each basic fact family can have only 3 numbers. For example, 7, 9, and 16: 7 + 9 = 16, 16 − 9 = 7.

Activity Choice 2 • Literature

Introduce the lesson with *Shark Swimathon* by Stuart J. Murphy. (For a related math activity, see p. R104.)

2 Teach TEKS 3.3(A)

Scaffolding Questions

Display base-ten blocks on the overhead. Ask students to subtract 35 − 18. 17

- **How do you regroup to subtract?** Regroup 1 ten as 10 ones.
- **How do you rename 35?** Rename 35 as 2 tens and 15 ones.
- **What is 15 − 8?** 7
- Ask a volunteer to show the regrouping and renaming used to subtract 42 − 26. 16
- Students can draw pictures to illustrate the problem. Suggest drawing the base-ten blocks.

GET READY to Learn

Have students open their books and read the information in **Get Ready to Learn**. Introduce **difference**. Review **regroup**. As a class, work through **Examples 1 and 2**.

3-1 Resta con dos dígitos

1 Presentación TEKS 2.2(A)

Actividad propuesta 1 • Práctica

- Permítales a los alumnos tiempo para utilizar manipulativos para restar números de dos dígitos sin reagrupar.
- Luego, pídales a los alumnos que usen manipulativos para restar 50 − 28.
- **¿Qué lugar necesitan reagrupar para restar?** Reagrupar 1 decena con 10 unidades.
- Luego, pídales a los alumnos que usen manipulativos para restar cualquier número de dos dígitos con reagrupación.
- Si es necesario, repase las operaciones de resta entre el trece y el diecinueve.
- Recuérdenles a los alumnos que cada familia de operación básica puede tener sólo 3 números. Por ejemplo, 7,9, 16: 7 + 9 =, 16 − 9 = 7

Actividad propuesta 2 • Literatura

Presente la Lección con Shark Swimathon de Stuart J. Murphy. (Vea la página R104 para una actividad matemática relacionada.)

2 Presentación TEKS 3.3(A)

Preguntas básicas

Muestre bloques de base diez en el retroproyector. Pídales a los alumnos que resten 35 − 18. 17

- **¿Cómo reagrupan para restar?** Reagrupar 1 decena como 10 unidades.
- **¿Cómo convierten 35?** Convertir 35 como 2 decenas y 15 unidades.
- **¿Cuánto es 15 − 8?** 7
- Pídale a un voluntario que demuestre la reagrupación y la conversión usada para restar 42 − 26. 16
- Los alumnos pueden hacer un dibujo para ilustrar el problema. Sugiérales que dibujen los bloques de base diez.

PREPÁRATE para aprender

Pídales a los alumnos que abran sus libros y lean la información de Prepárate para aprender. Presente **diferencia**. Repase **reagrupar**. En conjunto, trabajen los Ejemplos 1 y 2.

Resta con reagrupación

Ejemplo 2 Asegúrese que los alumnos entienden que pueden reagrupar 1 decena como 10 unidades para restar.

EJEMPLOS ADICIONALES

1 Un león puede correr 50 millas por hora. Un camello puede correr 20 millas por hora. ¿Cuánto más rápido puede correr el león? 30 millas por hora

2 Una jirafa puede correr 32 millas por hora. Un elefante puede correr 25 millas por hora. ¿Cuánto más rápido puede correr la jirafa? 7 millas por hora

✓ VERIFICA lo que sabes

En conjunto, pídales a los alumnos que completen los Ejercicios 1 al 6 en **Verifica lo que sabes** a medida que usted observa sus trabajos.
Ejercicio 6 Evalúa la comprensión del alumno antes de asignarle los ejercicios prácticos.

BL Estrategia alternativa de enseñanza   TEKS 3.3(A)

Si Los alumnos tienen problemas recordando las operaciones básicas…
Entonces Use una de estas opciones de reforzamiento:

1 CRM **Hoja de reforzamiento diario** (pág. 8)
2 Usen los cubos conectores para hacer un modelo de la familia de operaciones de 12, 7, y 5. Conecten 7 cubos rojos y 5 cubos amarillos. Escriban la expresión numérica 7+5 = 12. Reordene los cubos para mostrar 5 amarillos y 7 rojos y escriban 5+7=12. Modelen 12-5 y 12-7 para completar la familia de operaciones. Luego, divida a los alumnos en grupos. Rete a los grupos a usar los 6 cubos amarillos y los 5 cubos rojos para calcular las cuatro operaciones relacionadas para 11,6 y 5.
3 Pídales a los alumnos que usen el cofre de herramientas matemáticas para ayudarlos a completar los ejercicios de resolución de problemas. TEKS 3.14(D)

Subtract with Regrouping

Example 2 Be sure that students understand that they can regroup 1 ten as 10 ones to subtract.

ADDITIONAL EXAMPLES

1 A lion can run 50 miles per hour. A camel can run 20 miles per hour. How much faster can the lion run? 30 miles per hour

2 A giraffe can run 32 miles per hour. An elephant can run 25 miles per hour. How much faster can the giraffe run? 7 miles per hour

✓ CHECK What You Know

As a class, have students complete Exercises 1–6 in **Check What You Know** as you observe their work.

Exercise 6 Assess student comprehension before assigning practice exercises.

BL Alternate Teaching Strategy   TEKS 3.3(A)

If students have trouble remembering the basic facts …

Then use one of these reteach options:

1 CRM **Daily Reteach Worksheet** (p. 8)

2 Use connecting cubes to model the fact family for 12, 7, and 5. Connect 7 red and 5 yellow cubes. Write the number sentence 7 + 5 = 12. Rearrange the cubes to show 5 yellow and 7 red, and write 5 + 7 = 12. Model 12 − 5 and 12 − 7 to complete the fact family.

Then, divide students into groups. Challenge groups to use 6 yellow and 5 red cubes to find the four related facts for 11, 6, and 5.

3 Have students use Math Tool Chest to help complete the problem-solving exercises.   TEKS 3.14(D)

! COMMON ERROR!

Students may try to regroup in every problem. Encourage them to ask the question, "Can I subtract?" for each digit in the minuend. If the answer is "yes," subtract without regrouping. If the answer is "no," regroup and then subtract.

104   Chapter 3 Subtract To Solve Problems

! ¡ERROR COMÚN!

Los alumnos pueden intentar reagrupar en cada problema. Anímelos preguntándoles, "¿Pueden restar?" por cada dígito en el minuendo. Si la respuesta es "sí" resten sin reagrupar. Si la respuesta es "no", reagrupen y luego resten.

Al restar algunas veces, no hay suficientes unidades para restar. En este caso, necesitas **reagrupar**.

🌐 EJEMPLO concreto   Resta con reagrupamiento

2 **CARROS** En un momento, Preston tuvo 54 carros de juguete. Perdió 18. ¿Cuántos tiene ahora?

Necesitas calcular 54 − 18. Usa bloques de base 10 para modelar el problema.

> **Recuerda**
> Reagrupar significa intercambiar cantidades iguales cuando se convierte un número.
> 1 decena = 10 unidades

Paso 1 Resta unidades.
No puedes quitarle 8 unidades a 4 unidades.
Reagrupa 1 decena como 10 unidades.
4 unidades + 10 unidades = 14 unidades
14 unidades − 8 unidades = 6 unidades

$$\begin{array}{r} 4\,14 \\ \cancel{5\,4} \\ -\ 18 \\ \hline 6 \end{array}$$

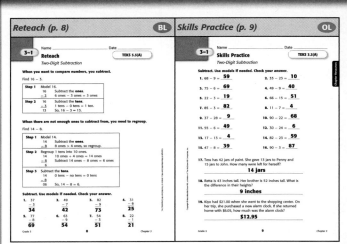

Decenas	Unidades

Paso 2 Resta decenas.

$$\begin{array}{r} 4\,14 \\ \cancel{5\,4} \\ -\ 18 \\ \hline 36 \end{array}$$
4 decenas − 1 decena = 3 decenas

Verifica Puedes usar la suma para verificar tu respuesta.

$$\begin{array}{r} 54 \\ -\ 18 \\ \hline 36 \end{array} \quad \begin{array}{r} 36 \\ +\ 18 \\ \hline 54 \end{array}$$

Por lo tanto, la respuesta es correcta. ✓

en línea **Tutor personal en** tx.gr3math.com

6. Quizá necesite reagrupar una decena. Si ya lo restó, la respuesta será incorrecta.

✓ VERIFICA lo que sabes

Resta. Usa figuras para modelar si es necesario. Verifica tus resultados. Ver Ejemplos 1 y 2 (págs. 103–104)

1. 39 35   **2.** 79 71   **3.** 94 89   **4.** 63 17
      − 4   − 8   − 5   − 46

5. Nell llevó limonada y jugo al picnic. De las 26 bebidas, 8 eran limonada. ¿Cuántas eran jugo? 18 bebidas

6. Coméntalo ¿Por qué comienzas a restar con las unidades?

Matemáticas en línea **Ejemplos extra en** tx.gr3math.com

Reforzamiento (pág. 8)	Práctica de destrezas (pág. 9) OL

Práctica y solución de problemas

PRÁCTICA EXTRA
Ver página R7.

Resta. Usa figuras para modelar si es necesario. Verifica tus resultados. Ver Ejemplos 1 y 2 (págs. 103–104)

7. 28 12
  − 16

8. 74 61
  − 13

9. 45 37
  − 8

10. 54 49
  − 5

11. 99 64
  − 35

12. 34 13
  − 21

13. 32 5
  − 27

14. 41 26
  − 15

15. 70 − 48 22

16. 30 − 14 16

17. 96 − 68 28

18. 57 − 39 18

19. Mediciones Howie mide 43 pulgadas de alto. Su hermano es 51 pulgadas más alto. Calcula la diferencia en sus estaturas. 8 pulgadas

20. Quedan 28 días de vacaciones de verano. Si eran 90 días en total, ¿cuántos días pasaron? 62 días

★21. Elijah tenía 42 trozos de tiza. Les dio 13 a Amado y 15 a Wapi. ¿Cuantos le quedaron? 14 trozos

22. Ramona hizo 28 brazaletes. Algunos son rojos y otros azules. Si 17 son azules, ¿cuántos son rojos?
11 brazaletes

RESUELVE PROBLEMAS concretos

Animales En los Ejercicios 23–26, usa la tabla que muestra las rapideces de los animales en millas por hora (mph).

23. ¿Cuánto más rápido corre un león que el humano más rápido? 22 mph

24. ¿Cuál es la diferencia entre el animal más rápido y el más lento? 58 mph

25. ¿Qué animal es 38 millas por hora más lento que el león? ardilla

★26. Nombra dos animales cuyas velocidades tienen una diferencia de 7 millas por hora. Ejemplo de respuesta: jirafa y galgo

SE MUEVEN RÁPIDO

Animal	Rapidez (mph)
Guepardo	70
León	50
Galgo	39
Libélula	36
Conejo	35
Jirafa	32
Humano más rápido	28
Elefante	25
Ardilla	12

Problemas H.O.T.

27. SENTIDO NUMÉRICO Sin restar, ¿cómo sabes si 31 − 19 es mayor que 20? 27–28. Ver Apéndice de respuestas del Cap. 3.

28. ESCRIBE EN MATEMÁTICAS Consulta la tabla en los ejercicios 23 al 26. Escribe un problema concreto de resta sobre los datos de los animales en que la solución sea 34.

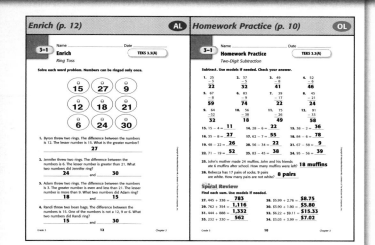

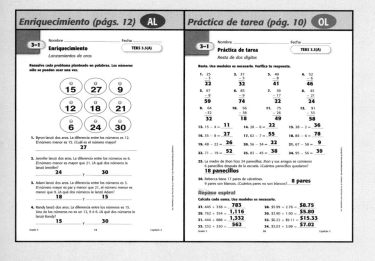

---

3 Practice

Differentiate practice using these leveled assignments for Exercises 7–28.

Level	Assignment
BL Below Level	7–12, 18–19, 23–24
OL On Level	6–9, 19–25, 27
AL Above Level	7–25 odd, 27–28

Have students discuss and complete the Higher Order Thinking problems. Remind students that subtraction can be used to compare two numbers.

WRITING IN ▸MATH Have students complete Exercise 28 in their Math Journals. You may choose to use this exercise as an optional formative assessment.

4 Assess

Formative Assessment
TEKS 3.3(A)

Write 62 − 27 in vertical form on the board. Ask a volunteer to show the regrouping needed to subtract.

- **How does knowing your basic facts help you to subtract the ones?** Sample answer: If I know 12 − 7, I can subtract the ones.
- **What is 12 − 7?** 5
- **What is 62 − 27?** 35

Quick Check **Are students continuing to struggle with subtracting two-digit numbers?**

If Yes → Small Group Options (p. 103B)
Strategic Intervention Guide (p. 42)

If No → Independent Work Options (p. 103B)
CRM Skills Practice Worksheet (p. 9)
CRM Enrich Worksheet (p. 12)

Name the Math Have students write three subtraction problems that require regrouping. Then, ask them how knowing the basic facts helped them to find the differences.

---

3 Práctica

Asigne la práctica para los Ejercicios 7 al 28 según los siguientes niveles.

Nivel	Asignación
BL Nivel bajo	7–12, 18–19, 23–24
OL A nivel	6–9, 19–25, 27
AL Nivel avanzado	7–25 odd, 27–28

Pídales a los alumnos que analicen y completen los problemas de razonamiento de alto nivel. Recuérdeles a los alumnos que la resta se puede usar para comparar dos números.

ESCRIBE EN ▸MATEMÁTICAS

Pídales a los alumnos que completen el Ejercicio 28 en sus Diarios de Matemáticas. Puede elegir hacer este ejercicio como una evaluación formativa adicional.

4 Evaluación

Evaluación formativa
TEKS 3.4 (A)

Escriba 62 − 27 en forma vertical en la pizarra. Pídale a un voluntario que muestre la reagrupación necesaria para la resta.

- **¿Cómo conocer las operaciones básicas les ayuda a restar las unidades?** Ejemplo de respuesta: Si conozco 12 − 7, puedo restar las unidades.
- **¿Calculen 12 − 7?** 5
- **¿Calculen 62 − 27?** 35

Control Rápido **¿Les sigue costando a los alumnos restar con números de dos dígitos?**

Si la respuesta es:

Sí → Opciones para grupos pequeños (pág. 103B)
Guía de intervención estratégica (pág. 42)

No → Opciones de trabajo independiente (pág. 103B)
CRM Hoja de ejercicios para la práctica de destrezas (pág. 9)
CRM Hoja de trabajo de enriquecimiento (pág. 12)

Nombra la matemática Pídales a los alumnos que escriban tres problemas de resta que requieran reagrupación. Luego, pregúnteles cómo conocer las operaciones básicas les ayudó a calcular las diferencias.

Planificador de lección

Objetivo
Redondea para estimar problemas de resta.

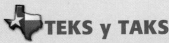

TEKS y TAKS

TEKS Objetivo 3.5 El estudiante estima para determinar resultados razonables. **(B) Utilice estrategias que incluyen el redondeo y los números compatibles para estimar soluciones a problemas de suma y resta.** *También cubre TEKS 3.15(B).*

TAKS 1 El estudiante demostrará un entendimiento del razonamiento numérico, operacional y cuantitativo.

Las páginas del alumno también cubren los siguientes TEKS:
TEKS 3.15(A) Coméntalo, Ejercicio 8
TEKS 3.14(A), TEKS 3.16(B) Problemas H.O.T., Ejercicios 27–28
TEKS 3.3(A), TEKS 3.16(B) Repaso espiral, Ejercicios 31–35

Repaso de vocabulario

estimar, números compatibles

Rutina diaria

Siga estas sugerencias antes de iniciar la lección de la pág. 106.

Problema del día

Restar un número de 40 da el mismo resultado que sumar el número a 16. ¿Cuál es el número? 12

Control de 5 minutos

(Repaso de la Lección 3-1)

Resten. Verifiquen su respuesta.
1. 54 - 17 37
2. 60 - 24 36
3. 28 - 12 16
4. 87 - 38 49

Repaso de vocabulario matemático

Escriba las palabras del repaso de vocabulario y sus definiciones en la pizarra.

En la pizarra, escriba una expresión numérica de resta como 97–32. Pídales a los alumnos que trabajen en parejas. Pídale a un alumno que explique a su compañero cómo redondear para resolver el problema. Luego, pídale al otro alumno que explique cómo resolverlo usando números compatibles.

Tarjetas visuales de vocabulario

Use la(s) tarjeta(s) visual(es) del vocabulario 19 para reforzar el vocabulario presentado en esta lección. (En la parte trasera de cada tarjeta está escrita la rutina Definir/Ejemplo/Pregunta).

estimar

Lesson Planner

Objective
Round to estimate subtraction problems.

TEKS and TAKS

Targeted TEKS 3.5 The student estimates to determine reasonable results. **(B) Use strategies including rounding and compatible numbers to estimate solutions to** addition and **subtraction problems.** *Also addresses TEKS 3.15(B).*

TAKS 1 The student will demonstrate and understanding of numbers, operations, and quantitative reasoning.

Student pages also address the following TEKS:
TEKS 3.15(A) Talk About It, Exercise 8
TEKS 3.14(A), TEKS 3.16(B) HOT Problems, Exercises 27–28
TEKS 3.3(A), TEKS 3.16(B) Spiral Review, Exercises 31–35

Review Vocabulary

estimate, compatible numbers

Resources

Materials: number lines, index cards

Manipulatives: base-ten blocks

Literature Connection: *Coyotes All Around* by Stuart J. Murphy

Teacher Technology
 Interactive Classroom • TeacherWorks

Focus on Math Background

Subtraction is finding the difference between two numbers. On a number line, that means distance. Estimating differences encourages students to consider the intervals between numbers in greater terms than by ones alone. This broader view helps in the continued development of sense-making with number and place value.

Daily Routine

Use these suggestions before beginning the lesson on p. 106.

5-Minute Check
(Reviews Lesson 3-1)

Subtract. Check your answer.
1. 54 − 17 37
2. 60 − 24 36
3. 28 − 12 16
4. 87 − 38 49

Problem of the Day
Subtracting a number from 40 gives the same result as adding the number to 16. What is the number? 12

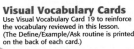 Review Math Vocabulary
Write the review vocabulary words and their definitions on the board.

Write a subtraction number sentence on the board, such as 97− 32. Ask students to work in pairs. Have one student explain how to round to solve the problem to his or her partner. Then have the other student explain how to solve using compatible numbers.

Visual Vocabulary Cards
Use Visual Vocabulary Card 19 to reinforce the vocabulary reviewed in this lesson. (The Define/Example/Ask routine is printed on the back of each card.)

estimate

Differentiated Instruction

Small Group Options

Option 1 Below Level BL
SOCIAL, LINGUISTIC

• Place three buckets in the front of the room labeled 100, 200, 300.

• Pass out index cards with random numbers 50–349 on them.
• Students work in groups to sort the cards by rounding.

Option 2 English Language Learners ELL
KINESTHETIC

Materials: 1 number cube with 1–6 dots,
1 number cube with 7–13 dots
Core Vocabulary: roll, read the number cube, number cube
Common Use Verb: guess
See Math This strategy allows students to practice estimating and revising estimates.

• Show the 2 number cubes. Say: "I am going to guess the difference between 2 rolls. Put your thumb up or down if you think my guess is correct."
• Write: "48." Ask: "Is 48 a good guess?"
• Roll the larger number cube. Write. Say: "My guess was too big. A difference must be smaller."
• Write a new guess. Roll the second cube and write it into the problem.
• Repeat prompt. Discuss answers, then solve.
• Repeat as time permits.

Independent Work Options

Option 1 Early Finishers OL AL
LOGICAL

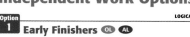

Materials: number lines

Write the following estimation puzzles on index cards and distribute to students. Have them use number lines to solve.

What whole numbers round to 250 when rounded to the nearest ten?	What whole numbers round to 200 when rounded to the nearest hundred?

Option 2 Student Technology

Math Online tx.gr3math.com
Personal Tutor • Extra Examples • Online Games
Math Adventures: Robo Works (3C)

Option 3 Learning Station: Science (p. 100H)

Direct students to the Science Learning Station for opportunities to explore and extend the lesson concept.

Option 4 Problem-Solving Practice

Reinforce problem-solving skills and strategies with the Problem-Solving Practice worksheet.

Problem Solving (p. 16) BL OL AL

Lesson 3-2 Estimate Differences **106B**

Instrucción diferenciada

Opciones de trabajo independiente

Opción 1 Para los que terminan primero OL AL
LÓGICO

Materiales: recta numérica
Escriba el siguiente rompecabezas de estimación en las tarjetas y distribúyalas a los alumnos. Pídales que usen una recta numérica para resolver.
¿Qué número entero se redondea a 250 cuando se redondea a la decena mas cercana?
¿Qué número entero se redondea a 200 cuando se redondea a la centena mas cercana?

Opción 2 Para los que terminan primero
Enlace tecnológico

Matemáticas en línea tx.gr3math.com Math Tool Chest
Personal Tutor • Extra Examples • Online Games
Math Adventures: Robo Works (3C)

Opción 3 Estación de aprendizaje: Ciencias (pág. 100H)

Dirija a los alumnos a la estación de aprendizaje de ciencias para que tengan la oportunidad de explorar y ampliar el concepto de la lección.

Opción 4 Práctica y solución de problemas

Refuerce las destrezas y las estrategias de solución de problemas con la hoja de trabajo de solución de problemas.

Opciones para grupos pequeños

Opción 1 Nivel bajo BL
SOCIAL, LINGÜÍSTICO

• Coloque tres baldes en la parte delantera del salón, rotulados con 100, 200, y 300.
• Distribúyales las tarjetas con números al azar del 50-349.
• Los alumnos trabajan en grupos para ordenar las tarjetas redondeando.

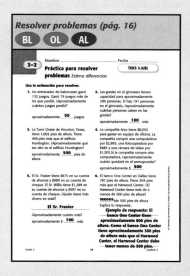

Resolver problemas (pág. 16) BL OL AL

Lección 3-2 Estima diferencias **106B**

Estima diferencias

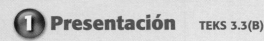

1 Presentación TEKS 3.3(B)

Actividad propuesta 1 • Práctica

- Recuérdeles a los alumnos que en Capítulo 2, ellos usaron el redondeo para estimar sumas.

- Déles a los alumnos en parejas unos bloques de base de diez y pídales hacer un modelo de los problemas que usted presente.

- Usen el redondeo para estimar 37+24. Expliquen. 60; Ejemplo de respuesta: Redondear 37 a 40 y 24 a 20. 40+20=60.

- Usen el redondeo para estimar 29+81. Expliquen. 110; Ejemplo de respuesta: Redondear 29 a 30 y 81 a 80. 30+80=110.

- Si es necesario, repase el redondeo con los alumnos.

Actividad propuesta 2 • Literatura

Presente la Lección con Coyotes All Around de Stuart J. Murphy. (Vea la página R104 para una actividad matemática relacionada.)

2 Enseñanza

Preguntas básicas

Escriba 68 − 21en la pizarra.

- **¿Cuánto es 68 redondeado a la decena mas cercana?** 70

- **¿Cuánto es 21 redondeado a la decena mas cercana?** 20

- **¿Cuánto es 70 − 20?** 50

- **¿Cuál es una buena estimación de 68 − 21?** 50

- **¿Por qué piensa que el estimado es bueno?**

Ejemplo de respuesta: Como ninguno de los números fue redondeado muy hacia arriba o hacia abajo, el estimado debe estar cerca.

PREPÁRATE para aprender

Pídales a los alumnos que abran sus libros y lean la información de **Prepárate para aprender.** Repase **estimar** y **números compatibles**. En conjunto, trabajen los Ejemplos 1 y 2.

Estimate Differences

1 Introduce TEKS 3.3(B)

Activity Choice 1 • Hands-On

- Remind students that in Chapter 2, they used rounding to estimate sums.

- Give pairs of students base-ten blocks and ask them to model the problems you present.

- **Use rounding to estimate 37 + 24. Explain.** 60; Sample answer: Round 37 to 40 and 24 to 20. 40 + 20 = 60.

- **Use rounding to estimate 29 + 81. Explain.** 110; Sample answer: Round 29 to 30 and 81 to 80. 30 + 80 = 110.

- If necessary, review the rounding with students.

Activity Choice 2 • Literature

Introduce the lesson with *Coyotes All Around* by Stuart J. Murphy. (For a related math activity, see p. R104.)

2 Teach

Scaffolding Questions

Write 68 − 21 on the board.

- **What is 68 rounded to the nearest ten?** 70
- **What is 21 rounded to the nearest ten?** 20
- **What is 70 − 20?** 50
- **What is a good estimate for 68 − 21?** 50
- **Why do you think the estimate is good?** Sample answer: Since neither number was rounded up or down very much, the estimate should be close.

GET READY to Learn

Have students open their books and read the information in **Get Ready to Learn**. Review **estimate** and **compatible numbers**. As a class, work through **Examples 1 and 2**.

Estima diferencias

PREPÁRATE para aprender

Toya pudo elegir entre comprar una bolsa de 72 onzas de alimento para gatos o una bolsa de 48 onzas. ¿Aproximadamente cuánto más alimento hay en la bolsa grande de alimento para gatos?

No se necesita una respuesta exacta. Puedes redondear o usar **números compatibles** para hacer una **estimación** cercana a la respuesta exacta.

IDEA PRINCIPAL

Redondearé para estimar problemas de resta.

TEKS Objetivo 3.5 El estudiante estima para determinar resultados razonables. **(B)** Utilice estrategias que incluyen el redondeo y los números compatibles para estimar soluciones a problemas de suma y resta. *También cubre TEKS 3.15(B).*

Repaso de vocabulario

estimación
números compatibles

Recuerda

Puede haber varias estimaciones razonables cuando resuelves un problema.

EJEMPLO concreto — Estima diferencias

1 COMIDA PARA MASCOTAS ¿Aproximadamente cuánto más alimento hay en la bolsa más grande de alimento para gatos?

Necesitas estimar 72 − 48.

Una manera: Redondea		Otra manera: Números compatibles	
Paso 1 Redondea cada número a la decena más cercana. 72 ⟶ 70 48 ⟶ 50		**Paso 1** Cambia cada número a un número compatible. 72 ⟶ 75 48 ⟶ 50	
Paso 2 Resta 70 − 50 = 20		**Paso 2** Resta 75 − 50 = 25	

Entonces, hay *aproximadamente* de 20 a 25 onzas más en la bolsa más grande.

 Tutor personal en tx.gr3math.com

106 Capítulo 3 Resta para resolver problemas

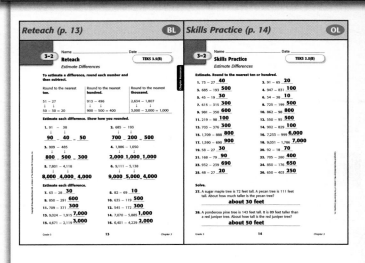

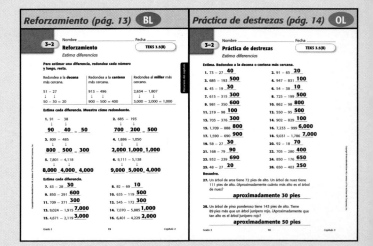

Al estimar, también puedes redondear a la centena más cercana.

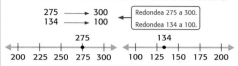

EJEMPLO concreto   Estima diferencias

2 **VIAJE** El autódromo Texas Motor está a 134 millas de Tyler. El autódromo Texas Motor está a 275 millas de Houston. ¿Aproximadamente cuántas millas más lejos está Houston del autódromo que Tyler?

Necesitas estimar 275 − 134.

Paso 1 Redondea cada número a la centena más cercana.

275 ⟶ 300
134 ⟶ 100

Redondea 275 a 300.
Redondea 134 a 100.

275   134
200 225 250 275 300   100 125 150 175 200

Paso 2 Resta.

275 ⟶ 300
−134 ⟶ −100
          200

Entonces, Houston está *aproximadamente* 200 millas más lejos del Autódromo Texas Motor.

VERIFICA lo que sabes

Estima. Redondea a la decena más cercana o usa números compatibles. Ver Ejemplo 1 (pág. 106)

1. 84 Ejemplo de respuesta
− 61 80 − 60 = 20

2. 91 Ejemplo de respuesta
− 37 100 − 25 = 75

3. 46 Ejemplo de respuesta
− 23 50 − 25 = 25

Estima. Redondea a la centena más cercana. Ver Ejemplo 2 (pág. 107)

4. 176 200 − 100 = 100
− 64

5. 341 300 − 200 = 100
− 183

6. 365 400 − 100 = 300
− 119

7. Pedita invitó a 112 amigos a una fiesta. De éstos, 37 no pueden ir. ¿Aproximadamente cuántas personas irán?
100 − 40 = 60 personas

8. **Coméntalo** Explica los pasos que tomarías para redondear 789 a la centena más cercana. Observa la recta numérica y nota si 789 está más cerca de 700 ó de 800.

Lección 3-2 Estimación de restas   **107**

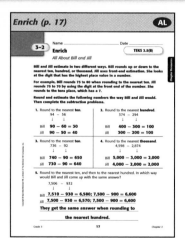

Enrich (p. 17)   **AL**

Enriquecimiento (pág. 17)   **AL**

Estimate Differences
Example 2 Tell students that estimation is a useful way to quickly determine a reasonable answer that is close to the exact answer.

ADDITIONAL EXAMPLES

1 Rosalinda bought a package of 62 carrots and a bag of 18 potatoes. About how many more carrots were there? about 40 more carrots

2 It is 793 miles from Washington, D.C. to San Francisco and 671 miles from Washington, D.C. to Chicago. About how many miles further is it to San Francisco? Round to the nearest hundred. about 100 miles

CHECK What You Know

As a class, have students complete Exercises 1–8 in **Check What You Know** as you observe their work.

Exercise 8 Assess student comprehension before assigning practice exercises.

BL **Alternate Teaching Strategy** TEKS 3.5(A)

If students have trouble rounding numbers to the nearest hundred ...

Then use one of these reteach options:

1 **CRM** **Daily Reteach Worksheet** (p. 13)

2 Give three students signs with 300, 350, and 400 on them. Have students arrange themselves at each end and in the middle of the chalkboard in numerical order from least to greatest. Give a student a sign with 359 on it. Have that student stand at the chalkboard where 359 would be. Is 359 close to 300 or 400? 400 So, 359 rounds to 400.

Lesson 3-2 Estimate Differences **107**

Estima Diferencias

Ejemplo 2 Indíqueles a los alumnos que la estimación es una manera útil de determinar rápidamente una respuesta razonable que esta cercana a la respuesta exacta.

EJEMPLOS ADICIONALES

1 Rosalinda compro un paquete de 62 zanahorias y una bolsa de 18 papas. ¿Aproximadamente cuantas zanahorias más habían? aproximadamente 40 zanahorias más

2 Washington, D.C. está a 793 millas de San Francisco y a 671 millas de Chicago. ¿Aproximadamente cuantas millas más lejos está de San Francisco? Redondeen a la centena más cercana. aproximadamente 100 millas

VERIFICA lo que sabes

En conjunto, pídales a los alumnos que completen los Ejercicios 1 al 8 en **Verifica lo que sabes** a medida que usted observa sus trabajos.

Ejercicio 8 Evalúa la comprensión del alumno antes de asignarle los ejercicios prácticos.

BL **Estrategia alternativa de enseñanza** TEKS 3.5 (A)

Si Los alumnos tienen problemas redondeando números a la centena más cercana...

Entonces Use una de estas opciones de reforzamiento:

1 **CRM** **Hoja de reforzamiento diario** (pág. 13)

2. Déles a tres alumnos carteles con 300, 350 y 400. Pídales a los alumnos que se organicen en los extremos y en el medio de la pizarra en orden numérico de menor a mayor. Déle a un alumno un cartel con 359. Pídale a ese alumno que se pare en la pizarra donde le corresponda a 359. ¿Está 359 cerca de 300 ó 400? 400 Entonces, 359 se redondea a 400

Lección 3-2 Estima diferencias   **107**

③ Práctica

Asigne la práctica para los Ejercicios 9 al 28 según los siguientes niveles.

Nivel	Asignación
BL Nivel bajo	9–12, 15–17, 21–22
OL A nivel	10–14, 17–20, 22–25, 27
AL Nivel avanzado	10–26 even, 27–28

Pídales a los alumnos que analicen y completen los problemas de razonamiento de alto nivel. En el Ejercicio 28, anímelos a revisar los ejemplos antes de escribir sus respuestas en sus Diarios de matemáticas.

ESCRIBE EN ►MATEMÁTICAS

Pídales a los alumnos que completen el Ejercicio 28 en sus Diarios de Matemáticas. Puede elegir hacer este ejercicio como una evaluación formativa adicional.

---

③ Practice

Differentiate practice using these leveled assignments for Exercises 9–28.

Level	Assignment
BL Below Level	9–12, 15–17, 21–22
OL On Level	10–14, 17–20, 22–25, 27
AL Above Level	10–26 even, 27–28

Have students discuss and complete the Higher Order Thinking problems. For Exercise 28, encourage them to review the examples before they write their answers in their Math Journals.

WRITING IN ►MATH Have students complete Exercise 28 in their Math Journals. You may choose to use this exercise as an optional formative assessment.

COMMON ERROR!

Students may have trouble with estimating differences because they subtract first and then round the answer. Remind them the purpose of estimating is to find a reasonable answer that is close to the exact answer.

108 Chapter 3 Subtract to Solve Problems

★ Indica problemas de pasos múltiples

▶ Práctica y solución de problemas

PRÁCTICA EXTRA
Ver página R7.

Estima. Redondea a la decena más cercana o usa números compatibles. Ver Ejemplo 1 (pág. 106)

9. 55 Ejemplo de respuesta:
$- 37$ $50 - 25 = 25$

10. 91 Ejemplo de respuesta:
$- 73$ $90 - 70 = 20$

11. 72 Ejemplo de respuesta:
$- 49$ $75 - 50 = 25$

12. $88 - 32$ Ejemplo de respuesta:
$90 - 30 = 60$

13. $86 - 68$ Ejemplo de respuesta:
$90 - 70 = 20$

14. $57 - 41$ Ejemplo de respuesta:
$50 - 50 = 0$

Estima. Redondea a la centena más cercana. Ver Ejemplo 2 (pág. 107)

15. 901 $900 - 300 = 600$
$- 260$

16. 775 $800 - 200 = 600$
$- 191$

17. 381
$- 265$
$400 - 300 = 100$

18. $880 - 114$
$900 - 100 = 800$

19. $322 - 199$
$300 - 200 = 100$

20. $671 - 156$
$700 - 200 = 500$

🌐 RESUELVE PROBLEMAS concretos

 Archivo de datos El sinsonte es el ave estatal de Texas. Puede medir hasta 28 cm de largo. La envergadura de sus alas puede llegar hasta 38 cm.

Aves

21. Si la cola del sinsonte mide 15 cm de largo, ¿cuál es la longitud de su cuerpo? 13 cm

22. ¿Cual es la longitud de la envergadura de las alas redondeado a los

23. Un ventarrón tiene un viento con una rapidez de 54 millas por hora. Una brisa tiene una velocidad de viento de 18 millas por hora. Estima la diferencia entre las dos rapideces. 30 mph

24. Los alumnos trabajan para ganar suficiente dinero para comprar 78 libros para la biblioteca de la escuela. Hasta ahora compraron 49 libros. Estima cuántos libros más necesitan comprar para alcanzar su meta $80 - 50 = 30$ libros

★25. Bernard hace un viaje de ida de 62 millas. Estima el número de millas que le quedan de su viaje si hasta ahora viajó 56 millas. 60 millas

26. Margaret ordenó 275 camisetas de la escuela para el primer día de clases. Estima el número de camisetas que quedan si vendió 183.
$300 - 200 = 100$ camisetas

108 Capítulo 3 Resta para resolver problemas

⚠ ¡ERROR COMÚN!

Los alumnos pueden tener problemas estimando diferencias, porque primero restan y luego redondean la respuesta. Recuérdeles que el propósito de la estimación es hallar una respuesta razonable que sea cercana a la respuesta exacta.

Problemas H.O.T.

27. Halla el error Flor y Kenny estimaron la diferencia entre 78 y 45. ¿Quién tiene razón? Explica.

Flor		
78	→	70
45	→	− 50
		20

Kenny		
78	→	80
45	→	− 50
		30

28. ESCRIBE EN ►MATEMÁTICAS Escribe un problema concreto sobre una situación donde usas estimación. 27–28. Ver margen.

★ Práctica para la PRUEBA

29. La temperatura esta mañana era de 59 grados. Esta tarde calentó hasta 87 grados. ¿Cuál es la diferencia en temperatura? (Lección 3-1) **A**

A 28   **C** 38
B 32   **D** 146

30. Hay 92 calabazas y 38 tallos de maíz en un campo. ¿Aproximadamente cuántas más calabazas hay que tallos de maíz? (Lección 3-2) **H**

F 40   **H** 50
G 44   **J** 60

Repaso espiral

Resta. Usa figuras para modelar si es necesario. Verifica tu respuesta. (Lección 3-1)

31. 45 − 28   17   **32.** 51 − 16   35   **33.** 37 − 9   28

34. Leandro tiene $4. ¿Tiene suficiente dinero para comprar todos los artículos en la tabla? (Lección 2-7)

sí; $1 + $1 + $1 = $3

Caja de lápices	$1.00
Bloc de notas	$1.25
Paquete de goma de mascar	$1.00

35. ¿Aproximadamente cuánto dinero necesitará Kele para comprar los artículos en la vitrina? (Lección 2-3) $30

Math Online Control de autoevaluación tx.gr3math.com   **Lección 3-2** Estimación de restas   **109**

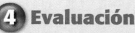

④ Assess

✔ Formative Assessment

- **Explain how you would find 66 − 33.**
  Sample answer: Round 66 to 70 because 66 is closer to 70 than to 60. Round 33 to 30 because it is closer to 30 than to 40.

- **What is the estimated difference?**
  70 − 30 = 40

Quick Check   **Are students continuing to struggle with estimating differences?**

If Yes → Small Group Options (p. 106B)

If No → Independent Work Options (p. 106B)
    CRM Skills Practice Worksheet (p. 14)
    CRM Enrich Worksheet (p. 17)

Yesterday's News Have students explain how yesterday's lesson on two-digit subtraction helped them with today's lesson on estimating differences.

★ TEST Practice

Reviews Lessons 3-1 and 3-2

Assign the Texas Test Practice problems to provide daily reinforcement of test-taking skills.

Spiral Review

Reviews Lessons 2-3, 2-7, and 3-1

Review and assess mastery of skills and concepts from previous chapters.

Additional Answers

27. Kenny; Flor rounded 78 to 70 when it should be 80.

28. Sample answer: Marcie is painting her bedroom. She needs 6 cans of paint. Each can of paint costs $9. About how much money should she bring to the store?

---

④ Evaluación

✔ Evaluación formativa

- **Expliquen como calculan 66 − 33.**
  Ejemplo de respuesta: Redondear 66 a 70 porque 66 esta mas cercano a 70 que a 60. Redondear 33 a 30 porque está más cercano a 30 que a 40.

- **¿Cuál es la diferencia estimada?**
  70 − 30 = 40

Control Rápido   **¿Les sigue costando a los alumnos estimar diferencia?**

Si la respuesta es:

Sí → Opciones para grupos pequeños (pág. 106B)

No → Opciones de trabajo independiente (pág. 106B)
    CRM Hoja de ejercicios para la práctica de destrezas (pág. 14)
    CRM Hoja de trabajo de enriquecimiento (pág. 17)

Noticias de ayer Pídales a los alumnos que expliquen cómo la lección de ayer sobre resta con dos dígitos, los ayudó con la lección de hoy de estimar diferencia.

★ Práctica para la PRUEBA

Repasa las Lecciones 3-1 y 3-2

Asigne los problemas de la Práctica para examen de Texas para reforzar diariamente las destrezas de resolución de pruebas.

Repaso espiral

Repasa las Lecciones 2-3, 2-7 y 3-1

Repasar y evaluar el dominio de las destrezas y conceptos de capítulos anteriores.

Respuestas adicionales:

27. Kenny: Flor redondeó 78 a 70 cuando debió ser a 80.

28. Ejemplo de respuesta: Marcie está pintando su habitación. Necesita 6 latas de pintura. Cada lata de pintura cuesta $9. ¿Aproximadamente cuánto dinero debe llevar a la tienda?

LECCIÓN 3-3 Resta dinero

Planificador de lección

Objetivo

Restar dinero.

 TEKS y TAKS

TEKS Objetivo 3.3 El estudiante suma y resta para resolver problemas relevantes en los que se usan números enteros. **(A) Dé ejemplos** de la suma y **la resta utilizando dibujos, palabras y números.**

TAKS 1 El estudiante demostrará un entendimiento del razonamiento numérico, operacional y cuantitativo.

Las páginas del alumno también cubren los siguientes TEKS:
TESK 3.15(A) Coméntalo, Ejercicio 8
TESK 3.14(A), TEKS 3.16(B) Problemas H.O.T., Ejercicios 27-28

Repaso de vocabulario

centavo (¢), dólar ($)

Rutina diaria

Siga estas sugerencias antes de iniciar la lección de la pág. 110.

Problema del día

Lina tiene 15 centavos. ¿Qué posibles combinaciones de monedas tiene ella? 1 moneda de 10¢ y 1 moneda de 5¢; 1 moneda de 10¢, 5 monedas de 1¢; 3 monedas de 5¢; 2 monedas de 5¢, 5 monedas de 1¢; 1 moneda de 5¢ y 10 monedas de 1¢; 15 monedas de 1¢

Control de 5 minutos

(Repaso de la Lección 3-2)

Estimen. Redondeen a la decena más cercana.
1. 72 - 36 30
2. 28 - 14 20

Estimen. Redondeen a la centena más cercana.
3. 582 - 247 400
4. 805 - 372 400

LESSON 3-3 Subtract Money

Lesson Planner

Objective

Subtract money.

TEKS and TAKS

Targeted TEKS 3.3 The student adds and subtracts to solve meaningful problems involving whole numbers. **(A) Model** addition and **subtraction using pictures, words, and numbers**.

TAKS 1 The student will demonstrate an understanding of numbers, operations, and quantitative reasoning.

Student pages also address the following TEKS:
TEKS 3.15(A) Talk About It, Exercise 8
TEKS 3.14(A), TEKS 3.16(B) HOT Problems, Exercises 27–28

Review Vocabulary

cent (¢), dollar ($)

Resources

Materials: overhead projector, transparency, lined paper

Manipulatives: play money

Literature Connection: *Alexander, Who Used to Be Rich Last Sunday* by Judith Viorst

Teacher Technology
Interactive Classroom • TeacherWorks

Focus on Math Background

The representation of dollars such as $5 and the representation of cents such as 25¢ are usually students' first encounters with money. Now that they are able to subtract two-digit numbers, they are able to subtract money in either format. In this lesson, students will learn to subtract money expressed as dollars:

$35 − $28

They will also learn to subtract money expressed as cents:

75¢ − 48¢

Point out that in either case, answers should be labeled correctly, either as dollars by using a $ or as cents using ¢.

Note that it is not until students have experience with decimals that they are asked to add or subtract money written in decimal forms such as $8.25, $5.00, and $0.43.

110A Chapter 3 Subtract to Solve Problems

Daily Routine

Use these suggestions before beginning the lesson on p. 110.

5-Minute Check

(Reviews Lesson 3-2)

Estimate. Round to the nearest ten.
1. 72 − 36 30
2. 28 − 14 20

Estimate. Round to the nearest hundred.
3. 582 − 247 400
4. 805 − 372 400

Problem of the Day

Lina has 15 cents. What possible combination of coins does she have? 1 dime, 1 nickel; 1 dime, 5 pennies; 3 nickels; 2 nickels, 5 pennies; 1 nickel 10 pennies; 15 pennies

> **Review Math Vocabulary**
> Write the review vocabulary words and their definitions on the board.
>
> Call on volunteers to write different money amounts on the board, such as 25 cents and 25 dollars. Point out that the cents sign is written after the numbers, and the dollar sign is written in front of the numbers.

Repaso de vocabulario matemático

Escriba las palabras del vocabulario y sus definiciones en la pizarra.

Pida voluntarios para que escriban diferentes cantidades de dinero en la pizarra, como 25 centavos y 25 dólares. Señáleles que el signo de centavo se escribe después de los números y que el signo de dólar se escribe antes de los números.

Differentiated Instruction

Small Group Options

Option 1 — Gifted and Talented (AL)
VISUAL, INTRAPERSONAL

Materials: classroom items labeled with prices, teacher-created page with two-step problems

- To challenge students, provide them with two-step problems to solve. For example: *You have 80¢ in your pocket. You buy an eraser for 25¢ and a pencil sharpener for 40¢. After buying these two items, how much money will you have left?* 15¢
- A math center can be set up with "store items" to be used in similar two-step problems. Label objects such as pencils, erasers, folders, etc. with prices and place them at center. Pose problems involving the labeled items for students to answer, or have them create their own two-step problems for a partner to answer.

Option 2 — English Language Learners (ELL)
VISUAL

Materials: grocery or retail store flyers, play money
Core Vocabulary: to buy, count back, change
Common Use Verb: would like
Do Math This strategy uses background knowledge to scaffold practice that targets accurate math skills while speaking in English.

- Students can work in pairs. Give each pair ten $1 bills and a flyer.
- One partner determines a list of three items he or she wants to buy from the flyer and the total amount to buy them.
- The other partner counts back the change from the total. Watch the interaction for accuracy.
- This activity can be repeated with coin names and counting back change for dollars and cents. These activities need to be supervised for accuracy.

Independent Work Options

Option 1 — Early Finishers (OL) (AL)
TEKS 3.1(C) LOGICAL

Materials: advertising circulars

- Provide students with an advertising circular from a local store. Prices should show only whole dollar amounts.
- Tell students that they have a certain dollar amount to spend.
- Have each student choose an item he or she would like to buy and subtract to find the change. Students can continue to "shop" until there is not enough money left to spend.
- Have students record their purchases and the change they should receive.

Option 2 — Student Technology

Math Online tx.gr3math.com
Personal Tutor • Extra Examples • Online Games

Option 3 — Learning Station: Health (p. 100H)

Direct students to the Health Learning Station for opportunities to explore and extend the lesson concept.

Option 4 — Problem-Solving Practice

Reinforce problem-solving skills and strategies with the Problem-Solving Practice worksheet.

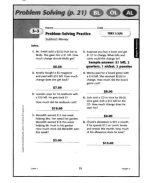

Lesson 3-3 Subtract Money **110B**

Instrucción diferenciada

Opciones de trabajo independiente

Opción 1 — Para los que terminan primero (OL) (AL)
TEKS 3.1(C) LÓGICO

Materiales: anuncios publicitarios

- Proporcione a los alumnos un anuncio publicitario de una tienda local. Los precios deben mostrar sólo cantidades enteras de dólar.
- Dígales a los alumnos que tienen cierta cantidad de dólares para gastar.
- Pídale a cada alumno(a) que elija un artículo que le gustaría comprar y que lo reste para calcular el cambio. Los alumnos pueden continuar "comprando" hasta que no tengan dinero suficiente para gastar.
- Pídales a los alumnos que registren sus compras y los cambios que deben recibir.

Opción 2 — Tecnología para el alumno

Matemáticas en línea tx.gr3math.com Math Tool Chest
Personal Tutor • Extra Examples • Online Games

Opción 3 — Estación de aprendizaje: Salud (pág. 100H)

Dirija a los alumnos a la estación de aprendizaje de salud para que tengan la oportunidad de explorar y ampliar el concepto de la lección.

Opción 4 — Práctica y solución de problemas

Refuerce las destrezas y las estrategias de solución de problemas con la hoja de trabajo de solución de problemas.

Opciones para grupos pequeños

Opción 1 — Talentosos (AL)
VISUAL, INTRAPERSONAL

Materiales: artículos del salón de clase rotulados con precios, hoja de problemas de dos pasos creadas por el maestro.

- Para retar a los alumnos, proporcióneles problemas de dos pasos para resolver. Por ejemplo, *Tú tienes 80¢ en tu bolsillo. Compras un borrador por 25¢ y un sacapuntas por 40¢. Después que compras estos dos artículos, ¿Cuánto dinero te queda?* 15¢
- Un centro de matemáticas puede ser organizado con "objetos de tienda" para ser usados en problemas de dos pasos semejantes. Rotule objetos como lápices, borradores, carpetas, etc. con precios y colóquelos en el centro. Plantee problemas, que involucren estos objetos rotulados, para que los alumnos resuelvan; o pídales que creen sus propios problemas de dos pasos, para que un compañero los conteste.

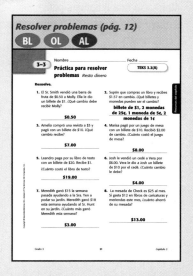

Lección 3-3 Resta dinero **110B**

 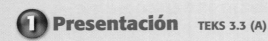

 3-3 Subtract Money

3-3 Resta dinero

① Presentación   TEKS 3.3 (A)

Actividad propuesta 1 • Práctica

- Los alumnos trabajan en parejas. Proporcióneles monedas de 10¢ y monedas de 1¢.
- Pídales que resten varias cantidades que requieran reagrupar. Pídales que registren los resultados.
- **¿Cómo pueden restar cuando no hay suficientes monedas de 1¢?** Cambie una moneda de 10¢ por 10 monedas de 1¢.
- Dígales a los alumnos que para restar centavos, alineen las columnas de las unidades y las decenas, tal cual lo hacen con números enteros. Luego, coloquen el signo de centavo (¢) después de la diferencia.

Actividad propuesta 2 • Literatura

Presente la Lección con *Alexander Who Used to Be Rich Last Sunday* de Judith Viorst. (Vea la página R104 para una actividad matemática relacionada.)

② Enseñanza   TEKS 3.3 (A)

Preguntas básicas

Coloque 7 monedas de 10¢ y 5 monedas de 1¢ en una transparencia.

- **¿Cómo podemos restar 59 centavos de 75 centavos?** reagrupar 1 moneda de 10 ¢ como 10 monedas de 1¢
- **¿Cuanto es 15 centavos – 9 centavos?** 6 centavos
- **¿Cuanto es 75 centavos – 59 centavos?** 16 centavos
- Escriban el ejemplo usando un signo de centavo.
- **¿Donde debe colocarse el signo de centavo?** después de los números

Pídales a los alumnos que abran sus libros y lean la información de Prepárate para aprender. Repase **centavo (¢)** y **dólar ($)**. En conjunto, trabajen los **Ejemplos 1 y 2**.

---

① Introduce   TEKS 3.3(A)

Activity Choice 1 • Hands-On

- Students work in pairs. Provide them with dimes and pennies.
- Have them subtract various amounts that require regrouping. Have them record the results.
- **How can you subtract when there are not enough pennies?** Exchange 1 dime for 10 pennies.
- Tell students that to subtract cents, they line up ones and tens columns, just as they do with whole numbers. Then, place the cents symbol (¢) after the difference.

Activity Choice 2 • Literature

Introduce the lesson with *Alexander, Who Used to Be Rich Last Sunday* by Judith Viorst. (For a related math activity, see p. R104.)

② Teach   TEKS 3.3(A)

Scaffolding Questions

Place 7 dimes and 5 pennies on a transparency.

- **How can we subtract 59 cents from 75 cents?** regroup 1 dime as 10 pennies
- **What is 15 cents – 9 cents?** 6 cents
- **What is 75 cents – 59 cents?** 16 cents
- Write the example using a cent sign.
- **Where should the cent sign be placed?** after the numbers

▶ GET READY to Learn

Have students open their books and read the information in **Get Ready to Learn**. Review **cent (¢)** and **dollar ($)**. As a class, work through **Examples 1 and 2**.

 **PREPÁRATE para aprender**

IDEA PRINCIPAL
Restaré dinero.

TEKS Objetivo 3.3 El estudiante suma y resta para resolver problemas relevantes en los que se usan números enteros. (A) Dé ejemplos de la suma y la resta utilizando dibujos, palabras y números.

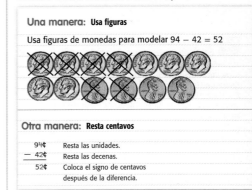
Los afiches grandes se venden por 94¢ y los pequeños por 42¢ ¿Cuál es la diferencia en el precio?

Restar dinero es como restar números enteros.

EJEMPLO concreto   Resta centavos

① **AFICHES ¿Cuál es la diferencia en precio entre los afiches grandes y pequeños?**

Necesitas calcular la diferencia entre 94¢ y 42¢

Una manera: Usa figuras

Usa figuras de monedas para modelar 94 − 42 = 52

Otra manera: Resta centavos

94¢	Resta las unidades.
− 42¢	Resta las decenas.
52¢	Coloca el signo de centavos después de la diferencia.

Entonces, la diferencia en precio es 52¢.

en línea Tutor personal en tx.gr3math.com

110   **Capítulo 3** Resta para resolver problemas

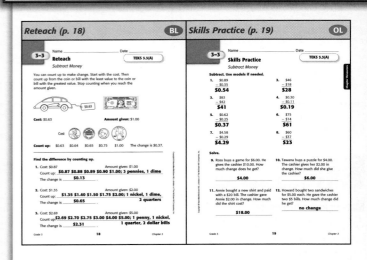

Reteach (p. 18)   BL   Skills Practice (p. 19)   OL

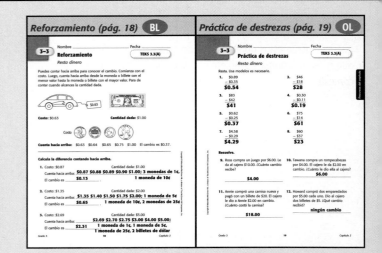

Reforzamiento (pág. 18) BL   Práctica de destrezas (pág. 19) OL

Cuando restas dinero, a menudo necesitas reagrupar.

EJEMPLO concreto   Resta dólares

2 **PATINAJE** Carson pagó $59 por los patines en línea. Luandra pagó $75. ¿Cuánto más pagó Luandra por sus patines?

Necesitas calcular la diferencia ente $75 y $59.

Estima $75 – $59 ⟶ $80 – $60 = $20

$$\begin{array}{r} ^{6\,15}\\ \$\cancel{75}\\ -\$59\\ \hline \$16 \end{array}$$

Reagrupa 1 decena como 10 unidades.
Resta las unidades.
Resta las decenas.
Coloca el signo de dólar *delante* de la diferencia.

Entonces, la diferencia es $16.

Verifica la racionalidad

Como $16 se acerca a la estimación, la respuesta es razonable. ✓

Verifica Usa la suma para verificar tu resta.

igual
$$\begin{array}{r}\$75\\-\$59\\\hline\$16\end{array} \qquad \begin{array}{r}\$16\\+\$59\\\hline\$75\end{array}$$

Entonces, la respuesta es correcta. ✓

 en línea Tutor personal en tx.gr3math.com

Recuerda
Cuando escribes cantidades de dinero y no hay centavos, puedes eliminar los ceros a la derecha del punto decimal. Ejemplo: $31.00 = $31

8. Si el dígito de las unidades en el número inferior es mayor que el dígito de las unidades del número superior, necesitas reagrupar.

✓ **VERIFICA lo que sabes**

Resta. Usa figuras para modelar si es necesario. Verifica tus resultados. Ver Ejemplos 1 y 2 (págs. 110–111)

1. 29¢   6¢
   – 23¢

2. $77 $32
   – $45

3. 45¢   29¢
   – 16¢

4. 75¢   69¢
   –6¢

5. $32 $5
   – $27

6. 56¢   8¢
   – 48¢

7. El club Westville Garden quiere obtener $65 en su venta de flores. Hasta ahora sólo obtuvieron $29. ¿Cuánto dinero más necesitan? $36

8. **Coméntalo** Explica cómo sabes cuándo necesitas reagrupar una decena por 10 unidades en un problema de resta.

Lección 3-3 Resta dinero   **111**

Enrich (p. 22) AL

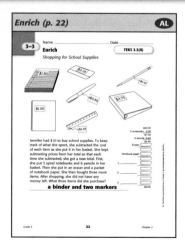

Subtract Dollars
Example 2 Be sure that students understand that sometimes they need to regroup a ten in order to subtract ones.

ADDITIONAL EXAMPLES

1 Flavio had 86 cents. He bought a bag of peanuts for 73 cents. How much change did he receive? 13 cents

2 Keisha paid $34 for a pair of jeans. Orida paid $43. How much more did Orida pay? $9

✓ **CHECK What You Know**

As a class, have students complete Exercises 1–8 in **Check What You Know** as you observe their work.

💬 **Exercise 8** Assess student comprehension before assigning practice exercises.

BL **Alternate Teaching Strategy**   TEKS 3.1(C)

If students have trouble subtracting money …

Then use one of these reteach options:

1 [CRM] **Daily Reteach Worksheet** (p. 18)

2 Give students play money to model subtracting money. When subtracting cents provide students with play coins and when subtracting dollar amounts, provided them with play bills. Have students model problems such as $32 – $18 by playing store. Tell students that an item costs $18. Have the "buyer" of the item give the "storekeeper" $32 in play money. Then, in play money, have the "storekeeper" give the "buyer" the correct amount of change.

 COMMON ERROR!
Students may write the dollar or cents sign in the wrong place. Remind student that the dollar sign is written *before* a dollar amount and the cents sign is written an amount of money expressed in cents.

Lesson 3-3 Subtract Money   **111**

 # Resta dólares

Ejemplo 2 Asegúrese que los alumnos entiendan que algunas veces necesitan reagrupar una decena para restar las unidades.

EJEMPLOS ADICIONALES

1 Flavio tenía 86 centavos. Compró una bolsa de maníes por 73 centavos. ¿Cuánto cambio recibió? 13 centavos

2 Keisha pago $34 por unos jeans. Orida pago $43. ¿Cuánto más pago Orida? $9

✓ **VERIFICA lo que sabes**

En conjunto, pídales a los alumnos que completen los Ejercicios 1 al 8 en **Verifica lo que sabes** a medida que usted observa sus trabajos.

💬 **Ejercicio 8** Evalúa la comprensión del alumno antes de asignarle los ejercicios prácticos.

BL **Estrategia alternativa de enseñanza**   TEKS 3.1(C)

Si Los alumnos tienen problemas restando dinero…

Entonces Use una de estas opciones de reforzamiento:

1 [CRM] **Hoja de reforzamiento diario** (pág. 18)

2 Déles a los alumnos dinero de juego para hacer un modelo de la resta de dinero. Proporcióneles monedas de juego, cuando resten centavos y billetes de juego, cuando resten cantidades de dólares. Pídales a los alumnos hacer un modelo de los problemas como [INS] jugando a la tienda. Indíqueles a los alumnos que un artículo cuesta $18. Pídale al "comprador" del artículo que le entregue al "encargado" $32 en dinero de juego. Luego, el "encargado" le da al "comprador" la cantidad correcta de cambio, en dinero de juego.

Enriquecimiento (pág. 22) AL

⚠ **¡ERROR COMÚN!**
Los alumnos pueden escribir el signo de dólar o de centavos en el lugar equivocado. Recuérdeles a los alumnos que el signo de dólar se escribe antes de la cantidad de dólar y el signo de centavo se escribe en una cantidad de dinero expresada en centavos.

Lección 3-3 Resta dinero   **111**

③ Práctica

Asigne la práctica para los Ejercicios 9 al 28 según los siguientes niveles.

Nivel	Asignación
BL Nivel bajo	9–12, 15–18, 23–24, 26
OL A nivel	10–14, 16–20, 22–25, 27
AL Nivel avanzado	9–25 odd, 27–28

Pídales a los alumnos que analicen y completen los problemas de razonamiento de alto nivel. En el Ejercicio 27, déles a los alumnos dinero de juego para hacer un modelo del problema.

Escribe en matemáticas Pídales a los alumnos que completen el Ejercicio 28 en sus Diarios de Matemáticas. Puede elegir hacer este ejercicio como una evaluación formativa adicional.

④ Evaluación   TEKS 3.1 (C)

 Evaluación formativa

Presente los siguientes problemas:
63¢ − 51¢; $85 − $35; y 52¢ − 19¢

- **¿Qué problema requiere reagrupar para calcular la diferencia?** 52¢ −19¢
- **¿Cómo lo saben?** Ejemplo de respuesta: El dígito de las unidades en el número inferior es mayor que el dígito de las unidades en el número superior.
- **¿Cuánto es 63¢ − 51¢?** 12¢ **¿Cuánto es $85 − $35?** 50¢ **¿Cuánto es 52¢ − 19¢?** 33¢

Control Rápido **¿Les sigue costando a los alumnos restar dinero?**

Si la respuesta es:
Sí → Guía de Intervención Estratégica (pág. 56)
No → Opciones de trabajo independiente (pág. 110B)
    CRM Hoja de ejercicios para la práctica de destrezas (pág. 19)
    CRM Hoja de trabajo de enriquecimiento (pág. 22)

Boleto de salida Escriba 71¢ - 58¢ en la pizarra. Pídales a los alumnos que escriban la diferencia en una hoja de papel.

Respuesta adicional

21. Sí; las serpientes cuestan 78¢; lo que deja 17¢ de cambio, 17¢ > 15¢

---

③ Practice

Differentiate practice using these leveled assignments for Exercises 9–28.

Level	Assignment
BL Below Level	9–12, 15–18, 23–24, 26
OL On Level	10–14, 16–20, 22–25, 27
AL Above Level	9–25 odd, 27–28

Have students discuss and complete the Higher Order Thinking problems. For Exercise 27, give students play money to model the problem.

WRITING IN ►MATH Have students complete Exercise 28 in their Math Journals. You may choose to use this exercise as an optional formative assessment.

④ Assess

 Formative Assessment   TEKS 3.1(C)

Present the following problems:
63¢ − 51¢; $85 − $35; and 52¢ − 19¢
- **Which problem requires regrouping to find the difference?** 52¢ −19¢
- **How do you know?** Sample answer: The ones digit in the bottom number is greater than the ones digit in the top number.
- **What is 63¢ − 51¢?** 12¢ **What is $85 − $35?** $50 **What is 52¢ − 19¢?** 33¢

Quick Check **Are students continuing to struggle with subtracting money?**

If Yes → Strategic Intervention Guide (p. 56)

If No → Independent Work Options (p. 110B)
    CRM Skills Practice Worksheet (p. 19)
    CRM Enrich Worksheet (p. 22)

Ticket Out the Door Write 71¢ − 58¢ on the board. Have students write the difference on a piece of paper.

Additonal Answer

21. Yes; the snakes cost 78¢; which leaves 17¢ change, 17¢ > 15¢

★ Indica problemas de pasos múltiples

► Práctica y solución de problemas   **PRÁCTICA EXTRA** Ver página R8.

Resta. Usa figuras para modelar si es necesario. Verifica tu respuesta. Ver Ejemplos 1 y 2 (págs. 110–111)

9. $52 $11
− $41

10. $78 $41
− $37

11. 66¢ 42¢
− 25¢

12. 67¢ 58¢
−9¢

13. 74¢ 67¢
−7¢

14. 52¢ 39¢
− 13¢

15. 93¢ − 42¢ 51¢

16. 63¢ − 42¢ 21¢

17. 73¢ − 31¢ 42¢

18. 81¢ − 56¢ 25¢

19. $28 − $19 $9

20. $0.32 − $0.16 $0.16

★ 21. Cooper quiere comprar 2 serpientes de goma. Cada serpiente cuesta 39¢ y él tiene 95¢ para gastar. ¿Tiene suficiente dinero para comprar también una araña de goma que cuesta 15¢? Explica. Ver el margen.

★ 22. Enzo y su abuelo pagaron cada uno $17 para hacer pesca de altura. ¿Cuánto cambio recibieron de $40? $6

Artículos deportivos

En los Ejercicios 23 al 26, usa la figura de la derecha. Ver Ejemplo 2 (pág. 111)

23. Ángel tiene $20. ¿Cuánto cambio recibirá cuando compre la gorra de béisbol? $11

24. ¿Cuánto más cuesta la raqueta de tenis que el bate de béisbol? $18

★ 25. Isabel tiene $60 y compra la raqueta de tenis. Bryce tiene $40 y compra el bate de béisbol. ¿Quién recibe más cambio? Explica. Isabel recibe $15, Bryce recibe $13

★ 26. El entrenador pagó por tres cosas con cuatro billetes de $20. Si recibió $10 de cambio, ¿cuáles tres cosas compró? gorra de béisbol, raqueta de tenis, pelota de fútbol

Problemas **H.O.T.**

27. **INTERPRETA** Un problema de resta tiene una respuesta de 23. ¿Cuál puede ser el problema de resta? Ejemplo de respuesta: 68 − 45 = 23

28. **ESCRIBE EN ►MATEMÁTICAS** Escribe sobre una situación concreta en la cual sea útil saber cómo calcular el cambio. Ejemplo de respuesta: Asegurarse que un cajero entregue la cantidad de cambio correcta.

Homework Practice (p. 20) **OL**

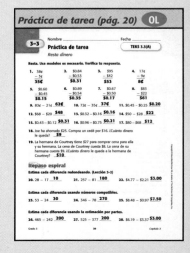

Práctica de tarea (pág. 20) **OL**

Resta. Verifica tus resultados. (Lección 3-1)

1. 28 25
-3

2. 37 32
-5

3. 70 − 19 51

4. 99 − 69 30

5. Akira tenía 38 lazos para el proyecto de arte. Le dio 14 a Katsu y 12 a Brendan. ¿Con cuántos se quedó? (Lección 3-1) 12

6. Fritz tiene 23 tarjetas de béisbol. Le dio 6 a su mejor amigo. ¿Cuántas tarjetas de béisbol tiene Fritz ahora? (Lección 3-1) 17 tarjetas

7. PRÁCTICA PARA LA PRUEBA (Lección 3-1)

97 − 65 = B TAKS 1

A 23   **C** 33

B 32   **D** 172

Estima. Redondea a la decena más cercana. (Lección 3-2) 9. 40 − 20 = 20

8. 83 80 − 60 = 20
-62

9. 38
-18

10. 63 − 28
60 − 30 = 30

11. 46 − 12
50 − 10 = 40

Estima. Redondea a la centena más cercana. (Lección 3-2)

12. 742
-614
700 − 600 = 100

13. 567
-113
600 − 100 = 500

14. 889 − 279
900 − 300 = 600

15. 335 − 142
300 − 100 = 200

16. Kaitlyn compró una blusa nueva y una falda. La blusa costó $19 y la falda costó $7. Si pagó con dos billetes de $20, ¿cuánto cambio recibió? (Lección 3-3) $14

Resta. Verifica tus resultados. (Lección 3-3)

17. 34¢ 20¢
$-14¢$

18. $69 $34
$-$35$

19. PRÁCTICA PARA LA PRUEBA
Vanesa comparó los precios de dos cartones de leche. La tabla muestra los precios. (Lección 3-3) TAKS 1

Marca	Costo
A	99¢
B	81¢

¿Cuánto más cuesta la marca A que la marca B? G

F 17¢

G 18¢

H 53¢

J 70¢

Resta. Verifica tus resultados. (Lección 3-3)

20. $64 − $6 $58

21. 73¢ − 52¢
$0.21

22. ESCRIBE EN MATEMÁTICAS Explica en qué se parece y en qué se diferencia la resta de dinero con la resta de números enteros. Ver Apéndice de respuestas del Cap. 3

Lessons 3-1 through 3-3

✓ Formative Assessment

Use the Mid-Chapter Check to assess students' progress in the first half of the chapter.

ExamView Assessment Suite Customize and create multiple versions of your Mid-Chapter Check and the test answer keys.

FOLDABLES Dinah Zike's Foldables

Use these lesson suggestions to incorporate the Foldables during the chapter.

Lesson 3-1 Under the first tab of the Foldable, students explain how they find the difference of two whole numbers between 0 and 10,000.

Lesson 3-2 Under the *Estimate Differences* tab of their Foldable's, students estimate the differences of subtraction problems using rounding and compatible numbers.

Lesson 3-3 Under the *Subtract Money* tab of their Foldable's, students find the difference of two whole numbers between 0 and 10,000.

Students should also explain and solve problems involving subtraction of money amounts in decimal notation.

Data-Driven Decision Making

Based on the results of the Mid-Chapter Check, use the following to review concepts that continue to present students with problems.

Exercises	🌐 TEKS	What's the Math?	Error Analysis	Resources for Review
1–7 Lesson 3-1	3.3(A)	Subtract two-digit and one-digit numbers.	Does not add numbers to subtract from whole. Does not regroup to subtract ones. Does not know subtraction facts.	Strategic Intervention Guide (pp. 38, 40, 42, 44, 46, 56) CRM Chapter 3 Resource Masters (Reteach Worksheets) Math Online Extra Examples • Personal Tutor • Concepts in Motion • Math Traveler
8–15 Lesson 3-2	3.3(B)	Find the difference of two whole numbers between 0 and 1000. Estimate differences using rounding.	Does not round before estimating. Works problem, then rounds. Rounds to tens in hundreds problem.	
16–21 Lesson 3-3	3.3(A)	Use addition to check subtraction. Subtract money.	Does not write money signs. Does not know subtraction facts. Adds all numbers in word problem.	

Lecciones 3-1 a la 3-3

✓ Evaluación formativa

Use la Verificación de mitad del capítulo para evaluar el progreso del alumno en la primera mitad del capítulo.

ExamView Assessment Suite Elabore múltiples versiones, con las características que desee, de la prueba del Capítulo y de las claves de respuesta de la prueba.

PLEGADOS Plegados de Dinah Zike

Use estas sugerencias para la lección a fin de incorporar los Plegados durante el capítulo.

Lección 3-1 Bajo la primera lengüeta de los Plegados, los alumnos explican cómo calcular la diferencia de dos números enteros entre 0 y 10,000.

Lección 3-2 Bajo la lengüeta de Estima Diferencias de sus Plegados, los alumnos estiman la diferencia de problemas de resta usando el redondeo y números compatibles.

Lección 3-3 Bajo la lengüeta de Resta Dinero de sus Plegados, los alumnos calculan la diferencia de dos números enteros entre 0 y 10,000.

Los alumnos también deben explicar y resolver problemas que involucren la resta de cantidades de dinero con la notación decimal.

Planificador de Lección

Objetivo

Interpretar información y datos de música para resolver problemas.

TEKS

TEKS Objetivo 3.14 El estudiante aplica las matemáticas del 3er grado para resolver problemas relacionados con experiencias diarias y actividades dentro y fuera de la escuela. (A) **Identifique las matemáticas en situaciones diarias.**

TEKS de música

3.1 El estudiante describe y analiza sonidos musicales y demuestra su creatividad musical. (A) Clasifica una variedad de sonidos musicales, incluyendo voces de niños y adultos; instrumentos de viento; instrumentos metálicos de viento, de cuerdas, de percusión, de tablero e instrumentos electrónicos, además de instrumentos de varias culturas.

Vocabulario

diferencia

Recursos

Materiales: papel, lápices

Activar conocimientos previos

Antes de enfocar la atención de los alumnos a las páginas, pídales que comenten sobre instrumentos musicales.

- **¿Cuales son algunos de los instrumentos que conoces? ¿Son estos usados en orquestas sinfónicas?** Ejemplo de respuesta: una guitarra eléctrica; no

- **¿Qué tienen en común los instrumentos de percusión?** Tienes que golpearlos para que emitan un sonido.

Uso de la página del alumno

Pídales a los alumnos que lean la información de la pág. 114 y contesten estas preguntas:

- **El número total de músicos es de 115. ¿Cuántos músicos no tocan instrumentos de viento de madera?** 94

- **¿Los fines de semana, cuánto más cuesta sentarse en la sección A que en la sección B?** $18 más

---

Lesson Planner

Objective

Interpret information and data from music to solve problems.

TEKS

Targeted TEKS 3.14 The student applies Grade 3 mathematics to solve problems connected to everyday experiences in and outside of school. (A) **Identify the mathematics in everyday situations.**

Music TEKS

3.1 The student describes and analyzes musical sound and demonstrates musical artistry. (A) Categorize a variety of musical sounds, including children and adult's voices; woodwind, brass, string, percussion, keyboard, and electronic instruments, and instruments from various cultures.

Vocabulary

difference

Resources

Materials: paper, pencils

Activate Prior Knowledge

Before you turn students' attention to the pages, ask them to discuss musical instruments.

- **What are some instruments you know? Are they used in symphony orchestras?** Sample answer: an electric guitar; no

- **What do percussion instruments have in common?** You have to hit them to make a sound.

Using the Student Page

Ask students to read the information on p. 114 and answer these questions.

- **The total number of musicians is 115. How many musicians do not play a woodwind instrument?** 94

- **How much more does it cost to sit in section A than in section B on a weekend?** $18 more

---

Los sonidos de la sinfonía

La filarmónica de Boston es una orquesta sinfónica popular. La orquesta tiene cuatro familias de instrumentos: vientos, cuerdas, metales y percusión.

Los músicos algunas veces practican hasta cuatro veces por semana antes de una presentación.

La filarmónica de Boston toca en el Jordan Hall. Los precios de los boletos se basan en la cercanía de los asientos a la orquesta.

Filarmónica de Boston	
Familia de instrumentos	Número de músicos
Percusión	6
Metales	18
Viento	21
Cuerda	70

Series de fines de semana	
Asientos	Precio del boleto
A	$76
B	$58
C	$43
D	$29

Fuente: Boston Philharmonic

¿Sabías que?

La flauta más antigua tiene más de 43,000 años.

Matemáticas concretas

Usa la información de la página 114 para resolver cada problema.

1. ¿Cuántos más músicos de viento hay que músicos de percusión? 15 más

2. Treinta y cuatro de los músicos de cuerdas tocan el violín. ¿Cuántos músicos de cuerdas no son violinistas? 36 músicos de cuerdas

3. El número total de músicos es 115. ¿Cuántos músicos no tocan instrumentos de metal? 97 músicos

4. En las noches entre semana, el costo de un boleto en la sección D es $16. ¿Cuánto dinero te ahorras si vas a la orquesta el lunes en lugar del sábado? $13

5. Estima la diferencia entre el precio de un boleto en la sección A y el precio para un asiento en la sección D. $50

6. Si pagas por un boleto en la sección D con un billete de $100, ¿cuánto cambio recibes? $42

7. ¿Cuántos músicos no tocan instrumentos de metal o de viento? 76 músicos

8. Estima el costo de cada boleto a la decena más cercana. ¿Costará menos comprar un boleto en la sección A y un boleto en la sección D o un boleto en la sección B y un boleto en la sección C? A: $80; B: $60; C: $40; D: $30; B/C

Resuelve problemas en música **115**

Real-World Math

Assign the exercises on p. 115. Encourage students to choose a problem-solving strategy before beginning each exercise.

Exercise 2 Remind students that the total number of string musicians may be found in the table on p. 114.

Exercise 4 Remind students that the price of a Saturday ticket in section D may be found in the Weekend Series table on p. 114.

Exercise 7 Tell students that they may solve the problem in two ways: they may subtract each category of instrument players from the total, or they may add the two categories and then subtract the result from the total number of musicians.

WRITING IN ►MATH Have students create a word problem that uses the information found in the text and in the tables on p. 114.

Extend the Activity

Have students figure out how much it would cost to have the whole class sit in each of the different sections. Then challenge them to find the difference between the costs for each section.

Matemáticas concretas

Asigne los Ejercicios de la pág. 115. Anime a los alumnos a elegir una estrategia para resolver problemas antes de comenzar cada ejercicio.

Ejercicio 2 Recuérdeles a los alumnos que el numero total de músicos de instrumentos de cuerda lo pueden hallar en la tabla de la pág. 114

Ejercicio 4 Recuérdeles a los alumnos que el precio del boleto del sábado en la sección D, pueden hallarlo en la tabla de Series de Fines de Semana en la pág. 114.

Ejercicio 7 Indíqueles a los alumnos que pueden resolver problemas de dos maneras: ellos pueden restar cada músico por categoría de instrumento del total, o ellos pueden sumar las dos categorías y luego restar el resultado del total de número de músicos.

ESCRIBE EN ►MATEMÁTICAS

Pídales a los alumnos que creen un problema planteado en palabras que use la información hallada en 114.

Ampliación de la actividad

Pídales a los alumnos que calculen cuanto costaría tener sentada a la clase entera en cada una de las diferentes secciones. Luego, rételos a calcular la diferencia entre los costos de cada sección.

Estrategia para resolver problemas
Respuestas razonables

Planificador de lección

Objetivo

Decidir si una respuesta a un problema es razonable.

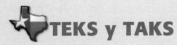

TEKS y TAKS

TEKS Objetivo 3.14 El estudiante aplica las matemáticas del 3er grado para resolver problemas relacionados con experiencias diarias y actividades dentro y fuera de la escuela. **(C) Seleccione o desarrolle un plan o una estrategia de resolución de problemas apropiado** en el que haga un dibujo, busque un patrón, adivine y compruebe sistemáticamente, haga una dramatización, elabore una tabla, resuelva un problema más sencillo o trabaje desde el final hasta el principio **para resolver un problema.** *También cubre TEKS 3.14(B).*

TAKS 6 El estudiante demostrará un entendimiento de los procesos matemáticos y las herramientas usadas en la resolución de problemas.

Rutina diaria

Siga estas sugerencias antes de iniciar la lección de la pág. 116.

Problema del día

Cuando un autobús vacío, del centro de la ciudad, hace su primera parada 21 pasajeros suben a bordo. En la segunda parada, 5 pasajeros se bajan y 12 pasajeros suben. En la tercera parada, 18 pasajeros se bajan y 6 pasajeros suben. ¿Cuántos pasajeros había en el autobús entonces? 16 pasajeros

Control de 5 minutos

(Repaso de la Lección 3-3)
Resten. Verifiquen sus respuestas
1. 29¢ − 14¢   15¢
2. 51¢ − 27¢   24¢
3. $32 − $9 $23
4. $99 − $12 $87
5. $75 − $48 $27

3-4   **Problem-Solving Skill**
Reasonable Answers

Lesson Planner

Objective

Decide whether an answer to a problem is reasonable.

TEKS and TAKS

Targeted TEKS 3.14 The student applies Grade 3 mathematics to solve problems connected to everyday experiences and activities in and outside of school. **(C) Select or develop an appropriate problem-solving plan or strategy,** including drawing a picture, looking for a pattern, systematic guessing and checking, acting it out, making a table, working a simpler problem, or working backwards **to solve a problem.** *Also addresses TEKS 3.14(B).*

TAKS 6 The student will demonstrate an understanding of the mathematical processes and tools used in problem solving.

Resources

Literature Connection: *A Million Fish ... More or Less* by Patricia C. McKissack

Teacher Technology
 Interactive Classroom • TeacherWorks

Real-World Problem-Solving Library
Social Sciences: *Making a Budget*
Use these leveled books to reinforce and extend problem-solving skills and strategies.
Leveled for:
OL On Level
ELL Sheltered English

For additional support, see the Real-World Problem-Solving Teacher's Guide.

Daily Routine

Use these suggestions before beginning the lesson on p. 166.

5-Minute Check
(Reviews Lesson 3-3)

Subtract. Check your answer.
1. 29¢ − 14¢ 15¢
2. 51¢ − 27¢ 24¢
3. $32 − $9 $23
4. $99 − $12 $87
5. $75 − $48 $27

Problem of the Day
When an empty downtown bus made its first stop, 21 riders got on. At the second stop, 5 riders got off and 12 riders got on. At the third stop, 18 riders got off and 6 riders got on. How many riders were on the bus then? 16 riders

Differentiated Instruction

Small Group Options

Option 1   LOGICAL, INTRAPERSONAL

Gifted and Talented **AL**

Materials: notebook paper, teacher-created word problems

- Give students word problems with answers.

10 children went to the zoo on a field trip. They were divided into groups of 5. Each group was accompanied by a chaperone. Is it reasonable to say there was 1 chaperone?

- Not only must students be able to determine whether the answer is reasonable, they must also be able to explain their rationale through journaling.
- Encourage students to explain their thinking in complete sentences and to use pictures, diagrams, charts, etc., when applicable. Then, students must formulate a reasonable answer and explain (in writing) why the new answer is reasonable.

Option 2   KINESTHETIC, LOGICAL

English Language Learners **ELL**

Materials: number cube with 1–6 and one with 7–13 dots on it
Core Vocabulary: it, is, is not
Common Use Verb: could be
Do Math This strategy takes an earlier version of a game and revises it for algebraic thinking, while using conditional vocabulary.

- Begin by writing a problem on the chalkboard.

     _____ + _____ = _____.

- Roll the number cube with 7–13 dots and write the number after the equal sign.
- A student rolls the number cube with 1–6 dots and writes the number in the second addend blank.
- Have students find the missing addend.
- Prompt students to say: "It *could be* _____ and **it is!**" (or it is not.)
- Continue writing different problems on the board as time permits.

Independent Work Options

Option 1   TEKS 3.16(B)   LOGICAL

Early Finishers **OL** **AL**

Materials: pencil, paper

- Students work in pairs.
- Have one student write a word problem and provide possible answers. For example, *Brian had 120 baseball cards. He gave away 75 cards. Is 45, 195, or 450 cards a reasonable choice for the number of card he has now?*
- Then have the other student choose the reasonable answer and tell why he or she made that choice.
- Ask both students to verify the answer.
- Partners reverse rolls and repeat.

Option 2

Student Technology

Math**Online** tx.gr3math.com
Personal Tutor • Extra Examples • Online Games

Option 3

Learning Station: Reading (p. 100G)

Direct students to the Reading Learning Station for opportunities to explore and extend the lesson concept.

Lesson 3-4 Problem-Solving Skill   **116B**

Instrucción diferenciada

Opciones de trabajo independiente

Opción 1   TEKS 3.16(B)   LÓGICO

Para los que terminan primero **OL** **AL**

Materiales: lápiz, papel

- Los alumnos trabajan en parejas.
- Pídale a un alumno que escriba un problema en palabras y proporcione posibles respuestas. Por ejemplo, Brian tiene 120 tarjetas de béisbol. Él regala 75 tarjetas. ¿Son 45, 195, ó 450 tarjetas una elección razonable para el numero de tarjetas que tiene ahora?
- Luego, pídale a otro alumno que elija la respuesta razonable e indique por qué él o ella hicieron esa elección.
- Pídales a ambos alumnos que verifiquen la respuesta.
- Los compañeros invierten roles y repiten.

Opción 2

Tecnología para el alumno

Matemáticas **en línea** tx.gr3math.com
Personal Tutor • Extra Examples • Online Games

Enlace technológico

Opción 3

Estación de aprendizaje: Lectura (pág. 100G)

Dirija a los alumnos a la estación de aprendizaje de lectura para que tengan la oportunidad de explorar y ampliar el concepto de la lección.

Opciones para grupos pequeños

Opción 1   LÓGICO, INTRAPERSONAL

Talentosos **AL**

Materiales: papel de cuaderno; problemas en palabras creados por los maestros

10 niños fueron al zoológico en un viaje de estudios. Los dividieron en grupos de 5. Cada grupo iba acompañado por un adulto. ¿Es razonable decir que había un adulto?

- Déles a los alumnos problemas en palabras con respuestas.
- Los alumnos no sólo deben ser capaces de determinar si la respuesta es razonable, sino también deben ser capaces de explicar su argumento de manera escrita.
- Anime a los alumnos a explicar su razonamiento en oraciones completas y usar dibujos, diagramas, tablas, etc., cuando aplique. Luego, los alumnos deben formular una respuesta razonable y explicar (por escrito) por qué la nueva respuesta es razonable.

Lección 3-4 Estrategia para resolver Problemas   **116B**

3-4

Estrategia para resolver problemas

1 Presentación

Actividad propuesta 1 • Repaso

TEKS 3.14 (B)

- Escriba en la pizarra un problema en palabras sin números. Por ejemplo:
- *Natesh tenía _____ fotos para colocar en su álbum. Él colocó _____ fotos en su álbum. ¿Cuántas fotos le quedan?*
- Presente esta situación: Supongan que Natesh tenía 400 fotos. ¿Podría colocar 550 fotos en su álbum? ¿Por qué o por qué no?
  No; 550 fotos son más de las que comenzó.

Actividad propuesta 2 • Literatura

Presente la Lección con *A Million Fish… More or Less* de Patricia C. McKissack. (Vea la página R104 para una actividad matemática relacionada.)

2 Enseñanza   TEKS 3.16 (B)

Pídales a los alumnos que lean el problema sobre pajillas de diferentes colores. Guíelos a través de los pasos para resolver problemas.

Entiende Usando las preguntas, repase lo que los alumnos conocen y necesitan calcular.

Planifica Pídales que comenten su estrategia.

Resuelve Guíe a los alumnos a decidir si una respuesta posible a un problema es razonable.
- **¿Como ustedes deciden si la respuesta posible es razonable?** Ejemplo de respuesta: Comparar una respuesta posible con la información en el problema.
- **¿Cual es el primer paso que necesitan tomar para resolver?** Restar el número de pajillas azules y pajillas verdes de 85.

Verifica Pídales a los alumnos que revisen el problema para asegurarse de que la respuesta corresponde con los datos dados.
- ¿Pueden usar la suma para verificar la resta? Expliquen: Sí; Ejemplo de respuesta: La suma y la resta son operaciones relacionadas.

3-4 Problem-Solving Skill

1 Introduce

Activity Choice 1 • Review   TEKS 3.14(B)

- Write a word problem without numbers on the board. For example:
  Natesh had _____ photos to put in his album. He put _____ photos in his album. How many photos does he have left?
- Present this situation: Suppose Natesh had 400 photos. Could he put 550 photos in his album? Why or why not?
  No; 550 photos are more than he started with.

Activity Choice 2 • Literature

Introduce the lesson with *A Million Fish … More or Less* by Patricia C. McKissack. (For a related math activity, see p. R104.)

2 Teach   TEKS 3.16(B)

Have students read the problem on straws of different colors. Guide them through the problem-solving steps.

Understand Using the questions, review what students know and need to find.

Plan Have them discuss their strategy.

Solve Guide students to decide whether a possible answer to the problem is reasonable.
- **How do your decide if a possible answer is reasonable?** Sample answer: Compare a possible answer to the information in the problem.
- **What is the first step you need to take to solve?** Subtract the number of blue and green straws from 85.

Check Have students look back at the problem to make sure that the answer fits the facts given.
- **Can you use addition to check subtraction? Explain.** Yes; Sample answer: Addition and subtraction are related operations.

> ⚠️ **COMMON ERROR!**
> **Exercise 6** Students may not recognize the implied information. Discuss the meaning of the second sentence.

 ¡ERROR COMÚN!
Ejercicio 6 Los alumnos pueden no reconocer la información implícita. Comente el significado de la segunda oración.

116   Chapter 3 Subtract to Solve Problems

3-4 Estrategia para resolver problemas

IDEA PRINCIPAL Decidiré si es razonable una respuesta a un problema.

TEKS Objetivo 3.14 El estudiante aplica las matemáticas del 3er grado para resolver problemas relacionados con experiencias diarias y actividades dentro y fuera de la escuela. (C) **Seleccione o desarrolle un plan o una estrategia de resolución de problemas apropiado … para resolver un problema.** También cubre TEKS 3.15(B).

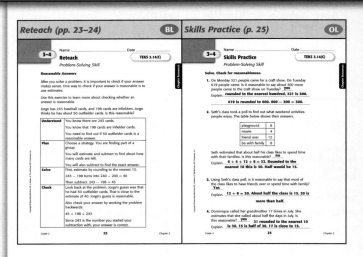

Kenji compró una caja de 85 pajillas de 3 colores diferentes. Él halló que 53 pajillas eran azules y verdes. Kenji cree que alrededor de 30 pajillas son rosadas. ¿Es una respuesta razonable?

Entiende	**¿Qué datos tienes?** • Hay 35 pajillas. • Hay 3 colores de pajillas. • Hay 53 pajillas azules y verdes. **¿Qué necesitas calcular?** • Decidir si 30 es una cantidad razonable de pajillas rosadas.
Planifica	Usa la resta para calcular el número de pajillas rosadas. Luego, compara la respuesta a 30.
Resuelve	Resta el número de pajillas azules y verdes del número total de pajillas. $\begin{array}{r}85\\-53\\\hline32\end{array}$ Como 32 es cercano a 30, es razonable decir que 30 de las pajillas son rosadas.
Verifica	Revisa el problema. Redondea para estimar. $85 \longrightarrow 90$ $-53 \longrightarrow -50$ $\overline{40}$ Entonces, la respuesta tiene sentido para el problema.

116   Capítulo 3 Resta para resolver problemas

Reteach (pp. 23–24) **BL**	Skills Practice (p. 25) **OL**
3-4 Name Date **TEKS 3.14(C)** **Reteach** *Problem-Solving Skill*	3-4 Name Date **TEKS 3.14(C)** **Skills Practice** *Problem-Solving Skill*

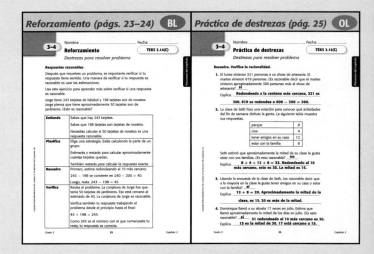

Reforzamiento (págs. 23–24) **BL**	Práctica de destrezas (pág. 25) **OL**

 **3-4**

★ Indica problemas de pasos múltiples

 PRACTICA la destreza

1–2, 5–11. Ver Apéndice de respuestas del Cap. 3.
Consulta el problema de la página anterior.

1. ¿Cómo sabes si es razonable la respuesta a un problema?

2. Explica cómo te preguntas si una respuesta es razonable.

3. Si hay dos colores de pajillas y 57 son azules, ¿alrededor de cuántas son verdes? **Ejemplo de respuesta: alrededor de 30**

4. Explica por qué tu respuesta al Ejercicio 3 es razonable. **La verdadera respuesta es muy cercana.**

PRACTICA la destreza **PRÁCTICA EXTRA** Ver página R8

Resuelve.

5. ¿Es 400 una estimación razonable para la diferencia de asistencia el lunes y el miércoles?

Asistencia a la feria del condado	
Lunes	395
Martes	247
Miércoles	834

★ **6.** Anson nadó 28 vueltas la semana pasada y 24 esta semana. Dice que necesita nadar alrededor de dos semanas más para nadar un total de 100 vueltas. ¿Es esto una estimación razonable? ¿Es esto una estimación razonable? Explica.

★ **7.** La clase de Aubrey ganó premios por buen comportamiento. La tala de conteo muestra sus votos por una premiación.

Premio	Conteo
Más recreo	␣
Tiempo de juego	|||
Merienda de pizza	␣
Tiempo de lectura en voz alta	␣

¿Es razonable decir que aproximadamente la mitad de la clase votó por el tiempo de lectura?

8. La clase de 30 alumnos de la Sra. Kinney va a jugar un juego. Cada niño necesita 3 cubos. Alfeo dice que 100 cubos serán suficientes para que juegue toda la clase. ¿Es razonable esto? Explica.

9. El Sr. González hizo una tabla de los libros que colectó. Dice que tiene más de 50 libros. ¿Es esto una estimación razonable? Explica.

Colección de libros	
Misterio	13
Jardinería	25
Biografía	8
Ficción	15

10. Julina estima que necesita hacer 100 recuerdos para la reunión familiar. ¿Es esto una estimación razonable si 67 parientes vendrán el viernes y 42 el sábado? Explica tu razonamiento.

11. ESCRIBE EN ▸ MATEMÁTICAS Explica una situación donde debas determinar una respuesta razonable para resolver un problema.

Lección 3-4 Estrategia para resolver problemas **117**

Analyze the Strategy Use Exercises 1–4 to analyze and discuss the problem-solving strategy.

BL Alternate Teaching Strategy TEKS 3.16(B)

If ▸ students have trouble understanding reasonableness …

Then ▸ use one of these reteach options:

1 CRM **Daily Reteach Worksheet** (pp. 23–24)

2 Provide them with concrete situations in which students can be asked if answers are reasonable. For example, place a handful of play coins in a cup. Ask if it is reasonable to say that the value of the coins in the cup is $600? $50? $2?

③ Practice

Using the Exercises

Exercises 5–10 provide practice determining whether an answer is reasonable.

Exercise 6 implies that Anson will swim about 50 laps in the next two weeks.

Exercises 5, 7, and 9 require students to analyze data in a table.

④ Assess

Formative Assessment TEKS 3.16(B)

Ask what a reasonable number might be for:
- **the life span of an animal** accept a one-digit or two-digit number
- **the speed of an airplane** accept a three-digit number

Quick Check **Are students continuing to struggle with identifying reasonable answers?**

If Yes → CRM Reteach Worksheet (pp. 23–24)

If No → Independent Work Options (p. 1163)
CRM Skills Practice Worksheet (p. 25)
CRM Enrich Worksheet (p. 27)

Lesson 3-4 Problem-Solving Skill **117**

Analiza la estrategia Use los Ejercicios 1–4 para analizar y comentar la estrategia para resolver problemas.

BL Estrategia alternativa de enseñanza TEKS 3.16(B)

Si ▸ Los alumnos tienen problemas entendiendo racionalidad…

Entonces ▸ Use una de estas opciones de reforzamiento:

1 **Hoja de reforzamiento diario** (pág. 23-24)

2 Proporcióneles situaciones concretas en la cual los alumnos puedan preguntarse si las respuestas son razonables. Por ejemplo, coloque un puñado de monedas de juego en una taza. Pregúnteles si ¿es razonable decir que el valor de las monedas en la taza es $600?, ¿$50? ó ¿$2?

③ Práctica

Uso de los Ejercicios

Los **Ejercicios 5 al 10** proporcionan práctica determinando si una respuesta es razonable.

El **Ejercicio 6** sugiere que Anson nadará aproximadamente 50 vueltas en las próximas dos semanas.

Los **Ejercicios 5,7, y 9** requieren que los alumnos analicen los datos en una tabla.

④ Evaluación

Evaluación formativa TEKS 3.16(B)

Pregúnteles cuál puede ser un número racional para:
- **lapso de vida de un animal** acepte números de uno o de dos dígitos
- **la velocidad de un avión** acepte números de tres dígitos

Control Rápido **¿Les sigue costando a los alumnos identificar respuestas razonables?**

Si la respuesta es:
Sí → CRM Hoja de reforzamiento diario (pág. 23-24)
No → Opciones de trabajo independiente (pág. 116B)
CRM Hoja de ejercicios para la práctica de destrezas (pág. 25)
CRM Hoja de trabajo de enriquecimiento (pág. 27)

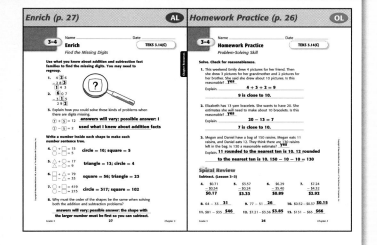

Enrich (p. 27) **AL**   Homework Practice (p. 26) **OL**

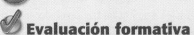 

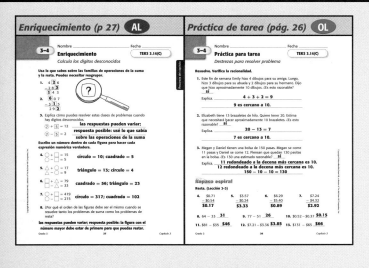

Enriquecimiento (p 27) **AL**   Práctica de tarea (pág. 26) **OL**

Matemáctica para 3-5
Planificador de lección

Objetivo

Haz un modelo de la resta con reagrupación.

 TEKS y TAKS

TEKS Objetivo 3.3 El estudiante suma y resta para resolver problemas relevantes en los que se usan números enteros. **(A) Dé ejemplos de la suma y la resta utilizando dibujos, palabras y números.** *También cubre TEKS 3.3(B).*

TAKS 1 El estudiante demostrará un entendimiento del razonamiento numérico, operacional y cuantitativo.

Recursos

Materiales: bloques de base diez
Tecnología: Conceptos en movimiento

 Presentación   TEKS 3.3(A)

Presente el concepto

- Divida la clase en grupos de 4.
- Proporcióneles a cada grupo con bloques de base de diez.
- Muéstreles a los alumnos un bloque de unidad y un bloque de decena.
- **¿Cuantas unidades hay en 1 decena?** 10
- Muéstreles a los alumnos un bloque de decena y un bloque de centena.
- **¿Cuantas decenas hay en 1 centena?** 10

 **Enseñanza**   TEKS 3.3(A)

Actividad Los alumnos escriben la resta en forma vertical.

Paso 1 Pídales a los alumnos que dibujen bloques de base diez para hacer un modelo de 244. Camine alrededor del salón para observar que los alumnos dibujan los modelos correctamente.

Paso 2 Recuérdeles a los alumnos comenzar con las unidades. A medida que los alumnos reagrupan, asegúrese que ellos dibujen 10 unidades para mostrar la decena que fue reagrupada. Luego, reste.

Paso 3 Asegúrese que los alumnos tachen las decenas cuando restaron.

Paso 4 Asegúrese que los alumnos tachen las centenas que fueron reagrupadas cuando restaron.

Explore   Math Activity for 3-5

Lesson Planner

Objective

Model subtraction with regrouping.

TEKS and TAKS

Targeted TEKS 3.3 The student adds and subtracts to solve meaningful problems involving whole numbers. **(A) Model** addition and **subtraction using pictures, words, and numbers.** *Also addresses TEKS 3.3(B).*

TAKS 1 The student will demonstrate an understanding of numbers, operations, and quantitative reasoning.

Resources

Materials: base-ten blocks
Technology: Concepts in Motion

1 Introduce   TEKS 3.3(A)

Introduce the Concept

- Divide the class into groups of 4.
- Provide each group with base-ten blocks. Show students a one block and a ten block.
- **How many ones are in 1 ten?** 10
- Show students a ten block and a hundreds block.
- **How many tens are in 1 hundred?** 10

2 Teach   TEKS 3.3(A)

Activity Students write the subtraction in vertical form.

Step 1 Have students draw the base-ten blocks to model 244. Walk around the room to see that students draw the models correctly.

Step 2 Remind students to begin with the ones. As students regroup, be sure they draw 10 ones to show the ten that was regrouped. Then subtract.

Step 3 Be sure they cross out the tens when they subtract.

Step 4 Be sure they cross out the hundred that was regrouped when they subtract.

Resta números de tres dígitos con reagrupación

Puedes usar figuras de modelos para reagrupar decenas y centenas.

IDEA PRINCIPAL

Modelaré la resta con reagrupación.

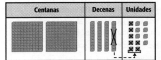 **TEKS Objetivo 3.3** El estudiante suma y resta para resolver problemas relevantes en los que se usan números enteros. **(A) Dé ejemplos de la suma y la resta utilizando dibujos, palabras y números.** *También cubre TEKS 3.3(B).*

Necesitarás: bloques de base diez

ACTIVIDAD   Calcula 244 − 137.

Paso 1   Usa figuras de modelos.

$$\begin{array}{r} 244 \\ -\ 137 \end{array}$$

Centenas	Decenas	Unidades

Paso 2   Resta unidades.

$$\begin{array}{r} 3\ 14 \\ 2\cancel{4}\cancel{4} \\ -\ 137 \end{array}$$

No puedes quitarles 7 unidades a 4 unidades.
Reagrupa 1 decena como 10 unidades.
4 unidades + 10 unidades = 14 unidades
Resta 14 unidades + 7 unidades = 7 unidades

Centenas	Decenas	Unidades

Paso 3   Resta decenas.

$$\begin{array}{r} 14 \\ 2\cancel{4}\cancel{4} \\ -\ 137 \\ \hline 07 \end{array}$$

3 decenas − 3 decenas = 0 decenas

Centenas	Decenas	Unidades

Conceptos en mOvimiento
Animación en
tx.gr3math.com

Paso 4 **Resta centenas**

```
    3 14
  2̶4̶4̶      2 centenas − 1 centena = 1 centena
 − 137
  107
```

Centenas	Decenas	Unidades
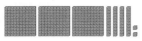		

Entonces, 244 − 137 = 107.

Piénsalo

1 En el paso 2, ¿por qué reagrupaste 1 decena como
10 unidades? No había suficientes unidades a las cuales restarles 7.

2. ¿Qué notaste acerca de las decenas en el paso 3 al restarlas?
La cantidad de la cual se restaba era igual a la cantidad que debía restarse.

3. ¿Por qué algunas veces tienes que reagrupar más de una vez? No hay suficientes
unidades y decenas de las cuales restar.

 **lo que sabes**

Usa las figuras de los modelos para restar.

4. 181 − 93 88

5. 322 − 148 174

6. 342 − 179 163

7. 212 − 123 89

8. 328 309
      − 19

9. 308 183
      −125

10. 437 194
       − 243

11. 513 358
       − 155

12. ESCRIBE EN ►MATEMÁTICAS Explica cuándo reagrupar
en la resta. Ejemplo de respuesta: reagrupar, cuando el dígito en el número inferior,
o sustraendo, es más grande.

Think About It

Assign Exercises 1–3 to assess student
comprehension of the concept presented in
the Activity.

 Assess

 **Formative Assessment**   TEKS 3.3(A)

Use **Check What You Know** Exercises 4–7 to
assess whether students understand how to
model subtraction with regrouping.

From Concrete to Abstract Use Exercises 8–11
to bridge the idea of using models to regroup
in subtraction to subtracting with regrouping
without models.

Piénsalo

Asigne los Ejercicios 1 al 3 para evaluar si los alumnos
comprenden el concepto presentado en la actividad.

 **Práctica**

Uso de los Ejercicios TEKS 3.3(A)

Use los Ejercicios 4 al 7 de Verifica lo que sabes para
evaluar si los alumnos comprenden como hacer un
modelo de la resta con reagrupación.

De lo concreto a lo abstracto Use los Ejercicios
8 al 11 para cerrar la brecha entre usar modelos para
reagrupar en la resta y restar con reagrupación sin
modelos.

LECCIÓN 3-5 — Resta números de tres dígitos con reagrupación

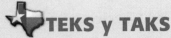

Planificador de lección

Objetivo

Haz un modelo de resta con reagrupación.

TEKS y TAKS

TEKS Objetivo 3.3 El estudiante suma y resta para resolver problemas relevantes en los que se usan números enteros. **(A) Dé ejemplos de** la suma y **la resta utilizando dibujos, palabras y números.**

TAKS 1 El estudiante demostrará un entendimiento del razonamiento numérico, operacional y cuantitativo.

Las páginas del alumno también cubren los siguientes TEKS:
TEKS 3.15(A) Coméntalo, Ejercicio 8
TEKS 3.15(A), TEKS 3.16(B) Problemas H.O.T., Ejercicios 30-32
TEKS 3.1(A), TEKS 3.3(A), TEKS 3.16(B) Repaso espiral, Ejercicios 35-38

Repaso de vocabulario

reagrupar

Rutina diaria

Siga estas sugerencias antes de iniciar la lección de la pág. 120.

Problema del día

Wanjohi tenía 15 monedas. A través de un hueco en su bolsillo perdió 8 monedas. Halla 5 de estas monedas. ¿Cuántas monedas todavía están perdidas? ¿Cuántas monedas tiene ahora? 3 monedas están perdidas. Tiene 12 monedas.

Control de 5 minutos

(Repaso de la Lección 3-4)

Resuelvan.
El Sr. Moore dice que necesita 100 libros de matemáticas para las dos clases de 3er Grado en la escuela. ¿Es este un estimado razonable, si hay 21 alumnos en una clase y 24 alumnos en la otra? No, 100 libros son demasiados.

LESSON 3-5 — Subtract Three-Digit Numbers With Regrouping

Lesson Planner

Objective

Model subtraction with regrouping.

TEKS and TAKS

Targeted TEKS 3.3 The student adds and subtracts to solve meaningful problems involving whole numbers. **(A) Model** addition and **subtraction using pictures, words, and numbers.**

TAKS 1 The student will demonstrate an understanding of numbers, operations, and quantitative reasoning.

Student pages also address the following TEKS:
TEKS 3.15(A) Talk About It, Exercise 8
TEKS 3.15(A), TEKS 3.16(B) HOT Problems, Exercises 30–32
TEKS 3.1(A), TEKS 3.3(A), TEKS 3.16(B) Spiral Review, Exercises 35–38

Review Vocabulary

regroup

Resources

Manipulatives: base-ten blocks, play money/coins

Literature Connection: *Tightwad Tod* by Daphne Skinner

Teacher Technology
Interactive Classroom • TeacherWorks

Focus on Math Background

Subtraction with regrouping is difficult for students with poor place value concepts. But there are many ways to accomplish the task and the skills and concepts used are so important they are worth the effort. The composing and renaming ten ones as a ten done for addition regrouping is now be reversed. For subtraction we decompose a ten to make ten ones. Neither process of composing or decomposing changes the value of a number.

Daily Routine

Use these suggestions before beginning the lesson on p. 120.

5-Minute Check

(Reviews Lesson 3-4)

Solve.
Mr. Moore says he needs 100 math books for the two Grade 3 classes in the school. Is this a reasonable estimate if there are 21 students in one class and 24 students in the other class?
No; 100 books are too many.

Problem of the Day

Wanjohi had 15 coins. He lost 8 coins through a hole in his pocket. He found 5 of those coins. How many coins are still missing? How many coins does he have now? 3 coins are missing. He has 12 coins.

Review Math Vocabulary

Write the review vocabulary word and its definition on the board.

Point out the prefix *re-* and explain that it means "again." Then, have students write their own definitions for regroup and give either an addition or subtraction example where they need to regroup to find the sum or difference.

Visual Vocabulary Cards

Use Visual Vocabulary Card 47 to reinforce the vocabulary reviewed in this lesson. (The Define/Example/Ask routine is printed on the back of each card.)

regroup

Repaso de vocabulario matemático

Escriba las palabras del repaso de vocabulario y sus definiciones en la pizarra.

Señale el prefijo re y explíqueles que este significa "otra vez." Luego, pídales a los alumnos que escriban sus propias definiciones de reagrupar y que den un ejemplo de suma o resta donde ellos necesiten reagrupar para calcular la suma o la diferencia.

Tarjetas visuales de vocabulario

Use la(s) tarjeta(s) visual(es) del vocabulario 47 para reforzar el vocabulario presentado en esta lección. (En la parte trasera de cada tarjeta está escrita la rutina Definir/Ejemplo/Pregunta).

Differentiated Instruction

Small Group Options

Option 1 — Below Level (BL)
 KINESTHETIC

Materials: base-ten blocks

Have students use only ones models to subtract two-digit numbers from greater two-digit numbers. Have them regroup each answer as tens and ones.

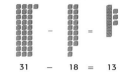

31 — 18 = 13

Option 2 — English Language Learners (ELL)
KINESTHETIC

Materials: tubs of base-ten blocks and one number cube for each group
Core Vocabulary: break up, object (goal), have none
Common Use Verb: take away
Do Math This strategy teaches subtraction and regrouping kinesthetically.

- Give tubs and number cubes to each group.
- Each student takes out 1 hundreds block, 5 tens blocks, and 10 cubes.
- First student rolls the number cube and removes the number of base-ten blocks indicated.
- Second student rolls the cube and repeats with a partner.
- Partners check answers by regrouping blocks as necessary.
- The first student to have no remaining base-ten blocks is the winner.
- To adjust the level of play for struggling students, have all students work from 1 roll, and allow peer tutoring to solve the problems.

Independent Work Options

Option 1 — Early Finishers (OL) (AL)
TEKS 3.3(A)   LOGICAL

Materials: paper, pencil

Have students make up three different subtraction problems with the same difference:
- with no regrouping
- with one regrouping
- with two regroupings.

Option 2 — Student Technology
 Tech Link

Math Online tx.gr3math.com Math Tool Chest
Personal Tutor • Extra Examples • Online Games

Option 3 — Learning Station: Art (p. 100G)

Direct students to the Art Learning Station for opportunities to explore and extend the lesson concept.

Option 4 — Problem-Solving Practice

Reinforce problem-solving skills and strategies with the Problem-Solving Practice worksheet.

Problem Solving (p. 31) BL OL AL

Lesson 3-5 Subtract Three-Digit Numbers With Regrouping   **120B**

Opciones para grupos pequeños

Opción 1 — Nivel Bajo (BL)
CINESTÉSICO

Materiales: bloques de base diez

Pídales a los alumnos que sólo usen modelos de unidades para restar números de dos dígitos de números de dos dígitos mayores. Pídales que reagrupen cada respuesta como decenas y unidades.

Instrucción diferenciada

Opciones de trabajo independiente

Opción 1 — Para los que terminan primero (OL) (AL)
TEKS 3.3(A)   LÓGICO

Materiales: papel, lápiz

Pídales a los alumnos que inventen tres problemas diferentes de resta con la misma diferencia:
- sin reagrupación
- con una reagrupación
- con dos reagrupaciones.

Opción 2 — Tecnología para el alumno
Enlace tecnológico

Matemáticas en línea tx.gr3math.com Math Tool Chest
Personal Tutor • Extra Examples • Online Games

Opción 3 — Estación de aprendizaje: Arte (pág. 100G)

Dirija a los alumnos a la estación de aprendizaje de arte para que tengan la oportunidad de explorar y ampliar el concepto de la lección.

Opción 4 — Práctica y solución de problemas

Refuerce las destrezas y las estrategias de solución de problemas con la hoja de trabajo de solución de problemas.

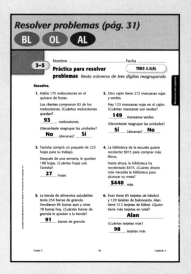

Resolver problemas (pág. 31) BL OL AL

Lección 3-5 Resta números de tres dígitos con reagrupación   **120B**

Resta números de tres dígitos con reagrupación

1 Presentación

Actividad propuesta 1 • Práctica

- Pídales a los alumnos que usen bloques de base de diez para hacer un modelo de la resta.
- Indíqueles a los alumnos que resten 546 - 325.
- **¿Reagruparon? Expliquen.** No; Yo puedo restar sin reagrupar.
- Pídales a los alumnos que resten 546 - 217.
- **¿Reagruparon? Expliquen.** Si, yo reagrupé 1 decena como 10 unidades porque 7 > 6.
- Pídales a los alumnos que resten 546 - 259.
- **¿Reagruparon? Expliquen.** Si, yo reagrupé 1 decena como 10 unidades porque 9 > 6. Yo reagrupé 1 centena como 10 decenas porque 5 > 3.

Actividad propuesta 2 • Literatura

Presente la Lección con Tightwad Ted de Daphne Skinner. (Vea la página R104 para una actividad matemática relacionada.)

2 Enseñanza

Preguntas básicas

Escriba la siguiente resta en la pizarra:

$$
\begin{array}{r}
\overset{12}{3}\overset{}{2}12 \\
4\,3\,2 \\
-\ \ 83 \\
\hline
349
\end{array}
$$

- ¿Cómo muestran la reagrupación a medida que escriben los pasos? Se tachan los dígitos anteriores y se colocan los dígitos nuevos sobre estos.
- ¿Porque reagrupan dos veces en la columna de las decenas? Necesitan reagrupar 1 decena por más unidades. Luego, reagrupar una centena por más decenas.
- ¿Por reagruparon en la columna de las centenas? Reagrupar para obtener más decenas.

PREPÁRATE para aprender

Pídales a los alumnos que abran sus libros y lean la información de Prepárate para aprender. Repasen **reagrupar**. En conjunto, trabajen los Ejemplos 1 y 2.

Subtract Three-Digit Numbers With Regrouping

1 Introduce

TEKS 3.3(A)

Activity Choice 1 • Hands-On

- Have students use base-ten blocks to model subtraction.
- Tell students to subtract 546 − 325.
- **Did you regroup? Explain.** No; I can subtract without regrouping.
- Have students subtract 546 − 217.
- **Did you regroup? Explain.** Yes; I regrouped 1 ten as 10 ones because 7 > 6.
- Ask students to subtract 546 − 259.
- **Did you regroup? Explain.** Yes; I regrouped 1 ten as 10 ones because 9 > 6. I regrouped 1 hundred as 10 tens because 5 > 3.

Activity Choice 2 • Literature

Introduce the lesson with *Tightwad Tod* by Daphne Skinner. (For a related math activity, see p. R104.)

2 Teach

Scaffolding Questions

Write the following subtraction on the board:

$$
\begin{array}{r}
\overset{12}{3}\overset{}{2}12 \\
4\,3\,2 \\
-\ \ 83 \\
\hline
349
\end{array}
$$

- **How do you show the regrouping as you write the steps?** You cross out the old digits and put in the new digits above them.
- **Why do you regroup twice in the tens column?** I need to regroup 1 ten for more ones. Then, regroup 1 hundred for more tens.
- **Why did you regroup in the hundreds column?** You have to regroup to get more tens.

GET READY to Learn

Have students open their books and read the information in **Get Ready to Learn**. Review **regroup**. As a class, work through **Examples 1 and 2**.

Resta números de tres dígitos con reagrupación

IDEA PRINCIPAL
Modelaré la resta con reagrupación.

TEKS Objetivo 3.3
El estudiante suma y resta para resolver problemas relevantes en los que se usan números enteros. (A) **Dé ejemplos de la suma y la resta utilizando dibujos, palabras y números.**

PREPÁRATE para aprender

Liseta, Will y Alano tienen un surtido de papeles de construcción. ¿Cuántas hojas de papel más tiene Will que Liseta?

Papel de construcción	
Nombre	**Hojas**
Liseta	79
Will	265
Alano	128

En la actividad de exploración, aprendiste a reagrupar decenas. Reagrupar centenas funciona de igual manera.

EJEMPLO concreto

1 **¿Cuántas hojas más tiene Will que Liseta?**

Necesitas calcular 265 − 79.

Paso 1 Resta unidades.

$$
\begin{array}{r}
\overset{5}{\ }\overset{15}{\ } \\
2\,\cancel{6}\,\cancel{5} \\
-\ \ 79 \\
\hline
6
\end{array}
$$

No puedes quitarles 9 unidades a 5 unidades.
Reagrupa 1 decena como 10 unidades.
5 unidades + 10 unidades = 15 unidades.
Resta 15 unidades - 9 unidades = 6 unidades.

Paso 2 Resta decenas.

$$
\begin{array}{r}
15 \\
1\,\cancel{5}15 \\
\cancel{2}\cancel{6}5 \\
-\ \ 79 \\
\hline
86
\end{array}
$$

No puedes quitarles 7 decenas a 5 decenas.
Reagrupa 1 centena como 10 decenas.
5 decenas + 10 decenas = 15 decenas.
resta 15 decenas − 7 decenas = 8 decenas.

Paso 3 Resta centenas.

$$
\begin{array}{r}
15 \\
15\,15 \\
\cancel{2}\cancel{6}5 \\
-\ \ 79 \\
\hline
186
\end{array}
$$

Resta 1 centena − 0 centena = 1 centena

Entonces, 265 − 79 = 186.

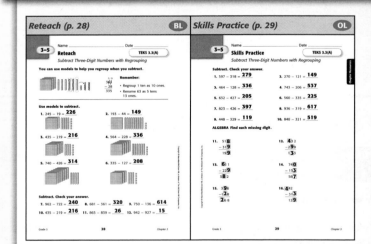

Reteach (p. 28) BL

3-5 Reteach TEKS 3.3(A)
Subtract Three-Digit Numbers with Regrouping

You can use models to help you regroup when you subtract.

Remember:
- Regroup 1 ten as 10 ones.
- Rename 63 as 5 tens 13 ones.

Use models to subtract.
1. 245 − 19 = **226**   3. 193 − 44 = **149**
3. 435 − 219 = **216**   4. 564 − 228 = **336**
5. 740 − 426 = **314**   6. 335 − 127 = **208**

Subtract. Check your answer.
7. 962 − 722 = **240** 8. 681 − 361 = **320** 9. 750 − 136 = **614**
10. 435 − 219 = **216** 11. 865 − 839 = **26** 12. 942 − 927 = **15**

Grade 3   28   Chapter 3

Skills Practice (p. 29) OL

3-5 Skills Practice TEKS 3.3(A)
Subtract Three-Digit Numbers with Regrouping

Subtract. Check your answer.
1. 597 − 318 = **279**   2. 270 − 121 = **149**
3. 464 − 128 = **336**   4. 743 − 206 = **537**
5. 632 − 427 = **205**   6. 560 − 335 = **225**
7. 823 − 426 = **397**   8. 936 − 319 = **617**
9. 448 − 329 = **119**   10. 840 − 321 = **519**

ALGEBRA Find each missing digit.
11. 51**8**   12. 4**3**2
    − 31**9**   −29**9**
     19**9**   13**3**

13. 6**1**1   14. 74**0**
    − 22**9**   − 15**3**
    3**8**2   58**7**

15. 5**9**6   16. 4**8**2
    − 2**2**8   − 31**3**
    2**6**8   12**9**

Grade 3   29   Chapter 3

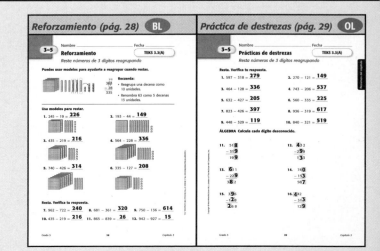

Reforzamiento (pág. 28) BL

3-5 Reforzamiento TEKS 3.3(A)
Resta números de 3 dígitos reagrupando

Puedes usar modelos para ayudarte a reagrupar cuando restas.

Recuerda:
- Reagrupa una decena como 10 unidades.
- Renombra 63 como 5 decenas 13 unidades.

Usa modelos para restar.
1. 245 − 19 = **226**   3. 193 − 44 = **149**
3. 435 − 219 = **216**   4. 564 − 228 = **336**
5. 740 − 426 = **314**   6. 335 − 127 = **208**

Resta. Verifica tu respuesta.
7. 962 − 722 = **240** 8. 681 − 361 = **320** 9. 750 − 136 = **614**
10. 435 − 219 = **216** 11. 865 − 839 = **26** 12. 942 − 927 = **15**

Grade 3   28   Capítulo 3

Práctica de destrezas (pág. 29) OL

3-5 Prácticas de destrezas TEKS 3.3(A)
Resta números de 3 dígitos reagrupando

Resta. Verifica tu respuesta.
1. 597 − 318 = **279**   2. 270 − 121 = **149**
3. 464 − 128 = **336**   4. 743 − 206 = **537**
5. 632 − 427 = **205**   6. 560 − 335 = **225**
7. 823 − 426 = **397**   8. 936 − 319 = **617**
9. 448 − 329 = **119**   10. 840 − 321 = **519**

ÁLGEBRA Calcula cada dígito desconocido.
11. 51**8**   12. 4**3**2
    − 31**9**   −29**9**
     19**9**   13**3**

13. 6**1**1   14. 74**0**
    − 22**9**   − 15**3**
    3**8**2   58**7**

15. 5**9**6   16. 4**8**2
    − 2**2**8   − 31**3**
    2**6**8   12**9**

Grade 3   29   Capítulo 3

EJEMPLO concreto

2 **AVIONES** Denzel quiere comprar un avión a escala nuevo por $17. Tiene $30. ¿Cuánto dinero le sobrará?

$17

Necesitas calcular $30 − $17.

Paso 1 Resta las unidades.

```
    2 10
   $30
 − $17
     3
```
No puedes quitarle $7 a $0.
Reagrupa $30 como $20 + $10.
Resta $10 − $7 = $3.

Paso 2 Resta decenas.

```
    2 10
   $30
 − $17
   $13
```
$20 − $10 = $10
Coloca el signo de dólar delante de la diferencia.

Entonces, a Denzel le sobrarán $13.

Verifica Puedes sumar para verificar la respuesta.

8. Ejemplo de respuesta: Primero, 1 decena se descompone en diez unidades. Luego, se les suma 10 decenas más a las decenas restantes.

```
        igual
  $30      $13
− $17    + $17
  $13      $30
```
Por lo tanto, la respuesta es correcta. ✓

en línea **Tutor personal en** tx.gr3math.com

VERIFICA lo que sabes

Resta. Verifica tus resultados. Ver Ejemplos 1 y 2 (págs. 120–121)

1. $764 $632
   − $132

2. 458 337
   − 121

3. $614 $157
   − $457

4. 391 − 178 213

5. 542 − 167 375

6. 317 − 198 119

7. Este año, la clase de tercer grado recaudó $342 para un refugio de perros. El año pasado recaudaron $279. ¿Cuánto más dinero recaudaron este año que el año pasado? $63

8. **Coméntalo** ¿Qué les sucede a las decenas cuando debes reagrupar dos veces?

Lección 3-5 Resta números de tres dígitos con reagrupación **121**

Enrich (p. 32) **AL**

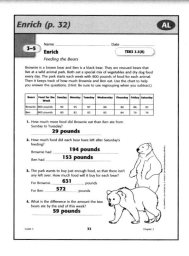

Real-World Example

Example 1 Be sure students understand that you do not always need to regroup twice. Sometimes you may not need to regroup at all. Other times you may only need to regroup once.

ADDITIONAL EXAMPLES

1 Binta has 215 baseball cards. Susana has 88. What is the difference in the number of cards they have? 127 cards

2 Lauren bought a diamond bracelet on sale for $732. How much change did she receive from $815? $83

CHECK What You Know

As a class, have students complete Exercises 1–8 in **Check What You Know** as you observe their work.

Exercise 8 Assess student comprehension before assigning practice exercises.

BL **Alternate Teaching Strategy** TEKS 3.3(A)

If students have trouble subtracting money with regrouping …

Then use one of these reteach options:

1 **CRM** **Daily Reteach Worksheet** (p. 28)

2 Show them dimes and pennies. Model how to change 1 dime for 10 pennies. Present the problem:

52¢ − 38¢

Have a volunteer use money to model the problem. Have another volunteer write the solution on the board. 14¢

3 **Tech Link** Have students use Math Tool Chest to help complete the problem-solving exercises. TEKS 3.14(D)

! COMMON ERROR!

Students may forget to rename the tens digit when they regroup for more ones. Remind them that when they regroup 1 ten as 10 ones, the 1 ten in the tens column must be taken away.

Lesson 3-5 Subtract Three-Digit Numbers With Regrouping **121**

Ejemplo concreto

Ejemplo 1 Asegúrese que los alumnos entienden que no siempre se necesita reagrupar dos veces. Algunas veces ni siquiera se necesita reagrupar. Otras veces sólo se necesite reagrupar una vez.

EJEMPLOS ADICIONALES

1 Binta tiene 250 tarjetas de béisbol. Susana tiene 88. ¿Cuál es la diferencia en el número de tarjetas que ellas tienen? 127 tarjetas

2 Lauren compró un brazalete de diamantes en rebaja por $732. ¿Cuánto cambio recibió de $815? $83

VERIFICA lo que sabes

En conjunto, pídales a los alumnos que completen los Ejercicios 1 al 8 en **Verifica lo que sabes** a medida que usted observa sus trabajos.

Ejercicio 8 Evalúa la comprensión del alumno antes de asignarle los ejercicios prácticos.

BL **Estrategia alternativa de enseñanza** TEKS 3.3(A)

si Los alumnos tienen problemas restando dinero con reagrupación…

entonces Use una de estas opciones de reforzamiento:

1 **CRM** Hoja de reforzamiento diario (pág. 28)

2 Muéstreles monedeas de 10¢ y monedas de 1¢. Modele cómo cambiar una moneda de 10¢ por 10 monedas de 1¢. Presente el problema: 52¢ - 38¢

Pídale a un voluntario que modele el problema usando dinero. Pídale a otro voluntario que escriba la solución en la pizarra. 14¢

3 **Tech Link** Pídales a los alumnos que usen el Cofre de Herramientas Matemáticas para ayudar a completar los ejercicios de solución problemas. TEKS 3.14 (D)

Enriquecimiento (pág. 32) **AL**

! ¡ERROR COMÚN!

A los alumnos se les puede olvidar convertir el dígito de las decenas cuando reagrupan por más unidades. Recuérdeles que cuando reagrupan 1 decena como 10 unidades, la decena 1 en la columna de la decenas se debe quitar.

Lección 3-5 Resta números de tres dígitos con reagrupación **121**

3 Práctica

Asigne la práctica para los Ejercicios 9 al 32 según los siguientes niveles.

Nivel	Asignación
BL Nivel bajo	9–12, 17–20, 22–24, 26–29
OL A nivel	9–19, 21–25, 27–29, 30
AL Nivel avanzado	10–28 even, 30–32

Pídales a los alumnos que analicen y completen los problemas de razonamiento de alto nivel. En el Ejercicio 31, pídales a los alumnos que expliquen verbalmente cómo pueden usar la suma para verificar sus respuestas.

✏ ESCRIBE EN ▶ MATEMÁTICAS

Pídales a los alumnos que completen el Ejercicio 32 en sus Diarios de Matemáticas. Puede elegir hacer este ejercicio como una evaluación formativa adicional.

3 Practice

Differentiate practice using these leveled assignments for Exercises 9–32.

Level	Assignment
BL Below Level	9–12, 17–20, 22–24, 26–29
OL On Level	9–19, 21–25, 27–29, 30
AL Above Level	10–28 even, 30–32

Have students discuss and complete the Higher Order Thinking problems. For Exercise 31, ask students to verbalize how they can use addition to check their answers.

✏ WRITING IN ▶ MATH
Have students complete Exercise 32 in their Math Journals. You may choose to use this exercise as an optional formative assessment.

★ Indica problemas de pasos múltiples

▶ Práctica y solución de problemas

PRÁCTICA EXTRA
Ver página R8

Resta. Verifica tus resultados. Ver Ejemplos 1 y 2 (págs. 120–121)

9. $687 $334
    − $353

10. $197 $103
     − $ 94

11. 293 121
     − 172

12. 884
     − 63

13. $843 $656
     − $187

14. $728 $369
     − $359

15. 267 89
     − 178

16. 728 469
     − 259

17. 92¢ − 83¢   9¢

18. 58¢ − 27¢   31¢

19. 856 − 637   219

20. 531 − 499   32

★21. Greta y Mulan comen en el comedor Good Eats. Greta compra vegetales y agua. Mulan compra un trozo de pizza y ensalada. ¿Aproximadamente cuánto más gastó Mulan que Greta? $1

22. Al Arco Gateway en St. Louis tiene 630 pies de altura. El Space Needle en Seattle tiene 605 pies de altura. ¿Cuánto más alto es el Arco Gateway? 25 pies

Comedor Good Eats	
Artículo	**Costo**
Pizza	$2
Ensalada	$2
Manzana	$1
Vegetales	$1
Agua	$2
Smoothie	$3

RESUELVE PROBLEMAS concretos

En los Ejercicios 23 al 25, usa la gráfica de barras.

23. ¿Cuántos más alumnos de tercer grado que de cuarto grado compran sus almuerzos? 36 alumnos de tercer grado

24. ¿Cuál es el número total de alumnos que compran su almuerzo? 307 alumnos

★25. El comedor puede acomodar cada vez a 150 alumnos. Nombra dos clases que pueden comer al mismo tiempo. Explica. Ejemplo de respuesta: 2do y 4to; 33 + 69 < 15u

Alumnos que compran almuerzo

Álgebra Calcula cada dígito que falta.

26. 61■
     − 417
     ■02
     9; 2

27. ■99
     − 1■9
     750
     8; 4

28. 798
     − ■97
     4■1
     3; 0

29. 989
     − 77■
     ■18
     1; 2

30. SENTIDO NUMÉRICO Cuando Federico restó 308 de 785, obtuvo 477. Para verificar su resultado, sumó 308 y 785. ¿Dónde se equivocó?

31. HALLA EL ERROR Odell y Liz calculan $566 − $347. ¿Quién tiene la razón? Explica.

Odell
```
    1 6
  $5 6 6
 − $3 4 7
  $2 2 9
```

Liz
```
    5 1 6
  $5 6 6
 − $3 4 7
  $2 1 9
```

32. ESCRIBE EN **MATEMÁTICAS** Explica qué significa verificar la racionalidad de una respuesta.
30–32. Ver el margen.

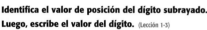 **Práctica para la PRUEBA** TAKS 1 y 2

33. Irene escribió este patrón. (Lección 3-4)

24, 26, 28, 30, __

¿Cuál puede ser una respuesta razonable para el próximo número? B

A 28   **C** 35
B 32   **D** 40

34. Ty caminará 281 yardas para llegar al final del camino. Su amigo está a 187 yardas del final. ¿Cuál es la diferencia de las distancias que aún les falta caminar a los niños? (Lección 3-5) F

F 94 yardas   **H** 106 yardas
G 104 yardas   **J** 194 yardas

 **Repaso espiral**

35. Baxter ganó $7 esta por ayudar a su papá en la casa. La semana pasada hizo $8. ¿Es razonable decir que hizo al menos $15 en las últimas dos semanas? Explica. (Lección 3-4) sí; 8 + 7 = 15.

36. ¿Cuánto más cuesta la bicicleta que los patines? (Lección 3-3) $24

$29
$53

Identifica el valor de posición del dígito subrayado. Luego, escribe el valor del dígito. (Lección 1-3)

37. 64,284
millares; 4,000

38. 20,002
centenas; 0

Lección 3-5 Resta números de tres dígitos con reagrupación **123**

Homework Practice (p. 30) OL

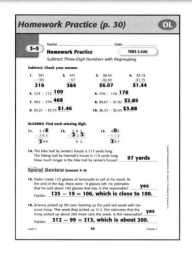

 **Assess**

 Formative Assessment

- **What do you regroup if you do not have enough ones?** 1 ten as 10 ones
- **What do you regroup if you do not have enough tens?** 1 hundred as 10 tens

Quick Check **Are students continuing to struggle with subtraction with regrouping?**

If Yes → Small Group Options (p. 120B)

If No → Independent Work Options (p. 120B)
CRM Skills Practice Worksheet (p. 29)
CRM Enrich Worksheet (p. 32)

Into the Future Tell students that later they will be subtracting across zeros. Ask them to write how they think today's lesson on subtracting with regrouping will help with that lesson.

 **TEST Practice**

Reviews Lessons 3-4 and 3-5
Assign the Texas Test Practice problems to provide daily reinforcement of test-taking skills.

Spiral Review

Reviews Lessons 1-3, 3-3, and 3-4
Review and assess mastery of skills and concepts from previous chapters.

Additional Answers

30. Sample answer: He should add up from the bottom, add the difference to the minuend.

31. Liz is correct; Odell did not cross off the tens when he renamed.

32. Sample answer: It means using estimation to compare to the answer to see if the answer is reasonable.

Lesson 3-5 Subtract Three-Digit Numbers With Regrouping **123**

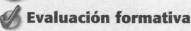 **Evaluación**

 **Evaluación formativa**

- ¿Cómo reagrupan si no tienen suficientes unidades? 1 decena como 10 unidades
- ¿Cómo reagrupan si no tienen suficientes decenas? 1 centena como 10 decenas

Control Rápido **¿Les sigue costando a los alumnos restar con reagrupación?**

Si la respuesta es:

Sí → Opciones para grupos pequeños (pág. 120B)
No → Opciones de trabajo independiente (pág. 120B)
CRM Hoja de ejercicios para la práctica de destrezas (pág. 29)
CRM Hoja de trabajo de enriquecimiento (pág. 32)

En el futuro Indíqueles a los alumnos que más adelante restaran con ceros. Pídales que escriban cómo piensan que esta lección de restar con reagrupación los ayudará con esa lección.

TEST Practice

Repasa las Lecciones 3-4 y 3-5
Asigne los problemas de Práctica para el examen de Texas para reforzar diariamente las destrezas de resolución de pruebas.

Repaso espiral

Repasa las Lecciones 1-3, 3-3 y 3-4
Repasar y evaluar el dominio de las destrezas y conceptos de capítulos anteriores.

Respuestas adicionales

30. Ejemplo de respuesta: Debe sumar hacia arribadesde abajo, sumar la diferencia al minuendo.

31. Liz tiene la razón; Odell no tachó las decenas cuando convirtió.

32. Ejemplo de respuesta: Esto significa usar la estimación para comparar la respuesta de manera observar si la respuesta es razonable.

Práctica de tarea (pág. 30) OL

Lección 3-5 Resta números de tres dígitos con reagrupación **123**

3-6

Estrategia para resolver problemas
Elige una estrategia

Planificador de lección

Objetivo

Elige la mejor estrategia para resolver problemas.

TEKS y TAKS

TEKS Objetivo 3.14 El estudiante aplica las matemáticas del 3er grado para resolver problemas relacionados con experiencias diarias y actividades dentro y fuera de la escuela. **(B) Resuelva problemas que incorporen la comprensión del problema, hacer un plan, llevarlo a cabo y evaluar lo razonable de la solución.**

TAKS 6 El estudiante demostrará un entendimiento de los procesos matemáticos y las herramientas usadas en la resolución de problemas.

Rutina diaria

Siga estas sugerencias antes de iniciar la lección de la pág. 124.

Problema del día

Todos los días la Sra. Sunjoo compra manzanas para su familia. Cada día ella compra 1 más que el día anterior. Ella compró 30 manzanas en 4 días. ¿Cuántas manzanas compró cada día? 6 manzanas, 7 manzanas, 8 manzanas y 9 manzanas

Control de 5 minutos

(Repaso de la Lección 3-5)

Resten. Verifiquen sus respuestas.
1. 525 - 411 114
2. 672 - 148 524
3. $825 - $485 $340
4. 431 - 67 364
5. 367 - 289 78

3-6 Problem-Solving Investigation
Choose a Strategy

Lesson Planner

Objective

Choose the best strategy to solve problems.

TEKS and TAKS

Targeted TEKS 3.14 The student applies Grade 3 mathematics to solve problems connected to everyday experiences and activities in and outside of school. **(B) Solve problems that incorporate understanding the problem, making a plan, carrying out the plan, and evaluating the solution for reasonableness.** *Also addresses TEKS 3.14(C).*

TAKS 6 The student will demonstrate an understanding of the mathematical processes and tools used in problem-solving.

Resources

Materials: index cards, poster board

Teacher Technology
Interactive Classroom • TeacherWorks

Real-World Problem-Solving Library
Social Sciences: *Making a Budget*
Use these leveled books to reinforce and extend problem-solving skills and strategies.
Leveled for:
OL On Level
ELL Sheltered English

For additional support, see the Real-World Problem-Solving Teacher's Guide.

Daily Routine

Use these suggestions before beginning the lesson on p. 124.

5-Minute Check
(Reviews Lesson 3-5)

Subtract. Check your answer.
1. 525 − 411 114
2. 672 − 148 524
3. $825 − $485 $340
4. 431 − 67 364
5. 367 − 289 78

Problem of the Day

Mrs. Sunjoo bought apples for her family every day. Each day she bought 1 more than the day before. In 4 days, she bought 30 apples. How many apples did she buy each day? 6 apples, 7 apples, 8 apples, and 9 apples

124A Chapter 3 Subtract to Solve Problems

Differentiated Instruction

Small Group Options

Option 1 · Gifted and Talented (AL)
LINGUISTIC, INTRAPERSONAL

Materials: notebook paper

- Challenge learners to communicate their mathematical thinking through journaling.
- Given a problem, such as the two-step problem presented to the P.S.I. team, ask students to brainstorm which strategies are **not** effective for solving the problem.
- Ask students to explain their thoughts in complete sentences in journal form. For example, a student might offer estimating as an ineffective strategy for solving the problem. His or her explanation might look something like this: "Estimating is not a good strategy for solving this problem. The problem asks for an exact answer. It wants to know exactly how many cardboard rolls are needed for the project."

Option 2 · English Language Learners (ELL)
KINESTHETIC, LOGICAL

Materials: counters (or play cars), art or Manila paper
Core Vocabulary: top, back, forward
Common Use Verb: roll
Do Math This strategy activates background knowledge and applies it to rounding in math.

- Draw "hills" on the board to represent a number line, with highs and lows. The "lows" represent tens, and the "highs" represent the middle number. Have students repeat.
- Call a number. Have students move a counter (that represents the called number) up or down the hills.
- If the 76 counter makes it to the top, it rolls forward to the next ten. If 42 is called, the counter stops on the way up and has to roll back to 40.
- Repeat as time permits.

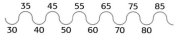

```
   35   45   55   65   75   85
  ﹀﹀﹀﹀﹀﹀
 30   40   50   60   70   80
```

Independent Work Options

Option 1 · Early Finishers (OL) (AL)
TEKS 3.14(C)   LOGICAL

Materials: paper and pencil

- Have students look back at Exercise 8 and change one or more of the conditions of the problem and solve. For example, change the price of a small salad.

Option 2 · Student Technology
Tech Link

Math online tx.gr3math.com
Personal Tutor • Extra Examples • Online Games

Option 3 · Learning Station: Social Studies (p. 100H)

Direct students to the Social Studies Learning Station for opportunities to explore and extend the lesson concept.

Instrucción diferenciada

Opciones de trabajo independiente

Opción 1 · Para los que terminan primero (OL) (AL)
TEKS 3.14(C)   LÓGICO

Materiales: papel, lápiz

- Pídales a los alumnos que revisen el Ejercicio 8 y cambien una o mas condiciones de las condiciones del problema y resuelvan. Por ejemplo, cambie el precio de la ensalada pequeña.

Opción 2 · Tecnología para el alumno
Enlace tecnológico

Matemáticas en línea tx.gr3math.com
Personal Tutor • Extra Examples • Online Games

Opción 3 · Estación de aprendizaje: Estudios sociales (pág. 100H)

Dirija a los alumnos a la estación de aprendizaje de estudios sociales para que tengan la oportunidad de explorar y ampliar el concepto de la lección.

Opciones para grupos pequeños

Opción 1 · Talentosos (AL)
LINGÜÍSTICO, INTRAPERSONAL

Materiales: papel de cuaderno

- Rételos a comunicar sus pensamientos matemáticos mediante la escritura.
- Proporcióneles un problema, como el problema de dos pasos presentado al equipo I.R.P., pídales a los alumnos que realicen una tormenta de ideas para determinar qué estrategias no son efectivas para resolver el problema.
- Pídales a los alumnos que expliquen, de manera escrita, sus razonamientos en oraciones completas. Por ejemplo, un alumno podría proponer la estimación como una estrategia ineficiente para resolver el problema. La explicación de él o ella podría ser algo como esto: "la estimación no es una buena estrategia para resolver este problema. El problema pide una respuesta exacta. Este requiere saber cuántos rollos de cartulinas exactamente se necesitan para el proyecto."

3-6

Investigación para resolver problemas

1 Presentación TEKS 3.14(C)

Actividad propuesta 1 • Repaso

Escriba el siguiente problema en la pizarra:
Leopoldo esta vendiendo limonada a 15¢ el vaso. Vendió 4 vasos. Hao piensa que vendió aproximadamente $5.00 de limonada. ¿Es razonable su estimado?

- **¿Como pueden verificar si el estimado de Hao es razonable?** Ejemplo de respuesta: Redondear 15¢ a 20¢, luego sumar [INS]. Como el total es 80¢, la estimación de Hao no es razonable.

2 Enseñanza TEKS 3.14(C)

Pídales a los alumnos que lean el problema sobre el proyecto de clase. Guíelos a través de los pasos para resolver problemas.

Entiende Usando las preguntas, repase los que los alumnos conocen y necesitan calcular.

Planifica Pídales que comenten su estrategia.

Resuelve Guíe a los alumnos a elegir la mejor estrategia par resolver el problema.

- **¿Cuáles son los cuatro pasos del plan del cuatro pasos?** Entiende, Planifica, Resuelve y Verifica.
- **¿Qué planificación puedes usar para resolver este problema?** Ejemplo de respuesta: Hallar el número de rollos ya recogidos y luego, calcular cuántos más son necesarios.

Verifica Pídales a los alumnos que revisen el problema para asegurarse que la respuesta corresponde con los datos dados.

- **¿Qué otra cosa pueden hacer para verificar la respuesta?** Ejemplo de respuesta: Usar la estimación.

3-6

Problem-Solving Investigation

1 Introduce TEKS 3.14(C)

Activity • Review

Write the following problem on the board:
Leopoldo is selling lemonade for 15¢ a glass. He sold 4 glasses. Hao thinks he sold about $5.00 worth of lemonade. Is his estimate reasonable?

- **How can you find out if Leopoldo's estimate is reasonable?** Sample answer: Round 15¢ to 20¢, then add 20 + 20 + 20 + 20 + 20 + 20. Since that total is 80¢, Leopoldo's estimate is not reasonable.

2 Teach TEKS 3.14(C)

Have students read the problem on the class project. Guide them through the problem-solving steps.

Understand Using the questions, review what students know and need to find.

Plan Have them discuss their strategy.

Solve Guide students to use choose the best strategy to solve the problem.

- **What are the four steps of the four-step plan?** Understand, Plan, Solve, and Check
- **What plan can you use to solve this problem?** Sample answer: Find the number of rolls already collected and then find how many more are needed.

Check Have students look back at the problem to make sure that the answer fits the facts given.

- **How else can you check the answer?** Sample answer: Use estimation.

> ⚠ **COMMON ERROR!**
> **Exercise 6** Students may try to add 155 books to the total. Point out that the total of 784 books includes the 155 new books. The question asks how many books were there *before* the new books arrived, which implies subtraction.

124 **Chapter 3** Subtract to Solve Problems

¡ERROR COMÚN!

Ejercicio 6 Los alumnos pueden tratar de sumar 155 libros al total. Señáleles que el total de 784 libros incluyen los 155 libros nuevos. El problema pregunta cuántos libros había antes de que llegaran los nuevos libros, lo cual implica una resta.

3-6

Investigación para resolver problemas

IDEA PRINCIPAL Elegiré la mejor estrategia para resolver problemas.

TEKS Objetivo 3.14 El estudiante aplica las matemáticas del 3er grado para resolver problemas relacionados con experiencias diarias y actividades dentro y fuera de la escuela. (B) **Resuelva problemas que incorporen la comprensión del problema, hacer un plan, llevarlo a cabo y evaluar lo razonable de la solución.** *También cubre 3.14 (C).*

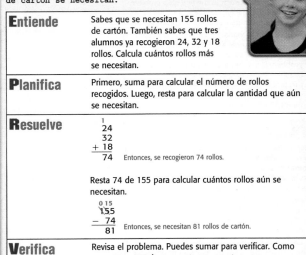

EQUIPO I.R.P.+

MIRANDA: Para un proyecto escolar, mi maestra necesita 155 rollos de toallas de papel. Hasta ahora, Marissa recogió 24, Stan recogió 32 y yo recogí 18.

TU MISIÓN: Calcular cuántos rollos más de cartón se necesitan.

Entiende	Sabes que se necesitan 155 rollos de cartón. También sabes que tres alumnos ya recogieron 24, 32 y 18 rollos. Calcula cuántos rollos más se necesitan.
Planifica	Primero, suma para calcular el número de rollos recogidos. Luego, resta para calcular la cantidad que aún se necesitan.
Resuelve	$\begin{array}{r} 24 \\ 32 \\ +\ 18 \\ \hline 74 \end{array}$ Entonces, se recogieron 74 rollos. Resta 74 de 155 para calcular cuántos rollos aún se necesitan. $\begin{array}{r} \overset{0\ 15}{\cancel{1}55} \\ -\ \ 74 \\ \hline 81 \end{array}$ Entonces, se necesitan 81 rollos de cartón.
Verifica	Revisa el problema. Puedes sumar para verificar. Como 81 + 74 = 155, la respuesta es correcta.

124 Capítulo 3 Resta para resolver problemas

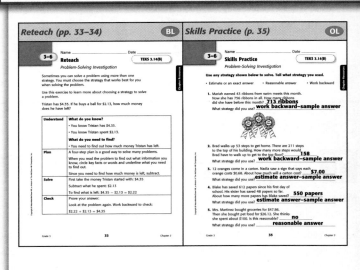

Reteach (pp. 33–34) **BL** *Skills Practice (p. 35)* **OL**

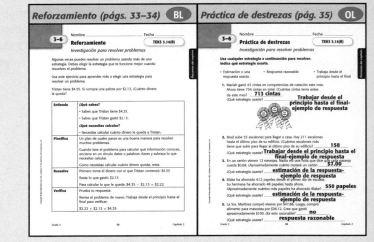

Reforzamiento (págs. 33–34) **BL** *Práctica de destrezas (pág. 35)* **OL**

---

124 Capítulo 3 Resta para resolver problemas

★Indica problemas de pasos múltiples

▶ Resuelve problemas diversos

PRÁCTICA EXTRA
Ver página R9.

4, 8–9. Ver Apéndice de respuestas del Cap. 3.
Resuelve. Di la estrategia que utilizaste.

1. Si en una caja vienen 6 cajas de pelotas de tenis, ¿aproximadamente cuánto cuesta la caja de pelotas de tenis? Muestra tus cálculos. $6 \times \$3 = \$18.00$

★2. Hay 113 personas en un tren. En la primera parada, se bajan 32. Después de la segunda parada, quedan 14 personas. ¿Cuántas personas se bajaron en la segunda parada? 67 personas

★3. El Sr. White compró 7 plantas de margaritas por $28. Pagó con 2 billetes de $20. ¿Cuánto cambio recibió? $12

4. La Sra. Carpenter recibió una factura por $134 para reparar su carro. ¿Debe pagar una cantidad estimada o debe pagar la cantidad exacta? Explica tu razonamiento.

★5. A Keisha le tomó 1 hora y 37 minutos conducir desde la casa de su tía hasta la casa de su abuela; y luego, 3 horas y 14 minutos manejar hasta la casa de su mamá. ¿Aproximadamente cuántos minutos condujo?
Ejemplo de respuesta: 300 minutos

6. La biblioteca recibió 155 libros nuevos hoy. Si ahora hay 784 libros, ¿cuántos había antes de recibir los libros nuevos? 629 libros

★7. Algunos niños buscan monedas de 1¢. Usa la siguiente tabla para indicar aproximadamente cuántas monedas de 1¢ más halló Pat que cada uno de sus dos amigos.

Ejemplo de respuesta: 50 más que cada uno.

Cacería de moneda de 1¢	
Cynthia	133
Pat	182
Garcia	125

★8. Hale debe decidir cuáles tres cosas diferentes comprará para el almuerzo. Quiere gastar la mayor cantidad de sus $3 como le sea posible. ¿Qué compró?
leche, pizza

MENÚ DEL ALMUERZO	
ENSALADA PEQUEÑA	$0.85
ENSALADA GRANDE	$1.35
TROZO DE PIZZA	$0.40
QUESO A LA PLANCHA	$0.60
LECHE	$0.60
AGUA	$0.65

9. ESCRIBE EN ▶MATEMÁTICAS Revisa el Ejercicio 8. Da un ejemplo de una respuesta que no sea razonable. Explica tu razonamiento.

Lección 3-6 Investigación para resolver problemas: Elige una estrategia. **125**

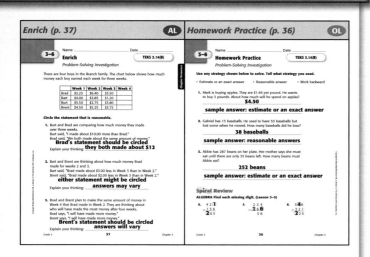

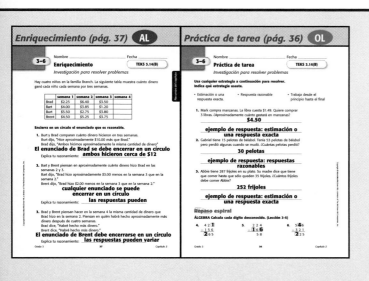

BL Alternate Teaching Strategy
TEKS 3.14(C)

If students have trouble remembering the *four-step plan* strategy …

Then use one of these reteach options:

1. CRM **Daily Reteach Worksheet** (pp. 33–34)

2. Have them write the four-step plan on an index card for easy reference or make a poster to place on the wall of the room. Suggest that they explain briefly what they need to do in each step. For example, for the understand step, they might write something like the following:

   Understand: Read the problem; Identify the facts you know; Identify what you need to find.

3 Practice

Using the Exercises

Exercises 1 and 7 require estimates.

Exercise 5 assumes students know that there are 60 minutes in an hour.

Exercise 8 can be solved using *guess and check*.

4 Assess

✓ Formative Assessment
TEKS 3.14(C)

Present the following situation:
Lakshman bought one CD for $12 and another CD for $15. He had $30.

- **What question could you answer in one step?** Sample answer: How much did he spend altogether?

- **What question would require two steps to answer?** Sample answer: How much change did he receive?

Quick Check Are students continuing to struggle with choosing the best strategy?

If Yes → CRM Reteach Worksheet (pp. 33–34)

If No → Independent Work Options (p. 124B)
CRM Skills Practice Worksheet (p. 35)
CRM Enrich Worksheet (p. 37)

Lesson 3-6 Problem-Solving Investigation **125**

BL Estrategia alternativa de enseñanza
TEKS 3.14(C)

Si Los alumnos tienen problemas recordando la estrategia del plan de cuatro pasos

Entonces Use una de estas opciones de reforzamiento:

1. CRM **Hoja de reforzamiento diario** (pág. 33-34)

2. Pídales a los alumnos que escriban en una tarjeta, el plan de cuatro pasos como una referencia fácil ó que hagan un afiche para colocarlo en la pared del salón. Sugiérales que expliquen brevemente qué necesitan hacer en cada paso. Por ejemplo, en el paso "entiende", ellos pueden escribir algo como lo siguiente:

   Entiende: Leer el problema; Identificar las datos que conoces; Identificar qué se necesita calcular.

3 Práctica

Uso de los Ejercicios

Los Ejercicio 1 y 7 requieren estimar.

El Ejercicio 5 asume que los alumnos conocen que hay 60 minutos en una hora

El Ejercicio 8 se puede resolver usando *adivina y comprueba*.

4 Evaluación

✓ Evaluación formativa TEKS 3.14(C)

Presente la siguiente situación:
Lakshman compro un cedé por $12 y otro cedé por $15. Él tenía $30.

- **¿Qué pregunta pueden contestar en un paso?** Ejemplo de respuesta: ¿Cuánto gasto en total?

- **¿Que pregunta puede requerir dos pasos para contestar?** Ejemplo de respuesta: ¿Cuánto cambio recibió?

Control Rápido ¿Les sigue costando a los alumnos elegir la mejor estrategia?

Si la respuesta es:
Sí → Hoja de reforzamiento (pág. 33-34)

No → Opciones de trabajo independiente (pág. 124B)
CRM Hoja de ejercicios para la práctica de destrezas (pág. 35)
CRM Hoja de trabajo de enriquecimiento (pág. 37)

Lección 3-6 Estrategia para resolver Problemas **125**

LECCIÓN

Resta con ceros

Planificador de lección

Objetivo
Haz un modelo de resta con cero

TEKS y TAKS

TEKS Objetivo 3.3 El estudiante suma y resta para resolver problemas relevantes en los que se usan números enteros. **(A)** *Dé ejemplos de* la suma y la **resta utilizando dibujos, palabras y números.** *También cubre TEKS 3.3(B).*

TAKS 1 El estudiante demostrará un entendimiento del razonamiento numérico, operacional y cuantitativo.
Las páginas del alumno también cubren los siguientes TEKS:
TESK 3.15(B) Coméntalo, Ejercicio 6
TESK 3.15(B), TESK 3.16(B) Problemas H.O.T., Ejercicios 19–20

Repaso de vocabulario
diferencia

Rutina diaria

Siga estas sugerencias antes de iniciar la lección de la pág. 126.

Problema del día
¿Cuál es el número mayor que se puede hacer usando los números 35, 50, y 6 y tanto las operaciones de suma como de resta? 79

Control de 5 minutos
(Repaso de la Lección 3-6)

Resuelvan. Indiquen qué estrategia usaron.
Los alumnos de 3er grado recogieron 258 latas para reciclar. Los alumnos de 4o grado recogieron 199 latas. ¿Aproximadamente cuántas latas más necesitan recoger los alumnos para llegar a la meta de 750 latas? aproximadamente 250 latas; estimar una respuesta

Repaso de vocabulario matemático
Escriba las palabras del vocabulario y sus definiciones en la pizarra.
Pídales a los alumnos que escriban una nota a los alumnos de segundo grado explicándoles cuál es la diferencia en un problema de resta.

LESSON
Subtract Across Zeros

Lesson Planner _____

Objective
Model subtraction across zeros.

TEKS and TAKS

Targeted TEKS 3.3 The student adds and subtracts to solve meaningful problems involving whole numbers. **(A) Model** addition and **subtraction using pictures, words, and numbers.** *Also addresses TEKS 3.3(B).*

TAKS 1 The student will demonstrate an understanding of numbers, operations, and quantitative reasoning.

Student pages also address the following TEKS:
TEKS 3.15(B) Talk About It, Exercise 6
TEKS 3.15(B), TEKS 3.16(B) HOT Problems, Exercises 19–20

Review Vocabulary
difference

Resources
Manipulatives: base-ten models, play money

Literature Connection: *Lifetimes* by David Rice

Teacher Technology
Interactive Classroom • Concepts in Motion

Focus on Math Background

Yet another level of complexity is added to the standard algorithm for subtraction when multiple zeros appear in the minuend. This means that more than one instance of renaming may be required before any subtraction occurs. Because this is an error-prone process, estimation is again key. Students are much more able to recognize nonsensical answers when a difference has already been estimated.

Daily Routine _____

Use these suggestions before beginning the lesson on p. 126.

5-Minute Check
(Reviews Lesson 3-6)

Solve. Tell what strategy you used.
Grade 3 students collected 258 cans for recycling. Grade 4 students collected 199 cans. About how many more cans do the students need to collect to reach the goal of 750 cans? about 250 cans; *estimate an answer*

Problem of the Day
What is the largest number you can make using the numbers 35, 50, and 6 and both the operations addition and subtraction? 79

Review Math Vocabulary
Write the review vocabulary word and its definition on the board.

Have students write a note to a second-grader explaining what the *difference* is in a subtraction problem.

Differentiated Instruction

Small Group Options

Option 1 — Below Level (BL)
SOCIAL, KINESTHETIC

Materials: place-value models

Allow students who are having difficulty understanding how to subtract across zeros to use place-value models to show the steps for Exercises 7–19.

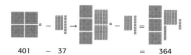

401 − 37 = 364

Option 2 — English Language Learners (ELL)
SPATIAL

Materials: clear self-sealing bags, base-ten blocks
Core Vocabulary: maybe, be reasonable, I need __ ones, please
Common Use Verb: can help
Do Math This strategy acts out regrouping and introduces the idea of reasonableness, along with polite language.

- Write 400 − 142 vertically on the board. Then these phrases: "That's reasonable. Be reasonable. Maybe __ can help. I'd like 2, please."
- Have three students line up with self-sealing bags of base-ten blocks to represent 400: 4 hundreds, 0 tens and 0 ones. Repeat for three more students holding self-sealing bags representing 142.
- Have the 142 students face the 400 group.
- 2 ones says to 0 ones: "I need 2 ones, please."
- 0 ones answers: "**Be reasonable! Maybe** tens *can help*". 0 tens replies: "**Be reasonable! Maybe** hundreds *can help*" and so forth until 400 − 142 is solved.

Use this worksheet to provide additional support for English Language Learners.

English Language Learners (p. 53) ELL

How Far to Go?

Independent Work Options

Option 1 — Early Finishers (OL) (AL)
TEKS 3.3(A) · VISUAL, SPATIAL

Materials: base-ten blocks

- Have students work with partners.
- The first partner uses base-ten blocks to model any of the problems from Exercises 9–12 while the other partner observes.
- The other partner then identifies which problem was modeled.
- Partners switch roles and repeat.

Option 2 — Student Technology
Tech Link

Math Online tx.gr3math.com
Personal Tutor • Extra Examples • Online Games
Math Adventures: Scrambled Egg City (3E)

Option 3 — Learning Station: Social Studies (p. 100H)

Direct students to the Social Studies Learning Station for opportunities to explore and extend the lesson concept.

Option 4 — Problem-Solving Practice

Reinforce problem-solving skills and strategies with the Problem-Solving Practice worksheet.

Problem Solving (p. 41) BL OL AL

Instrucción diferenciada

Opciones de trabajo independiente

Opción 1 — Para los que terminan primero (OL) (AL)
TEKS 3.3(A) · VISUAL/ESPACIAL

Materiales: bloques de base diez

- Pídales a los alumnos que trabajen con compañeros.
- El primer compañero usa los bloques de base diez para hacer modelos de cualquiera de los problemas de los Ejercicios 9 al 12, mientras el otro compañero observa.
- Luego, el otro compañero identifica de qué problema se hizo el modelo.
- Los compañeros invierten los papeles y repiten.

Opción 2 — Tecnología para el alumno
Enlace technológico

Matemáticas en línea tx.gr3math.com
Personal Tutor • Extra Examples • Online Games
Math Adventures: Scrambled Egg City (3E)

Opción 3 — Estación de aprendizaje: Estudios sociales (pág. 100H)

Dirija a los alumnos a la estación de aprendizaje de estudios sociales para que tengan la oportunidad de explorar y ampliar el concepto de la lección.

Opción 4 — Práctica y solución de problemas

Refuerce las destrezas y las estrategias de solución de problemas con la hoja de trabajo de solución de problemas.

Opciones para grupos pequeños

Opción 1 — Nivel bajo (BL)
SOCIAL, CINESTÉSICO

Materiales: modelos de valor de posición

Permítales a los alumnos que tengan dificultad entendiendo cómo se resta con ceros usar los modelos de valor de posición para mostrar los pasos de los Ejercicios del 7 al 19.

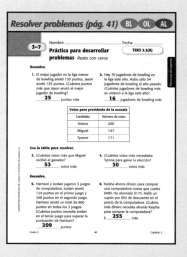

Resolver problemas (pág. 41) BL OL AL

Resta con ceros

1 Presentación TEKS 3.3(A)

Actividad propuesta 1 • Práctica

- Pídales a los alumnos que trabajen en grupos de cuatro. Pídale a un alumno que modele un número múltiplo de cien, por ejemplo 400. Luego, pídale a el segundo alumno que reagrupe una de las centenas como 10 decenas.
- **Cuando reagrupan 1 centena como 10 decenas ¿Cuantas decenas tienen? Y ¿Cuántas centenas?** 10 decenas, 3 centenas
- Ahora, pídale al tercer alumno que reagrupe 1 decena como 10 unidades.
- **¿Cuántas unidades tienen? ¿Cuántas decenas? ¿Cuántas centenas?** 10 unidades, 9 decenas, 3 centenas
- Pídale al cuarto alumno que modele que la cantidad final es igual a 4 centenas.

Actividad propuesta 2 • Literatura

Presente la Lección con *Lifetimes* de David Rice. (Vea la página R104 para una actividad matemática relacionada.)

2 Enseñanza TEKS 3.3(A)

Preguntas básicas

Escriba verticalmente 200 - 135 en la pizarra. Pídales a los alumnos que usen los bloques de base diez para hacer un modelo de 200.

- **¿Pueden restar 5 unidades de 0 unidades?** No **¿Entonces, que necesitan hacer?** reagrupar
- **¿Por dónde deben comenzar?** Como no hay decenas para reagrupar, reagrupar 1 centena como 10 decenas
- **¿Qué tienen ahora?** 1 centena y 10 decenas
- **¿Luego, que necesitan hacer?** Reagrupar 1 decena como 10 unidades.
- **¿Qué tienen ahora?** 1 centena, 9 decenas y 10 unidades
- **¿Pueden restar 135 de 200?** sí
- **¿Cuál es la diferencia?** 65

 PREPÁRATE **para aprender**

Pídales a los alumnos que abran sus libros y lean la información de **Prepárate para aprender**. Repase **diferencia**. En conjunto, trabajen los **Ejemplos 1 y 2**.

 **3-7**

Subtract Across Zeros

1 Introduce TEKS 3.3(A)

Activity Choice 1 • Hands-On

- Have students work in groups of four. Have one student model a number that is a multiple of one hundred, for example 400. Then have a second student regroup one of the hundreds as 10 tens.
- **When you regroup 1 hundred as 10 tens, how many tens do you have? How many hundreds?** 10 tens; 3 hundreds
- Now have the third student regroup 1 ten as 10 ones.
- **How many ones do you have? How many tens? How many hundreds?** 10 ones, 9 tens, 3 hundreds
- Have the fourth student model that the final amount equals 4 hundreds.

Activity Choice 2 • Literature

Introduce the lesson with *Lifetimes* by David Rice. (For a related math activity, see p. R104.)

2 Teach TEKS 3.3(A)

Scaffolding Questions

Write 200 − 135 on the board vertically. Have students use base-ten blocks to model 200.

- **Can you subtract the 5 ones from 0 ones?** no **So what do you need to do?** regroup
- **Where should you begin?** Since there are no tens to regroup, regroup 1 hundred as 10 tens.
- **What do you now have?** 1 hundred and 10 tens
- **Then what do you do?** Regroup 1 ten as 10 ones.
- **Now what do you have?** 1 hundred, 9 tens, and 10 ones
- **Can you subtract 135 from 200?** yes
- **What is the difference?** 65

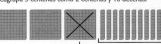 GET READY to Learn

Have students open their books and read the information in **Get Ready to Learn**. Review **difference**. As a class, work through **Examples 1 and 2**.

 3-7

Resta con ceros

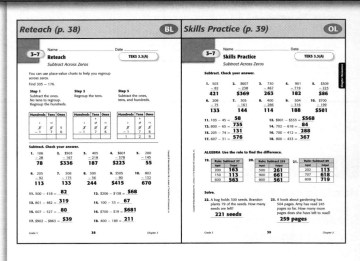

PREPÁRATE **para aprender**

IDEA PRINCIPAL
Modelaré la resta con ceros.

TEKS Objetivo 3.3 El estudiante suma y resta para resolver problemas relevantes en los que se usan números enteros. (A) Dé ejemplos de la suma y **la resta con dibujos, palabras y números**. También cubre 3.3(B).

Recuerda
La **diferencia** es el resultado a un problema de resta.

Una caja grande de sandías pesa 300 libras. Una caja más pequeña pesa 134 libras. ¿Cuál es la diferencia entre sus pesos?

Algunas veces, debes reagrupar más de una vez antes de comenzar a restar.

EJEMPLO concreto   Resta con ceros

1 **¿Cuál es la diferencia en el peso de las dos cajas?**
Usa las figuras de los modelos para calcular 300 − 134.

Paso 1 Reagrupa.

No puedes quitarle 4 unidades a 0 unidades.
Reagrupa.
No hay decenas que reagrupar.
Reagrupa 3 centenas como 2 centenas y 10 decenas.

Paso 2 Reagrupa.

Reagrupa 10 decenas como 9 decenas y 10 unidades.

Paso 3 Resta.

Resta las unidades, decenas y centenas.

Entonces, 330 − 134 = 166.

126 Capítulo 3 Resta para resolver problemas

Reteach (p. 38) BL | **Skills Practice (p. 39)** OL

Reforzamiento (pág. 38) BL | **Práctica de destrezas (pág. 39)** OL

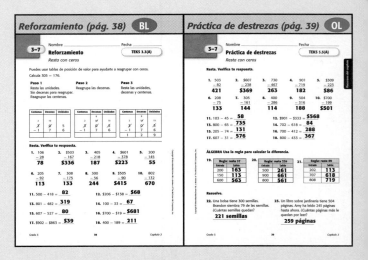

EJEMPLO concreto — Resta con ceros

2 JUGUETES La semana pasada, Brandy hizo 200 saltos con su palo de pogo. Roque saltó 153 veces. ¿Cuántos saltos más hizo Brandy?

Necesitas calcular 200 − 153.

Paso 1 Reagrupa.

```
  1 10
  200
− 153
```

No puedes quitarle 3 unidades a 0 unidades. Reagrupa.
No hay decenas.
Reagrupa 1 centena como 10 decenas.

PIENSA 2 centenas =
1 centena + 10 decenas

Paso 2 Reagrupa.

```
    9
  1 10 10
  200
− 153
```

Reagrupa otra vez.
Reagrupa 1 decena como 10 unidades.

PIENSA 2 centenas =
1 centena + 9 decenas + 10 unidades.

Paso 3 Resta.

```
    9
  1 10 10
  200
− 153
  047
```

Resta.
10 unidades − 3 unidades = 7 unidades, 9 decenas −
5 decenas = 4 decenas
1 centena − 1 centena = 0 centenas

Entonces, Brandy saltó 47 veces más que Roque.

Verifica Suma para verificar.

```
        igual
  200    47
− 153 / + 153
  47    200
```

Entonces, la respuesta es correcta. ✓

Tutor personal en tx.gr3math.com

Lección 3-7 Resta con ceros **127**

Enrich (p. 42) AL

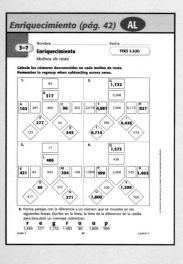

Enriquecimiento (pág. 42) AL

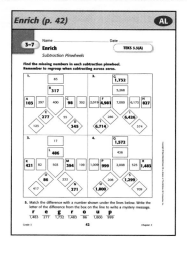

Subtract Across Zeros

Example 2 Be sure that students understand that when there are no ones or tens to subtract from, that they must regroup beginning with the hundreds place. One of the hundreds will be regrouped as 10 tens, and then one of the tens will regroup as 10 ones.

ADDITIONAL EXAMPLES

1 A large box of peppers weighs 200 pounds. A small box of peppers weighs 145 pounds. What is the difference in the weight of the two boxes of peppers? 55 pounds

2 Gina and Bruce are playing a video game. Gina scored 17 points. Bruce scored 300 points. How many more points did Bruce score? 283 more points

CHECK What You Know

As a class, have students complete Exercises 1–6 in **Check What You Know** as you observe their work.

Exercise 6 Assess student comprehension before assigning practice exercises.

BL Alternate Teaching Strategy   TEKS 3.3(A)

If students have trouble subtracting across zeros …

Then use one of these reteach options:

1 **CRM Daily Reteach Worksheet** (p. 38)

2 Use play money. For example, have students use play money to model the problem 40¢ − 37¢. Point out that they will need to regroup 1 dime as 10 pennies before they can subtract. As they regroup, have them record the problem and show their work. Watch students as they regroup and record in order to help them make the connection between their manipulatives and the paper and pencil method.

COMMON ERROR!

Students may forget to regroup more than one time when they subtract across zeros. Allow these students time to work with the base-ten blocks. Have them work in pairs to check each other's work.

Lesson 3-7 Subtract Across Zeros **127**

Resta con ceros

Ejemplo 2 Asegúrese que los alumnos entiendan que cuando no hay unidades o decenas de las cuales restar, deben reagrupar comenzando con el lugar de las centenas. Una de las centenas será reagrupada como 10 decenas y luego, una de las decenas será reagrupada como 10 unidades.

EJEMPLOS ADICIONALES

1 Una caja grande de pimienta pesa 200 libras. Una caja pequeña de pimienta pesa 145 libras. ¿Cuál es la diferencia en peso de las dos cajas de pimienta? 55 libras

2 Gina y Bruce están jugando un videojuego. Gina anota 17 puntos. Bruce anota 300 puntos. ¿Cuántos puntos más anotó Bruce? 283 puntos más

VERIFICA lo que sabes

En conjunto, pídales a los alumnos que completen los Ejercicios 1 al 6 en **Verifica lo que sabes** a medida que usted observa sus trabajos.

Ejercicio 6 Evalúa la comprensión del alumno antes de asignarle los ejercicios prácticos.

BL Estrategia alternativa de enseñanza   TEKS 3-3(A)

Si Los alumnos tienen problemas restar con ceros…

Entonces Use una de estas opciones de reforzamiento:

1 **CRM Hoja de reforzamiento diario** (pág. 38)

2 Usen dinero de juego. Por ejemplo, pídales a los alumnos que usen dinero de juego para hacer un modelo del problema 40¢ - 37¢. Señálales que necesitarán reagrupar 1 moneda de 10¢ como 10 monedas de 1¢ antes de poder restar. A medida que reagrupen, pídales registrar el problema y que muestren su trabajo. Observe a los alumnos a medida que reagrupan y registran para ayudarlos a hacer la conexión entre sus manipulativos y el método de papel y lápiz.

¡ERROR COMÚN!

Los alumnos pueden olvidar reagrupar más de una vez cuando restan con ceros. Permítales a estos alumnos tiempo para trabajar con bloques de base diez. Pídales que trabajen en parejas para verificar el trabajo mutuamente.

Lección 3-7 Resta con ceros **127**

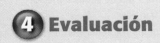 Práctica

Asigne la práctica para los Ejercicios 7 al 20 según los siguientes niveles.

Nivel	Asignación
BL Nivel bajo	8–10, 12–15, 17
OL A nivel	8–11, 13–16, 18–19
AL Nivel avanzado	7–17 odd, 19–20

Pídales a los alumnos que analicen y completen los problemas de razonamiento de alto nivel. En el Ejercicio 20, a los alumnos puede hacérseles mas fácil explicar los pasos si usan los bloques de base 10 para hacer un modelo de los procesos.

Escribe en matemáticas Pídales a los alumnos que completen el Ejercicio 20 en sus Diarios de Matemáticas. Puede elegir hacer este ejercicio como una evaluación formativa adicional.

4 Evaluación

TEKS 3.3(A)

Evaluación formativa

- ¿Cómo pueden restar 125 de 200 si no hay decenas, ni unidades en 200?
  Ejemplo de respuesta: Reagrupar 2 centenas como 1 centena, 9 decenas, y 10 unidades.

Control Rápido ¿Les sigue costando a los alumnos restar con ceros?

Si la respuesta es:
Sí → Opciones para grupos pequeños (pág. 126B)
No → Opciones de trabajo independiente (pág. 126B)
  CRM Hoja de ejercicios para la práctica de destrezas (pág. 39)
  CRM Hoja de trabajo de enriquecimiento (pág. 42)

Boleto de salida Escriba el problema 600 − 438 en la pizarra. Indíqueles a los alumnos que resten, escriban la respuesta en una hoja de papel y se la entreguen.

6. Convertir 1 decena como 10 unidades, pero no hay decenas. Convertir 1 centena como 10 decenas, luego, convertir una de las decenas como 10 unidades. Restar unidades, decenas, centenas. La respuesta es 137.

3 Practice

Differentiate practice using these leveled assignments for Exercises 7–20.

Level	Assignment
BL Below Level	8–10, 12–15, 17
OL On Level	8–11, 13–16, 18–19
AL Above Level	7–17 odd, 19–20

Have students discuss and complete the Higher Order Thinking problems. For Exercise 20, students may find it easier to explain the steps if they use base-ten blocks to model the process.

WRITING IN ►MATH Have students complete Exercise 20 in their Math Journals. You may choose to use this exercise as an optional formative assessment.

4 Assess

Formative Assessment
TEKS 3.3(A)

- **How can you subtract 125 from 200 if there are no tens and no ones in 200?**
  Sample answer: Regroup 2 hundreds as 1 hundred, 9 tens, and 10 ones.

Quick Check **Are students continuing to struggle with subtracting across zeros?**

If Yes → Small Group Options (p. 126B)

If No → Independent Work Options (p. 126B)
  CRM Skills Practice Worksheet (p. 39)
  CRM Enrich Worksheet (p. 42)

Ticket Out the Door Write the problem 600 − 438 on the board. Tell students to subtract, write the answer on a piece of paper, and give it to you.

6. Rename 1 ten as 10 ones, but there are no tens. Rename 1 hundred as 10 tens the rename one of the tens as 10 ones. Subtract ones, tens, hundreds. The answer is 137.

128   **Chapter 3** Subtract to Solve Problems

✔ VERIFICA lo que sabes

Resta. Usa figuras para modelar si es necesario. Verifica tus resultados. Ver Ejemplos 1 y 2 (págs. 126–127)

1. 208 140
    − 68

2. 208 725
    − 77

3. 500 183
    − 317

4. 300 $74
    − 226

5. En un frasco hay 200 monedas de 1¢. Si se retiran 27, ¿cuántas quedan? 173
★Indica problemas de pasos múltiples

6. **Coméntalo** Explica los pasos para calcular 503 − 366.
Ver Apéndice de respuestas del Cap. 3.

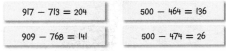

► Práctica y solución de problemas
PRÁCTICA EXTRA Ver página R9

Resta. Usa figuras para modelar si es necesario. Verifica tus resultados. Ver Ejemplos 1 y 2 (págs. 126–127)

7. 401 364
    −37

8. 902 818
    −84

9. 300 83
    − 217

10. 400 144
    − 256

11. $500 $112
    − $388

12. $800 $115
    − $685

13. 400 189
    − 211

14. 403 176
    − 227

★15. Darnell pagó por su televisor con cuatro billetes de $50. ¿Cuánto costó su televisor si recibió $2 de cambio? $158

★16. Un granjero recogió 2,008 naranjas. De éstas, botó 32 y vendió 1,469. ¿Cuántas naranjas quedan? 507 naranjas

17. Hanako quiere ganarse 200 puntos por entregar su tarea a tiempo este año. ¿Cuántos puntos necesita si hasta ahora tiene 137? 63 puntos

18. **Medición** Un parque mide 400 pies alrededor de su exterior. Tres lados juntos miden 293 pies. ¿Cuántos pies mide el último lado del parque?

Problemas H.O.T.

19. ¿CUÁL NO PERTENECE? Identifica el problema con la respuesta incorrecta. Explica tu razonamiento.

19–20. Ver Apéndice de respuestas del Cap. 3.

$917 − 713 = 204$	$500 − 464 = 136$
$909 − 768 = 141$	$500 − 474 = 26$

20. **ESCRIBE EN ►MATEMÁTICAS** Calcula 904 − 838. Explica los pasos que sigues a medida que calculas la diferencia.

128   **Capítulo 3** Resta para resolver problemas

Homework Practice (p. 40) **OL**

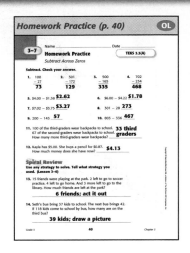

Práctica de tarea (pág. 40) **OL**

128   Capítulo 3 Resta para resolver problemas

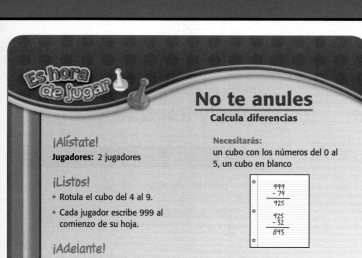

No te anules

Calcula diferencias

¡Alístate!

Jugadores: 2 jugadores

¡Listos!

- Rotula el cubo del 4 al 9.
- Cada jugador escribe 999 al comienzo de su hoja.

¡Adelante!

- El jugador 1 lanza el cubo y escribe el número de dos dígitos debajo del 999. Resta.
- El jugador 2 lanza los cubos, forma un número de dos dígitos, lo escribe debajo del 999 en su papel y resta.
- Los jugadores continúan y restan del número menor.

Necesitarás:
un cubo con los números del 0 al 5, un cubo en blanco

- Cuando un jugador cree que su diferencia es la menor posible, se puede detener. El otro jugador puede tomar turnos para continuar.
- Si un jugador lanza un número que da una diferencia por debajo de cero, el juego se acaba y el otro jugador gana. Si no, gana el jugador con la menor diferencia.

Differentiated Practice

Use these leveled suggestions to differentiate the game for all learners.

Level	Assignment
BL Below Level	Students may use base-ten blocks to model three-digit numbers.
OL On Level	Have students play the game with the rules as written.
AL Above Level	Challenge the winning student of each pair to find the difference between his or her leftover total and that of his or her partner's total.

Do Not Zero Out

Math Concept: Find Differences

TEKS 3.3(B)

Materials: pencil, paper
Manipulatives: one 0–5 number cube, one blank number cube

Introduce the game on p. 129 to your students to play as a class, in small groups, or at a learning workstation to review concepts introduced in this chapter.

Instructions

- Ask students to choose a partner to play this game.
- Each student makes a game sheet or uses a master you have handed out. Each group labels their blank number cube 4–9.
- Each player writes 999 at the top of their sheet. Player 1 rolls the number cubes and writes the two-digit number. That player subtracts the number from 999.
- Player 2 rolls the number cubes, makes a two-digit number, and subtracts from 999.
- Students take turns making two-digit numbers and subtracting from their remainders. Players may hold at any time, allowing the other player to continue taking turns.
- If a player must subtract a number that brings his or her total below zero, that player has zeroed out and the other player wins.
- The player who gets the closest to zero without reaching it or going under wins.

Extend the Game

Have students create a game board for subtracting four-digit numbers.

No te anules

Concepto matemático: Calcula la diferencia

Materiales: lápiz, papel
Manipulativos: un cubo numerado enumerado del 0 al 5, un cubo numerado en blanco

Presente el juego de la pág. 129 a los alumnos para que lo jueguen en conjunto, en grupos pequeños o en la estación de aprendizaje, para repasar los conceptos presentados en este capítulo.

Instrucciones

- Pídales a los alumnos que elijan a un compañero para este juego.
- Cada alumno hace una hoja de juego o usa una impresa entregada por usted. Cada jugador rotula su cubo numerado en blanco con los números 4 al 9.
- En la parte superior de su hoja, cada jugador escribe 999. El primer jugador lanza el cubo numerado y escribe el número de dos dígitos. Este jugador resta el número de 999.
- El segundo jugador lanza el cubo numerado, forma un número de dos dígitos y resta de 999.
- Los alumnos toman turnos formando números de dos dígitos y restándolos de sus residuos. Los jugadores pueden parar en cualquier momento, permitiéndole al otro jugador que continúe tomando turnos.
- Si el jugador debe restar un número que lo coloca a él o ella por debajo de cero, ese jugador se pasó de cero y el otro jugador gana.
- El jugador que llegue más cerca de cero, sin llegar a él o pasarse, gana.

Ampliación del juego

Pídales a los alumnos crear un tablero de juego para restar números con 4 dígitos.

Práctica diferenciada

Use estos niveles sugeridos para diferenciar el juego para todos los aprendices.

Nivel	Asignación
BL Nivel bajo	Los alumnos pueden usar bloques de base diez para hacer un modelo de números de tres dígitos.
OL A nivel	Pídales a los alumnos que realicen el juego con las reglas como están escritas.
AL Nivel avanzado	Rete al alumno ganador de cada pareja a calcular la diferencia entre su remanente total y el del total de su compañero (a).

Planificador de lección

Objetivo

Elige suma o resta para resolver problemas.

TEKS y TAKS

TEKS Objetivo 3.3 El estudiante suma y resta para resolver problemas relevantes en los que se usan números enteros. **(B) Seleccione la suma o la resta y utilice la operación para resolver problemas en los que se usan números enteros hasta el 999.**

TAKS 1 El estudiante demostrará un entendimiento del razonamiento numérico, operacional y cuantitativo.

Las páginas del alumno también cubren los siguientes TEKS:
TEKS 3.15(B) Coméntalo, Ejercicio 4
TEKS 3.14(A), TEKS 3.16(B) Problemas H.O.T., Ejercicios 9-11

Repaso de vocabulario

suma, resta

Rutina diaria

Siga estas sugerencias antes de iniciar la lección de la pág. 130.

Problema del día

A las 8 a.m. la temperatura era 59°. Para las 3 p.m. la temperatura aumento a 28°. A las 11 p.m. la temperatura había descendido 19°. ¿Cuál era la temperatura a las 11 p.m.? 68°

Control de 5 minutos TEKS 3.3 (A)
(Repaso de la Lección 3-7)

Estimen. Luego, resten.

1. 802
   −67
   735

2. 700
   −149
   551

3. $400
   $232
   $168

4. $500
   −$375
   $125

LESSON
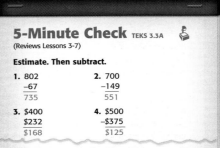
3-8 Select Addition or Subtraction

Lesson Planner

Objective

Select addition or subtraction to solve problems.

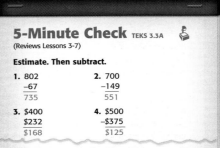TEKS and TAKS

Targeted TEKS 3.3 The student adds and subtracts to solve meaningful problems involving whole numbers. **(B) Select addition or subtraction and use the operation to solve problems involving whole numbers through 999.**

TAKS 1 The student will demonstrate an understanding of numbers, operations, and quantitative reasoning.

Student pages also address the following TEKS:
TEKS 3.15(B) Talk About It, Exercise 4
TEKS 3.14(A), TEKS 3.16(B) H.O.T. Problems, Exercises 9-11

Review Vocabulary

addition, subtraction

Resources

Materials: construction paper, index cards

Literature Connection: *Red Riding Hood's Math Adventure: A Subtraction Story Book* by Lalie Harcourt and Ricki Wortzman

Teacher Technology
Interactive Classroom • TeacherWorks • Concepts in Motion

Focus on Math Background

One of the most valuable mathematical skills a person can have is the ability to formulate a situation in mathematical terms. Only when a problem of any level of complexity is translated into concise, often symbolic, mathematical form can the vast power of mathematics be employed in its solution. This lesson is a first step along the path to creating useful mathematical models of real situations. Students begin to see that certain keywords used to describe relationships between quantities suggest particular mathematical operations. "How many altogether?" implies addition, while "How many more?" and "How many are left over?" may require subtraction. The ability to use mathematics becomes increasingly tied to the ability to use language.

130A **Chapter 3** Subtract to Solve Problems

Daily Routine

Use these suggestions before beginning the lesson on p. 130.

5-Minute Check TEKS 3.3A
(Reviews Lessons 3-7)

Estimate. Then subtract.

1. 802
   −67
   735

2. 700
   −149
   551

3. $400
   $232
   $168

4. $500
   −$375
   $125

Problem of the Day

At 8 A.M. the temperature was 59°. The temperature rose 28° by 3 P.M. By 11 P.M. the temperature had dropped 19°. What was the temperature at 11 P.M.? 68°

Review Math Vocabulary

Write the lesson vocabulary words and their definitions on the board.

Have students talk about the kinds of real-world problems that they have solved using *addition* or *subtraction*.

Visual Vocabulary Cards

Use Visual Vocabulary Cards 1 and 49 to reinforce the vocabulary reviewed in this lesson. (The Define/Example/Ask routine is printed on the back of each card.)

addition

Repaso de vocabulario matemático

Escriba las palabras del vocabulario y sus definiciones en la pizarra.

Pídales a los alumnos que hablen sobre los tipos de problemas concretos que ellos han resuelto utilizando la suma o la resta.

Tarjetas visuales de vocabulario

Use la(s) tarjeta(s) visual(es) del vocabulario 1 y 49 para reforzar el vocabulario presentado en esta lección. (En la parte trasera de cada tarjeta está escrita la rutina Definir/Ejemplo/Pregunta).

suma

Differentiated Instruction

Small Group Options

Option 1 TEKS 3.3(B) KINESTHETIC LOGICAL

Gifted and Talented AL

Materials: number cubes

- Have students roll a number cube three times to make a three-digit number.
- Next, students choose two numbers, one greater than the three-digit number and one less than the three-digit number.
- Challenge students to use addition and subtraction to reach their goal number in four steps, alternating operations.

I rolled 147.
Goal numbers: 189 and 33.

$147 + 23 - 14 + 43 - 10 = 189$

$147 - 89 + 7 - 41 + 9 = 33$

Option 2 AUDITORY, LOGICAL

English Language Learners ELL

Materials: cards with numbers 3, 8, 42, 45, 638, 630, blank index cards
Core Vocabulary: from, to, operation
Common Use Verb: keeps
Hear Math This strategy helps students select between addition and subtraction.

- Tape cards 3 and 8 on board, leaving a blank in between.
- Ask: "What **operation** takes me **from** 3 **to** 8?" add 5
- Write: "addition."
- Repeat with 45, 42 -3 and 638, 630. -8 Write: "subtraction."
- Have students write similar problems on cards.
- Lay a card. A partner states the operation. If the partner is right he or she keeps the card. If wrong, then the partner lays one of his or her cards.
- The student with the most cards at the end wins.

Independent Work Options

Option 1 LOGICAL

Early Finishers AL

- Have students work on solving some of the problems written on construction paper for Activity Choice 1. If there is something wrong with a problem, have them work on rewriting it to make it solvable.
- They can exchange papers and check each other's work.

Option 2

Student Technology

Math Online tx.gr3math.com
Personal Tutor • Extra Examples • Online Games
Math Adventures: Scrambled Egg City (3B, 3A, 2D)

Option 3

Learning Station: Writing (p. 100G)

Direct students to the Writing Learning Station for opportunities to explore and extend the lesson concept.

Option 4

Problem-Solving Practice

Reinforce problem-solving skills and strategies with the Problem-Solving Practice worksheet.

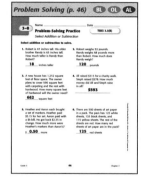

Problem Solving (p. 46) BL OL AL

Lesson 3-8 Select Addition or Subtraction **130B**

Instrucción diferenciada

Opciones de trabajo independiente

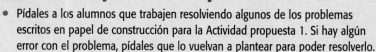

Opción 1 LÓGICO

Para los que terminan primero OL AL

- Pídales a los alumnos que trabajen resolviendo algunos de los problemas escritos en papel de construcción para la Actividad propuesta 1. Si hay algún error con el problema, pídales que lo vuelvan a plantear para poder resolverlo.
- Los alumnos pueden intercambiar hojas y verificar el trabajo de cada uno.

Opción 2

Tecnología para el alumno

Enlace tecnológico

Matemáticas en línea tx.gr3math.com
Personal Tutor • Extra Examples • Online Games
Math Adventures: Scrambled Egg City (3B, 3A, 3D)

Opción 3

Estación de aprendizaje: Redacción (pág. 100G)

Dirija a los alumnos a la estación de aprendizaje de redacción para que tengan la oportunidad de explorar y ampliar el concepto de la lección.

Opción 4

Práctica y solución de problemas

Refuerce las destrezas y las estrategias de solución de problemas con la hoja de trabajo de solución de problemas.

Opciones para grupos pequeños

Opción 1 TEKS 3.3(B) CINESTÉSICO, LÓGICO

Talentosos AL

Materiales: cubos numerados

- Pídales a los alumnos que lancen un cubo numerado tres veces para formar un numero de tres dígitos.
- Después, los alumnos eligen dos números, uno mayor que el número de tres dígitos y uno menor que el número de tres dígitos.
- Rete a los alumnos a usar la suma y la resta, alternando operaciones, para alcanzar su meta con el plan de los cuatro pasos.

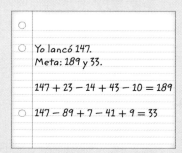

Yo lancé 147.
Meta: 189 y 33.

$147 + 23 - 14 + 43 - 10 = 189$

$147 - 89 + 7 - 41 + 9 = 33$

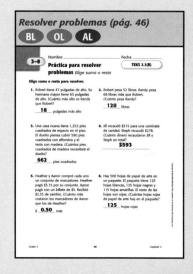

Resolver problemas (pág. 46) BL OL AL

Elige suma o resta

① Presentación   TEKS 3.3(B)

Actividad propuesta 1 • Práctica

- Divida a los alumnos en grupos. Pídales a algunos de los grupos que en un papel de construcción escriban problemas concretos de suma, y a los otros grupos que escriban problemas concretos de resta.
- Cuando los problemas estén completos, pídale a cada grupo que lea su problema al resto de la clase. Luego, en conjunto, comenten si ellos creen que era o no un problema que involucraba suma o resta.

Actividad propuesta 2 • Literatura

Presente la Lección con *Red Riding Hood's Math Adventure: A Subtraction Store Book* de Lalie Harcourt y Ricki Woetzman. (Vea la página R104 para una actividad matemática relacionada.)

② Enseñanza   TEKS 3.3(B)

Preguntas básicas

Elija y revise con la clase un problema de la Actividad Propuesta 1.

- **¿Cada alumno ha resuelto el problema? ¿Cuál es la solución?** Las respuestas pueden variar.
- **¿Cuál es la información importante?** Las respuestas pueden variar.
- **¿Qué operación utilizaron? ¿Por qué?** Las respuestas pueden variar.

 **PREPÁRATE para aprender**

Pídales a los alumnos que abran sus libros y lean la información de **Prepárate para aprender.** Repase suma y resta. En conjunto, trabajen los Ejemplos 1 y 2.

Select Addition or Subtraction

① Introduce   TEKS 3.3(B)

Activity Choice 1 • Hands-On

- Divide students into groups. Have some groups write real-world addition problems on sheets of construction paper and other groups write real-world subtraction problems.
- When the problems are complete, have each group read their problem to the rest of the class. Then, as a class, discuss whether or not they think the problem involves addition or subtraction.

Activity Choice 2 • Literature

Introduce the lesson with *Red Riding Hood's Math Adventure: A Subtraction Story Book* by Lalie Harcourt and Ricki Wortzman. (For a related math activity, see p. R104.)

② Teach   TEKS 3.3(B)

Scaffolding Questions

Select one problem from Activity Choice 1 to go over with the class.

- **Have each student solve the problem. What is the solution?** Answers will vary.
- **What is the important information?** Answers will vary.
- **What operation did you use? Why?** Answers will vary.

 GET READY to Learn

Have students open their books and read the information in **Get Ready to Learn.** Review **addition** and **subtraction**. As a class, work through **Examples 1 and 2.**

> ⚠️ **COMMON ERROR!**
>
> Students may choose the wrong operation. Remind them to use the information in the problem to check their answers for reasonableness.

⚠️ **¡ERROR COMÚN!**

Los alumnos pueden elegir la operación incorrecta. Recuérdeles usar la información en el problema para verificar la racionalidad de sus respuestas.

Elige suma o resta

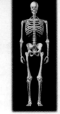

PREPÁRATE para aprender

Un bebé puede tener 300 huesos. Un adulto tiene 206 huesos. ¿Cuántos huesos más tiene un bebé?

> **IDEA PRINCIPAL**
>
> Elegiré sumar o restar para resolver un problema.
>
> 🏴 **TEKS Objetivo 3.3**
> El estudiante suma y resta para resolver problemas relevantes en los que se usan números enteros. (B) Seleccione la suma o la resta y utilice la operación para resolver problemas en los que se usan números enteros hasta el 999.

En esta lección elegirás suma o resta.

EJEMPLO concreto   Elige suma o resta

① **¿Cuántos más huesos tiene un bebé que un adulto?**

Decide si usas suma o resta para resolver.

Las palabras *cuántos más* significan que se requiere restar.

$$\begin{array}{r} \overset{9}{\cancel{2}}\,\overset{10}{\cancel{0}}\,\overset{10}{\cancel{0}} \\ \cancel{300} \\ -\ 206 \\ \hline 94 \end{array}$$

PIENSA Cuando restas con ceros, no te olvides reagrupar.

Entonces, un bebé tiene 34 huesos más que un adulto.

en línea **Tutor personal en** tx.gr3math.com

EJEMPLO concreto   Elige suma o resta.

② **Maya gastó 45¢ en una manzana y 52¢ en un banano. ¿Cuánto gastó en total?**

Las palabras *en total* indican que necesitas sumar.

$$\begin{array}{r} 45¢ \\ +52¢ \\ \hline 97¢ \end{array}$$ Entonces, Maya gastó 97¢.

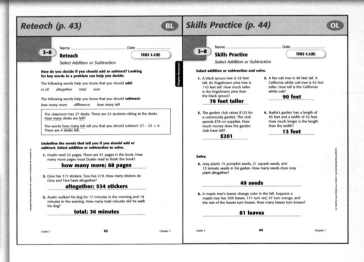

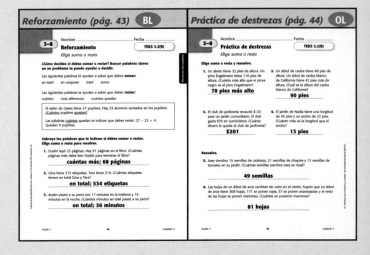

✓ VERIFICA lo que sabes

Elige suma o resta para resolver. Ver Ejemplos 1 y 2 (pág. 130)

1. Dale tiene 174 bellotas. Si Bret trata de recoger 225 bellotas, ¿cuántas más debe recoger? **51 bellotas**

2. Frankie rastrilló 711 hojas. Lea rastrilló 25 hojas más que Frankie. ¿Cuántas hojas rastrillo ella en total? **736 hojas**

3. Patsy saltó la cuerda 284 veces seguidas. Para empatar el récord, necesita saltar 150 veces más. ¿Cuál es el récord? **434 saltos**

4. **Coméntalo** Escribe dos palabras o frases que puedan usarse en los problemas para demostrar que se necesita sumar.
Ejemplo de respuesta: en total, en conjunto

Práctica y solución de problemas
 PRÁCTICA EXTRA Ver página R9

Elige suma o resta para resolver. Ver Ejemplos 1 y 2 (pág. 130)

5. La coral vendió 677 boletos para su concierto. Hay 800 asientos en el auditorio. ¿Cuántos boletos más están disponibles? **123 boletos**

6. Nathalie tomó 67 fotos de venados para el club de fotografía. 19 de los venados comían. ¿Cuántos venados no comían? **48 venados**

7. La tabla muestra cuántas calcomanías se ganó cada alumno. ¿Cuántas calcomanías se ganaron Corina y Suzanne en total?
101 calcomanías

Corina	44
Kat	37
Suzanne	57

8. La tabla muestra cuántas papeleras se vacían cada semana. ¿Cuántas papeleras hay en total? **71 papeleras**

Día	Número de papeleras
Lunes	14
Martes	35
Miércoles	22

Problemas H.O.T.

9. **INTERPRETA** En la venta de productos horneados, los alumnos vendieron panecillos y jugo. Se ganaron un total de $25 por los panecillos. Si se ganaron más de $40 en total, ¿cuánto hubieran ganado por la venta de los jugos? Explica tu razonamiento.
Ejemplo de respuesta: $30; $25 + $30 = $55. $55 es más que $40

10. **RETO** El jardín de Mark tiene 45 tulipanes, 32 claveles y 18 lirios. Si corta 8 de cada una y las coloca en un florero, ¿cuántas flores quedarán? **71 flores**

11. **ESCRIBE EN ▶ MATEMÁTICAS** Escribe un problema concreto planteado en palabras que use la suma. Ejemplo de respuesta: 55 alumnos se sentaron en el piso durante una asamblea. 33 alumnos se sentaron en sillas. ¿Cuántos alumnos habían en total?; 88

Lección 3-8 Elige suma o resta **131**

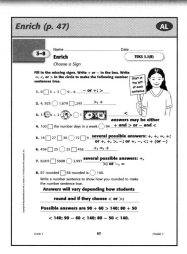

Enrich (p. 47) AL

Enriquecimiento (pág. 47) AL

✓ CHECK What You Know

As a class, have students complete Exercises 1–4 in **Check What You Know** as you observe their work.

💬 **Exercise 4** Assess student comprehension before assigning practice exercises.

BL Alternate Teaching Strategy TEKS 3.10

If students have trouble selecting addition or subtraction …

Then use one of these reteach options:

1. CRM **Daily Reteach Worksheet** (p. 43)

2. Make 2 columns, add and subtract, on an index card. Write phrases in each column that could be used to indicate a specific operation.
   - **In which column would you put find the difference?** subtract Have students supply additional terms. Encourage students to refer to card as they work problems.

3 Practice

Differentiate practice using these leveled assignments for Exercises 5–11.

Level	Assignment
BL Below Level	5–7
OL On Level	6–8, 9
AL Above Level	5–11

4 Assess

✓ Formative Assessment TEKS 3.3(B)

Have each student write a real-world problem that involves subtraction and solve it.

Quick Check Are students continuing to struggle with selecting addition or subtraction?

If Yes → CRM Reteach Worksheet (p. 43)

If No → Independent Work Options (p. 130B)
CRM Skills Practice Worksheet (p. 44)
CRM Enrich Worksheet (p. 47)

Lesson 3-8 Select Addition or Subtraction **131**

✓ VERIFICA lo que sabes

En conjunto, pídales a los alumnos que completen los Ejercicios 1 al 4 en **Verifica lo que sabes** a medida que usted observa sus trabajos.

💬 **Ejercicio 4** Evalúa la comprensión del alumno antes de asignarle los ejercicios prácticos.

BL Estrategia alternativa de enseñanza TEKS 3.10

Si Los alumnos tienen problemas eligiendo suma o resta…

Entonces Use una de estas opciones de reforzamiento:

1. CRM **Hoja de reforzamiento diario** (pág. 43)

2. En una tarjeta hagan dos columnas, una para suma y otra para resta. En cada columna escriba frases que se puedan usar para indicar una operación especifica.
   - **¿En qué columna colocarían halla la diferencia?** Resta Pídales a los alumnos que suministren otros términos. Anime a los alumnos a consultar la tarjeta a medida que trabajan los problemas.

3 Práctica

Asigne la práctica para **los Ejercicios 5 al 11** según los siguientes niveles.

Nivel	Asignación
BL Nivel bajo	5–7
OL A nivel	6–8, 9
AL Nivel avanzado	5–11

4 Evaluación

✓ Evaluación formativa TEKS 3.3(B)

Pídale a cada alumno que escriba un problema concreto que involucre resta y que lo resuelvan.

Control Rápido ¿Les sigue costando a los alumnos usar propiedades de la suma para sumar números enteros?

Si la respuesta es:
Sí → Hoja de trabajo de enriquecimiento (pág. 43)
No → Opciones de trabajo independiente (pág. 130B)
CRM Hoja de ejercicios para la práctica de destrezas (pág. 44)
CRM Hoja de trabajo de enriquecimiento (pág. 47)

Lección 3-8 Elige suma o resta **131**

CAPÍTULO 3 Guía de estudio y repaso

 **Plegados de Dinah Zike**

Use estas sugerencias para la lección a fin de incorporar los Plegados durante el capítulo. Los alumnos pueden usar sus Plegados para repasar para el examen.

Lección 3-5 Use los Plegados para escribir sobre reagrupación en la resta y proporcione ejemplos de resta de tres dígitos con reagrupación. Pídales a los alumnos que usen la estimación para verificar la racionalidad de sus resultados.

Lección 3-7 Pídales a los alumnos que registren y resuelvan problemas de resta ellos resten con ceros. Pídales a los alumnos que expliquen el proceso que usaron y luego, pídales que usen estimación para verificar la racionalidad de sus resultados.

Vocabulario clave

Las referencias de las páginas después de cada palabra denotan dónde se presenta por primera ese término. Si los alumnos tienen dificultades con los Ejercicios 1 al 4, recuérdeles que pueden usar las referencias de las páginas para repasar los términos del vocabulario.

Repaso de vocabulario

Repase el vocabulario del capítulo usando una de las siguientes opciones:
- **Tarjetas visuales de vocabulario** (1, 13, 19, 21, 47 y 49)
- **Glosario electrónico** en tx.gr3math.com

CHAPTER 3 Study Guide and Review

FOLDABLES **Dinah Zike's Foldables**

Use these lesson suggestions for incorporating the Foldables during the chapter. Students can then use their Foldables to review for the test.

Lesson 3-5 Use the Foldable to write about regrouping in subtraction and to give examples of subtracting three-digit numbers with regrouping. Have students use estimation to verify the reasonableness of their results.

Lesson 3-7 Have students record and solve subtraction problems where they subtract across zeros. Ask students to explain the process they use, and then have them use estimation to verify the reasonableness of their results.

Key Vocabulary

The page references after each word denote where that term was first introduced. If students have difficulty answering Exercises 1–4, remind them that they can use these page references to review the vocabulary terms.

Vocabulary Review

Review chapter vocabulary using one of the following options.
- **Visual Vocabulary Cards** (1, 13, 19, 21, 47, and 49)
- **eGlossary** at tx.gr3math.com

132 **Chapter 3** Subtract to Solve Problems

CAPÍTULO 3 Guía de estudio y repaso

 PLEGADOS Organiza el estudio **PREPÁRATE para estudiar**

Asegúrate que las siguientes palabras del vocabulario clave y los conceptos clave se escriban en tu Plegado.

Las GRANDES Ideas

- Quizá necesites reagrupar para restar.
(pág. 104)

```
 3 11
 4 1
-2 7
 1 4
```
No puedes tomar 7 unidades de 1 unidad.

Reagrupa 1 decena como 10 unidades.
1 unidad + 10 unidades = 11 unidades.

- Algunas veces puedes necesitar reagrupar más de una vez. (págs. 120–121)

```
 6 12 15
 7 3 5
-2 4 7
 4 8 8
```
Reagrupa 1 decena como 10 unidades

Reagrupa 1 centena como 10 decenas.

132 Capítulo 3 Resta para resolver problemas   Repaso de vocabulario en tx.gr3math.com

Vocabulario clave

diferencia (pág. 103)
estimar (pág. 106)
reagrupar (pág. 104)

Verifica el vocabulario

Elige la palabra del vocabulario que completa cada oración.

1. Si no hay suficientes unidades de las cuales restar, debes _____?_____ una decena.
reagrupar

2. Cuando calculas una respuesta cercana a una respuesta exacta, tú _____?_____ .
estimas

3. El resultado de un problema de resta es la _____?_____ .
diferencia

4. En la expresión numérica 12 − 8 = 4, el 4 es la _____?_____ . diferencia

---

 Chapter 3 Project

Burn Up The Charts

Alone, in pairs, or in small groups, have students discuss the results of their completed chapter project with the class. Assess their work using the Chapter Project rubric found in Chapter 3 Resource Masters, p. 58.

 Proyecto del Capítulo 3

¡Quemar calorías de la tabla!

Pídales a los alumnos que comenten los resultados finales de su proyecto del capítulo con la clase, bien sea solos, en parejas o en grupos pequeños. Evalúe su trabajo usando la pauta del proyecto del capítulo que se encuentra en la pág. 58 de las hojas maestras de recursos del Capítulo 3.

132 Capítulo 3 Resta para resolver problemas

Repaso de lección por lección

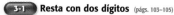

3-1 **Resta con dos dígitos** (págs. 103–105)

Ejemplo 1

Hay 23 alumnos en la clase del Sr. Turner. 15 de los alumnos toman el autobús para ir a la escuela. ¿Cuántos alumnos no toman el autobús para ir a la escuela?

Calcula 23 − 15.

Paso 1 Reagrupa.

$$\begin{array}{r} 1\ 13 \\ 2\!\!\!\!\diagdown\!3 \\ -15 \\ \end{array}$$

Reagrupa 1 decena como 10 unidades.
3 unidades + 10 unidades = 13 unidades.

Paso 2 Resta las unidades.

$$\begin{array}{r} 1\ 13 \\ 2\!\!\!\!\diagdown\!3 \\ -15 \\ \hline 8 \end{array}$$

13 unidades − 5 unidades = 8 unidades

Paso 3 Resta las decenas.

$$\begin{array}{r} 1\ 13 \\ 2\!\!\!\!\diagdown\!3 \\ -15 \\ \hline 08 \end{array}$$

1 decena − 1 decena = 0 decenas

Entonces, 8 alumnos no toman el autobús para ir a la escuela.

Verifica Suma para verificar.

$$\begin{array}{r} 23 \\ -15 \\ \hline 8 \end{array} \qquad \begin{array}{r} 8 \\ +15 \\ \hline 23 \end{array}$$

Entonces, la respuesta es correcta. ✓

Resta. Usa figuras como modelos si es necesario. Verifica tus resultados.

5. $\begin{array}{r} 17 \\ -4 \\ \hline 13 \end{array}$ 6. $\begin{array}{r} 38 \\ -6 \\ \hline 32 \end{array}$

7. 83 − 49 **34** 8. 62 − 28 **34**

9. Jackie tiene 37 trozos de papel. Si le da 14 a Sharon, ¿cuántos le quedan? **23 trozos**

10. Quedan 18 días en el mes. Si hay 31 días en total, ¿cuántos días pasaron? **13 días**

11. Mario escribió un reportaje para tener más crédito. Había 25 puntos posibles y Mario obtuvo 19. ¿Cuántos puntos falló? **6 puntos**

12. La tabla muestra cuántas millas viajó cada alumno durante las vacaciones. ¿Cuántas millas más viajó Shauna que Liana y Gary combinados? **19 millas**

Millas recorridas en las vacaciones	
Alumno	**Distancia (millas)**
Gary	19
Shauna	72
Liana	34

Lesson-by-Lesson Review

Have students complete the Lesson-by-Lesson Review on pp. 133–136. Then you can use ExamView® Assessment Suite to customize another review worksheet that practices all the objectives of this chapter or only the objectives on which your students need more help.

Intervention If the given examples are not sufficient to review the topics covered by the questions, use the page references next to the exercises to review that topic in the Student Edition.

Repaso de lección por lección

Pídeles a los alumnos que completen el Repaso de Lección por Lección en las págs. 133-136. Luego, puede usar el paquete de evaluación de ExamView® para adaptar otra hoja de trabajo de repaso que practique todos los objetivos de este capítulo o sólo los objetivos en los cuales sus alumnos necesitan más ayuda.

Intervención Si los ejemplos dados no son suficientes para repasar los temas cubiertos por las preguntas, recuérdeles a los alumnos que las referencias de las páginas les indican en qué parte del libro repasar el tema.

3-2   **Estima diferencias** (págs. 106–109)

Ejemplo 2
Estima 679 – 325. Redondea a la centena más cercana.

Paso 1 Redondea **Paso 2** Resta

$679 \longrightarrow 700$ $\begin{array}{r} 700 \\ -300 \\ \hline 400 \end{array}$

$325 \longrightarrow 300$

Estima. Redondea a la decena más cercana.

13. $72 - 39$ **14.** $43 - 29$
    $70 - 40 = 30$ $40 - 30 = 10$

Estima. Redondea a la centena más cercana.

15. $350 - 129$ **16.** $668 - 325$
    $400 - 100 = 300$ $700 - 300 = 400$

3-3   **Resta dinero** (págs. 110–112)

Ejemplo 3
Calcula 74¢ – 58¢.

$\begin{array}{r} {}^{6\ 14} \\ \cancel{74}¢ \\ -58¢ \\ \hline 16¢ \end{array}$

Reagrupa.
Resta las unidades.
Resta las decenas.
Coloca el signo de centavo después de la respuesta.

Resta. Usa figuras de modelos si es necesario. Verifica tus resultados.

17. $\begin{array}{r} 73¢ \\ -\ 6¢ \\ \hline 67¢ \end{array}$ **18.** $\begin{array}{r} \$92 \\ -\$48 \\ \hline \$44 \end{array}$

19. $\$77 - \$38$ **20.** $\$63 - \$58$
    $\$39$ $\$5$

3-4   **Estrategia para resolver problemas: Respuestas razonables** (págs. 116–117)

Ejemplo 4
El libro de Reuben tiene 96 páginas. El leyó 47 páginas hoy y quiere terminar su libro mañana. ¿Es razonable su meta?

Usa la estimación para verificar la racionalidad.

$96 \longrightarrow 100$ Total de páginas
$-47 \longrightarrow -\ 50$ Páginas leídas hoy
$\ \ 50$ Páginas por leer

Reuben puede leer 47 páginas en un día. 47 es cercano a 50. Por lo tanto, su meta es razonable.

21. Todos los 30 asientos en un autobús están ocupados. Después de la primera parada, sólo se ocupan 18 asientos. ¿Es razonable decir que se bajaron alrededor de 10 pasajeros? Explica. sí; $30 - 18 = 12$ asientos

22. Una bicicleta cuesta $90. Marra ahorró $23 esta semana y $19 la semana pasada. ¿Es razonable decir que Marra tendrá suficiente dinero para comprar una bicicleta después de 1 semana más? Explica.
no; ella ahorra aproximadamente $20 cada semana y necesita aproximadamente $50 más, lo cual es mucho para una semana.

Resta números de tres dígitos con reagrupación (págs. 120–123)

Ejemplo 5

Calcula 133 – 98.

Paso 1 Resta las unidades.

```
  2 13
  1 3̶3̶      Reagrupa 1 decena como 10 unidades.
– 9 8       3 unidades + 10 unidades =
            13 unidades.
    5       13 unidades – 8 unidades =
            5 unidades.
```

Paso 2 Resta las decenas

```
  12
  0 2 13
  1 3̶3̶      Reagrupa 1 centena como 10 decenas.
– 9 8       2 decenas + 10 decenas = 12 decenas.
  3 5       2 decenas + 10 decenas = 12 decenas.
```

Entonces, 133 – 98 = 35.

Resta. Verifica tus resultados.

23.
```
  213
– 155
   58
```

24.
```
  $633
– $486
  $157
```

25. 728 – 527
    201

26. 492 – 235
    257

27. Los alumnos lavan carros para recaudar fondos para el club de drama. Su meta es recaudar $150. ¿Cuánto dinero necesitan para logar su meta? $73

Lavado de carro del club de drama	
1ra hour	$23
2da hour	$29
3ra hour	$25

Investigación para resolver problemas: Elige una estrategia (págs. 124–125)

Ejemplo 6

Los alumnos quieren hacer 425 tarjetas para los pacientes del hospital. Los alumnos de segundo grado hicieron 75 tarjetas. Los de tercer grado hicieron 90 tarjetas. ¿Cuántas tarjetas más se necesitan hacer?

Calcula el número de tarjetas terminadas.

```
   75      Hechas por segundo grado
+  90      Hechas por tercer grado
  165      Hechas hasta ahora
```

Resta para calcular cuántas tarjetas aún se necesitan.

```
  3 12
  4 2̶5̶
– 1 6 5
  2 6̶0̶
```

Aún se necesita hacer 260 tarjetas.

Usa cualquier estrategia para resolver. Indica qué estrategia usaste.

28. La Sra. Taylor necesita comprar tantas manzanas como sea posible. Tiene un billete de 70¢. Cada manzana cuesta 20¢. ¿Cuántas manzanas puede comprar?
3 manzanas

29. La siguiente tabla muestra cuánto le toma a cada niño caminar hasta la escuela. ¿Cuánto más camina Salma que Ernie y Kate juntos? 4 minutos

Caminata a la escuela	
Ernie	14 minutos
Kate	18 minutos
Salma	36 minutos

Capítulo 3 Resta para resolver problemas **135**

3-7 **Resta con ceros** (págs. 126–128)

Ejemplo 7
Calcula 800 − 588.

Paso 1 Reagrupa las centenas.

7 10
8 0̶ 0̶   No puedes restarle 8 unidades
            a 0 unidades.
− 588   No hay decenas que reagrupar.
            Reagrupa 1 centena como 10 decenas.

Paso 2 Reagrupa las decenas. Resta.

       9
7 1̶0̶ 10   Reagrupa 1 decena como 10
8 0̶ 0̶   unidades.
− 588
   212   Resta.

Entonces, 800 − 588 = 212.

Resta.

30. 400
     − 39
      361

31. $600
     −$322
     $278

32. 202
    −174
      28

33. $800
    −$712
    $ 88

34. 503
    −463
      40

35. 705
    − 349
     356

36. Norma compró una casa de muñecas por $189 y pagó con dos billetes de $100. ¿Cuánto cambio recibió? $11

3-8 **Elige suma o resta** (págs. 130–131)

Ejemplo 8
Un granjero vendió 354 melones el sábado y 466 el domingo. ¿Cuántos melones vendió en total?

Las palabras *en total* te indican que deberás sumar.

  1 1
  354
+ 466
  820

Entonces, el granjero vendió 820 melones en total.

Elige suma o resta para resolver.

37. La banda de la escuela practica 62 veces en el inverno y 48 veces en la primavera. ¿Cuántas veces más practican en el invierno que en la primavera? 14

38. Un edificio de apartamentos tiene 32 apartamentos en el primer piso y 25 en el segundo. ¿Cuántos apartamentos hay en total en el edificio? 57

En los Ejercicios 1 al 3, decide si cada enunciado es *verdadero* o *falso*.

1. Al restar, siempre se comienza por el lugar de las decenas. falso

2. Algunas veces, antes de comenzar a restar, se debe reagrupar más de una vez. verdadero

3. $2 + 3 = 5$ porciones de fruta

Escribe una expresión numérica para cada problema. Luego, resuelve.

3. Vianca se comió 2 porciones de fruta hoy y 3 porciones ayer. ¿Cuántas porciones de fruta se comió en total?

4. La tienda de películas tenía 8 copias de mi película favorita y vendieron 3. ¿Cuántas copias les quedan?
$8 - 3 = 5$ películas

Estima. Redondea a la centena más cercana.

5. $\begin{array}{r} 632 \\ - 151 \\ \hline \end{array}$ $\begin{array}{r} 600 \\ - 200 \\ \hline 400 \end{array}$

6. $\begin{array}{r} 862 \\ - 305 \\ \hline \end{array}$ $\begin{array}{r} 900 \\ - 300 \\ \hline 600 \end{array}$

7. PRÁCTICA PARA LA PRUEBA
¿Cuánto más cuestan los zapatos de ballet negros que los rosados? B TAKS 1

Precio de zapatos de ballet	
Negro	$108
Rosados	$91

A $9

B $17

C $27

D $117

8. Una torta se corta en 40 trozos. ¿Es razonable decir que hay suficiente torta para 32 personas? Explica.
sí; $40 - 32 = 8$ extra

Resta. Verifica tus resultados.

9. $\begin{array}{r} 394 \\ - 271 \\ \hline \end{array}$ 123

10. $\begin{array}{r} \$927 \\ - \$439 \\ \hline \end{array}$ $488

11. $\begin{array}{r} 307 \\ - 67 \\ \hline \end{array}$ 240

12. $\begin{array}{r} \$800 \\ - \$217 \\ \hline \end{array}$ $583

Elige suma o resta para resolver.

13. Cada una de las siguientes latas contiene un tipo diferente de nuez. ¿Cuántas porciones de pacanas y almendras hay en total? 62 porciones

14. PRÁCTICA PARA LA PRUEBA
El libro de Rusty tiene 285 páginas. Él leyó 24 páginas el lunes, 37 páginas el martes y 41 páginas el miércoles. ¿Cuántas páginas le quedan por leer? G
TAKS 1

F 102   H 187

G 183   J 309

15. ESCRIBE EN ▸ MATEMÁTICAS Explica por qué sempre debes verificar tu respuesta. Ver Apéndice de respuestas

---

Summative Assessment

Use these alternate leveled chapter tests to differentiate assessment for the specific needs of your students.

Leveled Chapter 3 Tests			
Form	**Type**	**Level**	**CRM Pages**
1	Multiple Choice	BL	60–61
2A	Multiple Choice	OL	62–63
2B	Multiple Choice	OL	64–65
2C	Free Response	OL	66–67
2D	Free Response	OL	68–69
3	Free Response	AL	70–71

BL = below grade level
OL = on grade level
AL = above grade level

Vocabulary Test

CRM **Chapter 3 Resource Masters** (p. 55)

 Customize and create multiple versions of your Chapter Test and the test answer keys.

Data-Driven Decision Making

Based on the results of the Chapter Test, use the following to review concepts that continue to present students with problems.

Exercises	TEKS	What's the Math?	Error Analysis	Resources for Review
1, 4–5, 16–20	3.3(A)	Subtract two-digit and one-digit numbers. Know subtraction vocabulary. Solve subtraction expressions.	Does not understand word "expression." Cannot read and put information into number expression to solve a word problem.	Strategic Intervention Guide (pp. 38, 40, 42, 44, 46, 56)
7, 14–15	3.3(A)	Subtract three-digit numbers from four-digit numbers in money. Subtract four-digit numbers from four-digit numbers.	Does not regroup. Subtracts smaller number from larger number no matter what is on top.	CRM Chapter 3 Resource Masters (Reteach Worksheets)
3, 10	3.3(A)	Subtract two- and three-digit numbers from three-digit numbers.	Does not regroup beyond the ones place value. Subtracts smaller number from larger number no matter what is on top.	Math Online Extra Examples • Personal Tutor • Concepts in Motion • Math Adventures

---

Evaluación sumativa

Use estas pruebas de distintos niveles para realizar una evaluación diferenciada de las necesidades específicas de sus alumnos.

BL = por debajo del nivel de grado
OL = al nivel del grado
AL = sobre el nivel del grado

Pruebas niveladas del Capítulo 3			
Forma	**Tipo**	**Nivel**	**CRM Páginas**
1	Selección múltiple	BL	60–61
2A	Selección múltiplee	OL	62–63
2B	Selección múltiple	OL	64–65
2C	Respuestas tipo ensayoe	OL	66–67
2D	Respuestas tipo ensayoe	OL	68–69
3	Respuestas tipo ensayoe	AL	70–71

Prueba del vocabulario

CRM **Hojas maestras de recursos del Capítulo 3** (pág. 55)

ExamView
Assessment Suite   Elabore múltiples versiones, con las características que desee, de la prueba del Capítulo y de las claves de respuesta de la prueba.

Evaluación formativa

- Use las páginas del alumno 138-139 como práctica y repaso de los TEKS de Texas. Las preguntas están escritas en el mismo estilo de las que se encuentran en el examen de Texas.

- También puede usar estas dos páginas para medir el progreso del alumno o usarlas como una alternativa de tarea para la casa.

En las hojas maestras de recursos del Capítulo 3 se pueden hallar páginas adicionales de práctica.

[CRM] Hojas maestras de recursos del Capítulo 3
Práctica para la prueba estandarizada acumulativa
- Formato de Selección Múltiple (págs. 60-65)
- Formato de Respuestas tipo Ensayo (págs. 66-70)

Elabore hojas de ejercicios o pruebas que cumplan con los TEKS de Texas.

Matemáticas en línea
Para práctica adicional para el examen de Texas, visite tx.gr3math.com.

Texas Test Practice

Formative Assessment

- Use student pp. 138–139 as practice and review of the Texas TEKS. The questions are written in the same style as found on the Texas test.

- You can also use these two pages to benchmark student progress, or as an alternate homework assignment.

Additional practice pages can be found in the Chapter 3 Resource Masters.

[CRM] Chapter 3 Resource Masters
Cumulative Standardized Test Practice
- Multiple Choice format (pp. 60–65)
- Free Response format (pp. 66–70)

ExamView Assessment Suite Create practice worksheets or tests that align to the Texas TEKS.

Math Online
For additional practice with the Texas TEKS visit tx.gr3math.com.

Ejemplo de PRUEBA

RELLENA EL CÍRCULO Los alumnos de tercer grado recogieron 87 enlatados durante una colecta de alimentos para caridad. Los alumnos de segundo grado recogieron 72 enlatados. ¿Cuántos enlatados más recogieron los alumnos de tercer grado?

AYUDA PARA LA PRUEBA
Escribe la respuesta en las casillas de respuestas de la línea superior. Luego, rellena los dígitos 1 y 5.

Lee la pregunta
Necesitas restar para calcular la diferencia en enlatados.

Contesta la pregunta.
Resta para calcular la respuesta exacta.

$$\begin{array}{r} 87 \\ -\ 72 \\ \hline 15 \end{array}$$

Los alumnos de tercer grado recogieron 115 enlatados más que los de segundo grado.

 Tutor personal en tx.gr5math.com

Elige la mejor respuesta.

1. **RELLENA EL CÍRCULO** El equipo de baloncesto Badgers anotó 63 puntos en el primer juego y 49 puntos en su segundo juego. ¿Cuántos puntos más anotaron en el primer juego? 14 TAKS 1

2. **RELLENA EL CÍRCULO** La tabla muestra el número de alumnos por cada grado en la escuela elemental Glenview. ¿Cuántos más alumnos de tercer grado hay que alumnos de primer grado? 17 TAKS 1

Escuela elemental Glenview	
Alumnos de 1er grado	216
Alumnos de 2do grado	194
Alumnos de 3er grado	233
Alumnos de 4to grado	205

138 Capítulo 3 Resta para resolver problemas

Test-Taking Tip

Remind students that after they solve the problem, they should look back at their estimate to determine if their answer is reasonable.

Ayuda para la prueba

Recuérdeles a los alumnos que después de resolver el problema, deben revisar su estimado para determinar si su respuesta es razonable.

*Prepárate para
la prueba de Texas*
Para más estrategias para la prueba y
práctica,ver páginas TX1–TX21.

3. ¿Cuál es este número escrito en forma estándar? A TAKS 1

Millares	Unidades		
unidades	centenas	decenas	unidades
6,	1	3	9

A 6139

C 9316

B 6319

D 9613

4. ¿Cuál es el siguiente número en el patrón? H TAKS 2

3, 6, 9, 12, 15, _____

F 16

H 18

G 17

J 19

5. El año pasado, un teatro gastó $654. Este año el teatro gastará $831. ¿Cuánto más gasta el teatro este año? C TAKS 1

A $165

C $177

B $169

D $173

6. ¿Cuál de los siguientes muestra los números en orden de menor a mayor? F TAKS 1

F 115, 119, 122, 127

G 115, 122, 119, 127

H 119, 115, 122, 127

J 127, 122, 119, 115

7. ¿Cuál es la mejor estimación de la diferencia redondeado a la centena más cercana? C TAKS 1

721 − 293

A 300

C 500

B 400

D 350

8. ¿Cómo puedes calcular el puntaje total del control? H TAKS 1

Control #1	Puntaje
Parte 1	18
Parte 2	16
Parte 3	19

F 18 × 3

H 18 + 16 + 19

G 18 + 16 − 19

J 18 + 16

9. Jorge obtuvo 83 en su primera prueba y 91 en su segunda prueba. ¿Cómo puedes calcular cuántos más puntos obtuvo en su segunda prueba? D TAKS 1

A 83 × 91

C 91 ÷ 83

B 83 ÷ 91

D 91 − 83

10. La Srta. Wilson recorrió 12 millas con su bicicleta el viernes, 15 millas el sábado y 9 millas el domingo. ¿Cuántas millas recorrió en total? F TAKS 1

F 32

H 36

G 35

J 38

Práctica para el examen de Texas tx.gr5math.com

Evaluación sumativa **139**

Answer Sheet Practice

Have students simulate taking a standardized test by recording their answers on a practice recording sheet.

CRM **Chapter 3 Resource Masters**
Student Recording Sheet (p. 73)

Práctica con la hoja de respuestas

Pídales a los alumnos que practiquen una prueba estandarizada, anotando sus respuestas en una hoja de respuestas de práctica.

CRM **Hojas maestras de recursos del Capítulo 3**
Hoja de respuestas del alumno (pág. 73)

Página 105, Lección 3-1

27. Redondear 31 y 19 a la decena más cercana y observarás 3 decenas – 2 decenas = 1 decena <20.

28. Ejemplo de respuesta: ¿Cuanto más rápido es un guepardo que una libélula?

Página 113, Verificación de mitad del capítulo

22. Se siguen los mismos pasos. La única diferencia es que bajas el punto decimal y el signo de dólar al principio del número.

Página 117, ERP, Lección 3-4

1. Ejemplo de respuesta: Si la respuesta tiene sentido, si es aproximadamente el tamaño correcto, si está cercana al estimado, si contesta la pregunta que se hace.

2. Ejemplo de respuesta: Para verificar si la respuesta tiene sentido.

5. Sí; redondea 395 a 400 y 834 a 800, lo que sería igual a 400.

6. Sí; 28 + 24 = 52 vueltas en 2 semanas; todavía debe nadar aproximadamente esa cantidad de vueltas.

7. Sí; hay 32 alumnos y 1_2 de ellos es 16. 15 es bastante cercano para ser razonable.

8. Sí; 30 + 30 + 30 = 90 < 100

9. Sí; tiene 61 libros.

10. No; vienen 109, no serán suficientes.

11. Molly practica gimnasia por 3 horas cada día después de clases. ¿Es razonable decir que practica gimnasia al menos 15 horas cada semana?

Página 125, I.R.P, Lección 3-6

4. Exacta; cuando se pagan recibos, se debe pagar la cantidad exacta.

8. Ejemplo de respuesta: queso a la plancha, agua, leche, ensalada pequeña = $2.70

9. Ejemplo de respuesta: ensalada grande, trozo de pizza, queso a la plancha y agua; mucho dinero, no es razonable porque la comida cuesta $3.00

Página 128, Lección 3-7

6. No hay suficientes unidades de las cuales restar, por lo que se debe convertir 1 decena como 10 unidades, pero no hay decenas. Convertir 1 centena como 10 decenas y convertir 1 decena como 10 unidades. Restar las unidades. Se obtiene 7. Restar las decenas y obtener 3. Restar las centenas para obtener 1. La respuesta es 137.

19. 8,500 - 4,764 = 4,836; no restó mil después de convertir las centenas.

20. Restar las unidades; no son suficientes; entonces convertir 1 decena como 10 unidades; no hay decenas, no hay centenas, tomar 1 millar y convertirlo en 10 centenas; restar 1 centena y convertirla en decenas; ahora restar 1 decena y quedarse con 9 decenas; ahora obtener 14 unidades; 14 - 8 = 6; restar decenas; 9 - 3 = 6; restar las centenas; 9 - 2 = 7; restar los millares 2 — 1 — 1; la respuesta es 1,766.

Página 137, Prueba del capítulo

15. Ejemplo de respuesta: Puedes hallar errores que se hayan cometido y

NOTAS

Sinopsis del capítulo

Chapter Overview

Vistazo del capítulo

En el Capítulo 4, se hace énfasis en el cálculo y estimación de diferencias entre números enteros de hasta tres dígitos.

Lección		Objetivo matemático	TEKS
4-1	**Significado de la multiplicación** (págs. 143 y 144)	Hacer modelos de operaciones de multiplicación usando modelos concretos y objetos.	3.4(A) 3.14(D)
4-1	**Arreglos y multipli-cación** (págs. 145-147)	Hacer modelos de operaciones de multiplicación usando arreglos.	3.4(A) 3.15(A) 3.16(A)(B)
4-2	**Multiplica por 2** (págs. 148-150)	Multiplicar por 2.	3.4(A) 3.6(B) 3.14(A) 3.15(A)
4-2	**Haz un modelo de la multipli-cación** (págs. 151-152)	Usar la tecnología para multiplicar.	3.14(D) 3.4(A) 3.15(A)
4-3	**Multiplica por 4** (págs. 154-156)	Multiplicar por 4.	3.4(A) 3.14(A)(D) 3.16(A)(B)
4-4	**Destrezas para resolver problemas: Información que sobra o que falta** (pág. 158-159)	Decidir si hay información que sobra o que falta.	3.14(B)(C)
4-5	**Multiplica por 5** (págs.160-162)	Multiplicar por 5.	3.4(A) 3.6(B) 3.15(A) 3.16(A)
4-6	**Multiplica por 10** (págs. 164-167)	Multiplicar por 10.	3.4(A) 3.16(B) 3.6(B) 3.15(A) 3.14(B)(D) 3.3(A)
4-7	**Investigación para resolver problemas: Elige la mejor estrategia** (págs. 170-171)	Elegir la mejor estrategia para resolver problemas.	3.14(B)(C)
4-8	**Multiplica por 0 y 1** (págs. 172-174)	Multiplicar por 0 y por 1.	3.4(A) 3.1(B) 3.13(B) 3.15(A) 3.16(B)

Chapter-at-a-Glance

In Chapter 4, the emphasis is on the meaning of multiplication and multiplication facts with 2, 4, 5, and 10.

Lesson		Math Objective	TEKS
EXPLORE 4-1	**Meaning of Multiplication** (pp. 143–144)	Model multiplication facts.	3.4(A) 3.14(D)
4-1	**Arrays and Multiplication** (pp. 145–147)	Model multiplication facts using arrays.	3.4(A) 3.15(A) 3.16(A)(B)
4-2	**Multiply by 2** (pp. 148–150)	Multiply by 2.	3.4(A) 3.6(B) 3.14(A) 3.15(A)
EXTEND 4-2	**Model Multiplication** (pp. 151–152)	Use technology to multiply.	3.14(D) 3.4(A) 3.15(A)
4-3	**Multiply by 4** (pp. 154–156)	Multiply by 4.	3.4(A) 3.14(A)(D) 3.16(A)(B)
4-4	**Problem-Solving Skill: Extra or Missing Information** (pp. 158–159)	Decide if there is extra or missing information.	3.14(B)(C)
4-5	**Multiply by 5** (pp. 160–162)	Multiply by 5.	3.4(A) 3.6(B) 3.15(A) 3.16(A)
4-6	**Multiply by 10** (pp. 164–167)	Multiply by 10.	3.4(A) 3.16(B) 3.6(B) 3.15(A) 3.14(B)(D) 3.3(A)
4-7	**Problem-Solving Investigation: Choose the Best Strategy** (pp. 170–171)	Choose the best strategy to solve problems.	3.14(B)(C)
4-8	**Multiply by 0 and 1** (pp. 172–174)	Multiply by 0 and 1.	3.4(A) 3.1(B) 3.13(B) 3.15(A) 3.16(B)

Model Multiplication Concepts and Facts

BIG Idea There are 144 multiplication combinations from 1×1 to 12×12, most of which are learned without difficulty. Students can use several different strategies to make sense of multiplication facts.

- Multiplication is repeated addition. For example, 4×3 is the same as adding the number 4 three times. ($4 \times 3 = 4 + 4 + 4 = 12$)
- Multiplication can be represented visually using arrays. The fact 4×3 can be demonstrated by an array of pictures or objects with 4 columns and 3 rows.
- Skip counting by a number is the same as multiplying by 1, 2, 3, and so on. To count by 4s, say 4, 8, 12, 16 . . .

Use these and other strategies to emphasize the meaning of multiplication. Continued practice in a variety of contexts will lead students to commit facts to memory.

Algebra Students learn about the properties of multiplication. This concept will help prepare them for algebra concepts, such as solving equations and inequalities. (Lessons 4-1 and 4-8)

Targeted TEKS in Chapter 4

3.4 Number, operation, and quantitative reasoning. The student recognizes and solves problems in multiplication and division situations. The student is expected to: **(A)** learn and apply multiplication facts through 12 by 12 using concrete models and objects. (Lessons 4-1, 4-2, 4-3, 4-5, 4-6, 4-8)

3.14 Underlying processes and mathematical tools. The student applies Grade 3 mathematics to solve problems connected to everyday experiences and activities in and outside of school. The student is expected to: **(B)** solve problems that incorporate understanding the problem, making a plan, carrying out the plan, and evaluating the solution for reasonableness. (Lessons 4-4 and 4-7)

TEKS Objetivo en el Capítulo 4

3.3 Números, operaciones y razonamiento cuantitativo. El estudiante reconoce y resuelve problemas en situaciones de multiplicación y división. Se espera que el estudiante: **(A)** aprenda y aplique las tablas de multiplicación hasta 12 por 12 utilizando modelos concretos y objetos. (Lecciones 4-1, 4-2, 4-3, 4-5, 4-6, 4-8)

3.5 Procesos fundamentales y herramientas matemáticas. El estudiante aplica las matemáticas del 3er grado para resolver problemas relacionados con experiencias diarias y actividades dentro y fuera de la escuela. Se espera que el estudiante: **(B)** resuelva problemas que incorporen la comprensión del problema, hacer un plan, llevarlo a cabo y evaluar razonable de la solución. (Lecciones 4-4 y 4-7)

Skill Trace
TEKS Vertical Alignment

Second Grade
In second grade, students learned to:
- Multiply by using repeated addition, arrays, and counting by multiples. TEKS 2.4(A)

Third Grade
During this chapter, students learn to:
- Multiply by 2, 4, 5, 10, 0 and 1, and use arrays. TEKS 3.4(A)

After this chapter, students learn to:
- Multiply by 3, 6, 7, 8, 9, 11, and 12. Chapter 5: TEKS 3.4(A)
- Multiply by a two-digit number. Chapter 14: TEKS 3.4(B)

Fourth Grade
In fourth grade, students learn to:
- Multiply by one- and two-digit numbers. TEKS 4.4(A)
- Find multiples whole numbers. TEKS 4.4(B)

Back-Mapping McGraw-Hill's *Texas Mathematics* was conceived and developed with the final results in mind: student success in Algebra 1 and beyond. The authors, using the Texas TEKS as their guide, developed this brand new series by back-mapping from Algebra 1 concepts.

Math Vocabulary
The following math vocabulary words for Chapter 4 are listed in the glossary of the *Student Edition.* You can find interactive definitions in 13 languages in the *eGlossary* at tx.gr3math.com.

array Objects or symbols displayed in rows of the same length and columns of the same length. The length of a row might be different from the length of a column. (p. 160A)

Commutative Property of Multiplication The property that states that the order in which two numbers are multiplied does not change the product. (p. 160A)
Example: $7 \times 2 = 2 \times 7$

Identity Property of Multiplication If you multiply a number by 1, the product is the same as the given number. (p. 186A)
Example: $8 \times 1 = 8 = 8 \times 1$

Multiplication The operation of repeated addition of the same number. (p. 145A)
Example: $3 \times 8 = 24$ can also be written as $8 + 8 + 8 = 24$

Multiply Find the product. (p 145A)
Example: $4 \times 3 = 12$. Four groups of three is equal to the product twelve. It can also be thought of as repeated addition: $3 + 3 + 3 + 3 = 12$

Zero Property of Multiplication The property that states any number multiplied by zero is zero. (p. 186A)
Example: $0 \times 5 = 0$

Visual Vocabulary Cards
Use Visual Vocabulary Cards 3, 9, 29, and 37 to reinforce the vocabulary in this lesson. (The Define/Example/Ask routine is printed on the back of each card.)

array

Vocabulario matemático
Las siguientes palabras de vocabulario matemático para el Capítulo 4 se presentan en el glosario de la *edición del alumno*. Se pueden encontrar definiciones interactivas en 13 idiomas en el *eGlossary* en tx.gr3math.com

arreglo Objetos o símbolos representados en filas de la misma longitud y columnas de la misma longitud. (pág. 160A)

propiedad conmutativa de la multiplicación Propiedad que establece que el orden en el cual se multiplican dos o más números no altera el producto. (pág. 160A)

propiedad de identidad de la multiplicación Si multiplicas un número por 1, el producto es igual al número dado. (pág. 186A)

multiplicación Operación de adición repetida del mismo número. (pág. 145A)

multiplicar Calcular el producto. (pág. 145A)

propiedad del producto nulo de la multiplicación Propiedad que establece que cualquier número multiplicado por cero es igual a cero. (pág. 186A)

Tarjetas visuales de vocabulario
Use la(s) tarjeta(s) visual(es) del vocabulario 9, 27 y 39 para reforzar el vocabulario presentado en esta lección. (La rutina Definir/Ejemplo/Pregunta se encuentra en la parte posterior de cada tarjeta.)

arreglo

Chapter Planner

Suggested Pacing		
Instruction	Review & Assessment	TOTAL
10 days	2 days	**12 days**

✓ **Diagnostic Assessment**
Quick Check (p. 142)

	Explore 4-1 Pacing: 1 day	**Lesson 4-1** Pacing: 1 day	**Lesson 4-2** Pacing: 1 day
Lesson/ Objective	**Meaning of Multiplication** (pp. 143–144) **Objective:** Model multiplication facts.	**Arrays and Multiplication** (pp. 145–147) **Objective:** Model multiplication facts using arrays.	**Multiply by 2** (pp. 148–150) **Objective:** Multiply by 2.
State Standards	3.4(A), 3.14(D)	3.4(A), 3.15(A), 3.16(A), 3.16(B)	3.4(A), 3.6(B), 3.14(A), 3.15(A)
Math Vocabulary		**array, Commutative Property of Multiplication, multiplication, multiply**	
Lesson Resources	**Manipulatives** connecting cubes	**Materials** grid paper, colored pencils or crayons **Manipulatives** counters **Other Resources** CRM Leveled Worksheets (pp. 8–12) Daily Reteach • 5-Minute Check • Problem of the Day	**Materials** grid paper **Manipulatives** counters **Other Resources** CRM Leveled Worksheets (pp. 13–17) Daily Reteach • 5-Minute Check • Problem of the Day
Technology	Interactive Classroom Math Online Concepts in Motion • Games	Interactive Classroom Math Online Personal Tutor • Games	Interactive Classroom Math Online Personal Tutor • Games
Reaching All Learners		English Learners, p. 145B **ELL** Below Level, p. 145B **BL** Early Finishers, p. 145B **OL** **AL**	English Learners, p. 148B **ELL** Gifted and Talented, p. 148B **AL** Early Finishers, p. 148B **OL** **AL**
Alternate Lesson		MathWays: Unit 1	

KEY

BL Below Level   **OL** On Level   **AL** Above Level   **ELL** English Learners

SE Student Edition   **TE** Teacher Edition   **CRM** Chapter 4 Resource Masters   CD-Rom

Transparency   Real-World Problem-Solving Library

Extend 4-3
Pacing: 1 day

Model Multiplication
(pp. 151–152)

Tech Link

Objective: Use technology to multiply.

3.14(D), 3.4(A), 3.15(A)

Math Tool Chest (Accessible in Three ways)

Math Online tx.gr3math.com

⊙ Student Work Plus

⊙ Interactive Classroom

Formative Assessment
Mid-Chapter Check (p. 153)

Lesson 4-3
Pacing: 1 day

Multiply by 4
(pp. 154–156)

Objective: Multiply by 4.

3.4(A), 3.14(A), 3.14(D), 3.16(A), 3.16(B)

Manipulatives
counters

Other Resources
CRM Leveled Worksheets (pp. 18–22)
⌨ Daily Reteach • 5-Minute Check
• Problem of the Day

⊙ Interactive Classroom • Math Adventures
Math Online
Personal Tutor • Games

English Learners, p. 154B ELL
Gifted and Talented, p. 154B AL
Early Finishers, p. 154B OL AL

Game Time
Factor Power (p. 157)

Lesson 4-4
Pacing: 1 day

Problem-Solving Skill: Extra or Missing Information
(pp. 158–159)

Objective: Decide if there is extra or missing information.

3.14(B), 3.14(C)

Other Resources
CRM Leveled Worksheets (pp. 23–27)
⌨ Daily Reteach • 5-Minute Check
• Problem of the Day
📖 Think About It

⊙ Interactive Classroom • Math Adventures
Math Online
Personal Tutor • Games

English Learners, p. 158B ELL
Gifted and Talented, p. 158B AL
Early Finishers, p. 158B OL AL

MathWays: Unit 1

	Right column labels
	Lesson/Objective
	State Standards
	Math Vocabulary
	Lesson Resources
	Technology
	Reaching All Learners
	Alternate Lesson

	Lesson 4-5 **Pacing:** 1 day	Lesson 4-6 **Pacing:** 1 day	Lesson 4-7 **Pacing:** 1 day
Lesson/ Objective	**Multiply by 5** (pp. 160–162) **Objective:** Multiply by 5.	**Multiply by 10** (pp. 164–167) **Objective:** Multiply by 10.	**Problem-Solving Investigation: Choose the Best Strategy** (pp. 170–171) **Objective:** Choose the best strategy to solve problems.
State Standards	3.4(A), 3.6(B), 3.15(A), 3.16(A)	3.4(A), 3.6(B), 3.3(A), 3.14(B), 3.14(D), 3.15(A), 3.16(B)	3.14(B), 3.14(C)
Math Vocabulary			
Lesson Resources	**Materials** overhead projector, number line transparency **Manipulatives** counters **Other Resources** [CRM] Leveled Worksheets (pp. 28–32) Daily Reteach • 5-Minute Check • Problem of the Day	**Materials** hundreds chart **Manipulatives** play money: nickels and dimes **Other Resources** [CRM] Leveled Worksheets (pp. 33–37) Daily Reteach • 5-Minute Check • Problem of the Day	**Materials** index cards **Other Resources** [CRM] Leveled Worksheets (pp. 38–42) Daily Reteach • 5-Minute Check • Problem of the Day *Think About It*
Technology	Interactive Classroom Math Online Games	Interactive Classroom • Math Adventures Math Online Personal Tutor • Games	Interactive Classroom • Math Adventures Math Online Personal Tutor • Games
Reaching All Learners	English Learners, p. 160B ELL Below Level, p. 160B BL Early Finishers, p. 160B OL AL	English Learners, p. 164B ELL Below Level, p. 164B BL Early Finishers, p. 164B AL	English Learners, p. 170B ELL Gifted and Talented, p. 170B AL Early Finishers, p. 170B OL AL
Alternate Lesson		MathWays: Unit 2	MathWays: Unit 1
	Practice Facts Practice (p. 163)	**Problem Solving in Science** Lots of Arms and Legs (p. 168)	

Lesson 4-8   **Pacing:** 1 day

Multiply by 0 and 1
(pp. 172–174)

Objective: Multiply by 0 and 1.

3.4(A), 3.1(B), 3.13(B), 3.15(A), 3.16(B)

Zero Property of Multiplication, Identity Property of Multiplication

Materials
overhead projector, transparency, grid paper

Manipulatives
counters

Other Resources
 Leveled Worksheets (pp. 43–47)
 Daily Reteach • 5-Minute Check • Problem of the Day

 Interactive Classroom

 Math Online
Games

English Learners, p. 172B **ELL**
Below Level, p. 172B **BL**
Early Finishers, p. 172B **OL** **AL**

MathWays: Unit 2

Practice (p. 175)

Summative Assessment
• Study Guide/Review (p. 176)
• Chapter Test (p. 181)
• Standards Practice (p. 182)

Assessment Options

Diagnostic Assessment
SE *Option 1:* Quick Check (p. 142)
Option 2: Online Quiz tx.gr3math.com
CRM *Option 3:* Diagnostic Test (p. 49)

Formative Assessment
TE Alternate Teaching Strategy (every lesson)
SE Talk About It (every lesson)
SE Writing in Math (every lesson)
SE Check What You Know (every lesson)
TE Ticket Out the Door (p. 162)
TE Into the Future (pp. 147, 174)
TE Yesterday's News (p. 156)
TE Name the Math (pp. 150, 167)
SE Mid-Chapter Check (p. 153)
CRM Lesson Quizzes (pp. 51–53)
CRM Mid-Chapter Test (p. 54)

Summative Assessment
SE Chapter Test (p. 181)
SE Standards Practice (p. 182)
CRM Vocabulary Test (p. 55)
CRM Leveled Chapter Tests (pp. 60–71)
CRM Cumulative Standards Test Practice (pp. 74–76)
CRM Oral Assessment (pp. 56–57)
Exam*View*® Assessment Suite

McGraw Hill Professional Development

Target professional development has been articulated throughout **Texas Mathematics** series. The **McGraw-Hill Professional Development Video Library** provide short videos that support the Texas TEKS. For more information, visit tx.gr3math.com

Model Lessons   Instructional Strategies

Estaciones de aprendizaje
Enlaces interdisciplinarios

 Lectura

¿Quién salta más lejos?

- Lean *If You Hopped Like a Frog* de David Schwartz sólo(a) o con un(a) compañero(a).
- Las ranas pueden saltar 20 veces la longitud de sus cuerpos.
- Usando operaciones que conozcan, ¿cuáles son dos factores del producto 20? Ejemplo de respuesta: 2, 10
- Midan la longitud de sus pies en pulgadas. Luego, multiplíquenla por el primer factor de 20 que consigan, usando arreglos para multiplicar.
- Tomen turnos saltando. ¿Quién puede saltar más lejos, sus compañeros o ustedes?

Materiales:
- *If You Hopped Like a Frog* de David Schwartz
- cinta métrica
- papel
- lápices

Arte

El factor del color

- Mezclen tres cucharadas de pintura azul con tres cucharadas de pintura roja en una taza de plástico. Escriban una oración de multiplicación para expresar cuántas cucharadas usaron. $2 \times 3 = 6$
- Mezclen cinco cucharadas de pintura amarilla con cinco cucharadas de pintura roja y cinco cucharadas de pintura blanca. Escriban otra oración de multiplicación. $3 \times 5 = 15$
- Continúen haciendo colores usando el mismo número de cucharadas para cada color que sumes. Escriban una oración de multiplicación para cada color que hagan.

Materiales:
- pinturas de tempera
- tazas de plástico
- cucharas
- pinceles
- papel
- lápiz

 Learning Stations
Cross-Curricular Links

 **Reading** TEKS 3.4(A) pair | LOGICAL

Who Hops The Furthest?
- Read *If You Hopped Like A Frog* by David Schwartz by yourself or with a partner.
- Frogs can hop 20 times the length of their bodies.
- Using facts you know, what are two factors of the product 20? Sample answer: 2, 10
- Measure the length of your foot in inches. Then multiply it by the first factor of 20 you found, using arrays to multiply.
- Take turns jumping. Who can jump further, you or your partner?

Materials:
- *If You Hopped Like A Frog* by David Schwartz
- tape measure
- paper
- pencils

 Art TEKS 3.4(A) individual | VISUAL

The Color Factor
- Mix three spoonfuls of blue paint with three spoonfuls of red paint into a plastic cup. Write a multiplication sentence to express how many spoonfuls you used. $2 \times 3 = 6$
- Mix five spoonfuls of yellow paint with five spoonfuls of red paint and five spoonfuls of white paint. Write another multiplication sentence. $3 \times 5 = 15$
- Keep making colors using the same number of spoonfuls for each color you add. Write multiplication sentences for each color you make. Then paint a color factor picture

Materials:
- tempera paints
- plastic cups
- tablespoons
- paintbrushes
- paper
- pencil

 Writing TEKS 3.4(A) pair | LINGUISTIC

Expand-A-Story
- Choose a partner, and write a short story together.
- The person who starts first writes only one word. The next person multiplies that number by two and writes two words. Take turns, continuing to multiply the number of words you each write by two, until you reach 120 words. Use models to keep track.
- Share your stories with the class!

Teacher Notes: Remind students that they may use addition to help them multiply by two once the numbers get higher than the multiplication facts they have memorized.

Materials:
- paper
- pencils

140G Chapter 4 Model Multiplication Concepts and Facts

 **Escritura**

Amplíen un cuento

- Elijan una pareja y escriban un cuento corta juntos.
- La persona que empiece primero escribe solamente una palabra. La siguiente persona multiplica ese número por dos y escribe dos palabras. Tomen turnos, continúen multiplicando el número de palabras que cada uno escriba por dos, hasta que alcancen 120 palabras.
- Compartan sus cuentos con la clase.

Notas del maestro: Recuérdeles a los alumnos que pueden usar la suma para ayudarse a multiplicar por dos una vez que los números sean más altos que las operaciones de multiplicación que hayan memorizado.

Materiales:
- papel
- lápices

Model Multiplication Concepts and Facts

Science

 TEKS 3.4(A)

individual | LOGICAL

Hungry Little Penguins

The Little Penguin, which lives in Australia, is extremely hungry after its chicks are born. It has to double its body weight before it moults, or loses its feathers. Little Penguins eat their body weight in food every day for several weeks during this time.

- Little Penguins weigh about one kilogram. How much food would one Little Penguin eat in five days? How much in seven days? How much in 14 days? Write multiplication sentences to express your answers. Use counters to model. Hint: Remember the special multiplication property of one. $1 \times 5 = 5$ kg; $1 \times 7 = 7$ kg; $1 \times 14 = 14$ kg

Materials:
- paper
- pencil

Music

 TEKS 3.4(A)

individual | LOGICAL

Measuring the Beats

A time signature in music, such as 4/4, tells you how many beats are in one measure. A measure is the space on the musical staff between two vertical lines. When you play music in 4/4 time, there are always four beats in each measure.

- If you play a musical phrase that is four measures long in 4/4 time, how many beats have you played? What about eight measures long? Ten measures? Express your answers using multiplication sentences. $4 \times 4 = 16$; $4 \times 8 = 32$; $4 \times 10 = 40$

measure

Materials:
- paper
- pencil

Health

 TEKS 3.4(A)

individual | LOGICAL

Going The Distance

There are three standard long-distance track events held at the Olympics: the 3-kilometer race, the 5-kilometer race, and the 10-kilometer race.

- If three people get medals in the 3-kilometer race, how many kilometers have they run altogether? What about three medalists who run the 5-kilometer race? And three medalists who run the 10-kilometer race? Use multiplication sentences to express your answers. $3 \times 3 = 9$; $3 \times 5 = 15$; $3 \times 10 = 30$

Materials:
- paper
- pencil

Haz modelos de conceptos y operaciones de multiplicación

Ciencia

Pequeños pingüinos hambrientos

El pingüino enano, que vive en Australia, queda extremadamente hambriento luego de que nacen sus polluelos. Tiene que doblar su peso corporal antes de que mude el plumaje o pierde sus plumas. Los pingüinos enanos comen su peso corporal en alimentos todos los días por varias semanas durante este tiempo.

- Los pingüinos enanos pesan aproximadamente un kilogramo. ¿Cuánto alimento comerá un pingüino enano en cinco días? ¿Cuánto en siete días? ¿Cuánto en 14 días? Escriban una oración de multiplicación para expresar las respuestas Ayuda: Recuerden la propiedad especial de la multiplicación de uno. $1 \times 5 = 5$ kg; $1 \times 7 = 7$ kg; $1 \times 14 = 14$ kg

Materiales:
- papel
- lápiz

Música

Midiendo los ritmos

Un compás en música, tal como 4/4, te indica cuántos tiempos hay por compás. Un compás es el espacio en el pentagrama musical entre dos líneas verticales. Cuando tocas música en un compás de 4/4, siempre hay 4 tiempos en cada compás.

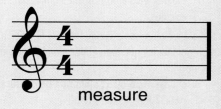

measure

- Si tocan una frase musical que mida 4 compases en tiempos de 4/4. ¿Cuántos tiempos tocaron? ¿Qué tal si son ocho compases? ¿Diez compases? Expresen sus respuestas usando oraciones de multiplicación. $4 \times 4 = 16$; $4 \times 8 = 32$; $4 \times 14 = 40$

Materiales:
- papel
- lápiz

Salud

Correr la distancia

Hay tres niveles de eventos de pistas de larga distancia que se dan en las Olimpiadas: la carrera de 3 kilómetros, la carrera de 5 kilómetros y la carrera de 10 kilómetros.

- Si tres personas obtienen medallas en la carrera de 3 kilómetros, ¿cuántos kilómetros han corrido juntos? ¿Qué tal si son tres medallistas que corren la carrera de 5 kilómetros? ¿Y tres medallistas que corren la carrera de 10 kilómetros? Usen oraciones de multiplicación para expresar sus respuestas. $3 \times 3 = 9$; $3 \times 5 = 15$; $3 \times 10 = 30$

Materiales:
- papel
- lápiz

CAPÍTULO 4

Introducción al capítulo

 Vida real: ¿Cuánto en total?

Materiales: avisos publicitarios, dinero de juego

Compártale a los alumnos que ellos van a aprender sobre la multiplicación. Explíqueles que cuando ellos necesitan calcular el costo total de varios artículos, cada uno de precio diferente, usarán la suma. Para calcular el costo de varios artículos, cada uno del mismo precio, pueden usar suma repetida o multiplicación.

- Divida la clase en grupos de 4.
- Cada grupo debe calcular el costo total de artículos que cuestan lo mismo, tales como 5 artículos de $2 cada uno.
- Asígneles a cada grupo un número diferente de artículos por un precio diferente.
- Pídales que usen el dinero de juego y patrones para calcular el costo total.
- Pídales a los alumnos que compartan sus cálculos.

Dirija a los alumnos a la pág. 140 en la edición del alumno. Pídales que lean el párrafo al principio de la página.

- **¿Cuáles son otros ejemplos de criaturas con patas?** 8 patas en un pulpo; 4 patas en un caballo; 2 piernas en una persona
- **¿Cuáles son otros ejemplos de cosas que vienen en grupos iguales en el supermercado? ¿En una tienda de ropa?** un paquete de perros calientes; un paquete de roles; calcetines en un paquete

ESCRIBE EN MATEMÁTICAS

Comenzando el capítulo

Pídales a los alumnos que escriban problemas concretos que se puedan resolver usando multiplicación. Luego, pídales que escriban una solución que explique cómo se puede resolver el problema usando multiplicación y suma repetida.

Vocabulario clave Presente el vocabulario clave de este capítulo usando la siguiente rutina.

Defina: Cuando multiplicas, sumas el mismo número múltiples veces.
Ejemplo: Si cada mesa tiene 5 sillas, entonces 4 mesas tienen 20 sillas.
Pregunte: ¿Cuál es otro ejemplo de multiplicación?

Antología de lectura en voz alta Para introducir los conceptos matemáticos de este capítulo con una lectura alternativa, vea la antología de lectura en voz alta en la pág. R88

CHAPTER 4

Introduce the Chapter

 Real World: How Much in All?

Materials: advertising circulars, play money

Share with students that they are going to learn about multiplication. Explain that when they need to find the total cost of several items, each a different price, they use addition. To find the cost of several items, each the same price, they can use repeated addition or multiplication.

- Divide the class into groups of 4.
- Each group is to find the total cost of items that cost the same, such as 5 items for $2 each.
- Assign each group a different number of items for a different price.
- Have them use the play money and patterns to find the total cost.
- Have the students share their findings.

Direct students to Student Edition p. 140. Have students read the paragraph at the top of the page.

- **What are some other examples of creatures with legs?** 8 legs on an octopus; 4 legs on a horse; 2 legs on a person
- **What are some other examples of things that come in equal groups in the supermarket? at a clothing store?** a package of hot dogs; a package of rolls; socks in a package

WRITING IN MATH

Starting the Chapter
Have students write a real-world problem that can be solved using multiplication. Then ask them to write a solution that explains how the problem can be solved using multiplication and repeated addition.

Key Vocabulary Introduce the key vocabulary in the chapter using the routine below.
Define: When you multiply, you add the same number multiple times.
Example: If each table has 5 chairs, then 4 tables have 20 chairs.
Ask: What is another example of multiplying?

Read-Aloud Anthology For an optional reading activity to introduce this chapter's math concepts, see the Read-Aloud Anthology on p. R88.

140 **Chapter 4** Model Multiplication Concepts and Facts

CAPÍTULO 4 — Haz modelos de conceptos y operaciones de multiplicación

Las GRANDES Ideas ¿Qué es la multiplicación?

La **multiplicación** es una operación sobre dos números que se puede interpretar como una *suma* repetida.

Ejemplo El bosque es el hogar de muchos seres vivos. La foto muestra la tarántula de Brasil. Supón que hay 4 arañas. Las arañas tienen 8 patas. Por lo tanto, habrá 4 × 8 ó 32 patas en total.

¿Qué aprenderé en este capítulo?
- A explorar el significado de la multiplicación.
- A usar modelos y patrones para multiplicar.
- A multiplicar por 2, 4, 5, 10, 0 y 1.
- A usar las propiedades y las reglas de la multiplicación.
- A identificar información que sobra o que falta.

Vocabulario clave
multiplicar
multiplicación
propiedad del producto nulo de la multiplicación
arreglo
propiedad conmutativa de la multiplicación

Matemáticas en línea Herramientas de estudio del alumno en tx.gr3math.com

140 **Capítulo 4** Haz modelos de conceptos y operaciones de multiplicación

Chapter 4 Project

The Fruit Store
Students create a fruit store game and use multiplication and addition to charge "customers" for their purchases.
- Each group of students contributes to the store "inventory" by choosing a fruit from the following list: grapes, plums, apples, oranges, and pineapples. Students use markers and index cards to draw their fruits: one fruit per card, multiple fruits per group.
- Students put up a price sign for their fruit: grapes, 1¢; plums, 2¢; apples, 4¢; oranges, 5¢; and pineapples, 10¢. Then, each group gets a chance to go shopping. They compute the bill using multiplication for purchases of more than one unit of a fruit and add up the totals for each type of fruit.

CRM *Refer to Chapter 4 Resource Masters, p. 58, for a rubric to assess students' progress on this project.*

Proyecto del Capítulo 4

La tienda de frutas

Los alumnos elaboran un juego de tienda de frutas y usan la multiplicación y la suma para cobrarles a los "clientes" por sus compras.
- Cada grupo de alumnos contribuye al "inventario" de la tienda eligiendo una fruta de la siguiente lista: uvas, ciruelas, manzanas, naranjas y piñas. Los alumnos usan marcadores y tarjetas para dibujar sus frutas: una fruta por tarjeta, múltiples frutas por grupo.
- Los alumnos colocan un símbolo de precio para sus frutas: uvas, 1 ; ciruelas, 2¢; manzanas, 4¢; naranjas, 5¢ y piñas, 10¢. Luego, cada grupo obtiene la oportunidad de ir de compras. Ellos calculan la cuenta usando multiplicación las compras de más de una unidad de una fruta y suman los totales de cada tipo de fruta.

CRM *Refiérase a las Hojas maestras de recursos del Capítulo 4, pág. 58, para obtener una regla para la evaluación del progreso del alumno en el proyecto.*

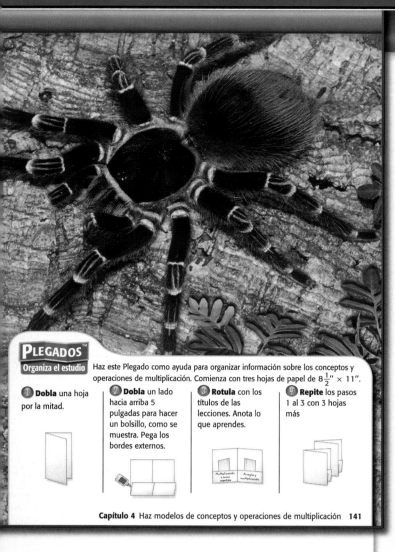

Haz este Plegado como ayuda para organizar información sobre los conceptos y operaciones de multiplicación. Comienza con tres hojas de papel de $8\frac{1}{2}'' \times 11''$.

1 **Dobla** una hoja por la mitad.

2 **Dobla** un lado hacia arriba 5 pulgadas para hacer un bolsillo, como se muestra. Pega los bordes externos.

3 **Rotula** con los títulos de las lecciones. Anota lo que aprendes.

4 **Repite** los pasos 1 al 3 con 3 hojas más

Capítulo 4 Haz modelos de conceptos y operaciones de multiplicación **141**

- Read the Math at Home letter found on Chapter 4 Resource Masters, p. 4, with the class and have each student sign it. (A Spanish version is found on p. 5.)
- Send home copies of the Math at Home letter with each student.

Dinah Zike's Foldables

Guide students through the directions on Student Edition p. 141 to create their own Foldables graphic organizers for multiplication concepts and facts. Students may also use their Foldables to study and review for chapter assessments.

When to Use It Lessons 4-1, 4-2, 4-3, 4-5, and 4-7 (Additional instructions for using the Foldables with these lessons are found on p. 153 and 176.)

Chapter 4 Literature List

Lesson	Book Title
4-1	**One Hundred Hungry Ants** Elinor J. Pinczes
4-2	**Mooove Over!: About Counting by Twos** Karen Magnuson Beil
4-3	**Ox-Cart Man** Donald Hall
4-4	**Each Orange Had 8 Slices** Paul Giganti, Jr.
4-5	**Minnie's Diner** Dayle Ann Dodds
4-6	**Ox-Cart Man** Donald Hall
4-8	**Ox-Cart Man** Donald Hall
Any	**Two of Everything** Lily Toy Hong
Any	**Lucy and Tom's 1, 2, 3** Shirley Hughes

Plegados de Dinah Zike

Guíe a los alumnos por las instrucciones de la edición del alumno, pág. 141, para que hagan su propio Plegado de organización gráfica sobre conceptos y operaciones de multiplicación. Los alumnos pueden también usar su Plegado para estudiar y repasar antes de las evaluaciones del capítulo.

¿Cuándo usarlo? Lecciones 4-1, 4-2, 4-3, 4-5 y 4-7. (En las págs. 153 y 176 se encuentran instrucciones adicionales para usar el Plegado con estas lecciones).

MATEMÁTICAS en CASA

- Lea con la clase la carta de Matemáticas en casa que se encuentra en la pág. 4 de las Hojas maestras de recursos del Capítulo 4 y haga que cada alumno la firme.

  (Una versión en español se encuentra en la pág. 5)

- Envíe una copia de la carta de Matemáticas en casa a la casa de cada alumno.

Evaluación de diagnóstico

Evalúe el nivel de las destrezas previas de los alumnos antes de empezar el capítulo.

- **Opción 1:** *Control rápido*
  - 🔲 Edición del alumno, pág. 142

- **Opción 2:** *Evaluación en línea*
  - **Matemáticas** 🌐 en línea
  - tx.gr3math.com

- **Opción 3:** *Prueba de diagnóstico*
  - 🔲 Hojas maestras de recursos del Capítulo 4, pág. 49

Opciones de intervención

Aplique los resultados En base a los resultados de la evaluación de diagnóstico de la Edición del alumno, pág. 142, trabaje en las carencias individuales de los alumnos antes de iniciar el capítulo.

Diagnostic Assessment

Check for students' prerequisite skills before beginning the chapter.

- **Option 1:** *Quick Check*
  - 🔲 Student Edition, p. 142

- **Option 2:** *Online Assessment*
  - **Math** 🌐 Online tx.gr3math.com

- **Option 3:** *Diagnostic Test*
  - 🔲 Chapter 4 Resource Masters, p. 49

Intervention Options

Apply the Results Based on the results of the diagnostic assessment on Student Edition p. 142, address individual needs before beginning the chapter.

Intensive Intervention
two or more years below grade level
If → students miss 75% of the exercises:
Then → use *Math Triumphs*, an intensive math intervention program from McGraw-Hill

¿ESTÁS LISTO PARA el Capítulo 4?

Tienes dos opciones para revisar las destrezas requeridas para este capítulo.

Opción 2

Matemáticas 🌐 en línea Toma el Control de preparación del capítulo en tx.gr3math.com

Opción 1

Completa la siguiente verificación rápida.

Verificación RÁPIDA

Calcula cada suma. (Lección 2-1 y grado anterior) (Se usa en las Lecciones 4-1, 4-2 y 4-5)

1. $2 + 2 + 2 + 2$ 8
2. $4 + 4$ 8
3. $5 + 5 + 5$ 15
4. $10 + 10 + 10 + 10$ 40
5. $0 + 0 + 0$ 0
6. $1 + 1 + 1 + 1 + 1$ 5

Copia y completa. (Lección 1-1) (Se usa en las Lecciones 4-1, 4-2 y 4-4)

7. 5, 10, 15, ■, ■, 30 20; 25
8. 2, ■, 6, 8, ■, 12 4; 10
9. 3, 6, 9, ■, 15, ■ 12; 18
10. ■, 8, 12, 16, ■ 4; 20
11. ■, 20, 30, ■, 50 10; 40
12. 6, 12, ■, 24, ■ 18; 30

Escribe una expresión de suma para cada figura. (Lección 3-9) (Se usa en las Lecciones 4-1 y 4-2)

13.
$5 + 5 + 5 = 15$

14.
$6 + 6 = 12$

15.
$4 + 4 + 4 = 12$

Resuelve. Usa la suma repetida. (Lección 2-1) (Se usa en las Lecciones 4-3 y 4-8)

16. Larisa tiene 2 tazas, cada una con 4 galletas. ¿Cuántas galletas tiene en total? 8 galletas

17. El lunes y el martes Lance montó su bicicleta alrededor de la cuadra 3 veces cada día. ¿Cuántas veces en total montó su bicicleta alrededor de la cuadra? 6 veces

142 Capítulo 4 Haz modelos de conceptos y operaciones de multiplicación

Strategic Intervention	**On-Level**	**Above-Level**
below grade level		
If → students miss eight or more in: **Exercises 1–17**	**If** → students miss four or less in: **Exercises 1–17**	**If** → students miss two or less in: **Exercises 1–17**
Then → choose a resource:	**Then** → choose a resource:	**Then** → choose a resource:
Strategic Intervention Guide (pp. 22, 30, 34, 50)	🔲 Learning Stations (pp. 140G–140H)	🔲 Learning Stations (pp. 140G–140H)
🔲 Start Smart 2: Patterns, Relationships, and Algebraic Thinking (p. 6)	🔲 Chapter Project (p. 140)	🔲 Chapter Project (p. 140)
Math 🌐 Online Extra Examples • Personal Tutor Concepts in Motion • Games	🔲 Game: Rolling Factors	⚫ Math Adventures
	⚫ Math Adventures	📖 Real-World Problem-Solving: *Think About It*
	Math 🌐 Online Games • eFlashcards • Fact Dash	**Math** 🌐 Online Games

Explora

Actividad matemática para la Lección 4-1
Significado de la multiplicación

La **multiplicación** es una operación sobre dos números que se puede interpretar como una *suma* repetida. El signo (×) significa **multiplicar**. Puedes usar modelos para explorar la multiplicación.

IDEA PRINCIPAL

Haré modelos de operaciones de multiplicación usando modelos concretos y objetos.

TEKS Objetivo 3.4
El estudiante reconoce y resuelve problemas en situaciones de multiplicación y división. **(A) Aprenda** y aplique las tablas de multiplicación hasta 12 por 12 utilizando modelos concretos y objetos. *También cubre TEKS 3.14(D)*. **Necesitarás** cubos conectables

Vocabulario nuevo
multiplicación
multiplicar

COnceptos en mOvimiento
Animación
tx.gr3math.com

ACTIVIDAD **Calcula cuántos hay en 5 grupos de 4.**

Paso 1 **Haz un modelo de 5 grupos de 4.**

Usa los cubos conectables para representar 5 grupos de 4 cubos.

Hay 5 grupos. Hay 4 cubos en cada grupo.

Paso 2 **Calcula 5 grupos de 4.**

Haz un modelo de los grupos de cubos con números. Usa la suma repetida.

$4 + 4 + 4 + 4 + 4 = 20$

143

Explore Math Activity for 4-1

Lesson Planner

Objective

Use model to explore multiplication.

TEKS and TAKS

Targeted TEKS 3.4 The student recognizes and solves problems in multiplication and division situations. **(A) Learn** and apply **multiplication facts through 12 by 12 using concrete models and objects.** *Also addresses: TEKS 3.14(D).*

TAKS 1 The student will demonstrate an understanding of numbers, operations, and quantitative reasoning.

Vocabulary

multiplication , **multiply**

Resources

Manipulatives: connecting cubes

Technology: Concepts in Motion

1 Introduce
TEKS 3.4(A)

Introduce the Concept
- Using 12 connecting cubes, have students make equal stacks of 2.
- **How many stacks are there?** 6
- **How many are in each stack?** 2
- **How many cubes in all?** 12
- **Explain how you found the total.**
  Sample answer: skip-counted by 2s

2 Teach
TEKS 3.4(A)

Activity Have students use 20 connecting cubes to model the activity on the student page. Be sure that students make 5 stacks of 4. Encourage them to use repeated addition to find the total rather than counting each individual cube.

Explora Actividad matemática para 4-1

Planificador de lección

Objetivo

Usa modelos para explorar la multiplicación.

TEKS y TAKS

TEKS 3.4 El estudiante reconoce y resuelve problemas en situaciones de multiplicación y división. **(A) Aprenda** y aplique las tablas de **multiplicación hasta 12 por 12 utilizando modelos concretos y objetos.** *También cubre TEKS 3.14(D)*

TAKS 1 El estudiante demostrará un entendimiento de patrones, operaciones y razonamiento cuantitativo.

Vocabulario

multiplicación, multiplica

Recursos

Manipulativos: cubos conectores
Tecnología: Conceptos en movimiento

1 Presentación
TEKS 3.4(A)

Presente el concepto
- Usando 12 cubos conectores, pídales a los alumnos que hagan pilas de 2 iguales.
- **¿Cuántas pilas hay?** 6
- **¿Cuántos hay en cada pila?** 2
- **¿Cuántos cubos en total?** 12
- **Expliquen cómo calcularon el total.**
  Ejemplo de respuesta: conteo salteado de 2 en 2

2 Enseñanza
TEKS 3.3 (A)

Actividad Pídales a los alumnos que usen 20 cubos conectores para hacer un modelo de la actividad en la página del alumno. Asegúrese que los alumnos hagan 5 pilas de 4. Aliéntelos a usar la suma repetida para calcular el total en vez de contar cada cubo individual.

Piénsalo

Asigne los Ejercicios 1 al 4 en la sección del Piénsalo para evaluar el entendimiento del alumno del concepto presentado en las Actividades.

③ Evaluación

 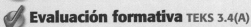

✔ Evaluación formativa TEKS 3.4(A)

Use los ejercicios 5 al 14 del **Verifica lo que sabes** para evaluar si los alumnos pueden usar modelos concretos y objetos para hacer un modelo de operaciones de multiplicación.

De lo concreto a lo abstracto Use el Ejercicio 14 para cerrar la brecha entre sumar grupos iguales y usar la multiplicación para calcular el total.

Ampliación del concepto Pídales a los alumnos que calculen diferentes maneras de agrupar 24 cubos igualmente. Pídales que registren los resultados en una tabla similar a la del paso 3. Enfatíceles en que el número de cubos en cada grupo debe ser el mismo. Luego, podrán usar suma repetida o multiplicación para calcular el total.

Think About It

Assign Exercises 1–4 in the **Think About It** section to assess student comprehension of the concept presented in the Activities.

③ Assess

✔ Formative Assessment   TEKS 3.4(A)

Use **Check What You Know** Exercises 5–14 to assess whether students can use concrete models and objects to model multiplication facts.

From Concrete to Abstract Use the **Check What You Know** Exercise 14 to bridge the gap between adding equal groups and using multiplication to find the total.

Extending the Concept Have students find different ways to group 24 cubes equally. Have them record the results in a table similar to the one in step 3. Emphasize that the number of cubes in each group must be the same. Then, they can use repeated addition or multiplication to find the total.

Paso 3 Registra los resultados

Copia la tabla. Registra el número de grupos, el número en cada grupo y el total.

Explora otras maneras de agrupar los 20 cubos igualmente, usando cubos conectables.

Número de grupos	Número en cada grupo	Total
5	4	20

Piénsalo

1. ¿Cómo puede ayudarte la suma a calcular el número total cuando multiplicas? Puedes sumar el mismo número repetidamente.

2. ¿Cómo calculaste el número total de cubos en el paso 2? Ejemplo de respuesta: conteo salteado

3. ¿Qué significan los números en la expresión numérica del paso 2? El primer número es el número de grupos; el segundo número es el número en cada grupo; el último es el total.

4. ¿Cuál es otra manera de agrupar 20 cubos equitativamente? Ejemplo:: $10 \times 2 = 20$; $2 \times 10 = 20$; $4 \times 5 = 20$

✔ VERIFICA lo que sabes

Usa modelos para calcular el número total.

5. 2 grupos de 3 6

6. 3 grupos de 4 12

7. 1 grupo de 5 5

8. 8 grupos de 2 16

9. 5 grupos de 5 25

10. 6 grupos de 4 24

11. 6 grupos de 2 12

12. 4 grupos de 5 20

13. 7 grupos de 2 14

14. **ESCRIBE EN ▶ MATEMÁTICAS** Explica en qué se parecen la suma y la multiplicación. Ejemplo de respuesta: La multiplicación es una suma repetida.

144   Capítulo 4 Haz modelos de conceptos y operaciones de multiplicación

LESSON 4-1 Arrays and Multiplication

Lesson Planner

Objective
Model multiplication facts using arrays.

 TEKS and TAKS

Targeted TEKS 3.4 The student recognizes and solves problems in multiplication and division situations. **(A) Learn** and apply **multiplication facts through 12 by 12 using concrete models and objects.**

TAKS 1 The student will demonstrate an understanding of numbers, operations, and quantitative reasoning.

Student pages also address the following TEKS:
TEKS 3.16(A) Talk About It, Exercise 4
TEKS 3.15(A), TEKS 3.16(B) HOT Problems, Exercises 14–15

Vocabulary

array, Commutative Property of Multiplication, multiplication, multiply

Resources

Materials: grid paper, colored pencils or crayons

Manipulatives: counters

Literature Connection: *One Hundred Hungry Ants* by Elinor J. Pinczes

Teacher Technology
Interactive Classroom • TeacherWorks

Focus on Math Background

Repeated addition is often the starting point for developing multiplication concepts. The idea of adding a few equal-sized groups is a non-threatening introduction. However, it is important that this not be encouraged as the fall-back algorithm for multiplication. If it is, students will be using it long after its usefulness becomes questionable.

Daily Routine

Use these suggestions before beginning the lesson on p. 145.

5-Minute Check
(Reviews Lesson 3-8)

Select addition or subtraction to solve.

1. Ana put 18 stickers in her sticker book. The sticker book holds 90 stickers. How many more stickers can Ana put in her book? 72

2. There are 182 boys and 179 girls in a softball league. How many boys and girls are in the league in all? 361

Problem of the Day

Paki has 18 red marbles. He has 5 more blue marbles than red marbles. He has 7 more green marbles than blue. How many marbles does he have in all? 71 marbles

Building Math Vocabulary

Write the lesson vocabulary words and their definitions on the board.

Have students use grid paper to shade 3 rows of 5 squares each. Explain that the rows of squares make an array. Then, have students write the word *array* and its definition in their Math Journals.

Visual Vocabulary Cards
Use Visual Vocabulary Cards 3, 9, and 37 to reinforce the vocabulary introduced in this lesson. (The Define/Example/Ask routine is printed on the back of each card.)

LECCIÓN 4-1 Arreglos y multiplicación

Planificador de lección

Objetivo
Haz un modelo de operaciones de multiplicación usando arreglos.

TEKS y TAKS

TEKS 3.4 El estudiante reconoce y resuelve problemas en situaciones de multiplicación y división. **(A) Aprenda y aplique las tablas de multiplicación hasta 12 por 12 utilizando modelos concretos y objetos.**

TAKS 1 El estudiante demostrará un entendimiento de patrones, operaciones y razonamiento cuantitativo.

Las páginas del alumno también cubren los siguientes TEKS:
TEKS 3.16(A) Coméntalo, Ejercicio 4
TEKS 3.15(A), TEKS 3.16(B) Problemas H.O.T., Ejercicios 14-15

Vocabulario

arreglo, propiedad conmutativa de la multiplicación, multiplicación, multiplicar

Rutina diaria
Siga estas sugerencias antes de iniciar la lección de la pág. 145.

Control de 5 minutos

(Repaso de Lección 3-8)
Elijan suma o resta para resolver.

1. Ana coloca 18 etiquetas en su libro de etiquetas. El libro de etiquetas contiene 90 etiquetas. ¿Cuántas etiquetas más puede Ana colocar en su libro? 72

2. Hay 182 niños y 179 niñas en una liga de sóftbol. ¿Cuántos niñas y niños en total hay en la liga? 361

Problema del día

Paki tiene 18 canicas rojas. Tiene 5 canicas azules más que canicas rojas. Tiene 7 canicas verdes más que canicas azules. ¿Cuántas canicas tiene en total? 71 canicas

---

Adquisición de vocabulario matemático

Escriba las palabras del vocabulario de la lección y sus definiciones en la pizarra.

Pídales a los alumnos que usen papel cuadriculado para sombrear 3 filas de 5 cuadrados cada una. Explíqueles que las filas de cuadrados hacen un arreglo. Luego, pídales a los alumnos que escriban la palabra arreglo y su definición en sus Diarios de matemáticas.

Tarjetas visuales de vocabulario

Use la(s) tarjeta(s) visual(es) del vocabulario 3,9 y 37 para reforzar el vocabulario presentado en esta lección. (En la parte trasera de cada tarjeta está escrita la rutina Definir/Ejemplo/Pregunta).

Instrucción diferenciada

Opciones de trabajo independiente

Opción 1 TEKS 3.4(A) VISUAL/ESPACIAL

Para los que terminan primero OL AL

Materiales: fichas

- Pídales a los alumnos que hagan un arreglo de 2 filas con 6 fichas en cada fila. Pídales para calcular otros arreglos que mostrarán el mismo total de 12, tal como 6 filas de 2, 3 filas de 4 y 4 filas de 3. Sugiérales a los alumnos que registren los resultados.
- Repita la actividad con 18 fichas.

Opción 2

Tecnología para el alumno

Matemáticas en línea tx.gr3math.com Enlace tecnológico

Personal Tutor • Extra Examples • Online Games

Opción 3

Estación de aprendizaje: Lectura (pág. 140G)

Dirija a los alumnos a la estación de aprendizaje de lectura para que tengan la oportunidad de explorar y ampliar el concepto de la lección.

Opción 4

Práctica y solución de problemas

Refuerce las destrezas y las estrategias de solución de problemas con la hoja de trabajo de solución de problemas.

Differentiated Instruction

Small Group Options

Option 1 TEKS 3.4(A) KINESTHETIC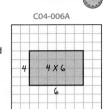

Below Level BL

Materiales: 10 × 10 grid paper   C04-006A

- To help students arrange counters in arrays, distribute several sheets of 10 × 10 grid paper.
- Have students outline and cut out arrays to model Exercises 5–7.
- Have students write the multiplication sentence inside each array they cut out.

Option 2 KINESTHETIC

English Language Learners ELL

Core Vocabulary: row across the river, climb columns
Common Use Verb: sounds similar
Hear Math This strategy connects similar sounding action words to array vocabulary.

- Discuss how we use sound to remember words.
- Display a multiplication problem and an array stacked vertically.
- Have the class act out "row across" and "climb columns" from their seats as a volunteer counts out the multiplication problem and the array.
- Model skip counting rows and skip counting columns.
- Switch the factors and the array accordingly and repeat.
- Discuss why the product remains the same.
- Continue with more multiplication problems as time permits.

Use this worksheet to provide additional support for English Language Learners.

145B Chapter 4 Model Multiplication Concepts and Facts

Independent Work Options

Option 1 TEKS 3.4(A) VISUAL, SPATIAL

Early Finishers OL AL

Materiales: counters

- Have students create an array of 2 rows with 6 counters in each row. Ask them to find other arrays that would show the same total of 12, such as 6 rows of 2, 3 rows of 4, and 4 rows of 3. Suggest that students record the results.
- Repeat the activity with 18 counters.

Option 2

Student Technology

Math en línea tx.gr3math.com
Personal Tutor • Extra Examples • Online Games

Option 3

Learning Station: Reading (p. 140G)

Direct students to the Reading Learning Station for opportunities to explore and extend the lesson concept.

Option 4

Problem-Solving Practice

Reinforce problem-solving skills and strategies with the Problem-Solving Practice worksheet.

Opciones para grupos pequeños

Opción 1 TEKS 3.4(A) CINESTÉSICO

Talentosos BL

Materiales: papel cuadriculado de 10 x 10

- Para ayudar a los alumnos a arreglar fichas en arreglos, distribúyales varias hojas de papel cuadriculado de 10 x 10.
- Pídales a los alumnos que subrayen y recorten arreglos para hacer un modelo de los Ejercicios 5 al 7.
- Pídales a los alumnos que escriban la oración de multiplicación dentro de cada arreglo que recorten.

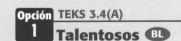

Arreglos y multiplicación

Arreglos y multiplicación

PREPÁRATE para aprender

Roberto coloca sobre una mesa vasos de fiesta en 3 filas de 5 vasos cada una. ¿Cuántos vasos hay sobre la mesa?

IDEA PRINCIPAL

Haré modelos de operaciones de multiplicación usando arreglos.

TEKS Objetivo 3.4
El estudiante reconoce y resuelve problemas en situaciones de multiplicación y división. **(A) Aprenda** y aplique **las tablas de multiplicación hasta 12 por 12 utilizando modelos concretos y objetos.**

Vocabulario nuevo

arreglo
propiedad conmutativa de la multiplicación
multiplicación
multiplicar

Los vasos están ordenados en filas y columnas iguales. Esta disposición es un **arreglo**. Los arreglos te pueden ayudar a resolver problemas de multiplicación. La **multiplicación** es una operación sobre dos números la cual se puede considerar como suma repetida. Puedes **multiplicar** o calcular el resultado de un problema de multiplicación con el fin de resolver un problema.

EJEMPLOS concretos — Haz un modelo de un arreglo

① **VASOS DE FIESTA** ¿Cuántos vasos de fiesta hay sobre la mesa?

Puedes usar fichas para hacer un modelo de un arreglo y calcular el número total de vasos.

Una manera: Suma	Otra manera: Multiplica
$5 + 5 + 5 = 15$	$3 \times 5 = 15$

El arreglo muestra 3 filas de 5. $3 \times 5 = 15$
Por lo tanto, 3 grupos iguales de 5 vasos son 15 en total.

Arrays and Multiplication

① Introduce

TEKS 3.4(A)

Activity Choice 1 • Hands-On

- Have students work in groups of 4.
- Provide each group of students with 24 counters. Tell them they are going to create another model for multiplication.
- Ask students to arrange the counters in 4 groups of 6 while you model it on the overhead projector. The groups should be distinctly separate.
- **How many counters are there in all?** 24
- Rearrange the counters in an array of 4 rows of 6 counters.
- **How many rows?** 4 rows
- **How many in each row?** 6 counters
- **How many in all?** 24 counters in all

Activity Choice 2 • Literature

Introduce the lesson with *One Hundred Hungry Ants* by Elinor J. Pinczes. (For a related math activity, see p. R104.)

② Teach

TEKS 3.4(A)

Scaffolding Questions

Rearrange the 24 counters on the overhead in 3 rows of 8.
- **How many row?** 3 rows
- **How many counters in each row?** 8 counters
- **What is the addition sentence? What is the sum?** $8 + 8 + 8 = 24$
- **What is the multiplication sentence? What is the product?** $3 \times 8 = 24$

Repeat the activity with 8 rows of 3 counters.

GET READY to Learn

Have students open their books and read the information in **Get Ready to Learn**. Introduce **array**, **Commutative Property of Multiplication**, **multiplication**, and **multiply**. As a class, work through **Examples 1 and 2**.

Arreglos y multiplicación

4-1

① Presentación

TEKS 3.4(A)

Actividad propuesta • Práctica

- Pídales a los alumnos trabajar en grupos de 4.
- Proveále a cada grupo de alumnos con 24 fichas. Indíqueles que van a crear otro modelo de multiplicación.
- Pídales a los alumnos que ordenen las fichas en 4 grupos de 6 mientras usted hace un modelo de ellas en el retroproyector. Los grupos deberán separarse distintamente.
- **¿Cuántas fichas hay en total?** 24
- Reordene las fichas en un arreglo de 4 filas de 6 fichas.
- **¿Cuántas filas?** 4 filas
- **¿Cuántas en cada fila?** 6 fichas
- **¿Cuántas en total?** 24 fichas en total

Actividad propuesta 2 • Literatura

Presente la Lección con *One Hundred Hungry Ants* de Elinor J. Pinczes. (Vea en la página R104 una actividad matemática relacionada.)

② Enseñanza

TEKS 3.4(A)

Preguntas básicas

Reordene las 24 fichas en el retroproyector en 3 filas de 8.
- **¿Cuántas filas?** 3 filas
- **¿Cuántas fichas en cada fila?** 8 fichas
- **¿Cuál es la expresión de suma? ¿Cuál es la suma?** $8 + 8 + 8 = 24$
- **¿Cuál es la oración de multiplicación? ¿Cuál es el producto?** $3 \times 8 = 24$

Repita la actividad con 8 filas de 3 fichas.

PREPÁRATE para aprender

Pídales a los alumnos que abran sus libros y lean la información de **Prepárate para aprender.** Presénteles **arreglo, la propiedad conmutativa de la multiplicación, multiplicación** y **multiplicar**. En conjunto, trabajen los **Ejemplos 1 y 2**.

Haz un modelo de un arreglo

Ejemplo 1 Asegúrese que los alumnos alinean las fichas en filas y columnas cuando modelen el arreglo.

EJEMPLOS ADICIONALES

 1 La madre de Sue hizo barras de cereal para su clase. Ella las ordenó en 3 filas de 7. ¿Cuántas barras de cereal hizo? 21

2 En la Tienda de Embutidos, la Sra. Hessle ordenó las jarras de embutidos en 8 filas con 4 jarras en cada fila. Escriban dos oraciones de multiplicación para calcular cuántas jarras de embutidos hay. 8 x 4 = 32: 4 x 8 = 32

✓ VERIFICA lo que sabes

En conjunto, pídales a los alumnos que completen los Ejercicios 1 al 4 en **Verifica lo que sabes** a medida que usted observa sus trabajos.

Ejercicio 4 Evalúa la comprensión del alumno antes de asignarle los ejercicios prácticos.

BL Estrategia alternativa de enseñanza   TEKS 3.4(A)

si ➤ los alumnos tienen problemas usado un arreglo para hacer un modelo de una multiplicación…

entonces ➤ usa una de estas opciones de reforzamiento:

1 CRM **Hoja de reforzamiento diario** (pág. 8)

2 Pídales que usen papel cuadriculado para sombrear en las filas. Pídales que señalen el arreglo y escriban la oración de multiplicación dentro.

Model An Array

Example 1 Make sure that students line up the counters in rows and columns when modeling the array.

ADDITIONAL EXAMPLES

1 Sue's mom made cereal bars for her class. She arranged them in 3 rows of 7. How many cereal bars did she make? 21

2 In The Jam Shop, Mrs. Hessle arranged jars of jam in 8 rows with 4 jars in each row. Write two multiplication sentences to find how many jars of jam Mrs. Hessle has. 8 × 4 = 32; 4 × 8 = 32

✓ CHECK What You Know

As a class, have students complete Exercises 1–4 in **Check What You Know** as you observe their work.

Exercise 4 Assess student comprehension before assigning practice exercises.

BL Alternate Teaching Strategy   TEKS 3.4(A)

If ➤ students have trouble using an array to model multiplication …

Then ➤ use one of these reteach options:

1 CRM **Daily Reteach Worksheet** (p. 8)

2 Have them use grid paper to shade in the rows. Have them outline the array and write the multiplication sentence inside.

⚠ COMMON ERROR!

Exercises 8–10 Students may have difficulty finding the missing factor. Have them circle the product and the factors that are the same in the two equations. Point out that the missing factor is the number that is not circled.

146   Chapter 4 Model Multiplication Concepts and Facts

⚠ ¡ERROR COMÚN!

Ejercicios 8 al 10 Los alumnos pueden tener dificultad calculando el factor que falta. Pídales que encierren en un círculo el producto y los factores que sean iguales en las dos ecuaciones. Señale que el factor que falta es el número que no está encerrado en un círculo.

Conexión con el vocabulario
conmutar
Uso diario ir y volver
Uso matemático cambiar el orden de los factores

CONCEPTOS CLAVE   Propiedad conmutativa

Palabras	La **propiedad conmutativa de la multiplicación** establece que el orden en el que se multiplican los números no altera el producto.
Ejemplos	4 × 3 = 12 3 × 4 = 12 respuesta respuesta

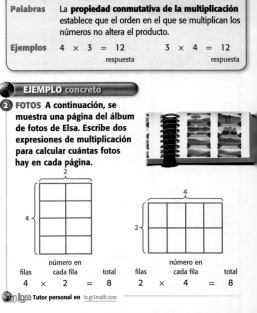

EJEMPLO concreto

2 FOTOS A continuación, se muestra una página del álbum de fotos de Elsa. Escribe dos expresiones de multiplicación para calcular cuántas fotos hay en cada página.

Recuerda
Los modelos en el ejemplo 2 también son arreglos puesto que tienen filas y columnas.

filas	número en cada fila	total		filas	número en cada fila	total
4	× 2	= 8		2	× 4	= 8

en línea Tutor personal en tx.gr3math.com

✓ VERIFICA lo que sabes

Usa fichas para hacer un modelo de cada arreglo.
Resuelve Ver Ejemplos 1 y 2 (págs. 145–146)

1. 2 × 6   12

2. 3 × 3   9

3. Escribe dos expresiones de multiplicación para calcular cuántos perritos hay si 5 perras tienen 2 cachorritos cada una. 5 × 2 = 10, 2 × 5 = 10

4. ¿Qué otra operación usa la propiedad conmutativa? Explica. Suma; Ejemplo de respuesta: 5 + 3 = 3 + 5

146 Capítulo 4

Matemáticas en línea Ejemplos extra en tx.gr3math.com

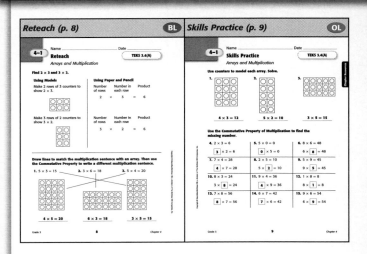

Reteach (p. 8)   BL   Skills Practice (p. 9)   OL

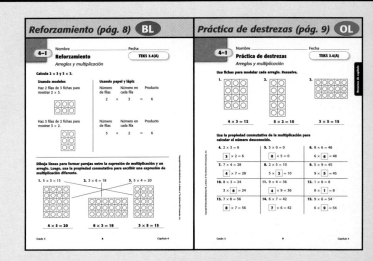

Reforzamiento (pág. 8)   BL   Práctica de destrezas (pág. 9)   OL

Práctica y solución de problemas
PRÁCTICA EXTRA
Ver página R10.

Usa fichas para hacer un modelo de cada arreglo. Resuelve.
Ver Ejemplos 1 y 2 (págs. 145–146)

5. 3×6  18   **6.** 2×2 4   **7.** 4×4

16

Álgebra Usa la propiedad conmutativa de la multiplicación para calcular cada número que falta. Ver Ejemplo 2 (pág. 146)

8. $5 \times 2 = 10$ 5
$2 \times \blacksquare = 10$

9. $3 \times 5 = 15$ 5
$\blacksquare \times 3 = 15$

10. $3 \times 9 = 27$ 27
$9 \times 3 = \blacksquare$

Multiplica. Usa un arreglo si es necesario. Ver Ejemplos 1 y 2 (págs. 145–146)

11. Geometría Hope dibujó un modelo de área. Escribe una expresión de multiplicación que represente su modelo.

$3 \times 7 = 21$

12. Los boletos de adulto para el concurso de talentos cuestan $8. ¿Cuánto costarán 4 boletos de adulto? $32

13. Félix le da a su perro 2 golosinas cada día. ¿Cuántas golosinas recibe el perro de Félix en una semana? 14 golosinas

Problemas H.O.T.

14. HALLA EL ERROR Marita y Tyrone están usando los números 3, 4 y 12 para demostrar la propiedad conmutativa. ¿Quién tiene la razón? Explica.

Tyrone; Tyrone usa la propiedad conmutativa de la multiplicación. Marita usa división.

Marita
$3 \times 4 = 12$
$12 \div 3 = 4$

Tyrone
$4 \times 3 = 12$
$3 \times 4 = 12$

15. ESCRIBE EN ►MATEMÁTICAS Describe cómo puede ayudarte un arreglo a calcular el reulstado de un problema de multiplicación.
Ejemplo de respuesta: Usando un arreglo puedes ver cuántos hay en conjunto.

Lección 4-1 Arreglos y multiplicación **147**

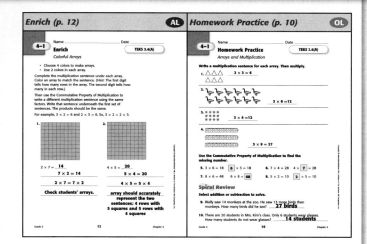

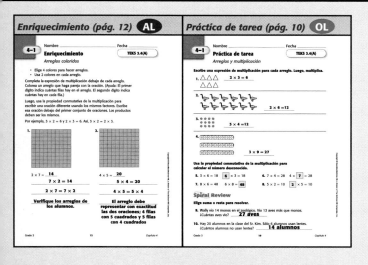

---

③ Practice

Differentiate practice using these leveled assignments for Exercises 5–15.

Level	Assignment
BL Below Level	5–6, 8–9, 11–12
OL On Level	6, 8–13, 14
AL Above Level	6–12 even, 14–15

Have students discuss and complete the Higher Order Thinking problems. Encourage them to draw arrays to model the multiplication. Point out that the answer to the division sentence is not the same as the answer to the multiplication sentence. So, $3 \times 4 \neq 12 \div 3$.

WRITING IN ►MATH Have students complete Exercise 15 in their Math Journals. You may choose to use this exercise as an optional formative assessment.

④ Assess

Formative Assessment

Write a multiplication sentence, such as $5 \times 7 = 35$, on the board.
- **Does the order of the factors in a multiplication sentence matter? What other multiplication sentence can you write for the numbers 5, 7, and 35?** No; $7 \times 5 = 35$

Quick Check **Are students continuing to struggle with using arrays to multiply?**

If Yes → Small Group Options (p. 145B)
Strategic Intervention Guide (p. 48)

If No → Independent Work Options (p. 145B)
CRM Skills Practice Worksheet (p. 9)
CRM Enrich Worksheet (p. 12)

Into the Future Tell students that the next lesson is about multiplying by 2. Ask students to write how they think today's lesson on arrays and multiplication will help them with tomorrow's lesson.

Lesson 4-1 Arrays and Multiplication **147**

---

③ Práctica

Asigne la práctica para los Ejercicios 5 al 15 según los siguientes niveles.

Nivel	Asignación
BL Nivel bajo	5–6, 8–9, 11-12
OL A nivel	6, 8–13, 14
AL Nivel avanzado	6–12 even, 14–15

Pídales a los alumnos que analicen y completen los problemas de razonamiento de alto nivel. Aliéntelos a dibujar arreglos para hacer un modelo de la multiplicación. Señale que la respuesta a la oración de división no es la misma que la respuesta a la oración de multiplicación. Entonces, $3 \times 4 \neq 12 \div 3$

ESCRIBE EN ►MATEMÁTICAS Pídales a los alumnos que completen el Ejercicio 15 en sus Diarios de Matemáticas. Puede elegir hacer este ejercicio como una evaluación formativa adicional.

④ Evaluación

Evaluación formativa

Escriba una oración de multiplicación, tal como $5 \times 7 = 35$, en la pizarra.
- **¿Importa el orden de los factores en una oración de multiplicación? ¿Qué otra oración de multiplicación pueden escribir para los números 5, 7 y 35?** No; $7 \times 5 = 35$

Control rápido **¿Les sigue costando a los alumnos usar arreglos para multiplicar?**
Si la respuesta es:

Sí → Opciones para grupos pequeños (pág. 145B)
Guía de intervención estratégica (pág. 48)

No → Opciones de trabajo independiente (pág. 145B)
CRM Hoja de ejercicios para la práctica de destrezas (pág. 9)
CRM Hoja de trabajo de enriquecimiento (pág. 12)

En el futuro Indíqueles a los alumnos que la siguiente lección trata sobre multiplicar por 2. Pídales a los alumnos que escriban cómo creen que la lección de hoy sobre arreglos y multiplicación les ayudará con la lección de mañana.

LECCIÓN 4-2 Multiplica por 2

Planificador de lección

Objetivo

Multiplica por 2.

TEKS y TAKS

TEKS Objetivo 3.4 El estudiante reconoce y resuelve problemas en situaciones de multiplicación y división. **(A) Aprenda y aplique las tablas de multiplicación hasta 12 por 12 utilizando modelos co ncretos y objetos.** *También cubre TEKS 3.6(B)*

TAKS 1 El estudiante demostrará un entendimiento de patrones, operaciones y razonamiento cuantitativo.

Las páginas del alumno también cubren los siguientes TEKS:
TEKS 3.15(A) Coméntalo, Ejercicio 9
TEKS 3.14(A) Problemas H.O.T., Ejercicios 32-33

Repaso de vocabulario

multiplicar

Rutina diaria

Siga estas sugerencias antes de iniciar la lección de la pág. 148.

Control de 5 minutos (Repaso de la Lección 4-1)

Usen la propiedad conmutativa de la multiplicación para calcular cada número que falta.

1. $6 \times 2 = 12$
   $2 \times \blacksquare = 12$ 6
2. $3 \times 7 = 21$
   $\blacksquare \times 3 = 21$ 7
3. $4 \times 5 = 20$
   $5 \times 4 = \blacksquare$ 20

Problema del día

Hay 4 bailarines en la primera fila, 8 bailarines en la segunda fila y 12 bailarines en la tercera fila. Si el patrón se mantiene, ¿cuántos bailarines están en la quinta fila? 20 bailarines

---

LESSON 4-2 Multiply by 2

Lesson Planner

Objective

Multiply by 2.

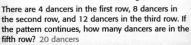

TEKS and TAKS

Targeted TEKS 3.4 The student recognizes and solves problems in multiplication and division situations. **(A) Learn and apply multiplication facts through 12 by 12 using concrete models and objects.** *Also addresses TEKS 3.6(B).*

TAKS 1 The student will demonstrate an understanding of numbers, operations, and quantitative reasoning.

Student pages also address the following TEKS:
TEKS 3.15(A) Talk About It, Exercise 9
TEKS 3.14(A) HOT Problems, Exercises 32–33

Review Vocabulary

multiply

Resources

Materials: grid paper, number line, index cards

Manipulatives: counters

Literature Connection: *Mooove Over!: About Counting by Twos* by Karen Magnuson Beil

Teacher Technology
Interactive Classroom • TeacherWorks

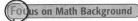 Focus on Math Background

In this lesson students are introduced to the first of many ways to model multiplication: draw a picture, skip count, and use an array to model the problem. Hence, when modeling 4×2, you can
- draw a picture that shows 4 groups of two items.
- skip count by twos, that is count by 2s four times: 2, 4, 6, 8.
- use a 4 by 2 array.

Note that arrays are rectangular representations of multiplication. Objects in rows and columns lead to a grid model (empty boxes in rows and columns), which then leads to the rectangular area model. The array and area models are important because they can be used to model the Commutative Property of Multiplication.

148A Chapter 4 Model Multiplication Concepts and Facts

Daily Routine

Use these suggestions before beginning the lesson on p. 148.

5-Minute Check
(Reviews Lesson 4-1)

Use the Commutative Property of Multiplication to find each missing number.

1. $6 \times 2 = 12$
   $2 \times \blacksquare = 12$ 6
2. $3 \times 7 = 21$
   $\blacksquare \times 3 = 21$ 7
3. $4 \times 5 = 20$
   $5 \times 4 = \blacksquare$ 20

Problem of the Day

There are 4 dancers in the first row, 8 dancers in the second row, and 12 dancers in the third row. If the pattern continues, how many dancers are in the fifth row? 20 dancers

> **Review Math Vocabulary**
> Write the review vocabulary word and its definition on the board.
>
> Ask students to write a sentence or two describing how they would define *multiply* to a first grader. Ask for volunteers to share their sentences.
>
> **Visual Vocabulary Cards**
> Use Visual Vocabulary Card 37 to reinforce the vocabulary word reviewed in this lesson. (The Define/Example/Ask routine is printed on the back of each card.)

multiply

Repaso de vocabulario matemático

Escriba las palabras del repaso de vocabulario y sus definiciones en la pizarra.
Pídales a los alumnos que escriban una oración o dos que describa cómo definirán *multiplicar* a un alumno de primer grado. Pídales a algunos voluntarios que compartan sus oraciones

Tarjetas visuales de vocabulario

Use la(s) tarjeta(s) visual(es) del vocabulario 37 para reforzar el vocabulario presentado en esta lección. (En la parte trasera de cada tarjeta está escrita la rutina Definir/Ejemplo/Pregunta).

 multiplicar

Differentiated Instruction

Small Group Options

Option 1 | Gifted and Talented (AL)

AUDITORY, LOGICAL

Materials: *One Hundred Hungry Ants* by Elinor J. Pinczes, notebook paper

- Read the book aloud. Discuss the various arrays made by the ants in the book. Focus on how many ants were in each row (50) when 2 rows were formed.
- Invite students to determine how many ants would be in each of 2 rows if there were 150, 200, 500, or 1,000 ants in all. Have students write two multiplication facts for each new array (e.g., 2 × 75 = 150 and 75 × 2 = 150).
- Challenge students to think of new arrays.

Option 2 | English Language Learners (ELL)
AUDITORY, VISUAL

Materials: large multiplication table
Core Vocabulary: work backward, start with what's known, flip
Common Use Verb: pair off
Do Math This strategy scaffolds algebraic thinking and vocabulary by making problem parts moveable.

- Display the multiplication table with highlighted 2s and 8 = 2 × ■.
- Circle the 8. Count out 8 students to line up and then pair off by 2s.
- Have a student count pairs and fill in the number.
- Ask a student to say a multiple of 2 (but less than the total number of students in the group). Have them skip count backward by 2, joining pairs of students down to zero. Count the pairs and write the multiplication problem on the board.
- Repeat as time permits.

Use this worksheet to provide additional support for English Language Learners.

English Language Learners (p. 75) (ELL)

Independent Work Options

Option 1 | Early Finishers (OL) (AL)
TEKS 3.4(A)
VISUAL, SPATIAL

Materials: paper, colored pencils or crayons

- Have students make a display of the different strategies that can be used to find the products for the facts of 2, such as equal groups, arrays, skip counting on the number line, and the Commutative Property. Allow students to use colored pencils or crayons to create visually attractive pieces.
- Have students create an organized list of multiplication facts for 2.

Option 2 | Student Technology
Tech Link

Math Online tx.gr3math.com
Personal Tutor • Extra Examples • Online Games
Math Adventures: Scrambled Egg City (5A)

Option 3 | Learning Station: Writing (p. 140G)

Direct students to the Writing Learning Station for opportunities to explore and extend the lesson concept.

Option 4 | Problem-Solving Practice

Reinforce problem-solving skills and strategies with the Problem-Solving Practice worksheet.

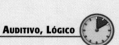
Problem Solving (p. 16) (BL) (OL) (AL)

Instrucción diferenciada

Opciones de trabajo independiente

Opción 1 | Para los que terminan primero (OL) (AL)
TEKS 3.4(A)
VISUAL/ESPACIAL

Materiales: papel, lápices de colores o crayones

- Pídales a los alumnos que hagan una demostración de las diferentes estrategias que se puedan usar para calcular los productos para las operaciones de 2, tales como grupos iguales, arreglos, conteo salteado en la recta numérica y la propiedad conmutativa. Permítales a los alumnos usar lápices de colores o crayones para crear piezas visualmente atractivas.
- Pídales a los alumnos que hagan una lista organizada de operaciones de multiplicación para el 2.

Opción 2 | Tecnología para el alumno
Enlace technológico

Matemáticas en línea tx.gr3math.com

Personal Tutor • Extra Examples • Online Games
Math Adventures: Scrambled Egg City (5A)

Opción 3 | Estación de aprendizaje: Redacción (pág. 140G)

Dirija a los alumnos a la estación de aprendizaje de redacción para que tengan la oportunidad de explorar y ampliar el concepto de la lección.

Opción 4 | Práctica y solución de problemas

Refuerce las destrezas y las estrategias de solución de problemas con la hoja de trabajo de solución de problemas.

Resolver problemas (pág. 16) (OL)

Opciones para grupos pequeños

Opción 1 | Talentosos (AL)
AUDITIVO, LÓGICO

Materiales: *One Hundred Hungry Ants* por Elinor J. Pinczes, papel de cuaderno

- Lea el libro en voz alta. Comente los diferentes arreglos hechos por las hormigas en el libro. Enfóquese en cuántas hormigas habían en cada fila (50) cuando 2 filas eran formadas.
- Invite a los alumnos a determinar cuántas hormigas habrán en cada 2 filas si habían 150, 200, 500 ó 1000 hormigas en total. Pídales a los alumnos que escriban dos operaciones de multiplicación para cada nuevo arreglo (2 x 75 = 150 y 72 x 2 = 150).
- Rete a los alumnos a pensar en nuevos arreglos.

Multiplica por 2

1 Presentación   TEKS 3.6(B)

Actividad propuesta 1 • Práctica

- Divida la clase en grupos de 3. Escriba una oración de multiplicación en la pizarra, tal como 5 × 2.
- Un alumno usa fichas para hacer un modelo de la multiplicación, otro hace un modelo de un arreglo usando papel cuadriculado y el tercero sigue un patrón de conteo salteado en una recta numérica. Cada alumno calcula el producto y compara.
- **¿Cuántos grupos?** 5
- **¿Cuántos en cada grupo?** 2
- **¿Cuántos en total?** 10

Actividad propuesta 2 • Literatura

Presente la Lección con *Mooove Over!: About counting by Twos* de Karen Magnuson Beil. (Vea en la página R104 una actividad matemática relacionada.)

2 Enseñanza   TEKS 3.4(A)

Preguntas básicas

Aliénteles a los alumnos a elegir la estrategia de la Actividad 1 que les funciona mejor a ellos. Luego, pídales a los alumnos repetir la operación sin la estrategia.
Pídales a los alumnos que modelen 4 × 2. Luego, indíqueles que cubran el modelo.
- **¿Cuánto es 4 × 2?** 8

Una vez que los alumnos hayan usado sus estrategias para calcular un producto de 2, pídales que ejecuten la operación de memoria.
- **¿Cuánto es 2 × 4? ¿Cómo lo sabes?** 8; la propiedad conmutativa de la multiplicación

PREPÁRATE para aprender

Pídales a los alumnos que abran sus libros y lean la información de **Prepárate para aprender.** Revise **multiplicar.** En conjunto, trabajen los **Ejemplos 1 y 2.**

---

1 Introduce   TEKS 3.6(B)

Activity Choice 1 • Hands-On

- Divide the class into groups of 3. Write a multiplication statement on the board, such as 5 × 2.
- One student uses counters to model the multiplication, another models an array using grid paper, and the third follows a pattern by skip counting on a number line. Each student finds the product and compares.
- **How many groups?** 5
- **How many in each group?** 2
- **How many in all?** 10

Activity Choice 2 • Literature

Introduce the lesson with *Mooove Over!: About Counting by Twos* by Karen Magnuson Beil. (For a related math activity, see p. R104.)

2 Teach   TEKS 3.4(A)

Scaffolding Questions

Encourage students to choose the strategy from Activity 1 that works best for them. Then, have the student repeat the fact without the strategy.

Ask students to model 4 × 2. Then tell them to cover the model.
- **How much is 4 × 2?** 8

Once students have used their strategies to find a product of 2, have them commit the fact to memory.
- **How much is 2 × 4? How do you know?** 8; the Commutative Property of Multiplication

GET READY to Learn

Have students open their books and read the information in **Get Ready to Learn.** Review **multiply.** As a class, work through **Examples 1 and 2.**

IDEA PRINCIPAL

Multiplicaré por 2.

Targeted TEKS 3.4
El estudiante reconoce y resuelve problemas en situaciones de multiplicación y división.
(A) Aprenda y aplique las tablas de multiplicación hasta 12 por 12 utilizando modelos concretos y objetos. *También cubre TEKS 3.6(B).*

Repaso de vocabulario

multiplicar

PREPÁRATE para aprender

Los alumnos en una clase están trabajando en un proyecto de arte. Si deben trabajar en 8 grupos de 2, ¿cuántos alumnos hay en total?

Hay distintas maneras de **multiplicar** por 2. Una manera es hacer un modelo de un arreglo. Otra manera es hacer un dibujo.

EJEMPLO concreto   Multiplica por 2

1 ESCUELA Si hay 8 grupos de 2, ¿cuántos alumnos hay en la clase de arte?

Necesitas hacer un modelo de 8 grupos de 2 ó 8 × 2.

Una manera: **Haz un modelo de un arreglo**	Otra manera: **Haz un dibujo**
Haz un modelo de un arreglo con 8 filas y 2 columnas.	Dibuja 8 grupos de 2.
8 filas de 2 = 2 + 2 + 2 + 2 + 2 + 2 + 2 + 2 ó 16	2 + 2 + 2 + 2 + 2 + 2 + 2 + 2 ó 16

Por lo tanto, hay 8 × 2 or 16 ó 16 alumnos en la clase de la Srta. James.

148   Capítulo 4 Haz modelos de conceptos y operaciones de multiplicación

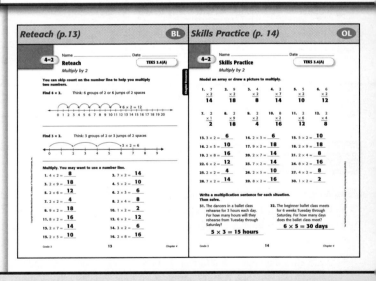

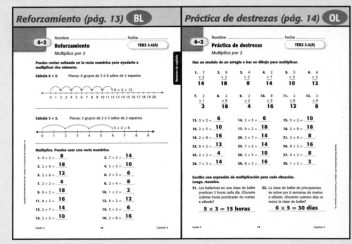

Para multiplicar por 2 puedes usar el conteo salteado para seguir un patrón.

 **EJEMPLO concreto**   Sigue un patrón

2 AMIGOS A Sybil y sus dos amigos les gusta ir al parque en bicicleta. El viaje de ida y vuelta es de 2 millas. ¿Cuántas millas recorren juntos?

Hay 3 amigos. Cada uno recorre 2 millas.

Para calcular cuántas millas recorren juntos, calcula 3×2.

Para seguir un patrón, cuenta de 2 en 2, tres veces.
Lee 2, 4, 6.

Sybil y sus amigos recorrerán 3×2, ó 6 millas juntos.

en línea **Tutor personal en** tx.gr3math.com

 VERIFICA lo que sabes

Multiplica. Ver Ejemplos 1 y 2 (págs. 148–149)

1. 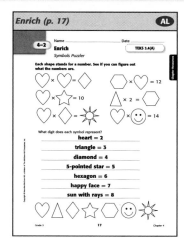 8
4 grupos de 2

2. 🍒🍒🍒🍒🍒🍒 6
3 grupos de 2

3. 10
5 filas de 2

Haz un modelo de un arreglo o haz un dibujo para multiplicar. Ver Ejemplo 1 (pág.148)

4. 6   12
  × 2

5. 2   4
  × 2

6. 9   18
  × 2

7. 8   16
  × 2

8. Hay 2 trozos de tiza para cada alumno. Si hay 10 alumnos, ¿cuántos trozos de tiza hay? 20 trozos

9. **Coméntalo** Explica las distintas estrategias que puedes usar para las operaciones de multiplicación por 2. Ejemplo de respuesta: Contar de dos en dos.

Lección 4-2 Multiplica por 2   **149**

Follow a Pattern

Example 2 Be sure that students understand that the first factor tells how many jumps on the number line to make.

ADDITIONAL EXAMPLES

1 The students in Ms. Dennis's class work in 6 groups of 2. How many students were there in all? 12

2 Mr. Murphy drove 2 miles round trip to work every day. How many miles did he drive in a five-day work week? 10 miles

CHECK What You Know

As a class, have students complete Exercises 1–9 in **Check What You Know** as you observe their work.

Exercise 9 Assess student comprehension before assigning practice exercises.

BL Alternate Teaching Strategy

If students have trouble memorizing the facts of 2 …

Then use one of these reteach options:

1. CRM **Daily Reteach Worksheet** (p. 13)

2. Have them make flash cards. One side should show the complete fact, such as $3 \times 2 = 6$. The other side of the card should show the fact without its answer, such as $3 \times 2 = \blacksquare$.

 COMMON ERROR!

Exercise 17 Students may interpret the multiplication to mean $2 + 2$ rather than $2 + 2 + 2$. Have students read the vertical multiplication statement from the bottom up as 3 groups of 2. Have them practice reading the exercises before doing the multiplication.

Lesson 4-2 Multiply by 2   **149**

Sigue un Patrón

Ejemplo 2 Asegúrese de que los alumnos entiendan que el primer factor, indiquen cuántos saltos hay que hacer en la recta numérica.

EJEMPLOS ADICIONALES

1 Los alumnos de la clase de la Sra. Dennos trabajan en 6 grupos de 2. ¿Cuántos alumnos había en total? 12

2 El Sr. Murphy condujo 2 millas en su viaje de ida y vuelta al trabajo cada día. ¿Cuántas millas condujo en cinco días de la semana laboral? 10 millas

VERIFICA lo que sabes

En conjunto, pídales a los alumnos que completen los Ejercicios 1 al 9 en **Verifica lo que sabes** a medida que usted observa sus trabajos.

Ejercicio 9 Evalúa la comprensión del alumno antes de asignarle los ejercicios prácticos.

BL Estrategia alternativa de enseñanza

si los alumnos tienen problemas memorizando las operaciones de 2…

entonces use una de estas opciones de reforzamiento:

1. CRM **Hoja de reforzamiento diario** (pág. 13)

2. Pídales a los alumnos que hagan tarjetas de memoria. Un lado deberá mostrar la operación completa, tal como $3 \times 2 = 6$. El otro lado de la tarjeta deberá mostrar la operación sin su respuesta, tal como $3 \times 2 = \blacksquare$.

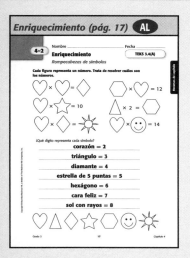

Enrich (p. 17) AL

 ¡ERROR COMÚN!

Ejercicio 17 Los alumnos pueden interpretar que la multiplicación significa $2 + 2$ en vez de $2 + 2$. Pídales a los alumnos que lean el enunciado vertical de multiplicación de abajo para arriba como 3 grupos de 2. Pídales que practiquen leer los ejercicios antes de hacer la multiplicación.

 Enriquecimiento (pág. 17) AL

3 Práctica

Asigne la práctica para los Ejercicios 10 al 33 según los siguientes niveles.

Nivel	Asignación
BL Nivel bajo	10–13, 16–19, 24–25, 28–29
OL A nivel	11–15, 17–25, 28–30, 32
AL Nivel avanzado	11–31 impar, 32–33

Pídales a los alumnos que analicen y completen los problemas de razonamiento de alto nivel. Sugiérales a los alumnos que usen la estrategia de *adivina y verifica* para el Ejercicio 32.

ESCRIBE EN ➤MATEMÁTICAS

Pídales a los alumnos que completen el Ejercicio 33 en sus Diarios de Matemáticas. Puede elegir hacer este ejercicio como una evaluación formativa adicional.

4 Evaluación

Evaluación formativa

Para evaluar el aprendizaje de memoria de las operaciones por 2, escriba una operación de multiplicación de 2 en la pizarra y pregúnteles a los alumnos el producto, por ejemplo 8 × 2.
- **¿Cuál es el producto?** 16
- Escriba 2 × 8.
- **¿Cuál es el producto?** 16
- Comiencen agrupando operaciones similares juntas, luego, evalúe las operaciones al azar.

Control rápido ¿Les sigue costando a los alumnos la multiplicación por 2?

Si la respuesta es:

Sí ➡ Guía de intervención estratégica (pág. 58)
No ➡ Opciones de trabajo independiente (pág. 148B)
  CRM Hoja de ejercicios para la práctica de destrezas (pág. 14)
  CRM Hoja de trabajo de enriquecimiento (pág. 17)

Nombra la matemática Pídales a los alumnos que indiquen cómo calcular 7 × 2.

---

3 Practice

Differentiate practice using these leveled assignments for Exercises 10–33.

Level	Assignment
BL Below Level	10–13, 16–19, 24–25, 28–29
OL On Level	11–15, 17–25, 28–30, 32
AL Above Level	11–31 odd, 32–33

Have students discuss and complete the Higher Order Thinking problems. Suggest students use the *guess and check* strategy for Exercise 32.

WRITING IN ➤MATH Have students complete Exercise 33 in their Math Journals. You may choose to use this exercise as an optional formative assessment.

4 Assess

Formative Assessment

To assess for automaticity of the facts of 2, write a multiplication fact of 2 on the board and ask students for the product, for example, 8 × 2.
- **What is the product?** 16
- Write 2 × 8.
- **What is the product?** 16
- Begin by grouping similar facts together, then assess facts randomly.

Quick Check Are students continuing to struggle with multiplication by 2?

If Yes ➡ Strategic Intervention Guide (p. 58)
If No ➡ Independent Work Options (p. 148B)
  CRM Skills Practice Worksheet (p. 14)
  CRM Enrich Worksheet (p. 17)

Name the Math Have students tell how to find 7 × 2.

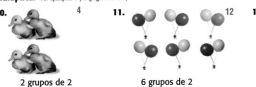

Práctica y solución de problemas
PRÁCTICA EXTRA
Ver página R10.

Multiplica. Ver Ejemplos 1 y 2 (págs. 148–149)

10. 4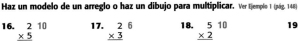

2 grupos de 2

11. 12

6 grupos de 2

12. 14

7 grupos de 2

13. 4

3 filas de 2

14. 8

4 filas de 2

15. 16

5 filas de 2

Haz un modelo de un arreglo o haz un dibujo para multiplicar. Ver Ejemplo 1 (pág. 148)

16. 2 10
   × 5

17. 2 6
   × 3

18. 5 10
   × 2

19. 4 8
   × 2

20. 2 × 7 14   21. 2 × 9 18   22. 6 × 2 12   23. 10 × 2 20

24. 2 × 4 8   25. 2 × 8 16   26. 2 × 2 4   27. 2 × 2 4

Resuelve. Usa modelos si es necesario. Ver Ejemplos 1 y 2 (págs. 148–149)

28. Hay 3 alumnos y cada uno tiene 2 lápices, ¿cuántos lápices hay en total? 6

29. Hay 2 perros. ¿Cuántos ojos hay en total? 4

30. Hay 2 arañas y cada una tienen 8 patas. ¿Cuántas patas hay en total? 16

31. Hay 2 cuadrados. ¿Cuántos lados hay en total? 8

Problemas H.O.T.

32. **INTERPRETA** Escribe un problema concreto de multiplicación planteado en palabras cuya respuesta esté entre 11 y 19. Ejemplo de respuesta: 2 × 7

33. **ESCRIBE EN ➤MATEMÁTICAS** Escribe un problema sobre una situación concreta en la que un número se multiplique por 2. Ejemplo de respuesta: James y John tienen cada uno 7 galletas. ¿Cuántas galletas tienen en total?

150 Capítulo 4 Haz modelos de conceptos y operaciones de multiplicación

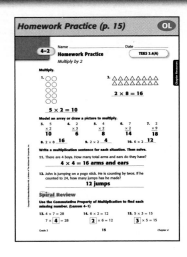

Homework Practice (p. 15) **OL**

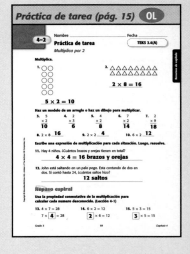

Práctica de tarea (pág. 15) **OL**

Explora

Enlace tecnológico 4-2
Haz un modelo de la multiplicación

IDEA PRINCIPAL
...saré la tecnología ...ara multiplicar.

...TEKS Objetivo 3.14
...estudiante aplica las ...atemáticas del 3er ...ado para resolver ...oblemas relacionados ...on experiencias diarias y ...ctividades dentro y fuera ...e la escuela. (D) Utilice ...erramientas tales ...omo objetos reales, ...anipulativos y ...ecnología para resolver ...oblemas. *También ...ubre TEKS 3.4(A).*

Puedes usar las fichas del *Cofre de herramientas matemáticas* para representar un modelo del problema.

EJEMPLO

ⓘ JUGUETES La tienda de mascotas vende juguetes para perros. Si en un paquete vienen tres juguetes, ¿cuántos juguetes hay en 4 paquetes?

Cada hueso representa 1 juguete de perro.

- Elige multiplicación para el tipo de tapete.

- Al final de la pantalla, elige 4 en la casilla de la izquierda y 3 en la casilla de la derecha.

Las casillas numéricas muestran que estás calculando 4 grupos de 3 ó 4 × 3.

¿Cuántos juguetes para perro hay en 4 paquetes? 12

⊕ Math Tool Chest: Counters Button Bar

The Counters Button Bar offers five buttons that perform functions specific to the Counters tool.

Mat Type Students click Mat Type on the Button Bar to open the Mat Type window and select a mat to use. There are five types of Counters mats: Open, Addition, Subtraction, Multiplication, and Division. A filled circle indicates the selection.

Select Students use Select to choose a counter on which to perform an action.

Flip Students click Flip to turn the counters to face the opposite direction.

Erase Students use Erase to remove counters from the mat.

Stamp Students click the Stamp button, and then click a counter and stamp it on the mat.

 Explore Math Activity for 4-2

Lesson Planner

Objective

Use technology to multiply.

🟥**TEKS and TAKS**

Targeted TEKS 3.14 **The student applies Grade 3 mathematics to solve problems connected to everyday experiences and activities in and outside of school.**
(D) Use tools such as real objects, manipulatives, and technology to solve problems. *Also addresses TEKS 3.4(A).*

TAKS 6 The student will demonstrate an understanding of the mathematical processes and tools used in problem solving.

Student pages also address the following TEKS:
TEKS 3.15(A) Talk about It, Exercise 9

Resources

Math Tool Chest *(accessible in three ways)*
　　Math🌐nline tx.gr3math.com
　🌐 StudentWorks Plus
　🌐 Interactive Classroom

Getting Started

- The activities and exercises on pp. 151–152 use the Counters Tool in Math Tool Chest. They may be completed as a class, in pairs, or individually.

- Before class, use the Teacher Utilities to enter a list of all student names. Or, have each student enter their name at the Sign In screen when they begin the activity.

- Have students read each example on pp. 151–152.

- As a class, work through the each activity in each, example, following the instructions on the page.

 Explora

Actividad matemática para 4-2

Planificador de lección

Objetivo

Usa tecnología para multiplicar.

🟥**TEKS y TAKS**

TEKS 3.14 El estudiante aplica las matemáticas del 3er grado para resolver problemas relacionados con experiencias diarias y actividades dentro y fuera de la escuela. (D) utilice herramientas tales como objetos reales, manipulativos y tecnología para resolver problemas. **También cubre TEKS 3.4(A.)**

TAKS 6 El estudiante demostrará un entendimiento de los procesos matemáticos y herramientas usadas en la resolución de problemas.

Las páginas del alumno también cubren los siguientes TEKS: 3.15(A) Coméntalo, Ejercicio 9

Recursos

Cofre de herramientas matemáticas *(accesible de tres maneras)*
　Matemáticas🌐en línea tx.gr3math.com
　🌐 StudentWorks Plus
　🌐 Interactive Classroom

Para comenzar

- Las actividades y los ejercicios de la págs. 151-152 usan la herramienta de fichas del cofre de herramientas matemáticas. Éstas se pueden completar en conjunto, en parejas o individualmente.

- Antes de la clase, use las herramientas del maestro para ingresar una lista de todos los nombres de los alumnos. O pídale a cada alumno que ingrese su nombre en la pantalla de "Sign In" cuando comiencen la actividad.

- Pídales a los alumnos que lean el ejemplo de la págs. 151-152.

- En conjunto, desarrollen la actividad del ejemplo según las instrucciones en la página.

⊕ Cofre de herramientas matemáticas: Barra de botones de fichas

La barra de botones de fichas ofrecen cinco botones que desempeñan funciones específicas a la herramienta de fichas.

Tipo de tapete Los alumnos oprimen Tipo de tapete en la barra de botones para abrir la ventana de Tipo de tapete y elegir un tapete para usar. Hay cinco tipos de fichas de tapetes de fichas: abierta, suma, resta, multiplicación y división. Un círculo relleno indica la selección.

Selecciona Los alumnos usan Selecciona para elegir una ficha en la cual desempeñar una acción.

Voltea Los alumnos oprimen Voltea para voltear las fichas para que den a la dirección opuesta.

Borra Los alumnos usan Borra para eliminar fichas del tapete.

Estampar Los alumnos oprimen el botón de Estampar y luego oprimen una ficha y la estampan en el tapete.

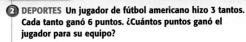

Enlace tecnológico

Use del cofre de herramientas matemáticas

Fichas La herramienta de Fichas en el cofre de herramientas matemáticas provee oportunidades para los alumnos para multiplicar rápida y fácilmente.

- Los alumnos pueden experimentar estampando varios grupos de objetos, aprender más sobre multiplicación.
- Los alumnos pueden oprimir en las flechas de arriba o abajo en las casillas en el botón de la esquina a mano izquierda de la pantalla para cambiar el número de grupos y el número en cada grupo.
- Asegúrese de que cada alumno elija la ficha que quieren usar antes de que opriman en la flecha, por que la que se elija es la ficha que será automáticamente estampado.
- Una vez que los alumnos hayan respondido la pregunta, podrán oprimir en el medidor de respuesta para ver la respuesta correcta.

 **VERIFICA lo que sabes**

En conjunto, pídales a los alumnos que completen los Ejercicios 1 al 9 en **Verifica lo que sabes** a medida que usted observa sus trabajos.

Ejercicio 9 Evalúa la comprensión del alumno antes de asignarle los ejercicios prácticos.

Ampliación del vínculo

- Guíe a los alumnos a través de estos pasos para usar la herramienta de la ficha para hacer un modelo de la propiedad conmutativa de la multiplicación:
- Oprime la tecla de Comenzar para despejar el tapete.
- En la parte superior de la pantalla, elige 3 en la casilla a la izquierda y 4 en la casilla a la derecha.
- **¿Qué operación de multiplicación se muestra?** 3 · 4 = 12
- **¿En qué se diferencia esta operación de 4 · 3 · 12?** Los números están multiplicados en un orden diferente.
- **¿En que se parece esta operación a 4 · 3 · 12?** El producto es el mismo.

Tech Link

Using Math Tool Chest

Counters The Counters Tool in Math Tool Chest provides opportunities for students to multiply quickly and easily.

- Students can experiment by stamping out many groups of objects to learn more about multiplication.
- Students can click on the up or down arrows in the boxes in the bottom left hand corner of the screen to change the number of groups and the number in each group.
- Be sure students choose the counter they want to use before they click on the arrow, because the one chosen is the counter that will automatically be stamped.
- Once students have answered the question, they can click on the answer lever to see the correct answer.

 CHECK What You Know

Alone or in pairs, have students complete Exercises 1–9 in Check What You Know as you observe their work.

Exercise 9 Assess student comprehension using the Talk About It question.

Extending the Link

- Guide students through these steps to use the Counter Tool to model the Commutative Property of Multiplication:
- Click on the Start Over key to clear the mat.
- At the bottom of the screen, choose 3 in the box on the left and 4 in the box on the right.
- **What multiplication fact is shown?** 3 · 4 = 12
- **How is this fact different from 4 · 3 · 12?** The numbers are multiplied in a different order.
- **How is this fact the same as 4 · 3 · 12?** The product is the same.

---

2 DEPORTES Un jugador de fútbol americano hizo 3 tantos. Cada tanto ganó 6 puntos. ¿Cuántos puntos ganó el jugador para su equipo?

Cada pelota de fútbol representa 1 punto.

- Elige multiplicación para el tipo de tapete.
- Al final de la pantalla, elige 3 en la casilla de la izquierda y 6 en la casilla de la derecha.

Las casillas numéricas muestran que estás calculando 3×6.

¿Cuántos puntos anotó el jugador de fútbol? 18

 VERIFICA lo que sabes

Usa la computadora para hacer un modelo de cada operación. Luego, escribe el producto.

1. 5×3 15   **2.** 8×2 16   **3.** 7×6 42   **4.** 5×9 45

Resuelve

5. Cada hora pasan 2 caricaturas en la televisión. ¿Cuántas caricaturas pasan en 6 horas? 12

6. Cada carro tiene 4 llantas. ¿Cuántas llantas hay en 7 carros? 28

7. Estos cerdos comen cada uno 4 libras de alimento al día. ¿Cuánto alimento se necesita en un día? 20

8. A continuación se muestra la bandera de Estados Unidos. ¿Cuántas franjas rojas hay en 8 banderas? 56

9. Coméntalo ¿Cómo te ayudan los modelos a resolver problemas de multiplicación? Ejemplo de respuesta: Los modelos facilitan ver cómo se repite.

Verificación de mitad del capítulo
Lecciones 4-1 hasta la 4-2

Usa fichas para hacer un modelo de cada arreglo. Resuelve. (Lección 4-1)

1. 3×2 6

2. 3×5 15

Multiplica. Usa un arreglo si es necesario. (Lección 4-1)

3. 3×2 6   **4.** 4×2 8

5. Mallory tiene 3 bolsas de conchas. Cada bolsa tiene 4 conchas. ¿Cuántas conchas hay en total? (Lección 4-1) 12

6. ✏ **PRÁCTICA PARA LA PRUEBA**
¿Qué expresión de multiplicación se modela en la siguiente figura? (Lección 4-1)
B TAKS 1

   A $4 \times 5 = 20$ **C** $4 \times 5 = 9$
   B $3 \times 5 = 15$ **D** $5 \times 3 = 8$

Álgebra Calcula cada número que falta. (Lección 4-1)

7. $9 \times 2 = 18$ 9   **8.** $3 \times 7 = 21$ 3
   $2 \times \blacksquare = 18$ $7 \times \blacksquare = 21$

Multiplica. (Lección 4-2)

9.   **10.**
   10   8

11. ✏ **PRÁCTICA PARA LA PRUEBA** Si $9 \times 4 = 36$, ¿entonces cuánto es 4×9? (Lección 4-1) H TAKS 1

   F 28   **H** 36
   G 32   **J** 40

Multiplica. (Lección 4-2)

12.   7 14   **13.**   2 6
   $\times 2$ $\times 3$

Resuelve. Usa modelos si es necesario. (Lección 4-2)

14. Si hay 2 elefantes, ¿cuántas patas hay en total? 8 patas

15. Si hay 4 perros, ¿cuántas colas hay en total? 4 colas

16. Ty está practicando sus operaciones de multiplicación por 2. Si ha contado hasta 18, ¿cuántos 2 ha contado? 9

17. ✏ **ESCRIBE EN ▸ MATEMÁTICAS** Explica cómo se relacionan la multiplicación y la suma. La multiplicación es una suma repetida.

Data-Driven Decision Making

Based on the results of the Mid-Chapter Check, use the following resources to review concepts that continue to give students problems.

Exercises	⭐ TEKS	What's the Math?	Error Analysis	Resources for Review
1–8, 11, 17 Lesson 4-1	3.4(A)	Use models to explore the meanings of and relationship between multiplication and addition.	Uses incorrect symbols in writing multiplication and addition sentences. Writes only a multiplication or only an addition sentence.	Strategic Intervention Guide (pp. 48, 58)
				CRM Chapter 4 Resource Masters (Reteach Worksheets)
9–10, 12–16 Lesson 4-2	3.4(A)	Automatically know multiplication facts up to 10. Use arrays to demonstrate multiplication.	Inserts wrong numbers in multiplication sentence. Does not know multiplication facts.	Math Online Extra Examples • Personal Tutor • Concepts in Motion • Math Adventures

---

Mid-Chapter Check

Lessons 4-1 through 4-2

✓ Formative Assessment

Use the Mid-Chapter Check to assess students' progress in the first half of the chapter.

ExamView Assessment Suite Customize and create multiple versions of your Mid-Chapter Check and the test answer keys.

FOLDABLES™ Dinah Zike's Foldables

Use these lesson suggestions to incorporate the Foldables during the chapter.

Lesson 4-1 On quarter sheets of grid paper, students draw, label, and explain multiplication as arrays and repeated addition. Students store their study cards in the first pocket of their Foldables.

Lesson 4-2 Students can cut and use quarter sheets of notebook paper to make multiplication flashcards for multiplying by 2. Have students store the cards within the appropriate pockets of their Foldables. Encourage students to use their study cards to help them memorize to automaticity he multiplication table for numbers between 1 and 10.

Verificación de mitad del capítulo

Lecciones 4-1 a la 4-2

✓ Evaluación formativa

Use la Verificación de mitad del capítulo para evaluar el progreso del alumno en la primera mitad del capítulo.

ExamView Assessment Suite Elabore múltiples versiones, con las características que desee, de la prueba del Capítulo y de las claves de respuesta de la prueba.

PLEGADOS™ Plegados de Dinah Zike

Use estas sugerencias para la lección a fin de incorporar los Plegados durante el capítulo.

Lección 4-1 En cuartos de hoja de papel cuadriculado, los alumnos dibujan, denominan y explican la multiplicación como arreglos y suma repetida. Los alumnos guardan sus tarjetas de alumnos en el primer bolsillo de sus plegados.

Lección 4-2 Los alumnos pueden recortar y usar cuartos de hoja de papel de cuaderno para hacer tarjetas de memoria de operaciones de multiplicación para multiplicar por 2. Pídales a los alumnos que almacenen las tarjetas en los bolsillos apropiados de sus plegados. Anime a los alumnos a usar sus tarjetas de estudio para ayudarse a aprender de memoria la tabla de multiplicación para números entre 1 y 10.

LECCIÓN
4-3 Multiplica por 4

LESSON
4-3 Multiply by 4

Planificador de lección

Objetivo
Multiplica por 4.

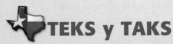 **TEKS y TAKS**

TEKS 3.4 El estudiante reconoce y resuelve problemas en situaciones de multiplicación y división. **(A) Aprenda y aplique las tablas de amultiplicación hasta 12 por 12 utilizando modelos concretos y objetos.** *También cubre TEKS 3.14(D).*

TAKS 1 El estudiante demostrará un entendimiento de patrones, operaciones y razonamiento cuantitativo.

Las páginas del alumno también cubren los siguientes TEKS:
TEKS 3.16(A) Coméntalo, Ejercicio 8
TEKS 3.14(A), TEKS 3.16(B), Problemas H.O.T., Ejercicios 22-24
TEKS 3.4(A) Repaso espiral, Ejercicios 27-31

Repaso de vocabulario
conteo salteado

Rutina diaria
Siga estas sugerencias antes de iniciar la lección de la pág. 154.

Control de 5 minutos (Repaso de la Lección 4-3)
Modelen un arreglo o hagan un dibujo para multiplicar.

1. 5 x 2 10
2. 8 x 2 16
3. 7 x 2 14
4. 9 x 2 18

Problema del día
Tomas planificó encontrarse con Arusi a las 2:45 p.m. Él llegó 30 minutos tarde. ¿A qué hora se encontró con Arusi? 3:15 p.m.

Repaso de vocabulario matemático
Escriba las palabras del repaso de vocabulario y sus definiciones en la pizarra.

Pídales a los alumnos que ilustren ejemplos de conteo salteado en la recta numérica que puedan compartir con alumnos de primer grado.

Lesson Planner

Objective
Multiply by 4.

 TEKS and TAKS

Targeted TEKS 3.4 The student recognizes and solves problems in multiplication and division situations. **(A) Learn and apply multiplication facts through 12 by 12 using concrete models and objects.** *Also addresses TEKS 3.14(D).*

TAKS 1 The student will demonstrate an understanding of numbers, operations, and quantitative reasoning.

Student pages also address the following TEKS:
TEKS 3.16(A) Talk About It, Exercise 8
TEKS 3.14(A), TEKS 3.16(B) HOT Problems, Exercises 22–24
TEKS 3.4(A), Spiral Review, Exercises 27–31

Review Vocabulary
skip count

Resources
Manipulatives: counters

Literature Connection: *Ox-Cart Man* by Donald Hall

Teacher Technology
Interactive Classroom • TeacherWorks

Focus on Math Background

It is usually helpful to attach new learning to that which students already know. Multiplying by four can be thought of as multiplying by two, twice. Additionally, when skip counting by twos, whispering every other number causes those said aloud to be the multiples of four. For example,
2, **4**, 6, **8**, 10, **12**, 14, **16**, 18, **20**, 22, **24**, 26, **28**, 30, **32**, 34, **36**
The important mathematical consideration for this lesson is the connection between the twos and the fours.

Daily Routine
Use these suggestions before beginning the lesson on p. 154.

5-Minute Check
(Reviews Lesson 4-3)

Model an array or draw a picture to multiply.

1. 5 × 2 10
2. 8 × 2 16
3. 7 × 2 14
4. 9 × 2 18

Problem of the Day
Tomás planned to meet Arusi at 2:45 P.M. He was 30 minutes late. At what time did he meet Arusi? 3:15 P.M.

Review Math Vocabulary

Write the review vocabulary word and its definition on the board.

Ask students to illustrate examples of skip counting on the number line that they can share with a first grader.

Differentiated Instruction

Small Group Options

Option 1 · TEKS 3.6(B) · SOCIAL, LOGICAL

Gifted and Talented (AL)

Materials: hundreds chart, notebook paper

- On a hundreds chart, have students skip count by four (starting at 0) and shade in every multiple of four (e.g., 4, 8, 12, etc.). Have students brainstorm the next ten multiples of 4 that do not appear on the chart (104, 108, and so on).
- Have students search for patterns on the chart and record as many patterns as they can. Possible patterns include all shaded numbers are even (meaning all multiples of 4 are even numbers), the ones digits repeat themselves (4, 8, 2, 6, 0, 4, 8 …), etc. Have students share and discuss the patterns.

Option 2 · TEKS 3.4(A) · VISUAL

English Language Learners (ELL)

Materials: wooden beads of different colors (enough for students to make groups of four of the same color), long piece of yarn (or shoestring) for each student
Core Vocabulary: knot (not), beads, group
Common Use Verb: string
See Math This strategy activates and cements math facts by writing.

- Give each student a piece of shoestring and a large handful of beads.
- Say, "**Group** the **beads** by four of a color."
- Model tying a knot in one end.
- Students need to string the beads and write the multiplication fact that goes with that group of beads.
- Example: four yellow beads: $4 \times 1 = 4$
  four yellow beads + four red beads: $4 \times 2 = 8$
- Repeat to $4 \times 10 = 40$ as time permits.

Independent Work Options

Option 1 · VISUAL, SPATIAL

Early Finishers (OL) (AL)

Materials: number cube

- Have students roll a number cube and multiply the number by 4. For example, if the student rolls a 3, he or she needs to find the product of 3×4.
- You may wish to have students work in pairs to see who can name the product first. Students take turns rolling the number cube.

Option 2

Student Technology

Math Online tx.gr3math.com
Personal Tutor • Extra Examples • Online Games
Math Adventures: Scrambled Egg City (5B)

Option 3

Learning Station: Art (p. 140G)

Direct students to the Art Learning Station for opportunities to explore and extend the lesson concept.

Option 4

Problem-Solving Practice

Reinforce problem-solving skills and strategies with the Problem-Solving Practice worksheet.

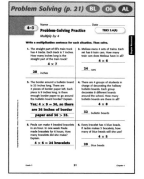

Problem Solving (p. 21) (BL) (OL) (AL)

Instrucción diferenciada

Opciones de trabajo independiente

Opción 1 · VISUAL/ESPACIAL

Para los que terminan primero (OL) (AL)

Materiales: dados

- Pídales a los alumnos que lancen un cubo numerado y multipliquen el número por 4. Por ejemplo, si el alumno lanza un 3, él o ella necesitan calcular el producto de 3 x 4.
- Usted puede desear tener alumnos trabajando en parejas para ver quién puede nombrar el producto de primero. Los alumnos toman turnos para lanzar el cubo numerado.

Opción 2

Tecnología para el alumno

Enlace technológico

Matemáticas en línea tx.gr3math.com

Personal Tutor • Extra Examples • Online Games
Math Adventures: Scrambled Egg City (5A)

Opción 3

Estación de aprendizaje: Arte (pág. 140G)

Dirija a los alumnos a la estación de aprendizaje de arte para que tengan la oportunidad de explorar y ampliar el concepto de la lección.

Opción 4

Práctica y solución de problemas

Refuerce las destrezas y las estrategias de solución de problemas con la hoja de trabajo de solución de problemas.

Opciones para grupos pequeños

Opción 1 · TEKS 3.6(B) · SOCIAL, LÓGICO

Talentosos (AL)

Materiales: tabla de centenas, papel de cuaderno

- En una tabla de centenas, pídales a los alumnos que hagan un conteo salteado de 4 en 4 (empezando por el 0) y que sombreen todos los múltiplos de cuatro (e.g., 4, 8, 12, etc.). Pídales a los alumnos que hagan una tormenta de ideas de los próximos diez múltiplos de 4 que no aparecen en la tabla (104, 108 y así sucesivamente).
- Pídales a los alumnos que busquen patrones en la tabla y registren tantos patrones como puedan. Los patrones posibles incluyen todos los números sombreados que sean pares (lo que significa que todos los múltiplos de 4 son números pares), el dígito de las unidades se repite a sí mismo (4, 8, 2, 6, 0, 4, 8 ...), etc. Pídales a los alumnos que compartan y comenten los patrones.

Resolver problemas (pág. 21) (OL)

① Presentación TEKS 3.4(A)

Actividad propuesta 1 • Práctica

Pídales a los alumnos que trabajen en grupos. Reparta 24 fichas a cada grupo.

- Escriba una operación de 2 en la pizarra, tal como 6 x 2 = 12. Pídales a los alumnos que la dupliquen.
- **¿Cuánto es 12 + 12?** 24
- **¿Cuánto es 6 x 4?** 24
- Pídales a los alumnos que usen las fichas para hacer un modelo y verificar que 6 x 4 es 24.
- Repita la actividad usando otras operaciones de 2 y duplicándolas para calcular operaciones de 4.

Actividad propuesta 2 • Literatura

Presente la Lección con Ox-Cart Man de Donald Hall. (Vea en la página R104 una actividad matemática relacionada.)

② Enseñanza TEKS 3.4(A)

Preguntas básicas

Coloque 5 grupos de 2 fichas en el retroproyector.

- **¿Cuántos grupos hay? ¿Cuántos en cada grupo? ¿Cuántos en total?** 5; 2; 10

Ahora, coloque 5 grupos más de 2 en el retroproyector para mostrar 5 grupos de 4.

- **¿Cuánto es 10 + 10?** 20
- **¿Cuánto es 5 x 4?** 20

 **PREPÁRATE para aprender**

Pídales a los alumnos que abran sus libros y lean la información de **Prepárate para aprender. Revise el conteo salteado.** En conjunto, trabajen el **Ejemplo.**

① Introduce TEKS 3.4(A)

Activity Choice 1 • Hands-On

Have students work in groups. Pass out 24 counters to each group.

- Write a fact of 2 on the board, such as 6 × 2 = 12. Ask a student to double it.
- **What is 12 + 12?** 24
- **What is 6 × 4?** 24
- Have students use the counters to model and verify that 6 × 4 is 24.
- Repeat the activity using other facts of 2 and doubling to find facts of 4.

Activity Choice 2 • Literature

Introduce the lesson with *Ox-Cart Man* by Donald Hall. (For a related math activity, see p. R104.)

② Teach TEKS 3.4(A)

Scaffolding Questions

Place 5 groups of 2 counters on the overhead.

- **How many groups? How many in each group? How many in all?** 5; 2; 10

Now place 5 more groups of 2 on the overhead to show 5 groups of 4.

- **How much is 10 + 10?** 20
- **How much is 5 × 4?** 20

GET READY to Learn

Have students open their books and read the information in **Get Ready to Learn**. Review **skip count**. As a class, work through the **Example**.

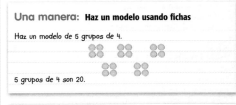

IDEA PRINCIPAL

Multiplicaré por 4.

TEKS Objetivo 3.4
El estudiante reconoce y resuelve problemas en situaciones de multiplicación y división. **(A)** Aprenda y aplique las tablas de multiplicación hasta 12 por 12 utilizando modelos concretos y objetos. *También cubre TEKS 3.14(D).*

 **PREPÁRATE para aprender**

Alonso vio un transporte de carros con 5 carros nuevos. Si cada carro tiene 4 ruedas. ¿Cuántas ruedas hay en todos los carros?

Puedes usar las mismas estrategias que usaste para multiplicar por 2.

EJEMPLO concreto Multiplica por 4

① RUEDAS Cada carro en el transporte para carros tiene 4 ruedas. ¿Cuántas ruedas hay en los 5 carros nuevos?

Necesitas calcular 5 grupos de 4 ó 5 × 4.

Una manera: **Haz un modelo usando fichas**

Haz un modelo de 5 grupos de 4.

5 grupos de 4 son 20.

Otra manera: **Haz un dibujo**

Usa la suma repetida para calcular 5 × 4.

4 + 4 + 4 + 4 + 4 = 20.

Por lo tanto, hay 5 × 4 ó 20 ruedas en total.

en línea Tutor personal en tx.gr3math.com

154 Capítulo 4 Haz modelos de conceptos y operaciones de multiplicación

---

Reteach (p. 18) BL **Skills Practice (p. 19)** OL

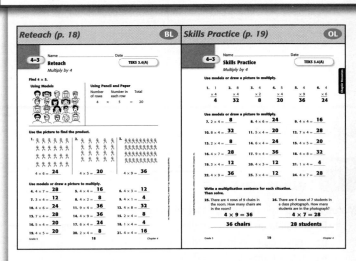

Reforzamiento (pág. 18) BL **Práctica de destrezas (pág. 19)** OL

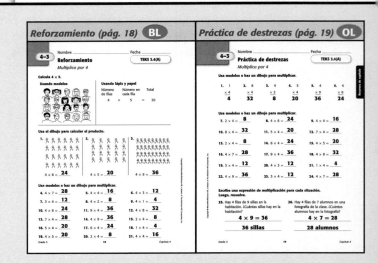

VERIFICA lo que sabes

Usa modelos o haz un dibujo para multiplicar. Ver Ejemplo 1 (pág. 154)

1. $\begin{array}{r} 4 \\ \times 4 \end{array}$ 16
2. $\begin{array}{r} 4 \\ \times 2 \end{array}$ 8
3. $\begin{array}{r} 4 \\ \times 8 \end{array}$ 32
4. 6×4 24
5. 5×4 20
6. 4×10 40
7. Arleta lee 8 libros y cada libro tiene 4 capítulos. ¿Cuántos capítulos lee en total? 32 capítulos

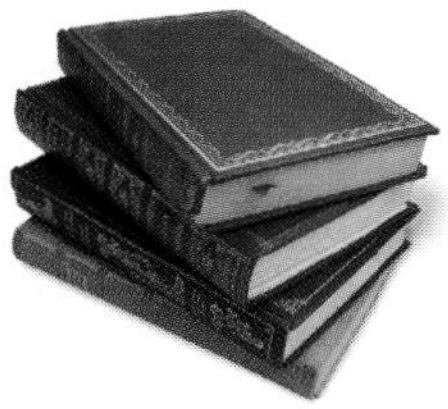

8. **Coméntalo** Explica cómo saber cuánto es 7×2 te puede ayudar a calcular 7×4.
   Ejemplo de respuesta: 7×2 multiplicado dos veces es lo mismo que 7×4.

★ Indica problemas de pasos múltiples

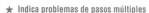

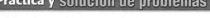

Práctica y solución de problemas

PRÁCTICA EXTRA Ver página R10.

Usa modelos o haz un dibujo para multiplicar. Ver Ejemplo 1 (pág. 154)

9. $\begin{array}{r} 3 \\ \times 4 \end{array}$ 12
10. $\begin{array}{r} 4 \\ \times 2 \end{array}$ 8
11. $\begin{array}{r} 5 \\ \times 4 \end{array}$ 20
12. $\begin{array}{r} 4 \\ \times 6 \end{array}$ 24
13. $\begin{array}{r} 4 \\ \times 7 \end{array}$ 28
14. $\begin{array}{r} 4 \\ \times 5 \end{array}$ 20
15. 9×4 36
16. 8×4 32
17. 10×4 40

Escribe una expresión de multiplicación para cada situación. Luego, resuelve. Usa modelos si es necesario.

18. Kendrick y Tyra tienen un paraguas cada uno. ¿Cuántos paraguas hay después de que se les unen 2 amigos con sus paraguas?
    $4 \times 1 = 4$ paraguas
★19. En un autobús hay 9 filas. Cuatro niños se pueden sentar en cada fila. Si hay 48 niños, ¿cuántos no podrán montarse en el autobús?
    $9 \times 4 = 36$; 12 niños
20. Escribe una expresión de multiplicación que muestre que 4 monedas de 10 ¢ son 40 centavos.
    $4 \times 10¢ = 40¢$
21. Una fábrica empaca 4 equipos de ciencias en cada caja. Si empacan 28 equipos, ¿cuántas cajas empacaron?
    $4 \times \blacksquare = 28$; 7 cajas

Multiply by 4

Example Make sure students model 5 groups of 4 and not 4 groups of 5 to represent 5 cars with 4 tires each.

ADDITIONAL EXAMPLE

1. There were 6 cars in the parking lot. How many tires were on the 6 cars? 24

CHECK What You Know

As a class, have students complete Exercises 1–8 in **Check What You Know** as you observe their work.

Exercise 8 Assess student comprehension before assigning practice exercises.

BL Alternate Teaching Strategy

If students have trouble multiplying by 4 …

Then use one of these reteach options:

1. CRM **Daily Reteach Worksheet** (p. 18)
2. Tell students they can use 2s facts to multiply by 4. Use the following example:
   Oranges are packed in a box in 4 rows. Each row has 9 oranges. How many oranges are in the box?
   - You need to find 4×9.

   4 is double of 2. So, 4×9 is *double* 2×9

   $4 \times 9 = 2 \times 9 + 2 \times 9$

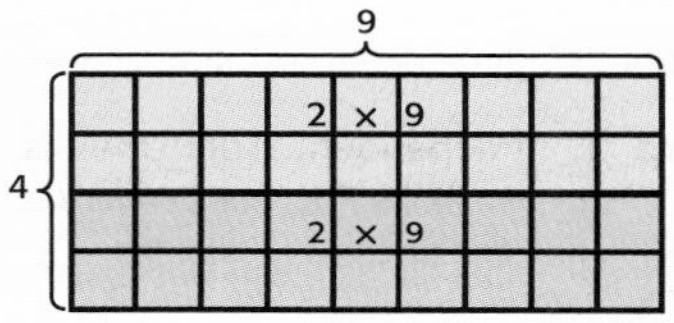

   $18 + 18 = 36$

   So, $4 \times 9 = 36$. There are 36 oranges in the box.
   - Make sure students understand that they are doubling only one factor.

COMMON ERROR!

Exercise 20 Students may multiply 4×10 and get 4 instead of 40. Point out the difference between 4×1 and 4×10. Have students use various strategies to distinguish between the two multiplication statements.

Enrich (p. 22) AL

4–3 Name ______ Date ______

Enrich TEKS 3.4(A)

How Many in Zooland?

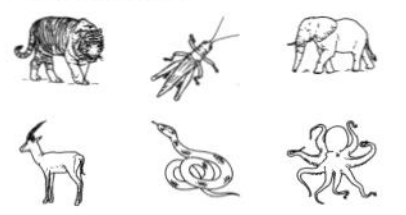

Read the questions about the animals. Write a true multiplication sentence for each question.

1. How many wings on 4 birds? $4 \times 2 = 8$ wings
2. How many trunks on 4 elephants? $4 \times 1 = 4$ trunks
3. How many legs on 4 snakes? $4 \times 0 = 0$ legs
4. How many legs on 4 grasshoppers? $4 \times 6 = 24$ legs
5. How many legs on 9 zebras? $9 \times 4 = 36$ legs
6. How many arms on 4 octopuses? $4 \times 8 = 32$ arms
7. How many legs on 4 cheetahs? $4 \times 4 = 16$ legs
8. How many legs on 3 elephants? $3 \times 4 = 12$ legs

CHALLENGE

9. How many legs are on 2 zebras and 3 elephants? $4 \times 5 = 20$ or $2 \times 4 = 8$; $3 \times 4 = 12$; $8 + 12 = 20$
10. How many legs are on 2 grasshoppers and 2 octopuses? $2 \times 6 = 12$; $2 \times 8 = 16$; $12 + 16 = 28$ legs

Grade 3 22 Chapter 4

Multiplica por 4

Ejemplo Asegúrese que los alumnos modelen 5 grupos de 4 y no 4 grupos de 5 para representar 5 carros con 4 llantas cada uno.

EJEMPLOS ADICIONALES

1. Habían 6 carros en el estacionamiento. ¿Cuántas llantas había en los 6 carros? 24

VERIFICA lo que sabes

En conjunto, pídales a los alumnos que completen los Ejercicios 1 al 8 en **Verifica lo que sabes** a medida que usted observa sus trabajos.

Ejercicio 8 Evalúa la comprensión del alumno antes de asignarle los ejercicios prácticos.

BL Estrategia alternativa de enseñanza

Si los alumnos tienen problemas multiplicando por 4…

Entonces use una de estas opciones de reforzamiento:

1. CRM **Hoja de reforzamiento diario** (pág. 18)
2. Indíqueles a los alumnos que pueden usar operaciones de 2 para multiplicar por 4. Use el siguiente ejemplo:

   Las naranjas son empacadas en una caja en 4 filas. Cada fila tiene 9 naranjas. ¿Cuántas naranjas hay en la caja?

   - Necesitan calcular 4 x 9.

   4 es el doble de 2. Entonces, 4 x 9 es el *doble* de 2 x 9

   4 x 9 = 2 x 9 + 2 x 9
   18 + 18 = 36

   Entonces, 4 x 9 = Hay 36 naranjas en la caja.

   - Asegúrese de que los alumnos entiendan que ellos están duplicando sólo un factor.

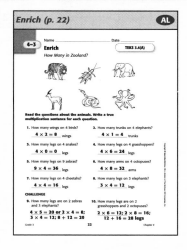

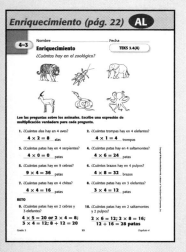

Enriquecimiento (pág. 22) AL

4–3 Nombre ______ Fecha ______

Enriquecimiento TEKS 3.4(A)

¿Cuántos hay en el zoológico?

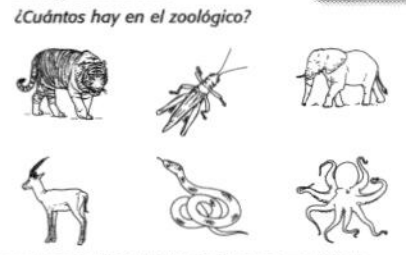

Lee las preguntas sobre los animales. Escribe una expresión de multiplicación verdadera para cada pregunta.

1. ¿Cuántas alas hay en 4 aves? $4 \times 2 = 8$ alas
2. ¿Cuántas trompas hay en 4 elefantes? $4 \times 1 = 4$ trompas
3. ¿Cuántas patas hay en 4 serpientes? $4 \times 0 = 0$ patas
4. ¿Cuántas patas hay en 4 saltamontes? $4 \times 6 = 24$ patas
5. ¿Cuántas patas hay en 9 cebras? $9 \times 4 = 36$ patas
6. ¿Cuántos brazos hay en 4 pulpos? $4 \times 8 = 32$ brazos
7. ¿Cuántas patas hay en 4 chitas? $4 \times 4 = 16$ patas
8. ¿Cuántas patas hay en 3 elefantes? $3 \times 4 = 12$ patas

RETO

9. ¿Cuántas patas hay en 2 cebras y 3 elefantes? $4 \times 5 = 20$ or $2 \times 4 = 8$; $3 \times 4 = 12$; $8 + 12 = 20$
10. ¿Cuántas patas hay en 2 saltamontes y 2 pulpos? $2 \times 6 = 12$; $2 \times 8 = 16$; $12 + 16 = 28$ patas

Grado 3 22 Capítulo 4

¡ERROR COMÚN!

Ejercicio 20 Los alumnos pueden multiplicar 4 x 10 y obtener 4 en lugar de 40. Señaléles la diferencia entre 4 x 1 y 4 x 10. Pídales a los alumnos usar varias estrategias para distinguir entre los dos enunciados de multiplicación.

3 Práctica

Asigne la práctica para los Ejercicios 9 al 24 según los siguientes niveles.

Nivel	Asignación
BL Nivel bajo	9-11, 15–16, 18-19
OL A nivel	9-17, 19–21, 22
AL Nivel avanzado	10–20 par, 22–24

Pídales a los alumnos que analicen y completen los problemas de razonamiento de alto nivel.

ESCRIBE EN ➤ MATEMÁTICAS

Pídales a los alumnos que completen el Ejercicio 24 en sus Diarios de Matemáticas. Puede elegir hacer este ejercicio como una evaluación formativa adicional.

4 Evaluación

Evaluación formativa

Coloque 9 filas de 4 fichas en el retroproyector.
- **¿Cuántas filas? ¿Cuántas en cada fila?**
- **¿Cuántas en total?** 9; 4; 36

Retire las fichas y escriba la expresión numérica 9 × 4 = 36 en la pizarra.
- **¿Cuánto es 9 veces 4?** 36

Control Rápido **¿Les sigue costando a los alumnos multiplicar por 4?**

Si la respuesta es:
Sí ➞ Guía de intervención estratégica (pág. 68)
No ➞ Opciones de trabajo independiente (pág. 154B)
CRM Hoja de ejercicios para la práctica de destrezas (pág. 19)
CRM Hoja de trabajo de enriquecimiento (pág. 22)

Noticias de ayer Pídales a los alumnos que expliquen cómo la lección de ayer de multiplicar por 2 les ayudó con la lección de hoy.

Práctica para la PRUEBA

Repasa las Lecciones 4-1
Asigne los problemas de Práctica para el examen de Texas para reforzar diariamente las destrezas de resolución de pruebas.

Repaso espiral

Repasa las Lecciones 4-1 y 4-2
Repasar y evaluar el dominio de las destrezas y conceptos de capítulos anteriores.

---

3 Practice

Differentiate practice using these leveled assignments for Exercises 9–24.

Level	Assignment
BL Below Level	9–11, 15–16, 18–19
OL On Level	9–17, 19–21, 22
AL Above Level	10–20 even, 22–24

Have students discuss and complete the Higher Order Thinking problems.

WRITING IN ➤MATH Have students complete Exercise 24 in their Math Journals. You may choose to use this exercise as an optional formative assessment.

4 Assess

Formative Assessment

Place 9 rows of 4 counters on the overhead.
- **How many rows? How many in each row? How many in all?** 9; 4; 36

Remove the counters and write the number sentence 9 × 4 = 36 on the board.
- **How much is 9 times 4?** 36

Quick Check **Are students continuing to struggle with multiplying by 4?**

If Yes ➞ Strategic Intervention Guide (p. 68)

If No ➞ Independent Work Options (p. 154B)
CRM Skills Practice Worksheet (p. 19)
CRM Enrich Worksheet (p. 22)

Yesterday's News Have students explain how yesterday's lesson on multiplying by 2 helped them with today's lesson.

TEST Practice

Reviews Lesson 4-1
Assign the Texas Test Practice problems to provide daily reinforcement of test-taking skills.

Spiral Review

Reviews Lessons 4-1 and 4-2
Review and assess mastery of skills and concepts from previous chapters.

Problemas H.O.T.

22. INTERPRETA Explica qué estrategia usarías para calcular 4 × 6. ¿Por qué prefieres esta estrategia?
suma repetida; puedes contar de cuatro en cuatro

23. HALLA EL ERROR Anica y Roberta están calculando 8 × 4. ¿Quién tiene la razón? Explica tu razonamiento.
Anica; Roberta sumó los factor en lugar de multiplicarlos

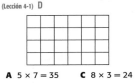

Anica
8 × 4 es lo mismo que
4 + 4 + 4 + 4 + 4
+ 4 + 4.
La respuesta es 32.

Roberta
8 × 4 es lo mismo que
8 + 8.
La respuesta es 24.

24. **ESCRIBE EN** ➤MATEMÁTICAS Escribe y resuelve un problema concreto que implique multiplicar por 4.
Ejemplo de respuesta: Hay 6 escritorios. Si cada escritorio tiene 4 gavetas, ¿cuántas gavetas hay en total? 24

Práctica para la PRUEBA TAKS 1

25. ¿De qué expresión de multiplicación se hace un modelo a continuación? (Lección 4-1) **D**

A 5 × 7 = 35   C 8 × 3 = 24
B 6 × 6 = 36   D 4 × 6 = 24

26. Si 7 × 5 = 35, entonces, ¿cuánto es 5 × 7? (Lección 4-1) **G**

F 30
G 35
H 40
J 45

Repaso espiral

Haz un modelo de un arreglo o haz un dibujo para multiplicar. (Lección 4-2)

27. 2 12	**28.** 7 14	**29.** 2 18
×6	×2	×9

Usa fichas para hacer un modelo de cada arreglo. Resuelve. (Lección 4-1)
30. 3 × 4 12
31. 2 × 5 10

Homework Practice (p. 20) **OL**

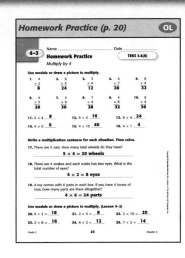

Práctica de tarea (pág. 20) **OL**

Factor Power

Math Concept:
Factors and Products

TEKS 3.4(A)

Materials: 20 index cards, crayons, 1-inch graph paper for each player

Introduce the game on p. 157 to your students to play as a class, in small groups, or at a learning workstation to review concepts introduced in this chapter.

Instructions

- Ask students to choose a partner to play this game.
- Students make 20 game cards by writing one product from the multiplication facts they have memorized on each card. The deck must be shuffled before play begins.
- Student pairs take turns flipping over the top card on the deck, naming factors for the product shown on the card, and coloring in a matching array on their graph paper. The student who is not taking a turn checks the array to make sure it matches the product. A correct array gives the player 1 point.
- Players continue taking turns until their graph paper is full (player with the most points wins) or until one player reaches 10 points. Players must pay attention to the space that remains on their graph paper to be sure their arrays will fit.
- Students may add factors as they progress through the chapter.

Extend the Game

Have students create a different game board, laying arrays end to end to get to a finish line.

Poder de factores

Factores y productos

¡Alístate!
Jugadores: 2 jugadores

¡Listos!
Escribn un producto de las operaciones de multiplicación que hagan aprendido hasta ahora en cada tarjeta. Luego mézclenlas.

¡Adelante!
- El jugador 1 voltea la carta superior. Él o ella nombra dos factores del producto en la tarjeta.
- El jugador 1 colorea un arreglo en cualquier parte del papel cuadriculado para coincidir los factores.

Necesitarás: 20 tarjetas, crayones, papel cuadriculado de 1 pulgada para cada jugador.

- El jugador 2 verifica si el producto coincide con el número de cuadrados coloreados. Si es correcto, el jugador 1 obtiene 1 punto.
- El juego continúa, cambiando turnos, hasta que ninguno de los jugadores pueda colorear más arreglos sobre su papel cuadriculado o hasta que un jugador llegue a 10 puntos después de una ronda completa.

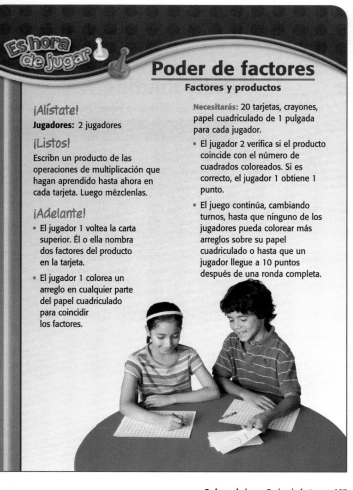

Differentiated Practice

Use these leveled suggestions to differentiate the game for all learners.

Level	Assignment
BL Below Level	Students may use multiplication fact tables to find factors.
OL On Level	Have students play the game with the rules as written.
AL Above Level	Have students write a multiplication sentence to match each array. Both must be correct in order to gain 1 point.

Poder de factores

Concepto matemático:
Factores y productos

TEKS 3.4(A)

Materiales: 20 tarjetas, crayones, papel graficado de 1 pulgada para cada jugador

Presente el juego de la pág. 157 a los alumnos para que lo jueguen en conjunto, en grupos pequeños o en la estación de aprendizaje, para repasar los conceptos presentados en este capítulo.

Instrucciones

- Pídales a los alumnos que elijan un compañero para hacer este juego.
- Los alumnos hacen 20 tarjetas de juego escribiendo un producto de la operación de multiplicación que han memorizado en cada tarjeta. El mazo debe ser mezclado antes de que comience el juego.
- Las parejas de alumnos toman turnos volteando la tarjeta de arriba del mazo de cartas, denominando factores para el producto mostrado en la tarjeta y coloreando en un arreglo de correspondencia en su papel graficado. El alumno que no está tomando un turno verifica el arreglo para asegurarse de que corresponde con el producto. Un arreglo correcto le da al jugador 1 punto.
- Los jugadores siguen tomando turnos hasta que su papel graficado se llene (el jugador con más puntos gana) o hasta que un jugador alcance 10 puntos. Los jugadores deben prestar atención al espacio que queda en su papel graficado para asegurarse de que quepan sus arreglos.
- Los alumnos pueden sumar factores a medida que progresan a través del capítulo.

Práctica diferenciada

Use estos niveles sugeridos para diferenciar el juego para todos los aprendices.

Nivel	Asignación
BL Nivel bajo	Los alumnos pueden usar tablas de operación de multiplicación para calcular factores.
OL A nivel	Pídales a los alumnos que realicen el juego con las reglas como están escritas.
AL Nivel avanzado	Pídales a los alumnos que escriban una oración de multiplicación que corresponda a cada arreglo. Ambas deben estar en el orden correcto para ganar 1 punto.

4-4

Estrategia para resolver problemas
Información que sobra o que falta

Planificador de lección

Objetivo

Decide si hay información que sobra o que falta.

TEKS y TAKS

TEKS 3.14 El estudiante aplica las matemáticas del 3er grado para resolver problemas relacionados con experiencias diarias y actividades dentro y fuera de la escuela. **(C) Seleccione o desarrolle un plan o una estrategia de resolución de problemas apropiado en el que haga un dibujo, busque un patrón, adivine y compruebe sistemáticamente, haga una dramatización, elabore una tabla, resuelva un problema más sencillo o trabaje desde el final hasta el principio para resolver un problema.** *También cubre TEKS 3.14(B).*

TAKS 6 El estudiante demostrará un entendimiento de los procesos matemáticos y herramientas usadas en la resolución de problemas.

Rutina diaria

Siga estas sugerencias antes de iniciar la lección de la pág. 158.

Control de 5 minutos (Repaso de la Lección 4-3)

Usen modelos o hagan un dibujo para multiplicar.
1. 5 × 4 20
2. 8 × 4 32
3. 7 × 4 28
4. 6 × 4 24

Problema del día

Mientras conduces por la autopista, pagas un peaje de 10 centavos por cada 5 millas que conduzcas. Si conduces por 40 millas, ¿cuánto dinero deberás en peajes?
80 centavos

4-4 Problem-Solving Skill
Extra or Missing Information

Lesson Planner

Objective
Decide if there is extra or missing information.

TEKS and TAKS

Targeted TEKS 3.14 The student applies Grade 3 mathematics to solve problems connected to everyday experiences and activities in and outside of school. **(C) Select or develop an appropriate problem-solving plan or strategy… to solve a problem.** *Also addresses TEKS 3.14(B).*

TAKS 6 The student will demonstrate an understanding of the mathematical processes and tools used in problem solving.

Resources

Literature Connection: *Each Orange Had 8 Slices* by Paul Giganti, Jr.

Teacher Technology
Interactive Classroom • TeacherWorks

**Real-World Problem-Solving Library
Science:** *Think About It*
Use these leveled books to reinforce and extend problem-solving skills and strategies.
Leveled for:
   OL On Level
   ELL Sheltered English

For additional support, see the Real-World Problem-Solving Teacher's Guide.

Daily Routine

Use these suggestions before beginning the lesson on p. 158.

5-Minute Check

(Reviews Lesson 4-3)

Use models or draw a picture to multiply.
1. 5 × 4 20
2. 8 × 4 32
3. 7 × 4 28
4. 6 × 4 24

Problem of the Day

When driving on the turnpike, you pay a toll of 10 cents for every 5 miles you drive. If you drive for 40 miles, how much money will you owe in tolls?
80 cents

Differentiated Instruction

Small Group Options

Option 1 TEKS 3.14(C)   LINGUISTIC, LOGICAL

Gifted and Talented **AL**

Materials: notebook paper

- Pose the following problem to students:

C04-010A-105718

- Have students cross out extraneous information and highlight information needed to solve the problem.
- Have students create their own problems that include extra information for their classmates to solve. Challenge students to use numbers into the thousands and millions in their word problems!

LINGUISTIC, LOGICAL

Option 2   English Language Learners **ELL**

Materials: pictures/actual items: bowl, cereal, milk, sugar, spoon, soda, peanut butter, jelly, plate, plastic knife
Core Vocabulary: extra, missing, menu
Common Use Verb: to list
Write Math This lesson helps students understand the concepts of missing and extra.

- Show a breakfast menu with a picture of cereal.
- Place the first 6 items on the table. Students decide if there are missing or extra items. (Extra—should not have soda.) Students make a list of appropriate breakfast items.
- Repeat with a sandwich shown on a lunch menu and the last 4 items on a table.
- Students decide there are not enough items (bread is missing). Students make a list, adding the appropriate items.
- Allow students to write their own problems as time permits.

Independent Work Options

LOGICAL

Option 1   Early Finishers **OL AL**

Materials: pencil and paper

- Have students write a problem that does not have enough information and a problem that has extra information.
- Ask students to exchange problems with other early finishers and either explain what information they need to solve the problem or cross out the extra information, then solve.

Option 2   Student Technology

Math Online tx.gr3math.com
Personal Tutor • Extra Examples • Online Games

Option 3   Learning Station: Health (p. 140H)

Direct students to the Health Learning Station for opportunities to explore and extend the lesson concept.

Instrucción diferenciada

Opciones de trabajo independiente

LÓGICO

Opción 1   Para los que terminan primero **OL AL**

Materiales: lápiz y papel

- Pídales a los alumnos que escriban un problema que no tenga información suficiente y un problema que tenga información que sobra.
- Pídales a los alumnos que intercambien sus problemas con otro que termine primero y que o expliquen cuál información necesitaron para resolver el problema o tachen la información que sobra, luego, que resuelvan.

Opción 2   Tecnología para el alumno

Matemáticas en línea tx.gr3math.com

Personal Tutor • Extra Examples • Online Games

Opción 3   Estación de aprendizaje: Salud (pág. 140H)

Dirija a los alumnos a la estación de aprendizaje de lectura para que tengan la oportunidad de explorar y ampliar el concepto de la lección.

Opciones para grupos pequeños

Opción 1 TEKS 3.14(C)   LINGÜÍSTICO, LÓGICO

Talentosos **AL**

Materiales: papel de cuaderno

- Plantee el siguiente problema a los alumnos:

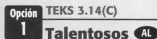

"El primer autobús, que partió a las 4:30 p.m. y recorrió 65 millas por hora, llevaba 106 alumnos. El segundo autobús, que partió a las 6:02 p.m. y era amarillo, llevaba 112 alumnos. ¿Cuántos alumnos llevaban los autobuses? 218 alumnos

- Pídales a los alumnos que tachen información ajena y resalten información necesaria para resolver el problema.
- Pídales a los alumnos que hagan sus propios problemas para resolver que incluyan información que sobra para sus compañeros de clase. Rete a los alumnos para que usen números en las unidades de millar y millones en sus problemas de palabras.

4-4

Destrezas para resolver problemas

1 Presentación

Actividad propuesta 1 • Práctica

Escriba el siguiente problema en la pizarra:
La Sra. Toshio tenía 78 libros de historias, 32 libros de naturaleza y 26 libros de deportes. Eric dijo que había 536 libros. Nia dijo que había 136 libros. ¿Quién está en lo correcto, Eric o Nia?

- **¿Qué estrategia se puede usar para resolver el problema?** Verifique para ver qué respuesta es razonable.
- **¿Qué respuesta es razonable?** La respuesta de Nia es razonable.
- **¿Cómo lo saben?** Ejemplo de respuesta: estimación, 80 + 30 + 30 – 140.

Actividad propuesta 2 • Literatura

Presente la lección con *Each Orange Has 8 Slices* de Paul Giganti, Jr. (Vea en la página R104 una actividad matemática relacionada.)

2 Enseñanza   TEKS 3.14(B)

Pídales a los alumnos que lean el problema sobre el paseo en carreta. Guíelos a través de los pasos para resolver problemas.

Entiende Usando las preguntas, repase los que los alumnos conocen y necesitan calcular.

Planifica Pídales que comenten su estrategia.

Resuelve Guíe a los alumnos a identificar la información que sea necesaria para resolver el problema.
- **¿Cuántos vagones hay?** 4
- **¿Cuántos niños hay en cada vagón?** 9

Verifica Pídales a los alumnos que revisen el problema para asegurarse que la respuesta corresponde con los datos dados.
- **¿Necesitamos saber la hora en que comienza el paseo en carreta?** no
- **¿Necesitamos saber que la mitad de los chicos son niñas?** no

4-4 Problem-Solving Skill

1 Introduce

Activity Choice 1 • Review
Write the following problem on the board:
Ms. Toshio had 78 storybooks, 32 nature books, and 26 sports books. Eric said there were 536 books. Nia said there were 136 books. Who is correct, Eric or Nia?
- **What strategy can you use to solve the problem?** Check to see which answer is reasonable.
- **Which answer is reasonable?** Nia's answer is reasonable.
- **How do you know?** Sample answer: estimate, 80 + 30 + 30 = 140.

Activity Choice 2 • Literature
Introduce the lesson with *Each Orange Had 8 Slices* by Paul Giganti, Jr. (For a related math activity, see p. R104.)

2 Teach   TEKS 3.14(B)

Have students read the problem on the hayride. Guide them through the problem-solving steps.

Understand Using the questions, review what facts students know and need to find.

Plan Have them discuss their strategy.

Solve Guide students to identify information that is needed to solve the problem.
- **How many wagons are there?** 4
  How many children are in each wagon? 9

Check Have students look back at the problem to make sure that the answer fits the facts given.
- **Do we need to know the time the hayride will start?** no
- **Do we need to know that half the children are girls?** no

> **COMMON ERROR!**
> Exercise 10 If students are concerned about interpreting the graph, have them cover it up and try to solve the problem without the graph.

158 Chapter 4 Model Multiplication Concepts and Facts

> **¡ERROR COMÚN!**
> Ejercicio 10 Si los alumnos están preocupados sobre interpretar la gráfica, pídales cubrirla e intentar resolver el problema sin la gráfica.

4-4 Investigación para resolver problemas

IDEA PRINCIPAL Decidiré si hay información que sobra o que falta.

TEKS Objetivo 3.14 El estudiante aplica las matemáticas del 3er grado para resolver problemas relacionados con experiencias diarias y actividades dentro y fuera de la escuela. (C) Seleccione o desarrolle un plan o una estrategia de resolución de problemas apropiado . . . para resolver un problema. También cubre TEKS 3.14 (B).

El paseo en carreta de mi escuela comenzará a las 6:00 P.M. Hay 4 carretas que pueden llevar 9 alumnos cada una. La mitad de los alumnos que van son niñas. ¿Cuál es el total de alumnos que pueden pasear en las 4 carretas?

Entiende	¿Qué datos tienes? • El paseo en carreta comienza a las 6:00 P.M. • Hay 4 carretas que pueden llevar a 9 alumnos cada una. • La mitad de los alumnos son niñas. ¿Qué necesitas calcular? • Calcular el número de alumnos que pueden pasear en las 4 carretas.
Planifica	Decide qué datos son importantes para resolver la pregunta. • El número de carretas. • El número de alumnos que puede llevar cada carreta. *Información que sobra* • La hora del paseo en carreta. • La mitad de los alumnos son niñas.
Resuelve	Para calcular el total, multiplica el número de carretas por el número de alumnos que puede llevar cada carreta. $4 \times 9 = \blacksquare$ $4 \times 9 = 36$ Entonces, 36 alumnos pueden pasear en las carretas.
Verifica	Revisa el problema. Como $9 + 9 + 9 + 9 = 36$, sabes que la respuesta es correcta.

158 Capítulo 4 Haz modelos de conceptos y operaciones de multiplicación

Reteach (pp. 23–24) BL
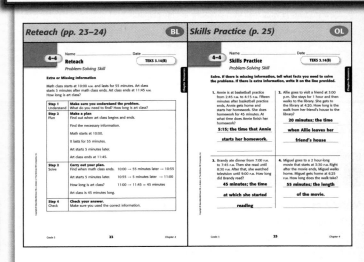

Reforzamiento (págs. 23–24) BL
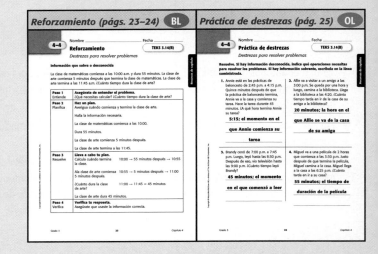

Consulta el problema de la página anterior.

1. ¿Cómo sabes qué información era importante y cuál no?
Piensa en lo que pregunta el problema.

2. Supón que hay 36 alumnos pero sólo 3 carretas. ¿Cuántos alumnos podrán ir en cada carreta? 12 alumnos

3. Observa tu respuesta del ejercicio 2. ¿Cómo sabes que la respuesta es correcta?
$12 + 12 + 12 = 36$

4. Dibuja un arreglo para verificar que tu respuesta del ejercicio 3 es correcta.

PRÁCTICA la destreza

PRÁCTICA EXTRA
Ver página R11.

Resuelve. Si hay información que falta, indica qué datos necesitas para resolver el problema.

5. A continuación, hay una lista de los artículos que compró Bert en una tienda. ¿Cuánto recibió de cambio?

Artículo	Costo
Lápices	$2
Papel	$1
Carpeta	$3

Se necesita saber cuánto dinero le dio al cajero.

6. Nina mide 58 pulgadas de estatura. Su hermana está en la clase de primer grado y mide 48 pulgadas. ¿Cuánto más alta es Nina que su hermana?
10 pulgadas

7. La Sra. Friedman tiene 2 cajas de tiza. Compra 4 cajas más con 10 tizas cada una. Si pagó $2 por cada caja nueva, ¿cuánto gastó? $8

8. Diez de las tarjetas de béisbol de Eduardo son tarjetas de estrellas. Su amigo tiene el doble de tarjetas. ¿Cuántas tarjetas tiene el amigo de Eduardo?
Se necesita saber cuántas tarjetas tiene Eduardo.

9. En la clase de tercer grado nacen 4 pollitos cada día durante 5 días. Nueve de los pollitos son amarillos y el resto son marrones. ¿Cuántos pollitos nacieron en total?
20 pollitos

10. La siguiente gráfica muestra el número de gatos y perros en un refugio de animales. ¿Cuánto costará adoptar 1 gato y 1 perro si un gato cuesta $35 y un perro cuesta $40? $75

Refugio animal

11. ESCRIBE EN MATEMÁTICAS Vuelve a plantear el Ejercicio 5 de modo que tenga suficiente información para resolverlo. Luego, resuélvelo. Agrega a la pregunta ¿Cuánto recibió a cambio de $6?

Lección 4-4 Destrezas para resolver problemas **159**

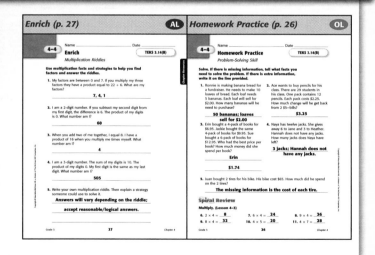

Analyze the Strategy Use Exercises 1–4 to analyze and discuss the problem-solving strategy.

BL Alternate Teaching Strategy

If students have trouble eliminating extra information …

Then use one of these reteach options:
1 CRM **Daily Reteach Worksheets** (pp. 23–24)

2 Make a copy of the practice problems. Have them cross out the extra information and underline the information needed to solve the problem.

3 Practice

Using the Exercises

Exercises 5–10 provide students with an opportunity to solve problems that may not have enough information or have extra information.

Exercise 5 does not have enough information. Make sure that students identify what information they would need to know to solve the problem.

4 Assess

Formative Assessment

Have students take another look at the word problem on the first page of the lesson.
- **What information did you need to solve the problem?** the number of wagons and the number of children in each wagon
- **What information was not needed?** the time the hayride started and the fact that half the children were girls

Quick Check	Are students continuing to struggle with extra and missing information?

If Yes → CRM Strategic Intervention Guide (p. 68)

If No → Independent Work Options (p. 158B)
CRM Skills Practice Worksheet (p. 25)
CRM Enrich Worksheet (p. 27)

Lesson 4-4 Problem-Solving Skill **159**

Analiza la estrategia Usa los Ejercicios 1 al 4 para analizar y comentar la estrategia para resolver problemas.

BL Estrategia alternativa de enseñanza

si los alumnos tienen problemas eliminando información que sobra…

entonces use una de estas opciones de reforzamiento:

1 CRM **Hoja de reforzamiento diario** (pág. 23-24)

2 Haga una copia de los problemas de práctica. Pídales a los alumnos que tachen la información que sobra y subrayen la información necesitada para resolver el problema.

3 Práctica

Uso de los ejercicios

Ejercicios 5 al 10 proporciónele a los alumnos una oportunidad para resolver problemas que pueden que no tengan información suficiente o información que sobra.
El Ejercicio 5 no tiene información suficiente. Asegúrese de que los alumnos identifiquen cuál información necesitarán para saber resolver el problema.

4 Evaluación

Evaluación formativa

Pídales a los alumnos que revisen nuevamente el problema en palabras en la primera página de la lección.
- **¿Qué información necesitaron para resolver el problema?** el número de vagones y el número de niños en cada vagón
- **¿Qué información no necesitaron?** la hora en la que empezó el paseo en carreta y el dato de que la mitad de los chicos eran niñas.

Control rápido	¿Les sigue costando a los alumnos la información que sobra y que falta?

Sí → CRM Guía de intervención estratégica (pág. 68)

No → Opciones de trabajo independiente (pág. 158B)
CRM Hoja de ejercicios para la práctica de destrezas (pág. 25)
CRM Hoja de trabajo de enriquecimiento (pág. 27)

Planificador de lección

Objetivo

Multiplica por 5.

TEKS y TAKS

TEKS 3.4 El estudiante reconoce y resuelve problemas en situaciones de multiplicación y división. Se espera que el estudiante: **(A) Aprenda y aplique las tablas de multiplicación hasta 12 por 12 utilizando modelos concretos y objetos.** *También cubre TEKS 3.6(B).*

TAKS 1 El estudiante demostrará un entendimiento de patrones, operaciones y razonamiento cuantitativo.

Las páginas del alumno también cubren los siguientes TEKS:
TEKS 3.16(A) Coméntalo, Ejercicio 8
TEKS 3.15(A), TEKS 3.16(A) Problemas H.O.T., Ejercicios 24-25

Repaso de vocabulario

arreglo

Rutina diaria

Siga estas sugerencias antes de iniciar la lección de la pág. 160.

Control de 5 minutos (Repaso de la Lección 4-4)

Resuelvan. Si hay información que falta, indiquen qué operaciones necesitan para resolver el problema.
1. Kari tiene 12 años de edad. Su hermano tiene 3 años más y mide 52 pulgadas de alto. ¿Cuántos años tiene el hermano de Kari? 15
2. Filipe gastó $23 en la tienda. ¿Cuánto cambio recibió? Hay información que falta. Necesitan saber cuánto dinero le entregó al cajero.

Problema del día

Nashoba está pensando en dos números cuyo producto es 24 y cuya suma es 11. ¿Cuáles son los números? 3 y 8

Lesson Planner

Objective

Multiply by 5.

TEKS and TAKS

Targeted TEKS 3.4 The student recognizes and solves problems in multiplication and division situations. **(A) Learn and apply multiplication facts through 12 by 12 using concrete models and objects.** *Also addresses TEKS 3.6(B).*

TAKS 1 The student will demonstrate an understanding of numbers, operations, and quantitative reasoning.

Student pages also address the following TEKS:
TEKS 3.15(A) Talk About It, Exercise 8
TEKS 3.15(A), TEKS 3.16(A) HOT Problems, Exercises 24–25

Review Vocabulary

array

Resources

Materials: overhead projector, number line transparency, index cards

Manipulatives: counters

Literature Connection: *Minnie's Diner* by Dayle Ann Dodds

Teacher Technology
Interactive Classroom • TeacherWorks

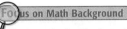

Since counting by 5 has been done by students from early school years, multiplying by five does not generally pose too great a problem. Students need to become familiar with which factor goes with 5 to make the skip-counted number. Other mathematical opportunities in this lesson lie in patterns, which become obvious when the multiples of 5 are listed, marked on a number line, or shaded on a hundreds chart.

Daily Routine

Use these suggestions before beginning the lesson on p. 160.

5-Minute Check
(Reviews Lesson 4-4)

Solve. If there is missing information, tell what facts you need to solve the problem.
1. Kari is 12 years old. Her brother is 3 years older and is 52 inches tall. How old is Kari's brother? 15
2. Filipe spent $23 at the store. How much change did he receive? There is missing information. You need to know how much money he gave to the clerk.

Problem of the Day
Nashoba is thinking of two numbers whose product is 24 and whose sum is 11. What are the numbers? 3 and 8

Review Math Vocabulary
Write the review vocabulary word and its definition on the board.

Have students write the word and definition in their Math Journals. Have them show an array that can be used to model 2×4.

Visual Vocabulary Cards
Use Visual Vocabulary Card 3 to reinforce the vocabulary reviewed in this lesson. (The Define/Example/Ask routine is printed on the back of each card.)

array

Repaso de vocabulario matemático

Escriba las palabras del repaso de vocabulario y sus definiciones en la pizarra.
Pídales a los alumnos que escriban la palabra y la definición en sus Diarios de matemáticas. Pídales que muestren un arreglo que pueda ser usado para hacer un modelo de 2 x 4.

Tarjetas visuales de vocabulario

Use la(s) tarjeta(s) visual(es) del vocabulario 3 para reforzar el vocabulario presentado en esta lección. (En la parte trasera de cada tarjeta está escrita la rutina Definir/Ejemplo/Pregunta).

arreglo

Differentiated Instruction

Small Group Options

Option 1 — Below Level BL
TEKS 3.4(A)   SPATIAL

Materials: number cube, play money

- Have 1 partner roll a number cube and the other partner show the number of nickels as indicated on the cube.
- Have partners count out the total amount of money and use the nickels and the Commutative Property of Multiplication to write two multiplication sentences to show the results.

Option 2 — English Language Learners ELL
TEKS 3.4(A)   AUDITORY, VISUAL

Materials: play money in $1 and $5 bills, number cubes
Core Vocabulary: roll to see who goes first, banker, by 5
Common Use Verb: count by 5
Do Math This lesson practices skip counting by 5 to reinforce vocabulary.

- Pass out number cubes and play money (5 one-dollar bills) to each group.
- Students roll to see who goes first. High roller is the banker.
- Player to the left rolls the number cube and skip counts the number by 5.
- Banker skip counts out the winnings and play moves to the left.
- Continue play once around. Player with the highest amount becomes the banker and play continues.
- If students are unable to skip count by 5s, reinforce by giving $1 bills and have the player exchange back for $5 bills.

Independent Work Options

Option 1 — Early Finishers OL AL
VISUAL, SPATIAL, LOGICAL

Materials: index cards

- Have students work in pairs.
- Have students make flash cards for the facts of 5. One side of the card should show a multiplication fact for 2, 4, or 5, for example, 3×5. The other side should show the complete sentence, for example, $3 \times 5 = 15$.
- Tell students to shuffle the cards and place them sentence side down. Have each student pick a card and give the product. If the student is correct, he or she gets to keep the card and pick again.

Option 2 — Student Technology

Math Online tx.gr3math.com
Personal Tutor • Extra Examples • Online Games
Math Adventures: Scrambled Egg City (5A)

Option 3 — Learning Station: Writing (p. 140G)

Direct students to the Writing Learning Station for opportunities to explore and extend the lesson concept.

Option 4 — Problem-Solving Practice

Reinforce problem-solving skills and strategies with the Problem-Solving Practice worksheet.

Instrucción diferenciada

Opciones de trabajo independiente

Opción 1 — Para los que terminan primero OL AL
VISUAL/ESPACIAL, LÓGICO

Materiales: tarjetas

- Pídales a los alumnos que trabajen en parejas.
- Pídales a los alumnos que hagan tarjetas de memoria para las operaciones de 5. Un lado de la tarjeta deberá mostrar una operación de multiplicación por 2, 4 ó 5, por ejemplo, 3×5. El otro lado deberá mostrar la oración completa, pro ejemplo, $3 \times 5 = 15$.
- Indíqueles a los alumnos que mezclen las tarjetas y que las coloquen con el lado de la oración bocabajo. Pídale a cada alumno que recoja una tarjeta y diga el producto. Si el alumno está en lo correcto, él o ella le toca conservar la tarjeta y recoger nuevamente.

Opción 2 — Tecnología para el alumno
Enlace technológico

Matemáticas en línea tx.gr3math.com • Math Tool Chest

Personal Tutor • Extra Examples • Online Games
Math Adventures: Scrambled Egg City (5A)

Opción 3 — Estación de aprendizaje: Redacción (pág. 140G)

Dirija a los alumnos a la estación de aprendizaje de redacción para que tengan la oportunidad de explorar y ampliar el concepto de la lección.

Opción 4 — Práctica y solución de problemas

Refuerce las destrezas y las estrategias de solución de problemas con la hoja de trabajo de solución de problemas.

Opciones para grupos pequeños

Opción 1 — Para los que terminan primero BL
TEKS 3.4(A)   ESPACIAL

Materiales: cubo numerado, dinero de juego

- Pídale a un compañero que lance un cubo numerado y al otro compañero que muestre el número de monedas de 5 como se indica en el cubo numerado.
- Pídales a los compañeros que cuenten la cantidad total de dinero y usen las monedas de 5 y la propiedad conmutativa de la multiplicación para escribir dos oraciones de multiplicación para mostrar los resultados.

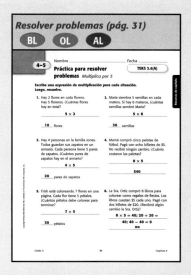

① Presentación   TEKS 3.4(A)

Actividad propuesta • Práctica

Los alumnos se familiarizarán con el conteo de 5 en 5.

- Pídales a los alumnos que hagan un conteo salteado de 5 en 5 hasta 35. Pídales mantener la cuenta del número de saltos.
- **¿Por cuál número contaron?** 5
- **¿Cuántas veces contaron de 5 en 5 hasta 35?** 7
- Señale que hubo 7 saltos de 5, entonces 7 × 5 = 35.
- Ilustre esto en una recta numérica en el retroproyector. Pídales a algunos voluntarios que hagan un conteo salteado hasta 30, 40 y 45. Asegúrese de que los alumnos mantengan la cuenta del número de saltos o brincos que necesitaron para cada producto.

Actividad propuesta 2 • Literatura

Presente la Lección con *Minnie's Diner* de Dayle Ann Dodds. (Vea en la página R104 una actividad matemática relacionada.)

② Enseñanza   TEKS 3.4(A)

Preguntas básicas

Coloque 3 grupos de 5 fichas en el retroproyector.

- **¿Cuántos grupos?** 3
- **¿Cuántas en cada grupo?** 5
- **Hagan un conteo salteado de 5 en 5 para calcular el total.** 5, 10, 15
- **¿Cuántas en total?** 15

Sume otro grupo de 5 fichas para hacer 4 grupos de 5 en el retroproyector. Repita lo cuestionado para 4 grupos de 5.

> **PREPÁRATE para aprender**

Pídales a los alumnos que abran sus libros y lean la información de **Prepárate para aprender.** Revise **arreglo.** En conjunto, trabajen los **Ejemplos 1 y 2.**

 **Multiply by 5**

① Introduce   TEKS 3.4(A)

Activity Choice 1 • Hands-On

Students will be familiar with counting by 5s.

- Have students skip count by 5s to 35. Have them keep track of the number of skips.
- **What number did you count by?** 5
- **How many 5s to 35?** 7
- Point out that there were 7 skips of 5, so 7 × 5 = 35.
- Illustrate this on a number line on the overhead projector. Ask volunteers to skip count to 30, 40, and 45. Be sure that students keep track of the number of skips or jumps needed for each product.

Activity Choice 2 • Literature

Introduce the lesson with *Minnie's Diner* by Dayle Ann Dodds. (For a related math activity, see p. R104.)

② Teach   TEKS 3.4(A)

Scaffolding Questions

Place 3 groups of 5 counters on the overhead.

- **How many groups?** 3
- **How many in each group?** 5
- **Count by fives to find the total.** 5, 10, 15
- **How many in all?** 15

Add another group of 5 counters to make 4 groups of 5 on the overhead. Repeat the questioning for 4 groups of 5.

> **GET READY to Learn**

Have students open their books and read the information in **Get Ready to Learn**. Review **array**. As a class, work through **Examples 1 and 2.**

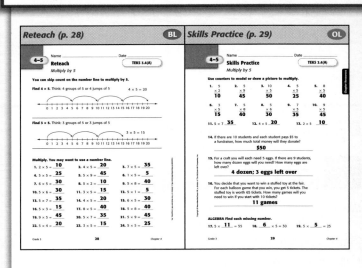

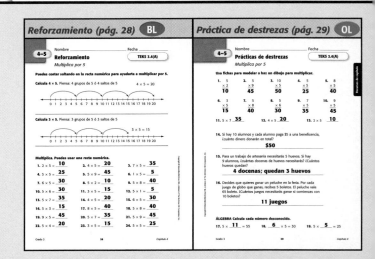

Puedes usar patrones para multiplicar por 5.

EJEMPLO concreto   **Patrones**

② **MONEDAS DE 5¢** Jorge tiene 7 monedas de 5¢. ¿Cuánto dinero tiene?

Sabes que una moneda de 5¢ vale 5 centavos. Cuenta de cinco en cinco para cada moneda y así calcular.

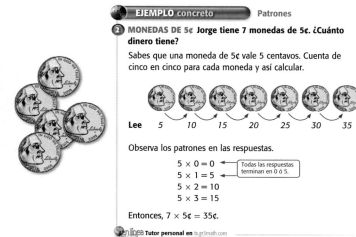

Lee   5   10   15   20   25   30   35

Observa los patrones en las respuestas.

$5 \times 0 = 0$ ← Todas las respuestas terminan en 0 ó 5.
$5 \times 1 = 5$
$5 \times 2 = 10$
$5 \times 3 = 15$

Entonces, $7 \times 5¢ = 35¢$.

en línea **Tutor personal en** tx.gr3math.com

---

8. Son más fáciles de recordar que la mayoría de los conjuntos de operaciones.

✓ **VERIFICA lo que sabes**

Usa fichas para hacer un modelo o haz un dibujo para multiplicar. Ver Ejemplos 1 y 2 (págs. 160–161)

1. 5 20 ×4	2. 5 15 ×3	3. 6 30 ×5
4. 5 40 ×8	5. 5 35 ×7	6. 5 25 ×5

7. Kai, Lakita y Maxwell tienen una caja de bizcochos. Si cada uno recibe cinco, ¿cuántos bizcochos hay en la caja? Explica. 15; contar de 5 en 5 tres veces o multiplicar 5×3.

8. Coméntalo Explica por qué las operaciones del 5 son más fáciles de recordar que la mayoría de los conjuntos de operaciones.

Lección 4-6 Multiplica por 5   **161**

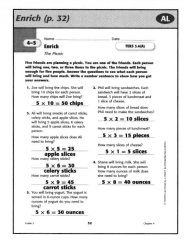

Patterns

Example 2 Emphasize that the pattern alternates between 0 and 5 and that students can use this pattern to check their answers.

ADDITIONAL EXAMPLES

① A farmer has a pumpkin patch with 8 rows. Each row has 5 pumpkins. How many pumpkins does the farmer have?
40 pumpkins

② Lila has 9 nickels. How much money does she have? 45 cents

✓ **CHECK What You Know**

As a class, have students complete Exercises 1–8 in **Check What You Know** as you observe their work.

💬 **Exercise 8** Assess student comprehension before assigning practice exercises.

BL **Alternate Teaching Strategy**

If students have trouble multiplying by 5 …

Then use one of these reteach options:

1 **CRM** **Daily Reteach Worksheet** (p. 28)

2 Have them write the facts of 5 from 0×5 to 10×5 in their Math Journals. Have them highlight the last digit in each product to emphasize the pattern in the products. Point out that all products end in either 0 or 5.

3 Show the pattern of the ones place when multiplying by 5, by using a calculator. Have students type 5, +, =. The screen will display 10. Then have students continue typing the = button to see it count by 5.

Lesson 4-5 Multiply by 5   **161**

Patrones

Ejemplo 2 Enfatíceles que el patrón se alterna entre 0 y 5 y que los alumnos pueden usar este patrón para verificar sus respuestas

EJEMPLOS ADICIONALES

① Un granjero tiene una parcela de calabaza con 8 filas. Cada fila tiene 5 calabazas. ¿Cuántas calabazas tiene el granjero? 40 calabazas

② Lila tiene 9 monedas de 5¢. ¿Cuánto dinero tiene? 45 centavos

✓ **VERIFICA lo que sabes**

En conjunto, pídales a los alumnos que completen los Ejercicios 1 al 8 en **Verifica lo que sabes** a medida que usted observa sus trabajos.

Ejercicio 8 Evalúa la comprensión del alumno antes de asignarle los ejercicios prácticos.

BL **Estrategia alternativa de enseñanza**

si los alumnos tienen problemas multiplicando por 5…

entonces use una de estas opciones de reforzamiento:

1 **CRM** **Hoja de reforzamiento diario** (pág. 28)

2 Pídales que escriban las operaciones de 5 desde 0 x 5 hasta 10 x 5 en sus Diarios de matemáticas. Pídales que resalten el último dígito en cada producto para que enfaticen el patrón en los productos. Señáleles que todos los productos terminan o en 0 ó en 5.

3 Enlace tecnológico Muestre el patrón en el lugar de las unidades cuando multiplique por 5 usando una calculadora. Pídales a los alumnos que escriban en la calculadora el 5, +, =. La pantalla mostrará 10. Luego, pídales a los alumnos que sigan escribiendo el botón = en la calculadora para verla contar por 5.

Lección 4-5 Multiplica por 5   **161**

3 Práctica

Asigne la práctica para los Ejercicios 9 al 25 según los siguientes niveles.

Nivel	Asignación
BL Nivel bajo	9–14, 18–19, 22–23, 25–27
OL A nivel	9–13, 15–17, 19–23, 24
AL Nivel avanzado	9–23 impar, 24–25

Pídales a los alumnos que analicen y completen los problemas de razonamiento de alto nivel. Si los alumnos tienen problemas con el Ejercicio 24, pídales calcular 5 x 6 usando cada estrategia.

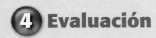 **ESCRIBE EN** ►**MATEMÁTICAS**

Pídales a los alumnos que completen el Ejercicio 25 en sus Diarios de Matemáticas. Puede elegir hacer este ejercicio como una evaluación formativa adicional.

4 Evaluación

✓ Evaluación formativa

Coloque 6 grupos de 5 fichas en el retroproyector. Pídales a los alumnos que cuenten de 5 en 5 para calcular el producto de 6 × 5.   30
- **¿Qué es 5 × 6? ¿Cómo lo saben?**
  30; la propiedad conmutativa de la multiplicación

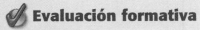

Control rápido | **¿Les sigue costando a los alumnos multiplicar por 5?**

Si la respuesta es:
Sí ► Opciones para grupos pequeños (pág. 160B)
No ► Opciones de trabajo independiente (pág. 160B)
  CRM Hoja de ejercicios para la práctica de destrezas (pág. 29)
  CRM Hoja de trabajo de enriquecimiento (pág. 32)

Boleto de salida Escriba 9 × 5 en la pizarra. Pídales a los alumnos que escriban el producto. Recójalas al retirarse los alumnos del salón de clase.

---

3 Practice

Differentiate practice using these leveled assignments for Exercises 9–25.

Level	Assignment
BL Below Level	9–14, 18–19, 22–23
OL On Level	9–13, 15–17, 19–23, 24
AL Above Level	9–23 odd, 24–25

Have students complete the H.O.T. problems. If students struggle with Exercise 24, have them find 5 × 6 using each strategy.

WRITING IN ►**MATH** Have students complete Exercise 25 in their Math Journals. You may choose to use this exercise as an optional formative assessment.

4 Assess

✓ Formative Assessment

Place 6 groups of 5 counters on the overhead. Ask students to count by 5s to find 6 × 5.   30
- **What is 5 × 6? How do you know?**
  30; the Commutative Property of Multiplication

Quick Check | **Are students continuing to struggle with multiplying by 5?**

If Yes ► Small Group Options (p. 160B)

If No ► Independent Work Options (p. 160B)
  CRM Skills Practice Worksheet (p. 29)
  CRM Enrich Worksheet (p. 32)

Ticket Out the Door Write 9 × 5 on the board. Have students write the product. Collect these as students exit the classroom.

 COMMON ERROR!
Exercise 23 Some students may write a multiplication sentence to show how much it will cost if they save $1 per day. Remind students that they want to find the savings, not the cost.

162 **Chapter 4** Model Multiplication Concepts and Facts

 ¡ERROR COMÚN!
Ejercicio 23 Algunos alumnos pueden escribir una oración de multiplicación para mostrar cuánto costará si ahorran $1 al día. Recuérdeles a los alumnos que ellos quieren calcular los ahorros no el costo.

★ Indica problemas de pasos múltiples

 PRÁCTICA EXTRA
Ver páginas R11.

► **Práctica y solución de problemas**

Usa fichas para hacer un modelo o haz un dibujo para multiplicar. Ver Ejemplos 1 y 2 (págs.160–161)

9. 5 10 × 2	**10.** 3 15 × 5	**11.** 5 30 × 6

12. 7 × 5 35   **13.** 8 × 5 40   **14.** 5 × 10 50

15. 5 × 5 25   **16.** 5 × 3 15   **17.** 4 × 5 20

18. Una cacerola de pan de maíz se corta en 5 filas con 4 trozos en cada fila. ¿Cuántos trozos hay en total? 20

★**19.** Un girasol cuesta $6. Evelyn quiere comprar 4. ¿Tiene suficiente dinero si tiene cuatro billetes de $5? Explica.

19. No; cuatro billetes de $5 son $20. Si compra 4 flores que cuestan más de $5 cada una, necesitará más de $20.

★**20.** El papá de Bernardo pagó con siete billetes de $5 sus patines nuevos. Si el cambio de su papá fueron $2, ¿cuánto costaron los patines? $33

★**21.** En una banda marcial hay 82 miembros. Parte de la banda se divide en 5 grupos de 9. ¿Cuántos miembros no se dividen en grupos? 37

 **RESUELVE PROBLEMAS** concretos

Archivo de datos La *"Rosa amarilla de Texas"* es una canción sobre una mujer joven durante el siglo XIX. Hoy en día, las rosas amarillas se pueden hallar en la mayoría de las floristerías.

Rosa amarilla

22. Una floristería vende cada rosa por $3. ¿Cuánto costará comprar 5 rosas? $15

23. Si compras una docena de rosas, ahorras $1 en la docena. Escribe una expresión de multiplicación que describe cuánto te ahorras en 5 docenas de rosas. 5 × $1 = $5

Problemas H.O.T.

24. ¿CUÁL NO PERTENECE? Identifica la estrategia que no te ayudará a calcular el producto de 5 × 6. redondear

conteo salteado	redondear	hacer un arreglo	hacer un dibujo

25. **ESCRIBE EN** ►**MATEMÁTICAS** ¿Alguna vez el dígito de las unidades puede terminar en 2 cuando multiplicas por 5? Explica. No; Ejemplo de respuesta: cuando multiplicas por 5, tendrás un 5 ó un 0 en el lugar de las unidades.

162 **Capítulo 4** Haz modelos de conceptos y operaciones de multiplicación

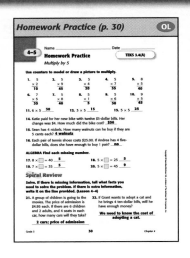
Homework Practice (p. 30) **OL**

Práctica de tarea (pág. 30) **OL**

162 **Capítulo 4** Haz modelos de conceptos y operaciones de multiplicación

Práctica de operaciones

Multiplica.

1. $\begin{array}{r} 4 \\ \times 6 \\ \hline \end{array}$ 24	**2.** $\begin{array}{r} 10 \\ \times 5 \\ \hline \end{array}$ 50	**3.** $\begin{array}{r} 0 \\ \times 9 \\ \hline \end{array}$ 0	**4.** $\begin{array}{r} 2 \\ \times 9 \\ \hline \end{array}$ 18
5. $\begin{array}{r} 4 \\ \times 8 \\ \hline \end{array}$ 32	**6.** $\begin{array}{r} 2 \\ \times 3 \\ \hline \end{array}$ 6	**7.** $\begin{array}{r} 10 \\ \times 8 \\ \hline \end{array}$ 80	**8.** $\begin{array}{r} 0 \\ \times 6 \\ \hline \end{array}$ 0
9. $\begin{array}{r} 1 \\ \times 9 \\ \hline \end{array}$ 9	**10.** $\begin{array}{r} 5 \\ \times 5 \\ \hline \end{array}$ 25	**11.** $\begin{array}{r} 4 \\ \times 0 \\ \hline \end{array}$ 0	**12.** $\begin{array}{r} 2 \\ \times 7 \\ \hline \end{array}$ 14
13. $\begin{array}{r} 10 \\ \times 0 \\ \hline \end{array}$ 0	**14.** $\begin{array}{r} 5 \\ \times 3 \\ \hline \end{array}$ 15	**15.** $\begin{array}{r} 1 \\ \times 6 \\ \hline \end{array}$ 6	**16.** $\begin{array}{r} 2 \\ \times 10 \\ \hline \end{array}$ 20
17. $\begin{array}{r} 4 \\ \times 5 \\ \hline \end{array}$ 20	**18.** $\begin{array}{r} 2 \\ \times 2 \\ \hline \end{array}$ 4	**19.** $\begin{array}{r} 1 \\ \times 1 \\ \hline \end{array}$ 1	**20.** $\begin{array}{r} 5 \\ \times 8 \\ \hline \end{array}$ 40

21. 4×3 12 **22.** 10×1 10 **23.** 0×3 0 **24.** 4×9 36

25. 0×8 0 **26.** 10×7 70 **27.** 1×4 4 **28.** 2×6 12

29. 5×10 50 **30.** 0×7 0 **31.** 1×0 0 **32.** 10×6 60

33. 4×7 28 **34.** 5×6 30 **35.** 10×3 30 **36.** 2×0 0

37. 10×10 100 **38.** 0×10 0 **39.** 1×5 5 **40.** 0×4 0

Facts Practice

Use p. 163 to help students review their multiplication facts for numbers 2, 4, and 5.

Additional Answers

19. No; four $5 bills is $20. If she buys 4 flowers that are more than $5 each, she will need more than $20.

25. No; Sample answer: when you multiply by 5, you will have 5 or 0 in the ones place.

Práctica de operaciones

Use la página 163 para ayudar a los alumnos con las operaciones de multiplicación de los números 2, 4 y 5.

Respuestas adicionales

19. No; cuatro billetes de $5 es $20. Si ella compra 4 flores que cuestan más de $5 cada una, necesitará más de $20.

25. No; Ejemplo de respuesta: cuando multiplicas por 5, necesitarás 5 ó 0 en el lugar de las unidades.

LECCIÓN
4-6 Multiplica por 10

Planificador de lección

Objetivo

Multiplica por 10.

TEKS y TAKS

TEKS 3.4 El estudiante reconoce y resuelve problemas en situaciones de multiplicación y división. **(A) Aprenda y aplique las tablas de multiplicación hasta 12 por 12 utilizando modelos concretos y objetos.** *También cubre TEKS 3.6(B).*

TAKS 1 El estudiante demostrará un entendimiento de patrones, operaciones y razonamiento cuantitativo.

Las páginas del alumno también cubren los siguientes TEKS:
TEKS 3.15(A) Coméntalo, Ejercicio 8
TEKS 3.15(A), TEKS 3.16(B) Problemas H.O.T., Ejercicios 29-30
TEKS 3.3(A), TEKS 3.14(B), TEKS 3.14(D) Repaso espiral, Ejercicios 33-41

Repaso de vocabulario

patrón

Rutina diaria

Siga estas sugerencias antes de iniciar la lección de la pág. 164.

Control de 5 minutos (Repaso de la Lección 4-5)

Usen fichas para hacer un modelo de los siguientes o hagan dibujos para multiplicar.

1. 9 × 5 45
2. 5 × 3 15
3. 5 × 6 30
4. 5 × 8 40

Problema del día

Minya compró 5 camisas por $5 cada una. ¿Cuánto cambio recibió de dos billetes de $20? $15

Repaso de vocabulario matemático

Escriba las palabras del repaso de vocabulario y sus definiciones en la pizarra. Pídales a los alumnos que muestren tantos patrones numéricos como puedan. Por ejemplo, 2, 4, 6, 8… (suma 2) y 12, 16, 20, 24, … (suma 4). Asegúrese de que los alumnos identifiquen sus patrones.

LESSON
4-6 Multiply by 10

Lesson Planner

Objective

Multiply by 10.

TEKS and TAKS

Targeted TEKS 3.4 The student recognizes and solves problems in multiplication and division situations. **(A) Learn and apply multiplication facts through 12 by 12 using concrete models and objects.** *Also addresses 3.6(B).*

TAKS 1 The student will demonstrate an understanding of numbers, operations, and quantitative reasoning.

Student pages also address the following TEKS:
TEKS 3.15(A) Talk About It, Exercise 8
TEKS 3.15(A), TEKS 3.16(B) HOT Problems, Exercises 29–30
TEKS 3.3(A), TEKS 3.14(B), TEKS 3.14(D) Spiral Review, Exercises 33–41

Review Vocabulary

pattern

Resources

Materials: hundreds chart

Manipulatives: play money: nickels and dimes

Literature Connection: *Ox-Cart Man* by Donald Hall

Teacher Technology
Interactive Classroom • TeacherWorks

Focus on Math Background

Consistently a favorite with students, multiplying by ten rarely causes problems. However, easy does not mean unimportant. Ten as a factor is important for place value and for multiplication of greater numbers.

Students refer to their method for finding the products as "adding a zero," already knowing that adding zero does not change a number. To use correct mathematical language, the process can be called "appending a zero" or "placing a zero at the end."

164A Chapter 4 Model Multiplication Concepts and Facts

Daily Routine

Use these suggestions before beginning the lesson on p. 164.

5-Minute Check
(Reviews Lesson 4-5)

Use counters to model or draw pictures to multiply.

1. 9 × 5 45
2. 5 × 3 15
3. 5 × 6 30
4. 5 × 8 40

Problem of the Day

Josefina bought 5 shirts for $5 each. How much change did she receive from two $20 bills? $15

> ### Review Math Vocabulary
> Write the review vocabulary word and its definition on the board.
>
> Have students show as many number patterns as they can. For example, 2, 4, 6, 8, … (add 2) and 12, 16, 20, 24, … (add 4). Make sure students identify their patterns.

Differentiated Instruction

Small Group Options

Option 1 — Below Level
TEKS 3.4(A) — KINESTHETIC

To provide additional practice, give students dimes. They can use the dimes to skip count by 10 to find products for Exercises 9–17.

Option 2 — English Language Learners
AUDITORY, VISUAL

Materials: cards with 10s multiplication facts on one card, answers on separate card
Core Vocabulary: remember, where, find, these two
Common Use Verb: match/don't match
See Math This strategy prompts students to use positive and negative verb forms while practicing × 10.

- Give each group a set of matching cards.
- Cards are mixed up and laid face down.
- First student will flip over two cards, solve the problem shown and see if there is a match.
- If the cards do not make the correct problem, both must be flipped back over.
- Explain to students that they must remember where the cards are and try to make a match.
- When a match can be made, the student keeps those cards. The one with the most pairs wins.

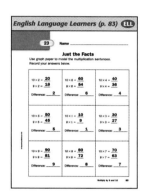

10 × 1	10
10 × 5	50
10 × 7	70

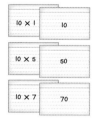

Use this worksheet to provide additional support for English Language Learners.

English Language Learners (p. 83) ELL

Independent Work Options

Option 1 — Early Finishers AL
LOGICAL

Materials: index cards with 2s, 4s, and 10s facts on them (no products)

- This is a card game for two students to play. Give students a stack of cards with 2s, 4s, and 10s facts on them.
- Students split the deck of cards evenly. They both lay down a card, and the player with the larger product collects both cards. In the event of a tie (such as if 4 × 4 and 2 × 8 cards are played), each player then plays another card until the tie is broken.
- The winner is the player with the most cards at the end of the time period.

Option 2 — Student Technology
Tech Link

Math Online tx.gr3math.com
Personal Tutor • Extra Examples • Online Games
Math Adventures: Scrambled Egg City (6C)

Option 3 — Learning Station: Science (p. 140H)

Direct students to the Science Learning Station for opportunities to explore and extend the lesson concept.

Option 4 — Problem-Solving Practice

Reinforce problem-solving skills and strategies with the Problem-Solving Practice worksheet.

Problem Solving (p. 36) BL OL AL

Instrucción diferenciada

Opciones de trabajo independiente

Opción 1 — Para los que terminan primero OL AL
LÓGICO

Materiales: tarjetas con operaciones de 2, 4 y 10 en ellas (sin productos)

- Esto es un juego de tarjetas para que jueguen dos alumnos. Entrégueles a los alumnos una pila de tarjetas con operaciones de 2, 4 y 10 en ellas.
- Los alumnos reparten la pila de tarjetas en su momento. Ambos dejan una tarjeta y el jugador con el producto más grande se lleva las dos tarjetas. En el caso de empate (tal como 4 × 4 y 2 × 8 tarjetas jugadas) cada jugador juega con otra tarjeta hasta que se rompa el empate.
- El ganador es el jugador con más tarjetas al final del período de tiempo.

Opción 2 — Tecnología para el alumno
Enlace technológico

Matemáticas en línea tx.gr3math.com

Personal Tutor • Extra Examples • Online Games
Math Adventures: Scrambled Egg City (6C)

Opción 3 — Estación de aprendizaje: Ciencias (pág. 140H)

Dirija a los alumnos a la estación de aprendizaje de ciencias para que tengan la oportunidad de explorar y ampliar el concepto de la lección.

Opción 4 — Práctica y solución de problemas

Refuerce las destrezas y las estrategias de solución de problemas con la hoja de trabajo de solución de problemas.

Opciones para grupos pequeños

Opción 1 — Nivel bajo BL
TEKS 3.4(A) — CINESTÉSICO

Para proveer práctica adicional, entrégueles a los alumnos monedas de 10¢. Ellos pueden usar las monedas de 10¢ para hacer un conteo salteado de 10 en 10 para calcular los productos para los Ejercicios 9 al 17.

Resolver problemas (pág. 36) BL OL AL

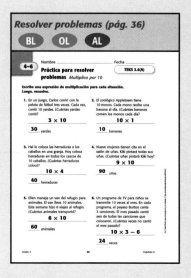

Multiplica por 10

① Presentación   TEKS 3.4(A)

Actividad propuesta 1 • Práctica

Distribúyales a los alumnos manipulativos de monedas de 5¢ y de 10¢.

- **¿Cuántas monedas de 5¢ pueden obtener por 1 moneda de 10¢?** 2 monedas de 5¢
- Pídales que saquen 4 monedas de 5¢.
- **¿Cuánto es 4 × 5?** 20
- Pídales a los alumnos que intercambien 4 monedas de 5¢ por 2 monedas de 2¢.
- **¿Cuánto es 2 × 10?** 20
- Repítalo para 6 monedas de 5¢

Actividad propuesta 2 • Literatura

Presente la Lección con *Ox-Cart Man* de Donald Hall. (Vea en la página R104 una actividad matemática relacionada.)

① Enseñanza

Preguntas básicas

Muéstreles a los alumnos 4 monedas de 10¢

- **¿Cuántas monedas hay?** 4
- **¿Cuánto dinero representa esto?** 40¢
- Escriba 4 × 10¢ = en la pizarra y pida un voluntario para que escriba el valor que representa.
- **¿Cuánto es 4 × 10¢?** 40¢
- **¿Cuánto es 4 × 10? ¿10 × 4?** 40; 40

 PREPÁRATE para aprender

Pídales a los alumnos que abran sus libros y lean la información de **Prepárate para aprender.** Repase **patrón**. En conjunto, trabajen los **Ejemplos 1 y 2.**

 Multiply by 10

① Introduce   TEKS 3.4(A)

Activity Choice 1 • Hands-On

Distribute nickel and dime coin manipulatives to students.

- **How many nickels can you get for 1 dime?** 2 nickels
- Have them take out 4 nickels.
- **How much is 4 × 5?** 20
- Have students exchange the 4 nickels for 2 dimes.
- **How much is 2 × 10?** 20
- Repeat for 6 nickels.

Activity Choice 2 • Literature

Introduce the lesson with *Ox-Cart Man* by Donald Hall. (For a related math activity, see p. R104.)

② Teach   TEKS 3.4(A)

Scaffolding Questions

Show students 4 dimes.

- **How many dimes are there?** 4
- **How much money does this represent?** 40¢
- Write 4 × 10¢ = on the board and ask for a volunteer to write the value it represents.
- **How much is 4 × 10¢?** 40¢
- **How much is 4 × 10? 10 × 4?** 40; 40

 GET READY to Learn

Have students open their books and read the information in **Get Ready to Learn**. Review **pattern**. As a class, work through **Examples 1 and 2.**

IDEA PRINCIPAL

Multiplicaré por 10.

TEKS Objetivo 3.4
El estudiante reconoce y resuelve problemas en situaciones de multiplicación y división. (A) Aprenda y aplique las tablas de multiplicación hasta 12 por 12 utilizando modelos concretos y objetos. *También cubre TEKS 3.6(B).*

PREPÁRATE para aprender

A medida que Oliver caminaba por la playa vio huella de pisadas. El contó 10 dedos en cada uno de los 3 pares de huellas. ¿Cuántos dedos contó en total?

Los patrones te pueden ayudar a multiplicar por 10 para resolver el problema.

EJEMPLO concreto   Usa patrones para multiplicar por 10.

① **DEDOS** ¿Cuántos dedos contó Oliver en total?

Calcula 10 × 3.

Observa el patrón cuando multiplicas por 10.

$10 × 1 = 10$ ⟵ El dígito de las unidades de la respuesta es cero.
$10 × 2 = 20$
$10 × 3 = 30$
$10 × 4 = 40$
$10 × 5 = 50$

igual

También se puede observar el patrón cuando cuentas salteadamente en una recta numérica.

0 5 10 15 20 25 30

10, 20, 30

El patrón muestra que $10 × 3 = 30$.
Por lo tanto, Oliver contó 30 dedos.

164   Capítulo 4 Haz modelos de conceptos y operaciones de multiplicación

---

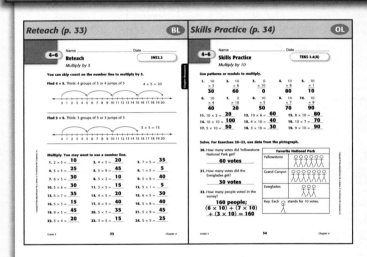

Reteach (p. 33)   BL

Skills Practice (p. 34)   OL

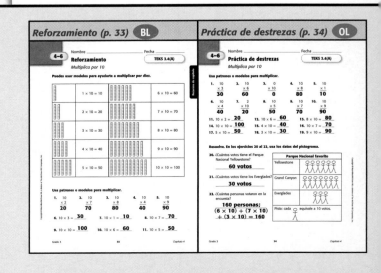

Reforzamiento (p. 33)   BL

Práctica de destrezas (p. 34)   OL

Puedes usar monedas de 10¢ para hacer un modelo de la multiplicación por 10.

 **EJEMPLO** concreto   Usa modelos.

② DINERO Sareeta halló 9 monedas de 10¢ bajo su cama mientras limpiaba. ¿Cuánto dinero halló Sareeta?

Necesitas calcular 9 × 10¢.
Las monedas de 10¢ se pueden usar como modelos para contar de 10 en 10.

```
  10   20   30   40   50   60   70   80   90
```

Lee 10, 20, 30, 40, 50, 60, 70, 80, 90.

9 monedas de 10¢ son 90¢.

9 × 10¢ = 90¢.

Por lo tanto, Sareeta encontró 90¢.

Verifica Usa suma repetida para revisar.

10 + 10 + 10 + 10 + 10 + 10 + 10 + 10 + 10 = 90
De modo que la respuesta está correcta.

en línea **Tutor personal en** tx.gr3math.com

8. Ejemplo de respuesta: 5 es la mitad de 10 por lo que sólo tienes que duplicar tus operaciones del 5.

✓ **VERIFICA lo que sabes**

Usa patrones o modelos para multiplicar. Ver Ejemplos 1 y 2 (págs. 164–165)

1. 10 20
    × 2

2. 10 40
    × 4

3. 10 70
    × 7

4. 5 × 10 50

5. 3 × 10 30

6. 10 × 10 100

7. Mina compró un vestido por $50. ¿Cuántos billetes de $10 necesitará para pagar por el vestido? 5 billetes

8. **Coméntalo** ¿Cómo conoces las operaciones del 5 te puede ayudar con tus operaciones del 10?

Lección 4-7 Multiplica por 10   **165**

Enrich (p. 37)   AL

Enriquecimiento (p. 37)   AL

Use Patterns to Multiply by 10

Use Patterns to Multiply by 10
Example 1 Make sure students understand that the pattern shows that multiplying by 10 results in a product with a zero in the ones digit only. You may want to extend the pattern to 10 × 10 = 100 to show that the pattern holds.

 ADDITIONAL EXAMPLES

① Yago and his two sisters made their hand prints on a poster. How many fingers were on the poster? 30 fingers

② Roberto found 7 dimes in his pocket. How much money did he find? 70 cents

✓ **CHECK What You Know**

As a class, have students complete Exercises 1–8 in **Check What You Know** as you observe their work.

💬 **Exercise 8** Assess student comprehension before assigning practice exercises.

BL **Alternate Teaching Strategy**

If students have trouble multiplying by 10 …

Then use one of these reteach options:

1 **CRM** **Daily Reteach Worksheet** (p. 33)

2 Give students a hundreds chart and have them skip count by 10s, shading in each box as they count it. Point out that the first shaded box is the product of 1 × 10, the next is 2 × 10, etc.

3 **Tech Link** Show patterns when multiplying by 10, by using a calculator.
Have students type 10, +, = .
Continue typing the = button to see it count by 10.

Lesson 4-6 Multiply by 10   **165**

Usa patrones para multiplicar por 10

Ejemplo 1 Asegúrese de que los alumnos entiendan que el patrón muestra que multiplicar por 10 resulta en un producto con un cero en el dígito de las unidades solamente. Usted puede querer extender el patrón a 10 × 10 = 100 para mostrar que el patrón se mantiene.

 EJEMPLOS ADICIONALES

① Yago y sus dos hermanas hicieron huellas de sus manos en un cartel. ¿Cuántos dedos había en el cartel? 30 dedos

② Roberto encontró 7 monedas de 10¢ en su bolsillo. ¿Cuánto dinero encontró? 70 centavos

✓ **VERIFICA lo que sabes**

En conjunto, pídales a los alumnos que completen los Ejercicios 1 al 8 en **Verifica lo que sabes** a medida que usted observa sus trabajos.

💬 **Ejercicio 8** Evalúa la comprensión del alumno antes de asignarle los ejercicios prácticos.

BL **Estrategia alternativa de enseñanza**

si los alumnos tienen problemas multiplicando por 10…

entonces use una de estas opciones de reforzamiento:

1 **CRM** **Hoja de reforzamiento diario** (pág. 33)

2 Entrégueles a los alumnos una tabla de centenas y pídales que hagan un conteo salteado de 10 en 10, sombreando cada casilla mientras la cuentan. Señale que la primera casilla sombreada es el producto de 1 × 10, el siguiente es 2 × 10, etc.

3 **Tech Link** Muestre patrones cuando multiplique por 10 usando una calculadora.
Pídales a los alumnos que escriban en la calculadora 10, +, =.
Siga escribiendo en la calculadora el botón de = para verla contar por 10.

Lección 4-6 Multiplica por 10   **165**

③ Práctica

Asigne la práctica para los Ejercicios 9 al 30 según los siguientes niveles.

Nivel	Asignación
BL Nivel bajo	9–14, 18–19, 22–23, 25–27
OL A nivel	10–21, 24–28, 29
AL Nivel avanzado	10–27 par, 29–30

Pídales a los alumnos que analicen y completen los problemas de razonamiento de alto nivel. Aliente a los alumnos a entregar uno o dos ejemplos para el Ejercicio 30.

ESCRIBE EN ►MATEMÁTICAS

Pídales a los alumnos que completen el Ejercicio 30 en sus Diarios de Matemáticas. Puede elegir hacer este ejercicio como una evaluación formativa adicional.

 ¡ERROR COMÚN!
Ejercicio 14 Los alumnos pueden escribir el producto como 10. Pídales a los alumnos que cuenten el número de ceros en cada factor. Señale que el producto de 10×10 tiene dos ceros. $10 \times 10 = 100$

---

③ Practice

Differentiate practice using these leveled assignments for Exercises 9–30.

Level	Assignment
BL Below Level	9–14, 18–19, 22–23, 25–27
OL On Level	10–21, 24–28, 29
AL Above Level	10–27 even, 29–30

Have students discuss and complete the Higher Order Thinking problems. Encourage students to give one or two examples for Exercise 30.

WRITING IN ►MATH Have students complete Exercise 30 in their Math Journals. You may choose to use this exercise as an optional formative assessment.

 COMMON ERROR!
Exercise 14 Students may write the product as 10. Have students count the number of zeros in each factor. Point out that the product of 10×10 has two zeros. $10 \times 10 = 100$

★ Indica problemas de pasos múltiples

► Práctica y solución de problemas

PRÁCTICA EXTRA
Ver página R11.

Usa patrones o modelos para multiplicar. Ver Ejemplos 1 y 2 (págs. 164–165)

9. $\begin{array}{r} 10 \ \ 20 \\ \times 2 \\ \hline \end{array}$ **10.** $\begin{array}{r} 10 \ \ 60 \\ \times 6 \\ \hline \end{array}$ **11.** $\begin{array}{r} 10 \ \ 50 \\ \times 5 \\ \hline \end{array}$

12. 10×3 30 **13.** 10×9 90 **14.** 10×10 100

15. 4×10 40 **16.** 10×5 50 **17.** 10×6 60

18. Si hay 10 carros y cada uno tiene 4 ruedas, ¿cuántas ruedas hay en total? 40 carros

19. Inés tiene 6 paquetes de silbatos. Si hay 10 silbatos en cada paquete, ¿cuántos silbatos tiene en total? 60 silbatos

20. **Medidas** En una yarda hay 3 pies. ¿Cuántos pies hay en 10 yardas 30 pies

21. Hay 5 jirafas y 10 monos. ¿Cuántas patas hay en total? 40 patas

Usa la gráfica de barras en los ejercicios 22 al 24.

★**22.** ¿Cuánto dinero tienen los niños en total? $270

23. Escribe dos expresiones que comparen la cantidad de dinero que tiene Josefina con la cantidad que tiene Hakeem. Ejemplo de respuesta: $70 < $90

★**24.** ¿Cuál es la diferencia entre la menor cantidad de dinero y la mayor? $60

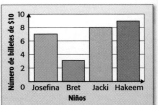

RESUELVE PROBLEMAS concretos

Arte Algunas de las esculturas en vidrio más grandes del mundo se encuentran en Estados Unidos. Usa cada expresión para calcular la longitud de cada escultura.

25. Fiori di Como: 5 menos que 7×10. 65 pies

26. Chihuly Tower: 5 más que 10×5. 55 pies

27. Cobalt Blue Chandelier: 9 más que 2×10. 29 pies

28. River Blue: 4 más que 10×1. 14 pies

Esculturas en vidrio más grandes del mundo	
Nombre de la escultura	Longitud (pies)
Fiori di Como, NV	
Chihuly Tower, OK	
Cobalt Blue Chandelier, WA	
River Blue, CT	

Fuente: *Book of World Records*

Matemáticas online Ejemplos extra en tx.gr3math.com

166 Chapter 4 Model Multiplication Concepts and Facts

166 Capítulo 4 Haz modelos de conceptos y operaciones de multiplicación

Problemas H.O.T.

29. ¿CUÁL NO PERTENECE? Identifica el par de expresiones que son falsas. $10 \times 0 = 5 \times 1$

| $2 \times 5 = 10 \times 1$ | $4 \times 3 = 6 \times 2$ | $5 \times 4 = 2 \times 10$ | $10 \times 0 = 5 \times 1$ |

30. **ESCRIBE EN ▶MATEMÁTICAS** Explica cómo sabes que una operación de multiplicación con un producto de 25 no puede ser una operación de 10. **Ejemplo de respuesta: Todos los productos de 10 terminan en 0.**

★ Práctica para la PRUEBA (S 1

31. ¿Cuál de los siguientes se usa para calcular cuántas patas hay en 6 sillas? (Lección 4-6) **A**

- **A** 4×6
- **B** $4 \div 6$
- **C** $4 + 6$
- **D** $6 - 4$

32. ¿Qué número hace verdadera esta expresión? (Lección 4-7) **J**

$$12 + 8 = \blacksquare \times 2$$

- **F** 5
- **G** 8
- **H** 9
- **J** 10

Repaso espiral

Multiplica. (Lección 4-5)

33. 9×5 45

34. 7×5 35

35. 4×5 20

36. Un boleto de adultos para el zoológico cuesta $6. Un boleto de niños cuesta $4. ¿Cuánto cuestan los boletos para un grupo de 2 adultos y un niño? (Lección 4-4) **$16**

Usa fichas para hacer un modelo de cada arreglo. (Lección 4-1)

37.  $4 \times 3 = 12$

38.

$2 \times 6 = 12$

Resta. (Lección 3-7)

39. 200 1
　　 − 199

40. 500 292
　　 − 208

41. 230 173
　　 − 57

Lección 4-7 Multiplica por 10 **167**

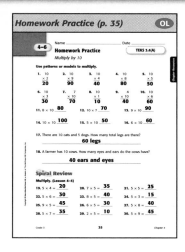

Homework Practice (p. 35) OL

Assess

Formative Assessment　　TEKS 3.15(A)

Ask students to explain how they can use dimes to model how much money they have if they have 7 dimes. Sample answer: Each dime is worth 10¢, so you can use dimes to count by 10. Count 10, 20, 30, 40, 50, 60, 70 to show that 7 dimes is 70¢.

Quick Check **Are students continuing to struggle with multiplying by 10?**

If Yes → Small Group Options (p. 164B)
　　　　　 Strategic Intervention Guide (p. 66)

If No → Independent Work Options (p. 164B)
　　　　 CRM Skills Practice Worksheet (p. 34)
　　　　 CRM Enrich Worksheet (p. 37)

Name the Math Have students explain how they would find the numbers of arms on 10 starfish if each starfish has 10 arms.

★ TEST Practice

Reviews Lessons 4-6 and 4-7
Assign the Texas Test Practice problems to provide daily reinforcement of test-taking skills.

Spiral Review

Reviews Lessons 3-7, 4-1, 4-4, and 4-5
Review and assess mastery of skills and concepts from previous chapters.

Lesson 4-6 Multiply by 10 **167**

 Evaluación

Evaluación formativa

Pídales a los alumnos que expliquen cómo pueden usar monedas de 10¢ para hacer un modelo de la cantida de dinero que tienen si tienen 7 monedas de 10¢. Ejemplo de respuesta: Cada moneda de 10¢ vale diez centavos, así que puedes usar monedas de 10¢ para contar de 10 en 10. Cuenta 10, 20, 30, 40, 50, 60, 70 para mostrar que 7 monedas de 10¢ son 70¢.

Control Rápido **¿Les sigue costando a los alumnos multiplicar por 10?**

Sí → Opciones para grupos pequeños (pág. 164B)
　　　Guía de intervención estratégica (pág. 66)

No → Opciones de trabajo independiente (pág. 164B)
　　　 CRM Hoja de ejercicios para la práctica de destrezas (pág. 34)
　　　 CRM Hoja de trabajo de enriquecimiento (pág. 37)

Nombra la matemática Pídales a los alumnos que expliquen cómo calcularán el número de brazos en 10 estrellas de mar si cada estrella de mar tiene 10 brazos.

▶ Práctica para la PRUEBA

Repasa las Lecciones 4-6 y 4-7
Asigne los problemas de Práctica para el examen de Texas para reforzar diariamente las destrezas de resolución de pruebas.

Repaso espiral

Repasa las Lecciones 3-7, 4-1, 4-4 y 4-5
Repasar y evaluar el dominio de las destrezas y conceptos de capítulos anteriores.

Lección 4-6 Multiplica por 10 **167**

Práctica de tarea (pág. 35) OL

Solución de Problemas

Planificador de Lección

Objetivo

Interpreta información y datos de la ciencia para resolver problemas.

TEKS

TEKS 3.14 El estudiante aplica las matemáticas del 3er grado para resolver problemas relacionados con experiencias diarias y actividades dentro y fuera de la escuela. **(A) Identifique las matemáticas en situaciones diarias.**

TEKS de ciencias   3.9 (A)

3.9 Los estudiantes saben que las especies tienen distintas adaptaciones que las ayudan a sobrevivir y reproducirse en sus ambientes. **(A)** Observa e identifica características entre las especies que les permiten sobre vivir y reproducirse.

Repaso de vocabulario

multiplicar

Recursos

Materiales: papel, lápices

Activar conocimientos previos

Antes de enfocar la atención de los alumnos a las páginas, pídales que comenten sobre la manera en que los animales se adaptan en sus ambientes.

- **¿Cuáles son algunos animales salvajes que conoces? ¿En qué hábitat viven?** Ejemplo de respuesta: leones; sabana

- **¿Cómo el número de brazos o patas de un animal lo ha ayudado a sobrevivir?** Ejemplo de respuesta: los leones pueden perseguir a su presa; pueden usar sus garras delanteras para capturar animales.

Uso de la página del alumno

Pídales a los alumnos que lean la información de la pág. 168 y contesten estas preguntas:

- **Si ves 6 estrellas de mar en la playa, ¿cuántas patas cuentas?** 30

- **Si cuentas 10 patas de avestruces pasando en frente tuyo, ¿cuántas avestruces vistes?** 5

Problem Solving

Lesson Planner

Objective

Interpret information and data from science to solve problems.

TEKS

Targeted TEKS 3.14 The student applies Grade 3 mathematics to solve problems connected to everyday experiences and activities in and outside of school.
(A) Identify the mathematics in everyday situations.

Science TEKS

3.9 The student knows that species have different adaptations that help them survive and reproduce in their environment. **(A)** Observe and identify characteristics among species that allow each to survive and reproduce.

Review Vocabulary

multiply

Resources

Materials: paper, pencils

Activate Prior Knowledge

Before you turn students' attention to the pages, ask them to discuss the way animals adapt to their environment.

- **What are some wild animals you know? What habitat do they live in?**
  Sample answer: lions; savannah

- **How does the number of arms or legs an animal has help it to survive?**
  Sample answer: lions can run after their prey; they can use their front paws to trap animals.

Using the Student Page

Ask students to read the information on p. 168 and answer these questions.

- **If you see 6 starfish on the beach, how many legs do you count?** 30

- **If you count 10 ostrich legs walking past you, how many ostriches did you see?** 5

168   Chapter 4 Model Multiplication Concepts and Facts

Resuelve problemas en ciencias

MUCHOS BRAZOS Y PIERNAS

¿Alguna vez te has preguntado por qué un guepardo tiene 4 patas en lugar de 3? ¿O por qué un pulpo tiene 8 tentáculos en lugar de 4? El número de patas que tiene un animal le ayuda a cazar su alimento y escapar de sus depredadores.

Un guepardo tiene 4 patas que equilibran su cuerpo. Sus patas le ayudan a correr hasta a 70 millas por hora. Un pulpo tiene un cuerpo desprotegido y no tiene garras o dientes. Por lo tanto, 8 tentáculos son más útiles para un pulpo que sólo 4 ó 6.

ANIMAL	NÚMERO DE PATAS
Estrella de mar	16
Hormiga	6
Avestruz	2
Cangrejo ermitaño	10
Estrella marina	5
Tortuga de mar	4

Matemáticas concretas

Usa la información de la página 168 para responder cada problema. Imagina que tu clase está de paseo en el zoológico. Escribe una expresión de multiplicación para resolver. Luego, escribe una expresión de suma para verificar.

1. Hay tres hormigas en un banco del parque. ¿Cuántas patas hay en total?
$3 \times 6 = 18; 6 + 6 + 6 + = 18$

2. Si ves 7 avestruces, ¿cuántas patas ves en total?
$7 \times 2 = 14; 2 + 2 + 2 + 2 + 2 + 2 + 2 = 14$

3. Si ves 3 guepardos, ¿cuántas patas hay en total?
$3 \times 4 = 12; 4 + 4 + 4 = 12$

4. Si hay 4 pulpos, ¿cuántos tentáculos hay en total?
$4 \times 8 = 32; 8 + 8 + 8 + 8 = 32$

5. En el acuario cuentas 30 brazos de estrellas de mar. ¿Cuántas estrellas marinas hay? Explica. $6 \times 5 = 30;$
$5 + 5 + 5 + 5 + 5 + 5 = 30$

6. En otro acuario hay 3 tortugas de mar y 2 estrellas de mar. ¿Cuántas patas hay en total?
Ver el margen.

7. ¿Cuántas patas en total tienen 6 cangrejos ermitaños? $6 \times 10 = 60;$
$10 + 10 + 10 + 10 + 10 + 10 = 32$

¿Sabías que?
Un pulpo tiene 240 ventosas en cada uno de sus 8 tentáculos.

Resuelve problemas en ciencias **169**

Real-World Math

Assign the exercises on p. 169. Encourage students to choose a problem-solving strategy before beginning each exercise. If necessary, review the strategies suggested in Lesson 4-7, p. 171.

Exercise 4 Remind students that the table on p. 168 lists the number of legs or arms for animals, and octopuses have arms, not legs.

Exercise 5 Suggest to students that they look at the table on p. 168 to identify one factor of 30, which will help them to identify the second factor that yields 30 as the product in a multiplication sentence.

Exercise 6 Remind students that they can use addition to check the number of sea star arms, because multiplication by 2 is the same as adding 2 groups of the same number.

WRITING IN ►MATH Have students create a word problem that uses the information found in the text and in the table on pp. 168–169.

Extend the Activity

Have students figure out how many legs and arms there would be in an aquarium that contained two of each animal on the table on p. 168.

Matemáticas concretas

Asigne los Ejercicios de la pág. 169. Anime a los alumnos a elegir una estrategia para resolver problemas antes de comenzar cada ejercicio. Si es necesario, revise las estrategias sugeridas en la Lección 4-7, pág. 171.

Ejercicio 4 Recuérdeles a los alumnos que la tabla en la página pág. 168 enumera el número de patas o brazos para los animales y que los pulpos tienen brazos, no patas.

Ejercicio 5 Sugiérales a los alumnos que observen la tabla en la pág. 168 para identificar un factor de 30, lo cual les ayudará a identificar el segundo factor que proporciona 30 como el producto en una oración de multiplicación.

Ejercicio 6 Recuérdeles a los alumnos que ellos pueden usar la suma para verificar el número de brazos de estrellas de mar, porque la multiplicación por 2 es la misma que sumando 2 grupos del mismo número.

ESCRIBE EN ►MATEMÁTICAS

Pídales a los alumnos que creen un problema planteado en palabras que use la información hallada en el texto y en la tabla en las págs. 168-169.

Ampliación de la actividad

Pídales a los alumnos que averigüen cuántas patas y brazos habrán en un acuario que contiene dos de cada uno de los animales en la tabla en la pág. 168.

Estrategia para resolver problemas
Elegir la mejor estrategia

Planificador de lección

Objetivo

Elegir la mejor estrategia para resolver problemas.

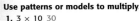

TEKS y TAKS

TEKS 3.14 El estudiante aplica las matemáticas del 3er grado para resolver problemas relacionados con experiencias diarias y actividades dentro y fuera de la escuela. Se espera que el estudiante: **(B) Resuelva problemas que incorporen la comprensión del problema, hacer un plan, llevarlo a cabo y evaluar lo razonable de la solución.** *También cubre TEKS 3.14(C).*

TAKS 6 El estudiante demostrará un entendimiento de los procesos matemáticos y herramientas usadas en la resolución de problemas.

Rutina diaria

Siga estas sugerencias antes de iniciar la lección de la pág. 170.

Control de 5 minutos (Repaso de la Lección 4-6)

Usen patrones o modelos para multiplicar.

1. 3 x 10 30
2. 10 x 8 80
3. 10 x 0 0
4. 2 x 10 20
5. 10 x 9 90

Problema del día

Matemáticas. ¿Cuál es la quincuagésima letra en el patrón? MATHMATHMATHMATH ...
la letra A

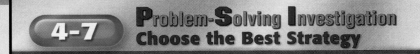

4-7 Problem-Solving Investigation
Choose the Best Strategy

Lesson Planner _____

Objective

Choose the best strategy to solve problems.

TEKS and TAKS

Targeted TEKS 3.14 The student applies Grade 3 mathematics to solve problems connected to everyday experiences and activities in and outside of school. **(B) Solve problems that incorporate understanding the problem, making a plan, carrying out the plan, and evaluating the solution for reasonableness.** *Also addresses TEKS 3.14(C).*

TAKS 6 The student will demonstrate an understanding of the mathematical processes and tools used in problem solving.

Resources

Materials: index cards

Teacher Technology
🖥 Interactive Classroom • TeacherWorks

📖 **Real-World Problem-Solving Library**
Science: *Think About It*
Use these leveled books to reinforce and extend problem-solving skills and strategies.
Leveled for:
  OL On Level
  ELL Sheltered English
For additional support, see the Real-World Problem-Solving Teacher's Guide.

Daily Routine _____

Use these suggestions before beginning the lesson on p. 170.

5-Minute Check
(Reviews Lesson 4-6)

Use patterns or models to multiply.

1. 3×10 30
2. 10×8 80
3. 10×0 0
4. 2×10 20
5. 10×9 90

Problem of the Day

Sean created a banner by repeating the word MATH. What is the 50th letter in the pattern?
MATHMATHMATHMATH …
the letter A

Differentiated Instruction

Small Group Options

Option 1 — Gifted and Talented (AL)

Materials: notebook paper

- Present this alternative to the featured P.S.I. problem: The class will put together 9 baskets. Each basket will contain 4 food items.
- In this case, an odd number (9) is multiplied by an even number (4), resulting in an even product (36). Have students help you to arrive at the following rule: odd × even = even. Instruct them to fold a piece of paper in half vertically and label the columns "Prove" and "Disprove." Give students about five minutes to brainstorm multiplication facts that either prove or disprove the rule (it will be proven).
- Then, give students time to brainstorm and prove or disprove other multiplication rules (odd × odd = odd; even × even = even).

Option 2 — English Language Learners (ELL)

Materials: pictures of "store items", overhead list with quantities, play money
Core Vocabulary: Why haven't you? What's the price? Go shopping!
Common Use Verb: buy/bought
Hear Math This strategy integrates written and verbal language and open problem solving.

- Say: "We are going to make dinner." Give each student $10 and a list. Say, "**Go shopping.**"
- Allow students to realize they cannot purchase anything without the prices. Say, "**Why haven't you** *bought* anything?"
- Add prices and say "**Go shopping.**"
- When students buy their items, review what you need to make dinner, showing the quantities. Discuss what was difficult about this and other ways they could have solved the problems.

Independent Work Options

Option 1 — Early Finishers (OL) (AL)

Materials: index cards

- List scenarios on the board, such as: at the zoo, on the farm, at the store, in school, or on a class trip.
- Have students choose a scenario and two operations to use and write their own two-step word problem on an index card. It can be silly or real.
- Have students work out the solution on a separate index card and place a matching code on the word problem and its solution. Have them place the word problem in a problem-solving box and the solution in a solution box.
- Students may solve a problem from the problem-solving box and check its solution.

Option 2 — Student Technology

Math Online tx.gr3math.com
Personal Tutor • Extra Examples • Online Games

Option 3 — Learning Station: Music (p. 140H)

Direct students to the Music Learning Station for opportunities to explore and extend the lesson concept.

Instrucción diferenciada

Opciones de trabajo independiente

Opción 1 — Para los que terminan primero (OL) (AL) — Lógico

Materiales: tarjetas

- Enumere escenarios en la pizarra, tales como: en el zoológico, en la granja, en la tienda, en la escuela o en un paseo de la clase.
- Pídales a los alumnos que elijan un escenario y dos operaciones para usar y escribir sus propios problemas de palabras de dos pasos en una tarjeta. Puede ser de mentira o real.
- Pídales a los alumnos que averigüen la solución en una tarjeta separada y que coloquen un código de correspondencia en el problema de palabra y su solución. Pídales que coloquen el problema de palabra en una casilla de resolviendo problemas y la solución en una casilla de solución.
- Los alumnos pueden resolver un problema de la casilla de resolver problemas y verificar su solución.

Opción 2 — Tecnología para el alumno — Enlace technológico

Matemáticas en línea tx.gr3math.com
Personal Tutor • Extra Examples • Online Games

Opción 3 — Estación de aprendizaje: Música (pág. 140H)

Dirija a los alumnos a la estación de aprendizaje de música para que tengan la oportunidad de explorar y ampliar el concepto de la lección.

Opciones para grupos pequeños

Opción 1 — Talentosos (AL) — Social, Lógico

Materiales: papel de cuaderno

- Presente ésta alternativa al problema que aparece en I.R.P. : La clase colocará juntos 9 cestos. Cada cesto tendrá 4 artículos de comida.
- En este caso, un número impar (9) está multiplicado por un número par (4), resultando en un producto par (36). Pídales a los alumnos que le ayuden a llegar a la siguiente regla: impar x par = par. Instrúyales que plieguen verticalmente un trozo de papel por la mitad y que denominen las columnas "Apruebo" y "Desapruebo". Concédeles a los alumnos aproximadamente 5 minutos para una tormenta de ideas de operaciones de multiplicación que o prueben o desaprueben la regla (será probado).
- Luego, concédales a los alumnos tiempo para una tormenta de ideas y pruebe o desapruebe otras reglas de multiplicación (impar x impar = impar; par x par = par)

Estrategia para resolver problemas

1 Presentación

Actividad • Repaso

- Escriba el siguiente en la pizarra:

  Jada, Aaron y Lázaro recolectaron artículos de comida para beneficencia. Jada recogió 25 artículos y Lázaro recogió 32 artículos. ¿Cuántos artículos recogieron en total?

- **¿Qué estrategia usarán para resolver este problema?** No hay información suficiente para resolver el problema.

- **¿Qué información falta?** el número de artículos que recogió Aaron

- Pídales a los alumnos que decidan cuánto recogió Aaron y que resuelvan el problema.

2 Presentación

Pídales a los alumnos que lean el problema sobre cestas de navidad. Guíelos a través de los pasos para resolver problemas.

Entiende Usando las preguntas, repase los que los alumnos conocen y necesitan calcular.

Planifica Pídales que comenten su estrategia.

Resuelve Guíe a los alumnos a usar la estrategia de *hacer un dibujo* para resolver el problema.
- **¿Cuántos artículos hay en cada cesto?** 10
- **¿Cuántos cestos hay?** 6

  ¿Cuánto es 6 x 10? 60

Verifica Pídales a los alumnos que revisen el problema para asegurarse que la respuesta corresponde con los datos dados.
- **¿60 artículos es correcto? Expliquen.** Sí; ejemplo de respuesta: 6 grupos de 10 es 60.

1 Introduce

Activity • Review

- Write the following on the board:

  Jada, Aaron, and Lázaro collected food items for charity. Jada collected 25 items and Lázaro collected 32 items. How many items did they collect altogether?

- **Which strategy would you use to solve this problem?** There is not enough information to solve the problem.

- **What information is missing?** the number of items Aaron collected

- Have students decide on how much Aaron collected and solve the problem.

2 Teach

Have students read the problem on holiday baskets. Guide them through the problem-solving steps.

Understand Using the questions, review what students know and need to find.

Plan Have them discuss their strategy.

Solve Guide students to use the *draw a picture* strategy to solve the problem.
- **How many items are there in each basket?** 10
- **How many baskets are there?** 6
  What is 6 × 10? 60

Check Have students look back at the problem to make sure that the answer fits the facts given.
- **Is 60 items correct? Explain.** Yes; sample answer: 6 groups of 10 is 60.

 COMMON ERROR!

Exercise 8 Some students may forget to read the key on the pictograph. Point out that the first thing you need to do when reading a pictograph is to determine what each picture represents.

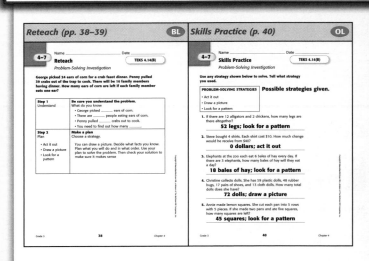

¡ERROR COMÚN!

Ejercicio 8 Algunos alumnos pueden olvidar leer la clave en el pictograma. Señale que la primera cosa que se necesita hacer cuando se lee un pictograma es determinar qué representa cada figura.

IDEA PRINCIPAL Elegiré la mejor estrategia para resolver problemas.

TEKS Objetivo 3.14 El estudiante aplica las matemáticas del 3er grado para resolver problemas relacionados con experiencias diarias y actividades dentro y fuera de la escuela. (B) **Resuelve problemas que incorporen la comprensión del problema, hacer un plan, llevarlo a cabo y evaluar lo razonable de la solución.** *También cubre TEKS 3.14(C).*

EQUIPO I.R.P.+

DENZELL: Nuestra clase de tercer grado hará 6 cestas de fiesta. Llenaremos cada cesta con 7 artículos de comida.

TU MISSIÓN: Calcular cuántos artículos se necesitan para llenar las cestas.

Entiende	Sabes que la clase hará 6 cestas con 7 artículos cada una. Calcula el número total de artículos de comida necesarios.
Planifica	Puedes usar la estrategia de *haz un dibujo* para resolver este problema matemático.
Resuelve	Haz un dibujo para representar la situación. La figura muestra que 6 × 7 = 42. Por lo tanto, la clase de tercer grado necesitará 42 artículos de comida para llenar las cestas.
Verifica	Revisa el problema. Verifica usando la suma repetida 7 + 7 + 7 + 7 + 7 + 7. La respuesta es 42, por lo que sabes que tu respuesta es correcta y razonable.

170 Capítulo 4 Haz modelos de conceptos y operaciones de multiplicación

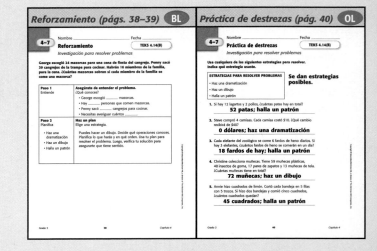

★ Indica problemas de pasos múltiples

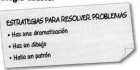

Resuelve problemas diversos

 PRÁCTICA EXTRA
Ver página R12.

Usa cualquiera de las siguientes estrategias para resolver. Indica qué estrategia usaste.

ESTRATEGIAS PARA RESOLVER PROBLEMAS
• Haz una dramatización
• Haz un dibujo
• Halla un patrón

1. Es un museo espacial hay 15 cohetes grandes, 8 cápsulas espaciales y 12 cohetes pequeños. ¿Cuántos cohetes hay en total? 27 cohetes

★**2.** George pagó $5 por una película. ¿Es razonable decir que gastó más dinero en la comida que en la película? Explica. Sí. Gastó $6 en comida.

Comida de George
Palomitas de maíz......$1.50
Bebida.....................$2.00
Caramelos...............$2.50

★**3.** Jonas vende peces ángel. Tiene 6 peceras y cada una tiene 5 peces. Después de vender algunos, tenía 22 peces. ¿Cuántos vendió? ¿Cuánto dinero ganó si vendió cada pez por $5 cada uno? 8 peces; $40

★**4.** El Sr. Trevino gastó $63 en 7 arbustos de bayas. Cada arbusto dará 10 pintas de bayas. Si vende cada pinta por $2. Calcula la diferencia en la cantidad de dinero que gastó en los arbustos y lo que ganó al vender las bayas. $77

★**5.** Sally tiene una balanza. En un lado, coloca 6 libros y en el otro, coloca 2 libros y su guante de béisbol. Si los lados están balanceados y cada libro pesa 3 onzas, ¿cuánto pesa su guante? 12 onzas

★**6.** La abuela recogió 8 peras. Recogió 4 veces más manzanas. ¿Cuál es la diferencia entre el número de peras y el número de manzanas recogidas? 24

★**7.** Dos juguetes de agua cuestan $4 cada uno. Si pagas con un billete de $10, ¿cuánto cambio recibirás? $2

★**8.** Durante una excursión, Suki recoge insectos. Hizo una pictografía para mostrar qué insectos recogió. ¿Cuál es el número total de insectos que recogió? 26 insectos

Insectos que recogió Suki	
Saltamontes	🦗🦗🦗🦗
Escarabajos	🪲🪲🪲
Mariquitas	🐞🐞🐞🐞🐞🐞

Clave: 🦗 = 2 insectos

9. ESCRIBE EN ▶ MATEMÁTICAS Consulta el Ejercicio 8. Explica cómo usas la multiplicación para calcular la respuesta. Ver Apéndice de respuestas del Cap. 4.

Lección 4-7 Investigación para resolver problemas **171**

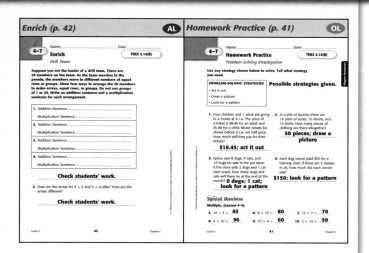

BL **Alternate Teaching Strategy**

> If students struggle with drawing a picture …

> Then use one of these reteach options:

1 CRM **Daily Reteach Worksheet** (pp. 38–39)

2 Have students draw a picture of a basket and then use manipulatives, such as counters, to represent each food item.

3 **Practice**

Using the Exercises

Exercises 1–8 provide opportunities for students to practice problem-solving strategies listed.

Exercise 1 It may be necessary to point out to some students that a space capsule is not considered a rocket.

4 **Assess**

✓ **Formative Assessment** TEKS 3.14(B)

Present students with the following problem: *Mrs. Manzuetta bought five $10 tickets to a play. How much change did she receive from three $20 bills?*

• **What do you know?** Mrs. Manzuetta bought 5 tickets. Each ticket cost $10. She had three $20 bills.

• **What do you need to find out?** How much change she received.

• **What is the solution to the problem?** $10

> **Quick Check** Are students continuing to struggle with choosing the best strategy to solve a problem?

If Yes → CRM Reteach Worksheet (pp. 38–39)

If No → Independent Work Options (p. 170B)
CRM Skills Practice Worksheet (p. 40)
CRM Enrich Worksheet (p. 42)

Lesson 4-7 Problem-Solving Investigation **171**

BL **Estrategia alternativa de enseñanza**

> si los alumnos tienen problemas haciendo un dibujo…

> entonces use una de estas opciones de reforzamiento:

1 CRM **Hoja de reforzamiento diario** (pág. 38-39)

2 Pídales a los alumnos que hagan un dibujo de una cesta y que luego usen manipulativos, tales como fichas, para representar cada artículo de comida.

3 **Práctica**

Uso de los ejercicios

Ejercicios 1 al 8 provéale oportunidades a los alumnos para practicar las estrategias para resolver problemas enumerados.

Ejercicio 1 Puede ser necesario señalar a algunos alumnos que una cápsula espacial no se considera un cohete.

4 **Evaluación**

✓ **Evaluación formativa** TEKS 3.14(B)

Preséntele a los alumnos los siguientes problemas: *La Sra. Manzuetta compró cinco boletos de $10 para una obra. ¿Cuánto cambio recibió de tres billetes de $20?*

• **¿Qué saben?** La Sra. Manzuetta compró 5 boletos. Cada boleto cuesta $10. Ella tenía tres billetes de $20.

• **¿Qué necesitan calcular?** Cuánto cambio recibió.

• **¿Cuál es la solución al problema?** $10

> **Control rápido** ¿Les sigue costando a los alumnos elegir la mejor estrategia para resolver problemas?

Si la respuesta es:

Sí → CRM Opciones para grupos pequeños (págs. 38-39)

No → Opciones de trabajo independiente (pág. 170B)
CRM Hoja de ejercicios para la práctica de destrezas (pág. 40)
CRM Hoja de trabajo de enriquecimiento (pág. 42)

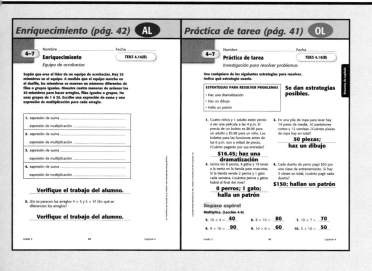
Lección 4-7 Estrategia para resolver problemas **171**

LECCIÓN 4-8 Multiplica por 0 y 1

Planificador de lección

Objetivo
Multiplica por 0 y 1.

 TEKS y TAKS

TEKS 3.4 El estudiante reconoce y resuelve problemas en situaciones de multiplicación y división. **(A) Aprenda y aplique las tablas de multiplicación hasta 12 por 12 utilizando modelos concretos y objetos.**

TAKS 1 El estudiante demostrará un entendimiento de patrones, operaciones y razonamiento cuantitativo.

Las páginas del alumno también cubren los siguientes TEKS:
TEKS 3.16(B) Coméntalo, Ejercicio 6
TEKS 3.15(A) Problemas H.O.T., Ejercicios 37-41
TEKS 3.1(B), TEKS 3.13(B) Repaso espiral, Ejercicios 44-49

Vocabulario
propiedad del producto nulo de la multiplicación, propiedad de identidad de la multiplicación

Rutina diaria

Siga estas sugerencias antes de iniciar la lección de la pág. 172.

Control de 5 minutos (Repaso de las Lección 4-7)

Usen cualquier estrategia para resolver. Indiquen que estrategia usaron.
Marion compró 4 libras de manzanas a $2 las libras, 2 libras de tomates a $2 la libra y lechuga a [INS]. ¿Cuánto cambió recibió de un billete de $20? E$5; ejemplo de respuesta: Representalo

Problema del día
El Comité de Embellecimiento plantó 12 árboles de pino, algunos árboles de abedul y algunos árboles de roble. ¿Cuántos árboles en total fueron plantados? Completa la información que falta y resuelve. Las respuestas pueden variar.

LESSON 4-8 Multiply by 0 and 1

Lesson Planner

Objective
Multiply by 0 and 1.

TEKS and TAKS

Targeted **TEKS 3.4** The student recognizes and solves problems in multiplication and division situations. **(A) Learn and apply multiplication facts through 12 by 12 using concrete models and objects.**

TAKS 1 The student will demonstrate an understanding of numbers, operations, and quantitative reasoning.

Student pages also address the following TEKS:
TEKS 3.16(B) Talk About It, Exercise 6
TEKS 3.15(A) HOT Problems, Exercises 37–41
TEKS 3.1(B), TEKS 3.13(B) Spiral Review, Exercises 44–49

Vocabulary
Zero Property of Multiplication, **Identity Property of Multiplication**

Resources
Materials: grid paper, overhead projector, transparency

Manipulatives: counters

Literature Connection: *Ox-Cart Man* by Donald Hall

Teacher Technology
Interactive Classroom • TeacherWorks

Focus on Math Background

Multiplication by one is a favorite. However, it is not unusual to find that multiplication by zero causes some discomfort. Zero is not a counting number and students at this level often think mathematics is mostly about counting. The lesson remains important because the zero and the one times tables generalize to the Zero and Identity Properties of Multiplication:
* When zero is a factor, the product is zero.
* When one is a factor, the product is the other factor.

172A Chapter 4 Model Multiplication Concepts and Facts

Daily Routine

Use these suggestions before beginning the lesson on p. 172.

5-Minute Check
(Reviews Lessons 4-7)

Use any strategy to solve. Tell what strategy you used.
Marion bought 4 lbs of apples at $2 a pound, 2 lbs of tomatoes at $3 a pound, and lettuce at $1. How much change did she receive from a $20 bill? $5; sample answer: *act it out*

Problem of the Day
The Beautification Committee planted 12 pine trees, some birch trees, and some oak trees. How many trees were planted in all? Fill in the missing information and solve. Answers will vary.

▷ Building Math Vocabulary
Write the lesson vocabulary words and their definitions on the board.

Have students look up the words *identical* and *identity* in the dictionary. Encourage students to look for things that are exactly alike, such as twins, cookies made with a cookie cutter, etc.

Visual Vocabulary Cards
Use Visual Vocabulary Card 29 to reinforce the vocabulary introduced in this lesson. (The Define/Example/Ask routine is printed on the back of each card.)

Identity Property of Multiplication

Repaso de vocabulario matemático
Escriba las palabras del repaso de vocabulario y sus definiciones en la pizarra.
Pídales a los alumnos que busquen las palabras *idéntico* e *identidad* en el diccionario. Aliente a los alumnos a buscar cosas que son exactamente parecidas, tales como gemelos, galletas hechas con un cortador de galletas, etc.

Tarjetas visuales de vocabulario
Use la(s) tarjeta(s) visual(es) del vocabulario 29 para reforzar el vocabulario presentado en esta lección. (En la parte trasera de cada tarjeta está escrita la rutina Definir/Ejemplo/Pregunta).

Propiedad de identidad de la multiplicación

Differentiated Instruction

Small Group Options

Option 1 TEKS 3.4(A) VISUAL, LINGUISTIC
Below Level BL

Materials: blank notebook paper, crayons or colored pencils

- Students will create their own monster book of × 1 facts. Each page of the book focuses on a different fact.
- For example, for the fact 1 × 5, students will draw one monster with five of something (legs, eyes, heads, etc.) to illustrate the fact. Then, they will write a sentence explaining the drawing (e.g., "My monster has a total of 5 tails. 1 × 5 = 5"). There should be at least one page for each fact.

" My monster has a total of five tails. 1 X 5 = 5 "

Option 2 LINGUISTIC, VISUAL
English Language Learners ELL

Materials: multiplication problems (no answers) on index cards
Core Vocabulary: nothing, something, same thing
Common Use Verb: pass
Talk Math This strategy helps students vocalize and improve problem recognition of × 0 and × 1 facts.

- Discuss the rules when multiplying by zero and one using listed vocabulary.
- Model classifying a × 0 fact as "nothing," a × 1 fact "same thing," and everything else "something."
- Show a problem and have students respond with one of the three answers as a class. Continue until the majority of students are calling the correct labels.
- Extend the vocalization practice in small groups. Have students pass problem flashcards around small groups, calling as they pass the card. Students should call at the same time and pass as quickly as possible to really integrate the vocabulary.

Independent Work Options

Option 1 SPATIAL
Early Finishers OL AL

Materials: index cards

- Have students write the Zero Property of Multiplication and the Identity Property of Multiplication each on a separate index card.
- On one side of the card, they illustrate the property using numbers.
- On the other side of the card, they make up a word problem to illustrate the property. Word problems can be silly.

Option 2
Student Technology

Math online tx.gr3math.com
Personal Tutor • Extra Examples • Online Games
Math Adventures: Scrambled Egg City (5C)

Option 3
Learning Station: Science (p. 140H)

Direct students to the Science Learning Station for opportunities to explore and extend the lesson concept.

Option 4
Problem-Solving Practice

Reinforce problem-solving skills and strategies with the Problem-Solving Practice worksheet.

Problem Solving (p. 46) BL OL AL

Instrucción diferenciada

Opciones de trabajo independiente

Opción 1 ESPACIAL
Para los que terminan primero OL AL

Materiales: tarjetas

- Pídales a los alumnos que escriban la propiedad del producto nulo de la multiplicación y la propiedad de identidad de la multiplicación cada una en una tarjeta separada.
- En un lado de la tarjeta, ellos ilustran la propiedad usando números.
- En el otro lado de la tarjeta, ellos inventan un problema con palabras para ilustrar la propiedad. Los problemas con palabras pueden ser ficticios.

Opción 2
Tecnología para el alumno

Enlace technológico

Matemáticas en línea tx.gr3math.com

Personal Tutor • Extra Examples • Online Games
Math Adventures: Scrambled Egg City (5C)

Opción 3
Estación de aprendizaje: Ciencias (pág. 140H)

Dirija a los alumnos a la estación de aprendizaje de ciencias para que tengan la oportunidad de explorar y ampliar el concepto de la lección.

Opción 4
Práctica y solución de problemas

Refuerce las destrezas y las estrategias de solución de problemas con la hoja de trabajo de solución de problemas.

Opciones para grupos pequeños

Opción 1 TEKS 3.4(A) VISUAL, LINGÜÍSTICO
Nivel bajo BL

Materiales: hoja de cuaderno en blanco, crayones o lápices de colores

- Los alumnos crearán su propio libro de monstruos de operaciones x 1. Cada página del libro se enfoca en una operación diferente.
- Por ejemplo, para la operación 1 × 5, los alumnos dibujarán un monstruo con cinco de algo (patas, ojos, cabezas, etc.) para ilustrar la operación. Luego, ellos escribirán una oración explicando el dibujo (ej. "Mi monstruo tiene un total de 5 colas 1 × 5 = 5"). Debe haber por lo menos una página para cada operación.

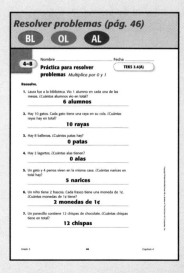

Resolver problemas (pág. 46) BL OL AL

4-8 Multiplica por 0 y 1

1 Presentación — TEKS 3.4(A)

Actividad propuesta 1 • Práctica

- Pídales a los alumnos que usen fichas para mostrar la propiedad nula de la suma.

- **¿Cuánto es 0 + 23? Expliquen.** 23; cero más cualquier número es el mismo número.

- Entrégueles a los alumnos papel cuadriculado. Pídales que coloreen cuadrículas para hacer 5 filas por 1 columna y 9 fulas por 1 columna.

- **¿Cuánto es 5 × 1? 9 × 1? Expliquen.** 5; 9; cualquier número por uno es el mismo número.

Actividad propuesta 2 • Literatura

Presente la Lección con *The Best of Times* de Grez Tang. (Vea en la página R104 una actividad matemática relacionada.)

2 Enseñanza — TEKS 3.4(A)

Preguntas básicas

Dibuje 4 círculos en una transparencia. Coloque una ficha en cada círculo.

- **¿Cuántos grupos?** 4
- **¿Cuántos en cada grupo?** 1
- **¿Cuántas en total?** 4
- **¿Cuánto es 4 × 1?** 4

Dibuja 4 círculos más en la transparencia. No coloque nada en los círculos.

- **¿Cuántos grupos?** 4
- **¿Cuántos en cada grupo?** 0
- **¿Cuántos en total?** 0
- **¿Cuánto es 4 × 0?** 0

PREPÁRATE para aprender

Pídales a los alumnos que abran sus libros y lean la información de **Prepárate para aprender**. Presente la propiedad del **producto nulo** y la **propiedad de identidad de la multiplicación**. En conjunto, trabajen los **Ejemplos 1 y 2**.

4-8 Multiply by 0 and 1

1 Introduce — TEKS 3.4(A)

Activity Choice 1 • Hands-On
- Have students use counters to show the Zero Property of Addition.
- **What is 0 + 23? Explain.** 23; zero plus any number is the number itself.
- Give students grid paper. Have them color in grids to make 5 rows by 1 column and 9 rows by 1 column.
- **What is 5 × 1? 9 × 1? Explain.** 5; 9; any number times one is the number itself.

Activity Choice 2 • Literature
Introduce the lesson with *The Best of Times* by Greg Tang. (For a related math activity, see p. R104.)

2 Teach — TEKS 3.4(A)

Scaffolding Questions
Draw 4 circles on a transparency. Place 1 counter in each circle.
- **How many groups?** 4
- **How many in each group?** 1
- **How many in all?** 4
- **What is 4 × 1?** 4

Draw 4 more circles on the transparency. Do not place anything in the circles.
- **How many groups?** 4
- **How many in each group?** 0
- **How many in all?** 0
- **What is 4 × 0?** 0

GET READY to Learn

Have students open their books and read the information in **Get Ready to Learn**. Introduce the **Zero Property** and the **Identity Property of Multiplication**. As a class, work through **Examples 1 and 2**.

⚠ COMMON ERROR!
Students may confuse 0 in addition with 0 in multiplication and write 0 × 4 = 4. Point out that if you have zero groups of 4, you have nothing (zero).

172 Chapter 4 Model Multiplication Concepts and Facts

⚠ ¡ERROR COMÚN!
Los alumnos pueden confundir 0 en una suma con 0 en una multiplicación y escribir 0 × 4 = 4. Señale que si tienen cero grupos de 4, no tienen nada (cero).

4-8 Multiplica por 0 y 1

PREPÁRATE para aprender

Hay 4 macetas. Si cada una tiene 1 margarita, ¿cuántas margaritas hay en total?

Hay propiedades especiales que puedes aplicar para multiplicar por 1 y 0.

La **propiedad de identidad de la multiplicación** establece que cuando un número se multiplica por 1, el producto es ese mismo número.

EJEMPLO concreto — Usa modelos para multiplicar por 1

1. **Calcula 4 × 1. Haz un modelo de 4 grupos de 1.**

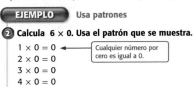

El modelo muestra 4 grupos de 1.

Así, 4 × 1 = 4.

La **propiedad del producto nulo de la multiplicación** establece que cuando multiplicas un número por 0, el producto es cero.

EJEMPLO — Usa patrones

2. **Calcula 6 × 0. Usa el patrón que se muestra.**

1 × 0 = 0 ← Cualquier número por
2 × 0 = 0   cero es igual a 0.
3 × 0 = 0
4 × 0 = 0

Así, 6 × 0 = 0.

en línea Tutor personal en tx.gr3math.com

172 Capítulo 4 Haz modelos de conceptos y operaciones de multiplicación

IDEA PRINCIPAL
Multiplicaré por 0 y 1.

TEKS Objetivo 3.4 El estudiante reconoce y resuelve problemas en situaciones de multiplicación y división. (A) Aprenda y aplique las tablas de multiplicación hasta 12 por 12 utilizando modelos concretos y objetos

Vocabulario nuevo
propiedad del producto nulo de la multiplicación
propiedad de identidad de la multiplicación

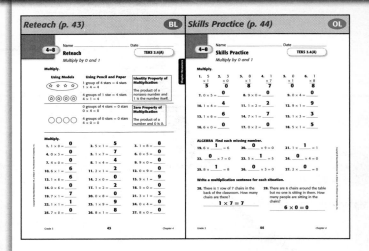

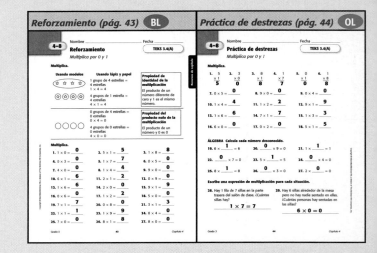

VERIFICA lo que sabes

Multiplica. Ver Ejemplos 1 y 2 (pág. 172)

1. 6 0
    × 0

2. 1 7
    × 7

3. 5 0
    × 0

4. 8 8
    × 1

5. Hay 1 alumno sentado en cada una de las 9 mesas de la cafetería. ¿Cuántos alumnos hay en total?
9 alumnos

6. **Coméntalo** Si multiplicas 100 por 0, ¿cuál es el producto? Explica tu razonamiento. Ejemplo de respuesta: 0 porque se usa la propiedad del producto nulo.

Práctica y solución de problemas
PRÁCTICA EXTRA
Ver página R12.

Multiplica. Ver Ejemplos 1 y 2 (pág. 172)

7. 7 7
    × 1

8. 5 0
    × 0

9. 10 10
    × 1

10. 10 0
    × 0

11. 3 3
    × 1

12. 1 0
    × 0

13. 4 0
    × 0

14. 1 1
    × 1

15. 8 × 0 0
16. 1 × 2 2
17. 0 × 1 0
18. 4 × 1 4
19. 9 × 0 0
20. 9 × 1 9
21. 0 × 2 0
22. 1 × 5 5

Resuelve. Usa modelos si es necesario.

23. ¿Cuántas bolsas tiene un canguro? 1

24. ¿Cuántas patas tienen 8 serpientes? 0

25. En una historia de fantasía, un pirata halló 3 cofres del tesoro vacíos. ¿Cuántas joyas había? 0

26. Si sólo hay un libro en la repisa y tiene 90 páginas, ¿cuántas páginas hay en total? 90

27. Tomás vio un grupo de 8 lagartos. Si cada lagarto tenía un punto negro en su espalda, ¿cuántos puntos había en total?

28. ¿Cuántas patas tienen 15 peces? 0

Álgebra Calcula cada número que falta.

29. ■ × 7 = 7 1
30. ■ × 8 = 0 0
31. 6 × ■ = 0 0
32. 1 × ■ = 0 0
33. ■ × 5 = 5 1
34. 10 × 0 = ■ 0
35. 9 × ■ = 9 1
36. ■ × 2 = 2 1

Matemáticas Control de autoevaluación en tx.gr3math.com
Lección 4-8 Multiplica por 0 y 1 **173**

Enrich (p. 47) **AL**

Use Models to Multiply by 1

Example 1 Some students may benefit from a pictorial model of 4 × 1. Have them look at the picture of 4 flower pots, each with one daisy, that is shown on p. 172.

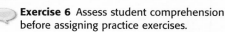
ADDITIONAL EXAMPLES

 1 Find 8 × 1. 8

2 Find 9 × 0. 0

CHECK What You Know

As a class, have students complete Exercises 1–6 in **Check What You Know** as you observe their work.

Exercise 6 Assess student comprehension before assigning practice exercises.

BL Alternate Teaching Strategy
TEKS 3.4(A)

If students have trouble identifying and using the Zero Property and the Identity Property of Multiplication …

Then use one of these reteach options:

1 **CRM Daily Reteach Worksheet** (p. 43)

2 Provide them with ample opportunity to draw pictures, look at patterns, and use models to explore the role of 1 and 0 in multiplication.

3 Practice

Differentiate practice using these leveled assignments for Exercises 7–41.

Level	Assignment
BL Below Level	7–18, 23–24, 29–32
OL On Level	11–26, 29–36, 37
AL Above Level	7–35 odd, 37–41

Have students discuss and complete the Higher Order Thinking problems. Ask students to identify which multiplication property they used when solving the problems in Exercises 38–40.

WRITING IN ►MATH Have students complete Exercise 41 in their Math Journals. You may choose to use this exercise as an optional formative assessment.

Lesson 4-8 Multiply by 0 and 1 **173**

Enriquecimiento (pág. 47) **AL**

Usa modelos para multiplicar por 1

Ejemplo 1 Algunos alumnos pueden beneficiarse de un modelo pictórico de 4 × 1. Pídales que busquen el dibujo de los 4 envases de flores, cada uno con una margarita que se muestra en la pág. 172.

EJEMPLOS ADICIONALES

1 Calcula 8 × 1. 8

2 Calcula 9 × 0. 0

VERIFICA lo que sabes

En conjunto, pídales a los alumnos que completen los Ejercicios 1 al 6 en **Verifica lo que sabes** a medida que usted observa sus trabajos.

Ejercicio 6 Evalúa la comprensión del alumno antes de asignarle los ejercicios prácticos.

BL Estrategia alternativa de enseñanza
TEKS 3.4 (A)

si los alumnos tienen problemas identificando y usando la propiedad del producto nulo y la propiedad de identidad de la multiplicación…

entonces use una de estas opciones de reforzamiento:

1 **CRM Hoja de reforzamiento diario** (pág. 43)

2 Prevéeles amplias oportunidades para hacer dibujos, hallar patrones y usar modelos para explorar el papel del 1 y el 0 en la multiplicación.

3 Práctica

Asigne la práctica para los Ejercicios 7 al 41 según los siguientes niveles.

Nivel	Asignación
BL Nivel bajo	7–18, 23–24, 29–32
OL A nivel	11–26, 29–36, 37
AL Nivel avanzado	7–35 impar, 37–41

Pídales a los alumnos que analicen y completen los problemas de razonamiento de alto nivel. Pídales a los alumnos que identifiquen qué propiedad de la multiplicación usaron al resolver los problemas en los Ejercicios 38 al 40.

ESCRIBE EN ►MATEMÁTICAS

Pídales a los alumnos que completen el Ejercicio 41 en sus Diarios de Matemáticas. Puede elegir hacer este ejercicio como una evaluación formativa adicional.

Evaluación formativa

- ¿Cómo te pueden ayudar las propiedades de identidad y del producto nulo de la multiplicación a multiplicar números más altos? Ejemplo de respuesta: El producto de cualquier número y 1 será ese número. El producto de cualquier número y 0 será 0.

Control rápido ¿Les sigue costando a los alumnos multiplicar por 0 y 1?

Si la respuesta es:

Sí → Opciones para grupos pequeños (pág. 172B)

No → Opciones de trabajo independiente (pág. 172B)
   CRM Hoja de ejercicios para la práctica de destrezas (pág. 44)
   CRM Hoja de trabajo de enriquecimiento (pág. 47)

En el futuro Indíqueles a los alumnos que el próximo capítulo ellos estarán estudiando otra de las operaciones de multiplicación más. Pídales que escriban en pocas oraciones en sus Diarios de matemáticas describiendo lo que creen que puedan aprender en el siguiente capítulo.

Práctica para la PRUEBA

Repasa las Lecciones 4-6 y 4-8

Asigne los problemas de Práctica para el examen de Texas para reforzar diariamente las destrezas de resolución de pruebas.

Repaso espiral

Repasa las Lecciones 4-3, 4-5, 4-6 y 4-7

Repasar y evaluar el dominio de las destrezas y conceptos de capítulos anteriores.

Respuestas adicionales

41. Ejemplo de respuesta: La propiedad del producto nulo de la multiplicación establece que cuando un número se multiplica por cero, su producto es cero. Cuando un 6 se multiplica por nada, sigue siendo nada.

 Assess

Formative Assessment

- **How can the Identity and Zero Properties of Multiplication help you multiply greater numbers?** Sample answer: The product of any number and 1 will be that number. The product of any number and 0 will be 0.

Quick Check Are students continuing to struggle with multiplying by 0 and 1?

If Yes → Small Group Options (p. 172B)
Strategic Intervention Guide (p. 72)

If No → Independent Work Options (p. 172B)
   CRM Skills Practice Worksheet (p. 44)
   CRM Enrich Worksheet (p. 47)

Into the Future Tell students that the next chapter they will be studying is on more multiplication facts. Have them write a few sentences in their Math Journals describing what they think they might learn in the next chapter.

TEST Practice

Reviews Lessons 4-6 and 4-8
Assign the Texas Test Practice problems to provide daily reinforcement of test-taking skills.

Spiral Review

Reviews Lessons 4-3, 4-5, 4-6, and 4-7
Review and assess mastery of skills and concepts from previous chapters.

Additional Answer

41. Sample answer: The Zero Property of Multiplication says that when a number is multiplied by zero, its product is zero. When a 6 is multiplied by nothing, it is still nothing.

Problemas H.O.T.

37. INTERPRETA Escribe un problema usando una de las propiedades de la multiplicación que acabas de aprender. Explica cómo calcular la respuesta. $3 \times 0 = 0$; propiedad del producto nulo; Cualquier número multiplicado por cero es cero.

RETO Calcula el número que falta.

38. $2,684 \times \blacksquare = 2,684$ 1
39. $1,039 \times 1 = \blacksquare$ $1,039$
40. $27 \times \blacksquare = 0$ 0

41. ESCRIBE EN ► MATEMÁTICAS Explica la propiedad del producto nulo de la multiplicación. Ejemplo de respuesta: La propiedad del producto nulo de la multiplicación establece que cuando un número se multiplica por cero, su producto es cero. Cuando 6 se multiplica por nada, sigue siendo nada.

Práctica para la PRUEBA TAKS 1

42. La Sra. Smyth lee en voz alta a su clase durante 10 minutos cada día. ¿Qué expresión numérica indica cómo calcular el número de minutos que ella lee en una semana de 5 días? (Lección 4-8) B

A $10 + 5$

B 10×5

C $10 - 5$

D $10 \div 5$

43. ¿Qué número se puede multiplicar por 3,859 para obtener el producto 3,859? (Lección 4-9) G

F 0

G 1

H 2

J 10

Repaso espiral

44. Elliot recogió por lo menos 9 conchas cada día mientras estuvo en la playa. ¿Cuántas conchas recogió durante su vacación de 10 días? (Lección 4-7) 90

Se realizó una encuesta sobre la actividad acuática favorita de las personas. Usa los datos para contestar las preguntas. Escribe una expresión de multiplicación. Luego, resuelve. (Lección 4-6)

45. ¿Cuántas personas disfrutan del surf? $2 \times 10 = 20$

46. ¿Cuántas personas prefieren la natación? $8 \times 10 = 80$

Álgebra Compara. Usa >, < ó =. (Lecciones 4-3 y 4-5)

47. $2 \times 7 \blacksquare 8$ >
48. $8 \times 5 \blacksquare 18$ >
49. $10 \times 2 \blacksquare 20$ =

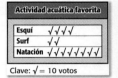

Actividad acuática favorita	
Esquí	√√√√
Surf	√√
Natación	√√√√√√√√

Clave: √ = 10 votos

Homework Practice (p. 45) OL

Práctica de tarea (pág. 45) OL

Práctica de operaciones

Multiplica.

1. 4 24
    × 6

2. 10 50
    × 5

3. 0 0
    × 9

4. 2 18
    × 9

5. 4 32
    × 8

6. 2 6
    × 3

7. 10 80
    × 8

8. 0 0
    × 6

9. 1 9
    × 9

10. 5 25
    × 5

11. 4 0
    × 0

12. 2 14
    × 7

13. 10 0
    × 0

14. 5 15
    × 3

15. 1 6
    × 6

16. 2 20
    × 10

17. 4 20
    × 5

18. 2 4
    × 2

19. 1 1
    × 1

20. 5 40
    × 8

21. 4 × 3 12

22. 10 × 1 10

23. 0 × 3 0

24. 4 × 9 36

25. 0 × 8 0

26. 10 × 7 70

27. 1 × 4 4

28. 2 × 6 12

29. 5 × 10 50

30. 0 × 7 0

31. 1 × 0 0

32. 10 × 6 60

33. 4 × 7 28

34. 5 × 6 30

35. 10 × 3 30

36. 2 × 0 0

37. 10 × 10 100

38. 0 × 10 0

39. 1 × 5 5

40. 0 × 4 0

Facts Practice

Use p. 175 to help students review their multiplication facts for numbers 0, 1, 2, 4, 5, and 10.

Práctica de operaciones

Use la página 175 para ayudar a los alumnos con las operaciones de multiplicación de los números 0, 1, 2, 4, 5 y 10.

CAPÍTULO 4 — Guía de estudio y repaso

 PLEGADOS™ **Plegados de Dinah Zike**

Use estas sugerencias para la lección a fin de incorporar los Plegados durante el capítulo. Los alumnos pueden usar sus Plegados para repasar para el examen.

Lecciones 4-3, 4-5 y 4-6 Los alumnos pueden recortar y usar cuartos de hojas de papel de cuaderno para hacer tarjetas de memoria de multiplicación para multiplicar por 4, 5 y 10. Pídales a los alumnos que guarden las tarjetas en los bolsillos apropiados de sus Plegados. Aliente a los alumnos a usar sus tarjetas de estudio para ayudarlos a aprender de memoria la tabla de multiplicación para números entre 1 y 10.

Lección 4-8 Pídales a los alumnos que hagan tarjetas de estudio para ilustrar las propiedades especiales del 0 y el 1 en la multiplicación.

Vocabulario clave

Las referencias de las páginas después de cada palabra denotan dónde se presenta por primera ese término. Si los alumnos tienen dificultades con los Ejercicios 1 al 5, recuérdeles que pueden usar las referencias de las páginas para repasar los términos del vocabulario.

Repaso de vocabulario
- Tarjetas visuales de vocabulario (3, 9, 29 y 37)
- Glosario electrónico en tx.gr3math.com

✏️ Proyecto del Capítulo 4

La tienda de frutas

Pídales a los alumnos que comenten los resultados finales de su proyecto del capítulo con la clase, bien sea solos, en parejas o en grupos pequeños. Evalúe su trabajo usando la pauta del proyecto del capítulo que se encuentra en la pág. 58 de las Hojas maestras de recursos del Capítulo 4.

CHAPTER 4 — Study Guide and Review

 FOLDABLES™ **Dinah Zike's Foldables**

Use these lesson suggestions for incorporating the Foldables during the chapter. Students can then use their Foldables to review for the test.

Lessons 4-3, 4-5, and 4-6 Students can cut and use quarter sheets of notebook paper to make multiplication flashcards for multiplying by 4, 5, and 10. Have students store the cards within the appropriate pockets of their Foldables. Encourage students to use their study cards to help them memorize to automaticity the multiplication table for numbers between 1 and 10.

Lesson 4-8 Ask students to make study cards that illustrate the special properties of 0 and 1 in multiplication.

Key Vocabulary

The page references after each word denote where that term was first introduced. If students have difficulty answering Exercises 1–5, remind them that they can use these page references to review the vocabulary terms.

Vocabulary Review
- **Visual Vocabulary Cards** (3, 9, 29, and 37)
- **eGlossary** at tx.gr3math.com

CAPÍTULO 4 — Guía de estudio y repaso

 PLEGADOS™ Organiza el estudio **PREPÁRATE para estudiar**

Asegúrate de que las siguientes palabras del vocabulario clave y los conceptos clave estén escritos en tu Plegado.

Las GRANDES Ideas

- Usa un arreglo para multiplicar
  2 filas de 5 (pág. 145)

  $5 \times 2 = 10$

- La **propiedad conmutativa de la multiplicación** establece que el orden en el que se multiplican los números no cambia el producto. (pág. 146)

  $3 \times 2 = 6$ $2 \times 3 = 6$

- La **propiedad del producto nulo de la multiplicación** establece que cualquier número multiplicado por 0 es igual a cero. (pág. 172)

  $2 \times 0 = 0$

- La **propiedad de identidad de la multiplicación** establece que cualquier número multiplicado por 1 es igual al número. (pág. 172)

  $1 \times 2 = 2$

176 Capítulo 4   Matemáticas en línea Repaso de vocabulario en tx.gr3math.com

Vocabulario clave
arreglo (pág. 145)
propiedad conmutativa de la multiplicación (pág. 146)
multiplicación (pág. 145)
multiplicar (pág. 145)
propiedad del producto nulo de la multiplicación (pág. 172)

Verifica el vocabulario
Elige la palabra del vocabulario que complete cada oración.

1. ___?___ establece que un número multiplicado por cero tiene como respuesta 0.
   La propiedad del producto nulo de la multiplicación

2. La propiedad ___?___ de la multiplicación establece que el producto no cambia aunque se reordenen los factores. **conmutativa**

3. $3 \times 5 = 15$ es un problema de ___?___. **multiplicación**

4. ___?___ es juntar grupos iguales. **multiplicar**

5. Un ___?___ es una disposición de filas y columnas iguales. **arreglo**

✏️ Chapter 4 Project

The Fruit Store

Alone, in pairs, or in small groups, have students discuss the results of their completed chapter project with the class. Assess their work using the Chapter Project rubric found in Chapter 4 Resource Masters, p. 58.

Repaso de lección por lección

4-1 **Arreglos y multiplicación** (págs. 145–147)

Ejemplo 1
Hay 4 filas con 3 pastelillos. ¿Cuántos pastelillos hay en total?

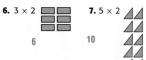

Puedes usar la suma o la multiplicación.

Suma: $3 + 3 + 3 + 3 = 12$
Multiplica: $4 \times 3 = 12$
Entonces, 4 grupos iguales de 3 son 12 en total.

Usa fichas para hacer un modelo de cada arreglo. Resuelve.

6. 3×2 **7.** 5×2

    6   10

Álgebra Usa la propiedad conmutativa de la multiplicación para calcular cada número que falta.

8. $6 \times 4 = 24$ 4   **9.** $8 \times 2 = 16$ 8
     $6 \times \blacksquare = 24$ $\blacksquare \times 2 = 16$

4-2 **Multiplica por 2** (págs. 148–150)

Ejemplo 2
¿Cuántas alas hay en total si hay 5 mariposas?

Una mariposa tiene 2 alas. Necesitas calcular 5 grupos de 2 ó 5×2.

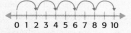

0 1 2 3 4 5 6 7 8 9 10

Cuenta 5 saltos de 2

$2 + 2 + 2 + 2 + 2 = 10$

Entonces, 5 grupos de 2 = 10.

Multiplica.

10. $\begin{array}{r} 2\ 6 \\ \times\ 3 \end{array}$ **11.** $\begin{array}{r} 7\ 14 \\ \times\ 2 \end{array}$ **12.** $\begin{array}{r} 2\ 8 \\ \times\ 4 \end{array}$

Haz un modelo de un arreglo o haz un dibujo para multiplicar.

13. Hay 4 aves y cada una tiene 2 patas. ¿Cuántas patas hay en total?

14. Si hay 7 perros, ¿cuántas orejas hay en total? 14 orejas

15. Álgebra Compara $5 + 3 \blacksquare 2 \times 3$. Usa >, < o =. >

Capítulo 4 Guía de estudio y repaso **177**

Lesson-by-Lesson Review

Have students complete the Lesson-by-Lesson Review on pp. 177–180. Then you can use ExamView® Assessment Suite to customize another review worksheet that practices all the objectives of this chapter or only the objectives on which your students need more help.

Intervention If the given examples are not sufficient to review the topics covered by the questions, use the page references next to the exercises to review that topic in the Student Edition.

Repaso de lección por lección

Pídales a los alumnos que completen el Repaso de Lección por Lección en las págs. 177-180. Luego, puede usar el paquete de evaluación de ExamView® para adaptar otra hoja de trabajo de repaso que practique todos los objetivos de este capítulo o sólo los objetivos en los cuales sus alumnos necesitan más ayuda.

Intervención Si los ejemplos dados no son suficientes para repasar los tópicos cubiertos por las preguntas, recuérdeles a los alumnos que las referencias de las páginas les indican en qué parte del libro repasar el tópico.

Multiplica por 4 (págs. 154–156)

Ejemplo 3
¿Cuántas patas hay en total en 6 gatos?

Los gatos tienen 4 patas. Entonces, necesitas calcular 6 grupos de 4 ó 6 × 4.

$4 + 4 + 4 + 4 + 4 + 4 = 24$
Por lo tanto, hay 6 × 4 o 24 patas.

Usa modelos o haz un dibujo para multiplicar.

16. 3 × 4 12   **17.** 6 × 4 24

18. 4 × 4 16   **19.** 7 × 4 28

20. 4 20 **21.** 8 32 **22.** 4 36
      × 5   × 4   × 9

23. Escribe una expresión de multiplicación para demostrar que 4 monedas de 20 ¢ son 20 centavos. $4 × 5¢ = 20¢$

24. La fábrica de pan empaca 4 panes en cada bolsa. Si empacaron 4 bolsas, ¿cuántos panes empacaron? 16 panes

4-4 **Estrategia para resolver problemas: Información que sobra o que falta**
(págs. 158–159)

Ejemplo 4
Un líder de tropa maneja 5 millas de ida y vuelta a la reunión de la tropa. Él sale a las 4:00 p.m. y llega a la reunión a las 4:30 p.m. ¿Cuántas millas maneja de ida y de vuelta?

Decide qué datos son importantes.
• Maneja 5 millas hasta la reunión.
• Maneja 5 millas desde la reunión.
Multiplica para resuelve.
$2 × 5 = 10$
Entonces, el líder de tropa recorre un total de 10 millas.

Resuelve. Si falta información, indica qué datos necesitas para resolver el problema.

25. La tropa ordenó pizzas, cada pizza estaba cortada en 8 trozos. Si se comieron un total de 32 trozos, ¿cuántas pizzas ordenaron? 4 pizzas

26. La tropa salió de la pizzería a las 6:00 p.m. Su camioneta tiene 4 filas y en cada fila se sientan 3 personas. ¿Cuántas personas pueden viajar en la camioneta? 12 no hace falta saber la hora

Multiplica por 5 (págs. 160–162)

Ejemplo 5

Hay 6 grupos de carros de juguete y en cada grupo hay 5 carros. ¿Cuántos carros hay en total?

Necesitas calcular 6 × 5.

Usa fichas para hacer un modelo.

Por lo tanto, hay 6 grupos de 5 = 6 × 5 ó 30 carros.

Haz un modelo con fichas o haz un dibujo para multiplicar.

27. 5 15
   × 3

28. 7 35
   × 5

29. 2 10
   × 5

30. 8 40
   × 5

31. 4 20
   × 5

32. 9 45
   × 5

33. La mamá de Marlena pagó por su nuevo uniforme escolar con diez billetes de $5. Si el cambio de su mamá fue $3, ¿cuánto costó su uniforme? $47

4-6 **Multiplica por 10** (págs. 164–167)

Ejemplo 6

Calcula 7 × 10.

Usa el patrón de contar de 10 en 10 para resolver.

```
 0  10  20  30  40  50  60  70
```

Por lo tanto, 7 × 10 = 70.

Usa patrones o modelos para multiplicar.

34. 10 30
   × 3

35. 10 60
   × 6

36. 10 × 5 50

37. 4 × 10 40

38. Cada libro cuesta $10. Harvey quiere comprar 2 y Bree 4. Si tienen cinco billetes de $10, ¿tendrán suficiente dinero? Explica. no; Necesitan $60 y solo tiene $50.

Capítulo 4 Guía de estudio y repaso   **179**

CAPÍTULO 4 Guía de estudio y repaso

CHAPTER 4 Study Guide and Review

CAPÍTULO 4 Guía de estudio y repaso

4-7 Estrategias para resolver problemas: Elige una estrategia (págs. 170–171)

Ejemplo 7
Bert tiene $25 para comprar 6 juguetes por $5 cada uno.

Estima.

$5 × 6 = $30

Como $25 < $30, él no tiene suficiente dinero para comprar todos los juguetes.

Resuelve.

39. Un alumno compró un bolso por $18, una patineta por $37 y una visera por $13. Estima el costo de sus compras.
$20 + $40 + $10 = $70

40. Los almuerzos en la escuela cuestan $3. Si Vera y su hermana deben compartir $5, ¿tendrán suficiente dinero para el almuerzo? Explica. No; $3 + $3 = $6, les faltan 50¢.

4-8 Multiplica por 0 y 1 (pág. 172–174)

Ejemplo 8
Calcula 3 × 0.

Cuando multiplicas un número por 0, el producto es 0.

3 × 0 = 0

Ejemplo 9
Calcula 1 × 5.

Cuando multiplicas un número por 1, el producto es ese número.
1 × 5 = 5

Multiplica.

41. 8   8
    × 1

42. 0   0
    × 5

43. 7   0
    × 0

44. 1   9
    × 9

45. 12 12
    × 1

46. 0   0
    × 6

Álgebra Calcula cada número que falta.

47. ■ × 5 = 0   0   **48.** 4 × ■ = 4   1

Resuelve.

49. Jade practica con su violín por 1 hora, 5 días a la semana. ¿Cuántas horas practica?
5 horas

50. Un restaurante nuevo ha estado abierto por 11 días. Cada día, 0 personas ordenaron un sándwich de queso a la plancha. ¿Cuántos sándwiches de queso a la plancha se han vendido en total? 0

Prueba del capítulo

En los Ejercicios 1 y 2, indica si cada enunciado es _verdadero_ o _falso_.

1. La propiedad conmutativa establece que el orden en el cual se multiplican los números altera el producto. falso

2. Cuando multiplicas por 5, siempre tendrás un 5 ó un 0 en el lugar de las unidades. Verdadero

Resuelve.

3. 5×3 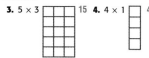 15   4. 4×1 4

5. 3×2 6   6. 5×4 20

7. 2×6 12   8. 4×8 32

Multiplica.

9. El cine tiene 6 filas. En cada fila hay 10 personas sentadas. ¿Cuántas personas hay en el cine? 60

Álgebra Calcula cada número que falta.

10. $7 \times \blacksquare = 35$ 5   11. $\blacksquare \times 5 = 40$ 8

12. **PRÁCTICA PARA LA PRUEBA** ¿Cuál de los siguientes se usa para calcular cuántos dedos del pie hay en 7 personas? A   TAKS 1

A 7×10 C $7 + 10$
B $10 \div 7$ D $10 - 7$

Multiplica.

13. 6×5 30   14. 3×10 30

15. $\begin{array}{r} 7 \\ \times\ 5 \end{array}$ 35   16. $\begin{array}{r} 10 \\ \times\ 9 \end{array}$ 90

17. $\begin{array}{r} 9 \\ \times\ 1 \end{array}$ 9   18. $\begin{array}{r} 6 \\ \times\ 0 \end{array}$ 0

Resuelve. Si hay información que falta, indica qué datos necesitas para resolver.

19. Morgan compró paquetes de marca libros. Cada paquete tiene 30 marca libros y cuesta $2. ¿Cuántos marca libros compró? Se necesita conocer cuántos paquetes compró.

20. Cada tobogán del parque tiene 7 escalones. Si el parque tiene 3 toboganes, ¿cuántos escalones hay en total? 21 escalones

21. **PRÁCTICA PARA LA PRUEBA** ¿Qué número se puede multiplicar por 9,250 para obtener como resultado 9,250? G

F 0   H 2   TAKS 1
G 1   J 10

22. **ESCRIBE EN MATEMÁTICAS** ¿Puede el producto alguna vez terminar en 2 cuando multiplicas por 10? Explica tu razonamiento.

No; Cuando se multiplica por 10 cualquier número, las unidades del producto siempre son cero.

Matemáticas **Prueba del capítulo en** tx.gr3math.com

Evaluación sumativa **181**

Chapter Test

Summative Assessment

Use these alternate leveled chapter tests to differentiate assessment for the specific needs of your students.

Leveled Chapter 4 Tests			
Form	**Type**	**Level**	**CRM Pages**
1	Multiple Choice	BL	60–61
2A	Multiple Choice	OL	62–63
2B	Multiple Choice	OL	64–65
2C	Free Response	OL	66–67
2D	Free Response	OL	68–69
3	Free Response	AL	70–71

BL = below grade level
OL = on grade level
AL = above grade level

Vocabulary Test

CRM **Chapter 4 Resource Masters** (p. 55)

ExamView Assessment Suite Customize and create multiple versions of your Chapter Test and the test answer keys.

Data-Driven Decision Making

Based on the results of the Chapter Test, use the following to review concepts that continue to present students with problems.

Exercises	TEKS	What's the Math?	Error Analysis	Resources for Review
2–3, 6, 9–10, 12–16, 18–19, 21	3.4(A)	Know properties of 0, 1, 5, and 10 in multiplication.	Cannot accurately read the sentences to answer the questions. Does not understand "product."	Strategic Intervention Guide (pp. 48, 58, 66, 68, 72) CRM Chapter 4 Resource Masters (Reteach Worksheets) Math Online Extra Examples • Personal Tutor • Concepts in Motion • Math Adventures
1, 20	3.4(A)	Recognize and use the commutative property of multiplication.	Does not understand "Commutative Property" or "product."	
4–5, 7–8	3.4(A)	Automatically know multiplication facts up to 10.	Does not know multiplication facts.	

Chapter 4 Summative Assessment **181**

Prueba del capítulo

Evaluación sumativa

Use estas pruebas de distintos niveles para realizar una evaluación diferenciada de las necesidades específicas de sus alumnos.

Pruebas niveladas del Capítulo 4			
Forma	**Tipo**	**Nivel**	**CRM Páginas**
1	Selección múltiple	BL	60–61
2A	Selección múltiple	OL	62–63
2B	Selección múltiple	OL	64–65
2C	Respuestas tipo ensayo	OL	66–67
2D	Respuestas tipo ensayo	OL	68–69
3	Respuestas tipo ensayo	AL	70–71

BL = por debajo del nivel de grado
OL = al nivel del grado
AL = sobre el nivel del grado

Prueba del vocabulario

CRM **Hojas maestras de recursos del Capítulo 4** (pág. 55)

ExamView Assessment Suite Elabore múltiples versiones, con las características que desee, de la prueba del Capítulo y de las claves de respuesta de la prueba.

Capítulo 4 Evaluación sumativa **181**

Evaluación formativa

- Use las páginas del alumno 182-183 como práctica y repaso de los TEKS de Texas. Las preguntas están escritas en el mismo estilo de las que se encuentran en el examen de Texas.

- También puede usar estas dos páginas para medir el progreso del alumno o usarlas como una alternativa de tarea para la casa.

En las Hojas maestras de recursos del Capítulo 4 se pueden hallar páginas adicionales de práctica.

CRM **Hojas maestras de recursos del Capítulo 4**
Práctica para la prueba estandarizada acumulativa
- Formato de Selección Múltiple (págs. 60-65)
- Formato de Respuestas tipo Ensayo (págs. 66-71)

 **ExamView®** Assessment Suite Elabore hojas de ejercicios o pruebas que cumplan con los TEKS de Texas.

Matemáticas en línea

Para práctica adicional para el examen de Texas, visite tx.gr3math.com

---

Formative Assessment

- Use Student Edition pp. 182–183 as practice and review of the Texas TEKS. The questions are written in the same style as found on the Texas test.
- You can also use these two pages to benchmark student progress, or as an alternate homework assignment.

Additional practice pages can be found in the Chapter 4 Resource Masters.

CRM **Chapter 4 Resource Masters**
Cumulative Standardized Test Practice
- Multiple Choice format (pp. 60–65)
- Free Response format (pp. 66–71)

ExamView® Assessment Suite Create practice worksheets or tests that align to Texas TEKS.

Math Online
For additional practice with the Texas TEKS, visit tx.gr3math.com.

 Ejemplo de PRUEBA

Kurt camina 3 millas al día. Si camina 5 días a la semana, ¿cuántas millas camina Kurt en una semana?

- **A** 8 millas
- **B** 12 millas
- **C** 15 millas
- **D** 18 millas

AYUDA PARA LA PRUEBA
Puedes dibujar arreglos para representar multiplicaciones. La multiplicación es otra manera de representar la suma repetida.

Lee la pregunta
Necesitas calcular cuántas millas camina Kurt en una semana.

Contesta la pregunta
Dibuja un arreglo. Cuenta de 3 en 3 para calcular el total o multiplica 5 × 3. Entonces, Kurt camina 15 millas en una semana. La respuesta es C.

en línea Tutor personal en tx.gr3math.com

Elige la mejor respuesta.

1. El equipo de fútbol practica 2 horas al día. Si el equipo practica 3 días a la semana. ¿Cuántas horas a la semana practica el equipo? B TAKS 1

- **A** 5
- **B** 6
- **C** 7
- **D** 8

2. Los huevos se venden en cartones de 12. Roberta compra 6 cartones para la cafetería escolar. ¿Cuántos huevos compra en total? F TAKS 1

- **F** 48
- **G** 60
- **H** 64
- **J** 72

182 **Capítulo 4** Haz modelos de conceptos y operaciones de multiplicación

Test-Taking Tip

Tell students that as they examine a multiple-choice test item, they should eliminate answer choices they know to be incorrect.

Ayuda para la prueba

Indíqueles a los alumnos que mientras vayan examinando un punto de pruebas de opción múltiple, ellos deberán eliminar las opciones de respuesta que saben que son incorrectas.

Alístate para el examen de Texas
Para otras estrategias para tomar exámenes,
ver páginas TX1-TX21.
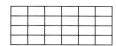

3. La siguiente figura es un modelo de una expresión numérica.

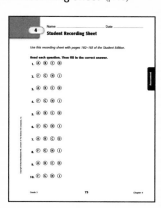

¿Qué expresión numérica se hace un modelo en la figura? A TAKS 1

A $4 \times 6 = 24$

B $3 \times 6 = 18$

C $5 \times 6 = 30$

D $6 + 6 + 6 = 18$

4. Jonathan recogió 48 conchas. Larissa recogió 67 conchas. ¿Cuántas conchas más recogió Larissa? G TAKS 1

F 11   **H** 21

G 19   **J** 29

5. Luke tiene 114 tarjetas de béisbol. Harry tiene 163 tarjetas de béisbol. ¿Cuántas tarjetas de béisbol tienen en total? D TAKS 1

A 49   **C** 251

B 83   **D** 277

6. Fatima tiene 33 canicas. Leroy tiene 42 canicas. ¿Cuántas canicas más tiene Leroy? J TAKS 1

F 75   **H** 11

G 65   **J** 9

7. ¿Cuál es el producto? A TAKS 4

$$\begin{array}{r} 11 \\ \times\, 9 \\ \hline \end{array}$$

A 99   **C** 78

B 91   **D** 20

8. Howi compró un borrador por $2, una caja de lápices por $6 y una libreta por $3. Le dio al cajero $20. ¿Cuánto cambio recibió? G TAKS 1

F $5   **H** $8

G $7   **J** $9

9. En su cumpleaños, Bena recibió $20 de su hermano, $50 de sus abuelos y $25 de sus padres. ¿Cuánto dinero recibió en total? C TAKS 1

A $75   **B** $85

C $95   **D** $105

10. ¿Cuál es otra manera de escribir 4×3? F TAKS 1

F $3+3+3+3$ **H** $4+4+4+4$

G $3+3+3$ **J** $3+4+3+4$

Answer Sheet Practice

Have students simulate taking a standardized test by recording their answers on a practice recording sheet.

CRM **Chapter 4 Resource Masters**
Student Recording Sheet (p. 73)

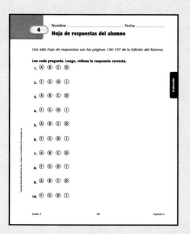

Práctica con la hoja de respuestas

Pida a los alumnos que practiquen una prueba estandarizada, anotando sus respuestas en una hoja de respuestas de práctica.

CRM **Hojas maestras de recursos del Capítulo 4**
Hoja de respuestas del alumno (pág. 73)

24. Ejemplo de respuesta: hay 6 escritorios. Cada escritorio tiene 4 gavetas. ¿Cuántas gavetas hay en total?

19. No; cuatro billetes de $5 es $20. Si ella compra 4 flores que cuestan más de $5 cada una, necesitará más de $20.

25. No; Ejemplo de respuesta: cuando multiplicas por 5, necesitarás 5 ó 0 en el lugar de las unidades.

9. Multiplicar por 2 cuántos insectos hay; hay 13 insectos. 13 x 2 = 26 insectos

22. No; en cualquier momento cualquier número multiplicado por 10, el lugar de las unidades del producto es siempre cero.

Capítulo 4 Apéndice de respuestas

Vistazo del capítulo

En el Capítulo 5, se hace énfasis en las operaciones de multiplicación por 3, 6, 7, 8 y 9.

Lección		Objetivo matemática	TEKS
5–1	**Tabla de multiplicación** (págs. 187-188)	Usar una tabla de multiplicación para multiplicar.	3.4(A) 3.14(D)
5-1	**Multiplica por 3** (págs. 189-191)	Multiplicar por 3.	3.4(A) 3.6(A) 3.14(A)(D) 3.15(B)
5-2	**Multiplica por 6** (págs. 192-195)	Multiplicar por 6.	3.4(A) 3.3(A) 3.5(A) 3.14(A) 3.15(B) 3.16(A)(B)
5-3	**Estrategia para resolver problemas: Halla un patrón** (págs. 198-199)	Hallar un patrón para resolver un problema.	3.14(C)(B)
5-4	**Multiplica por 7** (págs. 200-202)	Multiplicar por 7.	3.4(A) 3.15(A)(B) 3.16(B)
5-5	**Multiplica por 8** (págs. 204-207)	Multiplicar por 8.	3.4(A) 3.1(A) 3.6(A) 3.14(A) 3.15(A)(B)
5-6	**Multiplica por 9** (págs. 208-210)	Multiplicar por 9.	3.4(A) 3.15(B) 3.6(A) 3.16(A)(B)
5-7	**Investigación para resolver problemas: Elige una estrategia** (págs. 214-215)	Elegir la mejor estrategia para resolver problemas.	3.14(B)(C)
5-8	**Multiplica por 11 y 12** (págs. 216-219)	Multiplicar por 11 y por 12.	3.4(A) 3.14(A) 3.6(A) 3.15(A) 3.7(B) 3.16(B)

Chapter-at-a-Glance

In Chapter 5, the emphasis is on multiplication facts for 3, 6, 7, 8, and 9.

Lesson		Math Objective	TEKS
EXPLORE 5-1	**Multiplication Table** (pp. 187–188)	Use a multiplication table to multiply.	3.4(A) 3.14(D)
5-1	**Multiply by 3** (pp. 189–191)	Multiply by 3.	3.4(A) 3.6(A) 3.14(A)(D) 3.15(B)
5-2	**Multiply by 6** (pp. 192–195)	Multiply by 6.	3.4(A) 3.3(A) 3.5(A) 3.14(A) 3.15(B) 3.16(A)(B)
5-3	**Problem-Solving Strategy: Look for Pattern** (pp. 198–199)	Look for a pattern to solve a problem.	3.14(C)(B)
5-4	**Multiply by 7** (pp. 200–202)	Multiply by 7.	3.4(A) 3.15(A)(B) 3.16(B)
5-5	**Multiply by 8** (pp. 204–207)	Multiply by 8.	3.4(A) 3.1(A) 3.6(A) 3.14(A) 3.15(A)(B)
5-6	**Multiply by 9** (pp. 208–210)	Multiply by 9.	3.4(A) 3.15(B) 3.6(A) 3.16(A)(B)
5-7	**Problem-Solving Investigation: Choose a Strategy** (pp. 214–215)	Choose the best strategy to solve problems.	3.14(B)(C)
5-8	**Multiply by 11 and 12** (pp. 216–219)	Multiply by 11 and 12.	3.4(A) 3.14(A) 3.6(A) 3.15(A) 3.7(B) 3.16(B)

Model More Multiplication Facts

BIG Idea Students will continue to benefit from practicing multiplication in a variety of contexts. Teachers should provide many opportunities to practice strategies and to promote meaningful discussion. It is important for students to communicate, represent, and explain their thinking. It may be helpful in this chapter to present the doubling strategy.

- Facts with 6 are doubles of facts with 3. (e.g. $3 \times 5 = 15$ and $6 \times 5 = 30$. The product of 6×5 is double the product of 3×5)
- Facts with 8 are doubles of facts with 4. Because $4 \times 5 = 20$, the $8 \times 5 = 40$.

The multiplication strategies used in Chapter 4 are appropriate in Chapter 5 as well.

Algebra Students continue to use the Commutative Property of Multiplication. This concept will help prepare them for algebra concepts, such as simplifying expressions. (Lesson 5-1)

Targeted TEKS in Chapter 5

3.4 Number, operation, and quantitative reasoning. The student recognizes and solves problems in multiplication and division situations. The student is expected to:
(A) learn and apply multiplication facts through 12 by 12 using concrete models and objects. (Lessons 5-1, 5-2, 5-4, 5-5, 5-6, 5-8)

3.14 Underlying processes and mathematical tools. The student applies Grade 3 mathematics to solve problems connected to everyday experiences and activities in and outside of school. The student is expected to:
(B) solve problems that incorporate understanding the problem, making a plan, carrying out the plan, and evaluating the solution for reasonableness. (Lesson 5-7)
(C) select or develop an appropriate problem-solving plan or strategy, including drawing a picture, looking for a pattern, systematic guessing and checking, acting it out, making a table, working a simpler problem, or working backwards to solve a problem. (Lesson 5-3)

TEKS Objetivo en el Capítulo 5

3.4 Números, operaciones y razonamiento cuantitativo. El estudiante reconoce y resuelve problemas en situaciones de multiplicación y división. Se espera que el estudiante:
(A) aprenda y aplique las tablas de multiplicación hasta 12 por 12 utilizando modelos concretos y objetos. (Lecciones 5-1, 5-2, 5-4, 5-5, 5-6, 5-8)

3.14 Procesos fundamentales y herramientas matemáticas. El estudiante aplica las matemáticas del 3er grado para resolver problemas relacionados con experiencias diarias y actividades dentro y fuera de la escuela. Se espera que el estudiante:
(B) resuelva problemas que incorporen la comprensión del problema, hacer un plan, llevarlo a cabo y evaluar lo razonable de la solución. (Lección 5-7)
(C) seleccione o desarrolle un plan o una estrategia de resolución de problemas apropiado en el que haga un dibujo, busque un patrón, adivine y compruebe sistemáticamente, haga una dramatización, elabore una tabla, resuelva un problema más sencillo o trabaje desde el final hasta el principio para resolver un problema. (Lección 5-3)

 Skill Trace
TEKS Vertical Alignment

Second Grade

In second grade, students learned to:
- Use repeated addition, arrays, and counting by multiples to do multiplication. TEKS 2.4(A)
- Extend linear patterns. TEKS 2.5(A)
- Identify, describe, and extend repeating and additive patterns. TEKS 2.6(C)

Third Grade

During this chapter, students learn to:
- Learn to multiply by 3, 6, 7, 8 and 9, and use a multiplication table. TEKS 3.4(A)

After this chapter, students learn to:
- Multiply by two-digit numbers. Chapter 14: TEKS 3.4(B)

Fourth Grade

In fourth grade, students learn to:
- Multiply by one- and two-digit numbers. TEKS 4.4(A)
- Find multiples of whole numbers. TEKS 4.4(B)

Back-Mapping McGraw-Hill's *Texas Mathematics* was conceived and developed with the final results in mind: student success in Algebra 1 and beyond. The authors, using the Texas TEKS as their guide, developed this brand new series by back-mapping from Algebra 1 concepts.

▷ Math Vocabulary

The following math vocabulary words for Chapter 5 are listed in the glossary of the *Student Edition*. You can find interactive definitions in 13 languages in the *eGlossary* at tx.gr3math.com.

array Objects or symbols displayed in rows of the same length and columns of the same length. The length of a row might be different from the length of a column. (p. 189A)

Commutative Property of Multiplication The property that states that the order in which two numbers are multiplied does not change the product. (p. 200A)
Example: $7 \times 2 = 2 \times 7$

factor A number that divides into a whole number evenly. Also a number that is multiplied by another number. (p. 208A)

multiple A multiple of a number is the product of that number and any whole number. (p. 192A)
Example: 15 is a multiple of 5 because $3 \times 5 = 15$.

product The answer to a multiplication problem. (p. 208A)

Visual Vocabulary Cards
Use Visual Vocabulary Cards 3, 9, 24, and 44 to reinforce the vocabulary in this lesson. (The Define/Example/Ask routine is printed on the back of each card.)

array

▷ Vocabulario matemático

Las siguientes palabras de vocabulario matemático para el Capítulo 4 se presentan en el glosario de la *edición del alumno*. Se pueden encontrar definiciones interactivas en 13 idiomas en el *eGlossary* en tx.gr3math.com

arreglo Objetos o símbolos representados en filas de la misma longitud y columnas de la misma longitud. (pág. 189A)

propiedad conmutativa de la multiplicación Propiedad que establece que el orden en el cual se multiplican dos o más números no altera el producto. (pág. 200A)

factor Número que divide exactamente a otro número entero. También es un número multiplicado por otro número. (pág. 208A)

múltiplo Un múltiplo de un número es el producto de ese número y cualquier otro número entero. (pág. 192A)

producto Respuesta a un problema de multiplicación. (pág. 208A)

Tarjetas visuales de vocabulario
Use la(s) tarjeta(s) visual(es) del vocabulario 3, 9, 24 y 44 para reforzar el vocabulario presentado en esta lección. (La rutina Definir/Ejemplo/Pregunta se encuentra en la parte posterior de cada tarjeta.)

arreglo

Chapter Planner

Suggested Pacing		
Instruction	Review & Assessment	TOTAL
9 days	2 days	**11 days**

Diagnostic Assessment
Quick Check? (p. 186)

	Explore 5-1 — Pacing: 1 day	Lesson 5-1 — Pacing: 1 day	Lesson 5-2 — Pacing: 1 day
Lesson/ Objective	**Multiplication Table** (pp. 187–188) **Objective:** Use a multiplication table to multiply.	**Multiply by 3** (pp. 189–191) **Objective:** Multiply by 3.	**Multiply by 6** (pp. 192–195) **Objective:** Multiply by 6.
State Standards	3.4(A), 3.14(D)	3.4(A), 3.14(D), 3.6(A), 3.14(A), 3.15(B)	3.4(A), 3.3(A), 3.5(A), 3.14(A), 3.15(B), 3.16(A), 3.16(B)
Math Vocabulary	factor, product	array	multiple
Lesson Resources	**Materials** $\frac{1}{2}$-inch or 1-cm grid paper	**Materials** multiplication chart, self-sticking notes, rulers, grid paper **Manipulatives** counters **Other Resources** CRM Leveled Worksheets (pp. 8–12) Daily Reteach • 5-Minute Check • Problem of the Day	**Materials** multiplication table, highlighters **Manipulatives** counters **Other Resources** CRM Leveled Worksheets (pp. 13–17) Daily Reteach • 5-Minute Check • Problem of the Day
Technology	Interactive Classroom MathOnline Concepts in Motion • Games	Interactive Classroom • Math Adventures MathOnline Personal Tutor • Games	Interactive Classroom • Math Adventures MathOnline Personal Tutor • Games
Reaching All Learners		English Learners, p. 189B ELL Gifted and Talented, p. 189B AL Early Finishers, p. 189B OL AL	English Learners, p. 192B ELL Gifted and Talented, p. 192B AL Early Finishers, p. 192B OL AL
Alternate Lesson			MathWays: Unit 2

KEY

BL Below Level	OL On Level	AL Above Level	ELL English Learners
SE Student Edition	TE Teacher Edition	CRM Chapter 5 Resource Masters	CD-Rom
Transparency	Real-World Problem-Solving Library		

Practice
Facts Practice (p. 196)

Game Time
Three in a Row (p. 197)

Lesson 5-3 — Pacing: 1 day	Lesson 5-4 — Pacing: 1 day	Lesson 5-5 — Pacing: 1 day	
Problem-Solving Strategy Look for a Pattern (pp. 198–199) **Objective:** Look for a pattern to solve a problem.	**Multiply by 7** (pp. 200–202) **Objective:** Multiply by 7.	**Multiply by 8** (pp. 204–207) **Objective:** Multiply by 8.	Lesson/Objective
3.14(C), 3.14(B)	3.4(A), 3.15(A), 3.15(B), 3.16(B)	3.4(A), 3.1(A), 3.6(A), 3.14(A), 3.15(A), 3.15(B)	State Standards
			Math Vocabulary
Manipulatives counters **Other Resources** CRM Leveled Worksheets (pp. 18–22) Daily Reteach • 5-Minute Check • Problem of the Day *Populations on the Rise*	**Materials** grid paper, index cards **Manipulatives** counters **Other Resources** CRM Leveled Worksheets (pp. 23–27) Daily Reteach • 5-Minute Check • Problem of the Day	**Manipulatives** counters **Other Resources** CRM Leveled Worksheets (pp. 28–32) Daily Reteach • 5-Minute Check • Problem of the Day	Lesson Resources
Interactive Classroom Math Online Games	Interactive Classroom • Math Adventures Math Online Personal Tutor • Games	Interactive Classroom • Math Adventures Math Online Personal Tutor • Games	Technology
English Learners, p. 198B **ELL** Gifted and Talented, p. 198B **AL** Early Finishers, p. 198B **OL** **AL**	English Learners, p. 200B **ELL** Below Level, p. 200B **BL** Early Finishers, p. 200B **OL** **AL**	English Learners, p. 204B **ELL** Below Level, p. 204B **BL** Early Finishers, p. 204B **AL**	Reaching All Learners
			Alternate Lesson

Formative Assessment
Mid-Chapter Check (p. 203)

Chapter Planner

	Lesson 5-6 Pacing: 1 day	**Lesson 5-7** Pacing: 1 day	**Lesson 5-8** Pacing: 1 day
Lesson/ Objective	**Multiply by 9** (pp. 208–210) **Objective:** Multiply by 9.	**Problem-Solving Investigation** **Choose a Strategy** (pp. 214–215) **Objective:** Choose the best strategy to solve problems.	**Multiply by 11 and 12** (pp. 216–219) **Objective:** Multiply by 11 and 12.
State Standards	3.4(A), 3.6(A), 3.15(B), 3.16(A), 3.16(B)	3.14(B), 3.14(C)	3.4(A), 3.6(A), 3.7(B), 3.14(A), 3.15(A), 3.16(B)
Math Vocabulary			
Lesson Resources	**Materials** markers, chart paper, grid paper **Other Resources** CRM Leveled Worksheets (pp. 33–37) Daily Reteach • 5-Minute Check • Problem of the Day	**Other Resources** CRM Leveled Worksheets (pp. 38–42) Daily Reteach • 5-Minute Check • Problem of the Day Populations on the Rise	**Materials** grid paper **Manipulatives** counters **Other Resources** CRM Leveled Worksheets (pp. 43–47) Daily Reteach • 5-Minute Check • Problem of the Day
Technology	Interactive Classroom • Math Adventures Math Online Personal Tutor • Games	Interactive Classroom Math Online Games	Interactive Classroom Math Online Personal Tutor • Games
Reaching All Learners	English Learners, p. 208B ELL Gifted and Talented, p. 208B AL Early Finishers, p. 208B OL AL	English Learners, p. 214B ELL Below Level, p. 214B BL Early Finishers, p. 214B OL AL	English Learners, p. 216B ELL Gifted and Talented, p. 216B AL Early Finishers, p. 216B AL
Alternate Lesson	MathWays: Unit 1		MathWays: Unit 3

Practice
Facts Practice (p. 211)

Problem Solving in Art
Not Just a Blanket (p. 212)

Summative Assessment
• Study Guide & Review (p. 220)
• Chapter Test (p. 225)
• Standards Practice (p. 226)

Assessment Options

Diagnostic Assessment

SE *Option 1:* Quick Check (p. 186)
Option 2: Online Quiz tx.gr3math.com
CRM *Option 3:* Diagnostic Test (p. 49)

Formative Assessment

TE Alternate Teaching Strategies (in every lesson)
SE Talk About It (in every lesson)
SE Writing in Math (in every lesson)
SE Check What You Know (in every lesson)
TE Ticket Out the Door (p. 202)
TE Into the Future (p. 191)
TE Yesterday's News (p. 210)
TE Name the Math (pp. 195, 207)
SE Mid-Chapter Check (p. 203)
CRM Lesson Quizzes (pp. 51–53)
CRM Mid-Chapter Test (p. 54)

Summative Assessment

SE Chapter Test (p. 225)
SE Standards Practice (p. 226)
CRM Vocabulary Test (p. 55)
CRM Leveled Chapter Tests (pp. 60–71)
CRM Cumulative Standards Test Practice (pp. 74–76)
CRM Oral Assessment (pp. 56–57)
Exam*View*® Assessment Suite

Mc Graw Hill Professional Development

Target professional development has been articulated throughout **Texas Mathematics** series. The **McGraw-Hill Professional Development Video Library** provide short videos that support the Texas TEKS. For more information, visit **tx.gr3math.com**

| Model Lessons | Instructional Strategies |

Teacher Notes

CAPÍTULO 5

Estaciones de aprendizaje
Enlaces interdisciplinarios

 Lectura

Arreglos cuadrados

- Lean *Sea Squares* de Joy N. Hulme por su cuenta o con un compañero.
- Con sus compañeros, hagan una lista de oraciones de multiplicación que encuentren en el libro.
- Por cada oración de multiplicación, tomen turnos coloreando un arreglo en su papel cuadriculado. Pídanle a su compañero que verifique su arreglo en comparación con el producto en la oración de multiplicación para asegurarse que este correcta.
- ¿Qué pasaría si cambian un factor en una oración? ¿Qué figura es el arreglo ahora?

Notas del maestro: El arreglo ya no es un cuadrado, es un rectángulo.

Materiales:
- *Sea Squares* de Joy N. Hulme
- papel cuadriculado de 1 pulgada.
- crayones
- papel
- lápices

 Arte

Pinta por números

- Creen un dibujo donde se pinte por números una pelota de playa. Dibujen un círculo y divídanla en secciones. Dentro de cada sección de su dibujo de la pelota, escriban dos factores.
- Intercambien dibujos con su compañero. En una hoja de papel aparte, multipliquen los dos factores dentro de cada sección del dibujo de su compañero. Creen una leyenda de colores al lado del dibujo de la pelota usando sus respuestas, por ejemplo, 54 = azul.
- Intercambien dibujos otra vez, y usen la leyenda de colores para pintar las secciones.
- Usen modelos concretos si es necesario.

Materiales:
- pinceles para pintura
- pinturas de tempera
- papel
- lápices

CHAPTER 5

Learning Stations
Cross-Curricular Links

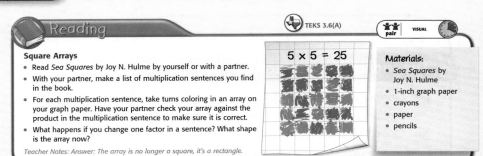

Reading TEKS 3.6(A) pair | VISUAL

Square Arrays
- Read *Sea Squares* by Joy N. Hulme by yourself or with a partner.
- With your partner, make a list of multiplication sentences you find in the book.
- For each multiplication sentence, take turns coloring in an array on your graph paper. Have your partner check your array against the product in the multiplication sentence to make sure it is correct.
- What happens if you change one factor in a sentence? What shape is the array now?

Teacher Notes: Answer: The array is no longer a square, it's a rectangle.

$5 \times 5 = 25$

Materials:
- *Sea Squares* by Joy N. Hulme
- 1-inch graph paper
- crayons
- paper
- pencils

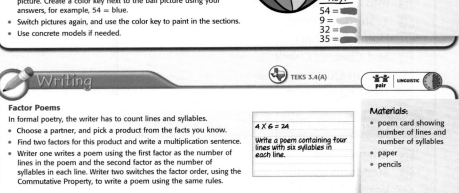

Art TEKS 3.4(A) pair | VISUAL

Paint By Numbers
- Create a paint-by-numbers picture of a beach ball. Draw a circle and divide it into sections. Inside each section of your ball picture, write two factors.
- Switch pictures with your partner. On a separate piece of paper, multiply the two factors inside each section of your partner's picture. Create a color key next to the ball picture using your answers, for example, 54 = blue.
- Switch pictures again, and use the color key to paint in the sections.
- Use concrete models if needed.

9x6 4x8 3x3 5x7

Key:
54 =
9 =
32 =
35 =

Materials:
- paintbrushes
- tempera paints
- paper
- pencils

Writing TEKS 3.4(A) pair | LINGUISTIC

Factor Poems

In formal poetry, the writer has to count lines and syllables.
- Choose a partner, and pick a product from the facts you know.
- Find two factors for this product and write a multiplication sentence.
- Writer one writes a poem using the first factor as the number of lines in the poem and the second factor as the number of syllables in each line. Writer two switches the factor order, using the Commutative Property, to write a poem using the same rules.

$4 \times 6 = 24$
Write a poem containing four lines with six syllables in each line.

Materials:
- poem card showing number of lines and number of syllables
- paper
- pencils

Escritura

Poemas de factores

En la poesía formal, el escritor tiene que contar líneas y sílabas.
- Elijan un compañero y elijan un producto de las operaciones que conocen.
- Calculen dos factores para este producto y escriban una oración de multiplicación.
- El escritor uno escribe un poema usando los primeros factores como el número de líneas en el poema y el segundo factor como el número de sílabas en cada línea. El escritor dos cambia el orden de los factores, usando la propiedad conmutativa, para escribir un poema usando las mismas reglas.

Escriban un poema que contenga cuatro líneas con seis sílabas en cada línea.

$4 \times 6 = 24$
Escriban un poema que contenga cuatro líneas con seis sílabas en cada línea.

Materiales:
- tarjeta de poema mostrando el número de líneas y el número de sílabas.
- papel
- lápices

Science

TEKS 3.4(A)

★★ pair | LOGICAL

Race Around the Moon

The diameter of the Moon is about 2,160 miles. See who can make across the Moon first!

- Choose a partner. Player one rolls the number cubes multiplies the two numbers. The product is the player's score. The score is the distance, in miles, that is travelled across the Moon for one turn. Player two does the same. Take turns and keep track of your scores on a sheet of paper.
- Add up the scores for each player after each turn. The first person to make it all the way across the Moon wins!

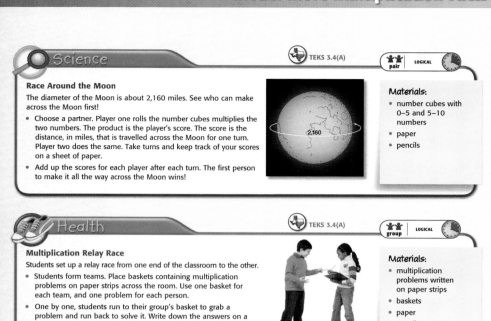

Materials:
- number cubes with 0–5 and 5–10 numbers
- paper
- pencils

Health

TEKS 3.4(A)

★★ group | LOGICAL

Multiplication Relay Race

Students set up a relay race from one end of the classroom to the other.

- Students form teams. Place baskets containing multiplication problems on paper strips across the room. Use one basket for each team, and one problem for each person.
- One by one, students run to their group's basket to grab a problem and run back to solve it. Write down the answers on a group list. The first group to finish and get the answers right wins.

Teacher Notes: Have students check their answers after the race using the multiplication table that they made in Explore 5-1.

Materials:
- multiplication problems written on paper strips
- baskets
- paper
- pencils

Social Studies

TEKS 3.4(A)

★★ pair | LOGICAL

Recycled Products

The average person produces over four pounds of trash a day. But if we all recycled, we could reduce that amount.

- Choose a partner. Each partner places ten marbles in his or her cup.
- Take turns rolling the number cubes. Multiply the two numbers you get, and have your partner check your answer. If it is correct, remove one marble from your cup.
- The first person to recycle all the marbles in his or her cup, wins!

Materials:
- number cubes with 0–5 and 5–10 numbers
- plastic cups
- marbles
- paper
- pencils

Ciencia

Carrera alrededor de la luna

El diámetro de la Luna es aproximadamente 2,160 millas. Veamos quién puede ir a través de la Luna primero.

- Elijan un compañero. El jugador uno lanza los dados y multiplica los dos números. El producto es la puntuación del jugador. La puntuación es la distancia, en millas, que se viaja a través de la Luna por un turno. El jugador dos hace lo mismo. Tomen turnos y lleven un registro de sus puntuaciones en una hoja de papel.
- Sumen las puntuaciones por cada jugador después de cada turno. La primera persona que llegue a través de la Luna gana.

Materiales:
- cubos numerados con 0-5 y 5-10
- papel
- lápiz

Salud

Carrera de relevo de la multiplicación

Los alumnos hacen una carrera de relevo desde un extremo del salón de clases al otro.

- Los alumnos forman equipos. Coloque canastas con problemas de multiplicación en tiras de papel a lo largo del salón de clases. Use una canasta por cada equipo, y un problema por cada persona.
- Uno por uno, los alumnos corren a la canasta de su equipo para agarrar un problema y corren de vuelta para resolverlo. El primer grupo que termine y tenga las respuestas correctas gana.

Notas al maestro: pídales a los alumnos que verifiquen sus respuestas después de la carrera usando la tabla de multiplicación que hicieron en la Exploración 5-1.

Materiales:
- problemas de multiplicación escritos en tiras de papel.
- canastas
- papel
- lápices

Ciencia social

Productos reciclados

La persona promedio produce más de cuatro libras de basura al día. Pero, si todos recicláramos, podríamos reducir esa cantidad.

- Elijan un compañero. Cada compañero coloca diez canicas en su vaso.
- Tomen turnos lanzando los dados. Multipliquen los dos números que saquen, y dejen que su compañero verifique su respuesta. Si está correcta, quiten una canica de su vaso.
- La primera persona en reciclar todas sus canicas en su taza gana.

Materiales:
- cubos numerados con 0-5 y 5-10
- vasos plásticos
- canicas
- papel
- lápiz

Vida real: ¿Cuántos?

Materiales: 24 fichas, lápiz y papel.

Dígales a los alumnos que van a aprender más de multiplicación.

Seleccione un grupo de 6 alumnos. Pídales que se acomoden ellos mismos en 3 filas de 2.
- **¿Qué oración de multiplicación puedes escribir para mostrar el arreglo de los alumnos?** 2 x 3 = 6

Pídales a los alumnos que trabajen en grupos pequeños. Suminístrele a cada alumno un conjunto de 24 fichas. Pídales a los alumnos que hagan cuántos arreglos les sean posibles y que escriban la oración numérica que hace pareja con cada arreglo.

Dirija a los alumnos a la pág. 184 en la edición del alumno. Pídales que lean el párrafo al principio de la página.
- **¿Cuándo usas tu la multiplicación en tu vida diaria?** Cuando usamos una receta, dinero, el tiempo.
- **¿Qué otras cosas en nuestro salón de clases podemos usar como arreglo para multiplicar?** La cantidad de escritorios, libros, marcadores, etc.

ESCRIBE EN ▶ MATEMÁTICAS

Al comenzar el capítulo
Pídales a los alumnos que escriban sobre las maneras que ellos han modelado la multiplicación por 2, 4 y 5. Pídales que den ejemplos.

Vocabulario clave Presente el vocabulario clave de este capítulo usando la siguiente rutina.
Defina: La propiedad conmutativa de la multiplicación establece que el orden de los factores no cambia el producto.
Ejemplo: Cuando tu acomodas 6 × 9 como 9 × 6, estas usando la propiedad conmutativa de la multiplicación.
Pregunte: ¿Cómo puede la propiedad conmutativa de la multiplicación ayudarnos a que sea más fácil la multiplicación?

Antología de lectura en voz alta Para introducir los conceptos matemáticos de este capítulo con una lectura alternativa, vea la antología de lectura en voz alta en la pág. R88.

Introduce the Chapter

 Real World: How Many?
Materials: 24 counters, paper, pencil

Tell students that they are going to learn more about multiplication.

Select a group of 6 students. Have them arrange themselves into 3 rows of 2.
- **What multiplication sentence can you write to show the student array?** 2 × 3 = 6

Have students work in small groups. Give each student a set of 24 counters. Have students make as many arrays as they can and write down the number sentence that matches each array.

Direct students to Student Edition p. 184. Have students read the paragraph at the top of the page.
- **When do you use multiplication in your daily life?** using a recipe, money, time
- **What other things in our classroom can we use an array to multiply?** number of desks, books, markers, etc.

WRITING IN ▶ MATH

Starting the Chapter
Ask students to write about ways they modeled multiplying by 2, 4, and 5. Have them give examples.

Key Vocabulary Introduce the key vocabulary in the chapter using the routine below.
Define: The Commutative Property of Multiplication states that the order of factors does not change the product.
Example: When you change 6 × 9 to 9 × 6, you are using the Commutative Property of Multiplication.
Ask: How can the Commutative Property of Multiplication help us make multiplication easier?

Read-Aloud Anthology For an optional reading activity to introduce this chapter's math concepts, see the Read-Aloud Anthology on p. R88.

La GRAN Idea **¿Cuándo usaré la multiplicación?**

Siempre que combinas cantidades iguales, usas la multiplicación. Es útil cuando compras artículos en una tienda, llevas el puntaje de un juego o siembras una huerta.

Ejemplo Benny plantó una huerta que tiene 3 filas con 7 vegetales en cada una. El modelo muestra que Benny plantó 3 × 7 ó 21 plantas.

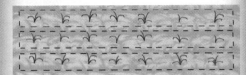

¿Qué aprenderé en este capítulo?
- A explorar usando la tabla de multiplicar.
- A multiplicar por 3, 6, 7, 8, 9, 11 y 12.
- A usar las propiedades de la multiplicación.
- A hallar una regla y extender el patrón.
- A resolver problemas buscando patrones.

Vocabulario clave
regla de la propiedad conmutativa de la multiplicación
factor
producto

Matemáticas en línea Herramientas de estudio del alumno en tx.gr3math.com

184 Capítulo 5 Haz modelos de más operaciones de multiplicación

---

 Chapter 5 Project TEKS 3.4(A)

Plant an Array
Students pick a multiplication sentence and plant seeds in cups to create a corresponding array.
- Place multiplication sentences on strips of paper into a hat or container. Ask a representative from each student group to reach in and take out one strip of paper.
- Students create an array to match their multiplication sentence using plastic cups. Each student group fills their cups with soil and plants seeds or beans. Students take turns watering their arrays to make sure that the plants sprout and grow.
- Challenge each student group to take a "garden tour" around the class and write multiplication sentences to match the arrays.

CRM Refer to Chapter 5 Resource Masters, p. 58, for a rubric to assess students' progress on this project.

Proyecto del Capítulo 5

TEKS 3.4(A)

Siembra un arreglo

Los alumnos seleccionan una oración de multiplicación y siembran semillas en vasos para crear un arreglo correspondiente.
- Coloque oraciones de multiplicación en tiras de papel en un sombrero o un contenedor. Pídale a un representante de cada grupo de alumnos que saquen una tira de papel.
- Los alumnos crean un arreglo que haga pareja cosu oración de multiplicación usando vasos plásticos. Cada grupo de alumnos llena sus vasos con tierra y semillas de plantas o frijoles. Los alumnos toman turnos para regar sus arreglos para asegurarse que las plantas florezcan y crezcan.
- Rete a cada alumno que haga un "tour de jardines" alrededor de la clase y escriba oraciones de multiplicación que hagan parejas con los arreglos.

CRM Refiérase a las Hojas maestras de recursos del Capítulo 5, pág. 58, para obtener una regla para la evaluación del progreso del alumno en el proyecto.

- Read the Math at Home letter found on Chapter 5 Resource Masters, p. 4, with the class and have each student sign it. (A Spanish version is found on p. 5.)
- Send home copies of the Math at Home letter with each student.

FOLDABLES **Dinah Zike's Foldables**

Guide students through the directions on p. 185 to create their own Foldable graphic organizers for modeling multiplication facts. Students may also use their Foldables to study and review for Chapter assessments.

When to Use It Lessons 5-1, 5-2, 5-4, 5-5, and 5-6. (Additional instructions for using the Foldables with these lessons are found on pp. 203 and 220.)

Chapter 5 Literature List

Lesson	Book Title
5-1	**Miss Rumphius** Barbara Cooney
5-2	**Math Appeal** Greg Tang
5-3	**Too Many Kangaroo Things to Do!** Stuart J. Murphy
5-4	**Multiplying Menace: The Revenge of Rumpelstiltskin** Pam Calvert
5-5	**The Rajah's Rice: A Mathematical Folktale from India** David Barry
5-6	**Miss Rumphius** Barbara Cooney
5-8	**Six-Dinner Sid** Inga Moore
Any	**Anno's Mysterious Multiplying Jar** Masaichiro and Mitsumasa Anno
Any	**One Wide River to Cross** Barbara Emberlee

PLEGADOS™ **Plegados de Dinah Zike**

Guíe a los alumnos por las instrucciones de la edición del alumno, pág. 185, para que hagan su propio Plegado de organización gráfica sobre operaciones de multiplicación. Los alumnos pueden también usar su Plegado para estudiar y repasar antes de las evaluaciones del capítulo

¿Cuándo usarlo? Lecciones 5-1, 5-2, 5-4, 5-5 y 5-6. (En las págs. 203 y 220 se encuentran instrucciones adicionales para usar el Plegado con estas lecciones.)

- Lea con la clase la carta de matemáticas en casa que se encuentra en la pág. 4 de las Hojas maestras de recursos del Capítulo 5 y haga que cada alumno la firme. (Una versión en español se encuentra en la pág. 5)
- Envíe una copia de la carta de matemáticas en casa a la casa de cada alumno.

Evaluación de diagnóstico

Evalúe el nivel de las destrezas previas de los alumnos antes de empezar el capítulo.

- **Opción 1:** *Control rápido*
  SE Edición del alumno, pág. 186

- **Opción 2:** *Evaluación en línea*
  Matemáticas en línea tx.gr3math.com

- **Opción 3:** *Prueba de diagnóstico*
  CRM Hojas maestras de recursos del Capítulo 5, pág. 49

Opciones de intervención

Aplique los resultados En base a los resultados de la evaluación de diagnóstico de la Edición del alumno, pág. 180, trabaje en las carencias individuales de los alumnos antes de iniciar el capítulo.

Diagnostic Assessment

Check for students' prerequisite skills before beginning the chapter.

- **Option 1:** *Quick Check*
  SE Student Edition, p. 186

- **Option 2:** *Online Assessment*
  Math Online tx.gr3math.com

- **Option 3:** *Diagnostic Test*
  CRM Chapter 5 Resource Masters, p. 49

Intervention Options

Apply the Results Based on the results of the diagnostic assessment on Student Edition p. 186, address individual needs before beginning the chapter.

Intensive Intervention
two or more years below grade level

If	students miss 75% of the exercises:
Then	use *Math Triumphs*, an intensive math intervention program from McGraw-Hill

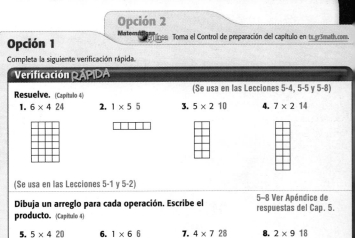

¿ESTÁS LISTO PARA el Capítulo 5?

Tienes dos opciones para revisar las destrezas requeridas para este capítulo.

Opción 2
Matemáticas en línea Toma el Control de preparación del capítulo en tx.gr3math.com.

Opción 1
Completa la siguiente verificación rápida.

Verificación RÁPIDA

Resuelve. (Capítulo 4)   (Se usa en las Lecciones 5-4, 5-5 y 5-8)
1. 6 × 4 24   2. 1 × 5 5   3. 5 × 2 10   4. 7 × 2 14

(Se usa en las Lecciones 5-1 y 5-2)

Dibuja un arreglo para cada operación. Escribe el producto. (Capítulo 4)

5–8 Ver Apéndice de respuestas del Cap. 5.

5. 5 × 4 20   6. 1 × 6 6   7. 4 × 7 28   8. 2 × 9 18

Resuelve. (Lecciones 3-1 y 4-6) (Se usa en las Lecciones 5-5, 5-6 y 5-7)

9. Louis tiene dos monedas de 25¢. Los pitos amarillos cuestan 5¢ cada uno. Si Louis quiere comprar 8 pitos, ¿tiene suficiente dinero para comprarlos? Sí; 50¢ es más que 40¢

10. En cada lado de la calle había 9 robles. Después de que se talaron algunos árboles, sólo quedaban 7. ¿Cuántos árboles se talaron?
11 árboles

(Se usa en las Lecciones 5-3, 5-6 y 5-9)

Identifica un patrón. Luego, calcula los números que faltan. (Lección 1-1)

11. 15, 20, 25, 30, ■, ■ Suma 5; 35,40   12. 9, 12, 15, 18, ■, ■ Suma 3; 21, 24

13. 11, 21, 31, 41, ■, ■ Suma 10; 51, 61   14. 60, 50, 40, 30, ■, ■ Resta 10; 20, 10

186 **Capítulo 5** Haz modelos de más operaciones de multiplicación

Strategic Intervention	On-Level	Above-Level
below grade level		
If students miss seven or more in: **Exercises 1–14**	**If** students miss four or less in: **Exercises 1–14**	**If** students miss one or less in: **Exercises 1–14**
Then choose a resource:	**Then** choose a resource:	**Then** choose a resource:
Strategic Intervention Guide (pp. 66, 68, 80)	**TE** Learning Stations (pp. 184G–184H)	**TE** Learning Stations (pp. 184G–184H)
CRM Chapter 4 Resource Masters Reteach Worksheets	**TE** Chapter Project (p. 184)	**TE** Chapter Project (p. 184)
Math Online Extra Examples • Personal Tutor Concepts in Motion	**CRM** Game: Multiplication Concentration	Math Adventures
	Math Adventures	Real-World Problem-Solving: *Populations on the Rise*
	Math Online Games • eFlashcards • Fact Dash	**Math Online** Games

186 **Chapter 5** Model More Multiplication Facts

Actividad matemática para 5-1
Tablas de multiplicar

En el Capítulo 4, aprendiste varias estrategias diferentes para calcular productos. Un **producto** es el resultado de un problema de multiplicación. Los patrones que encuentras en la tabla de multiplicar te pueden ayudar a recordar los factores. Un **factor** es un número que se multiplica por otro.

IDEA PRINCIPAL

Usaré una tabla de multiplicar para multiplicar.

 TEKS Objetivo 3.4
El estudiante reconoce y resuelve problemas en situaciones de multiplicación y división.
(A) Aprenda y aplique **las tablas de multiplicación hasta 12 por 12 utilizando modelos concretos** y objetos. *También cubre TEKS 3.14(D).*

Vocabulario nuevo

factor
producto

Recuerda

Usa el cartel de multiplicación que hiciste a lo largo de todo el capítulo.

ACTIVIDAD Haz una tabla de multiplicar

Paso 1 **Calcula los factores.**

Para calcular el producto de dos factores, encuentra el primer factor en la columna de la izquierda y el segundo factor a través de la fila superior.

$2 \times 3 = 6$

Factores | Producto

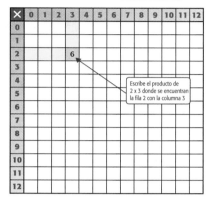

Escribe el producto de 2 x 3 donde se encuentran la fila 2 con la columna 3

Paso 2 **Rellena la cuadrícula.**
Escribe los productos de las operaciones de multiplicación que sepas.

Explora 5-1 Tablas de multiplicar **187**

 Math Activity for 5-1

Lesson Planner

Objective

Use a multiplication table to multiply.

TEKS and TAKS

Targeted TEKS 3.4 The student recognizes and solves problems in multiplication and division situations.
(A) Learn and apply **multiplication facts through 12 by 12 using concrete models** and objects.
Also addresses 3.14(D).

TAKS 1 The student will demonstrate an understanding of numbers, operations, and quantitative reasoning.

Vocabulary

factor, product

Resources

Materials: $\frac{1}{2}$ inch or 1 cm grid paper

Teacher Technology
 Interactive Classroom • TeacherWorks • Concepts in Motion

① Introduce   TEKS 3.6(A)

Before beginning this lesson on identifying patterns in a multiplication table, assess student ability to skip count by 2s, 3s, and 5s.
- **Skip count from 0 to 20 by 2s.** 0, 2, 4, 6, 8, 10, 12, 14, 16, 18, 20
- **Skip count from 0 to 30 by 3s.** 0, 3, 6, 9, 12, 15, 18, 21, 24, 27, 30
- **Skip count from 0 to 50 by 5s.** 0, 5, 10, 15, 20, 25, 30, 35, 40, 45, 50

② Teach   TEKS 3.7(B)

Activity Have students draw a multiplication table using 1 inch grid paper. They will mark off an area that is 13 rows by 13 columns and label the top left square in the box with a multiplication sign. Going across, have students label the boxes in the first row 1–12 and do the same going down the first column. Then, have students fill in the as many of the products in the table as they can.

Explore 5-1 Multiplication Table **187**

Actividad matemática para 5-1

Planificador de lección

Objetivo

Use una tabla de multiplicación para multiplicar.

TEKS y TAKS

TEKS 3.4 El estudiante reconoce y resuelve problemas en situaciones de multiplicación y división.
(A) Aprenda y aplique las tablas de multiplicación hasta 12 por 12 utilizando modelos concretos y objetos. *También cubre TEKS 3.14(D).*

TAKS 1 El estudiante demostrará un entendimiento de patrones, operaciones y razonamiento cuantitativo.

Repaso de vocabulario

factor, producto

Recursos

Materiales: papel cuadriculado de $\frac{1}{2}$ pulgada ó 1 cm
Teacher Technology
 Interactive Classroom • TeacherWorks

① Presentación   TEKS 3.6(A)

Presente el concepto
Antes de comenzar esta lección sobre identificando patrones en una tabla de multiplicar, evalúe la habilidad de los alumnos para contar salteado de 2 en 2, 3 en 3, 5 en 5 y 10 en 10.
- **Cuenten salteado de 2 en 2 del 0 al 20.** 0, 2, 4, 6, 8, 10, 12, 14, 16, 18, 20.
- **Cuenten salteado de 3 en 3 del 0 al 30.** 0, 3, 6, 9, 12, 15, 18, 21, 24, 27, 30.
- **Cuenten salteado de 5 en 5 del 0 al 50.** 0, 5, 10, 15, 20, 25, 30, 35, 40, 45, 50.

② Enseñanza   TEKS 3.7(B)

Actividad Pídales a los alumnos que dibujen una tabla de multiplicar usando papel cuadriculado de 1 pulgada. Ellos marcarán un área de 13 filas por 13 columnas e identificaran el cuadrado izquierdo de arriba en el cuadro con un signo de multiplicación. A lo largo, pídales a los alumnos que identifiquen los cuadros en la primera fila del 1-12 y que hagan lo mismo bajando desde la primera columna. Luego, pídales a los alumnos que llenen en la tabla tantos productos como puedan.

Explora 5-1 Tabla de multiplicación **187**

Piénsalo

Asigne los Ejercicios 1-3 en la sección **Piénsalo para evaluar** si los alumnos comprenden el concepto presentado en esta actividad.

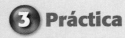

③ Práctica

Evaluación formativa

TEKS 3.4(B),
3.6(A)(B)

Use los Ejercicios 4-11 de **Verifica lo que sabes** para evaluar si los alumnos comprenden el uso de la tabla de multiplicación para buscar patrones.

De lo concreto a lo abstracto Use los Ejercicios 11 para cerrar la brecha entre buscar patrones en la tabla de multiplicar a usar la tabla para calcular productos.

Ampliación del concepto

- **¿Cómo te podría ayudar una tabla de multiplicar para calcular 3 x 8?** Observa el número donde se encuentran la fila 3 y la columna 8. El producto es 24.

Think About It

Assign Exercises 1–3 in the **Think About It** section to assess student comprehension of the concept presented in the Activity.

③ Assess

✓ Formative Assessment

TEKS 3.4(B),
3.6(A)(B)

Use the **Check What You Know** Exercises 4–11 to assess whether students understand using the multiplication table to multiply and look for patterns.

From Concrete to Abstract Use Exercise 11 to bridge the idea of looking for patterns in the multiplication table to using the table to find products.

Extending the Concept

- **How might a multiplication table help you find 3 × 8?** Look at the number where row 3 and column 8 meet. The product is 24.

Paso 3 **Usa modelos.**

Puedes usar un modelo para los productos que no sepas. Por ejemplo, el arreglo muestra 3 × 4.

Entonces, 3 × 4 = 12. Rellena, con el producto 12, el cuadrado donde se encuentran.

PIÉNSALO

1. ¿Cuál es el producto cuando multiplicas un número por 1? Explica.
   Es el mismo número; propiedad de identidad de la multiplicación
2. ¿Qué patrón observas en la fila 10?
   Todos los números tienen un 0 al final del número que se multiplica.
3. ¿Qué notas en la fila 6 y la columna 6? ¿Se cumple esto para todas las filas y columnas del mismo número?
   Todos los productos son iguales en orden ascendente.

✓ VERIFICA lo que sabes

Multiplica. Usa la tabla de multiplicar que hiciste.

4.	2 10	5.	4 0	6.	10 30	7.	5 30
	× 5		× 0		× 3		× 6

Identifica dónde se halla cada parte de la tabla de multiplicar.

8.
columna 1

9.

| 12 | 16 | 20 | 24 |
fila 4

10.
columna 3

11. **ESCRIBE EN ▶ MATEMÁTICAS** Escribe otros dos patrones que puedas hallar en la tabla de multiplicar. Cuando multiplicas por 0, todos los productos son 0; cuando multiplicas por 5, todos los productos terminan en 0 ó 5.

Lesson Planner

Objective
Multiply by 3.

 TEKS and TAKS

Targeted TEKS 3.4 The student recognizes and solves problems in multiplication and division situations. (A) **Learn and apply multiplication facts through 12 by 12 using concrete models and objects.** *Also addresses 3.14(D).*

TAKS 1 The student will demonstrate an understanding of numbers, operations, and quantitative reasoning.

Student pages also address the following TEKS:
TEKS 3.15(B) Talk About It, Exercise 6
TEKS 3.6(A), TEKS 3.14(A) HOT Problems, Exercises 30–31

Review Vocabulary
array

Resources
Materials: multiplication chart, self-sticking notes, grid paper

Manipulatives: counters

Literature Connection: *Miss Rumphius* by Barbara Cooney

Teacher Technology
Interactive Classroom • TeacherWorks

Focus on Math Background

Many students begin their three times tables by the skip counting method … 3, 6, 9, … 12, 15, 18, … 21, 24, 27, … 30. The rhythm of three sets of multiples in each of the first three sets of ten, capped by 30, may make them easier to remember. Study of the multiples of three on the hundreds chart reveals a diagonal pattern. All of the multiples of three have a digit sum which is a multiple of three, and in each diagonal on the chart, most digit sums are the same.

Daily Routine

Use these suggestions before beginning the lesson on p. 189.

5-Minute Check
(Reviews Lesson 4-9)

1. 4×1　4
2. 3×0　0
3. 0×2　0
4. 1×5　5

Problem of the Day
Alec has 25 nickels. He has 6 more dimes than nickels. He has 9 more pennies than dimes. How many coins does he have in all? 96 coins

Review Math Vocabulary
Write the review vocabulary word and its definition on the board.

Have students use grid paper to shade 3 rows of 7 squares each. Ask them how many squares they shaded in all. Have students create their own arrays on the grid paper. Tell them to write how many rows of squares they shaded under their arrays.

Visual Vocabulary Cards
Use Visual Vocabulary Card 3 to reinforce the vocabulary reviewed in this lesson. (The Define/Example/Ask routine is printed on the back of each card.)

array

Planificador de lección

Objetivo
Multiplica por 3

TEKS y TAKS

TEKS 3.4 El estudiante reconoce y resuelve problemas en situaciones de multiplicación y división. (A) **Aprenda y aplique las tablas de multiplicación hasta 12 por 12 utilizando modelos concretos y objetos.** *También cubre TEKS 3.14 (D).*

TAKS 1 El estudiante demostrará un entendimiento de patrones, operaciones y razonamiento cuantitativo.

Las páginas del alumno también cubren los siguientes TEKS:
TEKS 3.15(B) Coméntalo, Ejercicio 6
TEKS 3.6(A), 3.14(A) Problemas H.O.T., Ejercicios 30–31

Repaso de vocabulario
arreglo

Rutina diaria

Siga estas sugerencias antes de iniciar la lección de la pág. 189.

Control de 5 minutos (Repaso de la Lección 4-9)

1. 4×1　4
2. 3×0　0
3. 0×2　0
4. 1×5　5

Problema del día
Alec tiene 25 monedas de 5¢. El tiene 6 monedas más de 10¢ que de 5¢. El tiene 9 monedas más de 1¢ que monedas de 10¢. ¿Cuántas monedas tiene el en total? 96 monedas

Adquisición de vocabulario matemático

Escriba las palabras del vocabulario de la lección y sus definiciones en la pizarra.

Pídales a los alumnos que usen papel cuadriculado para sombrear 3 filas de 7 cuadrados cada una. Pregúnteles cuántos cuadrados ellos sombrearon en total. Pídales a los alumnos que hagan sus propios arreglos en una hoja cuadriculada. Dígales que escriban cuántas filas de cuadrados ellos sombrearon en su arreglo.

Tarjetas visuales de vocabulario

Use la(s) tarjeta(s) visual(es) del vocabulario 3 para reforzar el vocabulario presentado en esta lección. (En la parte posterior de cada tarjeta está escrita la rutina Definir/ Ejemplo/Pregunta).

arreglo

Instrucción diferenciada

Opciones de trabajo independiente

Opción 1
Para los que terminan primero OL AL

VISUAL, LÓGICO

Materiales: 1 mazo de cartas enumeradas del 1-5; 1 mazo de cartas enumeradas del 1-10, 20 cartas en total. Los números deben repetirse. Los mazos deben ser de diferentes colores.

- Como los alumnos sólo saben multiplicar por 0-5, pídale a cada pareja de alumnos usar 1 mazo de cada tipo y mantenga los mazos separados.
- Manteniendo las cartas boca abajo, un alumno voltea la carta superior de cada mazo.
- El primer alumno que multiplique los dos números correctamente toma las dos cartas. Los alumnos jugaran hasta que no haya más cartas en uno de los mazos.

Opción 2
Tecnología para el alumno

Enlace tecnológico

Matemáticas en línea tx.gr3math.com • Math Tool Chest
Personal Tutor • Extra Examples • Online Games
Math Adventures: Scrambled Egg City (5B)

Opción 3
Estación de aprendizaje: Arte (pág. 184G)

Dirija a los alumnos a la estación de aprendizaje de arte para que tengan la oportunidad de explorar y ampliar el concepto de la lección.

Opción 4
Práctica y solución de problemas

Refuerce las destrezas y las estrategias de solución de problemas con la hoja de trabajo de solución de problemas.

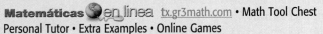

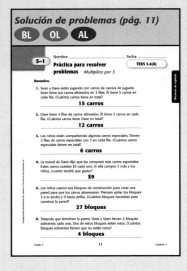

Solución de problemas (pág. 11)
BL OL AL

Differentiated Instruction

Small Group Options

Option 1
Gifted and Talented AL

LOGICAL

Materials: notebook paper

- Challenge students to use mental math to solve more difficult × 3 problems. First, teach students the strategy of doubling a number and then adding one more (i.e., 4 × 3 can be calculated by doubling the 4 to 8 and then adding 4 more to get 12, or 4 × 2 = 8 + 4 = 12).
- After students have practiced this strategy with the basic facts, transition them into working with two- and three-digit numbers multiplied by 3 (i.e., 24 × 3 can be calculated by doing (24 × 2) + 24 = 48 + 24 = 72).

Option 2 — TEKS 3.4(A)
English Language Learners ELL

AUDITORY, VISUAL

Materials: construction and regular paper, red stamp pads, regular or black colored pencil
Core Vocabulary: in every room, house, 3 fingers
Common Use Verb: press
Write Math This strategy uses background knowledge to help students understand multiplying by three.

- Model folding construction paper with regular paper inside it to make a book. On the cover, draw a house and write the title, *How Many Ladybugs in the Ladybug House?* Students make their own books.
- Open to the first page and say: "**In every room** there are 3 ladybugs." Draw a large square and model stamping 3 fingers at the same time.
- Write 1 × 3 = 3 along the bottom and, while students finish, add the ladybug details.
- Repeat to 10 rooms. Allow students to keep their books as a reference. They may add room details as time permits.

Independent Work Options

Option 1
Early Finishers OL AL

VISUAL, LOGICAL

Materials: 1 deck of cards numbered 1–5 (20 cards in all. Numbers should be repeated.); 1 deck of cards numbered 1–10 (decks should be different colors)

- Because students *only* know how to multiply by 0–5, have each pair of students use 1 deck of each kind and keep the decks separate.
- Keeping the cards face down, one student flips the top card of each deck.
- The first student to multiply the two numbers correctly takes both cards. Students play until there are no more cards in one of the decks.

Option 2
Student Technology

Tech Link

Math online tx.gr3math.com Math Tool Chest
Personal Tutor • Extra Examples • Online Games
Math Adventures: Scrambled Egg City (5B)

Option 3
Learning Station: Art (p. 184G)

Direct students to the Art Learning Station for opportunities to explore and extend the lesson concept.

Option 4
Problem-Solving Practice

Reinforce problem-solving skills and strategies with the Problem-Solving Practice worksheet.

Problem Solving (p. 11) BL OL AL

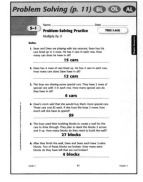

189B Chapter 5 Model More Multiplication Facts

Opción para grupos pequeños

Opción 1 — TEKS 3.5(B)
Talentosos AL

LÓGICO

papel de cuaderno

- Rete a los alumnos a usar matemática mental para resolver problemas de multiplicación por 3 más difíciles. Primero, enséñeles a los alumnos la estra de duplicar un número y luego sumarle uno más (i.e.: 4 × 3 puede ser calcu duplicando el 4 a 8 y luego sumarle 4 para llegar a 12, ó 4 × 2 = 8 + 4 = 1
- Después que los alumnos han practicado esta estrategia con las operacione básicas, llévelos a trabajar con números de dos y tres dígitos multiplicados p (i.e.: 24 × 3 puede ser calculado haciendo (24 × 2) + 24 = 48 + 24 = 72).

189B Capítulo 5 Haz modelos de más operaciones de multiplicación

PREPÁRATE para aprender

En la actividad anterior hiciste una tabla de multiplicar.

IDEA PRINCIPAL

Multiplicaré por 3.

TEKS Objetivo 3.4
El estudiante reconoce y resuelve problemas en situaciones de multiplicación y división. **(A) Aprenda y aplique las tablas de multiplicación hasta 12 por 12 utilizando modelos concretos y objetos.** *También cubre TEKS 3.14(D).*

×	0	1	2	3	4	5	6	7	8	9	10	11	12
0	0	0	0	0	0	0	0	0	0	0	0	0	0
1	0	1	2	3	4	5	6	7	8	9	10	11	12
2	0	2	4	6	8	10	12	14	16	18	20	22	24
3	0	3	6	9	12	15	18	21	24	27	30	33	36
4	0	4	8	12	16	20	24	28	32	36	40	44	48
5	0	5	10	15	20	25	30	35	40	45	50	55	60
6	0	6	12	18	24	30	36	42	48	54	60	66	72
7	0	7	14	21	28	35	42	49	56	63	70	77	84
8	0	8	16	24	32	40	48	56	64	72	80	88	96
9	0	9	18	27	36	45	54	63	72	81	90	99	108
10	0	10	20	30	40	50	60	70	80	90	100	110	120
11	0	11	22	33	44	55	66	77	88	99	110	121	132
12	0	12	24	36	48	60	72	84	96	108	120	132	144

Tienes distintas maneras para calcular productos.

EJEMPLO concreto — Usa modelos

1 **MASCOTAS Hay 4 perros. Cada perro enterró 3 huesos en un patio. ¿Cuántos huesos hay enterrados en el patio?**

Usa fichas para modelar 4 grupos de 3 huesos ó 4 × 3.

Entonces, hay 12 huesos enterrados en el patio.

 Tutor personal en tx.gr3math.com

Lección 5-1 Multiplica por 3 **189**

---

1 Introduce
TEKS 3.6(A)

Activity Choice 1 • Hands-On

Have students look at a hundreds chart and skip count by 3s from 0 to 36. **Circle each box of row 3 as you count. What pattern do you see?** The circle makes diagonal lines.

Activity Choice 2 • Literature
Introduce the lesson with *Miss Rumphius* by Barbara Cooney. (For a related math activity, see p. R104.)

2 Teach
TEKS 3.6(A)

Scaffolding Questions
Write 3 × 6 on the board.
- **What are you asked to do in this problem?** Multiply 3 times 6 to find the product.
- Have students look at the multiplication table. **What number is in row 3 column 6?** 18
- **What are the factors of 18?** 3 and 6

GET READY to Learn

Have students open their books and read the information in **Get Ready to Learn**. Review **array**. As a class, work through **Examples 1 and 2**.

Lesson 5-1 Multiply by 3 **189**

---

1 Presentación
TEKS 3.6(A)

Actividad propuesta 1 • Práctica
Pídales a los alumnos observar el cuadro de las centenas y contar salteado de 3 en 3, desde el 0 hasta el 36. **Encierren en un círculo cada cuadro de la fila de los 3 a medida que vayan contando. ¿Qué patrón ven?** Los círculos hacen una línea diagonal.

Actividad propuesta 2 • Literatura
Presente la Lección con *Miss Rumphius* de Bárbara Cooney. (Vea la página R104 para una actividad matemática relacionada)

2 Enseñanza
TEKS 3.6(A)

Preguntas básicas
Escriba en el pizarrón 3 × 6
- **¿Qué deben hacer en este problema?** Multiplicar 3 veces 6 para calcular el producto.
- Pídales a los alumnos que observen la tabla de multiplicación. **¿Qué número está en la fila 3 columna 6?** 18
- **¿Cuáles son los factores de 18?** 3 y 6

PREPÁRATE para aprender

Pídales a los alumnos que abran sus libros y lean la información de **Prepárate para aprender.** Repasar **arreglar**. En conjunto, trabajen los Ejemplos 1 y 2.

Usa modelos

Ejemplo 1 Señáleles a los alumnos que el arreglo que se usa para modelar 4 × 3 tendrá 3 filas de 4 objetos.

EJEMPLOS ADICIONALES

1 Hay 3 cestas. Cada una tiene 5 manzanas. ¿Cuántas manzanas hay? 15 manzanas

2 Misfar tiene 3 cajas. Cada caja contiene 2 libros. ¿Cuántos libros tiene? 6 libros

✓ VERIFICA lo que sabes

En conjunto, pídales a los alumnos que completen los Ejercicios 1 al 6 en **Verifica lo que sabes** a medida que usted observa sus trabajos.

💬 **Ejercicio 6** Evalúa la comprensión del alumno antes de asignarle los ejercicios prácticos.

BL Estrategia alternativa de enseñanza   TEKS 3.5(A)

si ➡ Los alumnos tienen problemas multiplicando por 3…

entonces ➡ Use una de estas opciones de reforzamiento:

1 [CRM] Hoja de reforzamiento diario (pág. 8)

2 Haga que los alumnos usen fichas para modelar cada operación por 3. Por ejemplo, para calcular 8 × 3, pídales que usen fichas para formar un arreglo de ocho filas de tres fichas cada una.

* Guíe a los alumnos para que hagan la conexión entre los problemas escritos y los arreglos.

🔧 Haga que los alumnos usen el Cofre de Herramientas Matemáticas como ayuda para completar los ejercicios de solución de problemas.   **TEKS 3.14 (D)**

Use Models

Example 1 Point out to students that the array that is used to model 4 × 3 will have 3 rows of 4 objects.

ADDITIONAL EXAMPLES

1 There are 3 baskets. Each has 5 apples. How many apples are there? 15 apples

2 Misfar has 3 boxes. Each holds 2 books. How many books does he have? 6 books

✓ CHECK What You Know

As a class, have students complete Exercises 1–6 in **Check What You Know** as you observe their work.

💬 **Exercise 6** Assess student comprehension before assigning practice exercises.

BL Alternate Teaching Strategy   TEKS 3.4(A)

If ➡ students have trouble multiplying by 3 …

Then ➡ use one of these reteach options:

1 [CRM] **Daily Reteach Worksheet** (p. 8)

2 Have students use counters to model each 3s fact. For example, to find 8 × 3, have them use counters to make an array of eight rows of three counters each.

• Guide students to make the connection between the written problems and the arrays.

🔧 Have students use Math Tool Chest to help complete the problem-solving exercises.   **TEKS 3.14(D)**

> ⚠ **COMMON ERROR!**
> **Exercises 23–25** Students may have trouble with the input/output tables. Remind them that the product is written in the output column and one of the two factors goes in the input column.

190 Chapter 5 Model More Multiplication Facts

Si necesitas ayuda para resolver un problema, puedes usar un dibujo.

🌐 **EJEMPLO concreto**   Haz un dibujo

2 JUEGOS Ocho amigos tienen 3 canicas cada uno. ¿Cuántas canicas hay en total?

Cada amigo necesita un grupo de 3 canicas. Si hay 8 amigos, haz un dibujo para calcular 8 × 3.

$$3 + 3 + 3 + 3 + 3 + 3 + 3 + 3 = 24$$

Entonces, se necesitan en total 24 canicas.

CONCEPTO CLAVE   Estrategias de multiplicación

Hay distintas maneras de calcular las respuestas para problemas de multiplicación.

• Usa modelos o haz un dibujo.
• Usa la suma repetida o el conteo salteado.
• Dibuja un arreglo o un modelo de área.
• Usa una operación de multiplicación relacionada.
• Usa patrones.

6. Ejemplo de respuesta; suma repetida 7 + 7 + 7 = 21; dibuja un arreglo que muestre 3 filas de 7

1–4. Ver Apéndice de respuestas del Cap. 5.

✓ VERIFICA lo que sabes

Usa modelos o haz un dibujo para multiplicar. Ver ejemplos 1 y 2 (págs. 189–190)

1. 4	2. 3	3. 3 × 8	4. 3 × 9
× 3	× 5		

5. Las ramas de un árbol tienen hojas que crecen en grupos de 3. ¿Cuántas hojas hay en 9 ramas? 27 hojas

6. 💬 Coméntalo Explica dos maneras de calcular el producto de 3 × 7.

190 Capítulo 5   📶 online **Ejemplos extra en** tx.gr3math.com

---

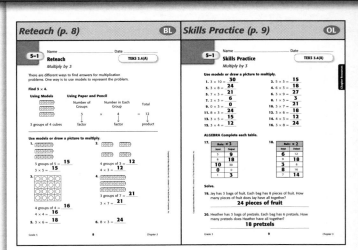
Reteach (p. 8) BL | **Skills Practice (p. 9)** OL

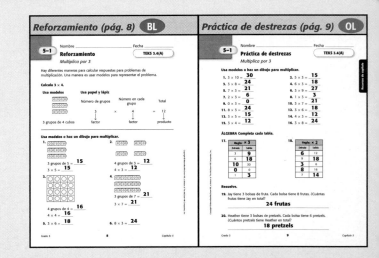
Reforzamiento (pág. 8) BL | **Práctica de destrezas (pág. 9)** OL

⚠ **¡ERROR COMÚN!**

Ejercicios 23 al 25 Los alumnos pueden tener problemas con las tablas de entrada y salida. Recuérdeles que el producto está escrito en la columna de la salida y uno de los dos factores va en la columna de la entrada.

★ Indica problemas de pasos múltiples

Práctica y solución de problemas

PRÁCTICA EXTRA
Ver página R12 R12.

Usa modelos o haz un dibujo para multiplicar. Ver ejemplos 1 y 2 (págs. 189–190)

7. 1 × 3 3 **8.** 10 × 3 30 **9.** 3 × 4 12 **10.** 5 × 3 15

11. 3 × 6 18 **12.** 3 × 9 27 **13.** 3 × 0 0 **14.** 8 × 3 24

15. 9 × 3 27 **16.** 3 × 7 21 **17.** 3 × 3 9 **18.** 6 × 3 18

19. 7 × 3 21 **20.** 3 × 4 12 **21.** 3 × 5 15 **22.** 3 × 10 30

Álgebra Copia y completa cada tabla.

23.

Regla: Multiplica por 5.	
Entrada	Salida
3	15
7	35
8	40
0	0
1	5

24.

Regla: Multiplica por 4.	
Entrada	Salida
5	20
7	28
10	40
9	36
0	0

25.

Regla: Multiplica por 3.	
Entrada	Salida
9	27
6	18
4	12
8	24
7	21

26. Si 9 alumnos colocan cada uno 3 libros sobre una repisa, ¿cuántos libros colocaron sobre la repisa? 27 libros

★**27.** Si hay 9 margaritas y 9 tulipanes y cada flor tiene 3 pétalos, ¿cuántos pétalos hay en total? 54 pétalos

★**28.** Hoshi, Joan y Kita tenían cada uno 3 golosinas empacadas con sus cajas de almuerzo. Si cada uno comió una golosina en la mañana, ¿cuántas golosinas quedan? 6 golosinas

★**29.** Benny está comprando 4 paquetes de semillas. Cada paquete cuesta $3 y contiene 5 sobres de semillas. ¿Cuál será el costo total? ¿Cuántos sobres tendrá? $12; 20

30. Ejemplo de respuesta: Cuando 3 se multiplica por un número par, el producto termina en número par. Cuando se multiplica por un número impar, el producto es impar.

Problemas H.O.T.

30. INTERPRETA Observa la fila de los 3 en la tabla de multiplicar. Describe el patrón.

31. ESCRIBE EN MATEMÁTICAS Escribe un problema concreto donde 3 sea un factor. Pídele a un compañero que lo resuelva. Verifica la respuesta en tu tabla de multiplicar Ejemplo de respuesta: Bill montó su bicicleta 3 millas diarias por 5 días. ¿Cuántas millas recorrió en 5 días.

Matemáticas en línea Control de autoevaluación tx.gr3math.com

Enrich (p. 12) AL

5-1 Name ______ Date ______

Enrich TEKS 3.4(A)

The Birthday Party

Karlie, Keri, and Kristie are triplets. They are having a birthday party. Read each problem. Draw a picture for each number sentence. Use a separate sheet of paper if you need more room. Then write a number sentence that helps answer questions 1–4. **Pictures should accurately reflect sentence**

1. Each girl wants to invite six different friends to the party. How many friends will be invited to the party? **3 × 6 = 18 friends**

2. The girls' dad is making a jewelry box for each girl. Each box has four sides, a bottom, and a lid that opens. How many sides for the jewelry boxes will he make? **3 × 4 = 12 sides**

3. Their aunt is knitting sweaters for the girls. She is buying eight flowered buttons to put on each sweater. How many buttons does she need to buy? **3 × 8 = 24 buttons**

4. The girls are going to be 9 years old. They will blow out the candles on their cake together. If their mom wants to buy one set of nine candles for each girl to put on the cake, how many candles does she need to buy? **9 × 3 = 27 candles**

Grade 3 12 Chapter 5

Homework Practice (p. 10) OL

5-1 Name ______ Date ______

Homework Practice TEKS 3.4(A)

Multiply by 3

Use models or draw a picture to multiply.

1. 3 × 3 = **9** 2. 3 × 5 = **15**
3. 5 × 3 = **15** 4. 9 × 3 = **27**
5. 4 × 3 = **12** 6. 10 × 3 = **30**
7. 8 × 3 = **24** 8. 3 × 7 = **21**
9. 6 × 3 = **18** 10. 1 × 3 = **3**

Solve.

11. The parking lot has 3 rows of cars. There are 6 cars in each row. How many cars are in the parking lot? **18 cars**

12. Mary has 3 dimes in her pocket. Each dime equals 10 pennies. If she traded her dimes for pennies, how many pennies would she have? **30 pennies**

Spiral Review

Multiply. (Lesson 4-9)

13. 0 × 3 = **0** 14. 1 × 5 = **5**
15. 1 × 6 = **6** 16. 0 × 9 = **0**
17. 0 × 1 = **0** 18. 2 × 0 = **0**
19. 8 × 1 = **8** 20. 1 × 0 = **0**
21. 1 × 4 = **4** 22. 2 × 1 = **2**
23. 5 × 0 = **0** 24. 0 × 1 = **0**

Grade 3 10 Chapter 5

3 Practice

Differentiate practice using these leveled assignments for Exercises 7–31.

Level	Assignment
BL Below Level	7–10, 15–18, 23–24, 26–27
OL On Level	7–22, 23–24, 26–28, 31
AL Above Level	7–29 odd, 30–31

Have students discuss and complete the Higher Order Thinking problems. For Exercise 30, if students see the obvious pattern of the numbers increasing by 3 as you move across the row, ask them to look for another pattern.

WRITING IN MATH Have students complete Exercise 31 in their Math Journals. You may choose to use this exercise as an optional formative assessment.

4 Assess

Formative Assessment TEKS 3.4(A)

Present the following problem to students:

Mari's class has 3 rows of desks. Each row has 5 desks. How many desks are in Mari's class?

- **Write a number sentence for this problem.** 5 × 3 = 15
- **Use a multiplication table to find the product.** 15
- **How else could you solve this problem?** draw an array or skip count

Quick Check **Are students continuing to struggle with multiplying by 3?**

If Yes → Strategic Intervention Guide (p. 68)

If No → Independent Work Options (p. 189B)
CRM Skills Practice Worksheet (p. 9)
CRM Enrich Worksheet (p. 12)

Into the Future Ask students to write about how they think today's lesson on multiplying by 3 will help them with tomorrow's lesson on multiplying by 6.

3 Práctica

Asigne la práctica para los ejercicios 7–31 según los siguientes niveles.

Nivel	Asignación
BL Nivel bajo	7–10, 15–18, 23–24, 26–27
OL A nivel	7–22, 23–24, 26–28, 31
AL Nivel avanzado	7–29 odd, 30–31

Pídales a los alumnos que analicen y completen los problemas de razonamiento de alto nivel. Para el ejercicio 30, si los alumnos observan el patrón obvio de los números incrementándose por 3 a medida que usted se mueve por la fila, pídales que busquen otro patrón.

ESCRIBE EN MATEMÁTICAS

Pídales a los alumnos que completen el Ejercicio 31 en sus Diarios de matemáticas. Puede elegir hacer este ejercicio como una evaluación formativa adicional.

4 Evaluación

Evaluación formativa

TEKS 3.4(A)

Preséntele los siguientes problemas a los alumnos:

La clase de Mari tiene 3 filas de escritorios. Cada fila tiene 5 escritorios. ¿Cuántos escritorios hay en la clase de Mari?

- **Escriban una oración numérica para este problema.** 5 × 3 = 15
- **Usen la tabla de multiplicación para calcular el producto.** 15
- **¿De qué otra manera podrían ustedes resolver este problema?** Dibujar un arreglo o contar salteado.

Control rápido **¿Les sigue costando a los alumnos multiplicar por 3?**

Si la respuesta es:

Sí → Guía de intervención estratégica. (pág. 68)

No → Opciones de trabajo independiente (pág. 189)
CRM Hoja de ejercicios para la práctica de destrezas (pág. 9)
CRM Hoja de trabajo de enriquecimiento (pág. 12)

En el futuro Pídales a los alumnos que escriban cómo piensan ellos que la lección de hoy sobre la multiplicación por 3 los ayudará con la lección de mañana sobre la multiplicación por 6.

Enriquecimiento (pág. 12) AL

5-1 Nombre ______ Fecha ______

Enriquecimiento TEKS 3.4(A)

La fiesta de cumpleaños

Karlie, Keri y Kristie son trillizas. Están teniendo una fiesta de cumpleaños. Lee cada problema. Haz un dibujo para cada expresión numérica. Usa una hoja de papel aparte si necesitas más espacio. Luego, escribe una expresión numérica que ayude a responder las preguntas 1 al 4. **Las figuras deben reflejar la oración de manera precisa.**

1. Cada niña quiere invitar seis amigos diferentes a la fiesta. ¿Cuántos amigos invitarán a la fiesta? **3 × 6 = 18 amigos**

2. El papá de las niñas está haciendo un joyero para cada niña. Cada caja tiene cuatro lados, un fondo y una tapa que abre. ¿Cuántos lados hará para el joyero? **3 × 4 = 12 lados**

3. Su tía está tejiendo suéteres para las niñas. Está comprando ocho botones de flores para poner en cada suéter. ¿Cuántos botones necesita comprar? **3 × 8 = 24 botones**

4. Las niñas van a cumplir 9 años. Soplarán las velas de su pastel juntas. Si su mamá quiere comprar un grupo de velas para poner a cada niña en el pastel, ¿cuántas velas necesita comprar? **9 × 3 = 27 velas**

Grado 3 12 Capítulo 5

Práctica de tarea (pág. 10) OL

5-1 Nombre ______ Fecha ______

Práctica de tarea TEKS 3.4(A)

Multiplica por 3

Usa modelos o haz un dibujo para multiplicar.

1. 3 × 3 = **9** 2. 3 × 5 = **15**
3. 5 × 3 = **15** 4. 9 × 3 = **27**
5. 4 × 3 = **12** 6. 10 × 3 = **30**
7. 8 × 3 = **24** 8. 3 × 7 = **21**
9. 6 × 3 = **18** 10. 1 × 3 = **3**

Resuelve.

11. El estacionamiento tiene 3 filas de carros. Hay 6 carros en cada fila. ¿Cuántos carros hay en el estacionamiento? **18 carros**

12. Mary tiene 3 monedas de 10¢ en su bolsillo. Cada moneda es igual a 10 monedas de 1¢. Si cambia sus monedas de 10¢ por monedas de 1¢, ¿cuántas monedas de 1¢ tendrá? **30 monedas de 1¢**

Repaso espiral

Multiplica. (Lección 4-9)

13. 0 × 3 = **0** 14. 1 × 5 = **5**
15. 1 × 6 = **6** 16. 0 × 9 = **0**
17. 0 × 1 = **0** 18. 2 × 0 = **0**
19. 8 × 1 = **8** 20. 1 × 0 = **0**
21. 1 × 4 = **4** 22. 2 × 1 = **2**
23. 5 × 0 = **0** 24. 0 × 1 = **0**

Grado 3 10 Capítulo 5

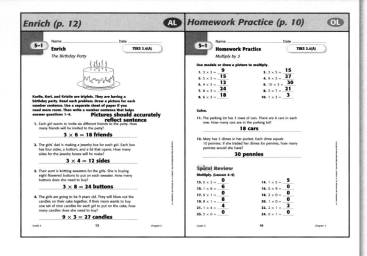

LECCIÓN 5-2 Multiplica por 6

Planificador de lección

Objetivo

Multiplica por 6.

TEKS y TAKS

TEKS 3.4 El estudiante reconoce y resuelve problemas en situaciones de multiplicación y división. **(A)** Aprenda y aplique las tablas de multiplicación hasta 12 por 12 utilizando modelos concretos y objetos.

TAKS 1 El estudiante demostrará un entendimiento de patrones, operaciones y razonamiento cuantitativo.

Las páginas del alumno también cubren los siguientes TEKS:
TEKS 3.16(A) Coméntalo, Ejercicio 10
TEKS 3.14(A), 3.15(B) Problemas H.O.T., Ejercicios 34–35
TEKS 3.3(A), TEKS 3.4(A), TEKS 3.5(A), TEKS 3.16(B) Repaso espiral, Ejercicios 39–49

Repaso de vocabulario

múltiplo

Rutina diaria

Siga estas sugerencias antes de iniciar la lección de la pág. 192.

Control de 5 minutos (Repaso de la Lección 5-1)

Multipliquen. Usen modelos si es necesario.

1. 3 x 8 24
2. 3 x 5 15
3. 4 x 3 12
4. 2 x 3 6

Problema del día

Carmen quiere comprar una revista. Ella tiene 3 billetes de un dólar, 3 monedas de 25¢ y una moneda de 5¢. Ella necesita 19¢ más para comprar la revista. ¿Cuánto cuesta la revista? $3.99

Repaso de vocabulario matemático

Escriba las palabras del repaso de vocabulario y sus definiciones en la pizarra.

Pídales a los alumnos que digan que tienen en común las palabras *múltiplo* y *multiplica*. Pregúnteles a los alumnos que significa *multi-* (más de uno). Pídales a los alumnos que multipliquen 3 x 2, 3 x 4, 3 x 5. Explíqueles que todos los productos son múltiplos de 3.

LESSON 5-2 Multiply by 6

Lesson Planner

Objective

Multiply by 6.

TEKS and TAKS

Targeted TEKS 3.4 The student recognizes and solves problems in multiplication and division situations. **(A) Learn and apply multiplication facts through 12 by 12 using concrete models and objects.**

TAKS 1 The student will demonstrate an understanding of numbers, operations, and quantitative reasoning.

Student pages also address the following TEKS:
TEKS 3.16(A) Talk About It, Exercise 10
TEKS 3.14(A), TEKS 3.15(B) HOT Problems, Exercises 34–35
TEKS 3.3(A), TEKS 3.4(A), TEKS 3.5(A), TEKS 3.16(B) Spiral Review, Exercises 39–49

Review Vocabulary

multiple

Resources

Materials: multiplication table, highlighters

Manipulatives: counters

Literature Connection: *Math Appeal* by Greg Tang

Teacher Technology
Interactive Classroom • TeacherWorks

Focus on Math Background

Every other multiple of three is a multiple of six. In other words, a multiple of six is twice as great as the same multiple of three. For example, the fourth multiple of three is twelve, so the fourth multiple of six will be double twelve, or twenty-four. Since students sometimes have an easier time of mental doubling than multiplying, this important connection might help while they are working on committing their sixes to memory.

192A Chapter 5 Model More Multiplication Facts

Daily Routine

Use these suggestions before beginning the lesson on p. 192.

5-Minute Check
(Reviews Lesson 5-1)

Multiply. Use models if needed.

1. 3 × 8 24
2. 3 × 5 15
3. 4 × 3 12
4. 2 × 3 6

Problem of the Day

Carmen wants to buy a magazine. She has 3 one-dollar bills, 3 quarters, and 1 nickel. She needs 19¢ more to buy the magazine. How much does the magazine cost? $3.99

Review Math Vocabulary

Write the review vocabulary word and its definition on the board.

Ask students to tell what the words *multiple* and *multiply* have in common. Ask students what *multi-* means (more than one). Have students multiply 3 × 2, 3 × 4, 3 × 5. Explain that all the products are multiples of 3.

Differentiated Instruction

Small Group Options

Option 1
TEKS 3.16(A)   LOGICAL

Gifted and Talented

Materials: paper or small dry erase boards, markers

- Students who have already mastered their × 6 facts can move on to work with extended facts. If a student knows that 6 × 7 = 42, then he or she should be able to determine that 60 × 7 = 420, 600 × 70 = 42,000, and so on.
- Students simply do the basic fact (600 × 70), write the answer (42), and then add the number of zeros they find at the end of each factor (600 × 70) to find the answer (42,000).
- For a different challenge, have students fill in a missing factor (e.g., 40 × ■ = 360,000).

Option 2
TEKS 3.4(A)   AUDITORY, VISUAL, SPATIAL

English Language Learners

Materials: 60 craft sticks and 10 rubber bands per pair
Core Vocabulary: sticks, bundle, times
Common Use Verb: pick up
Talk Math This strategy uses choral chanting to integrate multiplying by six.

- Have students face each other, each with sticks or bands.
- Model chanting "1 **times** 6, *pick up* **sticks**," prompting student A to pick up 6 sticks and student B to bundle them with the rubber band. Student pairs repeat.
- With student B holding the bundle, model student B's chanting "1 **times** 6?" and student A's responding "6 **sticks**!"
- Repeat both bundling calls and responses though 10 times 6.
- As time permits, have students make a 10 tab foldable for the 6 multiplication facts with the "1 **times** 6? 6 **sticks**!" chant.

Use this worksheet to provide additional support for English Language Learners.

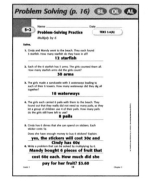

English Language Learners (p. 81)

Independent Work Options

Option 1
TEKS 3.4(A)   SPATIAL, LOGICAL

Early Finishers

Materials: index cards, markers

- Distribute index cards to students.
- Have them write a multiplication fact on one side, without the answer. Have students draw an array representing the fact on the other side.
- Students can use these flashcards to practice their multiplication facts.

Option 2
Student Technology

Math Online tx.gr3math.com
Personal Tutor • Extra Examples • Online Games
Math Adventures: Scrambled Egg City (6A)

Option 3
Learning Station: Reading (p. 184G)

Direct students to the Reading Learning Station for opportunities to explore and extend the lesson concept.

Option 4
Problem-Solving Practice

Reinforce problem-solving skills and strategies with the Problem-Solving Practice worksheet.

Problem Solving (p. 16)

Lesson 5-2 Multiply by 6   **192B**

Instrucción diferenciada

Opciones de trabajo independiente

Opción 1
TEKS 3.4(A)   ESPACIAL, LÓGICO

Para los que terminan primero

Materiales: tarjetas y marcadores

- Distribuya las tarjetas a los alumnos.
- Pídales que escriban una operación de multiplicación en una cara, sin la respuesta. Pídales a los alumnos que dibujen en la otra cara un arreglo representando la operación.
- Los alumnos pueden usar estas tarjetas de memoria para practicar sus operaciones de multiplicación.

Opción 2
Tecnología para el alumno

Matemáticas en línea tx.gr3math.com
Personal Tutor • Extra Examples • Online Games
Math Adventures: Scrambled Egg City (6A)

Opción 3
Estación de aprendizaje: Lectura (pág. 184G)

Dirija a los alumnos a la estación de aprendizaje de lectura para que tengan la oportunidad de explorar y ampliar el concepto de la lección.

Opción 4
Práctica y solución de problemas

Refuerce las destrezas y las estrategias de solución de problemas con la hoja de trabajo de solución de problemas.

Opción para grupos pequeños

Opción 1
TEKS 3.16(A)   LÓGICO

Talentosos

Materiales: papel o pizarras pequeñas

- Loa alumnos que ya han dominado sus operaciones x 6 pueden avanzar y trabajar con operaciones extendidas. Si un alumno sabe que 6 x 4 = 42, entonces el o ella debería poder determinar que 60 x 7 = 420, 600 x 700 = 42,000, y así sucesivamente.
- Los alumnos hacen simplemente la operación básica (600 x 70), escribir la respuesta (42) y luego agregar el número de ceros que ellos encuentren al final de cada factor (600 x 70) para calcular la respuesta.
- Para un reto diferente, pídales a los alumnos llenar un factor faltante (i.e.: 40 x = 360,000) Opciones de trabajo independiente

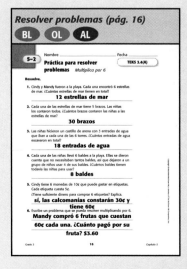

Resolver problemas (pág. 16)

Lección 5-2 Multiplica por 6   **192B**

1 Presentación TEKS 3.4(A)

Actividad propuesta 1 • Práctica
- Usando fichas, los alumnos hacen tres filas, con 6 fichas en cada fila.
- **¿Cómo calcular el número total de fichas?** Cuenta las fichas o multiplica 6 x 3
- **Escriban una oración numérica para este arreglo.** 6 x 3 = 18

Actividad propuesta 2 • Literatura
Presente la Lección con *Math Appeal* de Greg Tang. (Vea la página R104 para una actividad matemática relacionada.)

2 Enseñanza TEKS 3.3 (A)

Preguntas básicas
Escriba 5 x 6 en el pizarrón.
- **En la oración numérica 5 x 6, ¿cuál número puede ser un doble?** 6
- **¿Qué número duplicado puede ser 6?** 3
- **¿Cómo pueden usar 5 x 3 para calcular 5 x 6?** Se puede duplicar el producto de 5 x 3 para calcular el producto de 5 x 6.
- **Calculen el producto de 5 x 6.** 30

PREPÁRATE para aprender

Pídales a los alumnos que abran sus libros y lean la información de **Prepárate para aprender**. Repasar **múltiplo**. En conjunto, trabajen los **Ejemplos 1 y 2**.

---

1 Introduce TEKS 3.4(A)

Activity Choice 1 • Hands-On
- Using counters, students make 3 rows, with 6 counters in each row.
- **How do you find the total number of counters?** count the counters or multiply 6 × 3
- **Write a multiplication sentence for this array.** 6 × 3 = 18

Activity Choice 2 • Literature
Introduce the lesson with *Math Appeal* by Greg Tang. (For a related math activity, see p. R104.)

2 Teach TEKS 3.6(A)

Scaffolding Questions
Write 5 × 6 on the board.
- **In the number sentence 5 × 6, which number can be a double?** 6
- **What number doubled is 6?** 3
- **How can you use 5 × 3 to find 5 × 6?** You can double the product of 5 × 3 to find the product of 5 × 6.
- **Find the product of 5 × 6.** 30

GET READY to Learn

Have students open their books and read the information in **Get Ready to Learn**. Review **multiple**. As a class, work through **Examples 1 and 2**.

IDEA PRINCIPAL
Multiplicaré por 6.

TEKS Objetivo 3.4
El estudiante reconoce y resuelve problemas en situaciones de multiplicación y división. **(A)** Aprenda y aplique las tablas de multiplicación hasta 12 por 12 utilizando modelos concretos y objetos.

PREPÁRATE para aprender

Hay 4 ranas sentadas sobre un tronco. Si cada rana come 6 moscas, ¿cuántas moscas se comieron en total?

En esta lección, aprenderás a multiplicar por 6. Usa tu tabla de multiplicar para ayudarte a multiplicar por 6.

EJEMPLO concreto Usa un modelo

① **RANAS Si cada rana comió 6 moscas, ¿cuántas moscas comieron en total? Escribe una expresión numérica con multiplicación para anotar la solución.**

Hay 4 ranas y cada una comió 6 moscas. Usa fichas para modelar 4 filas con 6 en cada fila.

$6 + 6 + 6 + 6 = 24$

Entonces, la expresión numérica usando la multiplicación es $4 \times 6 = 24$. Las ranas comieron 24 moscas.

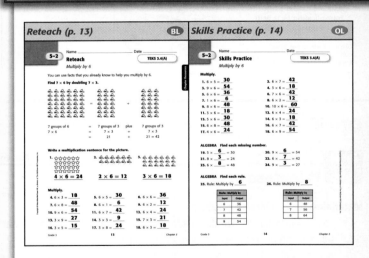

Reteach (p. 13) BL

Skills Practice (p. 14) OL

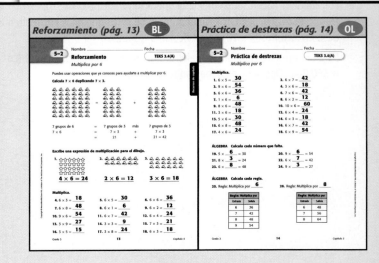

Reforzamiento (pág. 13) BL

Práctica de destrezas (pág. 14) OL

EJEMPLO concreto — Modela un factor que falta

2 ÁLGEBRA El joyero de Clara tiene espacio para 48 pares de zarcillos. El joyero tiene 8 filas y cada fila tiene el mismo número de espacios. ¿Cuántos espacios hay en cada fila?

Para resolver este problema, puedes usar modelos para resolver una expresión numérica.

Recuerda
Hay muchas maneras distintas de multiplicar.

Usa fichas para modelar 8 filas. Coloca una ficha en cada fila hasta que haya 48 fichas en total.

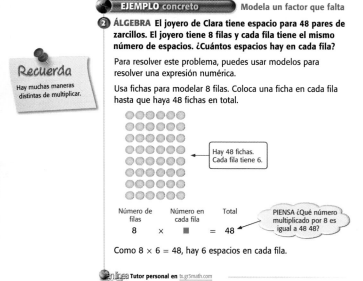

Hay 48 fichas.
Cada fila tiene 6.

Número de filas	Número en cada fila	Total
8	× ■	= 48

PIENSA ¿Qué número multiplicado por 8 es igual a 48?

Como 8 × 6 = 48, hay 6 espacios en cada fila.

en línea **Tutor personal en** tx.gr3math.com

VERIFICA lo que sabes

Usa modelos o haz un dibujo para multiplicar. Ver Ejemplo 1. (pág. 192)

1. 2 12
   × 6

2. 0 0
   × 6

3. 6 24
   × 4

4. 6 36
   × 6

Álgebra Calcula cada factor que falta. Ver Ejemplo 2 (pág. 193)

5. 5 × ■ = 30 6
6. ■ × 6 = 6 1
7. 7 × = 42 6
8. ■ × 6 = 54 9

9. Gil tiene 5 amigos. Él y cada uno de sus amigos tienen 5 videojuegos. ¿Cuántos videojuegos tienen en total? 30

10. **Coméntalo** Explica por qué el producto de 8 y 3 es el doble del producto de 4 y 3. 8 es el doble de 4; por lo tanto, 8 grupos de 3 es el doble de 4 grupos de 3.

Lección 5-2 Multiplica por 6 **193**

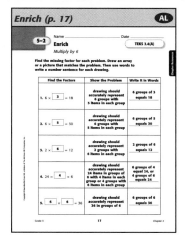

Use a Model

Example 1 Point out to students that if they do not have counters available to serve as models, they can draw pictures of counters or other objects.

ADDITIONAL EXAMPLES

1. The pet store has 2 dogs for sale. If each dog is given 6 treats in the afternoon, how many treats are given to the dogs? 12 treats

2. Kiara has 24 erasers. She divides them equally among her 4 best friends. How many erasers does each friend get? 6

CHECK What You Know

As a class, have students complete Exercises 1–10 in **Check What You Know** as you observe their work.

Exercise 10 Assess student comprehension before assigning practice exercises.

TEKS 3.4(A) 3.7(B)

BL Alternate Teaching Strategy

If students have trouble using the *double a known fact* strategy …

Then use one of these reteach options:

1 CRM **Daily Reteach Worksheet** (p. 13)

2 Have them underline the factor that is the double before writing the number sentence.

• You may also wish to provide students with a multiplication table to help them. For example, if students are trying to find 6 × 3, they could highlight the product of 3 × 3 (9) and 6 × 3 (18). Point out that 9 + 9 = 18, demonstrating that the strategy works. Have them practice with other facts.

Lesson 5-2 Multiply by 6 **193**

Usa un modelo

Ejemplo 1 Señáleles a los alumnos que si no tiene fichas disponibles que les sirvan de modelos, ellos pueden hacer dibujos de fichas u otros objetos.

EJEMPLOS ADICIONALES

1. La tienda de mascotas tiene 2 perros a la venta. Si a cada perro se le dan 6 golosinas en la tarde, ¿cuántas golosinas se le dan a los perros? 12 golosinas

2. Kiara tiene 24 borradores. Ella los divide equitativamente entre sus 4 mejores amigos. ¿Cuántos borradores tienen cada uno de sus amigos? 6

VERIFICA lo que sabes

En conjunto, pídales a los alumnos que completen los Ejercicios 1–10 en **Verifica lo que sabes** a medida que usted observa sus trabajos.

Ejercicio 10 Evalúa la comprensión del alumno antes de asignarle los ejercicios prácticos.

BL Estrategia alternativa de enseñanza TEKS 3.4(A), 3.7(B)

Si Los alumnos tienen problemas usando la estrategia duplica una operación…

Entonces Use una de estas opciones de reforzamiento:

1 CRM **Hoja de reforzamiento diario** (pág. 13)

2 Pídales que subrayen el factor que es el duplicado antes de escribir la oración numérica.

• Quizás usted desee facilitarles a los alumnos una tabla de multiplicación para ayudarlos. Por ejemplo, si los alumnos están tratando de calcular 6 x 3, ellos pueden resaltar el producto de 3 x 3 (9) y 6 x 3 (18). Señáleles que 9 + 9 = 18, demostrando que la estrategia funciona. Haga que practiquen otras operaciones.

③ Práctica

Asigne la práctica para los Ejercicios 11–35 según los siguientes niveles.

Nivel	Asignación
BL Nivel bajo	11-14, 19–25, 27, 30-31
OL A nivel	12-21, 24–26, 28-32, 34
AL Nivel avanzado	12–32 even, 34–35

Pídales a los alumnos que analicen y completen los problemas de razonamiento de alto nivel. Para el ejercicio 35, si los alumnos necesitan una ayuda, sugiérales que piensen en cosas que vienen en seises.

ESCRIBE EN ►MATEMÁTICAS

Pídales a los alumnos que completen el Ejercicio 35 en sus Diarios de matemáticas. Puede elegir hacer este ejercicio como una evaluación formativa adicional.

---

③ Practice

Differentiate practice using these leveled assignments for Exercises 11–35.

Level	Assignment
BL Below Level	11–14, 19–25, 27, 30–31
OL On Level	12–21, 24–26, 28–32, 34
AL Above Level	12–32 even, 34–35

Have students discuss and complete the Higher Order Thinking problems. For Exercise 35, if students need a hint, suggest that they think of things that come in sixes.

WRITING IN ►MATH Have students complete Exercise 35 in their Math Journals. You may choose to use this exercise as an optional formative assessment.

COMMON ERROR!

Exercises 13 and 16 Students may have trouble determining which factor to use when doubling a known fact in problems such as these in which both factors are even. Point out that they can use either one, but they will need to make sure to choose only one of the factors to find the double of, not both.

194 **Chapter 5** Model More Multiplication Facts

▶ Práctica y solución de problemas   PRÁCTICA EXTRA
Ver página R13.

Usa modelos o haz un dibujo para multiplicar. Ver Ejemplo 1 (pág. 192)

11. $\begin{array}{r} 6 \\ \times 2 \end{array}$ 12

12. $\begin{array}{r} 5 \\ \times 6 \end{array}$ 30

13. $\begin{array}{r} 4 \\ \times 6 \end{array}$ 24

14. $\begin{array}{r} 3 \\ \times 6 \end{array}$ 18

15. $\begin{array}{r} 6 \\ \times 6 \end{array}$ 36

16. $\begin{array}{r} 10 \\ \times 6 \end{array}$ 60

17. $\begin{array}{r} 6 \\ \times 9 \end{array}$ 54

18. $\begin{array}{r} 7 \\ \times 6 \end{array}$ 42

19. 0×6 0

20. 6×3 18

21. 8×6 48

22. 6×5 30

Álgebra Calcula cada factor que falta. Ver Ejemplo 2 (pág. 193)

23. $4 \times \blacksquare = 24$ 6

24. $\blacksquare \times 6 = 60$ 10

25. $6 \times \blacksquare = 36$ 6

26. $6 \times \blacksquare = 18$ 3

Álgebra Calcula cada número que falta.

27. 3

Multiplica por ■.	
Entrada	Salida
2	6
3	9
4	12
5	15

28. 5

Multiplica por ■.	
Entrada	Salida
3	15
4	20
5	25
6	30

29. 4

Multiplica por ■.	
Entrada	Salida
5	20
6	24
7	28
8	32

Resuelve. Usa modelos si es necesario.

★30. Seis alumnos compraron 5 bizcochos cada uno. Si regalaron 6 de los bizcochos, ¿cuántos bizcochos les quedan? 24 Seis alumnos compraron 5 bizcochos cada uno. Si regalaron 6 de los bizcochos, ¿cuántos bizcochos les quedan?

32. En la mañana se abrieron 6 huevos. Para la tarde, eran 9 veces más. 54 huevos ¿Cuántos huevos se abrieron en total?

★31. Si Ida tiene 6 monedas de 10¢, ¿tendrá suficiente dinero para comprar 8 chicles que cuestan 6¢ cada uno? Explica. Sí; el chicle cuesta 48¢.

★33. Hay 7 camionetas viajando hacia el parque. Si cada una puede llevar a 6 alumnos, ¿hay suficiente espacio para 45 alumnos? Explica. No; las camionetas sólo pueden llevar 42 personas.

Problemas H.O.T.

34. **INTERPRETA** Usa una de las estrategias de multiplicación para explicar cómo puedes calcular el producto de 6×6. duplica una operación conocida: suma 6×3 y 6×3.

35. **ESCRIBE EN ►MATEMÁTICAS** Escribe un problema concreto que puedas resolver multiplicando por 6. Ejemplo de respuesta: Sara tiene 6 paquetes de lápices. Si hay 7 lápices en cada paquete, ¿cuántos lápices hay en total?

194 **Capítulo 5** Haz modelos de más operaciones de multiplicación

---

¡ERROR COMÚN!

Ejercicios 13 y 16 Los alumnos pueden tener problemas determinando cuál factor usar cuándo se duplica una operación conocida como estas en la cual ambos factores son impares. Señáleles que ellos pueden usar cualquiera de los dos, pero que necesitaran asegurarse de elegir sólo uno de los factores para calcular el duplicado, no los dos.

36. El Sr. Lobo compra 3 del mismo artículo en una tienda. Si el total es $27, ¿qué compró? (Lección 5-1) B

A — soccer ball, $8
C — paintbrush, $4
B — umbrella, $9
D — scissors, $3

37. ¿Qué signo va en la casilla para que sea verdadera la expresión? (Lección 5-1) H

$$3 \blacksquare 10 = 30$$

F +   H ×

G −   J ÷

38. El Sr. Baxter compró 6 cajas de bombillos. Cada caja tiene 4 bombillos. ¿Qué expresión numérica muestra cómo hallar el número total de bombillos? (Lección 5-2) D

A $6 - 4 = 2$

B $24 \div 6 = 4$

C $6 + 4 = 10$

D $6 \times 4 = 24$

Repaso espiral

39. Henry colocó todas las conchas que recogió en 7 grupos iguales para sus amigos. Si cada grupo tenía 3 conchas, ¿cuántas conchas recogió Henry? (Lección 5-1) 21 conchas

Multiplica. (Lección 4-8)

40. 0×9 0   **41.** 6×0 0   **42.** 8×1 8

43. Gina y Cristal tienen cada una 50¢. ¿Es razonable decir que tienen suficiente dinero para comprar una caja de crayones que cuesta $1.50? Explica tu razonamiento. (Lección 3-4) No; juntas sólo tienen $1.

Redondea a la centena más cercana. (Lección 1-9)

44. 555 600   **45.** 209 200   **46.** 499 500

Suma. (Lección 2-8)

47. 748 960
   + 212

48. 136 435
   + 299

49. 374 532
   + 158

Homework Practice (p. 15) OL

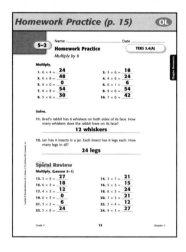

Práctica de tarea (pág. 15) OL

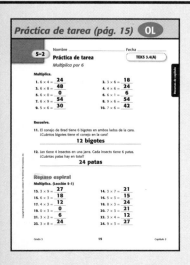

Assess

Formative Assessment TEKS 3.4(A), 3.6(A)

Write 9×6 on the board.

- **Show how you can find the product by doubling a known fact.** $9 \times 3 + 9 \times 3 = 54$
- **Name another way to find the product.**
  Sample answer: Draw an array with 9 rows of 6.

Name the Math Direct students to draw an array to find 7×6.

Quick Check — Are students continuing to struggle with multiplying by 6?

If Yes → Strategic Intervention Guide (p. 68)

If No → Independent Work Options (p. 192B)
     CRM Skills Practice Worksheet (p. 14)
     CRM Enrich Worksheet (p. 17)

 TEST Practice

Reviews Lesson 5-1   TEKS 3.4(A)

Assign the Texas Test Practice problems to provide daily reinforcement of test-taking skills.

Spiral Review   TEKS 3.16(B), 3.4(A)

Reviews Lessons 1-9, 2-8, 3-4, 4-8, and 5-1
Review and assess mastery of skills and concepts from previous chapters.

Evaluación

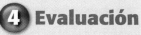

Evaluación formativa   TEKS 3.4(A), 3.6(A)

Escriba 9 x 6 en el pizarrón

- **Muestren cómo pueden calcular el producto duplicando una operación conocida.** $9 \times 3 + 9 \times 3 = 54$
- **Nombren otra manera de calcular el producto**
  Ejemplo de respuesta: dibujar arreglo de 9 filas de 6.

Nombra la matemática Dirija a los alumnos a dibujar un arreglo para calcular 7 x 6.

Control rápido — ¿Les sigue costando a los alumnos multiplicar por 6?

Si la respuesta es:

Sí → Guía de intervención estratégica (pág. 68)

No → Opciones de trabajo independiente (pág. 192B)
     CRM Hoja de ejercicios para la práctica de destrezas (pág. 14)
     CRM Hoja de trabajo de enriquecimiento (pág. 17)

Práctica para la PRUEBA

Repasa las Lección 5-1   TEKS 3.4(A)

Asigne los problemas de Práctica para la Prueba para reforzar diariamente las destrezas de resolución de pruebas.

Repaso espiral
TEKS 3.16(B), 3.4(A)

Repasa las Lecciones 1-9, 2-8, 3-4, 4-8 y 5-1.
Repasar y evaluar el dominio de las destrezas y conceptos de capítulos anteriores.

Práctica de operaciones

Use la página 196 para ayudar a los alumnos con las operaciones de multiplicación de los números 1 y 9.

Facts Practice

Use p. 196 to help students review their multiplication facts for numbers between 1 and 9.

Práctica de operaciones

Multiplica.

1. $\begin{array}{r} 4\ \ 36 \\ \times\ 9 \end{array}$ 2. $\begin{array}{r} 5\ \ 15 \\ \times\ 3 \end{array}$ 3. $\begin{array}{r} 6\ \ 24 \\ \times\ 4 \end{array}$ 4. $\begin{array}{r} 3\ \ 18 \\ \times\ 6 \end{array}$

5. $\begin{array}{r} 3\ \ 6 \\ \times\ 2 \end{array}$ 6. $\begin{array}{r} 4\ \ 16 \\ \times\ 4 \end{array}$ 7. $\begin{array}{r} 2\ \ 4 \\ \times\ 2 \end{array}$ 8. $\begin{array}{r} 4\ \ 20 \\ \times\ 5 \end{array}$

9. $\begin{array}{r} 4\ \ 24 \\ \times\ 6 \end{array}$ 10. $\begin{array}{r} 2\ \ 10 \\ \times\ 5 \end{array}$ 11. $\begin{array}{r} 2\ \ 14 \\ \times\ 7 \end{array}$ 12. $\begin{array}{r} 8\ \ 16 \\ \times\ 2 \end{array}$

13. $\begin{array}{r} 8\ \ 24 \\ \times\ 3 \end{array}$ 14. $\begin{array}{r} 2\ \ 6 \\ \times\ 3 \end{array}$ 15. $\begin{array}{r} 6\ \ 18 \\ \times\ 3 \end{array}$ 16. $\begin{array}{r} 4\ \ 12 \\ \times\ 3 \end{array}$

17. $\begin{array}{r} 6\ \ 30 \\ \times\ 5 \end{array}$ 18. $\begin{array}{r} 3\ \ 27 \\ \times\ 9 \end{array}$ 19. $\begin{array}{r} 6\ \ 12 \\ \times\ 2 \end{array}$ 20. $\begin{array}{r} 4\ \ 28 \\ \times\ 7 \end{array}$

21. 7×2 14   22. 5×2 10   23. 6×6 36   24. 2×4 8

25. 6×7 42   26. 3×3 9   27. 5×6 30   28. 7×4 28

29. 3×4 12   30. 4×4 16   31. 7×3 21   32. 9×2 18

33. 5×5 25   34. 9×4 36   35. 2×6 12   36. 5×7 35

Es hora de jugar

Tres en fila
Operaciones de multiplicación

¡Alístate!

Jugadores: 2 jugadores

Necesitarás: 2 monedas de 1¢
2 fichas de colores

¡Listos!

- Cada jugador elige un color para su ficha.

- Haz un tablero como el que se muestra. Usa los factores del 2 al 9 y cualesquiera productos.

Factores							
2	3	4	5	6	7	8	9

Productos				
20	36	12	14	30
54	45	8	24	40
28	16	27	20	32
42	15	10	21	18
6	24	12	48	35

¡Adelante!

- El jugador 1 coloca dos monedas de 1¢ sobre dos factores cualquiera. Luego el jugador 1 coloca una ficha sobre el producto.

- El jugador 2 sólo mueve una moneda de 1¢ a un factor nuevo. Luego, el jugador 2 coloca una ficha sobre el producto.

- Los jugadores toman turnos moviendo sólo una moneda de 1¢ en cada turno y colocando su ficha sobre el producto correspondiente.

- El primer jugador que logre colocar tres de sus fichas en una fila, gana el juego.

Es hora de jugar Tres en fila **197**

Differentiated Practice

Use these leveled suggestions to differentiate the game for all learners.

Level	Assignment
BL Below Level	Students may use multiplication fact tables to find factors.
OL On Level	Have students play the game with the rules as written.
AL Above Level	Have students write an addition sentence to express their multiplication problems. Both must be correct in order to place their counters.

Three in a Row

Math Concept:
Multiplication Facts

TEKS 3.4(A)

Materials: 2 pennies, 2-color counters

Introduce the game on p. 197 to your students to play as a class, in small groups, or at a learning workstation to review concepts introduced in this chapter.

Instructions

- Students play in pairs. Ask each partner to choose a color for their counters.

- Player 1 places the two pennies on any two factors, and one counter on the product of the factors. Player 2 then moves one penny to another factor and places a counter on the product of those factors. Players continue to take turns moving one penny to a new factor and placing a counter on the new product.

- The first player to get 3 of his or her counters in a row wins the game.

- You may choose to have a multiplication fact chart available for students to check their answers.

Extend the Game

Have students add 10 to the factor line or make up their own product game board. They may also create a board by shuffling the product numbers around on the current game board.

Tres en línea

Concepto matemático:
Operaciones matemáticas

TEKS 3.6(A)

Materiales: 2 monedas de 1¢, 2 fichas de colores

Presente el juego de la pág. 197 a los alumnos para que lo jueguen en conjunto, en grupos pequeños o en la estación de aprendizaje, para repasar los conceptos presentados en este capítulo.

Instrucciones

- Loa alumnos juegan en parejas. Pídale a cada compañero que elija un color para sus fichas.

- El jugador 1 coloca las dos monedas de 1¢ sobre cualquiera de los dos factores y una ficha sobre el producto de los factores. El jugador 2 luego mueve una moneda de 1¢ sobre otro factor y coloca una ficha sobre el producto de esos factores. Los jugadores continúan tomando turnos moviendo una moneda de 1¢ a un factor nuevo y colocando una ficha en el nuevo producto.

- El primer jugador obtenga tres de sus fichas en una fila gana el juego.

- Puede elegir tener una tabla de operaciones matemáticas disponible para que los alumnos verifiquen sus respuestas.

Ampliación del juego

Pídales a los alumnos agregarle 10 a la línea del factor o que hagan su propio tablero de juego de productos. También pueden crear un tablero revolviendo los números de los productos alrededor del tablero de juego actual.

Práctica diferenciada

Use estos niveles sugeridos para diferenciar el juego para todos los aprendices.

Nivel	Asignación
BL Nivel bajo	Los alumnos pueden usar las tablas de operaciones matemáticas para calcular factores.
OL A nivel	Pídales a los alumnos que realicen el juego con las reglas como están escritas.
AL Nivel avanzado	Pídales a los alumnos que escriban una oración de suma para expresar su problema matemático. Ambos deben estar correctos para poder colocar sus fichas.

Estrategia para resolver problemas
Halla un patrón

Planificador de lección

Objetivo

Busca un patrón para resolver un problema.

TEKS y TAKS

TEKS 3.14 El estudiante aplica las matemáticas del 3er grado para resolver problemas relacionados con experiencias diarias y actividades dentro y fuera de la escuela. **(C) Seleccione o desarrolle un plan o una estrategia de resolución de problemas apropiado en el que** haga un dibujo, **busque un patrón,** adivine y compruebe sistemáticamente, haga una dramatización, elabore una tabla, resuelva un problema más sencillo o trabaje desde el final hasta el principio **para resolver un problema.** *También cubre TEKS 3.14(B).*

TAKS 6 El estudiante demostrará un entendimiento de los procesos matemáticos y herramientas usadas en la resolución de problemas.

Rutina diaria

Siga estas sugerencias antes de iniciar la lección de la pág. 198.

Control de 5 minutos (Repaso de la Lección 5-2)

Multipliquen
1. 6 × 5 30
2. 6 × 3 18
3. 6 × 7 42
4. 2 × 6 12

Problema del día

Elisa está pensando en dos números que su suma es 16 y que la diferencia es 2. ¿Cuáles son los números? 7 y 9

Lesson Planner

Objective
Look for a pattern to solve a problem.

TEKS and TAKS

Targeted TEKS 3.14 The student applies Grade 3 mathematics to solve problems connected to everyday experiences and activities in and outside of school. **(C) Select or develop an appropriate problem-solving plan or strategy, including** drawing a picture, **looking for a pattern,** systematic guessing and checking, acting it out, making a table, working a simpler problem, or working backwards **to solve a problem.** *Also addresses TEKS 3.14(B).*

TAKS 6 The student will demonstrate an understanding of the mathematical processes and tools used in problem solving.

Resources

Manipulatives: counters

Literature Connection: *Too Many Kangaroo Things To Do!* by Stuart J. Murphy

Teacher Technology
Interactive Classroom • TeacherWorks

 Real-World Problem-Solving Library
Math and Science: *Populations on the Rise*
Use these leveled books to reinforce and extend problem-solving skills and strategies.
Leveled for:
OL On Level
ELL Sheltered English

For additional support, see the Real-World Problem-Solving Teacher's Guide.

Daily Routine

Use these suggestions before beginning the lesson on p. 198.

5-Minute Check
(Reviews Lesson 5-2)

Multiply.
1. 6 × 5 30
2. 6 × 3 18
3. 6 × 7 42
4. 2 × 6 12

Problem of the Day

Eloisa is thinking of two numbers whose sum is 16 and whose difference is 2. What are the numbers?
7 and 9

Differentiated Instruction

Small Group Options

Option 1 · TEKS 3.6(A) · LOGICAL, INTRAPERSONAL

Gifted and Talented **AL**

Materials: notebook paper

- Have students work with patterns involving two rules, as in the following word problem:

  Liam is walking home from school. To pass the time, first he skips forward for 20 feet, and then he hops backward on one foot for 5 feet. He continues this pattern 3 times. When he is done, how far will he have gone? He will have gone 45 feet.

+20 −5 +20 −5 +20 −5
0 → 20 → 15 → 35 → 30 → 50 → 45

- Students can make up such problems for their classmates to solve.

Option 2 · KINESTHETIC

English Language Learners **ELL**

Core Vocabulary: copy, create, follow the leader
Common Use Verb: translate
Do Math This strategy uses an adapted form of follow the leader to act out the patterns in multiples of 3.

- Act out a simple pattern in 3s (hop right left right, pop your hip left right left, and put your hand out in a stop gesture right left right) saying hop, pop, and stop 3 times each as you do them.

- Repeat until students can copy you. Ask students to translate this pattern into new movements.

- Continue this process of finding and translating patterns.

- Extend the activity by allowing students to create their own movement patterns.

Use this worksheet to provide additional support for English Language Learners.

English Language Learners (p. 85) ELL

24 Name

Number Scramble

Cut out the number cards. Use them to make and solve equations. Write your equations on another sheet of paper. Then rearrange the cards and solve the equations another way.

7 4 5 3 2

Check student responses.

Independent Work Options

Option 1 · TEKS 3.6(A) · LOGICAL

Early Finishers **OL** **AL**

Materials: paper, pencil

- Have students go back to the Practice the Strategy problems and extend the patterns.

Option 2

Student Technology

Math Online tx.gr3math.com
Personal Tutor • Extra Examples • Online Games

Option 3

Learning Station: Science (p. 184H)

Direct students to the Science Learning Station for opportunities to explore and extend the lesson concept.

Instrucción diferenciada

Opciones de trabajo independiente

Opción 1 · TEKS 3.6(A) · LÓGICO

Para los que terminan primero **OL** **AL**

Materiales: lápiz y papel

- Pídales a los alumnos que regresen a los problemas de "Practica la estrategia" y extiendan los patrones.

Opción 2

Tecnología para el alumno

Enlace technológico

Matemáticas en línea tx.gr3math.com

Personal Tutor • Extra Examples • Online Games

Opción 3

Estación de aprendizaje: Ciencias (pág. 184H)

Dirija a los alumnos a la estación de aprendizaje de ciencias para que tengan la oportunidad de explorar y ampliar el concepto de la lección.

Opción para grupos pequeños

Opción 1 · TEKS 3.6(A) · LÓGICO, INTRAPERSONAL

Talentosos **AL**

Materiales: papel de cuaderno

- Pídales a los alumnos que trabajen con patrones que incluyan dos reglas, como en el siguiente problema en palabras:

Liam está caminando a casa de la escuela. Para pasar el tiempo, primero el brinca hacia delante por 20 pies, y luego el salta hacia atrás en un pie por 5 pies. El continúa este patrón 3 veces. Cuando el termina, ¿Hasta qué distancia habrá llegado? Él habrá recorrido 45 pies.

- Los alumnos pueden idear este tipo de problemas para que sus compañeros de clases los resuelvan.

5-3

Estrategia para resolver problemas

1 Presentación

Actividad propuesta 1 • Práctica

- Escriba el siguiente problema en el pizarrón. *Beatriz lee 4 libros cada mes. Ella ha estado leyendo libros por más de 6 años. ¿Cuántos libros lee Beatriz en 3 meses?*
- Pídales a los alumnos que piensen en la habilidad y estrategia para resolver problemas que ellos han aprendido hasta ahora. **¿Qué información se necesita para resolver este problema?** 4 libros cada mes y 3 meses. **¿Qué información no es necesaria?** Por más de 6 años. **Resuelve el problema:** 12 libros.

Actividad propuesta 2 • Literatura

Presente la Lección con *Too Many Kangaroo Things To Do!* de Stuart J. Murphy. (Vea la página R104 para una actividad matemática relacionada)

2 Enseñanza TEKS 3.14(B), (C)

Pídales a los alumnos que lean el problema sobre usando losas para crear un patrón. Guíelos a través de los pasos para resolver problemas.

Entiende Usando las preguntas, repase los que los alumnos conocen y necesitan calcular.

Planifica Pídales que comenten su estrategia.

Resuelve Guíe a los alumnos a usar la estrategia *buscar un patrón* para resolver un problema.

- **¿Qué pueden hacer para organizar los datos?** Colocarlos en una tabla.
- **¿Cómo hayan en patrón?** Calculando la diferencia entre el primer y segundo número, luego el segundo y el tercero, etc.
- **¿Cuál es el patrón?** Duplicar el número siguiente.

Verifica Pídales a los alumnos que revisen el problema para asegurarse que la respuesta corresponde con los datos dados.

5-3 **Problem-Solving Strategy**

1 Introduce TEKS 3.14(B)

Activity Choice 1 • Review

- Write the following problem on the board: *Beatriz reads 4 books every month. She has been reading books for over 6 years. How many books does Beatriz read in 3 months?*
- Ask students to think about the problem-solving skills and strategies they have learned about so far. **What information is needed to solve the problem?** 4 books every month and 3 months **What information is not needed?** over 6 years **Solve the problem.** 12 books

Activity Choice 2 • Literature

Introduce the lesson with *Too Many Kangaroo Things To Do!* by Stuart J. Murphy. (For a related math activity support see p. R104.)

2 Teach TEKS 3.14(B), (C)

Have students read the problem on using tiles to create a pattern. Guide them through the problem-solving steps.

Understand Using the questions, review what students know and need to find.

Plan Have them discuss their strategy.

Solve Guide students to use the *look for a pattern* strategy to solve the problem.

- **What can you do to organize the data?** Put it in a table.
- **How do you find the pattern?** Find the difference between the first and second numbers, then the second and third, etc.
- **What is the pattern?** double the previous number

Check Have students look back at the problem to make sure that the answer fits the facts given.

! COMMON ERROR!

Some students may only look at the first two numbers. Tell them to look for the difference between at least the first three numbers before determining the pattern.

198 **Chapter 5** Model More Multiplication Facts

5-3

Estrategia para resolver problemas

IDEA PRINCIPAL Hallaré un patrón para resolver un problema.

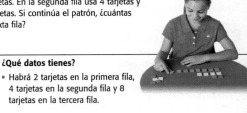

TEKS Objetivo 3.14 El estudiante aplica las matemáticas del 3er grado para resolver problemas relacionados con experiencias diarias y actividades dentro y fuera de la escuela. (C) **Seleccione o desarrolle un plan o una estrategia de resolución de problemas . . . busque un patrón, . . . para resolver un problema.** *También cubre TEKS 3.14(B).*

Cristina está haciendo un patrón con tarjetas de colores. En la primera fila, usa 2 tarjetas. En la segunda fila usa 4 tarjetas y en la tercera usa 8 tarjetas. Si continúa el patrón, ¿cuántas tarjetas habrá en la sexta fila?

Entiende

¿Qué datos tienes?

- Habrá 2 tarjetas en la primera fila, 4 tarjetas en la segunda fila y 8 tarjetas en la tercera fila.

¿Qué necesitas calcular?

- ¿Cuántas tarjetas habrá en la sexta fila?

Planifica

Primero puedes hacer una tabla con la información. Luego, busca un patrón.

Resuelve

- Primero, coloca la información en la tabla.

1ª	2ª	3ª	4ª	5ª	6ª
2	4	8			

+2 +4 +8

- Halla un patrón. Los números se duplican.
- Una vez que conoces el patrón, puedes continuarlo.

$8 + 8 = 16$

$16 + 16 = 32$

$32 + 32 = 64$

Entonces, habrá 64 tarjetas en la sexta fila.

Verifica

Revisa el problema. Completa la tabla usando el patrón.

1ª	2ª	3ª	4ª	5ª	6ª
2	4	8	16	32	64

+2 +4 +8 +16 +32

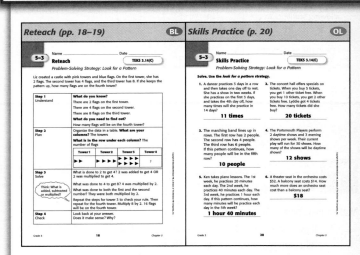

Hay 64 tarjetas en la sexta fila. Por lo tanto, sabes que tienes la razón.

198 **Capítulo 5** Haz modelos de más operaciones de multiplicación

Reteach (pp. 18–19) BL

5-3 Name ______ Date ______

Reteach TEKS 3.14(C)

Problem-Solving Strategy: Look for a Pattern

Liz created a castle with pink towers and blue flags. On the first tower, she has 2 flags. The second tower has 4 flags, and the third tower has 8. If she keeps the pattern up, how many flags are on the fourth tower?

Step 1 Understand	**What do you know?** There are 2 flags on the first tower. There are 4 flags on the second tower. There are 8 flags on the third tower. **What do you need to find out?** How many flags will be on the fourth tower?
Step 2 Plan	Organize the data in a table. **What are your columns?** The towers **What is in the row under each column?** The number of flags
Step 3 Solve (Think: What is added, subtracted or multiplied?)	What is done to 2 to get 4? 2 was added to get 4 OR 2 was multiplied to get 4. What was done to 4 to get 8? 4 was multiplied by 2. What was done to both the first and the second number? They were both multiplied by 2. Repeat the steps for tower 3 to check your rule. Then repeat for the fourth tower. Multiply 8 by 2. 16 flags will be on the fourth tower.
Step 4 Check	Look back at your answer. Does it make sense? Why?

Tower 1	Tower 2	Tower 3	Tower 4
►►	►►►►	►►►► ►►►►	?

Grade 3 18 Chapter 5

Skills Practice (p. 20) OL

5-3 Name ______ Date ______

Skills Practice TEKS 3.14(C)

Problem-Solving Strategy: Look for a Pattern

Solve. Use the *look for a pattern* strategy.

1. A dancer practices 3 days in a row and then takes one day off to rest. She has a show in two weeks. If she practices on the first 3 days, and takes the 4th day off, how many times will she practice in 14 days? **11 times**
2. The concert hall offers specials on tickets. When you buy 5 tickets, you get 1 other ticket free. When you buy 10 tickets, you get 2 other tickets free. Lyddie got 4 tickets free. How many tickets did she buy? **20 tickets**
3. The marching band lines up in rows. The first row has 2 people. The second row has 4 people. The third row has 6 people. If this pattern continues, how many people will be in the fifth row? **10 people**
4. The Portsmouth Players perform 2 daytime shows and 3 evening shows per week. Their current play will run for 30 shows. How many of the shows will be daytime shows? **12 shows**
5. Ken takes piano lessons. The 1st week, he practices 20 minutes each day. The 2nd week, he practices 40 minutes each day. The 3rd week, he practices 1 hour each day. If this pattern continues, how many minutes will he practice each day in the 5th week? **1 hour 40 minutes**
6. A theater seat in the orchestra costs $32. A balcony seat costs $14. How much more does an orchestra seat cost than a balcony seat? **$18**

Grade 3 20 Chapter 5

! ¡ERROR COMÚN!

Algunos alumnos quizás sólo observen los dos primeros números. Dígales que busquen la diferencia entre al menos los tres primeros números antes de determinar un patrón.

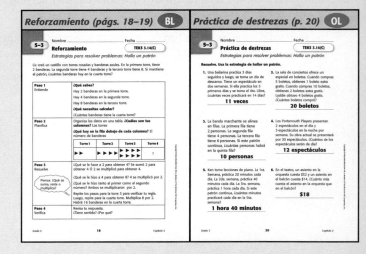

Reforzamiento (págs. 18–19) BL

5-3 Nombre ______ Fecha ______

Reforzamiento TEKS 3.14(C)

Estrategias para resolver problemas: Halla un patrón

Liz creó un castillo con torres rosadas y banderas azules. En la primera torre, tiene 2 banderas. La segunda torre tiene 4 banderas y la tercera torre tiene 8. Si mantiene el patrón, ¿cuántas banderas hay en la cuarta torre?

Paso 1 Entiende	**¿Qué sabes?** Hay 2 banderas en la primera torre. Hay 4 banderas en la segunda torre. Hay 8 banderas en la tercera torre. **¿Qué necesitas calcular?** ¿Cuántas banderas tiene la cuarta torre?
Paso 2 Planifica	Organiza los datos en una tabla. **¿Cuáles son tus columnas?** Las torres **¿Qué hay en la fila debajo de cada columna?** El número de banderas
Paso 3 Resuelve (Piensa: ¿Qué se suma, resta o multiplica?)	¿Qué se le hace a 2 para obtener 4? Se sumó 2 para obtener 4 Ó 2 se multiplicó para obtener 4. ¿Qué se le hizo a 4 para obtener 8? 4 se multiplicó por 2. ¿Qué se le hizo tanto al primer como al segundo número? Ambos se multiplicaron por 2. Repite los pasos para la torre 3 para verificar tu regla. Luego, repite para la cuarta torre. Multiplica 8 por 2. Habrá 16 banderas en la cuarta torre.
Paso 4 Verifica	Revisa tu respuesta. ¿Tiene sentido? ¿Por qué?

Torre 1	Torre 2	Torre 3	Torre 4
►►	►►►►	►►►► ►►►►	?

Grado 3 18 Capítulo 5

Práctica de destrezas (p. 20) OL

5-3 Nombre ______ Fecha ______

Práctica de destrezas TEKS 3.14(C)

Estrategias para resolver problemas: Halla un patrón

Resuelve. Usa la estrategia de hallar un patrón.

1. Una bailarina practica 3 días seguidos y luego, se toma un día de descanso. Tiene un espectáculo en dos semanas. Si ella practica los 3 primeros días y se toma el 4to. Libre, ¿cuántas veces practicará en 14 días? **11 veces**
2. La sala de conciertos ofrece un especial en boletos. Cuando compras 5 boletos, obtienes 1 boleto extra gratis. Cuando compras 10 boletos, obtienes 2 boletos extra gratis. Lyddie obtuvo 4 boletos gratis. ¿Cuántos boletos compró? **20 boletos**
3. La banda marchante se alinea en filas. La primera fila tiene 2 personas. La segunda fila tiene 4 personas. La tercera fila tiene 6 personas. Si este patrón continua, ¿cuántas personas habrá en la quinta fila? **10 personas**
4. Los Portsmouth Players presentan 2 espectáculos en el día y 3 espectáculos en la noche por semana. Su obra actual se presentará por 30 espectáculos. ¿Cuántos de los espectáculos serán de día? **12 espectáculos**
5. Ken toma lecciones de piano. La 1ra. Semana, práctica 20 minutos cada día. La 2da. semana, práctica 40 minutos cada día. La 3ra. semana, práctica 1 hora cada día. Si este patrón continua, ¿cuántos minutos practicará cada día en la 5ta. semana? **1 hora 40 minutos**
6. En el teatro, un asiento en la orquesta cuesta $32 y un asiento en el balcón cuesta $14. ¿Cuánto más cuesta el asiento en la orquesta que en el balcón? **$18**

Grado 3 20 Capítulo 5

★ Indica problemas de pasos múltiples

  la estrategia

Consulta el problema de la página anterior.

1. Revisa el ejemplo. Verifica tu respuesta. ¿Cómo sabes que es correcta? Muestra tus cálculos. Ver el margen.

2. Explica cómo identificaste el patrón para este problema. Calculé que los números se duplicaban cada vez.

3. Supón que hay 4 tarjetas en la primera fila, 8 en la segunda y 16 en la tercera. ¿Cuántas tarjetas hay en la fila 6? 128 tarjetas

4. ¿Por qué es buena idea colocar primero la información en una tabla? Ver el trabajo del alumno.

 **la estrategia**

PRÁCTICA EXTRA
Ver página R13.

Resuelve. Usa la estrategia _de halla un patrón._

5. A continuación se muestra un juego de bolos. Si hay 3 filas más, ¿cuántos bolos hay en total? 28 bolos

★6. Yutaka está sembrando 24 flores. Él usa un patrón de 1 margarita y luego 2 tulipanes rojos. Si continúa el patrón, ¿cuántos tulipanes rojos usará?

16 tulipanes

7. Shandra está recogiendo latas para reciclarlas. Si el patrón continúa, ¿cuántas latas recogerá en la semana 5? 96 latas

Semana	1	2	3	4	5
Latas	6	12	24		

★8. Howi poda el césped cada dos días y gana $5 el primer día. Después de eso, gana $1 más que la vez anterior. Si comienza podando el primer día del mes, ¿cuánto dinero ganará el día 19? $14

Día del mes	1	3	5	7	9
Ganado	$5	$6	$7		

9. Gloria hace 3 saltos hacia delante y 1 hacia atrás. Si cada salto es de 1 pie, ¿cuántos saltos hace antes de recorrer 2 yardas? (_Ayuda:_ Hay 3 pies en una yarda) 12 saltos

10. ESCRIBE EN MATEMÁTICAS Explica cómo te ayuda a resolver un problema la estrategia de _busca un patrón._ Ver Apéndice de respuestas del Cap. 5.

Lección 5-3 Estrategia para resolver problemas: busca un patrón **199**

Analyze the Strategy Use Exercises 1–4 to analyze and discuss the problem-solving strategy.

BL **Alternate Teaching Strategy** TEKS 3.14(C)

If students have trouble looking for a pattern …

Then use one of these reteach options:

1 CRM **Daily Reteach Worksheet** (pp. 18–19)

2 Have them draw pictures to help them see the patterns.

3 Practice

Using the Exercises

Exercises 5–10 Students should use _look for a pattern_ strategy to solve each problem. To find a pattern, they will need to complete a table or create one of their own to solve. If students struggle finding a pattern, suggest using counters or a drawing to help them.

Exercise 9 If students have trouble answering this question, have them make a list of the distances until they see a pattern: For example, 1, 2, 3, 2, 3, 4, 3, 4,….

4 Assess
TEKS 3.14(C)

✓ Formative Assessment

• **How does the _look for a pattern_ strategy help you to solve problems?** It helps you to organize information in order to solve a problem.

Additional Answer

1. A table helps to organize the information and makes it easier to see a pattern.

Quick Check	Are students continuing to struggle with using the _look for a pattern_ strategy?

If Yes → CRM Reteach Worksheet (pp. 18–19)

If No → Independent Work Options (p. 212B)
CRM Skills Practice Worksheet (p. 20)
CRM Enrich Worksheet (p. 22)

Lesson 5-3 Problem-Solving Strategy: Look for a Pattern **199**

Analiza la estrategia Use los Ejercicios 1-4 para analizar y comentar la estrategia para resolver problemas.

BL **Estrategia alternativa de enseñanza** TEKS 3.14 (C)

Si Los alumnos tienen problemas buscando un patrón.

Entonces Use una de estas opciones de reforzamiento:

1 CRM **Hoja de reforzamiento diario** (págs. 18-19)

2 Pídales que hagan dibujos para que puedan ver los patrones.

3 Práctica

Uso de los Ejercicios

Ejercicios 5–10 Los alumnos deben usar la estrategia busca un patrón para resolver cada problema. Para hallar un patrón, ellos necesitaran completar una tabla o crear una propia para resolver. Si los alumnos se lidian para encontrar un patrón, sugiéreles que usen fichas o un dibujo que los pueda ayudar.

Ejercicio 9 Si los alumnos tienen problemas contestando esta pregunta, pídales que hagan una lista de las distancias hasta que observen un patrón: por ejemplo, 1, 2, 3, 2, 3, 4, 3, 4

4 Evaluación

✓ Evaluación formativa

▪ ¿Cómo les ayudo la estrategia busca un patrón a resolver problemas? Te ayuda a organizar información en orden para resolver problemas.

Respuesta adicional

1. Una tabla ayuda a organizar la información y nos ayuda a ver un patrón.

Control rápido	¿Les sigue costando a los alumnos usar la estrategia buscar un patrón?

Si la respuesta es:

Sí → CRM Hoja de refuerzo (págs. 18 y 19)

No → Opciones de trabajo independiente (pág. 212B)
CRM Hoja de ejercicios para la práctica de destrezas (pág. 20)
CRM Hoja de trabajo de enriquecimiento (pág. 22)

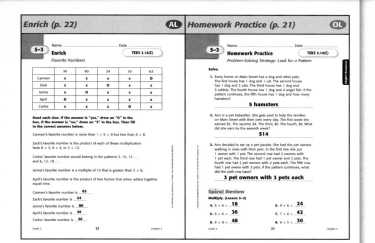

Enrich (p. 22) **AL** / Homework Practice (p. 21) **OL**

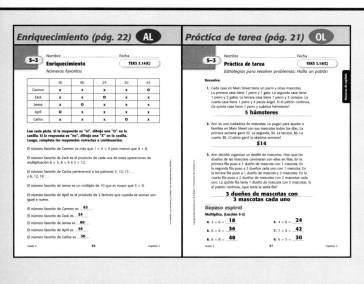

Enriquecimiento (pág. 22) **AL** / Práctica de tarea (pág. 21) **OL**

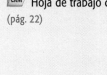

Lección 5-3 Estrategia para resolver problemas **199**

Planificador de lección

Objetivo
Multiplica por 7.

TEKS y TAKS

TEKS 3.4 El estudiante reconoce y resuelve problemas en situaciones de multiplicación y división. **(A) Aprenda y aplique las tablas de multiplicación hasta 12 por 12 utilizando modelos concretos y objetos.**

TAKS 1 El estudiante demostrará un entendimiento de patrones, operaciones y razonamiento cuantitativo.

Las páginas del alumno también cubren los siguientes TEKS:
TEKS 3.15(B) Coméntalo, Ejercicio 9
TEKS 3.15(A), TEKS 3.16(B) Problemas H.O.T., Ejercicios 36–38

Repaso de vocabulario
propiedad conmutativa de la multiplicación

Rutina diaria
Siga estas sugerencias antes de iniciar la lección de la pág. 200.

Control de 5 minutos
(Repaso de la Lección 5-3)

Resuelve Usa la estrategia *busca un patrón*.
Jamaal tiene una adivinanza para sus compañeros de clase. Cuando el dice 5, la respuesta es 17. Cuando el dice 8, la respuesta es 20. Cuando el dice 10, la respuesta es 22. ¿Cuál es la respuesta si el dice 15? 27

Problema del día
Benito tiene 24 canicas y Yuri tiene 12 canicas. Namid tiene la suma de las canicas de Benito y Yuri. ¿Cuántas canicas tienen ellos en total? 72

Repaso de vocabulario matemático
Escriba las palabras del repaso de vocabulario y sus definiciones en la pizarra.

Pregúnteles a los alumnos que significa conmuta. Guíelos para que se den cuenta que significa moverse o viajar. Luego muestre cómo los números siendo multiplicados (factores) se pueden mover en una multiplicación. Haga un arreglo para 6 x 4 y 4 x 6. Los alumnos deben darse cuenta que el producto es el mismo sin importar el orden de los productos.

Tarjetas visuales de vocabulario
Use la(s) tarjeta(s) visual(es) del vocabulario 9 para reforzar el vocabulario presentado en esta lección. (En la parte posterior de cada tarjeta está escrita la rutina Definir/Ejemplo/ Pregunta).

Propiedad conmutativa de la multiplicación

Lesson Planner

Objective
Multiply by 7.

TEKS and TAKS

Targeted TEKS 3.4 The student recognizes and solves problems in multiplication and division situations. **(A) Learn and apply multiplication facts through 12 by 12 using concrete models and objects.**

TAKS 1 The student will demonstrate an understanding of numbers, operations, and quantitative reasoning.

Student pages also address the following TEKS:
TEKS 3.15(B) Talk About It, Exercise 9
TEKS 3.15(A), TEKS 3.16(B) HOT Problems, Exercises 36–38

Review Vocabulary
Commutative Property of Multiplication

Resources
Materials: grid paper, index cards

Manipulatives: counters

Literature Connection: *Multiplying Menace: The Revenge of Rumplestiltskin* by Pam Calvert

Teacher Technology
 Interactive Classroom • TeacherWorks

Focus on Math Background

The lack of an easily accessible pattern in the multiples of seven makes the seven times table difficult. Some students compensate for the difficulty by decomposing seven into five and two. For example, 7×8 equals 5×8 plus 2×8. If arrays are used to teach the basic facts, this informal use of the distributive property becomes a natural process.

Daily Routine
Use these suggestions before beginning the lesson on p. 200.

5-Minute Check
(Reviews Lesson 5-3)

Solve. Use the *look for a pattern* strategy.
Jamaal has a riddle for his classmates. When he says 5, the answer is 17. When he says 8, the answer is 20. When he says 10, the answer is 22. What is the answer when he says 15? 27

Problem of the Day
Benito has 24 marbles, and Yuri has 12 marbles. Namid has the sum of Benito's and Yuri's marbles. How many marbles do they have in all? 72

Review Math Vocabulary
Write the review vocabulary term and its definition on the board.

Ask students what it means to *commute*. Guide them to see that it means to move or travel. Then show how numbers being multiplied (factors) can move in a multiplication. Build an array for 6×4 and 4×6. Students should see that the product is the same regardless of the order of the factors.

Visual Vocabulary Cards
Use Visual Vocabulary Card 9 to reinforce the vocabulary reviewed in this lesson. (The Define/Example/Ask routine is printed on the back of each card.)

Commutative Property of Multiplication

Differentiated Instruction

Small Group Options

Option 1 — Below Level [BL]
TEKS 3.4(A) — VISUAL, SPATIAL

Materials: connecting cubes, index cards

Provide students with connecting cubes to work out the product of each fact. They can then write the facts they find on index cards. Have students use cubes to work through the Check What You Know and Practice Exercises.

Option 2 — English Language Learners [ELL]
VISUAL, SPATIAL

Materials: 10-week calendar numbered 10 to 1 week
Core Vocabulary: 7 days in a week, till, summer vacation
Common Use Verb: count down
See Math This strategy applies song to help students remember their 7 facts.

- Post the calendar and say: "We can **count down** to find out how many days are left."
- Sing the following song to the tune of "10 Little Indians":

  How many days till summer vacation? (repeat 3 times)
  10 weeks till vacation.

  70 days till summer vacation … 63 … 56 … 8 weeks till vacation.

- Repeat for 49, 42, 35 / 5 weeks, and 28, 21, 14 / 1 week.
- Scaffold "__ weeks = __ days" on the board and have students write out their facts to keep for reference.

Independent Work Options

Option 1 — Early Finishers [OL] [AL]
AUDITORY

Materials: markers, colored pencil or pen

- Have students create a multiplication song or rap using multiplication facts they have learned so far in this chapter and Chapter 4.

Option 2 — Student Technology

Math Online tx.gr3math.com Math Tool Chest
Personal Tutor • Extra Examples • Online Games
🖴 Math Adventures: Scrambled Egg City (6B)

Option 3 — Learning Station: Writing (p. 184G)

Direct students to the Writing Learning Station for opportunities to explore and extend the lesson concept.

Option 4 — Problem-Solving Practice

Reinforce problem-solving skills and strategies with the Problem-Solving Practice worksheet.

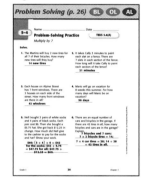

Instrucción diferenciada

Opciones de trabajo independiente

Opción 1 — Para los que terminan primero [OL] [AL]
AUDITIVO

Materiales: marcadores, lápiz de color o bolígrafo
- Pídales a los alumnos que creen una canción o rap de multiplicación usando las operaciones matemáticas que han aprendido hasta ahora en este capítulo y el capítulo 4.

Opción 2 — Tecnología para el alumno
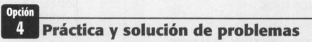

Matemáticas en línea tx.gr3math.com • Math Tool Chest

Personal Tutor • Extra Examples • Online Games
🖴 Math Adventures: Scrambled Egg City (6B)

Opción 3 — Estación de aprendizaje: Redacción (pág. 184G)

Dirija a los alumnos a la estación de aprendizaje de redacción para que tengan la oportunidad de explorar y ampliar el concepto de la lección.

Opción 4 — Práctica y solución de problemas

Refuerce las destrezas y las estrategias de solución de problemas con la hoja de trabajo de solución de problemas.

Opción para grupos pequeños

Opción 1 — Nivel bajo [AL]
TEKS 3.4(A) — VISUAL/ESPACIAL

Materiales: Cubos conectores, tarjetas
Suminístreles a los alumnos cubos conectores para que trabajen el producto de cada operación. Luego, ellos pueden escribir las operaciones que ellos calculen en tarjetas. Pídales a los alumnos que usen los cubos para que trabajen a través de verifica lo que sabes y los ejercicios prácticos.

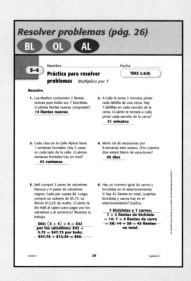

Multiplica por 7

① Presentación
TEKS 3.4(A), 3.6(B)

Actividad propuesta 1 • Práctica

- Usando papel cuadriculado pídales a los alumnos que sombreen 1 fila de 7. Explíqueles que este arreglo modela 1 x 7. Pídales a los alumnos que escriban el producto al lado de la fila.
- Pídales a los alumnos que continúen sombreando una columna a la vez y registren el producto hasta que hayan dibujado un arreglo de 9 x 7.

Actividad propuesta 2 • Literatura

Presente la Lección con *Multiplying Menace: The Revenge of Rumplestiltskin* de Pam Calvert. (Vea la página R104 para una actividad matemática relacionada.)

② Enseñanza
TEKS 3.4(A), 3.6(B)

Preguntas básicas

Escriba 6 x 3 en el pizarrón.

- **¿Qué estrategias pueden usar para resolver este problema?** Dibujar un arreglo, duplicar una operación conocida.
- **¿Pueden resolver 6 x 3 sumando?** Expliquen. Sí; sumando 6 grupos de 3; 3 + 3 + 3 + 3 + 3 + 3.

PREPÁRATE para aprender

Pídales a los alumnos que abran sus libros y lean la información de **Prepárate para aprender.** Repasar **propiedad conmutativa de la multiplicación.** En conjunto, trabajen los **Ejemplos 1 y 2.**

Multiply by 7

① Introduce
TEKS 3.4(A), 3.6(B)

Activity Choice 1 • Hands-On

- Using grid paper, students shade 1 row of 7. Explain that this shaded array models 1 × 7. Have students write the product next to the row.
- Have students continue to shade one column at a time and record the product until they have drawn a 9 × 7 array.

Activity Choice 2 • Literature

Introduce the lesson with *Multiplying Menace: The Revenge of Rumplestiltskin* by Pam Calvert. (For a related math activity, see p. R104.)

② Teach
TEKS 3.4(A), 3.6(B)

Scaffolding Questions

Write 6 × 3 on the board.

- **What strategies can you use to solve this problem?** draw an array, double a known fact
- **Can you solve 6 × 3 by adding? Explain.** Yes; add 6 groups of 3; 3 + 3 + 3 + 3 + 3 + 3.

 GET READY to Learn

Have students open their books and read the information in **Get Ready to Learn.** Review the **Commutative Property of Multiplication.** As a class, work through **Examples 1 and 2.**

Multiplica por 7

IDEA PRINCIPAL
Multiplicaré por 7.

TEKS Objetivo 3.4
El estudiante reconoce y resuelve problemas en situaciones de multiplicación y división. (A) Aprenda y aplique las tablas de multiplicación hasta 12 por 12 utilizando modelos concretos y objetos.

Recuerda
La propiedad conmutativa establece que el producto no cambia si el orden de los factores cambia. Por lo que puedes contar de cinco en cinco, 7 veces.
5 + 5 + 5 + 5 + 5 + 5 + 5

PREPÁRATE para aprender

Una atracción en un parque de diversiones tiene 5 carros. Cada carro tiene 7 asientos. ¿Cuántas personas pueden subir a la atracción al mismo tiempo?

Puedes usar modelos para multiplicar por 7. Usa tu tabla de multiplicar para ayudarte a multiplicar por 7.

EJEMPLO concreto Usa modelos

① **ATRACCIONES** Si hay 5 carros con 7 asientos cada uno, ¿cuántos pueden subir al mismo tiempo?

Calcula 5 × 7. Usa fichas para modelar 5 grupos de 7.

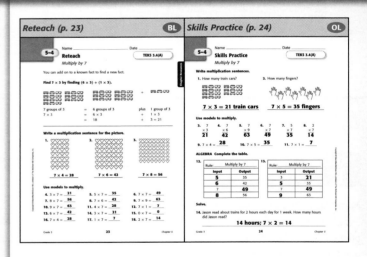

$5 \times 7 = 35$

Entonces, 35 personas pueden subir al mismo tiempo.

Tutor personal en tx.gr3math.com

200 Capítulo 5 Haz modelos de más operaciones de multiplicación

---

Reteach (p. 23) BL

Skills Practice (p. 24) OL

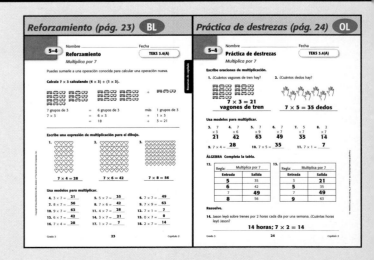

Reforzamiento (pág. 23) BL

Práctica de destrezas (pág. 24) OL

2 **ÁLGEBRA Una caja de insectos tiene 28 escarabajos. Hay el mismo número de tamaños diferentes de escarabajos. Si hay 7 de cada tamaño, ¿cuántos escarabajos de distintos tamaños hay?**

Para resolver el problema, puedes hacer un dibujo para resolver una expresión numérica.

Tamaños diferentes	Número de cada tamaño	Total	
■	× 7	= 28	¿Qué número por 7 es igual a 28?

Dibuja escarabajos en grupos de 7 hasta que tengas 28 escarabajos.

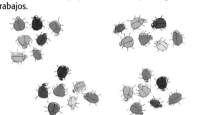

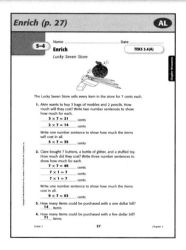

9. Ejemplo de respuesta: Usa una operación relacionada o una expresión numérica.

Cuatro grupos de 7 son 28. El número que falta en la expresión numérica es 4.

Entonces, 7 × 4 = 28. Hay 4 tamaños de escarabajos.

✓ VERIFICA lo que sabes

Usa modelos para multiplicar. Ver Ejemplo 1 (pág. 200)

1.
$$\begin{array}{r} 2\ 14 \\ \times\ 7 \end{array}$$
2.
$$\begin{array}{r} 7\ 56 \\ \times\ 8 \end{array}$$
3. 9 × 7 63
4. 7 × 10 70

Álgebra Calcula cada factor que falta. Ver Ejemplo 2 (pág. 201)

5. 7 × ■ = 0 0
6. ■ × 7 = 49 7
7. 7 × ■ = 70 10

8. Brianna le dio 4 lápices a cada uno de sus 7 amigos. ¿Cuántos lápices dio en total? 28 lápices

9. Coméntalo Describe dos estrategias diferentes para multiplicar un número por 7.

Lección 5-4 Multiplica por 7 **201**

Draw Pictures to Find Missing Numbers

Example 2 If students have trouble drawing pictures to solve a multiplication number sentence with a missing factor, point out that the factor in the sentence that they know tells them how many objects need to be placed in a group.

ADDITIONAL EXAMPLES

1 A rollercoaster has 4 cars and each car can carry 7 people. How many people can ride the rollercoaster at one time? 28

2 There are a total of 15 prizes in the bag. Each child gets to draw 3 prizes from the bag. How many children will be drawing prizes? 5

✓ CHECK What You Know

As a class, have students complete Exercises 1–9 in **Check What You Know** as you observe their work.

Exercise 9 Assess student comprehension before assigning practice exercises.

BL Alternate Teaching Strategy   TEKS 3.4(A)(B)

If students have trouble multiplying by 7 …

Then use one of these reteach options:

1 CRM **Daily Reteach Worksheet** (p. 23)

2 Have students use models, such as counters, or draw pictures to find the products of 1 × 7 through 9 × 7. Once the problem has been reordered, have them skip count to find the product.

3 Have students use Math Tool Chest to help complete the problem-solving exercises.   TEKS 3.14(D)

Lesson 5-4 Multiply by 7 **201**

EJEMPLOS ADICIONALES

1 Una montaña rusa tiene 4 carros y cada carro puede llevar 7 personas. ¿Cuántas personas pueden montar la montaña rusa a la vez? 28

2 Hay un total de 15 premios en una bolsa. A cada niño le toca sacar 3 premios de la bolsa. ¿Cuántos niños sacaran premios de la bolsa? 5

✓ VERIFICA lo que sabes

En conjunto, pídales a los alumnos que completen los Ejercicios 1–9 en **Verifica lo que sabes** a medida que usted observa sus trabajos.

Ejercicio 9 Evalúa la comprensión del alumno antes de asignarle los ejercicios prácticos.

BL Estrategia alternativa de enseñanza   TEKS 3.4(A)(B)

Si Los alumnos tienen problemas multiplicando por 7

entonces Use una de estas opciones de reforzamiento:

1 CRM Hoja de reforzamiento diario (pág. 25)

2 Pídales a los alumnos que usen modelos, como fichas, o hacer un dibujo para calcular el producto de 1 x 7 hasta 9 x 7. Una vez que el problema haya sido reorganizado, pídales que cuenten salteado para calcular el producto.

3 Pídales a los alumnos que usen el cofre de herramientas matemáticas para ayudarlos a completar los ejercicios de solución de problemas.

Lección 5-4 Multiplica por 7 **201**

3 Práctica

Asigne la práctica para los Ejercicios 10-38 según los siguientes niveles.

Nivel	Asignación
BL Nivel bajo	10-13, 18-21, 26-28, 32, 34
OL A nivel	10-25, 29-31, 34-25, 37
AL Nivel avanzado	10-35 odd, 36-38

Pídales a los alumnos que analicen y completen los problemas de razonamiento de alto nivel. Anime a los alumnos a que consideren las estrategias mostradas en la lección para ayudarse con el ejercicio 38.

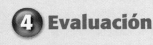

ESCRIBE EN ▶MATEMÁTICAS

Pídales a los alumnos que completen el Ejercicio 38 en sus Diarios de matemáticas. Puede elegir hacer este ejercicio como una evaluación formativa adicional.

4 Evaluación

Evaluación formativa

Escriba 5 x 7 en el pizarrón.

- **Si yo sumo 6 grupos de 7. Puedo calcular la respuesta, ¿Qué estrategia estoy usando?** Suma repetida
- **Yo se las operaciones de matemática del 5. ¿Qué estrategia estoy usando?** Usando una operación conocida.

Control rápido **¿Les sigue costando a los alumnos multiplicar por 7?**

Si la respuesta es:

Sí ⟶ Guía de intervención estratégica (pág. 68), Opciones para grupos pequeños (pág. 200B)

No ⟶ Opciones de trabajo independiente (pág. 200b)
CRM Hoja de ejercicios para la práctica de destrezas (pág. 24)
CRM Hoja de trabajo de enriquecimiento (pág. 27)

Boleto de salida Suminístreles a los alumnos una tarjeta de índice y pídales que escriban [INS] en ella. Luego, pídales que calculen el producto usando una operación conocida o una suma repetida.

3 Practice

Differentiate practice using these leveled assignments for Exercises 10–38.

Level	Assignment
BL Below Level	10–13, 18–21, 26–28, 32, 34
OL On Level	10–25, 29–31, 34–35, 37
AL Above Level	10–35 odd, 36–38

Have students discuss and complete the Higher Order Thinking problems. Encourage students to consider strategies shown in the lesson to help them with Exercise 38.

WRITING IN ▶MATH Have students complete Exercise 38 in their Math Journals. You may choose to use this exercise as an optional formative assessment.

4 Assess

Formative Assessment

Write 5 × 7 on the board.

- **If I add 6 groups of 7, I can find the answer. What strategy am I using?** repeated addition
- **I know the multiplication facts for 5. What strategy am I using?** using a known fact

Quick Check **Are students continuing to struggle with multiplying by 7?**

If Yes ⟶ Strategic Intervention Guide (p. 68)
Small Group Options (p. 200B)

If No ⟶ Independent Work Options (p. 200B)
CRM Skills Practice Worksheet (p. 24)
CRM Enrich Worksheet (p. 27)

Ticket Out the Door Give students an index card and have them write 8 × 7 on it. Then have them find the product by using a known fact or repeated addition.

COMMON ERROR!

Exercises 34 and 35 Students may have trouble with solving word problems. Remind students to look for what the problem is asking them to do, select a strategy, and solve.

202 **Chapter 5** Model More Multiplication Facts

★ Indica problemas de pasos múltiples

Práctica y solución de problemas

PRÁCTICA EXTRA Ver página R13.

Usa modelos para multiplicar. Ver Ejemplo 1 (pág. 200)

10. 3 × 7 21 **11.** 1 × 7 7 **12.** 4 × 7 28 **13.** 2 × 7 14

14. 0 × 7 0 **15.** 7 × 7 49 **16.** 9 × 7 63 **17.** 7 × 6 42

18. 7 × 4 28 **19.** 5 × 7 35 **20.** 7 × 8 56 **21.** 7 × 10 70

22. 7 × 2 14 **23.** 10 × 7 70 **24.** 7 × 9 63 **25.** 7 × 5 35

Álgebra Calcula cada factor que falta. Ver Ejemplo 2 (pág. 201)

26. 4 × ■ = 28 7 **27.** 7 × ■ = 49 7 **28.** 8 × ■ = 56 7

29. ■ × 7 = 63 9 **30.** ■ × 7 = 21 3 **31.** 7 × ■ = 42 6

32. Ryan y 6 amigos jugaron baloncesto y lograron un total de 35 canastas. Si cada uno logró el mismo número de canastas, ¿cuántas canastas logró cada persona? 5 canastas

★**33. MEDIDAS** Durante 9 semanas de las vacaciones de verano, Bradley pasó 2 semanas en un campamento de fútbol. ¿Cuántos días no pasó en el campamento? 49 días

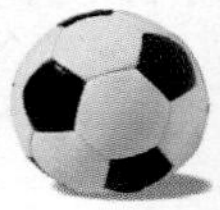

34. Elian tiene 5 paquetes de arañas de goma. Si cada paquete tiene 7 arañas, ¿cuántas arañas tiene en total? 35 arañas

35. Inés tiene 8 CD. ¿Cuántas canciones tiene si cada CD tiene 7 canciones? 56 canciones

Problemas H.O.T.

36. SENTIDO NUMÉRICO ¿Es 3 × 7 mayor que 3 × 8? ¿Cómo lo sabes sin multiplicar? Explica. No; 7 es menor que 8; por lo tanto,g 3 × 7 es menor que 3 × 8

37. ¿CUÁL NO PERTENECE? Identifica qué expresión de multiplicación es incorrecta. Explica.

7 × 9 = 63 7 × 7 = 48 5 × 7 = 35 7 × 0 = 0

7 × 7; 7 × 7 = 49 no 48

38. ESCRIBE EN ▶MATEMÁTICAS Explica por qué usar la suma repetida no es la mejor estrategia para calcular un producto como 7 × 9. Porque es más fácil pensar en una operación relacionada que sumar 9 siete veces.

202 Capítulo 5 Matemáticas en línea Control de autoevaluación tx.gr3math.com

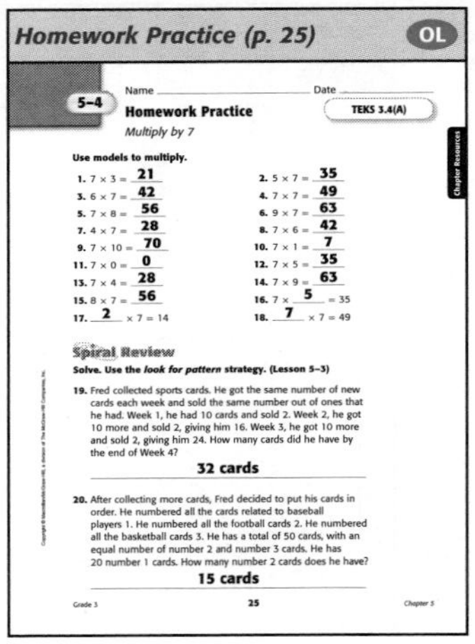
Homework Practice (p. 25) OL

5-4 Name ______ Date ______
Homework Practice TEKS 3.4(A)
Multiply by 7

Use models to multiply.

1. 7 × 3 = **21** 2. 5 × 7 = **35**
3. 6 × 7 = **42** 4. 7 × 7 = **49**
5. 7 × 8 = **56** 6. 9 × 7 = **63**
7. 4 × 7 = **28** 8. 7 × 6 = **42**
9. 7 × 10 = **70** 10. 7 × 1 = **7**
11. 7 × 0 = **0** 12. 7 × 5 = **35**
13. 7 × 4 = **28** 14. 7 × 9 = **63**
15. 8 × 7 = **56** 16. 7 × **5** = 35
17. **2** × 7 = 14 18. **7** × 7 = 49

Spiral Review

Solve. Use the *look for pattern* strategy. (Lesson 5-3)

19. Fred collected sports cards. He got the same number of new cards each week and sold the same number out of ones that he had. Week 1, he had 10 cards and sold 2. Week 2, he got 10 more and sold 2, giving him 16. Week 3, he got 10 more and sold 2, giving him 24. How many cards did he have by the end of Week 4? **32 cards**

20. After collecting more cards, Fred decided to put his cards in order. He numbered all the cards related to baseball players 1. He numbered all the football cards 2. He numbered all the basketball cards 3. He has a total of 50 cards, with an equal number of number 2 and number 3 cards. He has 20 number 1 cards. How many number 2 cards does he have? **15 cards**

Grade 3 25 Chapter 5

¡ERROR COMÚN!

Ejercicios 34 y 35 Los alumnos pueden tener problemas resolviendo problemas en palabras. Recuérdeles a los alumnos que busquen lo que el problema les está pidiendo que hagan, que seleccionen una estrategia y resuelvan.

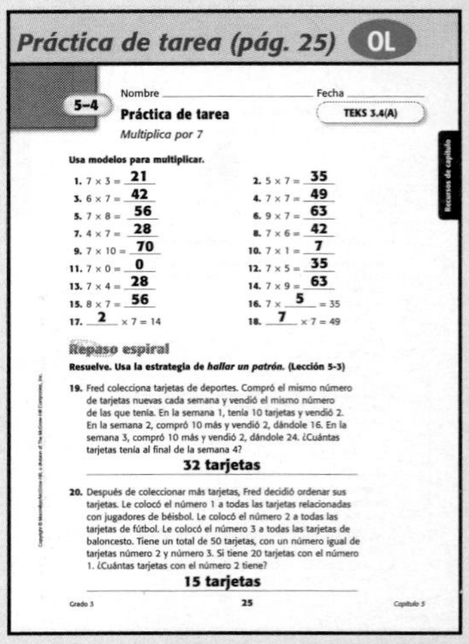
Práctica de tarea (pág. 25) OL

5-4 Nombre ______ Fecha ______
Práctica de tarea TEKS 3.4(A)
Multiplica por 7

Usa modelos para multiplicar.

1. 7 × 3 = **21** 2. 5 × 7 = **35**
3. 6 × 7 = **42** 4. 7 × 7 = **49**
5. 7 × 8 = **56** 6. 9 × 7 = **63**
7. 4 × 7 = **28** 8. 7 × 6 = **42**
9. 7 × 10 = **70** 10. 7 × 1 = **7**
11. 7 × 0 = **0** 12. 7 × 5 = **35**
13. 7 × 4 = **28** 14. 7 × 9 = **63**
15. 8 × 7 = **56** 16. 7 × **5** = 35
17. **2** × 7 = 14 18. **7** × 7 = 49

Repaso espiral

Resuelve. Usa la estrategia de *hallar un patrón.* (Lección 5-3)

19. Fred colecciona tarjetas de deportes. Compró el mismo número de tarjetas nuevas cada semana y vendió el mismo número de las que tenía. En la semana 1, tenía 10 tarjetas y vendió 2. En la semana 2, compró 10 más y vendió 2, dándole 16. En la semana 3, compró 10 más y vendió 2, dándole 24. ¿Cuántas tarjetas tenía al final de la semana 4? **32 tarjetas**

20. Después de coleccionar más tarjetas, Fred decidió ordenar sus tarjetas. Le colocó el número 1 a todas las tarjetas relacionadas con jugadores de béisbol. Le colocó el número 2 a todas las tarjetas de fútbol. Le colocó el número 3 a todas las tarjetas de baloncesto. Tiene un total de 50 tarjetas, con un número igual de tarjetas número 2 y número 3. Si tiene 20 tarjetas con el número 1. ¿Cuántas tarjetas con el número 2 tiene? **15 tarjetas**

Grado 3 25 Capítulo 5

Verificación de mitad del capítulo
Lecciones 5-1 a la 5-4

Usa modelos o haz un dibujo para multiplicar. (Lección 5-1)

1. 3 24
   × 8

2. 3 12
   × 4

3. 3 × 7 21

4. 3 × 9 27

5. ✎ **PRÁCTICA PARA LA PRUEBA**
Tres veces más niños comen un almuerzo caliente que un almuerzo empacado. Si hay 8 alumnos con almuerzos empacados, ¿cuántos comen almuerzos calientes? (Lección 5-1) C (TAKS 1)

A 5   **C** 24
B 11   **D** 32

Multiplica. (Lección 5-2)

6. 6 × 0 0

7. 8 × 6 48

Álgebra Calcula cada número que falta. (Lección 5-2)

8. 6 × ■ = 42 7

9. ■ × 6 = 36 6

10. Gretchen hizo una pared para su castillo de arena. Primero, hizo 4 ladrillos de arena y 1 torre de arena. Luego, hizo 8 ladrillos y 1 torre. Le siguieron 12 ladrillos y 1 torre. Si continúa con este patrón, ¿cuántos ladrillos hará a continuación? (Lección 5-3) 16 ladrillos

11. Halla el patrón. Completa la tabla. (Lección 5-3)

1º	2º	3º	4º	5º	6º
2	7	12	■	■	■
			17	22	27

12. La mamá de Chloe le dijo que colocara la masa de los bizcochos en filas iguales. Ella colocó 3 bolas de masa a lo largo de la parte superior del molde de hornear y 7 bolas de masa hacia abajo. ¿Cuántos bizcochos puede colocar Chloe en el molde? (Lección 5-4) 21 bizcochos

Usa modelos para multiplicar. (Lección 5-4)

13. 7 28
   × 4

14. 5 35
   × 7

15. ✎ **PRÁCTICA PARA LA PRUEBA**
El distrito escolar tiene 6 escuelas elementales con 7 terceros grados en cada una. ¿Cuántos terceros grados hay en total? (Lección 5-4) H (TAKS 1)

F 13   **H** 42
G 36   **J** 49

16. ▩ **ESCRIBE EN** ▸**MATEMÁTICAS** Explica cómo calcular 6 × 9 duplicando una operación conocida. (Lesson 5-2) Calcula 3 × 9 más 3 × 9 puesto que 6 es el doble de 3.

Evaluación formativa **203**

Mid-Chapter Check

Lessons 5-1 through 5-4

✓ Formative Assessment
TEKS 3.4(A), 3.14(C), 3.6(B)

Use the Mid-Chapter Check to assess students' progress in the first half of the chapter.

ExamView  Assessment Suite Customize and create multiple versions of your Mid-Chapter Check and the test answer keys.

FOLDABLES Dinah Zike's Foldables

Use these lesson suggestions to incorporate the Foldable during the chapter.

Lesson 5-1 Glue the back pocket from Chapter 4 to the front pocket of Chapter 5 to make a large multiplication pocket Foldable. Use the fact cards already made and cards that will be made while studying Chapter 5 with a multiplication table.

Lessons 5-1, 5-2, and 5-4 Students can cut and use quarter sheets of notebook paper to make multiplication flashcards for multiplying by 3, 6, and 7. Encourage students to use their study cards to help them memorize to automaticity the multiplication table for numbers between 1–10.

Data-Driven Decision Making

Based on the results of the Mid-Chapter Check, use the following resources to review concepts that continue to give students problems.

Exercises	🌐 TEKS	What's the Math?	Error Analysis	Resources for Review
1–5 Lesson 5-1 6–9, 16 Lesson 5-2 12–15 Lesson 5-4	3.4(A)	Memorize multiplication tables to 10.	Does not know multiples up to 10. Writes incorrect answer.	Strategic Intervention Guide (pp. 64, 68) CRM Chapter 5 Resource Masters (Reteach Worksheets) Math Online Extra Examples • Personal Tutor • Concepts in Motion • Math Adventures
10–11 Lesson 5-3	3.14(C)	Use the *look for a pattern* strategy.	Does not read or understand the problem.	

Verificación de mitad del capítulo

Lecciones 5-1 a la 5-4

✓ Evaluación formativa

Use la Verificación de mitad del capítulo para evaluar el progreso del alumno en la primera mitad del capítulo.

ExamView Assessment Suite Elabore múltiples versiones, con las características que desee, de la prueba del Capítulo y de las claves de respuesta de la prueba.

PLEGADOS Plegados de Dinah Zike

Use estas sugerencias para la lección a fin de incorporar los Plegados durante el capítulo.

Lección 5-1 Peguen la parte de atrás del bolsillo del Capítulo 4 con la parte de adelante del bolsillo del Capítulo 5 para hacer un Plegado de un bolsillo grande de multiplicación. Usen las tarjetas de operaciones que ya se hicieron y las tarjetas que se harán mientras estudiamos el capítulo 5 con una tabla de multiplicación.

Lecciones 5-1, 5-2 y 5-4 Los alumnos pueden cortar y usar cuartos de papel para hacer tarjetas de multiplicación por 3, 6 y 7. Anime a los alumnos a que usen sus tarjetas para ayudarse a memorizar hasta la automatización la tabla de multiplicación para los números entre 1-10.

LECCIÓN 5-5 Multiplica por 8

Planificador de lección

Objetivo

Multiplicar por 8

⭐ TEKS y TAKS

TEKS 3.4 El estudiante reconoce y resuelve problemas en situaciones de multiplicación y división. **(A) Aprenda y aplique las tablas de multiplicación hasta 12 por 12 utilizando modelos concretos y objetos.**

TAKS 1 El estudiante demostrará un entendimiento de patrones, operaciones y razonamiento cuantitativo.

Las páginas del alumno también cubren los siguientes TEKS:
TEKS 3.15(B) Coméntalo, Ejercicio 10
TEKS 3.14(A), TEKS 3.15(A) Problemas H.O.T., Ejercicios 35-37
TEKS 3.1(A), TEKS 3.4(A), TEKS 3.6 (A) Repaso espiral, Ejercicios 39-49

Repaso de vocabulario

multiplicar

Rutina diaria

Siga estas sugerencias antes de iniciar la lección de la pág. 204.

Control de 5 minutos (Repaso de la Lección 5-4)

Multipliquen
1. 2 x 7 14
2. 5 x 7 35
3. 9 x 7 63
4. 7 x 7 49

Problema del día

Michael corrió 7 millas el lunes. El corrió 2 millas menos el martes que el lunes. El corrió 5 millas más el miércoles que el martes. ¿Cuántas millas corrió él? 22

Repaso de vocabulario matemático

Escriba las palabras del repaso de vocabulario y sus definiciones en la pizarra.
Pídales a los alumnos que hagan un dibujo para resolver 7 x 3, 5 x 6 y 6 x 4. Pídales a los alumnos que compartan sus dibujos con la clase.

Tarjetas visuales de vocabulario

Use la(s) tarjeta(s) visual(es) del vocabulario 37 para reforzar el vocabulario presentado en esta lección. (En la parte posterior de cada tarjeta está escrita la rutina Definir/Ejemplo/ Pregunta)

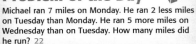

LESSON 5-5 Multiply by 8

Lesson Planner

Objective
Multiply by 8.

⭐ TEKS and TAKS

Targeted TEKS 3.4 The student recognizes and solves problems in multiplication and division situations. **(A) Learn and apply multiplication facts through 12 by 12 using concrete models and objects.**

TAKS 1 The student will demonstrate an understanding of numbers, operations, and quantitative reasoning.

Student pages also address the following TEKS:
TEKS 3.15(B) Talk About It, Exercise 10
TEKS 3.14(A), TEKS 3.15(A), HOT Problems, Exercises 35–37
TEKS 3.1(A), TEKS 3.4(A), TEKS 3.6(A) Spiral Review, Exercises 39–49

Review Vocabulary

multiply

Resources

Manipulatives: counters

Literature Connection: *The Rajah's Rice: A Mathematical Folktale from India* by David Barry

Teacher Technology
⊕ Interactive Classroom • TeacherWorks

 Focus on Math Background

Although fluency is a goal, intermediate steps are sometimes necessary with larger factors. Decomposing products by "cutting" rectangular arrays helps students construct products while they continue to work on fluency. Eight decomposed into five and three means 8×6 equals 5×6 plus 3×6. Additionally, this experience with partial products develops a working understanding of the Distributive Property, enhancing the probability of success when the property is formally taught.

204A Chapter 5 Model More Multiplication Facts

Daily Routine

Use these suggestions before beginning the lesson on p. 204.

5-Minute Check
(Reviews Lesson 5-4)

Multiply.
1. 2×7 14
2. 5×7 35
3. 9×7 63
4. 7×7 49

Problem of the Day

Michael ran 7 miles on Monday. He ran 2 less miles on Tuesday than Monday. He ran 5 more miles on Wednesday than on Tuesday. How many miles did he run? 22

▷ Review Math Vocabulary

Write the review vocabulary word and its definition on the board.

Have students draw a picture to solve 7×3, 5×6, and 6×4. Ask students to share their drawings with the class.

Visual Vocabulary Cards
Use Visual Vocabulary Card 37 to reinforce the Vocabulary reviewed in this lesson. (The Define/Example/Ask routine is printed on the back of each card.)

multiply

Differentiated Instruction

Small Group Options

TEKS 3.4(A)

Option 1 — Below Level **BL**   SPATIAL

Materials: dot paper

- Draw a vertical line down the center of a piece of dot paper. Show students how to double a known fact to find fact 6 × 7. Circle 3 rows of 7 dots on the left side of the line. Do the same on the right side of the line. Under each side of the line, write 3 × 7 = 21. Above the diagram, write 6 × 7 = 42.
- Give students centimeter dot paper. Tell them to show how to find the products of 8 × 5 and 6 × 9 by doubling a known fact.

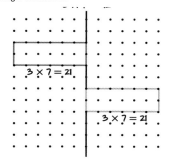

$3 \times 7 = 21$

$3 \times 7 = 21$

Option 2 — English Language Learners **ELL**   TACTILE

Core Vocabulary: partner clap, in your head, form a circle
Common Use Verb: clap
Do Math This strategy creates a kinesthetic device for 8 facts.

- Clap 8 times. Stop and repeat until students are also clapping 8 times. Prompt students to count in their head. Say: "1 times 8 is 8."
- Pair off and partner clap 8 times. Say: "2 times 8 is 16."
- Continue this process for groups of 3 though groups of 10.
- Have students draw 10 concentric circles.
- Students write facts with answers in the lower half of the circles. Draw 8s with faces to represent each of people in that circle.

Independent Work Options

Option 1 — Early Finishers **AL**   SOCIAL

Materials: whiteboard, markers

- Have students think of multiplication problems. One student in the pair will write a problem on his or her whiteboard, and the other will solve using one of the strategies from this lesson.
- Students will take turns posing the problems and solving.

Option 2 — Student Technology   Tech Link

Math Online tx.gr3math.com
Personal Tutor • Extra Examples • Online Games
Math Adventures: Scrambled Egg City (6A)

Option 3 — Learning Station: Social Studies   (p. 184H)

Direct students to the Social Studies Learning Station for opportunities to explore and extend the lesson concept.

Option 4 — Problem-Solving Practice

Reinforce problem-solving skills and strategies with the Problem-Solving Practice worksheet.

Lesson 5-5 Multiply by 8   **204B**

Instrucción diferenciada

Opciones de trabajo independiente

Opción 1 — Para los que terminan primero **AL**   SOCIAL

Materiales: pizarrón, marcadores

- Pídales a los alumnos que piensen en problemas de multiplicación. Un alumnos del par escribirá el problema en su pizarrón y los otros los resolverán usando una de las estrategias de esta lección.
- Los alumnos tomaran turnos presentando los problemas y resolviendo.

Opción 2 — Tecnología para el alumno   Enlace technológico

Matemáticas en línea tx.gr3math.com

Personal Tutor • Extra Examples • Online Games
Math Adventures: Scrambled Egg City (6A)

Opción 3 — Estación de aprendizaje: Estudios sociales (pág. 184H)

Dirija a los alumnos a la estación de aprendizaje de estudios sociales para que tengan la oportunidad de explorar y ampliar el concepto de la lección.

Opción 4 — Práctica y solución de problemas

Refuerce las destrezas y las estrategias de solución de problemas con la hoja de trabajo de solución de problemas.

Opción para grupos pequeños

TEKS 3.4(A)

Opción 1 — Nivel bajo **BL**   ESPACIAL

Materiales: papel de puntos

- Dibuje una línea vertical desde por el medio de la hoja hacia abajo. Muéstreles a los alumnos cómo duplicar una operación conocida para calcular la operación 6 x 7. Encierre en un círculo 3 filas de 7 puntos al lado izquierdo de la línea. Haga lo mismo del lado derecho de la línea. Debajo de cada lado de la línea, escriba 3 x 7 =21. Sobre el diagrama, escriba 6 x 7 =42.
- Suminístreles a los alumnos papel de puntos de un centímetro. Dígales que muestren cómo calcular los productos de 8 x 5 y 6 x 9 duplicando una operación conocida.

 Presentación

Actividad propuesta 1 • Práctica

Materiales: fichas

- Escriba 6 × 7 en el pizarrón.
- **¿Cómo pueden usar fichas para calcular el producto?** Ejemplo de respuesta: Arregle las fichas en arreglos de 7 filas de 6.
- **¿Cómo pueden calcular el producto duplicando una operación conocida?** 3 × 7 + 3 × 7 = 42

Actividad propuesta 2 • Literatura

Presente la Lección con *The Rajah's Rice: A Mathematical Folktale* from India de David Barry. (Vea la página R104 para una actividad matemática relacionada)

2 Enseñanza

Preguntas básicas

Escriba lo siguiente el pizarrón

$$8 \times 7$$
$$\_\_ \times 7 + \_\_ \times 7$$
$$\_\_ + \_\_$$
$$\_\_$$

- **En 8 grupos de 7, ¿cuál número puede ser un doble?** 8
- **¿Qué número duplicado puede ser 8?** 4
- **¿Qué número pertenece en los espacios en blanco en la segunda fila?** 4
- **¿Qué número pertenece en los dos espacios en blanco en la tercera fila?** 28
- **¿Cuánto es 28 + 28?** 56

▶ PREPÁRATE **para aprender**

Pídales a los alumnos que abran sus libros y lean la información de **Prepárate para aprender.** Repasar la **multiplicación.** En conjunto, trabajen los **Ejemplos 1 y 2.**

---

1 Introduce

Activity Choice 1 • Hands-On

Materials: counters

- Write 6 × 7 on the board.
- **How can you use counters to find the product?** Sample answer: Arrange the counters in an array of 7 rows of 6.
- **How can you find the product by doubling a known fact?** 3 × 7 + 3 × 7 = 42

Activity Choice 2 • Literature

Introduce the lesson with *The Rajah's Rice: A Mathematical Folktale from India* by David Barry. (For a related math activity, see p. R104.)

2 Teach

Scaffolding Questions

Write the following on the board:

$$8 \times 7$$
$$\_\_ \times 7 + \_\_ \times 7$$
$$\_\_ + \_\_$$
$$\_\_$$

- **In 8 groups of 7, which number can be a double?** 8
- **What number doubled is 8?** 4
- **What number belongs in the blanks in the second row?** 4
- **What number belongs in the two blanks in the third row?** 28
- **What is 28 + 28?** 56

▶ GET READY **to Learn**

Have students open their books and read the information in **Get Ready to Learn.**
Review **multiply.** As a class, work through **Examples 1 and 2.**

▶ PREPÁRATE **para aprender**

En una calle hay 6 árboles alineados. En cada árbol, hay 8 aves. ¿Cuántas aves hay en total?

IDEA PRINCIPAL

Multiplicaré por 8.

 TEKS Objetivo 3.4
El estudiante reconoce y resuelve problemas en situaciones de multiplicación y división. (A) Aprenda y aplique las tablas de multiplicación hasta 12 por 12 utilizando modelos concretos y objetos.

Hay muchas formas de multiplicar por 8. Usa tu tabla de multiplicar para ayudarte a aprender a multiplicar por 8.

EJEMPLO concreto ——— Modela un arreglo

1 **AVES** Calcula el número de aves en total si hay 8 aves en cada uno de los 6 árboles. Usa una expresión numérica para registrar la respuesta.

Necesitas calcular 6 × 8. Modela un arreglo que represente 6 filas de 8.

Piensa en cada árbol como en un grupo de 8 aves.

Entonces, 6 × 8 = 48. Hay 48 aves en total.

Verifica

Puedes usar la propiedad conmutativa de la multiplicación para verificar.
8 × 6 = 48 ✔

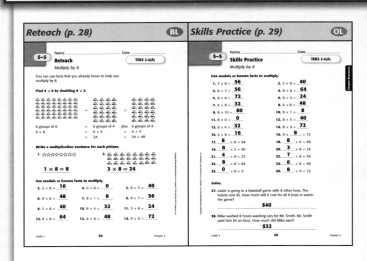

Reteach (p. 28) — BL | *Skills Practice (p. 29)* — OL

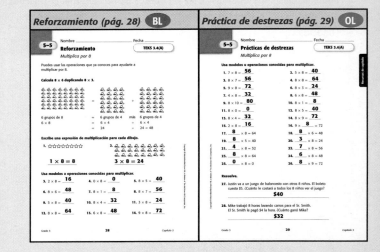

Reforzamiento (pág. 28) — BL | *Práctica de destrezas (pág. 29)* — OL

Puedes cambiar el orden de los factores para calcular una operación relacionada.

EJEMPLO concreto Usa una operación conocida

2 BOTONES Jaya tiene 4 camisas. Hay 8 botones en cada camisa. ¿Cuántos botones son en total?

Piensa en cada camisa como un grupo con 8 botones en cada grupo. Necesitas calcular 4×8.

Sabes que $8 \times 4 = 32$.

Entonces, $4 \times 8 = 32$. Propiedad conmutativa

Hay 32 botones en las camisas.

Verifica Puedes usar un modelo para verificar.

Cuatro grupos de 8 es 32.

Por lo tanto, $4 \times 8 = 32$.

en línea Tutor personal en tx.gr3math.com

★ Indica problemas de pasos múltiples

✓ **VERIFICA lo que sabes**

Usa modelos u operaciones conocidas para multiplicar. Ver Ejemplos 1 y 2 (págs. 204–205)

1. $\begin{array}{r} 8 \\ \times 2 \\ \hline 16 \end{array}$
2. $\begin{array}{r} 0 \\ \times 8 \\ \hline 0 \end{array}$
3. $\begin{array}{r} 4 \\ \times 8 \\ \hline 32 \end{array}$
4. $\begin{array}{r} 8 \\ \times 5 \\ \hline 40 \end{array}$

5. 8×1 8
6. 6×8 48
7. 8×3 24
8. 8×7 56

9. Nate compra 8 latas de alimento para perros por \$4 cada semana. ¿Cuánto gasta en 4 semanas? \$16

★10. **Coméntalo** Si hay 4 grupos de 8 alumnos y 8 grupos de 8 alumnos, ¿cuántos alumnos hay en total? Explica.
96 alumnos; $4 \times 8 = 32$ y $8 \times 8 = 64$, $32 + 64 = 96$

Lección 5-5 Multiplica por 8 **205**

Use a Known Fact

Example 2 Students often forget to turn a fact around when trying to remember a fact. Continue to point out that there are only a few multiplying by 8 facts that they have not already learned.

ADDITIONAL EXAMPLES

1 There are 8 packages of paper in a box. How many packages are in 7 boxes? 56

2 Priyanka had 5 bracelets. She added 8 beads to each bracelet. How many beads did she use? 40 beads

3 Juan bought 2 baseball cards at the ballpark. He paid \$8 for each card. How much did he spend? \$16

✓ **CHECK What You Know**

As a class, have students complete Exercises 1–10 in **Check What You Know** as you observe their work.

💬 **Exercise 10** Assess student comprehension before assigning practice exercises.

BL **Alternate Teaching Strategy** TEKS 3.6(B)

If students have trouble using the double a known fact strategy to multiply by 8 …

Then use one of these reteach options:

1 **CRM** **Daily Reteach Worksheet** (p. 28)

2 Have them look at the factors to see if one of them is an even number. If so, remind them to use the double a known fact strategy.

Lesson 5-5 Multiply by 8 **205**

Usa una operación conocida

Ejemplo 2 A los alumnos se les olvida frecuentemente voltear una operación cuándo tratan de recordarla. Continué señalando que sólo hay pocas operaciones de la multiplicación por 8 que ya no se hayan aprendido.

EJEMPLOS ADICIONALES

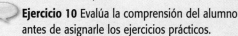

1 Hay 7 paquetes de papel en una caja. ¿Cuántos paquetes hay en 8 cajas? 56

2 Priyanka tenía 5 brazaletes. Ella le agregó 9 cuentas a cada brazalete. ¿Cuántas cuentas usó ella? 40 cuentas

3 Juan compró 2 tarjetas de béisbol en el parque de béisbol. El pagó \$2 por cada tarjeta. ¿Cuánto gastó el? \$16

✓ **VERIFICA lo que sabes**

En conjunto, pídales a los alumnos que completen los Ejercicios 1-10 en **Verifica lo que sabes** a medida que usted observa sus trabajos.

💬 **Ejercicio 10** Evalúa la comprensión del alumno antes de asignarle los ejercicios prácticos.

BL **Estrategia alternativa de enseñanza** TEKS 3.6 (B)

Si Los alumnos tiene problemas usando la estrategia de duplica una operación conocida para multiplicar por 8

Entonces Use una de estas opciones de reforzamiento:

1 **CRM** Hoja de reforzamiento diario (pág. 28)

2 Pídales que observen los factores para ver si uno de ellos es un número impar. Si es así, recuérdeles que usen la estrategia duplica una operación conocida.

Enrich (p. 32) **AL**

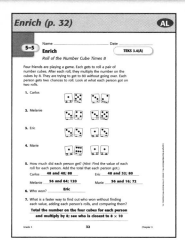

Enriquecimiento (pág. 32) **AL**

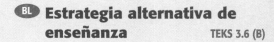

206 Capítulo 5 Haz modelos de más operaciones de multiplicación

③ Práctica

Asigne la práctica para los Ejercicios 11-37 según los siguientes niveles.

Nivel	Asignación
BL Nivel bajo	11–14, 19–20, 23–24, 27–28, 31–32
OL A nivel	12–17, 20–25, 28–30, 32–34, 36,
AL Nivel avanzado	12–34 even, 35–37

Pídales a los alumnos que analicen y completen los problemas de razonamiento de alto nivel. Si los alumnos no pueden decidir que estrategia usar, aliéntelos a que hagan una lista. Ellos pueden evaluar cuál estrategia encaja mejor con el problema.

ESCRIBE EN ► MATEMÁTICAS

Pídales a los alumnos que completen el Ejercicio 37 en sus Diarios de matemáticas. Puede elegir hacer este ejercicio como una evaluación formativa adicional.

---

③ Practice

Differentiate practice using these leveled assignments for Exercises 11–37.

Level	Assignment
BL Below Level	11–14, 19–20, 23–24, 27–28, 31–32
OL On Level	12–17, 20–25, 28–30, 32–34, 36,
AL Above Level	12–34 even, 35–37

Have students discuss and complete the Higher Order Thinking problems. If students cannot decide which strategy to use, encourage them to make a list. They can evaluate which strategy best fits the problem.

WRITING IN ►MATH Have students complete Exercise 37 in their Math Journals. You may choose to use this exercise as an optional formative assessment.

COMMON ERROR!

Exercises 23–26 Student may have trouble finding the missing number. Encourage them to ask themselves what number times 8 equals the number shown in the problem.

206 **Chapter 5** Model More Multiplication Facts

★ Indica problemas de pasos múltiples

▶ Práctica y solución de problemas

PRÁCTICA EXTRA
Ver página R14.

Usa modelos u operaciones conocidas para multiplicar. Ver Ejemplos 1 y 2 (págs. 204–205)

11. 2 16 ×8	12. 1 8 ×8	13. 7 56 ×8	14. 8 64 ×8
15. 0 0 ×8	**16.** 8 72 ×9	**17.** 10 80 ×8	**18.** 8 24 ×3

19. 6 × 8 48   **20.** 5 × 8 40   **21.** 8 × 4 32   **22.** 9 × 8 72

Álgebra Calcula cada factor que falta.

23. 8 × ■ = 64 8

24. ■ × 8 = 40 5

25. 8 × ■ = 56 7

26. 8 × ■ = 80 10

★**27.** En una telaraña hay 3 arañas grandes y 4 pequeñas. Si cada una tiene 8 patas, ¿cuántas patas hay en total?   56 patas

28. La admisión al centro de ciencias cuesta $8. ¿Cuánto le costaría la admisión a una familia de 5? $40

29. Jolon trabajó 5 horas la primera semana del mes. Para el final del mes, había trabajado 8 veces más horas que la primera semana. ¿Cuántas horas había trabajado para el final del mes? 40 horas

★**30.** En un camión de reparto hay 9 cajas, cada una con 8 empaques de naranjas. ¿Cuántos empaques de naranjas quedarán si se entregan 2 cajas en la primera parada? 56 empaques

RESUELVE PROBLEMAS concretos

Alimentos A continuación, se muestra una receta para pan de banana. Para una fiesta, Marlo hará 8 veces la cantidad.

31. ¿Cuántas bananas necesitará?
24 bananas
32. ¿Serán suficientes 15 tazas de harina? Explica.
no; se necesitan 16 tazas
★**33.** Las primeras cuatro veces que Marlo haga la receta, hará hogazas grandes. Las otras cuatro veces hará hogazas pequeñas. ¿Cuántas hogazas hará en total? 32 hogazas

34. Si en una botella hay 8 cucharaditas de vainilla, ¿cuántas botellas de vainilla necesitará? 2 botellas

Pan de banana

3 bananas trituradas
¾ de taza de aceite
¾ de taza de azúcar
2 tazas de harina
2 cucharaditas de vainilla
1 cucharadita de bicarbonato de soda
½ cucharadita de polvo de hornear
¼ taza de nueces

Bate bien los primeros cuatro ingredientes. Separadamente mezcla todos los ingredientes secos. Luego, agrega el líquido batiendo bien. Por último, agrega las nueces. Vierte todo en moldes preparados y hornea durante 45 minutos a 350°.

Hace 2 hogazas grandes ó 6 pequeñas

206 **Capítulo 5** Haz modelos de más operaciones de multiplicación

---

⚠ ¡ERROR COMÚN!

Ejercicios 23–26 Los alumnos pueden tener problemas calculando el número faltante. Aliéntelos a preguntarse a si mismos qué número multiplicado por 8 es igual al número que se muestra en el problema.

Problemas H.O.T.

35. INTERPRETA Explica qué estrategia usarías para calcular 8×9. ¿Por qué prefieres esta estrategia? Ver el margen.

36. SENTIDO NUMÉRICO Explica cómo puedes usar la propiedad conmutativa de la multiplicación para calcular 8×7. 8×7 es igual a 7×8

37. ESCRIBE EN MATEMÁTICAS Escribe un problema concreto que implique multiplicar por 8. Ver el margen.

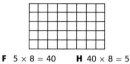

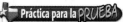

Práctica para la PRUEBA

38. ¿Qué número hace verdadera la siguiente expresión? (Lección 5-4) D

$7 \times 5 < 4 \times$ ■

A 3 **C** 7

B 5 **D** 10

39. ¿Qué expresión de multiplicación está modelada a continuación? (Lección 5-5) F

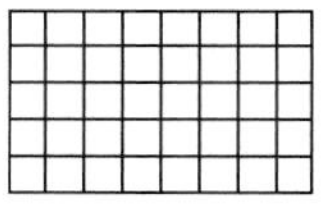

F $5 \times 8 = 40$ **H** $40 \times 8 = 5$

G $5 \times 9 = 40$ **J** $40 \times 5 = 8$

Repaso espiral

Multiplica. (Lección 5-4)

40. 8×7 56 **41.** 7×7 49 **42.** 9×7 63

43. Álgebra Martha está construyendo figuras con pajillas. Primero, usa tres pajillas para un triángulo. Luego, usa 4 pajillas para un cuadrado. Después hace una figura de 5 lados. Si continúa este patrón, ¿cuántas pajillas habrá usado para cuando haya hecho una figura de 6 lados? (Lección 5-3) 18 pajillas

Escribe una expresión de multiplicación para cada arreglo. (Lección 4-1)

44. 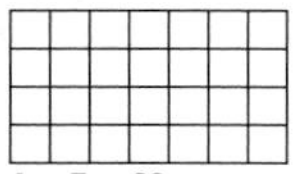 $4 \times 7 = 28$

45. 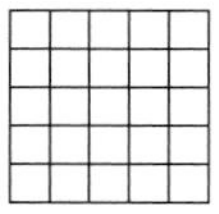 $5 \times 5 = 25$

46. 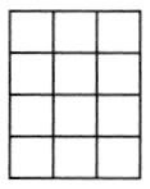 $4 \times 3 = 12$

Escribe cada número en forma de palabras. (Lección 1-4) 47–49. Ver el margen.

47. 12,021 **48.** 4,910 **49.** 90,009

Homework Practice (p. 30) OL

5-5 Name ______ Date ______

Homework Practice TEKS 3.4(A)

Multiply by 8

Use models or known facts to multiply.

1. $8 \times 3 =$ 24 2. $5 \times 8 =$ 40
3. $6 \times 8 =$ 48 4. $7 \times 8 =$ 56
5. $8 \times 8 =$ 64 6. $9 \times 8 =$ 72
7. $4 \times 8 =$ 32 8. $8 \times 6 =$ 48
9. $8 \times 10 =$ 80 10. $8 \times 1 =$ 8
11. $8 \times 0 =$ 0 12. $8 \times 5 =$ 40
13. $8 \times 4 =$ 32 14. $8 \times 9 =$ 72
15. $8 \times$ 8 $= 64$ 16. $7 \times$ 8 $= 56$
17. 3 $\times 8 = 24$ 18. 8 $\times 8 = 64$

Spiral Review

Use models or known facts to multiply. (Lesson 5–4)

19. $7 \times 5 =$ 35 20. $4 \times 7 =$ 28
21. $10 \times 7 =$ 70 22. $7 \times 7 =$ 49
23. $7 \times 8 =$ 56 24. $9 \times 7 =$ 63
25. $2 \times 7 =$ 14 26. $7 \times 6 =$ 42
27. $7 \times 10 =$ 70 28. $7 \times 1 =$ 7

Solve.

29. Fred has collected a total of 80 cards. A display of Fred's cards includes 2 rows of football cards with 15 in each row. In front of the football cards are 3 rows of baseball cards with 10 in each row. In front of the baseball cards are 4 rows of basketball cards. If the pattern continues, how many basketball cards are in each of the 4 rows?

5 cards

Grade 3 30 Chapter 5

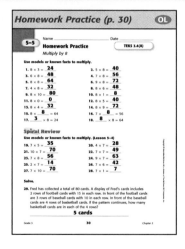

Práctica de tarea (pág. 30) OL

5-5 Nombre ______ Fecha ______

Práctica de tarea TEKS 3.4(A)

Multiplica por 8

Usa modelos u operaciones conocidas para multiplicar.

1. $8 \times 3 =$ 24 2. $5 \times 8 =$ 40
3. $6 \times 8 =$ 48 4. $7 \times 8 =$ 56
5. $8 \times 8 =$ 64 6. $9 \times 8 =$ 72
7. $4 \times 8 =$ 32 8. $8 \times 6 =$ 48
9. $8 \times 10 =$ 80 10. $8 \times 1 =$ 8
11. $8 \times 0 =$ 0 12. $8 \times 5 =$ 40
13. $8 \times 4 =$ 32 14. $8 \times 9 =$ 72
15. $8 \times$ 8 $= 64$ 16. $7 \times$ 8 $= 56$
17. 3 $\times 8 = 24$ 18. 8 $\times 8 = 64$

Repaso espiral

Usa modelos u operaciones conocidas para multiplicar. (Lección 5-4)

19. $7 \times 5 =$ 35 20. $4 \times 7 =$ 28
21. $10 \times 7 =$ 70 22. $7 \times 7 =$ 49
23. $7 \times 8 =$ 56 24. $9 \times 7 =$ 63
25. $2 \times 7 =$ 14 26. $7 \times 6 =$ 42
27. $7 \times 10 =$ 70 28. $7 \times 1 =$ 7

Resuelve.

29. Fred ha coleccionado un total de 80 tarjetas. Una muestra de las tarjetas de Fred incluye 2 filas de tarjetas de fútbol con 15 en cada fila. En frente de las tarjetas de fútbol hay 3 filas de tarjetas de béisbol con 10 en cada fila. En frente de las tarjetas de béisbol hay 4 filas de tarjetas de baloncesto. Si el patrón continúa, ¿cuántas tarjetas de baloncesto hay en cada una de las 4 filas?

5 tarjetas

Grado 3 30 Capítulo 5

4 Assess

Formative Assessment

Write $8 \times __ = 40$ on the board.

- **What is the missing number?** 5
- **How did you find it?** Sample answer: I used a fact that I already knew: $5 \times 8 = 40$.

Quick Check **Are students continuing to struggle with multiplying by 8?**

If Yes → Small Group Options (p. 204B)
Strategic Intervention Guide (p. 68)

If No → Independent Work Options (p. 204B)
CRM Skills Practice Worksheet (p. 29)
CRM Enrich Worksheet (p. 32)

Name the Math Have students think about the strategies that can be used to find 8×5. Have them write about which strategy they prefer and explain why.

TEST Practice

Reviews Lessons 5-4 and 5-5

Assign the Texas Test Practice problems to provide daily reinforcement of test-taking skills.

Spiral Review TEKS 3.1(A), 3.4(A), 3.6(B)

Reviews Lessons 1-4, 4-1, 5-3, and 5-4

Review and assess mastery of skills and concepts from previous chapters.

Additional Answers

35. Sample: take 4×9 and then double the product; 4 is half of 8 and it helps to break down the larger number to a fact that is known

37. There are 6 spiders in the basement, 2 on the tree, and 1 on the bed. How many legs in all if they have 8 each?

47. twelve thousand, twenty-one

48. four thousand, nine hundred ten

49. ninety thousand, nine

4 Evaluación

Evaluación formativa

Escriba 8 x _ = 40 en el pizarrón

- ¿Cuál es el número faltante? 5
- ¿Cómo lo calculaste? Ejemplo de respuesta: Use una operación que ya conocía: $5 \times 8 = 40$

Control rápido **¿Les sigue costando a los alumnos multiplicar por 8?**

Si la respuesta es:

Sí → Opciones para grupos pequeños (pág. 204B)
Guía de Intervención estratégica (pág. 68)

No → Opciones de trabajo independiente (pág. 204B)
CRM Hoja de ejercicios para la práctica de destrezas (pág. 29)
CRM Hoja de trabajo de enriquecimiento (pág. 32)

Nombra la matemática

Pídales a los alumnos que piensen acerca de las estrategias que pueden ser usadas para calcular [INS]. Pídales que escriban acerca de la estrategia que ellos prefieren y que explique por qué.

Práctica para la PRUEBA

Repasa las Lecciones 5-4 y 5-5

Asigne los problemas de Práctica para la Prueba para reforzar diariamente las destrezas de resolución de pruebas.

Repaso espiral

Repasa las Lecciones 1-4, 4-1, 5-3 y 5-4 TEKS 3.1(A), 3.4(A), 3.6(B)

Repasar y evaluar el dominio de las destrezas y conceptos de capítulos anteriores.

Respuestas adicionales

35. Muestra: 4×9 y luego duplica el producto; 4 es la mitad de 8 y ayuda a descomponer un número grande en una operación conocida.

37. Hay 6 arañas en el sótano, 2 en el árbol y 1 sobre la cama. ¿Cuántas patas hay en total si cada araña tiene 8 patas?

47. doce mil, veintiuno

48. cuatro mil, novecientos diez

49. noventa mil, nueve

Planificador de lección

Objetivo

Multiplica por 9.

TEKS y TAKS

TEKS 3.4 El estudiante reconoce y resuelve problemas en situaciones de multiplicación y división. **(A) Aprenda y aplique las tablas de multiplicación hasta 12 por 12 utilizando modelos concretos y objetos.** *También cubre TEKS 3.6 (A).*

TAKS 1 El estudiante demostrará un entendimiento de patrones, operaciones y razonamiento cuantitativo.

Las páginas del alumno también cubren los siguientes TEKS:
TEKS 3.16(A) Coméntalo, Ejercicio 10
TEKS 3. 15(B), TEKS 3.16(B) Problemas H.O.T., Ejercicios 37-39

Repaso de vocabulario

factor, producto

Rutina diaria

Siga estas sugerencias antes de iniciar la lección de la pág. 208.

Control de 5 minutos (Repaso de la Lección 5-5)

Multipliquen.
1. 3 × 8 24
2. 5 × 8 40
3. 6 × 8 48
4. 4 × 8 32

Problema del día

El cumpleaños de Catalina dentro de 9 días. Hoy es miércoles. ¿Qué día será el cumpleaños de Catalina? viernes

Repaso de vocabulario matemático

Escriba las palabras del repaso de vocabulario y sus definiciones en la pizarra. Pídales a los alumnos que escriban la oración numérica 6 × 7 = 42 en sus diarios de matemáticas. Pídales que identifiquen los factores y el producto.

Tarjetas visuales de vocabulario

Use la(s) tarjeta(s) visual(es) del vocabulario 24 y 44 para reforzar el vocabulario presentado en esta lección. (En la parte posterior de cada tarjeta está escrita la rutina Definir/Ejemplo/Pregunta).

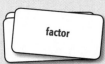

Lesson Planner

Objective

Multiply by 9.

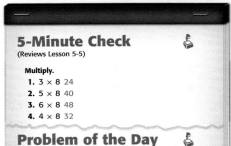TEKS and TAKS

Targeted TEKS 3.4 The student recognizes and solves problems in multiplication and division situations. **(A) Learn and apply multiplication facts through 12 by 12 using concrete models and objects.** *Also addresses TEKS 3.6(A).*

TAKS 1 The student will demonstrate an understanding of numbers, operations, and quantitative reasoning.

Student pages also address the following TEKS:
TEKS 3.16(A) Talk About It, Exercise 10
TEKS 3.15(B), TEKS 3.16(B), HOT Problems, Exercises 37–39

Review Vocabulary

factor, product

Resources

Materials: markers, chart paper, grid paper

Literature Connection: *Miss Rumphius* by Barbara Cooney

Teacher Technology
Interactive Classroom • TeacherWorks

Focus on Math Background

"Tricks" used to remember the nine times tables abound. None of them is really a trick; they are strategies founded on patterns in our number system. It is not a coincidence that the finger "trick" for nines works since our base-ten system developed because of our ten fingers (digits). Strategies that are used to help remember products are not only acceptable, but they can even be beneficial with time spent exploring the patterns that make them work.

Daily Routine

Use these suggestions before beginning the lesson on p. 208.

5-Minute Check
(Reviews Lesson 5-5)

Multiply.
1. 3 × 8 24
2. 5 × 8 40
3. 6 × 8 48
4. 4 × 8 32

Problem of the Day

Catalina's birthday is 9 days from today. Today is Wednesday. On what day is Catalina's birthday? Friday

Review Math Vocabulary

Write the review vocabulary words and their definitions on the board.

Have students write the number sentence 6 × 7 = 42 in their Math Journals. Have them label the factors and the product.

Visual Vocabulary Cards

Use Visual Vocabulary Cards 24 and 44 to reinforce the vocabulary reviewed in this lesson. (The Define/Example/Ask routine is printed on the back of each card.)

Differentiated Instruction

Small Group Options

Option 1 TEKS 3.6(B)   LOGICAL, LINGUISTIC

Gifted and Talented (AL)

Materials: paper, pencil

- Have students find the product of 9 times 2, 4, 6, and 8.
- They will write a few sentence about what the factors they multiplied by 9 have in common and what they found out about the products.

Option 2 TEKS 3.4(A), 3.6(B)   TACTILE

English Language Learners (ELL)

Materials: hundreds chart for each student, counters
Core Vocabulary: cover, remove, shade in
Common Use Verb: see
Hear Math This strategy allows students to vocalize new vocabulary while helping them remember their 9 facts.

- Give students the hundreds chart and counters to mark their answers to the problems you read out.
- Once complete, review the answers and have students color the squares lightly as they remove the markers.
- Discuss the diagonal line that is created.
- Ask if the students see any other patterns in the 9s.
- Discuss with students that when they add the digits of the product for the nines table, the answer is 9. For example, $9 \times 2 = 18$, $1 + 8 = 9$.

Independent Work Options

Option 1   VISUAL

Early Finishers (OL) (AL)

Materials: paper, pencil

- Have students select five practice problems and show two ways to solve each problem.

Option 2

Student Technology

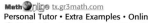

Math Online tx.gr3math.com
Personal Tutor • Extra Examples • Online Games
🌐 Math Adventures: Scrambled Egg City (6D)

Option 3

Learning Station: Health (p. 184H)

Direct students to the Health Learning Station for opportunities to explore and extend the lesson concept.

Option 4

Problem-Solving Practice

Reinforce problem-solving skills and strategies with the Problem-Solving Practice worksheet.

Problem Solving (p. 36) BL OL AL

Lesson 5-6 Multiply By 9   **208B**

Instrucción diferenciada

Opciones de trabajo independiente

Opción 1   VISUAL

Para los que terminan primero (OL) (AL)

Materiales: lápiz y papel

- Pídales a los alumnos seleccionar cinco problemas prácticos y que muestren dos maneras de resolver cada problema.

Opción 2

Tecnología para el alumno

Enlace tecnológico

Matemáticas en línea tx.gr3math.com

Personal Tutor • Extra Examples • Online Games

Opción 3

Estación de aprendizaje: Salud (pág. 184H)

Dirija a los alumnos a la estación de aprendizaje de salud para que tengan la oportunidad de explorar y ampliar el concepto de la lección.

Opción 4

Práctica y solución de problemas

Refuerce las destrezas y las estrategias de solución de problemas con la hoja de trabajo de solución de problemas.

Opción para grupos pequeños

Opción 1 TEKS 3.6(B)   LÓGICO, LINGÜÍSTICO

Talentosos (AL)

Materiales: lápiz y papel

- Pídales a los alumnos calcular el producto de 9 veces 2, 4, 6 y 8.
- Ellos escribirán algunas oraciones acerca de que tienen en común los factores que multiplicaron por 9 y lo que descubrieron sobre los productos.

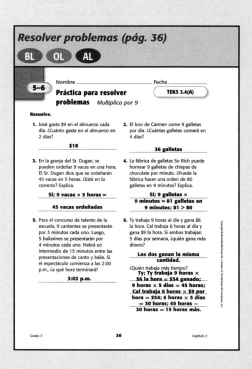

Resolver problemas (pág. 36)
BL OL AL

5-6 Multiplica por 9

1 Presentación
TEKS 3.10, 3.4(A)

Actividad propuesta 1 • Práctica

- Usando una hoja grande de papel cuadriculado, pídales que escriban una recta numérica mostrando los números del 0 al 81. Pídales a los alumnos que cuenten salteado de 9 en 9, marcando los productos con marcadores de colores.
- **¿Cuál es la operación para el tercer 9?** $3 \times 9 = 27$
- **¿Cuál es la operación para el quinto 9?** $5 \times 9 = 45$
- Pídales a los alumnos que escriban todas la operaciones debajo de cada 9 coloreado.

Actividad propuesta 2 • Literatura

Presente la Lección con *Miss Rumphius* de Bárbara Cooney. (Vea la página R104 para una actividad matemática relacionada)

2 Enseñanza
TEKS 3.4(A)

Preguntas básicas

Escriba 5×9 en el pizarrón

- **¿Pueden calcular este producto a pesar de no haber aprendido aún a multiplicar por 9?** Sí, ustedes conocen la operación 9×3 y si conoces 9×3, conoces 3×9.
- **Para calcular 3×9, pueden restar de una operación conocida $3 \times 10 = 30$. ¿Por qué le restan 3 a 3×10 para calcular 3×9?** Ejemplo de respuesta: 3×10 es 3 más que 3×9.

 PREPÁRATE para aprender

Pídales a los alumnos que abran sus libros y lean la información de **Prepárate para aprender**. Repase **factor** y **producto**. En conjunto, trabajen los **Ejemplos 1 y 2**.

5-6 Multiply by 9

1 Introduce
TEKS 3.10, 3.4(A)

Activity Choice 1 • Hands-On

- Using a large piece of chart paper, have students write a number line showing 0–81. Have students skip count by 9s, marking the products with colored markers.
- **What is the fact for the third 9?** $3 \times 9 = 27$
- **What is the fact for the fifth 9?** $5 \times 9 = 45$
- Have students write all the facts under each colored 9.

Activity Choice 2 • Literature

Introduce the lesson with *Miss Rumphius* by Barbara Cooney. (For a related math activity, see p. R104.)

2 Teach
TEKS 3.4(A)

Scaffolding Questions

Write 3×9 on the board.

- **Can you find this product even though you have not learned to multiply by 9 yet? Explain.** Yes, you know the fact 9×3, and if you know 9×3, you know 3×9.
- **To find 3×9, you can subtract from a known fact of $3 \times 10 = 30$. Why do you subtract 3 from 3×10 to find 3×9?** Sample answer: 3×10 is 3 more than 3×9.

GET READY to Learn

Have students open their books and read the information in **Get Ready to Learn**. Review **factor** and **product**. As a class, work through **Examples 1 and 2**.

5-6 Multiplica por 9

IDEA PRINCIPAL

Multiplicaré por 9.

TEKS Objetivo 3.4
El estudiante reconoce y resuelve problemas en situaciones de multiplicación y división. **(A)** Aprenda y aplique las tablas de multiplicación hasta 12 por 12 utilizando modelos concretos y objetos. *También cubre TEKS 3.6(A).*

PREPÁRATE para aprender

Una tienda de víveres vendió 8 cajas de mermelada. Cada caja tenía 9 frascos. ¿Cuántos frascos se vendieron?

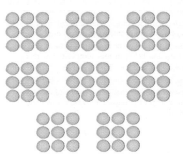

Para multiplicar por 9 puedes usar una operación conocida. Usa tu tabla de multiplicar para ayudarte a multiplicar por 9.

EJEMPLO concreto — Usa modelos

1 **MERMELADA** ¿Cuántos frascos de mermelada se vendieron?

Para resolver el problema puedes usar fichas para modelar.

Modela 8 grupos de 9.

Entonces, $8 \times 9 = 72$.
Se vendieron 72 frascos.

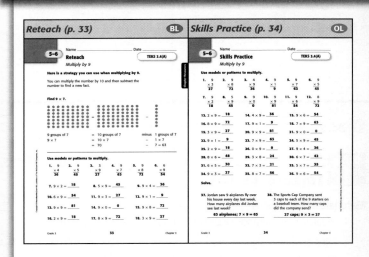

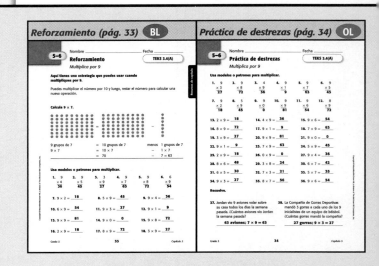

Puedes usar patrones para recordar las operaciones del 9. El segundo factor y el producto en la tabla del 9 crean un patrón.

- El dígito en las decenas del producto es siempre 1 menos que el factor que se multiplica por 9.

- La suma de los dígitos en el producto es igual a 9.

$1 \times 9 = 9$	
$2 \times 9 = 18$	
$3 \times 9 = 27$	
$4 \times 9 = 36$	◄ 3 es uno menos que 4.
$5 \times 9 = 45$	
$6 \times 9 = 54$	
$7 \times 9 = 63$	
$8 \times 9 = 72$	◄ En 72, la suma de 7 y 2 es 9.
$9 \times 9 = 81$	

EJEMPLO concreto — Usa un patrón

2 EJEMPLO El Sr. Clancy compró 6 latas de pintura. Cada lata cuesta $9. ¿Cuánto gastó?

Como necesitas el costo total, multiplica. Calcula $6 \times \$9$.

$6 \times \$9 \rightarrow \$5$ ← PIENSA $6 - 1 = 5$

$6 \times \$9 = \$54$ ← PIENSA $5 + ? = 9$ $5 + 4 = 9$

Entonces, $6 \times \$9 = \$54$. El Sr. Clancy gastó $54.

10. Ejemplo de respuesta: el dígito en las decenas del producto es 1 menos que el número multiplicado por 9. La suma de los dígitos en el producto es igual a nueve.

Tutor personal en tx.gr3math.com

✓ VERIFICA lo que sabes

Usa modelos o patrones para multiplicar. Ver Ejemplos 1 y 2 (págs. 208–209)

1. $\begin{array}{r} 9 \\ \times 1 \end{array}$ 9   2. $\begin{array}{r} 4 \\ \times 9 \end{array}$ 36   3. $\begin{array}{r} 9 \\ \times 2 \end{array}$ 18   4. $\begin{array}{r} 6 \\ \times 9 \end{array}$ 54

5. 0×9 0   6. 9×3 27   7. 10×9 90   8. 7×9 63

9. Lyle tiene 63 rocas en su colección y las coloca en bolsas. Si cada bolsa contiene 9 rocas. ¿Cuántas bolsas hay? 7 bolsas

10. **Coméntalo** ¿Cómo te pueden ayudar los patrones cuando multiplicas por 9?

Lección 5-6 Multiplica por 9   **209**

Use Patterns

Example 2 If students struggle using patterns to multiply by 9, remind them that they need to find two digits, the tens digit and the ones digit. The tens digit must always be found first because the ones digit depends on the value of the tens digit.

ADDITIONAL EXAMPLES

1 Fina bought 7 packages of party invitations. If each package has 9 invitations in it, how many invitations did she buy? 63

2 Andrew bought 3 baseballs for $9 each. How much did he spend? $27

✓ CHECK What You Know

As a class, have students complete Exercises 1–10 in **Check What You Know**.

Exercise 10 Assess student comprehension before assigning practice exercises.

BL Alternate Teaching Strategy   TEKS 3.4(A)

If students have trouble multiplying by 9 …

Then use one of these reteach options:

1 CRM **Daily Reteach Worksheet** (p. 33)

2 Emphasize that it is not the 10 that is subtracted.

- Have students make grids on grid paper. To show 3×9, draw a grid with 3 rows of 10. Cross out the last column of 3 squares. Students should see that this shows $(3 \times 10) - 3 = 3 \times 9$.

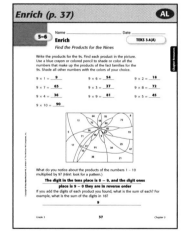

Enrich (p. 37) AL

5-6 Enrich   Name ____ Date ____   TEKS 3.4(A)
Find the Products for the Nines

Write the products for the 9s. Find each product in the picture. Use a blue crayon or colored pencil to shade or color all the numbers that make up the products of the fact families for the 9s. Shade all other numbers with the colors of your choice.

$9 \times 1 =$ __9__ $9 \times 6 =$ __54__ $9 \times 2 =$ __18__
$9 \times 7 =$ __63__ $9 \times 3 =$ __27__ $9 \times 8 =$ __72__
$9 \times 4 =$ __36__ $9 \times 9 =$ __81__ $9 \times 5 =$ __45__
$9 \times 10 =$ __90__

What do you notice about the products of the numbers 1 – 10 multiplied by 9? (Hint: look for a pattern.)
The digit in the tens place is 0 – 9, and the digit ones place is 9 – 0 they are in reverse order
If you add the digits of each product you found, what is the sum of each? For example, what is the sum of the digits in 18?
9

Grade 3   37   Chapter 5

Lesson 5-6 Multiply by 9   **209**

EJEMPLOS ADICIONALES

1 Fina compró 9 paquetes de invitaciones para una fiesta. Si cada paquete tiene 9 invitaciones, ¿cuántas invitaciones compró? 63

2 Andrew compró 9 tarjetas de béisbol a $3 cada una. ¿Cuánto gastó el? $27

✓ VERIFICA lo que sabes

En conjunto, pídales a los alumnos que completen los Ejercicios 1-10 en Verifica lo que sabes a medida que usted observa sus trabajos.

Ejercicio 10 Evalúa la comprensión del alumno antes de asignarle los ejercicios prácticos.

BL Estrategia alternativa de enseñanza   TEKS 3.4 (A)

Si Los alumnos tienen problemas multiplicando por 9

Entonces Use una de estas opciones de reforzamiento:

1 CRM **Hoja de reforzamiento diario** (pág. 33)

2 Haga énfasis que no se está restando el 10.

- Pídales a los alumnos que hagan cuadrículas en un papel cuadriculado. Para mostrar [INS], dibuje una cuadrícula con 3 filas de 10. Trace una X sobre la última columna de 3 cuadrados. Los alumnos deben observar que esto muestra $(3 \times 10) - 3 = 3 \times 9$.

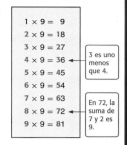

Enriquecimiento (pág. 37) AL

5-6 Enriquecimiento   Nombre ____ Fecha ____   TEKS 3.4(A)
Calcula los productos por nueve

Escribe los productos para los 9s. Calcula cada producto en el dibujo. Usa un crayón azul o lápiz de color para sombrear o colorear todos los números que hacen los productos de todas las familias de operaciones para los 9s. Sombrea todos los demás números con el color de tu elección.

$9 \times 1 =$ __9__ $9 \times 6 =$ __54__ $9 \times 2 =$ __18__
$9 \times 7 =$ __63__ $9 \times 3 =$ __27__ $9 \times 8 =$ __72__
$9 \times 4 =$ __36__ $9 \times 9 =$ __81__ $9 \times 5 =$ __45__
$9 \times 10 =$ __90__

¿Qué notas acerca de los productos de los números 1 al 9 multiplicados por 9? (Ayuda: halla un patrón.)
El dígito en el lugar de las decenas es 0 – 9, y el dígito en el lugar de las unidades es 9 – 0 están invertidos
Si sumas los dígitos de cada producto que calculaste, ¿cuál es la suma de cada uno? Por ejemplo, ¿cuál es la suma de los dígitos en 18?
9

Grado 3   37   Capítulo 5

③ Práctica

Asigne la práctica para los Ejercicios 11-39 según los siguientes niveles.

Nivel	Asignación
BL Nivel bajo	11-14, 19-22, 27-29, 33-34
OL A nivel	12-17, 20-25, 28-31, 34-36, 38
AL Nivel avanzado	11-35 impar, 37-39

Pídales a los alumnos que analicen y completen los problemas de razonamiento de alto nivel.

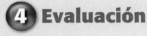 **ESCRIBE EN ►MATEMÁTICAS**
Pídales a los alumnos que completen el Ejercicio 39 en sus Diarios de matemáticas. Puede elegir hacer este ejercicio como una evaluación formativa adicional.

④ Evaluación   TEKS 3.4(A)

Evaluación formativa

Escriba 6 × 9 en el pizarrón
* ¿Cómo calculan el producto usando 6 × 9?
Multiplicando 6 × 10 = 60 y restando 6, por lo tanto 6 × 9 = 54.

Control rápido ¿Les sigue costando a los alumnos multiplicar por 9?

Sí ► Guía de intervención estratégica (pág. 68)
No ► Opciones de trabajo independiente (pág. 208B)
   CRM Hoja de ejercicios para la práctica de destrezas (pág. 34)
   CRM Hoja de trabajo de enriquecimiento (pág. 37)

Noticia de ayer Pídales a los alumnos que expliquen cómo la lección de ayer sobre multiplicar por 8 los ayudó con la lección de hoy sobre multiplicar por 9.

---

③ Practice

Differentiate practice using these leveled assignments for Exercises 11–39.

Level	Assignment
BL Below Level	11-14, 19-22, 27-29, 33-34
OL On Level	12-17, 20-25, 28-31, 34-36, 38
AL Above Level	11-35 odd, 37-39

Have students discuss and complete the Higher Order Thinking problems.

WRITING IN ►MATH Have students complete Exercise 39 in their Math Journals. You may choose to use this exercise as an optional formative assessment.

④ Assess

✔ Formative Assessment   TEKS 3.4(A)

Write 6 × 9 on the board.
* **How do you find the product using 6 × 10?**
Multiply 6 × 10 = 60 and subtract 6, so 6 × 9 = 54.

Quick Check **Are students continuing to struggle with multiplying by 9?**

If Yes ► Strategic Intervention Guide (p. 68)

If No ► Independent Work Options (p. 208B)
   CRM Skills Practice Worksheet (p. 34)
   CRM Enrich Worksheet (p. 37)

Yesterday's News Have students explain how yesterday's lesson on multiplying by 8 helped them with today's lesson on learning to multiply by 9.

⚠ **COMMON ERROR!**
Exercises 27–32 Students may have trouble finding the missing factor. Suggest that they think: what number times the known factor is equal to the given product?

▶ Práctica y solución de problemas   PRÁCTICA EXTRA Ver página R14.

Usa modelos o patrones para multiplicar. Ver Ejemplos 1 y 2 (págs. 208–209)

11. $\begin{array}{r} 3 \\ \times 9 \\ \hline 27 \end{array}$ 12. $\begin{array}{r} 9 \\ \times 6 \\ \hline 54 \end{array}$ 13. $\begin{array}{r} 4 \\ \times 9 \\ \hline 36 \end{array}$ 14. $\begin{array}{r} 2 \\ \times 9 \\ \hline 18 \end{array}$

15. $\begin{array}{r} 5 \\ \times 9 \\ \hline 45 \end{array}$ 16. $\begin{array}{r} 8 \\ \times 9 \\ \hline 72 \end{array}$ 17. $\begin{array}{r} 9 \\ \times 10 \\ \hline 90 \end{array}$ 18. $\begin{array}{r} 9 \\ \times 9 \\ \hline 81 \end{array}$

19. $1 \times 9 = 9$ 20. $7 \times 9 = 63$ 21. $9 \times 5 = 45$ 22. $10 \times 9 = 90$

23. $9 \times 0 = 0$ 24. $9 \times 3 = 27$ 25. $6 \times 9 = 54$ 26. $9 \times 7 = 63$

Álgebra Resuelve. Usa modelos si es necesario.

27. $\blacksquare \times 9 = 18$ **2**   28. $3 \times \blacksquare = 27$ **9**   29. $5 \times \blacksquare = 45$ **9**

30. $9 \times \blacksquare = 54$ **6**   31. $6 \times \blacksquare = 54$ **9**   32. $9 \times \blacksquare = 72$ **8**

Resuelve. Usa modelos si es necesario.

33. Jim y Lynn tiene 9 canicas cada uno. ¿Cuántas canicas hay en total? **18 canicas**

34. Cecilia vendió 5 libros a $9 cada uno. ¿Cuánto dinero obtuvo? **$45**

★35. El sábado hubo 4 carreras de autos y el domingo 3. Si en cada carrera compitieron 9 autos, ¿cuántos autos compitieron durante los dos días? **63 cars**

36. Phil usa 9 yardas de cuerda para cada escalera que hace. Si hace 4 escaleras, ¿cuántas yardas de cuerda usará? **36 yardas**

Problemas H.O.T.

37. **SENTIDO NUMÉRICO** ¿Es 9×2 igual a $3 \times 3 \times 2$? Explica. **Sí; $3 \times 3 = 9$**

38. **HALLA EL ERROR** Zachary y Jacinda están calculando 9×9. ¿Quién tiene la razón? Explica. **Jacinda; 9 nueves son 81**

 Jacinda Si $9 \times 8 = 72$, entonces 9×9 debe ser 9 más. Entonces, $9 \times 9 = 81$.

 Zachary Si $9 \times 8 = 72$, entonces 9×9 debe ser 8 más. Entonces, $9 \times 9 = 80$.

39. **ESCRIBE EN ►MATEMÁTICAS** Describe cómo el número 10 te puede ayudar a resolver problemas de multiplicación con el 9 como un factor. **Multiplica por 10 y luego resta el menor factor una vez.**

Control de autoevaluación tx.gr3math.com

Homework Practice (p. 35) OL

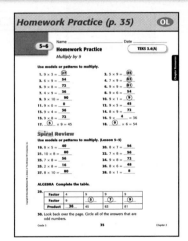

⚠ **¡ERROR COMÚN!**
Ejercicios 27–32 Loa alumnos pueden tener dificultad encontrando el factor faltante. Sugiérales que ellos piensan: ¿qué número multiplicado por el factor conocido es igual al producto dado?

Práctica de tarea (pág. 35) OL

Práctica de operaciones

Multiplica.

1. 4 24 × 6	**2.** 6 42 × 7	**3.** 3 27 × 9	**4.** 5 45 × 9
5. 4 8 × 2	**6.** 9 45 × 5	**7.** 2 16 × 8	**8.** 9 54 × 6
9. 8 72 × 9	**10.** 7 28 × 4	**11.** 8 24 × 3	**12.** 4 32 × 8
13. 5 40 × 8	**14.** 5 15 × 3	**15.** 8 48 × 6	**16.** 3 9 × 3
17. 4 20 × 5	**18.** 7 21 × 3	**19.** 2 14 × 7	**20.** 5 40 × 8

21. 6 × 5 30   **22.** 8 × 10 80   **23.** 9 × 8 72   **24.** 7 × 6 42

25. 6 × 6 36   **26.** 4 × 8 32   **27.** 8 × 5 40   **28.** 9 × 4 36

29. 6 × 2 12   **30.** 9 × 2 18   **31.** 3 × 7 21   **32.** 9 × 9 81

33. 1 × 1 1   **34.** 7 × 7 49   **35.** 5 × 5 25   **36.** 6 × 9 54

Práctica de operaciones **211**

Facts Practice

Use p. 211 to help students review their multiplication facts for numbers between 1 and 9.

Práctica de operaciones

Use la página 211 para ayudar a los alumnos con las operaciones de multiplicación de los números 1 y 9.

Planificador de Lección

Objetivo

Interpretar información y datos de arte para resolver problemas.

TEKS

TEKS 3.14 El estudiante aplica las matemáticas del 3er grado para resolver problemas relacionados con experiencias diarias y actividades dentro y fuera de la escuela. **(A) Identifique las matemáticas en situaciones diarias.**

Estándares de artes visuales para Texas

3.1 El estudiante desarrolla y organiza ideas del ámbito.

Activar conocimientos previos

Antes de enfocar la atención de los alumnos a las páginas, pídales que comenten sobre colchas.

- **¿Han visto alguna vez una colcha? ¿De qué están hechas las colchas?** Ejemplo de respuesta: Sí, tela e hilo.
- **¿Qué figura tienen la mayoría de las colchas?** Ejemplo de respuesta: cuadrado

Uso de la página del alumno

Pídales a los alumnos que lean la información de la pág. 212 y contesten estas preguntas:

- **Quieren hacer una colcha como la de la fotografía. ¿Cuántos cuadrados necesitaran?** 18 cuadrados
- **¿Cómo escribirían una oración de multiplicación para expresar cuántos cuadrados hay en la colcha fotografiada?** 3 x 3 = 9

Lesson Planner

Objective

Interpret information and data from art to solve problems.

TEKS

TEKS 3.14 The student applies Grade 3 mathematics to solve problems connected to everyday experiances and activities in and outside of school. **(A) Identify the mathematics in everyday situations.**

Visual Arts TEKS

3.1 The student develops and organizes ideas from the environment.

Resources

Materials: paper, pencils

Activate Prior Knowledge

Before you turn students' attention to the pages, ask them to discuss quilts.

- **Have you ever seen a quilt? What are quilts made of?** Sample answer: yes; cloth and thread
- **What shape do most quilt pieces have in common?** Sample answer: square

Using the Student Page

Ask students to read the information on p. 212 and answer these questions:

- **You want to make two quilts like the one in the picture. How many squares will you need?** 18 squares
- **How would you write a multiplication sentence to express how many squares are in the quilt pictured?** $3 \times 3 = 9$

No es sólo una cobija

Las personas han hecho colchas por más de 2,000 años. La colcha más antigua tiene entre 1,000 y 1,500 años.

Las colchas se hacen con dos capas de tela, con relleno en el medio. Se cosen distintas formas de tela formando patrones detallados.

Algunas colchas son muy pequeñas, pero otras son muy grandes. La más grande del mundo pesa 800 libras y tiene 85 pies de ancho por 134 pies de largo. Las colchas son mucho más que cobijas. ¡Son obras de arte!

TEKS Objetivo 3.14 El estudiante aplica las matemáticas del 3er grado para resolver problemas relacionados con experiencias diarias y actividades dentro y fuera de la escuela. (A) **Identifique las matemáticas en situaciones diarias.**

¿Sabías que?
Algunas colchas son tan pequeñas que casi pueden caber en tu mano.

🌎 Matemáticas concretas

Usa la información en la página 212 y la foto de la colcha para contestar cada problema.

1. ¿Cuántos pies más de largo que de ancho tiene la colcha más grande del mundo?
   49 pies
2. ¿Cómo puedes usar la suma repetida para calcular cuántos cuadrados hay en la colcha?
   3 + 3 + 3 = 9 cuadrados
3. Supón que necesitas hacer una colcha que usa el doble de cuadrados que la colcha que se muestra. ¿De cuántos cuadrados necesitas hacer tu colcha?
   18 cuadrados
4. ¿Cuántos cuadrados necesitas si haces 3 colchas con 9 cuadrados cada una?
   27 cuadrados
5. Si necesitas hacer 6 colchas, ¿cuántos cuadrados necesitas?
   54 cuadrados
6. Cada cuadrado de la colcha tiene 7 pulgadas de ancho y 7 pulgadas de largo. ¿Qué largo tiene la colcha?
   21 pulgadas
7. Una colcha mide 9 cuadrados de ancho y 7 cuadrados de largo. ¿Cuántos cuadrados hay en total?
   63 cuadrados
8. Si tienes 7 colchas y cada una tiene 3 cuadrados de largo y 3 de ancho, ¿tienes 63 cuadrados? Explica. Sí; 7 × 3 × 3 = 63

Resuelve Problemas en arte 213

🌎 Real-World Math

Assign the exercises on p. 213. Encourage students to choose a problem-solving strategy before beginning each exercise. If necessary, review the strategies suggested in Lesson 5-7, p. 215.

Exercise 2 Remind students that they can look at the quilt as an array of blocks.

Exercise 6 If students find this exercise difficult, point out that they only need to use the length measurement (7 inches) and the number of blocks along the length of the quilt (3) to solve the exercise.

Exercise 6 Hint: you may wish to remind students of the properties of multiplication covered in this chapter.

WRITING IN ►MATH Have students create a word problem that uses the information found in the text and in the picture on pp. 212–213.

Extend the Activity

Have students figure out the total number of blocks they would need to each create a quilt like the one in the picture on p. 213. Hint: they can form groups of two or three students, multiply to find out how many blocks each group needs, and add the number of blocks for each group to get the class total.

Matemáticas concretas

Asigne los Ejercicios de la pág. 213. Anime a los alumnos a elegir una estrategia para resolver problemas antes de comenzar cada ejercicio. Si es necesario, revise las estrategias sugeridas en la Lección 5-7, pág. 215.

Ejercicio 2 Recuérdeles a los alumnos que ellos pueden observar la colcha como un arreglo de bloques.

Ejercicio 6 Si a los alumnos les parece difícil este ejercicio, señáleles que ellos sólo necesitan usar la medida del largo (7 pulgadas) y el número de bloques a lo largo de la colcha (3) para resolver el ejercicio.

Ejercicio 6 Ayuda: Quizás quiera recordarles a los alumnos las propiedades de la multiplicación dadas en este capítulo.

ESCRIBE EN ►MATEMÁTICAS
Escribe en matemáticas Pídales a los alumnos que creen un problema planteado en palabras que use la información hallada en las págs. 212 y 213.

Ampliación de la actividad

Pídales a los alumnos que deduzcan el número total de bloques que ellos necesitaran para que cada uno cree una colcha como la que está en la fotografía de la página 213. Ayuda: ellos pueden formar grupos de dos o tres alumnos, multiplique para calcular cuántos bloques necesita cada grupo, y sume el número de bloques para cada grupo para obtener el total de la clase.

Estrategia para resolver problemas

Planificador de lección

Objetivo
Elegir la mejor estrategia para resolver problemas.

TEKS y TAKS

TEKS 3.14 El estudiante aplica las matemáticas del 3er grado para resolver problemas relacionados con experiencias diarias y actividades dentro y fuera de la escuela. **(B) Resuelva problemas que incorporen la comprensión del problema, hacer un plan, llevarlo a cabo y evaluar lo razonable de la solución.** *También cubre 3.14(C).*

TAKS 6 El estudiante demostrará un entendimiento de los procesos matemáticos y herramientas usadas en la resolución de problemas.

Rutina diaria
Siga estas sugerencias antes de iniciar la lección de la pág. 212.

Control de 5 minutos (Repaso de la Lección 5-6)

Multipliquen.
1. 4 x 9 36
2. 5 x 9 45
3. 2 x 9 18
4. 8 x 9 72

Problema del día

Sam hizo dulces para la venta de tortas. El hizo una docena más de panecillos que de barras de granola. El hizo el doble de barras de frutas que barras de granola. El hizo 10 barras de granola. ¿Cuántos panecillos y barras de frutas hizo? 22 panecillos, 20 barras de fruta.

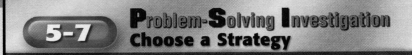

5-7 Problem-Solving Investigation
Choose a Strategy

Lesson Planner _____

Objective
Choose the best strategy to solve problems.

TEKS and TAKS
Targeted TEKS 3.14 The student applies Grade 3 mathematics to solve problems connected to everyday experiences and activities in and outside of school. **(B) Solve problems that incorporate understanding the problem, making a plan, carrying out the plan, and evaluating the solution for reasonableness.** *Also addresses TEKS 3.14(C).*

TAKS 6 The student will demonstrate an understanding of the mathematical processes and tools used in problem solving.

Resources

Teacher Technology
🌐 Interactive Classroom • TeacherWorks

📖 **Real-World Problem-Solving Library**
Math and Science: *Populations on the Rise*
Use these leveled books to reinforce and extend problem-solving skills and strategies.
Leveled for:
   OL On Level
   ELL Sheltered English

For additional support, see the Real-World Problem-Solving Teacher's Guide.

Daily Routine _____
Use these suggestions before beginning the lesson on p. 212.

5-Minute Check
(Reviews Lesson 5-6)

Multiply.
1. 4×9 36
2. 5×9 45
3. 2×9 18
4. 8×9 72

Problem of the Day
Sam made treats for the bake sale. He made a dozen more muffins than granola bars. He made double the amount of fruit bars as he did granola bars. He made 10 granola bars. How many muffins and fruit bars did he make? 22 muffins, 20 fruit bars

Differentiated Instruction

Small Group Options

Option 1 · TEKS 3.14(B) · AUDITORY
Below Level BL

Materials: tape and tape recorder or compact disc and CD burner and player

- Record word problems on a tape or compact disc. Pause after each sentence. Allow students to listen to the recording.
- Have students listen carefully to the entire problem. Then, have them go back and listen to each sentence, pressing pause each time to think about what information was presented in that portion of the problem.
- You can also take students through the four steps via recording: understand (highlight important information in problem), plan (what do you need to find out? what strategy will you use?), solve (use the chosen strategy), and check (was your answer correct?).

Option 2 · TEKS 3.10 · LOGICAL, LINGUISTIC
English Language Learners ELL

Core Vocabulary: complete, incomplete, design
Common Use Verb: finish
See Math Help students find answers by finding missing numbers.

- Write several number lines on the board with different intervals. Each should have some missing numbers or be incomplete. See below:

14 21   35   52 49 46

- Have partners work to figure out the pattern and the missing numbers. Each group writes their complete number line in their notebooks.
- Have students make their own examples of number lines with numbers missing. They can challenge their classmates to solve.

Independent Work Options

Option 1 · LOGICAL
Early Finishers OL AL

Have students try using a different strategy than the one they chose to solve the Mixed Problem-Solving problems.

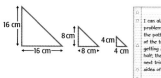

 I can also solve this problem by identifying the pattern. The sides of the triangle are getting smaller by half; therefore, the next triangle will have sides of 2 cm.

Option 2 · Tech Link
Student Technology

Math Online tx.gr3math.com
Personal Tutor • Extra Examples • Online Games

Option 3
Learning Station: Health (p. 184H)

Direct students to the Health Learning Station for opportunities to explore and extend the lesson concept.

Instrucción diferenciada
Opciones de trabajo independiente

Opción 1 · LÓGICO
Para los que terminan primero OL AL

Pídales a los alumnos que usen una estrategia diferente a la que eligieron para resolver los problemas de "Resuelve problemas diversos".

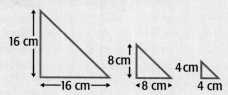

Puedo resolver este problema identificando un patrón. Los lados de le triángulo se están reduciendo a la mitad; por lo tanto, el próximo triangulo tendrá lados de 2 cm.

Opción 2 · Enlace technológico
Tecnología para el alumno

Matemáticas en línea tx.gr3math.com
Personal Tutor • Extra Examples • Online Games

Opción 3
Estación de aprendizaje: Salud (pág. 184H)

Dirija a los alumnos a la estación de aprendizaje de salud para que tengan la oportunidad de explorar y ampliar el concepto de la lección.

Opción para grupos pequeños

Opción 1 · TEKS 3.14(B) · AUDITIVO
Nivel bajo BL

Materiales: cinta y reproductor de cintas o disco compacto y quemadora y reproductor de cedes.

- Grabe problemas en palabras en una cinta o en un disco compacto. Pause después de cada oración. Permítales a los alumnos escuchar la grabación.
- Pídales a los alumnos que escuchen atentamente todo el problema. Luego, pídales que vuelvan al principio y escuchen cada oración, pulsando pausa cada vez para que piensen sobre qué información fue presentada en esa porción del problema.
- También puede guiar a los alumnos por los cuatro pasos de la grabación: entiende (Resaltar información importante en el problema), planifica (¿Qué necesitan calcular? ¿Qué estrategia deben usar?), resuelve (usen la estrategia elegida) y verifica ¿Fue tu respuesta correcta?

Estrategia para resolver problemas

1 Presentación
TEKS 3.6(A), 3.7(A)

Actividad • Repaso

- Escribe el siguiente problema en el pizarrón
  En el juego de sóftbol de Marisol, los Flames anotaron 1 carrera en el primer episodio, 3 carreras en el segundo episodio, y 5 carreras en el tercer episodio. Si el equipo sigue anotando a este ritmo, ¿cuántas carreras anotaran ellos en el quinto episodio?

- **¿Qué estrategia para resolver problemas usarían ustedes para resolver este problema?** Buscar un patrón

- **¿Cómo pueden arreglar esta información para que puedan ver un patrón?** Ejemplo de respuesta: en una tabla.

2 Enseñanza
TEKS 3.14(B)(C)

Pídales a los alumnos que lean el problema sobre montar bicicleta. Guíelos a través de los pasos para resolver problemas.

Entiende Usando las preguntas, repase los que los alumnos conocen y necesitan calcular.

Planifica Pídales que comenten su estrategia.

Resuelve Guíe a los alumnos para que elijan la mejor estrategia para resolver el problema.
- **¿Qué necesitan calcular?** Cuántas millas monta Alec cada día y el número total de millas.
- **¿Qué información les dan?** El número de millas que él monta en cada sentido por 7 días.
- **¿Cuántas millas monta el cada día?** 4
- **¿Cuántas millas monta el cada semana?** 28
- **¿Cómo pueden decidir si el llega a su meta?** Comparando 28 millas con 20 millas

Verifica Pídales a los alumnos que revisen el problema para asegurarse que la respuesta corresponde con los datos dados.

---

1 Introduce
TEKS 3.6(A), 3.7(A)

Activity • Review

- Write the following problem on the board.
  At Marisol's softball game, the Flames scored 1 run the first inning, 3 runs the second inning, and 5 runs the third. If the team continues to score at this rate, how many runs will they score in the fifth inning?
  Have students read the problem.

- **What problem-solving strategy would you use to solve this problem?** *look for a pattern*

- **How can you arrange the information so that you can see a pattern?** Sample answer: in a table

2 Teach
TEKS 3.14(B)(C)

Have students read the problem on bike-riding. Guide them through the problem-solving steps.

Understand Using the questions, review what students know and need to find.

Plan Have them discuss their strategy.

Solve Guide students to choose the best strategy to solve the problem.
- **What do you need to find?** how many miles Alec rides each day and the total number of miles
- **What information are you given?** the number of miles he rides each way for 7 days
- **How many miles does he ride each day?** 4
- **How many miles does he ride each week?** 28
- **How do you decide whether he meets his goal?** Compare 28 miles to 20 miles.

Check Have students look back at the problem to make sure that the answer fits the facts given.

COMMON ERROR!
Students should not be concerned about the level of their artistic abilities when they use the *draw a picture* strategy. Encourage them to draw simple pictures that will help them understand and solve the problem.

IDEA PRINCIPAL Elegiré la mejor estrategia para resolver problemas.

TEKS Objetivo 3.14 El estudiante aplica las matemáticas del 3er grado para resolver problemas relacionados con experiencias diarias y actividades dentro o fuera de la escuela. (B) Resuelva problemas que incorporen la comprensión del problema, hacer un plan, llevarlo a cabo y evaluar lo razonable de la solución. También cubre 3.14(C).

EQUIPO I.R.P.+

ALEC: Tengo la meta de recorrer en bicicleta 20 millas cada semana. Anoche recorrí 2 millas en cada sentido cuando fui y regresé de la práctica de sóftbol. Recorreré esta distancia durante 6 días más.

TU MISIÓN: Calcula si Alec logrará cumplir su meta y cubrir las 20 millas en su bicicleta esta semana.

Entiende	Alec quiere recorrer 20 millas cada semana. Recorrerá 2 millas en cada sentido hacia y desde la práctica por 7 días. Calcula si logrará cumplir con su meta.
Planifica	Calcula el total de millas que recorrerá cada día y en la semana. Multiplica para calcular el total.
Resuelve	Alec recorrerá 2 millas hacia la práctica y 2 millas a su casa ó 2 × 2 = 4 millas diarias. 4 miles each day × 7 días = 28 millas Alec recorrerá con su bicicleta 28 millas esta semana. Como 28 millas > 20 millas, Alec logrará su meta.
Verifica	Revisa el problema. Puedes usar un arreglo para verificar. 4 × 7 = 28. Entonces, la respuesta es correcta.

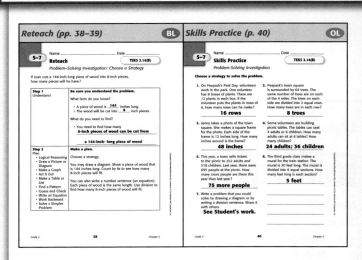
Reteach (pp. 38–39) BL / *Skills Practice (p. 40)* OL

¡ERROR COMÚN!
Los alumnos no deben estar preocupados por su nivel en sus habilidades artísticas cuándo ellos usen la estrategia haz un dibujo. Aliéntelos a que dibujen ejemplos de dibujos que los ayudaran a comprender y resolver el problema.

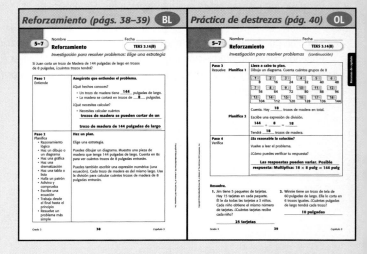
Reforzamiento (págs. 38–39) BL / *Práctica de destrezas (pág. 40)* OL

Resuelve problemas diversos

PRÁCTICA EXTRA
Ver página R14.

Usa cualquier de las siguientes estrategias para resolver. Indica qué estrategia usaste.

ESTRATEGIAS PARA RESOLVER PROBLEMAS
• Haz una dramatización.
• Haz un dibujo.
• Halla un patrón.

★**1.** Hay 2 mariquitas. Juntas tienen 12 manchas. Si una tiene 4 manchas más que la otra, ¿cuántas manchas tiene cada una?
8 manchas y 4 manchas

★**2. Medidas** Un tren recorre las distancias que se muestran.

Día	Distancia (millas)
Lunes	75
Martes	■
Miércoles	200

Si el tren recorre un total de 500 millas, ¿cuánto recorrió el martes? 225 millas

3. Álgebra ¿Cuáles son los siguientes tres números en el patrón? 20, 23, 26

5, 8, 11, 14, 17, ■, ■, ■

★**4. Geometría** Si continúa el patrón, ¿cuál será la medida de los dos lados rotulados del próximo triángulo? 2 cm

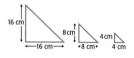

★**5. Álgebra** La tabla muestra el costo de los refrescos en un restaurante. Identifica y usa un patrón para calcular el costo de un refresco grande. 70¢

Pequeño	Mediano	Grande	Extra grande
50¢	75¢		$1.25

★**6.** Carmen tiene $5. Darby tiene el doble de dinero que Carmen. Frank tiene $3 más que Carmen. ¿Cuánto es el total entre todos? $28

★**7.** Una tejedora está creando un diseño para una bufanda. La primera fila tiene 3 corazones. La segunda fila tiene 7 corazones y la tercera tiene 11. A medida que continúa el patrón, ¿cuántos corazones habrá en la séptima fila? 27 corazones

★**8.** Diego, Marco y Andrea ganaron dinero rastrillando hojas después de clases. Si reparten equitativamente el dinero que ganan, ¿cuánto dinero le tocará a cada uno? $8

○ Dinero ganado por rastrillar
○ Friday $6
  Sábado $10
  Sunday $8

9. ESCRIBE EN MATEMÁTICAS Escribe un problema concreto que se pueda resolver de más de una manera. Explica. Las respuestas variarán.

BL Alternate Teaching Strategy

If students have trouble choosing among the strategies …

Then use one of these reteach options:

1 CRM **Daily Reteach Worksheet** (p. 38)

2 Have them write out the word problem and circle each number and underline math words, such as *make*, *together*, *pattern*.

3 Practice

Using the Exercises

Exercises 1–8 are structured so that students have to choose a strategy from among the three listed. Remind them to tell what strategy they used to solve the problem.

Exercise 9 asks students to write a word problem. Suggest that they write about a topic they know or are interested in.

4 Assess

✓ Formative Assessment   TEKS 3.14(B)(C)

• Give students the following problem:
  There are 3 shelves with 3 boxes on each shelf. Each box contains 5 books.

• Have students find the total number of books and explain the steps they used to solve the problem. 45 books; Sample answer: Draw 9 boxes with 5 books in each box.

Quick Check — **Are students continuing to struggle with choosing the best strategy?**

If Yes → Small Group Options (p. 214B)

If No → Independent Work Options (p. 214B)
CRM Skills Practice Worksheet (p. 40)
CRM Enrich Worksheet (p. 42)

BL Estrategia alternativa de enseñanza

Si Los alumnos tienen problemas eligiendo entre las estrategias

Entonces Use una de estas opciones de reforzamiento:

1 CRM **Hoja de reforzamiento diario** (pág. 38)

2 Pídales que escriban un problema en palabras y encierren en un círculo cada número y subrayen las palabras matemáticas como, *formar, juntos, patrón*

3 Práctica

Uso de los Ejercicios

Los Ejercicios 1–8 están estructurados para que los alumnos puedan elegir una estrategia entre las tres en la lista. Recuérdeles que indiquen que estrategia usaron ellos para resolver el problema.

Ejercicio 9 pídales a los alumnos que escriban un problema en palabras. Sugiérales que escriban sobre un tema que ellos conozcan o que les interese.

4 Evaluación

TEKS 3.14(B)(C)

✓ Evaluación formativa

Suminístreles a los alumnos el siguiente problema:
• *Hay 3 repisas con 3 cajas en cada repisa. Cada caja contiene 5 libros.*

• Pídales a los alumnos que calculen el número total de libros y que expliquen los pasos que usaron para resolver el problema. 45 libros; ejemplo de respuesta: Dibujen 9 cajas con 5 libros en cada caja.

Control rápido — **¿Les sigue costando a los alumnos elegir la mejor estrategia?**

Si la respuesta es:

Sí → Opciones para grupos pequeños (pág. 214B)

No → Opciones de trabajo independiente (pág. 214B)
CRM Hoja de ejercicios para la práctica de destrezas (pág. 40)
CRM Hoja de trabajo de enriquecimiento (pág. 42)

Enrich (p. 42) AL

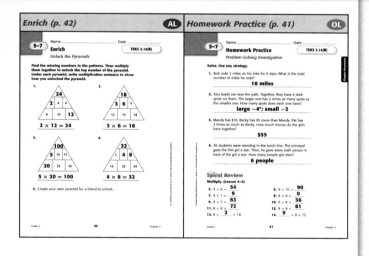

Homework Practice (p. 41) OL

Enriquecimiento (pág. 42) AL

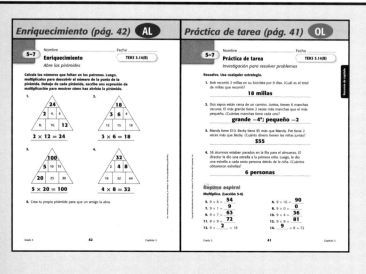

Práctica de tarea (pág. 41) OL

Planificador de lección

Objetivo

Multiplicar por 11 y 12

TEKS y TAKS

TEKS 3.4 El estudiante reconoce y resuelve problemas en situaciones de multiplicación y división. **(A) Aprenda y aplique las tablas de multiplicación hasta 12 por 12 utilizando modelos concretos y objetos.** *También cubre 3.6(A).*

TAKS 1 El estudiante demostrará un entendimiento de patrones, operaciones y razonamiento cuantitativo.

Las páginas del alumno también cubren los siguientes TEKS:
TEKS 3.16(B) Coméntalo, Ejercicio 8
TEKS 3. 14(A), TEKS 3.15(A) Problemas H.O.T., Ejercicios 28–30
TEKS 3.7(B), TEKS 3.4(A) Repaso espiral, Ejercicios 33–37

Vocabulario

múltiplo, producto

Rutina diaria

Siga estas sugerencias antes de iniciar la lección de la pág. 216.

Control de 5 minutos (Repaso de la Lección 5-7)

Resuelve Naima quiere recibir su mesada así 5¢ el primer día, 10¢ el 2do día, y 15¢ el 3er día. Si esto continua, ¿cuánto recibirá ella el 9no día? 45¢, buscar un patrón

Problema del día

Slet está decorando panquecitos para su clase de 27 alumnos. El puede decorar 3 en 10 minutos. ¿Cuánto tiempote tomará a el decorarlos todos? 90 minutos ó $1\frac{1}{2}$ horas.

Repaso de vocabulario matemático

Escriba las palabras del repaso de vocabulario y sus definiciones en la pizarra. Pídales a los alumnos que enumeren los múltiplos de 3 desde el 3-30. En pares, los alumnos comentarán cómo los productos y múltiplos son similares.

Tarjetas visuales de vocabulario

Use la(s) tarjeta(s) visual(es) del vocabulario 44 para reforzar el vocabulario presentado en esta lección. (En la parte posterior de cada tarjeta está escrita la rutina Definir/Ejemplo/Pregunta).

Lesson Planner

Objective
Multiply by 11 and 12.

TEKS and TAKS
Targeted TEKS 3.4 The student recognizes and solves problems in multiplication and division situations. **(A) Learn and apply multiplication facts through 12 by 12 using concrete models and objects.** *Also addresses TEKS 3.6(A).*

TAKS 1 The student will demonstrate an understanding of numbers, operations, and quantitative reasoning.

Student pages also address the following TEKS:
TEKS 3.16(B) Talk About It, Exercise 8
TEKS 3.14(A), TEKS 3.15(A), HOT Problems, Exercises 28–30
TEKS 3.7(B), TEKS 3.4(A) Spiral Review, Exercises 33–37

Review Vocabulary
multiple, product

Resources
Materials: grid paper

Manipulatives: counters

Literature Connection: *Six-Dinner Sid* by Inga Moore

Teacher Technology
Interactive Classroom • TeacherWorks

Focus on Math Background
In this lesson, students begin to develop the facts for multiplying by 11 by looking at patterns. From there they move to decomposing 11 or 12 and using known facts to find the product. This decomposition depends on a student's ability to "take numbers apart" and "put them back together." For example, 9×12 can be thought of as $(9 \times 10) + (9 \times 2)$, or it can be thought of as $(9 \times 7) + (9 \times 5)$. The first decomposition of 12 into $10 + 2$ is the method taught in the lesson, and it is probably preferable as multiplying a number by 10 is usually easy for students. Note that these methods of breaking numbers apart and putting them back together are based on the distributive property:
$$a(b + c) = ab + ac.$$

216A   Chapter 5 Model More Multiplication Facts

Daily Routine

Use these suggestions before beginning the lesson on p. 216.

5-Minute Check
(Reviews Lessons 5-7)

Solve. Tell what strategy you used.
Naima wants to receive her allowance as 5¢ on the 1st day, 10¢ on the 2nd day, and 15¢ on the 3rd day. If this continues, how much will she receive on the 9th day? 45¢, *look for a pattern*

Problem of the Day
Marcel is decorating cupcakes for his class of 27 students. He can decorate 3 in 10 minutes. How long will it take him to decorate them all?
90 minutes or $1\frac{1}{2}$ hour

Review Math Vocabulary
Write the review vocabulary words and their definitions on the board.

Have students list the multiples of 3 from 3–30. In pairs, students discuss how products and multiples are similar.

Visual Vocabulary Cards
Use Visual Vocabulary Card 44 to reinforce the vocabulary reviewed in this lesson. (The Define/Example/Ask routine is printed on the back of each card.)

Differentiated Instruction

Small Group Options

Option 1 · Gifted and Talented AL
LOGICAL

Materials: calculators, chalkboard or chart paper

- Begin by equipping students with calculators (to check if you are correct) and challenging them to ask you to find the answer to any two-digit number multiplied by 12.
- After you have amazed them with a few correct answers, share the strategy shown below.

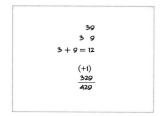

```
           39
          3  9
       3 + 9 = 12

          (+1)
          329
          429
```

Option 2 · English Language Learners ELL
LINGUISTIC, VISUAL

Materials: paper, pencil
Core Vocabulary: pattern, always, underneath
Common Use Verb: occurs
Write Math This strategy helps students communicate patterns in writing.

- Write times table row for 1s (1 × 1, 1 × 2, 1 × 3, etc.) with answers. Ask: "What is the **pattern**? What **always occurs**?" 1 times ___ always equals ___.
- Write: "Multiply 1 by another number, your answer will be ___." Each group copies the scaffold and decides how to fill in the answer.
- Add rows for 11 and 12 and repeat. Write them sequentially underneath the 1s row to make it easier to see the patterns.
- Have students write patterns descriptions for multiplying 11 and 12. Discuss answers. Answers will vary.

Independent Work Options

Option 1 · TEKS 3.4(B) · Early Finishers AL
LOGICAL

Materials: paper and pencil

- Have students create a word problem that can be solved by multiplying 12 × 7.
- If time permits, have them share their problems with the class.

Option 2 · Student Tech Tools
Tech Link

Math Online tx.gr3math.com
Personal Tutor • Extra Examples • Online Games

Option 3 · Learning Station: Art (p. 184G)
Direct students to the Art Learning Station for opportunities to explore and extend the lesson concept.

Option 4 · Problem-Solving Practice
Reinforce problem-solving skills and strategies with the Problem-Solving Practice worksheet.

Problem Solving (p. 46) BL OL AL

Lesson 5-8 Multiply by 11 and 12 **216B**

Instrucción diferenciada

Opciones de trabajo independiente

Opción 1 · TEKS 3.4(B) · Para los que terminan primero OL AL
LÓGICO

Materiales: lápiz y papel

- Pídales a los alumnos que creen un problema en palabras que pueda ser resuelto multiplicando 12 × 7.
- Si el tiempo lo permite, pídales que compartan sus problemas con la clase.

Opción 2 · Tecnología para el alumno
Enlace technológico

Matemáticas en línea tx.gr3math.com

Personal Tutor • Extra Examples • Online Games

Opción 3 · Estación de aprendizaje: Arte (pág. 184G)
Dirija a los alumnos a la estación de aprendizaje de arte para que tengan la oportunidad de explorar y ampliar el concepto de la lección.

Opción 4 · Práctica y solución de problemas
Refuerce las destrezas y las estrategias de solución de problemas con la hoja de trabajo de solución de problemas.

Opción para grupos pequeños

Opción 1 · Talentosos AL
LÓGICO

Materiales: Calculadoras, tizas o papel cuadriculado

- Comience equipando a los alumnos con calculadoras (para verificar que están en lo correcto) y retándolos a que le pregunten a usted que calcule la respuesta de cualquier número de dos dígitos multiplicado por 12.
- Después que los haya sorprendido con unas cuantas respuestas correctas, comparta la siguiente estrategia.

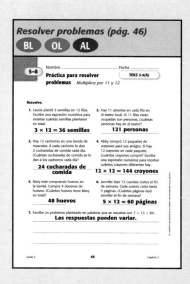

Resolver problemas (pág. 46) BL OL AL

Lección 5-8 Multiplica por 11 y 12 **216B**

Multiplica por 11 y 12

① Presentación   TEKS 3.4(A)

Actividad propuesta 1 • Práctica

- Recuérdeles a los alumnos la estrategia de la multiplicación de duplicar una operación conocida.
- **¿Cuándo pueden usar la estrategia de duplicar una operación conocida?** Cuando uno de los factores es un número par.
- Pídales a los alumnos que usen fichas para hacer un arreglo que muestre 9 filas de 8. **¿Qué problema muestra el arreglo?** 8×9 Pídales que separen los arreglos de fichas de dos arreglos de 9 filas de 4.
- **¿Cómo saben con sus contadores qué 8×9?** Ejemplo de respuesta: el número de contadores en el primer arreglo no cambió cuándo los arreglos fueron separados en dos partes, entonces 9 grupos de 8 deben ser igual a dos grupos de 9 grupos de 4.

Actividad propuesta 2 • Literatura

Presente la Lección con *Six Dinner Sid* de Inga Moore. (Vea la página R104 para una actividad matemática relacionada)

② Enseñanza   TEKS 3.4(A)(B)

Preguntas básicas

Pídales a los alumnos usar fichas para hacer un arreglo que muestre 5 grupos de 12.
- ¿Cuántas filas? ¿Cuántas en cada fila?

Pídales a los alumnos que dividan sus arreglos en dos arreglos que muestren 5 grupos de 10 y 5 grupos de 2.
- ¿Cuántas fichas hay en 5 grupos de 10? 50
- ¿Cuántas fichas hay en 5 grupos de 2? 10
- ¿Cuántas fichas hay en total? 60
- ¿Cuánto es 5 • 12? 60

Pídales a los alumnos que abran sus libros y lean la información de **Prepárate para aprender.** Repasar **producto** y **múltiplo.** En conjunto, trabajen los **Ejemplos 1 y 2.**

Multiply by 11 and 12

① Introduce   TEKS 3.4(A)

Activity Choice 1 • Hands-On

- Remind students of the double a known fact multiplication strategy.
- **When can you use the double a known fact strategy?** when one of the factors is an even number
- Have students use counters to make an array that shows 9 rows of 8. **What problem does the array show?** 8×9 Have them separate the array of counters into two arrays of 9 rows of 4.
- **How do you know from your counters that $9 \times 8 = 9 \times 4 + 9 \times 4$?** Sample answer: The number of counters in the first array did not change when the array was separated into two parts, so 9 groups of 8 must be equal to two groups of 9 groups of 4.

Activity Choice 2 • Literature

Introduce the lesson with *Six-Dinner Sid* by Inga Moore. (For a related math activity, see p. R104.)

② Teach   TEKS 3.4(A), (B)

Scaffolding Questions

Have students use counters to make an array that shows 5 groups of 12.
- **How many rows?** 12 **How many in each row?** 5

Have students divide their arrays into two arrays that show 5 groups of 10 and 5 groups of 2.

- **How many counters are in the 5 groups of 10?** 50
- **How many counters are in the 5 groups of 2?** 10
- **How many counters are there altogether?** 60
- **What is 5 · 12?** 60

GET READY to Learn

Have students open their books and read the information in **Get Ready to Learn.** Review **product** and **multiple.** As a class, work through **Examples 1 and 2.**

216   **Chapter 5** Model More Multiplication Facts

Multiplica por 11 y por 12

PREPÁRATE para aprender

Una ferretería vende juegos de llaves. Cada juego contiene 11 llaves. Un cliente ordenó 7 juegos. ¿Cuántas llaves hay en 7 juegos?

IDEA PRINCIPAL

Multiplicaré por 11 y por 12.

 **TEKS Objetivo 3.4**
El estudiante reconoce y resuelve problemas en situaciones de multiplicación y división.
(A) Aprenda y aplique las tablas de multiplicación hasta 12 por 12 utilizando modelos concretos y objetos. También cubre TEKS 3.6(A).

Puedes usar patrones y modelos cuando multiplicas por 11.

EJEMPLO concreto   Usa patrones o modelos para multiplicar

1 **¿Cuántas llaves hay en 7 juegos?**
Necesitas calcular 7 grupos de 11 ó 11 or 7×11. Observa el patrón.

Multiplica por 11		
1	× 11 =	11
2	× 11 =	22
3	× 11 =	33
4	× 11 =	44
5	× 11 =	55
6	× 11 =	66
7	× 11 =	77

El patrón nuestra que al multiplicar un número de un dígito por 11, el producto es el dígito repetido.

El modelo también muestra que $7 \times 11 = 77$.

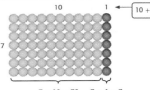

$7 \times 10 = 70$ $7 \times 1 = 7$
$70 + 7 = 77$
Entonces, hay 77 llaves en 7 juegos.

216   Capítulo 5 Haz modelos de más operaciones de multiplicación

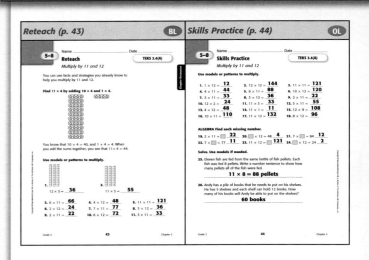

Reteach (p. 43) · Skills Practice (p. 44)

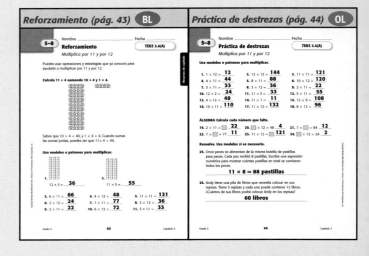

Reforzamiento (pág. 43) · Práctica de destrezas (pág. 44)

EJEMPLO 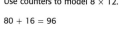 Usa modelos para multiplicar $\quad\boxed{10 + 2 = 12}$

2 MEDIDAS En un pie hay 12 pulgadas. ¿Cuántas pulgadas hay en 8 pies?

Calcula 8 × 12.

Use counters to model 8 × 12.

80 + 16 = 96

$8 \times 10 = 80 \quad 8 \times 2 = 16$

Cada uno de los 8 grupos tiene 12 fichas. Hay un total de 96 fichas.

Entonces, 8 × 12 = 96. Hay 96 pulgadas en 8 pies.

 VERIFICA lo que sabes

Usa modelos o patrones para multiplicar. Ver Ejemplo 1 (pág. 216)

1. (11 × 3) 33
2. (11 × 5) 55
3. 4 × (11) 44
4. (8 × 11) 88
5. (11 × 11) 121
6. 10 × (11) 110
7. (12 × 2) 24
8. (12) × 6 72
9. (3 × 12) 36
10. (12 × 5) 60
11. 9 × 12 108
12. 12 × 12 144

13. **MEDIDAS** Cada una de las siguientes bolsas contiene doce rosquillas. ¿Cuántas rosquillas hay en total? 48 rosquillas

14. **Coméntalo** ¿Por qué el patrón que se muestra en el Ejemplo 1 sólo funciona con números de un dígito? Cuando extiendes el patrón, 11 × 10 no es igual a 1010, sino a 110.

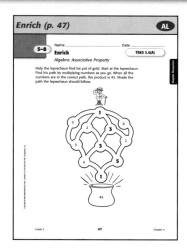

Lección 5-8 Multiplica por 11 y por 12 **217**

Enriquecimiento (pág. 47) AL

5-8 Nombre _____ Fecha _____
Enriquecimiento TEKS 3.4(A)
Álgebra: Propiedad asociativa

Use Models to Multiply

Example 2 Point out that because no counters were taken away and no new ones were introduced, 8 × 12 must be equal to 8 × 10 + 8 × 2.

ADDITIONAL EXAMPLES

1 Kayreen's mother is making 6 dresses for the dance troupe. Each dress takes 11 feet of fabric. How many feet of fabric does she need altogether? 66 feet

2 There are 3 teaspoons in one tablespoon. How many teaspoons are in 12 tablespoons? 36 teaspoons

 CHECK What You Know

As a class, have students complete Exercises 1–14 in **Check What You Know** as you observe their work.

Exercise 14 Assess student comprehension before assigning practice exercises.

BL Alternate Teaching Strategy TEKS 3.4(B)

If students have trouble multiplying by 11 and 12 …

Then use one of these reteach options:

1 **CRM Daily Reteach Worksheet** (p. 43)

2 Have them use grids to draw arrays. Students can also use the double a known fact strategy to multiply by 12. For example,
$$12 \times 7 = 6 \times 7 + 6 \times 7$$
$$= 42 + 42$$
$$= 84$$

 COMMON ERROR!

Exercises 31 and 33 Students may fail to notice that two baskets are being made. Encourage students to read each problem carefully and, if necessary, underline the information given.

Lesson 5-8 Multiply by 11 and 12 **217**

¡ERROR COMÚN!

Ejercicios 31 y 33 Los alumnos pueden que no noten que dos canastas se están haciendo. Aliente a los alumnos a leer cada problema cuidadosamente y, si es necesario, subraye la información dada.

Use modelos para multiplicar

Ejemplo 2 Señáleles que porque no se quitaron fichas y no se colocaron nuevas, 8 × 12 debe ser igual a 10 + 8 × 12.

EJEMPLOS ADICIONALES

1 La madre de Kayreen está haciendo 6 vestidos para la tropa de baile. Cada vestido lleva 11 pies de tela. ¿Cuántos pies de tela necesita ella en total? 66 pies

2 Hay 3 cucharaditas en 1 cucharada. ¿Cuántas cucharaditas hay en 12 cucharadas? 36 cucharaditas

VERIFICA lo que sabes

En conjunto, pídales a los alumnos que completen los Ejercicios 1-14 en **Verifica lo que sabes** a medida que usted observa sus trabajos.

Ejercicio 14 Evalúa la comprensión del alumno antes de asignarle los ejercicios prácticos.

BL Estrategia alternativa de enseñanza TEKS 3.4(B)

Si Los alumnos tienen problemas multiplicando por 11 y 12

Entonces Use una de estas opciones de reforzamiento:

1 **CRM Hoja de reforzamiento diario** (pág. 43)

2 Pídales que usen cuadrículas para dibujar arreglos. Los alumnos también pueden usar la estrategia duplica un factor conocido para multiplicar por 12. Por ejemplo,
$$12 \times 7 = 6 \times 7 + 6 \times 7$$
$$= 42 + 42$$
$$= 84$$

3 Práctica

Asigne la práctica para los Ejercicios 15–36 según los siguientes niveles.

Nivel	Asignación
BL Nivel bajo	15–18, 21–24, 27, 29, 31
OL A nivel	15–26, 28, 30, 33, 35
AL Nivel avanzado	15–33 odd, 34–36

Pídales a los alumnos que analicen y completen los problemas de razonamiento de alto nivel. Sugiérales a los alumnos que hagan dibujos o usen fichas como modelos.

ESCRIBE EN ➤MATEMÁTICAS

Pídales a los alumnos que completen el Ejercicio 36 en sus Diarios de matemáticas. Puede elegir hacer este ejercicio como una evaluación formativa adicional.

3 Practice

Differentiate practice using these leveled assignments for Exercises 15–36.

Level	Assignment
BL Below Level	15–18, 21–24, 27, 29, 31
OL On Level	15–26, 28, 30, 33, 35
AL Above Level	15–33 odd, 34–36

Have students discuss and complete the Higher Order Thinking problems. Suggest students draw pictures or use counters as models.

WRITING IN ➤MATH

Have students complete Exercise 36 in their Math Journals. You may choose to use this exercise as an optional formative assessment.

Práctica y solución de problemas

PRÁCTICA EXTRA
Ver página R15.

Usa modelos o patrones para multiplicar. Ver Ejemplo 1 (pág. 216)

15. 11 × (2) 22   **16.** 11 × (1) 11   **17.** (11 ×)7 77

18. (11 × 6) 66   **19.** (8 × 11) 88   **20.** 9 × (11) 99

Usa modelos para multiplicar. Ver Ejemplo 2 (pág. 217)

21. 12(× 1) 12   **22.** (12 ×) 5 60   **23.** (12) × 4 48

24. 12 × 8 96   **25.** 9 × 12 108   **26.** 7 × 12 84

Resuelve. Usa modelos si es necesario.

27. La siguiente es una porción de galletas. En una caja hay 10 porciones. ¿Cuántas galletas hay en una caja? 120 galletas

★ **28.** Un restaurante ordena 12 docenas de huevos. La figura muestra cuántos huevos se rompieron durante el envío. ¿Cuántos huevos quedaron? 137 huevos

29. El equipo de fútbol corre 11 vueltas cada día. ¿Cuántas vueltas correrán de lunes a viernes? 55 vueltas

★ **30.** Cada acuario tiene 10 peces arquero y 6 peces globo. Si hay 11 acuarios, ¿cuántos peces hay en total? 176 peces

Arte En los Ejercicios 31 al 33 usa la tabla que muestra cuántas yardas de paja necesita Sydney para hacer una cesta con una trenza, un fleco o una flor. ¿Cuántas yardas de paja se necesitan para cada cesta?

★ **31.** 2 cestas con 1 trenza y 1 flor 46

★ **32.** 3 cestas con flecos 15

★ **33.** 2 cestas con 2 flores y 2 trenzas 92

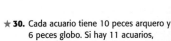

TEJIDO DE CESTAS

Decoración	Cantidad de paja (yardas)
Trenza	12
Fleco	5
Flor	11

218 Capítulo 5

Matemáticas **en línea** Control de autoevaluación tx.gr3math.com

---

34. INTERPRETA Dibuja un modelo para representar una expresión de multiplicación que tenga 11 como factor. Escribe la expresión numérica. *Ver Apéndice de respuestas del Cap. 5.*

35. RETO Hay 12 pulgadas en un pie y 3 pies en una yarda. ¿Cuántas pulgadas hay en 2 yardas? *72 pulgadas*

36. ESCRIBE EN ►MATEMÁTICAS Escribe un problema concreto que use la expresión 5 × 12. Resuélvelo. *Ejemplo de respuesta: En un cartón hay una docena de huevos. ¿Cuántos huevos hay en 5 cartones? 60*

Práctica para la PRUEBA TAKS 1 y 3

37. Había 11 caballos y cada caballo comió 4 manzanas. ¿Cuántas manzanas comieron en total? *(Lección 5-8)* **D**

A 4 **C** 15

B 11 **D** 44

38. ¿Qué punto representa mejor a 245 en la recta numérica? *(Lección 1-9)* **G**

241 243   248 250

F F   **H** H

G G   **J** J

Repaso espiral

Resuelve. *(Lección 5-7)*

39. La tabla muestra cuánto dinero ha ahorrado Emilio cada día. Si continúa con el patrón, ¿cuántos días más necesitará para colocar dinero dentro del frasco de manera que le pueda comprar un regalo de $15 a su mamá? Extiende la tabla para resolver el problema. *2 días*

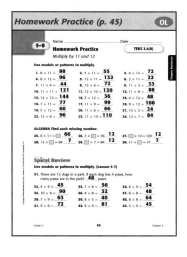

DINERO AHORRADO

Día	Dinero colocado en el frasco
1	$1
2	$2
3	$3

Multiplica. *(Lesson 5-6)*

40. $\begin{array}{r}9\\\times 6\\\hline 54\end{array}$ **41.** $\begin{array}{r}9\\\times 7\\\hline 63\end{array}$ **42.** $\begin{array}{r}9\\\times 9\\\hline 81\end{array}$ **43.** $\begin{array}{r}9\\\times 0\\\hline 0\end{array}$

---

(4) Assess

✓ Formative Assessment TEKS 3.4(A)(B)

- **Explain two ways to find 6 · 11.** Sample answer: One way is to look for a pattern. Another way is to use a model.

- **Find 6 · 11.** 66

Quick Check **Are students continuing to struggle with multiplying by 11 and 12?**

If Yes → Strategic Intervention Guide (p. 80)

If No → Independent Work Options (p. 216B)
 [CRM] Skills Practice Worksheet (p. 44)
 [CRM] Enrich Worksheet (p. 47)

Ticket Out the Door Have students draw a model to show how to multiply 6 × 12.

★ TEST Practice

Reviews Lessons 1-9 and 5-8
Assign the Texas Test Practice problems to provide daily reinforcement of test-taking skills.

Spiral Review

Reviews Lessons 5-6 and 5-7
Review and assess mastery of skills and concepts from previous chapters.

Homework Practice (p. 45) [OL]

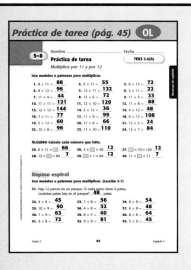

---

(4) Evaluación

✓ Evaluación formativa TEKS 3.4(A)(B)

- **Expliquen dos maneras de calcular 6 • 11.** Ejemplo de respuesta: Una manera es buscar un patrón. Otra manera es usar un modelo.

- Calculen 6 • 11. 66

Control rápido **¿Les sigue costando a los alumnos multiplicar por 11 y 12?**

Sí → Guía de intervención estratégica (pág. 80)

No → Opciones de trabajo independiente (pág. 216B)
 [CRM] Hoja de ejercicios para la práctica de destrezas (pág. 44)
 [CRM] Hoja de trabajo de enriquecimiento (pág. 47)

Boleto de salida Pídales a los alumnos que dibujen un modelo para mostrar como multiplicar 6 × 12

▶ Práctica para la PRUEBA

Repasa las Lecciones 1-9 y 5-8
Asigne los problemas de Práctica para la Prueba para reforzar diariamente las destrezas de resolución de pruebas.

Repaso espiral

Repasa las Lecciones 5-6 y 5-7
Repasar y evaluar el dominio de las destrezas y conceptos de capítulos anteriores.

Práctica de tarea (pág. 45) [OL]

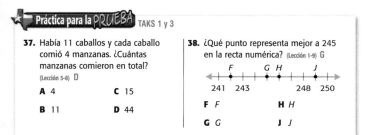

CAPÍTULO 5 Guía de estudio y repaso

 **PLEGADOS™ Plegados de Dinah Zike**

Use estas sugerencias para la lección a fin de incorporar los Plegados durante el capítulo. Los alumnos pueden usar sus Plegados para repasar para el examen.

Lecciones 5-5 y 5-6 Los alumnos pueden cortar y usar cuartos de papel para hacer tarjetas de multiplicación para multiplicar por 8 y 9. Pídales a los alumnos que guarden las tarjetas en los bolsillos apropiados de sus Plegados. Anime a los alumnos a que usen sus tarjetas para ayudarse a memorizar hasta la automatización la tabla de multiplicación para los números entre 1 y 10.

Vocabulario clave

Las referencias de las páginas después de cada palabra denotan dónde se presenta por primera ese término. Si los alumnos tienen dificultades con los Ejercicios 1-4, recuérdeles que pueden usar las referencias de las páginas para repasar los términos del vocabulario.

Repaso de vocabulario

Repase el vocabulario del capítulo usando una de las siguientes opciones:
- **Tarjetas visuales de vocabulario** (3, 9, 24, 37 y 44)
- **Glosario electrónico en** tx.gr3math.com

CHAPTER 5 Study Guide and Review

 FOLDABLES™ Dinah Zike's Foldables

Use these lesson suggestions to incorporate the Foldables during the chapter. Students can then use their Foldables to review for the test.

Lessons 5-5 and 5-6 Students can cut and use quarter sheets of notebook paper to make multiplication flashcards for multiplying by 8 and 9. Have students store the cards within the appropriate pockets of their Foldables. Encourage students to use their study cards to help them memorize to automaticity the multiplication table for numbers between 1 and 10.

Key Vocabulary

The page references after each word denote where that term was first introduced. If students have difficulty answering questions 1–4, remind them that they can use the page references to review vocabulary terms.

Vocabulary Review

Review chapter vocabulary using one of the following options.
- **Visual Vocabulary Cards** (3, 9, 24, 37, and 44)
- **eGlossary** at tx.gr3math.com

220 Chapter 5 Model More Multiplication Facts

CAPÍTULO 5 Guía de estudio y repaso

 PLEGADOS Organiza el estudio PREPÁRATE para estudiar

Asegúrate que los siguientes Conceptos clave y las palabras del Vocabulario clave estén escritos en tu Plegado.

Las GRANDES Ideas

- Cuando multiplicas, dos **factores** se multiplican para obtener un **producto**. (pág. 187)

$$6 \times 4 = 24$$
factores producto

- La **propiedad conmutativa de la multiplicación** establece que el producto no cambia si el orden de los factores cambia. (pág. 146)

$$6 \times 7 = 42 \qquad 7 \times 6 = 42$$

- **Calcula y extiende un patrón.** (pág. 198)

1st	2nd	3rd	4th	5th	6th
1	4	7	10	13	

+3 +3 +3 +3 +3

El patrón se da sumando 3.
Por lo tanto, el número que falta es 16.

220 Capítulo 5

Repaso de vocabulario en tx.gr3math.com

Vocabulario clave

factores (pág. 187)
producto (pág. 187)

Verifica el vocabulario

1. El resultado de un problema de multiplicación se llama ___?___ .
   producto

2. Dos ___?___ se multiplican para obtener una respuesta. factores

3. En el problema de multiplicación $6 \times 3 = 18$, el 3 es un ___?___. factores

4. El ___?___ de 8 y 7 es 56.
   producto

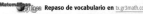

✓ Chapter 5 Project

Plant an Array

Alone, in pairs, or in small groups, have students discuss the results of their completed chapter project with the class. Assess their work using the Chapter Project rubric found in Chapter 5 Resource Masters, p. 58.

✓ Proyecto del Capítulo 5

Siembra un arreglo

Pídales a los alumnos que comenten los resultados finales de su proyecto del capítulo con la clase, bien sea solos, en parejas o en grupos pequeños. Evalúe su trabajo usando la pauta del proyecto del capítulo que se encuentra en la pág. 58 de las Hojas maestras de recursos del Capítulo 5.

Repaso de lección por lección

5-1 Multiplica por 3 (págs. 189–191)

Ejemplo 1
Hay 8 loros y cada uno tiene 3 plumas rojas en su cabeza. ¿Cuántas plumas hay en total?

Hay 8 grupos de 3 plumas. Usa fichas para modelar 8 grupos de 3 plumas rojas ó 8×3.

$8 \times 3 = 24$. Por lo tanto, hay 24 plumas.

Usa modelos o haz un dibujo para multiplicar.

5. 3 21
   $\times 7$
6. 4 12
   $\times 3$

7. 6×3 18   **8.** 8×3 24

Álgebra Copia y completa. 21; 6; 6; 8

9.

Regla: Multiplica por 3.			
Entrada	7	■	2	■
Salida	■	18	■	24

10. Hay 4 árboles y 3 conejos sentados bajo cada uno. ¿Cuántos conejos hay después de que 2 de ellos se fueron saltando? 10 conejos

5-2 Multiplica por 6 (págs. 192–195)

Ejemplo 2
Cada empaque de yogur tiene 4 tazas. Si Sue Ellen compra 6 empaques, ¿cuántas tazas tendrá?

Usa fichas para calcular 4×6.

$4 \times 6 = 4 \times 3 + 4 \times 3$

Entonces, $4 \times 6 = 24$.

Multiplica.

11. 6×5 30   **12.** 7×6 42

13. 6 24
   $\times 4$
14. 6 36
   $\times 6$

Álgebra Calcula cada factor que falta.

15. $6 \times$ ■ $= 18$ 3   **16.** ■ $\times 6 = 6$ 1

17. Tyler invitó a 3 amigos a comer pizza. Si cada persona recibe 6 trozos, ¿cuántos trozos de pizza necesitará para él y sus amigos? 18 trozos

Capítulo 5 Guía de estudio y repaso **221**

Lesson-by-Lesson Review

Have students complete the Lesson-by-Lesson Review on pp. 221–224. Then you can use ExamView® Assessment Suite to customize another review worksheet that practices all the objectives of this chapter or only the objectives on which your students need more help.

Intervention If the given examples are not sufficient to review the topics covered by the questions, use the page references next to the exercises to review that topic in the Student Edition.

Repaso de lección por lección

Pídeles a los alumnos que completen el Repaso de Lección por Lección en las págs. 221–229. Luego, puede usar el paquete de evaluación de ExamView® para adaptar otra hoja de trabajo de repaso que practique todos los objetivos de este capítulo o sólo los objetivos en los cuales sus alumnos necesitan más ayuda.

Intervención Si los ejemplos dados no son suficientes para repasar los temas cubiertos por las preguntas, recuérdeles a los alumnos que las referencias de las páginas les indican en qué parte del libro repasar el tema.

CAPÍTULO 5 Guía de estudio y repaso

CHAPTER 5 Study Guide and Review

 **5-3 Estrategia para resolver problemas: Busca un patrón** (págs. 198–199)

Ejemplo 3
Tate hizo filas de juguetes. Alineó 3 juguetes en la primera fila, 5 en la segunda y 7 en la tercera. ¿Cuántos juguetes habrá en la séptima fila si Tate continúa su patrón?

Conoces el número de juguetes en las primeras tres filas. Calcula cuántos juguetes habrá en la séptima fila.

Organiza los datos en una tabla. Luego, busca un patrón y extiéndelo.

Fila	1	2	3	4	5	6	7
Juguetes	3	5	7	9	11	13	15

+2 +2 +2 +2 +2 +2

Entonces, habrán 15 juguetes en la séptima fila.

Resuelve. Usa la estrategia de halla un patrón.

18. La siguiente tabla muestra las calificaciones de Rich. Todas las calificaciones siguen un patrón. ¿Cuáles son las últimas dos calificaciones que recibió? 94; 99

Prueba	1	2	3	4	5
Calificación	79	84	89	■	■

19. **Medidas** Arnaldo está entrenando para una carrera. La primera semana corre 2 millas. La siguiente semana corre 5 millas. Durante la tercera semana corre 8 millas. ¿Cuántas semanas le tomará llegar a su meta de 20 millas? 7 semanas

 **5-4 Multiplica por 7** (págs. 200–202)

Ejemplo 4
Pat repartió equitativamente 28 tarjetas de fútbol entre sus 7 amigos. ¿Cuántas tarjetas recibió cada amigo?

Puedes usar una expresión numérica.

■ × 7 = 28 → PIENSA ¿Qué número multiplicado por 7 es igual a 28?

Como 4 × 7 = 28, cada amigo recibió 4 tarjetas.

Usa modelos para multiplicar.

20. 7 × 3 21   **21.** 5 × 7 35

Álgebra Calcula cada factor que falta.

22. 6 × ■ = 42 7   **23.** 7 × ■ = 28 4

24. Hay 9 escaleras y cada escalera tiene 7 escalones. ¿Cuál es el número total de escalones? 63 escalones

222 Capítulo 5 Haz modelos de más operaciones de multiplicación

5-5 Multiplica por 8 (págs. 204–207)

Ejemplo 5
Jamal tiene 6 bolsas y cada una contiene 8 monedas. ¿Cuántas monedas tiene Jamal en total?

Necesitas calcular 6 grupos de 8 ó 6×8.

Usa la **propiedad conmutativa de la multiplicación.**

Sabes que $8 \times 6 = 48$.

Entonces, $6 \times 8 = 48$

Jamal tiene 48 monedas.

Usa modelos u operaciones conocidas para multiplicar.

25. 8×3 24   **26.** 8×7 56

27. $\begin{array}{r} 8 \\ \times 4 \end{array}$ 32   **28.** $\begin{array}{r} 8 \\ \times 5 \end{array}$ 40

Álgebra Calcula cada factor que falta.

29. $\blacksquare \times 8 = 64$ 8

30. $8 \times \blacksquare = 40$ 5

31. Cada caja contiene 9 bananas. Si el gerente ordena 8 cajas, ¿cuántas bananas llegarán?
72 bananas

5-6 Multiplica por 9 (págs. 208–210)

Ejemplo 6
Karen coloca sus fotos en un álbum. Hay 9 fotos en cada página. Cuando terminó, había 3 páginas llenas. ¿Cuántas fotos colocó?

Puedes restar de una operación conocida para calcular 3×9.

Paso 1 3×9 es 3 grupos de 9. Usa la operación conocida de 10 grupos de 3. $3 \times 10 = 30$

Paso 2 Resta 1 grupo de 3.
$30 - 3 = 27$

Entonces, $3 \times 9 = 27$ fotos.

Usa modelos o patrones para multiplicar.

32. $\begin{array}{r} 5 \\ \times 9 \\ \hline 45 \end{array}$ **33.** $\begin{array}{r} 9 \\ \times 2 \\ \hline 18 \end{array}$ **34.** $\begin{array}{r} 8 \\ \times 9 \\ \hline 72 \end{array}$

Álgebra Calcula cada factor que falta.

35. $\blacksquare \times 9 = 36$ 4   **36.** $\blacksquare \times 9 = 45$ 5

37. Cada una de las muñecas de Kara vale $9. Si vende algunas y gana $81, ¿cuántas muñecas vendió?
9 muñecas

5-7 Investigación para resolver problemas: Elige una estrategia (págs. 214–215)

Ejemplo 7

Gonzalo vendió 9 boletos de rifa hoy y 7 ayer. Cada uno cuesta $5. ¿Cuántos boletos más necesita vender para lograr su meta de $100?

Necesitas calcular cuántos boletos más debe vender para alcanzar los $100.

$5 × 9 = $45   Hoy
$5 × 7 = $35   Ayer

Él reunió $45 + $35 u $80.

Todavía le falta reunir $100 − $80 ó $20.

Como 4 × $5 is $20, él todavía necesita vender 4 boletos.

Elige una estrategia para resolver.

38. Para ganar un concurso, los alumnos deben leer un total de 24 libros en 3 meses. ¿Cuántos libros al mes debe leer un alumno? 8 libros

39. Los alumnos de la Sra. Larkin ganaron 4 puntos en su concurso el lunes, 6 el martes y 8 el miércoles. Con este patrón, ¿cuántos puntos se agregarán el viernes, el quinto día? 12 puntos

40. Medidas Cada niño tarda 3 minutos en la fila del almuerzo. ¿Cuánto tiempo les tomará a 7 alumnos? 21 minutos

5-8 Multiplica por 11 y por 12 (págs. 216–219)

Ejemplo 8

Cuatro actores de una obra reciben cada uno 12 rosas. ¿Cuántas rosas recibieron en total?

Usa fichas para calcular 4 × 12.

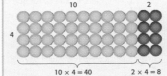

10 × 4 = 40   2 × 4 = 8

40 + 8 = 48

Entonces, 48 recibieron 48 rosas en total.

Usa modelos para multiplicar.

41. 11 × 5 55   **42.** 8 × 11 88

43. 3 × 12 36   **44.** 12 × 6 72

Álgebra Calcula cada número que falta.

45. 11 × ■ = 44   **46.** 12 × ■ = 60
        4   5
47. ■ × 6 = 66   **48.** ■ × 2 = 24
        11   12

49. Ravi ganó $11 cada semana por ayudar a su vecino a rastrillar las hojas. ¿Cuánto dinero ganó en 4 semanas? $44

Multiplica.

1. 3 18 ×6	**2.** 3 27 ×9
3. 9 36 ×4	**4.** 6 24 ×4
5. 3 15 ×5	**6.** 9 45 ×5

Álgebra Calcula cada número que falta.

7. $8 \times \blacksquare = 32$ 4
8. $\blacksquare \times 9 = 54$ 6
9. $7 \times \blacksquare = 35$ 5
10. $\blacksquare \times 8 = 56$ 7
11. $3 \times \blacksquare = 24$ 8
12. $\blacksquare \times 5 = 20$ 4

13. 🖋 **PRÁCTICA PARA LA PRUEBA** Hay cuatro alumnos en el concurso de deletreo de este año. Cada alumno tiene que pasar 5 pruebas para estar en la final del concurso. ¿Cuántas pruebas hay en total? D (TAKS 1)

A 7 **C** 12

B 9 **D** 20

14. Cada uno de los 7 jardineros recogieron el número de tomates que se muestran a continuación. ¿Cuántos tomates se recogieron en total? 42

15. Durante la clase de gimnasia, la maestra les dio un número a los alumnos a medida que se paraban en fila. Ella contó 1, 2, 3, 1, 2, 3,... ¿Qué número obtuvo el vigésimo segundo alumno? 1

Multiplica.

16. 8 64 × 8	**17.** 8 24 × 3
18. 7 49 × 7	**19.** 9 63 × 7
20. 11 55 ×5	**21.** 11 88 ×8
22. 7 84 ×12	**23.** 12 48 ×4

24. 🖋 **PRÁCTICA PARA LA PRUEBA** El Sr. Thompson compró 7 artículos iguales en la tienda. Si pagó un total de $42, ¿qué compró? F (TAKS 1)

F camisas de $6

H zapatos de $35

G pantalones de $7

J abrigo de $49

25. ESCRIBE EN ➤ MATEMÁTICAS ¿Cómo te puede ayudar $2 \times 7 = 14$ a calcular 4×7? Duplica el producto.

Data-Driven Decision Making

Based on the results of the Chapter Test, use the following to review concepts that continue to present students with problems.

Exercises	TEKS	What's the Math	Error Analysis	Resources for Review
1–12 16–23, 25	3.4(A)	Memorize multiplication tables to 10.	Cannot figure out rule. Multiplies incorrectly.	Strategic Intervention Guide (pp. 64, 68, 80) CRM Chapter 5 Resource Masters (Reteach Worksheets)
13–15 24	3.4(A)	Apply multiplication tables to problem-solving situation.	Does not understand "participating," "in all." Multiplies incorrectly.	Math Online Extra Examples • Personal Tutor • Concepts in Motion • Math Adventures

---

Summative Assessment

Use these alternate leveled chapter tests to differentiate assessment for the specific needs of your students.

Leveled Chapter 5 Tests			
Form	Type	Level	CRM Pages
1	Multiple Choice	BL	60–61
2A	Multiple Choice	OL	62–63
2B	Multiple Choice	OL	64–65
2C	Free Response	OL	66–67
2D	Free Response	OL	68–69
3	Free Response	AL	70–71

BL = below grade level
OL = on grade level
AL = above grade level

Vocabulary Test

CRM **Chapter 5 Resource Masters** (p. 55)

ExamView® Assessment Suite Customize and create multiple versions of your Chapter Test and the test answer keys.

Evaluación sumativa

Use estas pruebas de distintos niveles para realizar una evaluación diferenciada de las necesidades específicas de sus alumnos.

Pruebas niveladas del Capítulo 5			
Forma	Tipo	Nivel	CRM Páginas
1	Selección múltiple	BL	60–61
2A	Selección múltiple	OL	62–63
2B	Selección múltiple	OL	64–65
2C	Respuestas tipo ensayo	OL	66–67
2D	Respuestas tipo ensayo	OL	68–69
3	Respuestas tipo ensayo	AL	70–71

BL = por debajo del nivel de grado
OL = al nivel del grado
AL = sobre el nivel del grado

Prueba del vocabulario

CRM **Hojas maestras de recursos del Capítulo 5**
(pág. 55)

ExamView® Assessment Suite Elabore múltiples versiones, con las características que desee, de la prueba del Capítulo y de las claves de respuesta de la prueba.

CAPÍTULO 5 Práctica

 Evaluación formativa

- Use las páginas del alumno 226 y 227 como práctica y repaso de los TEKS de Texas. Las preguntas están escritas en el mismo estilo de las que se encuentran en el examen de Texas.

- También puede usar estas dos páginas para medir el progreso del alumno o usarlas como una alternativa de tarea para la casa.

En las Hojas maestras de recursos del Capítulo 5 se pueden hallar páginas adicionales de práctica.

CRM Hojas maestras de recursos del Capítulo 5
Práctica para la prueba estandarizada acumulativa
- Formato de Selección Múltiple (págs. 60-65)
- Formato de Respuestas tipo Ensayo (págs. 66-71)

ExamView Assessment Suite Elabore hojas de ejercicios o pruebas que cumplan con los TEKS de Texas.

Matemáticas en línea Para práctica adicional del examen de Texas, visite tx.gr3math.com

Ayuda para la prueba
Recuérdeles a los alumnos que eliminen las respuestas que no sean razonables primero, y luego concentrarse en las opciones de respuestas que quedan.

CHAPTER 5 Texas Test Practice

 Formative Assessment

- Use student pp. 226–227 as practice and review of the Texas TEKS. The questions are written in the same style as found on the Texas test.

- You can also use these two pages to benchmark student progress, or as an alternate homework assignment.

Additional practice pages can be found in the Chapter 5 Resource Masters.

CRM Chapter 5 Resource Masters
Cumulative Standardized Test Practice
- Multiple Choice format (pp. 60–65)
- Free Response format (pp. 66–71)

ExamView Assessment Suite Create your own practice worksheets or tests that align to the Texas TEKS.

Math Online
For additional practice with the Texas TEKS, visit tx.gr3math.com.

CAPÍTULO 5 Práctica para el examen de Texas
Acumulativo, Capítulos 1–5

 Ejemplo de PRUEBA

RELLENA EL CÍRCULO Los alumnos de tercer grado están tomando 7 camionetas para una excursión. Cada camioneta puede llevar a 12 personas. ¿Cuántas personas van al viaje de estudio?

AYUDA PARA LA PRUEBA
Escribe la respuesta en la casilla de respuestas en la línea superior. Luego, rellena los círculos de los dígitos 8 y 4.

Lee la pregunta
Para calcular el número total de personas, necesitas multiplicar.

Contesta la pregunta
Multiplica para calcular la respuesta exacta.
Piensa en tus operaciones de multiplicación por 7 ó 12.

$$12 \times 7 = 84$$

A la excursión irán 84 personas.

en línea Tutor personal en tx.gr3math.com

Elige la mejor respuesta.

1. **RELLENA EL CÍRCULO En el escritorio del Sr. Jensen hay 11 cajas de creyones. Si cada caja tiene 12 creyones, ¿cuántos creyones hay en total?**
   132   TAKS 1

2. **RELLENA EL CÍRCULO Para una fiesta de cumpleaños, la mamá de David compró 6 paquetes de salchichas. Si cada paquete tiene 8 salchichas, ¿cuántas salchichas hay en total?** 48
   TAKS 1

226 Capítulo 5 Haz modelos de más operaciones de multiplicación

Test-Taking Tips

Remind students to eliminate unreasonable answers first, and then focus on the remaining answer choices.

*Prepárate para el
examen de Texas*
Para estrategias para la prueba y más
práctica, ver páginas TX1–TX21.

3. Tony tiene 8 paquetes de goma de mascar. Cada paquete contiene 5 trozos de goma de mascar. Si Tony come 3 trozos, ¿cuántos trozos le quedan? A TAKS 1

A 37   C 13
B 32   D 8

4. ¿Cuál es otra manera de escribir 2 × 5? F TAKS 1

F $5 + 5$
G $2 + 5 + 2 + 5 + 2$
H $5 + 5 + 5 + 5 + 5$
J $2 + 2$

5. En el siguiente patrón cada número es el doble del número anterior. ¿Cuál es el próximo número en el patrón de multiplicación? C TAKS 2

1, 2, 4, 8, _____

A 10   C 16
B 12   D 18

6. ¿Cuál es el producto? H TAKS 1

$$\begin{array}{r} 8 \\ \times\,4 \\ \hline \end{array}$$

F 12   H 32
G 24   J 36

7. ¿Qué número hace verdadera esta expresión numérica? B TAKS 1

$5 \times \blacksquare = 55$

A 12   C 10
B 11   D 9

8. Hannah tiene 37 libros y Loraine tiene 29. ¿Cuántos libros más tiene Hannah? F TAKS 1

F 8   H 10
G 9   J 11

9. ¿Qué expresión numérica modela la siguiente figura? D TAKS 1

A $3 + 3 + 3 = 9$
B $3 \times 6 = 18$
C $4 \times 5 = 20$
D $3 \times 5 = 15$

10. ¿Cuál es la mejor estimación de la diferencia, redondeada a la centena más cercana? H TAKS 1

$809 - 327$

F 300   H 500
G 400   J 600

Answer Sheet Practice

Have students simulate taking a standardized test by record their answers on a practice recording sheet.

Chapter 5 Resource Masters
Student Recording Sheet (p. 73)

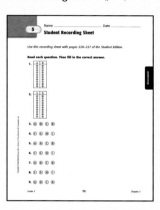

Práctica con la hoja de respuestas

Pida a los alumnos que practiquen una prueba estandarizada, anotando sus respuestas en una hoja de respuestas de práctica.

Hojas maestras de recursos del Capítulo 5
Hoja de respuestas del alumno (pág. 73)

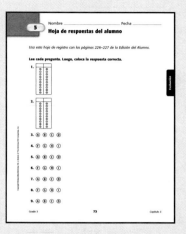

5.

6.

7.

8.

Página 199, Lección 5-3

1. Una tabla ayuda a organizar información y facilita ver un patrón.

10. Una vez que conocen un patrón, pueden usarlo para extender el patrón y resolver el problema.

Página 219, Lección 5-8

34.
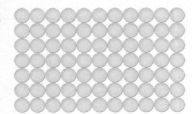
$7 \times 11 = 77$

Vistazo del capítulo

En el Capítulo 6, se hace énfasis en el significado de la división y las operaciones de división entre 2, 5 y 10.

Lección		Objetivo matemática	TEKS
Explora 6-1	Comprende la división	Use models to explore the meaning of division.	3.4(C) 3.14(D)
6-1	Relaciona la división con la resta	Use models to relate division to subtraction.	3.4(C) 3.14(A)(D) 3.15(A)(B)
Explora 6-2	Relaciona la multi-plicación con la división	Identify patterns in related multiplication and division sentences.	3.6(C) 3.4(C)
6-2	Relaciona la multi-plicación con la división	Relate multiplication and division to fact families.	3.6(C) 3.4(A)(C) 3.3(B) 3.15(A) 3.16(A)
6-3	Estrategias para resolver problemas: Elige una operación	Solve problems by understanding the problem, making a plan, solving the plan, and checking the answer for reasonableness.	3.14(C)(B)
6-4	Divide entre 2	Use models to divide by 2.	3.4(C) 3.16(A)(B) 3.6(C) 3.15(A)
Explora 6-4	Explora Haz un modelo de la división	Use technology to divide.	3.14(D) 3.15(A) 3.4(C)
6-5	Divide entre 5	Use models to divide by 5.	3.4(C)(B) 3.15(A) 3.6(C) 3.16(A) 3.3(A)(B)
6-6	Investigación para resolver problemas: Elige una estrategia	Choose the best strategy to solve a problem.	3.14(B)(C)
6-7	Divide entre 10	Use models to divide by 10.	3.4(C) 3.16(A) 3.6(A) 3.15(A)(B)
6-8	Propiedades de la división	Use division properties to divide by 0 and 1.	3.4(C) 3.14(A) 3.15(A)(B)

Chapter-at-a-Glance

In Chapter 6, the emphasis is on the meaning of division and division facts with 2, 5, and 10.

Lesson		Math Objective	TEKS
EXPLORE 6-1	Understand Division (pp. 231–232)	Use models to explore the meaning of division.	3.4(C) 3.14(D)
6-1	Relate Division to Subtraction (pp. 233–235)	Use models to relate division to subtraction.	3.4(C) 3.14(A)(D) 3.15(A)(B)
EXPLORE 6-2	Relate Multiplication to Division (pp. 236–237)	Identify patterns in related multiplication and division sentences.	3.6(C) 3.4(C)
6-2	Relate Multiplication to Division (pp. 238–241)	Relate multiplication and division to fact families.	3.6(C) 3.4(A)(C) 3.3(B) 3.15(A) 3.16(A)
6-3	Problem-Solving Skill: Choose an Operation (pp. 242–243)	Solve problems by understanding the problem, making a plan, solving the plan, and checking the answer for reasonableness.	3.14(C)(B)
6-4	Divide by 2 (pp. 244–246)	Use models to divide by 2.	3.4(C) 3.16(A)(B) 3.6(C) 3.15(A)
EXPLORE 6-4	Model Division (pp. 247–248)	Use technology to divide.	3.14(D) 3.15(A) 3.4(C)
6-5	Divide by 5 (pp. 250–253)	Use models to divide by 5.	3.4(C)(B) 3.15(A) 3.6(C) 3.16(A) 3.3(A)(B)
6-6	Problem-Solving Investigation: Choose a Strategy (pp. 256–257)	Choose the best strategy to solve a problem.	3.14(B)(C)
6-7	Divide by 10 (pp. 258–260)	Use models to divide by 10.	3.4(C) 3.16(A) 3.6(A) 3.15(A)(B)
6-8	Divide by 0 and 1 (pp. 262–263)	Use division properties to divide by 0 and 1.	3.4(C) 3.14(A) 3.15(A)(B)

Model Division Concepts and Facts

BIG Idea Division is one of the four basic operations that students must master in order to develop good number sense. Division can be modeled using objects or pictures, repeated subtraction, jumps on a number line, and related multiplication facts.

To introduce division, build from students' experiences with sharing objects. Use a variety of activities that involve dividing objects into equal groups. A thorough understanding of the meaning of addition is essential for mastering division with larger numbers and the division algorithm presented in subsequent lessons.

Algebra Students relate division and multiplication to discover that they are inverse operations. This concept will help prepare them for algebra concepts, such as solving equations. (Lesson 6-1)

Targeted TEKS in Chapter 6

3.4 Number, operation, and quantitative reasoning. The student recognizes and solves problems in multiplication and division situations. The student is expected to:
(C) use models to solve division problems and use number sentences to record the solutions. (Lessons 6-1, 6-4, 6-5, 6-7, 6-8)

3.6 Patterns, relationships, and algebraic thinking. The student uses patterns to solve problems. The student is expected to:
(C) identify patterns in related multiplication and division sentences (fact families) such as $2 \times 3 = 6$, $3 \times 2 = 6$, $6 \div 2 = 3$, $6 \div 3 = 2$. (Lesson 6-2)

3.14 Underlying processes and mathematical tools. The student applies Grade 3 mathematics to solve problems connected to everyday experiences and activities in and outside of school. The student is expected to:
(B) solve problems that incorporate understanding the problem, making a plan, carrying out the plan, and evaluating the solution for reasonableness. (Lesson 6-6)
(C) select or develop an appropriate problem-solving plan or strategy, including drawing a picture, looking for a pattern, systematic guessing and checking, acting it out, making a table, working a simpler problem, or working backwards to solve a problem. (Lesson 6-3)
(D) use tools such as real objects, manipulatives, and technology to solve problems. (Explore 6-4)

TEKS Objetivo en el Capítulo 6

3.4 Números, operaciones y razonamiento cuantitativo. El estudiante reconoce y resuelve problemas en situaciones de multiplicación y división. Se espera que el estudiante:
(C) utilice modelos para resolver problemas de división y utilice expresiones numéricas para anotar las soluciones. (Lecciones 6-1, 6-4, 6-5, 6-7, 6-8)

3.6 Patrones, relaciones y razonamiento algebraico. El estudiante utiliza patrones para resolver problemas. Se espera que el estudiante:
(C) identifique patrones en expresiones relacionadas de multiplicación y división (familias de operaciones), como $2 \times 3 = 6$, $3 \times 2 = 6$, $6 \div 2 = 3$, $6 \div 3 = 2$. (Lección 6-2)

3.14 Procesos fundamentales y herramientas matemáticas. El estudiante aplica las matemáticas del 3er grado para resolver problemas relacionados con experiencias diarias y actividades dentro y fuera de la escuela. Se espera que el estudiante:
(B) resuelva problemas que incorporen la comprensión del problema, hacer un plan, llevarlo a cabo y evaluar lo razonable de la solución. (Lección 6-6)
(C) seleccione o desarrolle un plan o una estrategia de resolución de problemas apropiado en el que haga un dibujo, busque un patrón, adivine y compruebe sistemáticamente, haga una dramatización, elabore una tabla, resuelva un problema más sencillo o trabaje desde el final hasta el principio para resolver un problema. (Lección 6-3)
(D) utilice herramientas como objetos reales, manipulativos y tecnología para resolver problemas. (Explora 6-4)

Skill Trace

TEKS Vertical Alignment

Second Grade

In second grade, students learned to:
- Identify and write fractions that represent part of a group or a set. TEKS 2.2(A)(B)
- Divide to make equal shares. TEKS 2.4(B)
- Identify, describe, and extend repeating, linear, and additive patterns. TEKS 2.5(A), 2.6(C)

Third Grade

During this chapter, students learn to:
- Use models to divide by 2, 5, and 10. TEKS 3.4(C)
- Identify patterns in related multiplication and division sentences. TEKS 3.6(C)

After this chapter, students learn to:
- Divide by 3, 4, 6, 7, 8, 9, 10 and 11.
  Chapter 7: TEKS 3.4(C)

Fourth Grade

In fourth grade, students learn to:
- Understand how multiplication and division are related and use division properties. TEKS 4.6(A)
- Find factors of whole numbers. TEKS 4.4(B)
- Divide by 1- and 2-digit numbers. TEKS 4.4(E)

Back-Mapping McGraw-Hill's *Texas Mathematics* was conceived and developed with the final results in mind: student success in Algebra 1 and beyond. The authors, using the Texas TEKS as their guide, developed this brand new series by back-mapping from Algebra 1 concepts.

Math Vocabulary

The following math vocabulary words for Chapter 6 are listed in the glossary of the *Student Edition*. You can find interactive definitions in 13 languages in the *eGlossary* at tx.gr3math.com.

divide To separate into equal groups. Can also be thought of as repeated subtraction. (p. 233A)

dividend A number that is being divided. (p. 238A)
Example: $3\overline{)9}$ (9 is the dividend).

division To separate into equal groups. Can also be thought of as repeated subtraction. (p. 233A)

divisor The number by which the dividend is being divided. (p. 238A)
Example: $3\overline{)12}$ (3 is the divisor).

fact family A group of related facts using the same numbers. (p. 238A)
Example: $5 + 3 = 8$ $3 + 5 = 8$
$8 - 3 = 5$ $8 - 5 = 3$, or $5 \times 3 = 15$,
$3 \times 5 = 15$, $15 \div 5 = 3$, $15 \div 3 = 5$

quotient The answer to a division problem. (p. 238A)
Example: $15 \div 3 = 5$ (5 is the quotient).

Visual Vocabulary Cards
Use Visual Vocabulary Cards 14, 15, 16, 23 and 46 to reinforce the vocabulary in this lesson. (The Define/Example/Ask routine is printed on the back of each card.)

divide

Vocabulario matemático

Las siguientes palabras de vocabulario matemático para el Capítulo 6 se presentan en el glosario de la *edición del alumno*. Se pueden encontrar definiciones interactivas en 13 idiomas en el *eGlossary* en tx.gr3math.com

dividir Separar en grupos iguales. (pág. 189A)

dividendo El número que se divide. (pág. 189A)

9 es el dividendo.

división Separar en grupos iguales.

divisor Número entre el cual se divide el dividendo.

3 es el divisor.

familia de operaciones Grupo de operaciones relacionadas que usan los mismos números.

cociente Respuesta a un problema de división.

Tarjetas visuales de vocabulario
Use la(s) tarjeta(s) visual(es) del vocabulario 14, 15, 16, 23 y 46 para reforzar el vocabulario presentado en esta lección. (La rutina Definir/Ejemplo/Pregunta se encuentra en la parte posterior de cada tarjeta.)

dividir

Suggested Pacing		
Instruction	Review & Assessment	TOTAL
11 days	2 days	**13 days**

Diagnostic Assessment
Quick Check (p. 230)

	Explore 6-1 Pacing: 1 day	Lección 6-1 Pacing: 1 day	Explore 6-2 Pacing: 1 day	
Lesson/ Objective	**Understand Division** (pp. 231–232) **Objective:** Use models to explore the meaning of division.	**Relate Division to Subtraction** (pp. 233–235) **Objective:** Use models to relate division to subtraction.	**Relate Multiplication to Division** (pp. 236–237) **Objective:** Identify patterns in related multiplication and division sentences.	
State Standards	3.4(C), 3.14(D)	3.4(C), 3.14(A)(D), 3.15(A)(B)	3.6(C), 3.4(C)	
Math Vocabulary		**division, divide**		
Lesson Resources	**Materials** paper plates **Manipulatives** counters, connecting cubes	**Materials** index cards **Manipulatives** counters **Other Resources** CRM Leveled Worksheets (pp. 8–12) Daily Reteach • 5-Minute Check • Problem of the Day	**Manipulatives** counters	
Technology	Interactive Classroom Math Online Concepts in Motion • Games	Interactive Classroom Math Online Personal Tutor • Games	Interactive Classroom Math Online Concepts in Motion • Games	
Reaching All Learners		English Learners, p. 233B **ELL** Gifted and Talented, p. 233B **AL** Early Finishers, p. 233B **OL** **AL**		
Alternate Lesson		MathWays: Unit 4		

KEY

BL Below Level   **OL** On Level   **AL** Above Level   **ELL** English Learners

SE Student Edition   **TE** Teacher Edition   **CRM** Chapter 6 Resource Masters   CD-Rom

Transparency   Real-World Problem-Solving Library

Capítulo 6 Haz modelos de conceptos y operaciones de división

Lesson 6-2 Pacing: 1 day	Lesson 6-3 Pacing: 1 day	Lesson 6-4 Pacing: 1 day	
Relate Multiplication to Division (pp. 238–241) **Objective:** Relate multiplication and division to fact families.	**Problem-Solving Skill Choose an Operation** (pp. 242–243) **Objective:** Solve problems by understanding the problem, making a plan, solving the plan, and checking the answer for reasonableness.	**Divide by 2** (pp. 244–246) **Objective:** Use models to divide by 2.	Lesson/ Objective
3.6(C), 3.4(A)(C), 3.3(B), 3.15(A), 3.16(A)			State Standards
dividend, **divisor**, **quotient**, **fact family**			Math Vocabulary
Materials grid paper **Manipulatives** counters **Other Resources** CRM Leveled Worksheets (pp. 13–17) Daily Reteach • 5-Minute Check • Problem of the Day	**Other Resources** CRM Leveled Worksheets (pp. 18–22) Daily Reteach • 5-Minute Check • Problem of the Day *Water in Our World*	**Materials** paper plates **Manipulatives** counters **Other Resources** CRM Leveled Worksheets (pp. 23–27) Daily Reteach • 5-Minute Check • Problem of the Day	Lesson Resources
Interactive Classroom MathOnline Personal Tutor • Games	Interactive Classroom MathOnline Games	Interactive Classroom • Math Adventures MathOnline Personal Tutor • Games	Technology
English Learners, p. 238B ELL Below Level, p. 238B BL Early Finishers, p. 238B AL	English Learners, p. 242B ELL Gifted and Talented, p. 242B AL Early Finishers, p. 242B OL AL	English Learners, p. 244B ELL Gifted and Talented, p. 244B AL Early Finishers, p. 244B OL AL	Reaching All Learners
MathWays: Unit 4	MathWays: Unit 4		Alternate Lesson

	Explore 6-4 **Pacing:** 1 day	Lesson 6-5 **Pacing:** 1 day	Lesson 6-6 **Pacing:** 1 day	
Lesson/ Objective	**Model Division** (pp. 247–248) `Tech Link` **Objective:** Use technology to divide.	**Divide by 5** (pp. 250–253) **Objective:** Use models to divide by 5.	**Problem-Solving Investigation Choose a Strategy** (pp. 256–257) **Objective:** Choose the best strategy to solve a problem.	
State Standards	3.14(D), 3.4(C), 3.15(A)	3.4(C) , 3.6(C), 3.3(A)(B), 3.4(B), 3.15(A), 3.16(A)	3.14(B)(C)	
Math Vocabulary				
Lesson Resources		**Manipulatives** money **Other Resources** `CRM` Leveled Worksheets (pp. 28–32) Daily Reteach • 5-Minute Check • Problem of the Day	**Materials** poster board **Manipulatives** coins **Other Resources** `CRM` Leveled Worksheets (pp. 33–37) Daily Reteach • 5-Minute Check • Problem of the Day *Water in Our World*	
Technology	Interactive Classroom Math Online Math Tool Chest	Interactive Classroom • Math Adventures Math Online Personal Tutor • Games	Interactive Classroom Math Online Games	
Reaching All Learners		English Learners, p. 250B `ELL` Below Level, p. 250B `BL` Early Finishers, p. 250B `OL` `AL`	English Learners, p. 256B `ELL` Gifted and Talented, p. 256B `AL` Early Finishers, p. 256B `OL` `AL`	
Alternate Lesson				

Formative Assessment Mid-Chapter Check (p. 249)

Problem Solving in Social Studies Communities Within Communities (p. 254)

Lesson 6-7

Pacing: 1 day

Divide by 10
(pp. 258–260)

Objective: Use models to divide by 10.

3.4(C), 3.6(A), 3.15(A)(B), 3.16(A)

Manipulatives
coins, base-ten blocks

Other Resources
- [CRM] Leveled Worksheets (pp. 38–42)
- Daily Reteach • 5-Minute Check • Problem of the Day

- Interactive Classroom • Math Adventures
- **Math**Online
  Personal Tutor • Games

English Learners, p. 258B **ELL**
Below Level, p. 258B **BL**
Early Finishers, p. 258B **OL** **AL**

Game Time
Number Cubes (p. 261)

Lesson 6-8

Pacing: 1 day

Divide by 0 and 1
(pp. 262–263)

Objective: Use division properties to divide by 0 and 1.

3.4(C), 3.14(A), 3.15(A)(B)

Materials
paper plates

Manipulatives
counters

Other Resources
- [CRM] Leveled Worksheets (pp. 43–47)
- Daily Reteach • 5-Minute Check • Problem of the Day

- Interactive Classroom
- **Math**Online
  Personal Tutor • Games

English Learners, p. 280B **ELL**
Below Level, p. 280B **BL**
Early Finishers, p. 280B **AL**

Summative Assessment
- Study Guide/Review (p. 264)
- Chapter Test (p. 269)
- Texas Test Practice (p. 270)

Assessment Options

Diagnostic Assessment

- [SE] *Option 1:* Quick Check (p. 230)
  Option 2: Online Quiz tx.gr3math.com
- [CRM] *Option 3:* Diagnostic Test (p. 49)

Formative Assessment

- [TE] Alternate Teaching Strategies (in every lesson)
- [SE] Talk About It (in every lesson)
- [SE] Writing in Math (in every lesson)
- [SE] Check What You Know (in every lesson)
- [TE] Ticket Out the Door (p. 260)
- [TE] Into the Future (p. 241)
- [TE] Yesterday's News (p. 253)
- [TE] Name the Math (pp. 235, 266)
- [SE] Mid-Chapter Check (p. 249)
- [CRM] Lesson Quizzes (pp. 51–53)
- [CRM] Mid-Chapter Test (p. 54)

Summative Assessment

- [SE] Chapter Test (p. 269)
- [SE] Standards Practice (p. 270)
- [CRM] Vocabulary Test (p. 55)
- [CRM] Leveled Chapter Tests (pp. 60–71)
- [CRM] Cumulative Standards Test Practice (pp. 74–76)
- [CRM] Oral Assessment (pp. 56–57)
- Exam*View*® Assessment Suite

Mc Graw Hill Professional Development

Target professional development has been articulated throughout **Texas Mathematics** series. The **McGraw-Hill Professional Development Video Library** provide short videos that support the Texas TEKS. For more information, visit tx.gr3math.com

Model Lessons   Instructional Strategies

Estaciones de aprendizaje
Enlaces interdisciplinarios

Learning Stations
Cross-Curricular Links

 Lectura

Divide restando

- Lean How many feet in the bed? de Diane Johnston Hamm por su cuenta o con un grupo.

- Cuenten el número de personas en su grupo. Hagan un círculo. Usando la multiplicación, ¿cuántos pies hay en tu círculo?

- Ahora, pídales que dejen el círculo de uno en uno. ¿Cuántos pies quedan luego que cada persona se va? ¿Cuántos grupos de dos pies dejan el grupo antes de que no quede nadie en el círculo?

- Escriban una expresión de división que muestre cuántas personas hay.

Materiales:
- How many feet in the bed? de Diane Johnston Hamm
- papel
- lápices

 Arte

Mosaicos

Los mosaicos son pinturas que se hacen de trozos de losas de colores, pero pueden hacer el suyo de trozos de papel de colores.

- Dividan los cuadrados de papel de colores en pilas de cuadrados con el mismo color. Luego dividan cada pila de cada color entre dos, así ustedes y su compañero(a) tienen el mismo número de cuadros de cada color. Escriban expresiones de división para mostrar con cuántos cuadrados de un color comenzaron, y con cuántos terminó cada uno de ustedes luego que dividen entre dos.

- Peguen sus cuadros en una hoja blanca de papel y hagan un diseño.

Materiales:
- libros de arte con ejemplos de un mosaico de artístico
- papel de construcción coloreado cortado en pequeños cuadrados: número par de cuadrados de cada color
- papel blanco
- barra de pega

 Reading TEKS 3.4(C) · group · LOGICAL

Divide by Subtraction
- Read *How Many Feet In The Bed?* by Diane Johnston Hamm by yourself or with a group.
- Count the number of people in your group. Make a circle. Using multiplication, how many feet are there in your circle?
- Now, have one person at a time leave the circle. How many feet are left after each person leaves? How many groups of two feet leave the group before there is no one left in the circle?
- Write a division sentence showing how many people there are.

Materials:
- *How Many Feet In The Bed?* by Diane Johnston Hamm
- paper
- pencils

 Art TEKS 3.4(C) · pair · VISUAL

Mosaics
Mosaics are pictures made from bits of colored tile, but you can make your own from bits of colored paper.
- Divide colored paper squares into piles of squares with the same color. Then divide each color pile by two, so that you and your partner have the same number of squares in each color. Write division sentences to show how many squares of one color you started with, and how many each of you end up with after you divide by two.
- Glue your squares onto white paper and make a design.

Materials:
- art books with examples of mosaic art
- colored construction paper cut into small squares: even number of squares of each color
- white paper
- glue sticks

 Writing TEKS 3.4(C) · pair · LINGUISTIC

Stanzas and Lines
A poem is written in lines. Groups of lines in a poem are called stanzas.
- Choose a partner. Each of you will write a 12-line poem. One partner writes in four-line stanzas. The other partner writes in two-line stanzas.
- How many stanzas are in the poem with 4 lines to each stanza? How many in the poem with two lines to each stanza? Write a division sentence to show your answer, and have your partner check it with a multiplication sentence.

Materials:
- poem cards showing a poem written in four-line stanzas and a poem written in couplets
- paper
- pencils

 Escritura

Estrofas y líneas

Un poema se escribe en líneas. Los grupos de líneas en un poema se llaman estrofas.

- Elijan un compañero(a). Cada uno escribirá un poema de 12 líneas. Un compañero(a) escribe una estrofa de cuatro líneas. El otro compañero escribe estrofas de dos líneas.

- ¿Cuántas estrofas de cuatro líneas hay en el poema? ¿Cuántas estrofas con dos líneas? Escriban una expresión de división para mostrar su respuesta y pídanle a su compañero(a) que la verifique con una expresión de multiplicación.

Materiales:
- tarjetas de poemas que muestren un poema escrito en estrofas de cuatro líneas y un poema escrito en pareados
- papel
- lápices

Model Division Concepts and Facts

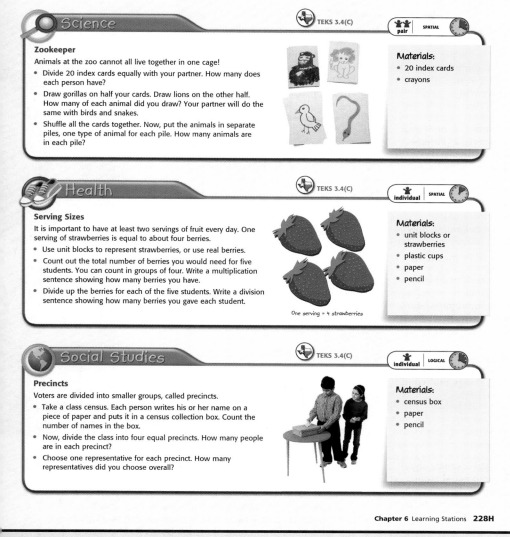

Science

TEKS 3.4(C) — pair | SPATIAL

Zookeeper
Animals at the zoo cannot all live together in one cage!

- Divide 20 index cards equally with your partner. How many does each person have?
- Draw gorillas on half your cards. Draw lions on the other half. How many of each animal did you draw? Your partner will do the same with birds and snakes.
- Shuffle all the cards together. Now, put the animals in separate piles, one type of animal for each pile. How many animals are in each pile?

Materials:
- 20 index cards
- crayons

Health
TEKS 3.4(C) — individual | SPATIAL

Serving Sizes
It is important to have at least two servings of fruit every day. One serving of strawberries is equal to about four berries.

- Use unit blocks to represent strawberries, or use real berries.
- Count out the total number of berries you would need for five students. You can count in groups of four. Write a multiplication sentence showing how many berries you have.
- Divide up the berries for each of the five students. Write a division sentence showing how many berries you gave each student.

Materials:
- unit blocks or strawberries
- plastic cups
- paper
- pencil

One serving = 4 strawberries

Social Studies
TEKS 3.4(C) — individual | LOGICAL

Precincts
Voters are divided into smaller groups, called precincts.

- Take a class census. Each person writes his or her name on a piece of paper and puts it in a census collection box. Count the number of names in the box.
- Now, divide the class into four equal precincts. How many people are in each precinct?
- Choose one representative for each precinct. How many representatives did you choose overall?

Materials:
- census box
- paper
- pencil

Chapter 6 Learning Stations **228H**

Ciencia

Cuidador de zoológico
¡Los animales en el zoológico no pueden vivir todos juntos en una jaula!

- Dividan igualmente 20 tarjetas con su compañero(a). ¿Cuántas tiene cada persona?
- Dibujen gorilas en una mitad de sus cartas. Dibujen leones en la otra mitad. ¿Cuántos dibujaste de cada animal? Su compañero(a) hará lo mismo con aves y serpientes.
- Mezclen todas las cartas. Ahora, coloquen los animales en montones separados, un tipo de animal por cada montón. ¿Cuántos animales hay en cada montón?

Materiales:
- 20 tarjetas
- crayones

Salud

Porciones
Es importante consumir al menos dos porciones de fruta todos los días. Una porción de fresa es igual a aproximadamente cuatro moras.

- Usen bloques de unidades para representar las fresas, o usa moras reales.
- Cuenten el total de moras que puedan necesitar para cinco alumnos. Pueden contar en grupos de cuatro. Escriban una expresión de multiplicación para mostrar cuántas moras tienen.
- Dividan las moras para cada uno de los cinco alumnos. Escriban una expresión de división que muestre cuántas moras le dieron a cada alumno.

Materiales:
- bloques de unidades o fresas
- vasos plásticos
- papel
- lápiz

Ciencia social

Precintos
Los electores se dividen en grupos pequeños que se llaman precintos.

- Hagan un censo en la clase. Cada persona escribe su nombre en una hoja y lo coloca en una caja de votación. Cuenten el número de nombres en la caja.
- Ahora, dividan la clase en cuatro precintos iguales. ¿Cuántas personas hay en cada precinto?
- Elijan un representante para cada precinto. ¿Cuántos representantes eligieron en total?

Materiales:
- caja de votación
- papel
- lápiz

Introducción al capítulo

Vida real: ¿Cuántas crías?

Materiales: fichas

Infórmeles a los alumnos que van a aprender sobre la división en este capítulo. Explíqueles que la división se usa para indicar cuántos grupos hay en un conjunto o cuántos hay en cada grupo.

Pídales a los alumnos que se dividan en grupos de 2, 3 ó 4 y que se imaginen a los científicos estudiando leones en un reservorio. Indíqueles que a los leones jóvenes se les llama crías. Es importante registrar el número de crías que nacen cada año.

Supongan que 5 leonas dieron a luz a 15 crías durante el año. Cada camada tiene el mismo número de crías.
- Pídales a los alumnos que usen fichas para determinar cuántas crías hubo en cada camada.
- Pídales a los alumnos que hagan un dibujo que muestre la respuesta.

Supongan que un número de leonas dio a luz a 12 crías el año pasado. Hubo 4 crías en cada camada.
- Pídales a los alumnos que usen fichas para determinar cuántas leonas dieron a luz crías el año pasado.
- Pídales a los alumnos que hagan un dibujo que muestre la respuesta.

Dirija a los alumnos a la pág. 228 en la edición del alumno. Pídales que lean el párrafo al principio de la página.
- **¿Cuáles son ejemplos de cosas que vienen en par?** zapatos, medias, guantes, etc.

ESCRIBE EN ► MATEMÁTICAS

Comenzando el capítulo

Vocabulario clave Presente el vocabulario clave de este capítulo usando la siguiente rutina.
Defina: Dividir es separar en grupos iguales. También se puede pensar como la resta repetida.
Ejemplo: Dividí los alumnos en dos equipos.
Pregunte: ¿Cuáles son algunas de las cosas que podemos separar en este salón?

Antología de lectura en voz alta Para introducir los conceptos matemáticos de este capítulo con una lectura alternativa, vea la antología de lectura en voz alta en la pág. R88

Introduce the Chapter

Real World: How Many Kits?

Materials: counters

Share with students that they are going to learn about division in this chapter. Explain that division is used to tell how many groups are in a set or how many are in each group.

Have students divide into groups of 2, 3, or 4, and think about scientists studying lions in a preserve. Tell them that lion young are called kits. It is important to record the number of kits that are born each year.

Suppose 5 lions gave birth to 15 kits during the year. Each litter has the same number of kits.
- Have students use counters to determine how many kits were in each litter.
- Have them draw a picture to show the answer.

Suppose a number of lions gave birth to 12 kits last year. There were 4 kits in each litter.
- Have students use counters to determine how many lions gave birth to kits last year.
- Have them draw a picture to show the answer.

Direct students to Student Edition p. 228. Have students read the paragraph at the top of the page.
- **What are some examples of things that come in twos?** shoes, socks, gloves, etc.

WRITING IN ► MATH

Starting the Chapter
Ask students to write in their Math Journals about times when things are divided into equal groups. As an example, mention dividing students in a physical education class into groups so that teams of equal size are formed.

Key Vocabulary Introduce the key vocabulary in the chapter using the routine below.
Define: Dividing is separating into equal groups. It can also be thought of as repeated subtraction.
Example: I divided the students into two teams.
Ask: What are some things that we can divide in this classroom?

Read-Aloud Anthology For an optional reading activity to introduce this chapter's math concepts, see the Read-Aloud Anthology on p. R88.

228 **Chapter 6** Model Division Concepts and Facts

Haz modelos de conceptos y operaciones de división

La GRAN Idea ¿Qué es la división?

La **división** es una operación con dos números. Un número te indica cuántas cosas tienes. El otro te indica cuántos grupos iguales debes formar.

Ejemplo Lonnie tiene 15 monedas de 1¢ para compartirlas con 5 amigos. Si ella le da a cada amigo la misma cantidad de monedas de 1¢, cada amigo tendrá 15 ÷ 5 ó 3 monedas de 1¢.

¿Qué aprenderé en este capítulo?
- A explorar el significado de la división.
- A relacionar la resta y la multiplicación con la división.
- A dividir entre 0, 1, 2, 5 y 10.
- A escribir expresiones numéricas de problemas de división.
- A resolver problemas, eligiendo una operación.

Vocabulario clave

dividir   cociente
dividendo
divisor
expresión numérica

Matemáticas en línea   Herramientas de estudio del alumno en tx.gr3math.com

228 **Capítulo 6** Haz modelos de conceptos y operaciones de división

---

Chapter 6 Project   TEKS 3.4(C)

Clothing Drive

Students plan a clothing drive to support local charities.
- Students choose two or more charities that need clothing donations. They create donation boxes for the classroom and label each one with the name of one charity. Then they set a goal for how many items they will need in order to have the same number of items for each box. Students write a multiplication sentence and post their total donation goal.
- Students look through their own clothes and ask friends and family for donations. They make a donation pile to divide among boxes. Students can write a division sentence to divide their donations evenly among the donation boxes.
- Challenge students to use division to figure out how many items each student must bring in to make their donation goal.

CRM *Refer to Chapter 6 Resource Masters, p. 58, for a rubric to assess students' progress on this project.*

Proyecto del Capítulo 6   TEKS 3.4(C)

Recolecta de ropa

Los alumnos planifican una recolecta de ropa para mantener caridades locales.
- Los alumnos eligen dos o más caridades que necesitan donaciones de ropa. Hacen cajas en el salón para que la gente deposite sus donaciones y rotulan cada una con el nombre de una caridad. Luego, se fijan una meta de cuántos artículos necesitarán para tener el mismo número de artículos en cada caja. Los alumnos escriben una expresión de multiplicación y colocan su meta de donación total.
- Los alumnos buscan en su propia ropa y le piden a amigos y familiares que hagan donaciones. Hacen un montón de ropa para dividir entre las cajas. Los alumnos pueden escribir una expresión de división para dividir sus donaciones igualmente entre las cajas para donaciones.
- Rete a los alumnos a que usen división para calcular cuántos artículos debe traer cada alumno para cumplir su meta de donación.

CRM *Refiérase a las hojas maestras de recursos del Capítulo 6 pág. 58 para obtener una regla para la evaluación del progreso del alumno en el proyecto.*

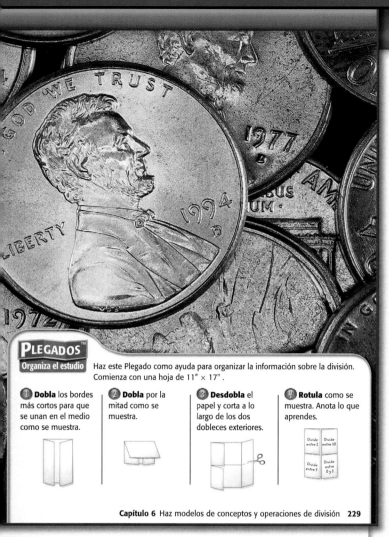

Guíe a los alumnos por las instrucciones de la edición del alumno, pág. 229 para que hagan su propio Plegado de organización gráfica sobre división. Los alumnos pueden también usar su Plegado para estudiar y repasar antes de las evaluaciones del capítulo.

¿Cuando usarlo? Lecciones 6-1, 6-2, 6-4, 6-5 y 6-7. (En las págs. 249 y 264 se encuentran instrucciones adicionales para usar el Plegado con estas lecciones.)

FOLDABLES™ **Dinah Zike's Foldables**

Guide students through the directions on Student Edition p. 229 to create their own Foldable graphic organizers for division. Students may also use their Foldables to study and review for chapter assessments.

When to Use It Lessons 6-1, 6-2, 6-4, 6-5, 6-7, and 6-8. (Additional instructions for using the Foldable with these lessons are found on pp. 249 and 264.)

Chapter 6 Literature List

Lesson	Book Title
6-1	**Annie and the Old One** Miska Miles
6-2	**The Hundred Penny Box** Sharon Bell Mathis
6-3	**A Remainder of One** Elinor J. Pinczes
6-4	**Grandfather's Journey** Allen Say
6-5	**Fly Away Home** Eve Bunting
6-7	**So Far from the Sea** Eve Bunting
6-8	**Owl Moon** Jane Yolen
Any	**One Wide River To Cross** Barbara Emberley
Any	**The Doorbell Rang** Pat Hutchins

PLEGADOS™ **Organiza el estudio** Haz este Plegado como ayuda para organizar la información sobre la división. Comienza con una hoja de 11" × 17".

1 Dobla los bordes más cortos para que se unan en el medio como se muestra.

2 Dobla por la mitad como se muestra.

3 Desdobla el papel y corta a lo largo de los dos dobleces exteriores.

4 Rotula como se muestra. Anota lo que aprendes.

Divide entre 2 | Divide entre 10
Divide entre 5 | Divide entre 0 y 1

Capítulo 6 Haz modelos de conceptos y operaciones de división **229**

MATH at HOME

- Read the Math at Home letter found on Chapter 6 Resource Masters, p. 4, with the class and have each student sign it. (A Spanish version is found on p. 5.)
- Send home copies of the Math at Home letter with each student.

MATEMÁTICAS en CASA

- Lea con la clase la carta de matemáticas en casa que se encuentra en la pág. 4 de las hojas maestras de recursos del Capítulo 6 y haga que cada alumno la firme. (Una versión en español se encuentra en la pág. 5
- Envíe una copia de la carta de matemáticas en casa a la casa de cada alumno.

Evaluación de diagnóstico

Evalúe el nivel de las destrezas previas de los alumnos antes de empezar el capítulo.

- **Opción 1:** *Control rápido*
  SE Edición del alumno, pág. 230

- **Opción 2:** *Evaluación en línea*
  Matemáticas en línea
  tx.gr3math.com

- **Opción 3:** *Prueba de diagnóstico*
  CRM Hojas maestras de recursos del Capítulo 6, pág. 49

Opciones de intervención

Aplique los resultados En base a los resultados de la evaluación de diagnóstico de la Edición del alumno, pág. 230, trabaje en las carencias individuales de los alumnos antes de iniciar el capítulo.

Diagnostic Assessment

Check for students' prerequisite skills before beginning the chapter.

- **Option 1:** *Quick Check*
  SE Student Edition, p. 230

- **Option 2:** *Online Assessment*
  Math Online tx.gr3math.com

- **Option 3:** *Diagnostic Test*
  CRM Chapter 6 Resource Masters, p. 49

Intervention Options

Apply the Results Based on the results of the diagnostic assessment on Student Edition p. 230, use the chart below to address individual needs before beginning the chapter.

Intensive Intervention
two or more years below grade level
If ➤ students miss 75% of the exercises:
Then ➤ use *Math Triumphs*, an intensive math intervention program from McGraw-Hill

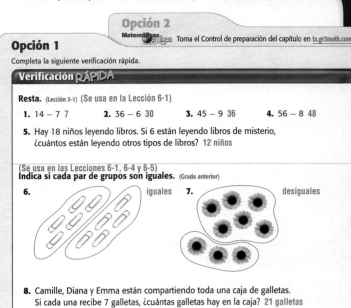

Tienes dos opciones para revisar las destrezas requeridas para este capítulo.

Opción 2
Matemáticas en línea Toma el Control de preparación del capítulo en tx.gr3math.com

Opción 1
Completa la siguiente verificación rápida.

Verificación RÁPIDA

Resta. (Lección 3-1) (Se usa en la Lección 6-1)

1. 14 − 7   7   2. 36 − 6   30   3. 45 − 9   36   4. 56 − 8   48

5. Hay 18 niños leyendo libros. Si 6 están leyendo libros de misterio, ¿cuántos están leyendo otros tipos de libros? 12 niños

(Se usa en las Lecciones 6-1, 6-4 y 6-5)
Indica si cada par de grupos son iguales. (Grado anterior)

6.   iguales   7.   desiguales

8. Camille, Diana y Emma están compartiendo toda una caja de galletas. Si cada una recibe 7 galletas, ¿cuántas galletas hay en la caja? 21 galletas

Multiplica. (Lecciones 4-3, 4-4, 5-1 y 5-4) (Se usa en las Lecciones 6-2, 6-4 y 6-7)

9. 2×4 8   10. 3×6 18   11. 5×4 20   12. 7×8 56

13. Escribe las expresiones de multiplicación para los dos arreglos que se muestran.
$2 \times 4 = 8$; $4 \times 2 = 8$

230 Capítulo 6 Haz modelos de conceptos y operaciones de división

Strategic Intervention	On-Level	Above-Level
below grade level		
If ➤ students miss six or more in: **Exercises 1–13**	**If** ➤ students miss three or less in: **Exercises 1–13**	**If** ➤ students miss one or less in: **Exercises 1–13**
Then ➤ choose a resource:	**Then** ➤ choose a resource:	**Then** ➤ choose a resource:
Strategic Intervention Guide (pp. 90, 92, 98, 100) **TE** Start Smart 2: Numbers, Operation, and Quantitative Reasoning (p. 4) **Math** Online Extra Examples • Personal Tutor Concepts in Motion • Games	**TE** Learning Stations (pp. 228G–228H) **TE** Chapter Project (p. 228) **CRM** Game: Pick the Division **Math** Adventures **Math** Online Games • eFlashcards • Fact Dash	**TE** Learning Stations (pp. 228G–228H) **TE** Chapter Project (p. 228) **Math** Adventures **Real-World Problem-Solving:** *Water in Our World* **Math** Online Games

230 Chapter 6 Model Division Concepts and Facts

Explora
Comprende la división

La **división** es una operación con dos números. Un número te indica cuántas cosas tienes. El otro te indica cuántos grupos iguales debes formar.

$$10 \div 5 = 2$$

> $\div$ se lee *dividido entre*.
> 10 dividido entre 5 = a 2.

Dividir significa separar un número en grupos iguales, para calcular el número de grupos o el número en cada grupo.

ACTIVIDAD

1 Divide 12 fichas en 3 grupos iguales.

Paso 1 Cuenta 12 fichas. Usando platos de papel, muestra 3 grupos.

Paso 2 Coloca la misma cantidad de fichas entre los 3 grupos hasta que se acaben todas las fichas.

Paso 3 Se dividieron doce fichas en 3 grupos. Hay 4 fichas en cada grupo. Entonces, $12 \div 3 = 4$.

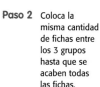
IDEA PRINCIPAL

Exploraré el significado de la división.

TEKS Objetivo 3.4 El estudiante reconoce y resuelve problemas en situaciones de multiplicación y divisiónions. **(C) Utilice modelos para resolver problemas de división y utilice oraciones numéricas para anotar las soluciones.** *También cubre TEKS 3.14(D).*

Necesitarás
fichas
platos de papel

Vocabulario nuevo
división
dividir

COnceptos en mOvimiento
Animación en
tx.gr3math.com

Explora 6-1 Comprende la división **231**

Explore

Lesson Planner

Objective

Explore the meaning of division.

 TEKS and TAKS

Targeted TEKS 3.4 The student recognizes and solves problems in multiplication and division situations. **(C) Use models to solve division problems and use number sentences to record the solutions.** *Also addresses TEKS 3.14(D).*

TAKS 1 The student will demonstrate an understanding of numbers, operations, and quantitative reasoning.

Vocabulary

division, **divide**

Resources

Materials: paper plates

Manipulatives: counters

Technology: Concepts in Motion

1 Introduce  TEKS 3.4(C), 3.14(D)

Review multiplication. Draw 3 groups of 4 counters on the board.
- **How many equal groups are there?** 3
- **How many are in each group?** 4
- **How many counters are there?** 12

Write the multiplication sentence $3 \times 4 = 12$ under the drawing. Remind students that when you multiply, you combine equal sets to find a total amount.
- **What happens when we separate a total amount into equal groups?** You can find the number in each group.

2 Teach TEKS 3.4(C), 3.14(D)

Activity 1 Have students work with a partner to model 12 counters divided into 3 groups.
- **How many counters are in each group?** 4
- **What is the division sentence for the model?** $12 \div 3 = 4$

Explore 6-1 Understand Division **231**

Explora
Actividad matemática para 6-1

Planificador de lección

Objetivo

Explora el significado de la división.

 TEKS y TAKS

TEKS 3.4 El estudiante reconoce y resuelve problemas en situaciones de multiplicación y división. **(C) Utilice modelos para resolver problemas de división y utilice expresiones numéricas para anotar las soluciones.** *También cubre TEKS 3.14(D).*

TAKS 1 El estudiante demostrará un entendimiento del razonamiento numérico, operacional y cuantitativo.

Vocabulario

división, **dividir**

1 Presentación  TEKS 3.4(C), 3.14(D)

Presente el concepto

Recuerda la multiplicación. Haz un dibujo de 3 grupos de 4 fichas en la pizarra.
- **¿Cuántos grupos iguales hay?** 3
- **¿Cuántos hay en cada grupo?** 4
- **¿Cuántas fichas hay?** 12

Escriba la expresión de multiplicación $3 \times 4 = 12$ debajo del dibujo. Recuérdeles a los alumnos que cuando multipliquen, combinan conjuntos iguales para calcular una cantidad total.
- **¿Qué sucede cuando separamos una cantidad total en grupos iguales?** Puedes calcular el número en cada grupo.

2 Enseñanza TEKS 3.4(C), 3.14(D)

Para hacer un modelo de 12 fichas que se dividen en 3 grupos.
- **¿Cuántas fichas hay en cada grupo?** 4
- **¿Cuál es la expresión de división para el modelo?** $12 \div 3 = 4$

Actividad 2

Puedes desear extender esta actividad pidiéndoles a los alumnos que calculen el número de fichas en 3 grupos iguales, 2 grupos iguales y 6 grupos iguales. Pídales a los alumnos que registren los resultados.

Piénsalo

Asigne los Ejercicios 1-2 en la sección Piénsalo para evaluar la comprensión del alumno sobre el concepto que se presentó en la actividad.

 3 Práctica TEKS 3.4(C), 3.14(D)

 **Uso de los Ejercicios**

Use los ejercicios 3 y 4 de Verifica lo que sabes, para evaluar si los alumnos comprenden el uso de modelos para explorar el significado de la división.

De lo concreto a lo abstracto

Use los Ejercicios 5 para cerrar la brecha entre la separación de fichas en grupos iguales y la expresión de división que describe la acción.

Activity 2 You may wish to extend this activity by having students find the number of counters in 3 equal groups, 2 equal groups, and 6 equal groups. Have them record the results.

Think About It

Assign Exercises 1–2 in the Think About It section to assess student comprehension of the concept presented in the Activity.

 Assess TEKS 3.4(C), 3.14(D)

 **Formative Assessment**

Use **Check What You Know** Exercises 3 and 4 to assess whether students comprehend using models to explore the meaning of division.

From Concrete to Abstract Use Exercise 5 to help students connect the separation of counters into equal groups to the division sentence that describes the action.

---

2 Hay 12 fichas. Agrúpalas de 3 en 3.

Paso 1 Cuenta 12 fichas.

Paso 2 Haz grupos iguales de 3 hasta que se acaben todas las fichas.

Hay 4 grupos iguales de 3.
Entonces, 12 ÷ 4 = 3.

1. Ejemplo de respuesta: Se colocaron las fichas una por una en grupos hasta que se acabaron todas y después se contaron cuántas había en cada grupo.

Piénsalo

1. Explica cómo dividiste 12 fichas en grupos iguales.

2. Cuando dividiste las fichas en grupos de 3, ¿cómo calculaste el número de grupos iguales? Cuenta el número de grupos.

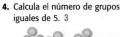 **VERIFICA lo que sabes**

3. Haz grupos iguales para calcular el número de fichas en cada grupo. 3

4. Calcula el número de grupos iguales de 5. 3

5. Copia la tabla. Luego, usa fichas para ayudar a completar.

Número de fichas	Numero de grupos iguales	Número en cada grupo	Expresión de división
9	3	3	9 ÷ 3 = 3
14	2	7	14 ÷ 2 = 7
15	3	5	15 ÷ 3 = 5
6	2	3	6 ÷ 2 = 3

6. **ESCRIBE EN ► MATEMÁTICAS** ¿Se pueden dividir 13 fichas en grupos iguales de 3? Explica. No; habrá 4 grupos de 3 con 1 que sobra.

LESSON 6-1
Relate Division to Subtraction

Lesson Planner

Objective
Use models to relate division to subtraction.

 TEKS and TAKS

Targeted TEKS 3.4 The student recognizes and solves problems in multiplication and division situations. **(C) Use models to solve division problems and use number sentences to record the solutions.**

TAKS 1 The student will demonstrate an understanding of numbers, operations, and quantitative reasoning.

Student pages also address the following TEKS:
TEKS 3.15(A) Talk About It, Exercise 9
TEKS 3.14(A), TEKS 3.15(B) HOT Problems, Exercises 28–29

Vocabulary

division, divide
Review: number sentence

Resources

Materials: index cards

Manipulatives: counters

Literature Connection: *Annie and the Old One* by Miska Miles

Teacher Technology
Interactive Classroom • TeacherWorks

Focus on Math Background

As multiplication can be thought of as repeated addition, division can be approached as repeated subtraction. Although this is meaningful for developing the concept—how many equal groups can be subtracted from a number before getting to zero—it is not particularly helpful as an alternative algorithm for students who have difficulty with subtraction.

Daily Routine

Use these suggestions before beginning the lesson on p. 233.

5-Minute Check
(Reviews Lesson 5-8)

Use models or patterns to multiply.
1. 3 × 11 33   2. 6 × 12 72
3. 4 × 12 48   4. 9 × 11 99
5. 11 × 4 44   6. 12 × 3 36

Problem of the Day

There are 11 girls and 9 boys at a science club picnic. There are 17 children swimming in the pool. What is the least number of girls that could be swimming in the pool? Explain. 8 girls; if all the boys are swimming, 8 girls would make 17 children.

Building Math Vocabulary

Write the lesson vocabulary words and their definitions on the board.

Have students separate 6 counters into groups of 2 to show how many groups of 2 are in 6. Write the division sentence on the board.

$$6 \div 2 = 3 \text{ groups}$$

Have students explore division by 2 using 8 counters, 10 counters, and 12 counters. Encourage students to draw a picture and write a number sentence that describes the action.

Visual Vocabulary Cards
Use Visual Vocabulary Card 14 to reinforce the vocabulary introduced in the lesson. (The Define/Example/Ask routine is printed on the back of each card.)

Lesson 6-1 Relate Division to Subtraction **233A**

Tarjetas visuales de vocabulario

Use la(s) tarjeta(s) visual(es) del vocabulario 14 para reforzar el vocabulario presentado en esta lección. (En la parte trasera de cada tarjeta está escrita la rutina Definir/Ejemplo/Pregunta).

LECCIÓN 6-1
Relaciona la división con la resta

Planificador de lección

Objetivo
Use modelos para relacionar la división con la resta.

TEKS y TAKS

TEKS 3.4 El estudiante reconoce y resuelve problemas en situaciones de multiplicación y división. **(C)** Utilice modelos para resolver problemas de división y utilice expresiones numéricas para anotar las soluciones.

TAKS 1 El estudiante demostrará un entendimiento del razonamiento numérico, operacional y cuantitativo.

Las páginas del alumno también cubren los siguientes TEKS:
TEKS 3.15(A) Coméntalo, Ejercicio 9
TEKS 3.14(A) Problemas H.O.T., Ejercicios 28–29

Repaso de vocabulario

división, dividir

Rutina diaria

Siga estas sugerencias antes de iniciar la lección de la pág. 233

Control de 5 minutos (Repaso de la Lección 5-8)

Usen modelos o patrones para multiplicar.
1. 3 × 11 33
2. 6 × 12 72
3. 4 × 12 48
4. 9 × 11 99
5. 11 × 4 44
6. 12 × 3 36

Problema del día

Hay 11 niñas y 9 niños en un picnic del club de ciencias. Hay 17 niños nadando en la piscina. ¿Cuál es el mínimo número de niñas que pueden estar nadando en la piscina? Explica. 8 niñas; si todos los niños están nadando, 8 niñas hacen 17 niños.

Adquisición de vocabulario matemático

Escriba las palabras del vocabulario de la lección y sus definiciones en la pizarra. Pídales a los alumnos que separen 6 fichas en grupos de 2 para mostrar cuántos grupos de 2 hay en 6. Escriba la expresión de división en la pizarra.

$$6 \div 2 = 3 \text{ groups}$$

Pídales a los alumnos que exploren la división entre 2 usando 8 fichas, 10 fichas y 12 fichas. Anime a los alumnos a hacer un dibujo y escribir una expresión numérica que describa la acción.

Instrucción diferenciada

Opciones de trabajo independiente

Opción 1 — TEKS 3.4(C) TACTILE
Para los que terminan primero (OL) (AL)

Materiales: fichas, tarjetas
- Distribuya fichas y tarjetas con un problema escrito en ellas, tal como *Hay _____ flores con _____ flores en cada florero. ¿Cuántos floreros hay?*
- Pídales a los alumnos que completen los espacios en blancos y contesten la pregunta con los números que proveyeron.
- Pídales a los alumnos que usen fichas para verificar que el problema de palabra y la respuesta tienen sentido. Luego, escriben una expresión numérica para registrar la solución.

Opción 2
Tecnología para el alumno

Matemáticas en línea tx.gr3math.com

Personal Tutor • Extra Examples • Online Games

Opción 3
Estación de aprendizaje: Lectura (pág. 228G)

Dirija a los alumnos a la estación de aprendizaje de lectura para que tengan la oportunidad de explorar y ampliar el concepto de la lección.

Opción 4
Práctica y solución de problemas

Refuerce las destrezas y las estrategias de solución de problemas con la hoja de trabajo de solución de problemas.

Differentiated Instruction

Small Group Options

Option 1 — Gifted and Talented (AL) LOGICAL, INTRAPERSONAL

Materiales: notebook paper, index cards (optional)

- Offer students more challenging opportunities to use repeated subtraction as a way of solving division problems. Begin by giving students a divisor (e.g., 12) and three possible dividends (e.g., 256, 156, 234). The divisor and dividends may be written on index cards and given to students, or written on the board.
- Students determine into which dividend the divisor can be divided equally (in this case, it is 156 because $\frac{156}{12} = 13$), without a remainder. To find the answer, students will use repeated subtraction.

Option 2 — TEKS 3.4(C) LINGUISTIC, SOCIAL
English Language Learners (ELL)

Materials: 30 counters, several number lines from 0 to 25, paper, pencils
Core Vocabulary: made equal sets of, different ways, circled
Common Use Verb: tried
Do Math This strategy allows students to try different ways to solve a division problem.
- Students are in groups of three give one student counters, another the number lines, and the third paper and pencil.
- Review the three different ways to solve 15 ÷ 3.
- Write these language sentences on the board:
- Student 1: *I divided _____ counters equally into _____ groups.*
- Student 2: *I started at _____, counted back by _____, and circled 0.*
- Student 3: *I started at _____ and subtracted _____ until I got to 0.*
- Have students compare answers and explain how they applied their strategies.
- Repeat as time permits.

Independent Work Options

Option 1 — TEKS 3.4(C) TACTILE
Early Finishers (OL) (AL)

Materials: counters, index cards
- Distribute counters and index cards with a problem written on them, such as: *There are _____ flowers with _____ flowers in each pot. How many flower pots are there?*
- Have students fill in the blanks and answer the question with the numbers they provide.
- Have students use counters to verify that the word problem and answer makes sense. Then, they write a number sentence to record the solution.

Option 2
Student Technology TechLink

Math Online tx.gr3math.com
Personal Tutor • Extra Examples • Online Games

Option 3
Learning Station: Reading (p. 228G)

Direct students to the Reading Learning Station for opportunities to explore and extend the lesson concept.

Option 4
Problem-Solving Practice

Reinforce problem-solving skills and strategies with the Problem-Solving Practice worksheet.

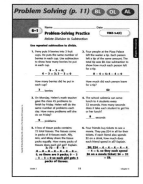

Problem Solving (p. 11) (BL) (OL) (AL)

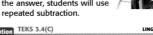

Opciones para grupos pequeños

Opción 1 LÓGICO, INTRAPERSONAL
Talentosos (AL)

Materiales: papel de cuaderno, tarjetas (opcional)
- Ofrezca a los alumnos más talentosos oportunidades de usar restas repetidas como una manera de resolver problemas de división. Comience dándoles a los alumnos un divisor (por ejemplo 12) y tres posibles dividendos (por ejemplo 256, 156, 234). El divisor y el dividendo se pueden escribir en tarjetas índices que se dan a los alumnos o se escriben en la pizarra.
- Los alumnos determinan entre qué dividendo se puede dividir igualmente el divisor (en este caso, es 156 porque $\frac{156}{12} = 13$), sin un residuo. Para calcular la respuesta, los alumnos usarán la resta repetida.

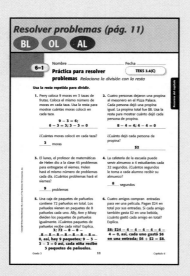

Resolver problemas (pág. 11)
BL OL AL

6-1 Relaciona la división con la resta

PREPÁRATE para aprender

Hay 15 lápices en una caja. Cada lápiz es rojo, azul o amarillo. Hay el mismo número de cada color. ¿Cuántos lápices de cada color hay?

IDEA PRINCIPAL

Usaré modelos para relacionar la división con la resta.

TEKS Objetivo 3.4 El estudiante reconoce y resuelve problemas en situaciones de multiplicación y división. (C) Utilice modelos para resolver problemas de división y utilice oraciones numéricas para anotar las soluciones.

Vocabulario nuevo

división
dividir

Repaso de vocabulario

expresión numérica

Has usado fichas para modelar la **división**. Recuerda que **dividir** significa separar un número en grupos iguales para calcular el número de grupos o el número en cada grupo. Una **expresión numérica** usa los signos = , < o > .

EJEMPLO concreto — Usa modelos para dividir

1️⃣ **LÁPICES ¿Cuántos lápices de cada color hay? Usa una expresión numérica para mostrar la respuesta.**
Usando fichas, divide 15 fichas en 3 grupos iguales hasta que se acaben todas las fichas.

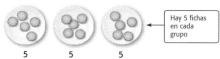

Hay 5 fichas en cada grupo

5   5   5

La expresión numérica que describe el modelo es 15 ÷ 3 = 5. Entonces, hay 5 lápices de cada color.

También puedes dividir usando la *resta repetida*. Resta grupos iguales repetidamente hasta llegar a cero.

```
0 1 2 3 4 5 6 7 8 9 10 11 12 13 14 15
```

Resta grupos iguales de 3 hasta llegar a 0.

15 ÷ 3 = 5

Para 15 ÷ 3, comienza en 15.

Leccion 6-1 Relaciona la división con la resta **233**

6-1 Relate Division to Subtraction

1️⃣ Introduce
TEKS 3.4(C)

Activity Choice 1 • Hands-On

Provide each group of students with an even number of counters.

- Have students count the number of counters they have and record the result. Then, they separate the counters into groups of 2.
- Suppose there are 16 counters. **How many counters do you have?** 16
- **How many groups of 2?** 8 **How many in each group?** 2
- Reinforce understanding of division. **What operation would you use to describe the action?** division
- **How would you describe the division?** 16 separated into groups of 2 is 8 groups.

Activity Choice 2 • Literature

Introduce the lesson with *Annie and the Old One* by Miska Miles. (For a related math activity, see p. R104.)

2️⃣ Teach
TEKS 3.4(C)

Scaffolding Questions

Give 12 counters to each group of students. Have them divide their counters into 2 equal groups.
- **How many groups are there?** 2
- **How many are in each group?** 6
  Write 12 ÷ 2 = 6 on the board.
- **How many counters are there in all?** 12
- **How many equal groups are there?** 2
- **How many counters are in each group?** 6
  Point out that they can use repeated addition (Chapter 4) to check their answers. Write 2 + 2 + 2 + 2 + 2 + 2 on the board. Have students note that there are 6 addends. **What is the sum?** 12 **Does the answer check?** yes

GET READY to Learn

Have students open their books and read the information in **Get Ready to Learn**. Introduce **division** and **divide**. Review **number sentence**. As a class, work through **Examples 1 and 2**.

Lesson 6-1 Relate Division to Subtraction **233**

6-1 Relaciona la división con la resta

1️⃣ Presentación
TEKS 3.4(C)

Actividad propuesta 1 • Práctica

Provea a cada grupo de alumnos con un número par de fichas

- Pídales a los alumnos que cuenten el número de fichas que tienen y que registren el resultado. Luego, que separen las fichas en grupos de 2.
- Supongan que hay 16 fichas. **¿Cuántas fichas tienen?** 16
- **¿Cuántos grupos de 2?** 8 **¿Cuántos en cada grupo?** 2
- Refuercen la comprensión de la división. **¿Qué operación usarán para describir la acción?** división
- **¿Cómo describen la división?** 16 separado entre grupos de 2 son 8 grupos

Actividad propuesta 2 • Literatura

Presente la Lección con *Annie and the Old One* de Miska Miles (Vea la página R104 para una actividad matemática relacionada.)

2️⃣ Enseñanza
TEKS 3.4(C)

Preguntas básicas

Déle 12 fichas a cada grupo de alumnos. Pídales a los alumnos que dividan su grupo en 2 grupos iguales.
- **¿Cuántos grupos hay?** 2
- **¿Cuántos hay en cada grupo?** 6
  Escriban 12 ÷ 2 = 6 en la pizarra.
- **¿Cuántas fichas hay en total?** 12
- **¿Cuántos grupos iguales hay?** 2
- **¿Cuántas fichas hay en cada grupo?** 6
  Señale que pueden usar la suma repetida (capítulo 4) para verificar sus respuestas. Escribe 2 + 2 + 2 + 2 + 2 + 2 en la pizarra. Pídales a los alumnos que noten que hay 6 sumandos. ¿Cuál es la suma? 12 ¿La respuesta verifica? sí

PREPÁRATE para aprender

Pídales a los alumnos que abran sus libros y lean la información de **Prepárate para aprender.** Presente **división** y **dividir.** Repase **expresión numérica.** En conjunto, trabajen los **Ejemplos 1 y 2.**

Lección 6-1 Relaciona la división con la resta **233**

Usa modelos para dividir

Ejemplo 1 Si los alumnos cuentan las marcas en la recta numérica y piensan que los saltos muestran números de 4 en vez de 3, pídales que dibujen flechas desde 15 hasta 14, 14 a 13, 13 a 12 y así sucesivamente, para mostrar que cada salto cubre un grupo de 3.

EJEMPLOS ADICIONALES

1 Colm y sus hermanos tienen 24 camisas en su closet. Son tallas pequeña, media o grande. Hay un número igual de cada talla. ¿Cuántas camisas hay de cada talla? 8 camisas

2 El entrenador Green quiere colocar sus 21 jugadores de sóftbol en grupos iguales de 3. ¿Cuántos grupos iguales puede formar? 7

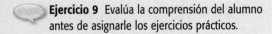

VERIFICA lo que sabes

En conjunto, pídales a los alumnos que completen los Ejercicios 1–9 en **Verifica lo que sabes** a medida que usted observa sus trabajos.

Ejercicio 9 Evalúa la comprensión del alumno antes de asignarle los ejercicios prácticos.

BL Estrategia alternativa de enseñanza   TEKS 3.4(C)

Si Los alumnos tienen problemas con el uso de la resta repetida para relacionar la división con la resta…

Entonces Use una de estas opciones de reforzamiento:

1 CRM **Hoja de reforzamiento diario** (pág. 8)

2 Use fichas para demostrar el concepto de la resta repetida. Pídales a los alumnos que usen 24 fichas para calcular 24 ÷ 3. Después que los alumnos colocan las 24 fichas en sus pupitres, pídales que quiten grupos de 3 fichas hasta que no quede ninguna. Pídales a los alumnos que registren cada vez que resten un grupo de 3.
- **¿Cuántas fichas hay?** 24
- **¿Cuántos grupos iguales de 3 restaste?** 8
- **¿Cuál es el cociente de 24 ÷ 3?** 8

Use Models to Divide

Example 1 If students count the tick marks on the number line and think that the jumps show groups of 4 rather than 3, have them draw arrows from 15 to 14, 14 to 13, 13 to 12, and so on, to show that each jump covers a group of 3.

ADDITIONAL EXAMPLES

1 Colm and his brothers have 24 shirts in their closet. They are sizes small, medium, or large. There is an equal number of each size. How many shirts of each size are there? 8 shirts

2 Coach Green wants to put her 21 softball players into equal groups of 3. How many equal groups can she form? 7

CHECK What You Know

As a class, have students complete Exercises 1–9 in **Check What You Know** as you observe their work.

Exercise 9 Assess student comprehension before assigning practice exercises.

BL Alternate Teaching Strategy   TEKS 3.4(C)

If students have trouble using repeated subtraction to relate division and subtraction …

Then use one of these reteach options:

1 CRM **Daily Reteach Worksheet** (p. 8)

2 Use counters to demonstrate the concept of repeated subtraction. Have students use 24 counters to find 24 ÷ 3. After students lay out the 24 counters on their desks, ask them to take away groups of 3 counters until there are no counters left. Have them record each time they subtract a group of 3.
- **How many counters are there?** 24
- **How many equal groups of 3 did you subtract?** 8
- **What is the quotient of 24 ÷ 3?** 8

COMMON ERROR!

Exercise 27 Students may have trouble solving multi-step problems such as these. If students fail to subtract 4 from the 24 pencils before dividing, suggest that they act out the problem with counters.

234 Chapter 6 Model Division Concepts and Facts

¡ERROR COMÚN!

Ejercicio 27 Los alumnos pueden tener problemas al resolver problemas de múltiples pasos como éstos. Si los alumnos fallan al restarle 4 a los 24 lápices antes de dividir, sugiérales que hagan una dramatización del problema con fichas.

EJEMPLO concreto   Resta repetida

2 DEPORTES Nathan quiere colocar 10 tarjetas de béisbol en grupos iguales de 2. ¿Cuántos grupos puede hacer?

Usa la resta repetida para calcular 10 ÷ 2. Usa una expresión numérica para mostrar la respuesta.

Una manera: Recta numérica	Otra manera: Papel y lápiz
Comienza en 10. Cuenta hacia atrás de 2 en 2 hasta llegar a cero. ¿Cuántas veces restaste?	Resta grupos de dos hasta llegar a cero. ¿Cuántos grupos restaste?

Entonces, la recta numérica 10 ÷ 2 = 5 muestra que Nathan tendrá 5 grupos de tarjetas.

Tutor personal en tx.gr3math.com

VERIFICA lo que sabes

Usa modelos para dividir. Escribe una expresión numérica para mostrar la respuesta. Ver Ejemplo 1 (pág. 233)

1. Hay 16 flores. Cada florero tiene 4 flores. ¿Cuántos floreros hay? 16 ÷ 4 = 4 floreros

2. Hay 14 orejas. Cada perro tiene 2 orejas. ¿Cuántos perros hay? 14 ÷ 2 = 7 perros

Usa la resta repetida para dividir. Ver Ejemplo 2 (pág. 234)

3. 12 ÷ 3   4

4. 8 ÷ 2   4

5. 6 ÷ 2   3

6. 12 ÷ 6   2

7. 25 ÷ 5   5

8. Hay 14 guantes. Cada alumno usa 2 guantes. ¿Cuántos alumnos hay? 7 alumnos

9. Coméntalo Explica cómo podrías usar una recta numérica para dividir 18 ÷ 9. Comienza en 18. Salta hacia atrás 9 espacios y repite hasta llegar a cero. Cuenta los saltos.

234 Capítulo 6

Matemáticas en línea Ejemplos extra en tx.gr3math.com

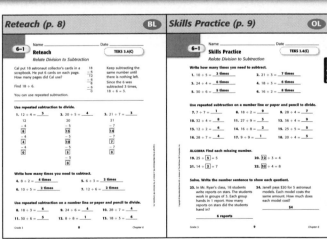

Reteach (p. 8) BL — Relate Division to Subtraction — TEKS 3.4(C)

Skills Practice (p. 9) OL — Relate Division to Subtraction — TEKS 3.4(C)

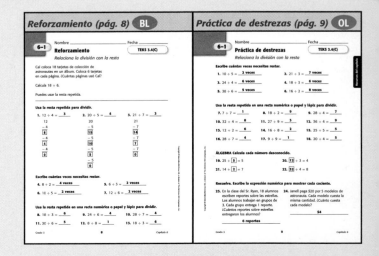

Reforzamiento (pág. 8) BL — Relaciona la división con la resta — TEKS 3.4(C)

Práctica de destrezas (pág. 9) OL — Relaciona la división con la resta — TEKS 3.4(C)

234 Capítulo 6 Haz modelos de conceptos y operaciones de división

Práctica y solución de problemas

PRÁCTICA EXTRA
Ver página R15.

Usa modelos para dividir. Escribe una expresión numérica para mostrar la respuesta. Ver Ejemplo 1 (pág. 233)

10. Hay 16 trozos de naranja. Cada naranja tiene 8 trozos. ¿Cuántas naranjas hay?
$16 \div 8 = 2$ naranjas

11. Medidas Hay 16 millas. Cada viaje es de 2 millas. ¿Cuántos viajes hay?
$16 \div 2 = 8$ viajes

12. Hay 25 canicas: 5 canicas en cada bolsa. ¿Cuántas bolsas hay? $25 \div 5 = 5$ bolsas

13. Hay 12 panecillos y 4 amigos. ¿Cuántos panecillos recibirá cada amigo si reciben el mismo número de panecillos? $12 \div 4 = 3$ panecillos

Usa la resta repetida para dividir. Ver Ejemplo 2 (pág. 234)

14.
0 1 2 3 4 5 6 7 8 9 10
$10 \div 5$ 2

15.
0 1 2 3 4 5 6
$6 \div 3$ 2

16.
0 1 2 3 4 5 6 7 8 9
$9 \div 3$ 3

17.
0 1 2 3 4 5 6 7 8
$8 \div 4$ 2

18. $18 \div 3 = \blacksquare$ 6
19. $12 \div 2 = \blacksquare$ 6
20. $24 \div 6 = \blacksquare$ 4
21. $12 \div 3 = \blacksquare$ 4
22. $27 \div 3 = \blacksquare$ 9
23. $28 \div 7 = \blacksquare$ 4

24. Una casa tiene 16 ventanas. Cada cuarto tiene 4 ventanas. ¿Cuántos cuartos tiene la casa?
$16 \div 4 = 4$ cuartos

25. Felecia quiere leer 9 historias. Si cada revista tiene 3 historias, ¿cuántas revistas leerá?
$9 \div 3 = 3$ revista

26. Hay 12 borradores en una bolsa. Rodrigo quiere compartirlos igualmente entre él y sus 2 amigos. ¿Cuántos tendrá cada uno?
$12 \div 3 = 4$ borradores

★**27.** Chester tiene 24 lápices. Se quedó con 4 y repartió equitativamente el resto con sus 4 hermanos. ¿Cuántos recibió cada hermano? 5 lápices

Problemas H.O.T.

28. INTERPRETA Escribe un problema concreto que puedas representar con $18 \div 6$. 28–29. Ver Apéndice de respuestas del Cap. 6.

29. ESCRIBE EN ►MATEMÁTICAS ¿Cómo se relaciona la división con la resta?

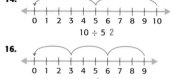
Control de autoevaluación tx.gr3math.com

Lección 6-1 Relaciona la división con la resta **235**

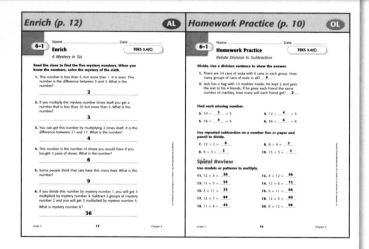

---

3 Practice

Differentiate practice using these leveled assignments for Exercises 10–29.

Level	Assignment
BL Below Level	10–11, 14–15, 18–20, 24–25
OL On Level	10–21, 24, 26–27
AL Above Level	11–27 odd, 28–29

Have students discuss and complete the Higher Order Thinking problems. In Exercise 28, encourage students to suggest a model that could be used to solve the problem.

WRITING IN ►MATH Have students complete Exercise 29 in their Math Journals. You may choose to use this exercise as an optional formative assessment.

4 Assess

✓ Formative Assessment

- **How can you use repeated subtraction to decide if a number can be divided into equal groups of 4?** Sample answer: Keep subtracting 4 from the number. If you reach zero, you know that the number contains equal groups of 4.

Quick Check Are students continuing to struggle with relating division and subtraction?

If Yes → Strategic Intervention Guide (p. 90)

If No → Independent Work Options (p. 253B)
CRM Skills Practice Worksheet (p. 9)
CRM Enrich Worksheet (p. 12)

Name the Math Have students use an index card or half piece of paper to show how they would find $9 \div 3$. Accept either separating 9 into equal groups or repeated subtraction.

Lesson 6-1 Relate Division to Subtraction **235**

---

3 Práctica

Asigne la práctica para los ejercicios 10-29 según los siguientes niveles.

Nivel	Asignación
BL Nivel bajo	10–11, 14–15, 18–20, 24–25
OL A nivel	10–21, 24, 26–27
AL Nivel avanzado	11–27 odd, 28–29

Pídales a los alumnos que analicen y completen los problemas de razonamiento de alto nivel. En el ejercicio 28, anime a los alumnos a que sugieran un modelo que se pueda usar para resolver el problema.

ESCRIBE EN ►MATEMÁTICAS Pídales a los alumnos que completen el Ejercicio 29 en sus Diarios de Matemáticas. Puede elegir hacer este ejercicio como una evaluación formativa adicional.

4 Evaluación

✓ Evaluación formativa

- ¿Cómo puedes usar la resta repetida para decidir si un número se puede dividir en grupos iguales de 4? Ejemplo de respuesta: sigan restándole 4 al número. Si llegan al cero, saben que el número contiene grupos iguales de 4.

Control rápido ¿Les sigue costando a los alumnos relacionar la división con la resta?

Si la respuesta es:

Sí → Guía de intervención estratégica (pág. 90)

No → Opciones de trabajo independiente (pág. 253B)
CRM Hoja de ejercicios para la práctica de destrezas (pág. 9)
CRM Hoja de trabajo de enriquecimiento (pág. 12)

Identifica las matemáticas Pídales a los alumnos que usen una tarjeta índice o media hoja para mostrar cómo calculan $9 \div 3$. Acepte o separar 9 en grupos iguales o la resta repetida.

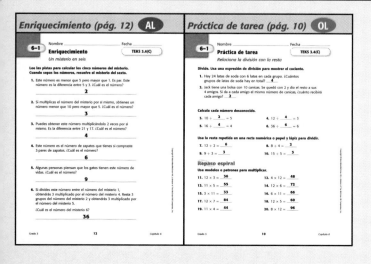

Actividad matemática para 6-2

Planificador de lección

Objetivo
Identifica patrones en las expresiones de multiplicación y división relacionadas.

 TEKS y TAKS

TEKS 3.6 El estudiante utiliza patrones para resolver problemas. **(C) Identifique patrones en expresiones relacionadas de multiplicación y división** (familias de operaciones), como $2 \times 3 = 6$, $3 \times 2 = 6$, $6 \div 2 = 3$, $6 \div 3 = 2$. *También cubre TEKS 3.4(C).*

TAKS 2 El estudiante demostrará un entendimiento de números, relaciones y razonamiento algebraico.

Vocabulario
dividendo, **divisor**, **cociente**

1 Presentación TEKS 3.6(C)

Presente el concepto
- Señáleles a los alumnos que las operaciones de multiplicación pueden ayudarlos con la división.
- **¿Cómo escribes el producto de 3 × 5 como una expresión de multiplicación?** $3 \times 5 = 15$
- **¿Cómo escribes el cociente de 15 ÷ 3 como una expresión de división?** $15 \div 3 = 5$
- **¿En qué se parecen las expresiones de multiplicación y división?** Ambas usan los mismos números

2 Enseñanza TEKS 3.4(C), 3.6(C)

Actividad Pídales a los alumnos que trabajen en grupos pequeños. Déle a cada grupo 21 fichas.
- Pídales a los alumnos que creen 3 grupos iguales de 7 para hacer un modelo de $21 \div 3 = 7$. **¿Cuántas fichas tenían cuando comenzaron?** 21 **¿Cuántos grupos iguales de 3 hay en 21?** 7
- Luego, Pídales a los alumnos que modelen $3 \times 7 = 7$. **¿Con qué comenzaron?** 3 grupos de 7 **¿Cuántos tienes en total?** 21
- Para hacer un modelo de los otros dos miembros de la familia de operaciones, pídales a los alumnos que muestren $21 \div 3 = 7$ y $7 \times 3 = 21$.

 **Explore** Math Activity for 6-2

Lesson Planner

Objective
Identify patterns in related multiplication and division sentences.

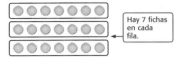 TEKS and TAKS

Targeted TEKS 3.6 The student uses patterns to solve problems. **(C) Identify patterns in related multiplication and division sentences** (fact families) such as $2 \times 3 = 6$, $3 \times 2 = 6$, $6 \div 2 = 3$, $6 \div 3 = 2$. *Also addresses TEKS 3.4(C).*

TAKS 2 The student will demonstrate an understanding of patterns, relationships, and algebraic reasoning.

Vocabulary
dividend, **divisor**, **quotient**

Resources
Manipulatives: counters

Technology: Concepts in Motion

1 Introduce TEKS 3.6(C)

Introduce the Concept
- **How would you write the product of 3 × 5 as a multiplication sentence?** $3 \times 5 = 15$
- **How would you write the quotient of 15 ÷ 3 as a division sentence?** $15 \div 3 = 5$
- **How are the multiplication and division sentences alike?** Both use the same numbers.

2 Teach TEKS 3.4(C), 3.6(C)

Activity Have students work in small groups. Give each group 21 counters.
- Have students create 3 equal groups of 7 to model $21 \div 3 = 7$. **How many counters did you have to begin with?** 21 **How many equal groups of 3 are there in 21?** 7
- Then have students model $3 \times 7 = 21$. **What did you begin with?** 3 groups of 7 **How many do you have in all?** 21
- To model the other two members of the fact family, have students show $21 \div 7 = 3$ and $7 \times 3 = 21$.

236 Chapter 6 Model Division Concepts and Facts

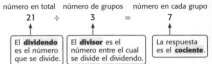 **Explora** Actividad matemática para 6-2

Relaciona la multiplicación con la división

Puedes relacionar la multiplicación con la división.

ACTIVIDAD Relaciona la multiplicación con la división

Paso 1 Modela 21 ÷ 3.

Modela 21 fichas divididas en 3 grupos iguales.

Hay 7 fichas en cada fila.

Paso 2 Escribe una expresión de división.

número en total		número de grupos		número en cada grupo
21	÷	3	=	7

El **dividendo** es el número que se divide.	El **divisor** es el número entre el cual se divide el dividendo.	La respuesta es el **cociente**.

Paso 3 Escribe una expresión de multiplicación.

número de grupos	número en cada grupo	número en total
3	×	7	=	21

IDEA PRINCIPAL
Identificaré patrones en expresiones de multiplicación y de división relacionadas.

TEKS Objetivo 4.13 El estudiante utiliza patrones para resolver problemas. **(C) Identifique patrones en oraciones relacionadas de multiplicación y división** (familias de operaciones), tales como $2 \times 3 = 6$, $3 \times 2 = 6$, $6 \div 2 = 3$, $6 \div 3 = 2$. *También cubre TEKS 3.4(C).*

Necesitarás
fichas

Vocabulario nuevo
dividendo
divisor
cociente

COnceptos en mOvimiento
Animación
tx.gr3math.com

236 Capítulo 6 Haz modelos de conceptos y operaciones de división

Piénsalo

1. Explica cómo usaste modelos para mostrar 21 ÷ 3. Veintiún fichas se separan en 3 grupos iguales de 7.

2. Explica cómo muestra el arreglo, que 21 ÷ 3 = 7 se relaciona con 3 × 7 = 21. Ejemplo de respuesta: 3 grupos de 7 fichas es 21.

3. ¿Qué patrón notas en las expresiones numéricas?
Ejemplo de respuesta: Usan los mismos números.
4. ¿Cómo pueden usarse las operaciones de multiplicación para dividir? Como las dos operaciones son operaciones inversas, puedes usar las operaciones de multiplicación para dividir.

 VERIFICA lo que sabes

Usa fichas para modelar cada problema. Luego, escribe expresiones de multiplicación y división relacionadas para ayudar a calcular el resultado. En los ejercicios 5 al 10, ver los modelos de los alumnos.

5. 12 ÷ 6 6 × 2 = 12; 12 ÷ 6 = 2
6. 18 ÷ 3 3 × 6 = 18; 18 ÷ 3 = 6
7. 25 ÷ 5 5 × 5 = 25; 25 ÷ 5 = 5
8. 15 ÷ 3 3 × 5 = 15; 15 ÷ 3 = 5
9. 16 ÷ 2 2 × 8 = 16; 16 ÷ 2 = 8
10. 24 ÷ 8 8 × 3 = 24; 24 ÷ 8 = 3

Escribe una expresión de multiplicación y división relacionada para cada figura.

11.

$3 \times 4 = 12; 12 \div 3 = 4$

12.

$2 \times 6 = 12; 12 \div 2 = 6$

13.

$3 \times 3 = 9; 9 \div 3 = 3$

14.

$3 \times 5 = 15; 15 \div 3 = 5$

15. **ESCRIBE EN MATEMÁTICAS** ¿Cómo sabes qué expresión de multiplicación usar para calcular 28 ÷ 4? Ejemplo de respuesta: Piensa, en 4 veces qué número es 28. Eso es, 4 × 7 = 28.

Explora 6-2 Relaciona la multiplicación con la división **237**

Think About It

Assign Exercises 1–4 in the Think About It section to assess students comprehension of the concept presented in the Activity.

③ Assess

✓ Formative Assessment
TEKS 3.4(C), 3.6(C)

Use **Check What You Know** Exercises 5–15 to assess whether students understand how to use models to identify patterns in related multiplication and division sentences.

From Concrete to Abstract Use exercises 11–14 to bridge the idea of using counters or pictures to writing related multiplication and division sentences.

Extending the Concept Have students arrange 24 counters in 3 rows. Each row should have the same number of counters. Have them write the fact family for the array. 24 ÷ 3 = 8, 8 × 3 = 24, 24 ÷ 8 = 3, 3 × 8 = 24

Then have them draw a picture of each member of the family.
- **When do you use division?** When you separate the counters into equal groups.
- **When do you use multiplication?** When you count the total number of counters in the set.

Piénsalo

Asigne ejercicios 1–4 en la sección de Piénsalo para evaluar la comprensión de los alumnos sobre el concepto presentado en la actividad.

③ Práctica
TEKS 3.4(C), 3.6(C)

✓ Uso de los Ejercicios

Use los ejercicios 5 al 15 de **Verifica lo que sabes** para evaluar si los alumnos comprenden cómo usar los modelos para identificar patrones en expresiones de multiplicación y de división relacionadas.

De lo concreto a lo abstracto Use los ejercicios 11 al 14 para unir la idea de usar fichas o figuras para escribir expresiones de división y multiplicación relacionadas.

Ampliación del concepto Pídales a los alumnos que arreglen 24 fichas en 3 filas. Cada fila debe tener el mismo número de fichas. Pídales a los alumnos que escriban la familia de operaciones para el arreglo. 24 ÷ 3 = 8, 8 × 3 = 24, 24 ÷ 8 = 3, 3 × 8 = 24.

Luego, pídales a los alumnos que hagan un dibujo de cada miembro de la familia.
- **¿Cuándo usas división?** Cuando separan las fichas en grupos iguales.
- **¿Cuándo usas multiplicación?** Cuando cuenten el número total de fichas en el conjunto.

LECCIÓN 6-2
Relaciona la multiplicación con la división

Planificador de lección

Objetivo

Relaciona la multiplicación con la división para calcular las familias de operaciones.

TEKS y TAKS

TEKS 3.6 El estudiante utiliza patrones para resolver problemas. **(C) Identifique patrones en expresiones relacionadas de multiplicación y división (familias de operaciones), como 2 × 3 = 6, 3 × 2 = 6. 6 ÷ 2 = 3, 6 ÷ 3 = 2.** *También cubre TEKS 3.4(C).*

TAKS 2 El estudiante demostrará un entendimiento de números, relaciones y razonamiento algebraico.

Las páginas del alumno también cubren los siguientes TEKS:
TEKS 3.16(A) Coméntalo, Ejercicio 7
TEKS 3.15(A), TEKS 3.16(A) Problemas H.O.T., Ejercicios 25-27
TEKS 3.4(C), TEKS 3.4(A), TEKS 3.3(B) Repaso espiral, Ejercicios 30-38

Vocabulario

dividendo, divisor, cociente, familia de operaciones

Rutina diaria

Siga estas sugerencias antes de iniciar la lección de la pág. 238

Control de 5 minutos (Repaso de la Lección 6-1)

Usen resta repetida para dividir.
1. 16 ÷ 2 8
2. 9 ÷ 3 3
3. 25 ÷ 5 5
4. 24 ÷ 4 6

Problema del día

Yana, Mario, Omar y Deb están en una fila. Yana está delante de Mario. Yana está detrás de Deb. Omar es el último. Enumera las personas en orden del primero al último.
Deb, Yana, Mario, Omar

LESSON 6-2
Relate Multiplication to Division

Lesson Planner

Objective

Relate multiplication to division to find fact families.

TEKS and TAKS

Targeted TEKS 3.6 The student uses patterns to solve problems. **(C) Identify patterns in related multiplication and division sentences (fact families) such as 2 × 3 = 6, 3 × 2 = 6, 6 ÷ 2 = 3, 6 ÷ 3 = 2.** *Also addresses TEKS 3.4(C).*

TAKS 2 The student will demonstrate an understanding of patterns, relationships, and algebraic reasoning.

Student pages also address the following TEKS:
TEKS 3.16(A) Talk About It, Exercise 7
TEKS 3.15(A), TEKS 3.16(A) HOT Problems, Exercises 25–27
TEKS 3.4(C), TEKS 3.4(A), TEKS 3.3(B) Spiral Review, Exercises 30–38

Vocabulary

dividend, divisor, quotient, fact family

Resources

Materials: grid paper

Manipulatives: counters

Literature Connection: *The Hundred Penny Box* by Sharon Bell Mathis

Teacher Technology
Interactive Classroom • TeacherWorks

Focus on Math Background

Multiplication and division concern three numbers. Called factors and products in multiplication, they are divisors, quotients and dividends in division. In fact they are the same. In multiplication, two factors are given, and a product is the goal. In division, the product and one factor are given, and the other factor is the goal. This tight connection between the two operations allows them to be represented as families of facts.

Daily Routine

Use these suggestions before beginning the lesson on p. 238.

5-Minute Check
(Reviews Lesson 6-1)

Use repeated subtraction to divide.
1. 16 ÷ 2 8
2. 9 ÷ 3 3
3. 25 ÷ 5 5
4. 24 ÷ 4 6

Problem of the Day

Yana, Mario, Omar, and Deb are standing in a line. Yana is before Mario. Yana is after Deb. Omar is last. List the people in order from first to last.
Deb, Yana, Mario, Omar

Building Math Vocabulary

Write the lesson vocabulary words and their definitions on the board.

Have students write a division sentence and label the parts. Have them use different colors for each part. Students can use this as a reference for *Name That Part.*

Write a division sentence on the board. Then call out dividend, divisor, or quotient. The first student who raises his or her hand goes to the board and points to that part in the division sentence. Then have students write a fact family for the numbers in the division sentence.

Visual Vocabulary Cards
Use Visual Vocabulary Cards 15, 16, 23, and 46 to reinforce the vocabulary introduced in this lesson. (The Define/Example/Ask routine is printed on the back of each card.)

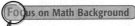

quotient

Repaso de vocabulario matemático

Escriba las palabras del repaso de vocabulario y sus definiciones en la pizarra.

Pídales a los alumnos que escriban una expresión de división y rotulen las partes. Pídales a los alumnos que usen diferentes colores para cada parte. Los alumnos pueden usar esto como una referencia para *nombrar esa parte.*

Escriba una expresión de división en la pizarra. Luego, nombre dividendo, divisor o cociente. El primer estudiante que levante la mano va a la pizarra y señala a esa parte en expresión de división. Pídales a los alumnos que escriban una familia de operaciones para los números en la expresión de división.

Tarjetas visuales de vocabulario

Use la(s) tarjeta(s) visual(es) del vocabulario 15, 16, 23 y 46 para reforzar el vocabulario presentado en esta lección. (En la parte trasera de cada tarjeta está escrita la rutina Definir/Ejemplo/Pregunta).

cociente

Differentiated Instruction

Small Group Options

Option 1 — Below Level (BL)
VISUAL, SPATIAL

Materials: centimeter or inch grid paper, number cube, small manipulatives such as bingo chips or unit cubes

- Have students roll a number cube and draw that number of Xs in a row on the grid paper. Spatial learners may use small manipulatives instead of drawing Xs.
- Students roll again to determine how many rows to draw. For example, if it is 3, 2 more rows of Xs are added to create an array.
- Below the array, students write the fact family.

Option 2 — English Language Learners (ELL)
LINGUISTIC, VISUAL, SPATIAL

Materials: construction paper, 25 counters per pair
Core Vocabulary: split up, fold, equal parts
Common Use Verb: rip
See Math This strategy helps students connect multiplication and division by acting out kinetically with models.

- Have students fold their papers in equal portions three times in one direction and two times in the opposite direction (12 squares).
- Have students fill in counters into each square.
- Write the corresponding multiplication problem on the board and say the completed number sentence.
- For division, have students rip the folds in strips (going in the same direction) to show the division procedure.
- Repeat as time permits.

Use this worksheet to provide additional support for English Language Learners.

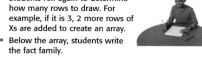

Independent Work Options

Option 1 — Early Finishers (AL)
TEKS 3.6(C) LOGICAL

Materials: two number cubes

- Have students roll two number cubes and write a multiplication sentence using the numbers. For example, if students roll a 2 and a 3, he or she writes $2 \times 3 = 6$. Then have him or her write the related division sentence, $6 \div 3 = 2$.

Option 2 — Student Technology

Math Online tx.gr3math.com
Personal Tutor • Extra Examples • Online Games

Option 3 — Learning Station: Writing (p. 228G)

Direct students to the Writing Learning Station for opportunities to explore and extend the lesson concept.

Option 4 — Problem-Solving Practice

Reinforce problem-solving skills and strategies with the Problem-Solving Practice worksheet.

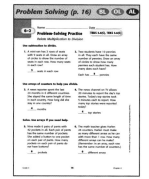

Lesson 6-2 Relate Multiplication to Division **238B**

Instrucción diferenciada

Opciones de trabajo independiente

Opción 1 — Para los que terminan primero (AL)
LÓGICO

Materiales: dos dados

- Pídales a los alumnos que lancen dos dados y escriban una expresión de multiplicación usando los números. Por ejemplo, si los estudiantes lanzaron un 2 y un 3, él o ella escribe 2 x 3 = 6. Luego pídales que escriban una expresión de división relacionada, $6 \div 3 = 2$.

Opción 2 — Tecnología para el alumno

Matemáticas en línea tx.gr3math.com
Personal Tutor • Extra Examples • Online Games

Enlace technológico

Opción 3 — Estación de aprendizaje: Redacción (pág. 228G)

Dirija a los alumnos a la estación de aprendizaje de redacción para que tengan la oportunidad de explorar y ampliar el concepto de la lección.

Opción 4 — Práctica y solución de problemas

Refuerce las destrezas y las estrategias de solución de problemas con la hoja de trabajo de solución de problemas.

Opciones para grupos pequeños

Opción 1 — Nivel bajo (BL)
VISUAL/ESPACIAL

Materiales: papel cuadriculado de un centímetro o de una pulgada, dado, manipulativos pequeños como las fichas de bingo o cubos unitarios.

- Pídales a Los alumnos que lancen un dado y dibujen ese número de X en una fila en el papel cuadriculado. (Alumnos espaciales deben usar manipulativos pequeños en vez de dibujar X.)
- Los alumnos lanzan otra vez para determinar cuántas filas deben dibujar. Por ejemplo, si es 3, 2 se deben añadir más filas de X son sumadas para crear un arreglo.
- Debajo del arreglo, los alumnos escriben la familia de operaciones.

Relaciona la multiplicación con la división

TEKS 3.4(C), 3.6(C)

① Presentación

Actividad propuesta 1 • Práctica

- Divida a los alumnos en grupos de cuatro. Provea a los grupos con 30 fichas. Pídale a un voluntario en cada grupo para que actúe como registrador. Escriba una expresión de multiplicación en la pizarra, por ejemplo, $3 \times 7 = 21$
- Pídales a los alumnos que usen 21 fichas para hacer un arreglo de 3 filas con 7 fichas en cada fila. **¿Cuántas filas?** 3 **¿Cuántos en cada fila?** 7 **¿Cuántos en todas?** 21
- Pídale al registrador que escriba la expresión de multiplicación $3 \times 7 = 21$. **¿Qué otra expresión de multiplicación muestra este arreglo?** $7 \times 3 = 21$.

Actividad propuesta 2 • Literatura

Presente la Lección con *The Hundred Penny Box* de Sharon Bell Mathis. (Vea la página R104 para una actividad matemática relacionada.)

② Enseñanza
TEKS 3.6(C))

Preguntas básicas

Pídales a los alumnos que hagan un arreglo de 3 por 5 fichas.

- **Escriban dos expresiones de multiplicación para este arreglo.** $3 \times 5 = 15$; $5 \times 3 = 15$
- **Escriban dos expresiones de división para este arreglo. Pueden dibujar aros alrededor de los grupos iguales para ayudar.** $15 \div 5 = 3$; $15 \div 3 = 5$
- **Escriba $4 \times 8 = 32$ en la pizarra.**
- **¿Cuáles son las otras operaciones relacionados para esta familia de operaciones?** $8 \times 4 = 32$; $32 \div 4 = 8$; $32 \div 8 = 24$

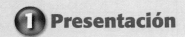 **para aprender**

Pídales a los alumnos que abran sus libros y lean la información de **Prepárate para aprender**. Presente **dividendo, divisor, familia de operaciones** y **cociente**. En conjunto, trabajen los Ejemplos 1–2.

Relate Multiplication to Division

① Introduce
TEKS 3.4(C), 3.6(C)

Activity Choice 1 • Hands-On

- Divide students into groups of four. Provide each group with 30 counters. Ask one volunteer in each group to act as a recorder. Write a multiplication sentence on the board, for example, $3 \times 7 = 21$.
- Have students use 21 counters to make an array of 3 rows with 7 counters in each row. **How many rows?** 3 **How many in each row?** 7 **How many in all?** 21
- Have the recorder write the multiplication sentence $3 \times 7 = 21$. **What other multiplication sentence does this array show?** $7 \times 3 = 21$

Activity Choice 2 • Literature

Introduce the lesson with *The Hundred Penny Box* by Sharon Bell Mathis. (For a related math activity, see p. R104.)

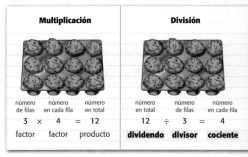

② Teach
TEKS 3.6(C)

Scaffolding Questions

Have students make a 3-by-5 array of counters.
- **Write two multiplication sentences for this array.** $3 \times 5 = 15$; $5 \times 3 = 15$
- **Write two division sentences for this array. You may draw rings around the equal groups to help.** $15 \div 5 = 3$; $15 \div 3 = 5$
- Write $4 \times 8 = 32$ on the board.
- **What are the other related facts for this fact family?** $8 \times 4 = 32$; $32 \div 4 = 8$; $32 \div 8 = 4$

GET READY to Learn

Have students open their books and read the information in **Get Ready to Learn.** Introduce **dividend, divisor, fact family,** and **quotient**. As a class, work through **Examples 1 and 2**.

Relaciona la multiplicación con la división

IDEA PRINCIPAL

Relacionaré la multiplicación con la división para calcular familias de operaciones.

TEKS Objetivo 3.6 El estudiante utiliza patrones para resolver problemas. (C) Identifique patrones en oraciones relacionadas de multiplicación y división (familias de operaciones), tales como $2 \times 3 = 6$, $3 \times 2 = 6$, $6 \div 2 = 3$, $6 \div 3 = 2$. También cubre. TEKS 3.4(C).

Vocabulario nuevo

dividendo
divisor
cociente
familia de operaciones

PREPÁRATE para aprender

A continuación se muestra una bandeja con panecillos de mora. La bandeja representa un arreglo. El arreglo muestra 3 filas de panecillos con 4 panecillos en cada fila.

En la actividad de Exploración, usaste arreglos para ayudarte a entender cómo se relacionan la multiplicación y la división.

EJEMPLO concreto Relaciona la multiplicación con la división

① **PANECILLOS** Usa el arreglo de panecillos para escribir expresiones de multiplicación y división relacionadas.

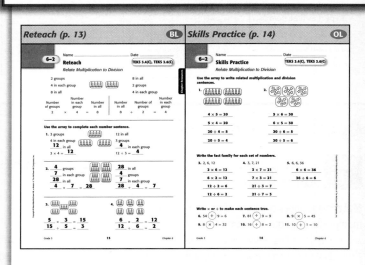

Multiplicación	División
número de filas × número en cada fila = número en total	número en total ÷ número de filas = número en cada fila
$3 \times 4 = 12$	$12 \div 3 = 4$
factor factor producto	dividendo divisor cociente

Las expresiones de multiplicación y división relacionadas son $3 \times 4 = 12$ y $12 \div 3 = 4$.

238 Capítulo 6 Haz modelos de conceptos y operaciones de división

---

Reteach (p. 13) BL

6-2 Reteach
Relate Multiplication to Division
TEKS 3.4(C), TEKS 3.6(C)

Skills Practice (p. 14) OL

6-2 Skills Practice
Relate Multiplication to Division
TEKS 3.4(C), TEKS 3.6(C)

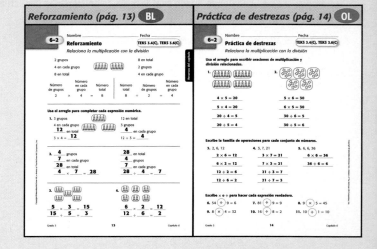

Reforzamiento (pág. 13) BL

6-2 Reforzamiento
Relaciona la multiplicación con la división
TEKS 3.4(C), TEKS 3.6(C)

Práctica de destrezas (pág. 14) OL

6-2 Práctica de destrezas
Relaciona la multiplicación con la división
TEKS 3.4(C), TEKS 3.6(C)

Un grupo de operaciones relacionadas que usan los mismos números es una **familia de operaciones**. Cada familia de operaciones sigue un patrón con el uso de los mismos números.

Familia de operaciones para 3, 4 y 12	Familia de operaciones para 7 y 49
$3 \times 4 = 12$	$7 \times 7 = 49$
$4 \times 3 = 12$	$49 \div 7 = 7$
$12 \div 3 = 4$	
$12 \div 4 = 3$	

Recuerda

Pensar en números en una familia de operaciones te puede ayudar a recordar operaciones relacionadas.

EJEMPLO Escribe una familia de operaciones

2 Usa la familia de operaciones 3, 6 y 18 para escribir cuatro expresiones de multiplicación y división relacionadas.

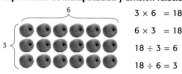

$3 \times 6 = 18$
$6 \times 3 = 18$
$18 \div 3 = 6$
$18 \div 6 = 3$

El patrón muestra que 3, 6 y 18 se usan en cada expresión numérica.

En línea Tutor personal en tx.gr3math.com

✓ VERIFICA lo que sabes

Usa el arreglo para completar cada par de expresiones numéricas. Ver Ejemplo 1 (pág. 238)

1. $\blacksquare \times 5 = 15$
   $\blacksquare \div 3 = 5$
   3; 15

2. $4 \times \blacksquare = 24$
   $24 \div \blacksquare = 6$
   6; 4

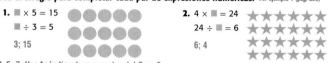

3–5, 7. Ver Apéndice de respuestas del Cap. 6.

Escribe la familia de operaciones para cada conjunto de números. Ver Ejemplo 2 (pág. 239)

3. 2, 6, 12   4. 4, 5, 20   5. 3, 9, 27

6. Gwen va a dividir 20 canicas equitativamente en 5 bolsas. Escribe una expresión numérica para mostrar el cociente. $20 \div 5 = 4$

7. **Coméntalo** ¿Por qué el producto y el dividendo son los mismos en $3 \times 7 = 21$ y $21 \div 3 = 7$?

Enrich (p. 17) AL

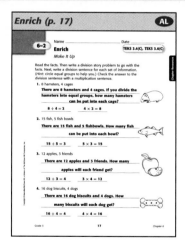

Relate Multiplication to Division

Example 1 Show that the array can also be divided into 4 groups of 3.

ADDITIONAL EXAMPLES   TEKS 3.6(C)

1 Use the array of cherries to write related multiplication and division sentences.
$2 \times 4 = 8; 8 \div 2 = 4$

2 Use the fact family 5, 6, and 30 to write four related multiplication and division sentences.
$5 \times 6 = 30; 6 \times 5 = 30; 30 \div 6 = 5; 30 \div 5 = 6$

```
X X X X X X
X X X X X X
X X X X X X
X X X X X X
X X X X X X
```

✓ CHECK What You Know

As a class, have students complete Exercises 1–7 in **Check What You Know** as you observe their work.

💬 **Exercise 7** Assess student comprehension before assigning practice exercises.

TEKS 3.4(C) 3.6(C)

BL Alternate Teaching Strategy

If students have trouble relating multiplication to division …

Then use one of these reteach options:

1 CRM **Daily Reteach Worksheet** (p. 13)

2 Have students draw a 3-by-8 grid on grid paper.
   - **How many squares does the grid have?** 24
   - Have them write a multiplication and a division sentence that describe the grid. $3 \times 8 = 24; 24 \div 3 = 8$
   - Have students repeat for a 3-by-5 grid.

Relaciona la multiplicación con la división

Ejemplo 1 Muestra que el arreglo de 3 también se puede dividir en 4 grupos de 3.

EJEMPLOS ADICIONALES

1 Usen el arreglo de moras para escribir expresiones de multiplicación y división relacionadas? $2 \times 4 = 8; 8 \div 2 = 4$

2 Usen la familia de operaciones 5, 6 y 30 para escribir para este arreglo expresiones de multiplicación y división relacionadas.
$5 \times 6 = 30; 6 \times 5 = 30; 30 \div 6 = 5 ; 30 \div 5 = 6$

✓ VERIFICA lo que sabes

En conjunto, pídales a los alumnos que completen los Ejercicios 1–7 en Verifica lo que sabes a medida que usted observa sus trabajos.

💬 **Ejercicio 7** Evalúa la comprensión del alumno antes de asignarle los ejercicios prácticos.

BL Estrategia alternativa de enseñanza   TEKS 3.4(C), 3.6(C)

Si Los alumnos tienen problemas al relacionar la multiplicación con la división…

Entonces Use una de estas opciones de reforzamiento:

1 CRM Hoja de reforzamiento diario (pág. 13)

2 Pídales a los alumnos que dibujen una cuadrícula de 3 por 8 en papel cuadriculado.
   - **¿Cuántos cuadrados tiene la cuadrícula?** 24
   - Pídales que escriban una expresión de multiplicación y de división que describa la cuadrícula. $3 \times 8 = 24; 24 \div 3 = 8$
   - Pídales a los alumnos que repitan con una cuadrícula de 3 por 5.

Enriquecimiento (pág. 17) AL

3 Práctica

Asigne la práctica para los ejercicios 8-27 según los siguientes niveles.

Nivel	Asignación
BL Nivel bajo	8–10, 12–14, 18–21, 25–27
OL A nivel	8–11, 12–15, 18–19
AL Nivel avanzado	8–24 even, 25–27

Pídales a los alumnos que analicen y completen los problemas de razonamiento de alto nivel. Anímelos a dibujar arreglos para ayudarlos a contestar las preguntas.

ESCRIBE EN ►MATEMÁTICAS

Pídales a los alumnos que completen el Ejercicio 27 en sus Diarios de Matemáticas. Puede elegir hacer este ejercicio como una evaluación formativa adicional.

3 Practice

Differentiate practice using these leveled assignments for Exercises 8–27.

Level	Assignment
BL Below Level	8–10, 12–14, 18, 21–22
OL On Level	8–11, 12–15, 18–19, 21–23, 27
AL Above Level	8–24 even, 25–27

Have students discuss and complete the Higher Order Thinking problems. Encourage them to draw arrays to help them answer these questions.

WRITING IN ►MATH Have students complete Exercise 27 in their Math Journals. You may choose to use this exercise as an optional formative assessment.

Additional Answers

12. $2 \times 3 = 6$
$3 \times 2 = 6$
$6 \div 2 = 3$
$6 \div 3 = 2$

13. $2 \times 7 = 14$
$7 \times 2 = 14$
$14 \div 7 = 2$
$14 \div 2 = 7$

14. $4 \times 4 = 16$
$16 \div 4 = 4$

15. $4 \times 8 = 32$
$8 \times 4 = 32$
$32 \div 8 = 4$
$32 \div 4 = 8$

16. $4 \times 3 = 12$
$3 \times 4 = 12$
$12 \div 3 = 4$
$12 \div 4 = 3$

17. $4 \times 7 = 28$
$7 \times 4 = 28$
$28 \div 4 = 7$
$28 \div 7 = 4$

! COMMON ERROR!

Exercises 8–11 Students may have trouble writing the division sentence to describe the arrays. Have them copy the arrays and circle rows or columns to show the separation into equal groups for division.

Usa el arreglo para completar cada par de expresiones numéricas. Ver Ejemplo 1 (pág. 238)

8. $\blacksquare \times 2 = 8$
$\blacksquare \div 4 = 2$
4; 8
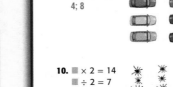

9. $2 \times \blacksquare = 4$
$4 \div \blacksquare = 2$
2; 2
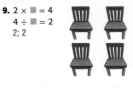

10. $\blacksquare \times 2 = 14$
$\blacksquare \div 2 = 7$
7; 14

11. $4 \times \blacksquare = 20$
$20 \div \blacksquare = 4$
5; 5
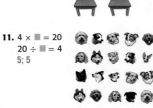

Escribe la familia de operaciones para cada conjunto de números. Ver Ejemplo 2 (pág. 239)

12. 2, 3, 6   **13.** 2, 7, 14   **14.** 4, 16

15. 4, 8, 32   **16.** 4, 3, 12   **17.** 4, 7, 28
12–17. Ver el margen.

Identifica el patrón escribiendo el conjunto de números de cada familia de operaciones.

18. $5 \times 9 = 45$
$9 \times 5 = 45$
$45 \div 5 = 9$
$45 \div 9 = 5$ 5, 9, 45

19. $7 \times 2 = 14$
$2 \times 7 = 14$
$14 \div 2 = 7$
$14 \div 7 = 2$ 2, 7, 14

20. $3 \times 3 = 9$
$9 \div 3 = 3$ 3, 9

Resuelve. Escribe una expresión numérica para mostrar la solución.

21. Los 5 miembros de la familia Mullin fueron al cine. Sus boletos costaron $30 en total. ¿Cuánto costó cada boleto?
$30 \div 5 = \$6$

22. El zoológico de contacto tiene 21 animales. Hay 7 tipos de animales, cada uno con un número igual. ¿Cuántos animales tiene cada tipo?
$21 \div 7 = 3$

★23. Medidas El Sr. Thomas viaja 20 millas cada semana de ida y vuelta al trabajo. Si trabaja 5 días a la semana, ¿cuántas millas viaja el Sr. Thomas cada día para ir al trabajo? 2 millas

24. Stacia y su amiga están haciendo cada una un brazalete. Tienen 18 cuentas para compartir. Si usan el mismo número de cuentas, ¿cuántas cuentas tendrá cada brazalete? 9 cuentas

---

! ¡ERROR COMÚN!

Ejercicios 8 al 11 Los alumnos pueden tener problemas al escribir la expresión de división para describir los arreglos. Pídales que copien los arreglos y que encierren en un círculo las filas o columnas para mostrar la separación en grupos iguales para la división.

Problemas H.O.T.

25. SENTIDO NUMÉRICO ¿Qué operación de multiplicación te ayudará a calcular 27 ÷ 9? $9 \times 3 = 27$

26. ¿CUÁL NO PERTENECE? Identifica la expresión numérica que no pertenece. Explica. $18 \div 2 = 9$, no es parte de la familia de operaciones.

| $3 \times 6 = 18$ | $18 \div 2 = 9$ | $18 \div 6 = 3$ | $6 \times 3 = 18$ |

27. ESCRIBE EN ▶MATEMÁTICAS Explica cómo las operaciones de multiplicación te pueden ayudar con las operaciones de división. Da un ejemplo. Ver el margen.

★ Práctica para la PRUEBA TAKS 1

28. La siguiente figura es un modelo para $4 \times 6 = 24$.

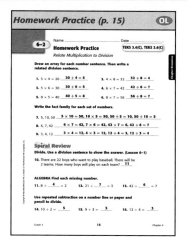

¿Qué expresión numérica está en la misma familia de operaciones? (Lección 6-2) **C**

A $6 \div 4 = 24$ **C** $24 \div 4 = 6$

B $24 \div 3 = 8$ **D** $24 \div 6 = 6$

29. ¿Qué expresión numérica se modela con la resta repetida en la recta numérica? (Lección 6-1) **H**

0 1 2 3 4 5 6 7 8

F $4 \div 2 = 8$

G $16 \div 2 = 8$

H $8 \div 2 = 4$

J $24 \div 8 = 3$

Repaso espiral

Usa la resta repetida para dividir. (Lección 6-1)

30. $12 \div 4$ 3 **31.** $18 \div 3$ 6 **32.** $28 \div 7$ 4 **33.** $25 \div 5$ 5

Usa modelos o patrones para multiplicar. (Lección 5-8)

34. 8×11 88 **35.** 11×9 99 **36.** 3×12 36 **37.** 12×5 60

38. Una rana se sentó en un tronco por 29 minutos. Una segunda rana se sentó por 16 minutos más. ¿Por cuánto tiempo se sentó la segunda rana? (Lección 2-2) 45 minutos

Matemáticas en línea Control de autoevaluación tx.gr3math.com **241**

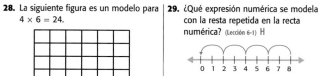

Homework Practice (p. 15) OL

✐ Formative Assessment

Draw a 4-by-8 array on the board.

- **What two multiplication sentences describe this array?** $4 \times 8 = 32$; $8 \times 4 = 32$
- **What two division sentences describe this array?** $32 \div 8 = 4$; $32 \div 4 = 8$

Quick Check — **Are students continuing to struggle with relating multiplication and division?**

If Yes → Small Group Options (p. 258B)
Strategic Intervention (p. 98)

If No → Independent Work Options (p. 258B)
CRM Skills Practice Worksheet (p. 14)
CRM Enrich Worksheet (p. 17)

Into the Future Tell students that the next lesson is a Problem-Solving Strategy lesson. Ask them to write about how they think today's lesson on relating multiplication and division might help them solve real-world problems.

✔ TEST Practice

Reviews Lessons 6-1 and 6-2
Assign the Texas Test Practice problems to provide daily reinforcement of test-taking skills.

Spiral Review

Reviews Lessons 2-2, 5-8, and 6-1
Review and assess mastery of skills and concepts from previous chapters.

Additional Answer

27. Sample answer: Since multiplication and division are inverse operations, knowing multiplication facts will help you learn division facts. Example: $4 \times 8 = 32$ helps you know $32 \div 4 = 8$.

✐ Evaluación formativa

Dibuje un arreglo de 4 por 8 en la pizarra.

- **¿Qué dos expresiones de multiplicación describen este arreglo?** $4 \times 8 = 32$; $8 \times 4 = 32$
- **¿Qué dos expresiones de división describen este arreglo?** $32 \div 8 = 4$; $32 \div 4 = 8$

Control rápido — **¿Les sigue costando a los alumnos relacionar la multiplicación con la división?**

Si la respuesta es:

Sí → Pequeñas opciones de grupo (pág. 258B)
Intervención estratégica (pág.98)

No → Opciones de trabajo independiente (pág. 258B)
CRM Hoja de ejercicios para la práctica de destrezas (pág. 14)
CRM Hoja de trabajo de enriquecimiento (pág. 17)

En el futuro Indícales a los alumnos que la próxima lección es una lección sobre la estrategia para resolver problemas. Pídales que escriban sobre cómo piensan ellos que la lección de hoy sobre relacionar la multiplicación con la división los puede ayudar a resolver problemas concretos.

▶ Práctica para la PRUEBA

Repasa las Lecciones 6-1 y 6-2.
Asigne los problemas de Práctica para la Prueba de Texas para reforzar diariamente las destrezas de resolución de pruebas.

Repaso espiral

Repasa las Lecciones 2-2, 5-8 y 6-1
Repasar y evaluar el dominio de las destrezas y conceptos de capítulos anteriores.

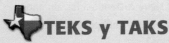

Estrategia para resolver problemas

Planificador de lección

Objetivo

Resuelve problemas entendiendo el problema, haciendo un plan, resolviendo el plan y verificando las respuestas para la racionalidad.

TEKS y TAKS

TEKS 3.14 El estudiante aplica las matemáticas del 3er grado para resolver problemas relacionados con experiencias diarias y actividades dentro y fuera de la escuela. **(C) Seleccione o desarrolle un plan o una estrategia de resolución de problemas apropiado en el que ... para resolver un problema.** *También cubre TEKS 3.14(B).*

TAKS 6 El estudiante demostrará un entendimiento de los procesos matemáticos y las herramientas usadas en la resolución de problemas.

Rutina diaria

Siga estas sugerencias antes de iniciar la lección de la pág. 242.

Control de 5 minutos (Repaso de la Lección 6-2)

Escriban la familia de operaciones para cada conjunto de números.
1. 3, 8, 24 $3 \times 8 = 24, 8 \times 3 = 24, 24 \div 8 = 3, 24 \div 3 = 8$
2. 1, 5, 5 $1 \times 5 = 5, 5 \times 1 = 5, 5 \div 1 = 5, 5 \div 5 = 1$

Problema del día

Nia y 6 de sus amigas están en el parque de diversiones. Cada una se quiere montar en la montaña rusa, la rueda de Chicago y el teleférico. Si cada una necesita 1 boleto por cada atracción, ¿cuántos boletos deben comprar en total? 21 boletos

---

Problem-Solving Strategy
Choose an Operation

Lesson Planner

Objective

Solve problems by understanding the problem, making a plan, solving the plan, and checking the answer for reasonableness.

TEKS and TAKS

Targeted **TEKS 3.14** The student applies Grade 3 mathematics to solve problems connected to everyday experiences and activities in and outside of school. **(C) Select or develop an appropriate problem-solving plan or strategy... to solve a problem.** *Also addresses TEKS 3.14(B).*

TAKS 6 The student will demonstrate an understanding of the mathematical processes and tools used in problem solving.

Resources

Literature Connection: *A Remainder of One* by Elinor J. Pinczes

Teacher Technology
🌐 Interactive Classroom • TeacherWorks

📖 **Real-World Problem-Solving Library**
Math and Science: *Water in Our World*
Use these leveled books to reinforce and extend problem-solving skills and strategies.
Leveled for:
OL On Level
ELL Sheltered English

For additional support, see the Real-World Problem-Solving Teacher's Guide.

Daily Routine

Use these suggestions before beginning the lesson on p. 242.

5-Minute Check
(Reviews Lesson 6-2)
Write the fact family for each set of numbers.
1. 3, 8, 24 $3 \times 8 = 24, 8 \times 3 = 24, 24 \div 8 = 3, 24 \div 3 = 8$
2. 1, 5, 5 $1 \times 5 = 5, 5 \times 1 = 5, 5 \div 1 = 5, 5 \div 5 = 1$

Problem of the Day
Nia and 6 of her friends are at the amusement park. They each want to ride the roller coaster, the Ferris wheel, and the sky ride. If each needs 1 ticket for each ride, how many tickets should they buy in all? 21 tickets

242A Chapter 6 Model Division Concepts and Facts

Differentiated Instruction

Small Group Options

Option 1 | Gifted and Talented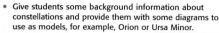
LINGUISTIC, SOCIAL

Materials: paper, pencil

- Give students some background information about constellations and provide them with some diagrams to use as models, for example, Orion or Ursa Minor.
- Have students draw a diagram of a constellation. Have partners exchange constellations and make up short word problems about them. Partners challenge one another to choose the correct operations to solve the problems.

Option 2 | English Language Learners
LOGICAL, SOCIAL

Materials: index cards with operation symbols, word problems
Core Vocabulary: different, means, should do
Common Use Verb: point to
Hear Math This strategy allows student to practice listening for key vocabulary with story problems.

- Post: "12 − 5 = ?" Model and restate the steps to solve it.
- Say: "Is there a way to use a **different** operation that still gets the same answer?"
- Prompt students to use addition 5 + ? = 12. Post "+/−."
- Repeat for +/×, ÷/−, and ÷/×, posting each set in a different area. Emphasize the relationship between operations.
- As students begin to understand, have them point to the symbols that could solve the problem as you display various problems.

Independent Work Options

Option 1 | Early Finishers
TEKS 3.14(B)(C) · LOGICAL

Materials: index cards, highlighters

- Hand out an index card to each student. Ask each student to pick one of the four operations and write a word problem on his or her index card.
- Exchange cards with other students. Have students highlight the words in the problem that help them to choose the operation needed to solve the problem.
- They solve and check the solution with the student who wrote the problem.

Option 2 | Student Technology
Tech Link

Math Online tx.gr3math.com
Personal Tutor • Extra Examples • Online Games

Option 3 | Learning Station: Health (p. 228H)

Direct students to the Health Learning Station for opportunities to explore and extend the lesson concept.

Instrucción diferenciada

Opciones de trabajo independiente

Opción 1 | Para los que terminan primero OL AL
LÓGICO

Materiales: tarjetas, resaltadores

- Entregue una tarjeta para cada alumno. Pídale a cada alumno que elija una de las cuatro operaciones y escriba un problema de vocabulario en su tarjeta.
- Intercambie tarjetas con otros alumnos. Pídales a los alumnos que resalten las palabras en el problema que los ayuden a elegir la operación necesaria para resolver el problema.
- Resuelven y verifican la solución con el alumno que escribió el problema.

Opción 2 | Tecnología para el alumno
Enlace technológico

Matemáticas en línea tx.gr3math.com
Personal Tutor • Extra Examples • Online Games

Opción 3 | Estación de aprendizaje: Salud (pág. 228H)

Dirija a los alumnos a la estación de aprendizaje de salud para que tengan la oportunidad de explorar y ampliar el concepto de la lección.

Opciones para grupos pequeños

Opción 1 | Talentosos AL
LINGÜÍSTICO, SOCIAL

Materiales: papel, lápiz

- Déles a los alumnos algunas informaciones básicas acerca de las constelaciones y provéalos con algunos diagramas para usar como modelos. (Por ejemplo, Orión o Ursa menor).
- Pídales a los alumnos que dibujen un diagrama de una constelación. Pídales a los compañeros (as) que intercambien constelaciones e invente problemas de vocabulario cortos sobre ellas. Los compañeros (as) se retan los unos a los otros para elegir las operaciones correctas para resolver los problemas.

Estrategia para resolver problemas

1 Presentación · TEKS 3.14(C)

Actividad propuesta 1 · Repaso

- Déles a los alumnos el siguiente problema:
Sapna dibujó un patrón para el borde de un papel tapiz para su habitación. Dibujó un triángulo, luego, un rectángulo, seguido de un círculo grande, luego un círculo pequeño. Si repite estas cuatro figuras en orden, ¿cuál será la décima figura?

- Pídales a los alumnos que recuerden las estrategias que usaron en lecciones anteriores. **¿Qué Estrategia para resolver problemas usarás para resolver este problema?** Halla un patrón

- Pídales a los alumnos que resuelvan el problema y verifiquen la solución. rectángulo

Actividad propuesta 2 · Literatura

Presente la Lección con *A Remainder of One* de Elinor J. Pinches. (Vea la página R104 para una actividad matemática relacionada.)

2 Enseñanza · TEKS 3.14(C)

Pídales a los alumnos que lean el problema sobre salud Guíelos a través de los pasos para resolver problemas.

Entiende Usando las preguntas, repase los que los alumnos conocen y necesitan calcular.

Planifica Pídales que comenten su estrategia.

Resuelve

- **¿Qué operación usas para calcular el número de pacientes que el doctor ve cada hora?**

- **¿Por qué usan división?**

Ejemplo de respuesta Usan división cuando quieres separar un número en grupos iguales para calcular el número en cada grupo.

- **¿Cuántos hay en cada grupo?** 4

Verifica Pídales a los alumnos que revisen el problema para asegurarse que la respuesta corresponde con los datos dados.

- **¿Qué expresión de multiplicación puedes usar para verificar tu respuesta?** $5 \times 4 = 20$

---

1 Introduce · TEKS 3.14(C)

Activity Choice 1 · Review

- Provide students with the following problem:
Sapna painted a pattern for a wallpaper border for her bedroom. She drew a triangle, then a rectangle, followed by a large circle, then a small circle. If she repeats these four figures in order, what will the tenth figure be?

- Ask students to recall the strategies they have used in previous lessons. **Which problem-solving strategy would you use to solve this problem?** *look for a pattern*

- Have students solve the problem and check the solution. rectangle

Activity Choice 2 · Literature

Introduce the lesson with *A Remainder of One* by Elinor J. Pinczes. (For a related math activity, see p. R104.)

2 Teach · TEKS 3.14(C)

Have students read the problem on health. Guide them through the problem-solving steps.

Understand Using the questions, review what students know and need to find.

Plan Have them discuss their strategy.

Solve Guide students to understand the problem, make a plan, solve the problem, and check for reasonableness.

- **What operation would you use to find the number of patients the doctor sees each hour?** division

- **Why would you use division?**
Sample answer: You use division when you want to separate a number into equal groups to find the number in each group.

- **How many are in each group?** 4

Check Have students look back at the problem to make sure that the answers fits the facts given.

- **What multiplication sentence can you use to check your answer?** $5 \times 4 = 20$

IDEA PRINCIPAL Resolveré problemas entendiendo el problema, haciendo un plan, resolviéndolo y verificando la racionalidad de la respuesta.

TEKS Objetivo 3.14 El estudiante aplica las matemáticas del 3ᵉʳ grado para resolver problemas relacionados con experiencias diarias y actividades dentro o fuera de la escuela. (C) **Seleccione o desarrolle un plan o una estrategia de resolución de problemas . . . para resolver un problema.** También cubre TEKS 3.14(B).

La doctora de Lakita vio pacientes por 5 horas hoy. Durante este tiempo, la doctora vio 20 pacientes. ¿Cuántos pacientes vio la doctora cada hora si vio el mismo número?

Entiende	**¿Qué datos tienes?** • La doctora vio pacientes por 5 horas. • Vio 20 pacientes en total. **¿Qué necesitas calcular?** • El número de pacientes que la doctora vio cada hora.
Planifica	Tienes un grupo de 20 pacientes. Necesitas calcular cuántos pacientes vio la doctora cada hora en 5 horas. Usa la división.
Resuelve	Divide $20 \div 5$. número total de pacientes $\quad$ número de horas $\quad$ número de pacientes $20 \quad \div \quad 5 \quad = \quad 4$ Por lo tanto, la doctora vio 4 pacientes cada hora.
Verifica	Puedes usar la multiplicación para verificar la división. $5 \times 4 = 20$ Por lo tanto, tiene sentido que haya visto 4 pacientes cada hora.

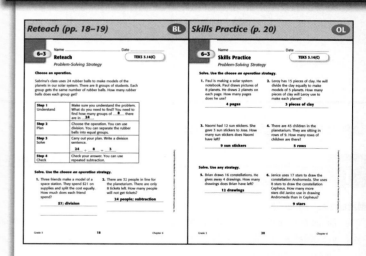

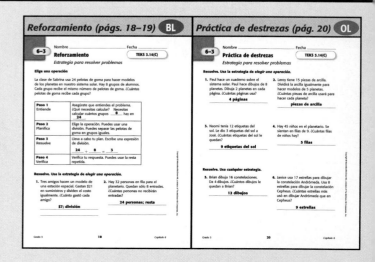

ANALIZA la estrategia

Consulta el problema de la página anterior.   1–2. Ver Apéndice de respuestas del Cap. 6.

1. Explica por qué se usó la división para resolver este problema. ¿Qué otra operación puedes usar para resolver este problema?

2. Explica cómo el plan de cuatro pasos te ayudó a resolver este problema.

3. Supón que la doctora ha visto el mismo número de pacientes, pero en 4 horas. Entonces, ¿cuántos pacientes habría visto cada hora? 5

4. Verifica tu respuesta del Ejercicio 3. ¿Cómo sabes que es correcta?
$4 \times 5 = 20$ te indica que es correcta

PRACTICA la estrategia

PRÁCTICA EXTRA
Ver página R16.

Resuelve. Usa la estrategia de *elige una operación*.

5. Escribe una expresión de multiplicación para calcular cuántas plantas hay en el jardín. ¿Qué otra operación te puede ayudar a resolver este problema?

$4 \times 8 = 32$; suma

6. **Medidas** La torre CN en Canadá mide 1,815 pies de altura. Una torre de TV en North Dakota tiene 2,063 pies de altura. ¿Cuánto más alta es la torre de TV que la torre CN? Explica.
Ver Apéndice de respuestas del Cap. 6.

7. Shaun y Dean fueron al parque. Las hojas eran marrones, rojas y anaranjadas. Recogieron 7 de cada color, ¿cuántas hojas tenían en total? 21 hojas

8. Ha llovido 6 pulgadas cada mes en los últimos 5 meses. Si llueve 6 pulgadas más este mes, ¿cuál es el total de lluvia? 36 pulg

★9. Sondra y Wanda estaban haciendo joyas para la beneficencia de la escuela. Cada una hizo la cantidad que aparece en la tabla. ¿Cuántos artículos hicieron en total?   30

Joyas hechas

Artículo	Número
Aretes	5
Broches	4
Brazaletes	6

10. Kimberlee tiene 14 pies de cuerda. Quiere hacer collares de 2 pies de largo. ¿Cuántos collares puede hacer? 7 collares

11. **Geometría** Jerome tiene un jardín cuadrado. Cada lado mide 5 yardas. ¿Cuántas yardas de cercado necesita Jerome para bordear el jardín? Explica.
20; 5 yardas × 4 lados = 20 yardas

12. **ESCRIBE EN MATEMÁTICAS** Explica cómo leer un problema y decidir qué operación usar. Ver Apéndice de respuestas del Cap. 6.

Analyze the Strategy Use Exercises 1–4 to analyze and discuss the problem-solving strategy.

BL Alternate Teaching Strategy

If ➤ students have trouble deciding whether to use multiplication or division …

Then ➤ use one of these reteach options:

1 **CRM Daily Reteach Worksheet** (pp. 18–19)

2 Remind them that multiplication combines equal groups of items while division splits items into equal groups. Provide students with manipulatives to model the problems.

3 Practice

Using the Exercises

Exercises 10 and 11 can be solved using the *draw a picture* strategy.

Exercise 9 is a multi-step problem. Encourage students to read the problem carefully to determine the steps.

4 Assess

✓ Formative Assessment

- **If a problem asks you to find how many more, what operation do you use to solve?**
  subtraction

Quick Check — **Are students continuing to struggle with choosing an operation?**

If Yes → **CRM** Reteach Worksheet (pp. 18–19)

If No → Independent Work Options (p. 262B)
CRM Skills Practice Worksheet (p. 20)
CRM Enrich Worksheet (p. 22)

⚠ COMMON ERROR!

Exercise 8 Students may try to add 6 inches of rain and 6 more inches of rain and then multiply by 5 months: $(6 + 6) \times 5$. Point out that they need to multiply first to find the amount of rain during the last 5 months and then add the additional 6 inches to that product: $(6 \times 5) + 6$.

Analiza la estrategia Use los Ejercicios 1-4 para analizar y comentar la estrategia para resolver problemas.

BL Estrategia alternativa de enseñanza

Si ➤ Los alumnos tienen problemas para decidir si usan multiplicación o división…

Entonces ➤ Use una de estas opciones de reforzamiento:

1 **CRM Hoja de reforzamiento diario** (págs. 18–19)

2 Recuérdeles que la multiplicación combina grupos iguales de artículos mientras que la división separa artículos en grupos iguales. Provea a los alumnos de manipulativos para hacer un modelo de los problemas.

3 Práctica

Uso de los Ejercicios

Los Ejercicios 10 y 11 se pueden resolver usando la estrategia de hacer un dibujo.

Ejercicio 9 es un problema de múltiples pasos. Anime a los alumnos a leer cuidadosamente el problema para determinar los pasos.

4 Evaluación

✓ Evaluación formativa

- **Si un problema te pide calcular cuántos más, ¿qué operación usas para resolver?** resta

Control rápido — **¿Les sigue costando a los alumnos elegir una operación?**

Sí → Hoja de reforzamiento diario (pág. 18-19)
No → Opciones de trabajo independiente (pág. 262B)
CRM Hoja de ejercicios para la práctica de destrezas (pág. 20)
CRM Hoja de trabajo de enriquecimiento (pág. 22)

⚠ ¡ERROR COMÚN!

Ejercicio 8 Los alumnos pueden tratar de sumar 6 pulgadas de lluvia y 6 pulgadas más de lluvia y luego multiplicar por 5 meses: $(6 + 6) \times 5$. Señale que ellos necesitan multiplicar primero la cantidad de lluvia durante los últimos 5 meses y luego sumar el adicional 6 pulgadas para ese producto: $(6 + 6) \times 5$.

Enrich (p. 22) AL | **Homework Practice (p. 21)** OL

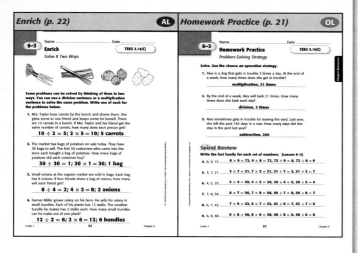

Enriquecimiento (p. 22) AL | **Práctica de destrezas (p. 21)** OL

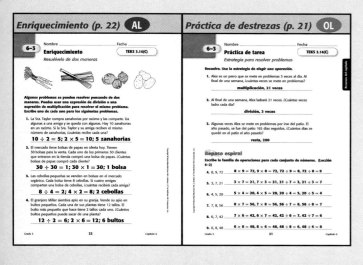

LECCIÓN
6-4 Divide entre 2

Planificador de lección

Objetivo

Usa modelos para dividir entre 2.

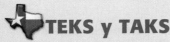TEKS y TAKS

TEKS 3.4 El estudiante reconoce y resuelve problemas en situaciones de multiplicación y división. **(C) Utilice modelos para resolver problemas de división y utilice expresiones numéricas para anotar las soluciones.** *También cubre TEKS 3.6(C).*

TAKS 1 El estudiante demostrará un entendimiento del razonamiento numérico, operacional y cuantitativo.

Las páginas del alumno también cubren los siguientes TEKS:
TEKS 3.15(A) Coméntalo, Ejercicio 4
TEKS 3.16(A), TEKS 3.16(B) Problemas H.O.T., Ejercicios 18-24

Repaso de vocabulario

división, multiplicación

Rutina diaria

Siga estas sugerencias antes de iniciar la lección de la pág. 244

Control de 5 minutos (Repaso de la Lección 6-3)

Resuelvan. Usen la estrategia de elegir una operación.
1. Gracia tenía 9 margaritas y 9 rosas. ¿Cuántas flores tenía Gracia en total? suma; 15 flores
2. Brian tenía 6 floreros con 2 lilas. ¿Cuántas lilas tenía Brian? multiplicación; 12 lilas

Problema del día

La hermana de Ahmet le da $2 el lunes y promete doblarle la cantidad del día anterior cada día esta semana. ¿Cuánto dinero recibirá Ahmet el viernes? $32

Repaso de vocabulario matemático

Escriba las palabras del repaso de vocabulario y sus definiciones en la pizarra.

Recuérdeles a los alumnos que la división y la multiplicación están relacionadas. En la división, separamos un conjunto en grupos iguales. En la multiplicación, combinamos grupos iguales en un conjunto. Pídales a los alumnos que dibujen arreglos o dibujos para hacer un modelo de esta relación.

$5 \times 2 = 10$ so $10 \div 2 = 5$

Pídales a los alumnos que repitan lo mismo para otras operaciones del 2.

LESSON
6-4 Divide by 2

Lesson Planner

Objective
Use models to divide by 2.

TEKS and TAKS

Targeted TEKS 3.4 The student recognizes and solves problems in multiplication and division situations. **(C) Use models to solve division problems and use number sentences to record the solutions.** *Also addresses TEKS 3.6(C).*

TAKS 1 The student will demonstrate an understanding of numbers, operations, and quantitative reasoning.

Student pages also address the following TEKS:
TEKS 3.15(A) Talk About It, Exercise 4
TEKS 3.16(A), TEKS 3.16(B) HOT Problems, Exercises 18–24

Review Vocabulary

division, multiplication

Resources

Materials: paper plates

Manipulatives: counters

Literature Connection: *Grandfather's Journey* by Allen Say

Teacher Technology
Interactive Classroom • TeacherWorks

Focus on Math Background

Dividing by two not only means making two equal groups, but also making groups of two. The fact that the result is the same, given any dividend, is because of the commutativity of multiplication. Fourteen divided into two equal groups is seven, just as fourteen divided into seven equal groups is two. This result is not intuitive for children and a pair of arrays that can model 2 by 7 and 7 by 2, and then rotated to match, can help with this understanding.

Daily Routine

Use these suggestions before beginning the lesson on p. 244.

5-Minute Check
(Reviews Lesson 6-3)

Solve. Use the *choose an operation* strategy.
1. Gracia had 6 daises and 9 roses. How many flowers did Gracia have in all?
   addition; 15 flowers
2. Brian had 6 pots each with 2 lilacs. How many lilacs did Brian have? multiplication; 12 lilacs

Problem of the Day

Ahmet's sister gives him $2 on Monday and promises to double the previous day's amount every day this week. How much money will Ahmet receive on Friday? $32

Review Math Vocabulary

Write the review vocabulary words and their definitions on the board.

Remind students that division and multiplication are related. In division, we separate a set into equal groups. In multiplication, we combine equal groups into one set. Have students draw arrays or pictures to model this relationship.

$5 \times 2 = 10$ so $10 \div 2 = 5$

Have students repeat for other facts of 2.

Differentiated Instruction

Small Group Options

Option 1   LOGICAL, SOCIAL

Gifted and Talented (AL)

Materials: paper, pencil

Have students create number patterns with more than one missing number. Have them play a game challenging partners to complete and describe missing-number patterns.

Option 2   VISUAL

English Language Learners (ELL)

Materials: two paper plates for each student, pile of dried beans, paper and pencil
Core Vocabulary: to be fair, divide, one for you, one for me
Common Use Verb: are sharing/will be
Talk Math This strategy introduces division through "sharing" and uses present continuous and future tenses.

- Give students two plates and a small pile of dried beans. Say: "You **will be sharing** beans with a friend."
- Have students count the beans and write the total.
- Demonstrate to students the idea of sharing of the beans equally. Have students vocalize "**one for you, one for me**" as they divide.
- Each student writes the division problem and the number of beans on his or her plate as their answer.
- Repeat for a new pile of beans, alternating the vocalizing student, as time permits.

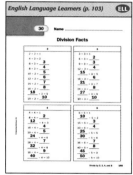

Use this worksheet to provide additional support for English Language Learners.

Independent Work Options

Option 1   TEKS 3.4(C)   LOGICAL

Early Finishers (OL) (AL)

Materials: paper, pencil

- Have students write a division problem. Ask them to show how to solve it by using a related multiplication fact or counters to model the problem.

Option 2

Student Technology

Math ● line tx.gr3math.com
Personal Tutor • Extra Examples • Online Games
Math Adventures: Scrambled Egg City (7A)

Option 3

Learning Station: Art (p. 228G)

Direct students to the Art Learning Station for opportunities to explore and extend the lesson concept.

Option 4

Problem-Solving Practice

Reinforce problem-solving skills and strategies with the Problem-Solving Practice worksheet.

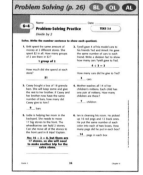

Instrucción diferenciada

Opciones de trabajo independiente

Opción 1   TEKS 3.4(C)   LÓGICO

Para los que terminan primero (OL) (AL)

Materiales: papel, lápiz
- Pídales a los alumnos que escriban un problema de división. Pídales que muestren cómo resolverlo usando un factor de multiplicación relacionado o fichas para hacer un modelo de el problema.

Opción 2

Tecnología para el alumno

Matemáticas ● en línea tx.gr3math.com
Personal Tutor • Extra Examples • Online Games
Math Adventures: Scrambled Egg City (7A)

Opción 3

Estación de aprendizaje: Arte (pág. 228G)

Dirija a los alumnos a la estación de aprendizaje de arte para que tengan la oportunidad de explorar y ampliar el concepto de la lección.

Opción 4

Práctica y solución de problemas

Refuerce las destrezas y las estrategias de solución de problemas con la hoja de trabajo de solución de problemas.

Opciones para grupos pequeños

Opción 1   LÓGICO, SOCIAL

Talentosos (AL)

Materiales: papel, lápiz
Pídales a los alumnos que creen patrones numéricos con más de un número faltante. Pídales que realicen un juego que rete a los compañeros a completar y describir patrones con números faltantes.

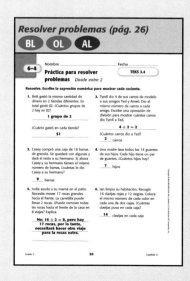

1 Presentación — TEKS 3.4(C)

Actividad propuesta 1 • Práctica

- Divida la clase en grupos de tres. De a cada grupo un número par de fichas menor o igual a 18.
- Los alumnos dividen el conjunto en dos grupos e indican cuántas fichas hay en cada grupo.
- Un segundo alumno usa la resta repetida para calcular cuántos grupos de 2 hay en el conjunto.
- El tercer alumno escribe operaciones de multiplicación y división relacionadas al modelo.
- Llame a los alumnos individualmente para que indiquen acerca de su experiencia

Actividad propuesta 2 • Literatura

Presente la Lección con *Grandfather's Journey* de Allen Say. (Vea la página R104 para una actividad matemática relacionada.)

2 Enseñanza — TEKS 3.4(C)

Preguntas básicas

Provea a cada alumno con 14 fichas. Haga que los alumnos modelen 14 dividido entre 2.

- **¿Cuántas fichas hay?** 14
- **¿Cuántos grupos iguales hay?** 2
- **¿Cuántas fichas hay en cada grupo?** 7
- **¿Cuánto es 14 ÷ 2?** 7
- Escriban una expresión numérica para registrar la solución $14 \div 2 = 7$

> **PREPÁRATE para aprender**

Pídales a los alumnos que abran sus libros y lean la información de **Prepárate para aprender.** Repasen la **división** y la **multiplicación**. En conjunto, trabajen los **Ejemplo 1.**

6-4 Divide by 2

1 Introduce — TEKS 3.4(C)

Activity Choice 1 • Hands-On

- Divide the class into groups of three. Give each group an even number of counters less than or equal to 18.
- One student uses the counters to divide the set into two groups and tells how many counters are in each group.
- A second student uses repeated subtraction to find how many groups of 2 are in the set.
- The third student writes related multiplication and division facts for the model.
- Call on individual students to tell about their experience.

Activity Choice 2 • Literature

Introduce the lesson with *Grandfather's Journey* by Allen Say. (For a related math activity, see p. R104.)

2 Teach

Scaffolding Questions — TEKS 3.4(C)

Provide each student with 14 counters. Have students model 14 divided into 2 groups.

- **How many counters are there?** 14
- **How many equal groups are there?** 2
- **How many counters are in each group?** 7
- **What is 14 ÷ 2?** 7
- Write a number sentence to record the solution. $14 \div 2 = 7$

> **GET READY to Learn**

Have students open their books and read the information in **Get Ready to Learn**. Review **division** and **multiplication**. As a class, work through **Example 1.**

> **PREPÁRATE para aprender**

José y Jenna están compartiendo una manzana equitativamente. Si hay 8 trozos de manzana en el plato, ¿cuántos trozos recibirá cada uno?

IDEA PRINCIPAL

Usaré modelos para dividir entre 2.

TEKS Objetivo 3.4

El estudiante reconoce y resuelve problemas en situaciones de multiplicación y división. (C) **Utilice modelos para resolver problemas de división y utilice oraciones numéricas para anotar las soluciones.** *También cubre TEKS 3.6(C).*

En la Lección 6-1, aprendiste sobre el símbolo de la división ÷. Otro símbolo para la división es $\overline{)}$.

dividendo → $10 \div 2 = 5$ ← cociente   cociente → $2\overline{)10}$ ← dividendo
divisor   divisor

EJEMPLO   Usa modelos

FRUTAS ¿Cuántos trozos recibirán José y Jenna? Escribe una expresión numérica para mostrar tu respuesta.

Compartir igualmente entre 2 personas significa dividir entre 2. Calcula $8 \div 2$ o $2\overline{)8}$.

Usa fichas para modelar 8 dividido entre 2 grupos.

Cada grupo tiene 4.

El modelo muestra $8 \div 2 = 4$ ó $2\overline{)8}^{4}$.
Entonces, la expresión numérica que muestra la respuesta es $8 \div 2 = 4$.

Cada persona recibirá 4 trozos de manzana.

en línea **Tutor personal en** tx.gr3math.com

244 Capítulo 6 Haz modelos de conceptos y operaciones de división

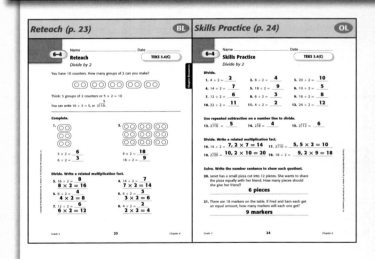

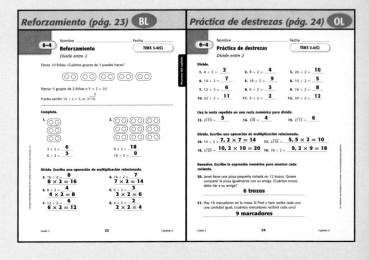

★ Indica problemas de pasos múltiples

VERIFICA lo que sabes

Usa modelos para dividir. Escribe una operación de multiplicación relacionada.
Ver Ejemplo 1 (pág. 244)

1.

2)4̄ 2; 2 × 4 = 8

2.

12 ÷ 2 6; 6 × 2 = 12

3. Vince y su hermana leen un número igual de libros cada uno. En conjunto leen 16 libros. ¿Cuántos lee cada uno? Escribe la expresión numérica.
16 ÷ 2 = 8

4. Coméntalo ¿Cuáles son dos maneras diferentes de calcular 10 ÷ 2? **Ejemplo de respuesta:** piensa en una operación de multiplicación relacionada, resta repetida

Práctica y solución de problemas

PRÁCTICA EXTRA
Ver página R16.

Usa modelos para dividir. Escribe una operación de multiplicación relacionada.
Ver Ejemplo 1 (pág. 244)

5.

10 ÷ 2 5; 2 × 5 = 10

6.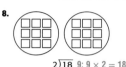

2)12̄ 6; 2 × 6 = 12

7.

2)6̄ 3; 2 × 3 = 6

8.

2)18̄ 9; 9 × 2 = 18

Resuelve. Escribe una expresión numérica para mostrar la solución.

9. Elan va a sembrar 12 semillas en grupos de 2. ¿Cuántos grupos de 2 tendrá una vez que las haya sembrado?
12 ÷ 2 = 6; 6 grupos

★**10.** Kyle y Al dividen igualmente un paquete de 14 borradores. ¿Cuántos borradores obtendrá cada uno?
14 ÷ 2 = 7; 7 borradores

11. 16 ÷ 2 = 8; Lidia: 8; 8 ÷ 2 = 4; Todd y Pilar: 4 cada uno

★**11.** Lidia compartió igualmente sus 16 losas con Pilar. Pilar luego compartió igualmente sus losas con Todd. ¿Cuántas losas tiene cada alumno?

★**12.** Cada auto en la atracción Supersonic Speed puede llevar a 18 personas. Si los asientos son de grupos de 2, ¿cuántos grupos de dos hay en 3 autos?
27 grupos de 2

Matemáticas en línea Control de autoevaluación tx.gr3math.com

Lección 6-4 Divide entre 2 **245**

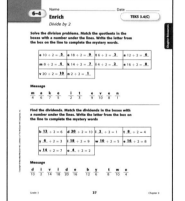

Enrich (p. 27) AL

Use Models

Example 1 Have students write a related multiplication fact to reinforce the relationship between division and multiplication.

ADDITIONAL EXAMPLE

1 Brook and her brother have 18 water toys in their pool. If they share the toys equally, how many will each child get? Write a number sentence to record your solution. 9; 18 ÷ 2 = 9

CHECK What You Know

As a class, have students complete Exercises 1–4 in **Check What You Know** as you observe their work.

Exercise 4 Assess student comprehension before assigning practice exercises.

BL Alternate Teaching Strategy
TEKS 3.4(C)

If students have trouble dividing by 2 …

Then use one of these reteach options:

1 CRM **Daily Reteach Worksheet** (p. 23)

2 Have them use an even number of counters and two paper plates to practice dividing a set into two equal groups. Have them count the number of counters on each plate and record the results.

⚠️ **COMMON ERROR!**

Exercises 11–12 Students may have trouble with these multi-step problems. Encourage students to draw a picture or use counters to solve and to be sure to check their answers.

Lesson 6-4 Divide by 2 **245**

Usa modelos

Ejemplo 1 Pídales a los alumnos que escriban una operación de multiplicación relacionada para reforzar la relación entre la división y la multiplicación.

EJEMPLOS ADICIONALES

1 Brook y su hermano tienen 18 juguetes para agua en su piscina. Si ellos comparten los juguetes igualmente, ¿cuánto recibirá cada niño? Escribe una expresión numérica para registrar tu solución? 9; 18 ÷ 2 = 9

VERIFICA lo que sabes

En conjunto, pídales a los alumnos que completen los Ejercicios 1–4 en **Verifica lo que sabes** a medida que usted observa sus trabajos.

Ejercicio 4 Evalúa la comprensión del alumno antes de asignarle los ejercicios prácticos.

BL Estrategia alternativa de enseñanza TEKS 3.4(C)

Si Los alumnos tienen problemas dividiendo entre 2…

Entonces Use una de estas opciones de reforzamiento:

1 CRM **Hoja de reforzamiento diario** (pág. 23)

2 Pídales que usen un número par de fichas y dos platos de cartón para practicar la división de un conjunto entre grupos iguales. Pídales que cuenten el número de fichas en cada plato y que registren los resultados.

Enriquecimiento (pág. 27) AL

⚠️ **¡ERROR COMÚN!**

Ejercicios 11-12 Los alumnos pueden tener problemas con estos problemas de múltiples pasos. Anime a los alumnos a hacer un dibujo o a usar fichas para resolver y a que estén seguros de verificar sus respuestas.

Lección 6-4 Divide entre 2 **245**

③ Práctica

Asigne la práctica para los ejercicios 3 al 24 según los siguientes niveles.

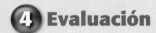

Nivel	Asignación
BL Nivel bajo	6–10, 12–14, 17–21, 23
OL A nivel	6–15, 17–20, 21–22, 23
AL Nivel avanzado	13–17 impar, 18–24

Pídales a los alumnos que analicen y completen los problemas de razonamiento de alto nivel. En el ejercicio 24, anime a los alumnos a usar fichas o a hacer dibujos para hacer un modelo de lo que pasa cuando divides 9 entre 2.

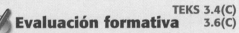

ESCRIBE EN ►MATEMÁTICAS

Pídales a los alumnos que completen el Ejercicio 24 en sus Diarios de Matemáticas. Puede elegir hacer este ejercicio como una evaluación formativa adicional.

④ Evaluación

Evaluación formativa   TEKS 3.4(C) 3.6(C)

• **¿Usarás fichas o una operación de multiplicación relacionada para calcular 20 ÷ 2? Explica.** Ejemplo de respuesta: usa una operación de multiplicación porque es más rápido.

Control rápido ¿Les sigue costando a los alumnos dividir entre 2?

Sí ► Guía de intervención estratégica (pág. 92)

No ► Opciones de trabajo independiente (pág. 264B)
   CRM Hoja de ejercicios para la práctica de destrezas (pág. 24)
   CRM Hoja de trabajo de enriquecimiento (pág. 27)

Nombra la matemática pregúnteles a los alumnos lo que cualquier operación de multiplicación debe tener para ayudarlos a dividir un número entre 2. Ejemplo de respuesta: debe tener un factor de dos o debe ser un número par.

---

③ Practice

Differentiate practice using these leveled assignments for Exercises 5–24.

Level	Assignment
BL Below Level	6–10, 12–14, 17–21, 23
OL On Level	6–15, 17–20, 21–22, 23
AL Above Level	13–17 odd, 18–24

Have students discuss and complete the Higher Order Thinking problems. In Exercise 24, encourage students to use counters or draw pictures to model what happens when you divide 9 by 2.

WRITING IN ►MATH Have students complete Exercise 24 in their Math Journals. You may choose to use this exercise as an optional formative assessment.

④ Assess

Formative Assessment   TEKS 3.4(C), 3.6(C)

• **Would you use counters or a related multiplication fact to find 20 ÷ 2? Explain.**
Sample answer: Use a multiplication fact because it is quicker.

Quick Check Are students continuing to struggle with dividing by 2?

If Yes ► Strategic Intervention Guide (p. 92)

If No ► Independent Work Options (p. 264B)
   CRM Skills Practice Worksheet (p. 24)
   CRM Enrich Worksheet (p. 27)

Name the Math Ask students what any multiplication fact must have to help them divide a number by 2. Sample answer: It must have a factor of two, or it must be an even number.

Álgebra Copia y completa cada tabla.

13.

Regla: Divide entre 2.			
Entrada	10	■	18	14
Salida	■	4	■	7

5; 8; 9

14.

Regla: Multiplica por 5.			
Adentro	7	■	6	■
Afuera	■	25	■	15

35; 5; 30; 3

RESUELVE PROBLEMAS concretos

Archivo de datos Texas es un estado con muchos climas extremos.

15. ¿Qué ciudad tiene la mitad de nieve anual de Lubbock? El Paso

16. ¿De qué ciudad la nieve anual es 12 ÷ 2? Wichita Falls

17. ¿De qué dos ciudades, la suma de la nieve anual es la mitad de la nieve de Amarillo? El Paso y Dallas

Promedio anual de nieve	
Ciudad	**Nieve (pulg)**
Del Rio	1
Amarillo	16
Lubbock	10
El Paso	5
Wichita Falls	6
Dallas	3

Problemas **H.O.T.**

18. **INTERPRETA** Escribe un número que cuando lo divides entre 2 es más que 8. Ejemplo de respuesta: 20

RETO Divide.

19. 36 ÷ 2 18   **20.** 50 ÷ 2 25   **21.** 80 ÷ 2 40   **22.** 42 ÷ 2 21

23. **HALLA EL ERROR** Andreas y Muna están calculando 8 ÷ 2. ¿Quién tiene la razón? Explica tu razonamiento.

Andreas
8 ÷ 2 = 16
porque
2 × 8 = 16

Muna
8 ÷ 2 = 4
porque
2 × 4 = 8

Muna; Andreas multiplicó 8 y 2 en vez de dividir.

24. **ESCRIBE EN ►MATEMÁTICAS** Explica si puedes dividir 9 en grupos iguales de 2? No; 9 no forma 2 grupos iguales; sobra uno.

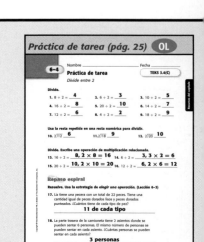

Práctica de tarea (pág. 25) **OL**

Modela la división

Puedes usar las fichas del *Cofre de herramientas matemáticas* para modelar problemas de división.

EJEMPLO

1 FIESTA Se está planeando una fiesta. Asistirán 8 niños. Supón que un juego tiene 2 niños en cada equipo. ¿Cuántos equipos se formarán?

Presiona sobre las fichas del *Cofre de herramientas matemáticas*.

Cada sombrero de fiesta representa 1 niño.

- Elige la división para el tipo de tapete.
- Sella 8 sombreros de fiesta.
- En la parte inferior de la pantalla, elige 2 y "In a group" ("en un grupo"). Esto significa que estás colocando los 8 sombreros en grupos de 2.

Las casillas numéricas muestran que estás calculando 8 ÷ 2.

¿Cuántos equipos se formarán? 4

Tutor personal en tx.gr3math.com.

IDEA PRINCIPAL

Usaré la tecnología para dividir.

TEKS Objetivo 3.14 El estudiante aplica las matemáticas del 3er grado para resolver problemas relacionados con experiencias diarias y actividades dentro y fuera de la escuela. **(D) Utilice herramientas tales como** reales, manipulativos y **tecnología para resolver problemas.** *También cubre TEKS 3.4(C), 3.15(A).*

◉ Math Tool Chest: Counters Button Bar

The Counters Button Bar offers five buttons that perform functions specific to the Counters tool.

Mat Type Students click Mat Type on the Button Bar to open the Math Type window and select a mat to use. There are five types of Counters mats: Open, Addition, Subtraction, Multiplication, and Division. A filled circle indicates the selection.

Select Students use Select to choose a counter on which to perform an action.

Flip Students click Flip to turn the counters to face the opposite direction.

Erase Students use Erase to remove counters from the mat.

Stamp Students click the Stamp button, and then click a counter and stamp it on the mat.

Lesson Planner

Objective

Use technology to divide.

◤ TEKS and TAKS

Targeted TEKS 3.14 The student applies Grade 3 mathematics to solve problems connected to everyday experiences and activities in and outside of school. **(D) Use tools such as** real objects, manipulatives, and **technology to solve problem.** *Also addresses TEKS 3.4(C), 3.15(A).*

TAKS 6 The student will demonstrate an understanding of the mathematical processes and tools used in problem solving.

Student pages also address the following TEKS:
TEKS 3.15(A) Talk About It, Exercise 9

Resources

Math Tool Chest *(accessible in three ways)*

 tx.gr3math.com

- ◉ StudentWorks Plus
- ◉ Interactive Classroom

Getting Started

- The activities and exercises on pp. 247–248 use the Counters Tool in Math Tool Chest. They may be completed as a class, in pairs, or individually.
- Before class, use the Teacher Utilities to enter a list of all student names. Or, have each student enter their name at the Sign In screen when they begin the activity.
- Have students read each example on pp. 247–248.
- As a class, work through the each activity in each example following the instructions on the page.

Actividad tecnológica para 6-4

Planificador de lección

Objetivo

Usa tecnología para dividir.

◤ TEKS y TAKS

TEKS 3.4 El estudiante reconoce y resuelve problemas en situaciones de multiplicación y división. **(C) Utilice modelos para resolver problemas de división y utilice expresiones numéricas para anotar las soluciones.** *También cubre TEKS 3.4(C), 3.15(A).*

TAKS 6 El estudiante demostrará un entendimiento de los procesos matemáticos y las herramientas usadas en la resolución de problemas.

Para comenzar

- Las actividades y los ejercicios de la págs. 247-248 usan la herramienta de las fichas del cofre de herramientas matemáticas. Éstas se pueden completar en conjunto, en parejas o individualmente.
- Antes de la clase, use las herramientas del maestro para ingresar una lista de todos los nombres de los alumnos. O pídale a cada alumno que ingrese su nombre en la pantalla de "Sign In" cuando comiencen la actividad.
- Pídales a los alumnos que lean el ejemplo de la págs. 247-248.
- En conjunto, desarrollen la actividad del ejemplo según las instrucciones en la página.

◉ Cofre de herramientas matemáticas: Barra de botones fichas

La barra de botones de fichas ofrece cinco botones que cumplen funciones específicas a la herramienta de fichas.

Tapete de tipo Los alumnos pulsan sobre el tipo de tapete en la barra de botones para abrir la ventana del tipo matemático y elegir un tapete para usar. Hay cinco tipos de tapetes de fichas: abrir, suma, resta, multiplicación y división. Un círculo completo indica la selección.

Elegir Los alumnos usan "select" (elegir) para seleccionar una ficha sobre la cual desarrollar una acción.

Voltear Los alumnos pulsan "flip" (voltear) para girar las fichas en dirección opuesta.

Borrar Los alumnos usan "erase" (borrar) para remover las fichas del tapete.

Estampar Los alumnos pulsan en el botón de "stamp" (estampar) y luego, pulsan una ficha para estamparla en el tapete.

Uso del Cofre de herramientas matemáticas

Fichas La herramienta de fichas en el cofre de herramientas matemáticas provee oportunidades para los alumnos dividir rápida y fácilmente.

- Los alumnos pueden experimentar estampando muchos números de objetos que se pueden separar en grupos pequeños.
- Asegúrese que los alumnos pulsen sobre "in a group" (en un grupo) para duplicar la pantalla que se muestra. Si eligen 2 y pulsan en grupos, se mostrará 8 ÷ 2 = 4.
- Los alumnos pueden aprender más sobre las diferencias en estas selecciones, completando los pasos y contestando las preguntas en la Ampliación del vínculo.
- Los alumnos pueden pulsar en el botón de respuesta para que el programa mueva las fichas para mostrar la solución o pueden arrastrar el número correcto de fichas a cada grupo.
- Sin embargo, a menos que la palanca de la respuesta esté abajo, la respuesta numérica no se mostrará.
- Una vez que los alumnos hayan contestado la pregunta sobre cuántos equipos se formarán, pueden pulsar en la palanca de respuesta para ver la respuesta correcta.

 lo que sabes

En conjunto, pídales a los alumnos que completen los Ejercicios 1 al 9 en **Verifica lo que sabes** a medida que usted observa sus trabajos.

Ejercicio 9 Evalúa la comprensión del alumno antes de asignarle los ejercicios prácticos.

Ampliación del vínculo

- Guíe a los alumnos a través de estos pasos para usar la herramienta de fichas para hacer un modelo de más operaciones de división a través de estos pasos:
- Pulsen en la tecla de comenzar de nuevo para borrar todo en el tapete.
- Estampen 12 objetos.
- En la parte inferior de la pantalla, elijan 2 y grupos.
- **¿Qué operación de división se muestra?** 12 ÷ 6 =2
- **¿Cuál es la diferencia entre esta operación y 12 • 2 • 6?** En 12÷ 6 = 2, 12 se divide en 6 grupos de 2. En 12÷ 6 = 2, 12, 12 se divide en 2 grupos de 6.

Using Math Tool Chest

Counters The Counters tool in Math Tool Chest provides opportunities for students to divide quickly and easily.

- Students can experiment by stamping out many numbers of objects that can be separated into smaller groups.
- Watch to be sure students click on "In a Group" to duplicate the screen shown here. If they choose 2 and click on Groups, 8 ÷ 2 = 4 will be shown.
- Students can learn more about the differences in these choices by completing the steps and answering the questions in Extend the Link.
- Students can click on the Answer button to have the program move the counters to show the solution, or they can drag the correct number of counters to each group.
- However, as long as the answer lever is down, the numerical answer will not be shown.
- Once students have answered the question about how many teams will be formed, they can click on the answer lever to see the correct answer.

 What You Know

Alone or in pairs, have students complete Exercises 1–9 in **Check What You Know** as you observe their work.

Exercise 9 Assess student comprehension using the **Talk About It** question.

Extending the Link

- Guide students through these steps to use the Counter tool to model more division facts through these steps:
- Click on the Start Over key to erase everything on the mat.
- Stamp out 12 objects.
- At the bottom of the screen, choose 2 and Groups.
- **What division fact is shown?** 12 ÷ 6 = 2
- **How is this fact different from 12 · 2 · 6?** In 12 ÷ 6 = 2, 12 is divided into 6 groups of 2. In 12 ÷ 2 = 6, 12 is divided into 2 groups of 6.

248 Explore 6-4 Explore Technology Activity for 6-4

EJEMPLO

2 ALIMENTOS Se necesita hacen un pedido de 24 bananas. Cada racimo tiene 4 bananas. ¿Cuántos racimos se necesitan ordenar?

 Tutor personal en tx.gr3math.com

- Elige la división para el tipo de tapete.
- Sella 24 bananas.
- En la parte inferior de la pantalla, elige 4 y "In a group" ("en un grupo"). Esto significa que estás colocando las 24 bananas en grupos de 4.

Las casillas numéricas muestran que estás calculando 24 ÷ 4.

¿Cuántas bananas hay en cada racimo? 6

 lo que sabes

Usa la computadora para modelar cada operación. Luego, escribe el cociente.

1. 16 ÷ 2 8 **2.** 20 ÷ 5 4 **3.** 12 ÷ 4 3 **4.** 18 ÷ 3 6

Usa el *Cofre de herramientas matemáticas* para resolver.

5. 16 personas están acampando. A continuación se muestran las carpas. Cada una contiene el mismo número de personas. ¿Cuántas personas hay en cada carpa? 4

6. El zoológico tiene 18 monos. Los monos sólo compartirán su árbol con otro mono. ¿Cuántos árboles se necesitan? 9

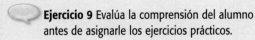

7. En cada carro de circo caben 7 payasos. Hay un total de 21 payasos. ¿Cuántos carros se necesitarán? 3 carros

8. Hay 32 personas en las carrozas del desfile. Cada carroza tiene 8 personas. ¿Cuántas carrozas hay? 4

9. **Coméntalo** ¿Cómo te ayudan los modelos a resolver problemas de división?

248 Capítulo 6 Haz modelos de conceptos y operaciones de división

---

Verificación de mitad del capítulo
Lecciones 6-1 a la 6-4

Mid-Chapter Check

Verificación de mitad del capítulo

Usa la resta repetida para dividir.
(Lección 6-1)

1.

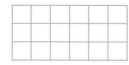

0 1 2 3 4 5 6 7 8 9 10 11 12

12 ÷ 6   2

2. 8 ÷ 2   4   **3.** 16 ÷ 4   4

4. 15 ÷ 3   5   **5.** 10 ÷ 2   5

6. Joel quiere leer 3 capítulos por día. Su libro tiene 18 capítulos. ¿Cuántos días le tomará terminar el libro? (Lección 6-1)   6 días

7. ✏ **PRÁCTICA PARA LA PRUEBA**
La figura muestra 3 × 6 = 18.

¿Qué expresión de división está en la misma familia de operaciones?
(Lección 6-1)   **C** TAKS 1

A 6 ÷ 3 = 2   **C** 18 ÷ 6 = 3

B 24 ÷ 8 = 3   **D** 36 ÷ 6 = 6

Álgebra Calcula cada número que falta.
(Lección 6-2)

8. 16 ÷ ■ = 2   8   **9.** 14 ÷ 2 = ■   7

Completa cada par de expresiones.
(Lección 6-2)

10. ■ × 2 = 12   6   **11.** 8 × ■ = 24   3
    ■ ÷ 6 = 2   12   24 ÷ ■ = 3   8

Escribe la familia de operaciones para cada conjunto de números. (Lección 6-2)

12. 5, 2, 10
10 ÷ 5 = 2, 5 × 2 = 10
2 × 5 = 10, 10 ÷ 2 = 5

13. 9, 3, 27
27 ÷ 3 = 9,
27 ÷ 9 = 3,
9 × 3 = 27,
3 × 9 = 27

Para resolver los Ejercicios 14 y 15, usa la estrategia de *elige una operación*. (Lección 6-3)

14. Todos los alumnos en el club de arte deben pagar $2 cada uno por los materiales. Si se recogieron $20, ¿cuántos alumnos hay en el club? división; 10 alumnos

15. Doce alumnos van a una excursión. Hay 2 camionetas que pueden llevar el mismo número de alumnos. ¿Cuántos alumnos irán en cada camioneta? división; 6 alumnos

16. **PRÁCTICA PARA LA PRUEBA**
Sophie dividió 16 ÷ 2 = 8. ¿Qué problema puede usar para verificar su resultado? (Lección 6-4)   **G** TAKS 1

F 8 − 2 = ■   **H** 8 + 2 = ■

G 8 × 2 = ■   **J** 8 ÷ 2 = ■

17. **ESCRIBE EN** ▸**MATEMÁTICAS** ¿Se pueden dividir igualmente 6 rosas en 2 floreros? Explica. (Lección 6-4) Sí; cada florero contiene 3 rosas.

Data-Driven Decision Making

Based on the results of the Mid-Chapter Check, use the following resources to review concepts that continue to give students problems.

Exercises	🌟 TEKS	What's the Math?	Error Analysis	Resources for Review
1–7 Lesson 6-1	3.4(C)	Use repeated subtraction to divide.	Begins counting on largest number, not the next number. Double counts on numbers as subtraction proceeds.	Strategic Intervention Guide (pp. 90, 92, 98, 100)
8–13 Lesson 6-2	3.6(C)	Use an array to relate multiplication and division. Model multiplication fact families to explore division facts.	Does not accurately count number of row or columns. Does not draw correct number of rows or columns for the arrays. Reverses one factor with one product and one divisor with one quotient. Does not know multiplication facts.	**CRM** Chapter 6 Resource Masters (Reteach Worksheets) **Math**🌐**nline** Extra Examples • Personal Tutor • Concepts in Motion • Math Adventures
14–15 Lesson 6-3	3.14(C)	Choose the best strategy to solve a problem.	Cannot read and interpret what is being asked. Cannot write correct number sentences to solve problem.	

Lessons 6-1 through 6-4

✏ **Formative Assessment**

Use the Mid-Chapter Check to assess students' progress in the first half of the chapter.

ExamView® Assessment Suite Customize and create multiple versions of your Mid-Chapter Check and the test answer keys.

FOLDABLES **Dinah Zike's Foldables**

Use these lesson suggestions to incorporate the Foldables during the chapter.

Lessons 6-1, 6-2, and 6-4 Record chapter vocabulary and definitions on the inside center section of the Foldable. Fold chapter worksheets in half like a hamburger and store them in the top pocket of your Foldable. Frequently review the worksheets within the pocket, the terms and definitions written on the inside center section, and the division examples under the tabs of your Foldable.

Lesson 6-4 Describe how to divide by 2 under the tab.

Lecciones 6-1 a la 6-4

✏ **Evaluación formativa**

Use la Verificación de mitad del capítulo para evaluar el progreso del alumno en la primera mitad del capítulo.

ExamView® Assessment Suite Elabore múltiples versiones, con las características que desee, de la prueba del Capítulo y de las claves de respuesta de la prueba.

PLEGADOS™ **Plegados de Dinah Zike**

Use estas sugerencias para la lección a fin de incorporar los Plegados durante el capítulo.

Lecciones 6-1, 6-2 y 6-4 Registren el vocabulario del capítulo y las definiciones en la sección central interior del Plegado. Doblen por la mitad las hojas de trabajo del capítulo como una hamburguesa y guárdenlas en el bolsillo superior de su Plegado. Frecuentemente, revisen las hojas de trabajo dentro del bolsillo, los términos y definiciones que se han escrito en la sección central interior y los ejemplos de división debajo de las lengüetas de sus Plegado.

Lección 6-4 Describan cómo dividir entre 2 debajo de la lengüeta.

LECCIÓN Divide entre 5

Planificador de lección

Objetivo

Usen modelos para dividir entre 5.

TEKS y TAKS

TEKS 3.4 El estudiante reconoce y resuelve problemas en situaciones de multiplicación y división. **(C) Utilice modelos para resolver problemas de división y utilice expresiones numéricas para anotar las soluciones.** *También cubre TEKS 3.6(C).*

TAKS 1 El estudiante demostrará un entendimiento del razonamiento numérico, operacional y cuantitativo.

Las páginas del alumno también cubren los siguientes TEKS:
TEKS 3.15(A) Coméntalo, Ejercicio 6
TEKS 3.15(A), TEKS 3.16(A) Problemas H.O.T., Ejercicios 26-28
TEKS 3.3(A), TEKS 3.3(B) Repaso espiral, Ejercicios 31-37

Repaso de vocabulario

divisor, dividendo, cociente

Rutina diaria

Siga estas sugerencias antes de iniciar la lección de la pág. 250.

Control de 5 minutos (Repaso de la Lección 6-4)

Usen modelos para dividir. Escriban una operación de multiplicación relacionada.
1. 7; 2 × 7 = 14
2. 8; 2 × 8 = 16

Problema del día

Hagan un dibujo para mostrar 10 ÷ 2 = 5. Las respuestas pueden variar. Ejemplo de respuesta: los alumnos pueden mostrar 10 fichas en 2 filas de 5 ó 5 filas de 2.

Repaso de vocabulario matemático

Escriba las palabras del repaso de vocabulario y sus definiciones en la pizarra.

Pídales a los alumnos que escriban una expresión de división tal como 18 ÷ 2 = 9 en sus diarios matemáticos. Pídales a los alumnos que identifiquen el divisor, el dividendo y el cociente en la expresión. Luego, pídales que escriban tres oraciones de vocabulario completas que usen las palabras del vocabulario y que las relacionen con la expresión de división, por ejemplo, el cociente de la expresión de división es 9.

Tarjetas visuales de vocabulario

Use la(s) tarjeta(s) visual(es) del vocabulario 15, 16 y 46 para reforzar el vocabulario presentado en esta lección. (En la parte trasera de cada tarjeta está escrita la rutina Definir/Ejemplo/Pregunta).

LESSON 6-5 Divide by 5

Lesson Planner

Objective

Use models to divide by 5.

TEKS and TAKS

Targeted TEKS 3.4 The student recognizes and solves problems in multiplication and division situations. **(C) Use models to solve division problems and use number sentences to record the solutions.** *Also addresses TEKS 3.6(C).*

TAKS 1 The student will demonstrate an understanding of numbers, operations, and quantitative reasoning.

Student pages also address the following TEKS:
TEKS 3.15(A) Talk About It, Exercise 6
TEKS 3.15(A), TEKS 3.16(A) HOT Problems, Exercises 26–28
TEKS 3.3(A), TEKS 3.3(B) Spiral Review, Exercises 31–37

Review Vocabulary

divisor, dividend, quotient

Resources

Manipulatives: play money

Literature Connection: *Fly Away Home* by Eve Bunting

Teacher Technology
Interactive Classroom • TeacherWorks

Focus on Math Background

Counting by five is comfortable for many students. So, division by five is often accomplished by counting to the dividend and keeping track on fingers of how many fives it took to get there. This is an application of the relationship of multiplication and division. It is also comes from the understanding that counting up and counting back will give the same result. So the quotient can be arrived at, not only by repeated subtraction, but also by repeated addition!

Daily Routine

Use these suggestions before beginning the lesson on p. 250.

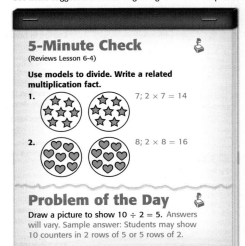

5-Minute Check

(Reviews Lesson 6-4)

Use models to divide. Write a related multiplication fact.

1. 7; 2 × 7 = 14

2. 8; 2 × 8 = 16

Problem of the Day

Draw a picture to show 10 ÷ 2 = 5. Answers will vary. Sample answer: Students may show 10 counters in 2 rows of 5 or 5 rows of 2.

Review Math Vocabulary

Write the review vocabulary words and their definitions on the board.

Have students write a division sentence such as 18 ÷ 2 = 9 in their Math Journals. Have students identify the divisor, dividend, and quotient in the sentence. Then have them write three complete word sentences that use the vocabulary words and relate them to their division sentence. For example, the quotient of the division sentence is 9.

Visual Vocabulary Cards
Use Visual Vocabulary Cards 15, 16, and 46 to reinforce the Vocabulary reviewed in the lesson. (The Define/Example/Ask routine is printed on the back of each card.)

Differentiated Instruction

Small Group Options

Option 1
Below Level BL *SPATIAL, LOGICAL*

Materials: poster board, markers

Have students draw a poster showing the multiplication facts for 5. Then have them use the inverse process to make a division facts poster.

Option 2
English Language Learners ELL *AUDITORY, VISUAL, SPATIAL*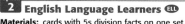

Materials: cards with 5s division facts on one set, answers on another set
Core Vocabulary: problem, answer, to answer
Common Use Verb: call out
Talk Math This strategy helps students vocalize and recognize division by 5 facts.

- Distribute the cards to the students.
- Say: "The **problems** are on one set and the **answers** are on another. Match the **problems** to the **answers**."
- Have a student read a problem ("I have 30 ÷ 6"), then ask: "Who has the **answer**?"
- The student with the answer says: "I have 5." Give the card to the student with 30 ÷ 6. That student then reads one of his or her problem cards.
- Students continue until all cards have been matched.

Independent Work Options

Option 1
Early Finishers OL AL *LINGUISTIC, LOGICAL*

Materials: index cards

- Distribute index cards to each student.
- Have students create number chains with three to four operations. Division must be one of the operations in the chain. For example:

3 + 4 = 7 ⇒ 7 − 2 = 5 ⇒ 5 × 4 = 20 ⇒ 20 ÷ 5 = 4

Option 2
Student Technology

Math Online tx.gr3math.com
Personal Tutor • Extra Examples • Online Games
Math Adventures: Scrambled Egg City (7B)

Option 3
Learning Station: Health (p. 228H)

Direct students to the Health Learning Station for opportunities to explore and extend the lesson concept.

Option 4
Problem-Solving Practice

Reinforce problem-solving skills and strategies with the Problem-Solving Practice worksheet.

Problem Solving (p. 31) BL OL AL

Lesson 6-5 Divide by 5 **250B**

Instrucción diferenciada

Opciones de trabajo independiente

Opción 1
Para los que terminan primero OL AL *LINGÜÍSTICO, LÓGICO*

Materiales: tarjetas
- Distribuya tarjetas a cada alumno.
- Pídales a los alumnos que creen cadenas de números de tres a cuatro operaciones. La división debe ser una de las operaciones en la cadena.

Opción 2
Tecnología para el alumno
Enlace technológico

Matemáticas en línea tx.gr3math.com

Personal Tutor • Extra Examples • Online Games
Math Adventures: Scrambled Egg City (7B)

Opción 3
Estación de aprendizaje: Salud (pág. 228H)

Dirija a los alumnos a la estación de aprendizaje de salud para que tengan la oportunidad de explorar y ampliar el concepto de la lección.

Opción 4
Práctica y solución de problemas

Refuerce las destrezas y las estrategias de solución de problemas con la hoja de trabajo de solución de problemas.

Opciones para grupos pequeños

Opción 1
Nivel bajo BL *ESPACIAL, LÓGICO*

Materiales: pizarra para afiches, marcadores

Pídales a los alumnos que dibujen un afiche que muestre las operaciones de multiplicación para el 5. Luego, pídales que usen el proceso inverso para hacer un afiche de operaciones de división.
Opciones de trabajo independiente

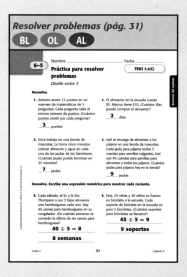

Resolver problemas (pág. 31) BL OL AL

Lección 6-5 Divide entre 5 **250B**

① Presentación   TEKS 3.4(C)

Actividad propuesta 1 • Práctica

- Divida la clase en grupos de cuatro.
- Déle a cada grupo monedas de 1¢ y monedas de 5¢ de juego. Las monedas de 1¢ deben ser múltiplos de 5 como 10, 15, 20, 25….
- Pídale a un alumno que cuente el número de monedas de 5¢ y que registre el resultado. Otro alumno debe separar las monedas de 1¢ en grupos iguales de 5.
- Otro alumno reemplaza cada grupo de 5 con una moneda de 5¢. El último alumno cuenta el número de monedas de 5¢ y escribe una expresión de división para describir la acción. Por ejemplo, 20 monedas de 1¢ ÷ 5 = 4 monedas de 5¢.

Actividad propuesta 2 • Literatura

Presente la Lección con *Fly Away Home* de Eve Bunting (Vea la página R104 para una actividad matemática relacionada.)

② Enseñanza   TEKS 3.4(C)

Preguntas básicas

Provéale a cada grupo de 3 alumnos con 35 monedas de 1¢ y 7 monedas de 5¢ de juego.
- **¿Cuántas monedas de 1¢ hay?** 35
- Pídales a los alumnos que intercambien las monedas de 1¢ por monedas de 5¢. **¿Cuántas monedas de 5¢?** 7
- **¿Cuántos 5 en 35?** 7
- **¿Cuánto es 35 ÷ 5?** 7
- Escriban una expresión numérica para registrar la solución. 35 ÷ 5 = 7

▶ PREPÁRATE para aprender

Pídales a los alumnos que abran sus libros y lean la información de **Prepárate para aprender**. Repasen **divisor**, **dividendo** y **cociente**. En conjunto, trabajen los **Ejemplos 1 y 2**.

---

① Introduce   TEKS 3.4(C)

Activity Choice 1 • Hands-On

- Divide the class into groups of four.
- Give each group play pennies and nickels. The pennies should be in multiples of 5, such as 10, 15, 20, 25 …
- Have one student count the number of pennies and record the result. Another student should separate the pennies into equal groups of 5.
- Another student replaces each group of 5 with one nickel. The last student counts the number of nickels and writes a division sentence to describe the action. For example, 20 pennies ÷ 5 = 4 nickels.

Activity Choice 2 • Literature

Introduce the lesson with *Fly Away Home* by Eve Bunting. (For a related math activity, see p. R104.)

② Teach

Scaffolding Questions   TEKS 3.4(C)

Provide groups of 3 students with 35 play pennies and 7 play nickels each.
- **How many pennies are there?** 35
- Have students exchange the pennies for nickels. **How many nickels?** 7
- **How many 5s in 35?** 7
- **What is 35 ÷ 5?** 7
- Write a number sentence to record solution. 35 ÷ 5 = 7

▶ GET READY to Learn

Have students open their books and read the information in **Get Ready to Learn**. Review **divisor**, **dividend** and **quotient**. As a class, work through **Examples 1 and 2**.

▶ PREPÁRATE para aprender

Un grupo de amigos tiene un quiosco de limonada. El precio de un vaso de limonada es 5¢. Si ganaron 30¢ vendiendo limonada, ¿cuántos vasos de limonada vendieron?

Hay diferentes maneras de dividir entre 5.

EJEMPLO concreto   Usa modelos

DINERO ¿Cuántos vasos de limonada vendió el grupo de amigos? Escribe una expresión numérica para mostrar la solución.

Necesitas calcular 30¢ ÷ 5¢. Usa fichas para modelar 30 ÷ 5.

Hay 30 fichas y 5 de estas fichas están en cada grupo. Hay 6 grupos iguales.

El modelo muestra 30¢ ÷ 5¢ = 6 ó 5¢)$\overline{30¢}$.

Entonces, la expresión numérica es 30¢ ÷ 5¢ = 6.

Los amigos vendieron 6 vasos de limonada.

250   Capítulo 6 Haz modelos de conceptos y operaciones de división

---

IDEA PRINCIPAL
Usaré modelos para dividir entre 5.

TEKS Objetivo 3.4
El estudiante reconoce y resuelve problemas en situaciones de multiplicación y división. (C) **Utilice modelos para resolver problemas de división y utilice oraciones numéricas para anotar las soluciones.** *También cubre TEKS 3.6(C).*

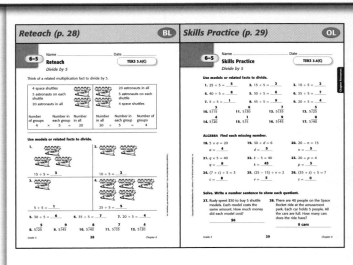

Reteach (p. 28) BL

Skills Practice (p. 29) OL

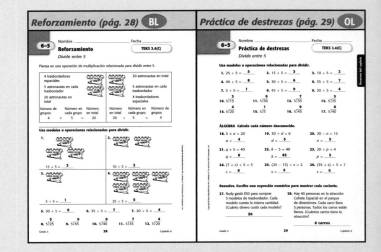

Reforzamiento (pág. 28) BL

Práctica de destrezas (pág. 29) OL

Además de usar modelos, puedes usar operaciones de multiplicación relacionadas para dividir.

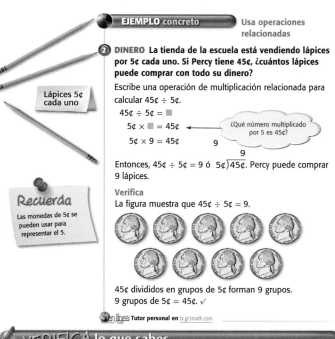

EJEMPLO concreto Usa operaciones relacionadas

2 **DINERO** La tienda de la escuela está vendiendo lápices por 5¢ cada uno. Si Percy tiene 45¢, ¿cuántos lápices puede comprar con todo su dinero?

Lápices 5¢ cada uno

Escribe una operación de multiplicación relacionada para calcular 45¢ ÷ 5¢.

$$45¢ ÷ 5¢ = \blacksquare$$
$$5¢ × \blacksquare = 45¢$$
$$5¢ × 9 = 45¢$$

¿Qué número multiplicado por 5 es 45¢?

Entonces, 45¢ ÷ 5¢ = 9 ó 5)‾45¢‾. Percy puede comprar 9 lápices.

Recuerda
Las monedas de 5¢ se pueden usar para representar el 5.

Verifica
La figura muestra que 45¢ ÷ 5¢ = 9.

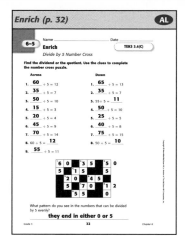

45¢ divididos en grupos de 5¢ forman 9 grupos.
9 grupos de 5¢ = 45¢. ✓

en línea Tutor personal en tx.gr3math.com

✓ VERIFICA lo que sabes

Usa modelos u operaciones relacionadas para dividir. Ver Ejemplos 1 y 2
(págs. 250–251)

1. 35 ÷ 5 7   2. 5 ÷ 5 1   3. 5)‾20‾ 4   4. 5)‾40‾ 8

5. **Medidas** El salón de Lucía tiene filas de mesas que tienen 25 pies de ancho. Si hay 5 mesas en cada fila, ¿cuál es el ancho de cada mesa? Escribe una expresión numérica para resolver.
25 ÷ 5 = 5; 5 pies

6. **Coméntalo** ¿Cómo puedes indicar si un número es divisible entre 5? Un número es divisible entre 5 si termina en 5 ó 0.

Lección 6-5 Divide entre 5   **251**

Use Related Facts

Example 2 Point out to students that knowing their basic multiplication facts for 5 will help them divide by 5. Review these facts with students.

ADDITIONAL EXAMPLES

1 Raul stacked 30 boxes on 5 empty shelves in a storage room. Each shelf had the same number of boxes on it. How many boxes were on each shelf? Write a number sentence to record the solution. 6 boxes 30 ÷ 5 = 6

2 Niran has a scrapbook for his baseball cards. He has 25 cards. If 5 cards will fit on a page, how many pages can he fill? 5

✓ CHECK What You Know

As a class, have students complete Exercises 1–6 in **Check What You Know** as you observe their work.

💬 **Exercise 6** Assess student comprehension before assigning practice exercises.

BL Alternate Teaching Strategy   TEKS 3.4(C)

If students have trouble dividing by 5 …

Then use one of these reteach options:

1 **CRM Daily Reteach Worksheet** (p. 28)

2 Have them use play money to change sets of pennies into nickels to find how many 5s are in a set.

Lesson 6-5 Divide by 5   **251**

Usa operaciones relacionadas

Ejemplo 2 Señáleles a los alumnos que saber sus operaciones de multiplicación básicas para el 5 los ayudará a dividir entre 5. Revise estas operaciones con los alumnos.

EJEMPLOS ADICIONALES

1 Raúl amontonó 30 cajas en 5 repisas vacías en un almacén. Cada repisa tenía el mismo número de cajas. ¿Cuántas cajas había en cada repisa? Escriban una expresión numérica y registren la solución. 6 cajas 30 ÷ 5 = 6

2 Niran tiene un álbum para sus tarjetas de béisbol. Tiene 25 tarjetas. Si 5 tarjetas caben en una página, ¿cuántas páginas puede llenar? 5

✓ VERIFICA lo que sabes

En conjunto, pídales a los alumnos que completen los Ejercicios 1–6 en **Verifica lo que sabes** a medida que usted observa sus trabajos.

💬 **Ejercicio 6** Evalúa la comprensión del alumno antes de asignarle los ejercicios prácticos.

BL Estrategia alternativa de enseñanza   TEKS 3.4(C)

Si Los alumnos tienen problemas con la división entre 5….

Entonces Use una de estas opciones de reforzamiento:

1 **CRM Hoja de reforzamiento diario** (pág. 28)

2 Pídales que usen dinero de juego para cambiar conjuntos de monedas de 1¢ en monedas de 5¢ para calcular cuántos 5 hay en un conjunto.

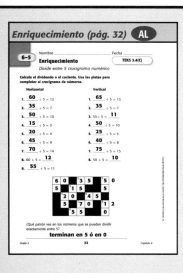

Lección 6-5 Divide entre 5   **251**

③ Práctica

Asigne la práctica para los Ejercicios 7 al 28 según los siguientes niveles.

Nivel	Asignación
BL Nivel bajo	7–10, 11–14, 15–19
OL A nivel	7–18, 19–23, 25
AL Nivel avanzado	7–22, 26–28

Pídales a los alumnos que analicen y completen los problemas de razonamiento de alto nivel. Para los alumnos que experimenten problemas contestando el ejercicio 27, sugiérales que recuerden sus operaciones de multiplicación básicas para el 5.

 **ESCRIBE EN** ►**MATEMÁTICAS**

Pídales a los alumnos que completen el Ejercicio 28 en sus Diarios de Matemáticas. Puede elegir hacer este ejercicio como una evaluación formativa adicional.

---

③ Practice

Differentiate practice using these leveled assignments for Exercises 7–28.

Level	Assignment
BL Below Level	7–10, 11–14, 15–19
OL On Level	7–18, 19–23, 25
AL Above Level	7–22, 26–28

Have students discuss and complete the Higher Order Thinking problems. For students who experience problems answering Exercise 27, suggest that they recall their basic multiplication facts for 5s.

 WRITING IN ►**MATH** Have students complete Exercise 28 in their Math Journals. You may choose to use this exercise as an optional formative assessment.

 COMMON ERROR!

Exercises 15–18 Students may have trouble with answering these exercises. Point out that the recipe card is for 5 loaves of bread and the question is asking how much is needed to make 1 loaf of bread.

! **¡ERROR COMÚN!**

Ejercicios 15–18 Los alumnos pueden tener problemas al contestar estos ejercicios. Señáleles que la tarjeta de la receta es para 5 panes y la pregunta pide cuánto se necesita para hacer 1 pan.

★ Indica problemas de pasos múltiples

 ► **Práctica y solución de problemas**   **PRÁCTICA EXTRA**
Ver página R16.

Usa modelos u operaciones relacionadas para dividir. Ver Ejemplos 1 y 2 (págs. 250–251)

7. 20 ÷ 5 4   **8.** 40 ÷ 5 8   **9.** 45 ÷ 5 9   **10.** 50 ÷ 5 10

11. 5)$\overline{5}$ 1   **12.** 5)$\overline{15}$ 3   **13.** 5)$\overline{10}$ 2   **14.** 5)$\overline{45}$ 9

En los Ejercicios 15 al 18, usa la receta para pan de maíz. Calcula cuánto de cada uno es necesario para hacer una hogaza de pan de maíz.

Pan de maíz y suero	
10 tazas de harina de maíz	3 tazas de mantequilla
5 tazas de harina	8 tazas de suero
1 taza de azúcar	5 cucharaditas de
5 cucharadas de polvo	esencia de vainilla
para hornear	15 huevos
4 cucharaditas de sal	2 cucharaditas de
	bicarbonato de sodio
Rinde: 5 hogazas	

15. harina de maíz 2 tazas

16. harina 1 taza

17. huevos 3

18. esencia de vainilla 1 cucharadita

Resuelve. Escribe una expresión numérica para mostrar cada cociente.

19. Medidas Sally tiene un trozo de cinta de 35 pulgadas. Si divide la cinta en 5 trozos iguales, ¿cuántas pulgadas de largo tendrá cada trozo?
35 ÷ 5 = 7; 7 pulgadas

20. Helen está leyendo un libro que tiene 50 páginas. ¿Cuántos días le tomará terminar el libro si lee 5 páginas cada día?
50 ÷ 5 = 10; 10 días

21. Medidas Garrison tiene 45 minutos para hacer su tarea. Le quedan 9 problemas. ¿Cuánto tiempo puede pasar en cada problema si resuelve cada problema en la misma cantidad de tiempo?
45 ÷ 9 = 5; 5 minutos

★22. Ayer, Addison obtuvo 40 puntos en la prueba corta de 10 preguntas de matemáticas. Si cada pregunta vale 5 puntos y no hay crédito parcial, ¿cuántas preguntas le faltaron?
2 preguntas

RESUELVE PROBLEMAS concretos

Ciencias El oso pardo es uno de los animales más grandes y poderosos.

23. ¿Aproximadamente cuánto mide la pata de un oso pardo? 10 pulgadas

24. ¿Cuánto puede crecer un oso pardo? 7 pies

25. El oso pardo corre aproximadamente a una velocidad de 35 millas por hora. ¿Cuánto es eso dividido entre 5?

40 pulgadas

14 pies

Problemas H.O.T.

26. INTERPRETA Escribe una expresión de división cuyo cociente sea 9.
Ejemplo de respuesta: $45 \div 5 = 9$

27. ¿CUÁL NO PERTENECE? Identifica la expresión de división que no corresponde. Explica tu razonamiento.

| $30 \div 5 = 6$ | $20 \div 2 = 10$ | $30 \div 6 = 5$ | $35 \div 5 = 7$ |

$20 \div 2 = 10$; no es parte de la tabla de dividir entre 5

28. ESCRIBE EN MATEMÁTICAS Explica el método que usarías para calcular $45 \div 5$ y por qué prefieres ese método.
Ejemplo de respuesta: operaciones matemáticas relacionadas; $9 \times 5 = 45$

Práctica para la PRUEBA

29. ¿A qué expresión numérica corresponde este modelo? (Lección 6-5) **A**

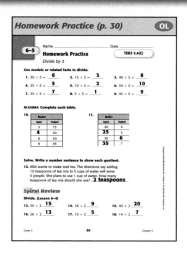

A $15 \div 3 = 5$

B $3 + 5 = 8$

C $3 + 3 + 3 + 3 = 15$

D $5 \times 5 = 25$

30. Robert resolvió este problema de división.

$$20 \div 2 = 10$$

¿Qué problema puede hacer para verificar su resultado? (Lección 6-4) **H**

F $10 + 2 = \blacksquare$

G $10 - 2 = \blacksquare$

H $10 \times 2 = \blacksquare$

J $10 \div 2 = \blacksquare$

Repaso espiral

Usa modelos para dividir. Escribe una operación de multiplicación relacionada. (Lección 6-4)

31. $18 \div 2$ 9; $2 \times 9 = 18$ **32.** $16 \div 2$ 8; $2 \times 8 = 16$ **33.** $2\overline{)12}$ 6; $2 \times 6 = 12$

34. Angélica tenía $40 para comprarle a su madre un regalo de cumpleaños. Compró flores por $16 y un juego de bolígrafos nuevos por $8. ¿Cuánto dinero le queda? (Lección 6-3) $16

Suma. Verifica la racionalidad. (Lección 2-4)

35. 48 72
      +24

36. 83 112
      +29

37. 54 148
      +94

 **Assess**

 **Formative Assessment**   TEKS 3.4(C), 3.6(C)

- **Why would you use a model to divide 40 by 5?** Sample answer: It helps you find how many groups of 5 are in 40 when you do not know a related fact.

- **What is 40 ÷ 5?** 8

Quick Check **Are students continuing to struggle with dividing by 5?**

If Yes → Small Group Options (p. 268B)
        Strategic Intervention Guide (p. 92)

If No → Independent Work Options (p. 268B)
        CRM Skills Practice Worksheet (p. 29)
        CRM Enrich Worksheet (p. 32)

Yesterday's News Have students explain how yesterday's lesson on dividing by 2s helped them with today's lesson on using models to divide by 5.

TEST Practice

Reviews Lessons 6-4 and 6-5
Assign the Texas Test Practice problems to provide daily reinforcement of test-taking skills.

Spiral Review

Reviews Lessons 2-4, 6-3, and 6-4
Review and assess mastery of skills and concepts from previous chapters.

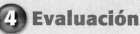 **Evaluación**

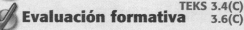 **Evaluación formativa**   TEKS 3.4(C) 3.6(C)

- **¿Por qué usan un modelo para dividir 90 entre 5?** Ejemplo de respuesta: calcular cuántos grupos de 5 hay en 90 ayuda cuando no conocen las operaciones relacionadas.

- **¿Cuántos es 40 ÷ 5?** 8

Control rápido **¿Les sigue costando a los alumnos dividir entre 5?**

Si la respuesta es:

Sí → Opciones para grupos pequeños (pág. 268B)

No → Opciones de trabajo independiente (pág. 268B)
      CRM Hoja de ejercicios para la práctica de destrezas (pág. 29)
      CRM Hoja de trabajo de enriquecimiento (pág. 32)

Noticias de ayer Pídales a los alumnos que expliquen cómo las noticias de ayer sobre dividir entre 2 los ayudó con la lección de hoy sobre el uso de modelos para dividir entre 5.

Práctica para la PRUEBA

Repasa las Lecciones 6-4 y 6-5
Asigne los problemas de Práctica para la Prueba de Texas para reforzar diariamente las destrezas de resolución de pruebas.

Repaso espiral

Repasa las Lecciones 2-4, 6-3 y 6-4
Repasar y evaluar el dominio de las destrezas y conceptos de capítulos anteriores.

Homework Practice (p. 30) OL

6-5 Homework Practice   TEKS 3.4(C)
Divide by 5

Use models or related facts to divide.

1. $30 \div 5 =$ 6   2. $15 \div 5 =$ 3   3. $40 \div 5 =$ 8
4. $25 \div 5 =$ 5   5. $10 \div 5 =$ 2   6. $50 \div 5 =$ 10
7. $35 \div 5 =$ 7   8. $5 \div 5 =$ 1   9. $45 \div 5 =$ 9

ALGEBRA Complete each table.

10.
Rule:	
Input	Output
3	15
4	20
6	30
9	45

11.
Rule:	
Input	Output
20	4
25	5
30	6
35	7

Solve. Write a number sentence to show each quotient.

12. Allie wants to make iced tea. The directions say adding 10 teaspoons of tea mix to 5 cups of water will serve 5 people. She plans to use 1 cup of water. How many teaspoons of tea mix should she use? 2 teaspoons

Spiral Review

Divide. (Lesson 6-4)

13. $30 \div 2$ 15   14. $18 \div 2$ 9   15. $40 \div 2$ 20
16. $26 \div 2$ 13   17. $10 \div 2$ 5   18. $14 \div 2$ 7

Grade 3   30   Chapter 6

Práctica de tarea (pág. 30) OL

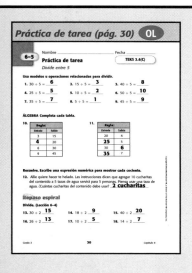

Resuelve problemas

Planificador de lección

Objetivo
Interpreta información y datos de los estudios sociales para resolver problemas.

 TEKS y TAKS

TEKS 3.14 El estudiante aplica las matemáticas del 3er grado para resolver problemas relacionados con experiencias diarias y actividades dentro y fuera de la escuela. **(A) Identifique las matemáticas en situaciones diarias.**

TEKS de Estudios sociales
3.10 El estudiante comprende las características de ser un buen ciudadano a partir de los personajes históricos y las personas común y corrientes.

Activar conocimientos previos
Antes de enfocar la atención de los alumnos a las páginas, pídales que comenten sobre comunidades.
- **¿Pueden pensar en un ejemplo de una comunidad en la cual estén?** Ejemplo de respuesta: iglesia; clase; vecindad
- **¿Qué tienen en común con las personas en esta comunidad?** Ejemplo de respuesta: vivimos en el mismo sitio.

Uso de la página del alumno
Pídales a los alumnos que lean la información de la pág. 254 y contesten estas preguntas:
- **Si una clase de 20 alumnos quisieran hacer un mural con 2 paneles, ¿cuántos alumnos deben trabajar en un panel si el trabajo se divide igualmente?** 10 alumnos
- **Si la colcha de una escuela tiene 12 cuadrados y cada clase recibe para hacer 2 cuadrados, ¿cuántas clases trabajan en la colcha?** 6 clases

---

Problem Solving

Lesson Planner

Objective
Interpret information and data from social studies to solve problems.

TEKS
Targeted TEKS 3.14 The student applies Grade 3 mathematics to solve problems connected to everyday experiences and activities in and outside of school. **(A) Identify the mathematics in everyday situations.**

Social Studies TEKS
3.10 The student understands characteristics of good citizenship as exemplified by historic figures and ordinary people.

Resources
Materials: paper, pencils

Activate Prior Knowledge
Before you turn students' attention to the pages, ask them to discuss communities.
- **Can you think of an example of a community you are in?** Sample answers: church; class; neighborhood
- **What do you have in common with the people in this community?** Sample answer: We live in the same place.

Using the Student Page
Ask students to read the information on p. 254 and answer these questions:
- **If a class of 20 students wanted to make a mural with 2 panels, how many students should work on each panel if the work is divided evenly?** 10 students
- **If a school quilt has 12 squares and each class gets to make 2 squares, how many classes are working on the quilt?** 6 classes

254 Chapter 6 Model Division Concepts and Facts

Resuelve problemas en la comunidad

Comunidades dentro de comunidades

Una comunidad es un grupo de personas que trabajan, viven o juegan juntas. Hay más de 1,000 escuelas públicas en Texas y cada escuela es una comunidad. Tú salón de clases también es una comunidad.

A menudo, una clase trabaja unida en un proyecto de arte. Un mural es un proyecto de arte donde muchas personas pueden trabajar juntas. Es una pintura grande que algunas veces cubre una pared completa.

Hay muchos otros ejemplos de comunidades. En Texas, hay más de 200 ciudades. Cada ciudad es una comunidad. Hay aproximadamente 1 millón de negocios en Texas que también forman comunidades. Cada una de las 7 millones de familias en Texas también son una comunidad.

254 Capítulo 6 Haz modelos de conceptos y operaciones de división

¿Sabías que?

Hay más de 33 millones de alumnos de primaria en Estados Unidos.

Matemáticas concretas

Usa la información de la página 254 para responder a cada pregunta.

1 Un grupo está pintando un mural de su comunidad. Tienen 14 dibujos de lugares alrededor de su comunidad. El mural tiene 7 pies de ancho. Si quieren colocar los dibujos en forma uniforme, ¿cuántos irán en cada pie?
2 cuadros

2 Hay 6 médicos y 24 pacientes en el consultorio local. Cada médico verá el mismo número de pacientes. ¿Cuántos pacientes vio cada médico?
4 pacientes

3 Hay 20 alumnos en una clase. El maestro divide la clase en 5 grupos iguales. ¿Cuántos alumnos hay en cada grupo?
4 alumnos

4 Supón que una comunidad tiene 45 tiendas. Hay 5 tiendas en cada calle. ¿Cuántas calles hay en la comunidad?
9 calles

5 Las escuelas de tu comunidad donaron 30 cajas de ropa a la beneficencia local. Hay 10 escuelas. Si cada escuela donó el mismo número de cajas, ¿cuántas cajas de ropa donó cada escuela?
3 cajas

6 En Texas hay 3 millones de familias más que en Florida. Texas tiene cerca de 7 millones de familias. ¿Cerca de cuántas familias hay en Florida?
4 millones de familias

Resuelve problemas en la comunidad **255**

Real-World Math

Assign the exercises on p. 255. Encourage students to choose a problem-solving strategy before beginning each exercise. If necessary, review the strategies suggested in Lesson 6-6, p. 257.

Exercise 2 Point out to students that multiplication will be useful for solving this problem.

Exercise 4 Tell students that every street in this community has businesses on it.

Exercise 6 Tell students that they do not need to write the number 7 million or 3 million; it is sufficient to use the numbers 7 and 3, and then add the word "million" to the answer.

WRITING IN ►MATH Have students create a word problem that uses the information found in the text and in the picture on p. 254.

Extend the Activity

Have students write fact families for the multiplication and division sentences they wrote for these exercises.

Matemáticas concretas

Asigne los Ejercicios de la pág. 255 Anime a los alumnos a elegir una estrategia para resolver problemas antes de comenzar cada ejercicio. Si es necesario, revise las estrategias sugeridas en la Lección 6-6 pág. 257

Ejercicio 2 Señales a los alumnos que una multiplicación será útil para resolver este problema.

Ejercicio 4 Indíqueles a los alumnos que cada calle en esta comunidad tienes negocios.

Ejercicio 6 Indíqueles a los alumnos que no necesitan escribir el número 7 millones ó 3 millones; es suficiente usar el número 7 y 3 y luego, añadir la palabra "millones" a la respuesta.

ESCRIBE EN ►MATEMÁTICAS

Pídales a los alumnos que creen un problema planteado en palabras que use la información hallada en el texto y en el dibujo en la página 254.

Ampliación de la actividad

Pídales a los alumnos que escriban familias de operaciones para las expresiones de multiplicación y división que escribieron para estos ejercicios.

Investigación para resolver problemas

Planificador de lección

Objetivo

Elija la mejor estrategia para resolver un problema.

TEKS y TAKS

TEKS 3.14 El estudiante aplica las matemáticas del 3er grado para resolver problemas relacionados con experiencias diarias y actividades dentro y fuera de la escuela. **(B) Resuelva problemas que incorporen la comprensión del problema, hacer un plan, llevarlo a cabo y evaluar lo razonable de la solución.** *También cubre TEKS 3.14(C).*

TAKS 6 El estudiante demostrará un entendimiento de los procesos matemáticos y las herramientas usadas en la resolución de problemas.

Rutina diaria

Siga estas sugerencias antes de iniciar la lección de la pág. 256

Control de 5 minutos (Repaso de la Lección 6-5)

Usen modelos u operaciones relacionadas para dividir.
1. 25 ÷ 5 5
2. 50 ÷ 5 10
3. 5 ÷ 5 1
4. 35 ÷ 5 7

Problema del día

Calculen un par de números. Nuestra suma es 14. Nuestro cociente es 6. ¿Qué números somos? 12,2

Lesson Planner

Objective

Choose the best strategy to solve a problem.

TEKS and TAKS

Targeted TEKS 3.14 The student applies Grade 3 mathematics to solve problems connected to everyday experiences and activities in and outside of school. **(B) Solve problems that incorporate understanding the problem, making a plan, carrying out the plan, and evaluating the solution for reasonableness.** *Also addresses TEKS 3.14(C).*

TAKS 6 The student will demonstrate an understanding of the mathematical processes and tools used in problem solving.

Resources

Materials: poster board

Manipulatives: coins

Teacher Technology
🌐 Interactive Classroom • TeacherWorks

📖 **Real-World Problem-Solving Library**
Math and Science: *Water in Our World*
Use these leveled books to reinforce and extend problem-solving skills and strategies.
Leveled for:
OL On Level
ELL Sheltered English

For additional support, see the Real-World Problem-Solving Teacher's Guide.

Daily Routine

Use these suggestions before beginning the lesson on p. 256.

5-Minute Check
(Reviews Lesson 6-5)

Use models or related facts to divide.
1. 25 ÷ 5 5
2. 50 ÷ 5 10
3. 5 ÷ 5 1
4. 35 ÷ 5 7

Problem of the Day
Find a pair of numbers. Our sum is 14. Our quotient is 6. What numbers are we? 12, 2

Differentiated Instruction

Small Group Options

Option 1 — Gifted and Talented (AL)
KINESTHETIC, LOGICAL

Materials: containers for capacity measurement, notebook paper

- Challenge students to conserve water through this capacity investigation. Share with students that clean freshwater makes up less than 3% of Earth's water, a majority of which is located in glaciers and icecaps or too deep below Earth's surface to retrieve. Unfortunately, more and more of our available freshwater is becoming polluted.
- One way to conserve is to turn off the water while brushing your teeth. Have students measure the amount of water they waste each day while brushing their teeth by recording the usual amount of time brushing their teeth takes and by measuring how much water is used during that time.

Option 2 — English Language Learners (ELL)
LOGICAL, AUDITORY

Materials: paper, pencil, paper plates or cups, counters, one set of cards with +, −, = printed on each
Core Vocabulary: model, doesn't work, facts
Common Use Verb: use
Hear Math This strategy gives students practice listening and translating information into symbolic form.

- Give each student two paper plates, a set of cards, and about 40 counters.
- Tell students to use counters to solve problems.
- Read $1 \times 40 = 40$. Have each student model it.
- As students solve, write out the problems they are modeling if they are solving in different ways.
- Repeat with different problems involving addition and subtraction to act out and draw.
- Discuss differences and similarities in the techniques students are using.

Independent Work Options

Option 1 — Early Finishers (OL) (AL)
TEKS 3.14(B) · LOGICAL, SPATIAL

Materials: pattern blocks or Power Polygons

- Give students picture puzzles to solve. Each shape stands for a different number. Have students find the number for each shape so that the number sentences are true.
- For example:
  - $\square \times \square = 16$
  - $\square \times \bigcirc = 12$
  - $\square + \bigcirc + \triangle = 9$
  - $\square = 4; \bigcirc = 3; \triangle = 2$

Option 2 — Student Technology
Math Online tx.gr3math.com
Personal Tutor • Extra Examples • Online Games

Option 3 — Learning Station: Social Studies (p. 228H)
Direct students to the Social Studies Learning Station for opportunities to explore and extend the lesson concept.

Instrucción diferenciada

Opciones de trabajo independiente

Opción 1 — Para los que terminan primero (OL) (AL)
TEKS 3.14(B) · LÓGICO, ESPACIAL

Materiales: lápiz y papel

- Pídales a los alumnos que escriban un problema que no tenga información suficiente y un problema que tenga información que sobra.
- Pídales a los alumnos que intercambien sus problemas con otro que termine primero y que o expliquen cuál información necesitaron para resolver el problema o tachen la información que sobra, luego, que resuelvan.

Opción 2 — Tecnología para el alumno
Enlace technológico

Matemáticas en línea tx.gr3math.com
Personal Tutor • Extra Examples • Online Games
Math Adventures: Scrambled Egg City (5A)

Opción 3 — Estación de aprendizaje: Estudios Sociales (pág. 228H)

Dirija a los alumnos a la estación de aprendizaje de estudios sociales para que tengan la oportunidad de explorar y ampliar el concepto de la lección.

Opciones para grupos pequeños

Opción 1 — Talentosos (AL)
CINESTÉSICO, LÓGICO

Materiales: recipientes para medición de capacidad, papel de cuaderno

- Rete a los alumnos para conservar agua a través de esta investigación de capacidad. Infórmeles a los alumnos que agua limpia y fresca conforma menos del 3% del agua de la tierra, una mayoría de ésta se localiza en los glaciares y capas de hielo o demasiado profunda debajo de la superficie de la tierra para extraer. Desafortunadamente, más y más del agua fresca disponible se contamina.
- Una manera de conservar es cerrar el grifo del agua mientras lavas tus dientes. Pídales a los alumnos que midan la cantidad de agua que desperdician cada día mientras cepillan sus dientes registrando la cantidad de tiempo usual que les toma cepillarse los dientes y midiendo cuánta agua se usa durante ese tiempo.

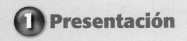

6-6

Investigación para resolver problemas

1 Presentación

TEKS 3.14(B)(C)

Actividad propuesta 1 • Repaso

- Déles a los alumnos monedas manipulativas. Escribe el siguiente problema en la pizarra:

  Hay 7 monedas en la mesa. Algunas son monedas de 10¢ y otras son monedas de 5¢. El valor total es 55 centavos. ¿Cuántas de cada tipo hay en la mesa?

- Anime a los alumnos a usar estrategias diferentes para resolver el problema. **¿Qué estrategia usan para resolver el problema?** Ejemplo de respuesta: usa el plan de cuatro pasos, hacer una dramatización.

- **¿Cuál es la respuesta al problema?** 4 monedas de 10¢ y 3 monedas de 5¢

2 Enseñanza TEKS 3.14(B)(C)

Pídales a los alumnos que lean el problema sobre plantar un jardín de vegetales. Guíelos a través de los pasos para resolver problemas.

Entiende Usando las preguntas, repase los que los alumnos conocen y necesitan calcular.

Planifica Pídales que comenten su estrategia.

Resuelve Guíe a los alumnos a usar la estrategia de hacer un dibujo para resolver el problema. Pídales a los alumnos que dibujen 6 tomates, 5 pepinos y 5 calabacines y que pongan un aro alrededor de los grupos de 4.
- **¿Cuántos vegetales hay en el jardín?** 16
- **¿Cuántos grupos de 4 hay?** 4 grupos
- Escribe una expresión de división que registre la solución. $16 \div 4 = 4$

Verifica Pídales a los alumnos que revisen el problema para asegurarse que la respuesta corresponde con los datos dados.
- ¿Qué expresión numérica puedes usar para verificar tu respuesta? $4 \times 4 = 16$

 ¡ERROR COMÚN!

Ejercicio 2 Los alumnos a menudo empiezan con la información en el comienzo del problema. Anímelos a leer primero el problema completo y luego buscar la información que puede aislarse. *Bill atrapa 5 peces.* Luego, usa esa información para resolver el problema.

---

1 Introduce TEKS 3.14(B)(C)

Activity • Review
- Give students coin manipulatives. Write the following problem on the board:

  There are 7 coins on the table. Some are dimes and some are nickels. The total value is 55 cents. How many of each kind of coin are on the table?

- Encourage students to use different strategies to solve the problem. **What strategy would you use to solve the problem?** Sample answer: use the four-step plan, act it out.

- **What is the answer to the problem?** 4 dimes and 3 nickels

2 Teach TEKS 3.14(B)(C)

Have students read the problem on planting a vegetable garden. Guide them through the problem-solving steps.

Understand Using the questions, review what students know and need to find.

Plan Have them discuss their strategy.

Solve Guide students to use the *draw a picture* strategy to solve the problem. Have students draw 6 tomatoes, 5 peppers, and 5 zucchini and put a ring around groups of 4.
- **How many vegetables are there in the garden?** 16
- **How many groups of 4 are there?** 4 groups
- Write a division sentence that records the solution. $16 \div 4 = 4$

Check Have students look back at the problem to make sure that the answer fits the facts given.
- **What number sentence can you use to check your answer?** $4 \times 4 = 16$

⚠ **COMMON ERROR!**

Exercise 2 Students often begin with the information at the beginning of the problem. Encourage them to read the entire problem first and then look for the information that can stand alone: *Bill catches 5 fish.* Then, use that information to solve the problem.

IDEA PRINCIPAL Elegiré la mejor estrategia para resolver un problema.

TEKS Objetivo 3.14 El estudiante aplica las matemáticas del 3er grado para resolver problemas relacionados con experiencias diarias y actividades dentro y fuera de la escuela. (B) **Resuelva problemas que incorporen la comprensión del problema, hacer un plan, llevarlo a cabo y evaluar lo razonable de la solución.** También cubre TEKS 3.14(C).

EQUIPO I.R.P.+

KINAH: Quiero sembrar un huerto. Tengo 6 plantas de tomate, 5 de pimiento y 5 de calabacín. Quiero colocar las plantas en 4 filas iguales.

TU MISIÓN: Calcular cuántas plantas debe sembrar en cada fila.

Entiende	Kinah tiene 6 plantas de tomate, 5 de pimiento y 5 de calabacín. Quiere sembrarlas en 4 filas iguales. Calcula cuántas plantas debe colocar en cada fila.
Planifica	Necesitas ver cómo arreglar los artículos. Entonces, la estrategia de *haz un dibujo* es una buena elección.
Resuelve	El dibujo muestra 6 + 5 + 5, ó 16 plantas. Hay 4 grupos iguales de 4 plantas. Como 16 ÷ 4 = 4, Kinah necesita sembrar 4 plantas en cada fila.
Verifica	Revisa el problema. Como 4 × 4 = 16, sabes que la respuesta es correcta.

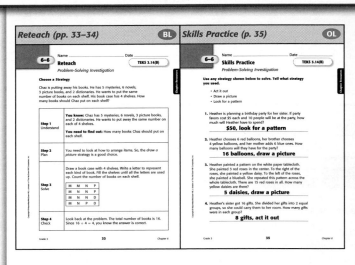

Reteach (pp. 33–34) **BL**   Skills Practice (p. 35) **OL**

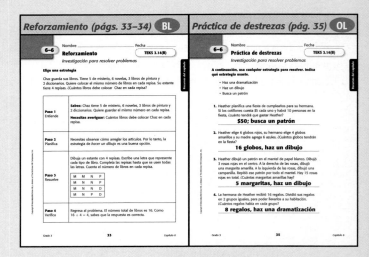

Reforzamiento (págs. 33–34) **BL**   Práctica de destrezas (pág. 35) **OL**

▶ Resuelve problemas diversos

PRÁCTICA EXTRA
Ver página R17.

Usa cualquiera de las siguientes estrategias para resolver.

ESTRATEGIAS PARA RESOLVER PROBLEMAS
• Haz una dramatización
• Haz un dibujo.
• Halla un patrón.

1. La Sra. Jones compró 18 latas de alimento para gatos. Los gatos comen la misma cantidad cada día. Si esta cantidad dura 6 días, ¿cuántas latas de alimento comen sus gatos cada día? **3 latas**

★ **2.** Bill atrapa 3 peces más que Angelo y Eric atrapa 3 más que Bill. Bill atrapa 5 peces. ¿Cuántos peces atrapó cada uno? **Bill 5, Eric 8, Angelo 2**

★ **3.** ¿Cuánto costará un almuerzo para 5 personas si cada uno compra todos los artículos en el menú? **$20**

Almuerzo	
Artículo	**Costo**
Pollo	$2
Manzana	$1
Leche	$1

★ **4.** Un día, 3 niños jugaron juntos. Al día siguiente, 5 niños jugaron juntos. El tercer día, 7 niños jugaron juntos. Si continúa este patrón, ¿cuántos niños estarán jugando juntos en el sexto día? **13**

5. Vikram compró 6 regalos en una tienda. Su hermana compró 5 regalos y su madre compró 7. ¿Cuántos regalos compraron en total? **18 regalos**

★ **6.** Latoya y Latisha están usando ligas rojas, azules y amarillas para hacer brazaletes. Cada liga de un brazalete sigue el patrón rojo, azul, amarillo, rojo, azul, amarillo. Si hacen 10 brazaletes, ¿cuántas ligas amarillas usarán? **20 ligas amarillas**

★ **7.** Si Rita dibuja 15 formas más, ¿cuántas de esas formas serán triángulos? **8**

8. Marvina y Gustavo fueron a la tienda de víveres. Marvina compró 5 artículos a $6 cada uno. Gustavo compró 7 artículos a $8 cada uno. ¿Cuánto gastaron en total? **$86**

★ **9.** Selena, Marcos, Jared y Daniela tienen 5 libros cada uno. Selena y Jared leyeron 4 de sus libros. Marcos no leyó 2 de sus libros. Daniela leyó todos sus libros. ¿Cuántos libros leyeron en total? **16 libros**

★ **10.** ESCRIBE EN ▶MATEMÁTICAS Revisa al Ejercicio 9. ¿Qué estrategia usaste para resolverlo? Explica tu razón para usar esa estrategia. **Ver el margen.**

Lección 6-6 Investigación para resolver problemas: Elige la mejor estrategia **257**

BL **Alternate Teaching Strategy** TEKS 3.14(B)(C)

▶ **If** students have trouble choosing a strategy to solve a problem …

▶ **Then** use one of these reteach options:

1 CRM **Daily Reteach Worksheet** (pp. 33–34)

2 Have them work in small groups to create a poster demonstrating each of the strategies and skills they have learned. Each group should choose a strategy and illustrate it with at least one example. Label the illustrations and hang the poster in the classroom.

③ Practice

Using the Exercises

Exercise 9 may confuse some students. Point out that some of these numbers will not be used in the actual solution. They simply give clues to the students so that the number of books read can be determined.

④ Assess

✓ Formative Assessment

• **What are some strategies you can use to solve word problems?** Sample answer: *look for a pattern, use the four-step plan, look for extra or missing information*

10. Sample answer: *draw a picture; numbers were small, drawing helped to see the facts clearer.*

Quick Check Are students continuing to struggle with choosing a strategy?

If Yes → CRM Reteach Worksheets (pp. 33–34)

If No → Independent Work Options (p. 274B)
CRM Skills Practice Worksheet (p. 35)
CRM Enrich Worksheet (p. 37)

Lesson 6-6 Problem-Solving Investigation **257**

BL **Estrategia alternativa de enseñanza** TEKS 3.14(B)(C)

▶ **Si** Los alumnos tienen problemas al elegir una estrategia para resolver un problema…

▶ **Entonces** Use una de estas opciones de reforzamiento:

1 CRM **Hoja de reforzamiento diario** (pág. 33-34)

2 Pídales que trabajen en pequeños grupos para crear un afiche que demuestre cada una de las estrategias y destrezas que han aprendido. Cada grupo debe elegir una estrategia e ilustrarla con al menos un ejemplo. Rotule las ilustraciones y cuelgue el afiche en el salón.

③ Práctica

Uso de los Ejercicios

Ejercicio 9 puede confundir a algunos alumnos. Señale que algunos de estos números no se usarán en al solución real. Simplemente dan pistas a los alumnos para que el número de libros que leen se puedan determinar.

④ Evaluación

✓ Evaluación formativa

• **¿Cuáles son algunas de las estrategias que puedes usar para resolver un problema de vocabulario?** Ejemplo de respuesta: halla un patrón, usa el plan de cuatro pasos, halla información extra o faltante

Control rápido ¿Les sigue costando a los alumnos elegir una estrategia?

Si la respuesta es:
Sí → Hoja de trabajo de reforzamiento (pág. 33-34)
No → Opciones de trabajo independiente (pág. 274B)
CRM Hoja de ejercicios para la práctica de destrezas (pág. 35)
CRM Hoja de trabajo de enriquecimiento (pág. 37)

Enrich (p. 37) **AL**

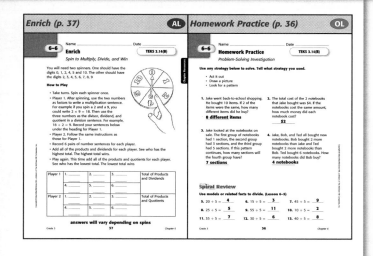

Homework Practice (p. 36) **OL**

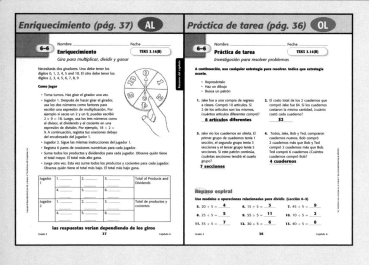

Planificador de lección

Objetivo
Usa modelos para dividir entre 10.

 TEKS y TAKS

TEKS 3.4 El estudiante reconoce y resuelve problemas en situaciones de multiplicación y división. **(C) Utilice modelos para resolver problemas de división y utilice expresiones numéricas para anotar las soluciones.**

TAKS 1 El estudiante demostrará un entendimiento del razonamiento numérico, operacional y cuantitativo.

Las páginas del alumno también cubren los siguientes TEKS:
TEKS 3.15(A) Coméntalo, Ejercicio 6
TEKS 3.15(A) Problemas H.O.T., Ejercicios 20-21
TEKS 3.6(A), TEKS 3.15(B), TEKS 3.16(A) Repaso espiral, Ejercicios 24-32

Repaso de vocabulario

división, multiplicación

Rutina diaria

Siga estas sugerencias antes de iniciar la lección de la pág. 258

Control de 5 minutos (Repaso de la Lección 6-6)

Usen cualquier estrategia para resolver.
Tres hombres esperan en una fila. El Sr. Smith es 3 pulgadas más alto que el Sr. Sánchez. El Sr. Jones es 2 pulgadas más bajo que el Sr. Smith. ¿Qué hombre es más bajo? El Sr. Sánchez; haz un dibujo

Problema del día

Calcula la regla. Luego usa la tabla para calcular el número faltante en la tabla.

Entrada	Salida
15	3
45	9
10	2
35	7
20	■

LESSON
6-7 Divide by 10

Lesson Planner

Objective
Use models to divide by 10.

TEKS and TAKS

Targeted TEKS 3.4 The student recognizes and solves problems in multiplication and division situations. **(C) Use models to solve division problems and use number sentences to record the solutions.**

TAKS 1 The student will demonstrate an understanding of numbers, operations, and quantitative reasoning.

Student pages also address the following TEKS:
TEKS 3.15(A) Talk About It, Exercise 6
TEKS 3.15(A) HOT Problems, Exercises 20–21
TEKS 3.6(A), TEKS 3.15(B), TEKS 3.16(A) Spiral Review, Exercises 24–32

Review Vocabulary

division, multiplication

Resources

Manipulatives: coins, base-ten blocks

Literature Connection: *So Far From the Sea* by Eve Bunting

Teacher Technology
🌐 Interactive Classroom • TeacherWorks

Focus on Math Background

Placing a zero after a factor produces the product of the factor and ten. Removal of that zero is the result of division by ten. Not just for "division facts," this lesson offers an opportunity to connect multiplying and dividing by ten to place value concepts. Precisely because ours is a base ten system, multiplying and dividing any number by ten creates a number that has one more or less column of place value.

258A Chapter 6 Model Division Concepts and Facts

Daily Routine

Use these suggestions before beginning the lesson on p. 258.

5-Minute Check
(Reviews Lesson 6-6)

Use any strategy to solve.
Three men are standing in line. Mr. Smith is 3 inches taller than Mr. Sanchez. Mr. Jones is 2 inches shorter than Mr. Smith. Which man is shortest? Mr. Sanchez; *draw a picture*

Problem of the Day
Find the rule. Then use the table to find the missing number in the table. divide by 5; 4

Input	Output
15	3
45	9
10	2
35	7
20	■

▷ Review Math Vocabulary
Write the review vocabulary words and their definitions on the board.

Review the concept of inverse operations. Talk about doing and undoing a task, for example, opening and closing the classroom door. Point out that students already know two inverse operations: addition and subtraction. The other two inverse operations are multiplication and division. Write on the board:

7 + ___ = 15 so 15 − ___ = 7

Have a student come to the board to fill in the blanks. 8 Then, have him or her write a different inverse story for another student to solve.

Repaso de vocabulario matemático

Escriba las palabras del repaso de vocabulario y sus definiciones en la pizarra.

Revise el concepto de operaciones inversas. Hábleles sobre hacer y deshacer una tarea, por ejemplo, abrir y cerrar la puerta del salón de clase. Señáleles que los alumnos ya saben dos operaciones inversas: suma y resta. Las otras dos operaciones inversas son la multiplicación y la división. Escriba en la pizarra:
7 + ___ = 15 entonces 15 − ___ = 7
Pídale a un alumno que pase a la pizarra para completar los espacios en blancos. Luego, pídale que escriba una historia inversa diferente para que la resuelva otro alumno.

Differentiated Instruction

Small Group Options

Option 2 AUDITORY, VISUAL, SPATIAL

English Language Learners (ELL)

Materials: large number line for students to stand on, cards with 10s division problems
Core Vocabulary: notice, which, if
Common Use Verb: decide
Do Math This strategy allows students to practice accuracy and helps them see patterns in division problems.

- Distribute cards. Have students solve them.
- Once they have solved the problems, students should line up on the number line at their answers.
- When all students are on line, have them read their problems. If the answer is not correct, their classmates must clap to signal them to move somewhere else on the line.
- Play continues until all students are in order on the number line.
- If time permits, solicit the pattern that allowed students to know if their numbers were correct.

Independent Work Options

Option 1 TEKS 3.4(C) LOGICAL

Early Finishers (OL) (AL)

- Have students write two multiplication sentences per problem that could have helped them solve Exercises 7–14.

Option 2

Student Technology

Math Online tx.gr3math.com
Personal Tutor • Extra Examples • Online Games
Math Adventures: Scrambled Egg City (8C)

Option 3

Learning Station: Science (p. 228H)

Direct students to the Science Learning Station for opportunities to explore and extend the lesson concept.

Option 4

Problem-Solving Practice

Reinforce problem-solving skills and strategies with the Problem-Solving Practice worksheet.

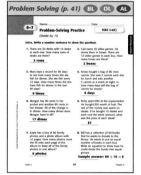

Problem Solving (p. 41) (BL) (OL) (AL)

Lesson 6-7 Divide by 10 **258B**

Instrucción diferenciada

Opciones de trabajo independiente

Opción 1 TEKS 3.4(C) LÓGICO

Para los que terminan primero (OL) (AL)

- Pídales a los alumnos que escriban dos expresiones de multiplicación por problema que puedan haberlos ayudado a resolver los ejercicios 7-14. .

Opción 2

Tecnología para el alumno

Enlace technológico

Matemáticas en linea tx.gr3math.com

Personal Tutor • Extra Examples • Online Games
Math Adventures: Scrambled Egg City (8C)

Opción 3

Estación de aprendizaje: Ciencias (pág. 228H)

Dirija a los alumnos a la estación de aprendizaje de ciencias para que tengan la oportunidad de explorar y ampliar el concepto de la lección.

Opción 4

Práctica y solución de problemas

Refuerce las destrezas y las estrategias de solución de problemas con la hoja de trabajo de solución de problemas.

Opciones para grupos pequeños

Opción 1 INTRAPERSONAL

Nivel Bajo (BL)

Materiales: papel, lápiz

- Pídales a los alumnos que escriban primero cada problema como un número de 1 dígito dividido entre 1. Luego, pídales que escriban el cociente de un número de 2 dígitos dividido entre 10 .

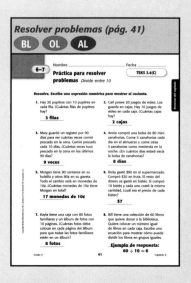

Resolver problemas (pág. 41)
(BL) (OL) (AL)

① Presentación TEKS 3.4(C)

Pídales a los alumnos que trabajen en parejas. Déles a cada par 8 unidades (bloques de base 10). Pídales que dividan sus bloques en 2 grupos iguales.

- **¿Cuántas unidades hay?** 8
- **¿Cuántos grupos iguales hay?** 2
- **¿Cuántos unidades hay en cada grupo?** 4
- **¿Cuánto es 8 ÷ 2?** 4
- **¿Qué expresión numérica registra la solución?** 8 ÷ 2 = 2

② Enseñanza TEKS 3.4(C)

Usa bloques de base diez para hacer modelo de 20 ÷ 10.

- **¿Cuántos unidades hay?** 20
- **¿Cuántos grupos de 10 hay?** 2
- **¿Cuánto es 20 ÷ 10?** 2
- **¿Qué expresión numérica registra la solución?** 20 ÷ 10 = 2

PREPÁRATE para aprender

Pídales a los alumnos que abran sus libros y lean la información de Prepárate para aprender. Repasa la **división** y **multiplicación**. En conjunto, trabajen el **Ejemplo 1**.

Usa modelos

Ejemplo 1 Recuérdales a los alumnos que cada 10 equivale a 10 unidades. Así que, usar un bloque de diez equivale a mostrar un grupo de bloques de 10 unidades.

EJEMPLOS ADICIONALES

① Juanita arregló sus 80 tarjetas de fútbol en montones de 10. ¿Cuántos montones tiene? Escribe una expresión numérica para registrar la solución. 8 montones; 80 ÷ 10 = 8

---

① Introduce TEKS 3.4(C)

Have students work in pairs. Give each pair 8 ones (base-ten blocks). Have them divide their blocks into 2 equal groups.

- **How many ones are there?** 8
- **How many equal groups are there?** 2
- **How many ones are in each group?** 4
- **What is 8 ÷ 2?** 4
- **What number sentence records the solution?** 8 ÷ 2 = 4

② Teach TEKS 3.4(C)

Use base-ten blocks to model 20 ÷ 10.

- **How many ones are there?** 20
- **How many groups of 10 are there?** 2
- **What is 20 ÷ 10?** 2
- **What number sentence records the solution?** 20 ÷ 10 = 2

GET READY to Learn

Have students open their books and read the information in **Get Ready to Learn**. Review **division** and **multiplication**. As a class, work through **Example 1**.

Use Models

Example 1 Remind students that each 10 is equivalent to 10 ones. So, using a ten-block is equivalent to showing a group of 10 one-blocks.

ADDITIONAL EXAMPLE

① Juanita arranged her 80 football cards into stacks of 10. How many stacks does she have? Write a number sentence to record the solution. 8 stacks; 80 ÷ 10 = 8

IDEA PRINCIPAL
Usaré modelos para dividir entre 10.

 TEKS Objetivo 3.4 El estudiante reconoce y resuelve problemas en situaciones de multiplicación y división. (C) **Utilice modelos para resolver problemas de división y utilice oraciones numéricas para anotar las soluciones.**

PREPÁRATE para aprender

Los helados de jugo vienen 10 por caja. La clase del tercer grado necesita 50 helados de jugo para una fiesta. ¿Cuántas cajas necesitarán?

Puedes usar bloques de base 10 para modelar la división entre 10.

EJEMPLO concreto Usa modelos

① **ESCUELA ¿Cuántas cajas de helados de jugo necesitará la clase de tercer grado? Escribe una expresión numérica para mostrar la solución.**

Necesitas calcular 50 ÷ 10.
Usa bloques de base 10 para modelar 50 ÷ 10.

El modelo muestra 50 dividido en grupos de 10. Hay 5 grupos.

50 ÷ 10 = 5 ó 10)$\overline{50}$.

Por lo tanto, la expresión numérica es 50 ÷ 10 = 5. Ellos necesitarán 5 cajas de helados de jugo.

en línea **Tutor personal en** tx.gr3math.com

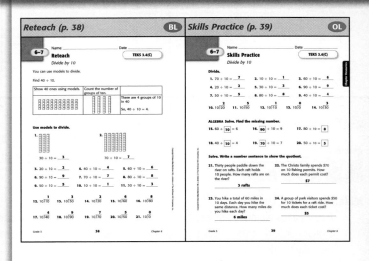

Reteach (p. 38) BL | Skills Practice (p. 39) OL

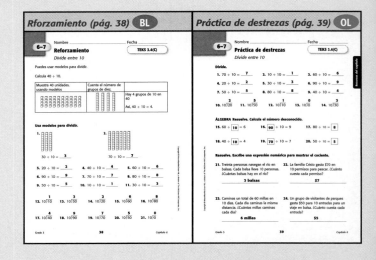

Rforzamiento (pág. 38) BL | Práctica de destrezas (pág. 39) OL

★ Indica problemas de pasos múltiples

Usa modelos para dividir. Ver Ejemplo 1 (pág. 258)

1. $20 \div 10$ 2   **2.** $40 \div 10$ 4   **3.** $10\overline{)60}$ 6   **4.** $10\overline{)10}$ 1

5. Hay 40 sillas en 10 mesas. Cada mesa tiene el mismo número de sillas. ¿Cuántas sillas hay en cada mesa? Escribe una expresión numérica para mostrar el cociente.
$40 \div 10 = 4$; 4 sillas

6. **Coméntalo** Cuando divides entre 10, ¿qué notas sobre el cociente y el dividendo? El cociente se convierte en el dividendo sin el cero.

Práctica y solución de problemas   PRÁCTICA EXTRA
Ver página R17.

Usa modelos para dividir. Ver Ejemplo 1 (pág. 258)

7. $30 \div 10$ 3   **8.** $50 \div 10$ 5   **9.** $80 \div 10$ 8   **10.** $90 \div 10$ 9

11. $10\overline{)20}$ 2   **12.** $10\overline{)70}$ 7   **13.** $10\overline{)30}$ 3   **14.** $10\overline{)40}$ 4

Resuelve. Escribe una expresión numérica para mostrar el cociente.

15. Un florero contiene 40 flores. Hay un número igual de margaritas, rosas, tulipanes y lirios. ¿Cuántas de cada tipo de flor hay en el florero?
$40 \div 4 = 10$; 10 de cada tipo

16. Sam fue al show automotriz y vio 60 autos. Si vio 10 de cada tipo de auto, ¿cuántos tipos diferentes de autos había? $60 \div 10 = 6$; 6 tipos

En los ejercicios 17 al 19, usa el cartel que se muestra.

Bocadillos saludables de Shack

Semillas de girasol ... 10¢ por paquete
Frutas secas ....10 trozos por 50¢
Jugo ....20¢ cada uno
Yogur ....2 por 80¢

17. Julián gastó 40¢ en semillas de girasol. ¿Cuántos paquetes compró?   4

18. ¿Cuánto pagó Beth por 1 yogur?   40¢

★**19.** ¿Cuánto cuesta comprar 1 de cada uno, incluyendo 1 trozo de fruta seca?   75¢

Problemas H.O.T.

20. **INTERPRETA** Usa los numerales 7, 0, 8, 5 para escribir dos números de 2 dígitos que se pueden dividir entre 10. Ejemplo de respuesta: 50, 70, 80

21. **ESCRIBE EN MATEMÁTICAS** Explica cómo contar de 10 en 10 puede ayudarte a calcular $80 \div 10$. Ejemplo de respuesta: Cuenta de 10 en 10 hasta 80 tomando en cuenta cuántos 10 hubo.

Matemáticas en línea Control de autoevaluación tx.gr3math.com

Lección 6-7 Divide entre 10   **259**

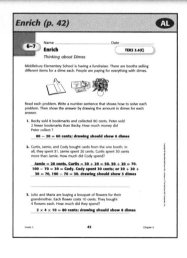

Enriquecimiento (pág. 42)   AL

As a class, have students complete Exercises 1–6 in **Check What You Know** as you observe their work.

Exercise 6 Assess student comprehension before assigning practice exercises.

BL **Alternate Teaching Strategy**   TEKS 3.4(C)

If students have trouble dividing by 10 …

Then use one of these reteach options:

1 CRM **Daily Reteach Worksheet** (p. 38)

2 Have students work in pairs. Give each pair 7 play dimes. First, have them determine the amount of money they have. Then have them take away one dime at a time until there are no more dimes.

- **How many dimes did you take away?** 7
- **What division sentence describes this repeated subtraction?** $70 \div 10 = 7$.

3 Practice

Differentiate practice using these leveled assignments for Exercises 7–21.

Level	Assignment
BL Below Level	7–10, 15–17
OL On Level	7–12, 16–19
AL Above Level	7–19 odd, 20–21

Have students discuss and complete the Higher Order Thinking Problems. For Exercises 15–16, suggest that students draw a picture to illustrate their answers.

WRITING IN MATH Have students complete Exercise 21 in their Math Journals. You may choose to use this exercise as an optional formative assessment.

! COMMON ERROR!

Exercise 15 Some students may overlook that there are four kinds of flowers and that they need to divide by 4. Encourage students to read the problem carefully.

Lesson 6-7 Divide by 10   **259**

! ¡ERROR COMÚN!

Ejercicio 15 Algunos alumnos pueden haber pasado por alto que hay cuatro tipos de flores y que necesitan dividir entre 4. Anime a los alumnos a leer el problema cuidadosamente.

En conjunto, pídales a los alumnos que completen los Ejercicios 1–6 en **Verifica lo que sabes** a medida que usted observa sus trabajos.

Ejercicio 6 Evalúa la comprensión del alumno antes de asignarle los ejercicios prácticos.

BL **Estrategia alternativa de enseñanza**   TEKS 3.4(C)

Si Los alumnos tienen problemas al dividir entre 10…

Entonces Use una de estas opciones de reforzamiento:

1 CRM **Hoja de reforzamiento diario** (pág. 38)

2 Pídales a los alumnos que trabajen en parejas. Déle a cada pareja 7 monedas de 10¢ para jugar. Primero, pídales que determinen la cantidad de dinero que tienen. Luego, pídales que quiten una a una cada moneda de 10¢ hasta que no quede ninguna moneda de 10¢.

- **¿Cuántas monedas de 10¢ quitaste?** 7
- **¿Qué expresión de división describe esta resta repetida?** $70 \div 10 = 7$

3 Práctica

Asigne la práctica para los Ejercicios 7 al 21 según los siguientes niveles.

Nivel	Asignación
BL Nivel bajo	7-10, 15-17
OL A nivel	7-12, 16-19
AL Nivel avanzado	7-19 odd, 20-21

Pídales a los alumnos que analicen y completen los problemas de razonamiento de alto nivel. En los Ejercicios 15–16 sugiérales a los alumnos que hagan un dibujo para ilustrar sus respuestas.

ESCRIBE EN MATEMÁTICAS

Pídales a los alumnos que completen el Ejercicio 21 en sus Diarios de Matemáticas. Puede elegir hacer este ejercicio como una evaluación formativa adicional.

Lección 6-7 Divide entre 10   **259**

4 Evaluación

Evaluación formativa

- ¿Qué operación de multiplicación relacionada pueden usar para calcular el cociente para $60 \div 10$? $10 \times 6 = 60$ or $6 \times 10 = 60$
- Calculen el cociente. 6

Control rápido ¿Les sigue costando a los alumnos dividir entre 10?

Si la respuesta es:
Sí → Opciones de grupos pequeños (pág. 276B)
No → Opciones de trabajo independiente (pág. 276B)
   CRM Hoja de ejercicios para la práctica de destrezas (pág. 39)
   CRM Hoja de trabajo de enriquecimiento (pág. 42)

Boleto de salida

Escriban lo siguiente en la pizarra:
   $100 \div 10$; $90 \div 10$; $10 \div 10$
Pídales a los alumnos que escriban una expresión numérica para registrar cada solución.

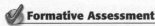
Práctica para la PRUEBA

Repasa las Lecciones 6-5 y 6-7
Asigne los problemas de Práctica para el examen de Texas para reforzar diariamente las destrezas de resolución de pruebas.

Repaso espiral

Repasa las Lecciones 1-1, 4-2, 6-5 y 6-6
Repasar y evaluar el dominio de las destrezas y conceptos de capítulos anteriores.

---

4 Assess

Formative Assessment

- **What related multiplication fact can you use to find the quotient for $60 \div 10$?**
  $10 \times 6 = 60$ or $6 \times 10 = 60$
- **Find the quotient.** 6

Quick Check Are students continuing to struggle with dividing by 10?

If Yes → Small Group Options (p. 276B)

If No → Independent Work Options (p. 276B)
   CRM Skills Practice Worksheet (p. 39)
   CRM Enrich Worksheet (p. 42)

Ticket Out The Door
Write the following on the board:
   $100 \div 10$; $90 \div 10$; $10 \div 10$
Have students write a number sentence that records the solution for each.

TEST Practice

Reviews Lessons 6-5 and 6-7
Assign the Texas Test Practice problems to provide daily reinforcement of test-taking skills.

Spiral Review

Reviews Lessons 1-1, 4-2, 6-5, and 6-6
Review and assess mastery of skills and concepts from previous chapters.

Práctica para la PRUEBA TAKS1

22. El Sr. Gonzales compró 30 pizzas congeladas, con 5 en cada caja. ¿Qué expresión numérica muestra cómo calcular el número de cajas que compró? (Lección 6-5) D

A $30 - 5 = $ ■
B $30 + 5 = $ ■
C $30 \times 5 = $ ■
D $30 \div 5 = $ ■

23. Observa la siguiente expresión numérica.

$90 \div $ ■ $= 9$

¿Qué número hará la expresión numérica verdadera? (Lección 6-7) G

F 1
G 10
H 81
J 100

Repaso espiral

24. Medidas El lunes, Nelson montó a caballo 12 millas y Ramiro montó 14 millas. Si montan la misma cantidad 4 días más esta semana, ¿cuántas millas más que Nelson habrá montado Ramiro? (Lección 6-6) 10 millas

Usa modelos u operaciones relacionadas para dividir. (Lección 6-5)

25. $25 \div 5$ 5
26. $45 \div 5$ 9
27. $50 \div 5$ 10

28. Hay 40 jugadores presentes en el campo de fútbol. Cada equipo tendrá el mismo número de jugadores y 1 entrenador. Si hay 5 entrenadores, ¿cuántos jugadores habrá en cada equipo? Escribe una expresión numérica para mostrar el cociente. (Lección 6-5) $40 \div 5 = 8$; 8 jugadores

Usa cada arreglo para escribir una expresión de multiplicación. Luego, multiplica. (Lección 4-2)

29. 3×6 $3 \times 6 = 18$
30. 4×3 $4 \times 3 = 12$
31. 1×5 $1 \times 5 = 5$

32. La siguiente tabla muestra el patrón de lectura de Dwayne. Si continúa el patrón, ¿cuántas páginas leerá el domingo? (Lección 1-1) 256 páginas

Lunes	Martes	Miércoles	Jueves	Viernes	Sábado	Domingo
4	8	16				?

Homework Practice (p. 40) OL

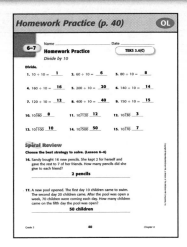

Práctica de tarea (pág. 40) OL

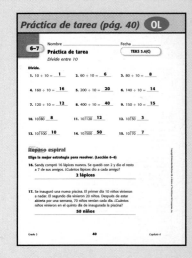

Es hora de jugar

Cubos numerados

Multiplica y divide números

¡Alístate!

Jugadores: 2 jugadores

¡Listos!

Haz un cuadro para anotar cada lanzamiento.

¡Adelante!

- El jugador 1 lanza los cubos.
- Cada jugador escribe los números.
- Cada jugador usa los dos números en una expresión numérica de multiplicación y de división.
- Cada jugador obtiene 1 punto por cada expresión numérica escrita correctamente.
- El juego termina cuando 1 jugador gana 50 puntos.

Necesitarás: un cubo numerado con los números del 0 al 5, un dado con los números del 5 al 10

Cubo 1	Cubo 2	Expresión de multiplicación	Expresión de división
5	4	$5 \times 4 = 20$	$20 \div 5 = 4$

Es hora de jugar Dados 261

Differentiated Practice

Use these leveled suggestions to differentiate the game for all learners.

Level	Assignment
BL Below Level	Students may use multiplication fact tables to find factors.
OL On Level	Have students play the game with the rules as written.
AL Above Level	Have students write an additional fact, multiplication or division, for the two numbers before they may take their points.

Game Time

Number Cubes

Math Concept: Multiply and Divide Numbers

Materials: one 1–5 number cube, one 5–10 number cube

Introduce the game on p. 261 to your students to play as a class, in small groups, or at a learning station to review concepts introduced in this chapter.

Instructions

- Students play in pairs. Players make a chart like the one shown on p. 261. Each partner should have his or her own chart.
- Players take turns rolling two number cubes. Both players write a multiplication sentence and a division sentence using the two numbers. Players must write the sentences on their charts in the appropriate columns.
- Each player that writes both sentences correctly gets 1 point. The partner to reach 50 points first wins.
- You may choose to have a multiplication fact chart available for students to check their answers.

Extend the Game

Have students write four related fact families for the two numbers rolled.

Es hora de jugar

Cubos numerados

Concepto matemático: Multiplicar y dividir números

Materiales: un dado del 1 al 5, un dado del 5 al 10

Presente el juego de la pág. 261 a los alumnos para que lo jueguen en conjunto, en grupos pequeños o en la estación de aprendizaje, para repasar los conceptos presentados en este capítulo.

Instrucciones

- Los alumnos juegan en pareja. Los jugadores hacen una tabla como la que se muestra en la pág. 261. Cada compañero(a) debe tener su propia tabla.
- Los jugadores toman turno lanzando dos dados. Ambos jugadores escriben una expresión de multiplicación y una expresión de división usando los dos números. Los jugadores deben escribir las expresiones en sus tablas en las columnas apropiadas.
- Cuando un jugador que escribe ambas expresiones correctamente recibe 1 punto. El compañero(a) que llegue a 50 puntos primero gana.
- Puede elegir tener una tabla de operación de multiplicación para que los alumnos verifiquen sus respuestas.

Ampliación del juego

Pídales a los alumnos que escriban cuatro familias de operaciones para los dos números lanzados.

Práctica diferenciada

Use estos niveles sugeridos para diferenciar el juego para todos los aprendices.

Nivel	Asignación
BL Nivel bajo	Los alumnos pueden usar tablas de operaciones de multiplicación para calcular factores.
OL A nivel	Pídales a los alumnos que realicen el juego con las reglas como están escritas.
AL Nivel avanzado	Pídales a los alumnos que escriban una operación adicional, de multiplicación o división, para los dos números, antes de que tomen sus puntos.

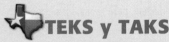
Planificador de lección

Objetivo

Usa las propiedades de la división para dividir entre 0 y 1.

TEKS y TAKS

TEKS 3.4 El estudiante reconoce y resuelve problemas en situaciones de multiplicación y división. **(C) Utilice modelos para resolver problemas de división y utilice expresiones numéricas para anotar las soluciones.**

TAKS 1 El estudiante demostrará un entendimiento del razonamiento numérico, operacional y cuantitativo.

Las páginas del alumno también cubren los siguientes TEKS:
TEKS 3.15(A) Coméntalo, Ejercicio 10
TEKS 3.14(A), TEKS 3.15(B) Problemas H.O.T., Ejercicios 27-28

Repaso de vocabulario

propiedad

Rutina diaria

Siga estas sugerencias antes de iniciar la lección de la pág. 262.

Control de 5 minutos (Repaso de la Lección 6-7)

Usen modelos para dividir.
1. 70 ÷ 10 10 7
2. 2 30÷ 10 3
3. 50 ÷10 5
4. 20÷10 2
5. 90÷ 10 9
6. 100÷ 10 10

Problema del día

Marcela compró 7 revistas por $4.00 cada una. Logan compró 8 revistas por $3.00 cada una. ¿Quién gastó más dinero? Explica. Marcella; 7 x $4 = $28 y 8 x $3 = $24; $28 > $24

Repaso de vocabulario matemático

Escriba las palabras del repaso de vocabulario y sus definiciones en la pizarra.

Pídales a los alumnos que vean en el diccionario la definición de la palabra *propiedad*. Comente las propiedades o características de cosas diferentes. Por ejemplo, *el calor es una propiedad del sol*. Anime a los alumnos a describir las propiedades de las cosas que los rodean. Pregúnteles a los alumnos cómo piensan ellos que se relaciona la definición de propiedad con la matemática.

Lesson Planner

Objective

Use division properties to divide by 0 and 1.

TEKS and TAKS

Targeted TEKS 3.4 The student recognizes and solves problems in multiplication and division situations. **(C) Use models to solve division problems and use number sentences to record the solutions.**

TAKS 1 The student will demonstrate an understanding of numbers, operations, and quantitative reasoning.

Student pages also address the following TEKS:
TEKS 3.15(A) Talk About It, Exercise 10
TEKS 3.14(A), TEKS 3.15(B) HOT Problems, Exercises 27–28

Review Vocabulary

property

Resources

Materials: paper plates

Manipulatives: counters

Literature Connection: *Owl Moon* by Jane Yolen

Teacher Technology
Interactive Classroom • TeacherWorks

Focus on Math Background

Although division is not commutative or associative, it does have some properties useful for arithmetic now, for fractions in the near future, and for basic algebra.

• Any number divided by itself is one.
• Any number divided by one is itself.

These properties are true for division of numbers, variables, and expressions and therefore provide a foundation for manipulation of arithmetic and algebraic expressions to find solutions for equations.

Daily Routine

Use these suggestions before beginning the lesson on p. 262.

5-Minute Check
(Reviews Lesson 6-7)

Use models to divide.
1. 70 ÷ 10 7
2. 30 ÷ 10 3
3. 50 ÷ 10 5
4. 20 ÷ 10 2
5. 90 ÷ 10 9
6. 100 ÷ 10 10

Problem of the Day

Marcella bought 7 magazines for $4.00 each. Logan bought 8 magazines for $3.00 each. Who spent the most money? Explain. Marcella; 7 × $4 = $28 and 8 × $3 = $24; $28 > $24

Review Math Vocabulary

Write the review vocabulary word and its definition on the board.

Have students look in the dictionary for the definition of the word *property*. Discuss the property or characteristic of different things. For example, *heat is a property of the sun*. Encourage students to describe the properties of the things around them. Ask students how they think the definition of property relates to math.

Differentiated Instruction

Small Group Options

Option 1 — TEKS 3.4(C) — SPATIAL
Below Level (BL)

Materials: counters, cups

Have students divide 6 counters evenly among 6 cups and write the division sentence. Challenge students to divide zero counters among 6 cups. Challenge students to divide 6 counters using 1 cup. Have them write the division sentences. $6 ÷ 6 = 1$; $0 ÷ 6 = 0$; $6 ÷ 1 = 6$

Option 2 — TEKS 3.4(C) — AUDITORY
English Language Learners (ELL)

Materials: poems on chart paper
Core Vocabulary: you'll, zero, nothing
Common Use Verb: have done (I've done)
Do Math This strategy uses a poem to help students remember the rules for multiplying by 0 and 1.

- Post and explain the special rules for zero by modeling problems.
- Read: Zero is none, not even one, though it helps us hold places and add.
  But look what I've done, tried to divide things by none,
  Now nothing is all that I have.
- Repeat for 1:
  Dividing by 1 is perfectly fun, so simple, so easy, so fab.
  So divide things by 1, and you'll see when you're done,
  That you'll end with the number you had!

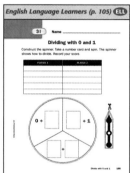

English Language Learners (p. 105) (ELL)

Use this worksheet to provide additional support for English Language Learners.

Independent Work Options

Option 1 — TEKS 3.4(C) — LOGICAL
Early Finishers (AL)

Materials: paper, pencil

- Have students review the properties of division in this lesson. Have them also review multiplying by 1 and 0. Then have them give an example of each.
- **How are the properties the same? How are they different?** Accept all reasonable answers.

Option 2
Student Technology

 tx.gr3math.com
Personal Tutor • Extra Examples • Online Games

Option 3
Learning Station: Writing (p. 228G)

Direct students to the Writing Learning Station for opportunities to explore and extend the lesson concept.

Option 4
Problem-Solving Practice

Reinforce problem-solving skills and strategies with the Problem-Solving Practice worksheet.

Problem Solving (p. 46) (BL) (OL) (AL)

Lesson 6-8 Divide by 0 and 1 **262B**

Instrucción diferenciada

Opciones de trabajo independiente

Opción 1 — LÓGICO
Para los que terminan primero (AL)

Materiales: papel, lápiz
- Pídales a los alumnos que repasen las propiedades de la división en esta lección. Pídales a los alumnos que también repasen la multiplicación por 1 y 0. Luego, pídales que le den un ejemplo de cada uno.
- **¿En qué se parecen las propiedades? ¿En qué son diferentes?** Acepte todas las respuestas razonables.

Opción 2
Tecnología para el alumno
Enlace technológico

Matemáticas en línea tx.gr3math.com
Personal Tutor • Extra Examples • Online Games

Opción 3
Estación de aprendizaje: Redacción (pág. 228G)

Dirija a los alumnos a la estación de aprendizaje de redacción para que tengan la oportunidad de explorar y ampliar el concepto de la lección.

Opción 4
Práctica y solución de problemas

Refuerce las destrezas y las estrategias de solución de problemas con la hoja de trabajo de solución de problemas.

Opciones para grupos pequeños

Opción 1 — TEKS 3.2(A) — ESPACIAL
Nivel bajo (BL)

Pídales a los alumnos que dividan 6 fichas igualmente entre 6 tazas y que escriban la expresión de división. Rete a los alumnos a que dividan cero fichas entre 6 tazas. Rete a los alumnos a que dividan 6 fichas usando 1 taza. Pídales a los alumnos que escriban las expresiones de división. $6 ÷ 6 = 1$; $0 ÷ 6 = 0$; $6 ÷ 1 = 6$

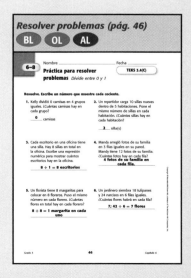

Resolver problemas (pág. 46) (BL) (OL) (AL)

Lección 6-8 Divide entre 0 y 1 **262B**

1 Presentación — TEKS 3.4(C)

Actividad propuesta 1 • Práctica

- Pídales a los alumnos que trabajen en grupos pequeños. Déles 4 fichas y 4 platos de cartón.
- Pídales a los alumnos que usen un número igual de fichas en cada plato.
- **¿Cuántas fichas hay?** 4
- **¿Cuántos grupos iguales?** 4
- **¿Cuántos en cada grupo?** 1
- **¿Cuánto es 4 ÷ 4?** 1
- Pídales a los alumnos que usen un solo plato para colocar las fichas en 1 grupo en el plato.
- **¿Cuántas fichas hay?** 4
- **¿Cuántos grupos iguales?** 1
- **¿Cuántos en cada grupo?** 4
- **¿Cuánto es 4 ÷ 1?** 4

Actividad propuesta 2 • Literatura

Presente la Lección con *Owl Moon* de Jane Yolen. (Vea la página R104 para una actividad matemática relacionada.)

2 Enseñanza — TEKS 3.4(C)

Preguntas básicas

Continúe la actividad propuesta 1. Indíqueles a los alumnos que esta vez no tienen fichas. Muéstreles 4 platos vacíos.

- **¿Cuántas fichas hay en total?** 0
- **¿Cuántos grupos hay?** 4
- **¿Cuánto es 0 ÷ 4?** 0

PREPÁRATE para aprender

Pídales a los alumnos que abran sus libros y lean la información de **Prepárate para aprender**. Repasen **propiedad**. En conjunto, trabajen los **Ejemplo 1.**

---

1 Introduce — TEKS 3.4(C)

Activity Choice 1 • Hands-On

- Have students work in small groups. Give them 4 counters and 4 paper plates.
- Have students place an equal number of counters on each plate.
- **How many counters are there?** 4
- **How many equal groups?** 4
- **How many in each group?** 1
- **What is 4 ÷ 4?** 1
- Ask students to use only 1 plate and place the counters in 1 group on the plate.
- **How many counters are there?** 4
- **How many equal groups?** 1
- **How many in the group?** 4
- **What is 4 ÷ 1?** 4

Activity Choice 2 • Literature

Introduce the lesson with *Owl Moon* by Jane Yolen. (For a related math activity, see p. R104.)

2 Teach

Scaffolding Questions — TEKS 3.4(C)

Continue Activity Choice 1. Tell students that this time they have no counters. Show them 4 empty plates.

- **How many counters are there in all?** 0
- **How many groups are there?** 4
- **What is 0 ÷ 4?** 0

 GET READY to Learn

Have students open their books and read the information in **Get Ready to Learn**. Review **property**. As a class, work through **Example 1.**

> ⚠ **COMMON ERROR!**
> Students may attempt to divide a number by zero. Emphasize that they can divide 0 by any number but they cannot divide by 0.

> ⚠ **¡ERROR COMÚN!**
> Los alumnos pueden intentar dividir un número entre 0. Enfatíceles que pueden dividir 0 entre cualquier número pero no pueden dividir entre 0.

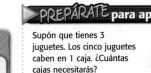

PREPÁRATE para aprender

Supón que tienes 3 juguetes. Los cinco juguetes caben en 1 caja. ¿Cuántas cajas necesitarás?

Hay propiedades especiales que puedes usar cuando divides.

EJEMPLO concreto

1 **JUGUETES** ¿Cuántas cajas necesitarás para 3 juguetes?

Necesitas calcular $3 ÷ 3$ ó $3\overline{)3}$. Como 3 juguetes caben en 1 caja, haz grupos de 3, usando fichas.

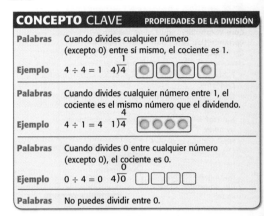

Hay 1 grupo de 3.

Entonces, $3 ÷ 3 = 1$ ó $3\overline{)3}$.

En línea Tutor personal en tx.gr3math.com

> **IDEA PRINCIPAL**
> Usaré las propiedades de la división para dividir entre 0 y 1.
>
> **TEKS Objetivo 3.4**
> El estudiante reconoce y resuelve problemas en situaciones de multiplicación y división. (C) Utilice modelos para resolver problemas de división y utilice oraciones numéricas para anotar las soluciones.

CONCEPTO CLAVE — PROPIEDADES DE LA DIVISIÓN

Palabras	Cuando divides cualquier número (excepto 0) entre sí mismo, el cociente es 1.
Ejemplo	$4 ÷ 4 = 1$ $4\overline{)4}$
Palabras	Cuando divides cualquier número entre 1, el cociente es el mismo número que el dividendo.
Ejemplo	$4 ÷ 1 = 4$ $1\overline{)4}$
Palabras	Cuando divides 0 entre cualquier número (excepto 0), el cociente es 0.
Ejemplo	$0 ÷ 4 = 0$ $4\overline{)0}$
Palabras	No puedes dividir entre 0.

Reteach (p. 43) BL **Skills Practice (p. 44)** OL

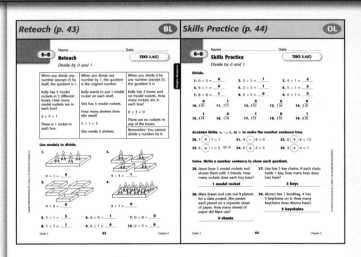

Reforzamiento (pág. 43) BL **Práctica de destrezas (pág. 44)** OL

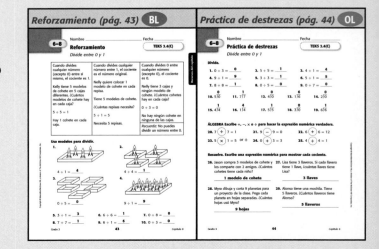

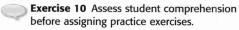

✓ VERIFICA lo que sabes

Divide. Ver Ejemplo 1 (pág. 262)

1. 5 ÷ 1 5 **2.** 0 ÷ 1 0 **3.** 1 ÷ 1 1 **4.** 1)‾9 9

5. 0 ÷ 7 0 **6.** 10 ÷ 1 10 **7.** 6)‾0 0 **8.** 7)‾7 1

9. Si 6 personas se presentaron en el teatro y quedan 6 asientos, ¿cuántos asientos recibirá cada persona? 1 asiento

10. 💬 Coméntalo ¿Puedes dividir un número entre 0? ¿Puedes dividir 0 entre un número que no sea 0? Explica.
Ejemplo de respuesta: No; hay 0 grupos donde colocar una cantidad; Sí; tendrás una cantidad de grupos de nada.

PRÁCTICA y solución de problemas
PRÁCTICA EXTRA
Ver página R17.

Divide. Ver Ejemplo 1 (pág. 262)

11. 2 ÷ 1 2 **12.** 10 ÷ 10 1 **13.** 0 ÷ 5 0 **14.** 6 ÷ 1 6

15. 0 ÷ 3 0 **16.** 0 ÷ 9 0 **17.** 1)‾4 4 **18.** 5)‾5 1

19. 1)‾7 7 **20.** 2)‾2 1 **21.** 1)‾10 10 **22.** 10)‾0 0

Resuelve. Escribe una expresión numérica para mostrar cada cociente.

23. Hay 35 alumnos en la clase de la Sra. Macy. Para jugar, cada uno necesita una pieza de juego. ¿Cuántas piezas de juego necesita la clase para jugar? 35 piezas; 35 ÷ 1 = 35

24. El Sr. Carrington tiene un paquete de hojas de papel con 5 colores diferentes. Si les entrega 1 hoja de cada color a sus alumnos, ¿cuántas hojas recibirá cada uno de ellos? 5 hojas; 5 ÷ 1 = 5

25. Kari quiere darles una manzana a 5 amigos. Nota que no tiene manzanas. ¿Cuántas manzanas les puede dar a sus amigos? 0 manzanas; 0 ÷ 5 = 0

26. Marcy y sus 4 amigos tienen 5 vasos de jugo. ¿Cuántos vasos de jugo recibirá cada uno? 1 vaso; 5 ÷ 5 = 1

Problemas H.O.T.

27. INTERPRETA Escribe un problema concreto de división donde dividas un número entre sí mismo. Pídele a un compañero que lo resuelva. Ejemplo de respuesta: James tenía 5 tarjetas de béisbol que le dio a sus 5 amigos. ¿Cuántas recibió cada amigo?

28. ✏️ ESCRIBE EN ▸ MATEMÁTICAS Explica cómo puedes dividir entre 1 ó entre sí mismo, cualquier número que te indiquen. Estás colocando ese número en 1 grupo de manera que la respuesta será el dividendo o colocar el número total en grupos de uno.

Matemáticas en línea Control de autoevaluación ix.gr3math.com   **Lección 6-8** Divide entre 0 y 1 **263**

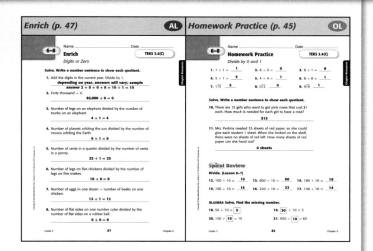

✓ CHECK What You Know

As a class, have students complete Exercises 1–10 in **Check What You Know** as you observe their work.

💬 **Exercise 10** Assess student comprehension before assigning practice exercises.

BL Alternate Teaching Strategy
TEKS 3.4(C)

If ▸ students have trouble dividing 0 by a number …

Then ▸ use one of these reteach options:

1 CRM **Daily Reteach Worksheet** (p. 43)

2 Have them look for a pattern in related division sentences. Example:

15 ÷ 5 = 3
10 ÷ 5 = 2
5 ÷ 5 = 1
0 ÷ 5 = 0

③ Practice

Differentiate practice using these leveled assignments for Exercises 11–28.

Level	Assignment
BL Below Level	11–16, 23, 25
OL On Level	13–22, 24–25, 28
AL Above Level	10–26 even, 27–28

④ Assess

✓ Formative Assessment

- **How can you divide 4 apples among yourself and 3 friends? Explain.** 4 ÷ 4 = 1 apple each

Quick Check Are students continuing to struggle with using properties to divide with 0 and 1?

If Yes → Small Group Options (p. 280B)
Strategic Intervention Guide (p. 90)

If No → Independent Work Options (p. 280B)
CRM Skills Practice Worksheet (p. 44)
CRM Enrich Worksheet (p. 47)

Lesson 6-8 Divide by 0 and 1 **263**

✓ VERIFICA lo que sabes

En conjunto, pídales a los alumnos que completen los Ejercicios 1–10 en Verifica lo que sabes a medida que usted observa sus trabajos.

💬 **Ejercicio 10** Evalúa la comprensión del alumno antes de asignarle los ejercicios prácticos.

BL Estrategia alternativa de enseñanza
TEKS 3.4(C)

Si ▸ Los alumnos tiene problemas al dividir 0 entre un número…

Entonces ▸ Use una de estas opciones de reforzamiento:

1 CRM **Hoja de reforzamiento diario** (pág. 43)

2 Pídales que hallen un patrón en las expresiones de división relacionadas.

③ Práctica

Asigne la práctica para los Ejercicios 11-28 según los siguientes niveles.

Nivel	Asignación
BL Nivel bajo	11–16, 23, 25
OL A nivel	13–22, 24–25, 28
AL Nivel avanzado	10–26 par, 27–28

④ Evaluación

✓ Evaluación formativa

- **¿Cómo puedes dividir 4 manzanas entre tú y 3 amigos? Explica.** 4 ÷ 4 = 1 manzana cada uno

Control rápido ¿Les sigue costando a los alumnos usar las propiedades para dividir con 0 y 1?

Si la respuesta es:

Sí → Opciones para grupos pequeños (pág. 280B)
Guía de intervención estratégica (pág. 90)

No → Opciones de trabajo independiente (pág. 280B)
CRM Hoja de ejercicios para la práctica de destrezas (pág. 44)
CRM Hoja de trabajo de enriquecimiento (pág. 47)

Lección 6-8 Divide entre 0 y 1 **263**

CAPÍTULO 6 — Guía de estudio y repaso

PLEGADOS™ Plegados de Dinah Zike

Use estas sugerencias para la lección a fin de incorporar los Plegados durante el capítulo. Los alumnos pueden usar sus Plegados para repasar para el examen.

Lecciones 6-1, 6-2, 6-4, 6-5, 6-7 y 6-8 Registren el vocabulario del capítulo y las definiciones en la sección central del Plegado. Describan cómo dividir entre 2, 5, 10 y 1 debajo de las lengüetas. Describan cómo dividir 0 entre otros números debajo de las lengüetas. Doblen las hojas de trabajo por la mitad como una hamburguesa y guárdalas en la parte superior de tu Plegado. Repasen frecuentemente las hojas de trabajo dentro del bolsillo, los términos y las definiciones que se escriben en la sección central interior y los ejemplos de división debajo de las lengüetas de sus Plegado.

Vocabulario clave

Las referencias de las páginas después de cada palabra denotan dónde se presenta por primera ese término. Si los alumnos tienen dificultades con los Ejercicios 1-6, recuérdeles que pueden usar las referencias de las páginas para repasar los términos del vocabulario.

Repaso de vocabulario

Repase el vocabulario del capítulo usando una de las siguientes opciones:
- **Tarjetas visuales de vocabulario** (14, 15, 16, 23, 46)
- **Glosario electrónico en** tx.gr3math.com

CHAPTER 6 — Study Guide and Review

FOLDABLES™ Dinah Zike's Foldables

Use these lesson suggestions to incorporate the Foldable during the chapter. Students can then use their Foldables to review for the test.

Lessons 6-1, 6-2, 6-4, 6-5, 6-7, and 6-8 Record chapter vocabulary and definitions on the inside center section of the Foldable. Describe how to divide by 2, 5, 10, and 1 under the tabs. Describe how to divide 0 by other numbers under the tab. Fold chapter worksheets in half like a hamburger and store them in the top pocket of your Foldable. Frequently review the worksheets within the pocket, the terms and definitions written on the inside center section, and the division examples under the tabs of the Foldable.

Key Vocabulary

The page references after each word denote where that term was first introduced. If students have difficulty answering Exercises 1–6, remind them that they can use these page references to review the vocabulary terms.

Vocabulary Review

Review chapter vocabulary using one of the following options.
- **Visual Vocabulary Cards** (14, 15, 16, 23, 46)
- **eGlossary** at tx.gr3math.com

CAPÍTULO 6 — Guía de estudio y repaso

PLEGADOS™ Organiza el estudio — PREPÁRATE para estudiar

Asegúrate que las siguientes palabras del Vocabulario clave y Conceptos clave estén escritos en tu Plegado.

Las GRANDES Ideas

- La **división** es una operación con dos números. Un número te indica cuántas cosas tienes. El otro te indica cuántos grupos iguales debes formar. (pág. 231)

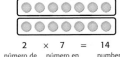

$$8 \div 2 = 4 \qquad 2\overline{)8}^{\,4}$$

- Puedes relacionar la división con la multiplicación (pág. 238)

2	×	7	=	14
número de número de		número en cada uno		number en total

14	÷	2	=	7
número en total		número de grupos		número en cada grupo

264 Capítulo 6

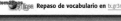
Repaso de vocabulario en tx.gr3math.com

Vocabulario clave
cociente (pág. 236)
expresión numérica (pág. 233)
dividendo (pág. 236)
dividir (pág. 233)
divisor (pág. 236)

Verifica el vocabulario
Elige la palabra del vocabulario que completa cada oración.

1. La respuesta a un problema de división se llama ___?___. **cociente**

2. El número a dividir es el ___?___. **dividendo**

3. Una ___?___ es una expresión que usa el signo de =, < o >. **expresión numérica**

4. En la expresión 36 ÷ 4 = 9, 9 es el ___?___. **cociente**

5. ___?___ significa separar un número en grupos iguales para calcular el número de grupos o el número en cada grupo. **dividir**

6. El ___?___ es el número entre el cual se divide el dividendo. **divisor**

Chapter 6 Project

Clothing Drive

Alone, in pairs, or in small groups, have students discuss the results of their completed chapter project with the class. Assess their work using the Chapter Project rubric found in Chapter 6 Resource Masters, p. 58.

264 Chapter 6 Model Division Concepts and Facts

Proyecto del Capítulo 6

Recolecta de ropa

Pídales a los alumnos que comenten los resultados finales de su proyecto del capítulo con la clase, bien sea solos, en parejas o en grupos pequeños. Evalúe su trabajo usando la pauta del proyecto del capítulo que se encuentra en la pág. 58 de las hojas maestras del Capítulo 6.

6-1 Relaciona la división con la resta (págs. 233–235)

Ejemplo 1

Una manera: **Recta numérica**

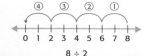

8 ÷ 2

Comienza en 8. Cuenta hacia atrás de 2 en 2 hasta llegar a 0. Cuenta cuántas veces restaste. Entonces, 8 ÷ 2 = 4.

Otra manera: **Resta repetida**

```
  ①    ②    ③    ④
  8    6    4    2
 -2   -2   -2   -2
 ───  ───  ───  ───
  6    4    2    0
```

Entonces, 8 ÷ 2 = 4.

Usa la resta repetida en una recta numérica para dividir.

7.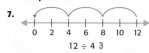

12 ÷ 4 **3**

8.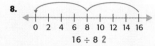

16 ÷ 8 **2**

9. 6 ÷ 2 **3**   **10.** 27 ÷ 3 **9**

11. Chang tiene 15 ranas en su estanque. Si atrapa 3 cada día, ¿en cuántos días atrapará todas las ranas? **5 días**

6-2 Relaciona la multiplicación con la división (págs. 238–241)

Ejemplo 2
Escribe la familia de operaciones para 4, 2 y 8.

4 × 2 = 8

8 ÷ 2 = 4

2 × 4 = 8

8 ÷ 4 = 2

Escribe la familia de operaciones para cada conjunto de números.
12–15. Ver el margen.

12. 6, 7, 42   **13.** 8, 4, 2

14. 5, 4, 20   **15.** 4, 9, 36

16. **Medidas** La semana pasada Yon montó su bicicleta 4 días seguidos para un total de 20 millas. Si montó el mismo número de millas cada día, ¿cuántas millas montó su bicicleta cada día? **5 millas**

Lesson-by-Lesson Review

Have students complete the Lesson-by-Lesson Review on pp. 265–268. Then you can use ExamView® Assessment Suite to customize another review worksheet that practices all the objectives of this chapter or only the objectives on which your students need more help.

Intervention If the given examples are not sufficient to review the topics covered by the questions, use the page references next to the exercises to review that topic in the Student Edition.

Additional Answers

12. 6 × 7 = 42
   7 × 6 = 42
   42 ÷ 6 = 7
   42 ÷ 7 = 6

13. 2 × 4 = 8
   4 × 2 = 8
   8 ÷ 2 = 4
   8 ÷ 4 = 2

14. 5 × 4 = 20
   4 × 5 = 20
   20 ÷ 4 = 5
   20 ÷ 5 = 4

15. 4 × 9 = 36
   9 × 4 = 36
   36 ÷ 4 = 9
   36 ÷ 9 = 4

Repaso de lección por lección

Pídales a los alumnos que completen el Repaso de Lección por Lección en las págs. 265-268. Luego, puede usar el paquete de evaluación de ExamView® para adaptar otra hoja de trabajo de repaso que practique todos los objetivos de este capítulo o sólo los objetivos en los cuales sus alumnos necesitan más ayuda.

Intervención Si los ejemplos dados no son suficientes para repasar los temas cubiertos por las preguntas, recuérdeles a los alumnos que las referencias de las páginas les indican en qué parte del libro repasar el tema.

6-3 Estrategia para resolver problemas (págs. 242–243)

Ejemplo 3
Alvin y Ely tienen $37 para construir una casa de árbol. Los materiales costarán $78. ¿Cuánto más necesitan?

Sabes que Alvin y Ely necesitan $78. Ellos tienen $37. Para calcular cuánto dinero más necesitan, puedes restar.

$78 − $37 = $41

Entonces, ellos necesitan $41 más.

Usa la suma para verificar la resta.

41 + 37 = 78

Por lo tanto, la respuesta es correcta.

Resuelve. Usa la estrategia de *elige una operación.*

17. Caleb corrió una milla en 18 minutos. Quiere ser capaz de terminar la milla en 15 minutos. ¿Cuánto más rápido necesita ser? **3 minutos**

18. 12 personas viajan en una camioneta. ¿Cuántas camionetas se necesitan para 36 personas? **3 camionetas**

19. El entrenador ha asignado a 3 personas para competir en cada evento. Hay un total de 27 personas. ¿En cuántos eventos competirán los miembros del equipo? **9 eventos**

6-4 Divide entre 2 (págs. 244–246)

Ejemplo 4
Marco quiere compartir 6 galletas para perro entre sus 2 perros. ¿Cuánto recibirá cada perro? Escribe la expresión numérica.

Para calcular 6 ÷ 2, usa fichas para modelar 6 dividido en 2 grupos.

Cada grupo tiene 3.

El modelo muestra 6 ÷ 2 = 3. Cada perro recibirá 3 galletas.

Usa modelos para dividir. Escribe una operación de multiplicación relacionada.

20. 12 ÷ 2 **6**
    2 × 6 = 12

21. 14 ÷ 2 **7**
    2 × 7 = 14

22. 16 ÷ 2 **8**
    2 × 8 = 16

23. 20 ÷ 2 **10**
    2 × 10 = 20

24. Verónica y Koko quieren compartir igualmente una hoja que tiene 14 pulgadas de largo. ¿Qué largo tendrá cada uno de los trozos? Escribe una expresión numérica. **14 ÷ 2 = 7 pulgadas**

6-5 Divide entre 5 (págs. 250–253)

Ejemplo 5

Marion tiene 20 renacuajos. Los dividirá igualmente entre 5 acuarios. ¿Cuántos renacuajos habrá en cada acuario? Escribe una expresión numérica para mostrar el cociente.

Puedes usar modelos para calcular 20 ÷ 5.

El modelo muestra 20 ÷ 5 = 4 renacuajos en cada acuario.

Usa modelos u operaciones relacionadas para dividir.

25. 20 ÷ 5 4

26. 35 ÷ 5 7

27. 45 ÷ 5 9

28. 15 ÷ 5 3

29. Lalo tiene 45 libros para colocar en su estante. El estante tiene 5 repisas. Si quiere colocar el mismo número de libros en cada repisa, ¿cuántos libros habrá en cada repisa? Escribe una expresión numérica para mostrar el cociente.
45 ÷ 5 = 9 libros

6-6 Investigación para resolver problemas (págs. 256–257)

Ejemplo 6

Mace compró 3 juguetes. Will compró 2 juguetes más que Mace. ¿Cuántos juguetes compraron?

Sabes que Mace compró 3 juguetes. Will compró 2 más que Mace. Necesitas calcular cuántos compraron juntos. Puedes representar el problema con fichas.

Mace   Will

3 + 3 + 2 = 8

Entonces, Mace y Will compraron 8 juguetes.

30. Un día, Maxine recibió 2 regalos. Al día siguiente recibió 4 regalos y al tercer día recibió 6 regalos. Si continúa el patrón, ¿cuántos regalos recibirá el sexto día? ¿Cuántos regalos recibió en total? 12 regalos; 42 regalos

31. Necesitas leer 5 libros al mes durante el año escolar. El año escolar es de agosto a mayo. ¿Cuántos libros leerás en un año? 50 libros

Capítulo 6 Guía de estudio y repaso **267**

Additional Answer

46. Yes; $15 \times 10 = 150$ pages. 150 Pages

6-7 **Divide entre 10** (págs. 258–260)

Ejemplo 7

Usa bloques de base 10 para modelar $40 \div 10$. Escribe una expresión numérica para mostrar el cociente.

El modelo muestra 40 dividido en grupos de 10. Hay 4 grupos.

Entonces, $40 \div 10 = 4$ ó $10\overline{)40}$.
$$4$$

Usa modelos para dividir.

32. $90 \div 10$ 9   **33.** $80 \div 10$ 8

34. $70 \div 10$ 7   **35.** $50 \div 10$ 5

36. $30 \div 10$ 3   **37.** $100 \div 10$ 10

38. Hay 40 cestas de uvas en las repisas de la tienda. Si hay 10 cestas en cada repisa, ¿cuántas repisas hay? Escribe una expresión numérica para mostrar el cociente.

$40 \div 10 = 4$ repisas

6-8 **Divide entre 0 y 1** (págs. 262–263)

Ejemplo 8

Ginger quiere dar 8 regalos a sus amigos. Si le da un regalo a cada amigo, ¿cuántos amigos tiene Ginger?

Usa las propiedades de la división para resolver $8 \div 1$.

Hay 8 grupos de 1.
Entonces, $8 \div 1 = 8$.
Ginger tiene 8 amigos.

Divide.

39. $5 \div 1$ 5   **40.** $0 \div 5$ 0

41. $0 \div 2$ 0   **42.** $10 \div 1$ 10

43. $10 \div 10$ 1   **44.** $0 \div 10$ 0

Resuelve. Escribe una expresión numérica para mostrar el cociente.

45. Cinco niños quieren ir a pescar. Encontraron 5 cañas de pescar en el garaje. ¿Tienen suficientes cañas para ir a pescar? Explica.
Sí; $5 \div 5 = 1$ para cada uno

46. Terrel leyó un libro de 15 capítulos. Cada capítulo tenía 10 páginas. Si lee una página diaria por 150 días, ¿terminará el libro? Explica.
Ver el margen.

268 **Capítulo 6** Haz modelos de conceptos y operaciones de división

Additional Answers Chapter Test

16. $3 \times 7 = 21$
$7 \times 3 = 21$
$21 \div 3 = 7$
$21 \div 7 = 3$

17. $8 \times 4 = 32$
$4 \times 8 = 32$
$32 \div 4 = 8$
$32 \div 8 = 4$

19. Sample answer: 1 group of 7 is 7. If you use counters, there would be 7 counters and they would be grouped in 1 group of 7. So, $7 \div 1 = 7$.

268 **Chapter 6** Model Division Concepts and Facts

CAPÍTULO 6 — Prueba del capítulo
CHAPTER 6 — Chapter Test
CAPÍTULO 6 — Prueba del capítulo

Prueba del capítulo

En los ejercicios 1 al 3, indica si cada enunciado es *verdadero* o *falso*.

1. Cuando divides cualquier número entre 1, el cociente es ese número. verdadero

2. En $32 \div 4 = 8$, el 4 es el dividendo. falso

3. La resta repetida puede ayudarte a resolver un problema de división. verdadero

Usa modelos para dividir. Escribe una operación de multiplicación relacionada.

4. $30 \div 5$ 6
   $5 \times 6 = 30$

5. $25 \div 5$ 5
   $5 \times 5 = 25$

6. $0 \div 7$ 0
   $7 \times 0 = 0$

7. $10 \div 2$ 5
   $2 \times 5 = 10$

8. Había 28 alumnos al comienzo del año. Desde entonces 4 se han mudado y 3 se han unido a la clase. ¿Cuántos alumnos hay ahora? 27 alumnos

9. **PRÁCTICA PARA LA PRUEBA** Durante la clase de gimnasia 16 alumnos se dividieron igualmente en 8 equipos diferentes. ¿Cuántos hay en cada equipo? A TAKS 1

   A 2   C 24
   B 3   D 128

10. Había 48 alumnos en el equipo de debate. Si 8 alumnos del equipo de debate caben en cada fila en el salón, ¿cuántas filas necesitarán? Escribe una expresión numérica para mostrar el cociente. $48 \div 8 = 6$ filas

Divide.

11. $12 \div 2$ 6

12. $35 \div 5$ 7

13. $0 \div 8$ 0

14. $2 \div 2$ 1

15. **PRÁCTICA PARA LA PRUEBA** Bart hizo este problema de división.

   $15 \div 5 = 3$

   ¿Qué problema puede hacer para verificar su resultado? H TAKS 1

   F $5 + 3$
   G $3 - 5$
   H 5×3
   J $3 \div 5$

16–17. Ver el margen.
Escribe la familia de operaciones para cada conjunto de números.

16. 3, 7, 21   17. 8, 4, 32

18. **Álgebra** Copia y completa.

Regla: Divide entre 7.	
Entrada	**Salida**
■	6
56	■
■	10
63	■

19. **ESCRIBE EN ▶ MATEMÁTICAS** Nick no entiende por qué cualquier número dividido entre uno es ese número. Explícale a Nick. Ver el margen.

Matemáticas en línea **Prueba del capítulo en** tx.gr3math.com

Summative Assessment **269**

Data-Driven Decision Making

Based on the results of the Chapter Test, use the following to review concepts that continue to present students with problems.

Exercises	TEKS	What's the Math?	Error Analysis	Resources for Review
1–3	3.4(C)	Understand division terms. Recognize that division is repeated subtraction.	Does not know "dividend." Does not subtract correctly to do division.	Strategic Intervention Guide (pp. 90, 92, 98, 100)
4–7, 16–17	3.6(C)	Model multiplication fact families to explore division facts.	Does not know multiplication facts. Cannot see relationship between multiplication and division facts.	Chapter 6 Resource Masters (Reteach Worksheets)
9, 11–15, 18	3.4(C)	Know basic multiplication/division facts.	Does not know basic multiplication facts.	Math Online Extra Examples • Personal Tutor • Concepts in Motion • Math Adventures
19	3.4(C)	Understand special properties of 0 and 1 in division.	Does not understand special properties of 0 and 1 in division.	

Chapter 6 Model Division Concepts and Facts **269**

Chapter 6 — Chapter Test

Summative Assessment

Use these alternate leveled chapter tests to differentiate assessment for the specific needs of your students.

Leveled Chapter 6 Tests			
Form	**Type**	**Level**	**CRM Pages**
1	Multiple Choice	BL	60–61
2A	Multiple Choice	OL	62–63
2B	Multiple Choice	OL	64–65
2C	Free Response	OL	66–67
2D	Free Response	OL	68–69
3	Free Response	AL	70–71

BL = below grade level
OL = on grade level
AL = above grade level

Vocabulary Test

CRM **Chapter 6 Resource Masters** (p. 55)

Exam*View* Assessment Suite Customize and create multiple versions of your Chapter Test and the test answer keys.

Prueba del capítulo

Evaluación sumativa

Use estas pruebas de distintos niveles para realizar una evaluación diferenciada de las necesidades específicas de sus alumnos.

Pruebas niveladas del Capítulo 6			
Forma	**Tipo**	**Nivel**	**CRM Páginas**
1	Selección múltiple	BL	60–61
2A	Selección múltiple	OL	62–63
2B	Selección múltiple	OL	64–65
2C	Respuestas tipo ensayo	OL	66–67
2D	Respuestas tipo ensayo	OL	68–69
3	Respuestas tipo ensayo	AL	70–71

BL = por debajo del nivel de grado
OL = al nivel del grado
AL = sobre el nivel del grado

Prueba del vocabulario

CRM **Hojas maestras de recursos del Capítulo 6** (pág. 55)

Exam*View* Assessment Suite Elabore múltiples versiones, con las características que desee, de la prueba del Capítulo y de las claves de respuesta de la prueba.

Evaluación formativa

- Use las páginas del alumno 270–271 como práctica y repaso de los TEKS de Texas. Las preguntas están escritas en el mismo estilo de las que se encuentran en el examen de Texas.
- También puede usar estas dos páginas para medir el progreso del alumno o usarlas como una alternativa de tarea para la casa.

En los las hojas maestras de recursos del Capítulo 6 se pueden hallar páginas adicionales de práctica.

CRM **Hojas maestras de recursos del Capítulo 6**
Práctica para la prueba estandarizada acumulativa
- Formato de Selección Múltiple (págs. 60-65)
- Formato de Respuestas tipo Ensayo (págs. 66-71)

 Elabore hojas de ejercicios o pruebas que cumplan con los TEKS de Texas.

Matemáticas en linea

Para práctica adicional para el examen de Texas, visite tx.gr3math.com

Ayuda para la prueba

Recuérdeles a los alumnos que lean cuidadosamente las preguntas. Esto debe ayudarlos a dividir los problemas en partes más pequeñas para resolverlas más fácilmente.

CHAPTER 6 Texas Test Practice

Formative Assessment

- Use Student pp. 270–271 as practice and review of the Texas TEKS. The questions are written in the same style as found on the Texas test.
- You can also use these two pages to benchmark student progress, or as an alternate homework assignment.

Additional practice pages can be found in the Chapter 6 Resource Masters.

CRM **Chapter 6 Resource Masters**
Cumulative Standardized Test Practice
- Multiple Choice format (pp. 60–65)
- Free Response format (pp. 66–71)

ExamView Assessment Suite Create practice worksheets or tests that align to the Texas TEKS.

Math Online
For additional practice with the Texas TEKS visit tx.gr3math.com.

⭐ **Ejemplo de PRUEBA**

AYUDA PARA LA PRUEBA
Puedes dibujar un modelo para ayudarte a entender la pregunta y resolver el problema.

Lucy quiere colocar 20 libros en 4 grupos iguales. ¿Cuántos libros habrá en cada grupo?

A 2   C 5
B 4   D 10

Lee la pregunta.
Necesitas calcular el número de libros que habrá en cada grupo.

Contesta la pregunta.
Dibuja un modelo para ayudarte a entender la pregunta.

Muestra 20 libros.
Haz 4 filas iguales.
Cuenta el número en cada fila.
Hay 5 libros en cada fila.
Entonces, la respuesta es C.

en linea **Tutor personal en** tx.gr3math.com

Elige la mejor respuesta.

1. **Adrián quiere colocar 18 manzanas en 3 cestas. Cada cesta tendrá el mismo número de manzanas. ¿Cuántas manzanas habrá en cada cesta?** A TAKS 1

   A 6   C 4
   B 5   D 3

2. **Javier quiere colocar 15 conchas de mar en 5 baldes. Cada balde tendrá el mismo número de conchas de mar. ¿Cuántas conchas de mar habrá en cada balde?** F TAKS 1

   F 3   H 5
   G 4   J 6

270   Capítulo 6 Haz modelos de conceptos y operaciones de división

Test-Taking Tips

Remind students to read the questions carefully. It may help them to break the problems into smaller parts to make them easier to solve.

3. ¿Qué expresión numérica pertenece a la familia de operaciones? D TAKS 2

$3 \times 5 = 15,\ 5 \times 3 = 15,\ 15 \div 3 = 5$

A $3 \times 15 = 45$ **C** $15 \div 1 = 15$

B $15 \div 15 = 1$ **D** $15 \div 5 = 3$

4. RELLENA EL CÍRCULO Geraldo come 2 platos de cereal en la mañana. Él hace esto 5 días a la semana. ¿Cuántos platos de cereal come cada semana? 10 TAKS 1

5. Ming-Su tiene 6 peces. Los coloca en 3 acuarios. Cada acuario tiene el mismo número de peces. ¿Qué figura muestra los peces de Ming-Su? F
TAKS 1

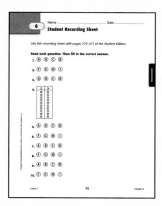

6 ¿Cuál es otra manera de escribir 3×5? C TAKS 1

A $3 + 5$ **C** $5 + 5 + 5$

B $3 + 3 + 3$ **D** $5 + 5 + 5 + 5 + 5$

7. ¿Qué número hace a esta expresión numérica verdadera? F TAKS 1

$$3 \times \blacksquare = 36$$

F 12   **H** 10

G 11   **J** 9

8. ¿Qué problema puede usarse para verificar $48 \div 12 = 4$? C TAKS 1

A $12 + 4 = \blacksquare$ **C** $12 \times 4 = \blacksquare$

B $12 - 4 = \blacksquare$ **D** $12 \div 4 = \blacksquare$

9. Los víveres de Hayden cuestan $72. Usa 5 cupones para descontar de sus víveres un total de $8. ¿Qué expresión muestra cómo calcular la cantidad que pagó Hayden? J TAKS 1

F $72 + 8$ **H** $72 - 5$

G $72 + 5$ **J** $72 - 8$

10. Un total de 28 alumnos se dividen en 7 grupos iguales. ¿Qué expresión puedes usar para calcular el número de alumnos en cada grupo? B TAKS 1

A 28×7 **C** $28 + 7$

B $28 \div 7$ **D** $28 - 7$

Answer Sheet Practice

Have students simulate taking a standardized test by recording their answers on a practice recording sheet.

Chapter 6 Resource Masters
Student Recording Sheet (p. 73)

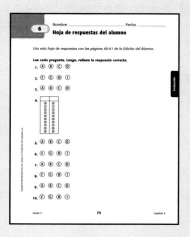

Práctica con la hoja de respuestas

Pida a los alumnos que practiquen una prueba estandarizada, anotando sus respuestas en una hoja de respuestas de práctica.

Hojas maestras de recursos del Capítulo 6
Hoja de respuestas del alumno (pág. 73)

RESPUESTAS Lección 6-1

28. Ejemplo de respuesta: Jeff tiene 18 marcadores. Está sentado en una mesa con otros 5 alumnos. Todos ellos compartirán igualmente los marcadores. ¿Cuántos marcadores le tocarán a cada uno?

29. Ejemplo de respuesta: En la resta repetida, restas el mismo número en cada grupo. Esto es como dividir el número en partes iguales.

RESPUESTAS Lección 6-2

7. Ejemplo de respuesta: El producto es el número en total. En una expresión de división, el dividendo indica cuántos en total.

27. Ejemplo de respuesta: Ya que la multiplicación y división son operaciones inversas, sabiendo que las operaciones de multiplicación te ayudarán a aprender las operaciones de división.

RESPUESTAS 6-PPS

1. Un gran grupo se dividió en pequeños grupos; resta repetida para restar 5 hasta llegar a 0, luego cuenta el número de veces que se restó.

2. Ayudó a mirar las operaciones y decidir qué necesita ser calculado. Luego, se puede hacer un plan para ayudar a resolver el problema.

6. 248 pies; Resta la torre más pequeña de la torre más grande.

12. Si grupos se han puesto juntos, usa + o ÷. Si se han apartado los grupos, usa − o ÷

Vistazo del capítulo

En el Capítulo 7, se hace énfasis en las operaciones de división de 3, 4, 6, 7, 8, 9, 10 y 11.

Lección		Objetivo matemático	TEKS
EXPLORA 7–1	Divide usando una tabla de multiplicación (págs. 275-276)	Usar modelos y operaciones de división relacionados para dividir entre 3.	3.4(C) 3.6(C) 3.14(D)
7–1	Divide entre 3 (págs. 277-279)	Usar modelos y operaciones de división relacionados para dividir entre 3.	3.4(C) 3.6(C) 3.15(A) 3.16(A) 3.16(B)
7–2	Divide entre 4 (págs. 280-283)	Usaré modelos y operaciones de multiplicación relacionados para dividir entre 4.	3.4(C) 3.6(C) 3.15(B) 3.16(B)
7–3	Estrategias para resolver problemas: Haz una tabla (págs. 284-285)	Hacer una tabla para resolver problemas.	3.6(B) 3.14(C) 3.14(B)
7–4	Divide entre 6 y 7 (págs. 286-288)	Usar modelos y operaciones de multiplicación relacionados para dividir entre 6 y entre 7.	3.4(C) 3.6(C) 3.14(D) 3.16(A) 3.16(B)
7–5	Divide entre 8 y 9 (págs. 292-294)	Usar modelos y operaciones de multiplicación relacionados para dividir entre 8 y entre 9.	3.4(C) 3.6(C) 3.15(A) 3.15(B) 3.16(A)
7–6	Divide entre 11 y 12 (págs. 296-299)	Usar modelos para dividir entre 11 y entre 12.	3.4(C) 3.6(C) 3.14(A) 3.14(D) 3.15(B) 3.16(A) 3.16(B)
7–7	Investigación para resolver problemas: Elige una estrategia (págs. 300-301)	Elegir la mejor estrategia para resolver un problema.	3.14(B) 3.14(C) 3.7(A)

Chapter-at-a-Glance

In Chapter 7, the emphasis is on division facts with 3, 4, 6, 7, 8, 9, 10, and 11.

Lesson		Math Objective	TEKS
EXPLORE 7-1	Divide Using a Multiplication Table (pp. 275–276)	Use models and related multiplication facts to divide.	3.4(C) 3.6(C) 3.14(D)
7-1	Divide by 3 (pp. 277–279)	Use models and related multiplication facts to divide by 3.	3.4(C) 3.6(C) 3.15(A) 3.16(A) 3.16(B)
7-2	Divide by 4 (pp. 280–283)	Use models and related multiplication facts to divide by 4.	3.4(C) 3.6(C) 3.15(B) 3.16(B)
7-3	Problem-Solving Strategy: Make a Table (pp. 284–285)	Make a table to solve problems.	3.6(B) 3.14(C) 3.14(B)
7-4	Divide by 6 and 7 (pp. 286–288)	Use models and related multiplication facts to divide by 6 and 7.	3.4(C) 3.6(C) 3.14(D) 3.16(A) 3.16(B)
7-5	Divide by 8 and 9 (pp. 292–294)	Use models and related multiplication facts to divide by 8 and 9.	3.4(C) 3.6(C) 3.15(A) 3.15(B) 3.16(A)
7-6	Divide by 11 and 12 (pp. 296–299)	Use models to divide by 11 and 12.	3.4(C) 3.6(C) 3.14(A) 3.14(D) 3.15(B) 3.16(A) 3.16(B)
7-7	Problem-Solving Investigation: Choose a Strategy (pp. 300–301)	Choose the best strategy to solve a problem.	3.14(B) 3.14(C) 3.7(A)

Model More Division Facts

BIG Idea After completing Chapter 6, students should be familiar with the common division strategies: modeling with objects, repeated subtraction, number lines, and arrays. They need to work on memorizing division facts in order to solve problems that involve money and eventually decimals and percents.

Developing a good understanding of the inverse relationship between division and multiplication will help students memorize facts and compute with accuracy and efficiency. This relationship can be emphasized using arrays, fact families, and even multiplication tables.

Algebra Students use the *make a table* problem-solving strategy. This concept will help prepare them for algebra concepts, such as function tables and using rules to write equations. (Lesson 7-3)

Targeted TEKS in Chapter 7

3.4 Number, operation, and quantitative reasoning. The student recognizes and solves problems in multiplication and division situations. The student is expected to:
(C) use models to solve division problems and use number sentences to record the solutions. (Lessons 7-1, 7-2, 7-4, 7-5, 7-6)

3.14 Underlying processes and mathematics tools. The student applies Grade 3 mathematics to solve problems connected to everyday experiences and activities in and outside of school. The student is expected to:
(B) solve problems that incorporate understanding the problem, making a plan, carrying out the plan, and evaluating the solution for reasonableness. (Lesson 7-7)
(C) select or develop an appropriate problem-solving plan or strategy, including drawing a picture, looking for a pattern, systematic guessing and checking, acting it out, making a table, working a simpler problem, or working backwards to solve a problem. (Lesson 7-3)

 Objetivo en el Capítulo 7

3.4 Números, operaciones y razonamiento cuantitativo. El estudiante reconoce y resuelve problemas en situaciones de multiplicación y división. Se espera que el estudiante: **(C)** utilice modelos para resolver problemas de división y utilice expresiones numéricas para anotar las soluciones. (Lecciones 7-1, 7-2, 7-4, 7-5, 7-6)

3.14 Procesos fundamentales y herramientas matemáticas. El estudiante aplica las matemáticas del 3er grado para resolver problemas relacionados con experiencias diarias y actividades dentro y fuera de la escuela. Se espera que el estudiante:
(B) resuelva problemas que incorporen la comprensión del problema, hacer un plan, llevarlo a cabo y evaluar lo razonable de la solución. (Lección 7-7)
(C) seleccione o desarrolle un plan o una estrategia de resolución de problemas apropiado en el que haga un dibujo, busque un patrón, adivine y compruebe sistemáticamente, haga una dramatización, elabore una tabla, resuelva un problema más sencillo o trabaje desde el final hasta el principio para resolver un problema. (Lección 7-3)

Skill Trace:
TEKS Vertical Alignment

Second Grade
In second grade, students learned to:
• Divide to make equal shares. TEKS 2.4(B)

Third Grade
During this chapter, students learn to:
• Use models to divide by 3, 4, 6, 7, 8, 9, 10, and 11. TEKS 3.4(C)
After this chapter, students learn to:
• Model addition and subtraction expressions. Chapter 15: TEKS 3.3(A)

Fourth Grade
In fourth grade, students learn to:
• Understand how multiplication and division are related. TEKS 4.6(A)
• Find factors of whole numbers. TEKS 4.4(B)
• Divide by one- and two-digit numbers. TEKS 4.4(E)

Back-Mapping McGraw-Hill's *Texas Mathematics* was conceived and developed with the final results in mind: student success in Algebra 1 and beyond. The authors, using the Texas TEKS as their guide, developed this brand new series by back-mapping from Algebra 1 concepts.

Math Vocabulary

The following math vocabulary words for Chapter 7 are listed in the glossary of the *Student Edition*. You can find interactive definitions in 13 languages in the *eGlossary* at tx.gr3math.com.

array Objects or symbols displayed in rows of the same length and columns of the same length. The length of a row might be different from the length of a column. (p. 286A)

dividend A number that is being divided. (p. 277A)
Example: $3\overline{)429}$ (429 is the dividend).

divisor The number by which the dividend is being divided. (p. 277A)
Example: $3\overline{)12}$ (3 is the divisor).

quotient The result of a division problem. (p. 277A)

fact family Basic facts using the same numbers. Sometimes called related facts. (p. 280)
Example: $5 \times 4 = 20$ $4 \times 5 = 20$
$20 \div 5 = 4$ $20 \div 4 = 5$.

Visual Vocabulary Cards
Use Visual Vocabulary Cards 3, 15, 16, and 46 to reinforce the vocabulary in this lesson. (The Define/Example/Ask routine is printed on the back of each card.)

| dividend |

Vocabulario matemático

Las siguientes palabras de vocabulario matemático para el Capítulo 7 se presentan en el glosario de la *edición del alumno*. Se pueden encontrar definiciones interactivas en 13 idiomas en el *eGlossary* en tx.gr3math.com

arreglo Objetos o símbolos representados en filas de la misma longitud y columnas de la misma longitud. La longitud de una fila puede ser diferente de la longitud de una columna. (pág. 286A)

dividendo El número que se divide. (pág. 277A)
Ejemplo: $3\overline{)429}$ (429 es el dividendo).

divisor Número entre el cual se divide el dividendo. (pág. 277A)
Ejemplo: $3\overline{)12}$ (3 es el divisor).

cociente Respuesta a un problema de división. (pág. 277A)

familia de operaciones Grupo de operaciones relacionadas que usan los mismos números. (pág. 280)
Ejemplo: $5 \times 4 = 20$ $4 \times 5 = 20$
$20 \div 5 = 4$ $20 \div 4 = 5$.

Tarjetas visuales de vocabulario
Use la(s) tarjeta(s) visual(es) del vocabulario 3, 15, 16 y 46 para reforzar el vocabulario presentado en esta lección. $24 \div 4 = 4$ (La rutina Definir/Ejemplo/Pregunta se encuentra en la parte posterior de cada tarjeta.)

| dividendo |

CHAPTER 7

Chapter Planner

Suggested Pacing		
Instruction	**Review & Assessment**	**TOTAL**
8 days	2 days	**10 days**

Diagnostic Assessment
Quick Check (p. 274)

	Explore 7-1 Pacing: 1 day	**Lesson 7-1** Pacing: 1 day	**Lesson 7-2** Pacing: 1 day
Lesson/ Objective	**Model Division** (pp. 275–276) **Objective:** Use models and related multiplication facts to divide.	**Divide by 3** (pp. 277–279) **Objective:** Use models and related multiplication facts to divide by 3.	**Divide by 4** (pp. 280–283) **Objective:** Use models and related multiplication facts to divide by 4.
TEKS 🤠	3.4(C), 3.6(C), 3.14(D)	3.4(C), 3.6(C), 3.15(A), 3.16(A), 3.16(B)	3.4(C), 3.6(C), 3.15(B), 3.16(B)
Math Vocabulary		**divisor, dividend, quotient**	
Lesson Resources	**Materials** counters	**Materials** number line **Manipulatives** counters **Other Resources** CRM Leveled Worksheets (pp. 8–12) 🖨 Daily Reteach • 5-Minute Check • Problem of the Day	**Materials** hundreds chart **Manipulatives** counters **Other Resources** CRM Leveled Worksheets (pp. 13–17) 🖨 Daily Reteach • 5-Minute Check • Problem of the Day
Technology	💿 Interactive Classroom Math Online Concepts in Motion • Games	💿 Interactive Classroom • Math Adventures Math Online Personal Tutor • Games	💿 Interactive Classroom • Math Adventures Math Online Personal Tutor • Games
Reaching All Learners		English Learners, p. 277B ELL Below Level, p. 277B BL Early Finishers, p. 277B OL AL	English Learners, p. 280B ELL Gifted and Talented, p. 280B AL Early Finishers, p. 280B OL AL
Alternate Lesson		MathWays: Unit 4	MathWays: Unit 4

KEY

BL Below Level   OL On Level   AL Above Level   ELL English Learners

SE Student Edition   TE Teacher Edition   CRM Chapter 7 Resource Masters   💿 CD-Rom

🖨 Transparency   📖 Real-World Problem-Solving Library

	Lesson 7-3 Pacing: 1 day	Lesson 7-4 Pacing: 1 day	Lesson 7-5 Pacing: 1 day	
	Problem-Solving Strategy Make a Table (pp. 284–285) **Objective:** Make a table to solve problems.	**Divide by 6 and 7** (pp. 286–288) **Objective:** Use models and related multiplication facts to divide by 6 and 7.	**Divide by 8 and 9** (pp. 292–294) **Objective:** Use models and related multiplication facts to divide by 8 and 9.	**Lesson/ Objective**
	3.6(B), 3.14(C), 3.14(B)	3.4(C), 3.6(C), 3.14(D), 3.16(A), 3.16(B)	3.4(C), 3.6(C), 3.15(A), 3.15(B), 3.16(A)	**TEKS**
				Math Vocabulary
		Materials grid paper **Manipulatives** counters	**Manipulatives** counters, cups	**Lesson Resources**
	Other Resources [CRM] Leveled Worksheets (pp. 18–22) Daily Reteach • 5-Minute Check • Problem of the Day 📖 *Craft Store Supplies*	**Other Resources** [CRM] Leveled Worksheets (pp. 23–27) Daily Reteach • 5-Minute Check • Problem of the Day	**Other Resources** [CRM] Leveled Worksheets (pp. 28–32) Daily Reteach • 5-Minute Check • Problem of the Day	
	💿 Interactive Classroom Math☉nline Games	💿 Interactive Classroom • Math Adventures Math☉nline Personal Tutor • Games	💿 Interactive Classroom • Math Adventures Math☉nline Personal Tutor • Games	**Technology**
	English Learners, p. 284B [ELL] Gifted and Talented, p. 284B [AL] Early Finishers, p. 284B [OL] [AL]	English Learners, p. 286B [ELL] Gifted and Talented, p. 286B [AL] Early Finishers, p. 286B [OL] [AL]	English Learners, p. 292B [ELL] Gifted and Talented, p. 292B [AL] Early Finishers, p. 292B [OL] [AL]	**Reaching All Learners**
				Alternate Lesson

✓ **Formative Assessment**
Mid-Chapter Check (p. 289)

Problem Solving in Civics (p. 290)

Game Time
Facts Roll (p. 295)

	Lesson 7-6	Pacing: 1 day	Lesson 7-7	Pacing: 1 day
Lesson/ Objective	**Divide by 11 and 12** (pp. 296–299) **Objective:** Use models to divide by 11 and 12.		**Problem-Solving Investigation** **Choose a Strategy** (pp. 300–301) **Objective:** Choose the best strategy to solve a problem.	
TEKS	3.4(C), 3.6(C), 3.14(A), 3.14(D), 3.15(B), 3.16(A), 3.16(B)		3.14(B), 3.14(C)	
Math Vocabulary				
Lesson Resources	**Materials** empty egg cartons **Manipulatives** counters, base-ten blocks **Other Resources** CRM Leveled Worksheets (pp. 33–37) Daily Reteach • 5-Minute Check • Problem of the Day		**Manipulatives** money **Other Resources** CRM Leveled Worksheets (pp. 38–42) Daily Reteach • 5-Minute Check • Problem of the Day Craft Store Supplies	
Technology	Interactive Classroom Math Online Personal Tutor • Games		Interactive Classroom Math Online Games	
Reaching All Learners	English Learners, p. 296B ELL Below Level, p. 296B BL Early Finishers, p. 296B AL		English Learners, p. 300B ELL Below Level, p. 300B BL Early Finishers, p. 300B OL AL	
Alternate Lesson				

Summative Assessment
- Study Guide/Review (p. 302)
- Chapter Test (p. 307)
- Texas Test Practice (p. 308)

Assessment Options

Diagnostic Assessment

SE *Option 1:* Quick Check (p. 274)
Option 2: Online Quiz tx.gr3math.com
CRM *Option 3:* Diagnostic Test (p. 44)

Formative Assessment

TE Alternate Teaching Strategies (in every lesson)
SE Talk About It (in every lesson)
SE Writing in Math (in every lesson)
SE Check What You Know (in every lesson)
TE Ticket Out the Door (p. 294)
TE Into the Future (pp. 279, 288)
TE Yesterday's News (p. 299)
TE Name the Math (p. 283)
SE Mid-Chapter Check (p. 289)
CRM Lesson Quizzes (pp. 46–48)
CRM Mid-Chapter Test (p. 49)

Summative Assessment

SE Chapter Test (p. 307)
SE Standards Practice (p. 308)
CRM Vocabulary Test (p. 50)
CRM Leveled Chapter Tests (pp. 55–56)
CRM Cumulative Standards Test Practice (pp. 69–71)
CRM Oral Assessment (pp. 51–52)
Exam*View*® Assessment Suite

McGraw Hill Professional Development

Target professional development has been articulated throughout **Texas Mathematics** series. The **McGraw-Hill Professional Development Video Library** provide short videos that support the Texas TEKS. For more information, visit
tx.gr3math.com

| Model Lessons | Instructional Strategies |

Teacher Notes

CAPÍTULO 7
Estaciones de aprendizaje
Enlaces interdisciplinarios

CHAPTER 7
Learning Stations
Cross-Curricular Links

 **Lectura**

La división es un picnic

- Lean *How Hungry Are You?* de Donna Jo Napoli por tu cuenta o con un(a) compañero(a).
- Usen bloques de 12 unidades para representar sándwiches. ¿Cuántos sándwiches recibe cada uno, tú y tu compañero(a), si los divides igualmente?
- ¿Y si otra persona se les uniera? ¿Cuántos sándwiches tendría cada uno de ustedes? ¿Cuántos tendría cada uno si dos personas más se les unieran? ¿Y si cuatro personas más se les unieran?
- Escriban expresiones de división para cada situación.

Notas al maestro: Respuestas: 12 ÷ 2 = 6; 12 ÷ 3 = 4; 12 ÷ 4 = 3, 12 ÷ 6 = 2

Materiales:
- *How Hungry Are You?* de Donna Jo Napoli
- bloques de 12 unidades por grupo
- papel
- lápices

 **Arte**

Exprésate tu mismo

El Expresionismo es un movimiento artístico conocidos por sus colores brillantes y figuras abstractas.

- Tomen una página colorida de una revista y córtenla en 32 trozos (doblen dos veces la página por la mitad horizontalmente y luego, tres veces verticalmente y corten por los dobleces).
- Hagan ocho montones iguales con los trozos y escriban una expresión para describir esta división. Luego, escriban una ecuación para mostrar la respuesta.
- Creen su propio trabajo expresionista de arte con sus grupos de trozos.

Materiales:
- revistas para recortar
- tijeras
- barras de pega
- papel blanco
- lápiz

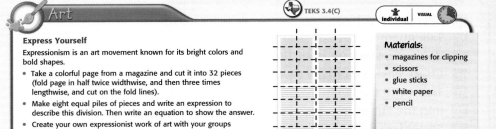

Reading — TEKS 3.4(C) — pair | LOGICAL

Division is a Picnic
- Read *How Hungry Are You?* by Donna Jo Napoli by yourself or with a partner.
- Use 12 unit blocks to represent sandwiches. How many sandwiches do you and your partner each get if you divide them up evenly?
- What if one more person were to join you? How many sandwiches would each of you have? How many would you each have if two more people joined you? How about if four more people joined you?
- Write division sentences for each situation.

Teacher Notes: Answers: 12 ÷ 2 = 6; 12 ÷ 3 = 4; 12 ÷ 4 = 3; 12 ÷ 6 = 2.

Materials:
- *How Hungry Are You?* by Donna Jo Napoli
- 12 unit blocks per group
- paper
- pencils

Art — TEKS 3.4(C) — individual | VISUAL

Express Yourself
Expressionism is an art movement known for its bright colors and bold shapes.
- Take a colorful page from a magazine and cut it into 32 pieces (fold page in half twice widthwise, and then three times lengthwise, and cut on the fold lines).
- Make eight equal piles of pieces and write an expression to describe this division. Then write an equation to show the answer.
- Create your own expressionist work of art with your groups of pieces.

Materials:
- magazines for clipping
- scissors
- glue sticks
- white paper
- pencil

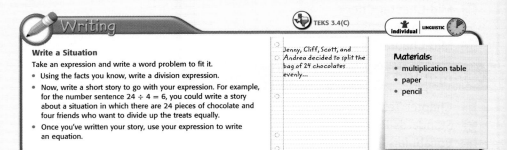

Writing — TEKS 3.4(C) — individual | LINGUISTIC

Write a Situation
Take an expression and write a word problem to fit it.
- Using the facts you know, write a division expression.
- Now, write a short story to go with your expression. For example, for the number sentence 24 ÷ 4 = 6, you could write a story about a situation in which there are 24 pieces of chocolate and four friends who want to divide up the treats equally.
- Once you've written your story, use your expression to write an equation.

Jenny, Cliff, Scott, and Andrea decided to split the bag of 24 chocolates evenly...

Materials:
- multiplication table
- paper
- pencil

 **Escritura**

Escriban una situación

Tomen una expresión y escriban un problema de palabra que encaje.
- Usando los datos que conocen, escriban una expresión de división.
- Ahora, escriban una historia corta que vaya con su expresión. Por ejemplo, para la expresión numérica 24 ÷ 4 = 4, pueden escribir una historia sobre una situación en la cual hay 24 trozos de chocolate y cuatro amigos que quieren dividir el regalo igualmente.
- Una vez que han escrito su historia, usen su expresión para escribir una ecuación.

Jenny, Cliff, Scott y Andrea decidieron repartirse equitativamente la bolsa de 24 chocolates...

Materiales:
- tabla de multiplicación
- papel
- lápiz

Model More Division Facts

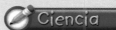

Science

TEKS 3.4(C) | pair | SPATIAL

Please Feed the Animals

A small adult seal can eat four pounds of fish per feeding, and a large adult seal can eat eight pounds of fish per feeding.

- Count 32 blocks or fish cut-outs. Each block or fish cut-out is worth one pound of fish. Divide your fish into feedings for a small adult seal. How many feedings can you get out of your pile of fish?
- What if you have to feed one large adult seal? Divide your pounds of fish into feedings for your adult seal. How many feedings are there?
- Write expressions to explain each situation. Draw colorful fish swimming around your expressions.

Materials:
- 32 unit blocks or cut-outs of fish
- markers
- paper
- pencils

Health

TEKS 3.4(C) | group | LOGICAL

Snack Sale

- Make an apple stand with enough apples for each person in your group to buy one. Put your apples into a basket. Each apple costs nine cents. Make a sign with your price for each apple. How much is the whole basket worth? Write an expression to show this amount.
- Place 54 cents worth of apples in one basket. How many students could buy an apple from the basket?
- Have an apple sale and mark the price down to eight cents. Make a sign with your new price. Make two baskets of apples worth 24 cents. How many apples will you place in each basket?

Materials:
- baskets of apples, at least 3–6 each
- markers
- paper
- pencils

Social Studies

TEKS 3.4(C) | individual | LOGICAL

Take a Count

A census is a count of the population, or the number of people in a group. You can write expressions to show the population of your school.

- Look at the classroom census information your teacher has provided. Write an expression to show how you will use classroom information to find out how many students are in your school.
- Write expressions to show how many students are in each grade.
- What operation did you use to write these expressions?
- Now, write equations to complete your census.

School Census
- **Grade 3**
  Mr. Allerton's class, 23 students
  Ms. Stanley's class, 21 students
- **Grade 4**
  Ms. Fortune's class, 26 students
  Mr. Buxton's class, 23 students
- **Grade 5**
  Ms. Raleigh's class, 24 students
  Ms. Arden's class, 21 students

Materials:
- population of classrooms in your school per grade written on a poster
- paper
- pencil

Ciencia

Por favor alimenten los animales

Una foca adulta pequeña come cuatro libras de pescado por porción y una foca adulta grande puede comer ocho libras de pescado por porción.

- Cuenten 32 bloques o trozos de pescado. Cada bloque o trozo equivale a una libra de pescado. Dividan sus pescados en porciones para una foca adulta pequeña. ¿Cuántas porciones pueden obtener de su pila de pescado?
- ¿Qué sucede si tienen que alimentar a una foca adulta grande? Dividan sus libras de pescados en porciones para su foca adulta. ¿Cuántas porciones hay?
- Escriban expresiones para explicar cada situación. Dibujen peces coloridos nadando alrededor de sus expresiones.

Materiales:
- bloques de 32 unidades o trozos de pescado
- marcadores
- papel
- lápices

Salud

Venta de meriendas

- Hagan un quiosco para vender manzanas con suficientes manzanas para que cada persona en su grupo compre una. Coloquen sus manzanas en una cesta. Cada manzana cuesta nueve centavos. Hagan una señal con su precio para cada manzana. ¿Cuánto vale la cesta entera? Escribe una expresión para mostrar esta cantidad.
- Coloquen en una cesta manzanas que cuesten 54 centavos. ¿Cuántos alumnos pueden comprar una manzana de la cesta?
- Hagan una oferta de manzanas y bajen el precio a ocho centavos. Hagan una señal con su precio nuevo. Hagan que dos cestas de manzanas cuesten 24 centavos. ¿Cuántas manzanas colocarán en cada cesta?

Materiales:
- cestas de manzanas, como mínimo de 3 a 6 cada una
- marcadores
- papel
- lápices

Ciencia social

Hagan un conteo

Un censo es un conteo de la población o el número de personas en un grupo. Pueden escribir expresiones para mostrar la población de su escuela.

- Observen la información del censo del salón que les ha proveído la maestra. Escriban una expresión para mostrar cómo usarán la información del salón para calcular cuántos alumnos hay en su escuela.
- Escriban expresiones para mostrar cuántos alumnos hay en cada grado.
- ¿Qué operación usaron para escribir estas expresiones?
- Ahora, escriban ecuaciones para completar su censo.

Materiales:
- población de los salones en su escuela, por grado, escrita en un afiche
- papel
- lápiz

Censo de la escuela
- **3er Grado**
  La clase del Sr. Allerton, 23 alumnos
  La clase de la Sra. Stanley, 21 alumnos
- **4to Grado**
  La clase de la Sra. Fortune, 26 alumnos
  La clase del Sr. Buxton, 23 alumnos
- **5to Grado**
  La clase de la Sra. Raleigh, 24 alumnos
  La clase de la Sra. Arden, 21 alumnos

CAPÍTULO 7

Introducción al capítulo

🌐 Vida real: ¡Doblones! TEKS 3.4(C)

Materiales: fichas

Explíqueles a los alumnos que en este capítulo estarán continuando su estudio de división.

- Divida a los alumnos en grupos de 3 ó 4 y déle a cada grupo 20 fichas.
- Pídales que piensen en buzos de aguas profundas que buscan un barco hundido. Indíqueles que cada ficha representa un doblón (una moneda de oro Española vieja).
- Pídales a los grupos que modelen compartir las monedas entre 2 personas, 5 personas y 10 personas. Pídales que hagan un dibujo de cada modelo para descubrir cuántas monedas habrá en cada grupo.

Dirija a los alumnos a la pág. 272 en la edición del alumno. Pídales que lean el párrafo al principio de la página.

- **¿Cuáles son algunas de las cosas que pudieran dividirse igualmente entre las personas?** comida, dinero, tiempo, etc.

✏️ ESCRIBE EN ▶MATEMÁTICAS

Comenzando el capítulo TEKS 3.15(A), 3.14(A)

Pídales a los alumnos que escriban un párrafo corto que diga lo que aprendieron sobre la división en el capítulo último. Pídales a los alumnos que incluyan una oración o dos sobre cuándo deberían dividir.

Vocabulario clave Presente el vocabulario clave de este capítulo usando la siguiente rutina.

Define: Un dividendo es un número que se divide.
Ejemplo: En 100 ÷ 4, 100 es el dividendo.
Pregunta: ¿Cuándo necesitan calcular el costo de un artículo? Ejemplo de respuesta: cuando el precio de un paquete es para varios artículos. ¿Qué información necesitan? el precio total y el número de artículos en el paquete

Antología de lectura en voz alta Para introducir los conceptos matemáticos de este capítulo con una lectura alternativa, vea la antología de lectura en voz alta en la pág. R88.

CHAPTER 7

Introduce the Chapter

🌐 Real-World: Doubloons! TEKS 3.4(C)

Materials: counters

Explain to students that in this chapter they will be continuing their study of division.

- Divide students into groups of 3 or 4 and give each group 20 counters.
- Have them think about deep-sea divers searching a sunken ship. Tell them that each counter represents a doubloon (an old Spanish gold coin).
- Have groups model sharing the coins among 2 people, 5 people, and 10 people. Ask them to draw a picture of each model to discover how many coins will be in each group.

Direct students to Student Edition p. 272. Have students read the paragraph at the top of the page.

- **What are some things that might need to be divided equally among people?** food, money, time, etc.

✏️ WRITING IN ▶MATH

Starting the Chapter TEKS 3.15(A), 3.14(A)

Have students write a short paragraph telling what they learned about division in the last chapter. Have them include a sentence or two about when they might need to divide.

Key Vocabulary Introduce the key vocabulary in the chapter using the routine below.

Define: A dividend is a number that is being divided.
Example: In 100 ÷ 4, 100 is the dividend.
Ask: When would you need to find the cost of one item? Sample answer: when the price is for several items in a package What information do you need? the total price and the number of items in the package

Read-Aloud Anthology For an optional reading activity to introduce this chapter's math concepts, see the Read-Aloud Anthology on p. R88.

CAPÍTULO 7
Haz modelos de más operaciones de división

La GRAN Idea ¿Qué son operaciones y estrategias de división?

Las operaciones y las estrategias de división te ayudarán a dividir.

Ejemplo En un lago hay 16 botes. Cada muelle contiene 8 botes. Por lo tanto, se necesitan 16 ÷ 8 ó 2 muelles para contener los botes.

¿Qué aprenderé en este capítulo?
- A usar modelos, tablas, arreglos y operaciones relacionadas para dividir.
- A dividir entre 3, 4, 6, 7, 8, 9, 11 y 12.
- A escribir y resolver expresiones numéricas.
- A hacer una tabla para resolver problemas.

Vocabulario clave

dividendo
divisor
cociente

Matemáticas en línea Herramientas de estudio del alumno en tx.gr3math.com

272 Capítulo 7 Haz modelos de más operaciones de división

✔️ Chapter 7 Project TEKS 3.14(A)

Stocking the Store

Students design a store with different items of clothing and figure out both the price of one item and inventory totals for each item.
- Students create a clothing store. They will stock 7 caps, 8 pairs of sneakers, 9 pairs of jeans, and 8 t-shirts.
- Students find the amount total inventory is worth for each type of clothing. Then they find the price for each item in the group.
- Students write number sentences to show the price of each of their clothing items. Then they create a poster showing the prices of each item.
- Challenge students to figure out how much their inventory would be worth if they raised the price of each item by $1.

CRM *Refer to Chapter 7 Resource Masters, p. 53, for a rubric to assess students' progress on this project.*

✔️ Proyecto del Capítulo 7 TEKS 3.14(A)

Surtir la tienda

Los alumnos diseñan una tienda con artículos diferentes de ropa y calculan tanto el precio de un artículo como el inventario total de cada artículo.
- Los alumnos crean una tienda de ropa. Ellos la surtirán con 7 gorras, 8 pares de zapatos deportivos, 9 jeans y 8 camisetas.
- Los alumnos calculan cuánto vale el inventario total para cada tipo de artículo de ropa. Luego, calculan el precio de cada artículo en el grupo.
- Los alumnos escriben expresiones numéricas para mostrar el precio de cada uno de los artículos de ropa. Luego, crean un afiche mostrando los precios de cada artículo.
- Rete a los alumnos a calcular cuánto valdrá su inventario si aumentan el precio de cada artículo en $1.

CRM *Refiérase a las Hojas maestras de recursos del Capítulo 7 pág. 53 para obtener una regla para la evaluación del progreso del alumno en el proyecto.*

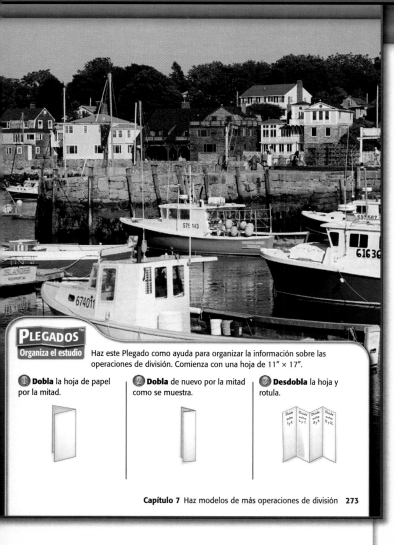

Organiza el estudio Haz este Plegado como ayuda para organizar la información sobre las operaciones de división. Comienza con una hoja de 11″ × 17″.

① **Dobla** la hoja de papel por la mitad.

② **Dobla** de nuevo por la mitad como se muestra.

③ **Desdobla** la hoja y rotula.

Capítulo 7 Haz modelos de más operaciones de división **273**

- Read the Math at Home letter found on Chapter 7 Resource Masters, p. 4, with the class and have each student sign it. (A Spanish version is found on p. 5.)
- Send home copies of the Math at Home letter with each student.

FOLDABLES™ Dinah Zike's Foldables

Guide students through the directions on p. 273 to create their own Foldable graphic organizers for division facts. Students may also use their Foldables to study and review for chapter assessments.

When to Use It Lessons 7-1, 7-2, 7-4, and 7-5. (Additional instructions for using the Foldables with these lessons are found on pp. 289 and 302)

Chapter 7 Literature List

Lesson	Book Title
7-1	**How Many Days to America?** Eve Bunting
7-2	**The Great Divide** Dale Ann Dodds
7-3	**Six-Dinner Sid** Inga Moore
7-4	**Eight Hands Round: A Patchwork Alphabet** Ann Whitford Paul
7-5	**Eight Hands Round: A Patchwork Alphabet** Ann Whitford Paul
7-6	**A Remainder of One** Elinor J. Pinczes
Any	**One Wide River To Cross** Ed Emberley
Any	**Math Man** Teri Daniels

PLEGADOS™ Plegados de Dinah Zike

Guíe a los alumnos por las instrucciones de la edición del alumno, pág. 273 para que hagan su propio Plegado de organización gráfica sobre las operaciones de la división. Los alumnos pueden también usar su Plegado para estudiar y repasar antes de las evaluaciones del capítulo.

¿Cuando usarlo? Lecciones 7-1, 7-2, 7-4 y 7-5 (En las págs. 289 y 302 se encuentran instrucciones adicionales para usar el Plegado con estas lecciones).

Chapter 7 Chapter Opener **273**

- Lea con la clase la Carta de matemáticas en casa que se encuentra en la pág. 4 de las Hojas maestras de recursos del Capítulo 7 y haga que cada alumno la firme. (Una versión en español se encuentra en la pág. 5.)
- Envíe una copia de la Carta de matemáticas en casa a la casa de cada alumno.

Evaluación de diagnóstico

Evalúe el nivel de las destrezas previas de los alumnos antes de empezar el capítulo.

- **Opción 1:** *Control rápido*
  SE Student Edition, pág. 44

- **Opción 1:** *Evaluación en línea*
  Matemáticas en línea
  tx.gr3math.com

- **Opción 3:** *Prueba de diagnóstico*
  CRM Hojas maestras de recursos del Capítulo 7 pág. 44

Aplique los resultados

En base a los resultados de la evaluación de diagnóstico de la Edición del alumno, pág. 274 trabaje en las carencias individuales de los alumnos antes de iniciar el capítulo.

Diagnostic Assessment

Check for students' prerequisite skills before beginning the chapter.

- **Option 1:** *Quick Check*
  SE Student Edition, p. 274

- **Option 2:** *Online Assessment*
  MathOnline tx.gr3math.com

- **Option 3:** *Diagnostic Test*
  CRM Chapter 7 Resource Masters, p. 44

Apply the Results

Based on the results of the diagnostic assessment on Student Edition p. 274, address individual needs before beginning the chapter.

Intensive Intervention
two or more years below grade level

If	students miss 75% of the exercises:
Then	use *Math Triumphs*, an intensive math intervention program from McGraw-Hill

Tienes dos opciones para revisar las destrezas que se requieren para ese capítulo.

Opción 2
Matemáticas en línea Toma el Control de preparación del capítulo en tx.gr3math.com.

Opción 1

Completa la siguiente verificación rápida.

Verificación RÁPIDA

Usa el arreglo para completar cada expresión numérica.
(Lección 6-2) (Se usa en la Lección 7-4)

1. $2 \times \blacksquare = 8$
$8 \div \blacksquare = 4$

2. $1 \times 4 = \blacksquare$
$4 \div \blacksquare = 4$

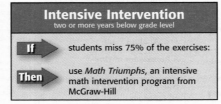

4; 2   4; 1

Divide. (Capítulo 6) (Se usa en la Lecciones 7-1, 7-2, 7-4, 7-5 y 7-6)

3. $25 \div 5$ 5   **4.** $18 \div 9$ 2   **5.** $10\overline{)20}$ 2

6. Luther y Sheila tienen 49 canicas y juegan con 5 amigos. ¿Habrá suficientes canicas para que cada jugador tenga un número igual de canicas? Explica. Sí, hay 7 jugadores y cada uno tendrá 7 canicas. Quedarán seis canicas.

Resta: (Capítulo 3) (Se usa en las lecciones 7-2, 7-4 y 7-5)

7. $8 - 2$ 6   **8.** $10 - 5$ 5   **9.** $12 - 4$ 8

Álgebra **Calcula cada número que falta.** (Lección 5-4) (Se usa en las lecciones 7-1, 7-2 y 7-6)

10. $4 \times \blacksquare = 20$ 5   **11.** $3 \times \blacksquare = 30$ 10   **12.** $5 \times \blacksquare = 45$ 9

13. Fidaa y Aaron atraparon 8 saltamontes cada uno. ¿Cuántos atraparon en total? 16

274 Capítulo 7 Haz modelos de más operaciones de división

Strategic Intervention	On-Level	Above-Level
below grade level		
If students miss seven or more in: **Exercises 1–13**	**If** students miss four or less in: **Exercises 1–13**	**If** students miss two or less in: **Exercises 1–13**
Then choose a resource:	**Then** choose a resource:	**Then** choose a resource:
Strategic Intervention Guide (pp. 92, 94, 98)	**TE** Learning Stations (pp. 272G–272H)	**TE** Learning Stations (pp. 272G–272H)
CRM Chapter 6 Resource Masters Reteach Worksheets	**TE** Chapter Project (p. 272)	**TE** Chapter Project (p. 272)
MathOnline Extra Examples • Personal Tutor Concepts in Motion	**CRM** Game: Family Facts from Start to Finish	Math Adventures
	Math Adventures	Real-World Problem Solving: *Craft Store Supplies*
	MathOnline Games • eFlashcards • Fact Dash	**Math**Online Games

274 Chapter 7 Model More Division Facts

Actividad matemática para 7-1
Haz modelos de la división

Puedes usar fichas para hacer modelos de la división.

ACTIVIDAD

Calcula $20 \div 5$.

Paso 1 Usa 20 fichas. Haz una columna con 5 de las fichas. Haz más columnas de 5 con el resto de las fichas.

Paso 2 Alinea las columnas para juntarlas.

Paso 3 Cuenta las fichas en cada fila. Hay 4 fichas en cada fila.

Entonces, $20 \div 5 = 4$ ó $5 \overline{)20}$ con 4 arriba.

Conceptos en movimiento

Animación
tx.gr5math.com

275

Explore Math Activity for 7-1

Lesson Planner

Objective

Use models and related multiplication facts to divide.

TEKS and TAKS

Targeted TEKS 3.4 The student recognizes and solves problems in multiplication and division situations. **(C) Use models to solve division problems and use number sentences to record the solutions.** *Also addresses TEKS 3.6(C), 3.14(D).*

TAKS 1 The student will demonstrate an understanding of numbers, operations, and quantitative reasoning.

Resources

Materials: counters

Technology: Concepts in Motion

1 Introduce   TEKS 3.4(C)

Give each student 20 counters.
- **How can you use counters to model 3×6?** Make 3 rows of 6 counters.
- **When you look at your model, how do you know the factors? the product?** The number of counters in a row and the number of columns in the array are factors; the total number of counters is the product.

2 Teach   TEKS 3.4(C)

Activity 1 Point out that a column of counters is a vertical arrangement of the counters, and a row of counters is a horizontal arrangement.

Actividad matemática para 7-1

Planificador de lección

Objetivo

Usen modelos y operaciones de multiplicación para dividir.

TEKS y TAKS

TEKS 3.4 El estudiante reconoce y resuelve problemas en situaciones de multiplicación y división. **(C) Utilice modelos para resolver problemas de división y utilice expresiones numéricas para anotar las soluciones.** *También cubre TEKS 3.6(C), 3.14(D).*

TAKS 1 El estudiante demostrará un entendimiento del razonamiento numérico, operacional y cuantitativo.

Recursos

Materiales: fichas
Tecnología: Conceptos en movimiento

1 Presentación   TEKS 3.4(C)

Déle a cada alumno 20 fichas.
- **¿Cómo pueden usar fichas para hacer un modelo de 3 x 6?** Hagan 3 filas de 6 fichas.
- **Cuando observas tu modelo, ¿cómo conoces los factores? ¿El producto?** El número de fichas en una fila y el número de columnas en el arreglo son factores: el número total de fichas es el producto.

2 Enseñanza   TEKS 3.4(C)

Actividad 1 Señale que una columna de fichas es un arreglo vertical de las fichas y una fila de fichas es un arreglo horizontal.

Actividad 2 Cuando observen un arreglo, el dividendo es el número de fichas, el divisor es el número de filas y el cociente es el número de columnas en cada fila.

Piénsalo

Asígnele los ejercicios 1 y 2 para evaluar la comprensión del alumno sobre el concepto presentado en las actividades.

 Evaluación   TEKS 3.4(C)

Evaluación formativa

Usen los ejercicios 3 al 11 de **Verifica lo que sabes** para evaluar si los alumnos comprenden cómo usar modelos para dividir y cómo escribir expresiones numéricas usando la división.

De lo concreto a lo abstracto Use el Ejercicio 11 para cerrar la brecha entre el concepto de división y el uso de arreglos para hacer un modelo de la división.

Activity 2 When you are looking at an array, the dividend is the number of counters, the divisor is the number of rows, and the quotient is the number of columns in each row.

Think About It
Assign Exercises 1 and 2 to assess student comprehension of the concept presented in the Activities.

**Assess**   TEKS 3.4(C)

Formative Assessment

Use the **Check What You Know** Exercises 3–11 to assess whether students comprehend how to use models to divide and how to write number sentences using division.

From Concrete to Abstract Use Exercise 11 to bridge the gap between the concept of division and the use of arrays to model division.

ACTIVIDAD

2 Usa la división con 12 en el dividendo para escribir expresiones numéricas.

Paso 1   Comienza con 12 fichas. Haz un arreglo. Usa la división que describe el arreglo para escribir una expresión numérica.

Paso 2   Usa 12 fichas para modelar otros arreglos. Usa la división para escribir las expresiones numéricas.

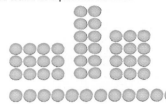

Piénsalo
1. ¿Qué arreglos se pueden usar para dividir?
   La multiplicación y la división son operaciones opuestas.
2. ¿Qué par de expresiones numéricas se relacionan de las que se muestran en el paso 2? $12 \div 4 = 3$ y $12 \div 3 = 4$

VERIFICA lo que sabes

Usa modelos para dividir.

3. $21 \div 3$ 7   **4.** $49 \div 7$ 7   **5.** $36 \div 9$ 4   **6.** $72 \div 8$ 9

Usa la división con el dividendo que se muestra para escribir una expresión numérica.

Ejemplo de respuesta: Ejemplo de respuesta: Ejemplo de respuesta: Ejemplo de respuesta:

7. 10 $10 \div 2 = 5$ **8.** 9 $9 \div 3 = 3$ **9.** 15 $15 \div 5 = 3$ **10.** 16 $16 \div 4 = 4$

11. ESCRIBE EN ▶ MATEMÁTICAS Explica cómo se usan los arreglos para la división. Ver Apéndice de respuestas del Cap. 7.

276   **Capítulo 7** Haz modelos de más operaciones de división

---

LESSON 7-1 Divide by 3

Lesson Planner

Objective
Use models and related multiplication facts to divide by 3.

TEKS and TAKS

Targeted TEKS 3.4 The student recognizes and solves problems in multiplication and division situations. **(C) Use models to solve division problems and use number sentences to record the solutions.** *Also addresses TEKS 3.6(C), 3.16(A).*

TAKS 1 The student will demonstrate an understanding of numbers, operations, and quantitative reasoning.

Student pages also address the following TEKS:
TEKS 3.15(A) Talk About It, Exercise 6
TEKS 3.16(B) HOT Problems, Exercise 28–30

Review Vocabulary
divisor, **dividend**, **quotient**

Resources
Materials: number line

Manipulatives: counters

Literature Connection: *How Many Days to America?* by Eve Bunting

Teacher Technology
Interactive Classroom • TeacherWorks

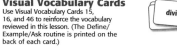

Division facts are not separate entities but have "family ties" to the multiplication facts. If the basic facts for three have already been learned, then the division facts call for accessing the missing factor. If the multiples of three have been learned in a "count by three method," the division facts can be determined by keeping track of which multiple gives the appropriate dividend.

Daily Routine

Use these suggestions before beginning the lesson on p. 277.

5-Minute Check
(Reviews Lesson 6-8)

Divide.
1. $3 \div 1$ 3
2. $5 \div 5$ 1
3. $0 \div 9$ 0
4. $8\overline{)8}$ 1
5. $1\overline{)9}$ 9

Problem of the Day
Ms. Orta's third grade class broke into two teams of 6 for a kickball game. Two more students chose not to play. How many students are in Ms. Orta's class?
14 students

Review Math Vocabulary
Write the review vocabulary words and their definitions on the board.

Have students brainstorm ways that could help them remember which number in a division sentence is the divisor, which is the dividend, and which is the quotient.

Visual Vocabulary Cards
Use Visual Vocabulary Cards 15, 16, and 46 to reinforce the vocabulary reviewed in this lesson. (The Define/Example/Ask routine is printed on the back of each card.)

dividend

LECCIÓN 7-1 Divide entre 3

Planificador de lección

Objetivo
Usen modelos y operaciones de multiplicación para dividir entre 3.

 TEKS y TAKS

TEKS 3.4 El estudiante reconoce y resuelve problemas en situaciones de multiplicación y división. **(C) Utilice modelos para resolver problemas de división y utilice expresiones numéricas para anotar las soluciones.** *También cubre TEKS 3.6(C) 3.16(A).*

TAKS 1 El estudiante demostrará un entendimiento del razonamiento numérico, operacional y cuantitativo.

Las páginas del alumno también cubren los siguientes TEKS:
3.15(A) Coméntalo, Ejercicio 6
3.16(B) Problemas H.O.T., Ejercicios 28-30

Repaso de vocabulario
divisor, **dividendo**, **cociente**

Rutina diaria

Siga estas sugerencias antes de iniciar la lección de la pág. 277.

Control de 5 minutos (Repaso de la Lección 6-18)

Dividan.
1. $3 \div 1$ 3
2. $5 \div 5$ 1
3. $0 \div 9$ 0
4. $8\overline{)8}$ 1
4. $1\overline{)9}$ 9

Problema del día
La clase del tercer grado de la Srta. Orta formaron dos equipos de 6 para un juego de kickbol. Dos alumnos más eligieron no jugar. ¿Cuántos alumnos hay en la clase de la Srta. Orta? 14 alumnos

Adquisición de vocabulario matemático
Escriba las palabras del vocabulario de la lección y sus definiciones en la pizarra.

Pídales a los alumnos que hagan una tormenta de ideas para crear maneras que puedan ayudarlos a recordar qué número en una expresión de división es el divisor, cuál es el dividendo y cuál es el cociente.

Tarjetas visuales de vocabulario
Use la(s) tarjeta(s) visual(es) del vocabulario 15, 16 y 46 para reforzar el vocabulario presentado en esta lección. (En la parte posterior de cada tarjeta está escrita la rutina Definir/Ejemplo/Pregunta).

dividendo

Instrucción diferenciada

Opciones de trabajo independiente

Opción 1 · LÓGICO
Para los que terminan primero OL AL

Materiales: lápiz y papel
- Déle a cada alumno una tarjeta.
- Pídale a cada alumno que escriba una operación de división usando divisores de 2, 3 ó 5 por un lado y la respuesta en la parte posterior.
- Pídales a los alumnos que intercambien tarjetas y resuelvan los problemas.

Opción 2
Tecnología para el alumno

Matemáticas en línea · tx.gr3math.com

Personal Tutor • Extra Examples • Online Games
 Math Adventures: Scrambled Egg City (7C)

Enlace technológico

Opción 3
Estación de aprendizaje: Arte (pág. 272G)

Dirija a los alumnos a la estación de aprendizaje de arte para que tengan la oportunidad de explorar y ampliar el concepto de la lección.

Opción 4
Práctica y solución de problemas

Refuerce las destrezas y las estrategias de solución de problemas con la hoja de trabajo de solución de problemas.

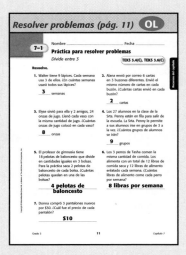

Resolver problemas (pág. 11) **OL**

Differentiated Instruction

Small Group Options

Option 1 TEKS 3.4(C), 3.14(D) · KINESTHETIC, LOGICAL
Below Level BL

Materiales: up to 10 pieces of blank paper, manipulatives (e.g., bingo chips, paper clips, etc.)
- Have students take a tactile approach to solving problems.
- Pose problems such as the following: *"Jan, Brett, and Brittany made $15 selling lemonade on a hot summer day. If they share the money equally, how much will they each get?"*

- Since three people will be sharing the money, spread out three pieces of paper in front of students. Then, have students divide 15 manipulatives equally among the 3 pieces of paper to represent the children.
- Have students write a division sentence to illustrate the problem. $15 \div 3 = 5

Option 2 SOCIAL, SPATIAL
English Language Learners ELL

Materiales: bag of items for each group (divisible by 3)
Core Vocabulary: share them, not more than the others
Common Use Verb: don't have
Write Math This strategy allows students to practice distinguishing between phonemically similar words as they work out dividing by three.
- Give each trio several bags of items.
- Have students first count one bag and the items in it.
- Next, write "divide by three."
- Say: **"Share them** equally and make sure you *don't have* **more than the others."**
- Record the answer in the division problem.
- Continue with the remaining bags.
- Groups may share one of the problems they were able to make with the items from their bags.

Independent Work Options

Option 1 · LOGICAL
Early Finishers OL AL

Materiales: blank index cards
- Give each student an index card.
- Have each student write a division fact using divisors of 2, 3, or 5 on one side and the answer on the back.
- Have students exchange cards and solve the problems.

Option 2
Student Technology

Math online tx.gr3math.com
Personal Tutor • Extra Examples • Online Games
 Math Adventures: Scrambled Egg City (7C)

Option 3
Learning Station: Art (p. 272G)

Direct students to the Art Learning Station for opportunities to explore and extend the lesson concept.

Option 4
Problem-Solving Practice

Reinforce problem-solving skills and strategies with the Problem-Solving Practice worksheet.

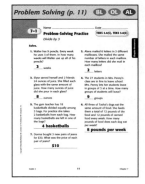

Problem Solving (p. 11) **BL OL AL**

Opciónes para grupos pequeños

Opción 1 TEKS 3.4(C), 3.14(D) · CINESTÉSICO, LÓGICO
Nivel bajo BL

Materiales: hasta 10 hojas de papel blanco, manipulativos (por ejemplo, fichas de bingo, clips, etc.)
- Pídales a los alumnos que tomen un enfoque táctil para resolver problemas.
- Plantee problemas como el siguiente: *"Jan, Brett y Brittany ganaron $15 vendiendo limonada en un día caluroso de verano. Si comparten el dinero igualmente, ¿cuánto recibirá cada uno?"*
- Como tres personas estarán compartiendo el dinero, reparta tres hojas de papel en frente de los alumnos. Luego, pídales a los alumnos que dividan 15 manipulativos igualmente entre las tres hojas de papel para representar a los niños.
- Pídales a los alumnos que escriban una expresión de división para ilustrar el problema. $15 \div 3 = 5

7-1 Divide entre 3

IDEA PRINCIPAL

Usaré modelos y operaciones de división relacionadas para dividir entre 3.

TEKS Objetivo 3.4
El estudiante reconoce y resuelve problemas en situaciones de multiplicación y división. (C) **Utilice modelos para resolver problemas de división** y utilice oraciones numéricas para anotar las soluciones. *También cubre TEKS 3.6(C), 3.16(A).*

Repaso de vocabulario

dividendo
divisor
cociente

PREPÁRATE para aprender

Martín, María y Tani tienen 24 marcadores en total. Si cada persona tiene el mismo número de marcadores, ¿cuántos tiene cada persona?

En la actividad de exploración, usaste fichas para modelar la división. Divide el **dividendo** entre el **divisor** para calcular el **cociente**.

EJEMPLO concreto   Usa modelos

1 **MARCADORES** Hay 24 marcadores en total. Martín, María y Tani tienen cada uno el mismo número de marcadores. Escribe una expresión numérica para mostrar cuántos marcadores tiene cada persona.

Divide 24 fichas en 3 grupos iguales.

Calcula $24 \div 3$ ó $3\overline{)24}$.

$$24 \div 3 \text{ ó } 3\overline{)24}$$

dividendo   divisor

$$24 \div 3 = 8 \text{ ó } 3\overline{)24}^{\,8}$$

La expresión numérica $24 \div 3 = 8$ muestra que cada persona tiene 8 marcadores.

Lección 7-1 Divide entre 3   **277**

7-1 Divide by 3

1 Introduce

Activity Choice 1 • Hands-On
Materials: counters
- Before beginning this activity, take a few minutes to review the basic multiplication facts for 3s.
- Then divide students into groups of three. Give each group 30 counters.
- Have them share equally 3, 6, 9, 12, 15, 18, 21, 24, 27, and 30 counters. Then have them write a number sentence using division for each sharing experience. $3 \div 3 = 1$; $6 \div 3 = 2$; $9 \div 3 = 3$; $12 \div 3 = 4$; $15 \div 3 = 5$; $18 \div 3 = 6$; $21 \div 3 = 7$; $24 \div 3 = 8$; $27 \div 3 = 9$; $30 \div 3 = 10$

Activity Choice 2 • Literature
Introduce the lesson with *How Many Days to America?* by Eve Bunting. (For a related math activity, see p. R104.)

2 Teach

TEKS 3.4(C), 3.6(C)

Scaffolding Questions
- Remind students that in Activity Choice 1, they modeled $15 \div 3$ by giving each person in their group of 3 an equal number of counters.
- **How many did each person get?** 5 counters
- **Besides using models, how else can you find $15 \div 3$?** Sample answers: use a multiplication table; skip count backwards from 15 to 3; use repeated subtraction
- Ask students to use their preferred method to find $21 \div 3$. Check students' methods.
- **What is the quotient of 21 divided by 3?** 7

GET READY to Learn

Have students open their books and read the information in **Get Ready to Learn**. Review **divisor**, **dividend,** and **quotient**. As a class, work through **Examples 1–3**. You may wish to have students work in small groups to use the *act it out* strategy to solve the **Get Ready to Learn** problems.

Lesson 7-1 Divide by 3   **277**

7-1 Divide entre 3

1 Presentación

Actividad propuesta 1 • Práctica

Materiales: fichas
- Antes de empezar esta actividad, tome unos minutos para repasar las operaciones básicas de multiplicación por 3.
- Luego, divida a los alumnos en grupos de tres. Déle a cada grupo 30 fichas.
- Pídales que compartan equitativamente 3, 6, 9, 12, 15, 18, 21, 24, 27 y 30 fichas. Luego, pídales a los alumnos que escriban una expresión numérica usando división para cada experiencia de compartir. $3 \div 3 = 1$; $6 \div 3 = 2$; $9 \div 3 = 3$; $12 \div 3 = 4$; $15 \div 3 = 5$; $18 \div 3 = 6$; $21 \div 3 = 7$; $24 \div 3 = 8$; $27 \div 3 = 9$; $30 \div 3 = 10$

Actividad propuesta 2 • Literatura

Presente la Lección con *How Many Days to America?* de Eve Bunting. (Vea la página R104 para una actividad matemática relacionada.)

2 Enseñanza TEKS 3.3(C), 3.6(C)

Preguntas básicas

- Recuérdeles a los alumnos que en la Actividad propuesta 1, hicieron modelos de $15 \div 3$ al darle a cada persona en su grupo de 3 un número igual de fichas.
- **¿Cuántas recibió cada persona?** 5 fichas
- **Además de usar modelos, ¿de qué otra manera pueden calcular $15 \div 3$?** Ejemplo de respuesta: Usen tablas de multiplicación, cuenten salteado hacia atrás de 15 a 3; usen la resta repetida
- Pídales a los alumnos que usen su método preferido para calcular $21 \div 3$. Verifique los métodos de los alumnos.
- **¿Cuál es el cociente de 21 dividido entre 3?** 7

PREPÁRATE para aprender

Pídales a los alumnos que abran sus libros y lean la información de **Prepárate para aprender**. Repase **divisor**, **dividendo** y **cociente**. En conjunto, trabajen los **Ejemplos 1 al 3**. Puede ser que quiera pedirles a los alumnos que trabajen en grupos pequeños para usar la estrategia de hacer una dramatización para resolver los problemas de **Prepárate para aprender**.

Lección 7-1 Divide entre 3   **277**

Reteach (p. 8) BL   **Skills Practice (p. 9)** OL

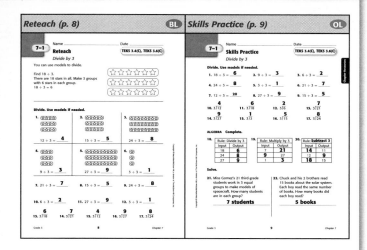

Reforzamiento (pág. 8) BL   **Práctica de destrezas (pág. 9)** OL

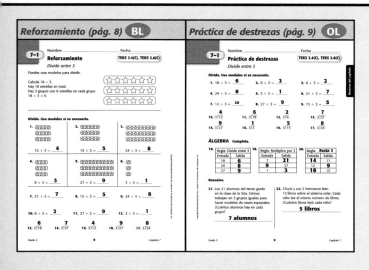

Usa la resta repetida

Ejemplo 3 Algunos alumnos pueden tener problemas contando hacia atrás en una recta numérica. Para ayudarlos a evitar este problema, sugiérales que dibujen círculos alrededor de los múltiplos de 3 antes de dibujar sus flechas hacia el cero.

EJEMPLOS ADICIONALES

1 Esperanza y sus dos amigas ganaron $21 haciendo de niñeras. Dividieron el dinero igualmente. Escriban una expresión numérica parta mostrar cuánto dinero tiene cada persona. $21 \div 3 = 7$; $7

2 Obi, Taye y Chapal han decidido repartir 9 trozos de pizza igualmente. Escribe una expresión numérica para mostrar cuántos trozos recibirá cada uno. 7 trozos

3 Calculen $18 \div 3$ ó $3\overline{)18}$. 6

✓ VERIFICA lo que sabes

En conjunto, pídales a los alumnos que completen los Ejercicios 1 al 6 en **Verifica lo que sabes** a medida que usted observa sus trabajos.

💬 **Ejercicio 6** Evalúa la comprensión del alumno antes de asignarle los ejercicios prácticos.

BL Estrategia alternativa de enseñanza   TEKS 3.4(C)

 Si los alumnos tienen problemas dividiendo entre 3…

Entonces use una de estas opciones de reforzamiento:

1 🖥 **Hoja de reforzamiento diario** (pág. 8)

2 Dibujen una recta numérica de 0 a 24. Pídales a los alumnos que usen la recta numérica para hacer un modelo de $24 \div 3$ para calcular el cociente. Si es necesario, muéstreles a los alumnos cómo dibujar una flecha saltando hacia atrás de 24 a 21 a lo largo de la recta numérica. Luego, pídales a los alumnos que continúen hasta que lleguen al 0. Señale que el número de saltos es el cociente.

Respuesta adicional

6. Ejemplo de respuesta: Como la multiplicación y la división son operaciones opuestas sabes que $24 \div 3$ es 8 porque 8 x 3 es 24.

Use Repeated Subtraction

Example 3 Some students may have trouble counting backward on a number line. To help them avoid this problem, suggest that they draw circles around the multiples of 3 before drawing their arrows to 0.

ADDITIONAL EXAMPLES

1 Esperanza and her two friends earned $21 babysitting. They divided these money equally. Write a number sentence to show how much money each person has. $21 \div 3 = 7$; $7

2 Obi, Taye, and Chapal have decided to split 9 pieces of pizza equally. Write a number sentence to show how many pieces each will receive. 7 pieces

3 Find $18 \div 3$ or $3\overline{)18}$. 6

✓ CHECK What You Know

As a class, have students complete Exercises 1–6 in **Check What You Know** as you observe their work.

💬 **Exercise 6** Assess student comprehension before assigning practice exercises.

BL Alternate Teaching Strategy   TEKS 3.4(C)

 If students have trouble dividing by 3 …

Then use one of these reteach options:

1 🖥 **Daily Reteach Worksheet** (p. 8)

2 Draw a number line from 0 to 24. Have students use the number line to model $24 \div 3$ to find the quotient. If necessary, show students how to draw an arrow jumping backward along the number line from 24 to 21. Then have students continue until 0 is reached. Point out that the number of jumps is the quotient.

Additional Answer

6. Sample answer: Since multiplication and division are opposite operations you know that $24 \div 3$ is 8 because 8×3 is 24.

Puedes usar operaciones relacionadas como ayuda para dividir.

🌐 EJEMPLO concreto   Usa operaciones relacionadas

2 VIAJES Para viajar a la playa, Ángela y sus 14 amigos se repartirán equitativamente en 3 carros. Escribe una expresión numérica que muestre cuántos amigos habrá en cada carro.

Necesitas calcular $15 \div 3$ ó $3\overline{)15}$.

$15 \div 3 = \blacksquare$
$3 \times \blacksquare = 15$ ← PIENSA ¿Qué número multiplicado 3 veces es igual a 15?
$3 \times 5 = 15$

6. Ejemplo de respuesta: Como la multiplicación y la división son operaciones opuestas, sabes que $24 \div 3$ es 8 porque 8×3 es 24.

$15 \div 3 = 5$ ó $3\overline{)15}$ con cociente 5

Entonces, la expresión numérica $15 \div 3 = 5$ muestra que en cada carro habrá 5 amigos.

Para dividir, puedes usar la resta repetida sobre una recta numérica.

EJEMPLO   Usa la resta repetida

3 Calcula $6 \div 3$ o $3\overline{)6}$.

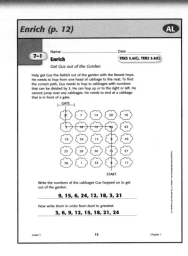

* Comienza en 6 y cuenta hacia atrás de 3 en 3 hasta el 0.
* 3 se restó dos veces.

Entonces, $6 \div 3 = 2$ ó $3\overline{)6}$ con cociente 2.

📲 en línea Tutor personal en tx.gr3math.com

Recuerda
Una expresión numérica de división como $3\overline{)6}$ se lee *seis dividido entre tres*. Siempre lee primero el dividendo debajo del símbolo.

✓ VERIFICA lo que sabes

Divide. Usa modelos si es necesario. Ver Ejemplos 1-3 (págs. 277–278)

1. $12 \div 3$ 4
2. $18 \div 3$ 6
3. $3\overline{)9}$ 3
4. $3\overline{)27}$ 9

5. Rosa gastó $30 en 2 faldas y una cartera. Si cada artículo costó lo mismo, ¿cuánto costó cada artículo? $10

6. **Coméntalo** ¿Cómo puedes usar 8×3 para calcular $24 \div 3$? Ver el margen.

Enrich (p. 12)   AL

▶ Práctica y solución de problemas

PRÁCTICA **EXTRA**
Ver página R18.

Divide. Usa modelos si es necesario. Ver Ejemplos 1-3, (págs. 277–278)

7. $15 \div 3$ 5 **8.** $9 \div 3$ 3 **9.** $6 \div 3$ 2 **10.** $0 \div 3$ 0

11. $16 \div 2$ 8 **12.** $20 \div 10$ 2 **13.** $3\overline{)12}$ 4 **14.** $3\overline{)3}$ 1

15. $3\overline{)30}$ 10 **16.** $3\overline{)27}$ 9 **17.** $5\overline{)25}$ 5 **18.** $10\overline{)100}$ 10

Álgebra Copia y completa cada tabla.

19.

Regla: Divide entre 3.			
Entrada	24	■	30	■
Salida	■	4	■	6

8; 12; 10; 18

20.

Regla: Resta 3.			
Entrada	28	■	33	■
Salida	■	15	■	16

25; 18; 30; 19

Escribe una expresión numérica para registrar cada solución.

21. Un entrenador de fútbol compra 3 pelotas nuevas por $21. ¿Cuál es el precio de cada pelota? $21 \div 3 = $7

22. En un mostrador hay 27 bananas que se dividirán igualmente en 3 montones. ¿Cuántos habrá en cada montón? $27 \div 3 = 9$ bananas

★**23.** Karl se encuentra en una excursión de 3 días y recorrerá un total de 18 millas. Si recorre el mismo número de millas cada día, ¿cuántas millas recorrerá el primer día? $18 \div 3 = 6$ millas

★**24.** Makenna colocó 20 etiquetas en filas iguales de 5. Regaló 2 etiquetas. Si ahora desea hacer filas iguales de 3, ¿cuántas etiquetas habrá en cada fila? $20 - 2 = 18$; $18 \div 3 = 6$ etiquetas

Problemas H.O.T.

25. SENTIDO NUMÉRICO El Sr. Marcos compra 4 botellas de pegamento, 1 engrapadora y 2 cuadernos. ¿Se puede dividir igualmente entre 3 la cantidad total que se gastó? Explica por qué sí o por qué no.
No; $19 dividido entre 3 es 6 con $1 de sobra.

Artículo	Costo
Pegamento	$2
Engrapadora	$5
Cuaderno	$3

26. ¿CUÁL NO PERTENECE? ¿Cuál de las operaciones no va con las demás? Explica tu razonamiento.

$18 \div 3$	$3\overline{)18}$	$6 \div 3$	$6\overline{)18}$

$6 \div 3$; no es la misma familia de operaciones que las otras.

27. ESCRIBE EN ▶MATEMÁTICAS Explica cómo calcular $18 \div 3$ de dos maneras distintas. Ejemplo de respuesta: resta repetida y uso de una operación relacionada

Matemáticas en línea Control de autoevaluación tx.gr3math.com

Lección 7-1 Divide entre 3 **279**

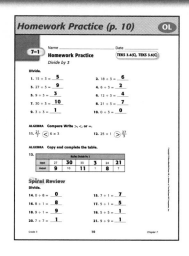

Homework Practice (p. 10) **OL**

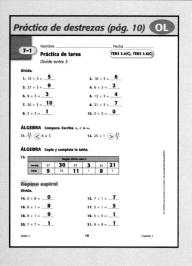

Práctica de destrezas (pág. 10) **OL**

 Practice

Differentiate practice using these leveled assignments for Exercises 7–27.

Level	Assignment
BL Below Level	7–12, 19, 21–24
OL On Level	7–16, 19, 21–23, 25
AL Above Level	7–23 odd, 25–27

Have students discuss and complete the Higher Order Thinking problems. It might be helpful for students to know that any number whose digits add up to a multiple of 3 is divisible by 3. For example, you know that 24 is divisible by 3 because $2 + 4 = 6$, and 6 is a multiple of 3.

WRITING IN ▶MATH Have students complete Exercise 27 in their Math Journals. You may choose to use this exercise as an optional formative assessment.

 Assess

 Formative Assessment TEKS 3.15(A)

• Name two ways to divide 27 by 3. Sample answer: Use repeated subtraction or use models.

• **Use one of the methods to find $27 \div 3$?**
9; Check students' work.

Quick Check	Are students continuing to struggle with dividing by 3?

If Yes → Small Group Options (p. 277B)
Strategic Intervention Guide (p. 92)

If No → Independent Work Options (p. 277B)
CRM Skills Practice Worksheet (p. 9)
CRM Enrich Worksheet (p. 12)

Into the Future Tell students that the next lesson is about dividing by 4. Ask students to write about how they think today's lesson will help them with tomorrow's lesson.

⚠ **COMMON ERROR!**

Exercises 19 and 20 Students may have trouble completing these tables since sometimes the quotient is missing and other times the dividend is missing. Point out that the input is the dividend and the output is the quotient.

Lesson 7-1 Divide by 3 **279**

 Práctica

Asigne la práctica para los ejercicios 7-27 según los siguientes niveles.

Nivel	Asignación
BL Nivel bajo	7-12, 19, 21-24
OL A nivel	7-16, 19, 21-23, 25
AL Nivel avanzado	7–23 impar, 25–27

Pídales a los alumnos que analicen y completen los problemas de razonamiento de alto nivel. Puede serle útil a los alumnos saber que, cualquier número cuya suma de sus dígitos es un múltiplo de 3, es divisible entre 3. Por ejemplo, saben que 24 es divisible entre 3 porque $2 + 4 = 6$ y 6 es múltiplo de 3.

ESCRIBE EN ▶MATEMÁTICAS

Pídales a los alumnos que completen el Ejercicio 27 en sus Diarios de Matemáticas. Puede elegir hacer este ejercicio como una evaluación formativa adicional.

 **Evaluación**

TEKS 3.4(A)

Evaluación formativa

• **Nombren dos maneras de dividir 27 entre 3.**
Ejemplo de respuesta: usen la resta repetida o usen modelos.

• **Usen uno de los métodos para calcular $27 \div 3$?**
9; Verifique el trabajo de los alumnos.

Control rápido	¿Les sigue costando a los alumnos dividir entre 3?

Si la respuesta es:
Sí → Opciones para grupos pequeños (pág. 277B)
Guía de intervención estratégica (pág. 92)

No → Opciones de trabajo independiente (pág. 277B)
CRM Hoja de ejercicios para la práctica de destrezas (pág. 9)
CRM Hoja de trabajo de enriquecimiento (pág. 12)

En el futuro Indíqueles a los alumnos que la próxima lección es sobre dividir entre 4. Pídales a los alumnos que escriban sobre cómo piensan que la lección de hoy los ayudará con la lección de mañana.

⚠ **¡ERROR COMÚN!**

Ejercicios 19 y 20 Los alumnos pueden tener problemas al completar estas tablas ya que algunas veces falta el cociente y otras veces falta el dividendo. Señale que la entrada es el dividendo y la salida es el cociente.

Planificador de lección

Objetivo

Usa modelos y operaciones relacionadas para dividir entre 4.

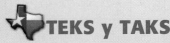TEKS y TAKS

TEKS 3.4 El estudiante reconoce y resuelve problemas en situaciones de multiplicación y división. **(C) Utilice modelos para resolver problemas de división y utilice expresiones numéricas para anotar las soluciones.** *También cubre TEKS 3.6(C).*

TAKS 1 El estudiante demostrará un entendimiento del razonamiento numérico, operacional y cuantitativo.

Las páginas del alumno también cubren los siguientes TEKS:
3.16(B) Coméntalo, Ejercicio 8
3.16(B), 3.15(B) Problemas H.O.T., Ejercicios 33, 34
3.4(C) Repaso espiral, Ejercicios 37-45

Vocabulario

familia de operaciones

Rutina diaria

Siga estas sugerencias antes de iniciar la lección de la pág. 280.

Control de 5 minutos (Repaso de la Lección 7-1)

Dividan.
1. 30 ÷ 3 10
2. 15 ÷ 3 5
3. 15 ÷ 2 9
4. 33 ÷ 3 11
5. 35 ÷ 5 7

Problema del día

¿Cuál es el número más pequeño divisible entre 1, 2, 3, 5 y 10? 30

Repaso de vocabulario matemático

Escriba las palabras del repaso de vocabulario y sus definiciones en la pizarra.

Pídales a los alumnos que escriban familia de operaciones para 6, 3 y 18 y luego, expliquen por qué piensan que las operaciones son una "familia".

Tarjetas visuales de vocabulario

Use la(s) tarjeta(s) visual(es) del vocabulario 23 para reforzar el vocabulario presentado en esta lección. (En la parte posterior de cada tarjeta está escrita la rutina Definir/Ejemplo/Pregunta).

Lesson Planner

Objective

Use models and related multiplication facts to divide by 4.

TEKS and TAKS

Targeted TEKS 3.4 The student recognizes and solves problems in multiplication and division situations. **(C) Use models to solve division problems and use number sentences to record the solutions.** *Also addresses TEKS 3.6(C).*

TAKS 1 The student will demonstrate an understanding of numbers, operations, and quantitative reasoning.

Student pages also address the following TEKS:
TEKS 3.16(B) Talk About It, Exercise 8
TEKS 3.16(B), TEKS 3.15(B) HOT Problems, Exercises 33, 34
TEKS 3.4(C) Spiral Review, Exercises 37–45

Review Vocabulary

fact family

Resources

Material: multiplication table

Manipulatives: counters

Literature Connection: *The Great Divide* by Dale Ann Dodds

Teacher Technology
🌐 Interactive Classroom • TeacherWorks

🔍 **Focus on Math Background**

As for all the division facts, it is important to remember the connection to multiplication. For the fours, students sometimes remember that they can divide by four by cutting in half and then half again. It is a reverse procedure to doubling the double which some used to learn the basic facts of multiplying by 4. Intermediate approaches to finding answers are to be expected while fluency develops.

Daily Routine

Use these suggestions before beginning the lesson on p. 280.

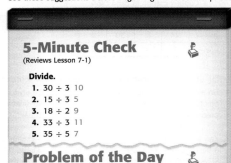

5-Minute Check
(Reviews Lesson 7-1)

Divide.
1. 30 ÷ 3 10
2. 15 ÷ 3 5
3. 18 ÷ 2 9
4. 33 ÷ 3 11
5. 35 ÷ 5 7

Problem of the Day
What is the smallest number divisible by 1, 2, 3, 5, and 10? 30

▷ **Review Math Vocabulary**
Write the review vocabulary term and its definition on the board.

Have students write the fact family for 6, 3, and 18 and then explain why they think the facts are a "family."

Visual Vocabulary Cards
Use Visual Vocabulary Card 23 to reinforce the vocabulary viewed in this lesson. (The Define/Example/Ask routine is printed on the back of each card.)

Differentiated Instruction

Small Group Options

Option 1 TEKS 3.7 — LOGICAL, SOCIAL

Gifted and Talented (AL)

Materials: paper and pencil

- Have students choose partners.
- Each student makes up a new input/output table with the rule divide by 4. One row in each chart should be blank.
- Partners exchange tables and fill in the missing row.

Option 2 VISUAL, LINGUISTIC

English Language Learners (ELL)

Materials: paper, pencil, index cards
Core Vocabulary: think, pair, share
Common Use Verb: answer
Talk Math This strategy allows peer tutors to visualize algebraic thinking and acquired language to work out facts for dividing by four.

- Write a problem on the board with a number missing, for example:
  $36 \div \underline{} = 4.$

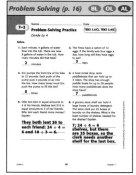

- Students must think of the answer, pair with their partner to decide if the answer is correct, and share their answer with the class.
- Continue through division by four facts with missing numbers. Example: $\underline{} \div 4 = 4.$

Independent Work Options

Option 1 TEKS 3.4(C) — LOGICAL

Early Finishers (OL) (AL)

Materials: paper and pencil

- Have students write a real-world problem for one exercise in Exercises 9–14. Then have them show how to solve the problem using a model, related facts, and repeated subtraction.

Option 2

Student Technology

Math Online tx.gr3math.com
Personal Tutor • Extra Examples • Online Games
Math Adventures: Scrambled Egg City (7D)

Option 3

Learning Station: Writing (p. 272G)

Direct students to the Writing Learning Station for opportunities to explore and extend the lesson concept.

Option 4

Problem-Solving Daily Practice

Reinforce problem-solving skills and strategies with the Problem-Solving Practice worksheet.

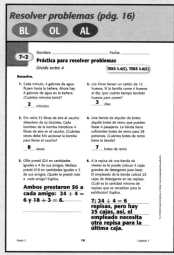

Lesson 7-2 Divide by 4 **280B**

Instrucción diferenciada

Opciones para grupos pequeños

Opción 1 TEKS 3.7 — LÓGICO, SOCIAL

Talentosos (AL)

Materiales: papel y lápiz

- Pídales a los alumnos que elijan compañeros(as).
- Cada alumno hace una tabla nueva de entrada/salida con la regla de dividir entre 4. Una fila en cada tabla debe estar en blanco.
- Los compañeros intercambian las tablas y completan la fila que falta.

Opciones de trabajo independiente

Opción 1 TEKS 3.4(C) — LÓGICO

Para los que terminan primero (OL) (AL)

Materiales: papel y lápiz

- Pídales a los alumnos que escriban un problema concreto para un ejercicio en los Ejercicio 9 al 14. Luego, pídales que muestren cómo resolver el problema con el uso de un modelo, operaciones relacionadas y la resta repetida.

Opción 2

Tecnología para el alumno

Matemáticas en línea tx.gr3math.com
Personal Tutor • Extra Examples • Online Games
Math Adventures: Scrambled Egg City (7D)

Opción 3

Estación de aprendizaje: Redacción (pág. 272G)

Dirija a los alumnos a la estación de aprendizaje de redacción para que tengan la oportunidad de explorar y ampliar el concepto de la lección.

Opción 4

Práctica y solución de problemas

Refuerce las destrezas y las estrategias de solución de problemas con la hoja de trabajo de solución de problemas.

Presentación

TEKS 3.4(C), 3.6(C)

Actividad propuesta 1 • Práctica
Materiales: fichas

- Comience repasando las operaciones de multiplicación para 4.
- Divida a los alumnos en grupos y déle a cada grupo 20 fichas. Pídales que usen las fichas para construir un arreglo de 4 x 5
- Pídales a los alumnos que escriban expresiones numéricas usando división para el arreglo. $20 \div 4 = 5$

Actividad propuesta 2 • Literatura
Presente la Lección con *The Great Divide* de Dale Ann Dodds. (Vea la página R104 para una actividad matemática relacionada.)

Enseñanza

TEKS 3.6(C)

Preguntas básicas
Dibuje un arreglo de 4 x 9 en la pizarra.

- **¿Qué expresión numérica pueden escribir para este arreglo?** $36 \div 4 = 9$
- **¿Cuál es la operación de multiplicación relacionada?** $4 \div 9 = 36$
- Pídales a los alumnos que dibujen otro arreglo para 4 grupos y que escriban una expresión numérica usando división y una operación de multiplicación relacionada para el arreglo. Ejemplo de respuesta: Para un arreglo 4 × 3 $12 \div 4 = 3$ y $4 \times 3 = 12$
- Pídales a los alumnos que compartan sus arreglos con la clase.

▶PREPÁRATE para aprender

Pídales a los alumnos que abran sus libros y lean la información de **Prepárate para aprender.** Repase **familia de operaciones.** En conjunto, trabajen los **Ejemplos 1 al 3.**

Introduce

TEKS 3.4(C), 3.6(C)

Activity Choice 1 • Hands-On
Materials: counters

- Begin by reviewing the multiplication facts for 4.
- Divide students into groups and give each group 20 counters. Have them use the counters to construct a 4 × 5 array.
- Have students write a number sentence using division for the array. $20 \div 4 = 5$

Activity Choice 2 • Literature
Introduce the lesson with *The Great Divide* by Dale Ann Dodds. (For a related math activity, see p. R104.)

Teach

TEKS 3.6(C)

Scaffolding Questions
Draw a 4 × 9 array on the board.

- **What number sentence can you write for this array?** $36 \div 4 = 9$
- **What is the related multiplication fact?** $4 \times 9 = 36$
- Have students draw another array for 4 groups and write a number sentence using division and a related multiplication fact for the array. Sample answer: For a 4 × 3 array, $12 \div 4 = 3$ and $4 \times 3 = 12$
- Have students share their arrays with the class.

▶GET READY to Learn

Have students open their books and read the information in **Get Ready to Learn**. Review **fact family**. As a class, work through **Examples 1–3.**

IDEA PRINCIPAL
Usaré modelos y operaciones de multiplicación relacionadas para dividir entre 4.

 TEKS Objetivo 3.4 El estudiante reconoce y resuelve problemas en situaciones de multiplicación y división. **(C) Utilice modelos para resolver problemas de división y utilice oraciones numéricas para anotar las soluciones.** *También cubre TEKS 3.6(C).*

▶PREPÁRATE para aprender

La distancia alrededor de la ventana en la casa de Peter es 24 pies. Si cada lado tiene la misma longitud, ¿cuánto mide cada lado?

En esta lección, usarás modelos y operaciones de multiplicación relacionadas para dividir entre 4. Usa expresiones numéricas para representar problemas de división.

EJEMPLO concreto — Modela grupos iguales

1 **MEDIDAS** Escribe una expresión numérica para mostrar la longitud de cada lado de la ventana.

Divide 24 pies entre el número de lados, 4.

Hay 24 fichas divididas en 4 grupos iguales. Hay 6 fichas en cada grupo.

Entonces, $24 \div 4 = 6$. Cada lado mide 6 pies de largo.

EJEMPLO concreto — Usa operaciones relacionadas

2 **AVES** El huevo de un avestruz pesa 4 libras. Si el peso total de los huevos en un nido es 28 libras, ¿cuántos huevos de avestruz hay en el nido?

Usa una operación de multiplicación relacionada para calcular $28 \div 4$.

$28 \div 4 = \blacksquare$
$4 \times \blacksquare = 28$
$4 \times 7 = 28$

PIENSA ¿Qué número multiplicado por 4 es 28?

Entonces, $28 \div 4 = 7$. Hay 7 huevos en el nido.

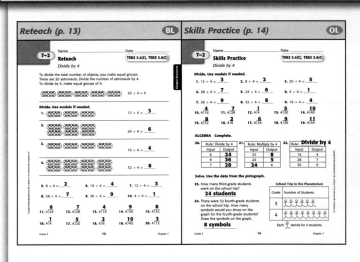

Reteach (p. 13) BL **Skills Practice (p. 14)** OL

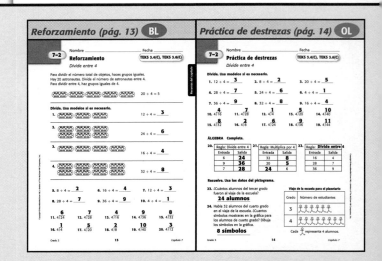

Reforzamiento (pág. 13) BL **Práctica de destrezas (pág. 14)** OL

EJEMPLO concreto Resta repetida

3 **Trey tiene $20 para dividirlos igualmente entre 4 personas. Escribe una expresión numérica para mostrar cuánto recibirá cada persona.**

Necesitas calcular $20 ÷ 4 ó 4)$20.

①	②	③	④	⑤	
$20	$16	$12	$8	$4	
− 4	− 4	− 4	− 4	− 4	Restaste 4 cinco veces.
$16	$12	$ 8	$4	$0	

Recuerda
Una recta numérica también puede usarse para la resta repetida.

Entonces, $20 ÷ 4 = $5. Cada persona recibirá $5.

Verifica La recta numérica muestra que hay 5 grupos de 4 en 20. ✓

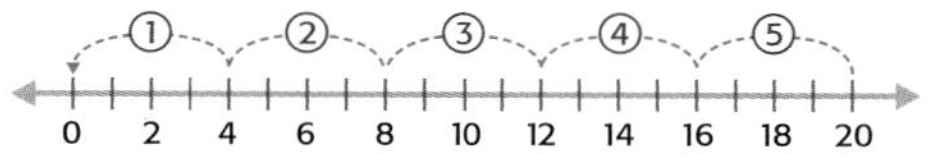

①
②
③
④
⑤
0 2 4 6 8 10 12 14 16 18 20

en línea Tutor personal en tx.gr3math.com

8. En 12 ÷ 3, los grupos son menores, por lo que habrá más grupos.

CONCEPTOS CLAVE Estrategias de división

Existen varios métodos que puedes usar para dividir.

- Usa modelos o dibuja un arreglo.
- Usa la resta repetida.
- Usa una operación de multiplicación relacionada.

VERIFICA lo que sabes

Divide. Usa modelos si es necesario. Ver Ejemplos 1–3, (págs. 280–281)

1. 16 ÷ 4 4 **2.** 4 ÷ 4 1 **3.** 32 ÷ 4 8

4. 4)8 2 **5.** 7)28 4 **6.** 4)36 9

7. Armel tiene 36 monedas de 25¢. Si cada máquina de videojuegos usa 4 monedas de 25¢, ¿cuántos juegos puede jugar? 9 juegos

8. Coméntalo Sin dividir, ¿cómo sabes que 12 ÷ 3 es mayor que 12 ÷ 4?

Enrich (p. 17) AL

7-2 Name ____ Date ____
Enrich TEKS 3.4(C), TEKS 3.6(C)
Westward Ho!

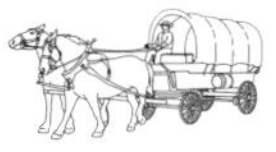

The pioneers are getting ready to cross the prairie. Look at the numbers above each part of the story. Use the numbers to fill in the blanks so that each story part makes sense.

4 32 8

1. The blacksmith made 32 new wheels for the wagons. Each wagon needs 4 wheels. There are 8 wagons with new wheels.

4 10 40

2. The blacksmith also made 40 horse shoes. Since each horse gets 4 shoes, 10 horses got new shoes.

36 9 4

3. The pioneers will carry barrels of water on the trip. They will take a total of 36 gallons of water. There are eight wagons making the trip. Only 4 of the wagons will carry water. Each barrel will hold 9 gallons.

Grade 3 17 Chapter 7

Chapter Resources

Use Related Facts

Example 2 Have students who forget their facts draw a 4 × 7 array. Ask them to write four related facts for the array.

ADDITIONAL EXAMPLES

1 The distance around a square picture frame is 32 inches. Write a number sentence to show the length of each side of the frame. 32 ÷ 8 = 8

2 Bhanu has 4 rabbits that each weigh the same. The total weight of the rabbits is 36 pounds. Write a number sentence to show how much does rabbit weighs? 36 ÷ 4 = 9 pounds

3 So is sharing 8 pizza slices with 3 friends. Write a number sentence to show how many slices each person will get? 8 ÷ 4 = 2 slices

CHECK What You Know

As a class, have students complete Exercises 1–8 in **Check What You Know** as you observe their work.

Exercise 8 Assess student comprehension before assigning practice exercises.

BL Alternate Teaching Strategy TEKS 3.6(C)

If students have trouble dividing by 4 …

Then use one of these reteach options:

1 CRM **Daily Reteach Worksheet** (p. 13)

2 Give students a multiplication table and show them how to find quotient of 36 ÷ 4.

- Locate row 4.
- Follow row 4 to 36.
- Move straight up the column to the quotient.
- **What is the quotient?** 9
- Have students use the multiplication table to find other quotients.

Usa operaciones relacionadas

Ejemplo 2 Los alumnos que olviden sus operaciones tienen que dibujar un arreglo de 4 x 7. Pídales que escriban cuatro operaciones relacionadas para el arreglo.

EJEMPLOS ADICIONALES

1 La distancia alrededor del marco de un cuadro cuadrado es 32 pulgadas. Escribe una expresión numérica para mostrar la longitud de cada lado del marco. 32 ÷ 8 = 8

2 Bhanu tiene 4 conejos que pesan lo mismo. El peso total de los conejos es 36 libras. Escriban una expresión numérica para mostrar cuánto pesa cada conejo. 36 ÷ 4 = 9 libras

3 So comparte 8 trozos de pizza con 3 amigos. Escriban una expresión numérica para mostrar cuántos trozos recibirá cada persona. 8 ÷ 4 = 2 trozos

VERIFICA lo que sabes

En conjunto, pídales a los alumnos que completen los Ejercicios 1 al 8 en **Verifica lo que sabes** a medida que usted observa sus trabajos.

Ejercicio 8 Evalúa la comprensión del alumno antes de asignarle los ejercicios prácticos.

BL Estrategia alternativa de enseñanza TEKS 3.6(C)

Si los alumnos tienen problemas dividiendo entre 4….

Entonces use una de estas opciones de reforzamiento:

1 CRM **Hoja de reforzamiento diario** (pág. 13)

2 Déles a los alumnos una tabla de multiplicación y muéstreles cómo calcular el cociente de 36 ÷ 4.

- Ubiquen la fila 4.
- Sigan por la fila 4 hasta 36.
- Suban por la columna hasta el cociente.
- **¿Cuál es el cociente?** 9
- Pídales a los alumnos que usen la tabla de la multiplicación para calcular otros cocientes.

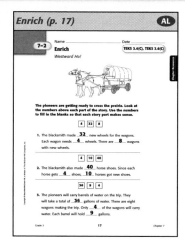

Enriquecimiento (pág. 17) AL

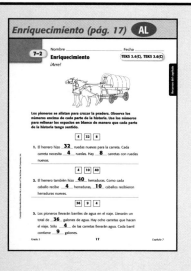

7-2 Nombre ____ Fecha ____
Enriquecimiento TEKS 3.4(C), TEKS 3.6(C)
¡Arre!

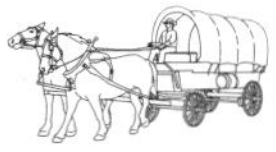

Los pioneros se alistan para cruzar la pradera. Observa los números encima de cada parte de la historia. Usa los números para rellenar los espacios en blanco de manera que cada parte de la historia tenga sentido.

4 32 8

1. El herrero hizo 32 ruedas nuevas para la carreta. Cada carreta necesita 4 ruedas. Hay 8 carretas con ruedas nuevas.

4 10 40

2. El herrero también hizo 40 herraduras. Como cada caballo recibe 4 herraduras, 10 caballos recibieron herraduras nuevas.

36 9 4

3. Los pioneros llevarán barriles de agua en el viaje. Llevarán un total de 36 galones de agua. Hay ocho carretas que hacen el viaje. Sólo 4 de las carretas llevarán agua. Cada barril contiene 9 galones.

Grado 3 17 Capítulo 7

Recursos del capítulo

Práctica y solución de problemas

PRÁCTICA EXTRA
Ver página R18.

Divide. Usa modelos si es necesario. Ver Ejemplos 1-3 (págs. 280–281)

9. $0 \div 4$ 0 **10.** $4 \div 4$ 1 **11.** $24 \div 4$ 6 **12.** $36 \div 9$ 4

13. $5\overline{)20}$ 4 **14.** $3\overline{)12}$ 4 **15.** $4\overline{)12}$ 3 **16.** $4\overline{)40}$ 10

Álgebra Calcula cada número que falta.

17. $36 \div \blacksquare = 4$ 9 **18.** $\blacksquare \div 4 = 6$ 24 **19.** $4 \times \blacksquare = 40$ 10 **20.** $\blacksquare \times 4 = 28$
7

Medidas Calcula la medida de la parte sombreada.

21.
24 pulgadas
6 pulgadas

22.
40 millas
10 millas

Escribe una expresión numérica y escribe cada solución.

23. Greta, Clark, Emilio y Trent viajarán durante 20 días. Si dividen equitativamente la planificación, ¿cuántos días deberá planificar Clark?
$20 \div 5 = 5$ días

24. En un autobús hay 36 piezas de equipaje. Si cada persona llevó 4 piezas de equipaje, ¿cuántas personas van en el viaje?
$36 \div 4 = 9$ personas

★**25.** Una familia de 4 personas paga $40 para montar go-carts durante 1 hora. ¿Cuánto le cuesta a una persona montarse por 2 horas?
$40 \div 4 = \$10; \$10 \times 2 = \$20$

★**26.** Hay 4 bananas, 3 manzanas y 5 peras. Si un número igual de frutas se colocan en 4 canastas, ¿cuántas porciones habrá en cada canasta?
$4 + 3 + 5 = 12; 12 \div 4 = 3$ porciones de frutas

Roberto les preguntó a sus amigos si fueron al desfile del sábado. Desea hacer una pictografía para mostrar las respuestas.

27. Si cada símbolo es igual a 4 amigos, ¿cuántos símbolos debe usar para representar el número de amigos que marcharon en el desfile? Explica tu razonamiento. 5; 20 personas marcharon y cada símbolo representa 4 4; $20 \div 4 = 5$

28. Si el número de amigos que observaron el desfile se coloca en grupos de 4, ¿cuántos grupos hay? 4 grupos

¿Fuiste al desfile del sábado?	
Respuestas	**Número**
Marché	20
Observé	16
No fui	4

Práctica

Asigne la práctica para los Ejercicios 9 al 30 según los siguientes niveles.

Nivel	Asignación
BL Nivel bajo	9–12, 17–18, 22–24, 27
OL A nivel	9–14, 17–19, 22–25, 27, 29
AL Nivel avanzado	10–28 par, 29–30

Pídales a los alumnos que analicen y completen los problemas de razonamiento de alto nivel. Anímelos a escribir operaciones de multiplicación relacionadas antes de contestar los problemas.

ESCRIBE EN ►MATEMÁTICAS

Pídales a los alumnos que completen el Ejercicio 30 en sus Diarios de Matemáticas. Puede elegir hacer este ejercicio como una evaluación formativa adicional.

Practice

Differentiate practice using these leveled assignments for Exercises 9–30.

Level	Assignment
BL Below Level	9–12, 17–18, 22–24, 27
OL On Level	9–14, 17–19, 22–25, 27, 29
AL Above Level	10–28 even, 29–30

Have students discuss and complete the Higher Order Thinking problems. Encourage them to write related multiplication facts before answering the problems.

WRITING IN ►MATH Have students complete Exercise 30 in their Math Journals. You may choose to use this exercise as an optional formative assessment.

 COMMON ERROR!

Exercises 9 and 10 Students may still confuse division that involves 0 and 1. Remind students what they learned in Lesson 6-8:
- When you divide any number (except 0) by itself, the quotient is 1.
- When you divide 0 by any number except 0, the quotient is 0.

282 Chapter 7 Model More Division Facts

 ¡ERROR COMÚN!

Ejercicios 9 y 10 Los alumnos aún pueden confundir la división que involucra al 0 y al 1. Recuérdeles a los alumnos lo que aprendieron en la lección 6-8:
- Cuando dividan cualquier número (excepto 0) entre él mismo, el cociente es 1.
- Cuando divides 0 entre cualquier número excepto 0, el cociente es 0.

Problemas H.O.T.

29. HALLA EL ERROR Noelle y Brady calculan 12 ÷ 4. ¿Quién tiene razón? Explica tu razonamiento. 29, 30. Ver Apéndice de respuestas del Cap. 7.

Noelle
$4 + 8 = 12$
entonces
$12 ÷ 4 = 8$

Brady
$4 × 3 = 12$
entonces
$12 ÷ 4 = 3$

30. **ESCRIBE EN ▸MATEMÁTICAS** Escribe un problema concreto que use la operación de división 36 ÷ 9.

★ Práctica para la PRUEBA

31. 3 alumnos compraron cada uno el mismo número de videojuegos. Si compraron un total de 21 juegos, ¿qué expresión numérica representa cuántos juegos compró cada alumno? (Lección 7-1) **B**

A $21 × 3 = 63$

B $21 ÷ 3 = 7$

C $21 + 3 = 24$

D $21 - 3 = 18$

32. ¿Qué símbolo debe ir en la casilla para hacer verdadera la expresión numérica? (Lección 7-2) **J**

$$28 \;\blacksquare\; 4 = 7$$

F $+$

G $-$

H $×$

J $÷$

Repaso espiral

Divide. Usa modelos si es necesario. (Lección 7-1)

33. $30 ÷ 3$ **10**   **34.** $15 ÷ 3$ **5**   **35.** $9 ÷ 3$ **3**   **36.** $12 ÷ 3$ **4**

Divide. (Lección 6-8)

37. $9 ÷ 9$ **1**   **38.** $8 ÷ 1$ **8**   **39.** $6 ÷ 6$ **1**   **40.** $0 ÷ 4$ **0**

41. En una parada de descanso hay 7 camiones. Si cada camión tiene 8 ruedas, ¿cuántas ruedas de camiones hay en total? (Lección 5-5) **56 ruedas**

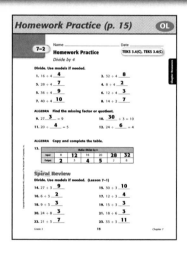

Homework Practice (p. 15) OL

Práctica de destrezas (pág. 15) OL

✓ Formative Assessment

- Explain how drawing an array can help you find the quotient of 20 ÷ 4. Sample answer: By arranging the dividend in an array of rows and columns, you can quickly find the divisor, which is the number of rows, and the quotient, which is the number of columns.

- **Find 20 ÷ 4. Write a number sentence to record the solution.** $20 ÷ 4 = 5$

Quick Check **Are students continuing to struggle with dividing by 4?**

If Yes → Reteach Worksheet (p. 13)

If No → Independent Work Options (p. 280B)
CRM Skills Practice Worksheet (p. 14)
CRM Enrich Worksheet (p. 17)

Name the Math Write the following problem on the board. Have students explain how they solved the problem.

A boat rental shop rents paddleboats that can hold up to 4 riders. The shop has enough paddleboats for up to 28 people. How many paddleboats does the shop have?

☆ TEST Practice

Reviews Lessons 7-1 and 7-2
Assign the Texas Test Practice problems to provide daily reinforcement of test-taking skills.

Spiral Review

Reviews Lessons 5-5, 6-8, and 7-1
Review and assess mastery of skills and concepts from previous chapters.

---

④ Evaluación

✓ Evaluación formativa

- Expliquen cómo dibujar un arreglo los puede ayudar a calcular el cociente de 20 ÷ 4. Ejemplo de respuesta: arreglando el dividendo en un arreglo de filas y columnas, pueden rápidamente calcular el divisor. ¿Cuál es el número de filas y el cociente? ¿Cuál es el número de columnas?

- **Calculen 20 ÷ 4. Escriban una expresión numérica para registrar la solución.** $20 ÷ 4 = 5$

Control rápido ¿Les sigue costando a los alumnos dividir entre 4?

Si la respuesta es:
Sí → Hoja de reforzamiento (pág. 13)
No → Opciones de trabajo independiente (pág. 280B)
CRM Hoja de ejercicios para la práctica de destrezas (pág. 14)
CRM Hoja de trabajo de enriquecimiento (pág. 17)

Nombra la matemática Escriba el siguiente problema en la pizarra. Pídales a los alumnos que expliquen cómo resolver el problema.

Una tienda de alquiler de botes alquila botes de pedal donde caben hasta 4 pasajeros. La tienda tiene suficientes botes de pedal hasta para 28 pasajeros. ¿Cuántos botes de pedal tiene la tienda?

★ Práctica para la PRUEBA

Repasa las Lecciones 7-1 y 7-2

Asigne los problemas de Práctica para el examen de Texas para reforzar diariamente las destrezas de resolución de pruebas.

Repaso espiral

Repasa las Lecciones 5-5, 6-8 y 7-1

Repasar y evaluar el dominio de las destrezas y conceptos de capítulos anteriores.

Estrategia para resolver problemas

Planificador de lección

Objetivo

Hagan una tabla para resolver problemas.

TEKS y TAKS

TEKS 3.14 El estudiante aplica las matemáticas del 3er grado para resolver problemas relacionados con experiencias diarias y actividades dentro y fuera de la escuela. **(C) Seleccione o desarrolle un plan o una estrategia de resolución de problemas apropiado en el que** haga un dibujo, busque un patrón, adivine y compruebe sistemáticamente, haga una dramatización, **elabore una tabla,** resuelva un problema más sencillo o trabaje desde el final hasta el principio **para resolver un problema**. *También cubre TEKS 3.6(B), 3.14(B).*

TAKS 6 El estudiante demostrará un entendimiento de los procesos matemáticos y las herramientas usadas en la resolución de problemas.

Rutina diaria

Siga estas sugerencias antes de iniciar la lección de la pág. 284.

Control de 5 minutos (Repaso de la Lección 7-2)

Dividan. Usen modelos si es necesario.

1. $16 \div 4$ 4
2. $24 \div 4$ 6
3. $0 \div 4$ 0
4. $20 \div 4$ 5
5. $4 \div 4$ 1

Problema del día

Soy un número de 4 dígitos. Uno de mis dígitos es 7 y uno de mis dígitos es 0. Los otros dos dígitos son números que tienen una suma de 6. Soy el número más grande que se puede hacer con estas reglas. ¿Qué número soy? 7,510

Lesson Planner

Objective

Make a table to solve problems.

TEKS and TAKS

Targeted TEKS 3.14 The student applies Grade 3 mathematics to solve problems connected to everyday experiences and activities in and outside of school. (C) **Select or develop an appropriate problem-solving plan or strategy, including** drawing a picture, looking for a pattern, systematic guessing and checking, acting it out, **making a table,** working a simpler problem, or working backwards **to solve a problem**. *Also addresses TEKS 3.6(B), 3.14(B).*

TAKS 6 The student will demonstrate an understanding of the mathematical processes and tools used in problem solving.

Resources

Literature Connection: *Six-Dinner Sid* by Inga Moore

Teacher Technology
Interactive Classroom • TeacherWorks

Real-World Problem-Solving Library
Math and Social Studies: *Craft Store Supplies*
Use these leveled books to reinforce and extend problem-solving skills and strategies.
Leveled for:
OL On Level
ELL Sheltered English

For additional support, see the Real-World Problem-Solving Teacher's Guide.

Daily Routine

Use these suggestions before beginning the lesson on p. 284.

5-Minute Check
(Reviews Lesson 7-2)

Divide. Use models if needed.

1. $16 \div 4$ 4
2. $24 \div 4$ 6
3. $0 \div 4$ 0
4. $20 \div 4$ 5
5. $4 \div 4$ 1

Problem of the Day

I am a 4-digit number. One of my digits is 7, and one of my digits is 0. The other two digits are numbers that have a sum of 6. I am the greatest number that can be made with these rules. What number am I? 7,510

Differentiated Instruction

Small Group Options

Option 1 TEKS 3.16   LOGICAL, INTRAPERSONAL

Gifted and Talented **AL**

Materials: notebook paper, ruler for drawing tables

- To inspire higher-level thinking, pose logic problems to students and have them draw tables to solve. For example:

There are three different instruments. Colen, Kristina, and Emily each play 1 instrument at a time. Then they move to the next instrument, one that they have not played yet, until each has played all instruments.

During the second round, Colen played Instrument 1 and Kristina played Instrument 3. During the third round, Emily played Instrument 1. Figure out which instrument was played by each student for each of the three rounds.
Colen: 2, 1, 3; Kristina: 1, 3, 2; Emily: 3, 2, 1

Option 2 TEKS 3.6(C)   LOGICAL, VISUAL

English Language Learners **ELL**

Materials: multiplication chart (10 × 10), 2 strips of different colored transparency the same width as a column/row of the multiplication chart for each group

Core Vocabulary: __ is to __ like __ is to, compare

Common Use Verb: slide

Write Math

- Say: "One ticket costs $7, how much will 8 tickets cost?"
- Students put one strip on row 1 (1, 2, 3, 4, etc.).
- Students put the second strip on row 7 (7, 14, 21, 28, etc.).
- Students slide their fingers, from 1, down the same column to 7 and say: "1 **is to** 7 **like** 2 **is to** 14. 2 **is to** 14 **like** 3 **is to** 21." They continue until they get to 8 and find 56.
- Students highlight the scaffold for 7 facts in a table.

Independent Work Options

Option 1 TEKS 3.14(B), 3.14(C)   LOGICAL

Early Finishers **OL** **AL**

Materials: paper and pencil

- Have students write a real-world application problem that could be solved by creating a table.
- When finished, have students exchange and solve each others' problems.

Option 2

Student Technology

Math Online tx.gr3math.com
Personal Tutor • Extra Examples • Online Games

Option 3

Learning Station: Science (p. 272H)

Direct students to the Science Learning Station for opportunities to explore and extend the lesson concept.

Instrucción diferenciada

Opciones de trabajo independiente

Opción 1 TEKS 3.14(B), 3.14(C)   LÓGICO

Para los que terminan primero **OL** **AL**

Materiales: papel y lápiz
- Pídales a los alumnos que escriban un problema de aplicación concreto que se pueda resolver creando una tabla.
- Cuando terminen, pídales a los alumnos que intercambien y resuelvan los problemas de los otros alumnos.

Opción 2

Tecnología para el alumno

 Enlace tecnológico

Matemáticas en línea tx.gr3math.com
Personal Tutor • Extra Examples • Online Games

Opción 3

Estación de aprendizaje: Ciencias (pág. 272H)

Dirija a los alumnos a la Estación de aprendizaje de ciencias para que tengan la oportunidad de explorar y ampliar el concepto de la lección.

Opciones para grupos pequeños

Opción 1 TEKS 3.16   LÓGICO, INTRAPERSONAL

Talentosos **AL**

Materiales: papel de cuaderno, regla para dibujar las tablas
- Para inspirar el razonamiento de alto nivel, plantee problemas lógicos a los alumnos y pídales que dibujen tablas para resolver. Por ejemplo:

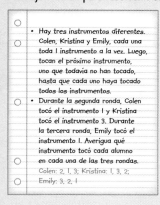

- Hay tres instrumentos diferentes. Colen, Kristina y Emily, cada una toda 1 instrumento a la vez. Luego, tocan el próximo instrumento, uno que todavía no han tocado, hasta que cada uno haya tocado todos los instrumentos.
- Durante la segunda ronda, Colen tocó el instrumento 1 y Kristina tocó el instrumento 3. Durante la tercera ronda, Emily tocó el instrumento 1. Averigua qué instrumento tocó cada alumno en cada una de las tres rondas.
Colen: 2, 1, 3; Kristina: 1, 3, 2; Emily: 3, 2, 1

Estrategia para resolver problemas

1 Presentación TEKS 3.14(C)

Actividad propuesta 1 • Repaso

Escriba el siguiente problema en la pizarra:
Dalila tenía una fiesta de disfraces para sus amigos. Cuando se alinearon para tomarles una foto, cada cuatro personas tenían un disfraz de animal. Todas las otras personas tenían disfraces de personajes de caricaturas. ¿Era Dalila la 10ᵐᵃ persona en la línea? ¿Qué vestía ella?

- **¿Qué estrategia usas para resolver este problema?** *hacer un dibujo*
- **Resuelvan el problema.** Vestía un disfraz de personaje de caricaturas.

Actividad propuesta 2 • Literatura

Presente la Lección con *Six-Dinner Sid* de Inga Moore. (Vea la página R104 para una actividad matemática relacionada.)

2 Enseñanza TEKS 3.14(B), (C)

Pídales a los alumnos que lean el problema sobre la banda de la escuela. Guíelos a través de los pasos para resolver problemas.

Entiende Usando las preguntas, repase los que los alumnos conocen y necesitan calcular.

Planifica Pídales que comenten su estrategia.

Resuelve Guíe a los alumnos a usar la estrategia de *hacer una tabla* para resolver el problema.
- **¿Con qué frecuencia Ian tocó el tambor?** cada tercer toque
- **¿Con qué frecuencia Ian tocó el triángulo?** cada cuarto toque
- **¿Qué patrón observan en la primera fila de la tabla?** sumar 3 **¿En la segunda?** sumar 4

Verifica Pídales a los alumnos que revisen el problema para asegurarse que la respuesta corresponde con los datos dados.

---

1 Introduce TEKS 3.14(C)

Activity Choice 1 • Review

Write the following problem on the board:
Dalila had a costume party for her friends. When they lined up to take a picture, every fourth person had on an animal costume. All of the other people had on costumes representing cartoon characters. Dalila was the 10th person in line. What did she wear?

- **What strategy would you use to solve this problem?** *draw a picture*
- **Solve the problem.** She wore a cartoon character costume.

Activity Choice 2 • Literature

Introduce the lesson with *Six-Dinner Sid* by Inga Moore. (For a related math activity, see p. R104.)

2 Teach TEKS 3.14(B), (C)

Have students read the problem on the school band. Guide them through the problem-solving steps.

Understand Using the questions, review what students know and need to find.

Plan Have them discuss their strategy.

Solve Guide students to use the *make a table* strategy to solve the problem.
- **How often did Ian hit the drum?** every third beat
- **How often did Ian hit the triangle?** every fourth beat
- **What pattern do you see in the first row of the table?** add 3 **In the second?** add 4

Check Have students look back at the problem to make sure that the answer fits the facts given.

 COMMON ERROR!

Students may stop creating the table before they reach the needed number of entries. Have them check their tables to be sure that they cover the necessary information.

¡ERROR COMÚN!

Los alumnos pueden parar la creación de la tabla antes de que alcancen el número de entradas necesarias.
Pídales a los alumnos que verifiquen sus tablas para asegurarse que cubren la información necesaria.

IDEA PRINCIPAL Haré una tabla para resolver problemas.

TEKS Objetivo 3.14 El estudiante aplica las matemáticas del 3ᵉʳ grado para resolver problemas relacionados con experiencias diarias y actividades dentro y fuera de la escuela. (C) **Seleccione o desarrolle un plan o una estrategia de resolución de problemas apropiado en el que … elabore una tabla … para resolver un problema.** También cubre TEKS 3.14(B).

En la banda de la escuela, Ian toca el tambor y el triángulo. Debe tocar el tambor cada tercer ritmo y el triángulo cada cuarto ritmo. ¿En cuáles dos ritmos tocará juntos el tambor y el triángulo?

Entiende	**¿Qué datos conoces?** • Ian toca el tambor en cada tercer ritmo. • Ian toca el triángulo en cada cuarto ritmo. **¿Qué necesitas calcular?** • ¿Cuándo tocará juntos el triángulo y el tambor?
Planifica	Organiza la información en una tabla. Luego, usa la tabla para resolver.
Resuelve	La tabla muestra los ritmos en los que Ian toca su tambor y en los que toca su triángulo. Encierra en un círculo los números que sean iguales en ambas filas de la tabla.

+3 +3 +3 +3 +3 +3 +3

tambor	3	6	9	(12)	15	18	21	(24)
triángulo	4	8	(12)	16	20	(24)	28	32

+4 +4 +4 +4 +4 +4 +4

Entonces, Ian tocará tanto el tambor como el triángulo en los ritmos 12 y 24.

Verifica	Revisa el problema. Como 12 y 24 se pueden dividir exactamente entre 3 y 4, sabes que la respuesta es correcta.

284 Capítulo 7 Haz modelos de más operaciones de división

Reteach (pp. 18–19) BL | Skills Practice (p. 20) OL

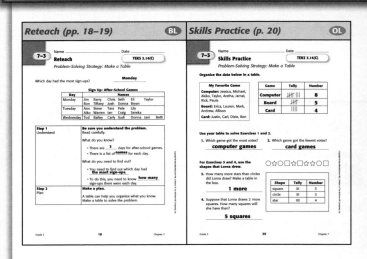

Reforzamiento (págs. 18-19) BL | Práctica de destrezas (pág. 20) OL

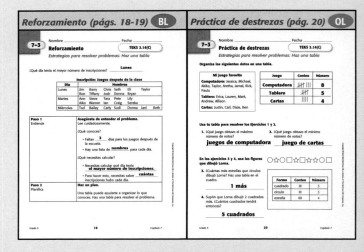

ANALIZA la estrategia

Consulta el problema de la página anterior.

1. Describe un problema que puedas resolver al usar la estrategia de *haz una tabla*.

2. Explica cómo usas la información de una tabla para ayudar a resolver un problema.
busca un patrón en la forma cómo cambian las cantidades

1. Consulta el problema de la página anterior.

3. Continúa la tabla. ¿Cuál será el próximo ritmo en el cual Ian toque el tambor y el triángulo juntos?
ritmo 36

★**4.** Supón que Ian toca el tambor cada tercer ritmo y el triángulo cada quinto ritmo. ¿En qué dos ritmos tocará juntos el tambor y el triángulo? ritmos 15 y 30

PRÁCTICA la estrategia

PRÁCTICA EXTRA
Ver página R18.

8, 10. Ver Apéndice de respuestas del Cap. 7.
Resuelve. Usa la estrategia de *haz una tabla*.

★**5.** Vicky entrena para una carrera de natación de 20 vueltas. La tabla muestra las vueltas que nada cada semana. De continuar el patrón, ¿cuántas semanas le tomará llegar a las 20 vueltas diarias?
7 semanas

Entrenamiento	
Semanas	**Vueltas**
1	2
2	5
3	8

6. Luis compró 32 libros en un año. ¿Cuántos libros recibió gratis?
8 libros

COMPRA 4 Y OBTÉN 1 GRATIS

★**7.** Lucas ahorra para comprarse un reloj nuevo que cuesta $45. Tiene ahorrados $27. Si ahorra $3 a la semana, ¿cuánto tiempo le tomará hasta tener suficiente dinero? 6 semanas

★**8.** Un grupo de 16 personas quiere ir al zoológico. Usa la siguiente señal para calcular cómo pueden obtener los boletos con el menor costo.

Precio de boletos para el zoológico
Por persona.............$6
Tarifa por grupo. $30 por 6

★**9.** Jamal y sus amigos jugaron una partida de globo de agua. En la primera estación, cada persona toma un globo de agua. En cada una de las cuatro estaciones siguientes, toman 2 globos más que la estación anterior. De no explotarse ninguno, ¿cuál es el mayor número de globos que una persona puede reunir en una ronda? 25 globos

10. ESCRIBE EN ▶MATEMÁTICAS Escribe un problema que puedas resolver al usar la estrategia de haz una tabla.

Analyze the Strategy Use Exercises 1–4 to analyze and discuss the problem-solving strategy.

BL Alternate Teaching Strategy
TEKS 3.14(C)

If students have trouble creating a table …

Then use one of these reteach options:

1 CRM **Daily Reteach Worksheet** (pp. 18–19)

2 Have them act out the problem. Have students work in groups of 3. Have one student count out the beats from 1 to 24. Have a second student say "drum" every third beat. Have the third student say "triangle" every fourth beat. Have them note when "triangle" and "drum" are both said on the same beat.

③ Practice
TEKS 3.14(B), (C)

Using the Exercises

Exercises 1–10 provide students with the opportunity to practice the *make a table* strategy.

Exercises 6, 7, and 8 use the division skills that students have been practicing.

④ Assess

✔ Formative Assessment
TEKS 3.14(B), (C)

Write the following problem on the board:
Takanka is saving his money to buy a new drum that costs $50. So far he has saved $8. If he saves $5 each week, will he have enough money to buy the drum in 8 weeks? Why or why not? No. He will have saved $48, so he must either save more money each week or wait until after week 9.

Quick Check **Are students continuing to struggle with the *make a table* strategy?**

If Yes → Reteach Worksheet (pp. 18–19)

If No → Independent Work Options (p. 284B)
CRM Skills Practice Worksheet (p. 20)
CRM Enrich Worksheet (p. 22)

Analiza la estrategia Use los Ejercicios 1 al 4 para analizar y comentar la estrategia para resolver problemas.

BL Estrategia alternativa de enseñanza
TEKS 3.14(C)

Si Los alumnos tienen problemas para crear una tabla…

Entonces Use una de estas opciones de reforzamiento:

1 CRM **Hoja de reforzamiento diario** (págs. 18-19)

2 Pídales que hagan una dramatización del problema. Pídales a los alumnos que trabajen en grupos de 3. Pídale a un alumno que cuente los toques del 1 al 24. Pídale a un segundo alumno que diga "tambor" cada tercer toque. Pídale al tercer alumno que diga "triángulo" cada cuarto toque. Pídales que noten cuando "triángulo" y "tambor" se digan en el mismo toque.

③ Práctica
TEKS 3.14(B), (C)

Uso de los Ejercicios

Ejercicios 1 al 10 provea a los alumnos de una oportunidad para practicar la estrategia de *hacer una tabla*.

Ejercicios 6, 7 y 8 use las destrezas de la división que han estado practicando los alumnos.

④ Evaluación
TEKS 3.14(B), (C)

✔ Evaluación formativa

Escriba el siguiente problema en la pizarra: Takanka ahorra su dinero para comprar un nuevo tambor que cuesta $50. Hasta ahora ha ahorrado $8. Si ahorra $5 cada semana, ¿tendrá suficiente dinero para comprar el tambor en 8 semanas? ¿Por qué o por qué no? No. Él habrá ahorrado $48, por lo tanto, debe ahorrar más dinero cada semana o esperar hasta después de la semana 9.

Control rápido **¿Les sigue costando a los alumnos la estrategia de hacer una tabla?**

Si la respuesta es:

Sí → Hojas de reforzamiento (págs. 18-19)

No → Opciones de trabajo independiente (pág. 284B)
CRM Hoja de ejercicios para la práctica de destrezas (pág. 20)
CRM Hoja de trabajo de enriquecimiento (pág. 22)

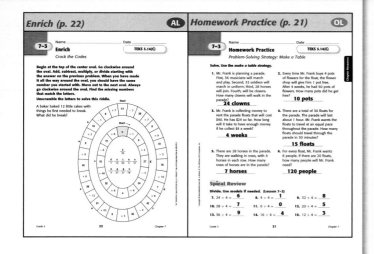

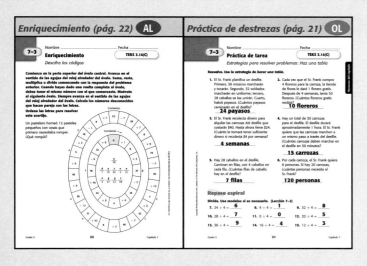

Planificador de lección

Objetivo

Usa modelos y operaciones de multiplicación relacionadas para dividir entre 6 y 7.

TEKS y TAKS

TEKS 3.4 El estudiante reconoce y resuelve problemas en situaciones de multiplicación y división. **(C) Utilice modelos para resolver problemas de división y utilice expresiones numéricas para anotar las soluciones.** *También cubre TEKS 3.6(C), 3,14(D).*

TAKS 1 El estudiante demostrará un entendimiento del razonamiento numérico, operacional y cuantitativo.

Las páginas del alumno también cubren los siguientes TEKS:
3.16(A) Coméntalo, Ejercicio 8
3.16(B) Problemas H.O.T., Ejercicios 33, 34
3.4(C) Repaso espiral, Ejercicios 30-32

Repaso de vocabulario

arreglo

Rutina diaria

Siga estas sugerencias antes de iniciar la lección de la pág. 286.

Control de 5 minutos (Repaso de la Lección 7-3)

Resuelvan. Usen la estrategia de *hacer una tabla.*
Benito pertenece a un club de video. Recibe 1 película gratis por cada 4 que alquila. Al final del año, ha rentado 45 películas. ¿Cuántas películas recibió gratis? 9

Problema del día

Fina invitó 22 amigos a una fiesta. Necesita mesas 22 sillas en total. Tiene mesas para 4 y mesas para 6. ¿Cuántas mesas de cada tipo necesita para sentar a todos sin tener sillas vacías? 1 mesa para 6 y 4 mesas para 4 ó 3 mesas para 6 y 1 mesa para 4

Repaso de vocabulario matemático

Escriba las palabras del repaso de vocabulario y sus definiciones en la pizarra.

Pídales a los alumnos que dibujen un arreglo de 5 × 6. Pídales que expliquen cómo este arreglo su puede usar para la multiplicación y la división.

Tarjetas visuales de vocabulario

Use la(s) tarjeta(s) visual(es) del vocabulario 3 para reforzar el vocabulario presentado en esta lección. (En la parte posterior de cada tarjeta está escrita la rutina Definir/Ejemplo/Pregunta).

arreglo

Lesson Planner

Objective

Use models and related multiplication facts to divide by 6 and 7.

TEKS and TAKS

Targeted TEKS 3.4 The student recognizes and solves problems in multiplication and division situations. **(C) Use models to solve division problems and use number sentences to record the solutions.** *Also addresses TEKS 3.6(C), 3.14(D).*

TAKS 1 The student will demonstrate an understanding of numbers, operations, and quantitative reasoning.

Student pages also address the following TEKS:
TEKS 3.16(A) Talk About It, Exercise 8
TEKS 3.16(B), TEKS 3.16(A) HOT Problems, Exercises 33, 34
TEKS 3.4(C) Spiral Review, Exercises 30–32

Review Vocabulary

array

Resources

Materials: grid paper

Manipulatives: counters

Literature Connection: *Eight Hands Round: A Patchwork Alphabet* by Ann Whitford Paul

Teacher Technology
Interactive Classroom • TeacherWorks

Focus on Math Background

It is important to remember that fact families take away the burden of remembering all the division facts as individual factoids. Working with the division facts is just another opportunity to continue work on automaticity of multiplication facts, which has already begun. Knowing the six and seven times tables is the basis for knowledge of the division facts of sixes and sevens.

Daily Routine

Use these suggestions before beginning the lesson on p. 286.

5-Minute Check
(Reviews Lesson 7-3)

Solve. Use the *make a table* strategy.
Benito belongs to a movie club. He gets 1 free rental movie after renting 4 movies. At the end of the year, he has rented 45 movies. How many movies did he get for free? 9

Problem of the Day

Fina has invited 22 friends for a party. She needs 22 chairs in all. She has tables for 4 and tables for 6. How many of each type of table does she need to seat everyone with no empty chairs? 1 table for 6 and 4 tables for 4 or 3 tables for 6 and 1 table for 4

Review Math Vocabulary

Write the review vocabulary word and its definition on the board.

Have students draw a 5 × 6 array. Have them explain how this array can be used for multiplication and division.

Visual Vocabulary Cards
Use Visual Vocabulary Card 3 to reinforce the vocabulary reviewed in this lesson. (The Define/Example/Ask routine is printed on the back of each card.)

 array

Differentiated Instruction

Small Group Options

TEKS 3.4(C)

Option 1   LOGICAL
Gifted and Talented **AL**

Materials: 2 paper bags, paper on which to write numbers, notebook paper or dry erase board

- Play "Squeeze Play." Prepare slips with numbers in the tens, hundreds, and even thousands, some of which are evenly divisible by 6 or 7. Place some in a small bag with a large "6" written on it. The other slips go into the "7" bag.
- When a student pulls out a slip (i.e., 280 out of the 7 bag), he or she thinks, "How many 7s can I squeeze into 280?" 40 Any strategy can be used to find the answer (repeated subtraction, use Commutative Property to solve related multiplication fact, etc.)
- Challenge students with numbers that are not evenly divisible by 6 or 7.

Option 2   VISUAL, AUDITORY, SPATIAL
English Language Learners **ELL**

Materials: poster board to represent groups
Core Vocabulary: divide, each, living story problem
Common Use Verb: will get
Do Math This strategy helps students connect story problems to the real world and reinforces the *act it out* strategy.

- Generate a story problem with a related division fact: *There are 12 balloons and 6 children. How many balloons will each child get?*
- Students will create a living story problem to find the answer.
- 12 students will represent the balloons.
- 6 students will represent the 6 children.
- Each child will take a "balloon" and stand together in a set until all the balloons have been taken by the 6 children.
- Ask students to show ways to write the problem.

Independent Work Options

TEKS 3.15(A)

Option 1   LOGICAL
Early Finishers **OL** **AL**

Materials: index cards

- Have students think of Guess-My-Number riddles that involve division by 6 or 7.
- Write the riddles on index cards and share with the class.

I am a 2-digit number.
I can be divided by 6.
The sum of my digits is 3.
What number am I?

Option 2
Student Technology

 Tech Link

Math Online tx.gr3math.com
Personal Tutor • Extra Examples • Online Games
Math Adventures: Scrambled Egg City (8A)

Option 3
Learning Station: Health (p. 272H)

Direct students to the Health Learning Station for opportunities to explore and extend the lesson concept.

Option 4
Problem-Solving Practice

Reinforce problem-solving skills and strategies with the Problem-Solving Practice worksheet.

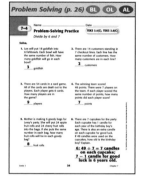

Problem Solving (p. 26) **BL** **OL** **AL**

Lesson 7-4 Divide by 6 and 7   **286B**

Instrucción diferenciada

Opciones de trabajo independiente

TEKS 3.15(A)

Opción 1   LÓGICO
Para los que terminan primero **OL** **AL**

Materiales: tarjetas

- Pídales a los alumnos que piensen en acertijos de "Adivina mi número" que involucren la división entre 6 ó 7.
- Escriba los acertijos en las tarjetas y compártalos con la clase.

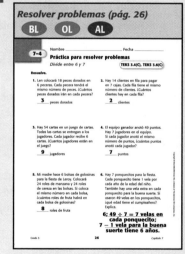

Soy un número de dos dígitos.
No puedo ser dividido entre 6.
La suma de mis dígitos es 3.
¿Qué número soy?

Opción 2
Tecnología para el alumno

Enlace technológico

Matemáticas en línea tx.gr3math.com
Personal Tutor • Extra Examples • Online Games
Math Adventures: Scrambled Egg City (8A)

Opción 3
Estación de aprendizaje: Salud (pág. 272H)

Dirija a los alumnos a la estación de aprendizaje de salud para que tengan la oportunidad de explorar y ampliar el concepto de la lección.

Opción 4
Práctica y solución de problemas

Refuerce las destrezas y las estrategias de solución de problemas con la hoja de trabajo de solución de problemas.

Resolver problemas (pág. 26)
BL **OL** **AL**

Opciones para grupos pequeños

TEKS 3.4(C)

Opción 1   LÓGICO
Talentosos **AL**

Materiales: 2 bolsas de papel, papel donde escribir los números, papel de cuaderno o pizarra blanca

- Juegue "Acomódalo". Prepare las tiras con números en las decenas, centenas y hasta millares, algunas de las cuales son divisibles entre 6 ó 7. Ubique algunas en una bolsa pequeña con un 6 escrito en grande sobre ella. Las otras tiras van en la bolsa del 7.
- Cuando un alumno saque una tira (por ejemplo: 280 de la bolsa del 7) él o ella piensan, "¿cuántos 7 puedo acomodar en 280?" 40 Para calcular la respuesta se puede calcular cualquier estrategia (resta repetida, uso de la propiedad conmutativa para resolver operaciones de multiplicación relacionadas, etc.)
- Rete a los alumnos con números que no sean divisibles exactamente entre 6 ó 7.

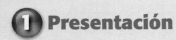

① Presentación
TEKS 3.4(C), 3.6(C)

Actividad propuesta 1 • Práctica

- Pídales a los alumnos que se coloquen en pareja y de 35 fichas a cada par. Pídales que modelen un 6 × 5 de arreglo. Luego, pídales que escriban una expresión numérica usando la división para el arreglo y una operación de división relacionada.
$30 \div 6 = 5$; $30 \div 5 = 6$

- Repita, pídales a los alumnos que modelen un arreglo de 7 × 5

Actividad propuesta 2 • Literatura
Presente la Lección con *Eight Hands Round: A Patchwork Alphabet* de Ann Whitford Paul. (Vea la página R104 para una actividad matemática relacionada.)

② Enseñanza
TEKS 3.6(C)

Preguntas básicas
Pídales a los alumnos que dibujen un arreglo de 7 × 8.
- **¿Qué expresión numérica, usando la multiplicación, pueden escribir para el arreglo?** $7 \times 8 = 56$
- **¿Cuáles son las operaciones relacionadas?** $56 \div 7 = 8$ y $56 \div 8 = 7$
- **¿Qué representa el número de artículos en el arreglo?** el dividendo del problema de división
- **¿Puedes siempre usar un arreglo para hacer modelos de operaciones básicas de división?** sí

▶ Práctica para la PRUEBA

Pídales a los alumnos que abran sus libros y lean la información de **Prepárate para aprender**. Repase **arreglo**. En conjunto, trabajen los **Ejemplos 1 a la 3.**

---

① Introduce
TEKS 3.4(C), 3.6(C)

Activity Choice 1 • Hands-On
- Pair students and give each pair 35 counters. Have them model a 6 × 5 array. Then have them write a number sentence using division for the array and a related division fact.
$30 \div 6 = 5$; $30 \div 5 = 6$
- Repeat, asking students to model a 7 × 5 array.

Activity Choice 2 • Literature

Introduce the lesson with *Eight Hands Round: A Patchwork Alphabet* by Ann Whitford Paul. (For a related math activity, see p. R104.)

② Teach

Scaffolding Questions
TEKS 3.6(C)

Have students draw a 7 × 8 array.
- **What number sentence using multiplication can you write for the array?** $7 \times 8 = 56$
- **What are the related division facts?** $56 \div 7 = 8$ and $56 \div 8 = 7$
- **What does the number of items in the array represent?** the dividend of the division problem
- **Can you always use an array to model basic division facts?** yes

▶ GET READY to Learn

Have students open their books and read the information in **Get Ready to Learn**. Review **array**. As a class, work through **Examples 1–3**.

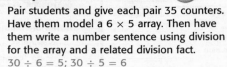

IDEA PRINCIPAL
Usaré modelos y operaciones de multiplicación relacionadas para dividir entre 6 y entre 7.

TEKS Objetivo 3.4
El estudiante reconoce y resuelve problemas en situaciones de multiplicación y división. (C) **Utilice modelos para resolver problemas de división y utilice oraciones numéricas para anotar las soluciones.** *También cubre TEKS 3.6(C) y 3.14(D).*

▶ PREPÁRATE para aprender

Paco puso 6 platos en cada mesa de picnic. Si puso 24 platos, ¿cuántas mesas arregló?

Aprendiste que los arreglos te pueden ayudar a entender cómo se relacionan la división y la multiplicación.

EJEMPLO concreto — Modela un arreglo

① **PICNIC ¿Cuántas mesas puso Paco? Usa una expresión numérica para anotar la solución.**

Usa en arreglo para calcular $24 \div 6$. Esto te ayudará a relacionar la división y la multiplicación.

En el arreglo, cada mesa se representa por una columna que contiene 6 platos. Como hay 4 columnas, habrá 4 mesas.

Entonces, $24 \div 6 = 4$.

Paco pondrá 4 mesas.

Verifica
La recta numérica muestra que $24 \div 6$ es 4. ✓

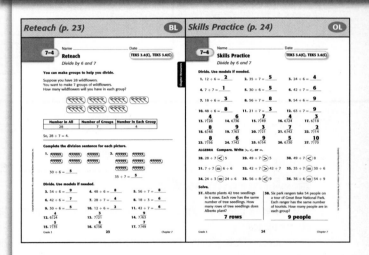

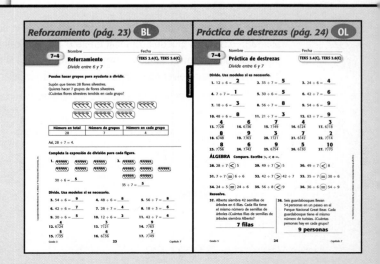

Puedes usar muchos métodos diferentes para dividir entre 6 y entre 7.

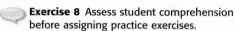
EJEMPLOS concreto

2 **LECTURA** Markel leyó 28 libros en 7 meses. Ella leyó la misma cantidad de libros cada mes. Escribe una expresión numérica para mostrar cuántos libros leyó cada mes.

Deseas calcular cuántos grupos de 7 hay en 28. Usa la resta repetida para calcular 28 ÷ 7.

①	②	③	④
28	21	14	7
− 7	− 7	− 7	− 7
21	14	7	0

El número 7 se resta cuatro veces para llegar a 0.

Entonces, 28 ÷ 7 = 4. Markel leyó 4 libros cada mes.

3 **ENSEÑANZA** El Sr. Jeremiah tiene 21 trabajos que evaluar. Él desea evaluar la misma cantidad de trabajos cada día durante 7 días. ¿Cuántos trabajos evaluará cada día?

Usa una operación relacionada de multiplicación o división para calcular 21 ÷ 7. Puedes pensar en cuántos grupos iguales de 7 hay en 21.

$21 ÷ 7 = \blacksquare$

$7 × \blacksquare = 21 \leftarrow$ PIENSA: ¿Qué número multiplicado por 7 es 21? 7 × 3 = 21

$7 × 3 = 21$

Entonces, 21 ÷ 7 = 3. Él evaluará 3 trabajos cada día.

en línea Tutor personal en tx.gr3math.com

8. sí; las familias de operaciones usan los mismos 3 números.

VERIFICA lo que sabes

Divide. Usa modelos si es necesario. Ver Ejemplos 1-3 (págs. 286–287)

1. 24 ÷ 6 **4**
2. 18 ÷ 6 **3**
3. 7)‾35 **5**
4. 21 ÷ 7 **3**
5. 14 ÷ 7 **2**
6. 6)‾30 **5**

7. **Medidas** Una cola de cometa mide 7 pies de largo. Elena tiene 56 pies de tela para cola. ¿Cuántas colas de cometas puede hacer? **8 colas de cometa**

8. **Coméntalo** ¿Es igual usar operaciones relacionadas de multiplicación y división? Usar familias de operaciones? Explica.

Recuerda
Algunas estrategias de división son más útiles que otras cuando trabajas con números grandes.

Lección 7-4 Divide entre 6 y 7 **287**

Real-World Example
Example 2 Be sure students understand how to use repeated subtraction to solve the problem.

ADDITIONAL EXAMPLES

1 Dimas has 54 books and a bookcase with 6 shelves. How many books should he put on each shelf if each shelf holds the same number of books? Use a number sentence to record the solution. 54 ÷ 6 = 9; 9 books

2 Miriam went to 14 movies in 7 months. She went to the same number of movies each month. Write a number sentence to show how many movies she went to each month. 14 ÷ 7 = 2; 2 movies

3 Kobla will put 18 goldfish into 6 fishbowls. Each bowl will have the same number of fish. How many goldfish will go in each bowl? 3 goldfish

CHECK What You Know

As a class, have students complete Exercises 1–8 in **Check What You Know** as you observe their work.

Exercise 8 Assess student comprehension before assigning practice exercises.

BL Alternate Teaching Strategy TEKS 3.4(C)

If students have trouble dividing by 6 …

Then use one of these reteach options:

1 **CRM** **Daily Reteach Worksheet** (p. 23)

2 Have them outline a 6-by-9 rectangle on grid paper. Then have students write the division fact for array.

Lesson 7-4 Divide by 6 and 7 **287**

Ejemplo concreto

Ejemplo 2 Asegúrese que los alumnos entienden cómo usar la resta repetida para resolver el problema.

EJEMPLOS ADICIONALES

1 Dimas tiene 54 libros en un estante con 6 repisas. ¿Cuántos libros debe colocar en cada repisa si en cada repisa caben el mismo número de libros? Usen una expresión numérica para registrar la solución. 54 ÷ 6 = 9; 9 libros

2 Miriam fue a 14 películas en 7 meses. Fue al mismo número de películas cada mes. Escriban una expresión numérica para mostrar a cuántas películas fue cada mes. 14 ÷ 7 = 2; 2 películas

3 Kobla colocará 18 peces dorados en 6 peceras. Cada pecera tendrá el mismo número de peces. ¿Cuántos peces dorados irán en cada pecera? 3 peces dorados

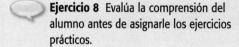
VERIFICA lo que sabes

En conjunto, pídales a los alumnos que completen los Ejercicios 1 al 8 en **Verifica lo que sabes** a medida que usted observa sus trabajos.

Ejercicio 8 Evalúa la comprensión del alumno antes de asignarle los ejercicios prácticos.

BL Estrategia alternativa de enseñanza TEKS 3.4(C)

Si los alumnos tienen problemas dividiendo entre 6…

Entonces use una de estas opciones de reforzamiento:

1 **CRM** **Hoja de reforzamiento diario** (pág. 23)

2 Pídales que tracen un rectángulo 6 por 9 en papel cuadriculado. Luego, pídales a los alumnos que escriban la operación de división para el arreglo.

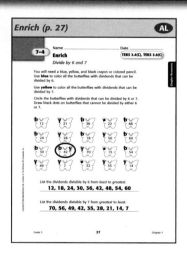

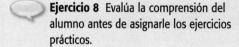

3 Práctica

Asigne la práctica para los ejercicios 9 al 28 según los siguientes niveles.

Nivel	Asignación
BL Nivel bajo	9–12, 20, 22–23
OL A nivel	9–14, 20, 22–24, 27
AL Nivel avanzado	9–25 impar, 26–28

Pídales a los alumnos que analicen y completen los problemas de razonamiento de alto nivel. Si los alumnos tienen dificultad con estos problemas, sugiérales que escriban las operaciones de multiplicación para el 7.

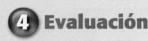 **ESCRIBE EN** 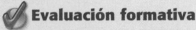 **MATEMÁTICAS**

Pídales a los alumnos que completen el Ejercicio 28 en sus Diarios de Matemáticas. Puede elegir hacer este ejercicio como una evaluación formativa adicional.

4 Evaluación

✔ Evaluación formativa

• **¿Pueden describir 2 estrategias diferentes para calcular el cociente de 30 ÷ 6?** Ejemplo de respuesta: usa operaciones relacionadas. $6 \times 5 = 30$, ó la resta repetida. $30 - 6 = 24$, $24 - 6 = 18$, $18 - 6 = 12$, etc. La respuesta es 5.

Control rápido — ¿Les sigue costando a los alumnos dividir entre 6 y 7?

Si la respuesta es:

Sí → Guía de intervención estratégica (pág. 92)
No → Opciones de trabajo independiente (pág. 286B)
  CRM Hoja de ejercicios para la práctica de destrezas (pág. 24)
  CRM Hoja de trabajo de enriquecimiento (pág. 27)

En el futuro Indíqueles a los alumnos que la próxima lección trata sobre la división entre 8 y 9. Pídales que describan cómo la lección de hoy los ayudará a dividir entre 8 y 9.

---

3 Practice

Differentiate practice using these leveled assignments for Exercises 9–28.

Level	Assignment
BL Below Level	9–12, 20, 22–23
OL On Level	9–14, 20, 22–24, 27
AL Above Level	9–25 odd, 26–28

Have students discuss and complete the Higher Order Thinking problems. If students have difficulty with these problems, suggest that they write down the multiplication facts for 7.

 **WRITING IN ▶ MATH** Have students complete Exercise 28 in their Math Journals. You may choose to use this exercise as an optional formative assessment.

4 Assess

✔ Formative Assessment

• **Can you describe 2 different strategies to find the quotient of 30 ÷ 6?** Sample answer: Use related facts, $6 \times 5 = 30$, or repeated subtraction, $30 - 6 = 24$, $24 - 6 = 18$, $18 - 6 = 12$, etc. The answer is 5.

Quick Check — **Are students continuing to struggle with dividing by 6 and 7?**

If Yes → Strategic Intervention Guide (p. 92)

If No → Independent Work Options (p. 286B)
  CRM Skills Practice Worksheet (p. 24)
  CRM Enrich Worksheet (p. 27)

Into the Future Tell students that the next lesson is on dividing by 8 and 9. Ask them to describe how today's lesson will help them divide by 8 and 9.

 COMMON ERROR!

Exercises 17–19 Students may think that there are two different answers for each of these problems. Point out that there is only one answer for each problem and that the answer they find should make both statements true.

 **PRÁCTICA EX**
Ver página R19.

Práctica y solución de problemas

Divide. Usa modelos si es necesario. Ver Ejemplo 1–3 (págs. 286–287)

9. $6 \div 6$ 1 **10.** $42 \div 6$ 7 **11.** $28 \div 7$ 4 **12.** $70 \div 7$ 10

13. $6 \overline{)36}$ 6 **14.** $6 \overline{)60}$ 10 **15.** $7 \overline{)0}$ 0 **16.** $7 \overline{)42}$ 6

Álgebra Calcula cada número que falta.

17. $7 \times \blacksquare = 63$ 9; 9
$63 \div 7 = \blacksquare$

18. $7 \times \blacksquare = 35$ 5; 5
$35 \div 7 = \blacksquare$

19. $7 \times \blacksquare = 70$ 10; 10
$70 \div 7 = \blacksquare$

Álgebra Copia y completa cada tabla.

20.

Regla: Divide entre 6.			
Entrada	36	12	48	■
Salida	■	■	■	10

6; 2; 8; 60

21.

Regla: Divide entre 7.			
Entrada	28	42	■	70
Salida	■	■	7	■

4; 6; 49; 10

Escribe una expresión numérica para registrar cada solución.

22. Un rosal tiene 42 capullos de rosa. Los 7 tallos del rosal tienen un mismo número de capullos. ¿Cuántos capullos hay en cada tallo? $42 \div 7 = 6$ capullos

23. El club de costura hace una colcha con 63 cuadrados. Los cuadrados se cosen en 7 filas iguales. ¿Cuántos cuadrados hay en cada fila? $63 \div 7 = 9$ cuadrados

24. Por cada árbol que se tala en California, se plantan 7 árboles nuevos. Si se plantaron 56 árboles nuevos, ¿cuántos árboles se cortaron? $56 \div 7 = 8$ árboles

★**25.** En las mesas de la cafetería hay 7 grupos de 5 alumnos y 5 grupos de 7 alumnos. ¿Cuál es el número total de alumnos? $7 \times 5 = 35$; $5 \times 7 = 35$; $35 + 35 = 70$ alumnos

Problemas H.O.T.

26. **INTERPRETA** Escribe dos números que no puedan dividirse entre 7. Ejemplo de respuesta: 48, 16

27. **¿CUÁL NO PERTENECE?** Identifica la expresión de división que no va con las otras. Explica.

$56 \div 7$	$7 \overline{)48}$	$49 \div 7$	$7 \overline{)63}$

$48 \div 7$; porque 48 no es exactamente divisible entre 7

28. **ESCRIBE EN ▶ MATEMÁTICAS** Cuando sabes que $42 \div 6 = 7$, también sabes que $42 \div 7 = 6$. Explica por qué. Ejemplo de respuesta: Son parte de la misma familia de operaciones.

Homework Practice (p. 25) **OL**

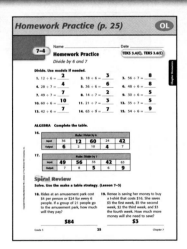

 ¡ERROR COMÚN!

Ejercicios 17 al 19 Los alumnos pueden pensar que hay dos respuestas diferentes para cada uno de estos problemas. Señáleles que hay una sola respuesta para cada problema y que la respuesta que calcularon debe ser verdadera para ambos enunciados.

Práctica de destrezas (pág. 25) **OL**

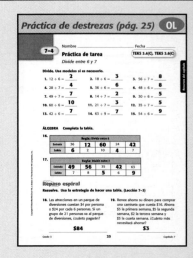

Divide (Lección 7-1)

1. $27 \div 3$ 9

2. $18 \div 3$ 6

3. $3\overline{)12}$ 4

4. $3\overline{)9}$ 3

Álgebra Calcula cada número que falta. (Lecciones 7-1 y 7-2)

5. $\blacksquare \div 3 = 7$ 21

6. $15 \div \blacksquare = 5$ 3

7. $24 \div \blacksquare = 6$ 4

8. $\blacksquare \div 4 = 2$ 8

9. PRÁCTICA PARA LA PRUEBA
¿Qué número hará verdadera la
expresión numérica? (Lección 7-2) **A** TAKS1
$$40 \div \blacksquare = 4$$

A 10

C 14

B 11

D 100

Divide. (Lección 7-2)

10. $12 \div 4$ 3

11. $36 \div 4$ 9

12. Medidas Kimi corre 3 millas los lunes, miércoles y viernes. Los otros días de la semana ella corre 2 millas y los sábados no corre. Si los domingos corre el doble de lo que corre los lunes, ¿cuántas millas corre Kimi en una semana? Usa la estrategia de *haz una tabla*. (Lección 7-3) 19 millas

13. Samuel gana $20 por cada césped que poda. ¿Cuánto tiempo le tomará a Samuel ganar $200 si puede podar 2 céspedes en un día? (Lección 7-3)
5 días

Álgebra Calcula cada número que falta. (Lección 7-4)

14. $6 \times \blacksquare = 48$ 8;   **15.** $7 \times \blacksquare = 70$
$48 \div 6 = \blacksquare$ 8 $70 \div 7 = \blacksquare$
                                        10; 10

Álgebra Copia y completa la tabla. (Lección 7-4)

16.

Regla: Divide entre 7.			
Entrada	28	35	42	49
Salida	■	■	■	■

4; 5; 6; 7

17. PRÁCTICA PARA LA PRUEBA
Aisha recogió 42 manzanas y las colocó en números iguales en 6 bolsas. ¿Cuántas manzanas había en cada bolsa? (Lección 7-4) **G** TAKS1

F 6

H 8

G 7

J 9

Álgebra Calcula cada número que falta. (Lección 7-4)

18. Horatio coloca el mismo número de pasas en cada panecillo. Si tiene 49 pasas y hay 7 panecillos, ¿cuántas pasas colocará en cada panecillo? (Lección 7-4) 7 pasas

19. ESCRIBE EN MATEMÁTICAS Sophia dijo que si sabía cuánto es $36 \div 4 = 9$, then she can find $36 \div 9$. podía calcular $36 \div 9$. ¿Cuál es la respuesta al segundo problema de división? Explica su razonamiento. (Lección 7-2) 4; son la misma familia de operaciones.

CHAPTER 7

Mid-Chapter Check

Lessons 7-1 through 7-4

Formative Assessment

Use the Mid-Chapter Check to assess students' progress in the first half of the chapter.

ExamView Assessment Suite — Customize and create multiple versions of your Mid-Chapter Check and the test answer keys.

TEKS 3.6(C)

FOLDABLES™ **Dinah Zike's Foldables**

Use these lesson suggestions to incorporate the Foldable during the chapter.

Lessons 7-1, 7-2, and 7-4 Students can cut and use quarter sheets of notebook paper to make division flashcards for dividing by 3, 4, 6, and 7. Have students staple the cards along the appropriate bottom sections of the accordion Foldables. Encourage students to use their study cards to help them identify patterns in related multiplication and division facts. Have them relate what they are learning to the multiplication table glued on the back of their Foldables.

Lecciones 7-1 a la 7-4

Evaluación formativa

Use la Verificación de mitad del capítulo para evaluar el progreso del alumno en la primera mitad del capítulo.

ExamView® Assessment Suite — Elabore múltiples versiones, con las características que desee, de la prueba del Capítulo y de las claves de respuesta de la prueba.

PLEGADOS™ **Plegados de Dinah Zike**   TEKS 3.6(C)

Use estas sugerencias para la lección a fin de incorporar los Plegados durante el capítulo.

Lecciones 7-1, 7-2 y 7-4 Los alumnos pueden cortar y usar cuartos de hojas de cuaderno para hacer tarjetas de memoria para dividir entre 3, 4, 6 y 7. Pídales a los alumnos que engrapen las tarjetas en las secciones de abajo apropiadas del acordeón de Plegados. Anime a los alumnos a usar sus tarjetas de estudio para ayudarlos a identificar patrones en las operaciones de multiplicación y división relacionadas. Pídales que relacionen lo que aprenden con la tabla de multiplicación pegada en la parte posterior de sus Plegados.

Data-Driven Decision Making

Based on the results of the Mid-Chapter Check, use the following resources to review concepts that continue to give students problems.

Exercises	TEKS	What's the Math?	Error Analysis	Resources for Review
1–11, 19 Lessons 7-1 and 7-2	3.4(C)	Use inverse relationship of multiplication and division to divide by 3 and 4.	Does not know multiplication facts for 3, 4, 6, or 7.	Strategic Intervention Guide (pp. 92, 94, 98)
12–13 Lesson 7-3	3.14(C)	Analyze problems to create a table to solve a problem.	Cannot read problem and know which numbers to use to set up table. Does not recognize pattern aspect of table.	CRM Chapter 7 Resource Masters (Reteach Worksheets)
14–18 Lesson 7-4	3.4(C)	Learn to divide by 6 and 7.	Does not know multiplication facts. Writes in wrong answer due to skipping a number in the pattern.	Math Online Extra Examples • Personal Tutor • Concepts in Motion • Math Adventures

Planificador de Lección

Objetivo

Interpreten la información y los datos de los estudios sociales para resolver problemas.

TEKS

TEKS 3.14 El estudiante aplica las matemáticas del 3er grado para resolver problemas relacionados con experiencias diarias y actividades dentro y fuera de la escuela. (A) **Identifique las matemáticas en situaciones diarias.**

TEKS de Historia

3.3 El estudiante comprende los conceptos de tiempo y cronología.

Recursos

Materiales: papel, lápices

Activar conocimientos previos

Antes de enfocar la atención de los alumnos a las páginas, pídales que comenten sobre la bandera estadounidense.

- **¿Quién hizo la primera bandera estadounidense?**
  Betsy Ross

- **¿Qué tiene en común la primera bandera con la bandera que tenemos hoy?** Ejemplo de respuesta: Ambas tienen estrellas blancas en un fondo azul y rayas rojas y blancas.

Uso de la página del alumno

Pídales a los alumnos que lean la información de la pág. 290 y contesten estas preguntas:

- En 1846, la bandera estadounidense tenía 28 estrellas. **¿De cuántas maneras se pueden arreglar 28 estrellas en un rectángulo?** 3

- Entre 1865 y 1867, la bandera estadounidense tenía 36 estrellas. **Si había 6 filas de estrellas, ¿cuántas estrellas había en cada fila?** 6

Lesson Planner

Objective

Interpret information and data from social studies to solve problems.

TEKS

Targeted TEKS 3.14 The student applies Grade 3 mathematics to solve problems connected to everyday **experiences** and activities in and outside of school.
(A) **Identify the mathematics in everyday situations.**

History TEKS

3.3 The student understands the concepts of time and chronology.

Resources

Materials: paper, pencils

Activate Prior Knowledge

Before you turn students' attention to the pages, ask them to discuss the American flag.

- **Who made the very first American flag?**
  Betsy Ross

- **What does the first flag have in common with the flag we have today?** Sample answer: Both have white stars on a blue background and red and white stripes.

Using the Student Page

Ask students to read the information on p. 290 and answer these questions:
- In 1846, the American flag had 28 stars. **How many ways can 28 stars be arranged in a rectangle?** 3
- Between 1865 and 1867, the American flag had 36 stars. **If there were 6 rows of stars, how many stars were in each row?** 6

Estrellas y franjas

Por más de 200 años, la bandera estadounidense ha simbolizado la unidad de los estados. Sin embargo, no siempre tuvo el aspecto actual. La primera bandera estadounidense tenía 13 franjas y sólo 13 estrellas. George Washington quería que las estrellas de la bandera tuviesen seis puntas. Sin embargo, Betsy Ross, quien creó la primera bandera, eligió una estrella con cinco puntas.

La bandera estadounidense cambió 27 veces. Hoy, la bandera tiene 7 franjas rojas y 6 franjas blancas. Hay 50 estrellas en la bandera, una por cada estado.

¿Sabías que?
La bandera más grande del mundo tiene 550 pies de largo y 225 pies de ancho

290 Capítulo 7 Haz modelos de más operaciones de división

 Matemáticas concretas

Usa la información de la página 290 para contestar cada pregunta.

1 En 1794, la bandera estadounidense tenía 15 estrellas. Si había 3 filas, ¿cuántas estrellas había en cada fila? 5 estrellas

2 En 1846, la bandera estadounidense tenía 28 estrellas. Si había 4 filas de estrellas, ¿cuántas estrellas había en cada fila? 7 estrellas

3 Supón que una bandera tiene 7 filas de estrellas con 4 estrellas en cada fila. ¿Tiene esta bandera el mismo número de estrellas que la bandera del problema 2? Explica.
Sí; $4 \times 7 = 28$ y $7 \times 4 = 28$

4 Entre 1848 y 1851, había 30 estrellas en la bandera. Si había 6 estrellas en cada fila, ¿cuántas filas había? 5 filas

5 Entre 1865 y 1867, la bandera de Estados Unidos tuvo 36 estrellas. ¿De cuántas maneras pueden ordenarse 36 estrellas en un arreglo? 9 maneras

6 Una bandera tiene 42 estrellas. Si en cada fila hay 7 estrellas, ¿cuántas más filas tiene esta bandera que la actual bandera estadounidense?
2 filas más

Resuelve problemas en cívica **291**

Real-World Math

Assign the exercises on p. 291. Encourage students to choose a problem-solving strategy before beginning each exercise. If necessary, review the strategies suggested in Lesson 7-7, p. 301.

Exercise 3 Remind students that an array can be turned on its side and still contain the same total number of items.

Exercise 5 Suggest that students view the current American flag to determine the number of rows of stars.

Exercise 6 Suggest that students make a list to keep track of the arrangements.

WRITING IN ►MATH Have students create a word problem that uses the information found in the text and in the picture on p. 290.

Extend the Activity

Have students write fact families for the number of points in one row of stars in 1794, 1846, and 1848. Hint: a star in the American flag has 5 points.

Matemáticas concretas

Asigne los Ejercicios de la pág. 291. Anime a los alumnos a elegir una estrategia para resolver problemas antes de comenzar cada ejercicio. Si es necesario, revise las estrategias sugeridas en la Lección 7-7, pág. 301.

Ejercicio 3 Recuérdeles a los alumnos que un arreglo se puede voltear y todavía contener el mismo número total de artículos.

Ejercicio 5 Sugiera que los alumnos vean la bandera estadounidense actual para que determinen el número de filas de estrellas.

Ejercicio 6 Sugiera que los alumnos hagan una lista para mantener un registro de los arreglos.

ESCRIBE EN ►MATEMÁTICAS Pídales a los alumnos que creen un problema planteado en palabras que use la información hallada en el texto y en la figura de la pág. 290.

Ampliación de la actividad

Pídales a los alumnos que escriban familias de operaciones para el número de puntas en una fila de estrellas en 1794, 1846 y 1848.
Ayuda: una estrella en la bandera estadounidense tiene 5 puntas.

LECCIÓN 7-5 — Divide entre 8 y 9

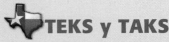

Planificador de lección

Objetivo

Usa modelos y operaciones de multiplicación relacionadas para dividir entre 8 y 9.

TEKS y TAKS

TEKS 3.4 El estudiante reconoce y resuelve problemas en situaciones de multiplicación y división. **(C) Utilice modelos para resolver problemas de división y utilice expresiones numéricas para anotar las soluciones.** *También cubre TEKS 3.6(C).*

TAKS 1 El estudiante demostrará un entendimiento del razonamiento numérico, operacional y cuantitativo.

Las páginas del alumno también cubren los siguientes TEKS:
3.15(A) Coméntalo, Ejercicio 5
3.16(A) ,3.15(B) Problemas H.O.T., Ejercicios 26, 27

Repaso de vocabulario

cociente

Rutina diaria

Siga estas sugerencias antes de iniciar la lección de la pág. 292.

Control de 5 minutos (Repaso de la Lección 7-4)

Dividan. Usen modelos si es necesario.
1. 30 ÷ 6   5
2. 12 ÷ 6   2
3. 49 ÷ 7   7
4. 21 ÷ 7   3
5. 7 ÷ 7   1

Problema del día

Joaquín quiere comprar una chamarra por $38. Hasta ahora ha ahorrado $25. Si ahorra $12 más, ¿tendrá suficiente dinero para comprar la chamarra? Explica. No; ejemplo de respuesta: $38 - $25 = $13

LESSON 7-5 — Divide by 8 and 9

Lesson Planner

Objective
Use models and related multiplication facts to divide by 8 and 9.

TEKS and TAKS
Targeted TEKS 3.4 The student recognizes and solves problems in multiplication and division situations. **(C) Use models to solve division problems and use number sentences to record the solutions.** *Also addresses TEKS 3.6(C).*

TAKS 1 The student will demonstrate an understanding of numbers, operations, and quantitative reasoning.

Student pages also address the following TEKS:
TEKS 3.15(A) Talk About It, Exercise 5
TEKS 3.16(A), TEKS 3.15(B) HOT Problems, Exercises 26, 27

Review Vocabulary
quotient

Resources
Manipulatives: counters, cups

Literature Connection: *Eight Hands Round: A Patchwork Alphabet* by Ann Whitford Paul

Teacher Technology
Interactive Classroom • TeacherWorks

Focus on Math Background

Students often feel that these facts are some of the most difficult to learn. However, if facts for numbers less than eight and nine have been learned, many eights and nines have been included. If 2 × 9 has been learned, then so has 9 × 2. If multiplication created the foundation for division, then 18 ÷ 2 was preparation for 18 ÷ 9. Fewer facts are left to learn than there were for lesser numbers.

Daily Routine

Use these suggestions before beginning the lesson on p. 292.

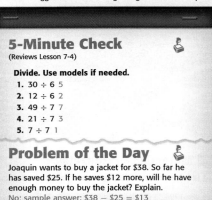

5-Minute Check
(Reviews Lesson 7-4)

Divide. Use models if needed.
1. 30 ÷ 6   5
2. 12 ÷ 6   2
3. 49 ÷ 7   7
4. 21 ÷ 7   3
5. 7 ÷ 7   1

Problem of the Day
Joaquin wants to buy a jacket for $38. So far he has saved $25. If he saves $12 more, will he have enough money to buy the jacket? Explain.
No; sample answer: $38 − $25 = $13

Review Math Vocabulary
Write the review vocabulary word and its definition on the board.

Have students write 20 basic division facts that they know and circle the quotient.

Visual Vocabulary Cards
Use Visual Vocabulary Card 46 to reinforce the vocabulary reviewed in this lesson. (The Define/Example/Ask routine is printed on the back of each card.)

Repaso de vocabulario matemático

Escriba las palabras del repaso de vocabulario y sus definiciones en la pizarra.

Pídales a los alumnos que escriban 20 operaciones de división básicas que conozcan y que encierren en un círculo el cociente.

Tarjetas visuales de vocabulario

Use la(s) tarjeta(s) visual(es) del vocabulario 46 para reforzar el vocabulario presentado en esta lección. (En la parte posterior de cada tarjeta está escrita la rutina Definir/Ejemplo/Pregunta).

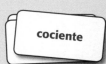

Differentiated Instruction

Small Group Options

Option 1 — Gifted and Talented **AL**
LOGICAL, LINGUISTIC

- Challenge students to solve problems with divisors of 10 and greater. Include problems with remainders.
- Encourage students to explain what method they used to solve the problems.

Option 2 — English Language Learners **ELL**
TEKS 3.6(C), 3.15(A) — VISUAL, AUDITORY, SPATIAL

Materials: outline of a house drawn on regular sized paper with four lines
Core Vocabulary: fact family, house, opposite/related
Common Use Verb: fill
Hear Math This strategy explains the idea that multiplication and division are opposite operations.

- Tell students that the problems are related to each other and make a fact family.
- Say: "Families live in **houses**. We are going to **fill** the **house** with **related** facts."
- Write $9 \times 2 = 18$ on one of the lines in the house.
- Ask: "How are these problems **related?**"
- Repeat process with the division problem $18 \div 2 = 9$.
- Show how are all four problems are related.
- Continue with various facts.

Use this worksheet to provide additional support for English Language Learners.

Independent Work Options

Option 1 — Early Finishers **OL** **AL**
TEKS 3.4(C) — LOGICAL

Materials: index cards, crayons, or markers
- Have students create flashcards for division by 8 and 9.
- Encourage students to quiz each other.

Option 2 — Student Technology

Math Online tx.gr3math.com
Personal Tutor • Extra Examples • Online Games
Math Adventures: Scrambled Egg City (8B)

Option 3 — Learning Station: Reading (p. 272H)

Direct students to the Reading Learning Station for opportunities to explore and extend the lesson concept.

Option 4 — Problem-Solving Practice

Reinforce problem-solving skills and strategies with the Problem-Solving Practice worksheet.

Lesson 7-5 Divide by 8 and 9 **292B**

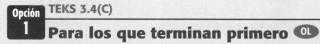

Instrucción diferenciada

Opciones de trabajo independiente

Opción 1 — Para los que terminan primero **OL** **AL**
TEKS 3.4(C) — LÓGICO

Materiales: tarjetas, crayones o marcadores
- Pídales a los alumnos que creen tarjetas de memoria para la división entre 8 y 9.
- Anime a los alumnos a que se evalúen entre ellos.

Opción 2 — Tecnología para el alumno
Enlace technológico

Matemáticas en línea tx.gr3math.com
Personal Tutor • Extra Examples • Online Games
Math Adventures: Scrambled Egg City (8B)

Opción 3 — Estación de aprendizaje: Redacción (pág. 272H)

Dirija a los alumnos a la estación de aprendizaje de redacción para que tengan la oportunidad de explorar y ampliar el concepto de la lección.

Opción 4 — Práctica y solución de problemas

Refuerce las destrezas y las estrategias de solución de problemas con la hoja de trabajo de solución de problemas.

Opciones para grupos pequeños

Opción 1 — Talentosos **AL**
LÓGICO, LINGÜÍSTICO

- Rete a los alumnos a resolver problemas con divisores que sean iguales o mayores de 10. Incluya problemas con residuos.
- Anime a los alumnos a explicar que método usaron para resolver los problemas.

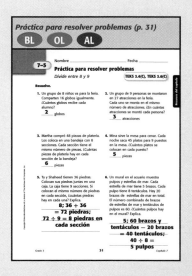

Lección 7-5 Divide entre 8 y 9 **292B**

Divide entre 8 y 9

① Presentación

TEKS 3.4(C), 3.6(C)

Actividad propuesta 1 • Práctica

Materiales: fichas

- Pídales a los alumnos que hagan una tormenta de ideas de cosas que vienen en grupos de 8 ó 9.
- Pídales que repasen sus operaciones de multiplicación para el 8 y el 9. Sugiérales que usen fichas para hacer modelos de arreglos para operaciones que no conocen.
- Pídales a los alumnos que construyan un arreglo de 8 por 5 con el uso de fichas.

Actividad propuesta 2 • Literatura

Presente la Lección con *Eight Hands Round: A Patchwork Alphabet* de Ann Whitford Paul. (Vea la página R104 para una actividad matemática relacionada.)

② Enseñanza

TEKS 3.6(C)

Preguntas básicas

Pídales a los alumnos que usen el arreglo de 8 por 5 que construyeron en la actividad propuesta 1.

- **¿Qué expresión numérica, pueden escribir para este arreglo, usando división?** $40 \div 8 = 5$

Ahora, pídales que construyan un arreglo de 9 por 5.

- **¿Qué expresión numérica, pueden escribir para este arreglo, usando división?** $45 \div 9 = 5$
- **¿Cómo pueden usar arreglos para ayudarse con una operación de división?** Ejemplo de respuesta: El dividendo de la operación es el número de artículos en el arreglo. El número de filas y el número de columnas les indican el divisor y el cociente.

▶ PREPÁRATE para aprender

Pídales a los alumnos que abran sus libros y lean la información de **Prepárate para aprender.** Repasen **cociente.** En conjunto, trabajen los **Ejemplos 1 al 3.**

---

① Introduce

TEKS 3.4(C), 3.6(C)

Activity Choice 1 • Hands-On

Materiales: counters

- Have students brainstorm things that come in groups of 8 or 9.
- Have them review their multiplication facts for 8 and 9. Suggest that they use counters to model arrays for facts they do not know.
- Have students construct an 8-by-5 array using counters.

Activity Choice 2 • Literature

Introduce the lesson with *Eight Hands Round: A Patchwork Alphabet* by Ann Whitford Paul. (For a related math activity, see p. R104.)

② Teach

Scaffolding Questions

TEKS 3.6(C)

Have students use the 8-by-5 array they constructed in Activity Choice 1.

- **What number sentence using division can you write for this array?** $40 \div 8 = 5$

Now have them construct a 9-by-5 array.

- **What number sentence using division can you write for this array?** $45 \div 9 = 5$
- **How can you use arrays to help you with a division fact?** Sample answer: The dividend of the fact is the number of items in the array. The number of rows and the number of columns tell you the divisor and quotient.

▶ GET READY to Learn

Have students open their books and read the information in **Get Ready to Learn**. Review **quotient**. As a class, work through **Examples 1–3.**

IDEA PRINCIPAL
Usaré modelos y operaciones de multiplicación relacionadas para dividir entre 8 y entre 9.

TEKS Objetivo 3.4
El estudiante reconoce y resuelve problemas en situaciones de multiplicación y división. **(C) Utilice modelos para resolver problemas de división y utilice oraciones numéricas para anotar las soluciones.** *También cubre TEKS 3.6(C).*

Recuerda
Piensa en una operación relacionada de su familia de operaciones, como ayuda para calcular el cociente.

▶ PREPÁRATE para aprender

El pictograma muestra la cantidad de veces que cada alumno visitó El Álamo. Si 32 alumnos lo visitaron 2 veces o más, ¿cuántos símbolos se deben dibujar en esa fila?

Visitas a El Álamo

Número de visitas	Número de alumnos
Nunca	🖐
1	🖐🖐
2 ó más	

🖐 = 8 alumnos

Para calcular el cociente, puedes usar tanto una operación relacionada de multiplicación como una operación relacionada de división dentro de una familia de operaciones.

EJEMPLO concreto — Usa operaciones relacionadas

① **GRÁFICAS** Usa la división para mostrar cuántos símbolos deben dibujarse al escribir una expresión numérica.
Calcula $32 \div 8$ ó $8\overline{)32}$. Hay 32 alumnos divididos en grupos de 8.

Una manera: **Multiplicación**	Otra manera: **División**
$32 \div 8 = \blacksquare$	$32 \div 8 = \blacksquare$
$8 \times \blacksquare = 32$	$32 \div \blacksquare = 8$
$8 \times 4 = 32$	$32 \div 4 = 8$
Entonces, $32 \div 8 = 4.$	Entonces, $32 \div 8 = 4.$

La expresión numérica $32 \div 8 = 4$ muestra que debe haber 4 símbolos en la fila.

292 Capítulo 7 Haz modelos de más operaciones de división

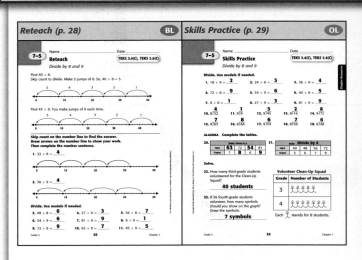

Reteach (p. 28) **BL** — *Skills Practice (p. 29)* **OL**

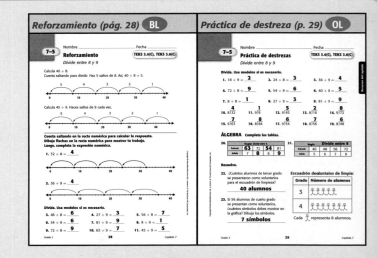

Reforzamiento (pág. 28) **BL** — *Práctica de destreza (p. 29)* **OL**

EJEMPLO concreto — Usa modelos

2 **COCINA** Adelina y 8 de sus amigos hicieron 63 estrellas
de papel. Si cada uno se llevará a su casa un número igual
de estrellas, ¿cuántas se llevará cada uno a su casa?

Calcula $63 \div 9$.
Modela 63 fichas en 9 grupos.

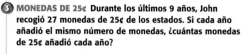

Entonces, $63 \div 9 = 7$. Adelina y sus amigos tendrán cada uno
7 estrellas.

EJEMPLO concreto — Resta repetida

3 **MONEDAS DE 25¢** Durante los últimos 9 años, John
recogió 27 monedas de 25¢ de los estados. Si cada año
añadió el mismo número de monedas, ¿cuántas monedas
de 25¢ añadió cada año?

Usa la resta repetida para calcular $27 \div 9$ ó $9)\overline{27}$.

①	②	③	
27	18	9	El número 9 se restó tres
− 9	− 9	− 9	veces para llegar a cero.
18	9	0	

Por lo tanto, $27 \div 9 = 3$. Él añadió 3 monedas
de 25¢ cada año.

en línea **Tutor personal en** tx.gr3math.com

VERIFICA lo que sabes

Divide. Usa modelos si es necesario. Ver Ejemplos 1-3 (págs. 292–293)

5. La multiplicación es lo inverso a la división. Puedes usar la multiplicación
para verificar la división.

1. $8 \div 8$ 1

2. $18 \div 9$ 2

3. $8)\overline{48}$ 6

4. Cada proyecto de arte usa 9 losas. Si
hay 36 losas, ¿cuántos proyectos de
arte pueden hacerse? 4 proyectos

5. **Coméntalo** La multiplicación es lo inverso
a la división. Puedes usar la
multiplicación para verificar la división?

Lección 7-5 Divide entre 8 y 9 **293**

Enrich (p. 32) **AL**

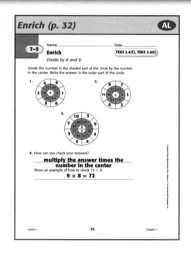

Enriquecimiento (p. 32) **AL**

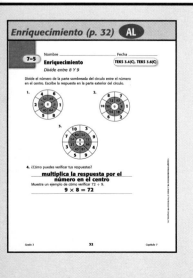

Use Related Facts

Example 1 Remind students that they can use
either a related multiplication fact or a related
division fact to find the missing quotient.

ADDITIONAL EXAMPLES

1 Refer to the pictograph on p. 292. Write a
number sentence using division to show
how many symbols should be drawn to show
48 students visited the Alamo 2 or more
times. $48 \div 8 = 6$ symbols

2 Nine volunteers made 18 flower
arrangements for a school sale. Each made
the same number of arrangements. How
many did each make? 2 arrangements

3 Eduardo traveled 72 miles by bike along
the coast in 9 days. He traveled the same
number of miles each day. How many miles
did he travel each day? 8 miles

CHECK What You Know

As a class, have students complete Exercises 1–5 in
Check What You Know as you observe their work.

Exercise 5 Assess student comprehension
before assigning practice exercises.

BL **Alternate Teaching Strategy** TEKS 3.4(B)

If students have trouble dividing by 8
and 9 …

Then use one of these reteach options:

1 CRM **Daily Reteach Worksheet** (p. 28)

2 Have them use cups and counters to
model the problem $16 \div 8$. Give groups
of students 8 cups and 16 counters. Have
them separate the counters into 8 cups so
that each cup has the same number of
counters. What number sentence using
division can you write to record the
solution? $16 \div 8 = 2$

Continue the activity by having groups
use cups and counters to model other
division facts for 8 and 9.

Lesson 7-5 Divide by 8 and 9 **293**

Usen operaciones relacionadas

Ejemplo 1 Recuérdeles a los alumnos que pueden
usar o una operación de multiplicación relacionada o
una operación de división relacionada para calcular el
cociente que falta.

EJEMPLOS ADICIONALES

1 Consulten el pictograma en la pág. 292. Escriban
una expresión numérica de división para mostrar
cuántos símbolos deben dibujarse para mostrar
que 48 alumnos visitaron el Álamo 2 ó más
veces. $48 \div 8 = 6$ símbolos

2 Nueve voluntarios hicieron 18 arreglos florales
para una venta en la escuela. Cada uno hizo el
mismo número de arreglos. ¿Cuántos hizo cada
uno? 2 arreglos

3 Eduardo viajó 72 millas en bicicleta a lo largo de
la costa en 9 días. Viajó el mismo número de
millas cada día. ¿Cuántas millas viajó cada día? 8
millas

VERIFICA lo que sabes

En conjunto, pídales a los alumnos que completen los
Ejercicios 1 al 5 en **Verifica lo que sabes** a medida
que usted observa sus trabajos.

Ejercicio 5 Evalúa la comprensión del alumno
antes de asignarle los ejercicios prácticos.

BL **Estrategia alternativa de
enseñanza** TEKS 3.4(B)

Si los alumnos tienen problemas
dividiendo entre 8 y 9…

Entonces use una de estas opciones de
reforzamiento:

1 CRM **Hoja de reforzamiento diario** (pág. 28)

2 Pídales a los alumnos que usen tazas y
fichas para hacer un modelo del problema
$16 \div 8$. Déles a los grupos de alumnos 8
tazas y 16 fichas. Pídales que separen las
fichas en 8 tazas para que cada taza tenga el
mismo número de fichas. ¿Qué expresión
numérica, con división, pueden escribir para
registrar la solución? $16 \div 8 = 2$

Continúe la actividad pidiéndoles a los
grupos que usen tazas y fichas para hacer
modelos de otras operaciones de división
para 8 y 9.

Lección 7-5 Divide entre 8 y 9 **293**

② Práctica

Asigne la práctica para los ejercicios 6-23 según los siguientes niveles.

Nivel	Asignación
BL Nivel bajol	6–9, 16–17, 19-20
OL A nivell	6-11, 15-17, 19-22
AL Nivel avanzado	6-20 par, 22-23

Pídales a los alumnos que comenten y completen los problemas de razonamiento de alto nivel. Anime a los alumnos a que escriban una solución para el ejercicio 23.

ESCRIBE EN ►MATEMÁTICAS

Pídales a los alumnos que completen el Ejercicio 23 en sus Diarios de Matemáticas. Puede elegir hacer este ejercicio como una evaluación formativa adicional.

② Evaluación TEKS 3.6(C)

✓ Evaluación formativa

Pídales a los alumnos que calculen 56 ÷ 8 de dos maneras diferentes. 7; Ejemplo de respuesta: usen una operación relacionada, (8 × 7) resta repetida

Control rápido ¿Les sigue costando a los alumnos dividir entre 8 y 9?

Si la respuesta es:
Sí → Guía de intervención estratégica (pág. 94)
No → Opciones de trabajo independiente (pág. 294B)
CRM Hoja de ejercicios para la práctica de destrezas (pág. 29)
CRM Hoja de trabajo de enriquecimiento (pág. 32)

Boleto de salida En un trozo de papel pequeño, los alumnos usan la operación 54 ÷ 9 = 6 para escribir otras operaciones relacionadas. Pídales que le entreguen sus papeles mientras salen del salón.

---

③ Practice

Differentiate practice using these leveled assignments for Exercises 6–23.

Level	Assignment
BL Below Level	6–9, 16–17, 19–20
OL On Level	6–11, 15–17, 19–22
AL Above Level	6–20 even, 22–23

Have students discuss and complete the Higher Order Thinking problems. Encourage students to write a solution for Exercise 23.

WRITING IN ►MATH Have students complete Exercise 23 in their Math Journals. You may choose to use this exercise as an optional formative assessment.

④ Assess

✓ Formative Assessment TEKS 3.6(C)

Ask students to find 56 ÷ 8 in two different ways. 7; Sample answer: use a related fact (8 × 7), repeated subtraction

Quick Check Are students continuing to struggle with dividing by 8 and 9?

If Yes → Strategic Intervention Guide (p. 94)
If No → Independent Work Options (p. 294B)
CRM Skills Practice Worksheet (p. 29)
CRM Enrich Worksheet (p. 32)

Ticket Out the Door On a small piece of paper, students use the fact 54 ÷ 9 = 6 to write three other related facts. Have them hand you their papers as they leave the room.

 COMMON ERROR!
Exercises 19–21 Remind students that they need to look at the table carefully so that they understand what the table is telling them and what data it contains.

294 **Chapter 7** Model More Division Facts

★ Indica problemas de múltiples pasos

▶ Práctica y solución de problemas
PRÁCTICA EXTRA Ver página R19.

Divide. Usa modelos si es necesario. Ver Ejemplos 1-3 (págs. 292–293)

6. 16 ÷ 8 2 **7.** 72 ÷ 8 9 **8.** 63 ÷ 9 7 **9.** 27 ÷ 9 3
10. 8)80 10 **11.** 8)32 4 **12.** 9)90 10 **13.** 9)54 6

Álgebra Calcula cada número que falta.

14. 9 × ■ = 36 4, 4 **15.** 8 × ■ = 40 5, 5 **16.** 8 × ■ = 48 6, 6
  36 ÷ 9 = ■   40 ÷ 8 = ■   48 ÷ 8 = ■

Escribe una expresión numérica para anotar la solución.

17. Trina tiene 24 cotillones para cada uno de los 8 invitados a su fiesta. ¿Cuántos cotillones obtendrá cada uno?
24 ÷ 8 = 3 cotillones

★**18.** Un juego de béisbol tiene 9 innings. Si se jugaron 36 de los 54 innings, ¿cuántos juegos faltan?
54 − 26 = 18; 18 ÷ 26 = 18 juegos

RESUELVE PROBLEMAS CONCRETOS

Archivo de datos La clase de 9 alumnos del Sr. Benson decidió que adoptarían un animal en el zoológico de San Antonio.

19. ¿Qué animal le costaría $7 a cada alumno en adopción?
Mono ardilla

★**20.** Si deciden adoptar el puercoespín y el mono ardilla, ¿cuánto dinero pagaría cada uno? $13

21. ¿Qué animales le costarían a cada alumno más de $10 en adopción? Explica.
tigre y jirafa; $100 y $150 ambos ÷ 9 es más de $10.

ANIMALS

Zoológico de San Antonio Adopta un animal
Animal	Precio
Puercoespín	$54
Mono ardilla	$63
Jirafa	$100
Tigre	$150

Problemas H.O.T.
22. INTERPRETA Elige dos operaciones de los Ejercicios 6-13. Explica una estrategia para recordarlos. Ver Apéndice de respuestas del Cap. 7.

23. **ESCRIBE EN ►MATEMÁTICAS** Escribe un problema concreto de multiplicación en el cual tengas que dividir entre 8 ó entre 9. Ejemplo de respuesta: Joseph tiene 72 dominós. Los colocó en 9 filas iguales. ¿Cuántos dominós hay en cada fila?

294 Capítulo 7 Haz modelos de más operaciones de división Control de autoevaluación tx.gr3math.com

---

Homework Practice (p. 30) **OL**

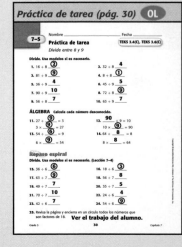

 ¡ERROR COMÚN!
Ejercicios 19 al 21 Recuérdeles a los alumnos que necesitan observar cuidadosamente la tabla para que comprendan lo que la tabla les indica y que datos contiene.

Práctica de tarea (pág. 30) **OL**

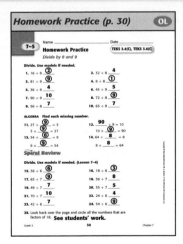

294 **Capítulo 7** Haz modelos de más operaciones de división

Lanzamientos de operaciones

Operaciones de división
Necesitarás: cronómetro, cubo numerado, papel

¡Prepárate!
Jugadores: 3 ó más

¡Listos!
- Elige 1 jugador que lleve el tiempo.

¡Adelante!
- El jugador que lleve el tiempo fija el cronómetro en 45 segundos.
- El jugador que lleve el tiempo lanza el cubo numerado e inicia el cronómetro. El número que se lanza es el cociente.
- Los otros jugadores escriben tantas operaciones de división como puedan con el mismo cociente que aparece en el cubo numerado.

- El jugador que lleva en tiempo dirá "Tiempo" después de 45 segundos.
- Gana el jugador con la mayor cantidad de operaciones correctas.

$20 \div 5$
$16 \div 4$
$12 \div 3$

Differentiated Practice

Use these leveled suggestions to differentiate the game for all learners.

Level	Assignment
BL Below Level	Students may use multiplication fact tables to help them find division facts.
OL On Level	Have students play the game with the rules as written.
AL Above Level	For each division fact students write, have them write an additional division fact using the quotient as the divisor.

Facts Roll

Math Concept: Division Facts
Materials: stopwatch, paper, and pencil
Manipulatives: number cube

Introduce the game on p. 295 to your students to play as a class, in small groups, or at a learning workstation to review concepts introduced in this chapter.

Instructions

- Students play in groups of 3 or more players.
- Each group chooses one student to be the timer. The timer rolls the number cube and starts the timer. The other players have 45 seconds to each write down as many division facts as they can with the same quotient as the number rolled. When the 45 seconds are over, the timer calls, "Time!" and players must put down their pencils.
- Students check their division facts to make sure that they are correct and result in the quotient rolled on the number cube. The player with the most correct facts wins the round and gets 1 point. If there is a tie, each tied player gets 1 point. The first player to get 10 points wins.
- You may choose to have a multiplication fact chart available for students to check their answers.

Extend the Game

Have students write one multiplication fact for each division fact they write for the number rolled.

Lances de operaciones

Concepto matemático: operaciones de división

Materiales: cronómetro, papel y lápiz
Manipulativos: cubo numerado

Presente el juego de la pág. 295 a los alumnos para que lo jueguen en conjunto, en grupos pequeños o en la estación de aprendizaje, para repasar los conceptos presentados en este capítulo.

Instrucciones

- Los alumnos juegan en grupos de 3 ó más jugadores.
- Cada grupo elige un alumno para que sea el cronometrador. El cronometrador lanza el cubo numerado e inicia el cronómetro. Los otros jugadores tienen 45 segundos para escribir tantas operaciones de división como puedan con un cociente igual al del número lanzado. Cuando se acaban los 45 segundos, el cronometrador grita, "¡Tiempo!" y los jugadores deben dejar de escribir.
- Los alumnos verifican sus operaciones de división para asegurarse que sus respuestas están correctas y de cómo resultado el cociente lanzado en el cubo numerado. El jugador con más operaciones correctas gana la ronda y obtiene 1 punto. Si hay un empate, cada jugador empatado recibe 1 punto. El primer jugador en recibir 10 puntos gana.
- Si lo desean, puede darles a los alumnos una tabla de multiplicación para que verifiquen sus respuestas.

Ampliación del juego

Pídales a los alumnos que escriban una operación de multiplicación para cada operación de división que escriban para el número lanzado.

Práctica diferenciada

Use estos niveles sugeridos para diferenciar el juego para todos los aprendices.

Nivel	Asignación
BL Nivel bajol	Los alumnos pueden usar tablas de operaciones de multiplicación para ayudarlos a calcular operaciones de división.
OL A nivel	Pídales a los alumnos que realicen el juego con las reglas como están escritas.
AL Nivel avanzado	Por cada operación de división que escriban los alumnos, pídales que escriban una operación de división adicional con el cociente como divisor.

LECCIÓN 7-6 Divide entre 11 y 12

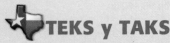

Planificador de lección

Objetivo
Usen modelos para dividir entre 11 y 12.

TEKS y TAKS

TEKS 3.4 El estudiante reconoce y resuelve problemas en situaciones de multiplicación y división. **(C) Utilice modelos para resolver problemas de división y utilice expresiones numéricas para anotar las soluciones.** *También cubre TEKS 3.6(C) y TEKS 3.14(D).*

TAKS 1 El estudiante demostrará un entendimiento del razonamiento numérico, operacional y cuantitativo.

Las páginas del alumno también cubren los siguientes TEKS:
TEKS 3.16(A) Coméntalo, Ejercicio 8
TEKS 3.14(A), TEKS 3.15(B), TEKS 3.16(B) Problemas H.O.T., Ejercicios 31-33
TEKS 3.4(C), TEKS 3.6(C) Repaso espiral, Ejercicios 36-39

Repaso de vocabulario
docena

Rutina diaria
Siga estas sugerencias antes de iniciar la lección de la pág. 296.

Control de 5 minutos (Repaso de la Lección 7-5)
Dividan. Usen modelos si es necesario.
1. 24 ÷ 8 3
2. 36 ÷ 9 4
3. 54 ÷ 9 6
4. 40 ÷ 8 5
5. 63 ÷ 9 7

Problema del día
La Sra. Scanlon cobra $7 por hora por cada niño en su guardería. El lunes, tuvo 3 niños por 5 horas y 5 niños por 7 horas. ¿Cuánto ganó el lunes? $350

Repaso de vocabulario matemático
Escriba las palabras del repaso de vocabulario y sus definiciones en la pizarra.

Pídales a los alumnos que busquen la palabra docena en el diccionario. Pídales que piensen en cosas que vienen en paquetes de 12, tal como los huevos. Luego, pídales que usen fichas para hacer modelos de los paquetes de doce.

LESSON 7-6 Divide by 11 and 12

Lesson Planner

Objective
Use models to divide by 11 and 12.

TEKS and TAKS

Targeted TEKS 3.4 The student recognizes and solves problems in multiplication and division. **(C) Use models to solve division problems and use number sentences to record the solutions.** *Also addresses: TEKS 3.6(C), and TEKS 3.14(D).*

TAKS 1 The student will demonstrate an understanding of numbers, operations, and quantitative reasoning.

Student pages also address the following TEKS:
TEKS 3.16(A) Talk About It, Exercise 8
TEKS 3.14(A), TEKS 3.15(B), TEKS 3.16(B) HOT Problems, Exercises 31–33
TEKS 3.4(C), TEKS 3.6(C) Spiral Review, Exercises 36–39

Review Vocabulary
dozen

Resources
Materials: empty egg cartons

Manipulatives: counters
Literature Connection: *A Remainder of One* by Elinor J. Pinczes
Teacher Technology
Interactive Classroom • TeacherWorks • Concepts in Motion

Focus on Math Background
Because elevens and twelves are the greatest facts to be learned, it is assumed they are the most difficult. This is not necessarily true. At this point students should have learned several strategies for finding quotients. These include the following:
• Use models such as drawing pictures of equal groups and arrays.
• Use related facts.
• Use repeated subtraction.

These strategies can be used to divide by 11 and 12 just as they were used when students divided by lesser numbers.

296A Chapter 7 Model More Division Facts

Daily Routine
Use these suggestions before beginning the lesson on p. 296.

5-Minute Check
(Reviews Lesson 7-5)
Divide. Use models if needed.
1. 24 ÷ 8 3
2. 36 ÷ 9 4
3. 54 ÷ 9 6
4. 40 ÷ 8 5
5. 63 ÷ 9 7

Problem of the Day
Mrs. Scanlon charges $7 an hour for each child in her daycare center. On Monday, she had 3 children for 5 hours and 5 children for 7 hours. How much did she earn on Monday? $350

Review Math Vocabulary
Write the Review vocabulary word and its definition on the board.

Have students look up the word *dozen* in the dictionary. Ask them to think about things that are packaged by 12s, such as eggs. Then have them use counters to model packages of twelve.

Differentiated Instruction

Small Group Options

Option 1 — Below Level BL
LOGICAL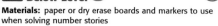

Materials: paper or dry erase boards and markers to use when solving number stories

- Students struggling with using the strategies suggested in the chapter for solving number stories may be better able to organize their thoughts when using division diagrams.
- Model for students how to solve the following number story using a division diagram: *Finnegan brought 48 cookies to his cub scout meeting to celebrate his birthday. If he passes out equal amounts to himself and his 11 fellow cub scouts, how many cookies will each boy get?*

cub scouts	cookies per cub scout	total number of cookies
12	?	48

12 × 4 = 48; each cub scout will get 4 cookies.

Option 2 — English Language Learners ELL
KINESTHETIC SOCIAL

Materials: index cards, 24 counters per group.
Core Vocabulary: identical groups, one more way, as many ways as possible
Common Use Verb: split
Do Math: This strategy helps students review the concept of division as equal groups.

- Model with 16 counters. Show cards and counters and say: "I want to *split* these counters into **identical groups**. How can I do this?"
- Model 4 groups of 4 with cards and counters. Ask: "What **is one more way?**" 8 counters on 2 cards Accept additional answers. Model and restate them.
- Say: "Use 24 counters and find **as many ways** to *split* them into **identical groups as possible.**"

Independent Work Options

Option 1 — Early Finishers AL
TEKS 3.4(C), 3.6(C)   LINGUISTIC

Materials: paper and pencil

- Have students write a list of the multiplication facts for 11.
- Then have them match each multiplication fact with a related division fact.
- Have them choose one fact to illustrate using a pictorial model.
- They may repeat the activity for facts of 12.

Option 2 — Student Technology

Math online tx.gr3math.com
Personal Tutor • Extra Examples • Online Games
Math Adventures: Bugle Farms (8F)

Option 3 — Learning Station: Reading (p. 272G)

Direct students to the Reading Learning Station for opportunities to explore and extend the lesson concept.

Option 4 — Problem-Solving Practice

Reinforce problem-solving skills and strategies with the Problem-Solving Practice worksheet.

Problem Solving (p. 36)

Instrucción diferenciada

Opciones de trabajo independiente

Opción 1 — Para los que terminan primero AL
TEKS 3.4(C), 3.6(C)   LINGÜÍSTICO

Materiales: papel y lápiz

- Pídales a los alumnos que escriban una lista de las operaciones de multiplicación del 11.
- Luego, pídales que formen parejas entre cada operación de multiplicación y una operación de división relacionada.
- Pídales que elijan una operación para ilustrar usando un modelo pictórico.
- Pueden repetir la actividad para las operaciones del 12.

Opción 2 — Tecnología para el alumno
Enlace technológico

Matemáticas en línea tx.gr3math.com
Personal Tutor • Extra Examples • Online Games
Math Adventures: Bugle Farms (8F)

Opción 3 — Estación de aprendizaje: Lectura (pág. 272G)

Dirija a los alumnos a la estación de aprendizaje de lectura para que tengan la oportunidad de explorar y ampliar el concepto de la lección.

Opción 4 — Práctica y solución de problemas

Refuerce las destrezas y las estrategias de solución de problemas con la hoja de trabajo de solución de problemas.

Opciones para grupos pequeños

Opción 1 — Nivel bajo BL
LÓGICO

Materiales: papel o pizarras blancas y marcadores para usarlos cuando se resuelven las historias numéricas

- A los alumnos que les cuesta usar las estrategias que se sugieren en el capítulo sobre cómo resolver las historias numéricas, pueden estar mejor capacitados para organizar sus ideas cuando usen los diagramas de división.
- Modéleles a los alumnos cómo resolver la siguiente historia numérica usando un diagrama de división: *Finnegan trajo 48 galletas para su reunión de exploradores para celebrar su cumpleaños. Si reparte cantidades iguales tanto para él como para sus 11 compañeros exploradores, ¿cuántas galletas recibirá cada niño?*

exploradores	galletas por explorador	número total de galletas
12	?	48

12 × 4 = 48; cada explorador recibirá 4 galletas.

Resolver problemas (pág. 36) OL

Divide entre 11 y 12

① Presentación

Actividad propuesta 1 • Práctica

- Pídales a los alumnos que trabajen en grupos. Déle a un grupo 24 fichas, a otro grupo 36 fichas y así sucesivamente.
- Pídales que coloquen una ficha en cada espacio de un cartón de huevos.
- **¿Cuántos cartones de huevo necesitan para 24 fichas? ¿36 fichas?** 2 cartones de huevo, 3 cartones de huevo
- Pídales a los alumnos que escriban expresiones numéricas usando la división para registrar las soluciones. 24 ÷ 12 = 2; 36 ÷ 12 = 3

Actividad propuesta 2 • Literatura

Presente la Lección con *A Remainder of One* de Elinor J. Pinczes. (Vea la página R104 para una actividad matemática relacionada.)

② Enseñanza   TEKS 3.4(C)

Preguntas básicas

Enseñe dos grupos iguales de 11 fichas.

- **¿Qué operación de división muestra esto?** 24 ÷ 11 = 2
- **¿Cómo pueden usar fichas para hacer un modelo de 48 ÷ 12?** Coloquen 48 fichas en grupos de 12. **¿Qué operación de división muestra el modelo?** 48 ÷ 12 = 4

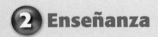 **para aprender**

Pídales a los alumnos que abran sus libros y lean la información de **Prepárate para aprender.** Repase **docena.** En conjunto, trabajen los **Ejemplos 1 al 3.**

7-6   **Divide by 11 and 12**

① Introduce   TEKS 3.4(C)

Activity Choice 1 • Hands-On

- Have students work in groups. Give one group 24 counters, another group 36 counters, and so on.
- Have them place one counter in each cup of an empty egg carton.
- **How many egg cartons do you need for 24 counters? 36 counters?** 2 egg cartons; 3 egg cartons
- Have students write number sentences using division to record the solutions. 24 ÷ 12 = 2; 36 ÷ 12 = 3

Activity Choice 2 • Literature

Introduce the lesson with *A Remainder of One* by Elinor J. Pinczes. (For a related math activity, see p. R104.)

② Teach   TEKS 3.4(C)

Scaffolding Questions

Show two equal groups of 11 counters.
- **What division fact does this show?** 22 ÷ 11 = 2
- **How can you use counters to model 48 ÷ 12?** Put 48 counters into groups of 12. **What division fact does the model show?** 48 ÷ 12 = 4

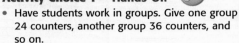 **to Learn**

Have students open their books and read the information in **Get Ready to Learn.** Review **dozen.** As a class, work through **Examples 1–3.**

7-6   # Divide entre 11 y 12

IDEA PRINCIPAL
Usaré modelos para dividir entre 11 y entre 12.

TEKS Objetivo 3.4
El estudiante reconoce y resuelve problemas en situaciones de multiplicación y división. (C) **Utilice modelos para resolver problemas de división y utilice oraciones numéricas para anotar las soluciones.**
También cubre TEKS 3.6(C), 3.14(D).

PREPÁRATE para aprender

33 alumnos fueron de excursión al museo de ciencias. Había 11 microscopios. Un número igual de alumnos por grupo usó cada microscopio. Escribe una expresión numérica que muestre cuántos alumnos había en cada grupo.

Puedes usar modelos, resta repetida u operaciones relacionadas para calcular un cociente.

EJEMPLO concreto   Divide

① **CIENCIAS Escribe una expresión numérica que muestre el número de alumnos que usó cada microscopio.**
Calcula 33 ÷ 11 ó 11)33.

Una manera:	Otra manera:
Usa modelos	**Usa la resta repetida**
Coloca 33 fichas en 11 grupos iguales.	Cuenta cuántas veces 11 se resta de 33 hasta que la diferencia sea 0.

Hay 3 fichas en cada grupo, lo que quiere decir que hay 3 alumnos en cada microscopio.

	33	22	11
	−11	−11	−11
	22	11	0
	①	②	③

11 se restó de 33, 3 veces.

Una expresión numérica que muestra el número   3
de alumnos en cada microscopio es 33 ÷ 11 = 3 ó 11)33.

Verifica Puedes usar la multiplicación para verificar. ✓
3 × 11 = 33

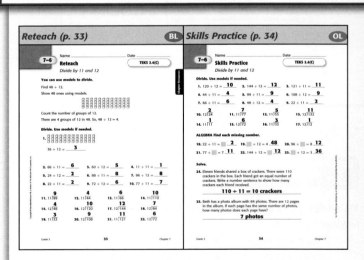

Reteach (p. 33) BL

Skills Practice (p. 34) OL

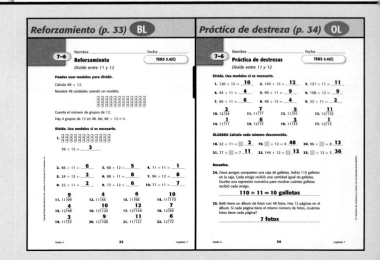

Reforzamiento (p. 33) BL

Práctica de destreza (p. 34) OL

EJEMPLO concreto — Usa modelos

 HUEVOS Patrick colocó 60 huevos en cartones. Cada cartón contenía 12 huevos. ¿Cuántos cartones llenó?

Calcula $60 \div 12$ ó $12\overline{)60}$. Coloca 60 fichas en grupos de 12.

Recuerda
En la Lección 5-8, aprendiste las operaciones de multiplicación por 12.

Hay 5 grupos iguales de 12. $60 \div 12 = 5$ ó $12\overline{)60}^{\,5}$.

Entonces, Patrick llenó 5 cartones.

EJEMPLO — Usa operaciones relacionadas

③ Calcula $48 \div 12$ ó $12\overline{)48}$.

Las operaciones de multiplicación se pueden usar para resolver problemas de división.

$$12 \times \blacksquare = 48$$

El factor que falta es 4.

Entonces, $48 \div 12 = 4$ ó $12\overline{)48}^{\,4}$.

VERIFICA lo que sabes

Divide. Usa modelos si es necesario. Ver Ejemplos 1-3 (págs. 296–297)

1. $22 \div 11$ 2
2. $77 \div 11$ 7
3. $11\overline{)33}$ 3
4. $36 \div 12$ 3
5. $72 \div 12$ 6
6. $12\overline{)48}$ 4

7. Erin compartirá con 10 amigos 44 boletos para las atracciones de la feria. Escribe una expresión numérica que muestre cuántos boletos obtendrán Erin y cada uno de sus amigos. $44 \div 11 = 4$

8. **Coméntalo** Describe los cocientes de dos dígitos que se dividen entre 11. El cociente de un número de dos dígitos dividido exactamente entre 11 es igual al dígito que se muestra en cada dígito del dividendo.

Lección 7-6 Divide entre 11 y 12 **297**

Enrich (p. 37) **AL**

Divide

Example 1 For some students it might be helpful to use a number line to model the repeated subtraction.

ADDITIONAL EXAMPLES

① Ann had 88 tulips. She wrapped a ribbon around each bundle of 11 tulips. Write a number sentence to show how many bundles she has. $88 \div 11 = 8$ bundles

② There are 24 students in the science lab and 12 scales. Each scale is used by an equal number of students. How many students are using one scale? 2 students

③ Find $72 \div 12$ or $12\overline{)72}$. 6

CHECK What You Know

As a class, have students complete Exercises 1–8 in **Check What You Know** as you observe their work.

💬 **Exercise 8** Assess student comprehension before assigning practice exercises.

BL Alternate Teaching Strategy

If students have trouble dividing by 12 using a related multiplication fact …

Then use one of these reteach options:

1 **CRM Daily Reteach Worksheet** (p. 33)

2 Have them construct the related multiplication fact by decomposing the factor 12. For example, $12 \times 4 = (10 + 2) \times 4 = (10 \times 4) + (2 \times 4) = 40 + 8 = 48$; so, $48 \div 4 = 12$ and $48 \div 12 = 4$.

 COMMON ERROR!

Exercises 23–24 Students may not realize that the answer will be greater than the number to the right of the equals sign. Point out that the missing number is a number that is being divided into 11 (or 12) equal parts.

Lesson 7-6 Divide by 11 and 12 **297**

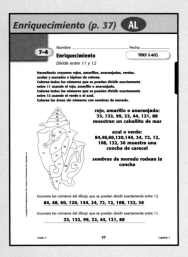

Enriquecimiento (p. 37) **AL**

 ¡ERROR COMÚN!

Ejercicios 23 y 24 Puede que los alumnos no se den cuenta que la respuesta será mayor que el número a la derecha de los signos iguales. Señale que el número que falta es un número que se divide entre 11 (ó 12) partes iguales.

Divide

Ejemplo 1 Para algunos alumnos puede ser útil usar una recta numérica para hacer un modelo de la resta repetida.

EJEMPLOS ADICIONALES

① Ann tenía 88 tulipanes. Envolvió cada bulto de 11 tulipanes con una cinta. Escriban una expresión numérica para mostrar cuántos bultos tiene. $88 \div 11 = 8$ bultos

② Hay 24 alumnos en el laboratorio de ciencias y 12 balanzas. Cada balanza es usada por el mismo número de alumnos. ¿Cuántos alumnos usan una balanza? 2 alumnos

③ Calculen $72 \div 12$ ó $12\overline{)72}$. 6

VERIFICA lo que sabes

En conjunto, pídales a los alumnos que completen los Ejercicios 1 al 8 en **Verifica lo que sabes a medida que** usted observa sus trabajos.

💬 **Ejercicio 8** Evalúa la comprensión del alumno antes de asignarle los ejercicios prácticos.

Si los alumnos tienen problemas dividiendo entre 12 usando una operación de multiplicación relacionada . . .

Entonces use una de estas opciones de reforzamiento:

1 **CRM Hoja de reforzamiento diario** (pág. 33)

2 Pídales a los alumnos que construyan la operación de multiplicación relacionada descomponiendo el factor 12. Por ejemplo, $12 \times 4 = (10 + 2) \times 4 = (10 \times 4) + (2 \times 4) = 40 + 8 = 48$; así, $48 \div 4 = 12$ y $48 \div 12 = 4$.

Lección 7-6 Divide entre 11 y 12 **297**

3 Práctica

Asigne la práctica para los ejercicios 9 al 33 según los siguientes niveles.

Nivel	Asignación
BL Nivel bajo	9–11, 15–17, 21–23, 28–29
OL A nivel	9–13, 15–19, 21–26, 29–30, 32
AL Nivel avanzado	9–29 impar, 31–33

Pídales a los alumnos que analicen y completen los problemas de razonamiento de alto nivel. Anime a los alumnos a usar fichas o a hacer dibujos para hacer un modelo de cada problema de división para determinar qué problema es el correcto para el Ejercicio 32.

ESCRIBE EN ►MATEMÁTICAS

Pídales a los alumnos que completen el Ejercicio 33 en sus Diarios de Matemáticas. Puede elegir hacer este ejercicio como una evaluación formativa adicional.

3 Practice

Differentiate practice using these leveled assignments for Exercises 9–33.

Level	Assignment
BL Below Level	9–11, 15–17, 21–23, 28–29
OL On Level	9–13, 15–19, 21–26, 29–30, 32
AL Above Level	9–29 odd, 31–33

Have students discuss and complete the Higher Order Thinking problems. Encourage students to use counters or draw pictures to model each division problem to determine which problem is correct for Exercise 32.

WRITING IN ►MATH Have students complete Exercise 33 in their Math Journals. You may choose to use this as an optional formative assessment.

► Práctica y solución de problemas

PRÁCTICA EXTRA
Ver página R19.

Divide. Usa modelos si es necesario. Ver Ejemplos 1-3 (págs. 296–297)

9. 11 ÷ 11 1   **10.** 55 ÷ 11 5   **11.** 44 ÷ 11 4

12. 66 ÷ 11 6   **13.** 11$\overline{)99}$ 9   **14.** 11$\overline{)77}$ 7

Divide. Usa modelos si es necesario. Ver Ejemplo 3 (págs. 315)

15. 24 ÷ 12 2   **16.** 12 ÷ 12 1   **17.** 36 ÷ 12 3

18. 84 ÷ 12 7   **19.** 12$\overline{)96}$ 8   **20.** 12$\overline{)120}$ 10

ÁLGEBRA Calcula cada número que falta.

21. 22 ÷ ■ = 2 11   **22.** 48 ÷ ■ = 4 12   **23.** ■ ÷ 11 = 3 33

24. ■ ÷ 12 = 5 60   **25.** ■ ÷ 9 = 11 99   **26.** ■ ÷ 11 = 12 132

Escribe una expresión numérica para registrar la solución.

27. Cada uno de los libros que se muestran tiene 11 capítulos. Si Mel lee 2 capítulos en una semana, ¿en cuántas semanas terminará de leer los libros?
6 × 11 = 66; 66 ÷ 2 = 33 semanas

28. Allen tiene un total de 60 tarjetas deportivas. Las dividió igualmente entre él y sus amigos. Si cada persona recibió 12 tarjetas, ¿cuántos amigos recibieron tarjetas deportivas?
60 ÷ 12 = 5; 5 − 1 = 4 amigos

29. Darla hizo una bolsa de regalos para cada invitado a su fiesta. Cada bolsa tenía 12 regalos y había un total de 84 regalos. Algunas bolsas se muestran a continuación. ¿Cuántas bolsas no se muestran? 3 bolsas

30. Un restaurante sirvió 144 aros de cebolla a 12 clientes. Si cada cliente recibió un número igual de aros de cebolla, ¿cuántos aros de cebolla recibió cada cliente? 144 ÷ 12 = 12 aros

31. INTERPRETA Habla sobre una situación concreta en la cual puedas dividir entre 12. *Ejemplo de respuesta: Si hay un total de 120 roscas y cada caja tiene 12, puedes dividir 120 ÷ 12 para calcular el número de cajas.*

32. HALLA EL ERROR Jeff y Jaime resolvieron cada uno un problema de división. ¿Quién tiene razón? Explica tu razonamiento. *Jeff; 144 ÷ 12 = 12*

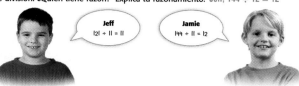

Jeff
121 ÷ 11 = 11

Jamie
144 ÷ 11 = 12

33. **ESCRIBE EN MATEMÁTICAS** Escribe un problema de división en el cual el cociente sea 11. *Ejemplo de respuesta: 22 ÷ 2 = 11*

Práctica para la PRUEBA TAKS 1

34. Annie plantó 18 semillas. Ella coloca un número igual de semillas en 9 envases. ¿Cuál de las expresiones numéricas muestra cuántas semillas colocó Annie en cada envase? (Lección 7-5) **A**

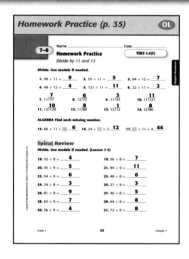

A 18 ÷ 9 = 2

B 18 × 9 = 162

C 18 + 9 = 27

D 18 − 9 = 9

35. 77 flores se distribuyeron en 11 floreros. ¿Qué expresión numérica muestra cuantas flores hay en cada florero? (Lección 7-6) **G**

F 77 × 11 = 847

G 77 ÷ 11 = 7

H 77 + 11 = 88

J 77 − 11 = 66

Repaso espiral

ÁLGEBRA Calcula cada número que falta. (Lección 7-5)

36. 56 ÷ 8 = ■
8 × ■ = 56 *7; 7*

37. 32 ÷ 8 = ■
8 × ■ = 32 *4; 4*

38. 81 ÷ 9 = ■
9 × ■ = 81 *9; 9*

★ **39.** En una calle hay 42 ventanas. Si cada casa tiene 2 ventanas en el frente, 3 en la parte trasera y 1 de cada lado, ¿cuántas casas hay en calle? (Lección 7-4) *7*

MatemáTicas en línea Control de autoevaluación tx.gr3math.com

Lección 7-6 Divide entre 11 y 12 **299**

Homework Practice (p. 35) OL

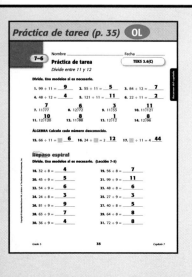

Práctica de tarea (p. 35) OL

[homework practice worksheet]

4 Assess

Formative Assessment

- **Describe two ways to find 84 ÷ 12.** Sample answer: Use repeated subtraction to subtract 12 from 84, use until you reach 0; the related multiplication fact 12 × 7 = 84

- **Find 84 ÷ 12.** 7
- **Find 88 ÷ 11.** 8

Quick Check **Are students continuing to struggle with dividing by 11 or 12?**

If Yes → Small Group Options (p. 296B)
Strategic Intervention Guide (p. 98)

If No → Independent Work Options (p. 296B)
CRM Skills Practice Worksheet (p. 34)
CRM Enrich Worksheet (p. 37)

Yesterday's News How does knowing the division facts of 6 help you to know the division facts of 12?

TEST Practice

Reviews Lessons 7-5 and 7-6
Assign the Texas Test Practice problems to provide daily reinforcement of test-taking skills.

Spiral Review

Reviews Lessons 7-4 and 7-5
Review and assess mastery of skills and concepts from previous chapters.

Lesson 7-6 Divide by 11 and 12 **299**

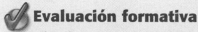

4 Evaluación

Evaluación formativa

- **Describan dos maneras de calcular 84 ÷ 12.** Ejemplo de respuesta: Usen la resta repetida para restar 12 de 84 hasta llegar a 0, usen la operación de multiplicación relacionada 12 × 7 = 84

- **Calcula 84 ÷ 12.** 7
- **Calcula 88 ÷ 11.** 8

Control rápido ¿Les sigue costando a los alumnos dividir entre 11 ó 12?

Si la respuesta es:
Sí → Opciones para grupos pequeños (pág. 296B)
No → Opciones de trabajo independiente (pág. 296B)
CRM ¡Hoja de ejercicios para la práctica de destrezas (pág. 34)
CRM ¡Hoja de trabajo de enriquecimiento (pág. 37)

Noticias de ayer ¿Cómo, el conocer las operaciones de división del 6, te ayudan a conocer las operaciones de división del 12?

Práctica para la PRUEBA

Repasa las Lecciones 7-5 y 7-6
Asigne los problemas de Práctica para el examen de Texas para reforzar diariamente las destrezas de resolución de pruebas.

Repaso espiral

Repasa las Lecciones 7-4 y 7-5
Repasar y evaluar el dominio de las destrezas y conceptos de capítulos anteriores.

Lección 7-6 Divide entre 11 y 12 **299**

7-7

Estrategia para resolver problemas

Planificador de lección

Objetivo

Elijan la mejor estrategia para resolver un problema.

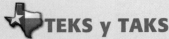

TEKS y TAKS

TEKS 3.14 El estudiante aplica las matemáticas del 3er grado para resolver problemas relacionados con experiencias diarias y actividades dentro y fuera de la escuela. **(B) Resuelva problemas que incorporen la comprensión del problema, hacer un plan, llevarlo a cabo y evaluar lo razonable de la solución.** *También cubre TEKS 3.14(C).*

TAKS 6 El estudiante demostrará un entendimiento de los procesos matemáticos y las herramientas usadas en la resolución de problemas.

Rutina diaria

Siga estas sugerencias antes de iniciar la lección de la pág. 300.

Control de 5 minutos (Repaso de la Lección 7-6)

Dividan. Usen modelos si es necesario.
1. 22 ÷ 11 2
2. 55 ÷ 11 5
3. 48 ÷ 12 4
4. 72 ÷ 12 6

Calculen cada número que falta.
5. 33 ÷ ▪ = 3 11
6. ▪ ÷ 12 = 7 84

Problema del día

Lucrecia le entrega a la cajera 2 monedas de 25¢, 1 moneda de 10¢ y 3 monedas de 5¢. Recibe 2 monedas de 1¢ de cambio. ¿Cuánto dinero gastó? 73 centavos

---

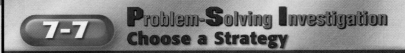

7-7 Problem-Solving Investigation
Choose a Strategy

Lesson Planner

Objective

Choose the best strategy to solve a problem.

TEKS and TAKS

Targeted TEKS 3.14 The student applies Grade 3 mathematics to solve problems connected to everyday experiences and activities in and outside of school. **(B) Solve problems that incorporate understanding the problem, making a plan, carrying out the plan, and evaluating the solution for reasonableness.** *Also addresses TEKS 3.14(C).*

TAKS 6 The student will demonstrate an understanding of the mathematical processes and tools used in problem solving.

Resources

Manipulatives: money

Teacher Technology
Interactive Classroom • TeacherWorks

**Real-World Problem-Solving Library
Social Studies: *Craft Store Supplies***
Use these leveled books to reinforce and extend problem-solving skills and strategies.
Leveled for:
OL On Level
ELL Sheltered English

For additional support, see the Real-World Problem-Solving Teacher's Guide.

Daily Routine

Use these suggestions before beginning the lesson on p. 300.

5-Minute Check
(Reviews Lesson 7-6)

Divide. Use models needed.
1. 22 ÷ 11 2
2. 55 ÷ 11 5
3. 48 ÷ 12 4
4. 72 ÷ 12 6

Find each missing number.
5. 33 ÷ ▪ = 3 11
6. ▪ ÷ 12 = 7 84

Problem of the Day

Lucrecia gives the cashier 2 quarters, 1 dime, and 3 nickels. She receives 2 pennies in change. How much money did she spend? 73 cents

Differentiated Instruction

Small Group Options

Option 1 TEKS 3.4(C), 3.14(C) KINESTHETIC, LOGICAL
Below Level BL

Materials: Classroom items (grouped and labeled), for store, self-sticking notes, money manipulatives

- Group and label items to place in a classroom "store." For example, 5 paper clips can be placed in a bag and labeled "10¢."
- Students can determine the cost per item using the following strategy: place 5 sticky notes in a row (to represent the five paper clips). Collect 10¢ (in this case, students should select 10 pennies) and divide equally between the sticky notes. Students should determine that each paper clip costs 2¢ because there are 2 pennies on each sticky note.
- Have students write a coordinating division problem, such as 10 ÷ 5 = 2.

Option 2 TEKS 3.4(A), 3.3(A) LOGICAL, LINGUISTIC
English Language Learners ELL

Materials: per pair: 2 same colored number cube, one different colored number cube, paper, pencil
Core Vocabulary: first, second step, in parentheses
Common Use Verb: put
Do Math This strategy introduces ordinal numbers and the language of using () and correct order of operations.
- Say: "Multiply the two same-colored number cube **first**, then subtract the different-colored number cube."
- Students practice rolling number cubes and writing and solving the equation.
- Repeat as time permits. Extend the strategy by having partners choose one equation and write a word problem that uses that equation.

Independent Work Options

Option 1 TEKS 3.14(B) LOGICAL
Early Finishers OL AL

Materials: index cards
- Write a strategy on each index card. As students finish their lesson, give them a card and have them create a problem that can be solved by that strategy. On the back of the card, they solve the problem.
- Have them exchange cards with another student and solve each other's problems.

Option 2
Student Technology

Math Online tx.gr3math.com
Personal Tutor • Extra Examples • Online Games

Option 3
Learning Station: Writing (p. 272G)

Direct students to the Writing Learning Station for opportunities to explore and extend the lesson concept.

Instrucción diferenciada

Opciones de trabajo independiente

Opción 1 TEKS 3.14(B) LÓGICO
Para los que terminan primero OL AL

Materiales: tarjetas
- Escriba una estrategia en cada tarjeta. Mientras los alumnos terminan su lección, déles una tarjeta y pídales que creen un problema que pueda resolverse con la estrategia. En la parte posterior de la tarjeta, resuelva el problema.
- Pídales que intercambien tarjetas con otros alumnos y que resuelvan los problemas de cada quien.

Opción 2
Tecnología para el alumno

Enlace technológico

Matemáticas en línea tx.gr3math.com
Personal Tutor • Extra Examples • Online Games

Opción 3
Estación de aprendizaje: Redacción (pág. 272G)

Dirija a los alumnos a la estación de aprendizaje de redacción para que tengan la oportunidad de explorar y ampliar el concepto de la lección.

Opciones para grupos pequeños

Opción 1 TEKS 3.4(C), 3.14(C) CINESTÉSICO, LÓGICO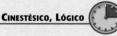
Nivel Bajo BL

Materiales: Artículos del salón de clases (agrupados y rotulados), para una tienda, notas auto adhesivas, manipulativos de dinero

- Agrupe y rotule los artículos para ubicarlos en una "tienda" en el salón de clases. Por ejemplo, 5 clips se pueden colocar en una bolsa y rotularlos "10¢".

- Los alumnos pueden determinar el costo por artículo usando la siguiente estrategia: ubique 5 notas auto adhesivas en una fila (para representar los cinco clips). Recojan 10¢ (en este caso, los alumnos deben elegir 10 monedas de 1¢) y dividirlas igualmente entre las notas auto adhesivas. Los alumnos deben determinar que cada clip cuesta 2¢ porque hay 2 monedas de 1¢ en cada nota auto adhesiva.

- Pídales a los alumnos que escriban un problema de división coordinado, tal como 10 ÷ 5 = 2.

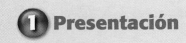

Estrategia para resolver problemas

① Presentación

Actividad • Repaso

Escriba en la pizarra el siguiente problema.

Mima vende jugos en el parque. De cada 8 personas que vienen al parque, tres compran jugos. Si se espera que mañana en la tarde haya 48 personas en el parque, ¿cuántas bebidas venderá?

- **¿Qué estrategia para resolver problemas pueden usar para este problema?** Ejemplo de respuesta: *representalo*
- Resuelvan el problema. 18 bebidas

② Enseñanza   TEKS 3.14(B)

Pídales a los alumnos que lean el problema sobre comprar ropa nueva. Guíelos a través de los pasos para resolver problemas.

Entiende Usando las preguntas, repase los que los alumnos conocen y necesitan calcular.

Planifica Pídales que comenten su estrategia.

Resuelva Guíe a los alumnos a usar una tabla para resolver el problema.

- **¿Por qué hacer una tabla es una buena estrategia en este caso? Explica.** La tabla se puede usar para ver todas las opciones.
- **¿Qué otra estrategia pueden haber usado para resolver este problema?** Ejemplo de respuesta: *hacer un dibujo*

Verifica Pídales a los alumnos que revisen el problema para asegurarse que la respuesta corresponde con los datos dados.

- **¿Cómo se relaciona la operación de multiplicación $3 \times 2 = 6$ con el problema?** 3 describe el número de pantalones cortos que Selma compró y 2 describe el número de camisas que compró.

① Introduce

Activity • Review   TEKS 3.14(B), (C)

Write the following problem on the board.

Mirna sells juice drinks at the park. Out of every 8 people who come to the park, three buy juice drinks. If 48 people are expected to be at the park tomorrow afternoon, how many drinks will she sell?

- **What problem-solving strategy would you use to solve this problem?** Sample answer: *act it out*
- Solve the problem. 18 drinks

② Teach   TEKS 3.14(B)

Have students read the problem on buying new clothes. Guide them through the problem-solving steps.

Understand Using the questions, review what students know and need to find.

Plan Have them discuss their strategy.

Solve Guide students to use a table to solve the problem.

- **Why is making a table a good strategy in this case? Explain.** The table can be used to see all of the options.
- **What other strategy could you have used to solve the problem?** Sample answer: *draw a picture*

Check Have students look back at the problem to make sure that the answer fits the facts given.

- **How does the multiplication fact $3 \times 2 = 6$ relate to the problem?** 3 describes the number of shorts that Selma bought and 2 describes the number of shirts she bought.

 COMMON ERROR!
Exercise 2 When looking for patterns, students often look at only the first two terms. Remind them that the rule for the pattern has to work for all terms shown in the pattern.

IDEA PRINCIPAL Elegiré la mejor estrategia para resolver un problema.

TEKS Objetivo 3.14 El estudiante aplica las matemáticas del 3er grado para resolver problemas relacionados con experiencias diarias y actividades dentro y fuera de la escuela. (B) **Resuelva problemas que incorporen la comprensión del problema, hacer un plan, llevarlo a cabo y evaluar lo razonable de la solución.** También cubre 3.14(C).

EQUIPO I.R.P.+

SELMA: Compré 3 pantalones cortos y 2 camisetas. Mi hermana Lexie compró 4 pantalones cortos y 2 camisetas.

TU MISIÓN: Calcular cuántas combinaciones diferentes de pantalones cortos y camisetas puede hacer cada niña.

Entiende Sabes lo que compró cada niña. Calcula cuántas combinaciones diferentes de pantalones cortos y camisetas puede hacer cada una de ellas.

Planifica Organiza la información en una tabla.

Resuelve Prepara una tabla para cada niña. Haz una fila para cada par de pantalones cortos y una columna para cada camiseta. Enumera las posibles combinaciones de pantalones cortos y camisetas.

Selma	Camisetas 1	Camisetas 2
Pantalones cortos A	A1	A2
Pantalones cortos B	B1	B2
Pantalones cortos C	C1	C2

Lexie	Camisetas 1	Camisetas 2
Pantalones cortos A	A1	A2
Pantalones cortos B	B1	B2
Pantalones cortos C	C1	C2
Pantalones cortos D	D1	D2

Selma: $\underset{\text{Pantalones cortos}}{3} \times \underset{\text{Camisetas}}{2} = \underset{\text{Combinaciones}}{6}$

Lexie: $4 \times 2 = 8$

Entonces, Lexie puede hacer más combinaciones.

Verifica Revisa el problema. Como $3 \times 2 = 6$ y $4 \times 2 = 8$, sabes que el número de combinaciones de ropa es correcto.

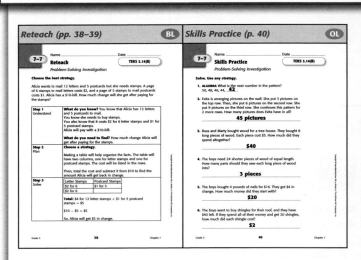

Reteach (pp. 38–39) BL   Skills Practice (p. 40) OL

 ¡ERROR COMÚN!

Ejercicio 2 Cuando hallan patrones, a menudo los alumnos sólo observan los primeros dos términos. Recuérdeles que la regla para el patrón tiene que funcionar para todos los términos que se muestran en él.

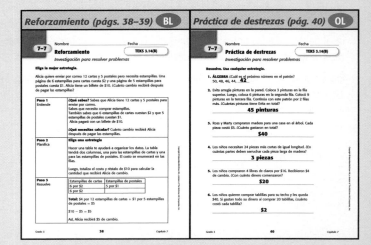

Reforzamiento (págs. 38–39) BL   Práctica de destrezas (pág. 40) OL

★ Indica problemas de múltiples pasos

▶ Resuelve problemas diversos

PRÁCTICA EXTRA
Ver página R20.

Usa cualquiera de las siguientes estrategias para resolver. Indica qué estrategia usaste.

ESTRATEGIAS PARA RESOLVER PROBLEMAS
• Haz una dramatización.
• Haz un dibujo.
• Halla un patrón.
• Haz una tabla.

1. Bly y Danielle fueron a la tienda a comprar pintura para un proyecto de arte. Si eligieron 5 colores y cada botella de pintura costó $3, calcula el costo total.
$15

2. Álgebra ¿Cuál es el siguiente número en el patrón? 37

25, 26, 29, 30, 33, 34, ▪

★**3.** El papá de Alana le dio $5 para comprar semillas. Si cada paquete de semillas cuesta $1, ¿cuántos paquetes de semillas puede comprar Alana?
5 paquetes

★**4.** Dion y su hermana tienen 42 botellas de agua. Dion se toma 3 botellas cada día y su hermana se toma 4 cada día. ¿Cuántos días durará el agua? 6 días

★**5.** Dasan plantó 30 semillas de tomate en su jardín. Si tres de cada 5 semillas se convirtieron en plantas, ¿cuántas plantas de tomate tiene?
18 plantas

6. Mina gastó $1 en palomitas de maíz y $3 en un refresco. Si le sobraban $1, ¿cuánto dinero tenían? $5

★**7.** ¿Costará más enviar 2 cartas ó 3 postales? Explica. 2 cartas;
75¢ < 78¢

carta:

postal:

★**8.** La clase de Coty tiene 6 alumnos más que la clase de Chun. El año pasado, la clase de Chun tenía 5 alumnos más que este año. Si este año Chun tiene 24 alumnos en su clase, ¿cuántos alumnos hay en la clase de Coty este año? 30 alumnos

9. **ESCRIBE EN ▶ MATEMÁTICAS** Hay 42 alumnos que van a un picnic. Cada carro puede llevar a 6 alumnos. Cada camioneta puede llevar a 7 alumnos. ¿Será más barato llevar carros o camionetas al picnic? Explica.
camionetas; cuestan $66 y los carros cuestan $70

Transporte al picnic	
Vehículo	**Costo**
Carro	$10
Camioneta	$11

Lección 7-7 Investigación para resolver problemas: Elige la mejor estrategia **301**

BL Alternate Teaching Strategy TEKS 3.14(C)

If ▶ students have trouble choosing good strategies …

Then ▶ use one of these reteach options:
1 **CRM Daily Reteach Worksheet** (pp. 38–39)

2 Have volunteers in the class each tell his or her favorite strategy and explain when it can be used. Then ask him or her to give an example of a problem that can be solved by using his or her strategy and have him or her show how to solve the problem.

③ Practice

Using the Exercises

Exercises 1, 4, and 5 provide practice in making a table to solve a problem.

Exercise 6 provides practice acting out a problem. You may want to provide play money for students to model the problem.

Exercise 9 asks students not only to compute, but also to compare two different quantities.

④ Assess

✓ Formative Assessment

Dave is trying to solve a problem that asked him to arrange people at a table. What strategy should he use and why? Sample answer: He should *draw a picture* because a picture helps the most when arranging things.

Quick Check Are students continuing to struggle with choosing the best strategy?

If Yes → Small Group Options (p. 300B)

If No → Independent Work Options (p. 300B)
CRM Skills Practice Worksheet (p. 40)
CRM Enrich Worksheet (p. 42)

Lesson 7-7 Problem-Solving Investigation: Choose a Strategy **301**

BL Estrategia alternativa de enseñanza TEKS 3.14(C)

Si ▶ Los alumnos tienen problemas eligiendo buenas estrategias…

Entonces Entonces Use una de estas opciones de reforzamiento:

1 **CRM Hoja de reforzamiento diario** (pág. 38-39)

2 Pídales a voluntarios en la clase que cada uno indique cuál es su estrategia favorita y que expliquen cuándo se puede usar. Luego, pídales que den un ejemplo de un problema que se pueda resolver usando sus estrategias y pídales que muestren cómo resolver el problema.

③ Práctica

Uso de los Ejercicios

Los Ejercicios 1, 4 y 5 proveen la práctica para hacer una tabla para resolver un problema.

El Ejercicio 6 provee práctica para hacer una dramatización de un problema. Si lo desea, dote a los alumnos dinero de juego para hacer un modelo del problema.

El Ejercicio 9 le pide a los alumnos no sólo calcular, sino también comparar dos cantidades diferentes.

④ Evaluación

✓ Evaluación formativa

Dave trata de resolver un problema que le pide arreglar a personas en una mesa. ¿Qué estrategia debe y usar y por qué? Ejemplo de respuesta: Debe *hacer un dibujo* porque un dibujo ayuda más cuando se están arreglando cosas.

Control rápido ¿Les sigue costando a los alumnos elegir la mejor estrategia?

Si la respuesta es:
Sí → Opciones para grupos pequeños (pág. 300B)
No → Opciones de trabajo independiente (pág. 300B)
CRM Hoja de ejercicios para la práctica de destrezas (pág. 40)
CRM Hoja de trabajo de enriquecimiento (pág. 42)

Enrich (p. 42) AL   **Homework Practice (p. 41)** OL

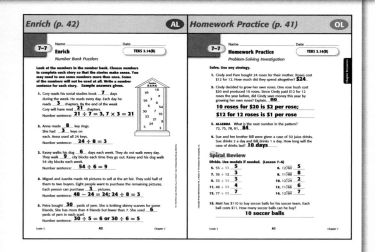

Enriquecimiento (pág. 42) AL   **Práctica de tarea (pág. 41)** OL

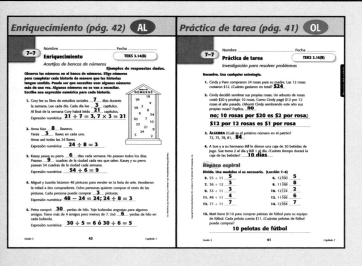

Lección 7-7 Investigación para resolver problemas: Elige la mejor estrategia **301**

PLEGADOS™ Plegados de Dinah Zike

Use estas sugerencias para la lección a fin de incorporar los Plegados durante el capítulo. Los alumnos pueden usar sus Plegados para repasar para el examen.

Lección 7-5 Los alumnos pueden cortar y usar cuartos de hojas de cuaderno para hacer tarjetas de memoria de división para dividir entre 8 y 9. Pídales a los alumnos que engrapen las tarjetas a lo largo de las secciones inferiores apropiadas del Plegado de acordeón. Anime a los alumnos a que usen sus tarjetas de estudio para ayudarse a usar la relación inversa de la multiplicación y de la división para calcular. Pídales a los alumnos que relacionen lo que aprenden con la tabla de multiplicación pegado en la parte posterior de su Plegado.

Vocabulario clave

Las referencias de las páginas después de cada palabra denotan dónde se presenta por primera ese término. Si los alumnos tienen dificultades con los Ejercicios 1 al 6, recuérdeles que pueden usar las referencias de las páginas para repasar los términos del vocabulario.

Repaso de vocabulario

Repase el vocabulario del capítulo usando una de las siguientes opciones.
- **Tarjetas visuales de vocabulario** (15, 16, 23 y 46)
- **Glosario electrónico en** tx.gr3math.com

CHAPTER 7 Study Guide and Review

FOLDABLES™ Dinah Zike's Foldables

Use these lesson suggestions to incorporate the Foldable during the chapter. Students can then use their Foldables to review for the test.

Lesson 7-5 Students can cut and use quarter sheets of notebook paper to make division flashcards for dividing by 8 and 9. Have students staple the cards along the appropriate bottom sections of the accordion Foldable. Encourage students to use their study cards to help them use the inverse relationship of multiplication and division to compute. Have them relate what they are learning to the multiplication table glued on the back of their Foldables.

Key Vocabulary

The page references after each word denote where that term was first introduced. If students have difficulty answering Exercises 1–6, remind them that they can use these page references to review the vocabulary tems.

Vocabulary Review

Review chapter vocabulary using one of the following options.
- **Visual Vocabulary Cards** (15, 16, 23, and 46)
- **eGlossary** at tx.gr3math.com

CAPÍTULO 7 Guía de estudio y repaso

PLEGADOS Organiza el estudio PREPÁRATE para estudiar

Asegúrate de escribir las siguientes palabras del vocabulario clave y los conceptos clave en tu Plegado.

Las GRANDES Ideas

División (pág. 231)
La división separa cantidades en grupos iguales. 20 ÷ 5 = 4 ← cociente

dividendo   divisor

Modela la división (pág. 231)
Puedes colocar fichas en grupos iguales para modelar la división.
18 ÷ 3 = 6

Estrategias de división (pág. 281)
Existen varias estrategias de división.
- modelos
- operaciones relacionadas
- arreglos
- resta repetida

302 **Capítulo 7**

 Repaso de vocabulario en tx.gr3math.co

Vocabulario clave

cociente (pág. 277)
dividendo (pág. 277)
divisor (pág. 277)

Verifica el vocabulario

Elige la palabra del vocabulario que completa cada oración.

1. El ___?___ es la respuesta a un problema de división.
   cociente

2. El ___?___ es el número que se divide en un problema de división.   dividendo

3. Un problema de división divide el ___?___ entre el ___?___.   dividendo; divisor

4. En el problema de división 15 ÷ 3 = 5, 3 es el ___?___.   divisor

5. El ___?___ de 20 ÷ 4, es 5.
   cociente

6. El 24 en el problema de división 24 ÷ 6 = 4 es el ___?___.   dividendo

---

✓ Chapter 7 Project   TEKS 3.14(A)

Stocking the Store
Alone, in pairs, or in small groups, have students discuss the results of their completed chapter project with the class. Assess their work using the Chapter Project rubric found in Chapter 7 Resource Masters, p. 53.

✏ Proyecto del Capítulo 6

Surtir la tienda

Pídales a los alumnos que comenten los resultados finales de su proyecto del capítulo con la clase, bien sea solos, en parejas o en grupos pequeños. Evalúe su trabajo usando la pauta del proyecto del capítulo que se encuentra en la pág. 53 de las Hojas maestras del Capítulo 7.

Repaso de lección por lección

7-1 **Divide entre 3** (págs. 278–279)

Ejemplo 1
Si hay 21 ruedas y cada triciclo tiene 3 ruedas, calcula cuántos triciclos hay.

Para calcular 21 ÷ 3, puedes usar una operación de multiplicación relacionada.

21 ÷ 3 = ■

3 × ■ = 21 ←  PIENSA ¿3 veces qué número es igual a 21?

3 × 7 = 21

Como 21 ÷ 3 = 7, hay 7 triciclos.

Divide.

7. 18 ÷ 3 6   **8.** 24 ÷ 3 8

9. 3)27 9   **10.** 3)9 3

Álgebra Compara. Escribe >, < o =.

11. 18 ÷ 3 ● 18 + 3 <

12. 3 × 10 ● 27 ÷ 3 >

13. Carlos gastó $24 en 2 CD y un afiche. Si cada artículo costó lo mismo, ¿cuánto costó cada artículo? $8

7-2 **Divide entre 4** (págs. 280–283)

Ejemplo 2
Un parque cuadrado mide 40 pies alrededor de su borde externo. ¿Cuánto mide un lado?

Necesitas calcular 40 ÷ 4. Haz grupos iguales.

En cada grupo hay 10 objetos.

Entonces, 40 ÷ 4 = 10. Por lo tanto, cada lado del parque mide 10 pies.

Verifica
Como 4 × 10 = 40, sabes que 40 ÷ 4 es 10.

Divide.

14. 32 ÷ 4 8   **15.** 16 ÷ 4 4

16. 36 ÷ 4 9   **17.** 28 ÷ 4 7

18. Hay 4 equipos de fútbol que buscan jugadores. Si 24 niños en total desean jugar, ¿cuántos niños habrá en un equipo, si cada equipo tiene el mismo número de jugadores? 6 niños

19. En 9 abrigos se deben coser 36 botones. ¿Cuántos botones irán en cada abrigo si se dividen equitativamente? 4 botones

Álgebra Calcula el número que falta.

20. ■ ÷ 4 = 5 20   **21.** ■ ÷ 4 = 3 12

Lesson-by-Lesson Review

Have students complete the Lesson-by-Lesson Review on pp. 303–306. Then you can use ExamView® Assessment Suite to customize another review worksheet that practices all the objectives of this chapter or only the objectives on which your students need more help.

Intervention If the given examples are not sufficient to review the topics covered by the questions, use the page references next to the exercises to review that topic in the Student Edition.

Repaso de lección por lección

Pídeles a los alumnos que completen el Repaso de Lección por Lección en las págs. 303-306. Luego, puede usar el paquete de evaluación de ExamView® para adaptar otra hoja de trabajo de repaso que practique todos los objetivos de este capítulo o sólo los objetivos en los cuales sus alumnos necesitan más ayuda.

Intervención Si los ejemplos dados no son suficientes para repasar los tópicos cubiertos por las preguntas, recuérdeles a los alumnos que las referencias de las páginas les indican en qué parte del libro repasar el tópico.

7-3 **E**strategia para resolver problemas: **Haz una tabla** (págs. 284–285)

Ejemplo 3
A las 8:00 a.m., Graham vio 24 aves sentadas en un cable. A las 10:00 a.m., vio 21 aves en el cable. Al mediodía había 18 aves en el cable. Si continúa el patrón, ¿cuántas aves verá Graham a las 4:00 p.m.?

Entiende
Conoces el número de aves que vio Graham. Necesitas calcular cuántas aves habrá en el cable a las 4:00 p.m.

Planifica Haz una tabla.

Resuelve La tabla muestra un patrón. Continúa el patrón.

Observar aves	
Hora	Aves
8:00 a.m.	24
10:00 a.m.	21
12:00 a.m.	18
2:00 p.m.	15
4:00 p.m.	12

+2 ... −3 (between rows)

Entonces, Graham verá 12 aves a las 4:00 p.m.

Verifica Graham ve 12 aves a las 4:00 p.m. Suma 3 aves por cada una de las 4 horas anteriores.

$12 + 3 = 15$
$15 + 3 = 18$
$18 + 3 = 21$
$21 + 3 = 24$ ✓

Resuelve. Usa la estrategia de *haz una tabla*.

22. Una juguetería tiene una oferta. ¿Cuántos juegos tendrás si compras 6 al precio regular? 12 juegos

23. **Medidas** Thalen monta su bicicleta 3 días a la semana. Él la monta durante 10 minutos los lunes y el doble del tiempo los miércoles. Los viernes, la monta tres veces más que los miércoles. ¿Cuántos minutos monta en dos semanas? 180 minutos

24. Polly coloca globos en grupos. Si Polly continúa su patrón, ¿cuántos globos habrá en el sexto grupo? 13 globos

Grupo del globos	
Grupo	Globos
Primero	3
Segundo	5
Tercero	7

Divide entre 6 y 7 (págs. 286–288)

Ejemplo 4

Si hay 28 alumnos y los pupitres se disponen en 7 filas iguales, ¿cuántos pupitres hay en cada fila?

Para calcular 28 ÷ 7 puedes usar una operación de multiplicación relacionada.

28 ÷ 7 = ■
7 × ■ = 28
7 × 4 = 28

> PIENSA ¿Qué número multiplicado por 7 es igual a 28?

Como 7 × 4 = 28, 28 ÷ 7 = 4.

Hay 4 pupitres en cada fila.

Divide.

25. 54 ÷ 6   9   **26.** 63 ÷ 7   9

27. 14 ÷ 7   2   **28.** 36 ÷ 6   6

Álgebra Calcula cada número que falta.

29. 7 × ■ = 35   **30.** 6 × ■ = 30
35 ÷ 7 = ■   30 ÷ 6 = ■
5; 5   5; 5

31. Maggie asistió a unas clases de baile por 42 días, sin faltar ningún día. ¿Cuántas semanas de 7 días es eso? 6

Divide entre 8 y 9 (págs. 292–294)

Ejemplo 5

Hugo repartió 36 clips para un experimento. Si a nueve personas se les entregó el mismo número de clips, ¿cuántos clips recibió cada persona?

Puedes calcular 36 ÷ 9. Usar una operación de división relacionada.

36 ÷ 9 = ■
36 ÷ ■ = 9
36 ÷ 4 = 9

> PIENSA ¿Qué número dividido entre 36 es igual a 9?

Como 36 ÷ 9 = 4, cada persona recibió 4 clips.

Divide.

32. 81 ÷ 9   9   **33.** 64 ÷ 8   8

34. 45 ÷ 9   5   **35.** 48 ÷ 8   6

Álgebra Calcula cada número que falta.

36. 9 × ■ = 36   **37.** 8 × ■ = 80
36 ÷ 9 = ■   4   80 ÷ 8 = ■   10

38. Hay 80 alteas para 8 excursionistas. Si cada excursionista usa dos alteas para hacer un bocadillo, ¿cuántos bocadillos puede tener cada excursionista? 5 bocadillos

CAPÍTULO **7** Guía de estudio y repaso

7-6 Divide entre 11 y 12 (págs. 296–299)

Ejemplo 6
Se hacen 11 sándwiches y cada uno tiene la misma cantidad de queso. Supón que se usan 22 rebanadas. ¿Cuántas rebanadas de queso hay en cada sándwich?

Coloca 22 fichas en 11 grupos iguales.

Entonces, cada emparedado tiene 2 rebanadas de queso.

Divide. Usa modelos si es necesario.

39. $24 \div 12$ 2   **40.** $66 \div 11$ 6

41. $60 \div 12$ 5   **42.** $99 \div 11$ 9

Álgebra Calcula cada número que falta.

43. $11 \times \blacksquare = 33$ **44.** $\blacksquare \times 11 = 77$
$33 \div 11 = \blacksquare$ 3 $77 \div 11 = \blacksquare$ 7

45. Un chef cocina 22 huevos en un restaurante. Si cada cartón contiene 12 huevos, ¿cuántos cartones necesita el chef? 6 cartones

7-7 Investigación para resolver problemas: Elige una estrategia (págs. 300–301)

Ejemplo 7
Hay 146 alumnos. 32 de ellos toman el autobús hasta la casa; 13 alumnos van a casa en carro y el resto camina. ¿Cuántos alumnos caminan hasta sus casas?

Calcula el número de alumnos que toman el autobús o van en carro. Luego, resta esta cantidad de 146.

```
  32        146
 +13       −45
  45        101
```

Entonces, 101 alumnos caminan hasta la casa.

Resuelve. Usa cualquier estrategia.

46. Jenny lee 5 libros más que Jeremy. Yoko lee el doble de libros que Jenny. Si Yoko lee 16 libros, ¿cuántos libros lee Jeremy? 3 libros

47. De las 48 pelotas vendidas, se vendieron 3 veces más pelotas de tenis que pelotas de fútbol. ¿Cuántas pelotas de fútbol se vendieron? 12 pelotas

48. Benito tiene $20. Si sacó $8 y luego regresó $6, ¿cuánto dinero tiene? $18

Additional Answer

18. $18 − 6 = 10 + 2$; Find the answer to the complete expression then decide what number should go in the blank to make the other expression equal.

Respuesta adicional:

18. $18 − 6 = 10 + 2$; Calcular la respuesta a toda la expresión y Lugo decidir qué número debe ir en el espacio en blanco para igualar la otra expresión.

En los Ejercicios 1-3, indica si cada enunciado es *verdadero* o *falso.*

1. Un ejemplo de una expresión numérica es $15 \div 5 = 3$. verdadero

2. El dividendo es el reesultado de un problema de división. falso

3. En el problema de división $16 \div 2 = 18$, el divisor es 2 y el cociente es 8. verdadero

Divide. Usa modelos si es necesario.

4. $28 \div 4$ 7

5. $21 \div 3$ 7

6. $36 \div 6$ 6

7. $42 \div 7$ 6

8. $72 \div 8$ 9

9. $81 \div 9$ 9

10. $48 \div 12$ 4

11. $55 \div 11$ 5

12. **PRÁCTICA PARA LA PRUEBA**
Tomás hizo este problema de división.

$$56 \div 7 = 8$$

¿Qué problema puede hacer para verificar su resultado? B TAKS 1

A $56 + 7$

B 7×8

C $8 + 7$

D $7 \div 56$

13. Lu tiene 64 pelotas de béisbol autografiadas en su colección. Si en cada repisa caben 8 pelotas de béisbol, ¿cuántas repisas necesitará? 8 repisas

Matemáticas en línea **Prueba del capítulo en** tx.gr3math.com

14. **PRÁCTICA PARA LA PRUEBA**
En 2 ollas se hierven 16 papas. Si cada olla tiene el mismo número de papas, ¿qué expresión numérica muestra cuántas papas hay en cada olla? J TAKS 1

F $16 + 2 = 18$

G $16 - 2 = 18$

H $16 \times 2 = 32$

J $16 \div 2 = 8$

Haz una tabla para resolver.

15. Los lunes, Martha nada 5 vueltas. Si cada día ella agrega 5 vueltas más que el día anterior, ¿cuál es el número total de vueltas que nada de lunes a viernes? 75 vueltas

Escribe una expresión numérica para cada situación.

16. Si hay 9 alumnos y cada alumno lleva un suéter con 3 botones, ¿cuántos botones hay? 9×3; $9 \times 3 = 27$ botones

17. Un pastelero hizo 48 panecillos. Si en cada bandeja colocó 8 panecillos, ¿cuántas bandejas usó? $48 \div 8 = 6$ bandejas

18. **ESCRIBE EN MATEMÁTICAS** Escribe una ecuación que use $18 - \blacksquare$ y $10 + 2$. Explica cómo decides qué números hacen que sea verdadera. Ver el margen.

Evaluación sumativa **307**

Data-Driven Decision Making

Based on the results of the Chapter Test, use the following to review concepts that continue to present students with problems.

Exercises	TEKS	What's the Math?	Error Analysis	Resources for Review
4–11	3.4(C)	Know division facts for 3, 4, 7, 8, 9.	Does not know multiplication facts or use of inverse of these facts for division.	Strategic Intervention Guide (pp. 92, 94, 98)
12–14, 16–18	3.4(C)	Use expressions and equations to solve problems.	Does not understand word "expression."	Chapter 7 Resource Masters (Reteach Worksheets) Math Online Extra Examples • Personal Tutor • Concepts in Motion

---

Summative Assessment

Use these alternate leveled chapter tests to differentiate assessment for the specific needs of your students.

Leveled Chapter 7 Tests			
Form	Type	Level	CRM Pages
1	Multiple Choice	BL	55–56
2A	Multiple Choice	OL	57–58
2B	Multiple Choice	OL	59–60
2C	Free Response	OL	61–62
2D	Free Response	OL	63–64
3	Free Response	AL	65–66

BL = below grade level
OL = on grade level
AL = above grade level

Vocabulary Test

CRM **Chapter 7 Resource Masters** (p. 50)

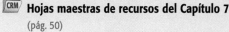 **ExamView** Assessment Suite Customize and create multiple versions of your Chapter Test and the test answer keys.

Evaluación sumativa

Use estas pruebas de distintos niveles para realizar una evaluación diferenciada de las necesidades específicas de sus alumnos.

Pruebas niveladas del Capítulo 7			
Forma	Tipo	Nivel	CRM Páginas
1	Selección múltiple	BL	55-56
2A	Selección múltiple	OL	57-58
2B	Selección múltiple	OL	59-60
2C	Respuestas tipo ensayo	OL	61-62
2D	Respuestas tipo ensayo	OL	63-64
3	Respuestas tipo ensayo	AL	65-66

BL = por debajo del nivel de grado
OL = al nivel del grado
AL = sobre el nivel del grado

Prueba del vocabulario

CRM **Hojas maestras de recursos del Capítulo 7**
(pág. 50)

ExamView Assessment Suite Elabore múltiples versiones, con las características que desee, de la prueba del Capítulo y de las claves de respuesta de la prueba.

CAPÍTULO 7 Práctica

Evaluación formativa

- Use las páginas del alumno 308-309 como práctica y repaso de los TEKS de Texas. Las preguntas están escritas en el mismo estilo de las que se encuentran en el examen de Texas.
- También puede usar estas dos páginas para medir el progreso del alumno o usarlas como una alternativa de tarea para la casa.

En las Hojas maestras de recursos del Capítulo 7 se pueden hallar páginas adicionales de práctica.

CRM Hojas maestras de recursos del Capítulo 7

Práctica para la prueba estandarizada acumulativa
- Formato de Selección Múltiple (págs. 55-60)
- Formato de Respuestas tipo Ensayo (págs. 61-66)

ExamView® Assessment Suite Elabore hojas de ejercicios o pruebas que cumplan con los TEKS de Texas.

Matemáticas en línea

Para práctica adicional para el examen de Texas, visite tx.gr3math.com.

CHAPTER 7 Texas Test Practice

Formative Assessment

- Use student pp. 308–309 as practice and review of the Texas TEKS. The questions are written in the same style as found on the Texas test.
- You can also use these two pages to benchmark student progress, or as an alternate homework assignment.

Additional practice pages can be found in the Chapter 7 Resource Masters.

CRM Chapter 7 Resource Masters
Cumulative Standardized Test Practice
- Multiple Choice format (pp. 55–60)
- Free Response format (pp. 61–66)

ExamView® Assessment Suite Create practice worksheets or tests that align to the Texas TEKS.

Math Online
For additional practice with the Texas TEKS visit tx.gr3math.com.

CAPÍTULO 7 Práctica para el examen de Texas
Acumulativo, Capítulos 1–7

 Ejemplo de PRUEBA

Un proyecto de ciencias usa terrones de azúcar. Si vienen en paquetes de 12, ¿cuántos paquetes se necesitarán para tener 96 terrones de azúcar?

A 6   **C** 8

B 7   **D** 9

AYUDA PARA LA PRUEBA
Algunas veces, es útil organizar la información en una tabla. Luego, puedes buscar patrones

Lee la pregunta de la prueba
Necesitas calcular cuántos paquetes de terrones de azúcar se requieren para completar el proyecto.

Contesta la pregunta de la prueba
Haz una tabla para organizar la información. Busca un patrón.

Paquetes	Terrones	
1	12	+12
2	24	+12
3	36	+12
4	48	
5	60	
6	72	
7	84	
8	96	

El patrón es sumar 12. Cada vez que se agrega un paquete adicional, la suma se aumenta en 12. Por lo tanto, se necesitan 8 paquetes para obtener 96 terrones de azúcar.

La respuesta es C.

en línea Tutor personal en tx.gr3math.com

Elige la mejor respuesta.

1. Los panes de hamburguesa se venden en paquetes de 8. ¿Cuántos paquetes se necesitan para tener 48 panes en total? **B** TAKS 1

   A 5   **C** 7
   B 6   **D** 8

2. Las galletas se venden en paquetes de 10. ¿Cuántos paquetes se necesitan para tener 70 galletas en total? **J** TAKS 1

   F 4   **H** 6
   G 5   **J** 7

308 Capítulo 7 Haz modelos de más operaciones de división

Test-Taking Tips

Tell students to be sure they are answering the problem that is being asked.

308 Chapter 7 Model More Division Facts

Prepárate para la prueba de Texas
Para estrategias para la prueba y más práctica,
Ver páginas TX1–TX21.

3. RELLENA EL CÍRCULO La semana pasada, Beth permaneció en la escuela por 35 horas. Cada día estuvo la misma cantidad de horas. ¿Cuántas horas pasó Beth en la escuela cada día? 7 TAKS 1

4. Yang recogió 30 conchas y las ordenó en 6 grupos. ¿Cuántas había en cada grupo? C TAKS 1

A 4   **C** 6
B 5   **D** 8

5. La Sra. Williams dividió su clase de 28 en 4 grupos. ¿Qué expresión numérica describe el número de alumnos en cada grupo? J TAKS 1

F $28 + 4 = 32$ **H** $28 \times 4 = 112$
G $28 - 4 = 24$ **J** $28 \div 4 = 7$

6. ¿Cómo se escribe mil doscientos diecinueve en forma estándar? A TAKS 1

A 1219   **C** 1912
B 1291   **D** 2119

7. ¿Cuál de las siguientes expresiones numéricas pertenece a la misma familia que $18 \div 6 = 3$? H TAKS 1

F $18 \div 2 = 9$ **H** $18 \div 3 = 6$
G $6 \div 3 = 2$ **J** $6 \times 6 = 36$

8. Kinah colocó 14 manzanas en un recipiente. 6 son verdes y las otras son rojas. ¿Qué número hace verdadera la expresión numérica?

C TAKS 1 $14 - 6 =$ _____
A 20   **C** 8
B 12   **D** 6

9. Nancy hizo el problema de multiplicación $4 \times 7 = 28$. ¿Qué expresión numérica puede usar para verificar su resultado? F TAKS 1

F $28 \div 4 = 7$ **H** $4 + 7 = 11$
G $28 \div 2 = 14$ **J** $7 \times 3 = 21$

10. Observa el siguiente arreglo. ¿Qué expresión numérica se muestra en el arreglo? C TAKS 1

A $24 \div 8 = 3$ **C** $21 \div 3 = 7$
B $18 \div 3 = 6$ **D** $21 \div 4 = 5$

Answer Sheet Practice

Have students simulate taking a standardized test by recording their answers on a practice recording sheet.

CRM Chapter 7 Resource Masters
Student Recording Sheet (p. 68)

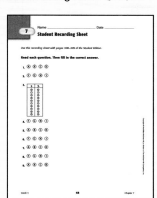

Práctica con la hoja de respuestas

Pida a los alumnos que practiquen una prueba estandarizada, anotando sus respuestas en una hoja de respuestas de práctica.

CRM Hojas maestras de recursos del Capítulo 7
Hoja de respuestas del alumno (pág. 68)

Página 276, Explora 7-1

11. Ejemplo de respuesta: Los arreglos pueden ayudarte a observar cómo se divide un grupo en filas.

Página 283, Lección 7-2

29. Necesitas usar una operación de multiplicación relacionada ya que es la operación inversa de la división. Brady tiene razón.

30. Ejemplo de respuesta: 36 alumnos están divididos en 9 grupos. ¿Cuántos hay en cada grupo?

Página 285, Lección 7-3

8. 12 personas como 2 grupos y 4 entradas individuales en total cuestan $84; 3 grupos serán el mismo precio que tener 5 personas por separado.

10. Ejemplo de respuesta: Verónica leyó 15 libros cada semana en el verano. ¿Cuántos leyó para la tercera semana? ¿Para la séptima semana? ¿Para la décima semana?

Página 294, Lección 7-5

22. Ejemplo de respuesta: $16 \div 8 = 2$ y $27 \div 9 = 3$; la estrategia usada es hacer un modelo. Hay un número pequeño de artículos que se modelan fácilmente.

Vistazo del capítulo

En el Capítulo 8, los alumnos aprenden cómo escribir y reducir expresiones y usar suma, resta, multiplicación y división para completar tablas de funciones.

Lección	Objetivo matemático	TEKS
8-1 Escribe expresiones numéricas (págs. 313-315)	Escribir expresiones numéricas y hacer modelos de la suma y la resta usando dibujos, palabras y números.	3.3(A) 3.14(A) 3.15(B) 3.16(B)
Explora 8-2 Hacer modelos de expresiones (págs. 316-317)	Hacer modelos de expresiones de suma y resta usando dibujos, palabras y números.	3.3(A)
8-2 Expresiones y expresiones numéricas (págs. 318-321)	Aprender a escribir y a simplificar expresiones.	3.3(A)(B) 3.5(A) 3.14(A) 3.15(A) 3.16(A)(B)
8-3 Estrategia para resolver problemas: Haz una dramatización (págs. 322-323)	Hacer una dramatización del problema para resolverlo.	3.14(C)(B)
8-4 Haz una tabla para calcular una regla (págs. 324-327)	Buscar una regla y extenderla para resolver un problema.	3.7(A) 3.3(B) 3.14(C) 3.15(A) 3.16(A)
8-5 Haz tablas de funciones (+, −) (págs. 328-331)	Usar la suma y la resta para completar tablas de funciones.	3.7(B) 3.14(A) 3.15(A)(B)
8-6 Investigación para resolver problemas: Elige una estrategia (págs. 334-335)	Escoger la mejor estrategia para resolver un problema.	3.14(B)(C)
8-7 Haz tablas de funciones (×, ÷) (págs. 336-339)	Usar la multiplicación y la división para completar tablas de funciones.	3.7(B) 3.14(A) 3.15(A) 3.16(A)

Chapter-at-a-Glance

In Chapter 8, students learn how to write and simplify expressions, and to use addition, subtraction, multiplication, and division to complete function tables.

Lesson	Math Objective	TEKS
8-1 Write Number Sentences (pp. 313–315)	Write number sentences and model addition and subtraction using pictures, words, and numbers.	3.3(A) 3.14(A) 3.15(B) 3.16(B)
EXPLORE 8-2 Model Expressions (pp. 316–317)	Model addition and subtraction expressions using pictures, words, and numbers.	3.3(A)
8-2 Expressions and Number Sentences (pp. 318–321)	Learn to write and simplify expressions.	3.3(A)(B) 3.5(A) 3.14(A) 3.15(A) 3.16(A)(B)
8-3 Problem-Solving Strategy: Act It Out (pp. 322–323)	Act out the problem to solve it.	3.14(C)(B)
8-4 Make a Table to Find a Rule (pp. 324–327)	Look for a rule and extend it to solve a problem.	3.7(A) 3.3(B) 3.14(C) 3.15(A) 3.16(A)
8-5 Make Function Tables (+, −) (pp. 328–331)	Use addition and subtraction to complete function tables.	3.7(B) 3.14(A) 3.15(A)(B)
8-6 Problem-Solving Investigation: Choose a Strategy (pp. 334–335)	Choose the best strategy to solve a problem.	3.14(B)(C)
8-7 Make Function Tables (×, ÷) (pp. 336–339)	Use multiplication and division to complete function tables.	3.7(B) 3.14(A) 3.15(A) 3.16(A)

NCTM Focal Points The content in this chapter addresses the Grade 3 Connections to the Focal Points for Algebra.

Use Patterns and Algebraic Thinking

BIG Idea Throughout Chapters 1–7, students have recorded arithmetic facts using number sentences. Lessons 8-1 and 8-2 introduce the concept of expressions and compare them to number sentences. In Lesson 1-1, students identify and extend whole number patterns to make predictions and solve problems. In Chapter 8, students will also make tables to find and extend function rules. Formal algebraic concepts such as variables will be further developed in following grades.

Algebra Students make a table and look for a rule. This will help form a foundation for future work with linear equations and functions. (Lesson 8-4)

Targeted TEKS in Chapter 8

3.3 Number, operation, and quantitative reasoning. The student adds and subtracts to solve meaningful problems involving whole numbers. The student is expected to:
(A) model addition and subtraction using pictures, words, and numbers. (Explore 8-2, Lessons 8-1 and 8-2)

3.7 Patterns, relationships, and algebraic thinking. The student uses lists, tables, and charts to express patterns and relationships. The student is expected to:
(A) generate a table of paired numbers based on a real-life situation such as insects and legs. (Lesson 8-4)
(B) identify and describe patterns in a table of related number pairs based on a meaningful problem and extend the table. (Lessons 8-5 and 8-7)

3.14 Underlying processes and mathematical tools. The student applies Grade 3 mathematics to solve problems connected to everyday experiences and activities in and outside of school. The student is expected to:
(B) solve problems that incorporate understanding the problem, making a plan, carrying out the plan, and evaluating the solution for reasonableness. (Lessons 8-3 and 8-6)
(C) select or develop an appropriate problem-solving plan or strategy, including drawing a picture, looking for a pattern, systematic guessing and checking, acting it out, making a table, working a simpler problem, or working backwards to solve a problem. (Lessons 8-3 and 8-6)

TEKS Objetivo en el Capítulo 8

3.3 Números, operaciones y razonamiento cuantitativo. El estudiante suma y resta para resolver problemas relevantes en los que se usan números enteros. Se espera que el estudiante:
(A) dé ejemplos de la suma y la resta utilizando dibujos, palabras y números. (Exploración 8-2, Lecciones 8-1 y 8-2)

3.7 Patrones, relaciones y razonamiento algebraico. El estudiante utiliza listas y tablas para expresar patrones y relaciones. Se espera que el estudiante:
(A) genere una tabla de pares de números basada en la vida real, por ejemplo, los insectos y sus patas. (Lección 8-4)
(B) identifique y describa patrones en una tabla de pares de números relacionados que se basan en un problema relevante, y extienda la tabla. (Lecciones 8-5 y 8-7)

3.14 Procesos fundamentales y herramientas matemáticas. El estudiante aplica las matemáticas del 3er grado para resolver problemas relacionados con experiencias diarias y actividades dentro y fuera de la escuela. Se espera que el estudiante:
(B) resuelva problemas que incorporen la comprensión del problema, hacer un plan, llevarlo a cabo y evaluar lo razonable de la solución. (Lecciones 8-3 y 8-6)
(C) seleccione o desarrolle un plan o una estrategia de resolución de problemas apropiado en el que haga un dibujo, busque un patrón, adivine y compruebe sistemáticamente, haga una dramatización, elabore una tabla, resuelva un problema más sencillo o trabaje desde el final hasta el principio para resolver un problema. (Lecciones 8-3 y 8-6)

🏴 Skill Trace
TEKS Vertical Alignment

Second Grade

In second grade, students learned to:
- Make, read, and use data in picture graphs and bar graphs. TEKS 2.11(A)
- Draw conclusions and answer questions based on picture graphs and bar graphs. TEKS 2.11(B)

Third Grade

During this chapter, students learn to:
- Model addition and subtraction expressions using pictures, words, and numbers. TEKS 3.3(A)
- Use addition, subtraction, multiplication, and division to complete function tables. TEKS 3.7(B)

After this chapter, students learn to:
- Collect, organize, and display data in pictographs and bar graphs. Chapter 12: TEKS 3.13(A)
- Interpret data in pictographs and bar graphs. Chapter 12: TEKS 3.13(B)

Fourth Grade

In fourth grade, students learn to:
- Solve addition and subtraction equations mentally. TEKS 4.3(A)
- Write and find the value of multiplication and division expressions. TEKS 4.7

Back-Mapping McGraw-Hill's *Texas Mathematics* was conceived and developed with the final results in mind: student success in Algebra 1 and beyond. The authors, using the Texas TEKS as their guide, developed this brand new series by back-mapping from Algebra 1 concepts.

▷ Math Vocabulary
The following math vocabulary words for Chapter 8 are listed in the glossary of the *Student Edition*. You can find interactive definitions in 13 languages in the *eGlossary* at tx.gr3math.com.

expression A combination of numbers, variables, and operation symbols that represents a mathematical quantity. (p. 318A)
Example: $4(n + 3)$

function A relationship in which one quantity depends upon another quantity. (p. 328A)

number sentence An expression using numbers with the = sign, or the < or > sign. (p. 313A)
Examples: $5 + 4 = 9$; $8 > 5$

rule A method for what to do to the first number to get the second. (p. 324A)

Visual Vocabulary Cards
Use Visual Vocabulary Card 21 to reinforce the vocabulary in this lesson. (The Define/Example/Ask routine is printed on the back of each card.)

expression

▷ Vocabulario matemático
Las siguientes palabras de vocabulario matemático para el Capítulo 8 se presentan en el glosario de la *Edición del alumno.* Se pueden encontrar definiciones interactivas en 13 idiomas en el *eGlossary* en tx.gr3math.com.

expresión Combinación de números, variables y símbolos de operaciones que representan una cantidad matemática. (pág. 318A)
Ejemplo: $4(n + 3)$

función Relación en que una cantidad depende de otra cantidad. (pág. 328A)

expresión numérica Una expresión que usa números con el signo de = o los signos < o >. (pág. 313A)
Ejemplos: $5 + 4 = 9$; $8 > 5$

regla Un método sobre qué hacerle al primer número para obtener el segundo. (pág. 324A)

Tarjetas visuales de vocabulario
Use la(s) tarjeta(s) visual(es) del vocabulario 21 para reforzar el vocabulario presentado en esta lección. (La rutina Definir/Ejemplo/Pregunta se encuentra en

expresión

Suggested Pacing		
Instruction	**Review & Assessment**	**TOTAL**
8 days	2 days	**10 days**

✓ **Diagnostic Assessment**
Quick Check (p. 312)

	Lesson 8-1 Pacing: 1 day	**Explore 8-2** Pacing: 1 day	**Lesson 8-2** Pacing: 1 day
Lesson / Objectives	**Write Number Sentences** (pp. 313–315) Objective: Write number sentences and model addition and subtraction using pictures, words, and numbers.	**Model Expressions** (pp. 316–317) Objective: Model addition and subtraction expressions using pictures, words, and numbers.	**Expressions and Number Sentences** (pp. 318–321) Objective: Learn to write and simplify expressions.
State Standards	**3.3(A), 3.14(A), 3.15(B), 3.16(B)**	**3.3(A)**	**3.3(A)(B), 3.5(A), 3.14(A), 3.15(A), 3.16(A)(B)**
Math Vocabulary	**number sentence**		**expression**
Lesson Resources	**Manipulatives** counters	**Manipulatives** counters	**Materials** number line **Other Resources** CRM Leveled Worksheets (pp. 13–17) Daily Reteach • 5-Minute Check • Problem of the Day
Technology	💿 Interactive Classroom Math⊙nline Personal Tutor • Games		
Reaching All Learners	English Learners, p. 313B ELL Below Level, p. 313B BL Early Finishers, p. 313B AL		English Learners, p. 318B ELL Gifted and Talented, p. 318B AL Early Finishers, p. 318B AL
Alternate Lesson			

KEY

BL Below Level   OL On Level   AL Above Level   ELL English Learners

SE Student Edition   TE Teacher Edition   CRM Chapter 8 Resource Masters   💿 CD-Rom

🖨 Transparency   📖 Real-World Problem-Solving Library

	Lesson 8-3 — Pacing: 1 day	Lesson 8-4 — Pacing: 1 day	Lesson 8-5 — Pacing: 1 day	
Lesson/Objective	**Problem-Solving Strategy Act It Out** (pp. 322–323) Objective: Act out the problem to solve it.	**Make a Table to Find a Rule** (pp. 324–327) Objective: Look for a rule and extend it to solve a problem.	**Make Function Tables (+, −)** (pp. 328–331) Objective: Use addition and subtraction to complete function tables.	
State Standards	3.14(C)(B)	3.7(A), 3.3(B), 3.14(C), 3.16(A), 3.15(A)	3.7(B), 3.14(A), 3.15(A)(B)	
Math Vocabulary		rule	function	
Lesson Resources	**Manipulatives** counters, connecting cubes **Other Resources** CRM Leveled Worksheets (pp. 18–22) Daily Reteach • 5-Minute Check • Problem of the Day *Appalachian Journey*	**Manipulatives** counters **Other Resources** CRM Leveled Worksheets (pp. 23–27) Daily Reteach • 5-Minute Check • Problem of the Day	**Other Resources** CRM Leveled Worksheets (pp. 28–32) Daily Reteach • 5-Minute Check • Problem of the Day	
Technology	Interactive Classroom Math Online Personal Tutor • Games	Interactive Classroom Math Online Personal Tutor • Games	Interactive Classroom Math Online Personal Tutor • Games	
Reaching All Learners	English Learners, p. 322B **ELL** Below Level, p. 322B **BL** Early Finishers, p. 322B **OL** **AL**	English Learners, p. 324B **ELL** Gifted and Talented, p. 324B **AL** Early Finishers, p. 324B **OL** **AL**	English Learners, p. 328B **ELL** Below Level, p. 328B **BL** Early Finishers, p. 328B **OL** **AL**	
Alternate Lesson				

Game Time
Rolling Digits (p. 332)

Formative Assessment
Mid-Chapter Check (p. 333)

	Lesson 8-6 **Pacing:** 1 day	**Lesson 8-7** **Pacing:** 1 day	
Lesson/ Objective	**Problem-Solving Investigation Choose a Strategy** (pp. 334–335) **Objective:** Choose the best strategy to solve a problem.	**Make Function Tables** (pp. 336–339) **Objective:** Use multiplication and division to complete function tables.	
State Standards	**3.14(B)(C)**	**3.7(B), 3.14(A), 3.15(A), 3.16(A)**	
Math Vocabulary			
Lesson Resources	**Materials** colored pencils or markers **Other Resources** [CRM] Leveled Worksheets (pp. 33–37) Daily Reteach • 5-Minute Check • Problem of the Day 📖 *Appalachian Journey*	 **Other Resources** [CRM] Leveled Worksheets (pp. 38–42) Daily Reteach • 5-Minute Check • Problem of the Day	
Technology	💿 Interactive Classroom Math🌐nline Personal Tutor • Games	💿 Interactive Classroom Math🌐nline Personal Tutor • Games	
Reaching All Learners	English Learners, p. 334B (ELL) Gifted and Talented, p. 334B (AL) Early Finishers, p. 334B (OL) (AL)	English Learners, p. 336B (ELL) Gifted and Talented, p. 336B (AL) Early Finishers, p. 336B (OL) (AL)	
Alternate Lesson	MathWays: Unit 2	MathWays: Unit 2	

Problem Solving: Science
Roller Coaster Physics (p. 340)

✔ **Summative Assessment**
• Study Guide/Review (p. 342)
• Chapter Test (p. 347)
• Texas Test Practice (p. 348)

Assessment Options

Diagnostic Assessment

SE *Option 1:* Quick Check (p. 312)
Option 2: Online Quiz tx.gr3math.com
CRM *Option 3:* Diagnostic Test (p. 44)

Formative Assessment

TE Alternate Teaching Strategies (in every lesson)
SE Talk About It (in every lesson)
SE Writing in Math (in every lesson)
SE Check What You Know (in every lesson)
TE Ticket Out the Door (pp. 315, 327)
TE Into the Future (p. 331)
TE Yesterday's News (p. 321)
TE Name the Math (p. 339)
SE Mid-Chapter Check (p. 333)
CRM Lesson Quizzes (pp. 46–48)
CRM Mid-Chapter Test (p. 49)

Summative Assessment

SE Chapter Test (p. 347)
SE Texas Test Practice (pp. 348–349)
CRM Vocabulary Test (p. 50)
CRM Leveled Chapter Tests (pp. 55–66)
CRM Cumulative Standards Test Practice (pp. 69–71)
CRM Oral Assessment (pp. 51–52)
Exam*View*® Assessment Suite

McGraw Hill Professional Development

Target professional development has been articulated throughout **Texas Mathematics** series. The **McGraw-Hill Professional Development Video Library** provide short videos that support the Texas TEKS. For more information, visit tx.gr3math.com.

| Model Lessons | Instructional Strategies |

Teacher Notes

Estaciones de aprendizaje
Enlaces interdisciplinarios

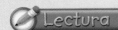 Lectura

¡Maldición!

- Lean *Math Curse* de Jon Scieszka, por su cuenta o con un compañero.

- Cada uno lance un cubo numerado. Usen los números lanzados para escribir una descripción de una experiencia o situación concreta. Por ejemplo: "Mis hermanos y hermanas y yo obtenemos cada uno dos frutas en nuestras bolsas del almuerzo. ¿Cuántas frutas obtendremos en total?"

- Cambien papeles con su compañero. Escriban una expresión numérica que se adapte a la situación descrita y luego la solución.

- Cambien papeles y comenten cómo determinaron la expresión numérica.

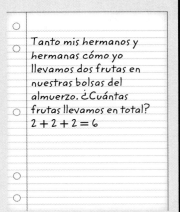

Tanto mis hermanos y hermanas cómo yo llevamos dos frutas en nuestras bolsas del almuerzo. ¿Cuántas frutas llevamos en total?
2 + 2 + 2 = 6

Materiales:
- *Math Curse* de Jon Scieszka
- papel
- lápices

 Arte

Patrones de cuentas

Usen expresiones numéricas para mostrar la secuencia en el collar de cuentas.

- Cada patrón escribe una expresión numérica de suma que usa ▲ para entrada y ■ para salida.

- Usen su expresión numérica de suma para poner cuentas en un collar. Comenzando con 1 como su entrada y subiendo hasta 5, usen un color diferente de cuenta para cada número de salida, de manera que puedan decir la diferencia entre cada salida.

- Cada uno muestre su collar a su compañero. ¿Pueden descifrar la expresión numérica que usó su compañero?

Materiales:
- cuentas de diferentes colores
- hilo para coser
- lápices
- papel

Learning Stations
Cross-Curricular Links

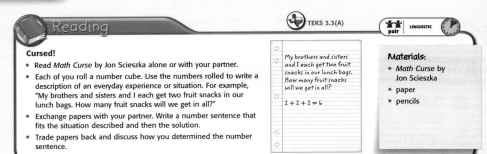 Reading
TEKS 3.3(A) — pair | LINGUISTIC

Cursed!
- Read *Math Curse* by Jon Scieszka alone or with your partner.
- Each of you roll a number cube. Use the numbers rolled to write a description of an everyday experience or situation. For example, "My brothers and sisters and I each get two fruit snacks in our lunch bags. How many fruit snacks will we get in all?"
- Exchange papers with your partner. Write a number sentence that fits the situation described and then the solution.
- Trade papers back and discuss how you determined the number sentence.

My brothers and sisters and I each get two fruit snacks in our lunch bags. How many fruit snacks will we get in all?

2 + 2 + 2 = 6

Materials:
- *Math Curse* by Jon Scieszka
- paper
- pencils

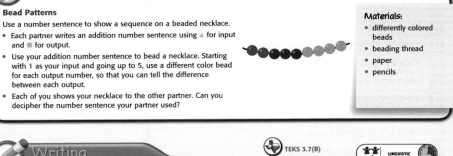 Art
TEKS 3.7(B) — pair | LOGICAL

Bead Patterns
Use a number sentence to show a sequence on a beaded necklace.
- Each partner writes an addition number sentence using ▲ for input and ■ for output.
- Use your addition number sentence to bead a necklace. Starting with 1 as your input and going up to 5, use a different color bead for each output number, so that you can tell the difference between each output.
- Each of you shows your necklace to the other partner. Can you decipher the number sentence your partner used?

Materials:
- differently colored beads
- beading thread
- paper
- pencils

Writing
TEKS 3.7(B) — pair | LINGUISTIC

Story Time
- A story has a beginning, a middle, and an end. Is this like a number sentence or an expression? Explain. A story is like a number sentence because an expression has not been solved yet, so it doesn't have an ending.
- Write a story where the main character starts out with a value, must do something to that value (either addition or subtraction), and then must solve for the answer. Write a number sentence to match the action your character must take. Stories and accompanying number sentences will vary.

Beginning + Middle = End

Materials:
- paper
- pencils

 Escritura

Hora del cuento

- Un cuento tiene un comienzo, un medio y un final. ¿Es esto como una expresión numérica o una expresión? Expliquen. Un cuento es como una expresión numérica porque una expresión no se ha resuelto todavía, por lo que no tiene final.

- Escriban un cuento en el que el personaje principal comience con un valor, deben hacerle algo a ese valor (ya sea suma o resta) y luego deben resolver para la respuesta. Escriban una expresión numérica para que haga juego con la acción que su personaje debe hacer. Los cuentos y las expresiones numéricas que los acompañan podrán variar.

Comienzo + Medio = Final

Materiales:
- papel
- lápices

Music

TEKS 3.3(A)

individual | LOGICAL

Make an Orchestra

An orchestra almost always has what is called the "standard complement" of woodwinds and brass: 2 flutes, 2 clarinets, 2 bassoons, 2 trumpets, 2 French horns, and 2 trombones. There are always more strings: 16 violins, 8 violas, 8 cellos, and 6 double basses at minimum.

• Use counters to model how many more of each string instrument there are than woodwinds or brass. Write number sentences to compare each woodwind and brass category with string categories.

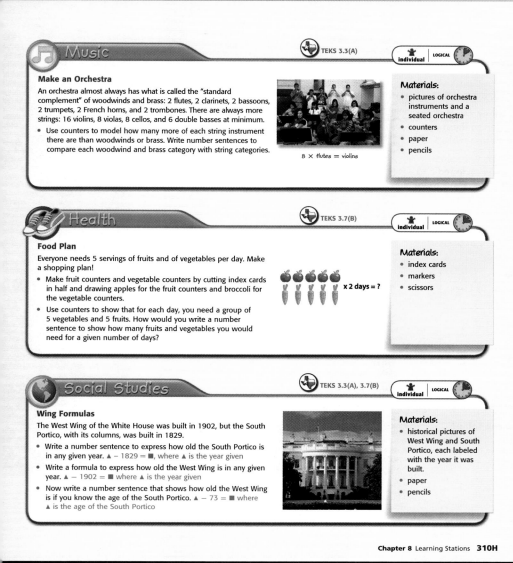

8 × flutes = violins

Materials:
• pictures of orchestra instruments and a seated orchestra
• counters
• paper
• pencils

Health

TEKS 3.7(B)

individual | LOGICAL

Food Plan

Everyone needs 5 servings of fruits and of vegetables per day. Make a shopping plan!

• Make fruit counters and vegetable counters by cutting index cards in half and drawing apples for the fruit counters and broccoli for the vegetable counters.

• Use counters to show that for each day, you need a group of 5 vegetables and 5 fruits. How would you write a number sentence to show how many fruits and vegetables you would need for a given number of days?

× 2 days = ?

Materials:
• index cards
• markers
• scissors

Social Studies

TEKS 3.3(A), 3.7(B)

individual | LOGICAL

Wing Formulas

The West Wing of the White House was built in 1902, but the South Portico, with its columns, was built in 1829.

• Write a number sentence to express how old the South Portico is in any given year. ▲ − 1829 = ■, where ▲ is the year given

• Write a formula to express how old the West Wing is in any given year. ▲ − 1902 = ■ where ▲ is the year given

• Now write a number sentence that shows how old the West Wing is if you know the age of the South Portico. ▲ − 73 = ■ where ▲ is the age of the South Portico

Materials:
• historical pictures of West Wing and South Portico, each labeled with the year it was built.
• paper
• pencils

Música

Formen una orquesta

Una orquesta casi siempre tiene lo que se llama "complemento estándar" de instrumentos de vientos de madera y metal: 2 flautas, 2 clarinetes, 2 bajones, 2 trompetas, 2 cornos franceses y 2 trombones. Siempre hay más cuerdas: 16 violines, 8 violas, 8 violoncelos y 6 bajos dobles como mínimo.

• Usen fichas para hacer modelos de cuántos más instrumentos de cuerda hay que instrumentos de viento de madera y metal. Escriban las expresiones numéricas para comparar cada categoría de instrumentos de viento de madera y metal con las categorías de instrumentos de cuerda.

Materiales:
• dibujos de instrumentos de orquesta y una orquesta sentada
• fichas
• lápices
• papel

Salud

Plan de comida

Todas las personas necesitan 5 porciones de fruta y de vegetales por día. ¡Hagan un plan de compras!

• Hagan fichas de frutas y fichas de vegetales cortando tarjetas por la mitad y dibujando manzanas para las fichas de frutas y brécol para las fichas de vegetales.

• Usen fichas para mostrar eso por cada día de la semana, necesitan un grupo de 5 vegetales y 5 frutas. ¿Cómo escribirían una expresión numérica para mostrar cuántas frutas y vegetales necesitarían para un número dado de días?

Materiales:
• tarjetas
• marcadores
• tijeras

Ciencia social

Fórmulas de alas

El Ala Oeste de la Casa Blanca se construyó en 1902, pero el Pórtico Sur, con sus columnas, se construyó en 1829.

• Escriban una expresión numérica para expresar la edad del Pórtico Sur en un año dado. ▲ − 1829 = ■, sea ▲ es el año dado

• Escriban una fórmula para expresar la edad del Ala Oeste en cualquier año dado. ▲ − 1902 = ■ sea ▲ es el año dado

• Ahora escriban una expresión numérica que muestre la edad del Ala Oeste si sabes la edad del Pórtico Sur. ▲ − 73 = ■ sea ▲ es la edad del Pórtico Sur

Materiales:
• fotos históricas del Ala Oeste y el Pórtico Sur, cada una etiquetada con el año que fue construido
• papel
• lápices

Introducción al capítulo

Vida real: Las hormigas van marchando

Materiales: enciclopedias, Internet, suministros de arte

Dígales a los alumnos que en este capítulo ellos revisarán patrones en información que se les da y, que a menudo, esta información estará en una tabla. Pídale a cada alumno que elija un insecto o una araña. Pídales que usen Internet o una enciclopedia para investigar cuántas patas tiene su insecto. Pídales que hagan dibujos de un insecto, dos insectos, tres insectos y cuatro insectos. Recuérdeles que se aseguren que las patas de los insectos sean visibles.

Luego, pídales que usen la información de sus dibujos para completar la siguiente tabla:

Tipo de insecto	
Número de insectos	Número de patas
1	
2	
3	
4	

- **¿Cuántas patas tendrían 5 insectos? Expliquen cómo lo saben.** Las respuestas variarán.

Dirija a los alumnos a la pág. 310 en la edición del alumno. Pídales que lean el párrafo al principio de la página.
- **¿Qué patrón ven en la tabla?**

Las respuestas variarán. Ejemplo de respuesta: La última columna se puede encontrar multiplicando el número en la primera columna por 8.

ESCRIBE EN ►MATEMÁTICAS

Comenzando el capítulo
Pídales a los alumnos que escriban lo que saben acerca de patrones. Si los alumnos tienen problemas para comenzar, haga preguntas como "¿Qué es un patrón?" y "¿Dónde se puede ver un patrón?" Pídales a los alumnos que revisen en el salón para ver si ellos ven cualquier patrón.

Vocabulario clave

Presente el vocabulario clave de este capítulo usando la siguiente rutina.
<u>Defina:</u> Una expresión es una combinación de números, variables y símbolos de operaciones que representan una cantidad matemática.
<u>Ejemplo:</u> $4(\triangle + 3)$
<u>Pregunte:</u> ¿Pueden escribir otra expresión?

Antología de lectura en voz alta Para introducir los conceptos matemáticos de este capítulo con una lectura alternativa, vea la antología de lectura en voz alta en la pág. R88.

Introduce the Chapter

Real World: The Ants Go Marching

Materials: encyclopedias, Internet, art supplies

Tell students that in this chapter they will look for patterns in information that is given to them and that often, this information will be in a table.

Ask each student to choose an insect or spider. Have them use the Internet or an encyclopedia to research how many legs their bug has. Have them draw pictures of one bug, two bugs, three bugs, and four bugs. Remind them to make sure the legs on the bugs are visible.

Then have them use the information from their pictures to complete the table below:

Type of Bug	
Number of Bugs	Number of Legs
1	
2	
3	
4	

- **How many legs would 5 of your bugs have? Explain how you know.** Answers will vary.

Direct students to Student Edition p. 310. Have students read the paragraph at the top of the page.

- **What pattern do you see in the table?**
  Answers will vary. Sample answer: The last column can be found by multiplying the number in the first column by 8.

WRITING IN ►MATH

Starting the Chapter
Ask students to write what they know about patterns. If students have trouble getting started, ask questions like "What is a pattern?" and "Where might you see a pattern?" Have students look around the room to see if they see any patterns.

Key Vocabulary Introduce the key vocabulary in the chapter using the routine below.
<u>Define:</u> An expression is a combination of numbers, variables, and operation symbols that represents a mathematical quantity.
<u>Example:</u> $4(\triangle + 3)$
<u>Ask:</u> Can you write another expression?

Read-Aloud Anthology For an optional reading activity to introduce this chapter's math concepts, see the Read-Aloud Anthology on p. R88.

La GRAN Idea ¿Qué son los patrones y las funciones?

Los patrones se ven en todas partes. Las funciones nos ayudan a usar la información de los patrones para resolver problemas. Una manera de mostrar esta información es usando una tabla.

Ejemplo Cada abeja tiene 6 patas. La tabla de funciones muestra cuántas patas en total hay en varias abejas.

Número de patas de abejas		
Número de abejas	Cada una tiene 6 patas	Número total de patas
2	2 × 8	16
3	3 × 8	24
4	4 × 8	32
5	5 × 8	40

¿Qué aprenderé en este capítulo?

- A hacer modelos y a usar expresiones numéricas y expresiones.
- A hacer una tabla para mostrar funciones.
- A identificar y describir patrones en una tabla de pares de números relacionados.
- A resolver un problema haciendo una dramatización.

Vocabulario clave

expresión numérica   regla
expresión
funciones

Matemáticas en línea   **Herramientas de estudio del alumno en** tx.gr3math.com

310 **Capítulo 8** Usa patrones y razonamiento algebraico

Chapter 8 Project

Find Your Team
Students write rules and race to form input-output teams.
- Students write rules on blank sheets of paper. They write one input and one output for each rule on separate pieces of paper.
- Divide students into three groups—input, rule, and output—and have each group select paper from the appropriate pile.
- On your mark, allow students to look at their papers and hold them up so that the other students can see them. Students should form teams where the input, rule, and output go together. The first team to form an accurate grouping wins.

CRM *Refer to Chapter 8 Resource Masters, p. 53, for a rubric to assess students' progress on this project.*

Proyecto del Capítulo 8 TEKS 3.14(A)

Halla tu equipo

Los alumnos escriben reglas y compiten para formar equipos de entrada-salida.
- Los alumnos escriben reglas en hojas de papel en blanco. Escriben una entrada y una salida para cada regla en hojas de papel separadas.
- Divida a los alumnos en tres grupos -entrada, regla y salida- y pídale a cada grupo elegir papel de la pila apropiada.

- Cuando usted lo indique, permítales a los alumnos observar sus papeles y elevarlos de manera que los otros alumnos los puedan ver. Los alumnos deben formar equipos que junten la entrada, la regla y la salida. El primer equipo en formar un grupo correcto gana.

CRM *Refiérase a las Hojas maestras de recursos del Capítulo 8, pág. 53, para obtener una regla para la evaluación del progreso del alumno en el proyecto.*

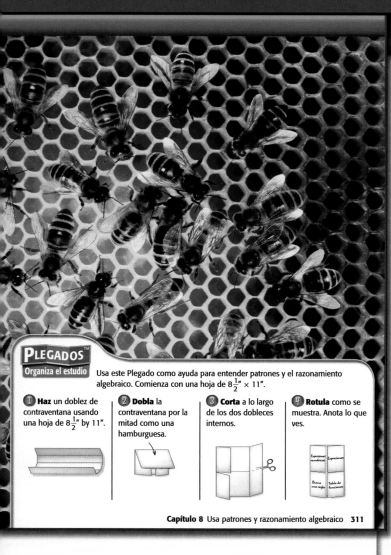

- Read the Math at Home letter found on Chapter 8 Resource Master, p. 4, with the class and have each student sign it. (A Spanish version is found on p. 5.)
- Send home copies of the Math at Home letter with each student.

FOLDABLES™ **Dinah Zike's Foldables**

Guide students through the directions on p. 311 to create their own Foldables graphic organizers for patterns and algebraic thinking. Students may also use their Foldables to study and review chapter assessments.

When to Use It Lessons 8-1 and 8-2. (Additional instructions for using the Foldables with these lessons are found on pp. 333 and 342.)

Chapter 8 Literature List

Lesson	Book Title
8-1	**Minnie's Diner: A Multiplying Menu** Dayle Ann Dodds
8-2	**Math Curse** Jon Scieszka
8-3	**The Doorbell Rang** Pat Hutchins
8-4	**One Grain of Rice: A Mathematical Folktale** Demi
8-5	**Double the Ducks** Stuart J. Murphy
8-7	**Double the Ducks** Stuart J. Murphy
Any	**Bat Jamboree** Kathi Appelt
Any	**The Twelve Circus Rings** Seymour Chwast

Chapter 8 Use Patterns and Algebraic Thinking **311**

PLEGADOS™ **Plegados de Dinah Zike**

Guíe a los alumnos por las instrucciones de la edición del alumno, pág. 311, para que hagan su propio Plegado de organización gráfica sobre patrones y pensamiento algebraico. Los alumnos pueden también usar su Plegado para estudiar y repasar antes de las evaluaciones del capítulo.

¿Cuando usarlo? Lecciones 8-1 y 8-2. (En las págs. 333 y 342 se encuentran instrucciones adicionales para usar el Plegado con estas lecciones).

- Lea con la clase la Carta de matemáticas en casa que se encuentra en la pág. 4 de las Hojas maestras de recursos del Capítulo 8 y haga que cada alumno la firme.
(Una versión en español se encuentra en la pág. 5)
- Envíe una copia de la Carta de matemáticas en casa a la casa de cada alumno.

Evaluación de diagnóstico

Evalúe el nivel de las destrezas previas de los alumnos antes de empezar el capítulo.

- **Opción 1: *Control rápido***
  SE Edición del alumno, pág. 312

- **Opción 2: *Evaluación en línea***

  Matemáticas en línea

  tx.gr3math.com

- **Opción 3: *Prueba de diagnóstico***
  CRM Hojas maestras de recursos del Capítulo 8, pág. 4

Opciones de intervención

Aplique los resultados En base a los resultados de la evaluación de diagnóstico de la Edición del alumno, pág. 312, trabaje en las carencias individuales de los alumnos antes de iniciar el capítulo.

Respuesta adicional

21. Vea el trabajo del alumno.

Diagnose

Check for students' prerequisite skills before beginning the chapter.

- **Option 1: *Quick Check***
  SE Student Edition, p. 312

- **Option 2: *Online Assessment***
  Math Online tx.gr3math.com

- **Option 3: *Diagnostic Test***
  CRM Chapter 8 Resource Masters, p. 44

Intervention Options

Apply the Results Based on the results of the diagnostic assessment on Student Edition, p. 312, use the chart below to address individual needs before beginning the chapter.

Intensive Intervention
two or more years below grade level

If students miss 75% of the Exercises:

Then use *Math Triumphs*, an intensive math intervention program from McGraw-Hill.

Additional Answer

21. See student's work.

Tienes dos opciones para revisar las destrezas requeridas para este capítulo.

Opción 2
Matemáticas en línea Toma el Control de preparación del capítulo en tx.gr3math.com.

Opción 1
Completa la siguiente verificación rápida.

Verificación RÁPIDA

Compara. Usa <, >, =. (Lección 1-6) (Se usa en la Lección 8-2)

1. 5 ● 8 <   2. 62 ● 26 >   3. 298 ● 199 >   4. 824 ● 842 <

5. 3 + 7 ● 10 =   6. 2 + 9 ● 10 >   7. 17 − 9 ● 8 =   8. 14 − 2 ● 16 <

Suma o resta. (Lecciones 2-4 y 3-1) (Se usa en las Lecciones 8-1, 8-2 y 8-5)

9. 9 + 3 12   10. 12 + 7 19   11. 16 + 5 21   12. 32 + 43 75

13. 11 − 4 7   14. 20 − 6 14   15. 25 − 8 17   16. 38 − 22 16

Multiplica o divide. (Capítulos 5 y 6) (Se usa en las Lecciones 8-4 y 8-7)

17. 5 × 6 30   18. 3 × 8 24   19. 18 ÷ 2 9   20. 28 ÷ 4 7

21. Lin vendió 1 vela más que Joan para la obra benéfica. Juntas, vendieron 15 velas. Haz un dibujo que muestre cuántas velas vendió cada una. Ver el margen.

22. Daniela gastó $20 en la tienda de víveres y $15 en la farmacia. ¿Cuánto gastó en total? Muestra cómo puedes resolver este problema usando números.
$35; $20 + $15 = $35

23. Cada juguete que se muestra cuesta $5. Muestra cómo puedes calcular el costo total usando una expresión de suma.
$5 + $5 = $10

312 **Capítulo 8** Usa patrones y razonamiento algebraico

Strategic Intervention below grade level	**On-Level**	**Above-Level**
If students miss eleven or more in: **Exercises 1–23**	**If** students miss four or less in: **Exercises 1–23**	**If** students miss two or less in: **Exercises 1–23**
Then choose a resource:	**Then** choose a resource:	**Then** choose a resource:
Strategic Intervention Guide (p. 84) TE Start Smart 3: Patterns, Relationships, and Algebraic Thinking (p. 6) Math Online Extra Examples • Personal Tutor • Online Games	Learning Stations (pp. 310G–310H) TE Chapter Project (p. 310) CRM Game: Related Math Math Adventures Math Online Online Games • eFlashcards • Fact Dash	Learning Stations (pp. 310G–310H) TE Chapter Project (pp. 310) Math Adventures Real-World Problems Solving Reader: *Appalachian Journey* Math Online Online Games

LECCIÓN

8-1 Escribe expresiones numéricas

Planificador de lección

Objetivo

...iban expresiones numéricas y modelen suma y resta usando dibujos, palabras y ...meros.

TEKS y TAKS
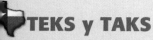

TEKS 3.3 El estudiante suma y resta para resolver problemas relevantes en los que se usan números enteros. **(A) Dé ejemplos de la suma y la resta utilizando dibujos, palabras y números.**

TAKS 1 El estudiante demostrará un entendimiento del razonamiento numérico, operacional y cuantitativo.

Las páginas del alumno también cubren los siguientes TEKS:
TEKS 3.14(A) Coméntalo, Ejercicio 7
TEKS 3.15(B), TEKS 3.16(B) Problemas H.O.T., Ejercicios 23-25

Vocabulario

...resión numérica
...aso: es mayor que (>), es menor que (<)

Rutina diaria

...estas sugerencias antes de iniciar la lección de la pág. 313.

Control de 5 minutos (Repaso de la Lección 7-7)

...uelvan. Digan qué estrategia usan.
...amilia de Anica está planeando una visita al museo de ciencias para ver la exhibición ...bosque de lluvia, la estación del clima, el reino del dinosaurio y el planetario. ¿De ...ntas maneras diferentes puede la familia de Anica planificar su día? 24; haz un dibujo

Problema del día

...ndo el grupo de pollos y cerdos, vi 9 cabezas y 24 patas. ¿Cuántos pollos y cuántos ...los vi? 6 pollos y 3 cerdos

Repaso de vocabulario matemático

...iba las palabras del repaso de vocabulario y sus definiciones en la pizarra.

...les a los alumnos que escriban una expresión numérica para mostrar su edad más la ...d de un amigo. Pídales también que modelen esta suma con un dibujo y con palabras. ...ntinuación, Pídales a los alumnos que escriban una expresión numérica usando menor ...para comparar sus edades con la edad de un pariente.

LESSON

8-1 Write Number Sentences

Lesson Planner

Objective

Write number sentences and model addition and subtraction using pictures, words, and numbers.

TEKS and TAKS

Targeted TEKS 3.3 The student adds and subtracts to solve meaningful problems involving whole numbers. **(A) Model addition and subtraction using pictures, words, and numbers.**

TAKS 1 The student will demonstrate an understanding of numbers, operations, and quantitative reasoning.

Student pages also address the following TEKS:
TEKS 3.14(A) Talk About It, Exercise 7
TEKS 3.15(B), TEKS 3.16(B) HOT Problems, Exercises 23–25

Vocabulary

number sentence
review: **is greater than (>), is less than (<)**

Resources

Manipulatives: counters

Literature Connection: *Minnie's Diner: A Multiplying Menu* by Dayle Ann Dodds

Teacher Technology
⊙ Interactive Classroom • TeacherWorks

Focus on Math Background

In this lesson, students begin to formalize the process translating a problem situation into a form that allows the power mathematics to be used in its solution. A number sentence is a statement that two quantities are equal; either or both of the equal quantities may be combinations of other quantities. In this lesson, those combinations involve only addition or subtraction.

Some clues that imply addition are "sum," "in all," "together," "total," "how many," and "as a group." Clues to subtraction include "how many more," "more than," "less than," "how far below," "how many were *not...*," and "how many left over."

An equal sign can be suggested by "equals," "is," "amounts to," "results in," "must be," and "measures."

Daily Routine

Use these suggestions before beginning the lesson on p. 313.

5-Minute Check
(Reviews Lesson 7-7)

Solve. Tell which strategy you use.
Anica's family is planning a visit to the science museum to see the rainforest exhibit, the weather station, the dinosaur kingdom, and the planetarium. In how many different ways can Anica's family plan their day? 24; *draw a picture*

Problem of the Day
Looking at a group of chickens and pigs, I saw 9 heads and 24 feet. How many chickens and how many pigs did I see? 6 chickens and 3 pigs

Building Math Vocabulary

Write the lesson vocabulary words and their definitions on the board.

Have students write a number sentence to show their age plus a friend's age. Have them also model this sum with a picture and with words. Next, have students write one number sentence using *greater than* and one number sentence using *less than* to compare their age to a relative's age.

Differentiated Instruction

Option 1 — Below Level (BL)
LINGUISTIC

Materials: index cards, metal or plastic ring

- Write the steps (e.g., **Understand, Plan, Solve**, and **Check**) to solving a problem on index cards for students. For example, the first card could be entitled "Read the Problem to Understand" and contain helpful suggestions (see Figure 1). On the back of the card, show a sample problem that follows the suggestions written on front (see Figure 2). Keep the cards organized with a metal or plastic ring.

Figure 1
> Read the problem quietly to yourself. Highlight the numbers you will need to use to solve the problem. Underline the last sentence in the problem. What is it asking you to find?

Figure 2
> Example - I planted 25 tomato plants in our family garden. My mom planted 11 pepper plants in our garden. How many plants did we plant altogether?

Option 2 — English Language Learners (ELL)
KINESTHETIC, SOCIAL

Materials: index card set with the words: The, boy, sat, on, a, chair; index card set with 32, +, 7, =, 39
Core Vocabulary: can make, sentence, correct
Common Use Verb: put in order
Write Math This strategy helps students relate number sentences to language sentences.

- Show cards with words. Say, "If I *put* these cards *in the* **correct** *order* I can make a **sentence**." Students help put sentence together.
- Say: "We **can make** **sentences** with numbers also. They must be *in the* **correct** *order* to make a number **sentence**. Look at these cards and tell me how to *put* them *in* *order*."
- Have students complete together, then practice making own set of cards with number sentences and exchanging them.

English Language Learners (p. 101) ELL

313B Chapter 8 Use Patterns and Algebraic Thinking

Option 1 — Early Finishers (AL)
TEKS 3.3(A)   LOGICAL

Materials: number, 1–10

- Each student draws three cards.
- Using only addition and subtraction and either 2 or all 3 of the numbers they just drew, students write different number sentences to equal each number 1 through 10.
- For example, if a student draws one, a five, and a nine, they could write number sentences similar to these:

$$1 + 5 = 6 \qquad 5 - 1 = 4 \qquad 1 + 9 = 10$$
$$9 - 1 = 8 \qquad 9 - 5 = 4 \qquad 9 + 1 - 5 = 5$$

Option 2 — Student Technology

Math Online tx.gr3math.com
Personal Tutor • Extra Examples • Online Games

Option 3 — Learning Station: Art (p. 310G)

Direct students to the Art Learning Station for opportunities to explore and extend the lesson concept.

Option 4 — Problem-Solving Practice

Reinforce problem-solving skills and strategies with the Problem-Solving Practice worksheet.

Problem Solving (p. 11) BL OL AL

Instrucción diferenciada

Opciones de trabajo independiente

Opción 1 — Para los que terminan primero AL
TEKS 3.3(A)   LÓGICO

Materiales: cartas del número 1 al 10
- Cada alumno toma tres cartas
- Usando sólo suma o resta y bien sea 2 o todos los 3 números que ellos tomaron, los alumnos escriben expresiones numéricas diferentes para igualar cada número del 1 al 10.
- Por ejemplo, si un alumno toma un uno, un cinco y un nueve, podrían escrib expresiones numéricas similares a éstas:

$$1 + 5 = 6 \qquad 5 - 1 = 4 \quad 1 + 9 = 10$$
$$9 - 1 = 8 \qquad 9 - 5 = 4 \quad 9 + 1 - 5 = 5$$

Opción 2 — Tecnología para el alumno

Enla
technoló-

Matemáticas en línea tx.gr3math.com
Personal Tutor • Extra Examples • Online Games

Opción 3 — Estación de aprendizaje: Arte (pág. 310G)

Dirija a los alumnos a la estación de aprendizaje de arte para que tengan la oportunidad de explorar y ampliar el concepto de la lección.

Opción 4 — Práctica y solución de problemas

Refuerce las destrezas y las estrategias de solución de problemas con la hoja de tra de solución de problemas.

Opciones para grupos pequeños

Opción 1 — Nivel bajo (BL)
LINGÜÍSTICO

Materiales: tarjetas, anillo de plástico o metal.

- Escriba los pasos (ejemplo: **Entiende, Planifica, Resuelve** y **Verifica**) para resolver un problema en tarjetas para alumnos. Por ejemplo, la primera tarjeta se podría titular "Lean el problema para entender" y contener sugerencias útiles (ver figura 1). Al dorso de la tarjeta, muestre un ejemplo de problema que siga las sugerencias escritas al frente (ver figura 2). Mantenga las tarjetas organizadas con un anillo de metal o plástico.

Figura 1
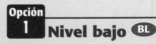
> Lee el problema en silencio individualmente. Resalta los números que necesitarás usar para resolver el problema. Subraya la oración perdida en el problema. "¿Qué te está pidiendo que calcules?"

Figura 2
> Ejemplo - Yo planté 15 plantas de tomates en el jardín de nuestra familia. Mi mamá plantó 12 plantas de pimientos en nuestro jardín. ¿Cuántas plantas plantamos en total?

Resolver problemas (pág. 11)
BL OL AL

8-1 Escribe expresiones numéricas

PREPÁRATE para aprender

El armadillo de nueve bandas puede pesar aproximadamente 15 libras. ¡El armadillo gigante puede pesar hasta 100 libras! Escribe una expresión numérica que muestre la diferencia en sus pesos.

IDEA PRINCIPAL

Escribiré la expresión numérica y haré modelos de la suma y la resta usando dibujos, palabras y números.

TEKS Objetivo 3.3
El estudiante suma y resta para resolver problemas significativos con números enteros. (A) **Haz modelos de suma y resta usando dibujos, palabras y números.**

Vocabulario nuevo
expresión numérica

Repaso de vocabulario
es mayor que (>)
es menor que (<)

Una **expresión numérica** es una expresión que usa números y el signo de igualdad (=). Las expresiones numéricas se pueden hacer *modelos* o mostrar usando dibujos y palabras.

EJEMPLO concreto Haz modelos de suma y resta

① ANIMALES **Escribe una expresión numérica que muestre la diferencia en los pesos. Usa dibujos, palabras y una expresión numérica.**

Para calcular la diferencia, puedes restar.

Dibujos

El modelo muestra 100 cubos. Resta 15 cubos.

Palabras Después de restar 15 cubos de 100, quedan 85 cubos. 100 menos 15 es igual a 85.

Expresión numérica $100 - 15 = 85$

Por lo tanto, $100 - 15 = 85$ muestra la diferencia en los pesos.

Lección 8-1 Escribe expresiones numéricas **313**

8-1 Write Number Sentences

① Introduce

TEKS 3.3(A)

Activity Choice 1 • Hands-On

- Use the sample data in the table below or collect data from the class on the type of pet each student has.

Types of Pets Owned by Students	
birds	2
cats	7
dogs	9
fish	8
turtles	1

- Display the data on the board. Then write the following: $2 + 7 + 9 + 8 + 1$ **What does this expression model?** the number of pets owned by the students

- **Are there more cats or fish?** fish
  Write 7 ● 8 on the board. **Which symbol, > or <, can be used to make this number sentence true?** <

Activity Choice 2 • Literature

Introduce the lesson with *Minnie's Diner: A Multiplying Menu* by Dayle Ann Dodds. (For a related math activity, see p. R104.)

② Teach

TEKS 3.3(A)

Scaffolding Questions

Use the data from Activity Choice 1 above.
- Have students draw a picture that can be used to model the difference between the number of fish and the number of turtles. Check students' drawings.

- **What number sentence shows the difference in the number of fish and the number of turtles?** $8 - 1 = 7$

- **Use words to model the total number of birds, fish, and dogs.** Two birds plus eight fish plus nine dogs equals nineteen pets.

GET READY to Learn

Have students open their books and read the information in **Get Ready to Learn**. Introduce **number sentence** and review **is greater than** and **is less than**. As a class, work through **Examples 1–3**.

Lesson 8-1 Write Number Sentences **313**

Escribe expresiones numéricas

8-1

① Presentación

TEKS 3.3(A)

Actividad propuesta 1 • Práctica

- Usen los ejemplos de datos en la siguiente tabla o recopilen datos de la clase en el tipo de mascota que cada alumno tiene.

Tipos de mascotas que los alumnos tienen	
aves	2
gatos	7
perros	9
peces	8
tortugas	1

- Despliegue los datos en la pizarra. Luego escriba lo siguiente: $2 + 7 + 9 + 8 + 1$ **¿De qué es un modelo esta expresión?** el número de mascotas que tienen los alumnos

- **¿Hay más gatos o peces?** peces
  Escriba 7-8 en la pizarra. **¿Qué símbolo, > o <, puede ser usado para hacer esta expresión numérica verdadera?** <

Actividad propuesta 2 • Literatura

Presente la Lección con *Minnie's Diner: A Multipliying Menu* de Dayle Ann Dodds. (Vea la página R104 para una actividad matemática relacionada.)

② Enseñanza

TEKS 3.3(A)

Preguntas básicas

Use los datos de la Actividad propuesta 1 anterior.
- Pídales a los alumnos que hagan un dibujo que se pueda usar para hacer modelos de la diferencia entre el número de peces y el número de tortugas. Verifique los dibujos de los alumnos.

- **¿Qué expresión numérica muestra la diferencia en el número de peces y el número de tortugas?** $8 - 1 = 7$

- **Usen palabras para hacer modelos del número total de aves, peces y perros.** Dos aves más ocho peces más nueve perros es igual a diecinueve mascotas.

PREPÁRATE para aprender

Pídales a los alumnos que abran sus libros y lean la información de **Prepárate para aprender**. Presente **expresiones numéricas** y revisen **es mayor que** y **es menor que**. En conjunto, trabajen los Ejemplos 1 al 3.

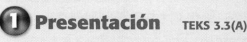

Modelos de suma y resta

Ejemplo 1 Asegúrese de explicar que en problemas de resta el número que se quita se tacha del número inicial, por lo que no es necesario dibujar marcadores u otras figuras para representar este número.

EJEMPLOS ADICIONALES

1 Carl mide 60 pulgadas. Suzy mide 64 pulgadas. Escriban una expresión numérica para mostrar la diferencia en sus estaturas. $64 - 60 = 4$

2 Usen dibujos para hacer un modelo de $19 - 12 = 7$ Revise los dibujos de los alumnos.

3 Mientas cuidaba niños. Pedro llevó a su hermana al parque. Él se dio cuenta que había 6 niños con sombreros rojos, 2 con sombreros azules y 7 con sombreros amarillos. Escriban expresiones numéricas para mostrar cuántos niños llevaban sombreros en total. $6 + 2 + 7 = 15$

VERIFICA lo que sabes

En conjunto, pídales a los alumnos que completen los Ejercicios 1-7 en **Verifica lo que sabes** a medida que usted observa sus trabajos.

Ejercicio 7 Evalúa la comprensión del alumno antes de asignarle los ejercicios prácticos.

BL Estrategia alternativa de enseñanza

Si los alumnos tienen problemas escribiendo expresiones numéricas…

Entonces use una de estas opciones de reforzamiento:

1 **CRM Hoja de reforzamiento diario** (pág. 8)

2 Pídales a los alumnos que usen fichas u otros objetos concretos para representar el problema. Una vez que los alumnos hayan hecho un modelo del problema, pídales que expresen en palabras lo que hicieron. Luego pídales que traduzcan sus representaciones físicas y verbales a números.

Model Addition and Subtraction

Example 1 Be sure to explain that in subtraction problems the number taken away is crossed out of the initial number, so there is no need to draw counters or other figures to represent this number.

ADDITIONAL EXAMPLES

1 Carl is 60 inches tall. Suzy is 64 inches tall. Write a number sentence to show the difference in their height. $64 - 60 = 4$

2 Use pictures to model $19 - 12 = 7$. Check students' drawings.

3 While babysitting, Pedro took his sister to the park. He noticed 6 children wearing red hats, 2 wearing blue hats, and 7 wearing yellow hats. Write a number sentence to show how many children were wearing hats in all. $6 + 2 + 7 = 15$

✓ CHECK What You Know

As a class, have students complete Exercises 1–7 in **Check What You Know** as you observe their work.

Exercise 7 Assess student comprehension before assigning practice exercises.

BL Alternate Teaching Strategy

BL

If students have trouble writing number sentences . . .

Then use one of these reteach options:

1 **CRM Daily Reteach Worksheet** (p. 8)

2 Have students use counters or other concrete objects to represent the problem. Once students have modeled the problem, have them use words to express what they did. Then have them translate their physical and verbal representations into numbers.

Additional Answers

22. They are both correct because both number sentences are true.

23. Sample answer: 48 students went to the circus. There were 55 students and teachers altogether. How many teachers were there?

Se pueden usar dibujos para mostrar una expresión numérica.

EJEMPLO Usa dibujos para hacer un modelo

2 Usa dibujos para hacer un modelo de $8 + 13 = 21$.

Expresión numérica $8 + 13 = 21$

Dibujos

8 {⦾⦾⦾⦾⦾⦾⦾⦾

13 {☺☺☺☺☺☺☺☺☺☺☺☺☺

21 en total

Las expresiones numéricas pueden tener varios números.

EJEMPLO concreto — Haz modelos de suma y resta

3 Hay 3 alumnos en los columpios, 4 jugando baloncesto y 2 saltando la cuerda. Escribe una expresión numérica para mostrar cuántos alumnos hay en total.

Dibujos

Palabras Tres alumnos más cuatro alumnos más dos alumnos es igual a nueve alumnos.

Expresión numérica $3 + 4 + 2 = 9$

Tutor personal en tx.gr3math.com

✓ VERIFICA lo que sabes

Haz modelos de los problemas usando expresiones numéricas. Ver Ejemplos 1 y 3 (pág. 313–314)

1. El lunes se entregan 212 periódicos. El martes se entregan 189 periódicos. ¿Cuántos periódicos se entregan en total? $212 + 189 = 401$

2. Felisha tenía $20. Gastó $3 en su almuerzo, $5 en el cine y $9 en la juguetería. ¿Cuánto dinero le queda? $20 - $3 - $5 - $9 = $3

Haz modelos de las expresiones numéricas usando dibujos y palabras. Ver Ejemplos 1 al 3 (págs. 313–314) 3–5, 7. Ver Apéndice de respuestas del Cap. 8.

3. $14 + 7 = ■$

4. $30 - ■ = 18$

5. $12 + 3 + 4 = ■$

6. Mark tiene 25 juguetes. Haz un dibujo y escribe una expresión numérica para mostrar cuántos juguetes regalará Mark si el se queda con 4. $25 - 4 = 21$

7. Coméntalo Describe un problema concreto que use una expresión numérica con varios números. Ejemplo de respuesta: Jill corrió millas el lunes, 5 millas el martes y 7 millas el miércoles. ¿Cuántas millas corrió en tota[...]

Reteach (p. 8) BL | Skills Practice (p. 9) OL

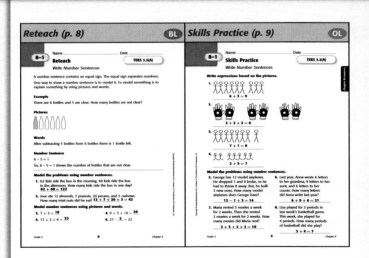

Reforzamiento (pág. 8) BL | Práctica de destrezas (pág. 9) OL

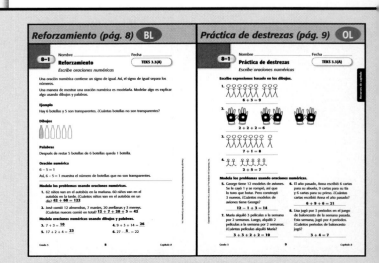

Práctica y solución de problemas

PRÁCTICA EXTRA
Ver página R20.

Haz modelos de los problemas usando expresiones numéricas. Ver Ejemplos 1 y 3 (pág. 313-314)

8. Jessie recogió 85 fresas y 72 arándanos. ¿Cuántas frutas en total recogió Jessie?
$85 + 72 = 157$ frutas

9. Un conductor de camión manejó 548 millas durante un día y 163 millas durante el día siguiente. ¿Cuántas millas más viajó el conductor de camión el primer día? $548 - 163 = 375$ millas

10. Al le dio de comer a su iguana 15 frijoles. La iguana comió 4 frijoles para el almuerzo, 7 más para la cena y 3 más antes de acostarse. ¿Cuántos frijoles quedaron al final del día?
$15 - 4 - 7 - 3 = 1$

11. 20 clientes ordenaron un sándwich de pavo, 3 ordenaron un sándwich de jamón, 13 ordenaron un sándwich de pollo. ¿Cuántos clientes hubo en total?
$20 + 3 + 13 = 36$ clientes

Haz modelos de expresiones numéricas usando dibujos y palabras.
Ver Ejemplos 1-3 (pág. 313-314)   12-17. Ver Apéndice de respuestas del Cap. 8.

12. $14 - 8 = \blacksquare$

13. $24 + 9 = \blacksquare$

14. $32 + \blacksquare = 36$

15. $6 + 4 + 11 = \blacksquare$

16. $12 + 3 + \blacksquare = 17$

17. $\blacksquare - 7 - 6 = 22$

En los Ejercicios 18 al 20, usa la tabla.
Ejemplo de respuesta: $636 - 479 = 157$
18. Escribe una expresión numérica usando la resta.
Ejemplo de respuesta: $636 + 544 = 1180$
19. Escribe una expresión numérica usando la suma.

20. Escribe un problema usando la expresión numérica $544 - 388 = 156$.
Ver Apéndice de respuestas del Cap. 8.

Distancias entre ciudades en Texas		
Desde	Hasta	Distancia (millas)
Amarillo	Austin	479
Big Bend	Brownsville	636
Childress	Corpus Christi	544
Dallas	Del Rio	388

Problemas H.O.T.

21. INTERPRETA Completa la expresión numérica para hacerla verdadera.
$874 - \blacksquare = 444$ ■ Ejemplo de respuesta: 474; 44

22. HALLA EL ERROR Kaylee y Lu escribieron cada uno una expresión numérica. ¿Quién tiene la razón? Explica tu razonamiento.
Los dos tienen la razón porque ambas expresiones numéricas son verdaderas.

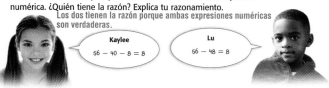
Kaylee $56 - 40 - 8 = 8$
Lu $56 - 48 = 8$

23. ESCRIBE EN ►MATEMÁTICAS Escribe un problema que use la expresión numérica $48 + \blacksquare = 55$. Resuelve. 22-23. Ver el margen.

Lección 8-1 Escribe expresiones numéricas 315

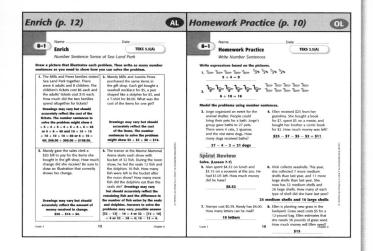

---

3 Practice

Differentiate practice using these leveled assignments for Exercises 8–23.

Level	Assignment
BL Below Level	8–9, 12–14, 18–19
OL On Level	8–9, 11–16, 18–20, 22
AL Above Level	9–19 odd, 21–23

Have students discuss and complete the Higher Order Thinking problems. For Exercise 21, suggest that students fill in a number on one side of the equals sign and add those numbers together before trying to find the other number.

WRITING IN ►MATH

Have students complete Exercise 23 in their Math Journals. You may choose to use this exercise as an optional formative assessment.

4 Assess

Formative Assessment

Write the numbers 7, 9, and 16 on the board.
- **What number sentence using addition can you write with these three numbers?**
  $7 + 9 = 16$ or $9 + 7 = 16$
- **Model your number sentence using pictures and words.** Check students' work.

Quick Check **Are students continuing to struggle with writing number sentences and modeling addition and subtraction?**

If Yes → Small Group Options (p. 313B)
Independent Work Options (p. 313B)

If No → CRM Skills Practice Worksheet (p. 9)
CRM Enrich Worksheet (p. 12)

Ticket Out the Door Tell the class that 22 students went on a field trip to the State House, and 17 of them had never been there before. Ask them to write a number sentence that shows how many students had been to the State House before.

Lesson 8-1 Write Number Sentences 315

---

3 Práctica

Asigne la práctica para Ejercicios 8 al 23 según los siguientes niveles.

Nivel	Asignación
BL Nivel bajo	8–9, 12–14, 18–19
OL A nivel	8–9, 11–16, 18–20, 22
AL Nivel avanzado	9–19 impar, 21–23

Pídales a los alumnos que analicen y completen los problemas de razonamiento de alto nivel. Para el Ejercicio 21, sugiéreles a los alumnos que pongan un número a un lado del signo de igual y sumen esos números antes de tratar de calcular el otro número.

ESCRIBE EN ►MATEMÁTICAS

Pídales a los alumnos que completen el Ejercicio 23 en sus Diarios de Matemáticas. Puede elegir hacer este ejercicio como una evaluación formativa adicional.

4 Evaluación

Evaluación formativa

Escriba los números 7, 9 y 16 en la pizarra.
- **¿Qué expresión numérica usando suma pueden escribir con estos tres números?**
  $7 + 9 = 16$ ó $9 + 7 = 16$
- **Modelen sus expresiones numéricas usando dibujos y palabras.** Revise el trabajo del alumno.

Control Rápido **¿Les sigue costando a los alumnos escribir expresiones numéricas y hacer modelos de suma y resta?**

Si la respuesta es:
Sí → Opciones para grupos pequeños (pág. 313B)
Opciones de trabajo independiente (pág. 313B)

No → CRM Hoja de ejercicios para la práctica de destrezas (pág. 9)
CRM Hoja de trabajo de enriquecimiento (pág. 12)

Boleto de salida Dígale a la clase que 22 alumnos fueron a un viaje de campo a State House y 17 de ellos nunca habían ido antes. Pídales que escriban una expresión numérica que muestre cuántos alumnos habían estado en State House antes.

Lección 8-1 Escribe expresiones numéricas 315

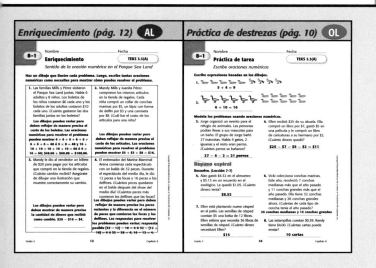

Actividad matemática para 8-2

Planificador de lección

Objetivo

Haz modelos de expresiones de suma y resta usando dibujos, palabras y números.

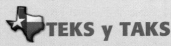

TEKS y TAKS

TEKS 3.3 El estudiante suma y resta para resolver problemas relevantes en los que se usan números enteros. **(A) Dé ejemplos de la suma y la resta utilizando dibujos, palabras y números.**

TAKS 1 El estudiante demostrará un entendimiento del razonamiento numérico, operacional y cuantitativo.

Recursos

Manipulativos: fichas

1 Presentación

- Pídales a los alumnos que están usando ropa roja que vengan al frente del salón y hagan una fila. Luego pídales a todos los alumnos que están usando ropa amarilla que hagan una fila a lado de los alumnos con ropa roja. **¿Cuántos alumnos tienen ropa roja?** La respuesta variará.

- Escriba una expresión como 8 + 5 que muestre el número de alumnos al frente del salón. Dígales a los alumnos que lo que escribió es una expresión porque contiene número y un símbolo de operación. **¿Cuál es el símbolo de operación en esta expresión?** + o más

2 Enseñanza

Actividad 1 Recuerde a los alumnos incluir una ficha por Alice, no sólo por sus amigos. También, es importante que los alumnos entiendan que ellos podrían mostrar 3 + 1 en vez de 1 + 3 para hacer un modelo de esta situación.

Lesson Planner

Objective

Model addition and subtraction expressions using pictures, words, and numbers.

TEKS and TAKS

Targeted TEKS 3.3 The student adds and subtracts to solve meaningful problems involving whole numbers. **(A) Model addition and subtraction using pictures, words, and numbers.**

TAKS 1 The student will demonstrate an understanding of numbers, operations, and quantitative reasoning.

Resources

Manipulatives: counters

1 Introduce

- Have all students wearing red to come to the front of the room, and form a line. Then have all students wearing yellow form a line next to the line of students wearing red. **How many students are wearing red? How many are wearing yellow?** Answer will vary.

- Write an expression such as 8 + 5 that shows the number of students in the front of the room. Tell students that what you wrote is an expression because it contains numbers and an operation symbol. **What is the operation symbol in this expression?** + or add

2 Teach

Activity 1 Remind students to include a counter for Alice, not just for her friends. Also, it is important for students to understand that they could show 3 + 1 rather than 1 + 3 to model this situation.

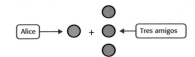
Una **expresión** es una combinación de números, símbolos y símbolos de operaciones que representa una cantidad matemática.

ACTIVIDAD Haz modelos de expresiones de suma

IDEA PRINCIPAL

Haré modelos de expresiones de suma y resta usando dibujos, palabras y números.

 TEKS Objetivo 3.3
Números, operaciones y razonamiento cuantitativo. El estudiante suma y resta para resolver problemas relevantes en los que se usan números enteros. Se espera que el estudiante: (A) **Dé ejemplos de la suma y la resta utilizando dibujos, palabras y números.**

Vocabulario nuevo

expresión

Necesitarás
fichas

① **Alice invitó a tres amigos a jugar en su patio. Haz un modelo de esta expresión con dibujos, números y palabras.**

Paso 1 Usa dibujos.

Alice ⟶ 🔵 + 🔵 ⟵ Tres amigos

Paso 2 Usa números.

1 + 3

Paso 3 Usa palabras.

Uno más tres o tres más que uno

316 Capítulo 8 Usa patrones y razonamiento algebraico

ACTIVIDAD

2 Había siete cartones de leche sobre el mostrador. Josh bebió uno. Haz un modelo de esta expresión con dibujos, números y palabras.

Paso 1 Usa dibujos.

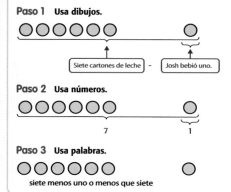

Paso 2 Usa números.

○○○○○○   ○

      7   1

Paso 3 Usa palabras.

siete menos uno o menos que siete

Piénsalo

1. En el Ejemplo 2, ¿por qué uno de las fichas está separada de las otras?
Muestra resta, porque Josh se bebió un cartón de leche.

2. ¿Qué operación muestran las palabras *ganó* y *compró*? Suma

3. ¿Qué operación muestran las palabras *perdió, se fue* y *comieron*? Resta

✓ VERIFICA lo que sabes

Haz un modelo de cada expresión con dibujos, números y palabras.
4-7. Ver Apéndice de respuestas del Cap. 8.

4. Jim tenía 12 crayones. Perdió 5 de ellos.
doce menos 5

5. El equipo de fútbol anotó 1 punto. Ellos ganaron 4 puntos más.
uno más cuatro

6. Una carpintera tenía 6 clavos. Fue a la tienda a comprar 8 más. seis más ocho

7. Se sirvieron 10 sándwiches. Se comieron 6 sándwiches.
diez menos seis

8. **ESCRIBE EN ▶ MATEMÁTICAS** Escribe una expresión que use números. Haz un modelo de la expresión usando palabras y dibujos. Ejemplo de respuesta: 12 + 3; doce más tres; ○○○○○○○○○○○○ + ○○○

Explora 8-2: Haz un modelo de expresiones **317**

Activity 2 Students may be tempted to use 7 counters to represent the cartons of milk on the counter, and then use 1 more counter to represent the carton Josh drank. Make sure they understand that since Josh drank 1 of the 7 from the counter, they should remove 1 counter from the 7 counters, resulting in 6 cartons of milk left.

Think About It

Assign Exercises 1–3 in the **Think About It** section to assess student comprehension of the concept presented in the Activities.

③ Assess

✓ Formative Assessment

Use **Check What You Know** Exercises 4–8 to assess whether students comprehend how to model addition and subtraction expressions with pictures, words, and numbers.

From Concrete to Abstract Exercise 5 can be used to bridge the gap between using concrete models to model a situation and using words and pictures to model a numerical expression.

Extending the Concept Ask students to write an expression and a number sentence. Have them explain the difference between the two.

Explore 8-2 Model Expressions **317**

Actividad 2 Es posible que los alumnos sientan la tentación de usar 7 fichas para representar los cartones de leche en el mostrador y luego usar 1 ficha más para representar el cartón que se bebió Josh. Asegúrese que ellos entiendan que como Josh se bebió 1 de 7 del mostrador, ellos deben retirar 1 ficha de las 7 fichas, resultando en 6 cartones de leche restantes.

Piénsalo

Use los Ejercicios 1 al 3 de **Piénsalo para evaluar** si los alumnos comprenden los conceptos presentados en las Actividades.

③ Práctica

✓ Evaluación formativa

Use los Ejercicios 4 al 8 de **Verifica lo que sabes** para evaluar si los alumnos comprenden cómo hacer modelos de expresiones de suma y resta con dibujos, palabras y números.

De lo concreto a lo abstracto El Ejercicio 5 se puede usar para conectar el espacio entre usar modelos concretos para hacer un modelo de una situación y usar palabras y dibujos para hacer un modelo de una expresión numérica.

Ampliación del concepto Pídales a los alumnos que escriban una expresión y una expresión numérica. Pídales que expliquen la diferencia entre las dos.

Planificador de lección

Objetivo

Aprender a escribir y simplificar expresiones.

TEKS y TAKS

TEKS Objetivo 3.3 El estudiante suma y resta para resolver problemas relevantes en los que se usan números enteros. **(A) Dé ejemplos de la suma y la resta utilizando dibujos, palabras y números.**

TAKS 1 El estudiante demostrará un entendimiento del razonamiento numérico, operacional y cuantitativo.

Las páginas del alumno también cubren los siguientes TEKS:
TEKS 3.15(A) Coméntalo, Ejercicio 10
TEKS 3.14(A), **TEKS 3.16(A)** Problemas H.O.T., Ejercicios 26-28
TEKS 3.3(B), **TEKS 3.16(B)**, **TEKS 3.5(A)** Repaso espiral, Ejercicios 31-37

Vocabulario

expresión, repasen: **expresión numérica**

Rutina diaria

Siga estas sugerencias antes de iniciar la lección de la pág. 318.

Control de 5 minutos (Repaso de la Lección 8-1)

Modelen los problemas usando expresiones numéricas.

1. Mary recogió 14 rosas rojas y 11 rosas amarillas. ¿Cuántas rosas recogió en total? $14 + 11 = 25$
2. Charlie nadó 600 el lunes y 775 el martes. ¿Cuánto más lejos nadó Charlie el martes? $775 - 600 = 175$ m
3. Usen dibujos para hacer un modelo de $102 - 5 = 7$
   Ejemplo de respuesta: O

Problema del día

Sammy está construyendo 10 camiones modelo. Él necesita 6 ruedas para cada camión. Las ruedas se venden en cajas de 20, 50 y 100. ¿Cuántas de qué tipo de cajas debería comprar de manera que no le queden ruedas sobrantes? 3 cajas de 20

Lesson Planner

Objective

Learn to write and simplify expressions.

TEKS and TAKS

Targeted TEKS 3.3 The student adds and subtracts to solve meaningful problems involving whole numbers. **(A) Model addition and subtraction using pictures, words, and numbers.**

TAKS 1 The student will demonstrate an understanding of numbers, operations, and quantitative reasoning.

Student pages also address the following TEKS:
TEKS 3.15(A) Talk About It, Exercise 10
TEKS 3.14(A), TEKS 3.16(A) HOT Problems, Exercises 26–28
TEKS 3.3(B), TEKS 3.16(B), TEKS 3.5(A) Spiral Review, Exercises 31–37

Vocabulary

expression, review: **number sentence**

Resources

Materials: number line

Literature Connection: *Math Curse* by Jon Scieszka

Teacher Technology
● Interactive Classroom • TeacherWorks

Focus on Math Background

An analogy: Whereas number sentences (also called equations) are complete sentences, expressions are phrases.

$3 + 4$ is a phrase
$3 + 4 = 7$ is a number sentence, as is, $3 + 4 = 1 + 6$.

At this point in their math careers, the distinction builds correct mathematical (and specifically algebraic) vocabulary. In later years, the distinction is critical for students to understand when a variable can be part of an answer, e.g., "Simplify the expression," or when the object is to find a number value for a variable, e.g., "Solve the equation."

Daily Routine

Use these suggestions before beginning the lesson on p. 318.

5-Minute Check

(Reviews Lesson 8-1)

Model the problems using number sentences.

1. Mary picked 14 red roses and 11 yellow roses. How many roses did she pick altogether?
   $14 + 11 = 25$
2. Charlie swam 600 m on Monday and 775 m on Tuesday. How much farther did Charlie swim on Tuesday? $775 - 600 = 175$ m
3. Use pictures to model
   $12 - 5 = 7$.
   Sample answer: 0

Problem of the Day

Sammy is building 10 model trucks. He needs 6 wheels for each truck. The wheels are sold in boxes of 20, 50, and 100. How many of which boxes should he buy so that he will not have any wheels left over? 3 boxes of 20

▷ Building Math Vocabulary

Write the lesson and review vocabulary words and their definitions on the board.

Students work with partners. They write five expressions and five number sentences, each on a different index card. They shuffle the cards and place them face down. Each takes a turn to pick a card and declare if they have an expression or a number sentence.

Visual Vocabulary Cards
Use Visual Vocabulary Card 21 to reinforce the vocabulary introduced in this lesson. (The Define/Example/Ask routine is printed on the back of each card.)

expression

Repaso de vocabulario matemático

Escriba las palabras del repaso de vocabulario y sus definiciones en la pizarra.
Escriba la lección y repase las palabras del vocabulario y sus definiciones en la pizarra.
Que los alumnos trabajen con compañero. Escriban cinco expresiones y cinco expresiones numéricas cada una en una tarjeta diferente. Barajen las tarjetas y las coloquen bocabajo. Que cada uno tome un turno para levantar una tarjeta y declarar si ellos tienen una expresión o una expresión numérica.

Tarjetas visuales de vocabulario

Use la(s) tarjeta(s) visual(es) del vocabulario 21 para reforzar el vocabulario presentado en esta lección. (En la parte posterior de cada tarjeta está escrita la rutina Definir/Ejemplo/Pregunta).

expresión

Differentiated Instruction

Small Group Options

Option 1 — Gifted and Talented **AL**

LOGICAL

Materials: paper, pencil
* Students can work independently or in pairs.
* Write the number 725 on the board.
* Challenge students to create three addition and three subtraction problems whose answer would be 725.

Option 2 — English Language Learners **ELL**

VISUAL, AUDITORY

Materials: list of common use verbs:
1. Go/goes, help remember, makes, place, act (it) out, can, comes, is, round up/down
2. Change, can/could, match/matches, had/didn't have, line up, get, give/take, regroup
3. Can/can't subtract, will be, would like, could be, take away, roll, use, can help, call for

Core Vocabulary: keep, sounds like, refer to
Common Use Verb: is/isn't
Write Math This strategy spirals a vocabulary review to further integrate understanding and recognition of verbs.
* Display the list of common use verbs.
* Call on volunteers to demonstrate them, emphasizing how they are usually used in math problems.
* Have students make a foldable that includes what it is, what it isn't, what it sounds like, and how they use or remember it. Foldables should be kept to refer to through the year.

Independent Work Options

Option 1 — Early Finishers **OL** **AL**

LOGICAL

Materials: index cards
* Pair students. Have each student write 5 number expressions, each on a separate card. Then both place a card face up on the table.
* Have students compare the two expressions as less than, greater than, or equal.
* Repeat until the cards have been used.
* If time permits, shuffle and play again.

$5 + 3$
$1 + 4$
$12 + 2$
$20 - 9$
$17 - 8$

C03-015A-105718

Option 2 — Student Technology
Tech Link

Math Online tx.gr3math.com
Personal Tutor • Extra Examples • Online Games

Option 3 — Learning Station: Reading (p. 310G)
Direct students to the Reading Learning Station for opportunities to explore and extend the lesson concept.

Option 4 — Problem-Solving Practice
Reinforce problem-solving skills and strategies with the Problem-Solving Practice worksheet.

Problem Solving (p. 16) **BL** **OL** **AL**

Lesson 8-2 Expressions and Number Sentences **318B**

Instrucción diferenciada

Opciones de trabajo independiente

Opción 1 — Para los que terminan primero **OL** **AL**

LÓGICO

Materiales: tarjetas
* Empareje alumnos. Pida a cada alumno que escriba 5 expresiones numéricas, cada una en una tarjeta separada. Luego que ambos coloquen la tarjeta boca arriba en la mesa.
* Pídales a los alumnos que comparen las dos expresiones como menor que, mayor que o igual.
* Que repitan hasta que las tarjetas sean usadas.
* Si el tiempo lo permite, que barajen y jueguen otra vez.

Opción 2 — Tecnología para el alumno

Enlace tecnológico

Matemáticas en línea tx.gr3math.com

Personal Tutor • Extra Examples • Online Games

Opción 3 — Estación de aprendizaje: Lectura (pág. 310G)
Dirija a los alumnos a la estación de aprendizaje de lectura para que tengan la oportunidad de explorar y ampliar el concepto de la lección.

Opción 4 — Práctica y solución de problemas
Refuerce las destrezas y las estrategias de solución de problemas con la hoja de trabajo de solución de problemas.

Opciones para grupos pequeños

Opción 1 — Talentosos **AL**

LÓGICO

Materiales: papel, lápiz
* Los alumnos pueden trabajar independientemente o en parejas.
* Escriba el número 725 en la pizarra.
* Rete a los alumnos a crear tres problemas de suma y tres de resta cuya respuesta sería 725.

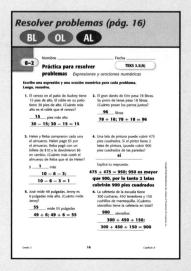
Resolver problemas (pág. 16) **BL** **OL** **AL**

Lección 8-2 Expresiones y expresiones numéricas **318B**

8-2 Expresiones y expresiones numéricas

1 Presentación

Actividad propuesta 1 • Práctica

Escriban lo siguiente en la pizarra:

8, 6, 12, 4, 7

- Pídales a los alumnos que usen los números en la pizarra para contestar las siguientes preguntas:
- **¿Qué número es el mayor?** 12
- **¿Qué número es el menor?** 4
- **¿Qué símbolo pueden usar para comparar los dos números: 12 ⬤ 4?** >
- **¿Qué símbolo pueden usar para hacer verdadero el siguiente enunciado: 6 ⬤ 7?** <
- **¿Qué símbolo pueden usar para hacer verdadero el siguiente enunciado" 6 + 1 ⬤ 7?** =

Actividad propuesta 2 • Literatura

Presenten la Lección con *Math Curse* de Jon Scieszka. (Vea la página R104 para una actividad matemática relacionada.)

2 Enseñanza

Preguntas básicas

Escriban 12 − 7 en la pizarra.

- **¿Es ésta una expresión o una expresión numérica?** una expresión
- **¿Qué pueden hacer para convertirla en una expresión numérica?** escribir 12 − 7 = 5
- Borren el = 5 y escriba un símbolo de >.
- **¿Qué puedo poner a la derecha del signo de mayor que para hacer verdadera esta expresión numérica?** Ejemplo de respuesta: 6
- Borren el número y pida a los alumnos escribir una expresión diferente a la izquierda del símbolo de > que hará verdadera la expresión numérica. Ejemplo de respuesta: 8 + 1

▶ PREPÁRATE para aprender

Pídales a los alumnos que abran sus libros y lean la información de **Prepárate para aprender**. Presente **expresión** y repase **expresión numérica**. En conjunto, trabajen los Ejemplos 1 y 2.

8-2 Expressions and Number Sentences

1 Introduce

Activity Choice 1 • Hands-On

Write the following on the board:

8, 6, 12, 4, 7

- Have students use the numbers on the board to answer the following questions:
- **Which number is the largest?** 12
- **Which number is the smallest?** 4
- **What symbol can you use to compare the two numbers: 12 ⬤ 4?** >
- **What symbol can you use to make the following statement true: 6 ⬤ 7?** <
- **What symbol can you use to make the following statement true: 6 + 1 ⬤ 7?** =

Activity Choice 2 • Literature

Introduce the lesson with *Math Curse* by Jon Scieszka. (For a related math activity, see p. R104.)

2 Teach

Scaffolding Questions

Write 12 − 7 on the board.

- **Is this an expression or a number sentence?** an expression
- **What can you do to make it into a number sentence?** write 12 − 7 = 5
- Erase the = 5 and write in a > symbol.
- **What can I put on the right of the greater than symbol to make this number sentence true?** Sample answer: 6
- Erase the number and ask students to write a different expression to the left of the > symbol that will make the number sentence true. Sample answer: 8 + 1

▶ GET READY to Learn

Have students open their books and read the information in **Get Ready to Learn**. Introduce **expression** and review **number sentence**. As a class, work through **Examples 1 and 2**.

8-2 Expresiones y expresiones numéricas

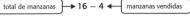

IDEA PRINCIPAL

Aprenderé a escribir y simplificar expresiones.

TEKS Objetivo 3.3(A) Números, operaciones y razonamiento cuantitativo. El estudiante suma y resta para resolver problemas relevantes en los que se usan números enteros. Se espera que el estudiante: (A) Dé ejemplos de la suma y la resta utilizando dibujos, palabras y números.

Vocabulario nuevo

expresión

Repaso de vocabulario

expresión numérica

▶ PREPÁRATE para aprender

Hay 16 manzanas en una cesta. Daniela compra 4 manzanas. La expresión 16 − 4 indica cuántas manzanas quedaron.

| total de manzanas | → 16 − 4 ← | manzanas vendidas |

Una **expresión** es una combinación de números y operaciones. Se muestran unos cuantos ejemplos de expresiones.

$$5 + 7 \qquad 3 + 2 + 5 \qquad 12 - 8$$

Una expresión numérica es una expresión que usa números y el signo de igualdad (=), o los signos de < o >. Se muestran algunos ejemplos.

$$5 + 7 = 12 \qquad 3 + 2 + 5 = 10 \qquad 12 - 8 = 4$$

🌎 EJEMPLO concreto

1 **MANZANAS** Usa la información que se muestra. Escribe una expresión acerca del número de manzanas rojas y manzanas verdes y una expresión numérica que muestre cuántas manzanas hay en total.

Manzanas
rojas.... 5
amarillas. 3
verdes.... 4

Usa fichas para hacer un modelo de la expresión.

manzanas rojas   manzanas verdes

5   +   4

Por lo tanto, la expresión es 5 + 4. La expresión numérica es 5 + 4 = 9.

318 Capítulo 8 Usa patrones y razonamiento algebraico

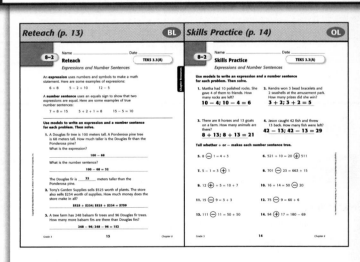

Reteach (p. 13) BL

8-2 Reteach
Expressions and Number Sentences

Skills Practice (p. 14) OL

8-2 Skills Practice
Expressions and Number Sentences

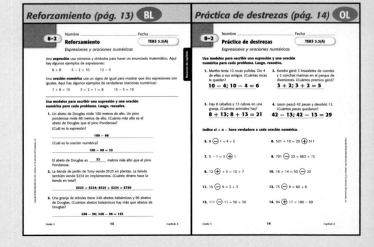

Reforzamiento (pág. 13) BL

8-2 Reforzamiento
Expresiones y oraciones numéricas

Práctica de destrezas (pág. 14) OL

8-2 Práctica de destrezas
Expresiones y oraciones numéricas

EJEMPLO — Escribe una expresión numérica

2 Indica si + o − hace verdadera la expresión numérica 4 ● 3 = 7.

Usa fichas para hacer un modelo.

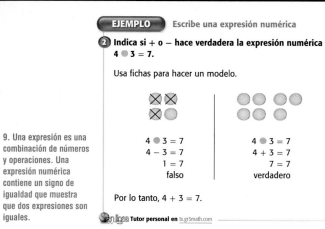

4 ● 3 = 7	4 ● 3 = 7
4 − 3 = 7	4 + 3 = 7
1 = 7	7 = 7
falso	verdadero

Por lo tanto, 4 + 3 = 7.

En línea **Tutor personal en** tx.gr3math.com

9. Una expresión es una combinación de números y operaciones. Una expresión numérica contiene un signo de igualdad que muestra que dos expresiones son iguales.

✓ VERIFICA lo que sabes

Usa modelos para escribir una expresión y una expresión numérica para cada problema. Luego resuelve. *Ver Ejemplo 1 (pág. 138)*

1. Jin escribió 3 cartas hoy y 2 cartas ayer. ¿Cuántas cartas en total?
3 + 2; 3 + 2 = 5

2. El refugio de animales tenía 6 cachorros. Vendieron 3 de ellos. ¿Cuántos cachorros quedan?
6 − 3; 6 − 3 = 3

Indica si + o − hace verdadera cada expresión numérica. Usa modelos si se necesitan. *Ver Ejemplo 2 (p. 139)*

3. 9 ● 2 = 11   +

4. 18 = 28 ● 10   −

5. 14 ● 7 = 10 + 11   +

6. 18 ● 9 = 9   −

7. 18 ● 20 = 38   +

8. 45 ● 40 = 5   −

9. **Coméntalo** ¿Cuál es la diferencia entre una expresión y una expresión numérica?

Lección 8-2 Expresiones y expresiones numéricas **319**

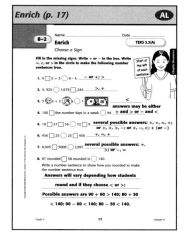

Enrich (p. 17) AL

Real-World Examples

Examples 1 and 2 Be sure that students understand the difference between an expression and a number sentence. Point out that there is no equals sign in an expression.

ADDITIONAL EXAMPLES

1 Use the table on p. 318. Write an expression for the number of yellow apples and green apples. 3 + 4

2 Tell whether + or − makes this number sentence true. 17 ● 8 = 9   −

✓ CHECK What You Know

As a class, have students complete Exercises 1–9 in **Check What You Know** as you observe their work.

Exercise 9 Assess student comprehension before assigning practice exercises.

BL Alternate Teaching Strategy

If students have trouble deciding which symbol to use to compare two expressions …

Then use one of these reteach options:

1 CRM **Daily Reteach Worksheet** (p. 13)

2 Remind them to find the value of each expression first. Then suggest that they use a number line to determine the relationship between the two numbers.

Lesson 8-2 Expressions and Number Sentences **319**

Ejemplos concretos

Ejemplos 1 y 2 Asegúrese que los alumnos entienden la diferencia entre una expresión y una expresión numérica. Señale que no hay signos de igual en una expresión.

EJEMPLOS ADICIONALES

1 Utilicen la tabla en la pág. 318. Escriban una expresión el número de manzanas amarillas y manzanas verdes. 3 + 4

2 Indiquen si + o - hace verdadera esta expresión numérica. 17 ● 8 = 9   −

✓ VERIFICA lo que sabes

En conjunto, pídales a los alumnos que completen los Ejercicios 1-9 en **Verifica lo que sabes** a medida que usted observa sus trabajos.

Ejercicio 9 Evalúa la comprensión del alumno antes de asignarle los ejercicios prácticos.

BL Estrategia alternativa de enseñanza

Si Los alumnos tienen problemas decidiendo cuál símbolo usar para comparar dos expresiones…

Entonces Use una de estas opciones de reforzamiento:

1 CRM **Hoja de reforzamiento diario** (pág. 13)

2 Recuérdeles calcular el valor de cada expresión primero. Luego sugiérales que usen una recta numérica para determinar la relación entre los dos números.

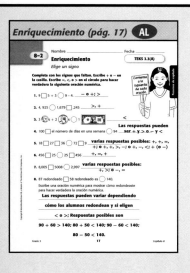

Enriquecimiento (pág. 17) AL

Lección 8-2 Expresiones y expresiones numéricas **319**

③ Práctica

Asigne la práctica para los Ejercicios 10 al 28 según los siguientes niveles.

Nivel	Asignación
BL Nivel bajo	10–12, 16–18, 22–24
OL A nivel	10–14, 16–20, 22–24, 27
AL Nivel avanzado	11–25 impar, 26 –28

Pídales a los alumnos que analicen y completen los problemas de razonamiento de alto nivel. Para el Ejercicio 26, aliente a los alumnos a usar + o – para escribir una expresión usando dos de los tres números. Luego, escriba otra expresión y compare.

🖊 ESCRIBE EN ►MATEMÁTICAS

Pídales a los alumnos que completen el Ejercicio 28 en sus Diarios de Matemáticas. Puede elegir hacer este ejercicio como una evaluación formativa adicional.

③ Practice

Differentiate practice using these leveled assignments for Exercises 10–28.

Level	Assignment
BL Below Level	10–12, 16–18, 22–24
OL On Level	10–14, 16–20, 22–24, 27
AL Above Level	11–25 odd, 26–28

Have students discuss and complete the Higher Order Thinking problems. For Exercise 26, encourage students to use + or − to write an expression using two of the three numbers. Then, write another expression and compare.

🖊 WRITING IN ►MATH
Have students complete Exercise 28 in their Math Journals. You may choose to use this exercise as an optional formative assessment.

Usa modelos para escribir una expresión y una expresión numérica para cada problema. Luego, resuelve. Ver Ejemplo 1 (pág. 138)

10. Un equipo de baloncesto ganó 11 juegos. Un equipo de fútbol ganó 14 juegos. ¿Cuántos juegos se ganaron en total? $11 + 14$; $11 + 14 = 25$ juegos

11. De las niñas en un grupo, 14 tienen cabello largo y 9 tienen cabello corto. ¿Cuántas más tienen cabello largo? $14 - 9$; $14 - 9 = 5$ niñas

12. Monisha anotó 15 puntos el lunes y 13 hoy. ¿Cuántos puntos menos se hicieron hoy? $15 - 13$; $15 - 13 = 2$ puntos

13. Mick necesita 4 cuentas amarillas, 16 rojas, 2 blancas y 14 verdes. ¿Cuántas cuentas se necesitan? $4 + 16 + 2 + 14$; $4 + 16 + 2 + 14 = 36$

14. Cara atrapó 17 peces y devolvió 9. ¿Cuántos peces quedaron? $37 - 9$; $37 - 9 = 28$ peces

15. Hay 143 cabras y 291 vacas. ¿Cuántos animales hay? $143 + 291$; $143 + 291 = 434$ animales

Indica si + o − hace verdadera cada expresión numérica. Usa modelos si es necesario. Ver Ejemplo 2 (pág. 139)

16. $444 \bullet 6 = 460 - 10$ +

17. $74 \bullet 47 = 17 + 10$ −

18. $125 - 27 = 23 \bullet 75$ +

19. $345 - 126 > 217 \bullet 4$ −

20. $520 \bullet 317 < 400 + 150$ −

21. $715 - 617 < 25 \bullet 75$ +

🍦 RESUELVE PROBLEMAS concretos

Helado Usa los datos para escribir una expresión numérica para cada fase.

22. diferencia de votos para los dos sabores favoritos $133 - 97 = 36$

23. suma de los votos de vainilla y masa de galletas $133 + 88 = 221$

24. diferencia de votos de vainilla y fresa $88 - 51 = 37$

25. suma de todos los votos $51 + 65 + 133 + 88 + 97 = 434$

Sabores de helado favoritos

Sabores	Votos
Fresa	51
Huellas de alce	65
Masa de galletas	133
Vainilla	88
Chocolate	97

⚠ **COMMON ERROR!**

Exercises 19–21 Suggest students first find the value of the expression that has a + or − sign in it. Then decide whether a + or − is needed in the other expression. If students confuse the two symbols, remind them that the open part of the symbol always points to the greater number.

⚠ **¡ERROR COMÚN!**

Ejercicios 19 al 21 Sugiera a los alumnos primero calcular el valor de la expresión que tiene los signos de a + o – en ella. Luego decida si se necesita un a + o – en la otra expresión. Si los alumnos confunden los dos símbolos, recuérdeles que la parte abierta del símbolo siempre apunta hacia el número mayor.

Problemas H.O.T.

26. RETO Usa los números 13, 16 y 29 para escribir dos expresiones y compáralas usando <, >, o =.
Ejemplo de respuesta: 13 + 16 > 29 − 13

27. ¿CUÁL NO PERTENECE? Identifica el ejemplo que no es una expresión. Explica. 28 − 9 = 19; contiene un signo de igualdad.

41 + 66	17 + 3	28 − 9 = 19	12 + 2 + 6

28. ESCRIBE EN MATEMÁTICAS Escribe un problema concreto que se pueda resolver usando una expresión numérica de resta.

Práctica para la PRUEBA TAKS 1

29. La familia de Jasmine manejó 1352 millas en sus vacaciones el año pasado. Este año manejaron 1199 millas. ¿Cuántas millas menos manejaron este año? (Lección 3-8) A

A 153 C 1153
B 247 D 2551

30. ¿Qué signo va en la casilla para hacer verdadera la expresión numérica? (Lección 3-9) A

79 ▪ 26 = 105

F + H ×
G − J ÷

28. Ejemplo de respuesta: Percy compró una caja de 25 lápices verdes y rojos. Si 12 son verdes, ¿cuántos son rojos?

Repaso espiral

31. Hay 20 tamborileros en el desfile. 11 de éstos son hombres. ¿Cuántos son mujeres? Haz un modelo del problema usando una expresión numérica. (Lección 8-1)
20 − 11 = 9 mujeres

32. Medidas En una carrera, Joshua corrió 206 pies y Dwayne corrió 181 pies. ¿Cuánto más lejos corrió Joshua que Dwayne? (Lección 7-7) 25 pies

33. Donna tiene $10. Ella compró un lápiz y un libro. Quiere comprar una cosa más. ¿Cuál es razonable? (Lección 3-4) una carpeta

Redondea a la centena más cercana. (Lección 1-8)

34. 729 700 **35.** 750 800

36. 542 500 **37.** 903 900

Lección 8-2 Expresiones y expresiones numéricas **321**

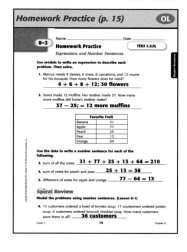

Homework Practice (p. 15) OL

4 Assess

Formative Assessment

Write 150 + 25 > 160 ● 35 on the board.
• **Tell whether + or − makes this sentence true.** −

> **Quick Check** Are students continuing to struggle with expressions and number sentences?
>
> If Yes → CRM Reteach Worksheet (p. 13)
> If No → Independent Work Options (p. 318B)
> CRM Skills Practice Worksheet (p. 14)
> CRM Enrich Worksheet (p. 17)

Yesterday's News Have students explain how the lesson on writing number sentences and using pictures, words, and numbers to model addition and subtraction helped them with today's lesson on expressions.

TEST Practice

Reviews Lessons 3-8 and 3-9
Assign the Texas Test Practice problems to provide daily reinforcement of test-taking skills.

Spiral Review

Reviews Lessons 1-8, 3-4, 7-7, and 8-1
Review and assess mastery of skills and concepts from previous chapters.

Lesson 8-2 Expressions and Number Sentences **321**

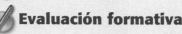

4 Evaluación

Evaluación formativa

Escriban 150 + 25 > 160 ● 35 en la pizarra.
• **Indiquen si + o − hacen verdadera esta oración.**
−

> **Control Rápido** ¿Les sigue costando a los alumnos las expresiones y expresiones numéricas?
>
> Sí → Hoja de reforzamiento (pág. 13)
> No → Opciones de trabajo independiente (pág. 318B)
> CRM Hoja de ejercicios para la práctica de destrezas (pág. 14)
> CRM Hoja de trabajo de enriquecimiento (pág. 17)

Noticias de ayer Pídales a los alumnos que expliquen cómo la lección de escribir expresiones numéricas y usar dibujos, palabras y números para hacer modelos de suma y resta les ayudó en la lección de hoy de expresiones.

Práctica para la PRUEBA

Repasa las Lecciones 3-8 y 3-9
Asigne los problemas de Práctica para el examen de Texas para reforzar diariamente las destrezas de resolución de pruebas.

Repaso espiral

Repasa las Lecciones 1-8, 3-4, 7-7 y 8-1
Repasar y evaluar el dominio de las destrezas y conceptos de capítulos anteriores.

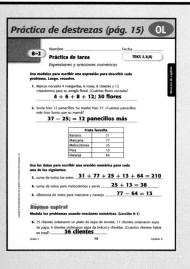

Práctica de destrezas (pág. 15) OL

Lección 8-2 Expresiones y expresiones numéricas **321**

Estrategia para resolver problemas

Planificador de lección

Objetivo
Haz una dramatización de los problemas para resolverlos.

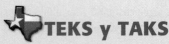

TEKS y TAKS

TEKS 3.14 El estudiante aplica las matemáticas del 3er grado para resolver problemas relacionados con experiencias diarias y actividades dentro y fuera de la escuela. **(C) Seleccione o desarrolle un plan o una estrategia de resolución de problemas apropiado en el que... haga una dramatización,... para resolver un problema.** *También cubre TEKS 3.14(B).*

TAKS 6 El estudiante demostrará un entendimiento de los procesos matemáticos y las herramientas usadas en la resolución de problemas.

Rutina diaria
Siga estas sugerencias antes de iniciar la lección de la pág. 322.

Control de 5 minutos (Repaso de la Lección 8-2)
Escriban una expresión y una expresión numérica para cada uno.
1. A siete de los amigos de Evan les gusta jugar béisbol y a tres de sus amigos no les gusta. ¿A cuántos más les gusta el béisbol? $7 - 3; 7 - 3 = 4$
2. Lucas leyó 5 libros en junio, 3 libros en julio y 7 libros en agosto. ¿Cuántos libros leyó en total? $5 + 3 + 7; 5 + 3 + 7 = 15$

Indiquen si + o − hacen verdadera esta expresión numérica.
3. 73 ● 8 = 59 + 6 −
4. 42 ● 24 = 99 − 33 +

Problema del día
Sol escribe estos números en un trozo de papel. ¿Cuáles son los dos números siguientes en el patrón?
Identifiquen el patrón. 2,000; 1,750; 1,500; 1,250;
____; ____ 1,000, 750; Restar 250.

Lesson Planner_____

Objective
Act out problems to solve them.

TEKS and TAKS
Targeted TEKS 3.14 The student applies Grade 3 mathematics to solve problems connected to everyday experiences and activities in and outside of school. **(C) Select or develop an appropriate problem-solving plan or strategy, including ... acting it out ... to solve a problem.** *Also addresses TEKS 3.14(B).*

TAKS 6 The student will demonstrate an understanding of the mathematical processes and tools used in problem solving.

Resources
Manipulatives: counters, connecting cubes

Literature Connection: *The Doorbell Rang* by Pat Hutchins

Teacher Technology
● Interactive Classroom • TeacherWorks

📖 **Real-World Problem-Solving Library**
Math and Social Studies: *Appalachian Journey*
Use these leveled books to reinforce and extend problem-solving skills and strategies.
Leveled for:
OL On Level
ELL Sheltered English

For additional support, see the Real-World Problem-Solving Teacher's Guide.

Daily Routine_____
Use these suggestions before beginning the lesson on p. 322.

5-Minute Check
(Reviews Lesson 8-2)

Write an expression and a number sentence for each.
1. Seven of Evan's friends like playing baseball and three of his friends do not. How many more like baseball? $7 - 3; 7 - 3 = 4$
2. Lucas read 5 books in June, 3 books in July, and 7 books in August. How many books did he read in all? $5 + 3 + 7; 5 + 3 + 7 = 15$

Tell whether + or − makes the number sentence true.
3. 73 ● 8 = 59 + 6 −
4. 42 ● 24 = 99 − 33 +

Problem of the Day
Sol writes these numbers on a piece of paper. What are the next two numbers in the pattern? Identify the pattern. 2,000; 1,750; 1,500; 1,250;
____; ____ 1,000, 750; Subtract 250.

Differentiated Instruction

Small Group Options

Option 1 Below Level BL
LOGICAL, KINESTHETIC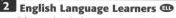

Materials: notebook paper, money manipulatives, small baggies

- Group small amounts of money into baggies. Ask students to count the money contained in a baggie and to write the total amount.
- Tell students that the money in the baggie is change received when buying an item with a five- or ten-dollar bill. Ask them to calculate the price of the item, knowing the amount of change received ($1 → five-dollar bill and $6 → ten-dollar bill).

Option 2 English Language Learners ELL
LOGICAL

Materials: overhead, play money, 100 grid (overhead), common classroom objects
Core Vocabulary: Can I borrow (fraction) of a dollar?, I will need this back tomorrow.
Common Use Verb: borrow
See Math This strategy activates background knowledge and practices moving between fractions and decimals.

- Post grid and hold up a pencil. Say: "I need to **borrow** some money for this pencil. It is worth $\frac{1}{4}$ **of a dollar**."
- Discuss ways to figure out how much money that is, marking out $\frac{1}{4}$ of the grid area.
- Say: "**Can I borrow $\frac{1}{4}$ of a dollar**?" Model one or two ways to count out 25¢.
- Repeat the strategy using other fractions and play money, with students showing the correct change.
- Tally to check answers and discuss why some forms of change are more common than others. Repeat as time permits.

Independent Work Options

Option 1 Early Finishers OL AL
LOGICAL

Materials: paper, pencil

- Have students select one of the Practice the Strategy problems and change the given information.
- Students will switch problems with their partner and solve using the *act it out* strategy.

Option 2 Student Technology

Math Online tx.gr3math.com
Personal Tutor • Extra Examples • Online Games

Option 3 Learning Station: Music (p. 310H)

Direct students to the Music Learning Station for opportunities to explore and extend the lesson concept.

Instrucción diferenciada

Opciones de trabajo independiente

Opción 1 Para los que terminan primero OL AL
LÓGICO

Materiales: papel, lápiz
- Pídales a los alumnos que seleccionen uno de los problemas de Práctica la Estrategia y que cambien la información dada.
- Los alumnos cambiarán problemas con sus compañeros y resolverán usando la estrategia de *representalo*.

Opción 2 Tecnología para el alumno
Enlace technológico

Matemáticas en línea tx.gr3math.com
Personal Tutor • Extra Examples • Online Games

Opción 3 Estación de aprendizaje: Música (pág. 310H)

Dirija a los alumnos a la estación de aprendizaje de música para que tengan la oportunidad de explorar y ampliar el concepto de la lección.

Opciones para grupos pequeños

Opción 1 Nivel bajo BL
LÓGICO, CINESTÉSICO

Materiales: papel de cuaderno, dinero manipulativos, bolsas pequeñas

- Agrupe pequeñas cantidades de dinero en bolsas. Pídales a los alumnos que cuenten el dinero que hay en una bolsa y que escriban la cantidad total.
- Dígales a los alumnos que el dinero en una bolsa es cambio recibido cuando se compró un artículo con un billete de cinco o diez dólares. Pídales a los alumnos que calculen el precio de cada artículo, sabiendo la cantidad de cambio recibido.
  $1 → billete de cinco dólares y
  $6 → billete de diez dólares

Estrategia para resolver problemas

1 Presentación

Actividad propuesta 1 • Repaso

- Escriba lo siguiente en la pizarra:

  Eloy tiene 3 gorras de béisbol, 1 roja, 1 negra y 1 verde. Él tiene 2 suéteres de béisbol, 1 azul y 1 blanco. ¿Cuántas combinaciones de gorra-suéter puede hacer? 6

- **¿Qué estrategia pueden usar para resolver este problema?** haz una lista organizada
- **¿Cómo se verían sus listas?** RB, RW, BB, BW, GB, GW
- **¿Cuántas combinaciones puede hacer Eloy?** 6

Actividad propuesta 2 • Literatura

Presente la Lección con The Doorbell Rang de Pat Hutchins. (Vea la página R104 para una actividad matemática relacionada.)

2 Enseñanza

Pídales a los alumnos que lean el problema sobre hacer fila para lanzar cestas. Guíelos a través de los pasos para resolver problemas.

Entiende Usando las preguntas, repase los que los alumnos conocen y necesitan calcular.

Planifica Pídales que comenten su estrategia.

Resuelve Guíe a los alumnos para usar la estrategia de hacer una dramatización para resolver el problema.

- **¿Cómo cambia el orden cuando suman en cada operación?** Un alumno diferente reemplaza al alumno más alto.
- **¿Cuál es el orden de los alumnos del más alto al más bajo?** Evan, Delmar, Jenelle, Adriana, Bryce

Verifica Pídales a los alumnos que revisen el problema para asegurarse que la respuesta corresponde con los datos dados.

---

1 Introduce

Activity Choice 1 • Review

- Write the following on the board:

  Eloy has 3 baseball hats, 1 red, 1 black, and 1 green. He has 2 baseball jerseys, 1 blue and 1 white. How many hat-and-jersey combinations can he make? 6

- **What strategy can you use to solve this problem?** *make an organized list*
- **What would your list look like?** RB, RW, BB, BW, GB, GW
- **How many combinations can Eloy make?** 6

Activity Choice 2 • Literature

Introduce the lesson with *The Doorbell Rang* by Pat Hutchins. (For a related math activity, see p. R104.)

2 Teach

Have students read the problem on lining up to shoot baskets. Guide them through the problem-solving steps.

Understand Using the questions, review what students know and need to find.

Plan Have them discuss their strategy.

Solve Guide students to use the *act it out* strategy to solve the problem.

- **How does the order change when you add in each fact?** A different student replaces the tallest student.
- **What is the order of students from tallest to shortest?** Evan, Delmar, Jenelle, Adrianna, Bryce

Check Have students look back at the problem to make sure that the answer fits the facts given.

COMMON ERROR!

Exercise 7 Students may not know where to begin problems when multiple facts or steps are involved. Remind them to use the first fact given and work from there.

¡ERROR COMÚN!

Ejercicio 7 Puede que los alumnos no sepan dónde comenzar los problemas cuando están involucrados datos o pasos múltiples. Recuérdeles usar el primer dato dado y trabajar a partir de ahí.

IDEA PRINCIPAL Haré una dramatización del problema para resolverlo.

TEKS Objetivo 3.14 El estudiante aplica las matemáticas del 3er grado para resolver problemas relacionados con experiencias diarias y actividades dentro y fuera de la escuela. (C) **Seleccione o desarrolle un plan o una estrategia** de resolución de problemas apropiado en el que haga un dibujo, busque un patrón, adivine y compruebe sistemáticamente, **haga una dramatización**, elabore una tabla, resuelva un problema más sencillo o trabaje desde el final hasta el principio **para resolver un problema.** *También cubre TEKS 3.14(B).*

Cinco alumnos están lanzando bolas de papel en una cesta. Se alinean en orden del más alto al más bajo. Adriana es más alta que Bryce, pero más baja que Jenelle. Delmar es más bajo que Evan, pero más alto que Jenelle. ¿En qué orden se alinearon?

Entiende	**¿Qué datos tienes?** • Adriana es más alta que Bryce. • Adriana es más baja que Jenelle. • Delmar es más bajo que Evan. • Delmar es más alto que Jenelle. • Los alumnos se alinean del más alto al más bajo. **¿Qué necesitas calcular?** • El orden en el cual se alinearon.
Planifica	Haz una dramatización del problema usando 5 alumnos.
Resuelve	Usa los datos del problema para acomodar a los alumnos. Trabaja primero con los hechos que tienen sentido.

	más alto			más bajo
Adriana es más alta que Bryce.	A	B		
Adriana es más baja que Jenelle.	J	A	B	
Delmar es más alta que Jenelle.	D	J	A	B
Delmar es más baja que Evan.	E	D	J	A	B

Entonces, el orden es Evan, Delmar, Jenelle, Adrianna y Bryce.

Verifica	Revisa el problema. La respuesta tiene sentido para los datos dados en el problema.

Reteach (pp. 18–19) BL   **Skills Practice (p. 20)** OL

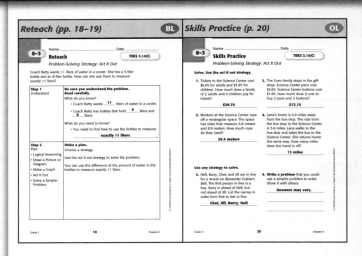

Reforzamiento (págs. 18–19) BL   **Práctica de destrezas (pág. 20)** OL

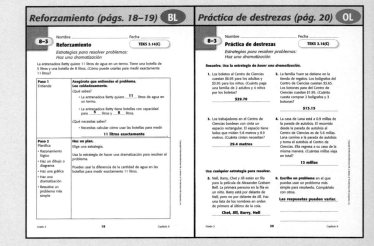

ANALIZA la estrategia

Refiérete al problema en la página anterior.

1. ¿Hubieran sido iguales los resultados si no se presentaran algunos de los datos? Explica. **No; cada posición dependía de otro alumno.**

2. Explica por qué esta estrategia es una buena opción para este tipo de problema. **Ver Apéndice de respuestas del Cap. 8.**

★ Indica problema de pasos múltiples

3. Sí; se usan trozos de papel o modelos para representar los estudiantes.

3. ¿Podrías usar esta estrategia si 5 alumnos no estuvieran disponibles para hacer una dramatización? Explica.

4. ¿Podrías usar otra estrategia para resolver este problema? Explica. **Sí; adivina y comprueba o haz un dibujo.**

PRÁCTICA la estrategia

PRÁCTICA EXTRA Ver página R21.

11. Ver Apéndice de respuestas Cap. 8.
Resuelve. Usa la estrategia de *haz una dramatización*.

★5. Skylar tiene ahora 8 tarjetas de béisbol. Su hermana le dio 4 tarjetas y le quitó 2. ¿Cuántas tarjetas de béisbol tenía Skylar al comenzar? **6 tarjetas**

6. La longitud de un campo de fútbol es de 100 yardas. Alonso corrió 20 yardas en un juego y otras 40 yardas en el siguiente juego. Supón que comenzó en la línea de 5 yardas. ¿Cuántas yardas más necesita correr para hacer un gol de campo? **35 yardas**

★7. Un autobús vacío recoge a 5 personas en la primera parada. En la segunda parada, se suben 4 personas y se bajan 2. En la tercera parada, se suben 5 personas. En la última parada, se sube 1 persona y se bajan 4 personas. ¿Cuántos pasajeros hay ahora en el autobús? **9 pasajeros**

★8. Se muestra una cara de una caja. Todas las seis caras son iguales. ¿Cuántas cuadrados de la caja son azules?

48

9. Alonso y Alisa van al parque a jugar baloncesto, darle de comer a los patos y hacer un picnic. ¿De cuántas maneras diferentes pueden ordenar lo que quieren hacer en el parque? **6 maneras**

★10. Había un total de 10 peces en tres acuarios diferentes. Cuatro de los peces se vendieron para el mediodía. Cada acuario tenía un número diferente de peces. ¿Cuántos peces quedaron en cada acuario? **3, 2, 1**

11. **ESCRIBE EN ▶MATEMÁTICAS** Revisa el Ejercicio 10. Explica cómo resuelves el problema usando la estrategia de *haz una dramatización*.

Lección 8-3 Estrategia para resolver problemas: Haz una dramatización **323**

Enrich (p. 22) **AL** Homework Practice (p. 21) **OL**

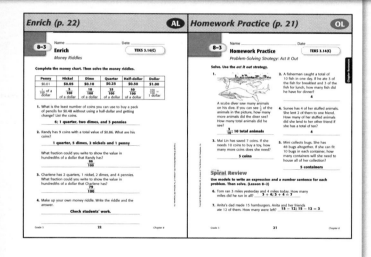

Analyze the Strategy Use Exercises 1–4 to analyze and discuss the problem-solving strategy.

BL Alternate Teaching Strategy

If students have trouble deciding how to act out a problem …

Then use one of these reteach options:

1 **CRM** **Daily Reteach Worksheets** (pp. 18–19)

2 Remind students to list all of the facts they know from the problem, make a plan, and then begin acting out the problem to solve. Point out that manipulatives such as counters or connecting cubes may be used to act out problems.

③ Practice

Using the Exercises

Exercises 5–10 are structured so that students have the opportunity to use the *act it out* strategy.

Exercise 5 Caution students to read the problem carefully to realize that Skylar has 8 baseball cards left *after* her sister gave her 4 and took 2 cards.

④ Assess

Formative Assessment

Present the following problem to students. Tell them to use the *act it out* strategy to solve.

Mrs. Tanaka has 6 children in the car. She drops off 4 children at soccer practice. She picks up 2 children at karate and then drops of 1 child at ballet. How many children are now in the car? 3

Quick Check **Are students continuing to struggle with the *act it out* strategy?**

If Yes → Small Group Options (p. 322B)

If No → Independent Work Options (p. 322B)
CRM Skills Practice Worksheet (p. 20)
CRM Enrich Worksheet (p. 22)

Lesson 8-3 Problem-Solving Strategy: Act It Out **323**

Analiza la estrategia Use los Ejercicios 1 al 4 para analizar y comentar la estrategia para resolver problemas.

BL Estrategia alternativa de enseñanza

Sí Los alumnos tienen problemas decidiendo cómo hacer la dramatización del problema…

Entonces Use una de estas opciones de reforzamiento:

1 **CRM** **Hoja de reforzamiento diario** (págs. 18-19)

2 Recuérdeles a los alumnos hacer una lista de todos los datos que ellos saben del problema, hacer un plan y luego comenzar a hacer la dramatización del problema a resolver. Señale que se pueden usar manipulativos como fichas o tubos conectores para hacer la dramatización de problemas.

③ Práctica

Uso de los Ejercicios

En los Ejercicios 5 al 10 están estructurados de manera que los alumnos tengan la oportunidad de usar la estrategia de *representalo*.

Ejercicio 5 Advierta a los alumnos leer el problema cuidadosamente para darse cuenta que Skylar tiene 8 tarjetas de béisbol restantes *después* que su hermana le dio 4 y tomó 2 tarjetas.

④ Evaluación

Evaluación formativa

Presente el siguiente problema a los alumnos. Dígales que usen la estrategia de *representalo* para resolverlo.
La Sra. Tanaka tiene 6 niños en el carro. Deja 4 niños en la práctica de fútbol. Recoge 2 niños en el kárate y luego deja 1 niño en el ballet. ¿Cuántos niños hay ahora en el carro? 3

Control rápido ¿Les sigue costando a los alumnos la estrategia de *representalo*?

Si la respuesta es:

Sí → Opciones para grupos pequeños (pág. 322B)

No → Opciones de trabajo independiente (pág. 322B)
CRM Hoja de ejercicios para la práctica de destrezas (pág. 20)
CRM Hoja de trabajo de enriquecimiento (pág. 22)

Enriquecimiento (pág. 22) **AL** Práctica de destrezas (pág. 21) **OL**

Lección 8-3 Estrategia para resolver problemas: Representalo **323**

Planificador de lección

Objetivo
Busquen una regla y extiéndanla para resolver el problema.

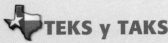

TEKS y TAKS

TEKS 3.7 El estudiante utiliza listas y tablas para expresar patrones y relaciones.
(A) Genere una tabla de pares de números basada en la vida real, por ejemplo, los insectos y sus patas.

TAKS 2 El estudiante demostrará un entendimiento de números, relaciones y razonamiento algebraico.

Las páginas del alumno también cubren los siguientes TEKS:
TEKS 3.16(A) Coméntalo, Ejercicio 3
TEKS 3.14(A), TEKS 3.16(A) Problemas H.O.T., Ejercicios 14-16
TEKS 3.3(B), TEKS 3.14(C) Repaso espiral, Ejercicios 20-23

Vocabulario
regla

Rutina diaria

Siga estas sugerencias antes de iniciar la lección de la pág. 324.

Control de 5 minutos (Repaso de la Lección 8-3)

Resuelvan. Usen la estrategia de *representalo.* A las 7:00 a.m., 4 aves estaban en el comedero. Cuando 2 volaron hacia él, 3 se alejaron. Luego 6 aves nuevas volaron al comedero y luego 2 se alejaron. ¿Cuántas aves hay en el comedero ahora? 7

Problema del día
¿Cuántas monedas de 5¢ se necesitan para hacer $1.75? 35

LESSON
8-4
Make a Table to Find a Rule

Lesson Planner

Objective
Look for a rule and extend it to solve a problem.

TEKS and TAKS
Targeted TEKS 3.7 The student uses lists, tables, and charts to express patterns, and relationships. **(A) Generate a table of paired numbers based on a real-life situation such as insects and legs.**

TAKS 2 The student will demonstrate an understanding of patterns, relationships, and algebraic reasoning.

Student pages also address the following TEKS:
TEKS 3.16(A) Talk About It, Exercise 3
TEKS 3.15(A), TEKS 3.16(A) HOT Problems, Exercises 14–16
TEKS 3.3(B), TEKS 3.14(C) Spiral Review, Exercises 20–23

Vocabulary
rule

Resources
Manipulatives: counters

Literature Connection: *One Grain of Rice: A Mathematical Folktale* by Demi

Teacher Technology
 Interactive Classroom • TeacherWorks

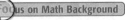 **Focus on Math Background**

Whether called function tables, input/output tables, or T-tables, the process of following or finding a rule and recording the information in a table is one that will continue in the mathematics curriculum into the high school years. In this lesson, the relationship of two factors and a product are key. The focus up to this point has been finding a product, given two factors. Finding a missing factor demonstrates greater flexibility and depth of understanding of multiplicative thinking.

324A   Chapter 8 Use Patterns and Algebraic Thinking

Daily Routine

Use these suggestions before beginning the lesson on p. 324.

5-Minute Check
(Reviews Lesson 8-3)

Solve. Use the *act it out* strategy.
At 7:00 A.M., 4 birds were at the feeder. When 2 flew over to it, 3 flew away. Then 6 new birds flew to the feeder and later 2 flew away. How many birds are at the feeder now? 7

Problem of the Day
How many nickels does it take to make $1.75? 35

Building Math Vocabulary
Write the lesson vocabulary word and its definition on the board.

Have students write a list of rules they have to follow at home or at school. Ask students to share their list with the class.

Repaso de vocabulario matemático
Escriba las palabras del repaso de vocabulario y sus definiciones en la pizarra.

Pídales a los alumnos que escriban una lista de reglas que tienen que seguir en la casa o en la escuela. Pídales a los alumnos que compartan su lista con la clase.

Differentiated Instruction

Small Group Options

Option 1 Gifted and Talented (AL)

LOGICAL, INTRAPERSONAL

Materials: missing number tables

- To challenge students further, give them missing number tables (see example below) and ask them to come up with 2 possible rules. In the identical tables below, the rule could either be × 3 or + 16. Have students complete the tables using both rules.
- Challenge them to fill in the last, blank row of the tables on their own to show evidence of higher level thinking (e.g., 200/600 for × 3 and 996/1012 for + 16).

2	
	18
8	24
	30
9	

(×3)

2	
	18
8	24
	30
9	

(+16)

Option 2 English Language Learners (ELL)

VISUAL, AUDITORY, LINGUISTIC

Materials: chart paper, hundreds chart
Core Vocabulary: help, rule, over and over again
Common Use Verb: happens
Talk Math This strategy uses social norms in the U.S., follows a rule, and shows how math patterns reflect rules.

- Generate a list of school or classroom rules.
- Say: "**Rules** follow a pattern." Discuss walking in various situations, the hallway, the street, the mall. Note how staying to the right happens over and over again.
- Demonstrate how this applies to math. Show a hundreds chart with the 3s filled in.
- Discuss what the rule is for the table.
- Repeat as time permits.

Independent Work Options

Option 1 Early Finishers (OL) (AL)

SPATIAL, VISUAL

Materials: pencil, paper

- Have students extend the pattern for Practice Exercises 5–7. Have students add two more rows.

Option 2 Student Technology

Tech Link

Math Online tx.gr3math.com
Personal Tutor • Extra Examples • Online Games

Option 3 Learning Station: Science (p. 310H)

Direct students to the Science Learning Station for opportunities to explore and extend the lesson concept.

Option 4 Problem-Solving Practice

Reinforce problem-solving skills and strategies with the Problem-Solving Practice worksheet.

Problem Solving (p. 26) (BL) (OL) (AL)

Lesson 8-4 Make a Table to Find a Rule **324B**

Instrucción diferenciada

Opciones de trabajo independiente

Opción 1 Para los que terminan primero (OL) (AL)

VISUAL/ESPACIAL

Materiales: lápiz, papel

- Pídales a los alumnos que extiendan el patrón para los Ejercicios de práctica 5-7. Pídales a los alumnos que sumen 2 filas más.

Opción 2 Tecnología para el alumno

Enlace technológico

Matemáticas en línea tx.gr3math.com

Personal Tutor • Extra Examples • Online Games

Opción 3 Estación de aprendizaje: Ciencias (pág. 310H)

Dirija a los alumnos a la estación de aprendizaje de ciencias para que tengan la oportunidad de explorar y ampliar el concepto de la lección.

Opción 4 Práctica y solución de problemas

Refuerce las destrezas y las estrategias de solución de problemas con la hoja de trabajo de solución de problemas.

Opciones para grupos pequeños

Opción 1 Talentosos (AL)

LÓGICO, INTRAPERSONAL

Materiales: tablas con números que faltan

- Para retar a los alumnos aún más, déles tablas con números que faltan (ver el siguiente ejemplo) y pídales que hagan 2 reglas posibles. En las siguientes tablas idénticas, la regla podría ser × 3 ó + 16. Pídales a los alumnos que completen las tablas usando ambas reglas.
- Rételos a completar la última fila vacía de las tablas por su cuenta para mostrar evidencia de razonamiento de alto nivel (ejemplo: 200/600 para ×3 y 996/1012 para + 16)

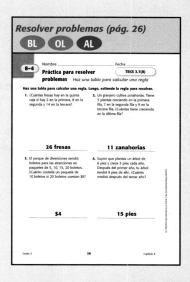

Resolver problemas (pág. 26) (BL) (OL) (AL)

Haz una tabla para hallar una regla

1 Presentación

Actividad propuesta 1 • Práctica

- Dígales a los alumnos que ellos van a hacer 5 grupos usando fichas. Pídales que pongan 4 fichas en el primer grupo. Luego pídales que pongan 5 fichas en el segundo grupo y 6 fichas en el tercer grupo.

- **Si este patrón continúa, ¿cuántas fichas necesitarán para hacer los 5 grupos?** $4 + 5 + 6 + 7 + 8 = 30$

Actividad propuesta 2 • Literatura

Presente la Lección con *One Grain of Rice: A Mathematical Folktale* de Demi. (Vea la página R104 para una actividad matemática relacionada.)

2 Enseñanza

Preguntas básicas

- Escriba la tabla en la pizarra.

Día	Número de personas
1	8
2	16
3	24
4	

- **¿Qué pueden hacer al primer número en cada fila de la tabla para obtener el segundo?** Multiplicar por 8.

- **¿Cuál es la regla?** Multiplicar el número del día por 8.

- **¿Cuántas personas habrá el Día 4?** 32

- **¿Cómo les puede ayudar una tabla a encontrar el patrón?** Ejemplo de respuesta: Te ayuda a ver lo que necesitas hacer al primer número para obtener el segundo.

> PREPÁRATE **para aprender**

Pídales a los alumnos que abran sus libros y lean la información de **Prepárate para aprender**. Presente la **regla**. En conjunto, trabajen los **Ejemplos 1 y 2**.

Make a Table to Find a Rule

1 Introduce

Activity Choice 1 • Hands-On

- Tell students they are going to make 5 groups using counters. Have them put 4 counters into the first group. Then have them put 5 counters into the second group and 6 counters in the third group.

- **If this pattern continues, how many counters are you going to need to make all 5 groups?** $4 + 5 + 6 + 7 + 8 = 30$

Activity Choice 2 • Literature

Introduce the lesson with *One Grain of Rice: A Mathematical Folktale* by Demi. (For a related math activity, see p. R104.)

2 Teach

Scaffolding Questions

- Write the table on the board.

Day	Number of People
1	8
2	16
3	24
4	

- **What can you do to the first number in each row of the table to get the second?** Multiply by 8.

- **What is the rule?** Multiply the day number by 8.

- **How many people will there be on Day 4?** 32

- **How can a table help you to find a pattern?** Sample answer: It helps you see what you need to do to the first number to get the second.

> GET READY **to Learn**

Have students open their books and read the paragraph under **Get Ready to Learn**. Introduce **rule**. As a class, work through **Examples 1 and 2**.

Haz una tabla para hallar una regla

IDEA PRINCIPAL

Buscaré una regla y la extenderé para resolver un problema.

TEKS Objetivo 3.7
Patrones, relaciones y razonamiento algebraico. El estudiante utiliza listas y tablas para expresar patrones y relaciones. Se espera que el estudiante. (A) Genere una tabla de pares de números basada en la vida real, por ejemplo, los insectos y sus patas

Vocabulario nuevo

regla

> PREPÁRATE **para aprender**

Kathy construye 5 triángulos con pajillas por separado. El primer triángulo llevó 3 pajillas y el segundo triángulo llevó otras 3 pajillas. ¿Cuántas pajillas necesita para hacer 5 triángulos?

El número de pajillas que Kathy usa, sigue un patrón. El patrón es llamado una regla. Una **regla** te dice qué hacerle al primer número para obtener el segundo.

EJEMPLO concreto   Haz una tabla

1 **GEOMETRÍA** Calcula el número total de pajillas que Kathy necesita para hacer 5 triángulos.

Haz una tabla para calcular y extender la regla.

Paso 1 Calcula la regla.
Sabes que 1 triángulo = 3 pajillas.

$1 \times 3 = 3$
2 triángulos = 6 pajillas.
$2 \times 3 = 6$
3 triángulos = 9 pajillas.
$3 \times 3 = 9$
La regla es multiplicar el número de triángulos por 3.

Regla: Multiplica por 3.	
Número de triángulos	Número de pajillas
1	3
2	6
3	9
4	■
5	■

Paso 2 Extiende la regla.
4 triángulos = 4×3 ó 12 pajillas
5 triángulos = 5×3 ó 15 pajillas.
Por lo tanto, Kathy necesitará 15 pajillas para hacer 5 triángulos.

324 Capítulo 8 Usa patrones y razonamiento algebraico

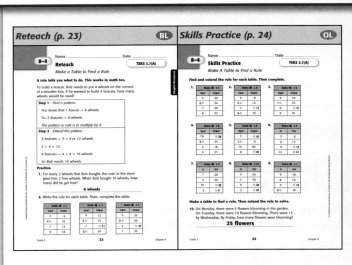

Reteach (p. 23) **BL**   *Skills Practice (p. 24)* **OL**

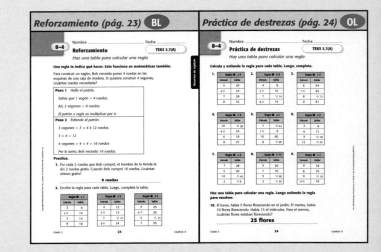

Reforzamiento (pág. 23) **BL**   *Práctica de destrezas (pág. 24)* **OL**

Recuerda

Puedes hacer una tabla para ayudarte a ver un patrón.

EJEMPLO concreto — Haz una tabla

2 **PLANTAS** Match encontró un trébol de 4 hojas. Luego encontró otro. Ahora tiene 2 tréboles y hay un total de 8 hojas. ¿Cuántas hojas habrá si encuentra 5 tréboles que tengan 4 hojas cada uno?

Paso 1 Halla la regla.

Regla: Multiplica por 4.	
Trébol	**Hojas**
1	4
2	8
3	12
4	▓
5	▓

Paso 2 Extiende la regla.

$3 \times 4 = 12$
$4 \times 4 = 16$
$5 \times 4 = 20$

Por lo tanto, hay 20 hojas en 5 tréboles.

en línea **Tutor personal en** tx.gr3math.com

✓ VERIFICA lo que sabes

Calcula y extiende la regla para cada tabla. Luego, copia y completa.

Ver Ejemplos 1 y 2 (págs. 324–325)

1. La tabla muestra cuántos zapatos se necesitan para distintas cantidades de personas.

Multiplica por 2.

Regla: ▓				
Entrada	1	2	3	4
Salida	2	4	6	▓ 8

2. Hay 4 libros acerca de Japón, 6 libros acerca de China y 8 libros acerca de Rusia. Si continúa el patrón y el siguiente grupo de libros es acerca de Inglaterra, ¿cuántos libros habrá acerca de Inglaterra? Haz una tabla para resolver el problema. 10 libros

3. Explica cómo la multiplicación se puede usar para ayudarte a extender un patrón. *Una vez que se reconozca un patrón o regla, se puede multiplicar cada entrada por la regla para extenderla.*

Lección 8-4 Haz una tabla para hallar una regla **325**

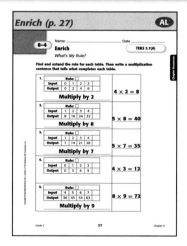

Enrich (p. 27) AL

Make a Table

Example 2 Point out that there are actually two patterns that appear in this table. There is a pattern that appears in each row: multiply the first number by 4 to get the one next to it. But there is also a pattern down each column. In the second column, you see an *add 4* pattern that allows you to move from one number in the column to the next.

ADDITIONAL EXAMPLES

1 The first row of the school auditorium has 7 seats in it. The second row has 14 seats, and the third row has 21. How many seats are in row 8? 56

2 Mr. Ramos observed starfish and noticed it had 5 arms. Then he saw a second starfish and saw a total of 10 arms. How many arms will there be if Mr. Ramos finds 6 starfish? 30

✓ CHECK What You Know

As a class, have students complete Exercises 1–3 in **Check What You Know** as you observe their work.

 Exercise 3 Assess student comprehension before assigning practice exercises.

BL **Alternate Teaching Strategy**

If students have trouble finding the rule for a table …

Then use one of these reteach options:

1 CRM **Daily Reteach Worksheet** (p. 23)

2 Have students make a table of paired numbers and ask themselves what they can do to the first number in the table to get the second. This will tell them the rule for pattern.

Lesson 8-4 Make a Table to Find a Rule **325**

Hagan una tabla

Ejemplo 2 Señale que de hecho hay dos patrones que aparecen en esta tabla. Hay un patrón que aparece en cada fila: multiplicar el primer número por 4 para obtener el siguiente. Pero también hay un patrón a final de cada columna. En la segunda columna, se ve un patrón de *suma 4* que te permite moverte de un número en la columna al siguiente.

EJEMPLOS ADICIONALES

1 La primera fila del auditorio de la escuela tiene 7 asientos. La segunda fila tiene 14 asientos y la tercera tiene 21. ¿Cuántos asientos hay en la fila 8? 56

2 El Sr. Ramos observó una estrella de mar y se dio cuenta que tenían 5 brazos. Luego él vio una segunda estrella de mar y vio un total de 10 brazos. ¿Cuántos brazos habrá si el Sr. Ramos encuentra 6 estrellas de mar? 30

✓ VERIFICA lo que sabes

En conjunto, pídales a los alumnos que completen los Ejercicios 1-3 en **Verifica lo que sabes** a medida que usted observa sus trabajos.

Ejercicio 3 Evalúa la comprensión del alumno antes de asignarle los ejercicios prácticos.

BL **Estrategia alternativa de enseñanza**

Si los alumnos tienen problemas encontrando la regla para una tabla…

Entonces use una de estas opciones de reforzamiento:

1 CRM **Hoja de reforzamiento diario** (pág. 23)

2 Pídales a los alumnos que hagan una tabla de números emparejados y se pregunten qué pueden hacer al primer número en la tabla para obtener el segundo. Esto les dirá la regla para patrón.

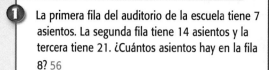

Enriquecimiento (pág. 27) AL

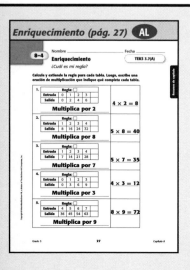

3 Práctica

Asigne la práctica para los Ejercicios 4 al 11 según los siguientes niveles.

Nivel	Asignación
BL Nivel bajo	4, 6, 8
OL A nivel	4, 6–7, 8, 10
AL Nivel avanzado	5–7 impar, 9–11

Pídales a los alumnos que analicen y completen los problemas de razonamiento de alto nivel. En el Ejercicio 10, sugiérales que escriban las operaciones multiplicando por 6.

ESCRIBE EN ►MATEMÁTICAS

Pídales a los alumnos que completen el Ejercicio 11 en sus Diarios de Matemáticas. Puede elegir hacer este ejercicio como una evaluación formativa adicional.

3 Practice

Differentiate practice using these leveled assignments for Exercises 4–11.

Level	Assignment
BL Below Level	4, 6, 8
OL On Level	4, 6–7, 8, 10
AL Above Level	5–7 odd, 9–11

Have students discuss and complete the Higher Order Thinking problems. In Exercise 10, suggest that they write their facts for multiplying by 6.

WRITING IN ►MATH Have students complete Exercise 11 in their Math Journals. You may choose to use this exercise as an optional formative assessment.

! **COMMON ERROR!**
Exercises 6–7 Students may have trouble finding the pattern and rule in word problems. Remind them that placing the information in a table may help them see the pattern.

► Práctica y solución de problemas

PRÁCTICA EXTRA
Ver página R21.

Calcula y extiende la regla para cada tabla. Luego, copia y completa.
Ver Ejemplos 1 y 2 (págs. 324–325)

4. La tabla muestra el número de velas necesarias para varios botes. Cada bote tiene el mismo número de velas.
Multiplica por 9; 4; 27; 2

Regla: ■	
Entrada	**Salida**
7	63
■	36
3	■
■	18

5. La tabla muestra cuánto cuestan las entradas para el cine para distintos números de personas.
Multiplica por 5; 45; 7

Regla: ■				
Personas	6	4	9	■
Costo	$30	$20	■	$35

En los Ejercicios 6 y 7, haz una tabla para hallar una regla. Luego, extiende la regla para resolver. Ver Ejemplos 1 y 2 (págs. 324–325)

★**6.** El parque de atracciones vendió boletos para las atracciones en paquetes de 5, 10, 15 y 20 boletos. ¿Cuánto costaría un paquete de 5 boletos si 20 boletos cuestan $4? $1

★**7.** La Sra. Glenn plantó 5 flores en la primera fila del jardín. La segunda fila tenía 10 flores y la tercera fila tenía 15. ¿Cuántas flores tendrá la 5ª Fila? 25 flores

RESUELVE PROBLEMAS concretos

Archivo de datos La danza típica de Texas es el baile de la contradanza (*square dance*). La tabla muestra cuántos bailarines completan cada cuadrado. Calcula y extiende la regla para la tabla.

Contradanza

8.

Regla: ■				
Entrada	8	24	32	48
Salida	1	■	■	■

Divide entre 8; 3, 4, 6

 ¡ERROR COMÚN!

Ejercicios 6 y 7 Los alumnos pueden tener problemas encontrando el patrón y la regla en los problemas escritos. Recuérdeles que colocar la información en una tabla les puede ayudar a ver el patrón.

Problemas H.O.T.

9. RETO Crea una tabla que use una regla de multiplicación. Escribe pares de entradas y salidas. *Ver el trabajo del alumno.*

10. ¿CUÁL NO PERTENECE? Identifica el par de números que no se encontraría en la tabla con una regla de × 6. Explica. *8 y 24; Cuando multiplicas el primer número por 6, no obtienes el segundo número.*

5 y 30	8 y 24	10 y 60	7 y 42

11. ESCRIBE EN ▶ MATEMÁTICAS Explica cómo hallar una regla cuando se da el patrón. *Observa para ver cómo los valores de entrada se relacionan con los valores de salida.*

⭐ Práctica para la PRUEBA TAKS 1

12. La tabla muestra el número de crayones que se necesitan. (Lección 5-9)

Crayones que se necesitan	
Alumnos	**Crayones**
3	15
4	20
6	30

Cada alumno obtiene el mismo número de crayones. ¿Cuántos se necesitan para 8 alumnos? **D**

A 20 **C** 35
B 30 **D** 40

13. Si 3 × 7 × 8 = 168, ¿entonces cuánto es 7 × 8 × 3? (Lección 5-8) **J**

F 75 **H** 158
G 97 **J** 168

14. Un lápiz cuesta ¢50. Dos lápices cuestan $1. Tres lápices cuestan $1.50. ¿Cuánto costarán 4 lápices? (Lección 5-9) **B**

A $1.75 **C** $2.50
B $2.00 **D** $2.75

Repaso espiral

15. El barbero tenía citas a la 1:00, las 2:00, 3:00 y 4:00. Sam no pudo llegar sino hasta después de las 2:30. James fue justo después de Roger. Bryan no fue primero ni último. ¿En qué orden tuvo su cita cada persona? Usa la estrategia de *haz una dramatización* para resolver. (Lección 8-3)
Roger, James, Bryan, Sam

Indica + o − hace verdadera cada expresión numérica. (Lección 8-2)

16. 14 ⬤ 8 = 22 **+**   **17.** 36 ⬤ 6 = 30 **−**   **18.** 28 ⬤ 5 = 23 **−**

Matemáticas en línea Control de autoevaluación en tx.gr3math.com

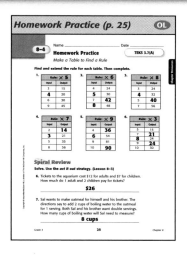

Homework Practice (p. 25)

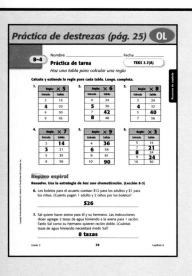

Práctica de destrezas (pág. 25)

---

4 Assess

✓ Formative Assessment

On the board, write the following table:

Rule: ◯	
2	6
4	12
5	15

- **How do you find the rule?** Sample answers: Look at the table. Determine what you did to the first number to get the second number.
- **What is the rule?** Multiply by 3.

Quick Check — **Are students continuing to struggle with finding a rule?**

If Yes → Strategic Intervention Guide (p. 84)

If No → Independent Work Options (p. 324B)
  CRM Skills Practice Worksheet (p. 24)
  CRM Enrich Worksheet (p. 27)

Ticket Out the Door Write the table on the board.

	3	6	9	12
	18	36	54	72

Have students write the rule on a piece of paper and hand it to you as they leave class. Multiply by 6.

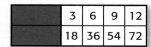 TEST Practice

Reviews Lessons 5-8 and 5-9

Assign the Texas Test Practice problems to provide daily reinforcement of test-taking skills.

Spiral Review

Reviews Lessons 8-2 and 8-3

Review and assess mastery of skills and concepts from previous chapters.

---

4 Evaluación

✓ Evaluación formativa

En la pizarra, escriba la siguiente tabla:

Regla: ◯	
2	6
4	12
5	15

- **¿Cómo encuentra la regla?** Ejemplo de respuestas: Revisa la tabla. Determina qué hicieron al primer número para obtener el segundo número.
- **¿Cuál es la regla?** Multiplicar por 3.

Control Rápido — **¿Les sigue costando a los alumnos encontrar una regla?**

Sí → Guía de intervención estratégica (pág. 84)
No → Opciones de trabajo independiente (pág. 324B)
  CRM Hoja de ejercicios para la práctica de destrezas (pág. 24)
  CRM Hoja de trabajo de enriquecimiento (pág. 27)

Boleto de salida Escriban la tabla en la pizarra.

	3	6	9	12
	18	36	54	72

Pídales a los alumnos que escriban una regla en un trozo de papel y se lo entreguen al salir de clase. Multiplica por 6.

▶ Práctica para la PRUEBA

Repasa las Lecciones 5-8 y 5-9

Asigne los problemas de Práctica para el examen de Texas para reforzar diariamente las destrezas de resolución de pruebas.

Repaso espiral

Repasa las Lecciones 8-2 y 8-3

Repasar y evaluar el dominio de las destrezas y conceptos de capítulos anteriores.

LECCIÓN 8-5 Haz tablas de funciones (+, −)

Planificador de lección

Objetivo

Usen suma y resta para completar las tablas de funciones.

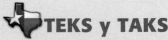TEKS y TAKS

TEKS 3.7 El estudiante utiliza listas y tablas para expresar patrones y relaciones. **(B) Identifique y describa patrones en una tabla de pares de números relacionados que se basan en un problema relevante, y extienda la tabla.**

TAKS 2 El estudiante demostrará un entendimiento de números, relaciones y razonamiento algebraico.

Las páginas del alumno también cubren los siguientes TEKS:
TEKS 3.15(A) Coméntalo, Ejercicio 4
TEKS 3.14(A), TEKS 3.15(B) Problemas H.O.T., Ejercicios 16-18

Vocabulario

función

Rutina diaria

Siga estas sugerencias antes de iniciar la lección de la pág. 328.

Control de 5 minutos (Repaso de la Lección 8-4)

Calculen y extiendan la regla para cada tabla. Luego copia y completa.

1.

Entrada	Salida
1	4
2	8
4	▨
▨	20

2.

Entrada	Salida
21	7
15	5
9	▨
▨	1

1. Multiplica por 4; 16; 5
2. Divide entre 3; 3; 3;

Problema del día

Madhur creó los siguientes patrones numéricos:

12, 17, 22, 27, . . .
28, 24, 20, 16, . . .

Describan cada patrón. Luego, calculen el siguiente número en cada patrón. Suma 5, 32; Resta 4, 12

LESSON 8-5 Make Function Tables (+, −)

Lesson Planner

Objective

Use addition and subtraction to complete function tables.

TEKS and TAKS

Targeted TEKS 3.7 The student uses lists, tables, and charts to express patterns and relationships. (B) **Identify and describe patterns in a table of related number pairs based on a meaningful problem and extend the table.**

TAKS 2 The student will demonstrate an understanding of patterns, relationships, and algebraic reasoning.

Student pages also address the following TEKS:
TEKS 3.15(A) Talk About It, Exercise 4
TEKS 3.14(A), TEKS 3.15(B) HOT Problems, Exercises 16–18

Vocabulary

function

Resources

Literature Connection: *Double the Ducks* by Stuart J. Murphy

Teacher Technology
Interactive Classroom • TeacherWorks

Focus on Math Background

This lesson on function tables, involving addition and subtraction, is important and serves more than one purpose.

Work with these tables:
• continues pattern recognition and development begun in earlier grades, emphasizing their importance;
• places patterns in a form that will be utilized in later grades to represent algebraic relationships involving variables;
• allows students to recognize and use the inverse relationship of addition and subtraction to solve missing number problems.

328A   Chapter 8 Use Patterns and Algebraic Thinking

Daily Routine

Use these suggestions before beginning the lesson on p. 328.

5-Minute Check
(Reviews Lesson 8-4)

Find and extend the rule for each table. Then copy and complete.

1.

Input	Output
1	4
2	8
4	▨
▨	20

2.

Input	Output
21	7
15	5
9	▨
▨	1

1. Multiply by 4; 16; 5
2. Divide by 3; 3; 3

Problem of the Day

Madhur created the following number patterns:

12, 17, 22, 27, …
28, 24, 20, 16, …

Describe each pattern. Then, find the next number in each pattern. Add 5, 32; Subtract 4, 12

Building Math Vocabulary

Write the lesson vocabulary word and its definition on the board.

Tell students that a function rule is "add 5." Have them write the rule in their Math Journals and then make a table to show input and output values for the rule.

Repaso de vocabulario matemático

Escriba las palabras del repaso de vocabulario y sus definiciones en la pizarra.

Dígales a los alumnos que una regla de funciones es "suma 5". Pídales que escriban la regla en sus diarios de matemáticas y luego la regla.

Differentiated Instruction

Small Group Options

Option 1 — Below Level (BL)
SPATIAL

Materials: notebook paper

- While function rules may be difficult to understand due to their algebraic nature, students may more easily understand the rule without the presence of the variables.
- For example, the function rule for the table to the right is $\triangle + 5 = \blacksquare$. Thinking in terms of "+ 5" may be a little easier for some. If students have to determine a value in the first column, they simply do the inverse operation (the inverse of + 5 would be − 5).
- Have students fill out the chart shown here.

+ 5

△	□
3	8
	6
5	
10	15

− 5

Option 2 — English Language Learners (ELL)
LOGICAL, LINGUISTIC

Materials: paper, pencil
Core Vocabulary: function table (vs. kitchen table), rule, how the numbers change
Common Use Verb: know
Write Math This strategy has students finding the rule for a function table and writing about how they found it.

- Write a function table without rule ($\triangle + 2$) on board.
- Line by line, look at the numbers. **"How do the numbers change?"** Explain the rule.
- Write, "The **rule** for this **function table** is $\triangle + 2$. I **know** this because I **know** $2 + 2 = 4$, $4 + 2 = 6$, etc." Keep on board.
- Write another function table without rule. "Now you write the **rule** for this **function table**. Also write how you **know** it."

Independent Work Options

Option 1 — Early Finishers (OL) (AL)
LOGICAL, SOCIAL

Materials: paper and pencil

- Pair students. Have each student think of a function rule and write a function table for the rule.
- Have students exchange tables with their partners. Ask each partner to write the rule and test it for all values in the table.

Option 2 — Student Technology

Tech Link

Math online tx.gr3math.com
Personal Tutor • Extra Examples • Online Games

Option 3 — Learning Station: Health (p. 310H)
Direct students to the Health Learning Station for opportunities to explore and extend the lesson concept.

Option 4 — Problem-Solving Practice
Reinforce problem-solving skills and strategies with the Problem-Solving Practice worksheet.

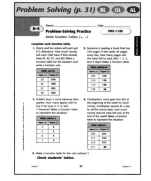

Instrucción diferenciada

Opciones de trabajo independiente

Opción 1 — Para los que terminan primero (OL) (AL)
LÓGICO, SOCIAL

Materiales: papel y lápiz

- Empareje a los alumnos. Cada alumno debe pensar en una regla de funciones y escribir una tabla de funciones para la regla.
- Pídales a los alumnos que cambien tablas con sus compañeros. Pídale a cada compañero que escriba la regla y la verifique para todos los valores en la tabla.

Opción 2 — Tecnología para el alumno

Enlace technológico

Matemáticas en línea tx.gr3math.com

Personal Tutor • Extra Examples • Online Games

Opción 3 — Estación de aprendizaje: Salud (pág. 310H)

Dirija a los alumnos a la estación de aprendizaje de salud para que tengan la oportunidad de explorar y ampliar el concepto de la lección.

Opción 4 — Práctica y solución de problemas

Refuerce las destrezas y las estrategias de solución de problemas con la hoja de trabajo de solución de problemas.

Opciones para grupos pequeños

Opción 1 — Nivel bajo (BL)
ESPACIAL

Materiales: papel de cuaderno

- Mientras que las reglas de las funciones pueden ser difíciles para entender debido a su naturaleza algebraica, los alumnos pueden entender más fácilmente la regla sin la presencia de las variables.
- Por ejemplo, la regla de funciones para la tabla que se muestra a la derecha es $\triangle + 5 = \blacksquare$. El pensar en términos de "+ 5" puede ser un poco más fácil para algunos. Si los alumnos tienen que determinar un valor en la primera columna, simplemente hacen la operación inversa (la operación inversa de + 5 sería − 5).
- Pídales a los alumnos que completen la tabla que se muestra aquí.

+ 5

△	□
3	8
	6
5	
10	15

− 5

Haz tablas de funciones (+, −)

1 Presentación

Actividad propuesta 1 • Práctica

- Juegue *Cuál es mi regla* con la clase. Dígales a los alumnos que está pensando en una regla, como "suma 5". Pero no les diga la regla.
- Pídales a los alumnos que le den un número, como 10. Usted dice 15. Continúe de esta manera hasta que alguien se dé cuenta cuál es su regla. Pídale al alumno que escriba la regla en la pizarra.
- Luego, pídale al alumno que piense en una regla y que la clase adivine su regla.
- Si es necesario, recuérdeles a los alumnos que pueden usar reglas de resta y suma.

Actividad propuesta 2 • Literatura

Presente la Lección con *Double the Ducks* de Stuarts J. Murphy. (Vea la página R104 para una actividad matemática relacionada.)

2 Enseñanza

Preguntas básicas

Recuérdeles a los alumnos el juego que jugaron en la Actividad Propuesta 1. Dígales que cuando dicen un número, ese número fue una *entrada*. Luego la regla actúo sobre ese número y se dio una *salida*.
- Dígales a los alumnos que la regla es "suma 75."
- **¿Cuál es la salida si la entrada es 10?** 85
- **¿Cuál es la salida si la entrada es 100?** 175
- Dígales a los alumnos que la regla es "resta 25."
- **¿Cuál es la salida si la entrada es 40?** 15
- **¿Cuál es la salida si la entrada es 100?** 75

> PREPÁRATE **para aprender**

Pídales a los alumnos que abran sus libros y lean la información de **Prepárate para aprender**. Presente **función.** En conjunto, trabajen los **Ejemplos 1-3.**

Make Function Tables (+, −)

1 Introduce

Activity Choice 1 • Hands-On

- Play *What's My Rule* with the class. Tell students that you are thinking of a rule, such as "add 5." But do not tell them the rule.
- Have students give you a number, such as 10. You say 15. Continue in this way until someone guesses your rule. Have the student write the rule on the board.
- Then, ask the student to think of a rule and have the class guess his or her rule.
- If necessary, remind students that they can use subtraction and addition rules.

Activity Choice 2 • Literature
Introduce the lesson with *Double the Ducks* by Stuart J. Murphy. (For a related math activity, see p. R104.)

2 Teach

Scaffolding Questions
Remind students of the game they played in Activity Choice 1. Tell them that when they said a number, that number was an *input*. Then the rule acted on that number, and an *output* was given.
- Tell students that the rule is "add 75."
- **What is the output if the input is 10?** 85
- **What is the output if the input is 100?** 175
- Tell students that the rule is "subtract 25."
- **What is the output if the input is 40?** 15
- **What is the output if the input is 100?** 75

> GET READY **to Learn**

Have students open their books and read the information in **Get Ready to Learn**. Introduce **function.** As a class, work through **Examples 1–3.**

Haz tablas de funciones (+, −)

IDEA PRINCIPAL

Usaré suma y resta para completar tablas de funciones.

TEKS Objetivo 3.7
Patrones, relaciones y razonamiento algebraico. El estudiante utiliza listas y tablas para expresar patrones y relaciones. Se espera que el estudiante: **(B) Identifique y describe patrones en una tabla de pares de números relacionados que se basan en un problema relevante y extienda la tabla.**

Vocabulario nuevo

función

> PREPÁRATE **para aprender**

La tabla muestra la cantidad de dinero que han ahorrado cuatro niños. Si cada niño recibe $5 para sumárselos a sus ahorros, ¿cuánto dinero tendrá cada niño?

Cuentas de ahorros	
Nombre	**Cantidad ($)**
Lorena	25
Nina	23
Shelly	22
Trey	21

La cantidad que cada niño tendrá, dependerá de la cantidad que cada uno recibirá. Una relación donde una cantidad depende de otra cantidad es una **función**.

Un símbolo como ▲ o ■ representa un número desconocido. El símbolo de entrada ▲, el de salida ■ y la regla de funciones se pueden mostrar en una tabla.

> **EJEMPLO concreto**   Haz una tabla de funciones

1 DINERO Haz una tabla de funciones para calcular cuánto dinero tendrá cada niño en ahorros después de recibir $5.

Regla: Suma $5.		
Entrada (△)	**△ + $5**	**Salida (□)**
$25	$25 + $5	$30
$23	$23 + $5	$28
$22	$22 + $5	$27
$21	$21 + $5	$26

Reteach (p. 28) BL
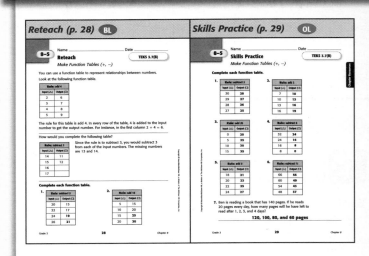

Skills Practice (p. 29) OL

Reforzamiento (pág. 28) BL
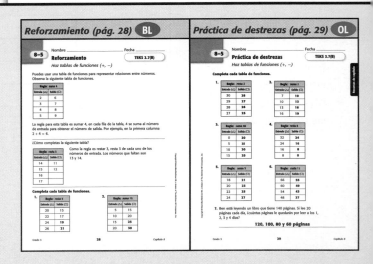

Práctica de destrezas (pág. 29) OL

EJEMPLO concreto Completa la tabla de funciones (+)

2 **EDAD Eric es 3 años mayor que su hermano. Calcula la edad de Eric cuando su hermano tenga 2, 3, 4 y 5 años. Usa la regla para extender la tabla de funciones.**

Regla: △+ 3	
Entrada △	Salida □
2	■
3	■
4	■
5	■

La regla es la edad del hermano + 3 o suma 3.

Comienza con cada número de entrada (△). Aplica la regla para calcular el número de salida (□).

Regla: △+ 3		
Entrada (△)	△+ 3	Salida (□)
2	2 + 3	5
3	3 + 3	6
4	4 + 3	7
5	5 + 3	8

Recuerda

Para verificar tu respuesta, invierte la operación de tu función y ve si funciona.

5 − 3 = 2
6 − 3 = 3
7 − 3 = 4
8 − 3 = 5

Puedes usar restas para completar la tabla de funciones.

EJEMPLO concreto Completa una tabla de funciones (−)

3 **SILLAS Cada clase de tercer grado siempre tiene 2 sillas sobrantes en su salón. Calcula cuántos alumnos hay en base al número de sillas. Usa la regla para extender la tabla de funciones.**

Regla: △+ 3	
Entrada △	Salida □
2	■
3	■
4	■
5	■

La regla es △ − 2 ó resta 2.

Comienza con cada número de entrada (△) Aplica la regla para calcular el número de salida (□).

Regla: △− 2		
Entrada (△)	△− 2	Salida (□)
20	20 − 2	18
21	21 − 2	19
22	22 − 2	20
23	23 − 2	21

en línea Tutor personal en tx.gr3math.com

Lección 8-5 Haz tablas de funciones (+, −) **329**

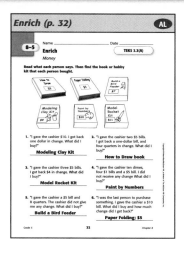

Enrich (p. 32) AL

8–5 Name ____ Date ____

Enrich TEKS 3.3(A)

Money

Read what each person says. Then find the book or hobby kit that each person bought.

1. "I gave the cashier $10. I got back one dollar in change. What did I buy?" **Modeling Clay Kit**
2. "I gave the cashier two $5 bills. I got back a one-dollar bill, and four quarters in change. What did I buy?" **How to Draw book**
3. "I gave the cashier three $5 bills. I got back $4 in change. What did I buy?" **Model Rocket Kit**
4. "I gave the cashier ten dimes, four $1 bills and a $5 bill. I did not receive any change What did I buy?" **Paint by Numbers**
5. "I gave the cashier a $5 bill and 8 quarters. The cashier did not give me any change. What did I buy?" **Build a Bird Feeder**
6. "I was the last person to purchase something. I gave the cashier a $10 bill. What did I buy and how much change did I get back?" **Paper Folding; $5**

Grade 3 32 Chapter 8

Enriquecimiento (pág. 32) AL

8–5 Nombre ____ Fecha ____

Enriquecimiento TEKS 3.3(A)

Dinero

Lee lo que dice cada persona. Luego, halla el libro o el equipo de pasatiempos que compró cada persona.

1. "Le entregué al cajero $10. Obtuve un dólar de cambio. ¿Qué compré?" **Equipo para moldear arcilla**
2. "Le entregué al cajero dos billetes de $5. Obtuve un billete de un dólar y cuatro monedas de 25¢ de cambio. ¿Qué compré?" **¿Cómo dibujar?**
3. "Le entregué al cajero tres billetes de $5. Obtuve $4 dólares de cambio. ¿Qué compré?" **Equipo Cohete modelo**
4. "Le entregué al cajero diez monedas de 10¢, cuatro billetes de $1 y uno de $5. No recibí cambio. ¿Qué compré?" **Pinta por números**
5. "Le entregué al cajero un billete de $5 y 8 monedas de 25¢. El cajero no me dio ningún cambio. ¿Qué compré?" **Construir un comedero de pájaros**
6. "Fui la última persona en comprar algo. Le entregué al cajero un billete de $10. ¿Qué compré y cuánto cambio obtuve? **Plegar papel; $5**

Grado 3 32 Capítulo 8

Make a Function Table

Example 1 Point out that there are often many patterns that can be found in a function table. Tell students that a function rule expresses the relationship between the input and output.

ADDITIONAL EXAMPLES

1 Each child in the Hernandez family receives an allowance of $8. Complete the table to find how much each child will have after they receive their allowance.

Rule: Add 8	
Input (▲)	Output (■)
$15	■
$23	■
$18	■

$23, $31, $26

2 Fiona is 9 years older than her sister. Find Fiona's age when her sister is 12, 13, and 14 years old. Use the rule to extend the function table.

Rule: ▲ + 9	
Input (▲)	Output (■)
12	■
13	■
14	■

21, 22, 23

3 Ricardo sells bookmarks for the craft fair. Find how many bookmarks he has left if he made 15, 16, and 17 bookmarks. Use the rule to extend the function table.

Rule: ▲ − 5	
Input (▲)	Output (■)
15	■
16	■
17	■

10, 11, 12

Hagan una tabla de funciones

Ejemplo 2 Señale que frecuentemente hay patrones que se encuentran en una tabla de funciones. Dígales a los alumnos que una regla de funciones expresa la relación entre la entrada y la salida.

Ejemplos adicionales

1 Cada niño en la familia Hernández recibe una mesada de $8. Completen la tabla para calcular cuánto tendrá cada niño después de recibir su mesada.

Regla: Suma 8	
Entrada (▲)	Salida (■)
$15	■
$23	■
$18	■

$23, $31, $26

2 Fiona es 9 años mayor que su hermana. Calculen la edad de Fiona cuando su hermana tenga 12, 13 y 14 años. Usen la regla para extender la tabla de funciones.

Regla: ▲ + 9	
Entrada (▲)	Salida (■)
12	■
13	■
14	■

21, 22, 23

3 Ricardo vende marcalibros en la feria de artesanías. Calculen cuántos marcalibros le quedan si hizo 15, 16 y 17 marcalibros. Usen la regla para extender la tabla de funciones.

Regla: ▲ − 5	
Entrada (▲)	Salida (■)
15	■
16	■
17	■

10, 11, 12

BL Estrategia alternativa de enseñanza

Sí Los alumnos tienen problemas encontrando la regla para una tabla…

Entonces Use una de estas opciones de reforzamiento:

1 CRM **Hoja de reforzamiento diario** (pág. 23)

2 Pídales a los alumnos que hagan una tabla de números emparejados y se pregunten qué pueden hacer al primer número en la tabla para obtener el segundo. Esto les dirá la regla para patrón.

✓ VERIFICA lo que sabes

En conjunto, pídales a los alumnos que completen los Ejercicios 1-4 en **Verifica lo que sabes** a medida que usted observa sus trabajos.

💬 **Ejercicio 4** Evalúa la comprensión del alumno antes de asignarle los ejercicios prácticos.

BL Estrategia alternativa de enseñanza

Si los alumnos tienen problemas calculando la regla para la tabla de funciones…

Entonces use una de estas opciones de reforzamiento:

1 CRM **Hoja de reforzamiento diario** (pág. 28)

2 Pídales que se pregunten a sí mismos: ¿Qué necesito hacerles a los valores en la columna de entrada para obtener los valore en la columna de salida? Adviértales mantener en mente que la misma operación tiene que funcionar con cada número en la columna de entrada.

③ Práctica

Asigne la práctica para los Ejercicios 5 al 15 según los siguientes niveles.

Nivel	Asignación
BL Nivel bajo	5–6, 9–10
OL A nivel	6–8, 10–12, 14
AL Nivel avanzado	5–11 impar, 13–15

Pídales a los alumnos que analicen y completen los problemas de razonamiento de alto nivel. Sugiérales a los alumnos organizar sus valores de entrada de menor a mayor en las tablas de funciones.

💬 ESCRIBE EN ►MATEMÁTICAS

Pídales a los alumnos que completen el Ejercicio 15 en sus Diarios de Matemáticas. Puede elegir hacer este ejercicio como una evaluación formativa adicional.

✓ CHECK What You Know

As a class, have students complete Exercises 1–4 in **Check What You Know** as you observe their work.

💬 **Exercise 4** Assess student comprehension before assigning practice exercises.

BL Alternate Teaching Strategy

If students have trouble finding the rule for a function table …

Then use this reteach option:

1 CRM **Daily Reteach Worksheet** (p. 28)

2 Have them ask themselves: What do I need to do to the values in the input column to get the values in the output column? Caution them to keep in mind that the same operation has to work for every number in the input column.

③ Practice

Differentiate practice using these leveled assignments for Exercises 5–15.

Level	Assignment
BL Below Level	5–6, 9–10
OL On Level	6–8, 10–12, 14
AL Above Level	5–11 odd, 13–15

Have students discuss and complete the Higher Order Thinking problems. Suggest that students organize their input values from least to greatest in the function tables.

💬 **WRITING IN ►MATH** Have students complete Exercise 15 in their Math Journals. You may choose to use this exercise as an optional formative assessment.

⚠ **COMMON ERROR!**
Exercise 8, 10–12 Students may think that all rules involve addition. Lead students to see that if the output is less than the input, the operation may be subtraction.

330 Chapter 8 Use Patterns and Algebraic Thinking

 ⚠ **¡ERROR COMÚN!**
Ejercicio 8, 10 y 12 Los alumnos pueden pensar que todas las reglas involucran suma. Guíe a los alumnos para ver que si la salida es menor que la entrada, la operación tiene que ser resta.

✓ VERIFICA lo que sabes

Copia y completa cada tabla de funciones y extiende el patrón. Ver Ejemplos 1-3 (págs. 328–329)

1. Kia es 4 años mayor que su hermana. Usa la tabla de funciones para calcular la edad de Kia cuando su hermana tenga 1, 2, 3 y 4 años.

Regla: $\triangle + 4$	
Entrada ($\triangle$)	Salida ($\square$)
1	■ 5
2	■ 6
3	■ 7
4	■ 8

En los Ejercicios 2 y 3, usa la siguiente información.

Alicia es 4 años mayor que su tortuga.

2. Haz una tabla de funciones para calcular qué edad tendrá Alicia cuando su tortuga tenga 3, 4, 5 y 6 años. Ver Apéndice de respuestas del Cap. 8.

3. Escribe la regla de funciones. $\triangle + 4$

4. **Coméntalo** ¿Cómo muestran patrones las tablas de funciones? Ejemplo de respuesta: Las tablas de funciones muestran patrones al realizar la misma operación una y otra vez.

★ Indica problemas de pasos múltiples

► Práctica y solución de problemas
PRÁCTICA EXTRA Ver páginas R21.

Copia cada tabla de funciones y extiende el patrón. Ver Ejemplos 1-3 (págs. 328–329)

5. James siempre monta su bicicleta 6 millas más lejos que Sean. Usa la tabla de funciones para calcular cuántas millas recorre James cuando Sean recorre 1, 3, 5 y 7 millas.

Regla: $\triangle + 6$	
Entrada ($\triangle$)	Salida ($\square$)
1	■ 7
3	■ 9
5	■ 11
7	■ 13

6.

Regla: $\triangle - 9$	
Entrada ($\triangle$)	Salida ($\square$)
17	■ 8
18	■ 9
19	■ 10
20	■ 11

7.

Regla: $\triangle - 4$	
Entrada ($\triangle$)	Salida ($\square$)
15	■ 11
12	■ 8
9	■ 5
6	■ 2

330 Capítulo 8 Usa patrones y razonamiento algebraico  Ejemplos extra en tx.gr3math.com

Calcula la regla para la tabla de funciones.

8. Un libro tiene 44 páginas. Ely leyó el mismo número de páginas cada día hasta terminarlo. La tabla muestra cuántas páginas quedaron por leer antes y después de haber leído cada día. $\triangle - 11$

Regla: ■	
Entrada (△)	Salida (□)
44	33
33	22
22	11
11	0

9-12. Ver Apéndice de respuestas del Cap. 8.

Haz una tabla de funciones para cada situación. Escribe la regla de funciones.

9. Pasqual y sus amigos recibirán $7 de mesada cada uno. ¿Cuánto dinero tendrá cada niño si ya tienen $1, $2, $3 y $4?

10. Una tienda ordena 3 cajas más de fresas que de naranjas. ¿Cuántas cajas de naranjas ordenará la tienda si ordena 8, 9, 10 y 11 cajas de fresas?

11. Carolina está leyendo un libro que tiene 122 páginas. Si ella lee 25 páginas cada día, ¿cuántas páginas le quedarán por leer después de 1, 2, 3 y 4 días?

★12. Cada semana, el Sr. Montoya paga $3 para mandar un paquete. Él comenzó con $30. ¿Cuánto dinero tendrá después de 4 semanas?

Problemas H.O.T.

13-15. Ver Apéndice de respuestas del Cap.8.

13. INTERPRETA Haz una tabla de funciones para la regla suma 5.

14. HALLA EL ERROR Dai y Lonzo están haciendo una tabla de funciones para □ = △ + 9. ¿Quién tiene la razón? Explica tu razonamiento.
Lonzo; Lonzo usó la ecuación $\triangle + 9 = \square$.

Dai

△	7	5	6
□	16	13	15

Lonzo

△	8	10	15
□	17	19	24

15. **ESCRIBE EN ► MATEMÁTICAS** Escribe un problema concreto que resulte en la tabla de funciones que está a la derecha. ¿Cuál es la regla de funciones?

Regla: ■			
Entrada (△)	250	251	252
Salida (□)	260	261	262

Matemáticas en línea Control de autoevaluación en tx.gr3math.com **Lección 8-5** Haz tablas de funciones (+, −) **331**

Homework Practice (p. 30) `OL`

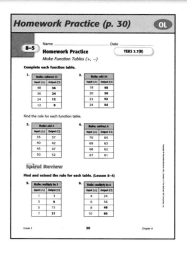

---

4 Assess

✓ Formative Assessment

Draw the following function table on the board. Ask students to complete the table. Add 8; 20, 18, 10

Rule: ▲ + 8	
Input (▲)	Output (■)
12	■
10	■
2	■

Quick Check **Are students continuing to struggle with using addition and subtraction to complete function tables?**

If Yes → Small Group Options (p. 328B)
Strategic Intervention Guide (p. 34)

If No → Independent Work Options (p. 328B)
`CRM` Skills Practice Worksheet (p. 29)
`CRM` Enrich Worksheet (p. 32)

Into the Future Ask students to write how they think today's lesson on using addition and subtraction to complete function tables will help them with the lesson on using multiplication and division to complete function tables.

---

4 Evaluación

✓ Evaluación formativa

Dibuja la siguiente tabla de funciones en la pizarra. Pídales a los alumnos que completen la tabla. Suma 8; 20, 18, 10

Regla: ▲ + 8	
Entrada (▲)	Salida (■)
12	■
10	■
2	■

Control rápido **¿Les sigue costando a los alumnos usar suma y resta para completar las tablas de funciones?**

Sí → Opciones para grupos pequeños (pág. 328B)
Guía de intervención estratégica (pág. 34)

No → Opciones de trabajo independiente (pág. 328B)
`CRM` Hoja de ejercicios para la práctica de destrezas (pág. 29)
`CRM` Hoja de trabajo de enriquecimiento (pág. 32)

En el futuro Pídales a los alumnos que escriban cómo piensan que la lección de hoy usando suma y resta para completar tablas de funciones les ayudará con la lección usando multiplicación y división para completar las tablas de funciones.

Práctica de destrezas (pág. 30) `OL`

Lanza dígitos

Concepto matemático: TEKS 3.3(A)
Expresiones y expresiones numéricas

Materiales: papel, lápices, cubo numerado

Presente el juego de la pág. 332 a los alumnos para que lo jueguen en conjunto, en grupos pequeños o en la estación de aprendizaje, para repasar los conceptos presentados en este capítulo.

Instrucciones

- Los alumnos juegan en parejas.
- El jugador 1 lanza el cubo numerado dos veces. El primer lanzamiento crea el dígito de las decenas y el segundo lanzamiento crea el dígito de ese número.
- El jugador 2 crea un número de dos dígitos de esa misma manera.
- El jugador 1 comienza a sumar o restar la expresión usando los dos números que los jugadores crearon.
- El jugador 2 resuelve la expresión para obtener una expresión numérica. Si la respuesta del jugador 2 es correcta, él o ella obtienen un punto.
- Los jugadores toman turnos escribiendo expresiones y resolviendo expresiones numéricas. El juego continúa por diez rondas y el jugador con más puntos al final gana.

Ampliación del juego

Pídales a los alumnos que creen una expresión de suma y una expresión de resta para cada par de números y resuelve las expresiones numéricas.

Rolling Digits

Math Concept: TEKS 3.3(A)
Expressions and Number Sentences

Materials: paper, pencils, number cube

Introduce the game on p. 332 to your students to play as a class, in small groups, or at a learning workstation to review concepts introduced in this chapter.

Instructions

- Students play in pairs.
- Player 1 rolls the number cube twice. The first roll creates the tens digit of a number, and the second roll creates the ones digit of that number.
- Player 2 creates a two-digit number in that same fashion.
- Player 1 writes an addition or subtraction expression using the two numbers the players have created.
- Player 2 solves the expression to get a number sentence. If Player 2's answer is correct, he or she gets a point.
- Players take turns writing expressions and solving number sentences. Play continues for ten rounds, and the player with the most points at the end wins.

Extend the Game

Have students create an addition expression and a subtraction expression for each pair of numbers, and solve the number sentences.

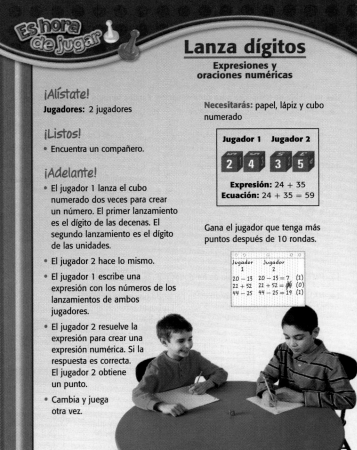

332 **Capítulo 8** Usa patrones y razonamiento algebraico

Differentiated Practice

Use these leveled suggestions to differentiate the game for all learners.

Level	Assignment
BL Below Level	Students roll once to create one-digit numbers.
OL On Level	Have students play the game with the rules as written.
AL Above Level	Students roll three times to create three-digit numbers.

Práctica diferenciada

Use estos niveles sugeridos para diferenciar el juego para todos los aprendices.

Nivel	Asignación
BL Nivel bajo	Los estudiantes lanzan una vez para crear números de un solo dígito.
OL A nivel	Pídales a los alumnos que realicen el juego con las reglas como están escritas.
AL Nivel avanzado	Los alumnos lanzan tres veces para crear números de 3 dígitos.

Verificación de mitad del capítulo

Lecciones 8-1 a la 8-5

Haz un modelo de los problemas usando expresiones numéricas. (Lección 8-1)

1. Katrina tomó 47 fotos ayer y 32 hoy. ¿Cuántas fotos tomó en total?
$47 + 32 = 79$

2. Anthony tenía 97 tarjetas de béisbol. Le dio 31 a Derek. ¿Cuántas tarjetas le quedaron a Anthony? $97 - 31 = 66$

Haz un modelo de expresiones numéricas usando dibujos y palabras. (Lección 8-1)

3. $32 - 14 = $ ■   **4.** $60 + 26 = $ ■
3 y 4. Ver Apéndice de respuestas del Cap. 8.

Indica si + o − hace verdadera cada expresión numérica. Usa modelos si es necesario. (Lección 8-2)

5. $538 + 112 = 569$ ● $81 +$

6. $824 - 719 < 261$ ● $148 -$

7. 🏳 **PRÁCTICA PARA LA PRUEBA**
La tabla a continuación muestra cuánta agua usar cuando se hacen diferentes cantidades de arroz. ¿Cuánta agua se necesita si se usan 4 tazas de arroz?
(Lección 8-2) **D**
TAKS 2

Arroz	2	4	6	8
Agua	4	■	12	16

A 2   **C** 6
B 4   **D** 8

8. Julio infló 12 globos. 7 de ellos no explotaron. De los globos que explotaron, 1 es rojo y el resto son azules. ¿Cuántos globos son azules?
(Lección 8-3) **4**

9. Calcula y extiende la regla para la tabla. Luego, copia y completa.
(Lección 8-4) Sumar 4; 12, 29

Regla: ■			
Entrada	3	6	■	25
Salida	7	10	16	■

Haz una tabla para hallar una regla. Luego, extiende la regla para resolver. (Lección 8-4)

10. Ana compró boletos para el cine para 20 de sus amigos. Cinco boletos costaron $10. ¿Cuánto dinero gastó?
Ver Apéndice de respuestas del Cap. 8.

Copia y completa la tabla de funciones. (Lección 8-5)

11.   9, 11, 13, 15

Regla: $\triangle + 5$	
Entrada ($\triangle$)	**Salida ($\square$)**
4	■
6	■
8	■
10	■

12. 🏳 **PRÁCTICA PARA LA PRUEBA**
Las gomas de borrar se venden en paquetes de 3. ¿Qué número de abajo no podría ser el número total de gomas de borrar compradas? (Lección 8-5) **H**
TAKS 2

F 6   **H** 13   **G** 9   **J** 15
Ver Apéndice de respuestas del Cap. 8.

13. 📝 ESCRIBE EN ▶ **MATEMÁTICAS** ¿Cómo calculas la regla en una tabla? Explica.

Mid-Chapter Check

Lessons 8-1 through 8-5

✏️ **Formative Assessment**

Use the Mid-Chapter Check to assess students' progress in the first half of the chapter.

ExamView
Assessment Suite   Customize and create multiple versions of your Mid-Chapter Check and the test answer keys.

FOLDABLES **Dinah Zike's Foldables**

Use these lesson suggestions to incorporate the Foldables during the chapter.

Lesson 8-1 Under the Number Sentences tab of the Foldable, have students define the term *number sentence*, give examples of number sentences, and solve several addition and subtraction number sentences.

Lesson 8-2 Under the Expressions tab of the Foldable, have students define the term *expression* and give examples of expressions.

Data-Driven Decision Making

Based on the results of the Mid-Chapter Check, use the following to review concepts that continue to present students with problems.

Exercises	🏳 TEKS	What's the Mathematics?	Error Analysis	Resources for Review
1–4 Lesson 8-1	3.3(A)	Know the meaning of "number sentence." Solve addition and subtraction number sentence.	Does not understand term "number sentence." Cannot read and put information into a number sentence to solve a word problem.	Strategic Intervention Guide (p. 84) CRM Chapter 8 Resource Masters (Reteach Worksheets)
5–7 Lesson 8-2	3.3(A)	Know "expression" and "number sentence." Evaluate expressions and solve number sentences.	Does not understand "expression" or "number sentence." Cannot evaluate addition and subtraction expressions.	Math Online Extra Examples • Personal Tutor • Concepts in Motion • Math Adventures
9–10 Lesson 8-4	3.7(A)	Write and solve number sentences. Find a rule to write an expression as a pattern to determine other numbers.	Does not write an expression. Adds all numbers. Does not know how to write an expression to explain a pattern.	

Verificación de mitad del capítulo

Lecciones 8-1 a la 8-5

✏️ **Evaluación formativa**

Use la Verificación de mitad del capítulo para evaluar el progreso del alumno en la primera mitad del capítulo.

ExamView
Assessment Suite

Elabore múltiples versiones, con las características que desee, de la prueba del Capítulo y de las claves de respuesta de la prueba.

PLEGADOS **Plegados de Dinah Zike**

Use estas sugerencias para la lección a fin de incorporar los Plegados durante el capítulo.

Lección 8-1 Bajo la etiqueta de las expresiones numéricas de los plegados, pídales a los alumnos que definan el término *expresión numérica*, de ejemplos de expresiones numéricas y resuelva varias expresiones numéricas de suma y resta.

Lección 8-2 Bajo la etiqueta de expresiones del plegado, pídales a los alumnos que definan el término *expresión* y de ejemplos de expresiones.

Estrategia para resolver problemas

Planificador de lección

Objetivo

Elegir la mejor estrategia para resolver un problema.

TEKS y TAKS

TEKS 3.14 El estudiante aplica las matemáticas del 3er grado para resolver problemas relacionados con experiencias diarias y actividades dentro y fuera de la escuela. **(B) Resuelva problemas que incorporen la comprensión del problema, hacer un plan, llevarlo a cabo y evaluar lo razonable de la solución.** *También cubre TEKS 3.14(C).*

TAKS 6 El estudiante demostrará un entendimiento de los procesos matemáticos y las herramientas usadas en la resolución de problemas.

Rutina diaria

Sigan estas sugerencias antes de iniciar la lección de la pág. 334.

Control de 5 minutos (Repaso de la Lección 8-5)

Copien y completen cada tabla de funciones.

1.

Regla ▲ + 12		
Entrada (▲)	Salida (■)	
2	■	14
5	■	17
6	■	18
9	■	21

2.

Regla ▲ − 6		
Entrada (▲)	Salida (■)	
6	■	0
8	■	2
10	■	4
12	■	6

Problema del día

Tengo 55¢ en monedas en mi bolsillo. ¿Cuál es el menor número de monedas que puedo tener? ¿Cuáles son?
2; 1 medio dólar, 1 moneda de 5¢

8-6

Problem-Solving Investigation
Choose a Strategy

Lesson Planner

Objective

Choose the best strategy to solve a problem.

TEKS and TAKS

Targeted TEKS 3.14 The student applies Grade 3 mathematics to solve problems connected to everyday experiences and activities in and outside of school. **(B) Solve problems that incorporate understanding the problem, making a plan, carrying out the plan, and evaluating the solution for reasonableness.** *Also addresses TEKS 3.14(C).*

TAKS 6 The student will demonstrate an understanding of the mathematical processes and tools used in problem solving.

Resources

Materials: colored pencils or markers

Teacher Technology
⊕ Interactive Classroom • TeacherWorks

📖 **Real-World Problem-Solving Library**
Math and Social Studies: *Appalachian Journey*
Use these leveled books to reinforce and extend problem-solving skills and strategies.
Leveled for:
OL On Level
ELL Sheltered English

For additional support, see the Real-World Problem-Solving Teacher's Guide.

Daily Routine

Use these suggestions before beginning the lesson on p. 334.

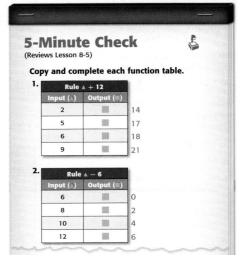

5-Minute Check
(Reviews Lesson 8-5)

Copy and complete each function table.

1.

Rule ▲ + 12		
Input (▲)	Output (■)	
2	■	14
5	■	17
6	■	18
9	■	21

2.

Rule ▲ − 6		
Input (▲)	Output (■)	
6	■	0
8	■	2
10	■	4
12	■	6

Problem of the Day

I have 55¢ worth of coins in my pocket. What is the least number of coins I can have? What are they?
2; 1 half-dollar, 1 nickel

Differentiated Instruction

Small Group Options

Option 1 KINESTHETIC, LOGICAL

Gifted and Talented AL

Materials: scrap paper, scissors

- Incorporate fractions into problems to challenge students when using the *act it out* strategy. Pose problems (see example below) and encourage students to act them out using scrap paper and perhaps scissors.

C13-006A

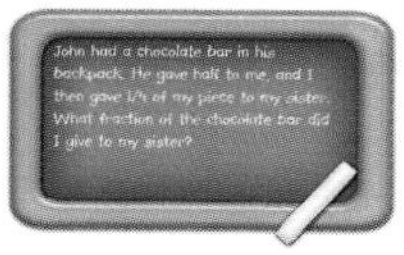

Option 2 LINGUISTIC, LOGICAL

English Language Learners ELL

Materials: paper, pencil
Core Vocabulary: earned, into simpler parts, appropriate
Common Use Verb: saved
Write Math This strategy gives students practice using language, breaking a problem into simpler parts, and acting it out.

- Say and have a student write the following:
  "__________ **earned** $7 a week and has **saved** 18 dollars.
  __________'s brother **earns** $15 a week."
- Post a high ticket or high interest item labeled $125. Have students create a problem that uses any of the information above to buy the item.
- Have students present their problem and explain strategy.

Independent Work Options

Option 1 LOGICAL

Early Finishers OL AL

Materials: paper, pencil

- Have students write a word problem about their family.
- Students will exchanges problems with a member of their group and solve using a problem-solving strategy.

Option 2 Tech Link

Student Technology

Math Online tx.gr3math.com
Personal Tutor • Extra Examples • Online Games

Option 3

Learning Station: Art (p. 310H)

Direct students to the Art Learning Station for opportunities to explore and extend the lesson concept.

Instrucción diferenciada

Opciones de trabajo independiente

Opción 1 LÓGICO

Para los que terminan primero OL AL

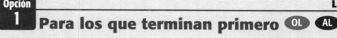

Materiales: papel, lápiz

- Pídales a los alumnos que escriban un problema escrito acerca de su familia.
- Los alumnos cambiarán problemas con un miembro de su grupo y lo resolverán usando una estrategia para resolver problemas.

Opción 2 Enlace technológico

Tecnología para el alumno

Matemáticas en línea tx.gr3math.com

Personal Tutor • Extra Examples • Online Games

Opción 3

Estación de aprendizaje: Arte (pág. 310H)

Dirija a los alumnos a la estación de aprendizaje de arte para que tengan la oportunidad de explorar y ampliar el concepto de la lección.

Opciones para grupos pequeños

Opción 1 CINESTÉSICO, LÓGICO

Talentosos AL

Materiales: trozo de papel, tijeras

- Incorpore fracciones en problemas para retar a los alumnos cuando usen la estrategia de *representalo*. Ponga problemas (ver el siguiente ejemplo) y anime a los alumnos a hacer dramatizaciones usando trozos de papel y quizás tijeras.

Estrategia para resolver problemas

1 Presentación

Actividad • Repaso

- Escriba el siguiente problema en la pizarra.
  Haajid tiene 4 cajas de libros. Él tiene 32 libros.
  ¿Cuántos libros hay en cada caja? 8

- **¿Qué estrategia pueden usar para resolver?**
  Ejemplo de respuesta: *haz un dibujo*

- **Expliquen cómo pueden usar la estrategia de *haz un dibujo* para calcular la solución.**
  Ejemplo de respuesta: Dibujar 4 cajas. Dividir igualitariamente los 32 libros entre las 4 cajas. Luego contar el número en cada caja.

2 Enseñanza   TEKS 3.14(C)

Pídales a los alumnos que lean el problema sobre semillas de tomates. Guíelos a través de los pasos para resolver problemas.

Entiende Usando las preguntas, repase los que los alumnos conocen y necesitan calcular.

Planifica Pídales que comenten su estrategia.

Resuelve Guíe a los alumnos para elegir la mejor estrategia para resolver el problema.
- **¿Cuántos contadores hay en cada grupo?** 5
- **¿Cuántos grupos hay?** 6
- **¿Cuántos contadores se convierten en plantas en cada grupo?** 3
- **¿Cuántas semillas crecieron para ser plantas de tomate?** 18

Verifica Pídales a los alumnos que revisen el problema para asegurarse que la respuesta corresponde con los datos dados.
- **¿De qué otra manera pueden verificar su respuesta?**
  Ejemplo de respuesta: Multiplicando en un orden diferente.

---

1 Introduce

Activity • Review

- Write the following problem on the board.
  Haajid has 4 boxes of books. He has 32 books. How many books are in each box? 8

- **What strategy can you use to solve?**
  Sample answer: *draw a picture*

- **Explain how you can use the *draw a picture* strategy to find the solution.**
  Sample answer: Draw 4 boxes. Equally divide the 32 books into the 4 boxes. Then count the number in each box.

2 Teach   TEKS 3.14(C)

Have students read the problem on tomato seeds. Guide them through the problem-solving steps.

Understand Using the questions, review what students know and need to find.

Plan Have them discuss their strategy.

Solve Guide students to choose the best strategy to solve the problem.
- **How many tallies are in each group?** 5
- **How many groups of are there?** 6
- **How many tallies in each group become plants?** 3
- **How many seeds grew into tomato plants?** 18

Check Have students look back at the problem to make sure that the answer fits the facts given.
- **How else can you check your answer?**
  Sample answer: Multiply in a different order.

> ⚠ **COMMON ERROR!**
> **Exercise 5** Students may start with 25, subtract 3, subtract 6, subtract 1, and subtract 4 for an answer of 11. Remind them to read the problem carefully and plan all their steps before starting the problem.

Estrategia para resolver problemas

IDEA PRINCIPAL Escogeré la mejor estrategia para resolver un problema.

TEKS Objetivo 3.14 Procesos fundamentales y herramientas matemáticas. El estudiante aplica las matemáticas del 3er grado para resolver problemas relacionados con experiencias diarias y actividades dentro y fuera de la escuela. Se espera que el estudiante: (B) **resuelva problemas que incorporen la comprensión del problema, hacer un plan, llevarlo a cabo y evaluar lo razonable de la solución.** También cubre TEKS Objetivo 3.14(C).

EQUIPO I.R.P.+

JANE: Sembré 30 semillas de tomate en mi jardín. Tres de cada 5 semillas se convirtieron en plantas de tomate.

TU MISIÓN: Calcular cuántas semillas se convirtieron en plantas de tomate.

Entiende	Sabes que se sembraron 30 semillas y que 3 de cada 5 semillas se convirtieron en plantas de tomate. Calcula cuántas semillas se convirtieron en plantas de tomate.
Planifica	Puedes *hacer un dibujo* para ayudarte a resolver el problema. Usa contadores para representar las semillas.
Resuelve	Pon los contadores en grupos de 5 hasta que haya 30 contadores. Tres de cada grupo se convirtieron en plantas. $3 + 3 + 3 + 3 + 3 + 3$ Por lo tanto, $6 \times 3 = 18$ semillas dieron plantas de tomate.
Verifica	Revisa el problema. $3 + 3 + 3 + 3 + 3 + 3 = 18$ Por lo tanto, la respuesta es correcta.

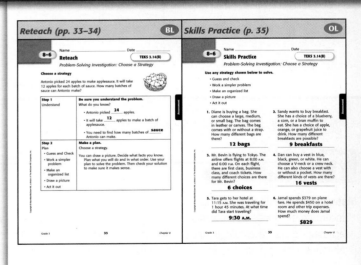

Reteach (pp. 33–34) BL   **Skills Practice (p. 35)** OL

⚠ **¡ERROR COMÚN!**

Ejercicio 5 Los alumnos pueden comenzar con 25, restar 3, restar 6, restar 1 y restar 4 para una respuesta de 11. Recuérdeles leer el problema cuidadosamente y planificar todos sus pasos antes de comenzar el problema.

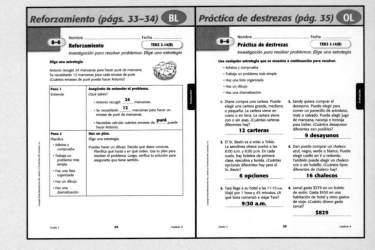

Reforzamiento (págs. 33–34) BL   **Práctica de destrezas (pág. 35)** OL

★ Indica problemas de pasos múltiples

▶ Resuelve problemas diversos

PRÁCTICA EXTRA
Ver página R22.

Usa cualquier estrategia mostrada a continuación para resolver. Indica qué estrategia usaste.

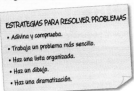

ESTRATEGIAS PARA RESOLVER PROBLEMAS
• Adivina y comprueba.
• Trabaja un problema más sencillo.
• Haz una lista organizada.
• Haz un dibujo.
• Haz una dramatización.

1. Darius tiene 17 manzanas en una cesta. El quiere compartirlas con 3 de sus amigos. ¿Cuántas recibirá cada amigo, si cada uno tiene la misma cantidad? ¿Cuántas quedarán? 4; 1

★ **2.** Dos niños y una niña comparten $80. La niña recibe el doble de dinero que cada uno de los niños. ¿Cuánto dinero recibe cada niño?
$20, $20, $40

3. 1lb = 16 oz. ¿Cuántas más barras de mantequilla se necesitan agregar al lado derecho para equilibrar la balanza? 3 barras

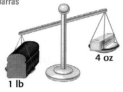

1 lb
4 oz

★ **4.** Suni ganó una mesada de $2. También cuidó a su hermanita por $1. Gastó $1 en una golosina y una bebida. ¿Cuánto dinero le queda? $2

★ **5.** Sei jugó canicas con sus amigos y perdió algunas de ellas. Ahora tiene 25 canicas. Perdió 3 con Hakeem, 6 con Mavis, 1 con Mikayla y 4 con Ramous. ¿Cuántas canicas tenía Sei al principio? 39 canicas

★ **6.** Josie tiene una carpeta de cada color; rojo, verde y azul. ¿De cuántas maneras diferentes puede ordenarlas? 6 maneras

★ **7.** Jocelyn quiere instalar una cerca alrededor de su jardín. ¿Cuántos pies de cerca necesita? 3 pies = 1 yd. 44 pies

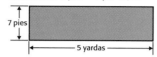
7 pies
5 yardas

8. Morris tiene 15 monedas de ¢5 y 2 monedas de ¢10. ¿Podrá comprar un juguete que cuesta $0.98? Explica. No; $0.95 < $0.98

★ **9.** Un hombre camina 200 metros a una tienda. Camina 30 metros mientras está en la tienda y luego camina de regreso a la casa. ¿Cuántos metros camina en total? 430 metros

★ **10.** **ESCRIBE EN ▶ MATEMÁTICAS** Cuando sumas 8 a un número, restas 10 de la suma y duplicas la diferencia, obtienes 44. ¿Cuál es el número? Explica. Ver el margen.

BL Alternate Teaching Strategy

If ➤ students have trouble organizing information in a problem …

Then ➤ use one of these reteach options:

1 **CRM** **Daily Reteach Worksheets** (pp. 33–34)

2 Have students draw pictures or symbols and use colored pencils or markers to represent information in the problem.

③ Practice

Using the Exercises

Exercises 1–10 are designed for students to use any problem-solving strategy to solve.

Exercise 3 requires students to know how many ounces are in 1 pound.

Exercise 7 requires students to know how many feet are in 1 yard.

④ Assess

✔ Formative Assessment

Have students use any strategy to solve the following problem. Ask them to identify the strategy they used.

Linda has 8 tokens. She doubles her number of tokens. Then she gives 5 tokens to her friend. How many tokens does she have left? 11
Sample answer: *draw a picture* or *act it out*

Additional Answer

10. Work backwards and use the opposite operation:
$44 \div 2 = 22$
$22 + 10 = 32$
$2 - 8 = 24$

Quick Check
Are students continuing to struggle with choosing the best strategy to solve a problem?

If Yes → **CRM** Reteach Worksheets (pp. 33–34)

If No → Independent Work Options (p. 334B)
CRM Skills Practice Worksheet (p. 35)
CRM Enrich Worksheet (p. 37)

BL Estrategia alternativa de enseñanza

Si ➤ los alumnos tienen problemas organizando información en un problema…

Entonces ➤ use una de estas opciones de reforzamiento:

1 **CRM** **Hoja de reforzamiento diario** (pág. 33-34)

2 Pídales a los alumnos que hagan dibujos o símbolos y usen lápices de colores o marcadores para representar información en el problema.

③ Práctica

Uso de los Ejercicios

Los Ejercicios 1 al 10 están diseñados para que los alumnos usen cualquier estrategia para resolver problemas para resolverlos.

El Ejercicio 3 requiere que los alumnos sepan cuántas onzas hay en 1 libra.

El Ejercicio 7 requiere que los alumnos sepan cuántos pies hay en 1 yarda.

④ Evaluación

✔ Evaluación formativa

Pídales a los alumnos que usen cualquier estrategia para resolver el siguiente problema. Pídales que identifiquen la estrategia que usaron.
Linda tiene 8 fichas. Ella duplica su número de fichas. Luego ella le da 5 fichas a su amigo. ¿Cuántas fichas le quedan? 11
Ejemplo de respuesta: *haz un dibujo* o *representalo*.

Respuestas adicionales:

10. Trabajar desde el final hasta el principio y usar operaciones opuestas:
$44 \div 2 = 22$
$22 + 10 = 32$
$2 - 8 = 24$

Control rápido
¿Les sigue costando a los alumnos elegir la mejor estrategia para resolver un problema?

Si la respuesta es:

Sí → **CRM** Hojas de reforzamiento (págs. 33-34)
No → Opciones de trabajo independiente (pág. 334B)
CRM Hoja de ejercicios para la práctica de destrezas (pág. 35)
CRM Hoja de trabajo de enriquecimiento (pág. 37)

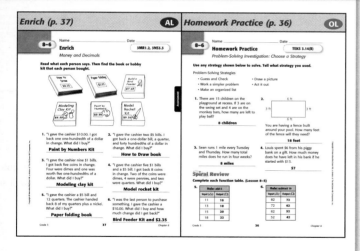

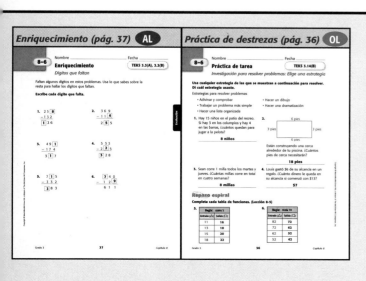

Planificador de lección

Objetivo

Usar multiplicación y división para completar tablas de funciones.

TEKS y TAKS

TEKS 3.7 El estudiante utiliza listas y tablas para expresar patrones y relaciones. **(B) Identifique y describa patrones en una tabla de pares de números relacionados que se basan en un problema relevante, y extienda la tabla.**

TAKS 2 El estudiante demostrará un entendimiento de números, relaciones y razonamiento algebraico.

Las páginas del alumno también cubren los siguientes TEKS:
TEKS 3.15(A) Coméntalo, Ejercicio 3
TEKS 3.14(A), TEKS 3.16(A) Problemas H.O.T., Ejercicios 17-20

Repaso de vocabulario

función

Rutina diaria

Sigan estas sugerencias antes de iniciar la lección de la pág. 336.

Control de 5 minutos (Repaso de la Lección 8-6)

Resuelvan. Indiquen qué estrategia usaron.
Rico está ayudando a su madre a plantar flores en la jardinera. Ellos tienen 6 jardineras y 6 flores cabrán en cada jardinera. Las flores vienen en 4 paquetes. ¿Cuántos paquetes de flores usará Rico? 9 paquetes; *haz un dibujo*

Problema del día

Ron creó estos patrones numéricos:
2, 4, 8, 16,...
64, 32, 16, 8,...
Describan cada patrón. Calculen el siguiente número.
Multiplicar por 2; dividir entre 2, 4

Lesson Planner

Objective

Use multiplication and division to complete function tables.

TEKS and TAKS

Targeted **TEKS 3.7** The student uses lists, tables, and charts to express patterns and relationships. **(B) Identify and describe patterns in a table of related number pairs based on a meaningful problem and extend the table.**

TAKS 2 The student will demonstrate an understanding of patterns, relationships, and algebraic reasoning.

Student pages also address the following TEKS:
TEKS 3.15(A) Talk About It, Exercise 3
TEKS 3.14(A), TEKS 3.16(A) HOT Problems, Exercises 17–20

Review Vocabulary

function

Resources

Literature Connection: *Double the Ducks* by Stuart J. Murphy

Teacher Technology
Interactive Classroom • TeacherWorks

Focus on Math Background

While a lesson on function tables involving multiplication and division provides the same benefits as those involving only addition and subtraction, the level of difficulty is greater. Because they have been more recently learned, recognition of relationships between factors and products are not familiar to students. This lesson therefore serves the purpose of continued attention to algebraic representation, but also necessary practice with product/factor relationships.

Daily Routine

Use these suggestions before beginning the lesson on p. 336.

5-Minute Check
(Reviews Lesson 8-6)

Solve. Tell what strategy you used.
Rico is helping his mother plant window box flowers. They have 6 window boxes and 6 flowers will fit in each window box. The flowers come in 4 packs. How many packs of flowers will Rico use?
9 packs; draw a picture

Problem of the Day
Ron created these number patterns:
2, 4, 8, 16, …
64, 32, 16, 8, …
Describe each pattern. Find the next number.
Multiply by 2, 32; Divide by 2, 4

Review Math Vocabulary
Write the review vocabulary word and its definition on the board.

Have students use the input ▲ and the output ■ to write a function rule. Then have them make a function table of three input numbers and use their rule to find the three output numbers.

Repaso de vocabulario matemático

Escriban las palabras del repaso de vocabulario y sus definiciones en la pizarra.

Pídales a los alumnos que usen la entrada y la salida para escribir una regla de función. Luego pídales que hagan una tabla de funciones de tres números de entrada y que usen su regla de función para calcular los tres números de salida.

Differentiated Instruction

Small Group Options

Option 1 — Gifted and Talented (AL)
LOGICAL, INTRAPERSONAL

Materials: notebook paper

- Once students feel comfortable with function rules, challenge them with more difficult rules with operations such as: $\triangle - 2 + 3$
- Another possibility for stretching students further is to use function rules that require solvers to use order of operations. For example, to solve $(4 - \triangle) + 15 \times 3 - 10$, students have to follow order of operations by first solving what is contained in the parentheses, followed by multiplying, adding, and subtracting to arrive at the output value.

Rule: $\triangle - 2 + 3$	
Input ($\triangle$)	Output ($\square$)
1	2
2	3
3	4
4	5

Option 2 — English Language Learners (ELL)
VISUAL, SPATIAL, LOGICAL, SOCIAL

Materials: cards with function tables, blank cards
Core Vocabulary: input, output, rule
Common Use Verb: remember
See Math This strategy helps students see relationships between function tables and their equations.

- Copy function tables; glue onto cards (one set for each group). Distribute cards and 6 blank cards. "Look at the **inputs** and **outputs** on the tables. Write their **rules** on blank cards."
- Students flip, mix and arrange cards into two groups. One group should have function tables and the other should have rules.
- Students take turns flipping over one card from each group. They decide if the rule fits the function table. If it does, it is a match.
- Say: "Watch carefully to **remember** where the cards are!" Students with the most matches win.

Independent Work Options

Option 1 — Early Finishers (OL) (AL)
LOGICAL

Materials: paper and pencil

- Have students choose a whole number, for example, 3, and create a function table for each of the operations: addition, subtraction, multiplication, and division.
- Have them make observations about what happens when they add 3 to a number, subtract 3 from a number, multiply a number by 3, or divide a number by 3.
- Students should notice that when they add or multiply, the output values increase. When they multiply, the output values increase more rapidly. When they subtract or divide, the output values decrease. When they divide the output values decrease more rapidly.

Option 2 — Student Technology
Math Online tx.gr3math.com
Personal Tutor • Extra Examples • Online Games

Option 3 — Learning Station: Health (p. 310H)
Direct students to the Health Learning Station for opportunities to explore and extend the lesson concept.

Option 4 — Problem-Solving Practice
Reinforce problem-solving skills and strategies with the Problem-Solving Practice worksheet.

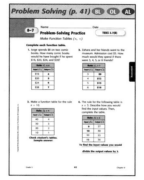

Problem Solving (p. 41) (BL) (OL) (AL)

Lesson 8-7 Make Function Tables ($\times$, $\div$) **336B**

Instrucción diferenciada

Opciones de trabajo independiente

Opción 1 — Para los que terminan primero (OL) (AL)
LÓGICO

Materiales: papel y lápiz

- Pídales a los alumnos que elijan un número entero, por ejemplo, 3 y creen una tabla de funciones para cada una de las operaciones: suma, resta, multiplicación y división.
- Pídales que hagan observaciones acerca de lo que pasa cuando suman 3 a un número, restan 3 de un número, multiplican un número por 3 o dividen un número entre 3.
- Los alumnos deberían darse cuenta que cuando suman o multiplican, los valores de salida aumentan. Cuando multiplican, los valores de salida aumentan más rápidamente. Cuando restan o dividen, los valores de salida disminuyen. Cuando ellos dividen los valores de salida disminuyen más rápidamente.

Opción 2 — Tecnología para el alumno

Matemáticas en línea tx.gr3math.com
Personal Tutor • Extra Examples • Online Games

Opción 3 — Estación de aprendizaje: Salud (pág. 310H)
Dirija a los alumnos a la estación de aprendizaje de salud para que tengan la oportunidad de explorar y ampliar el concepto de la lección.

Opción 4 — Práctica y solución de problemas
Refuerce las destrezas y las estrategias de solución de problemas con la hoja de trabajo de solución de problemas.

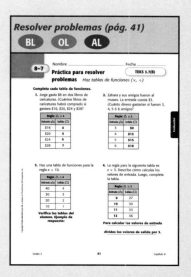

Resolver problemas (pág. 41) (BL) (OL) (AL)

Opciones para grupos pequeños

Opción 1 — Talentosos (AL)
LÓGICO, INTRAPERSONAL

Materiales: papel de cuaderno

- Una vez que los alumnos se sientan cómodos con las reglas de funciones, rételos con reglas más difíciles con operaciones como: $\triangle - 2 + 3$
- Otra posibilidad de exigirles un poco más a los alumnos es usar reglas de funciones que requieran el uso del orden de las operaciones para resolverlas. Por ejemplo, para resolver $(4 - \triangle) + 15 \times 3 - 10$, los alumnos tienen que seguir el orden de las operaciones primero resolviendo lo que está dentro del paréntesis, seguido por la multiplicación, la suma y la resta para llegar al valor de salida.

Regla: $\triangle - 2 + 3$	
Entrada	Salida
1	2
2	3
3	4
4	5

8-7 Haz tablas de funciones (×, ÷)

1 Presentación

Actividad propuesta 1 • Práctica

- Juegue *Cuál es mi regla* con la clase. Dígales a los alumnos que está pensando en una regla, como "multiplicar por 6." Pero no les diga la regla.

- Pídales a los alumnos que le den un número del 1 al 10, como 4. Usted dice 24. Continúe de esta manera hasta que alguien adivine la regla. Pídales a los alumnos que escriban la regla en la pizarra.

- Luego, pídales a los alumnos que piensen en una regla y pídale a la clase que adivine su regla.

- Si es necesario, recuérdeles a los alumnos que pueden usar reglas de suma, resta y división.

Actividad propuesta 2 • Literatura

Presente la Lección con *Double the Ducks* de Stuarts J. Murphy. (Vea la página R104 para una actividad matemática relacionada.)

2 Enseñanza

Preguntas básicas

Recuérdeles a los alumnos del juego de entrada/salida que jugaron en la Actividad Propuesta 1.

- Dígales a los alumnos que su regla es "multiplicar por 5."
¿Cuál es la salida cuando la entrada es 10? 50

- Dígales que su regla es "dividir entre 7." **¿Cuál es la salida cuando la entrada es 63?** 9

PREPÁRATE para aprender

Pídales a los alumnos que abran sus libros y lean la información de **Prepárate para aprender.** Repase **función.** En conjunto, trabajen los **Ejemplos 1-3.**

8-7 Make Function Tables (×, ÷)

1 Introduce

Activity Choice 1 • Hands-On

- Play *What's My Rule* with the class. Tell students that you are thinking of a rule, such as "multiply by 6." But do not tell them the rule.

- Have students give you a number from 1 to 10, such as 4. You say 24. Continue in this way until someone guesses your rule. Have the student write the rule on the board.

- Then, ask the student to think of a rule and have the class guess his or her rule.

- If necessary, remind students that they can use addition, subtraction and division rules.

Activity Choice 2 • Literature

Introduce the lesson with *Double the Ducks* by Stuart J. Murphy. (For a related math activity, see p. R104.)

2 Teach

Scaffolding Questions

Remind students of the input/output game they played in Activity Choice 1.

- Tell students that your rule is "multiply by 5." **What is the output when the input is 10?** 50

- Tell them that your rule is "divide by 7." **What is the output when the input is 63?** 9

GET READY to Learn

Have students open their books and read the information in **Get Ready to Learn.** Review **function.** As a class, work through **Examples 1–3.**

8-7 Haz tablas de funciones (×, ÷)

PREPÁRATE para aprender

El vecino de Christine tiene una granja. En la granja, uno de los cerdos mide 5 pies de largo. Christine hizo una tabla para convertir 5 pies a pulgadas. ¿Qué patrón ves en los números de entrada y salida?

Conversión de pies a pulgadas	
Pies Entrada (△)	Pulgadas Salida (□)
1	12
2	24
3	36
4	48
5	■

IDEA PRINCIPAL

Usaré la multiplicación y la división para completar las tablas de funciones.

TEKS Objetivo 3.7
Patrones, relaciones y razonamiento algebraico. El estudiante utiliza listas y tablas para expresar patrones y relaciones. Se espera que el estudiante: (B) **Identifique y describa patrones en una tabla de pares de números relacionados que se basan en un problema relevante y extienda la tabla.**

Las reglas de funciones pueden también usar multiplicación o división.

EJEMPLO concreto — Haz tablas de funciones

1 MEDIDAS Haz una tabla de funciones para calcular la longitud del cerdo si mide 5 pies de largo.

Hay 12 pulgadas en un pie. Para calcular los valores de salida (□), multiplica cada valor de entrada (△) por 12.

Conversión de pies a pulgadas		
Entrada (△)	Regla: △ × 12	Salida (□)
1	1 × 12	12
2	2 × 12	24
3	3 × 12	36
4	4 × 12	48
5	5 × 12	60

Hay 60 pulgadas en 5 pies.
Por lo tanto, la longitud del cerdo en pulgadas es 60 pulgadas.

en línea Tutor personal en tx.gr3math.com

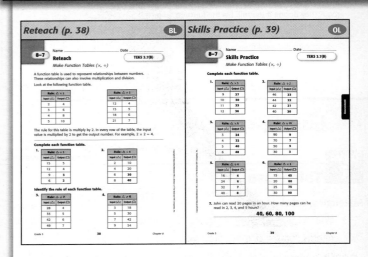

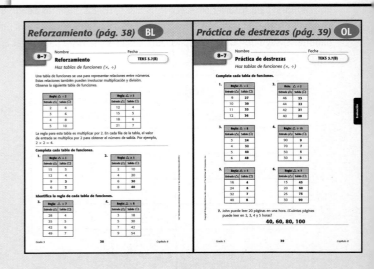

La multiplicación se puede usar en las tablas de funciones.

EJEMPLO concreto Identifica patrones en una tabla (×)

2 MONEDAS DE ¢25 La tabla muestra cuántas monedas de ¢25 (□) hay en distintas cantidades de billetes de dólares (△). Usa la tabla de funciones para identificar la regla.

Regla: ■	
Entrada (△)	Salida (□)
1	4
2	8
3	12
4	16

Comienza con cada número de entrada (△) Identifica la regla que proporciona el número de salida (□).

Por lo tanto, la regla es △ × 4.

Regla: ■		
Entrada (x)	$x \times 4$	Salida (y)
1	1 × 4	4
2	2 × 4	8
3	3 × 4	12
4	4 × 4	16

La división también se puede usar en tablas de funciones.

EJEMPLO concreto Describe patrones en una tabla de funciones (÷)

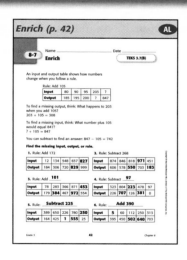

3 TRICICLOS La tabla muestra cuántos triciclos (□) se pueden hacer con distintas cantidades de ruedas (△).

Regla: △ ÷ 3	
Entrada (△)	Salida (□)
27	■
24	■
21	■
18	■

Comienza con cada número de entrada (△). Aplica la regla para calcular el número de salida (□).

El patrón muestra que en la medida que △ disminuye en 3, □ disminuye en 1.

Regla: △ ÷ 3		
Entrada (△)	△ ÷ 3	Salida (□)
27	27 ÷ 3	9
24	24 ÷ 3	8
21	21 ÷ 3	7
18	18 ÷ 3	6

Identify Patterns in a Function Table (×)

Example 2 Remind students that when they find a function rule, it must work for each input value in the function table.

ADDITIONAL EXAMPLES

1 Complete the function table to find how many feet are in 6 and 7 yards.

Rule: ▲ × 3	
Input (▲)	Output (■)
4	12
5	15
6	■
7	■

18, 21

2 The table shows how many wheels (■) are on different numbers of trucks (▲). Use the function table to identify the rule.

Rule: ■	
Input (▲)	Output (■)
2	16
3	24
4	32

▲ × 8

3 The table shows how many bottles of juice (■) can be made with different quantities of juice. Use the rule ▲ ÷ 6 to complete the function table.

Rule: ▲ ÷ 6	
Input (▲)	Output (■)
54	■
48	■
42	■

9, 8, 7

Enrich (p. 42) AL

8-7 Name ______ Date ______

Enrich TEKS 3.7(B)

An input and output table shows how numbers change when you follow a rule.

Rule: Add 105

Input	80	90	95	203	?
Output	185	195	200	?	847

To find a missing output, think: What happens to 203 when you add 105?
203 + 105 = 308

To find a missing input, think: What number plus 105 would equal 847?
? + 105 = 847

You can subtract to find an answer: 847 − 105 = 742

Find the missing input, output, or rule.

1. Rule: Add 172

Input	12	134	548	657	**827**
Output	184	306	720	**829**	999

2. Rule: Subtract 268

Input	874	846	818	**971**	451
Output	606	578	**550**	703	**183**

3. Rule: Add **101**

Input	78	283	366	871	**453**
Output	179	**384**	467	**972**	554

4. Rule: Subtract **97**

Input	323	804	**223**	478	97
Output	226	**707**	126	**381**	0

5. Rule: **Subtract 225**

Input	389	650	226	780	**250**
Output	164	425	**1**	**555**	25

6. Rule: **Add 390**

Input	**5**	60	112	250	313
Output	395	450	**502**	**640**	703

Grade 3 42 Chapter 8

Identificar patrones en una tabla de funciones (x)

Ejemplo 2 Recuérdeles a los alumnos que cuando hallan una regla de funciones, debe funcionar para cada valor de entrada en la tabla de funciones.

Ejemplos adicionales

1 Completen la tabla de funciones para calcular cuántos pies hay en 6 y 7 yardas.

Regla: ▲ × 3	
Entrada (▲)	Salida (■)
4	12
5	15
6	■
7	

18, 21

2 La tabla muestra cuántas ruedas (■) hay en diferente número de camiones (▲). Usen la tabla de funciones para identificar la regla.

Regla: ■	
Entrada (▲)	Salida (■)
2	16
3	24
4	32

▲ × 8

3 La tabla muestra cuántas botellas de jugo (■) se pueden hacer con distintas cantidades de jugo. Usa la regla ▲ ÷ 6 para completar la tabla de funciones.

Regla: ▲ ÷ 6	
Entrada (▲)	Salida (■)
54	■
48	■
42	■

9, 8, 7

Enriquecimiento (pág. 42) AL

8-7 Nombre ______ Fecha ______

Enriquecimiento TEKS 3.7(B)

Tablas de entrada/salida

Una tabla de entrada y salida muestra cómo cambian los números al seguir una regla.

Regla: Suma 105

Entrada	80	90	95	203	?
Salida	185	195	200	?	847

Para hallar la salida que falta, piensa: ¿Qué le ocurre a 203 cuando le sumas 105?
203 + 105 = 308

Para hallar la entrada que falta, piensa: ¿Qué número más 105 sería igual a would equal 847?
? + 105 = 847

Puedes restar para hallar una respuesta: 847 − 105 = 742

Halla la entrada, salida o regla que falta.

1. Regla: Suma 172

Entrada	12	134	548	657	**827**
Salida	184	306	720	**829**	999

2. Regla: Resta 268

Entrada	874	846	818	**971**	451
Salida	606	578	**550**	703	**183**

3. Regla: Suma **101**

Entrada	78	283	366	871	**453**
Salida	179	**384**	467	**972**	554

4. Regla: Resta **97**

Entrada	323	804	**223**	478	97
Salida	226	**707**	126	**381**	0

5. Regla: **Resta 225**

Entrada	389	650	226	780	**250**
Salida	164	425	**1**	**555**	25

6. Regla: **Suma 390**

Entrada	**5**	60	112	250	313
Salida	395	450	**502**	**640**	703

Grado 3 42 Capítulo 8

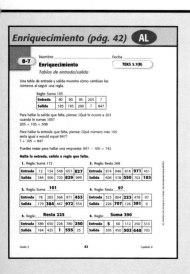

✓ VERIFICA lo que sabes

En conjunto, pídales a los alumnos que completen los Ejercicios 1-3 en **Verifica lo que sabes** a medida que usted observa sus trabajos.

Ejercicio 3 Evalúa la comprensión del alumno antes de asignarle los ejercicios prácticos.

BL Estrategia alternativa de enseñanza

Si los alumnos tienen problemas identificando la regla…

Entonces use una de estas opciones de reforzamiento:

1. CRM **Hoja de reforzamiento diario** (pág. 38)

2. Pídales que busquen una regla de multiplicación cuando los valores de salida son mayores que los valores de entrada y que busquen una regla de división cuando los valores de salida sean menores que los valores de entrada.

3 Práctica

Asigne la práctica para los Ejercicios 4 al 17 según los siguientes niveles.

Nivel	Asignación
BL Nivel bajol	4, 6–7, 10–11
OL A nivel	5, 7–9, 11–13, 14–16
AL Nivel avanzado	4–12 par, 14–17

ESCRIBE EN ►MATEMÁTICAS

Pídales a los alumnos que completen el Ejercicio 17 en sus Diarios de Matemáticas. Puede elegir hacer este ejercicio como una evaluación formativa adicional.

⚠ ¡ERROR COMÚN!

Ejercicios 5, 6-8, 10-11 Los estudiantes pueden comenzar pensando que todas las reglas para esta lección abarcan multiplicación. Recuérdeles buscar una regla de división si los valores de salida son menores que las entradas.

✓ CHECK What You Know

As a class, have students complete Exercises 1–3 in **Check What You Know** as you observe their work.

Exercise 3 Assess student comprehension before assigning practice exercises.

BL Alternate Teaching Strategy

If students have trouble identifying the rule …

Then use these reteach options:

1. CRM **Daily Reteach Worksheet** (p. 38)

2. Have them look for a multiplication rule when the output values are greater than the input values and look for a division rule when the output values are less than the input values.

3 Practice

Differentiate practice using these leveled assignments for Exercises 4–17.

Level	Assignment
BL Below Level	4, 6–7, 10–11
OL On Level	5, 7–9, 11–13, 14–16
AL Above Level	4–12 even, 14–17

Have students discuss and complete the Higher Order Thinking problems. Encourage students to use the *guess and check* strategy to find function rules.

WRITING IN ►MATH Have students complete Exercise 17 in their Math Journals. You may choose to use this exercise as an optional formative assessment.

⚠ COMMON ERROR!

Exercises 5, 6–8, 10–11 Students may begin to think that all rules for this lesson involve multiplication. Remind them to check for a division rule if the outputs are smaller than the inputs.

✓ VERIFICA lo que sabes

Copia la tabla de funciones y extiende el patrón. Ver Ejemplos 1-3 (pág. 336)

1. La tabla muestra cuántas parejas (□) de calcetines se pueden formar luego de retirar de la secadora distintos números de calcetines (△).

Regla: △ ÷ 2	
Entrada (△)	Salida (□)
8	4 ■
10	5 ■
12	6 ■
14	7 ■

2. Una mariposa tiene 2 alas. Haz una tabla de funciones que muestre el número total de alas para 4, 5, 6 y 7 mariposas. Luego escribe la regla y describe el patrón.
Ver Ejemplos 2–3 (pág. 337)

3. **Coméntalo** ¿Puedes mirar sólo los números de entrada en una tabla de funciones para determinar la regla de funciones? Explica.
No, debes mirar también los números de salida para hallar una regla.

► Práctica y solución de problemas

PRÁCTICA EXTRA
Ver página R22.

Copia cada tabla de funciones y extiende el patrón. Ver Ejemplo 1 (pág. 336)

4. Cada mariquita que ve Karley tiene 6 manchas. Usa la tabla para calcular el número total de manchas (□) en distintas cantidades de mariquitas. (△)

Regla: △ × 6	
Entrada (△)	Salida (□)
5	■ 30
6	■ 36
7	■ 42
8	■ 48

5. Cada semana, el número total de golosinas (△) se dividen equitativamente entre 9 alumnos en el club de viaje. Usa la tabla para calcular cuántas golosinas obtiene cada alumno cuando se sirven distintas cantidades de golosinas.

Regla: △ ÷ 9	
Entrada (△)	Salida (□)
18	■ 2
27	■ 3
36	■ 4
45	■ 5

338 Capítulo 8 Usa patrones y razonamiento algebraico

Additional Answer

2.

Rule: $x \times 2$	
Input (x)	Output (y)
4	8
5	10
6	12
7	14

6.

Rule: $x \div 7$	
Input (x)	Output (y)
63	9
56	8
49	7
42	6

7.

Rule: $x \div 12$	
Input (x)	Output (y)
60	5
48	4
36	3
24	2

8.

Rule: $x \div 2$	
Input (x)	Output (y)
$14	7
$16	8
$18	9
$20	10

Respuestas adicionales

2.

Regla: $x \times 2$	
Entrada (x)	Salida (y)
4	8
5	10
6	12
7	14

6.

Regla: $x \div 7$	
Entrada (x)	Salida (y)
63	9
56	8
49	7
42	6

7.

Regla: $x \div 12$	
Entrada (x)	Salida (y)
60	5
48	4
36	3
24	2

8.

Regla: $x \div 2$	
Entrada (x)	Salida (y)
$14	7
$16	8
$18	9
$20	10

Haz una tabla de funciones para cada situación. Escribe la regla. Ver Ejemplo 2 (pág. 337)

6. El precio de admisión a un zoológico es $7. ¿Cuántos boletos puedes comprar con $63, $56 y $42?

7. Cada caja contiene 12 botellas de agua. ¿Cuántas cajas hay si hay 60, 48, 36 ó 24 botellas?

8. Rama compró 6 bolsas de papas fritas. Él gastó $12. ¿Cuántas bolsas de papas fritas hubiera comprado si se hubiera gastado $14, $16, $18 y $20?

9. Dorian y sus amigos fueron al cine. Cada entrada costó $5. ¿Cuánto hubieran gastado si fueran 2, 3, 4 y 5 amigos?

6-8. Ver el margen.

Describe los patrones de cada tabla de funciones. Ver Ejemplo 3 (pág. 337)

10.

Regla: △ ÷ 3	
Entrada (△)	Salida (□)
27	9
21	7
15	5
9	3

Ejemplo de respuesta:
△ ÷ 3 = □

11.

Regla: △ ÷ 6	
Entrada (△)	Salida (□)
72	12
54	9
36	6
18	3

Ejemplo de respuesta:
△ ÷ 6 = □

12.

Regla: △ × 2	
Entrada (△)	Salida (□)
12	24
13	26
14	28
15	30

Ejemplo de respuesta:
△ × 2 = □

13.

Regla: △ × 4	
Entrada (△)	Salida (□)
6	24
7	28
8	32
9	36

Ejemplo de respuesta:
△ × 4 = □

Problemas H.O.T.

14. INTERPRETA Nombra dos pares de valores de entrada y salida para la regla de funciones 2△ = □. 5, 10; 6, 12

15. RETO Mira la tabla de funciones que se muestra. ¿Cuál es la regla de funciones? △ ÷ 5 + 1 = □

Entrada (△)	15	25	40	50
Salida (□)	4	6	9	11

16. SENTIDO NUMÉRICO En la regla de funciones △ + 3, el valor de salida es 8. ¿Cómo puedes determinar el valor de △? Resta 3

17. **ESCRIBE EN MATEMÁTICAS** Escribe un problema concreto de matemáticas donde usando una tabla de funciones de multiplicación o división te ayudará a resolver el problema. Ver el margen.

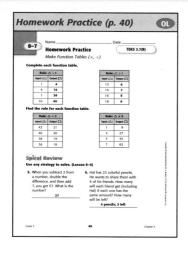

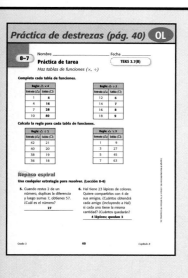

Formative Assessment

Draw the following table on the board. Ask students to identify the rule for the function table. ▲ ÷ 9

Rule: ■	
Input (▲)	Output (■)
45	5
36	4
27	■ 3

Quick Check — Are students continuing to struggle with using multiplication and division to complete function tables?

If Yes → Strategic Intervention Guide (p. 84)

If No → Independent Work Options (p. 336B)
CRM Skills Practice Worksheet (p. 39)
CRM Enrich Worksheet (p. 42)

Name the Math Have students create a function table for 7 × ▲. Then, explain the steps they used to make the table.

Additional Answers

9.

Rule: ▲ × 5	
Input (▲)	Output (■)
2	$10
3	$15
4	$20
5	$25

17. Sample answer: The movie cost $4.50 each. If Marcus spent $22.50 on the movie, how many people went in all? If 12 people went, how much would they spend?

Evaluación formativa

Dibuje la siguiente tabla en la pizarra. Pídales a los alumnos que identifiquen la regla para la tabla de funciones. ▲ ÷ 9

Regla: ■	
Entrada (▲)	Salida (▲)
45	5
36	4
27	■ 3

Control Rápido ¿Les sigue costando a los alumnos usar multiplicación y división para completar tablas de funciones?

Si la respuesta es:

Sí → Guía de intervención estratégica (pág. 84)

No → Opciones de trabajo independiente (pág. 336B)
CRM Hoja de ejercicios para la práctica de destrezas (pág. 39)
CRM Hoja de trabajo de enriquecimiento (pág. 42)

Nombra la matemática Pídales a los alumnos que creen una tabla de funciones para 7 × ▲. Luego, que expliquen los pasos que usaron para hacer la tabla de funciones.

Respuestas adicionales:

9.

Regla: ▲ × 5	
Entrada (▲)	Salida (■)
2	$10
3	$15
4	$20
5	$25

17. Ejemplo de respuesta: El boleto al cine cuesta $4.50 cada una. Si Marcus gasta $22.50 en el cine, ¿cuántas personas fueron en total? Si fueron 12 personas, ¿cuánto gastó?

Planificador de lección

Objetivo

Interpretar información y datos de ciencias para resolver problemas.

TEKS

TEKS 3.14 El estudiante aplica las matemáticas del 3er grado para resolver problemas... (A) Identifique las matemáticas en situaciones diarias.

TEKS de ciencias

2 El estudiante utiliza los métodos de investigación científica en investigaciones de campo y de laboratorio. (B) Recoge información mediante la observación y la medición.

Repaso de vocabulario

expresión numérica

Recursos

Materiales: papel, lápices

Activar conocimientos previos

Antes de enfocar la atención de los alumnos en las páginas, pídales que comenten sobre el supermercado.

- **¿Qué tipos de alimentos se venden en supermercados? ¿Cuáles de estos alimentos son saludables?** papitas fritas, frutas, gaseosas, verduras; frutas y verduras

- **¿Cómo están organizados los alimentos?** Las frutas y las verduras se colocan juntas. Los alimentos enlatados se ponen en estantes. Todos los alimentos congelados se encuentran juntos.

Uso de la página del alumno

Pídales a los alumnos que usen la información de la pág. 341 y contesten estas preguntas:

- **¿Qué expresión numérica pueden mostrar para describir el número total de artículos en el estante del medio?** 6 + 4 = 10

- **Supongamos que cada lata de avena cuesta $3. ¿Cuál es el costo total de las latas de avena que se muestran?** $9

Lesson Planner

Objective

Interpret information and data from science to solve problems.

TEKS

Targeted TEKS 3.14 The student applies Grade 3 mathematics to solve problems ... (A) Identify the mathematics in everyday situations.

Science TEKS

2 The student uses scientific inquiry methods during field and laboratory investigations. (B) Collect information by observing and measuring.

Vocabulary

number sentence

Resources

Materials: paper, pencils

Activate Prior Knowledge

Before you turn students' attention to the pages, ask them to discuss the supermarket.

- **What kinds of food do supermarkets sell? Which of those foods are healthy?** chips, fruit, soda, vegetables; fruit and vegetables

- **How are the foods organized?** Fruits and vegetables are together. Canned foods are on shelves. All of the frozen foods are together.

Using the Student Page

Ask students to use the information on p. 341 to answer these questions:
- **What number sentence could you show to describe the total number of items on the middle shelf?** 6 + 4 = 10
- **Suppose each can of oats costs $3. What is the total cost of the cans of oats shown?** $9

340   Chapter 8 Use Patterns and Algebraic Thinking

Una visita al supermercado

Un supermercado es un lugar ocupado. Algunas personas hacen compras en el supermercado todos los días de la semana. Hoy los supermercados pueden tener hasta de 20,000 metros cuadrados. ¡Ese es el tamaño de 4 campos de fútbol!

Los supermercados venden muchos tipos de alimentos, incluyendo alimentos sanos. Algunos de los comidas más sanos que puedes comprar son yogur, brécol, cítricos, nueces, avena y jugo de naranja.

Estos alimentos vienen en diferentes recipientes y tamaños. Los precios de algunos alimentos se basan en el tamaño. Por ejemplo, 1 kilogramo de peras cuesta alrededor de $2. El precio de un litro de gaseosa es de alrededor de $3.

¿Sabías que?

¡El tomate más pesado del mundo tiene una masa de más de 3 kilogramos¡

340   Capítulo 8 Usa patrones y razonamiento algebraico

TEKS Objetivo 3.14(A) Procesos fundamentales y herramientas matemáticas. El estudiante aplica las matemáticas del 3ᵉʳ grado para resolver problemas relacionados con experiencias diarias y actividades dentro y fuera de la escuela. (A) **Identifique las matemáticas en situaciones diarias.**

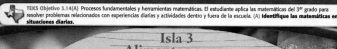

Isla 3
Alimentos sanos

Salud concreta

3. Sumar 4   5. $12 \times 2 = 24$

Usa la información en las páginas 340 y 341 para resolver cada problema.

1 Supón que un cliente compra 1 producto del estante. El próximo cliente compra 2 productos. El próximo compra 3. ¿Cuántos productos se habrían comprado en total si luego del quinto consumidor, continúa este patrón? 15 productos

2 Escribe una expresión numérica para mostrar cuántos productos hay en la parte inferior del estante que se muestra. $3 + 5 + 2 = 10$

3 Una tabla de funciones muestra que se venden 4 recipientes más de yogur que de manzana. ¿Cuál es la regla?

4 Escribe una expresión numérica para mostrar cuántas manzanas más que de cajas de espagueti se muestran. $17 - 2 = 15$

5 Un almacén recibe el doble de latas de salsa de tomate que botellas de jugo de naranja. Escribe una expresión numérica para mostrar cuántas botellas de jugo se reciben si se reciben 12 latas.

6 Una botella de agua cuesta $1. Un paquete de agua cuesta $5. ¿Cuánto dinero se ahorra el cliente si compra 4 paquetes en vez de 24 botellas? $4

Resuelve problemas en ciencias **341**

Real-World Math

Assign the exercises on p. 341. Encourage students to choose a problem-solving strategy before beginning each exercise. If necessary, review the strategies suggested in Lesson 8-6, p. 335.

Exercise 2 Remind students that there are three types of items.

Exercise 6 Remind students that they will need to perform more than one operation.

WRITING IN ►MATH Have students create a word problem that uses the information found in the text and in the picture on p. 341.

Extend the Activity

Have students add all assign costs to the items and find the total cost of the items shown.

Salud concreta

Asigne los Ejercicios de la pág. 341. Anime a los alumnos a elegir una estrategia para resolver problemas antes de comenzar cada ejercicio. Si es necesario, revise las estrategias sugeridas en la Lección 8-6, pág. 335.

Ejercicio 2 Recuérdeles a los alumnos que necesitan usar la capacidad de la atracción para resolver este ejercicio.

Ejercicio 3 Recuérdeles a los alumnos que necesitarán realizar más de una operación.

ESCRIBE EN ►MATEMÁTICAS

Pídales a los alumnos que creen un problema planteado en palabras que use la información hallada en el texto y en el dibujo en la pág. 341.

Ampliación de la actividad

Pídales a los alumnos que sumen todos los costos asignados a los artículos y que calculen el total de los artículos que se muestran.

PLEGADOS™ Plegados de Dinah Zike

Use estas sugerencias para la lección a fin de incorporar los Plegados durante el capítulo. Los alumnos pueden usar sus Plegados para repasar para el examen.

Si los alumnos no han completado sus Plegados, guíelos para que creen y rellenen la información pertinente usando la información de las páginas 311 y 333.

Puede elegir usar el Plegado para ayudar a los alumnos a repasar los conceptos presentados en este capítulo y como una herramienta para estudiar para la Prueba del capítulo.

Vocabulario clave

Las referencias de las páginas después de cada palabra denotan dónde se presenta por primera ese término. Si los alumnos tienen dificultades con los Ejercicios 1 al 4, recuérdeles que pueden usar las referencias de las páginas para repasar los términos del vocabulario.

Repaso de vocabulario

Repase el vocabulario del capítulo usando una de las siguientes opciones:
- **Tarjetas visuales de vocabulario** (21)
- **Glosario electrónico en** tx.gr3math.com

CHAPTER 8 Study Guide and Review

FOLDABLES™ Dinah Zike's Foldables

Use these lesson suggestions to incorporate the Foldable during the chapter. Students can then use their Foldables to review for the test.

If students have not completed their Foldables, guide them to create and fill in the appropriate information using the information on pp. 311 and 333.

You may choose to use the Foldable to help students review the Concepts presented in this chapter and as a tool for studying for the Chapter Test.

Key Vocabulary

The page references after each word denote where that term was first introduced. If students have difficulty answering Exercises 1–4, remind them they can use the page references to review the vocabulary terms.

Vocabulary Review

Review chapter vocabulary using one of the following options.
- **Visual Vocabulary Card** (21)
- **eGlossary** at tx.gr3math.com

CAPÍTULO 8 Guía de estudio y repaso

PLEGADOS™ Organiza el estudio **PREPÁRATE para estudiar**

Asegúrate que las siguientes palabras del vocabulario clave y los conceptos clave están escritos en tu plegado.

Las GRANDES Ideas

- Las expresiones numéricas tienen un signo de igualdad (=). Pueden hacerse modelos de ellas. (pág.313)

$$30 - 10 = 20$$

Dibujos

- Usa la regla en la tabla para calcular los valores faltantes.

Palabras: Después de restar 10 cubos de 30, quedan 20 cubos. 0 menos 10 igual 20.

Regla: $\triangle + 2$	
Entrada ($\triangle$)	Salida ($\square$)
1	3
2	4
3	■

$$3 + 2 = 5$$

Por lo tanto, ■ es igual 5.

 Repaso de vocabulario en tx.gr3math.com

Vocabulario clave

expresión numérica (pág. 313)
expresión (pág. 316)
función (pág. 328)
regla (pág. 324)

Verifica el vocabulario

Decide qué palabra del vocabulario completa mejor cada oración.

1. $3 + 53 + 26 = 82$ es un ejemplo de una _____?_____ expresión numérica
2. $7 + 4$ es un ejemplo de una _____?_____. expresión
3. Una _____?_____ te indica qué hacerle al primer número para obtener al segundo. regla
4. $x + 5$ es un ejemplo de una _____?_____. función

Chapter 8 Project

Find Your Team

Alone, in pairs, or in small groups, have students discuss the results of their completed chapter project with the class. Assess their work using the Chapter Project rubric found in Chapter 8 Resource Masters, p. 53.

Proyecto del Capítulo 8

Halla tu equipo

Pídales a los alumnos que comenten los resultados finales de su proyecto del capítulo con la clase, bien sea solos, en parejas o en grupos pequeños. Evalúeles el trabajo usando la pauta del proyecto del capítulo que se encuentra en la pág. 53 de las Hojas maestras del Capítulo 8.

Repaso de lección por lección

Repaso de lección por lección

8-1 **Escribe expresiones numéricas** (págs. 313–315)

Ejemplo 1
Haz modelos de suma y resta usando expresiones numéricas.

En clase de arte, 3 alumnos están haciendo cerámica, 4 alumnos están pintando y 2 alumnos están esculpiendo. Escribe una expresión numérica que muestre cuántos alumnos hay en total.

Expresión numérica
$3 + 4 + 2 = 9$

Haz modelos de los problemas usando expresiones numéricas.

5. TJ recogió 67 frambuesas. Le dio 29 a su hermana. ¿Cuántas frambuesas le quedan a TJ?
$67 + 29$
6. Sean le pegó a 27 pelotas de béisbol en la práctica ayer. Hoy le pegó a 41. ¿A cuántas pelotas le pegó en total?
$27 + 41$

Haz modelos de expresiones numéricas usando dibujos y palabras.

7. $23 + 4 + 16 = \blacksquare$
   43
8. $30 - \blacksquare = 12$
   18

8-2 **Expresiones y expresiones numéricas** (págs. 318–320)

Ejemplo 2
Usa la información para escribir una expresión para el número total de puntos anotados. Luego escribe la expresión numérica.

Cowboys 21
Dolphins 17

La expresión es $21 + 17$
La expresión numérica es $21 + 17 = 38$
Por lo tanto, se anotaron 38 puntos en total.

Usa modelos para escribir una expresión y una expresión numérica para cada problema. Luego resuelve.

9. El equipo de baloncesto de Jordan ganó 10 juegos y el equipo de su hermano ganó 12 juegos. ¿Cuántos juegos ganaron en total?
$10 + 12, 22$

Indica si + o − hace verdadera cada expresión numérica. Usa modelos si es necesario.

10. $65 \bullet 13 > 599 - 534 +$
11. $147 + 32 = 106 \bullet 73 +$

Lesson-by-Lesson Review

Have students complete the Lesson-by-Lesson Review on pp. 343–346. Then you can use ExamView® Assessment Suite to customize another review worksheet that practices all the objectives of this chapter or only the objectives on which your students need more help.

Intervention If the given examples are not sufficient to review the topics covered by the questions, use the page references next to the exercises to review that topic in the Student Edition.

Repaso de lección por lección

Pídeles a los alumnos que completen el Repaso de Lección por Lección en las págs. 343-346. Luego, puede usar el paquete de evaluación de ExamView® para adaptar otra hoja de trabajo de repaso que practique todos los objetivos de este capítulo o sólo los objetivos en los cuales sus alumnos necesitan más ayuda.

Intervención Si los ejemplos dados no son suficientes para repasar los tópicos cubiertos por las preguntas, recuérdeles a los alumnos que las referencias de las páginas les indican en qué parte del libro repasar el tópico.

8-3 **E**strategia para **resolver problemas:** Haz una dramatización (págs. 322–323)

Ejemplo 3
Anthony, Brian, Christina, Diana y Eduardo se alinean en orden según sus edades. Diana nació después que Anthony pero antes que Brian. Christina es la mayor. Eduardo es menor que Brian. ¿En qué orden se alinean?

Representa el problema usando 5 alumnos.

D nació después que A	A	D			
C nació primero (mayor)	C	A	D		
D nació antes que E	C	A	D	E	
E nació después que Bryce (más joven)	C	A	D	B	E

Por lo tanto, el orden de los estudiantes es Christina, Anthony, Diana, Brian y Eduardo.

Resuelve. Usa la estrategia de *haz una dramatización*.

12. En el primer juego de fútbol de la temporada, los Cowboys anotaron 7 puntos. En el segundo cuarto, se anotaron 14 puntos más. No se anotaron puntos en el tercer cuarto. Ellos terminaron el juego anotando 3 puntos. ¿Cuántos puntos hubo en total? 24

13. Marlin tuvo una fiesta. Doce personas llegaron a tiempo. Seis más llegaron más tarde. Dos personas se fueron y todos los demás pasaron la noche. ¿Cuántas personas pasaron la noche?
13 personas

8-4 Haz una tabla para hallar una regla (págs. 324–327)

Ejemplo 4
Alex está haciendo cubos. Calcula cuántos lados necesita para hacer 4 cubos.

Regla: ■	
Número de cubos	Número de lados
1	6
2	12
3	18
4	■

La regla es multiplicar por 6.
Por lo tanto, Alex necesita 24 lados.

Calcula y extiende la regla para cada tabla. Luego, copia y completa.

14.

Regla:	
Entrada	Salida
3	9
5	15
■ 7	21
9	■ 27

Multiplica por 3; 7; 27

344 Capítulo 8 Usa patrones y razonamiento algebraico

Haz tablas de funciones (+, −) (pág. 328–331)

Ejemplo 5
Usa la regla para completar la tabla de funciones.

Regla: △ − 3	
Entrada (△)	Salida (□)
16	■
15	■
14	■
13	■

Comienza con cada número de entrada (△) Aplica la regla para calcular el número de salida (□).

Regla: △ − 3		
Entrada (△)	△ − 3	Salida (□)
16	16 − 3	13
15	15 − 3	12
14	14 − 3	11
13	13 − 3	10

Copia y completa la tabla de funciones.

15.

Regla: △ + 5	
Entrada (△)	Salida (□)
5	■ 10
7	■ 12
9	■ 14
11	■ 16

Haz una tabla de funciones para cada situación. Escribe la regla de funciones.

16. Miguel obtiene $8 cada semana de mesada. Si ahorra todo, ¿cuánto dinero tendrá cada semana después de 4 semanas?
△ + 8; $8, $16, $24, $32

17. Erin corta 4 zanahorias cada minuto. ¿Cuántas zanahorias cortará después de cada uno de los siguientes 5 minutos? △ + 4; 4, 8, 12, 16, 20

Investigación para resolver problemas: Elige una estrategia (págs. 334–335)

Ejemplo 6
Connie les dio 6 tarjetas de béisbol a Ellie, 4 a Enmanuel y 7 a Augustine. Le quedaron 7. ¿Cuántas tarjetas tenía al comienzo?
6 + 4 + 7 + 7 = 24
Por consiguiente, Connie tenía 24 tarjetas al comienzo.

Elige una estrategia y resuelve el problema. Indica qué estrategia usaste.

18. Una niña camina 20 metros al norte, 30 metros al este, 10 metros al sur y 20 metros al oeste. ¿Está donde comenzó? No

Capítulo 8 Guía de estudio y repaso **345**

Capítulo 8 Guía de estudio y repaso

Chapter 8 Study Guide and Review

8-7 Haz tablas de funciones (×, ÷) (pág. 336–339)

Ejemplo 7
Usa la regla para completar la tabla de funciones.

Regla: △ × 3	
Entrada (△)	Salida (□)
1	■
3	■
5	■
7	■

Comienza con cada número de entrada (△). Aplica la regla para calcular el número de salida (□).

Regla: △ − 3		
Entrada (△)	△ − 3	Salida (□)
16	16 − 3	13
15	15 − 3	12
14	14 − 3	11
13	13 − 3	10

Copia y completa la tabla de funciones.

19.

Regla: △ ÷ 3	
Entrada (△)	Salida (□)
25	■ 5
20	■ 4
15	■ 3
10	■ 2

Haz una tabla de funciones para cada situación. Escribe la regla de funciones.

20. Hay 6 huevos en mi receta para el pastel Texas. Si usé 48, 42, 36 ó 30 huevos, ¿cuántos pasteles habría hecho?
△ ÷ 6; 8, 7, 6, 5

21. Erin infla 2 globos cada minuto. ¿Cuántos globos tendrá después de 18, 20, 22 y 24 minutos? △ × 2; 36, 40, 44, 48

Describe los patrones de cada tabla de funciones.

22. △ ÷ 4

Regla: ■	
Entrada (△)	Salida (□)
36	■ 9
32	■ 8
28	■ 7
24	■ 6

CAPÍTULO
8 Prueba del capítulo
Lecciones 8-1 a la 8-7

10. Ejemplo de respuesta: No, porque △ representa sólo un número en el problema, △ pueden ser diferentes números, pero no en el mismo problema.

Decide si cada enunciado es *verdadero* o *falso*.
falso

1. $4 + 8 + 9 = 21$ es una expresión.

2. Despeja la salida haciendo lo opuesto de la regla que se muestra. falso

Haz un modelo del problema usando expresiones numéricas.

3. Alexa recogió 20 narcisos y 16 margaritas para un ramo. ¿Cuántas flores recogió en total? $20 + 16 = 36$

Indica si + o − hacen verdadera la expresión numérica.

4. $36 + 114 = 156$ ● −

Calcula y extiende la regla para cada tabla. Luego, copia y completa.

5.

Regla: ■				
Entrada	7	■	11	13
Salida	16	18	20	■

Sumar 9; 9, 22

6. 🤚 **PRÁCTICA PARA LA PRUEBA**
Mientras estuvo en el hospital por 3 días, Daniel recibió 23 tarjetas de saludos. Recibió 12 el primer día y 6 el segundo. ¿Qué expresión numérica muestra una manera de calcular el número de tarjetas de saludos que recibió Daniel el tercer día? (Lección 8-1) A
(TAKS 1)

A $23 − 12 − 6 = ■$
B $23 × 12 ÷ 3 = ■$
C $23 − 6 + 3 = ■$
D $23 + 6 + 12 = ■$

7. La familia de Allia está colocando una cerca alrededor de su piscina. ¿Cuántas yardas de cerca necesitarán? 36

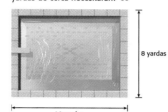

8 yardas

10 yardas

Haz una tabla de funciones para cada situación. Escribe la regla de funciones.

8. Alexandro corre 3 millas en 21 minutos. Si continua corriendo a la misma velocidad, ¿cuántos minutos le tomará correr 6, 9 y 12 millas?
$x × 7$; 42, 63, 84

9. 🤚 **PRÁCTICA PARA LA PRUEBA**
RJ le da 3 galletas a cada uno de sus 2 perros por día. Si contó las galletas en grupos de 6, ¿cuál lista muestra los números que RJ pudo haber hecho? Marca tu respuesta. (Lección 8-5) F (TAKS 2)

F 12, 18, 24   H 6, 12, 18, 28
G 6, 12, 16, 26   J 12, 24, 46

10. ✏️ **ESCRIBE EN ▶ MATEMÁTICAS** ¿Pueden △ = 2 y △ = 5 estar en el mismo problema? Explica tu respuesta?

Prueba del capítulo en tx.gr3math.com

Evaluación sumativa **347**

Summative Assessment

Use these alternate leveled chapter tests to differentiate assessment for the specific needs of your students.

Leveled Chapter 8 Tests			
Form	Type	Level	CRM Pages
1	Multiple Choice	BL	55–56
2A	Multiple Choice	OL	57–58
2B	Multiple Choice	OL	59–60
2C	Free Response	OL	61–62
2D	Free Response	OL	63–64
3	Free Response	AL	65–66

BL = below grade level
OL = on grade level
AL = above grade level

Vocabulary Test

CRM **Chapter 8 Resource Masters** (p. 50)

ExamView Assessment Suite Customize and create multiple versions of your Chapter Test and the test answer keys.

Data-Driven Decision Making

Based on the results of the Chapter Test, use the following to review concepts that continue to present students with problems.

Exercises	TEKS	What's the Mathematics?	Error Analysis	Resources for Review
1, 3–4	3.3(A)	Know "expression" and "number sentence." Evaluate expressions and solve number sentences.	Does not understand "expression" or "number sentence." Cannot evaluate addition and subtraction expressions.	Strategic Intervention Guide (p. 84) CRM Chapter 8 Resource Masters (Reteach Worksheets) Math Online Extra Examples • Personal Tutor • Concepts in Motion • Math Adventures
5	3.7(A)	Write and solve number sentences. Find a rule to write an expression as a pattern to determine other numbers.	Does not write an expression. Adds all numbers. Does not know how to write an expression to explain a pattern.	
8	3.7(B)	Write and evaluate multiplication and division expressions. Find a rule to determine other numbers.	Adds or subtracts numbers. Does not know what to do with a rule. Does not know basic multiplication facts.	

Chapter 8 Summative Assessment **347**

Evaluación sumativa

Use estas pruebas de distintos niveles para realizar una evaluación diferenciada de las necesidades específicas de sus alumnos.

Pruebas niveladas del Capítulo 8			
Forma	Tipo	Nivel	CRM Páginas
1	Selección múltiple	BL	55–56
2A	Selección múltiple	OL	57–58
2B	Selección múltiple	OL	59–60
2C	Respuestas tipo ensayo	OL	61–62
2D	Respuestas tipo ensayo	OL	63–64
3	Respuestas tipo ensayo	AL	65–66

BL = por debajo del nivel de grado
OL = al nivel del grado
AL = sobre el nivel del grado

Prueba del vocabulario

CRM Hojas maestras de recursos del Capítulo 8 (pág. 50)

ExamView Assessment Suite Elabore múltiples versiones, con las características que desee, de la prueba del Capítulo y de las claves de respuesta de la prueba.

Capítulo 8 Evaluación sumativa **347**

CAPÍTULO 8 Práctica

Evaluación formativa

- Use las páginas del alumno 348-349 como práctica y repaso de los TEKS de Texas. Las preguntas están escritas en el mismo estilo de las que se encuentran en el examen de Texas.

- También puede usar estas dos páginas para medir el progreso del alumno o usarlas como una alternativa de tarea para la casa.

En las Hojas maestras de recursos del Capítulo 8 se pueden hallar páginas adicionales de práctica.

CRM Hojas maestras de recursos del Capítulo 8
Práctica para la prueba estandarizada acumulativa
- Formato de Selección Múltiple (págs. 55-60)
- Formato de Respuestas tipo Ensayo (págs. 61-66)

Elabore hojas de ejercicios o pruebas que cumplan con los TEKS de Texas.

ESCRIBE EN ▶MATEMÁTICAS

Para práctica adicional para el examen de Texas, visite tx.gr3math.com

---

CHAPTER 8 Texas Test Practice

Formative Assessment

- Use Student Edition pp. 348–349 as practice and review of the Texas TEKS. The questions are written in the same style as found on the Texas test.

- You can also use these two pages to benchmark student progress, or as an alternate homework assignment.

Additional practice pages can be found in the Chapter 8 Resource Masters.

CRM Chapter 8 Resource Masters
Cumulative Standardized Test Practice
- Multiple Choice format (pp. 55–60)
- Free Response format (pp. 61–66)

ExamView Assessment Suite Create your own practice worksheets or tests that align to the Texas TEKS.

Math Online
For additional practice with the Texas TEKS, visit tx.gr3math.com.

CAPÍTULO 8 Práctica para el examen de Texas
Acumulativo, Capítulo 1-8

 Ejemplo de PRUEBA

Observa la tabla. ¿Qué regla sigue la tabla a medida que mueve números de adentro hacia fuera?

A suma 4   C suma 5

B resta 4   D resta 5

AYUDA PARA LA PRUEBA
Observa cada número de "entrada". ¿Qué le sucede a número para crear el número "salida".

Lee la pregunta
Necesitas calcular la regla que sigue la máquina numérica.

Regla: ■	
adentro	afuera
2	7
4	9
6	11
8	13

Contesta la pregunta
Observa el patrón en los números.

$2 + 5 = 7$ $4 + 5 = 11$ $6 + 5 = 13$ $8 + 5 = 15$

5 se suma a cada número de entrada para obtener el número de salida. La respuesta es C.

 Tutor personal en tx.gr3math.com

Elige la mejor repuesta.

1. Observa la tabla a continuación. ¿Qué regla se sigue a medida que se mueven los números de adentro hacia fuera?
D TAKS 2

Regla: ■	
adentro	afuera
5	1
10	6
15	11
20	16

A suma 3   C suma 4

B resta 3   D resta 4

2. Martina escribe cinco números en la pizarra como se muestra a continuación. ¿Qué regla describe los números?
G TAKS 2

| 15, 12, 9, 6, 3 |

F suma 3

G resta 3

H suma 2

J resta 2

348 Capítulo 8 Usa patrones y razonamiento algebraico

Test-Taking Tip

Tell students that as they examine, a multiple-choice test item, they should eliminate answer choices they know to be incorrect.

---

348 Chapter 8 Use Patterns and Algebraic Thinking

---

3. **RELLENA EL CÍRCULO** Los lápices se venden en cajas de 10. ¿Cuántas cajas se necesitan para un total de 80 lápices? 8 TAKS 1

4. ¿Qué expresión numérica a continuación es de la misma familia que 20 ÷ 5 = 4? A TAKS 1

   A 20 ÷ 4 = 5   **C** 4 ÷ 20 = 5
   B 20 ÷ 2 = 10   **D** 20 × 1 = 20

5. James compra empaques de botellas de aguas. La tabla muestra cuántas botellas vienen en distintas cantidades de empaques. ¿Cuántas botellas vienen en 1 empaque? F TAKS 2

Botellas de agua	
Número de empaques	Número de botellas
2	20
4	40
6	60
8	80

   F 10   **H** 15
   G 20   **J** 25

6. ¿Cuál es el producto? C TAKS 1

   $$\begin{array}{r} 12 \\ \times\ 6 \\ \hline \end{array}$$

   A 64   **C** 72
   B 68   **D** 78

7. Horatio compra pelotas de tenis de mesa para una fiesta. Cada paquete contiene 4 pelotas.

   ¿Qué lista muestra los números de pelotas de tenis de mesa que Horatio puede comprar si compra paquetes completos? H TAKS 2

   F 12, 15, 18   **H** 12, 16, 20
   G 12, 15, 20   **J** 12, 16, 18

8. Cada alumno recibe 5 crayones. Los crayones se venden en cajas de 12. ¿Cuántas cajas se necesitan para 60 crayones en total? B TAKS 1

   A 4   **C** 6
   B 5   **D** 7

9. Fran tiene 22 canicas, Nina tiene 29 canicas y Amy tiene 34 canicas. ¿Cómo puedes calcular el número total de canicas? G TAKS 1

   F 34 + 29   **H** 22 + 29 − 34
   G 22 + 29 + 34   **J** 22 − 29 − 34

10. El entrenador Julián dividió a 25 alumnos de tercer grado en 5 equipos iguales. ¿Qué expresión describe el número de alumnos en cada equipo?

    A 25 + 5   **C** 25 × 5
    B 25 − 5   **D** 25 ÷ 5

Práctica para el examen de Texas tx.gr3math.com

Answer Sheet Practice

Have students simulate taking a standardized test by recording their answers on a practice recording sheet.

CRM Chapter 8 Resource Masters
Student Recording Sheet (p. 68)

Práctica con la hoja de respuestas

Pida a los alumnos que practiquen una prueba estandarizada, anotando sus respuestas en una hoja de respuestas de práctica.

CRM Hojas maestras de recursos del Capítulo 8
Hoja de respuestas del alumno (pág. 68)

3-5. Ver el trabajo del alumno

7. Ejemplo de respuesta: Hill corrió 3 millas el lunes, 5 millas el martes y 7 millas el miércoles. ¿Cuántas millas corrió en total?

12. Ejemplo de respuesta:

13. Ejemplo de respuesta:

14. Ejemplo de respuesta:

15. Ejemplo de respuesta:

16. Ejemplo de respuesta:

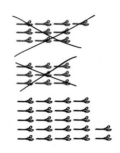

17. Ejemplo de respuesta:

20. Ejemplo de respuesta: ¿Cuánto más lejos es de Childress a Corpus Christi que de Dallas a Del Río?

Página 317, Explora, Lección 8-3

4. ●●●●●●●●●●●● − ●●●●● ;
12 - 5; doce menos 5

5. ● + ●●●● ; 1 + 4; uno más cuatro

6. ●●●●●● + ●●●●●●●● ; 6 +8; seis más ocho

7. ●●●●●●●●●● − ●●●●●● ; 10 -6; diez menos seis

Página 323, Lección 8-3

2. Ejemplo de respuesta: Hay una acción en el problema y los números son pequeños.

11. Ejemplo de respuesta: Usar cubos conectores para duplicar la cara del cubo para todos los seis lados, luego, cuenta.

2.

Rule: △＋4	
Input (△)	Output (□)
3	7
4	8
5	9
6	10

2.

Rule: △＋$7	
Input (△)	Output (□)
$1	$8
$2	$9
$3	$10
$4	$11

2.

Rule: △－3	
Input (△)	Output (□)
8	5
9	6
10	7
11	8

2.

Rule: △－25	
Input (△)	Output (□)
122	97
97	72
72	47
47	22

2.

Rule: △－$3	
Input (△)	Output (□)
$30	$27
$27	$24
$24	$21
$21	$18

2.

Rule: △＋5	
Input (△)	Output (□)
5	10
6	11
7	12
8	13

2.

15. Ejemplo de respuesta: Tara siempre tiene 10 estampillas más en su colección que Bob. Regla △ + 10.

3.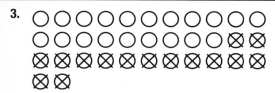

treinta y dos menos catorce es igual a 18.

4.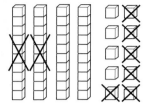

sesenta menos veintiséis es igual a treinta y cuatro.

10.

Rule: △ × 2	
Input (△)	Output (□)
5	10
10	20
20	40

13. Ejemplo de respuesta: Calcular la diferencia entre la salida y la entrada. Decidir si tienes que sumar o restar ese número de la entrada para obtener la salida.